276

11415_11440

Montbéliard — Montboissier

MEMOIRE
EN FORME DE MANIFESTE,

POUR S. A. S. Elizabeth - Charlotte de l'Esperance, Baronne du Saint Empire, Doüairiere de feu S. A. S. Leopold-Eberhard Duc de Wirtemberg-Montbelliard, Prince Souverain du Saint Empire ; & L. A. S. les Princes & Princesses leurs Enfans.

CONTRE S. A. S. *Eberhard-Loüis Duc regnant de Wirtemberg-Stougard, aussi Prince Souverain du Saint Empire.*

ET *George - Leopold, Comte de Sponeck.*

FEU Monsieur le Duc de Montbelliard, mort le 25 Mars 1723, a laissé de Madame la Duchesse de Montbelliard son Epouse cinq Enfans. (a) Quoique, selon les dispositions des Loix divines & humaines, il n'y ait aucun pretexte de contester à la Mere sa qualité de Veuve, non plus qu'aux Enfans, leur état, & la succession de leur Pere; M. le Duc de Wirtemberg-Stougard s'est neanmoins emparé, de son autorité privée & à main armée, de la Ville, du Château & de la Principauté de Montbelliard. George-Leopold Comte de Sponeck, qui se dit fils du Duc de Montbelliard, quoiqu'il n'ait pas la moindre preuve juridique, qu'il soit seulement son fils naturel, a eu de même la témerité, pour pouvoir également usurper les Terres, que ce Prince a laissées en Alsace & en Franche-Comté, de prendre le nom & le titre de Prince de Montbelliard, comme s'il avoit l'avantage d'être né Enfant légitime de ce Prince, & que Madame la Duchesse de Montbelliard n'eut été que sa Concubine. Les Ministres de M. le Duc de Wirtemberg & le Comte de Sponeck ont répandu dans le monde differents écrits, pour justifier les droits, qu'ils s'attribuent, de succeder à la Principauté & aux autres biens du feu Duc de Montbelliard, au préjudice l'un de l'autre. Ceux-là n'ont pas eu de peine à démontrer, que le Comte de Sponeck étant, pour le plus, fils naturel du Duc de Montbelliard, n'est pas moins exclu par sa naissance,

(a) Leopold Eberhard, Charles - Leopold, George-Frederic, Henriette Hedvvige, & Elizabeth-Charlotte, Princes & Princesses de Wirtemberg-Montbelliard, tous Mineurs.

A

du titre & de la qualité de Prince, qu'incapable de lui fuccéder. Le Comte de Sponeck n'a pas moins folidement établi, que M. le Duc de Wirtemberg, n'étant qu'un Collateral, n'a rien à prétendre à la fucceffion de ce Prince, tandis qu'il a laiffé des Enfans légitimes, capables & en droit de lui fuccéder.

Conteftant tous deux l'état & la qualité de Madame la Ducheffe de Montbelliard, & des Princes & Princeffes fes Enfans, il femble qu'à l'envi l'un de l'autre, ils ont cherché à noircir, & le feu Duc de Montbelliard & la Ducheffe fa Veuve. Leurs écrits font de veritables libelles diffamatoires, dans lefquels ils n'ont pas plus refpecté le feu Duc de Montbeillard, que la verité.

Une Veuve & des Enfans, doivent trop à un Mary & à un Pere, pour garder le filence dans de telles circonftances. Le refpect, qu'ils ont pour la memoire du feu Duc de Montbelliard, leur honneur, leur état & leur fortune, fe réuniffent pour les engager à refuter des écrits, qui, quelques injurieux qu'ils lui foient, auffi-bien qu'à fa Veuve & à fes Enfans, n'ont heureufement pour fondement & pour principe qu'une fauffeté manifefte. En attendant qu'ils foient en état de fe pourvoir au Confeil Aulique, & de demander à S. M. Imperiale la juftice, qui leur eft dûë : on va prouver à toute l'Europe, que Madame la Baronne de l'Efperance a été femme légitime & la feule du feu Duc de Montbelliard; que par confequent les Enfans, que ce Prince a eu d'elle, foit avant, ou depuis fon Mariage : les premiers legitimés par le Mariage, qui a fuivi : ceux-ci évidemment legitimes, ont feuls droit de lui fuccéder, foit par rapport à la Principauté de Montbelliard & aux Fiefs immediats de l'Empire, foit par rapport aux autres Terres & à tous les biens, qu'il a laiffez, à l'exclufion & du Comte de Sponeck, dont la mere n'a été que la Concubine de ce Prince, & de M. le Duc de Wirtemberg-Stougard, qui, indépendemment de ce qu'il ne feroit pas fon plus proche parent, ne fçauroit jamais lui fuccéder, à l'exclufion de fes Enfans legitimes.

FAIT.

LE feu Duc de Montbelliard, dès fa plus tendre jeuneffe, fut obligé de fuivre le Duc George de Wirtemberg-Montbelliard fon Pere, dépoüillé de fa Principauté de Montbelliard, & de l'accompagner en Silezie, où ce Prince chercha un azyle, auprès du Duc de Wirtemberg-Oëls fon Gendre.

En 1681, n'ayant encore que douze ans, il voyagea en Allemagne. Paffant dans les Etats de Wirtemberg, il y fut arrêté prifonnier. On n'impute pas cette violence à M. le Duc de Wirtemberg-Stougard, qui ne gouvernoit pas encore. On ne peut l'attribuer qu'à ceux qui avoient l'adminiftration de fes Etats, affez hardis & injuftes, pour s'être imaginé pouvoir envahir un jour la Principauté de Montbelliard, en exigeant d'un Prince auffi jeune, pour le prix de fa liberté, une renonciation aux Etats du Duc George de Wirtemberg-Montbelliard fon Pere, qui vivoit encore. Cette violence, fi contraire aux droits des gens & aux liaifons du fang, n'a été qu'un trop fûr préfage de celle, qu'on a exercée depuis la mort du feu Duc de Montbelliard, contre les Enfans légitimes de ce

Prince. Quoiqu'il ne fût alors qu'un Enfant, il n'eut pas affez de foibleffe pour s'effrayer des menaces des Miniftres de Wirtemberg, & il eut affez de pénétration pour démêler leurs artifices. Il ne douta pas que l'Empereur ne réprimât une violence auffi odieufe. Le Duc George fon Pere en ayant en effet porté fes plaintes à S. M. Imperiale : par un Mandement Imperial du 3 Octobre de la même année 1681, il fut ordonné au Prince Frideric-Charles de Wirtemberg, alors Adminiftrateur des Etats de Stougard, de mettre en liberté le feu Duc de Montbelliard. Ce Prince ne pût fe réfoudre à obéir. Le Duc George obtint deux autres Mandemens les 14 May & 9 Octobre 1682, qui ordonnoient l'execution du premier, fous peine d'execution militaire, & de l'indignation de l'Empereur. Ces deux Mandemens n'eurent pas plus d'effet. L'Empereur fût obligé de charger le Duc de Baviere d'entrer, à main armée, dans les Etats de Wirtemberg-Stougard, pour forcer le Prince Adminiftrateur, à mettre en liberté le Prince heréditaire de Montbelliard. Les préparatifs de cette execution militaire l'arracherent enfin des mains des Miniftres de Wirtemberg. Mais ils n'abandonnerent pas pour cela le projet qu'ils avoient formé d'envahir un jour fes Etats, pour les réünir à la Branche aînée.

Le Duc de Montbelliard, qui devoit fa liberté à l'Empereur, voulut lui en marquer fa reconnoiffance. Il fe mit à fon fervice, & fit plufieurs Campagnes en Hongrie, à la tête d'un Regiment d'Infanterie. Il commandoit dans la ville de Tockay, lorfqu'en 1693, elle fut bloquée par les Turcs. Il fit lever le Blocus, & força les Turcs à repaffer la Save, après une perte confiderable de leurs troupes.

Pendant les quartiers d'hyver, il revenoit auprès du Duc George fon Pere, qui étoit en Silezie chez Madame la Ducheffe d'Oëls fa Fille. Cette Princeffe avoit à fon fervice une jeune perfonne, nommée Anne Sabine Hedviger. M. le Duc de Wirtemberg (page 8 & 9 de fon Mémoire) en a fait la généalogie. Selon ce Mémoire, à la fin duquel on a fait imprimer des copies des piéces juftificatives, fa mere fervoit dans la maifon de Madame la Ducheffe d'Oëls en qualité de Confituriere, & la fille en qualité de femme de Chambre. Cette Fille étoit belle, vive, enjoüée, & n'ignoroit pas l'art de plaire. Elle infpira fans peine de l'amour à un jeune Prince, qui crut pouvoir fe faire un amufement de cœur, d'autant plus féduifant pour lui, qu'il devoit lui coûter peu de foins. Auffi ne foupira-t-il pas long-tems. Il falut bien-tôt chercher des expediens pour fauver les dehors & pour affurer à cette fille un mary. Le Duc de Montbelliard propofa à Claude Raguillot, l'un de fes Valets de Chambre, d'époufer Anne Sabine Hedviger. Celui-ci, mauvais courtifan, aima mieux facrifier fa fortune, que d'avoir la complaifance de paroître le mary de la maîtreffe de fon Prince. Il vit encore. Toute la Silezie le regarde comme un exemple rare de délicateffe fur le point d'honneur, laquelle ne s'accorde guére avec l'ambition, ou le befoin. Ce mauvais fuccès ne rebuta pas Anne Sabine Hedviger. Ses charmes & fon induftrie, lui offrirent une reffource, que fon Amant n'avoit pû trouver dans fes liberalitez. Elle agaça un Gentilhomme de Silezie, nommé Amadée Leopold de Zedlitz, qui n'avoit que quinze ans. Dans une partie de plaifir, où il s'enyvra, (a) elle furprit de lui une promeffe de mariage. Pour donner à ce mariage les apparences de la réalité (ce font les termes du

(a) Le Mémoire de M. le Duc de Wirtemberg, dit une partie de débauche.

Mémoire) elle le fit coucher dans sa chambre. Le jeune Gentilhomme revenu de son yvresse, ne se crut pas lié par pareil engagement. Anne Sabine Hedviger le fit assigner à l'Officialité, ou au Consistoire de Breslau, y obtint une Sentence (a) le 21 May 1695, qui déclara bonne & valable la promesse de mariage, & condamna le Gentilhomme à l'épouser. Neuf jours après elle accoucha en secret d'un premier enfant, qu'elle fit baptiser du nom de Leopold-Eberhard, qui étoit celui du Prince de Montbelliard son amant. Ce fils né en Allemagne, est mort à Montbelliard, comme on le dira dans la suite.

La Sentence du Consistoire de Breslau, qui déclaroit la promesse de mariage faite à Anne-Sabine Hedviger, bonne & valable, formoit entre elle & le Gentilhomme Silezien un engagement, qu'elle n'étoit pas en droit de dissoudre de son autorité privée, pour se livrer à un autre mary, avant que d'avoir été légitimement déliée, comme elle le fut depuis par une autre Sentence du même Consistoire, du 18 Août de la même année. Si le prétendu acte de célébration de mariage, rapporté par le Comte de Sponeck, datté du premier Juin de la même année, dont on parlera bientôt, n'avoit pas été fabriqué après coup, il s'ensuivroit que sa mere, mariée avec le feu Duc de Montbelliard, auroit eu l'éfronterie, près de trois mois après son mariage, de passer une transaction avec le sieur de Zedlitz, par laquelle pour le prix de sa renonciation aux promesses de mariage de ce Gentilhomme, & à la Sentence qui les déclaroit valables, ce jeune Gentilhomme, qui ignoroit son commerce avec le Duc de Montbelliard, sa grossesse & son accouchement, beaucoup plus encore le prétendu mariage du premier Juin, lui paya mille ducas, qu'il crut devoir sacrifier au rachat de sa liberté. Cette seconde Sentence déclara le sieur de Zedlitz quitte & libre de celle qui avoit été prononcée en faveur d'Anne-Sabine Hedviger, après qu'elle se fut démise entierement de sa prétention & renoncé en présence des Juges à la précédente Sentence, & les remit en liberté de se marier ailleurs à leur volonté.

L'impossibilité de concilier cette seconde Sentence (b) avec le prétendu acte de célébration de mariage, raporté par le Comte de Sponeck, fourniroit seule une preuve de sa fausseté, & qu'il n'a été fait qu'après coup. C'est ce qu'on établira plus particulierement dans la suite.

Le dégoût, que le sieur de Zedlitz avoit marqué pour la Hedviger, avoit fait trop d'éclat dans le Païs, & les causes de ce dégoût avoient été trop publiques, pour lui laisser esperer de secondes dupes. Elle se borna à fournir au Duc de Montbelliard, son amant, de nouvelles preuves de sa fécondité. Si on en croit le Comte de Sponeck, elle lui donna une fille le 15 Février 1697, & un fils, qui est lui, le 12 Décembre suivant. Il a fait imprimer à la fin d'un Mémoire, distribué à Vienne, sous le nom du feu Duc de Montbelliard, un Extrait Baptistaire de la fille, datté de Medzibohr, sans aucune légalisation. En le supposant vrai, il fournit une preuve de la bâtardise de l'Enfant; la mere n'y étant point qualifiée d'épouse: & par conséquent un second argument de la fausseté du prétendu acte de célébration de mariage du premier Juin 1695.

A l'égard du Comte de Sponeck, qui veut être cet Enfant né le 12 Décembre 1697, il n'a point d'Extrait Baptistaire, mais un simple certificat non légalisé, datté du 8 Septembre 1722, (c) d'un inconnu nommé Opfergeld, qui se qualifie Prevôt de Notre-Dame de Magdebourg, Ordre de Prémontré;

(a) Imprimée à la fin de ce Mémoire.

(b) Egalement imprimée à la fin de ce Mémoire.

(c) Il est également imprimé à la fin du Mémoire.

Prémontré. Cet inconnu y dit, qu'étant Diacre à Feftemberg en Silezie, le 12 Decembre 1697, il y avoit près de 25 ans, il avoit baptifé un Enfant mâle, nommé George Leopold, que fon Pere étoit S. A. S. Leopold Eberhard Duc de Wirtemberg Montbelliard, & fa mere Anne Sabine Hedviger, & qu'avoit été préfent comme Parrain le Capitaine Leonard de Nardin. L'auteur de ce certificat a oublié de qualifier la Hedviger d'époufe du Duc de Montbelliard. Indépendamment du défaut de cette qualification, fi importante pour l'état de la mere & de l'Enfant: quelle foy peut mériter pareil certificat? Un Extrait Baptiftaire ne fait preuve qu'autant qu'il eft conforme au Regiftre, dont il doit être tiré. On n'a pas ofé dire dans le certificat, rapporté par le Comte de Sponeck, qu'il eût été pris des Regiftres de l'Eglife de Feftemberg. Ces Regiftres n'étoient pas en la poffeffion de ce prétendu Prevôt de Nôtre-Dame de Magdebourg. Le certificat d'un particulier, fans caractere, dont on ne connoît ni l'écriture ni la fignature, qui attefte avoir baptifé, il y avoit 25 ans, un enfant de tel & de telle, pendant qu'il étoit Diacre, ou felon le langage des Proteftans, qu'il faifoit la fonction de Chapelain dans une Paroiffe Proteftante, eft d'autant plus méprifable, que les Regiftres de Baptêmes de cette Eglife font confervez en bonne forme. (a) La Duchefle de Montbelliard rapporte un certificat du Senieur & Pafteur, défervant actuellement l'Eglife de Feftemberg, du 19 Avril 1725, dûement légalifé par les Bourguemeftres & Magiftrats de la Ville, où il attefte, que dans ces Regiftres il ne fe trouve pas un mot de l'Enfant, qui, lors de fon Baptême, ait eu le nom de George-Leopold, & dont les pere & niere, ayent été le Sereniffime Prince & Seigneur Meffire Leopold-Eberhard Duc de Wirtemberg Montbelliard, & l'Illuftre Comtefle de Sponeck, née de Hedviger en Silezie. M. le Duc de Wirtemberg, à la fin de fon Memoire à Paris (pag. 8.) a fait imprimer un pareil certificat, donné le 20 Juillet 1722, par Daniel Langhammer, ancien Miniftre de l'Eglife Evangelique de Feftemberg, qui porte également, qu'ayant été requis de faire rechercher dans les Regiftres de fon Eglife, fi George-Leopold de Sponeck, fils d'Anne Sabine Hedviger, y a été baptifé le 12 Decembre 1697, & ayant fur ce lû avec foin le Regiftre de cette Eglife, dans lequel ont été infcrits tous les enfans, qui ont été baptifez, non-feulement pendant l'année 1697, mais pendant l'année fuivante; il a dû certifier, en témoignage de la verité & en fa confcience de Pafteur, que les noms fus-mentionnez, ni du fils, ni de la mere, ne fe trouvent point dans le Regiftre de cette Eglife, & qu'ils n'y ont point été infcrits. Ce qui ne permet pas de douter de la fuppofition & de la fauffeté atteftée par ce prétendu Prevôt de Magdebourg, que M. le Duc Wirtemberg dit dans fon Memoire avoir depuis été chaffé de Magdebourg, & interdit de fes fonctions à Feftemberg, pour fes mauvaifes mœurs. Le Comte de Sponeck n'ayant donc aucune preuve juridique, qu'il foit fils naturel du feu Duc de Montbelliard: comment a-t-il pû ofer s'en dire le fils légitime?

Le Duc George de Montbelliard, fut rétabli dans fes Etats en 1697 par le Traité de Paix de Rifwick. Le feu Duc de Montbelliard y retourna avec fon Pere. Il ne put empêcher qu'Anne Sabine Hedviger ne l'y fuivît. Quoique puifle dire le Comte de Sponeck, il eft très-certain, que tandis que le Duc George a vêcu, (il eft mort en 1699) elle n'a eu d'autre nom que celui d'Hedviger. Ce n'a été qu'en 1701 qu'elle prit celui de Comtefle de

(a) Il eft imprimé à la fin de ce Memoire.

B

Sponeck, dignité qui fut conferée à sa famille par l'Empereur Leopold, à la confideration de fes trois freres, d'un merite diftingué, & fur tout de l'aîné, excellent Officier, fort avancé à la Cour de Danemarck.

Le Duc de Montbelliard, laffé fans doute d'Anne-Sabine Hedviger, que nous appellerons deformais la Comteffe de Sponeck, s'attacha à Dame Henriette Hedwige, Baronne de l'Efperance. Il en a eu cinq enfans. Elle mourut le 9 Novembre 1707. (a) La Comteffe de Sponeck profita de cette conjonĉture, pour faire venir auprès d'elle trois enfans, qu'elle difoit avoir eu du Duc de Montbelliard, deux garçons & une fille. Elle eut foin de l'éducation de fa fille. Les deux garçons, fous le nom de Sponeck, que leur mere avoit pris, depuis qu'elle avoit été élevée à la dignité de Comteffe, comme fes Freres à celle de Comtes; entrérent au fervice du Duc de Montbelliard, en qualité de Pages. Leopold-Eberhard l'aîné, mourut la même année 1707. Il fut inhumé dans la cave de la famille de Sponeck, fous le feul nom de Sponeck. Sur fon cercueil, font les feules armes de fa famille; & fur une plaque d'argent, attachée au même cercueil, eft cette infcription, *Leopold Eberhard Sponeck.*

(a) *Son Extrait mortuaire eft imprimé à la fin du Memoire.*

Le Comte de Sponeck accompagna le Duc de Montbelliard fon Maître dans differentes Cours d'Allemagne, & entr'autres à Vienne, où chaque jour il montoit avec fes autres Pages au-devant de fon caroffe, à côté du Cocher.

Le Duc de Montbelliard, après la mort d'Henriette Hedwige, Baronne de l'Efperance, donna toute fon affeĉtion à Elifabeth Charlotte, Baronne de l'Efperance, fa fœur, qu'il a époufée depuis. La Comteffe de Sponeck crut alors ne devoir rien épargner pour traverfer un mariage, qu'elle craignit & qui lui parut devoir fûrement arriver. Elle n'ignoroit pas le projet que les Miniftres de la Maifon de Wirtemberg s'étoient formez depuis long-tems, de réünir à la branche aînée les Etats & les Fiefs poffedez par celle de Montbelliard. Elle leur offrit de conduire le Duc de Montbelliard dans les Etats de Wirtemberg-Stougard, & de l'engager de faire une ceffion anticipée de fa Principauté & de fes autres Terres à M. le Duc de Wirtemberg, pourvû que pour le prix d'un tel fervice, on affurât à elle & à fes Enfans dequoi fubfifter, & qu'on liât tellement les mains au Duc de Montbelliard, qu'il ne put époufer la Baronne de l'Efperance. Elle avoir eu le fecret de mettre auprès du Duc de Montbelliard, Jean Rodolphe Comte de Sponeck, l'un de fes freres, en qualité d'un de fes Chambellans, de Grand Veneur & de Confeiller de fon Confeil Privé. Celui-ci avoit acquis la confiance de fon Maître. La fanté du Duc de Montbelliard s'étant affoiblie; la Comteffe de Sponeck & fon frere engagérent les Medecins de ce Prince de lui perfuader, qu'il lui étoit néceffaire d'aller prendre les eaux de Wildbade, dans le Wirtemberg. Ceux qui l'approchoient, pour marquer mieux l'intérêt qu'ils prenoient au rétabliffement de fa fanté, applaudirent à ce confeil. Jean Rodolphe Comte de Sponeck, le principal Miniftre de l'intrigue, accompagna le Duc de Montbelliard à Wildbade. Les infirmitez de ce Prince y ayant tellement augmenté, qu'il fe crut defefperé : Le Comte de Sponeck & fa Sœur, fous prétexte de lui parler en faveur de fon propre fang, lui perfuaderent, qu'il n'y avoit pas de tems à perdre à pourvoir à la fubfiftance de fes Enfans : que n'en ayant point de légitimes, il y avoit tout lieu de craindre, que s'il venoit à mourir, fes enfans naturels, en perdant leur unique appui, ne reftaffent fans alimens ; qu'ils ne pourroient même trouver de protection, qu'auprès de M. le Duc de Wirtemberg, son cousin; que ce Prince étant le Chef de la Maison de Wirtemberg, il étoit de la gloire d'un Prince de la seconde Branche, d'en soûtenir la grandeur par la réunion de ses Etats à ceux de la Branche aînée; que par conséquent il devoit en assûrer la possession à M. le Duc de Wirtemberg; que par-là, remplissant ce qu'il devoit à l'honneur de sa propre Maison, il engageroit M. le Duc de Wirtemberg à protéger ses Enfans, & à ne pas les abandonner à la rigueur des Loix. Le Duc de Montbelliard, accablé de sa maladie, peu en état de découvrir le piege, qu'on lui tendoit, consentit à tout ce qu'on lui proposa.

Les Ministres de M. le Duc de Wirtemberg, & le Comte de Sponeck oncle, eurent bien-tôt dressé le traité : Il est necessaire de faire l'analyse de ses dispositions.

Dans le préambule, on fait dire au Duc de Montbelliard, « qu'après » avoir consideré, d'un côté que jusqu'alors il n'avoit point contracté de » Mariage licite, (a) suivant l'état que demandoit la Maison de Wirtem-» berg, ni qui fût convenable à sa naissance, de sorte que les trois sortes » d'Enfans, qu'il avoit procréé, ne pouvoient aspirer, ni à la Principauté » de Montbelliard & des neuf Seigneuries en dependantes, ni à aucuns » appanages, ou désistemens, & par ainsi hors d'état de demander la » moindre chose; que d'un autre côté, voulant pourvoir à ces mêmes » Enfans, incapables de lui succeder, pour lesquels il avoit une tendresse » particuliere, de façon que les alimens nécessaires à la vie ne leur man-» quassent pas tout-à-fait; par ces raisons, il s'étoit adressé à M. le Duc » regnant de Wirtemberg-Stougard Eberhard-Loüis, comme au légitime » Successeur des Etats de Montbelliard. (b) Que par ses instances, au-» près de lui, il avoit conduit l'affaire à la convention suivante, agrée » & concluë par leurs A. S.

» 1° Les deux Princes promirent de vivre à l'avenir dans une amitié in-» violable, en bonne harmonie & intelligence, de façon que M. le Duc » de Montbelliard assûroit de ne jamais rien faire, ni entreprendre de ce » qui pourroit porter préjudice à M. le Duc de Wirtemberg & à sa Mai-» son, de la Branche de Stougard, pour troubler ses droits à la succession » des Comtez & Seigneuries de Montbelliard, soit directement ou indi-» rectement; qu'au cas que jusqu'alors il eut fait, ou feroit à l'avenir quel-» que chose de contraire : il vouloit que tout fut révoqué & annullé.

» Pour plus grande confirmation, il s'engagea en second lieu, attendu » qu'il n'étoit pas marié convenablement à sa naissance, (c) selon que » dans la Serenissime Maison de Wirtemberg, cela étoit inévitablement » requis, & que par consequent il n'avoit point de Descendans légitimes » & habiles à lui succeder, au cas que Dieu le dût appeller de ce monde, » pour que M. le Duc de Wirtemberg regnant, pût être assûré de toute » la succession de Montbelliard, comme à lui déja appartenant, selon les » anciens pacts de famille, traités de partages & fideicommis : M. le Duc » de Montbelliard prendroit, pendant sa vie, les mesures, & donneroit » ses ordres positifs à son Conseil & à ses Officiers, que d'abord après sa » mort, quand, selon la volonté de Dieu, elle arriveroit, M. le Duc de » Wirtemberg & sa Serenissime Maison, de la Branche de Stougard, » fut dûement reconnu pour seul légitime Souverain de la Principauté de » Montbelliard, & des neuf Seigneuries & dépendances, dénommées dans

(a) On prouvera bien-tôt que le Duc de Montbelliard n'avoit, jusqu'à lors, contracté aucun Mariage. C'est donc une surprise manifeste d'avoir fait tenir à ce Prince, le langage, que l'on trouve dans le préambule du Traité de Wildbade.

(b) M. le Duc de Wirtemberg n'étoit pas le parent le plus proche & le présomptif héritier du feu Duc de Montbelliard, supposé qu'il fût mort en l'état, où il étoit lors de ce Traité. Ainsi fausse énonciation.

(c) Autre énonciation absolument fausse, puisqu'il n'étoit point marié du tout.

» l'Acte ; & que tout ce que M. le Duc de Montbelliard auroit possédé,
» ou dû posseder pendant sa vie , sans rien excepter ; déchargé des dettes,
» qu'il auroit pû avoir faites , & libre d'autres Charges semblables ; fût
» à lui remis en propre & sans partage ; les Officiers, Bourgeois & su-
» jets, tenus à lui prêter foy & hommage comme à leur véritable Sou-
» verain ; la Regence & le Conseil de Montbelliard pouvant en tout
» évenement prendre possession au nom de M. le Duc de Wirtemberg-
» regnant, au cas qu'il ne se trouvât pas plûtôt un Plénipotentiaire de
» sa part.

» Dans le troisiéme Article, M. le Duc de Wirtemberg, par contre, ou en
» consideration de ce que le Duc de Montbelliard venoit de lui promet-
» tre , promit de sa part , au cas qu'après la mort du Duc de Montbel-
» liard , il eut la Principauté de Montbelliard , & les neuf Seigneuries
» qui en dépendent , de fournir un fonds de 12000 florins du Rhin , de
» revenu annuel , des biens de Montbelliard , à titre de Fief feminin,
» pour les trois sortes d'Enfans du Duc de Montbelliard , à partager de
» maniere, que la Dame de Sponeck & ses deux Enfans , George-Leo-
» pold , (c'est le Comte de Sponeck) & Leopoldine , seroient dûement
» investis par le Duc de Wirtemberg , d'une portion , qui seroit de 4000
» florins de revenu. Les cinq Enfans (a) de la deffunte Henriette Hedvi-
» ger, Baronne de l'Esperance ; de la seconde portion , aussi de 4000 flo-
» rins du Rhin , de revenu ; & Elizabeth-Charlotte de l'Esperance : (c'est
» aujourd'hui la Duchesse Doüairiere de Montbelliard :) avec les Enfans,
» alors procréez, du Duc de Montbelliard , Henriette Hedwige , Leo-
» pold-Eberhard ; & ceux qu'il pourroit procréer à l'avenir , (b) de la
» troisiéme portion aussi de 4000 florins de revenu , au moyen de quoy
» tous ces Enfans seroient entierement exclus de toutes autres prétentions ;
» sous quelque prétexte que ce fut.

» En quatriéme lieu , pour que tout ce qui avoit été dit cy-dessus , fût
» d'autant plus ferme & stable , S. A. S. de Montbelliard déclara , & pro-
» mit de céder & abandonner de son vivant à M. le Duc de Wirtemberg,
» autant de païs , qu'il en faudroit , pour fournir le fonds de 12000 flo-
» rins , à l'effet qu'il investît dûement , de la maniere susdite , les trois sor-
» tes d'Enfans incapables à succeder, de la seule Basse-Justice, & de tous les
» revenus , en se réservant le Domaine direct ; en sorte que l'une , ou
» l'autre des familles , venant à s'éteindre , chaque portion fut réünie à la
» Maison de Stougard , comme au Seigneur direct ; sans accroître aux au-
» tres parties survivantes.

Le Duc de Montbelliard n'ayant alors que des Bâtards de trois differentes Maîtresses : rien n'étoit plus naturel , de la part d'un Pere, qui se
croyoit en danger de mort , que de pourvoir à leur subsistance. Mais on
aura peine à comprendre , que l'envie d'assûrer les Etats de ce Prince à
M. le Duc de Wirtemberg , ait si fort aveuglé ses Ministres, que d'oser
faire promettre au feu Duc de Montbelliard de ne point se marier ; avant
la mort de la Baronne de l'Esperance , en stipulant dans le sixiéme Article, » par une clause aussi extraordinaire, qu'elle est nulle & vicieuse ;
» qu'en cas qu'il la survécut , ayant promis de ne se point marier avant sa
» mort , & qu'ainsi , après sa mort, il ne se trouvât plus d'obstacles de se
» marier ; que par consequent à la suite du tems, sans légitime empêche-
» ment , & au préjudice de la maison de Stougard , il se marieroit d'une
» maniere

(a) *Charles-*
Leopold , Ferdi-
nand-Eberhard,
Eleonore - Char-
lotte , Eberhar-
dine & Leopol-
dine - Eberhar-
dine.

(b) *Charles-*
Leopold & Eli-
zabeth-Charlot-
te , sont nez de-
puis , & avant
le Mariage du
feu Duc de
Montbelliard &
de la Duchesse sa
femme. George-
Frideric est né
dans le cours de
ce Mariage ,
près de trois ans
après sa céle-
bration.

9

» manière convenable à fon état, & qu'il eut des Defcendans légitimes
» & Princes; ou que par quelqu'autre accident (contre toute efperance)
» il arriveroit que M. le Duc de Wirtemberg, & fa Maifon de la Bran-
» che de Stougard, ne fuccéderoit au Duc de Montbelliard; immédiate-
» ment après fa mort, dans tous fes Comtez & Seigneuries; que M. le Duc
» de Wirtemberg ne feroit plus tenu, à ce qui avoit été précedemment
» ftipulé de pure & bonne volonté de fa part, aux preffantes inftances du
» Duc de Montbelliard, en faveur de fes Enfans, & qu'alors tout feroit
» annullé & regardé, comme fi jamais il n'avoit rien été ftipulé pour eux.

Selon le fens, que les Miniftres de Wirtemberg donnent à cet Article,
le Duc de Montbelliard étoit obligé de continuer fon mauvais commerce
avec Madame la Baronne de l'Efpérance, fans pouvoir l'époufer, & même
fans pouvoir en époufer une autre, tandis qu'elle vivroit. Pareille ftipulation ne devroit-elle pas les faire rougir?

Par la claufe fuivante, M. le Duc de Wirtemberg promit au Duc de
Montbelliard de faire élever fes Enfans naturels à la dignité de Comte,
autant que cela fe pourroit faire, fans préjudice à la maifon de Wirtemberg, & d'y contribuer, autant qu'il dépendroit de lui, à condition
qu'aucun d'eux ne pourroit porter les Armes de Wirtemberg-Montbelliard, ni rien prétendre au-delà de ce qui leur avoit été accordé par le
Traité, par pure generofité, & fans obligation.

Par une dernière claufe, on fit promettre au Duc de Montbelliard,
fur fa parole & vraie foy de Prince, de tenir ferme & faintement (a) tout
ce à quoi il s'étoit engagé par le Traité, dans tous fes points, au pied
de la lettre, le tout fidellement & fans fraude.

Ce Traité du 18 May 1715, figné par les deux Princes & par les Miniftres de l'un & de l'autre, entr'autres par Jean Rodolphe Comte de
Sponeck, Chambellan du Duc de Montbelliard, frere de la Comteffe
de Sponeck, & oncle maternel du Comte de Sponeck, a été ratifié
par la Comteffe de Sponeck & par fes deux Enfans, le 29 Juillet fuivant; après une entière connoiffance, précedée & prife par la Regence
de Montbelliard, de toutes les circonftances qui l'accompagnoient, (ce
font les termes de l'Acte) & approuvé en toutes fes difpofitions. La ratification ajoûte, qu'ils fe contentoient abfolument de ce qui leur avoit
été accordé, pour leur entier défiftement, ne prétendant plus demander
la moindre chofe à M. le Duc de Wirtemberg & à fes Succeffeurs. Quoique dans l'Acte de cette ratification, il ne foit parlé que de la Comteffe de
Sponeck & de fes deux Enfans, George-Leopold & Leopoldine; on le
fit figner par la Ducheffe de Montbelliard, alors Baronne de l'Efperance, pour Elle & pour fes Enfans. Au bas, le Duc de Montbelliard a
certifié avoir donné fon confentement comme Pere, à la ceffion & renonciation, faite par les Enfans de la Comteffe de Sponeck : enfuite eft
fon decret en qualité de Souverain.

Le 18 Octobre 1718, trois ans après, le Comte de Sponeck ratifia &
confirma une feconde fois ce même Traité à Stougard, avec ferment
corporel & folemnel, dont la force & l'autorité, dit l'Acte, lui fut expliquée, fans vouloir avoir jamais recours au Benefice de minorité, ou autres
exceptions quelconques, ni former éternellement, lui & fes héritiers,
aucune prétention à la Principauté de Montbelliard, ni aux Comtez &
Seigneuries en dépendans, fous pretexte de fucceffion, appanage, ou

C

(a) cet adver-
be, faintement,
convenoit peu à
la promeffe,
qu'on faifoit fai-
re à ce Prince de
ne point époufer
celle qu'il en-
tretenoit alors,
ni aucune autre
femme pendant
fa vie.

alimentation. Il reconnut pour feul & legitime fucceſſeur en cette Principauté & ſes dépendances, M. le Duc de Wirtemberg-Stougard. L'acte
finit par ces termes : *Auſſi vrai que je ſouhaite que Dieu me ſoit en aide par Je-*
ſus-Chriſt. C'eſt George Leopold de Sponeck, qui parle & qui a ſigné avec le ſieur
Fallot, qui lui ſervoit de Conſeil.

Le Duc de Montbelliard, qui trouvoit dans la Baronne de l'Eſperance,
à la foibleſſe près qu'elle avoit euë pour lui, dont un Souverain n'a pas
accoûtumé de faire un crime à une Demoiſelle ſujette à ſa domination,
autant de bonnes qualitez, que ſa perſonne lui paroiſſoit aimable, crut par
un principe de conſcience (a) devoir s'acquitter envers elle des promeſſes,
qu'il lui avoit ſouvent données de l'épouſer, recompenſer ſon merite perſonnel, donner un état aux enfans qu'il avoit d'elle, & enfin s'aſſurer en
leurs perſonnes des heritiers legitimes. Il l'épouſa ſolemnellement le 15
Août 1718. La ceremonie ſe fit publiquement en preſence de tous les Ordres de la Principauté. Les Officiers Eccléſiaſtiques & Civils y aſſiſte-
rent. Tout ſe paſſa avec les formalitez les plus autentiques, ſelon les uſages des Princes de la Confeſſion d'Auſgbourg.

Tous les Corps de la Principauté complimenterent la nouvelle Ducheſſe de Montbelliard ſur ſon mariage; & lui rendirent leurs hommages,
comme à leur Souveraine. La Comteſſe de Sponeck & ſes enfans furent
les ſpectateurs & les témoins de ce triomphe. Quelque chagrin qu'il dût
leur cauſer, ils n'en firent rien paroître au dehors. Le Comte de Sponeck
n'avoit encore imaginé de s'ériger en Prince, & en Fils aîné du Duc
de Montbelliard, ſous prétexte de ce prétendu acte de mariage, qui
ſe trouve aujourd'hui ajoûté au Regiſtre d'une Egliſe de Pologne, & qui
n'a peut-être été fabriqué que depuis. Quoiqu'il en ſoit du tems auquel
il a été inſeré dans ce Regiſtre; la mere & le fils rendirent à la Ducheſſe
de Montbelliard, les reſpects qu'ils lui devoient.

Mrs Les Ducs de Wirtemberg-Oëls, Made. la Ducheſſe de Wirtemberg-
Oëls, & Made. la Princeſſe Anne de Wirtemberg, ſœurs du feu Duc de
Montbelliard, lui ont rendu tous les témoignages d'eſtime & d'amitié,
qu'une femme peut attendre des couſins & des ſœurs de ſon mari. Voici
comment Charles-Frideric Duc régnant de Wirtemberg-Oëls s'explique

Imprimée à
la fin du
Memoire. dans une lettre qu'il écrivit au feu Duc de Montbelliard le 6 Décembre
1720 : *Avec la permiſſion de vos graces, je fais mes très-obéiſſans complimens &*
recommandations à Madame votre Epouſe, & à ſes très-chers Enfans: Ces termes
ſont écrits de ſa main.

A la fin du Memoire diſtribué à Vienne par le Comte de Sponeck,
ſous le nom du feu Duc de Montbelliard, il a fait imprimer une Lettre
de Chriſtian Ulric Duc de Wirtemberg-Oëls, écrite au feu Duc de Montbelliard le 20 Août 1720, dont voici les termes : »Nous ne ſçaurions
» vous cacher que nous avons été fort ſurpris d'apprendre que notre cher
» Couſin le Duc de Wirtemberg-Stougard, a repréſenté dans un Memoire
» du 15 Fevrier dernier, que ſon Conſeiller & Envoyé Dermineur a remis
» à S. M. le Roy de France, qu'il n'y a point de Princes ni de Princeſſes
» de la Maiſon de Wirtemberg, qui reconnoiſſent l'Epouſe de V. A. S.
» la Sereniſſime Princeſſe Elizabeth-Charlotte Ducheſſe de Wirtemberg
» Montbelliard, née Baronne de l'Eſperance, notre très-chere Couſine,

(a) Qui ſeduxerit virginem nondum deſponſatam & dormierit cum ea, dotabit eam & habe-
bit uxorem. *Exodi. Cap.* 22.

ij

» pour la femme légitime de V. A. S. ni les Princes & Princesses vos En-
» fans nos très-chers Cousins & Cousines, pour Enfans legitimes, &
» habiles à succeder. Comme donc cela nous a fort surpris, par l'endroit
» que non-seulement nous n'avons point donné de plein pouvoir à notre-
» dit Cousin le Duc de Wirtemberg-Stougard, pour faire de telles re-
» montrances, mais reconnoissons plutôt l'Epouse de V. A. S. la Sereniss-
» sime Princesse Elizabeth-Charlotte Duchesse de Wirtemberg Mont-
» belliard, &c. née Baronne de l'Esperance, notre très-chere Cousine, pour
» la femme legitime de V. A. S. de même que nos très-chers Cousins &
» Cousines les Princes & Princesses ses Enfans, pour Enfans legitimes, ha-
» biles à succeder, & pour Princes & Princesses . . . Dieu ayant beni
» V. A. S. d'une nombreuse posterité légitime, & pouvant encore l'en be-
» nir dans la suite, &c.

Le même Prince dans une Lettre de compliment, qu'il écrivit à la *Imprimée à la fin du Mémoire.*
Duchesse de Montbelliard à l'occasion du renouvellement de l'année,
le 2 Janvier 1722, la qualifie de Sereniss. Princesse, très-honorée Cou-
sine & mere; (a) il se recommande à la continuation de ses graces inesti- *(a) Ce terme de mere, n'est qu'un nom d'amitié.*
mables, & finit sa Lettre en ces termes : » Je suis avec toute la venera-
» tion & le respect, de vos graces, très obéissant & fidel cousin, fils & ser-
» viteur. L'inscription est à S. A. S. Madame la Duchesse Elizabeth-Char-
» lotte de Wirtemberg-Montbelliard, née Baronne de l'Esperance, à Mont-
» belliard.

Après la mort du Duc de Montbelliard, le même Prince lui écrivit le *La Lettre est imprimée à la fin du Mémoire.*
2 Avril 1724 dans ces termes, également pleins d'estime & d'amitié :
» Sereniss. Duchesse, très-honorée Cousine & Mere, votre gracieuse
» Lettre m'a tout-à-fait consolé, craignant être bani de votre gracieux
» souvenir. Le cœur me saigne, ma gracieuse maman, de vous sçavoir
» dans un état si malheureux, sur tout puisque pour le present je me trouve
» embarassé de reconnoître les graces infinies que j'ai reçu de vous,'&c. Je
» me recommande à la continuation de vos graces,& je suis jusqu'à la mort
» avec un profond respect de vos graces très-obéissant & fidel Cousin,
» Fils & serviteur. L'inscription : à S. A. S. Madame la Duchesse Doüai-
» riere de Wirtemberg Montbelliard, née Baronne de l'Esperance. A
» Ostheim.

La Duchesse Doüairiere de Wirtemberg-Oëls, dans une Lettre de com- *Imprimée à la fin du Mémoire.*
plimens à la nouvelle année, dattée de Breslau le 27 Decembre 1722,
qui commence par Sereniss. Duchesse, ma très-chere belle sœur, ne
lui marque pas moins d'amitié & de politesse ; en lui souhaitant une felicité parfaite, telle que la personne, à qui elle écrit auroit pû la desirer
elle-même. Elle ajoute cette expression : » Pour la grande consolation
» de celle qui se dévoüe entierement à vos graces, & qui sera jusqu'au
» dernier soupir de sa vie, de vos graces très-fidelle & dévoüée belle-
» sœur & très-obéissante servante. La suscription : A. S. A. S. Madame
» Elizabeth-Charlotte, Duchesse régnante de Wirtemberg-Montbelliard,
» née Baronne de l'Esperance du S. Empire, à Montbelliard.

Dans une autre Lettre du 7 Octobre 1724, posterieure de dix-huit *Imprimée à la fin du Mémoire.*
mois à la mort du Duc de Montbelliard, qui commence également par
» Sereniss. Duchesse ma très-honorée & très-chere belle-sœur : elle lui
» dit : J'ai vû avec une grande douleur, par la Lettre de vos graces,
» mon incomparable Duchesse, que vos graces & ses Sereniss. Enfans,

C ij

» que j'embraffe un million de fois, ont été prefque tous malades, mais
» qu'à préfent Dieu foit loüé, ils fe portent mieux. Je fouhaite de
» tout mon cœur que le Seigneur veüille toûjours conferver vos graces
» & fes chers Princes & Princeffes dans une fanté heureufe & dans un
» contentement parfait, &c. Je demeure jufqu'au tombeau, de vos graces
» très-fidele & devoüée belle-fœur & obéiffante fervante. Signée Eleo-
» nore-Charlotte, Ducheffe de Wirtemberg-Oëls; la fufcription eft, à S.
» A. S. Madame Elizabeth-Charlotte, Ducheffe Doüairiere de Wirtem-
» berg-Montbelliard, à Oftheim.

Imprimée à la fin du Memoire. La Princeffe Anne dans une Lettre de félicitation, qu'elle écrivit au
Duc de Montbelliard fon frere, fur la naiffance de George-Frideric fon
dernier fils, & de Madame la Ducheffe Doüairiere de Montbelliard fon
Epoufe, s'explique en ces termes : » Sereniffime Prince, très-honoré &
» très-cher Frère, la Lettre de vos graces nous a bien réjoüi, nous fou-
» haitons à vos graces, à votre Epoufe, & au fils de la chere Ducheffe
» toute forte de bonheur & de benediction, &c.

Imprimée de même. Le 26 Decembre de la même année, elle écrivit une Lettre de compliment à Madame la Ducheffe de Montbelliard. Sa Lettre commence:
» Sereniffime Ducheffe & Belle-fœur, & finit : Nous fommes de vos gra-
» ces très-obéiffante Belle-fœur; figné Anne Ducheffe de Wirtemberg; la
» fufcription, à S. A. Madame Elifabeth-Charlotte, Princeffe de Mont-
» belliard, à Montbelliard.

Idem. Dans les prieres nominales, que cette Princeffe fait faire dans fes
Terres, voici quelle en eft la formule : » Nous prierons Dieu pour Sa
» Majefté Très-Chrétienne, pour la Sereniffime Ducheffe, notre très-gra-
» cieufe Princeffe, pour la Sereniffime Ducheffe de Wirtemberg-Oëls,
» pour la Sereniffime Ducheffe Doüairiere Elizabeth-Charlotte, & pour
» tous fes Princes & Princeffes, & pour toute la Sereniffime Maifon de
» Wirtemberg.

C'eft auprès de cette Princeffe à Oftheim en Alface, que la Ducheffe
Doüairiere de Montbelliard, s'eft retirée, depuis la mort du feu Duc
de Montbelliard fon mari. Elle y eft encore aujourd'hui.

Le mariage du Duc de Montbelliard avec Elizabeth-Charlotte de l'Ef-
perance, eft du 15 Août 1718. Le 22 Fevrier 1719 ce Prince maria le Comte
de Sponeck avec Eleonore-Charlotte de Sanderfleben de Coligny. Dans
Imprimé à la fin du Memoire. l'acte de celebration, Sponeck eft qualifié d'Illuftre Seigneur George
Leopold Comte de Sponeck, fils de S. A. S. Leopold-Eberhard Duc de
Wirtemberg Montbelliard, & d'Illuftre Dame Anne-Sabine Comteffe de
Sponeck. Si la Comteffe de Sponeck avoit alors prétendu avoir été femme
légitime de ce Prince: auroit-elle oublié, dans un acte auffi important,
de prendre la qualité, du moins de ci-devant Epoufe du Duc de Mont-
belliard, & fon fils celle de Prince hereditaire de Montbelliard?

Une circonftance importante à remarquer, c'eft que le Duc de Montbelliard a eu cinq enfans de la Ducheffe de Montbelliard, avant fon mariage avec elle, & deux depuis. Dans les Actes Baptiftaires des cinq premiers, ils font fimplement qualifiez fils, ou filles de S. A. S. Leopold-
Eberhard Duc de Wirtemberg-Montbelliard & de Madame Elizabeth-
Charlotte de l'Efperance, de même dans l'Acte mortuaire de l'un d'eux.
Il n'en eft pas de même de l'acte Baptiftaire de l'un des enfans, né depuis
le mariage, l'autre étant mort en naiffant, fans avoir été baptifé. Il eft
conçu

conçû en ces termes : Le 16 Août 1722 nâquit un fils à S. A. S. Leopold Eberhard Duc de Wirtemberg-Montbelliard, de Madame son Epouse Elizabeth-Charlotte, Baronne de l'Esperance, & fut baptisé le 18 dudit mois dans l'Eglise de la Cour & du Château de ce lieu, & nommé George Frideric.

Quelqu'estime & quelque tendresse, que le Duc de Montbelliard ait eu pour la Duchesse Elizabeth-Charlotte Baronne de l'Esperance, la seule qu'il ait crû digne d'être sa femme légitime ; & pour les enfans qu'il avoit d'elle : il avoit ses foiblesses pour ceux, qu'il croyoit avoir eu de la Comtesse de Sponeck. Il venoit de marier l'aîné, George Leopold de Sponeck avec Charlotte-Eleonore de Coligny, ou de Sandesleben, fille de la sœur de Madame la Duchesse de Montbelliard. Celle-ci bien faite de sa personne, d'un esprit adroit & insinuant, avoit trouvé le secret de gagner l'amitié d'un Prince, qu'elle avoit d'autant plus de facilité de voir sou-vent, qu'elle étoit niéce de la Duchesse sa femme. Aidée par les intri-gues de la Comtesse de Sponeck sa Belle-mere, elle engagea le Duc de Montbelliard, qui avoit reconnu George-Leopold de Sponeck son mari pour son fils naturel dans le traité de Wildbade, à le traiter encore de fils légitime, & de Prince hereditaire de ses Etats : sans néanmoins que la Comtesse de Sponeck sa mere prît le nom & le titre de Duchesse ; ce Prince n'ayant jamais eu la pensée de lui communiquer les honneurs, qui n'étoient dûs qu'à la femme du Souverain. Madame la Duchesse de Mont-belliard comprit aisément l'usage, que les ennemis du Prince son mari & d'elle, ne manqueroient pas de faire quelque jour d'une reconnois-sance, si opposée à toutes les régles. Mais quelque injure, que le Duc de Montbelliard fit à ses enfans légitimes : elle sçavoit que leur état & leur fortune ne dépendoient pas de simples déclarations de leur Pere. Conso-lée par cette securité, qui accompagne ceux qui sont à l'abri des loix : elle ne crût pas devoir fatiguer le Prince son époux par les justes re-proches, que méritoit l'atteinte, qu'on lui faisoit porter à l'état de son Epouse & de ses enfans. Elle se contenta de gémir en secret, sur le mal-heur, que le Duc de Montbelliard alloit s'attirer & à toute sa famille. Ce qu'elle prévoyoit, arriva bien-tôt.

En 1719 le Duc de Montbelliard obtint du Roy, des Lettres de natu-ralité pour la Duchesse de Montbelliard son épouse. Dans ces Lettres, il fit comprendre, non-seulement les enfans légitimez, ou légitimés, qu'il avoit d'elle, mais encore George Leopold de Sponeck, & Leopoldine Eber-hardine sa sœur, qu'il disoit avoir eu de la Comtesse de Sponeck. Il fit donner indistinctement aux uns & aux autres les mêmes qualitez de Princes & de Princesses, de cousins & de cousines de S. M.

M. le Duc de Wirtemberg ne manqua pas cette occasion, qui lui four-nissoit un prétexte specieux de confondre ces deux sortes d'enfans, dont l'état étoit néanmoins si different. Il supplia le Roy de révoquer ces Lettres de naturalité, par rapport aux qualitez qu'on vient d'expliquer, données, selon lui, à des enfans également illegitimes, les deux meres, dont ils étoient issus, étant encore actuellement vivantes. Le Duc de Montbelliard, au lieu de desavoüer la fausse démarche qu'on lui avoit fait faire, obsedé tant par la Comtesse de Sponeck & par ses enfans, que par ceux d'Henriette Hedwige, Baronne de l'Esperance, unis avec les premiers par un double mariage, eut la foiblesse de la soûtenir. Il en laissa

D

le foin au Comte de Sponeck. Celui-ci ébloüi par la qualité de Prince hereditaire, que le Duc de Montbelliard avoit eu l'imprudence de lui donner dans les Lettres Patentes du Roy, propofa fous le nom de ce Prince des exceptions, & demanda que la Requête de M. le Duc de Wirtemberg, fût renvoyée à l'Empereur. Le Roy ayant égard à ce dé-clinatoire, renvoya les Parties à fe pourvoir à S. M. Imperiale, comme au feul Juge, de l'état des Princes de l'Empire, pour, par elle, décider de celui des enfans du Duc de Montbelliard. Sous prétexte de ce renvoi, les Miniftres de M. le Duc de Wirtemberg furprirent un premier refcrit au Confeil Aulique le 8 Novembre 1721, portant, que le titre de Ducheffe & la qualité de prefente femme du Duc de Montbelliard, donnez à Eliza-beth-Charlotte, Baronne de l'Efperance, & ceux de Princes & Princeffes, donnez à leurs enfans, & celui de fon fils aîné, né d'Anne-Sabine Com-teffe de Sponeck, & celui de fa fille aînée, avec tout ce qui s'étoit paffé à ce fujet, dans & hors les prieres nominales de l'Eglife, feroit entiere-ment caffé & annullé. En conféquence de ce premier refcrit, les Mi-niftres de Stougard envoyerent des Commiffaires à Montbelliard, pour y faire reconnoître le droit *Eventuel*, (*a*) que leur Maître s'attribuoit de fucceder au Duc de Montbelliard. A la tête de ces Commiffaires, étoit Jean-Rodolphe de Sponeck, frere de la Comteffe de Sponeck, & oncle de George-Leopold. Ce Miniftre, malgré la folicitation du fang & l'honneur, qui eût rejailli fur lui, fi fon neveu eût pû devenir fils lé-gitime du Duc de Montbelliard, n'a jamais ofé le reconnoître pour tel; perfuadé que les artifices de fa fœur ne pourroient jamais fuppléer, un mariage, qui n'avoit d'exiftence que dans fon imagination.

(*a*) C'eft-à-dire le droit que M. le Duc de Wirtemberg pré-tendoit avoir de fucceder au Duc de Montbelliard, fuppofant qu'il ne pourroit laiffer des enfans légi-times.

Pour arrêter les mouvemens, que les Miniftres de Stougard tâchoient d'exciter dans les Etats de Montbelliard: le Duc de Montbelliard forma op-pofition à ce premier refcrit, furpris fur Requête au Confeil Aulique. Il fe difpofoit d'aller lui-même défendre fon mariage avec la Ducheffe de Mont-belliard fa femme, fon état & celui des enfans qu'il avoit d'elle. Mais la Comteffe de Sponeck ne douta pas qu'étant à Vienne, on ne lui ouvrît les yeux fur les fauffes démarches, qu'on lui avoit fait faire; que libre d'obfef-fion, il ne fentît & l'impoffibilité d'élever George-Leopold de Sponeck à la qualité de fon fils aîné, & de Prince hereditaire de Montbelliard, & l'injure qu'on lui avoit fait faire à la Ducheffe de Montbelliard fa femme légitime & à fes enfans, en confondant avec eux des enfans pu-rement naturels, & qu'il ne prît le fage parti d'abandonner l'idée odieufe & chimerique, qu'on lui avoit infpirée, de rendre légitimes ces enfans naturels, au moyen dequoi la conteftation d'entre lui & M. le Duc de Wirtemberg Stougard, n'auroit plus été fufceptible du moindre doute. Elle eut affez d'adreffe & d'intrigue pour parer le coup.

Le fieur de Waldner, en fortant de la maifon des Princes de Birken-feld, s'étoit attaché à celle de Montbelliard. La Comteffe de Sponeck en faifoit dire fans ceffe tant de bien au Duc de Montbelliard, que pré-venu de fon habileté, il lui avoit donné fa confiance. Ce Prince avoit toûjours eu du foible pour la Comteffe de Sponeck. Il aimoit les Enfans, qu'il croyoit avoir eu d'Elle; on n'eut pas de peine à lui rendre poffible ce qu'il auroit fouhaité.

La Comteffe de Sponeck avoit trouvé le moyen de faire inferer dans les Regiftres, d'une petite Eglife fucurfale, aux extrémités de la Pologne, un faux acte de célébration de mariage, d'entre le Duc de Mont-belliard & Elle, que l'on a datté du premier Juin 1695. En 1714, le Duc de Montbelliard avoit eu la complaisance de laisser rendre une Sentence au Consistoire de Montbelliard, qui de son consentement, & de celui de la Comtesse de Sponeck, à cause de la disparité de leurs humeurs, & pour des causes suffisantes, avoit prononcé la dissolution de leur ma-riage, comme s'il y en avoit eu de celebré entr'eux. La Comtesse de Sponeck avoit encore engagé ce Prince à faire aprouver cette Sentence de divorce par les Ministres de la Principauté de Montbelliard. Avec de pareils titres, dont on démontrera dans la suite le faux & l'illusion ; le sieur de Waldner persuada au Duc de Montbelliard, qu'au lieu d'aller personnellement à Vienne, il devoit se contenter d'y envoyer George Leopold de Sponeck, comme son fils & Prince hereditaire de Mont-belliard ; qu'en l'y accompagnant, il trouveroit aisément le moyen de lui faire confirmer, par le Conseil Aulique, cette qualité, & d'assûrer en même tems aux Enfans de la Duchesse de Montbelliard la légitimité de leur naissance, avec les honneurs & les avantages, qui en sont la suite nécessaire.

Quoique la Comtesse de Sponeck n'espérat pas de réüssir : c'étoit assez pour elle d'empêcher le Duc de Montbeillard d'aller à Vienne, & d'être assûrée, que sous le nom du Duc de Montbelliard, on continueroit de confondre ses Enfans avec ceux d'une Rivale, devenuë à son exclusion, légitime Epouse de ce Prince. Elle se flattoit qu'un pareil mêlange don-neroit tant d'avantage aux Ministres de Stougard, soûtenus du crédit de leur Maître ; que c'en seroit assez pour exclurre, en faveur de ce Prince, les Enfans légitimes du Duc de Montbelliard & de la Duchesse sa femme, Madame Elizabeth-Charlotte, née Baronne de l'Esperance, de la Principauté, des Terres, & des autres Biens de la succession de leur Pere.

Le sieur de Waldner alla donc à Vienne avec le Comte de Sponeck, qui se faisoit appeller le Prince hereditaire de Montbelliard. Ce voyage eut le succès, que toute personne de bon sens en devoit attendre. Le Comte de Sponeck voulut se présenter à l'audience de S. M. Imperiale, sous le nom de Prince hereditaire de Montbelliard. Cet honneur lui fut refusé. L'Empereur auroit-il pû l'accorder à un homme, qu'il avoit vû à sa Cour, il n'y avoit que quelques années, servir de Page, un Prince, dont il avoit le front de se dire fils légitime, qui, trois ans auparavant, s'étoit marié publiquement comme simple particulier, & pour le plus, comme fils naturel du Duc de Montbelliard, qui n'avoit jamais eu d'au-tre fonction, près de ce Prince, que celle de son Domestique, & qui enfin avoit porté à Vienne, cette Capitale de l'Empire, sa livrée, monté au-devant de son carrosse, & servi à sa table.

Le sieur de Waldner fut donc obligé de mener le Comte de Sponeck à l'audience de l'Empereur, comme simple particulier. Ce début faisoit aisément comprendre à l'un & à l'autre, que la Cour de Vienne étoit trop éclairée & trop en garde, pour se laisser surprendre à l'artifice, & pour donner à un Bâtard les droits & les prérogatives d'un Prince légi-time. Si le sieur de Waldner avoit eu des intentions droites, pour l'hon-neur & pour le bien de la Maison de Montbelliard ; s'il avoit été moins dévoüé à la Comtesse de Sponeck : au lieu d'écouter ce qu'exigeoit de lui la confiance, dont un Souverain l'honoroit; & d'agir comme s'il avoit été gagé par fes ennemis, pour le trahir : il fe feroit contenté, en retranchant le Comte de Sponeck d'un Procès, où fa naiffance ne lui permettoit pas de prendre le moindre interêt; de rapporter l'Acte de celebration folemnelle du mariage du Duc de Montbelliard, avec la Ducheffe fa femme, & les autres preuves de la légitimité de ce lien facré, & fe feroit uniquement attaché à défendre les droits & les prérogatives; qui en font infeparables. S. M. Imperiale auroit-Elle pû refufer, à des titres auffi victorieux, la juftice, qui leur eft dûë? Le fieur de Waldner laiffa écouler bien des jours, qu'il auroit dû ménager, fans rien faire pour l'interêt du Duc de Montbelliard fon maître; & pour l'honneur de fa Maifon. Il revint à Montbelliard avec le Comte de Sponeck fur la fin de l'année 1722, fans avoir fait autre chofe à la Cour de Vienne, que d'avoir donné une idée affreufe de la conduite du Duc de Montbelliard; & des droits de la Ducheffe fon Epoufe; & de ceux de leurs Enfans, par l'affectation qu'il avoit euë de confondre, & de mêler perpétuellement leurs noms & leurs interêts, avec ceux des Enfans naturels, que ce Prince pouvoit avoir eu auparavant de la Comteffe de Sponeck.

Le Duc de Montbelliard tomba malade au commencement du mois de Mars 1723. Sa maladie parut d'abord mortelle. C'en fut affez pour dévoiler le caractere de la Comteffe de Sponeck & de fes Enfans. Leur application ne fut plus dès-lors, que de faire des Partifans. Tandis que la maladie dura; ce ne fut, de leur part, qu'intrigues; pour foûtenir l'ufurpation, qu'ils avoient projetté de faire des Etats de Montbelliard. Madame la Ducheffe de Montbelliard ne leur faifoit aucun ombrage. Occupée du foin de remplir fes devoirs auprès du Prince fon Epoux : attentive à le fervir; & à lui faire rendre les fecours dont il avoit befoin; elle tâchoit, en partageant avec lui fes douleurs, de les lui rendre fuportables. Uniquement fenfible à la crainte de le perdre : elle ne fongeoit qu'à ce qui pouvoit le foulager, & prolonger fes jours. Pendant qu'elle oublioit ainfi ce que fes interêts & ceux de fes Enfans, auroient auffi demandé d'elle : le Comte de Sponeck ne s'endormoit pas, il gagnoit les Officiers du Prince, corrompoit fes Domeftiques. Les Comtes de Coligny, dont il avoit époufé la fœur; quoique comblez des bienfaits du feu Duc de Montbelliard, leverent des troupes à la Campagne. Ils les firent entrer dans le Château; pour mettre en état le Comte de Sponeck de s'en affûrer, & de s'y maintenir.

Le Duc de Montbelliard mourut le 25 Mars. A peine eut-il les yeux fermez, que le Comte de Sponeck fe fit donner les clefs du Château, & fe fit prêter ferment de fidelité par la Garnifon; & par tous ceux qui fe trouverent dans la place. Qui auroit ofé s'y oppofer? La Garnifon, levée par les Comtes de Coligny, étoit à fa devotion. Madame la Ducheffe de Montbelliard, accablée de fa douleur, n'étoit güeres en état de lui réfifter. Dès lors que Sponeck fe vit le maître; fon premier foin fut de mettre la Ducheffe de Montbelliard hors d'état d'agir, en lui ôtant tout moyen de fubfifter, Elle & fes Enfans. Le fieur de Waldner, comme on l'a obfervé, avoit furpris la confiance du feu Duc de Montbelliard. C'en étoit affez à la Ducheffe fa veuve, pour ne pas s'en méfier. Si-tôt qu'il vit Sponeck le plus fort, il lui offrit fes fervices. Sponeck, qui fçavoit de quoi il étoit capable, lui propofa de témoigner en

secret

secret à Madame la Duchesse de Montbelliard, un dévoüement particulier, & tout le zele possible pour ses intérêts, & pour ceux de ses Enfans. Madame la Duchesse de Montbelliard, qui ne sçavoit pas qu'il
s'étoit livré à Sponeck, & qui jugeoit de ses sentimens, par ceux que
la reconnoissance des bontés de son mary & des siennes, auroit dû lui
inspirer, n'eut garde de le soupçonner de perfidie. Il ne lui conseilloit, que le seul parti qu'elle avoit effectivement à prendre, qui étoit
de se pourvoir à la Cour de Vienne & à celle de France, pour y faire
connoître son état de Veuve du feu Duc de Montbelliard, & celui de
ses Enfans, d'Enfans légitimes de ce Prince, & d'implorer la justice de
l'Empereur & du Roy, & même la protection de leurs Majestés, pour
faire cesser l'usurpation de Sponeck, & rétablir ses Enfans dans la possession des Etats de leur Pere, & de tous les biens qu'il avoit laissé. Il
n'eut pas de peine à persuader, que pareilles poursuites ne pouvoient se
faire sans argent. Madame la Duchesse de Montbelliard, qui n'avoit
pas à choisir, crut pouvoir accepter les bons offices que le sieur de Waldner
lui offroit, & lui confier le peu d'argent comptant qu'elle avoit. Elle
ordonna au Receveur de son Doüaire, de lui délivrer 9000 liv. qu'il
avoit à elle. Elle esperoit qu'il ne s'en serviroit que pour soûtenir l'état
& la fortune de l'Epouse & des Enfans légitimes, d'un Prince, qui
l'avoit honoré de son estime, & comblé de ses bienfaits.

Le sieur de Waldner n'eut pas plûtôt touché les 9000 liv. qu'il les remit au Comte de Sponeck. Celui-ci auroit dû être content d'avoir ainsi
dépoüillé la Duchesse de Montbelliard de tout ce qu'elle pouvoit avoir.
Toute dénuée qu'elle étoit, sa présence, dans les Etats de Montbelliard,
ne l'inquiétoit pas moins. Tous les ordres de la Principauté l'avoient vûë
l'Epouse légitime de leur Souverain, & partager avec lui les honneurs
de la Souveraineté. Ils lui avoient fait souvent des complimens en cette
qualité, & rendu les autres honneurs, qui ne sont dûs qu'à pareil rang.
Ils pouvoient se lasser bien-tôt de l'usurpation d'un Bâtard, faite au préjudice des Enfans légitimes de leur Prince. L'amour & la fidelité, que
les peuples ont naturellement pour l'Epouse de leur Souverain & pour
sa posterité légitime, pouvoient se réveiller. C'en étoit trop pour laisser
tranquile un Usurpateur; sur-tout après que le ministere du Château
l'eut compris, la premiere dans les prieres nominales de l'Eglise, comme
Duchesse Doüariere de Montbelliard. Sponeck n'osant pas cependant la
chasser par force: voulut lui persuader de se retirer en quelque lieu de sûreté. Il lui représenta qu'il y avoit des mouvemens dans la Principauté, qui
pouvoient avoir des suites: que M. le Duc de Wirtemberg-Stougard
faisoit avancer des troupes, pour assiéger le Château de Montbelliard:
qu'il ne convenoit ni à son sexe, ni à l'âge de ses Enfans d'y essuyer un
siege. Madame la Duchesse de Montbelliard chercha de son côté à éluder la proposition. Le Comte de Sponeck, qui se voyoit le plus fort,
changea alors de langage, & lui parla de maniere, que crainte de pis,
pour elle & pour ses Enfans, il lui falut céder. Elle se flattoit qu'il lui
seroit du moins permis d'emporter avec elle, ses papiers, ses habits, &
les hardes, qui étoient à son usage & à celui de ses Enfans. Elle les avoit
fait mettre dans des coffres. Le Comte de Sponeck eut la cruauté de s'en
emparer. La Duchesse de Montbelliard fut donc forcée de sortir du Château de Montbelliard, & de se refugier à Clerval en Franche-Comté,

E

fans argent, fans linge, fans habits & fans hardes, dépoüillée de tout, jufqu'à fes papiers & à fes titres les plus importans. Ce n'eft que par un coup de la Providence qu'elle à recouvré peu à peu ceux qui pouvoient lui être néceffaires pour la défenfe de fon état, & de celui de fes Enfans. Elle en a heureufement affez pour confondre fes ennemis & les leurs.

On auroit crû qu'un Ufurpateur, affez hardi pour chaffer de leurs Etats la Veuve & les Enfans légitimes de fon Prince Souverain, auroit affez de cœur pour en défendre la principale place, & pour y foûtenir un fiége. Cependant le Comte de Sponeck n'eut pas plûtôt reçû des nouvelles fûres, que les troupes de M. le Duc de Wirtemberg étoient en marche pour venir affiéger Montbelliard, que profitant des iffuës, qu'il avoit libres, il fit fortir du Château tous les effets prétieux que le Duc de Montbelliard avoit laiffé à fa mort, pierreries, vaiffelle d'or & d'argent, & l'argent monnoyé. Le tout n'eut pas été tranfporté en lieu de fureté, que Sponeck ne penfa plus qu'à y mettre également fa perfonne. Par une honteufe capitulation, avant même qu'il y eut de tranchée ouverte, il mit entre les mains des Officiers de M. le Duc de Wirtemberg une Souveraineté, qu'il avoit envahie quelques jours auparavant. C'eft ainfi que M. le Duc de Wirtemberg a enfin a recüeilli le fruit des violences & des intrigues, pratiquées par les Miniftres de fes Etats depuis plus de quarante ans, pour envahir ceux de Montbelliard, & en dépoüiller la pofterité du dernier Duc, quelque légitime qu'elle pût être.

A peine ces Miniftres avoient appris fa maladie, qu'ils firent courir le bruit de fa mort. A la faveur de cette fauffe nouvelle, & de l'argent qu'ils femerent avec profufion, ils fe rendirent favorables des Peuples, qui n'étant pas accoûtumez au joug d'un pouvoir defpotique, fouffroient avec peine l'oppreffion des Coligny, favoris de leur Prince, qui abufoient de fa confiance. Ces Peuples fe livrerent d'autant plus volontiers à des nouveautés, qui les délivroient des Coligny, qu'ils voyoient les Enfans légitimes de leur Souverain hors d'état de fe défendre. Leur fidelité feule ne pouvant les maintenir dans les Etats de leur Pere : ils crurent qu'il leur feroit moins honteux d'obéir à un Prince, Chef de l'Illuftre Maifon de leur Souverain, qu'au Comte de Sponeck & aux Coligny. Les Miniftres de M. le Duc de Stougard profitant de ces difpofitions, agirent fi vivement à la Cour de Vienne, qu'ils y furprirent deux Decrets du Confeil Aulique, l'un du 8, & l'autre du 16 Avril 1723. Le Duc de Montbelliard mourut pendant qu'on les follicitoit. Par ces Decrets, rendus, fans que la Ducheffe de Montbelliard, ni fes Enfans, aient été oüis, ni appellez ; & comment auroient-ils pû l'être, le Duc de Montbelliard n'étant mort que le 25 Mars precedent : ils firent ordonner que M. le Duc de Wirtemberg-Stougard feroit invefti par provifion de la Principauté de Montbelliard. Ils avoient eu l'adreffe de les mettre par avance à execution, en s'emparant à force ouverte & à main armée, de la Capitale du païs, avant que de les avoir reçûs.

Pendant que d'un côté M. le Duc de Wirtemberg étoit maître des Etats de Montbelliard, & que de l'autre le Comte de Sponeck, enrichi du pillage, qu'il avoit fait de tout ce qui avoit pû être enlevé dans le Château, joüoit le rolle de Prince, dont il avoit pris le nom : Madame la Ducheffe Doüairiere de Montbelliard étoit avec fa famille à Clerval,

dépourvûë des chofes les plus néceffaires à la vie, pouvant à peine fubfifter. Comment auroit-elle agi dans les differens Tribunaux, où il
auroit été néceffaire qu'elle fe fût pourvûë, pour faire valoir fes droits,
& ceux des Princes fes Enfans? Elle voulut recourir au plus prochain,
& demander au Parlement de Befançon, comme tutrice naturelle de fes
Enfans, d'être maintenuë en poffeffion des Terres du feu Duc de Montbelliard fon Epoux, fituées en Franche-Comté. Les Comtes de Coligny,
que l'on connoiffoit à Befançon pour fes neveux, informez de ce deffein,
qui pouvoit déconcerter les vûës du Comte de Sponeck leur Beau-frere,
perfuaderent au Procureur, à qui elle s'étoit adreffée, qu'ils avoient
reçû des ordres de fa part de fufpendre fa Requête. Par cette fuperche-
rie, ils donnerent le tems au Comte de Sponeck de demander au Parlement de Befançon, en qualité de fils aîné du feu Duc de Montbelliard
& de Prince hereditaire, d'être envoyé en poffeffion des Terres, qu'il
avoit laiffé en Franche-Comté. Sur cette Requête, il furprit une provifion de 60000 livres, fur les revenus des Terres, qui furent feque-
trées.

M. le Duc de Wirtemberg furprit de même fur fimple Requête au
mois de Septembre de la même année 1723. un Arrêt du Confeil d'Etat
du Roy, qui ordonnoit le rapport des Lettres Patentes de 1719 de confirmation de Naturalité; par rapport aux titres & aux qualités de Princes
& de Princeffes, de coufins & de coufines de S. M. données tant à la
Ducheffe de Montbelliard, qu'à fes Enfans; & par un fecond Arrêt
du mois de Janvier 1724, il fit évoquer devant le Roy la demande,
que le Comte de Sponeck avoit formée au Parlement de Befançon.

L'indigence, où la Ducheffe de Montbelliard étoit réduite; & l'enle-
vement de fes titres & papiers ne lui permettoient pas, pour ainfi dire,
de fe montrer. Mais la Providence lui ayant fait recouvrer affez de titres pour combattre fes ennemis, & pour faire valoir fes droits & ceux
des Princes fes Enfans: aidée de quelques fecours, elle donna fa Requête au Roy au mois de Décembre 1724, pour être reçûë Partie inter-
venante dans la contestation indécife au Confeil des Dépêches, entre
M. le Duc de Wirtemberg & le Comte de Sponeck. Par la même Requête,
elle demanda, en fa qualité de Tutrice des Princes & Princeffes fes Enfans, d'être envoyée en poffeffion des Terres délaiffées par le feu Duc
de Montbelliard fon Epoux, fituées en Alface & dans le Comté de Bourgogne; & que cependant il plût à S. M. Très-Chrétienne de lui accorder une provifion pour Elle & pour fes Enfans; qui les mit en état
de fubfifter, & de fournir aux frais des procédures. Sur fa Requête
& fur les Memoires de M. le Duc de Wirtemberg & du Comte de Sponeck; qui ne lui ont point été communiquez, eft intervenu un Arrêt le 8
Juin 1725, qui a renvoyé les Parties au Confeil Aulique, pour ce fait
être ftatué fur leurs Conclufions; & cependant par provifion, & fans
préjudice des droits des Parties, a ordonné, que fur les revenus des
terres fequeftrées de la fucceffion du Duc de Montbelliard, il feroit
payé à la Ducheffe de Montbelliard la fomme de 15000 liv. & pareille
fomme au Comte de Sponeck.

Rien de plus dur pour Madame la Ducheffe de Montbelliard, que
d'avoir été ainfi mife en paralele avec le Comte de Sponeck, & traitée
de la même maniere. Il eft tems de diffiper une comparaifon auffi odieufe

E ij

& à Elle & aux Princes ſes Enfans : & de montrer contre M. le Duc de Wirtemberg, la ſeule partie, qu'ils puiſſent avoir, qu'étant ſeuls Enfans légitimes ou légitimes du feu Duc de Montbelliard, ils ont auſſi ſeuls droits de lui ſuccéder, & de l'exclure.

Madame la Ducheſſe de Montbelliard, rapportant un acte de celébration de mariage en bonne forme, accompagné de toutes les ſolemnités néceſſaires, telles qu'elles ſont en uſage parmi les Princes d'Allemagne de la Confeſſion d'Auſgbourg, ſuivi d'une poſſeſſion publique & paiſible de l'état & de la qualité d'Epouſe légitime d'un Souverain : En un mot, la preuve d'un Mariage ſi légitime, que juſqu'ici il ne paroît pas qu'on ait entrepris de la combatre ; il n'y auroit pas de ſens à conteſter à la Mere & aux Enfans un état, que le concours des Loix divines & humaines, rendent également inconteſtable. Il falloit donc imaginer des fables & des preſtiges, pour inſinuer au Public que le feu Duc de Montbelliard a eu une premiere femme, pendant la vie de laquelle il n'a pû en épouſer une ſeconde : que pareille polygamie a été d'autant plus odieuſe, que ce Prince ayant eu auparavant un commerce illegitime avec la ſœur de cette ſeconde femme, l'affinité au premier degré, auroit été un obſtacle inſurmontable à un mariage légitime avec elle. Les Miniſtres de M. le Duc de Wirtemberg, convaincus du faux & de la foibleſſe de ces deux premieres objections, ſe ſont trouvez réduits à ſuppoſer qu'il y a du moins une Loy particuliere dans la Maiſon de Wirtemberg, qui y établit dans la perſonne des Princes, qui la compoſent, une eſpece de puiſſance & d'autorité les uns ſur les autres ; en ſorte qu'aucun d'eux ne peut ſe marier, ſans le conſentement des autres, ou du moins de celui, qui en eſt le Chef, ſur-tout avec une perſonne d'une condition inégale, à peine de nullité du mariage. Ils ſe ſont flattez, qu'en confondant Madame la Ducheſſe de Montbelliard avec la Comteſſe de Sponeck, & les Enfans de l'une & l'autre, ils en auroient aſſez pour faire perdre de vûe un mariage légitime, & pour anéantir les ſuites & les conſequences néceſſaires, qui en réſultent. C'eſt tout l'art des Memoires qu'ils ont débité juſqu'ici. Pour diſſiper les prétextes, à la faveur deſquels ils oſent conteſter l'état de la Mere & des Enfans, & diſputer à ceux-ci la ſucceſſion du Duc de Montbelliard leur Pere ; la Ducheſſe de Montbelliard ſe renfermera dans quatre propoſitions.

DIVISION DE CE MEMOIRE.

La premiere, qu'il n'y a jamais eu de mariage entre le feu Duc de Montbelliard & la Comteſſe de Sponeck ; que celui qu'on leur impute aujourd'hui, n'a pour principe qu'un acte évidemment faux, ſi mal imaginé, qu'en le ſuppoſant vrai, il auroit été nul & incapable de produire aucuns effets civils. Que par conſequent ce Prince ayant toûjours été libre, rien ne l'a empêché de contracter un mariage légitime avec la Ducheſſe de Montbelliard.

(a) *Pluſieurs Canoniſtes & Theologiens Catholiques enſeignent, que cet empêchement n'eſt abſolument point dirimant. Petrus de Ledeſma. de Matri. Quæſt. 55. art. 6. Sanchez. de Matr. Lib. 7. diſp. 66. n. 7.*

La ſeconde, qu'en ſuppoſant que l'affinité, qui naît d'un commerce illegitime, ne forme pas moins un empêchement, que celle qui naît du mariage : (a) cet empêchement n'étant que de droit poſitif, le Pape peut en diſpenſer parmi les Catholiques, comme les Princes Proteſtans dans leurs Etats. Que par conſequent le feu Duc de Montbelliard, qui réüniſſoit en ſa perſonne les deux puiſſances, la Temporelle & l'Eccleſiaſtique, s'eſt ſuffiſamment diſpenſé lui-même, en épouſant publiquement & à la face des Autels, la ſœur d'une femme, qu'il avoit entretenue.

La

La troifiéme, que felon les Loix & l'ufage de l'Empire, l'inégalité de condition, dans les mariages des Princes, pourvû qu'ils ne foient pas faits de la main gauche, ou felon la Loy Salique & *ad Morganaticam*, ne change rien aux avantages, attachez à tout mariage légitime; leurs veuves & leurs enfans, joüiffent également des droits & des prérogatives de la Principauté, & ont le même droit de fuccéder à leurs Pères, de quelque nature que foient leurs biens, quelque dignité ou élevation, qui puiffe y être attachée.

La quatriéme enfin, que dans la maifon de Wirtemberg, il n'y a point de Loy particuliére, qui ait tiré le feu Duc de Montbelliard de la régle generale & commune, dans tous les Etats de l'Empire.

La Ducheffe de Montbelliard répondra enfuite aux Decrets du Confeil Aulique, dont jufqu'ici elle a eu quelque connoiffance; aucun d'eux ne lui ayant été ni communiqué, ni fignifié, & fera voir, qu'ils ne peuvent lui être oppofez.

PREMIERE PROPOSITION.

Il n'y a jamais eü de mariage entre le feu Duc de Montbelliard & la Comteffe de Sponeck. Celui qu'on veut leur imputer, n'a pour preuve qu'un Acte évidemment faux: fi mal imaginé, qu'en le fuppofant vrai, il auroit été nul dans fon principe, incapable de produire aucuns effets civils. Par conféquent le Duc de Montbelliard, ayant toûjours été libre: rien ne l'a empêché de contracter un mariage légitime avec la Ducheffe de Montbelliard.

Le Comte de Sponeck a diftribué à la Cour de Vienne, fous le nom du feu Duc de Montbelliard, un Factum contre M. le Duc de Wirtemberg-Stougard, à la fin duquel il a fait imprimer l'Acte de celebration du prétendu mariage de fa mere. Il fe flattoit, qu'à la faveur de cette piéce, & d'une Sentence de divorce, confentie entre le Duc de Montbelliard & fa mere, il en auroit affez pour éblouïr le Public, & que parlant fous le nom du Duc de Montbelliard, il perfuaderoit aifément au Confeil Aulique, qu'étant né, de l'aveu de ce Prince, pendant le cours d'un mariage fubfiftant, il étoit inconteftablement fon fils légitime.

M. le Duc de Wirtemberg, qui avoit pour lui le traité de Wildbade, où le Duc de Montbelliard avoit formellement reconnu le Comte de Sponeck, pour l'un de fes enfans naturels, traité, qui ayant été folemnellement ratifié deux fois par le Comte de Sponeck, avec ferment, formoit contre lui une fin de non-recevoir invincible: n'avoit pas d'interêt de contefter la verité de ce mariage; puifqu'en la fuppofant, le Comte de Sponeck n'auroit pas moins dû être exclu de la Principauté. Au contraire, ce premier mariage lui fourniffoit un moyen victorieux pour combattre celui de Madame la Ducheffe de Montbelliard. Mais le Comte de Sponeck demandant en France les terres, qui font fituées en Alface & dans le Comté de Bourgogne: M. le Duc de Wirtemberg a cru, que pour le combattre avec plus de fuccès, il devoit verifier le fait de la celebration de ce mariage. Il a envoyé à Skoki, où il s'en eft fait délivrer une expedition en bonne forme, tirée du même Regiftre des mariages de Reiowitz. Il a également fait imprimer cette expedition à la fin d'un Mémoire, diftribué par fes Miniftres à la Cour de France.

F

Elle est individuellement dans les mêmes termes, que celle que la Duchesse de Montbelliard s'est également fait délivrer (a): ayant envoyé exprès en Pologne une personne éclairée & sûre, pour examiner le Registre, qui subsiste actuellement, & qui est entre les mains du Ministre de l'Eglise de Revier ou Reiowitz, petit Village, annexé, ou Hameau de l'Eglise de Skoki, dans la grande Pologne.

(a) *Elle est imprimée avec les autres Pieces à la fin de ce Mémoire.*

Il ne faut que rapporter en deux colomnes ces deux Expeditions differentes, telles qu'elles se trouvent traduites à la fin du Memoire de M. le Duc de Wirtemberg, imprimé à Paris (page 3, 4, 5, 6 & 7.) Et à la fin de celui du Comte de Sponeck, imprimé à Vienne, sous le nom du feu Duc de Montbelliard (page 49, 50 & 51.) Pour démontrer la fausseté, tant de l'Expedition du Comte de Sponeck, que de la prétenduë celebration du mariage de sa mere.

EXTRAIT DU LIVRE de Reiowitz, tel que les Agens du Comte de Sponeck l'ont fait falsifier, & qu'il l'a joint à son Memoire; imprimé à Paris, presenté au Roy.

Traduit du Latin en François.

JE soussigné, à la Requête de Messire Charles-Leopold Comte de Coligny, comparant en personne à Skoki, Terre du Palatinat de Posnanie, au Royaume de Pologne, demandant un acte des Registres des Mariages de l'Eglise de Reiowitz, unie à celle de Skoki: ai vû, lû tout au long ce qui suit, écrit en Latin dans le Livre autentique de matricule de la propre main du feu Reverend Jean Christophle Fuchs, de ce tems le Ministre ordinaire de l'Eglise de Skoki & Reiowitz, decedé en 1715, touchant le mariage des personnes ci-après nommées, & l'ai décrit à la requisition de mondit Sieur le Comte, pour le lui remettre entre les mains de la maniere qui suit.

L'an 1695. fol. 30. No. 9.

N.B. le premier Juin furent aussi mariez dans l'Eglise de Reiowitz, deux personnes de la Confession d'Ausgbourg, qui arriverent à cheval, sçavoir le très-Illustre Seigneur Leopold-Eberhard Duc de Wirtemberg-Montbelliard, Comte du S. Empire Romain, & très-Illustre Dam.lle Anne-Sabine de Hedviger.

COPIE FIDELLE DE LA Feüille 30 du Registre des Mariages de l'Eglise de Reiowitz, ou Revier en Allemand, contenant les Mariages de ce Village pendant l'année 1695. Cette Feüille commence Anno 1695 copulati, & puis au-dessous est écrit en Langue Allemande huit Mariages, dont voici la traduction.

1º. Le 7 Février se marient à Reiowitz le sieur Jean le Noir, Bourgeois, Tailleur & Brasseur à Skoki, avec Damoiselle Catherine, fille du sieur Jean Kolner, Potier à Reiowitz.

2º. Le 8 Mai se marient à Reiowitz Jacques Pohl, fils de feu Mathieu Pohl, habitant à Reiowitz, gardeur de bestiaux à Gottschen, avec Dame Marie, veuve de Christophle Gensch, valet à Barenbusch.

3º. Le 29 Mai se marient George Lens, faiseur de gaudron de Barenbusch, veuf, avec Damoiselle Marguerite, fille de feu Mathieu Pohl, habitant à Reiowitz auprès de sa mere.

4º. Le 3 Juillet se marient George Martens le jeune, Laboureur à Barenbusch, fils d'André Martens, dudit lieu, avec Damoiselle Eve, fille de feu Martin Lauther, Charron dudit lieu.

5º. Le 6 Novembre se marient à

Ceci est veritablement & réellement contenu dans le certificat ci-dessus; lequel j'ai décrit en foy & conscience de Pasteur; & l'ai délivré à mondit sieur le Comte à sa requisition; l'ayant pour plus grande coroboration & validité, signé de ma propre main, & scellé de mon cachet. Fait à Skoki dans ma résidence ordinaire audit lieu, le 3 Juillet 1720.

(L. S.)   Christophle Koch,
Pasteur des Eglises unies
de Reiowitz & Skoki.

Le Reverend Christophle Koch, qui est actuellement notre Pasteur des Eglises Evangeliques Lutheriennes de Skoki & Reiowitz, que nous connoissons très-bien, comparant en personne pardevant les Officiers & Magistrats de la Ville de Skoki, située au Palatinat de Posnanie dans le Royaume de Pologne; à la Requête de M. le Comte de Colligny, a produit à tout le Magistrat de Skoki, assemblé extraordinairement pour ce sujet, le Registre autentique de l'Eglise de Reiowitz, en sa forme ancienne, contenant les Mariages bénis dans ladite Eglise; lequel nous avons trouvé entier; sans deffaut & à ne pouvoir donner aucun soupçon de fausseté, comme il est approuvé & reconnu pour tel par nous & par toute la Ville de Skoki. Mondit Sieur le Comte comparant en personne, a demandé un certificat de l'existence autentique & verité dudit Registre, pour s'en servir en cas de besoin: requit qu'on lui mist entre les mains un Article contenu audit Registre écrit de la propre main de feu Reverend Jean-Christophle Fuchs, autrefois Pasteur de Skoki, & Reiowitz, touchant le Mariage des Serenissimes Epoux ci-après nommez, lequel article par nous vû est conçu en ces termes.

L'an 1695. Fol. 30. N°. 9.

N. B. le 1er Juin furent aussi mariez dans l'Eglise de Reiowitz, deux personnes de la Confession d'Ausbourg, qui y arriverent à cheval, sçavoir, le très-Illustre Seigneur

Skoki George Burger, Charron, le jeune, fils de Jean Burger, Laboureur à Oberbritschen, auprès de Fraustat; & Dame Judith, veuve du sieur Daniel Becker, Laboureur & faiseur de drap; de la Religion Reformée.

6°. Le 13 Novembre se marient à Skoki Adam Schwalbe ou Jastolzi, veuf, Bourgeois & faiseur de drap, avec Damoiselle Marie, fille de feu Jean Rahn, Maréchal au petit Wittenberg, auprès de la Scierie.

7°. Le 20 Novembre se marient Jean Kurth de Caculin, Laboureur de ce lieu, avec Damoiselle Marie, fille du Laboureur Nikel, de ce lieu.

8°. Le 27 Novembre se marient Michel Stettler, valet, fils de feu Michel Stettler, de ce lieu, avec Damoiselle Dorothée, fille de Michel Radlon de Schidazove.

9°. N. B. *Prima Junii copulati sunt & in Templo Reiowicensi binæ ex Teschnensi Silezia Ducatu huc venientes personæ, ambo Evangelicæ, quibus ibidem copulatio, ni à fide deficerent, interdicta, equites ambo huc venerant nimirum per illustris Dominus Leopoldus-Eberhard H. Z. W. M. S. Romani Imperii Comes & per Illustris Magnifica & virgo Anna Sabina V. H. Dominus sponsus tunc erat in militia Electoris Saxonici, sponsa vero ex Ducatu Teschnensi, sub tutela matris viduæ.*

A la requisition de S. A. S. le Seigneur Duc regnant de Wirtemberg, & sur la demande & approbation de Mrs. les Anciens de l'Eglise de Skoki & des deux sieurs Prevôts de Reiowitz, autrement appellé Revier, j'ai expedié le present Extrait du Registre de Revier, attestant ici sur ma foy pastorale, que ce qui est ci-dessus, compose mot pour mot toute la page du Registre de l'Eglise, & qu'ainsi la copulation dudit très-Illustre Leopold-Eberhard, & de la très-Illustre Anne-Sabine, se trouve à la fin de ladite page avec

2`4

Léopold - Eberhard Duc de Wirtemberg - Montbelliard ; Comte du S. Empire Romain, & très-Illustre Damoiselle Anne-Sabine de Hedviger.

Nous donc, le Proconful & les Confuls de la Ville de Skoki, après les offres que nous faisons de nos offices & respects, attestons & faisons sçavoir à tous ceux qu'il appartiendra, que ledit Registre & matricule de Reiowitz, & l'article du mariage des Sereniffimes personnes susdites, écrit en Latin de la propre main du sus-nommé Reverend Jean-Christophle Fuchs, en ce tems le Pasteur de Skoki & de Reiowitz, de l'an, jour & mois, comme deffus, est vrai, réel, non changé, très-bien connu à nous, & à nôtre Magistrat, fain, fauf, en entier, l'ayant trouvé tel, après l'avoir confronté avec plusieurs lettres & actes autentiques, écrits de la main du fusdit Reverend Fuschs, qu'on a trouvé de lui après fa mort, & produits publiquement par le Reverend Pasteur Koch ; lequel Registre & écritures, non feulement nous, mais encore le fusdit Reverend Pasteur Koch, a reconnu de bonne foy & en conscience en nôtre présence ; vrai & réel ; ayant affuré qu'il savoit fuffifamment, l'ayant oüi dire plusieurs fois au Reverend Pasteur Fuchs fon Prédécesseur mort en 1715 ; auquel il étoit adjoint au ministere, qu'il avoit marié dans l'Eglise de Reiowitz le Sereniffime Duc de Wirtemberg - Montbelliard avec une certaine Damoiselle ; de quoi le fusdit Reverend Pasteur Fuchs s'est glorifié en présence de plusieurs personnes, & en a parlé plusieurs fois. Sachant donc que la chose est telle, nous en avons donné notre atteftation ; la donnons auffi par les Presentes ; & pour plus grande corroboration & validité, Nous l'avons figné de nos propres mains, & y avons fait appofer le fcel de notre Ville de Skoki le troisiéme jour du mois de Juillet l'an de grace 1720.
(L. S.)

Par Ordonnance de M. le Proconful des Confuls de la Ville de Skoki, fituée dans le Palatinat de Pofnanie au Royaume de Pologne, & ex-

les mêmes paroles, les mêmes abréviations, & les lettres comme elles fe trouvent écrites ici, tout ce que deffus fe trouvant à la page 30 fous l'année 1695. En foi dequoi j'ai expedié les Prefentes, fous la fignature de ma main & l'appofition de mon cachet. Fait en la très-noble Ville de Skoki en 1722. le 23. Décembre (L. S.)

Signé, Christophle Koch, Ministre à Skoki & Reiowitz.

On certifie publiquement de la part du Confeil, que l'Extrait ci-deffus expedié par le Ministre Christophle Koch, fe trouve mot pour mot dans le Registre du Livre de l'Eglife de Revier, qui remplit toute la page 30, & que la copulation du très-Illustre Seigneur Leopold-Eberhard, & Dame Sabine, fe trouve ainfi écrit tout à la fin de ladite page 30. n. 9. Fait dans la très-noble Ville de Skoki, fituée dans la grande Pologne ; & attefté fous le fceau de ladite Ville & fignatures accoutumées ; ce 23 Décembre 1722. (L. S.)

Signés, Stanislas Diament, Vice-Conful Juré de Skoki, avec paraphe.

Thomas Forbes, Avocat Juré à Skoki ; avec paraphe.

Boguslas Jakokowiz, Conful Juré, avec paraphe.

Laurent Mackolziwa, Conful Juré, avec paraphe.

Sarnut Somietti, Conful Juré, avec paraphe.

Gabriel Crifeu, Conful, avec paraphe.

Martin Tenrich, Conful, avec paraphe.

Jean Liefeek, Conful Juré, avec paraphe.

Samuel Oftenhammer, Confeiller Juré, avec paraphe.

Jean Tropulus, Confeiller Juré, avec

trait des Registres de lad. Ville. Signez,
*Thomas Forbes, Proconsul Juré de la
Ville de Skoki.*
Stanislas Diamant, Avocat Juré.
Bogislaus Jacubowitz, Consul Juré.
Laurent Macolagwa, Consul Juré.
Jean Figulus, Consul Juré.
Jeremie Fuchsius, Consul Juré.
Mathias Szekepanski, Consul Juré.
Jean Liseck, Echevin Juré.
Samuel Solniki, Echevin Juré.
Jean-Christophle Schultz, Ech. Juré.
Jacques Cien, Echevin Juré.
Jean Isset, Echevin Juré.
*Alexandre Plorezynski, Notaire Juré
de la Ville de Skoki des deux Magistrats
de ladite Ville.*

avec paraphe.
Jeremie Fuchs, Conseiller Juré,
avec paraphe.
François Radwanski, Conseiller
Juré, avec paraphe.
Alexandre Ploroynski, Notaire
Juré de la Ville de Skoki, & des
Magistrats dudit lieu, avec para-
phe.

A lire séparément ces deux Extraits, il seroit difficile de refuser à
chacun d'eux une créance entiere. L'un & l'autre paroît avoir été
tiré d'un Registre public, par le Ministre, qui en étoit le dépositaire. Ce Ministre, à la signature duquel les Magistrats d'une Ville
considerable attestent que foi doit être ajoutée; & ces mêmes Magistrats
assurent que l'un & l'autre est conforme, mot pour mot, à ce qui est écrit
dans le Registre, dans la même page & sous le même nombre. Pourroit-on exiger de légalisation plus solemnelle & plus autentique? Ils sont
cependant si contraires l'un à l'autre, dans ce qu'il y a veritablement
d'essentiel, qu'il ne faut que les mettre sous les yeux pour être convaincu
de la falsification de celui du Comté de Sponeck.

EXTRAIT DU COMTE DE SPONECK.

*N. B. Prima Junii, copulati sunt
ETIAM in templo Reiowicensi, binæ huc
venientes personæ ambo Evangelicæ, equites ambo huc venerunt, nimirùm per Illustris Dominus Leopoldus Eberhard HER-
ZOQ ZU WIRTEMBERG
MONTPELGARD SACRI
Romani Imperii Comes & per Illustris
magnifica Domina & virgo Anna Sabina VON HEDWIGER.*

EXTRAIT DE M. LE DUC de Wirtemberg.

N. B. primâ Junii copulati sunt
& in Templo Reiowicensi, binæ
EX TESCHNENSI SILESIÆ
DUCATU huc venientes personæ
ambo Evangelicæ, QUIBUS IBI-
DEM COPULATIO, NI A FIDE
DEFICERENT, INTERDICTA,
equites ambo huc venerunt, nimi-
rùm per Illustris Dominus Leopol-
dus Eberhard H. Z. W. M. S. Ro-
mani Imperii Comes & per Illustris
magnifica & virgo Anna Sabina V.
H. DOMINUS SPONSUS
TUNC ERAT IN MILITIA
ELECTORIS SAXONICI,
SPONSA VERO E DUCATU
TESCHNENSI, SUB TUTELA
MATRIS VIDUÆ.

1°. Dans celui du Comté de Sponeck, on a d'abord ajouté la conjonction *etiam*, qui n'eſt point dans l'original & dans le Regiſtre. Pourquoi cette addition ? C'eſt qu'à la faveur de ce terme, on a crû donner à la célebration, dont il s'agit, une liaiſon avec les autres mariages de la feüille, & inſinuer, qu'il a été celebré comme eux dans la même Egliſe.

2°. Des lettres initiales H. Z. W. M. S. miſes dans le Regiſtre, après les noms propres de l'Epoux, & de l'V, & de l'H, mis après ceux de l'Epouſe, on s'eſt donné la liberté d'en faire des mots entiers Allemands, HERZOG ZU WIRTEMBERG MONTPELGARD SACRI : ET VON HEDWIGER. Les mots de DUC DE WIRTEMBERG-MONTBELLIARD, de SACRI, ni ceux d'HEDWIGER, ne ſont point dans l'Original & dans le Regiſtre. On n'y voit que ceux-ci, LEOPOLDUS-EBERHARD, en Latin, ſuivis de ces lettres H. Z. W. M. S. & ANNA SABINA, ſuivis d'une V. & d'une H. Y a-t-il quelque exemple, que pour déſigner les Parties dans un contract, à plus forte raiſon dans l'acte le plus important de la ſocieté civile, tel qu'une celebration de mariage, on ait jamais employé de ſimples lettres initiales, veritablement énigmatiques, par la liberté qu'on auroit d'en faire l'application à telles perſonnes qu'on voudroit imaginer ? Des huit mariages, qui précedent dans la même feüille de ce Regiſtre, il n'en eſt pas un ſeul où les noms, ſurnoms, qualitez, demeures, & profeſſions des perſonnes qui les ont contractez, ne ſoient exprimez. On y fait même mention de leurs peres, & meres. Celui dont il s'agit, eſt le ſeul où l'on ſe ſoit contenté d'exprimer les noms de Baptême, avec de ſimples lettres, pour déſigner les familles. En faudroit-il davantage pour prouver, qu'il n'auroit pû être, pour le plus, que quelque jeu d'amans ; parce qu'enfin un acte auſſi eſſentiel à l'état des hommes, conçû avec des lettres initiales, qui peuvent également avoir leur application à des perſonnes très-differentes, n'a rien de certain. Il ne ſçauroit par conſéquent former un engagement, tel qu'un mariage, ni en faire la moindre preuve. Quelle ouverture ne donneroit-on point au deſordre, pour peu d'égard qu'on eût pour un tel acte, d'autant plus dangereux, qu'il n'eſt ſigné, ni des parties, ni d'aucuns témoins ?

M. le Duc de Wirtemberg a eu raiſon de dire, dans ſon Mémoire, imprimé à Paris, que ſi on pouvoit contracter des mariages avec de tels chifres, on ſeroit bien-tôt maître de ſe donner tel mari, ou telle femme, qu'on jugeroit à propos, même pluſieurs à la fois, par la facilité qu'il y auroit de déſigner differentes perſonnes par les mêmes lettres initiales. Il y a fait voir, qu'outre qu'il n'eſt pas permis de ſuppoſer dans un acte, conçû d'une maniere énigmatique, des termes qui n'y ſont pas écrits, & que le ſeul interêt fait imaginer : L'interprétation que le Comte de Sponeck voudroit donner aux lettres initiales de ſa prétenduë célébration, ne ſçauroit ſe concilier avec l'idiome & la langue, dans laquelle elle a été écrite : qu'étant en Latin, il auroit falu que les lettres initiales, ou les chifres qui s'y trouvent, formaſſent en la même langue les noms de Duc de WIRTEMBERG-MONTBELLIARD. Qu'il n'y a certainement aucun mot Latin qui ſignifie DUC, dont la premiere lettre ſoit un H ; que la lettre Z ne peut de même déſigner en Latin l'article DE. Que quoique les deux W entrelaſſez & l'M, puiſſent convenir à WIRTEMBERG-MONTBELLIARD ; dès-lors qu'on ne ſçauroit prouver, à ne pouvoir en douter, qu'elles ayent plûtôt déſigné Wirtemberg-Montbelliard que toute autre famille ; qu'il n'y avoit rien

de fûr à cet égard : ç'en étoit affez de nier l'application , qu'on vouloit en
faire à l'une plûtôt qu'à l'autre , pour faire abfolument réjetter pareille
piece. Qu'il en étoit de même des lettres V & H, qui fuivent le nom
de Baptême ANNE SABINE; que la lettre V ne forme point en Latin
l'article DE; que l'H peut commencer tout autre nom que celui
d'HEDWIGER : que pour faire de ces lettres initiales, des noms , qui
euffent application au feu Duc de Montbelliard, & à Anne-Sabine Hedviger , le Comte de Sponeck avoit été obligé de recourir à un idiome,
different de celui dans lequel l'acte a été redigé; que de la lettre H il
en faifoit le mot Allemand HERZOG, qui veut dire Duc, de la lettre
Z, le mot ZU qui fignifie DE, & des deux W entrelaffez & de l'M,
Wirtemberg-Montpelgard. Que fes Agens, perfuadez , que des interprétations auffi forcées, données à de fimples lettres initiales, ne prouveroient jamais la verité d'un mariage, avoient eu l'adreffe de faire inferer fauffement dans l'extrait, qu'ils ont furpris à Skoki, les noms de
Duc de Wirtemberg- Montbelliard & de Hedwiger , comme s'ils
avoient été écrits tout au long en Allemand dans le Regiftre. Qu'enfin un acte , auquel on ne pouvoit donner quelque apparence, non pas
de verité , mais feulement de vraifemblance, fans recourir aux impoftures les plus hardies, n'étoit digne que de mépris.

Ces impoftures, aujourd'hui conftantes, par les copies figurées, ex-
traites folemnellement du Regiftre de l'Eglife de Reiowitz, délivrées
tant à M. le Duc de Wirtemberg qu'à Madame la Ducheffe de Montbelliard, par les Magiftrats de Skoki, en prefence & à la honte du Miniftre Koch, forcé de reconnoître une verité, qu'il avoit fi indignement
trahie, dans le premier Extrait par lui fourni au Comte de Sponeck,
ou à fes Agens; où peut être le doute que la Ducheffe de Montbelliard,
& les Princes fes enfans, formant, en tant que befoin, une infcription de
faux contre pareil Extrait, il ne foit déclaré faux, dans quelque Tribunal, que la contefation foit portée?

Le Comte de Sponeck, pour excufer la licence qu'il s'eft donnée de
changer les lettres initiales du Regiftre de Reiowitz, en noms de familles
du feu Duc de Montbelliard & de fa Mere, propofe (pag. 30 de fon
Memoire de Paris) une affez comique raifon. C'eft, dit-il, l'ufage & la
coûtume des Princes de la Maifon de Wirtemberg, de n'employer que
leurs noms de Baptême dans leurs fignatures : témoins les pacts de famille
de 1617, paffez entre les cinq freres de cette Maifon, où ces Princes n'ont
figné que par leurs noms de Baptême & le Traité de Wildbade, où M. le
Duc de Wirtemberg & feu M. le Duc de Montbelliard, n'ont de même
figné que leurs noms de Baptême. Mais a-t-il fait réflexion que l'Acte de
Celébration, dont il s'agit, n'a point du tout été figné par le Duc de
Montbelliard, de quelque maniere que ce foit. Si ce Prince avoit mis au
bas, ou fon nom de Baptême, ou même les premieres lettres qui le com-
mençoient, par forme de paraphe, ou autrement : à la bonne heure,
qu'on pût foûtenir, qu'il n'étoit pas néceffaire, qu'il fignât tout au long
fon nom de Maifon & de famille; parce que telle auroit été fa maniere
de figner. Dans les deux Traitez propofez par Sponeck, les lettres & les
qualités des Princes, qui les ont paffé, y font expliquées. C'étoit affez
qu'ils fignaffent par leurs noms de Baptême, les Souverains n'en prenant
pas d'autre avec le titre de leur dignité ; au lieu que dans l'Acte en quef-

tion, il n'y a aucune fignature, pas même une feule lettre, ni le moindre caractere de la main du feu Duc de Montbelliard. Quelle comparaifon entre ce prétendu Acte, & les pacts de famille de 1617, & le Traité de Wildbade! L'un & l'autre, fignez dans les regles, ne peuvent fervir qu'à faire fentir davantage le vice & la nullité de la prétenduë Celébration, dont il s'agit.

On ne peut donc affez s'élever contre la hardieffe, que le Comte de Sponeck a euë, de faire changer, dans l'extrait, de la prétenduë Celébration de Mariage, qu'il a produit à Vienne & à Paris, de fimples Lettres initiales, en noms de famille.

Cette fauffeté n'eft pas la feule, que l'on y puiffe démontrer. La verité a été fi indignement alterée dans cet extrait, qu'on en a retranché les difpofitions les plus effentielles; parce qu'elles fourniffent autant de preuves invincibles de fa fauffeté.

Il y a dans l'original & dans le Regiftre de Reiowitz que les deux perfonnes, que le Miniftre dit avoir mariées, l'une & l'autre de la Confeffion d'Aufgbourg, étoient venuës à cheval du Duché de Tefchen en Silezie, par la raifon qu'il ne leur avoit pas été permis de s'y marier, fans abandonner leur Religion : *quibus ibidem copulatio, ni à fide deficerent, interdicta.* Que l'Epoux fervoit alors dans les troupes de l'Electeur de Saxe, & que l'Epoufe étoit fous la tutelle de fa mere; qui étoit veuve. Les Agens du Comte de Sponeck ont bien fenti, qu'en laiffant dans l'Acte ces expreffions; il ne feroit plus poffible d'appliquer le Mariage ni au feu Duc de Montbelliard, ni à Anne-Sabine Hedviger. Ils les ont fait retrancher de leur Extrait, 1°. Le feu Duc de Montbelliard & Anne-Sabine Hedviger demeuroient alors l'un & l'autre à Oëls en Silezie. On n'a donc pû dire, qu'ils venoient du Duché de Tefchen.

2°. Le Lutheranifme eft établi dans les Etats de Wirtemberg-Oëls. Le Duc de Montbelliard & la Comteffe de Sponek allant fouvent à Breflau en Silezie, où les Proteftans ont un Confiftoire : leur auroit-il été plus difficile de s'y marier, fi l'un & l'autre l'avoient voulu, qu'il l'a été à la Comteffe de Sponeck, qui n'avoit alors d'autre nom, que celui d'Anne-Sabine Hedviger, d'obtenir à ce Confiftoire la Sentence du 21 Mars 1695, qui déclara bonne & valable la promeffe de mariage, que Leopold de Zedlitz lui avoit faite, & qui le condamna à l'époufer. C'eft ce même Confiftoire, qui rendit la feconde Sentence du 18 Août fuivant, qui déclara le fieur Zedlitz libre de fon engagement, après que Anne-Sabine Hedviger eut renoncé, en préfence des Juges, à la premiere Sentence. Si elle avoit été mariée, lors de cette feconde Sentence, avec le feu Duc de Montbelliard, comme il faudroit qu'il l'eut été : fi l'acte en queftion étoit vrai, de quel front auroit-elle pû fe démettre, en préfence des Juges, de fa prétention au mariage de Zedlitz? Liée à fon égard par une Sentence de Confiftoire : fon fils veut-il prouver qu'elle a violé, de fon autorité privée, pareil engagement? Pour écarter l'idée d'un tel crime; il faut néceffairement, ou que l'acte dont il s'agit, ne l'ait jamais regardé, ou qu'il n'ait été fait que pofterieurement à cette feconde Sentence du Confiftoire de Breflau. Quoiqu'il en foit, rien de plus faux que la Religion ait été un obftacle au mariage, que le Duc de Montbelliard & Anne Sabine auroient voulu contracter dans les Etats de Wirtemberg-Oëls, ou en Silezie.

3°. Le

3°. Le féu Duc de Montbelliard n'a jamais été dans les troupes de l'Electeur de Saxe. Il n'a jamais fervi que l'Empereur, commandant un Regiment d'Infanterie en Hongrie. Anne-Sabine Hedviger, née dans la Principauté de Liegniz, n'étoit point non plus du Duché de Teschen : fa mere demeuroit à Oëls. On n'a donc pû dire, ni que l'Epoux fervoit alors dans les troupes de cet Electeur, ni que la fille demeuroit à Teschen, fous la conduite de fa mère.

Mais à quoi bon relever les circonftances & les difpofitions d'un Acte auffi mal imaginé. Quelque preuve qui en réfulte, qu'il n'a été que l'ouvrage d'une impofture groffiere: fa fauffeté en eft fuffifamment démontrée par la feule infpection du Regiftre. Les Mariages célébrez dans le cours de l'année 1695 dans l'Eglife de Reiowitz, y font écrits de fuite fur une même feüille, numerotée 30. Au haut de la feüille eft une infcription generale en ces termes : ANNO 1695. COPULATI. On trouve dans cette feüille huit mariages de fuite, en Langue Allemande, cottez chacun à la marge par des chifres continus, 1. 2. 3. 4. 5. 6. 7. & 8. Le premier eft du 7 Février, le fecond du 8 May, le troifiéme du 29 du même mois, le quatriéme du 3 Juillet, le cinquiéme du 6 Novembre, le fixiéme du 13, le feptiéme du 20, & le huitiéme du 27 du même mois de Novembre. Si le Mariage, dont il s'agit, avoit été célébré le premier Juin, jour de fa datte, il fe trouveroit dans la feüille après le troifiéme mariage du 29 May, & avant le 4e. du 3 Juillet fuivant. Il feroit cotté à la marge du chifre 4. parce qu'il feroit veritablement le quatriéme. Pourquoi n'eft-il point dans fon ordre naturel, mais au bas de la page, & pendant qu'il eft le quatriéme par fa datte, comment a-t-il pû être numeroté 9 ? Pourquoi fe trouve-t-il après cinq mariages plus récens, quatre defquels lui font pofterieurs de cinq mois ? Enfin d'où vient qu'il a été écrit dans un idiome different des autres mariages, avec une note particuliére. N. B. ? Cette interpofition n'a eu évidemment d'autre principe, finon que la Celébration n'ayant été inferée dans le Regiftre qu'après coup, il n'étoit pas poffible de le mettre dans fon ordre naturel. La Comteffe de Sponeck, qui fe voyoit & fans promeffe de mariage & fans contrat, fe flatta qu'avec un Acte de Celébration, quel qu'il fût, elle en auroit affez pour obtenir quelque jour d'un Prince genereux, dont elle avoit été aimée, quelque gratification confiderable. S'étant trouvé au bas d'un feüillet de Regiftre d'une petite Eglife fucurfale, de domination étrangere, & auffi éloignée que Reiowitz, affez de blanc pour y écrire un Acte de Celébration de mariage : il ne lui fût pas difficile de corrompre le Vicaire amovible de cette Eglife. Ce Miniftre écrivit l'Acte, dans les termes qu'on lui dicta, & avec de fimples lettres initiales, aufquelles on pourroit donner tel fens qu'on voudroit. Dans la crainte que l'interverfion, qui fe trouveroit dans l'ordre des Actes, ne fît l'impreffion, qui en réfulte à la feule infpection : on rédigea l'Acte en Latin, pendant que les huit autres mariages font en Allemand.

Quelque faux que fût cet Acte : la Comteffe de Sponeck ne laiffa pas de s'en faire un prétexte en 1714, pour exiger, du féu Duc de Montbelliard, qui vouloit fe débarraffer d'elle, la permiffion à fon Confiftoire, d'expedier une Sentence de divorce, comme s'il avoit été queftion, entre ce Prince & Elle, de diffoudre un mariage, qu'il eft évident n'avoir jamais exifté. C'eft tout l'ufage que l'on ait prouvé jufqu'ici, que la Comteffe

H

de Sponeck ait fait de la prétenduë Celébration, dont il s'agit.

Mais quelle induction le Comte de Sponeck peut-il tirer aujourd'hui de cette Sentence de divorce? Elle suppofera, tant qu'il voudra, un ma. /g riage: faudra-t-il moins prouver son exiftance & fa légitimité. Celui, qu'il attribuë à la Comteffe de Sponeck fa mere, avec le feu Duc de Montbelliard, n'a pour toute preuve, que le Regiftre de l'Eglife de Reio- witz. Mais la Celébration, qui y a été inferée après coup, indépendam- ment de ce qu'elle eft en chifre, en forte qu'elle ne fçauroit avoir plus d'application au feu Duc de Montbelliard, qu'à tout autre Seigneur, eft manifeftement fauffe. L'interverfion, dans l'ordre des Mariages d'une feüille de Régiftre, fournit un moyen de faux fi fenfible, fi inconteftable- ble & fi fimple, que la Ducheffe de Montbelliard & les Princes fes Enfans, n'attendent que l'avantage de plaider dans un Tribunal reglé, pour s'infcrire en faux, tant contre l'Extrait rapporté par le Comte de Sponeck, fuppofé qu'il ait encore la hardieffe de s'en fervir, que contre la minute; parce qu'encore une fois s'il y avoit eu un Mariage celébré en l'Eglife de Reiowitz, entre le feu Duc de Montbelliard & la Comteffe de Sponeck, le premier Juin 1695: L'Acte de Celébration de ce Mariage, qui fe trouve au bas de la feüille du Régiftre de cette Sucurfale, y auroit été mis dans fon ordre naturel, comme les autres mariages de la même année; & nu- meroté en marge comme les autres du chifre qui lui convenoit. Il n'a pû être écrit après tous ceux de l'année; dont quatre lui font pofterieurs de cinq à fix mois, que parce qu'il n'y a été ajoûté, que long-tems après fa datte. Un Acte de cette importance auroit-il d'ailleurs exprimé le nom des Mariés, par de fimples lettres initiales, toûjours énigmatiques, qu'il n'eft pas même poffible d'appliquer au feu Duc de Montbelliard: les autres expreffions de l'Acte ne pouvant abfolument lui convenir. Le Comte de Sponeck en a été lui-même fi convaincu, qu'il a eu foin de les faire retrancher de fon expédition.

Cet Acte de Celébration de Mariage, devant donc être retranché, comme s'il n'avoit jamais été: la feconde partie de la premiere Propo- fition de la Ducheffe de Montbelliard & des Princes fes Enfans, que quand il y auroit eu une célébration de Mariage, auffi véritable, que celle en queftion eft inconteftablement fuppofée, elle auroit été nulle dans fon principe, incapable d'aucuns effets civils, beaucoup plus de former un obftacle à un Mariage légitime, paroît abfolument furabon- dante.

Mais dans une affaire auffi importante à l'état & à la fortune de la Du- cheffe de Montbelliard, & des Princes & Princeffes fes Enfans, il femble qu'il n'eft pas permis de négliger des moyens folides, quelques fuperflus qu'ils puiffent être.

Le feu Duc de Montbelliard étoit fils de famille en 1695, fous la puif- fance de George Duc de Wirtemberg-Montbelliard fon Pere & fon Sou- verain, qui n'eft décedé que le 11 Juin 1699; par confequent il n'auroit pû fe marier fans le confentement du Prince fon Pere & fon Souverain, à peine de nullité. Telle eft la décifion des Infituts de Juftinien. (a) Cet Empereur expliquant les conditions, qui font néceffaires, pour rendre un mariage légitime, dit d'abord, que fi les Parties contractantes font fils de famille, il faut qu'elles aient le confentement de leurs Peres, dans la puiffance defquels elles font: la Loy Civile comme la Naturelle, exi-

(a) De Napt.in princ.

geant tellement ce confentement, qu'il doit même préceder le mariage.
Dans le §. 12, il prononce la nullité de tout mariage, fait au préjudice
d'une Loy auffi refpectable : *Si adverfùs ea quæ diximus, aliqui coierint : nec
vir, nec uxor, nec nuptiæ, nec matrimonium, nec dos intelligitur.* La Loy Paulus
11. *de ftat. hom.* décide, que l'Enfant iffu d'un tel mariage, quoique né
depuis la mort de fon ayeul, n'eft pas légitime.

Luther, *tom. 5. Jenenf. fol. 238. n. 6. & tom. 6. operum* Witteberg. *p. 170.* &
Melanchton, *de conjugio, tit. de confenfu Parent.* décident formellement,
que tels mariages, faits fans le confentement des Peres, font nuls de
plein droit, comme également contraires au Droit divin & humain.

Théodore de Beze, dans fon Traité de *repudiis & divortiis*, traite la
queftion, fi après la confommation d'un pareil mariage, on peut foûtenir qu'il a été nul. Il décide pour l'affirmative : on ne fçauroit (dit-il)
regarder comme un mariage, celui à qui il manque, ce qu'il y a de plus
effentiel ; fçavoir, l'autorité de Dieu ; qui ne fçauroit être préfumé avoir
voulu unir ceux, qui méprifant fes Commandemens, n'ont confulté que
leur incontinence & leur cupidité. Peut-on regarder, ajoûte-t-il, comme
un confentement légitime celui des perfonnes, qui étant fous la puiffance
d'autrui, n'en peuvent donner aucun : *Refpondeo fi parentes non confenferint,*
nullum contractum matrimonium videri, cui defit, quod præcipuum eft, videlicet aucto-
ritas Dei ; quoniam videri non poteft Deus conjunxiffe quos ipfius fpreto æquiffimo
mandato, intemperans & effrenis cupiditas conciliavit, nec etiam legitimus confen-
fus, quum ii qui fui jùris non funt, confentire videri non poffint. Il refute enfuite
les raifons des Auteurs Catholiques, qui, fur l'autorité du Concile de
Trente & de quelques textes Canoniques, enfeignent que ce n'eft plus
les Loix Romaines, qu'on doit confulter fur la validité des Mariages.
Expliquant la décifion de Jefus-Chrift dans l'Evangile de faint Matthieu :
Quos Deus conjunxit, homo non feparet ; il affûre, qu'on ne fçauroit raifonnablement penfer que Jefus-Chrift ait voulu nous infinuer, que Dieu foit
auteur d'une conjonction, qui n'auroit été faite qu'en violant fes Loix.
Selon ce Docteur, l'un des plus refpectables parmi les Proteftans, le
paffage de l'Ecriture : *Homo relinquet patrem & matrem, & adhærebit uxori*
fuæ, ne doit s'entendre que des vrais & légitimes Mariages. C'eft faire
injure à la Majefté Divine de l'appliquer & de l'étendre aux conjonctions
illicites ; & de penfer que Dieu autorife des Enfans, rebelles à l'autorité
paternelle, qu'il a établie, & dont il eft le plus fûr vengeur, à fe marier
fans le confentement de leurs Peres. Il prouve que la benediction du Miniftre Eccléfiaftique, furprife par des mauvaifes voyes, pour des Mariages clandeftins, étant elle-même prohibée, ne merite aucune attention ; & que rien ne peut rendre plus refpectable l'autorité de l'Eglife,
que de regarder comme nul, ce qui s'eft fait par des voyes défendues, &
par des Miniftres, qui ont eu la foibleffe de fe laiffer corrompre. Mal-à-
propos, continue-t-il, oppofe-t-on que c'eft le confentement feul qui fait
le Mariage ; parce qu'on ne fçauroit regarder comme un confentement légitime & fuffifant, celui de perfonnes, qui font fous la puiffance d'autrui. Que les Loix, par confentement, n'entendent que celui, qui eft
légitime, & qui eft donné par ceux, qui ont droit de difpofer d'eux-mêmes. Que celui, donné à un tel mariage, n'eft autre chofe qu'une defo-
béiffance formelle à la Loy de Dieu, à celle de la nature, de l'honnêteté
& de la juftice. Il cite faint Bafile dans fa Lettre *ad Amphilochium*, où ce

Pere décide de même que les Mariages, ainfi faits par ceux, qui font en puiffance d'autrui, ne font que des crimes : *quæ fine iis, qui habent poteftatem, fiunt matrimonia, funt fornicationes.* Connan. dans fes Commentaires du Droit Civil, *lib.* 8. *cap.* 4. avoit dit avant Beze: *Poteft ne conjunxiffe eos Deus videri, quos intemperans libido effrænataque animi cupiditas conciliavit ? Cum enim Leges,* dit un autre Jurifconfulte, *fint ordinatio Dei, eos demùm conjungere rectè & verè dicitur Deus, qui fecùndùm Præcepta Legum coeunt.* Duaren. *ad Tit. Sol. Matrim. de nuptiis. art.* 2. eft de même avis.

Bafilius Monnerus, *in tract. de Matrimon. part.* 3. *cap.* 1. *num.* 1. dit d'abord, que la principale caufe d'un jufte Mariage eft, felon Dieu, le confentement légitime des Parties. Dans le chap. 2. n. 6 & 7. il prouve que l'autorité du Pere eft tellement néceffaire, qu'à fon deffaut l'acte eft abfolument nul : *Cum omiffio folemnitatis, quemadmodùm & forma, quæ pertinet ad rei fubftantiam, intervenire debet ab initio, vitiet actum.* Répondant à l'objection, tirée de ce que les Canons ne requierent que le confentement du mary & de la femme : il foûtient, qu'il faut ou les entendre de maniere qu'ils n'excluënt pas la néceffité du confentement des Peres, où les regarder comme autorifant des conjonctions honteufes, & pernicieufes à la République ; parce qu'étant en ce cas diamétralement contraires aux droits de toutes les Nations, & ne pouvant s'obferver fans péché, ils ne peuvent avoir l'autorité de Loy, mais font nuls de plein droit, comme contraires à la droite raifon.

Chriftoph. Befoldus, dans fes Confeils de Tubingue, *Conf.* 143. regarde le confentement des Peres, comme étant fi abfolument néceffaire pour la validité du Mariage de leurs Enfans, qu'il décide, que faute de ce confentement, il eft tellement nul, qu'il ne pourroit valoir par un confentement fubfequent : *Nuptiæ liberorum fub parentùm poteftate, abfque eorum confenfu, ab initio requifito & adhibito, adeò funt irrita, nullæ & inutiles, ut nec fubfequenti confenfu validari queant, per ea quæ pluribus deduxerunt.* Erneft Cothmann. *Refp.* 1 & 10 n. 97. pag. 1. Reufnerus, *conf.* 5 & 7 vol. 1. *Facultas Marpurg. conf.* 15 n. 274. 275 & *feq. vol.* 1. Il ajoûte que tel eft l'ufage de toute l'Allemagne : *Quod in tota Germania, ex perpetua Ecclefiæ traditione, & conftanti moris hujus, in hodiernum ufque diem obfervatione & retentione,* &c. (a)

Benoît Carpzovius, dans fa Jurifprudence Ecclefiaft. *lib.* 2 *tit.* 3 *defin.* 46. *n.* 1. décide de même; que *Nuptiæ confiftere non poffunt, nifi confentiant omnes, id eft, qui coeunt, quorumque in poteftate fum. Ibid. defin.* 39 n. 1. Il prouve que le confentement des Peres, n'eft pas feulement requis par honnêteté, mais qu'il eft d'obligation & de néceffité, par le droit divin, naturel & civil; malgré la décifion du Concile de Trente; qui, felon lui, en aboliffant la fainte Conftitution du Pape Evarifte, laiffe fubfifter des Mariages de fils de familles, faits fans le confentement de leurs peres. *Sola caufa libidinis, non Dei refpectu, fed Diaboli inftinctu.*

Vinnius dans fon Commentaire fur les Inftit. *de Nupt.* prouve également que pareils Mariages font nuls, de droit divin & de droit civil. Il feroit inutile de rapporter un plus grand nombre d'Auteurs; on peut dire que c'eft l'opinion commune des Eglifes Proteftantes, (b) fondée fur la dé-

(a) Id. Befoldus dicto conf. n. 16. quod verò parentum confenfus in fponfalibus & nuptiis liberorum, non de honeftate tantùm, verùm etiam de neceffitate requiratur ; complures Jurifc. & omnes quos nos fcimus, Theologi noftratis Confeffionis, unanimi confenfu tradiderunt. Luther. in 6 tom. oper. Witteberg pag. 170. Brentius in libello, Wie in Ehefachen. quæft. 1. Melancton, in lib. de conjug. tit. de confenf. parent. Berfius, de pact. famill. illuftr. c. 6. a pr. Arnifæus, de Jur. connub. cap. 3 fect. 10 per tot.

(b) Mynfinger de Nupt. in princip. Boehmer, jus Ecclefiaft. proteft. hodiern. Lib. 4. tit. 2. n. 8. & feq. Bruckner, decif. jur. Matrim. cap. 2. de cland. fponf. & Matrim. n. 19. & feq. & n. 93 & ibi citat Doct. Duaren. ad tit. folut. matrim. de Nupt. n. 2. Brentius, de confenfu parentum neceffario, fol. 11. & 12. Chemnitius, ad Conc. Trid. Harpprecht, inft. de patria poteft. §. Nuptiæ. Nicolaus Chriftoph. de Lyncker, conf. 70. n. 1. 2 & feq.

cifion

cifion des Loix Romaines, obfervées dans tout l'Empire, même confirmées par quelques Difpofitions Canoniques, qui, pour avoir été abrogées par le Concile de Trente, n'en ont paru que plus refpectables à ces Eglifes.

Le Mariage que l'on attribuë au feu Dûc de Montbelliard, avec la Comteffe de Sponeck, n'auroit pas feulement été fait à l'infçû, & fans la participation du Duc George de Montbelliard fon Péré & fon Souverain;mais on veut que pour le celebrer, ce Prince ait été chercher aux extremitez de la Pologne, le Vicaire d'une Annexe, ou Eglife fuccurfale, à qui il étoit même interdit de donner la Benediction Nuptiale, à des perfonnes étrangeres à fa Paroiffe,fans la permiffion & commiffion particuliere du Pafteur de SKOKI, & qui malgré ce défaut de pouvoir,à eu la facilité de la donner en fecret, fans aucune publication préalable de Bans, & fans témoins. L'Acte de célebration de ce prétendu Mariage, tel qu'il eft rapporté par le Comte de Sponeck, n'en prouve pas moins la nullité, que la clandeftinité.

On ne conteftera pas fans doute, qu'il y a parmi les Proteftans, de même que parmi les Catholiques, une difference effentielle, entre le Concubinage & le Mariage legitime. Quoique les Proteftans ne reconnoiffent point de Sacrement dans le Mariage, mais feulement un Contrat de droit divin & civil. Il ne faut pas moins, felon eux, pour caracterifer le Mariage legitime, & le diftinguer du Concubinage, qu'outre le confentement des Parties, il y intervienne des folemnitez & des formalitez. Il faut une celebration publique & folemnelle, & une manifeftation de la cohabitation conjugale; fans quoy, comment pourroit-on le difcerner d'un mauvais commerce? C'eft auffi ce que les Proteftans (a) exigent pour la validité d'un Mariage legitime : *Neque ergo folus confenfus matrimonialis conftituit Matrimonium; neque fola benedictio facerdotalis, ad præcedentem proclamationem facta, fed utrumque concurrere debet; imò, nequidem ille fufficit, fed legitimus effe debet; hoc eft, fecundùm Leges, adeò ut fi à Legibus prohibitus fit, veluti inter perfonas, quæ fine aliorum confenfu, nuptias contrahere prohibentur; Matrimonium tale nullum fit.* C'eft ce que dit Boehmer, *lib. 4. tit. 3. n: 8. Jur. Ecclefiaft. proteftant. hodiern.* d'où il conclut, que pour empêcher les Mariages clandeftins, on a introduit la publication des Bans, à trois tems differens, dans les Paroiffes de l'un & de l'autre des Fiancez, dont le Confiftoire ne difpenfe que pour de juftes caufes, & avec modération; qu'outre cette publication de Bans, il ne faut pas moins parmi les Proteftans, la benediction du propre Miniftre des Parties, comme parmi les Catholiques, celle du propre Curé, & la préfence de plufieurs Témoins. *Nec praxis noftrarum Ecclefiarum,* dit le même Auteur, *§. 38. hic diverfa eft, cum & fponfus & fponfa, finguli duos teftes habere debeant,*

(a) Bafilius Monnerus, *de Matrim. part. 1. cap. 12 n. 3. & de clandeft. Conjug. cap. 16 n. 8.* Nullo igitur modo confirmanda, concedenda, vel probanda funt; fed potiùs improbanda, damnanda, rejicienda, & feverè prohibenda à Magiftratibus, clandeftina fponfalia, quæ fiunt à liberis, aut infciis, aut invitis ipforum Parentibus, cùm quia funt impia, tùm perniciofa Rebus publicis, & quia perturbant confcientias.

Hieronymus Schurpfius, *Conf. 1. Cent. 1. n: 1.* Matrimonia clandeftinè contracta, non dicuntur conjugia, fed adulteria, vel contubernia, aut ftupra, aut fornicationes, & ideò non valent ut Matrimonia. Nullus fidelis, cujufcunque conditionis fit, occultè nuptias facit; facta enim contra Leges, nullæ funt....*ibid. n. 5.* Confeffione Partium publicatæ, non præferuntur Matrimonio fecundo publicè, in confpectu Ecclefiæ contracto, & quod ita illa Confeffio non operetur in præjudicium fecundi Matrimonii publici.

Benedict.Carpzov. *Jurisf. Ecclefiaft. lib. 2 tit. 8 definit. 142 n. 6.*

Chriftoph. Befoldus, *Conf. Tubing. 143. n. 19.*

I

ubi per copulam Sacerdotalem conjunguntur. Il ajoûte au *n. 55.* que les Princes observent entr'eux les mêmes régles, aux publications de Bans près, avec d'autant plus d'attention, qu'ils ont plus d'interêt d'assurer l'état de leurs enfans. Que quoiqu'ils ne soient soumis à aucunes Loix Ecclesiastiques: ils n'ont pas moins adopté les solemnitez, qu'elles ont introduites, & qui sont nécessaires pour rendre un mariage public.

Tout semble se réunir ici pour prouver que le prétendu mariage de la Comtesse de Sponeck avec le Duc de Montbelliard, en le supposant aussi vrai, qu'il est évidemment faux, n'auroit été qu'une conjonction clandestine, illegitime & nulle. 1°. Point de contrat de mariage, ni de doüaire assigné à la Comtesse de Sponeck. 2°. Point de publication de bans. 3°. Fils de famille marié sans le consentement, non-seulement de son Pere; mais d'un Pere son Souverain. 4°. Défaut de propre Pasteur. 5°. Défaut de pouvoir dans le Ministre, que l'on suppose avoir donné la benediction. Ce défaut de pouvoir est pleinement justifié par une attestation en bonne forme du Curé de l'Eglise Cathedrale de Skoki, où il assure, que par cette seule raison le mariage, dont il s'agit, doit être déclaré nul & de nulle valeur. M. le Duc de Wirtemberg dans son der- *Imprimé à la* nier Memoire imprimé à Paris, (page 8.) a fait imprimer ce certificat, *fin de ce Me-* & en a tiré la même conséquence. 6°. Nuls témoins. Les Parties n'ont *moire.* pas même signé la prétenduë celebration, que l'on trouve aujourd'hui dans le Registre de Reiowitz.

Le Duc George de Montbelliard, n'a jamais eu la moindre connoissance du mariage, qu'on ne s'est avisé que depuis quelques années de prétendre que la Comtesse de Sponeck a contracté avec le Prince son fils. Quoique la Comtesse de Sponeck soit venuë à Montbelliard: elle n'y a jamais pris d'autre nom, pendant la vie du Duc George, que celui d'Anne-Sabine Hedviger. Ce n'a été qu'après la mort de ce Prince, & qu'après que la qualité de Comte de Sponeck eût été accordée à sa famille par l'Empereur en 1701, qu'elle s'est appellée la Comtesse de Sponeck. Le feu Duc de Montbelliard l'a si peu regardé en aucun tems comme son épouse, qu'on ne trouve cette qualité dans aucun acte, quel qu'il soit, que dans la Sentence de divorce, dont on a démontré l'illusion. La Comtesse de Sponeck n'a jamais osé se l'arroger pendant la vie de ce Prince. Elle a vû, sans murmurer & sans se plaindre, George-Leopold son fils le servir de Page longues années. Celui-ci ne sçauroit nier, qu'il ne l'ait accompagné en cette qualité à Vienne: qu'il ne l'ait servi à table portant sa livrée, & qu'il n'ait monté chaque jour au-devant de son carosse à côté du Cocher. Si ce Prince avoit pû penser que Sponeck étoit son fils, né d'une conjonction légitime; l'auroit-il souffert paroî- tre à la Cour de l'Empereur sous un personnage si opposé au rang & à la naissance d'un Prince hereditaire? Au sortir de Page, le Comte de Sponeck a continué de servir le feu Duc de Montbelliard en qualité d'un de ses Gentilhommes; & s'est marié en presence du feu Duc de Montbelliard, comme simple particulier, avec le seul titre de Comte de Sponeck. Ni lui, ni sa mere n'ont jamais reçû dans les Etats de Montbel- liard, pendant la vie de ce Prince, ni grace, ni rang, ni honneurs, ni aucune marque de distinction, qui convint à la femme ou au fils d'un Souverain. La Comtesse de Sponeck se croyoit assez heureuse de paroître avoir encore quelque crédit sur l'esprit d'un Prince, dont personne n'igno- roit qu'elle n'eût été la premiere inclination.

Quoique le Traité de Wildbade du 18 Mai 1715, reſſente la main de Jean Rodolphe de Sponeck, oncle du Comte de Sponeck, qui a eu le plus de part à ſa redaction ; on ne laiſſe pas d'y trouver une reconnoiſſance formelle du feu Duc de Montbelliard, que juſqu'au jour de cet acte, il n'avoit point contracté de mariage légitime, & que les trois ſortes d'enfans, qu'il avoit, ne pouvoient alors rien eſperer à ſa ſucceſſion, ni demander la moindre choſe. Ayant pour eux de la tendreſſe, & voulant pourvoir (ce ſont les termes de l'acte) à ce que les alimens néceſſaires à la vie ne leur manquaſſent pas tout à fait : il leur aſſura 12000 florins de revenu annuel, à partager entre eux, de maniere que la Comteſſe de Sponeck & ſes deux enfans en auroient le tiers, les cinq enfans de la défunte Henriette Hedwige, Baronne de l'Eſperance, un autre tiers ; & Elizabeth-Charlotte Baronne de l'Eſperance, depuis Ducheſſe de Montbelliard, & ſes enfans, le troiſiéme tiers ; au moyen dequoi les uns & les autres, & ceux qu'il pourroit avoir à l'avenir, ſeroient entierement exclus de toute autre prétention, ſous quelque prétexte que ce fût. Nulle difference entre ces trois ſortes d'enfans. Il n'y en avoit en effet alors aucune. Ils étoient également le fruit de ſimples concubinages. Jean-Rodolphe de Sponeck, frere de la Comteſſe de Sponeck, qui a ſigné ce Traité, comme l'un des Conſeillers du Duc de Montbelliard, n'ignoroit pas l'état de ſa ſœur. Si elle avoit été femme légitime de ce Prince en aucun tems, auroit-il concouru à la dégrader & à la confondre avec deux concubines : en les traitans, auſſi-bien que leurs enfans, d'une maniere abſolument uniforme ? La Comteſſe de Sponeck & ſon fils, ont ratifié ce Traité. Dans cette ratification, a-t-elle pris d'autre nom que celui de Comteſſe de Sponeck ? Elle s'eſt contentée pour elle & pour ſes enfans de ce qui leur avoit été accordé par le Traité ; & quoiqu'il n'y ait qu'elle & ſes enfans, qui ſoient parties dans cette ratification, & qu'il ne ſoit pas dit un ſeul mot, dans tout l'acte, de la Ducheſſe de Montbelliard, alors Baronne de l'Eſperance, ni de ſes enfans ; elle engagea le Duc de Montbelliard à le lui faire ſigner, tant pour elle que pour ſes enfans, pour mettre les deux femmes & leurs enfans dans une parfaite égalité de condition : n'y ayant effectivement alors aucune difference entre les uns & les autres. Ce Traité fournit une preuve ſi certaine de la bâtardiſe du Comte de Sponeck, qu'on a peine à comprendre comment il peut s'en faire un titre, pour ſe dire fils légitime du feu Duc de Montbelliard. Il faut, dit M. le Duc de Wirtemberg dans ſon Memoire imprimé à la Cour de France, (page 7.) que Sponeck ait bien de l'eſprit pour tirer d'un tel traité, où ſa bâtardiſe eſt ſi clairement établie, un aveu de ſa légitimité.

Le Comte de Sponeck, après avoir ratifié ce traité une premiere fois avec ſa mere, le 29 Juillet 1715, alla à Stougard le 3 Octobre ſuivant, où il le confirma par un ſerment ſolemnel. Auroit-on pû avoüer plus ſolemnellement, de la part de la mere & du fils, que la prétenduë celebration de mariage de Reiowitz n'a jamais été qu'un acte faux, nul & vitieux ? Le Comte de Sponeck peut d'autant moins s'en faire un titre aujourd'hui, qu'il n'a aucune preuve juridique, qu'il ſoit fils du feu Duc de Montbelliard, & de la Comteſſe de Sponeck. Il n'a point d'Extrait baptiſtaire ; mais un ſimple certificat, qu'un particulier, qui ſe dit Prélat élû & confirmé d'un Monaſtere de Magdebourg, Ville Proteſtante, ſous la domination du Roy de Pruſſe, lui a accordé le 8 Septembre 1722, où il dit que le 12 Decembre 1697 (il y avoit 25 ans) étant pour lors Diacre *(a)* de Festemberg, il avoit baptisé un enfant mâle, qui avoit été nommé George-Leopold ; que son pere étoit S. A. S. Leopold-Eberhard Duc de Wirtemberg-Montbelliard ; & sa mere Madame Anne-Sabine de Hedviger ; & qu'avoit été présent comme Parrain, le Capitaine Leonard de Nardin.

(a) C'est ce qu'on appelle Chapelain parmi les Catholiques.

Mais quelle foy peut mériter le certificat d'un particulier, sans caractere, qui dit avoir baptisé 25 ans auparavant, dans un Bourg éloigné, dont il suppose qu'il étoit alors Diacre, ou Chapelain, un enfant mâle, à qui il a donné tel pere & telle mere que l'on a souhaité ? Madame la Duchesse de Montbelliard a fait rechercher dans les Registres Baptistaires de l'Eglise de Festemberg : Elle rapporte un certificat *(b)* en bonne forme du Ministre actuellement desservant cette Eglise, duëment légalisé, qui atteste, que dans ces Registres il n'y est pas dit un mot d'enfant, qui alors de sa naissance ait été baptisé sous le nom de George-Leopold, & ait eu pour pere, Leopold-Eberhard Duc de Wittemberg-Montbelliard, & pour mere Anne-Sabine Hedviger. Le Registre des Baptêmes de Festemberg subsistant actuellement : l'Extrait du Comte de Sponeck ne s'y trouvant point ; peut-on douter que le certificat, qu'il a mandié, ne soit encore une seconde fausseté ?

(b) Il est imprimé au bas de ce Memoire.

Pour le faire rejetter, il ne sera pas nécessaire de recourir à l'inscription de faux. Il suffit, qu'il soit l'ouvrage d'un inconnu, sans caractere ; parce qu'enfin l'état des hommes ne s'établit point par de simples certificats. Il faut un Extrait baptistaire en bonne forme, tiré du Registre des Baptêmes de l'Eglise, où l'Enfant a été baptisé. Ce n'est qu'au défaut de Registres qu'on pourroit recourir à d'autres preuves. En aucun cas, un simple certificat mandié n'a jamais merité la moindre attention. D'ailleurs ce certificat, tout méprisable qu'il est, n'a pas osé qualifier Anne-Sabine Hedviger d'Epouse du Prince de Montbelliard. Elle n'y est nommée que de la maniere qu'on a coûtume de désigner une concubine. Il n'en faut pas d'autres preuves que les differens Extraits Baptistaires, que le Compte de Sponeck a fait imprimer lui-même à Vienne à la fin de son Memoire (page 55, 56 & 57.) Ce n'est que dans celui de George-Frederic, né le 6 Août 1722, postérieurement au mariage du Duc de Montbelliard & de Madame la Baronne de l'Esperance, que celle-ci y est employée comme mere, avec le titre d'Epouse de ce Prince ; parce qu'elle l'étoit en effet depuis son mariage solemnellement celebré le 15 Août 1718. Dans les cinq autres Extraits Baptistaires des enfans que ce Prince a eu d'elle : ce titre d'Epouse ne se trouve point ; parce qu'il n'y avoit point encore eu de mariage célebré entre elle & le Duc de Montbelliard.

Le Comte de Sponeck a fait imprimer à la fin du même Memoire sous le nom d'Extrait, comme s'il avoit été tiré de quelque Registre, le certificat de son prétendu Baptême, à la suite de celui de Leopoldine Eberhardine du 15 Fevrier 1697. Mais quelle comparaison entre ces deux actes ? Le premier paroît tiré d'un Registre de Baptêmes, par le Ministre même, qui s'en dit le dépositaire. S'il avoit été duëment légalisé, sans quoi il ne peut faire aucune foy, on ne pourroit lui refuser une créance entiere, tandis qu'il ne seroit pas attaqué par une inscription en faux. Au lieu que l'autre n'est qu'un simple certificat mandié, d'un inconnu,

connu, qui ne mérite aucune foy. L'extrait de Baptême de Leopoldine Eberhardine, sert encore à prouver qu'Anne-Sabine Hedviger sa mere, n'a jamais été que la concubine du feu Duc de Montbelliard. Si elle avoit été son épouse, & reconnuë pour telle, auroit-on manqué de lui donner un titre si glorieux pour elle, & si nécessaire pour l'état de ses enfans?

Mais ce qui devroit confondre le Comte de Sponeck, c'est son propre mariage avec Eleonore-Charlotte de Sandersleben, celebré le 22 Fevrier, 1719, en présence & du consentement du feu Duc de Montbelliard, de la Comtesse de Sponeck, sa mere, & de toute sa famille. Il avoit alors 22 ans. Quel nom & quelle qualité s'est-il donné dans un acte aussi important? Il n'en a point pris d'autre que celui de Comte de Sponeck. Si le Duc de Montbelliard l'avoit regardé comme son fils légitime, ne l'auroit-il pas marié en cette qualité? Si Sponeck n'avoit pas été lui-même convaincu du vice de sa naissance, auroit-il souffert, sans se plaindre, d'être marié en simple particulier, au lieu de l'être comme Prince hereditaire de Montbelliard, & sous le nom & la qualité, qui seule auroit convenu à sa naissance. Il aura beau dire, dans son Memoire imprimé à Paris, (page 32.) qu'il rapporte plusieurs actes dans la forme la plus autentique, faits & signez par le feu Duc de Montbelliard, en differens tems, qui prouvent que ce Prince a toûjours soûtenu que son mariage avec Anne-Sabine Hedviger avoit été légitime. Outre que ces actes sont parfaitement démentis par son propre contrat de mariage; est-ce par de simples déclarations des peres ou meres, qu'on établit la légitimité des enfans? Quoique le feu Duc de Montbelliard ait eu la foiblesse en 1719 de comprendre le Comte de Sponeck, comme son fils légitime dans les lettres de naturalité, qu'il demanda, & qu'il obtint du Roy, & qu'il ait souffert que dans des Memoires fournis sous son nom, soit à la Cour de France, ou à celle de Vienne, on lui ait donné ce même titre d'enfant légitime, & qu'on l'y ait supposé né d'une femme, épousée solemnellement suivant les regles de l'Eglise Chrétienne; en sera-t-il moins vrai que la prétenduë célébration de mariage de sa mere, que Sponeck rapporte aujourd'hui, est manifestement fausse & nulle, & qu'il n'a aucune preuve d'être seulement fils naturel du feu Duc de Montbelliard? S'il y a quelques autres actes (le Comte de Sponeck n'ayant proposé jusqu'ici que ceux dont on vient de parler) peut-être ne sont-ils pas moins faux, que cette prétenduë célébration. En les supposant vrais: ils ne seront également que de simples déclarations, qui n'ont jamais été une preuve suffisante d'un mariage légitime & de l'état des enfans. Il faut nécessairement une célébration solemnelle, conforme aux loix civiles & canoniques; justifier la naissance d'un enfant par un Extrait Baptistaire, tiré d'un Registre fidel & autentique de l'Eglise où il a été baptisé. Nul Extrait baptistaire de la part du Comte de Sponeck. La fausseté de la célébration de mariage de sa mere, qu'il rapporte, est aujourd'hui pleinement justifiée. Quand ce mariage seroit vrai, sa nullité est également sensible. Si dans quelques ouvrages imprimez en Allemagne, concernant les genéalogies des Princes de l'Empire, le Comte de Sponeck a trouvé le secret de s'y faire comprendre comme fils légitime du feu Duc de Montbelliard: il peut se féliciter de la facilité, qu'il a trouvée d'en imposer à pareils faiseurs de Livres. Pour les défa-

K

bufer & pour diſſiper les bruits, qu'il a pû répandre dans le Public, à la faveur d'une piece fabriquée: il n'y aura qu'à lire ce qu'on vient d'expliquer. Le public ne pourra qu'être indigné de l'effronterie & de l'impudence avec laquelle le Comte de Sponeck a oſé produire pour vrais aux Miniſtres de l'Empereur & du Roy, les titres les plus faux & les plus groſſierement fabriquez.

Mais, dit-on, le Duc George de Montbelliard étant revenu à Montbelliard après le Traité de Riſwick, le Duc ſon fils & la Comteſſe de Sponeck, l'y ont accompagné, & ont toûjours depuis demeuré avec lui, juſques-là qu'ils l'ont même aſſiſté à la mort. Le Duc George ne s'eſt jamais plaint du mariage de ſon fils avec la Comteſſe de Sponeck; il n'a jamais penſé à y former oppoſition, ni devant ni après ſa célébration. D'où le Comte de Sponeck conclut, que par une conſéquence juſte & naturelle, il y a donné ſon conſentement.

Il eſt vrai que la Comteſſe de Sponeck a été à Montbelliard du vivant du feu Duc George. Mais ſous quel nom y a-t-elle paru? Sous celui d'Anne-Sabine Hedviger, & comme une perſonne du commun, ſans rang, ſans diſtinction & ſans conſéquence. N'y ayant jamais eu de mariage entre elle & le feu Duc de Montbelliard; comment le Duc George ſon Pere, auroit-il pû être informé de l'acte inſeré, peut-être après ſa mort, dans le Régiſtre de Reiowitz, aux extrémitez de la Pologne, avec des lettres initiales ſeulement, pour déſigner les noms de familles de l'Epoux & de l'Epouſe? Auroit-il pû deviner que dans la ſuite des tems, on voudroit ériger cet acte, en célébration de mariage d'entre ſon Fils & Anne-Sabine Hedviger, quoiqu'ils n'y ſoient dénommez ni l'un ni l'autre? Devoit-il encore deviner que ſon Fils avoit de cette femme deux Bâtards & une Bâtarde, & qu'il les tenoit en penſion à Feſtemberg en Sileſie, pour les dérober, auſſi-bien que leur mere, à ſa connoiſſance. Quand Anne-Sabine, depuis Comteſſe de Sponeck, auroit eu entrée dans le Château pendant la vie de ce Prince: (a) quand elle l'auroit ſervi dans ſa derniere maladie; faits dont on n'a rapporté aucune preuve juſqu'ici; ce n'auroit pas été en qualité de femme légitime du Duc de Montbelliard ſon Fils, n'oſant pas ſeulement alors paroître être ſa maîtreſſe. Ainſi jamais mariage plus mal imaginé. Le ſeul acte, qu'on rapporte pour le prouver, eſt évidemment faux. S'il avoit exiſté il feroit inconteſtablement nul & vicieux. Par conſéquent où peut-être le doute que le feu Duc de Montbelliard n'ait eu une liberté entiere de contracter un mariage légitime, lorſqu'il a épouſé la Ducheſſe de Montbelliard, Elizabeth-Charlotte de l'Eſperance, Baronne du S. Empire.

(a) *Il eſt au contraire de notorieté publique à Montbelliard, que la Comteſſe de Sponeck, n'a jamais oſé entrer au Château, tandis que le Duc George a vêcu.*

SECONDE PROPOSITION.

Suppoſé que l'affinité, qui naît d'un mauvais commerce, forme le même empêchement, que celle qui naît d'un mariage légitime: cet empêchement n'eſt que de droit poſitif. Le Pape peut en diſpenſer parmi les Catholiques · & les Princes Proteſtans dans leurs Etats. Par conſéquent le feu Duc de Montbelliard s'eſt ſuffiſamment diſpenſé lui-même, en épouſant publiquement, à la face des Autels, la ſœur d'une femme qu'il avoit auparavant entretenuë.

Henriette Hedwige, Baronne de l'Eſperance, ſœur de la Ducheſſe de Montbelliard, a eu pluſieurs enfans du feu Duc de Montbelliard;

baptifez fous le nom de l'un & de l'autre. Elle eſt morte le 9 Novembre 1707. On ne ſçauroit dire , du moins il n'y en a pas la moindre pré-ſomption , que ce Prince ait eu de commerce, avec Elizabeth-Charlotte, Baronne de l'Eſperance, qu'il a depuis épouſée, que plus de trois ans après ce décès. Le premier Enfant qu'il a eu d'Elle, eſt né le 22 Avril 1711. Ainſi rien de plus faux , que ce que les Ennemis de ce Prince, où de ſa Maiſon , ont publié dans le Monde, que dans le même tems il ait vécu en mauvais commerce avec les deux Sœurs. La queſtion ſe réduit donc à ſçavoir , s'il a pû valablement épouſer la ſœur de celle, qu'il avoit auparavant entretenue, & dont il avoit eu pluſieurs Enfans.

A ne conſulter que les Loix Romaines, ſelon leſquelles il ne peut ſe former d'affinité, que par une conjonction legitime. *L. non facile §. ſciendum. ff. de gradib. & affinib.* il n'y auroit pas la moindre raiſon de douter. Mais parce que les diſpoſitions Canoniques, ſuivies à cet égard dans les Egliſes Proteſtantes , ont établi une maxime contraire aux déciſions du Droit Romain; examinons ſi ſelon ce même Droit Canonique, tel qu'il s'obſerve chez les Proteſtans, le Mariage de la Ducheſſe de Montbelliard a été legitime , ou non?

Le divorce d'Henry VIII. Roy d'Angleterre, avec Catherine d'Arragon, auparavant veuve d'Artus ſon frere , donna lieu à preſque toutes les Univerſitez de l'Europe , & à preſque tous les Sçavans du ſiécle , de diſcuter, ſi la prohibition du Mariage, dans le premier degré d'affinité de la ligne collaterale , étoit de droit naturel & divin , ou ſeulement de droit poſitif. Ceux qui s'étoient dévoüez au Roy d'Angleterre, & qui vouloient favoriſer ſa paſſion, prétendoient que la ſœur de ſon Mary, ou de ſa Femme, étant regardée comme ſa propre ſœur : de la même maniere qu'il étoit défendu de droit naturel d'épouſer celle-ci ; il étoit également défendu, par le même droit naturel, d'épouſer la femme de ſon frere , ou le Mary de ſa ſœur, ou la ſœur de ſa femme. Que ſi pareil Mariage n'avoit pas été défendu de droit naturel, S. Jean n'auroit pû reprocher avec juſtice à Herode, Tetrarque de Galilée ; qui n'étoit pas ſoûmis aux Loix des Hebreux, ni lui faire un crime de ce qu'il avoit épouſé la veuve de ſon frere, décedé avant ce Mariage, au ſentiment de S. Chryſoſtome, *in Matthæum. hom.* 14. & de Tertullien, *adversùs Marcionem , cap.* 13. Ils citoient Joſeph, *lib.* 27. *antiquitatum , cap. ult.* & Ægeſippe, *de excidio Hieroſolymitano , lib.* 2. *cap.* 2. qui parloient avec exécration du Mariage, qu'Archelaus, Tetrarque de Judée , avoit contracté avec Graphire, veuve d'Alexandre ſon frere ; Denis Halicarnaſſe , *lib.* 4. *Antiquit.* qui parlant du Mariage , que Tarquin-le-Superbe ; ſeptiéme Roy des Romains , avoit contracté avec Julie, ſœur de ſa femme. s'explique en ces termes : *Ducens viricidam ſponſam in ſororis thalamum, ex pacto nefario, primus ac ſolus inducens in hanc Urbem morem impium , apud omnes Græcas & Barbaras Nationes ſimul abominabilem;* Gregoire de Tours, *lib.* 4. *Hiſtor. Franc. cap.* 3 & 9. qui déteſte également le Mariage du Roy Clotaire , avec la ſœur de la Reine ſa femme, & qui aſſure que S. Germain , Evêque de Paris, éxcommunia le Roy Caribert, fils du même Clotaire , qui avoit également épouſé la ſœur de ſa femme. Mariage que le ſecond Concile de Tours, *can.* 22. condamna comme inceſtueux. Enfin ils ſe ſervoient du Chap. 18 du Levitique, verſ. 16. qui défend d'épouſer la veuve de ſon frere : *Turpitudinem uxoris fratris tui ; non revelabis, quia turpitudo fratris tui eſt.*

K ij

D'où ils tiroient la conséquence , que par une parité de raison , il étoit également défendu , d'épouser la sœur de sa défunte femme.

Ceux, qui défendoient la cause de Catherine d'Arragon, soûtenoient au contraire, que le Mariage dans le premier degré d'affinité, de la ligne tranversale, étoit si peu défendu par le droit naturel, ou divin, que le chap. 25 du Deuteronome, prescrit au frere l'obligation d'épouser la veuve de son frere, décedé sans enfans. Que d'épouser les deux sœurs, étoit si peu contraire aux Loix de la Nature, que nous lisons dans la Genese, que Jacob avoit même eu pour femmes deux sœurs en même tems. Que le Levitique avoit si peu défendu d'épouser successivement les deux sœurs, qu'au ỳ. 18. du même chap. 18, il ne défend d'avoir commerce avec la sœur de sa femme, que pendant sa vie, ou malgré elle, ou de peur de la contrister : *Sororem uxoris tuæ in pellicatum illius non accipies, nec revelabis turpitudinem ejus adhuc eâ vivente & contradicente* ; au lieu que dans le ỳ. 16, il défend purement & simplement, d'épouser la veuve de son frere. Les Interpretes de l'Ecriture, n'ont pû s'empêcher de conclure, presque unanimement de ce verset 18, qu'après la mort de sa femme, il étoit permis, selon la loy du Levitique, d'épouser sa sœur. Mais une preuve que ces sortes de Mariages n'ont jamais été regardez, comme contraires au droit naturel & divin, c'est que les Empereurs Constantin & Constans, qui les premiers les ont défendus, avoüent dans la Loy, qu'ils firent publier à cet égard, (a) que de leur tems on les croyoit permis de droit commun: *Etsi licitum veteres crediderint, nuptiis fratris solutis, ducere fratris uxorem : licitum etiam post mortem mulieris , contrahere cum ejusdem sorore conjugium*, &c. Auroient-ils pû être autorisez dans l'usage, même depuis le regne des Empereurs Chrêtiens, s'ils avoient été prohibez de droit naturel ou divin? L'Abréviateur des Basiliques, expliquant ce qu'on doit entendre par Mariage incestueux : dit que c'est celui qui est contracté entre les ascendans, & les descendans; que par rapport aux collateraux, le Mariage leur est seulement défendu en certains degrez. *Incestæ Nuptiæ, sunt quæ inter ascendentes & descendentes coeunt, in vetitis autem, quæ ex latere contrahuntur.* Solon avoit défendu le Mariage entre les freres & sœurs germains. Les Egyptiens le permettoient aux uns comme aux autres.

Les Loix des Visigoths, en défendant le Mariage avec la veuve de son frere, ou avec la sœur de sa femme, ajoûtent l'exception, à moins qu'ils ne soient contractez par la permission du Roy, de qui on obtenoit alors la dispense de se marier dans les degrez prohibez. Si les Rois avoient l'autorité de permettre, & s'ils permettoient en effet de celebrer pareils Mariages; la conséquence est certaine, que ni eux, ni leurs Peuples, qui faisoient profession du Christianisme, ne pensoient pas qu'ils fussent défendus, de droit naturel & divin. Aussi la Loy des Lombards, qui les défend, n'en donne d'autre raison, sinon, que telle étoit la disposition des Canons. Le Concile d'Elvire, Can. 61, celui d'Agde. Can. 65, celui d'Epaone, Can. 30, le quatriéme d'Orleans, Can. 27, le second de Tours, Can. 22, ne les défendoient que pour le tems présent, & pour l'avenir, sans toucher à ceux faits auparavant : *Quod in præsenti tempore prohibemus, ita ut ea quæ sunt anterius instituta, non solvamus*; parce, dit le troisiéme Concile d'Orleans, Can. 10, qu'il étoit juste d'avoir de l'indulgence pour ceux qui n'avoient peché que par ignorance. Cette ignorance ne pouvoit pas être du droit naturel; parce qu'il est très-certain, qu'elle n'auroit

(a) L.2.Cod. Theod. de intest. Nupt.

roit pû alors meriter la moindre indulgence. Le Pape S. Gregoire, & le Pape Innocent III. à son exemple, ont permis aux habitans de la Livonie, qui avoient épousé les sœurs de leurs femmes, de continuer de vivre maritalement avec elles, *Cap. Deus qui Ecclesiam ; de divort.* Au-roient-ils pû laisser subsister pareils mariages, s'ils avoient été contraires au droit naturel ou divin ?

Ils répondoient à l'argument, tiré de ce que le frere du mari est censé frere de la femme, comme la sœur de la femme est censée être la sœur du mari ; que ce n'est qu'une fiction de la loy. Que les alliez ne des-cendant point d'une même souche, on ne pouvoit point les dire d'un même sang, ni par conséquent conclure d'une simple similitude, que le mariage fût également deffendu entr'eux.

A l'égard de l'induction tirée de la prédication de S. Jean, ils soûte-noient, avec le plus grand nombre des Peres, qu'Herode avoit épousé la femme de son frere, lui vivant. C'est en effet le sentiment de S. Je-rôme & de S. Thomas ; de Joseph, *lib. 18. antiq. cap. 9.* d'Ægesippe, *lib. 2. de excidio hierosolymit. cap. 15.* D'Eusebe, *lib. 3. histor. Ecclesiast. cap. 11.* De Nicephore Calixte, *lib. 1. histor. cap. 19.* D'Abulensis, *in cap. 18. Mat-thæi, quæst. 18.* De Cajet. *in opus. tom. 8. tract. 13.* De Bellarmin, *tom. 2. Con-trov. lib. 1. de matrim. cap. 27.* qui tous assurent qu'Herode avoit enlevé à son frere sa femme, pour en faire la sienne. Ce fait constant : rien de plus digne du zéle de S. Jean, que de s'être élevé contre un mariage aussi odieux. En supposant Philippe mort, ils soûtenoient qu'aux termes de la loy de Moïse, qui avoit alors toute son autorité, Herode son frere, n'avoit pû épouser sa veuve ; parce que Philippe en avoit eu une fille qui lui avoit survêcu, la même qui dansa devant Herode. Que quoique ce Prince fût Iduméen, il n'étoit pas moins soumis aux loix des Hebreux, y ayant plus de cent ans que lui & ses Peres, avoient quitté l'idolâtrie, pour faire profession de la Religion Judaïque.

Joseph & Ægisippe n'avoient de même blâmé le mariage d'Arche-laus, que parce qu'il étoit contraire à la loy de Moïse, à laquelle il étoit soumis : Alexandre son frere ayant laissé deux enfans de sa femme, qu'Archelaus avoit ensuite épousée.

Denis Halicarnasse, n'a parlé avec horreur du mariage de Tarquin le Superbe avec la sœur de sa femme, que par les circonstances execra-bles qui l'avoient précédé. Tarquin vivant en adultere avec Tullia, convint avec elle de se deffaire de sa femme, & elle de son mari ; & tous les deux de leur pere & de leur beau-pere, pour se marier ensuite ; ce qu'ils executerent.

Si les mariages des Rois Clotaire & Caribert ont été condamnez : ce n'a pas été parce qu'ils étoient contraires à la nature, ou au droit divin ; mais parce qu'ayant été celebrez sans la dispense du S. Siége, ils étoient nuls, selon les sacrez Canons. L'un & l'autre avoient d'ailleurs été ce-lebrez du vivant des premieres femmes de ces Princes, ce qui étoit une polygamie. Ils prouvoient enfin que la prohibition du Levitique & de la Loy écrite, avoit cessé par la Loy de grace ; que par conséquent elle n'obligeoit plus, d'autant plus qu'elle n'a jamais deffendu à l'homme d'épouser successivement les deux sœurs ; mais seulement à la femme d'épouser successivement les deux freres, y ayant beaucoup plus de rai-son de deffendre l'un que l'autre.

L

Ce dernier fentiment eft inconteftablement conforme à la raifon &
aux régles. C'eft auffi l'opinion commune parmi les Theologiens, qu'il
n'y a aujourd'hui de mariage prohibé de droit divin, qu'autant qu'il eft
deffendu de droit naturel. Que tous les degrez deffendus dans le Chapitre 18 du Lévitique, ne l'étoient pas de droit naturel. Que cette Loy
ne deffendant d'avoir pour concubine la fœur de fa femme, que pendant
fa vie feulement : *Sororem uxoris tuæ in pellicatum illius non accipies, nec re-*
velabis turpitudinem ejus, adhuc illa vivente, fourniffoit une preuve fans replique, que felon elle, il étoit permis après la mort de fa femme, d'é-
poufer fa fœur. Il en eft peu, qui ne conviennent, qu'abftraction faite
des loix humaines & du droit pofitif, l'on ne puiffe époufer la veuve de
fon frere, avec la difpenfe du S. Siege, & que le Pape n'ait droit d'accorder cette difpenfe pour de juftes caufes : qu'à plus forte raifon il
peut également permettre d'époufer fucceffivement les deux fœurs.

Telle eft la doctrine de S. Thomas, 1. 2. *quæft.* 98. *art.* 1. *& quæft.* 104.
art. 3. Du Maître des Sentences, *in* 4. *Sentent. dift.* 3. De S. Antonin, *tom.* 3.
fumm. tit. 1. *cap.* 11. De Cajetan, *tom.* 3. *Opufc. tract.* 14. De Covarruv. *tom.*
1. *de matrim. part.* 2. *cap.* 6. §. 10. *n.* 14. De Bellarm. *lib.* 1. *de matr. cap.* 28.
& tom. 3. *de Controv. de matr. cap.* 27. De Sanch. *de matr. lib.* 7. *difp.* 66.
Cujas, *ad tit. cod. de inceft. & inutilib. nupt.* convient que la prohibition en
collaterale entre les parens, n'eft que de droit pofitif : *Omnis prohibitio*
inter cognatos à latere eft juris pofititii … res tota pendet ex arbitrio legum. Et qu'entre les Alliez, il n'y en avoit que de droit civil; c'eft-à-dire, de celui,
qui a pour principe les Conftitutions des Empereurs, entre ceux qui
tiennent lieu d'afcendans, ou de defcendans : *Inter affines tantùm prohi-*
bitæ fuerunt Jure civili nuptiæ, & habitæ pro inceftis, qui parentum vel liberorum
locum inter fe obtinent. Duaren, *ad titulum folut matrim.* §. *de nupt. n.* 3. & un
grand nombre d'autres, qu'il feroit inutile de citer, enfeignent la même
maxime.

Les Docteurs Proteftans penfent de même à cet égard. Luther confulté fur le divorce d'Henri VIII. fut de l'avis de l'Univerfité de Lou-
vain. Réfutant l'objection de ceux qui vouloient, que le mariage de ce
Prince avec la veuve de fon Frere, fût contre le droit divin : il prouve
que quand Henri VIII. auroit été foumis à la loy de Moïfe (ce qui n'é-
toit pas) loin qu'il eût pû répudier la Reine Catherine, il auroit été
obligé de l'époufer, felon le Chapitre 25. du Deuteronôme. Il fait voir
que la loy de Moïfe, ayant ceffé après Jefus-Chrift, ne le lioit plus,
loin de l'obliger à rompre un mariage, que la loy de Dieu & le droit
divin, déclaroient également devoir être perpetuel & indiffoluble. Que
fuppofant que le Roy en époufant la femme de fon frere, eût péché contre la loy humaine; en la répudiant il pécheroit contre la loy divine.
Que dans le concours de ces deux crimes, la loy humaine devoit céder.
Il fait voir que Moïfe, en deffendant dans le Lévitique, d'époufer la
femme de fon frere, avoit fi peu penfé à le deffendre purement & fimplement, que dans le Deuteronôme, il ordonne au contraire au frere
d'époufer fa veuve, lorfqu'il n'auroit point laiffé d'enfans. Que S. Jean
n'avoit repris Herode, de ce qu'il avoit pris pour fa femme celle de fon
frere, que parce que ce frere étoit encore vivant. Qu'il n'y a aucune
comparaifon à faire entre l'affinité au premier degré, & la confanguinité au même degré; foit en directe, ou entre freres & fœurs. Qu'il n'y

avoit aucun exemple dans l'Ecriture de mariages entre parens de la ligne directe, ni même au premier degré de consanguinité, excepté les enfans d'Adam, au lieu qu'il y en avoit plusieurs de freres avec les veuves de leurs freres, ou de maris avec des sœurs de leurs défuntes femmes. Qu'enfin le Roy en répudiant la Reine, faisoit un très-grand crime contre la loy divine : *Quod Deus conjunxit homo non separet.* Il conclut en ces termes : *Ergo operæ pretium facturi sunt omnes, quotquot Regi tam nefarium & sceleratum divortium dissuasuri sunt, ne ille à sophistis deceptus perpetuam calamitatem & morsum conscientiæ tandem sentiat ac patiatur.... Ego, qui aliud non possum, oratione ad Deum versa precor, ut Christus hoc divortium impediat & infatuet consilia Achitophelis illud suadentis. Aut Reginæ saltem sortem fidem & constantem conscientiam donet, ut non dubitet se esse & fore Reginam Angliæ legitimam & veram, invitis omnibus portis mundi & inferni, amen. Witteberga, 3. Septemb. ann. 1531.* Il établit les mêmes principes, *tom. 2. Jenens. germ. tit vom ehelichen Leben,* c'est-à-dire, du mariage, §. *die andere Ursache. fol. 152.*

Melanchton, dans sa Consultation, dattée de la même année, prouve également, que la loy de Moïse ne nous oblige pas davantage qu'elle obligeoit ceux qui vivoient avant elle : qu'il n'y a que ce qui s'y trouve de conforme au droit naturel, qui soit une loy pour nous. Que la prohibition du mariage entre parens collateraux n'est point de droit naturel & immuable ; puisque l'Auteur de la nature a mis lui-même les enfans d'Adam dans la necessité de la violer. Qu'avant la loy écrite, il étoit d'usage d'épouser la veuve de son frere. Que par celle du Deuteronome, ce mariage a été de précepte en un cas. Ce qui prouve évidemment qu'il ne sçauroit être contraire au droit naturel. D'où il conclut, qu'il n'y avoit aucun doute, que le Roy d'Angleterre ne dût garder la femme de son frere, qu'il avoit épousée. Selon Melanchthon, le mariage d'Herode avec la femme de son frere, avoit tellement été fait, le frere vivant, que S. Luc assure, que S. Jean commença de prêcher la quinziéme année du régne de Tibere, & selon Joseph, Philippe, frere d'Herode, n'est mort que la vingt-deuziéme année du même régne ; & selon S. Jean, S. Mathieu, & S. Marc, S. Jean-Baptiste fut décolé dans le tems que Jesus-Christ commença de prêcher, & selon l'opinion commune, la 17e année du même régne.

Brückner, Conseiller & assesseur du Consistoire du Duc de Saxe-Gotha, dans son Traité, *Juris Matrim. Controv. cap. 5. de Conjugio cum fratris vidua,* rapporte les deux Consultations de Luther & de Melanchthon. Dans le Chap. 7, il prouve que le Mariage avec la sœur de sa défunte femme, n'est point défendu par la Loy de Moïse, beaucoup moins par le droit naturel. *Nos non dubitamus,* dit cet Auteur, *ad partes eorum accedere, qui tale Matrimonium juri divino, Mosaïco, sive naturali, sive positivo non repugnare... docent.* Après avoir cité pour garans de sa proposition, Luther, Melanchthon, Brentius, *tom. 1. comm. in Levit. 18. (a)* & un très-grand nombre de Docteurs Protestans, même des décisions de plusieurs Universitez. Il la prouve, 1°. parce que, le Levitique défendant d'avoir commerce avec la sœur de sa femme pour ne point faire à sa femme une telle injure, n'a évidemment point défendu de l'épouser, après que la femme ne vivroit plus. 2°. Parce que le Levitique prononce la peine de mort, par rapport à certains Mariages ; au lieu qu'il se contente de menacer celui dont il s'agit, de sui-

(a) Le même, in suo libello, von Ehe-Sachen, quæst. 2.

L ij

res fâcheufes. Ce qui fait affez connoître, que les premiers étoient naturellement défendus, & que celui-ci ne l'étoit que pour un plus grand
bien, & par une Loy purement pofitive. Il rapporte l'exemple d'un
Particulier, qui après avoir eu un enfant d'une fille, qu'il entretenoit,
& qui s'étoit mariée depuis, avoit pris fa fœur à fon fervice, & lui avoit
promis, étant dangereufement malade, de l'époufer. Ce Particulier, fa
fanté rétablie, voulut executer fa promeffe. Il fe prefenta avec cette
fœur, pour recevoir la benediction nuptiale, qui lui fut refufée, par le
Miniftre de fa Paroiffe. Malgré ce refus, ils vécurent en mari & femme.
Il en eut fix enfans. Le Miniftre prononça contre-eux une fufpenfe,
comme contre des inceftueux. Ce Miniftre ayant changé, le Particulier
eut recours à fon fucceffeur, pour en obtenir, tant la bénédiction Nuptiale, que la levée de l'interdit. Le nouveau Miniftre confulta le Docteur
Spener, qui fut d'avis, que quoique les chofes entieres, on n'eût pas dû
accorder la permiffion, ou la difpenfe de celebrer un tel Mariage: ayant
été contracté depuis longues années, en étant nez plufieurs enfans, on ne
pouvoit, ni refufer la benediction Nuptiale, ni d'admettre les mariez à la
participation des Myfteres. Richard, Superintendant du Prince de Wal-
deck à Corbach, & le Miniftre Mizen de l'Eglife Lutherienne à Maf-
trick, furent de même avis. L'Auteur affure, que quelques années auparavant le Confiftoire de Fridenftein (a), avoit accordé pareille difpenfe.

(a) C'est celui
du Duc de Sa-
xe-Gotha.

Benedictus Carpzovius, Jurifp. Ecclefiaft. lib. 2. tit. 7. defin. 110. n. 1. ad 8.
de Nuptiis perfonarum Illuftrium; après avoir établi la différence effentielle,
qu'il y a entre la prohibition de droit naturel & divin, & celle de droit
pofitif, en tire la confequence, que ce droit pofitif, dépendant abfolument de la volonté des Princes Souverains, qui n'y font pas foûmis,
leurs Mariages, dans ces fortes de degrez, n'en font pas moins legitimes:
*Reipfa inter illuftres perfonas, confuetudine modernâ, Matrimonia hifce in gradibus
contrahi videntur..... nec poffint, nec debeant illegitima pronuntiari in gradibus
jure pofitivo prohibitis, cùm Principes fint jure illo fuperiores.... ex quo etiam
jus difpenfandi ipfi competit.*

Combien d'autres Docteurs (b) ne pourroit-on pas citer, qui ont folidement établi que le mariage, dont il s'agit, n'eft deffendu que de droit
pofitif? Auffi combien d'exemples de pareils mariages, qui ne permettent pas de douter, qu'ils n'ont jamais été regardez comme contraires
au droit naturel? Tiraqueau, de *Legibus Connubial.* chap. 7. prouve par le
témoignage des Hiftoriens, que chez les Arabes, les Perfes, les Parthes,
les Medes, les Ethiopiens, les Egyptiens, & plufieurs autres Peuples,
on approuvoit le mariage de perfonnes bien plus proches, que tel étoit
le droit naturel, & commun de ces Peuples. Ce qui avoit fait dire à
Ovide dans fes Métamorphofes : *Gentes effe feruntur,*
In quibus & nato genitrix, & nata parenti
Jungitur, ut pietas geminato crefcat amore.

La liaifon, qui fe forme par le fang eft bien plus forte, que celle qui
a pour principe l'affinité, qui dans le fond n'eft qu'une fiction, introduite par des raifons de bienfeance, que les circonftances peuvent faire
ceffer. Au lieu que les degrez de confanguinité font formez par la na-

(b) *Grotius* Epift. ad Ruaryum 377. *Chriftoph. de Lyncker* conf. 5. 6. & 126. pertot. *Joannes Brentius.*
de cafib. Matrim. cap. 2. *Scherzer,* fyft. Theol. tit. 27. §. 8. *Stryck,* de fponfalib. fect. 5. §. 21 & 28.
Spener. conf. Theol. part 2. cap. 4. fect. 8. *Chriftoph. Befoldus,* conf. 178. n. 7. 8. & 12.

ture

ture même. Auffi le Jurifcônfulte dans la loy 4. *de Gradib. & affin.* dit, qu'à proprement parler, il n'y a point de degré d'affinité ; *Gradus affinitatis propriè nulli funt, quia affines ab affinibus non generantur.* Ce qui a fait dire à Vincent Fillimius, *tract.* 10. *part.* 2. *t.* 7. *n.* 218. que la liaifon eft infiniment plus étroite entre les parens au fecond degré de la ligne tranfverfale, qu'entre les alliez au premier degré de la même ligne ; ceux-là s'étant joints interieurement de droit naturel. D'où il conclut, que n'y ayant point d'empêchement de droit naturel entre coufins & coufines germaines ; il ne fçauroit beaucoup moins y en avoir entre alliez au premier degré.

Du tems de la République de Rome, l'affinité faifoit fi peu d'obftacle au mariage, que Craffus ayant époufé la veuve de fon frere, Plutarque en raportant le fait, dit de lui, que quant aux femmes, il avoit toute fa vie été autant reformé, que nul autre Romain de fon tems. Ciceron, *de Divin.* & Valere-Maxime, *lib.* 1. *cap.* 5. parlant du mariage, que Metellus contracta avec la fœur de Cecilia fa femme, qu'il venoit de perdre, ne difent point, que ce mariage eût rien de contraire aux loix, ni aux mœurs de leur tems. Il n'en étoit pas de même de la parenté ; puifque l'Empereur Claude ayant voulu époufer Agrippine fa niéce ; il falut que Vitellius, Cenfeur, prévînt le Senat, & l'engageât de faire un Reglement pour autorifer ce mariage ; Reglement que l'Empereur Neron fit abolir par un autre Senatus-Confulte. Ce qui a fait dire à quelques Jurifconfultes, que l'affinité fe contractant par le moyen des mariages, dès-lors qu'ils étoient diffous, l'affinité s'évanoüiffoit, de même que celle qui venoit de l'adoption.

L'Empereur Honorius, Prince Chrétien, ayant époufé fur la fin du quatriéme fiecle fucceffivement les deux fœurs, filles de Stilicon : aucun Pere de l'Eglife ne s'eft élevé contre ce fecond mariage. Ce n'a été que depuis, que les Conciles ont non-feulement adopté la loy du Levitique, par rapport au premier degré d'affinité ; mais l'ont étenduë jufqu'au feptiéme degré ; ce qui a fouffert fes modifications & fes changemens, & a enfin été reftraint au quatriéme degré, que ces fortes de mariages ont été deffendus. On ne voit point d'autre raifon de cette prohibition, finon, que la liaifon que l'affinité forme dans ces quatre degrez a paru affez forte, pour ne point y ajoûter encore celle du mariage, qui dans l'efprit des Canons, doit fervir à unir d'autres familles. Mais, depuis ces difpofitions canoniques, combien de mariages faits parmi les Catholiques, avec difpenfe du Pape, & parmi les Proteftans avec celle du Prince Souverain, ou de leur Confiftoire ?

Emmanuel Roy de Portugal, par difpenfe du Pape Alexandre VI. époufa fucceffivement les deux fœurs.

Henri VIII. Roy d'Angleterre, par difpenfe de Julle II. confirmée par Clement VII. époufa la veuve de fon frere.

Gregoire XIII. accorda en 1575 (a) une difpenfe à une Comteffe de S. Jadée, pour époufer fon oncle paternel, qui auparavant avoit époufé la fœur de cette Comteffe fa niéce, en vertu d'une premiere difpenfe.

Clement VIII. accorda à un particulier (b) la difpenfe d'époufer la fœur de fa défunte femme.

Sigifmond Augufte, Roy de Pologne, époufa en troifiéme nopce Catherine, fœur d'Elizabeth fa premiere femme, petite fille de l'Empereur Ferdinand premier.

Jean Cazimir, Roy de Pologne a épousé par dispense du Pape, Loüise-Marie de Gonzague & de Cleves, veuve de Wenceslas, aussi Roy de Pologne, son frere.

Le Comte de Galas, Viceroy de Naples, a eu successivement pour femmes, deux sœurs de la Maison de Dietrichstein.

Goëz, Superintendant de Quedlimbourg, de l'avis de Thomasius, fameux Jurisconsulte d'Allemagne, fit un pareil mariage avec la sœur de sa deffunte femme.

Diane de Chateaumorant, épousa Amé & Honoré d'Urfé, freres. Il est vrai, que le premier mariage avoit été dissou pour cause d'impuissance.

Auguste, Duc d'Holstein, épousa en 1649 (a) Sidonie, fille du Comte d'Oldembourg d'Helmenhorst, sœur de Claire, sa premiere femme, qu'il avoit épousé en 1645.

(a) Buchholz, in responso de Eod. matri. nomine Facult. Rintelensis.

Albert Ernest, Prince d'Oëttingen, (b) épousa en 1632 Eberhardine de Wirtemberg, sœur de Christine Frideric de Wirtemberg, sa précedente femme, qu'il avoit épousée en 1663. Ces deux Princesses étoient tantes paternelles de M. le Duc de Wirtemberg-Stougard régnant.

(b) Ce Prince fit consulter toutes les Universitez Protestantes, & les Sçavans de l'Europe, & a fait imprimer leurs avis dans un Recüeil fait exprès, où la proposition avoit été si solidement démontrée, qu'on n'en a plus douté depuis.

Le Roy Loüis XIII. donna dispense à un Lieutenant de Robe Courte, de la Ville d'Issoudun, qui faisoit profession de la Religion Protestante, d'épouser la sœur de sa deffunte femme.

Le Maréchal de Crequi pere, a épousé par dispense du Pape les deux sœurs.

Le sieur de Recourt, Capitaine de Cavalerie, a de même épousé successivement les deux sœurs, par dispense du Pape Innocent X.

Le sieur de la Chenaye, Gentilhomme de feu M. le Comte d'Armagnac, a de même épousé les deux filles de la Dame de Beaufort. Il n'obtint la dispense d'un Legat à Latere, qu'après la consommation du second mariage.

Le sieur Vaillant, Medecin, si connu parmi les Sçavans, par les Ouvrages, qu'il a donné au Public, par rapport aux Médailles anciennes, avoit épousé en 1654, Antoinette Adrian, & en avoit eu plusieurs enfans. Pendant ce mariage il eut un mauvais commerce avec Loüise Adrian, sœur de sa femme, qui fut suivi de la naissance d'un enfant, dont Loüise Adrian accoucha dans la maison du sieur Vaillant, à la vûe d'Antoinette Adrian sa sœur. Après le décès d'Antoinette Adrian, le sieur Vaillant obtint une dispense du Pape Alexandre VII. en vertu de laquelle il épousa à Rome Loüise Adrian le 15 Janvier 1664.

Un oncle de Loüise Adrian la desherita par son testament. Son motif fut l'injure qu'elle avoit faite à sa famille, par son mauvais commerce avec le sieur Vaillant. Loüise Adrian se plaignit de cette exheredation. Elle prétendit, qu'ayant réparé ce desordre par un mariage légitime: elle devoit partager la succession de son oncle avec ses freres & sœurs.

Ceux-ci pour soûtenir l'exheredation, interjetterent appel comme d'abus au Parlement de Paris, de l'execution de la dispense du Pape Alexandre VII.

Loüise Adrian déceda pendant le procès. Le sieur Vaillant pere & tuteur des enfans, qu'il avoit eu d'elle, le reprit.

Pour principal moyen d'abus, on disoit, que la dispense étoit au pre-

mier degré d'affinité; avec ces deux circonftances, l'une, qu'il y avoit
trois filles vivantes, du Mariage de la premiere fœur; la feconde, que
pendant le premier Mariage, le fieur Vaillant, avoit vêcu dans un commerce inceftueux, avec Loüife Adrian, fœur de fa femme. On n'oublia
rien pour prouver, qu'une difpenfe au premier degré d'affinité, étoit
éprouvée par les Conftitutions Canoniques. On cita le Canon 18 du
premier Concile d'Orleans: *Ne fuperftes frater thorum deffuncti fratris ufur-*
et, neve quifquam amiffæ uxoris forori, audeat fociari. Quod fi fecerint, Eccle-
fiaftica diftrictione feriantur. Le Canon 4 du troifiéme Concile de Paris. Le
Canon 12 de celui d'Auvergne. Le Canon 30 de celui d'Autun. Le Canon 14 du cinquiéme Concile de Paris. Le Canon 8 de celui de Rheims.
Le Canon 12 de celui de Worms Le Canon 2 de celui de Compiegne,
& le Canon 56 de celui de Mayence. Les Capitulaires de Charlemagne,
lib. 5 *cap.* 101, *& lib.* 7, *cap.* 127: *fi quis viduam uxorem duxerit, & poftea cum*
filiaftra fua fornicatus fuerit, feu duas forores duxerit, tales copulationes anathema-
tifantur. On prétendoit qu'un tel Mariage n'étoit pas moins condamné
par les Loix civiles. On citoit la Loi 4, au Code Theod. *de inceft. Nupt.*
qui déclare inceftueux, celui qui avoit époufé fucceffivement les deux
fœurs. Les Loix 5 & 8 au même titre du Code Juftinien, Mornaë fur la
Loi, *femper in conjunctionibus: de Ritu Nupt.* qui a cru que le Pape ne pouvoit
difpenfer au premier degré d'affinité; & que s'il y avoit quelques exemples de pareilles difpenfes: outre qu'elles n'avoient été accordées, felon
lui, qu'à des Têtes Couronnées, par la confidération du bien public, ce
n'avoit été, que parce que les premiers Mariages n'avoient point été con-
fommés; en forte que n'y ayant point eu d'affinité contractée, ce n'étoit
plus que de fimples difpenfes de l'honnêteté publique.

On fit tous fes efforts, pour perfuader, qu'il eft défendu de droit divin,
d'époufer fucceffivement les deux fœurs, & que par confequent le Pape ne
pouvoit difpenfer de fon execution en aucun cas.

La caufe appointée, & inftruite de part & d'autre, fur les productions refpectives des Parties, & les Conclufions du Procureur General, intervint Arrêt contradictoire, le 22 Janvier 1682, qui déclara, n'y avoir eu
abus dans la celebration du Mariage du fieur Vaillant, & de Loüife Adrian,
& que par confequent il avoit été legitime. Sans avoir égard au Teftament
de l'Oncle, qui fut déclaré nul, & aux donations de deux fœurs: les enfans
nez de ce Mariage, furent maintenus dans les fucceffions, dont étoit
queftion: les Appellans comme d'abus, furent condamnez à l'amende,
& aux dépens.

Depuis cet Arrêt, rendu en très-grande connoiffance de caufe, on
n'a plus douté dans le Royaume de France, que la prohibition du Mariage au premier degré d'affinité transverfale, ne foit purement de droit
Ecclefiaftique & pofitif, & que le Pape ne puiffe en difpenfer, felon les
circonftances, & ainfi qu'il le juge à propos. Auffi la Princeffe de Sobieski,
petite-fille du Roy de Pologne de ce nom, a époufé dans les derniers tems,
par difpenfe du S. Siege, fucceffivement les deux freres de la Maifon de
Boüillon.

Si le Pape peut difpenfer parmi les Catholiques du degré d'affinité,
parce qu'il n'eft qu'un empêchement de droit pofitif & humain; on ne
fçauroit également contefter, que les Princes Souverains ne puffent en
difpenfer parmi les Proteftans. Par le Traité de Paffau de 1552, inferé

dans la Diete de l'Empire de 1555, confirmé par le Traité de weſtphalie, art.
48 & 49, chaque Prince de l'Empire, de la Confeſſion d'Auſgbourg, à
toute la Juriſdiction Eccleſiaſtique dans ſes Etats, qu'il y exerce dans
toute ſa plenitude, & n'a point de Superieur à cet égard. Ainſi rien
n'empêche, qu'il ne puiſſe ſe donner à lui-même toute diſpenſe, qui
dépend de la Juriſdiction Eccleſiaſtique. C'eſt une verité reconnuë dans
tout l'Empire, atteſtée par Myler, Miniſtre & Conſeiller d'Etat de la
Maiſon de Wirtemberg, dans ſon Traité intitulé, *Gamo-logia perſonarum
Illuſtr.* imprimé à Stougard, en 1664. cap. 8. n. 9. *Princeps Imperii,* dit cet Auteur, *eſt Epiſcopus in ſuo Territorio; Juriſdictio Eccleſiaſtica ipſius eſt, æquè ac
ſecularis; nec in Eccleſiaſtica Juriſdictione ſuperiorem recognoſcit, per Decretum
Imperiale Paſſavii, anno 1552 editum, & exinde anno 1555, in receſſum Imperiale
relatum, quo Principes, Auguſtanæ Confeſſionis, Principis ſecularis, ſimul ac Epiſ-
copi ſuſtinent perſonam* .... D'où il conclut, que rien ne peut empêcher ces
Princes, de décider dans leur propre cauſe. Selon ces principes, il n'eſt
pas douteux, qu'ils ne puiſſent ſe marier ſans aucune diſpenſe, dans les
degrez prohibez. *Si Principes reformati, vel alii Regalia habentes,* dit Arith-
mæus, (a) *in gradibus prohibitis contrahere velint; hoc abſque diſpenſatione facere
poſſunt.* Myler dans l'endroit cité, convient de la vérité de cette maxime:
*Hæc uſque huc dicta in theſi, & juris, & æquitatis eſſe cenſemus. Principes prote-
ſtantes Legiſlatorem ſuperiorem in Eccleſia, non agnoſcunt, ſed ipſimet Leges con-
dunt; nec eaſdem ſibi, ſed ſubditis præſcribunt, ita ut in gradibus ſubditis prohibitis, ſine ulla diſpenſatione Matrimonium inire poſſint. Boehm. Jur. Eccleſ.
proteſt. lib. 4. tit. 3. §. 58. de clandeſt. deſponſ.* (b) Par conſequent, il eſt
vrai de dire, que le feu Duc de Montbelliard, a pu legitimement épouſer
en 1718, Elizabeth-Charlotte, Baronne de l'Eſperance, quoique ſœur
d'Henriette Hedvige, Baronne de l'Eſperance, morte en 1707, dont
il avoit eu pluſieurs enfans. L'affinité au premier degré, n'étant un empêchement au Mariage, que de droit Eccleſiaſtique, civil, & purement
humain, dont une autorité legitime; peut inconteſtablement diſpenſer:
le Duc de Montbelliard, qui étoit Prince Souverain, ſe mariant dans
ce degré prohibé, eſt cenſé s'être lui-même diſpenſé: n'aïant eu à cet
égard, aucun ſuperieur, à qui il put, ou fut obligé de recourir. Son
Mariage avec la Baronne de l'Eſperance, aujourd'huy Ducheſſe de Montbelliard ſa veuve, aïant été legitime, bon & valable, conforme aux Loix
divines & humaines, des Princes d'Allemagne de la Confeſſion d'Auſgbourg; où peut être le doute, que les enfans nez auparavant, n'ayent été
legitimez, par le Mariage ſubſequent de leur pere & mere; & que ceux
nez depuis, n'ayent été legitimes.

Les Loix Romaines, & les Conſtitutions Canoniques ſe réüniſſent
pour établir cette legitimation. (c) Leur diſpoſition eſt ſi univerſellement reçuë dans tout le Monde chrêtien, qu'il ſeroit inutile de
rapporter, ni les differens textes, qui établiſſent ce principe, ni les Docteurs, qui en ont atteſté l'uſage. Le Preſident Fabre parlant de cette eſ-

(a) Pericul. Academ. 2. diſp. de grad. prohib. fol. 35.
(b) *Chriſtoph. Beſoldus,* in diſſertatione politica, Juridica, de majeſtate in genere, ſect. 2. c. 5. n. 4.
Benedict. Carpzovius, Juriſp. Eccleſiaſt. Conſiſtorial. lib. 2. tit. 1. defin. 1. & tit. 7. defin. 110. & lib. 3.
tit. 1. defin. 1. n. 7. *Bruckner* deciſ. Matrim. c. 5. n. 3.
(c) L. Divi. L. Jubemus. L. cum qui, L. Nuper. Cod. de Natur. lib. & §. penult. de hæred. quæ
ab inteſt. Novell. 74. & 78. Nov. 11. Cap. ult. Nov. 18. cap. fin. Nov. 89. Cap. 8. Cap. conqueſtus,
& Cap. Tanta Vis. X. qui filii ſint legit. §. fin. inſtit. de Nupt.

pece

péce de légitimation, ne se contente pas de dire qu'elle est de toutes
la meilleur ; mais il ajoûte qu'on doit la regarder comme très-favora-
ble & très-sainte, à cause de l'autorité & de la religion du mariage.

Les Docteurs Catholiques, comme les Protestans, enseignent unanimement que les enfans, ainsi légitimez par le mariage subséquent, succedent aux Royaumes & aux Fiefs, de quelque dignité qu'ils soient, & à
la Noblesse, au nom & aux armes de leur Pere, qu'ils excluent le substitué,
& qu'ils ont en un mot tous les avantages de l'enfant légitime, né d'un
légitime mariage. Covarr. *de matrim. cap.* 8. §. 2. *n.* 28. Tiraqueau, *de nobilit.*
cap. 15. *n.* 2. *&c.* Mantica, *de conject. lib.* 11. *tit.* 12. *n.* 4. Gonzalez, *ad cap.*
Conquestus. qui filii sint legitim. Basilius Monnerus, *part.* 4. *cap.* 7. *n.* 4. *& seq.*

Itterus, *de feud. imper. cap.* 14. dit, que par l'usage general de l'Allemagne, ils succedent également aux Fiefs comme les légitimes ; ce qu'il
prouve par le témoignage de plusieurs Auteurs Allemands, qu'il cite
& entr'autres, par les décisions de la Chambre Imperiale, rapportées
par Mynsinger, *cent.* 5. *obser.* 42. *n.* 2. Hieron. Schurpsius, *cons.* 1. *cent.* 1.
n. 22. *& cons.* 56. *cent.* 2. *n.* 8. *&* 15. Besold. *de nobilit. in discurs. polit. singul.*
dissert. 2. *cap.* 11. *n.* 38. *& seq.* Catpzovius, *Jurispr. Eccles. lib.* 3. *tit.* 1. *defin.*
122. *n.* 12. Rosenthal. *de feud. cap.* 6. *concl.* 18. *n.* 10.

Myler, dans sa Gamologie, *cap.* 24. décide d'abord, que les enfans
naturels des personnes Illustres deviennent habiles à succeder à leurs
biens & à leurs dignitez, par le mariage subséquent du Prince leur pere
avec leur mere. Au nomb. 2. il assure que cette conclusion, qu'ils succedent même aux Fiefs titrez & de dignitez, est adoptée par tous les
Interpretes du Droit, & dans les Tribunaux de tout l'Univers, où les
peuples sont policez & vivent selon des Loix : *Hanc conclusionem quod filii*
naturales, quorum parentes postmodum matrimonium contraxerunt, in feuda, etiam
titulata & dignitatis, succedant, omnium fere terrarum orbis, ubi civiliter vivitur,
amplectuntur Interpretes Juris & Consiliarii Regiminis. Il cite Andr. de Isernia,
fameux Feudiste, *In §. naturales, de feud. lib.* 2. *tit.* 26. & plusieurs autres
Docteurs, Italiens, Siciliens, Espagnols, François, les loix d'Ecosse, &
l'exemple de Robert III. Roy d'Ecosse, fils naturel de Robert II. devenu légitime par le mariage subséquent de son pere avec Elizabeth Mora
sa concubine.

Celui de Jean de Lanclastre, qui légitima de même par un mariage subséquent, les enfans qu'il avoit eu d'une Concubine.

Et enfin celui d'Eric IV. Roy de Suede, qui épousa de même sa Concubine Catharine (*a*), quoique de la plus basse condition ; & de la plus
odieuse ; & la fit couronner Reine.   (*a*) Thou.
                                        histor. lib. 43.

Il est vrai, pour ne rien dissimuler, qu'au nombre 3, il rapporte
deux limitations à cette proposition generale ; l'une, si par la Loy de
l'investiture, le Fief ne doit passer qu'aux enfans nés d'un légitime mariage ; l'autre, si l'usage, où les pacts de l'Illustre famille sont au contraire. Il ajoûte, que Schenck, Baron de Tautenberg, *de feudis. lib.* 3.
tit 14. §. *naturales. n.* 10. a crû pouvoir y apporter encore une troisième
limitation, tirée de la dignité du Fief ; comme si un Prince, ou Comte
de l'Empire, ayant eu des enfans d'une concubine d'une condition abjecte, l'épousoit dans la suite ; parce que de tels enfans peuvent diffi-
cilement se montrer dans la Cour de leur Pere. La bassesse de leur mere

N

eſt, ſelon cet Auteur, un obſtacle à leur élévation à la dignité de leur Pere, que le mariage ne ſçauroit vaincre, ni ôter la tache de pareille alliance, qui doit rendre les enfans indignes de la Souveraineté.

On ne prétend point, que la Principauté de Montbelliard, Fief immédiat de l'Empire, ait aucune loy particuliere dans ſon inveſtiture, qui la défere aux ſeuls enfans, nés dans le mariage, à l'excluſion de ceux, qui ont été légitimés par un mariage ſubſequent ; ainſi la premiere exception n'a aucune application. On examinera la ſeconde, en établiſſant la quatriéme Propoſition de ce Memoire.

A l'égard de la troiſiéme : le ſentiment de Schenck, & de quelques autres, qui ont penſé comme lui, n'a pour fondement qu'un argument, qu'ils ont crû pouvoir tirer des termes de la loy premiere au Code *de naturalib. liber.* & du préambule de la Novelle 47. §. *ſed & aliud.* Mais comment ces Auteurs n'ont-ils pas fait reflexion que la loi premiere *de natura liber.* qui deffend aux perſonnes Illuſtres, de ſe marier avec des femmes de la condition y expliquée, a été formellement abrogée par les Novelles 89. & 117. §. *illo indubitanter* ? Cette derniere conſtitution, parlant de cette loy de l'Empereur Conſtantin, dit préciſement qu'elle n'aura plus d'autorité : *Nullo pænitus modo valere permittimus, ſed licentiam volentibus præbemus, & ſi magnis dignitatibus decorentur, hujuſmodi, mulieres (abjectas) ſibimet copulare.* A l'égard du préambule de la Novelle 47 ; outre que ce n'eſt pas dans le préambule, mais dans la diſpoſition de la loy, qu'on doit chercher ſa déciſion ; l'Empereur ne traitant dans ce préambule, que de la légitimation par reſcrit du Prince, ou de cette ancienne légitimation, qui ſe faiſoit *per oblationem Curiæ* ; qui ne voit qu'on ne ſçauroit en tirer aucune conſéquence à la légitimation par un mariage ſubſéquent, ſi favorable par elle-même, que les enfans ainſi legitimez, ſoit que l'on conſulte les loix civiles, ou les loix canoniques, ont tous les avantages des enfans nez d'un legitime mariage? Ils ſont comparez aux poſthumes ; la loy préſumant que le pere a dès le principe regardé pour femme legitime, celle qu'il a depuis épouſée, & par une fiction de la loy, le mariage de leurs pere & mere eſt cenſé celebré avant leur naiſſance. Auſſi les plus celebres Docteurs ont été d'un avis contraire, & entre-autres Nicolas de Ubald, *in tract. de ſucceſſ. ab inteſt.* Jaſon, *Conſ.* 234. *vol.* 2. Paulus de Caſtro, *Conſ.* 429. Alexander, *in cap. Tanta. qui fil. ſint. legit.* Joann. Lupus, *in cap. Per veſtras.* 3. *notab.* §. 21. *n.* 17. *de donat. inter vir. & uxor.* Socin Senior, *in leg. ſed eſt quæſitum, de lib. & poſth.* Emmanuel à Coſta, *in* §. *& quid ſi tantum, part.* 2. *n.* 98. *de lib. & poſt.* Covarr. *de matrim. part.* 2. *cap.* 8. §. 2. *n.* 9. Mantica, *de conject. ult. vol. lib.* 11. *tit.* 12. *n.* 10. Cacheranus, *deciſ. Senat. Pedem.* 154. Fachinæus, *controv. jur. lib.* 3. *cap.* 53. Ce dernier Auteur ne ſe ſert que d'un argument également ſimple & ſans replique, qui eſt, que le mariage étant bon & valable, quelque difference qu'il y ait dans les conditions de l'Epoux & de l'Epouſe, & quoique l'une ſoit même infiniment au-deſſus de celle de l'autre ; il en reſulte par une conſéquence néceſſaire, qu'il a l'effet de les rendre légitimes. Les loix civiles, comme les canoniques attribuant cet effet à tout mariage ſubſéquent, ſans diſtinction de conditions ; il n'eſt pas permis de limiter leurs diſpoſitions par des exceptions, que non-ſeulement elles n'ont point autoriſées, mais qu'elles ont au contraire formellement rejettées. Quel cas peut - on donc faire d'opinions d'Auteurs, qui ne font appuyez d'aucun texte, & qui font diametralement contraires aux décifions des Loix, que toutes les Nations ont adopté ?

Inutilement opposeroit-on que les enfans naturels, nés d'une conjonction inceftueufe, font formellement exclus de l'avantage de la légitimation, par un mariage fubfequent, & que cette légitimation, toute favorable qu'elle eft, n'étant cependant que de Droit pofitif des Empereurs Romains, adoptée par les Conftitutions Canoniques : inconnuë par les Loix du Digefte, n'a été accordée qu'aux enfans, nés de peres & de meres libres, & qui dans le principe auroient pû fe marier valablement. On croit pouvoir fe flater avoir détruit par avance pareille objection. En effet, dès-lors que l'empêchement, qui pouvoit naître de l'affinité au premier degré, n'eft que de Droit pofitif, ainfi qu'on l'a démontré, & que les Princes de la Confeffion d'Aufgbourg peuvent en difpenfer leurs fujets, ou s'en difpenfer eux-mêmes, que même ils n'ont pas befoin de difpenfe, n'étant pas foumis à ce droit pofitif, comme les Papes peuvent en difpenfer parmi les Catholiques, & en ont difpenfé plufieurs fois : vrai de dire que le Duc de Montbelliard a pû dans tous les tems époufer valablement & légitimement la Baronne de l'Efperance. Le mariage, qu'il a contracté, après en avoir eu plufieurs enfans, a eu également l'effet de les légitimer ; parce que de la même maniere que par rapport aux perfonnes libres, *folutos & folutas*, les peres & meres, qui après avoir vêcu en mauvais commerce, & avoir eu des enfans naturels, en fe mariant légitimement dans la fuite, font cenfez n'avoir eu dans le principe l'un pour l'autre qu'une affection conjugale, le mariage fubfequent donnant lieu de le préfumer ainfi ; de même le Prince Souverain de la Confeffion d'Aufgbourg, qui en matiere Ecclefiaftique, telle que le mariage & fes empêchemens, comme en tout ce qui eft de Droit pofitif, n'a & ne reconnoît aucun fuperieur ; en forte qu'il n'eft point foumis au même Droit pofitif, ou lorfqu'il y contrevient, il eft préfumé fe difpenfer lui-même de fon execution, eft cenfé s'être difpenfé dans le principe d'un empêchement de Droit pofitif, dès-lors qu'il a eu commerce avec une femme prohibée, qu'il a époufée dans la fuite.

Mais à quoi bon s'arrêter à une queftion abfolument étrangere à la conteftation. Dès-lors que depuis le mariage du feu Duc de Montbelliard & de la Baronne de l'Efperance, il y a eu un fils, qui a furvêcu fon pere, & qui vit encore. Ce fils, né d'un mariage légitime, a droit de fucceder au Prince fon pere, à fon rang, à fa qualité, à fes armes & à fes biens, de quelque qualité & dignité qu'ils puiffent être, à l'exclufion des parens collateraux de fon pere. Excluant inconteftablement M. le Duc de Wirtemberg : quel intérêt ce Prince peut-il avoir de contefter aux autres enfans du feu Duc de Montbelliard, & de la Ducheffe fa veuve, les avantages de leur légitimation, par le mariage, qui a fuivi leur naiffance ? En a-t-il quelqu'un d'empêcher qu'ils ne partagent comme freres, la fucceffion de leur pere commun, avec leur frere né depuis le mariage ? Dès-lors que felon toutes les Loix divines & humaines : au fentiment unanime de tous les Jurifconfultes, ou Canoniftes, de quelque Religion qu'ils foient ; M. le Duc de Wirtemberg, parent collateral, eft exclu de la fucceffion du feu Duc de Montbelliard, par

N ij

le fils legitime , qu'il a laiffé , né du Mariage , qu'il a célébré , à la face des
Autels, avec la Ducheffe fa Femme : il importe peu à ce Prince, qu'elle foit
deferée à tous les Enfans, qu'il a eu d'elle, avant, ou depuis ce Mariage, ou
feulement à celui, qui eſt né depuis. Celui-ci ne ſçauroit de fa part contefter
à ſes aînez , l'effet d'une legitimation , qu'il doit peut-être en partie à la
tendreffe, que fon Pere avoit pour eux. Par rapport à Monfieur le Duc
de Wirtemberg, tout ſe réduit donc à la queftion , qu'il ne manquera
pas d'agiter , de ſçavoir , ſi à caufe de l'inégalité de condition , qu'il y
avoit entre le feu Duc de Montbelliard , & la Ducheffe fon Epoufe , les
enfans , qu'il a eu d'elle , font capables de fucceder à fon rang & à fa dignité de Prince , auffi bien qu'à fa Principauté. Il faut lui montrer , que
cette difference de condition , felon même les Loix & les ufages de l'Empire , ne ſçauroit être de la moindre confideration.

TROISIE'ME PROPOSITION.

L'inégalité de conditon dans les Mariages des Princes , même Immediats ,
pourvû qu'ils ne ſoient pas faits de la main gauche , ou felon la Loy Salique , &
ad Morganaticam , ne change rien aux avantages attachez à tout Mariage legi-
time. Leurs Veuves & leurs Enfans joüiffent egalement des droits & des préroga-
tives de la Principauté , & ont le même droit de fucceder à leurs Peres , de quelque
nature que ſoient ſes biens , quelque dignité qui y ſoit annexée.

Les Loix Romaines , inferées dans le Digefte , avoient autrefois défendu aux Senateurs & à leurs enfans, de fe marier à des Affranchies, & à de
certaines autres femmes de baffe condition. (a) Cette prohibion fut abolie par
la Loy derniere, *Cod. de Nupt.* & par les Novelles de l'Empereur Juftinien,
(b) juſques-là qu'il fut permis d'époufer fon efclave , même après en avoir
eu des enfans , qui devenoient legitimes par ce Mariage fubfequent , &
leur Mere acqueroit de plein droit fa liberté. Il n'y avoit pas alors de
plus baffe condition dans la fociété civile. Ainfi il y avoit plus de diftance
du Maître à fon Efclave, qu'il ne ſçauroit y en avoir entre un Prince : on
ne dit pas , & une Damoifelle , mais une Bourgeoife.

La difpofition de ces nouvelles Loix , a été adoptée dans tous les Païs
véritablement policez de l'Europe. Quelque difference qu'il y ait aujour-
d'hui dans les conditions du mari & de la femme, leur Mariage n'en eſt
ni moins legitime , ni moins indiffoluble. Les Conftitutions Canoniques
non feulement l'autorifent & le confirment, mais même celui des Efcla-
ves entre eux , & celui de la perfonne libre avec l'Efclave d'autrui , *tot.*
tit. de conjug. fervo. Les Loix ont même décidé , que les femmes de quelque condition qu'elles ſoient, qui époufent des perfonnes illuftres , & con-
ftituées dans les plus hautes dignitez , joüiffent de la Nobleffe , des honneurs & des prérogatives de la dignité de leurs Maris : *Fœminæ nuptæ Cla-*
riffimis Perfonis, Clariffimarum Perfonarum appellatione continentur. l. 8. de Senator.
L. cum te, & L. ult. Cod. de Nupt. La Loi derniere, *de incol. Cod. lib.* 10. & la
Loi 13. *de Dignit. Cod. lib.* 12. les déclarent élevées aux honneurs & à la Nobleffe de leurs Maris , & veulent qu'elles ayent le même domicile & les
mêmes Juges. Les Interpretes , comme l'ufage , leur déferent les mêmes
privileges , & les mêmes avantages. C'eft le droit commun de toutes les

(a) L. Juliâ
&L.obfervan-
dum de ritu
Nupt.
(b) Nov. 18.
Cap. 11.&Nov.
78. Cap. 2.

Nations. *Mulier ignobilis, ſi nubat Nobili*, dit Tiraqueau, *de Nobil. cap. 18. efficitur Nobilis ex noſtris Legibus.* Ce qu'il établit par pluſieurs autoritez, qu'il ſeroit inutile de citer. Dans le Chap. 15. n. 22, il prouve de même, que les enfans naturels, qu'un père noble & illuſtre a eu d'une femme ignoble, & de condition abjecte, légitimez par un Mariage ſubſequent, ſuccedent à la condition de leur père, & à ſa nobleſſe. Rien encore de plus certain, que de droit commun; ils ſuccedent à ſes biens, de quelque dignité qu'ils ſoient.

Voyons ſi les Loix de l'Empire ont quelque choſe de contraire au même droit commun. Myler (*a*) ne ſçauroit être ſuſpect à M. le Duc de Wirtemberg. Cet Auteur, après avoir expliqué les qualitez, qui lui paroiſſent néceſſaires dans une femme, pour être digne d'épouſer un Prince Souverain: dit que dans l'Empire, on n'y regarde pas de ſi près. Que le Prince, le Duc, ou le Comte, épouſe ſouvent une femme d'une condition fort inferieure à la ſienne; ce qui ne change rien dans l'illuſtration de ſa Maiſon; parce, dit-il, que la femme par ſon Mariage, eſt élevée à la condition de ſon Mari, & la partage avec lui. *Mariti radiis, dignitate & titulo coruſcat.* Au n. 7 il dit, que quelquefois il ſe marie à une ſimple Demoiſelle. Qu'Henry Salmuht, avoit établi, après pluſieurs Auteurs, que pareil Mariage n'avoit rien de contraire au droit de la Nature, & des Gens, ni au droit Civil & Canonique, ni aux Conſtitutions, ni aux Uſages de l'Empire. (*b*) Que cependant quelques-uns avoient douté, ſi un Duc, ou un Comte, épouſant une fille ſeulement Noble, donnoit quelque atteinte à ſa Dignité. Il ſe range d'abord pour la negative; quelque difference qu'il y ait entre le Duc, ou le Comte, & le Noble; juſques-là que dans l'Archiduché d'Autriche; il ont des ſieges diſtincts, les Nobles étant la plûpart ſujets des Ducs & des Comtes, ou réputez l'avoir été, & décide, qu'il n'en eſt pas de même en fait de Mariage; parce que la femme par le Mariage, ceſſe d'être de la Famille de ſon Pere, pour paſſer en celle de ſon Mari. Le Mari & la Femme, ajoûte-t-il, ne formant plus qu'un même tout, ſelon l'expreſſion de l'Ecriture, *erunt duo in carne una.* Rien de plus conforme à la droite raiſon, que les mêmes honneurs & la même dignité leur ſoient communs. D'où il conclut, qu'elle acquiert le titre de Princeſſe. Qu'il eſt même de l'intérêt du Mari, qu'elle partage avec lui ſa dignité. Que par-là il eſt hors de doute que la femme d'un Roy, quoiqu'elle ne ſoit pas née Princeſſe, n'en eſt pas moins Reine. Il rapporte pluſieurs exemples de Princes Souverains; qui ont épouſé de ſimples Demoiſelles; entre-autres celui de Wenceſlas II, fils de Rodolphe, III Electeur de Saxe; qui épouſa Cecile de Padoua, ou Carrara; celui d'Otton de Brunſwick & de Lunebourg; qui épouſa Mechtilde de Campen; celui d'Erneſt; Marggrave de Bade, qui épouſa ſucceſſivement Urſule de Roſenfeld, & Anne Bambaſtin de Hohenheim. De la premiere deſcendent les deux branches regnantes de Baden & de Durlach. Le Prince hereditaire de Wirtemberg-Stougard en deſcend également par ſa mere, épouſe de M. le Duc de Wirtemberg. Celui de Ferdinand, Archiduc d'Autriche, qui épouſa Philippine Welſer, Patricienne d'Auſgbourg, dont il eut deux fils, André Cardinal d'Autriche, Evêque de Conſtance, de Brixen, & Abbé de Murback; & Charles Marquis de Burgau, Landgrave de Nellembourg. Quoique ce Mariage, au témoignage de M. de Thou, ait été fait de la main

(*a*) Gamo-Logia Perſon. Illuſtr. cap. 5.

(*b*) Quæſt de hoc Matrim. ſingul. fol. 102. pertot, & Pſeil. conſ. 78. n. 161.

gauche; Charles joüit non seulement de la qualité & de la dignité de Duc, mais épousa Sibille, fille de Guillaume, dernier Duc de Juliers & de Cleves, & fut reconnu pour Duc par tous les Princes de l'Empire, & entre-autres par Frederic, Duc de Wirtemberg, qui lui rendit de grands honneurs. Celui d'Edoüard Fortunat, (*a*) Marggrave de Baden, qui épousa Marie d'Eiken, d'où descend la branche des Marggraves de Bade-Baden. Il traitte ensuite la question, de sçavoir si les enfans nez d'un tel mariage, sont également Princes, ou Comtes, & s'ils joüissent des privileges & des honneurs des Princes & Comtes de l'Empire. Il convient que l'opinion commune est pour l'affirmative; parce que les enfans legitimes, en ce qui regarde la dignité, le nom & la famille, suivent en tout l'état & la condition de leurs peres : *L. cùm legitimæ. 19. de stat. homin. L. filiam. & L. seq. de Senat. à solo enim patre deducitur Nobilitas.* La noblesse ayant sa source dans le droit civil, & le même droit déterminant le pere : il est juste que les enfans reçoivent par son canal une dignité, qui dépend de la seule disposition des Loix. Il ajoûte qu'il en doit être de même dans le cas, où le Prince de l'Empire, ayant des enfans, d'une premiere femme qui étoit également Princesse, épouse en secondes nôces une Demoiselle, dont il a aussi des enfans. Il décide que ceux-ci n'étant pas moins enfans legitimes que les premiers, sont également heritiers de leur pere, & portent également ses armes ; ce qu'il confirme par ce raisonnement, que tel est le mariage, tels sont les enfans, selon la Novelle 39. Or le mariage entre le Prince & la simple Demoiselle, étant legitime : les enfans, qui en naissent, acquierent également la race & la dignité de leur pere, & lui succedent, tant à ses biens allodiaux, que féodaux, par la régle : *si filius, ergò hæres.* Aussi, continuë-t-il, est-il d'usage, tant à la Chambre Imperiale, que dans l'Electorat de Saxe, d'admettre les enfans du Noble, & de la femme Roturiere, à la succession des fiefs de leur pere, ainsi que le prouve Reinkingk, après Sixtinus & Vulteius, *Lib. 1. Regim. Class. 5. Cap. 6. n. 24.* Hier. Schurpff. *Cent. 1. Cons. 1. n. 17.* Franc. Pfeil. *Cons. 78. n. 161. & seq.* Regn. Sixtin. *Cons. Marp. 9. quæst. 2. & 3. n. 70.*

Itterus. de Feud. Imper. Cap. 14. traitte la même question; si les enfans d'un Prince, & d'une mere même Plebeïenne, ont droit de succeder à leur pere, dans ses fiefs immédiats. Après avoir cité les Jurisconsultes de l'Université de Tubingen. *part. 2. Cons. 88. n. 49.* Mathias Stephani. *de Jurisd. part. 1. Cap. 7.* Knichen. *lib. 2. Polit. part. 2. sect. 2. Cap. 9.* il dit que quelques Auteurs semblent incliner pour la negative ; mais qu'il n'hesite pas de se ranger à l'avis contraire ; parceque les femmes étant par leur Mariage, élevées à la dignité de leurs Maris, les enfans nez d'un Mariage legitime, suivent la condition de leurs peres. Il confirme son opinion, par l'exemple de Guillaume, Marggrave de Baden, à qui Frideric V. Marggrave de Bade, contesta la Principauté d'Edoüard Ferdinand son pere, sous prétexte que sa mere n'étoit qu'une simple Demoiselle. Cependant par un Arrêt du Conseil Aulique de l'Empereur Ferdinand II, du 4 Septembre 1622. Frederic fut condamné à se désister du Marggraviat Superieur de Bade, dont il s'étoit emparé, avec restitution de fruits, dommages, intérêts & dépens. Il assure que depuis ce Jugement, les plus sçavans Jurisconsultes de son siecle, avoient enseigné d'un consentement unanime, que sans

(*c*) D'autres Auteurs le nomment Ferdinand.

s'arrêter à la dignité & à l'illustration des Fiefs, les enfans de Prince & d'une mere d'une condition abjecte, non-seulement étoient légitimes, mais également Princes & capables de succeder à leur pere, soit dans ses allodiaux, soit dans ses fiefs. Il cite (a) Sixtinus, Vulteius, & Reinkingk, *de Regal. secul. & Ecclesiast. lib. 2. part. 1. §. 11. n. 23.*

Matthias Stephani, *de Jurisd. nobil. in feud. lib. 2. part. 1. cap. 1. memb. 2. n. 42.* décide de même que lorsqu'il s'agit de l'origine, de l'honneur & de la dignité des enfans, ce n'est que la condition de leur pere qu'il faut considerer. Que c'est de lui uniquement qu'ils la tirent. D'où il conclut que le fils du Noble, comme celui du Duc, du Comte, ou de tout autre, ne souffre aucun préjudice, soit pour la noblesse & ses avantages, soit pour la succession de son pere, à ses biens allodiaux ou feodaux, de ce qu'il est né d'une mere de la lie du peuple; parce que par son mariage, elle a acquis la dignité de son mari; (b) il ajoûte que la proposition est d'autant plus certaine, qu'elle a également lieu, par rapport aux enfans nez de pareille mere avant le mariage, & légitimez par un mariage subséquent: à moins que lors du mariage il n'y ait eu une convention contraire, comme dans le cas de celui, qui a été contracté de la main gauche, ou selon la Loy Salique.

Hieron. Schurpfius, *Cons. 56. cent. 2.* après avoir prouvé, que selon les Loix divines & humaines le mariage entre le maître & sa servante, est valable & légitime; s'éleve contre ceux, qui osent combattre sa légitimité & ses effets. Il soûtient que les enfans du Noble, quoique leur mere ne le soit pas, n'ont pas moins tous les avantages de la noblesse, qui se tire du pere seul, dont les enfans suivent entierement la condition.

Christophor. Besoldus, *in discursib. polit. singulir. dissertat. 2. de nobilitate cap. 11. n. 30. 35. & 37. idem dissert. 2. de jure familiarum, cap. 1. n. 4.* établit les mêmes maximes. Dans ses Conseils de Tubingue, 88. *pertot.* il rapporte un avis doctrinal de cette Université du 15 Fevrier 1629, où elle décide que les fils d'un Comte de l'Empire, & d'une simple Demoiselle, avoient droit de se qualifier Comtes, & de partager sa succession avec leurs freres d'un premier lit, nés d'une mere Princesse, & conclut par les principes qu'on a expliquez, que l'enfant d'un pere Prince, Comte, ou Baron, & d'une mere noble, ou roturiere, joüit de la même dignité que son pere, des mêmes honneurs, & qu'il a autant de droit de lui succeder par rapport aux Fiefs, que si sa mere avoit été d'une condition égale à celle de son mari. (c)

Benoît Carpzov. dans sa Jurisprud. Eccles. *lib. 2. tit. 1. defin. 10. n. 1.*

(a) Hinc probatissimi nostri ævi Jurisconsulti in Universum, nullo habito respectu ad illustria & regalia Beneficia, magno consensu passim tradiderunt, liberos ex marito nobili & fœmina vilis atque abjectæ conditionis, non modo pro legitimis habendis, sed & nobiles esse: indeque ad successionem bonorum, qua feudalium, qua allodialium omninò admittendos esse.

(b) Quoad originem, honorem & dignitatem in filiis, non matris, sed patris conditio attenditur, & ex eo solo nobilitas deducitur. Quocircà filio nobilis, uti vel Ducis, vel Comitis, vel cujuslibet alterius, nihil, neque quoad nobilitatem & ejus privilegia, neque quoad successionem bonorum, tam feudalium, quam allodialium præjudicat, quod matre plebeia seu ignobili procreatus sit: mater enim per nuptias nobilitatem & dignitatem patris adipiscitur. l. 13. l. ult. Cod. de incol. l. 8. ff. de Senat.

(c) Etenim (liberi) ex patre Principe, Comite, Barone, matre nobili, vel plebeia nati, potiuntur eadem patris dignitate, privilegiis & succedendi jure, etiam in feudis, ac si mater parilis dignitatis cum patre fuisset.

établit d'abord que l'inégalité de condition devroit diſſuader un mariage. Il n'en décide pas moins, qu'il eſt également légitime. Il convient, que rien de plus commun que ces ſortes de mariages. La femme étant annoblie par ſon mari & élevée à ſa dignité : ſes enfans ne ſont pas moins nobles, & ſelon la Juriſprudence de la Chambre Impériale, & de l'Electorat de Saxe, ne ſuccédent pas moins aux Fiefs de leur pere. Il aſſure qu'il en eſt de même de ceux qu'un pere a eu d'une concubine, qu'il a depuis épouſée. Il cite pluſieurs jugemens, qui l'ont ainſi décidé.

Henr. à Cocceii, dans ſa diſſertation, *de conjug. inæquali Perſonarum Illuſt.* §. 1. décide de même, que le mariage d'une perſonne Illuſtre avec une femme du commun, ou moins noble, s'il l'épouſe légitimement *de plein droit*, ce n'eſt plus un mariage inégal ; mais veritablement égal, quoique les mariez ſoient de conditions différentes : *Conjugium Illuſtris Perſonæ cum plebeia vel minus nobili, ſi hæc in juſtam uxorem pleno jure accipiatur ; non inæquale eſt matrimonium, ſed æquale etſi perſonæ diſpari dignitate ſint.* D'où il conclut, que les enfans nés de ce mariage ſuccédent aux dignités de leur pere ; parce qu'étans légitimes, ils ſuivent ſa condition, & nullement celle de leur mere : *Certiſſimo jure, perpetuâque Imperii praxi, ſuccedunt hi liberi in feudis.* Il cite Reinkingk, *de regal. ſecul. & Eccleſiaſt. lib.* 1. *claſſ.* 5. *cap.* 11. *n.* 24.

Hornius, *in Juriſpr. feud. cap.* 6. *n.* 10. dit qu'on a coutume d'agiter la queſtion de ſçavoir ſi les Princes, & autres perſonnes Illuſtres, peuvent faire des alliances inégales, de maniere que la femme & les enfans jouïſſent pleinement de la dignité de ſon mari & de leur pere, & ſuccedent à ſes Fiefs regaliens. Il eſt d'avis de s'attacher aux principes du Droit commun, n'y ayant aucune Loy, qui deffende ces ſortes de mariages, & le Droit commun ne reſtraignant point la liberté des mariages en ce point : au contraire, déferant à la femme & aux enfans, la dignité du mari & du pere, & le droit entier de lui ſuccéder. Il convient qu'il y a des Auteurs qui ont penſé au contraire, & entr'autres Bertram. *de Comitiis, n.* 45. & Andler, *Jur. publ. & priv.* Mais il ſoutient que le prétendu uſage, qu'ils invoquent, eſt non-ſeulement douteux, mais deſtitué de preuve, n'ayant jamais été autoriſé par aucun jugement contradictoire. Qu'au contraire le premier ſentiment a été confirmé par l'Arrêt rendu en preſence de l'Empereur Ferdinand II. qu'il datte, du 15 Août 1622, en faveur de Guillaume Marggrave de Bade. Il ajoûte qu'inutilement voudroit-on reſtraindre ce premier ſentiment au cas, où le Prince auroit épouſé une Comteſſe, ou une Baronne, & prétendre qu'on doit penſer au contraire, lorſqu'il n'a épouſé qu'une ſimple Demoiſelle, ou une perſonne de baſſe condition, à cauſe de la trop grande diſproportion ; parce que, dit l'Auteur, le même droit commun militant en faveur de ce dernier mariage, la déciſion doit être la même.

Gerh. Feltman, *de Impari Matrim.* a fait un Traité exprès pour prouver la verité de cette propoſition ; & qu'elle eſt conforme à la Juriſprudence de l'Empire.

Au ſentiment de ces Docteurs & de nombre d'autres, qu'il ſeroit ennuyeux de citer, ceux qu'on vient de rapporter ayant le plus de réputation, par leur érudition & leur probité dans toute l'Allemagne : on

peut

peut joindre l'autorité des chofes jugées & de la Jurifprudence. Elle n'eft pas moins certaine fur ce point. Outre l'Arrêt contradictoire du Confeil Aulique, felon Itterus du 4 Septembre, & felon Hornius du 15 Août 1622, rendu en faveur de Guillaume, fils d'Edoüard Fortunat Marggrave de Bade, & de Marie d'Eicken, fille d'un Gentilhomme Flamand, contre Frederic V. Prince de la même Maifon, rapporté par Itterus, ci-deffus cité. Il y a eu un pareil Arrêt du même Tribunal du 11 Avril 1715. en faveur d'Efther-Marie de Wizleben, veuve de Jean-Charles, Prince Palatin de Birkenfeld, & de fes enfans, contre la Maifon Electorale Palatine, & Chriftian II. Duc Palatin de Birckenfeld, fon beaufrere. Un autre Arrêt en 1717, entre les Princes de Naffau Siegen, par rapport à la co-invefiture, qui fut accordée aux enfans d'Ifabelle-Claire-Eugenie de Montaut, ou de la Serre, que Jean-François Défideré, Prince de Naffau Siegen, avoit époufé en troifiéme nôce.

Leopold Prince d'Anhalt Deffau, époufa en 1698 Anne-Loüife de Foëfen, qui quoique fimple Demoifelle, a été reconnuë en 1701 par l'Empereur, pour Princeffe, auffi-bien que fes enfans pour Princes & capables de fucceder aux Etats de leur père, & à ceux de la Maifon de Brandebourg, & l'année auparavant par le Roy de Pruffe.

Lebrecht, Prince d'Anhalt-Bernbourg, a époufé en feconde nôce Eberhardine-Jacobine Wilhelmine de Wede & Kent, qui a été de même reconnuë pour Princeffe par l'Empereur le premier Août 1705.

George Guillaume Duc de Zell a époufé Eleonore d'Emiers, fille d'Alexandre d'Olbreufe de Poitou en France, dont eft née Sophie Dorothée, époufe de l'Electeur d'Hannovre Roy d'Angleterre, reconnuë pour Princeffe au moment de fa naiffance, nonobftant l'inégalité de condition qui fe trouvoit entre fes père & mere.

Erneft Augufte, Duc d'Holftein, a époufé la Baronne de Velbruck.

Erneft Cafimir, Duc d'Holftein, a époufé en 1693 Marie-Chriftine de Proëfing.

Loüis-George de Heffe-Hombourg, a époufé Chriftine-Magdeleine Julienne, Baronne de Limbourg.

Anthoine Gunther, Prince d'Anhalt-Zerbft, a époufé en 1703 Auguftine-Antonine de Biberftein.

Charles Eugene, Duc d'Aremberg, a époufé Marie-Henriette de Cufance.

Fridericus Magnus, Prince de Salm, a époufé Marguerite Taifart, fille de Jacques de Tournebœuf.

Antoine Egon, Prince de Furftemberg, a époufé en 1673 Marie de Ligny, fille de Jean de Ligny, Maître des Requêtes de l'Hôtel du Roy à Paris.

Walther-Xavier-Antoine, Prince de Dietrichftein-Nidelfbourg, a époufé en 1687 en premiere nôce Suzanne Liborie, Baronne de Zaftrizizl.

Combien d'autres exemples ne pourroit-on pas rapporter. Mais en pourroit-on un plus illuftre que celui de la Veuve d'un des plus grands Princes de l'Europe, qui non-feulement l'a époufée, quelque inégalité qu'il y eût de lui à elle, du côté de la naiffance; mais l'a fait encore heritiere de fon Empire, dont elle fait aujourd'hui le bonheur, comme elle fait l'objet de l'admiration de toute l'Europe. C'eft à fa vertu

P

& à son merite perfonnel, qu'elle doit une élevation auffi extraordinaire.

Les Miniftres de M. le Duc de Wirtemberg-Stougard, veulent-ils en conteftant à la Ducheffe de Montbelliard & aux Princes fes Enfans leur état & leur fortune, perfuader au Public, qu'on feroit également en droit de contefter à la Czarienne l'Empire & les Etats, dont elle joüit & à fes Enfans; où leur légitimité, ou le droit de fucceder un jour aux Etats, qui appartenoient à l'Empereur leur Pere?

La feule exception, que les Docteurs Allemands ayent apporté à la maxime, que les enfans légitimes, ou légitimez par un mariage fubfequent d'un Prince, avec une femme de condition inégale à la fienne, eft celle du mariage celebré du côté gauche, felon la la Loy Salique, où *ad Morganaticam*. Cette exception eft encore conforme à l'ufage de tout l'Empire. Tous les exemples que M. le Duc de Wirtemberg oppofe, font ou dans le cas de cette exception, ou dans celui d'un mariage, qui n'en avoit que le nom, & qui n'étant ni légitime ni canonique, ne devoit pas en avoir les avantages ni les effets. Tel eft le préjugé du Confeil Aulique, qu'il a cité, fans le dater, dans fon Memoire diftribué à Vienne, de Charles-Friderie, Prince d'Anhalt-Bernbourg, qui avoit époufé en 1716 en feconde nôce, Guillemette-Charlotte Nuflerin, fille d'un de fes Confeillers.

Si l'on en croit les Miniftres de M. le Duc de Wirtemberg, après la mort de ce Prince, les enfans du premier lit lui contefterent & à fes enfans la qualité de Prince, & la fucceffion du Pere commun, dont ils avoient été exclus par fon codicile. Ce codicile de l'Ayeul fut confirmé.

Mais ils auroient dû faire reflexion, que ce fecond mariage ayant été contracté fans le confentement du Prince d'Anhalt pere, il étoit nul. Auffi avoit-il desherité les enfans, qui en étoient iffus. Loin que ce préjugé puiffe être oppofé à Madame la Ducheffe de Montbelliard, & aux Princes & Princeffes fes enfans: il leur fournit un nouveau moyen victorieux pour montrer la nullité du prétendu mariage de la Comteffe de Sponeck avec le feu Duc de Montbelliard.

Celui de la Ducheffe de Montbelliard n'a point été fait de la main gauche & *ad Morganaticam*; mais purement & fimplement, & folemnellement *pleno jure*, felon les formalitez, qui font en ufage parmi les Princes de la Confeffion d'Aufgbourg. On ne fçauroit y trouver le moindre défaut. Auffi n'en contefte-t-on la légitimité, ou les effets, qu'à la faveur du mariage fabuleux, qu'on fuppofe avoir été contracté par le feu Duc de Montbelliard avec la Comteffe de Sponeck, & qui auroit fubfifté lois de fon mariage avec la Baronne de l'Efperance, nonobftant la Sentence de divorce, nulle par elle-même, ayant été renduë fous un prétexte infuffifant, où parce qu'on voudroit perfuader qu'il a été inceftueux.

On a fi folidement démontré la fauffeté du premier mariage, qu'on a voulu attribuer au feu Duc de Montbelliard, & même fa nullité, que cette premiere objection ne peut plus faire d'impreffion. C'eft ce qui a fait regarder avec mépris la Sentence de divorce, que la Comteffe de Sponeck furprit de la complaifance du feu Duc de Montbelliard; parce qu'avant que de prétendre, que les motifs, expliquez dans cette Sentence, n'ont pû fervir de fondement à un divorce, ni diffoudre un mariage: il faudroit commencer par prouver & l'exiftance de ce mariage, & fa

légitimité. Dès-lors qu'il n'y en a point abfolument eu, beaucoup moins
de légitime ; qu'il n'y a jamais eu de lien formé, felon les loix divines
& humaines, entre le feu Duc de Montbelliard & la Comteffe de Sponeck : étoit-il befoin de raifons pour le diffoudre ?

La feconde Objection, tirée de l'affinité au premier degré, n'ayant
également ni raifon ni prétexte, que refte-t-il dans la caufe ? Un mariage celebré folemnellement entre deux perfonnes libres, qui ont été
d'autant plus en droit de fe marier , que felon l'Ecriture , la doctrine
des Peres & des Canoniftes , le mouvement de leurs confciences , auroit
feul dû les y engager. Ce mariage étant conforme à toutes les loix divines & humaines : quelle injuftice , ou pour mieux dire , quelle perfe-
cution d'en contefter depuis fi long-tems les avantages & les effets à la
veuve & aux enfans.

Il eft vrai que la Ducheffe de Montbelliard étoit inferieure par fa
condition à un Prince de l'Empire. Tous fes titres lui ayant été enlevez,
elle ne fçauroit parler de fa naiffance , qu'avec la notorieté publique.
L'Empereur Leopold , dans les Lettres patentes , qu'il a accordées en 1700
à fon frere , à fes fœurs & à elle, dit que la famille de l'Efperance avoit
depuis long-tems bien merité de l'Empire : que le pere de la Ducheffe
de Montbelliard , qui commandoit dans la Citadelle de Montbelliard ,
lorfque cette Forterelle fut démolie, avoit fervi depuis S. M. Imperiale,
& qu'après trente-un an de fervice , il avoit été tué au dernier fiége
de Bude , étant Capitaine de Cavalerie. Il avoit été fait quelque tems
auparavant Lieutenant Colonel. C'eft en confideration de fes fervices & de
ceux de fon fils , que l'Empereur par ces Lettres Patentes a accordé au fils
& aux quatre filles fes fœurs , la dignité de Baron & de Baronnes de l'Empire , pour joüir des honneurs , dignitez , avantages , prérogatives , pro-
fits & droits y attachez , dans les affemblées de l'Empire , avec capacité
de poffeder Offices Ecclefiaftiques ou Seculiers , de même que les autres
Barons de l'Empire & des Royaumes & Terres hereditaires de S. M.
Imperiale , nez Barons & Baronnes , de quatre races de pere & de mere ,
en joüiffent de droit , fans empêchement quelconque. Quelque diftance , que l'on fuppofe qu'il y ait eu entre le feu Duc de Montbelliard
& elle : elle n'a pas moins été fon époufe légitime , que la Demoifelle
Urfule de Rofenfeld a été celle d'Erneft Marggrave de Bade , & les autres
Demoifelles, dont on a parlé ci-deffus ; & par confequent elle n'a pas moins
été élevée par fon mariage à la dignité du Prince fon Epoux. Ses enfans, legitimez, ou légitimes, doivent également joüir des honneurs & de la dignité de leur pere. Ils ont droit de fucceder à fa Principauté , & à tous fes
biens feodaux ou allodiaux , de quelque qualité ou dignité qu'ils puiffent être , à l'exclufion de tous les parens collateraux de leur pere ; à
moins que par quelque convention particuliere & très-précife , ils ne
foient exclus du droit de fucceder , ou à la Principauté , ou à d'autres
Fiefs , foit par une convention particuliere , lors du mariage , ou par
quelqu'autre pact de famille. Certain dans le fait , que lors du mariage
de la Ducheffe de Montbelliard , il n'y a point eu de pareille convention , & que fon mariage n'a point été celebré de la main gauche, mais
pleno jure. Voyons s'il y a quelqu'autre acte ou pact de famille, qui puiffe
lui être raifonnablement oppofé , ou aux Princes fes Enfans. C'eft la derniere Propofition, qu'il s'agit d'établir.

P ij

QUATRIE'ME PROPOSITION.

Dans la Maison de Wirtemberg, il n'y a point de Loi particuliere, qui ait tiré le feu Duc de Montbelliard de la régle générale & commune dans tous les Etats de l'Empire.

Jufques-ici la Duchefle de Montbelliard n'a eu aucune communication, de ce que M. le Duc de Wirtemberg appelle les pacts de Famille de la Maifon de Wirtemberg, que l'on dit avoir été fignez par cinq Freres, Princes de cette Maifon en 1617; ainfi on ne fçauroit exiger d'elle, qu'elle combatte un titre, qu'elle n'a point vû, ni les inductions, qu'on veut en tirer contre elle, ou contre les Princes fes enfans. Tout ce qu'elle en fçait: c'eft que M. le Duc de Wirtemberg les ayant propofez au Confeil Aulique, le Comte de Sponeck, par un Mémoire imprimé, diftribué à la Cour de France, a dit, parlant de ces pacts de famille, qu'ils renferment des claufes de rigueur, capitales & effentielles, qui font des Loix inviolables, lefquelles doivent avoir dans tous les tems, une pleine & entiere execution; parce qu'elles font conformes aux Ufages & aux Coûtumes de toutes les Nations, & à toutes les Loix divines & humaines. Que tels font les premier & fecond article de ce Traité. Que par le premier de ces articles, l'aîné des cinq Freres, qui l'ont figné, doit poffeder, lui & fes heritiers mâles, legitimes & leurs defcendans en loyal Mariage, le Duché de Wirtemberg, fes circonftances & dépendances. Par le fecond, le fecond des cinq Freres, doit également, lui & fes heritiers mâles légitimes, & leurs defcendans en loyal Mariage, poffeder la Principauté de Montbelliard, avec toutes les Seigneuries, qui en dépendent, fituées en Franche-Comté & en Alface. Les Lettres d'Inveftiture, accordez en differens tems par les Empereurs, aux Branches de Stougard & de Montbelliard & toutes celles, qui s'accordent aux autres Princes de l'Empire, ne contiennent que les mêmes difpofitions.

Les Traitez de Paix de Weftphalie & de Rifwick dont le Roy eft garant, & tous ceux, qui les ont precedé & fuivi, ne demandent en effet point d'autres conditions, pour faire fucceder les enfans, à tous les droits, titres & prérogatives des Princes leurs Peres, que d'être nez en loyal Mariage.

Voici les termes de l'art. 13 du Traité de Paix de Rifwick, confirmé par ceux de Bade & de Raftad; » la Maifon de Wirtemberg; & nom- »mément, M. le Duc George; (c'étoit le pere du dernier Duc de »Montbelliard) pour lui & fes Succeffeurs, fera rétabli en la poffeffion »de la Principauté, ou Comté de Montbelliard, dans le même état, »droits & prérogatives, & fur-tout la même immediateté envers le »S. Empire Romain, dont il a joüi auparavant; & dont joüiffent, ou »doivent joüir les autres Princes de l'Empire; la foi & hommage fait »à la Couronne de France, en l'année 1681, demeurant annullée: pour »en joüir par lefdits Princes, à l'avenir, en toute liberté, de tous les »revenus en dépendans, tant feculiers qu'ecclefiaftiques, comme ils en »joüiffoient avant la Paix de Nimegue; de même que des Fiefs ouverts »à leur profit, pendant que la France en joüiffoit, & qui n'ont point »été

» été remplis par eux ; excepté le Bourg de Baldenheim ; & ſes dépendan-
» ces, que Sa Majeſté T. C. avoit conferé au Commandeur de Chanlay,
» Maréchal de Camp général de ſes Armées ; laquelle conceſſion de-
» meureroit bonne & valable, à condition toutefois, qu'il ſeroit tenu
» d'en rendre hommage à M. le Duc de Wirtemberg-Montbelliard,
» comme à ſon Seigneur Féodal, & à ſes Succeſſeurs & de reprendre de
» Fief ; & qu'il ſeroit de même remis en la pleine & libre joüiſſance,
» tant de ſes Fiefs de Bourgogne, Clerval, & Paſſavant, que des Sei-
» gneuries de Granges, Hericourt, Blamont, Chatelot & Clemont, &
» autres ſituées dans le Comté de Bourgogne, & Principauté de Mont-
» belliard, avec tous les droits & revenus ; de la même maniere qu'il les
» poſſedoit avant la Paix de Nimegue ; ſans que tout ce qui avoit été
» fait, ou prétendu au contraire, à quelque titre, en quelque tems, & de
» quelque façon que ce fût, pût lui nuire, ni préjudicier.

Les Lettres de naturalité de 1651, accordées par le feu Roy au Duc
George, Pere du feu Duc de Montbelliard ; & celles de 1719, accordées à lui-même, en confirmant les premieres, pour lui & pour ſes deſcendans, ne demandent encore d'autres conditions, pour pouvoir ſucceder dans toutes les Terres ſituées en France, que d'être né d'un loyal
mariage.

Me La Ducheſſe de Montbelliard peut ſe flatter d'avoir démontré, que
ſon mariage avec le feu Duc de Montbelliard, celebré le 15. Août 1718,
a été également legitime & ſolemnel ; que par conſequent on ne ſçauroit conteſter à leurs enfans, nez avant ou depuis, les premiers legitimez par ce mariage ſubſequent ; les autres véritablement legitimes, les
droits & les avantages attachez à la legitimité, dont celui de ſucceder
à la Dignité, aux Etats, & à tous les biens de leur pere, fait inconteſtablement le plus important. Ils ſont ſes Succeſſeurs naturels & legitimes. Ces Etats & ces biens ne leur ſont pas moins aſſurez par les Traitez de Paix de Riſwick & de Raſtad, que par leur naiſſance. C'eſt donc
entreprendre de renverſer la diſpoſition de ces Traittez de Paix, qui font
la ſûreté de l'Europe, que de vouloir les dépoüiller de la ſucceſſion du
feu Duc de Montbelliard leur pere.

Quand on s'attacheroit avec le dernier ſcrupule à la Lettre du Traité de
1617, qui en parlant des heritiers mâles legitimes & leurs deſcendans,
s'eſt ſervi des termes *nez en loyal Mariage*, & qu'on s'en feroit un prétexte pour exclure les legitimez par un mariage ſubſequent ; qui abſolument parlant ne ſont pas nez en loyal Mariage (ce qu'il eſt évident
n'avoir pû être l'eſprit du Traitté) : M. le Duc de Wirtemberg Stougard, ne ſeroit pas moins exclu de la ſucceſſion du feu Duc de Montbelliard, par George Frideric ſon dernier fils, né de la Ducheſſe de
Montbelliard, le 16 Août 1722, dans le cours du mariage ; & près de
trois ans après ſa celebration. On ne ſçauroit lui conteſter qu'il ne ſoit
né en loyal mariage du feu Duc de Montbelliard ; ainſi, aux termes des
pacts de famille de la Maiſon de Wirtemberg de 1617, il doit poſſeder
la Principauté de Montbelliard, avec toutes les Seigneuries, qui en dépendent, ſituées en Franche-Comté & en Alſace : par la raiſon victo-
rieuſe & ſans replique ; qu'il eſt enfant legitime du dernier Duc de
Montbelliard. Loin que ce Traité puiſſe lui nuire : il le retorque contre
M. le Duc de Wirtemberg, comme un nouveau titre, d'autant plus décisif ;

Q

qu'il fe réünit aux Loix divines & humaines , qui toutes déferent aux enfans nez d'un mariage legitime , la fucceffion de leurs peres & meres , comme leur appartenant par les mouvemens de la nature , à l'excluſion des collateraux , qui ne ſçauroient les en dépoüiller, ſans renverſer ce qu'il y a de plus inviolable & de plus ſacré parmi les hommes.

Mais, dit-on, il eſt dit dans ces pacts de famille de 1617. que les cinq Freres, qui ſtipulent ; *comme il eſt en ſoi-même loüable , convenable & juſte , ne devront , ni ne voudront ſe marier , ſans le conſentement les uns des autres , principalement de leur frere aîné , ſur-tout avec une perſonne , qui ne ſeroit point de condition de Prince.*

Cette clauſe, qui fait toute la reſſource des Miniſtres de Stoügard ; ne ſçauroit avoir d'autre ſens , ſinon qu'il étoit de la bien-ſéance , où même de la prudence , que ces cinq Princes, qui étoient freres , ſe demandaſſent les uns aux autres leur agrément , avant de ſe marier. Eſt-il dit, qu'ils ne pourront ſe marier ſans le conſentement les uns des autres, avec une perſonne de condition inégale , ſous peine de priver leurs deſcendans , du droit de ſucceder aux titres & à la qualité de Prince de leur pere , & aux fiefs , qui relevent immediatement de l'Empire , ou autres ? Pas un mot dans cette clauſe de leur poſterité. Le conſeil & l'avis que les cinq freres s'y ſont donnez , par rapport à leur mariage, les regardoient donc perſonnellement , ſans même qu'ils fuſſent obligez de les ſuivre, qu'autant qu'ils le trouveroient bon, & n'ont aucune application à leurs deſcendans. Quand ils ont voulu que les conſeils, qu'ils ſe donnoient , paſſaſſent juſqu'à leur poſterité, comme au ſujet de la Religion, ils ont formellement compris leurs deſcendans dans la clauſe , ſans cependant s'être aſſujettis , ni eux , ni leur poſterité , à aucune peine. D'où il réſulte , que ces ſortes de conventions, par rapport au Mariage, ou à la Religion ſeulement, ont été abſolument étrangeres , aux Mariages de leurs deſcendans , à la liberté deſquels , il ne paroît pas qu'ils ayent jamais eu la penſée de donner la moindre atteinte.

Dans une matiere auſſi odieuſe , que celle où il eſt queſtion de reſtraindre la liberté , ſi eſſentielle au Mariage ; ſera-t-il permis d'étendre à la poſterité , une ſtipulation , qui par elle-même n'eſt que de ſimple conſeil , dont on ne ſçauroit jamais former une obligation , tellement limitée aux cinq Princes , qui ont ſigné le Traité , qu'ils n'ont point parlé dans la clauſe de leurs deſcendans , pour s'en faire un prétexte de conteſter les effets naturels d'un mariage , d'un de leurs arriere petit-fils ? Peut-on avoir une preuve plus certaine , qu'elle n'a point été faite pour eux , que de n'en avoir point parlé dans la clauſe ? Cette preuve eſt d'autant plus démonſtrative , que dans les autres clauſes du même Traité, où ces Princes ont voulu ſtipuler, & pour eux, & pour leurs deſcendans; ils ont eu l'attention de les y comprendre nommément. La différence, qui ſe trouve entre ces clauſes , & celle qu'on oppoſe aux Princes de Montbelliard, fournit un argument ſans replique , que celle-ci , & autres ſemblables , où il n'a point été parlé de la poſterité , ne la regardent point , & qu'elles doivent abſolument ſe renfermer aux cinq Princes perſonnellement , pour leſquels ſeuls elles ont été ſtipulées. Ce ſeroit même une grande queſtion de ſçavoir , ſi ces cinq Princes auroient pû s'impoſer la loi, de ne pouvoir ſe marier valablement, fur-tout à une perfonne d'une condition inégale à la leur, fans le confentement les uns des autres, & fur-tout de leur aîné. Les Loix ayant toûjours fuppofé, comme un principe inconteftable, que les Mariages doivent effentiellement être libres: *Libera Matrimonia effe antiquitùs placuit*, dit la Loi 2, Cod. *de inutil. Stipulat.* En forte que la libre faculté de fe marier, ne fçauroit être ni reftrainte, ni limitée par des peines, ni être changée en obligation: *Liberam facultatem contrahendi Matrimonii transferri ad neceffitatem non oportet. L. Neque ab initio. Cod. de Nupt.* Il eft vrai de dire, que toute ftipulation contraire à cette liberté, & à l'effence du Mariage, eft également contraire aux bonnes mœurs, & par confequent, abfolument nulle. *Pacta quæ contra bonos mores fiunt, nullam vim habere indubitati juris eft*, dit la Loi 6. Cod. de *Pact.* C'eft auffi le fentiment des Interpretes & des Jurifconfultes. (a) Indépendemment de cette queftion, véritablement étrangere aux Princes de Montbelliard : peut-on raifonnablement propofer, que ce que les cinq Princes de la Maifon de Wirtemberg ont trouvé à propos de ftipuler pour eux perfonnellement, doive s'étendre à leurs defcendans, dans les degrez les plus reculez, pendant que dans la claufe, il n'y a pas un mot de leur pofterité? Ils ont fi peu eu intention de prefcrire à cet égard aucune loi particuliere à leurs defcendans, qu'ils n'en ont parlé en façon quelconque, dans la claufe dont il s'agit; pendant que dans les autres claufes de l'acte, ils ont eu foin de comprendre leur pofterité, lorfqu'il s'eft agi de quelque difpofition, qui devoit également avoir lieu, pour ou contre leurs defcendans. Auffi les inveftitures & les Traitez de Paix, qui ont fuivi, & qui ont affuré aux Princes de Wirtemberg leurs Etats, & à leurs defcendans, n'exigent dans ces defcendans, que la feule qualité d'enfans legitimes, & nullement que leur mere fût de condition égale au Prince leur pere. M. le Duc de Wirtemberg a été lui-même fi convaincu, que ces pacts de Famille de 1617, ne lioient point les defcendans des cinq Princes qui l'ont figné, que lui qui defcend de l'aîné, n'a point demandé, lorfqu'il s'eft marié, l'agrément du feu Duc de Montbelliard, ni des autres Princes de la Maifon de Wirtemberg. Il a fi peu penfé, que l'alliance entre perfonnes de condition inégale, pût priver les enfans, qui en naîtroient, du titre de Prince, & des droits & prérogatives attachez à la legitime filiation, que la Ducheffe de Wirtemberg fa femme, de la Maifon de Bade-Dourlach, à qui il ne trouveroit pas bon, que l'on conteftât la qualité de Princeffe, defcend en ligne directe, & par confequent le Prince hereditaire fon fils, d'Urfule de Rofenfeld, qui n'étoit qu'une fimple Demoifelle.

A l'égard du Traitté de Wildbade, où l'on a fait reconnoître au feu Duc de Montbelliard, que felon les pacts de la Famille de Wirtemberg, il n'avoit jufqu'alors fait aucun Mariage *licite*, nulle induction à en tirer. Qui ne voit que cette expreffion, a été l'ouvrage du frere de la Comteffe de Sponeck? Le Duc de Montbelliard, n'ayant alors contracté aucun Mariage, comme on l'a démontré : comment a-t-on pû

(a) *Bafilius Monnerus, in tr. de Matrim. part. 1. cap. 3. n. 3.* Ideò non poteft, nec debet, ullâ authoritate humanâ prohiberi, libertas matrimonii, æquè ac terræ prohiberi non poterit, ne fuo tempore germinet; ne fit fœcunda & fructifera, nam ita conditio eft à Deo. *Hieronymus Schurpfius Confi 56. Cent. 2. n. 11.* Matrimonii libertas nullo aliquo colore reftringi, nec ullo metu, vel pœnâ coarctati debet..... Tanta libertas in matrimonio requiritur, ut promiffio pœnalis non valeat. *C. Gemma, de Sponfal & Matrim.*

lui faire dire, qu'il n'en avoit contracté aucun *de licite selon les pacts de famille de la Maison de Wirtemberg?* Si le Duc de Montbelliard ne s'est pas apperçû de la fausseté de cette expression, & du piége, qu'on lui tendoit: il faut l'imputer à l'état où il se trouvoit. Malade à l'extremité: c'étoit assez qu'il eût attention aux dispositions essentielles de l'acte, sans s'amuser à son préambule; qui n'est ordinairement que l'ouvrage du Notaire, ou de ceux qui ont soin de le dresser.

Il est vrai que dans le sixiéme article de ce Traité, il a été stipulé: » qu'au cas qu'il arrivât que S. A. S. M. le Duc de MONTBELLIARD » survécût à Mme. ELIZABETH-CHARLOTTE, BARONNE » DE L'ESPERANCE, avant la mort DE LAQUELLE IL » PROMETTOIT DE NE SE POINT MARIER; & » qu'ainsi après sa mort il ne se trouvât plus d'obstacle de se marier; » que par conséquent, à la suite du tems, sans légitime empêchement » & préjudice de la Maison de Stougard; il se marieroit d'une manière » convenable à son état, & qu'il auroit des descendans légitimes & » Princes, ou que par quelqu'autre accident, contre toutes esperances, » il arriveroit que M. le Duc de Wirtemberg régnant, & sa Maison de » la branche de Stougard; ne succederoit point à M. le Duc de Montbelliard immediatement après sa mort, tout ce qui avoit été stipulé » en faveur de ses Enfans, seroit annullé & le reste.

Mais en quel Tribunal & devant quels Juges, les Ministres de M. le Duc de Wirtemberg, oseront-ils soûtenir, que M. le Duc de Montbelliard, qui vivoit alors en mauvais commerce avec une Demoiselle, qu'il avoit seduite sous promesse de mariage, ait pû valablement s'obliger à continuer de l'avoir pour concubine, & s'exclure du droit de faire cesser les remords de sa conscience, en déferant à l'obligation naturelle, adoptée par la Loy que Moïse a dictée de la part de Dieu à son peuple, *(a)* & à ce qu'il avoit perpetuellement promis d'executer, & épousant celle qu'il avoit euë jusques-là pour maîtresse, dont il avoit eu plusieurs enfans; sous la foy du mariage, dont il l'avoit perpetuellement flatée. La promesse de ne point l'épouser, faite depuis à un parent collateral, qui auroit mis ce Prince dans l'odieuse necessité de continuer de vivre dans le desordre & dans le concubinage, est si honteuse par elle-même: si contraire aux bonnes mœurs, qu'il ne peut y avoir le moindre doute à la déclarer nulle & de nulle autorité. Selon la disposition de la Loy *(b)* qu'on a déja citée, *Pacta, quæ contra bonos mores fiunt, nullam vim habere indubitati juris est. (c)* Malgré pareille stipulation, aussi évidemment nulle qu'elle est honteuse, pour ceux qui l'ont imaginée, le feu Duc de Montbelliard n'a pas moins été en droit d'épouser solemnellement, comme il a fait, la Duchesse de Montbelliard. Son mariage n'en a pas moins été legitime & canonique; & par conséquent il doit avoir tous les avantages attachez au mariage legitime, & qui en sont une suite necessaire.

(a) Exodi. cap. 22.

(b) L. 6. Cod. de pact.

(c) Basilius-Monnerus, *in tr. de Matrim. part. 1. cap. 3. n. 8:* Et quia lex de perpetuo cœlibatu pugnat cùm jure div. & natur. & dissentit ab ipsis Canonibus, ergo non debet nec potest habere vim legis, quæ debet esse honesta, justa possibilis & utilis Can. Erit. 4. dist. & per consequens explodenda & rejicienda. Can. fin. 9. dist.

Hieronym. Schurpsius *Cons. 56. Cent. 2. n. 15.* dicit: Statutum pœnale esse, quod impedit filios in feudis succedere, præsertim in feudis avitis, cum ejusmodi statutum libertatem contrahendi matrimonium cum concubinâ impediat, vergatque in diminutionem matrimonii à Deo instituti; & in damnum liberorum legitimatorum.

M. le

M. le Duc de Wirtemberg a tellement senti lui-même la vérité de
ces propositions, que dans son Mémoire imprimé & distribué à la Cour
de France, après y avoir prouvé la fausseté de la célébration du mariage
du feu Duc de Montbelliard avec la Comtesse de Sponeck : il est forcé
d'avoüer, qu'il resteroit un moyen à Sponeck, qui seroit selon lui, de
» rapporter un Extrait de mariage non suspect, d'où il resulteroit clai-
» rement, & sans qu'on en pût former aucun doute, que le Prince de
» Montbelliard a épousé sa mere d'une maniere conforme aux loix &
» aux usages de l'Eglise Chrétienne. Il faudroit, ajoûte-il, que cet
» Extrait de mariage fût accompagné d'un Extrait Baptistaire, fidele-
» ment tiré du Registre de l'Eglise, où Sponeck auroit été baptisé, par
» lequel il parût qu'il a reçû le Baptême, comme fils legitime du feu
» Duc de Montbelliard & d'Anne-Sabine Hedwiger. Le moindre par-
» ticulier, dit ce Prince, né dans un mariage legitime, pourroit en faire
» autant. Faute de remplir cette obligation, M. le Duc de Wirtemberg
» a soûtenu, que Sponeck ne pouvoit esperer ni provision, beaucoup
» moins une possession. Ce sont les termes du Mémoire.
   Il suffit donc, selon M. le Duc de Wirtemberg lui-même, aux enfans de la Duchesse de Montbelliard, pour être maintenus dans la possession des biens de la succession du feu Duc de Montbelliard leur pere,
de rapporter un Extrait de mariage non suspect, d'où il resulte clairement, & sans qu'on puisse en douter, que ce Prince a épousé la Duchesse de Montbelliard leur mere, d'une maniere conforme aux Loix
& aux usages de l'Eglise Chrétienne : Que cette célébration de mariage
soit accompagnée d'Extraits Baptistaires, fidellement tirez du Registre
de l'Eglise où ils ont été baptisez, par lesquels il paroisse qu'ils ont reçû le baptême comme fils legitimes de ce Prince & de la Duchesse de
Montbelliard sa femme. M. le Duc de Wirtemberg, qui dans son Memoire a soûtenu que la Comtesse de Sponeck étoit fille d'un Boulanger,
& qui en a raporté les preuves justificatives à la fin de son Memoire, ne
sçauroit en exiger davantage des enfans de la Duchesse de Montbelliard,
qui du moins est fille d'un Lieutenant Colonel. Son pere a toûjours vêcu
noblement, après avoir servi 31 ans l'Empereur ; il a été tué à un siege,
à la tête d'un Regiment ; ses services continuez par son fils, ont merité
à ses enfans leur elevation à la dignité de Baron & de Baronnes de l'Empire. Hornius, cap. 3. n. 16. jurisp. feud. dit que cette qualité éleve ceux qui
en sont decorez, à la haute noblesse d'Allemagne, & pareille à celle des
Comtes & des Princes. La Duchesse de Montbelliard, ayant été Baronne
du S. Empire dès 1700 : on peut du moins la mettre au rang d'une Demoiselle, lorsque le Duc de Montbelliard lui a fait l'honneur de l'épouser en 1718. Elle & les Princes ses enfans, rapportent un Extrait de celebration de mariage non suspect, dans la forme la plus solemnelle & la
plus autentique. Il en resulte clairement, & sans qu'on puisse en douter, que le feu Duc de Montbelliard a épousé la Duchesse sa femme,
d'une maniere conforme aux Loix & aux usages de l'Eglise Chrétienne.
Cet Extrait est accompagné de l'acte Baptistaire de George Frederic,
le dernier de leurs enfans, né le 16 Août 1722, tiré du Registre de l'E-
glise où il a été baptisé, par lequel il paroit qu'il a reçû le Baptême,
comme fils legitime du feu Duc de Montbelliard & de Madame son
Epouse, Elizabeth-Charlotte, Baronne de l'Esperance. Les Extraits

R

Baptiftaires des autres Enfans font également tirez du Regiftre de l'E-
glife où ils ont été baptifez. Ils prouvent de même qu'ils font Fils du
Duc de Montbelliard, & d'Elizabeth-Charlotte de l'Efpérance. Il eft
vrai qu'étant nez & ayant été baptifez avant le mariage de leur pere
& mere, qui n'a été celebré que le 15 Août 1718 : ces Extraits de batême prouvent feulement qu'ils ont été baptifez comme leurs enfans naturels. Mais en font-ils moins devenus légitimes par le mariage fubfequent? Les Princes de Montbelliard rempliffant donc parfaitement tout
ce que M. le Duc de Wirtemberg auroit exigé de Sponeck; quel prétexte
peut-il lui refter encore de contefter leur état d'Enfans légitimes, ou légitimez par un mariage fubfequent du feu Duc de Montbelliard; & par
confequent les biens de fa fucceffion, de quelque qualité qu'ils foient.

Les quatre Propofitions de la Ducheffe de Montbelliard & des Princes
fes Enfans, étant auffi folidement établies, qu'on fe flatte de l'avoir
fait: quel avantage M. le Duc de Wirtemberg peut-il tirer des decrets
du Confeil Aulique des 8 & 16 Avril 1723? Le feu Duc de Montbelliard
étant mort le 25 Mars précedent : certain que la Ducheffe de Montbelliard & les Princes fes Enfans, n'ont point été Parties dans ces deux
decrets, pas même appellez. Et comment auroient-ils pû l'être? Son
Mari & leur Pere ne venoit que d'expirer. Ce font donc à leur égard,
res inter alios acta. L'oppofition qu'ils formeront, en tant que befoin, à
l'execution de ces deux decrets, peut-elle, dans la forme, être fufceptible de la moindre difficulté?

Au fond: quoique lors de ces deux décrets, le Comte de Sponeck,
qui fous le nom du feu Duc de Montbelliard, vouloit faire valoir le mariage chimerique, qu'il fuppofoit que ce Prince avoit contracté avec la
Comteffe de Sponeck fa mere, fuivant le faux extrait de célébration,
qu'il raportoit, eût produit un extrait de la célébration du mariage de
ce Prince, avec la Ducheffe de Montbelliard fa veuve, auffi-bien que
les Extraits Baptiftaires de leurs Enfans; il avoit également produit la
Sentence de divorce, rendüe entre le Duc de Montbelliard & la Comteffe de Sponeck, le 6 Octobre 1714, confirmée par les Miniftres de la
Principauté le 30 Septembre 1720. Cette Sentence fuppofoit qu'il y avoit
tellement eu un premier mariage, bon & valable entr'eux, qu'il avoit été
diffou par une Sentence de divorce, pleinement executée. Tout l'objet
de Sponeck, étoit d'établir la verité & la legitimité du prétendu mariage
de fa mere avec le Duc de Montbelliard. Quoiqu'il parût également deffendre celui de ce Prince avec la Baronne de l'Efperance, aujourd'hui fa
veuve. Par là il fourniffoit un moyen victorieux à M. le Duc de Wirtemberg, pour combattre ce fecond mariage; parce qu'en fuppofant la validité
du premier, que ce Prince n'avoit pas interêt de contefter, (le Traité
de Wildbade lui fuffifant pour exclure le Comte de Sponeck): rien ne
paroiffoit plus évident, felon les principes, qui s'obfervent dans les
Eglifes Proteftantes, qu'il n'avoit pû être diffou, à caufe de la difparité d'humeurs du mari & de la femme. Ainfi le fecond mariage ne
pouvoit être regardé que comme une polygamie; d'autant plus odieufe,
qu'elle fe trouvoit accompagnée d'un incefte au premier degré d'affinité. M. le Duc de Wirtemberg en ayant donc affez pour exclure le
Comte de Sponeck, en fuppofant fa mere femme du feu Duc de Montbelliard; il n'eft pas furprenant, que le premier refcrit de l'Empereur,

furpris par les Agens de ce Prince le 8 Novembre 1721, ait été confirmé par celui du 8 Avril 1723. Beaucoup moins que le motif de ce fecond decret ait été tiré des pacts de famille de 1617, & du Traité de Wild-bade de 1715, confirmé par ferment par le Comte de Sponeck le 18 Octobre fuivant, dont Sponeck demandoit d'être relevé. Ne s'agiffant veritablement que de l'interêt de Sponeck : le décret l'ayant débouté des Lettres de refcifion, qu'il avoit prifes contre fon ferment, a dû, conformement au Traité de Wildbade, qui paroiffoit confirmer les pacts de famille, le déclarer incapable de fuccéder à la dignité & à la Principauté de fon Pere, & à fes autres biens.

Mais autant que ce Traité de Wildbade étoit une loy inviolable, par rapport au Comte de Sponeck, le Confeil Aulique ayant jugé qu'il étoit non-recevable à réclamer contre la ratification qu'il en avoit faite avec ferment : autant eft-il évident, qu'il eft étranger à la Ducheffe de Montbelliard & aux Princes fes Enfans. Quoiqu'elle en ait foufcrit la ratification, tant pour elle, que pour fes Enfans : n'étant point encore mariée avec le Duc de Montbelliard, & fes enfans n'ayant rien alors à prétendre à fa fucceffion, elle a pû, tant pour elle, que pour eux, accepter ce qu'il plaifoit à ce Prince de leur affurer par le Traité, fans fe mettre en peine des autres difpofitions ou énonciations, vraies ou fauffes, qu'on a pû y avoir inférées, & déclarer ne rien prétendre de plus. Mais elle ne s'eft point excluë de la faculté de profiter de l'honneur que le Duc de Montbelliard lui a fait depuis de l'époufer. Par le mariage qui a fuivi, elle eft devenuë femme légitime de ce Prince. Les Enfans nez auparavant ayant été légitimez, ceux nez depuis étant nez légitimes & pendant le cours d'un mariage légitime : le Traité de Wildbade, qui n'a été fait que pour des enfans naturels, nez de Concubines, a ceffé dès-lors d'avoir à leur égard la moindre application ; parce qu'ils ne font plus enfans naturels ; mais ou légitimez par un mariage fubféquent, ou légitimes. Leur mere, devenuë époufe légitime, n'a de même plus été concubine. Ainfi nulle confequence à tirer contre elle, ni contre les Princes fes Enfans, d'un Traité, qui ne les regarde plus, & qui à leur égard eft devenu nul & caduc par le mariage qui a fuivi ; beaucoup moins des pacts de famille, que l'on y fuppofe, contre la verité, exiger pour un mariage légitime du feu Duc de Montbelliard, que fa femme fût également Princeffe.

Le fecond decret du 16 du même mois d'Avril, n'eft intervenu que contre Sponeck feul. Ainfi nulle induction encore à en tirer contre la Ducheffe de Montbelliard, ni contre fes enfans.

En fuppofant la verité du mariage de la Comteffe de Sponeck avec le feu Duc de Montbelliard ; les decrets du Confeil Aulique font dignes de la fageffe & de la juftice de ce Tribunal. Mais dès-lors qu'il fera certain, que ce mariage n'a jamais été. Que la celebration, produite par le Comte de Sponeck, a été fauffement fabriquée : en forte qu'il n'eft pas permis de douter qu'elle n'eût été déclarée nulle, fi on en avoit relevé les vices & les nullitez : tout le fondement qu'ils ont eu étant anéanti, il faudra néceffairement les détruire. Ce feroit manquer au refpect dû à un Tribunal auffi augufte que le Confeil Aulique, que de douter qu'il puiffe violer toutes les Loix divines & humaines, en dépoüillant une veuve & des orphelins enfans légitimes d'un Prince, de

R ij

leur état, & ceux-ci de la fucceffion de leur pere, pour enrichir un collateral. M. le Duc de Wirtemberg a trop de probité, pour foûtenir plus long-tems une ufurpation, qu'il n'a faite que parce qu'il a été induit en erreur, auffi-bien que le Confeil Aulique, par la fauffe celebration du mariage de la Comteffe de Sponeck. Lorfqu'il aura ouvert les yeux fur la legitimité du mariage de la Ducheffe de Montbelliard, que fes Miniftres ne lui ont laiffé voir jufqu'ici que fous des ombres odieufes : on eft perfuadé qu'il fe rendra lui-même juftice, & qu'il ceffera de perfecuter une Veuve & des Enfans, qui ont l'honneur de lui appartenir. Rien ne feroit plus digne d'un auffi grand Prince, que de leur accorder aujourd'hui fa protection, & de concourir avec eux, pour faire revoquer des decrets veritablement injuftes, furpris fous fon nom par fes Miniftres.

Si la Ducheffe de Montbelliard & les Princes fes Enfans ne peuvent obtenir pareille juftice de M. le Duc de Wirtemberg lui-même : il ne leur reftera que la feule bonté de leur Caufe. Ils n'efperent pas moins en avoir affez près de S. M. Imperiale. Sa pieté & fa juftice leur eft un furgarant du fuccès de leur Caufe, quelque puiffant que foit le Prince, qu'ils ont le malheur d'avoir à combattre.

Signé, LE VICOMTE DE POLIGNAC. *Tuteurs honoraires des* MAILLY, Comte de Rubempré. *Princes & Princeffes de Wirtemberg-Montbelliard.*

FUNCK, *Fondé de procuration de Madame la Ducheffe Doüairiere de Wirtemberg-Montbelliard, Mere & Tutrice de fes Enfans, & du feu Duc de Montbelliard, fon Epoux.*

M. CLAUDE-CHARLES CAPON, ancien Avocat au Parlement de Paris.

De l'Imprimerie de la Veuve PRIGNARD, ruë de la Parcheminerie. 1726.

POUR PREUVES DES FAITS CONTENUS DANS le présent Manifeste, on produit les Pieces suivantes, dont on produira les Originaux, lorsqu'on sera dans un Tribunal reglé, ou par-tout ailleurs, où il sera ordonné.

LA Sentence du Consistoire de Breslau du 21 Mars 1695, qui déclare les pro- **I.** messes de Mariage entre Anne-Sabine Hedviger, mere du Comte de Sponeck, & le sieur Amadée-Leopold de Zedlitz, Gentilhomme Silezien, qu'elle avoit extorquées de lui, obligatoires & valables, enjoignant au sieur de Zedlitz de les executer, dont voici le contenu.

Nous Official & Conseillers du Consistoire, jugeons en la Cause, concernant les promesses de mariage, alléguées entre Damoiselle Anne-Sabine Hedviger, Demanderesse d'une part; & le sieur Godlieb Leopold de Zedlitz Défendeur, d'autre part : que les fiançailles à futur mariage, concluës par les deux Parties, sont entierement obligatoires & valables : & en consequence prononçons définitivement en justice, que le Défendeur est obligé d'accomplir düement sa promesse; mais au cas qu'il voulut constamment insister à sa résistance déduite dans les Actes; & que suivant l'aversion qu'il a jusqu'ici témoigné, il ne voulut pas aucunement s'y laisser induire, qu'au contraire il sera tenu de donner juste satisfaction à la Demanderesse, avec refusion des frais & dépens; dont nous nous réservons la taxe de part & d'autre. Sentencié & publié au Conseil Consistorial à Breslau, sur le Dohm, le 21 Mars 1695.

Que la presente Copie, conforme de mot à mot, à la minute déposée au Greffe du Consistoire Episcopal, est attesté sous l'apposition du sceau & de la signature ordinaire des Officiers dudit Consistoire Episcopal. Fait à Breslau le 30 Avril 1715. *Signé*, Jean-François de Dobschuz, Jacques-François Nolick, Augustin Wolff, avec paraphe.

(*Place du Sceau.*)

Taduit d'Allemand en Langue Françoise, par M. Muller Avocat & Secretaire Interprete au Conseil Souverain d'Alsace. A Colmar, le 24 Aoust 1715. *Signé*, Muller, avec paraphe.

Légalisé par les Magistrats de la ville de Colmar; le 27 Aoust 1725. *Signé*, Chauffour Syndic; avec paraphe.

(L. S.)

La Sentence du même Consistoire du 18 Aoust 1695, par laquelle on absout le **II.** sieur de Zedlitz de l'Interdit Ecclesiastique à lui imposé le 13 Novembre 1692, & de ladite Sentence définitive du 21 Mars 1695, qu'Anne-Sabine Hedviger, mere du Comte de Sponeck, avoit obtenuë contre lui.

Nous Official & Conseillers du Consistoire, certifions publiquement par ces Presentes, que le sieur Godlieb Leopold de Zedlitz doit être tenu pour absous, & déchargé entierement de l'Interdict Ecclesiastique à lui imposé en l'année mil six cent quatre-vingt-douze : que pour lors Damoiselle Anne-Sabine Hedviger avoit légitimement obtenu de Nous, à cause de sa prétention de mariage, qu'elle avoit formé contre lui : icelle s'étant entierement déportée de sa prétention, & ayant cejourd'hui pardevant Nous renoncé à la Sentence, qu'elle avoit obtenuë en sa faveur ci-devant le vingt-un du mois de Mars de la presente année, ainsi que Nous l'en absolvons & déchargeons par ces Presentes, & remettant entierement à sa volonté de se marier ailleurs, où il trouvera à propos, en foy de quoy nous avons fait apposer le sceau Consistorial-Episcopal, & la signature ordinaire. Fait à Breslau, le 18 Aoust 1695.

Que la presente Copie, conforme de mot à mot, à la minute déposée au Greffe du Consistoire Episcopal, est attestée sous l'apposition du sceau, & de la signature ordinaire des Officiers dudit Consistoire. Fait à Breslau le 30 Avril 1715. *Signé*, Jean-François de Dobschuz, Jacques-François Nolick, Augustin Wolff.

(*Place du Sceau.*)

Traduit d'Allemand en Langue Françoise, par M. Muller Avocat & Secretaire Interprèt au Conseil Souverain d'Alsace. A Colmar le 24 Aoust 172. *Signé*, MULLER, avec paraphe. Légalisé par les Magistrats de la Ville de Colmar, le 27 Aoust 1715. *Signé*, CHAUFFOUR, Syndic, avec paraphe.

(L. S.)

Il résulte de ces deux Sentences, que pendant qu'Anne-Sabine Hedviger, mere du

A

Comte de Sponeck, s'étoit affûré le sieur de Zedlitz pour mari par la Sentence du 21 Mars ; elle ne ménageoit ni sa santé, ni ses pas, puisqu'après être accouchée, selon le Memoire de M. le Duc de Wirtemberg-Stougard ; pag. 9. neuf jours après cette Sentence, d'un fils : on veut qu'elle ait encore fait le voyage de Breslau à Reiowitz en Pologne, & fait près de 200 lieües, à aller & venir, pour y épouser, le premier Juin de la même année, feu M. le Duc de Montbelliard ; pendant que la Sentence du 21 Mars subsistoit encore, & formoit, entre elle & le Gentilhomme Silezien, un empêchement, qui ne fût diffous que par la seconde Sentence du 18 Aoust suivant, au moyen de mille ducats d'or, que ce Gentilhomme paya pour le prix de sa liberté. Enforte qu'Anne-Sabine Hedviger auroit fait, dans l'espace de quatre mois, ou environ, deux maris, un enfant, & 200 lieües de chemin, oûtre le tems qui lui a fallu pour le rétablissement de sa santé après ses couches, & pour se trouver encore, avant le mois d'Aoust, à Breslau, pour y gagner les mille ducats d'or, comme la récompense de tant de fatigues.

III. L'acte de célébration du prétendu Mariage d'Anne-Sabine Hedviger, mère du Comte de Sponeck, tel qu'il a été fallifié par ses Agens, & par lui produit à la Cour de Vienne & de France, a été ci-dessus imprimé dans le corps du present Manifeste, pag. 22. & suiv.

IV. Extrait fidele de la feüille trentième du Registre des Mariages de l'Eglise de Reiowitz, ou Revier en Allemand, contenant les Mariages de ce lieu pendant l'année 1695, tel qu'il a été délivré à Madame la Duchesse de Montbelliard, qui prouve clairement que la célébration, produite par le Comte de Sponeck, est fausse.

Paginâ 30 in albo Reiowicensi sequentia continentur. 1695. copulâti.

1. Le 7 Février sont mariez a Reiowitz Jean Schwarz, (*a*) Bourgeois, Tailleur & Brasseur à Skoki, & Catherine, fille légitime de Jean Kolher, Bourgeois (*b*) de Reiowitz.

2. Le 8 May s'est marié à Reiowitz Jacques Pahl, (*c*) fils de feu Mathias Pahl, habitant de Reiowitz, Pastre de Gottschen, avec Marie, veüve de feu Christophle (*d*) Grumbsch, valet à Barenbusch.

3. Le 29 May se sont mariez George Lentz, faiseur de gaudron de Barenbusch, veuf, & Marguerite, fille de feu Mathias Pahl, habitant de Reiowitz auprès de sa mere à Gottschen.

4. Le 3 Juillet se sont mariez George Mattheus, garçon Laboureur de Barenbusch, fils d'André Martin dudit lieu ; & Eve, fille de feu Martin Contz, (*e*) charron du même lieu.

5. Le 6 Novembre se sont mariez à Skoki George Bourgeois (*f*) & Charron, garçon, fils de Jean Bourgeois, Laboureur de Ober-Britschen, près de Fraustat, & Judithe lœüve de Danier Becker, Bourgeois & Drapier, qui étoit de la Religion Réformée.

6. Le 13 Novembre se sont mariez à Skoki Adam Schwvalbe, où (*g*) Jaskulke, veüf, Bourgeois & Drappier ; & Marie, fille de Jean Rahn, Maréchal au petit Wittenling, près du moulin de Schneide-Muhl. (*h*)

7. Le 20 Novembre s'est marié Jean Kurtz, fils de feu Jean Kurtz de Cacolin, Laboureur, avec Marie, fille de George Nickel, Laboureur dudit lieu.

8. Le 27 Novembre, s'est marié Michel Stettler, valet, fils de feu Michel Stettler, de ce lieu ; avec Dorothée, fille de Michel Radlon de Schidazove.

9. N. B. *Primâ Junii copulati sunt & in Templo Reiowicensi binæ ex Teschinensi Siléziæ Ducatu huc venientes persona ambo Evangelicæ, quibus ibidem copulatio, ni à fide deficerent, interdicta, Equites ambo huc venerant, nimirum per illustris Dominus Leopoldus Eberhard H. Z. W. M. S. Romani Imperii Comes, & per Illustris Magnifica Domina & Virgo Anna Sabina V. H. Dominus sponsus tunc erat in militia Electoris Saxonici, sponsa verò è Ducatu Teschinensi sub tutelâ matris vidua.*

(*a*) Pour lever les équivoques qui pourroient naître des deux traductions de cet Extrait, on remarque que la traduction des Ministres de M. le Duc de Wirtemberg-Stougard a interpreté le nom propre S C H W A R Z, Le Noir ; comme si c'étoit l'adjectif Allemand, Schwarz, qui signifie *Noir* en François.

(*b*) Le Secretaire interprete a lû dans l'original le mot Allemand, *Kruger*, pour *Burger*, dont l'un signifie *Potier*, comme cela se voit dans la traduction du Memoire de M. le Duc de Stougard ; & l'autre signifie *Bourgeois*, comme on l'a traduit ici.

(*c*) Impression de M. le Duc de Wirtemberg met *Pohl*, pour *Pahl*.

(*d*) La traduction de M. le Duc de Wirtemberg met *Gensch* pour Grumsch.

(*e*) l'Interprete de M. le Duc de Wirtemberg traduit le mot Allemand, *Lauzeni*, qui se trouve dans l'original en *Lauther*, & le Secretaire de Madame la Duchesse a lû *Cunzen*, & l'a traduit *Conz*.

(*f*) L'interprete de M. le Duc de Wirtemberg a lû le mot *Burger*, pour *Brieger*.

(*g*) L'Interprete de M. le Duc de Wirtemberg a lû le mot Polonois, *Jaskurke*, pour *Jastolki*.

(*h*) Le mot Allemand, *Schneiden Mulh*, signifie une *Scierie*, comme on l'a traduit dans le Memoire de M. le Duc de Wirtemberg.

3

*Ad requisitionem Serenissimæ Ducissæ de Wirtemberg-Montpelgard, approbantibus Domi-
nicis Antistitibus Ecclesiæ Skocensis & ambobus præpositis Reiowicens. ego infra scriptus præ-
sentem Extractum ex albo seu metrica Templi Reiowicensis expedivi, testans sub fide meâ
Pastorali, quod id, quod supra scriptum est, de verbo ad verbum totam paginam trigesi-
mam dicti albi ad annum 1695. absolvat, quodque copulatio Illustrissimi Leopold-Eberhard &
Illustrissimæ Annæ Sabinæ sub finem dictæ paginæ, iisdem verbis, literis & abbreviationibus,
ut suprà, inveniatur. Quod cum revera ita se habeat, testimonium præsens propriâ manu
signare, & sigillum meum apponere, & debui & volui. Datum Skoki, die 21 Augusti anni
1725. Signé, Christophorus Kock M. P. Pastor in Skoki & Reiowica S. Revier.*

(L. S.)

*Spectabilis Magistratus Skocensis testatur, quod Dominus Christophorus Koch non modo in
vivis ad hunc diem, & Pastor fidelis in Skoki & Reiowiz, sive Revier germanicè, sit,
fidesque ejus scriptis intrà & extra judicium haberi & possit & debeat; sed & quod Ex-
tractus huic supra positus, quem ex albo Templi suprâdicti Reiowviz propriâ manu fideliter
excerpsit, in eo etiam verbotenus iisdem literis & abbreviationibus, contineatur: hujus in fidem perpetuam, & pro veritate præsens testimonium & subscriptione assuetâ, & apposito Civitatis sigillo, dictus spectabilis Magistratus corroborare voluit. Datum Skoki, die 21 Augusti anno 1725.*

(Place du sceau.) *Alexander* Pliorozenski, *Notar. Jurat. Skokens. M. P.*
                    Matthiasz Screpanski.
                    Burmister Skoki *M. P.*

Traduit d'Allemand en Langue Françoise par M. Müller, Avocat & Secretaire In-
terprete au Conseil Souverain d'Alsace. A Colmar, le 21 Octobre 1725.
   Signé, Muller, *avec paraphe.*
Legalisé par les Magistrats de la Ville de Colmar, & signé par le Syndic d'icelle.
A Colmar le 22 Octobre 1725. *Signé,* Chauffour, *Syndic, avec paraphe.*

(L. S.)

Certificat du Curé Catholique de Skoki, tiré du Memoire de M. le Duc de Wir- V.
temberg-Stougard, qui prouve que l'Eglise Lutherienne de Reiovviz dépend de
la Cathedrale Catholique de Skoki, & du Curé de cette Eglise; & que le Ministre
Lutherien ne peut administrer aucun Sacrement aux Etrangers, ni benir leur mariage
à son insçû & sans sa permission, sous peine de nullité; par consequent que ce seul
défaut de qualité du Ministre Fuchs, qui dit avoir beni le prétendu Mariage de la
mere du Comte de Sponeck, avec feu le Duc de Montbelliard, selon la Loy de cette
Cathedrale, & selon la Coûtume generale du païs, outre le concours du Droit commun, le rendroit nul de plein droit, & le feroit regarder comme un simple jeu d'amour,
sans consequence, sans lien, & sans aucun effet d'un legitime mariage.

TRADUIT DU LATIN.

   Moi, soussigné, fait sçavoir à tous ceux qui y ont interêt, que dans ma Paroisse de
Skoki, à laquelle appartient le village de Reiovviz, il n'est pas permis au Ministre
non Catholique, d'administrer aucun Sacrement sans le sçû & la permission du Curé de
ladite Eglise; & quoiqu'ils aient eu cette permission dans les années precedentes, & dans
le temps que j'en suis en possession, pour les seuls habitans de la Ville de Skoki, ils ne
l'ont pas cependant pour les autres Villages; ayant leurs Paroisses, où habitent ceux
de contraire Religion; desquelles les habitans non Catholiques; pour recevoir les Sacremens, ont recours à mon Eglise Paroissiale de la Religion Catholique & Romaine
à Skoki, où ils font baptiser & celébrer leurs Mariages, & où ils obtiennent la permission de faire ensevelir leurs morts aux lieux choisis pour cela.
   Ils n'ont non plus aucune permission d'administrer aucun Sacrement aux Etrangers,
qui viennent chez eux, ni de leur donner la sepulture, à moins qu'ils n'aient une marque de permission volontaire du Curé de ladite Eglise.
   Puis donc que le Serenissime Seigneur & Prince Leopold-Eberhard a contracté un
mariage avec Mademoiselle Anne-Sabine à Reiovviz, sans mon sçû & permission,
alors actuellement Curé de mon Eglise & Paroisse de Skoki, qui a été autrefois confirmé entr'eux par le défunt Jean Fuchs, lequel, à ce qu'il m'est revenu, avoit placé
l'Epouse à la gauche de l'Epoux dans la celébration de ce Mariage, non seulement à
mon absence, mais aussi en celle de tout autre Prêtre Catholique & Romain; & des

A ij

4

pareils mariages étant nuls, & d'aucune valeur en Pologne, au défaut de la préfence du Curé, ou de fon confentement ; ainfi la même raifon a lieu dans le Mariage fufmentionné. Donné à SKOKI, l'année du Sauveur 1712. le 28 du mois de Decembre. *Signé*, Alexandre BAYKOWOSKI ; Curé & Chanoine de l'Eglife Cathedrale de SKOKI en Pologne, de la Seigneurie de Snanen.

(*Place du Sceau.*)

L'ombre de ce prétendu Mariage de la mere du Comte de Sponeck, ainfi diffipée & anéantie : on va prouver par les Pieces qui fuivent, que le Comte de Sponeck n'a point d'Extrait Baptiftaire, pour fe pouvoir même dire fils naturel du feu Duc de Montbelliard.

VI. L'Extrait Baptiftaire du Comte de Sponeck, tel qu'il l'a produit dans fes Mémoires à la Cour de l'Empereur, & à celle de S. M. Très-Chrétienne.

Nous Frideric Opfergeld, Prévôt & Prélat, élû & confirmé du Monaftere de Nôtre-Dame à Magdebourg de l'Ordre de Prémontrés, certifions par les Préfentes à tous qu'il appartiendra ; que le 12 Decembre, l'an de Chrift 1697. étant pour lors Diacre à Feftemberg, nous avons baptifé un Enfant mâle ; qui a été nommé George-Leopold ; fon Pere eft S. A. S. Leopold-Eberhard Duc de Wirtemberg-Montbelliard & fa Mere, Madame Anne-Sabine de Hedviger, & a été préfent comme Parain le Capitaine Leonard de Nardin.

En foy de quoy les Préfentes ont été munies du fceau dudit Monaftere, & de notre fignature. Fait à Magdebourg audit Monaftere de Nôtre-Dame, le 8 Septembre 1721. *Signé*, Frideric OPFERGELD, Prévôt & Prélat.

(L. S.)

Cet Acte n'eft ni légalifé, ni tiré fur les Regiftres, & la mere n'y eft pas qualifiée d'Epoufe du feu Prince de Montbelliard ; par confequent n'étant point fon Epoufe, l'Enfant ne peut pas être légitime.

La même chofe fe voit dans l'Extrait Baptiftaire de la fœur du Comte de Sponeck, tel qu'il a été produit à la Cour de France, & ci-devant au Confeil Aulique de l'Empereur.

VII. Pareillement a été baptifé en 1697 le 15 Février, une fille (*a*) du Prince Leopold-Eberhard de Montbelliard, & d'Anne-Sabine de Hedviger, par le fieur Chriftian Tfchirbock, Pafteur Allemand de ce lieu ; & elle fut nommée Leopoldine-Eberhardine. En foy de quoy j'ai figné le préfent Certificat, & l'ai corroboré par mon cachet ordinaire. Fait à Medzibohr, l'an 1720 le 10. Juillet.

(L. S. (N. Godefroy GOTTSCHLING, Senieur & Pafteur Allemand.

(*a*) Cet Article indefini, UNE, marque clairement que l'on parle d'une fille bâtarde, & comme on appelle légerement une fille née hors de mariage légitime, fans cela on auroit mis l'article LA, ou fimplement fille d'un tel & d'une telle fon Epoufe.

Pour faire voir que ce font de veritables Extraits Baptiftaires, tels que l'on a coûtume de les donner aux Bâtards, fans qualifier du nom d'Epoufe, on joint un autre Extrait Baptiftaire d'un des enfans de feu M. le Duc de Montbelliard, qu'il a eu d'Henriette Hedvige Baronne de l'Efperance, où elle n'eft point également qualifiée d'Epoufe, ne l'étant pas.

VIII. *Extrait des Regiftres de Bâptême de l'Eglife du Château de Montbelliard, fol. 10. art. 6. num. 59.*

Elizabeth, fille de S. A. S. Leopold-Eberhard Duc de Wirtemberg-Montbelliard, & de Madame Henriette Hedvige Baronne de l'Efperance, nâquit le premier May 1702. & fut baptifée le 3 dudit mois.

La même chofe fe voit dans les Extraits Baptiftaires des Enfans, que feu M. le Duc de Montbelliard a eu avec Madame la Duchefle Doüairiere de Montbelliard, avant fon mariage, où elle n'eft pas qualifiée d'Epoufe, parce qu'elle ne l'étoit pas encore.

IX. *fol. 5. art. 1. num. 291.*

George, fils de S. A. S. Leopold-Eberhard Duc de Wirtemberg-Montbelliard, & de Madame Elizabeth-Charlotte Baronne de l'Efperance, nâquit le 8 Novembre 1714. & fut baptifé le même jour.

Et pour faire voir un Extrait Baptiftaire, tel que l'on a accoûtumé de le donner dans les Eglifes de Montbelliard, à un enfant, né d'un légitime mariage, on joint ici celui du dernier Prince, que feu M. le Duc de Montbelliard a eu avec Madame Elizabeth-Charlotte, Duchefle Doüairiere, après leur mariage, où elle eft qualifiée d'Epoufe, puifqu'effectivement elle l'étoit alors.

X. Le 16 Aouft 1722. nâquit un fils à S. A. S. Leopold-Eberhard Duc de Wirtemberg-

5

temberg-Montbelliard, de MADAME SON EPOUSE, Elizabeth-Charlotte, Baronne de l'Esperance, & fut baptisé le 18 dudit mois dans l'Eglise de la Cour & du Château de ce lieu, & nommé George-Frideric, ce que j'attefte & affirme par l'appofition de mon cachet & ma fignature. Fait à Montbelliard ce 8 Octobre 1722.

(L. S.) Signé, M. Jean-Gaſpard BOCKSHAMMER, Ministre de Cour, Superintendant (a), & Conſeiller Eccleſiaſtique.

X I.

(a) Il tient lieu d'Evêque parmi les Proteſtans.

La Piece ſuivante prouve, qu'il ne ſe trouve pas un mot du Comte de Sponeck ſur les Regiſtres de Feſtemberg en Silezie, où il prétend avoir été baptiſé; de ſorte que n'ayant point du tout d'extrait Baptiſtaire, il ne peut pas ſeulement prouver qu'il ſoit fils naturel du feu Prince de Montbelliard, par conſequent encore moins ſon fils légitime.

Je ſouſſigné, certifie & attefte en foy & honneur de Prêtre, que dans les Regiſtres Baptiſtaires de l'Eglife de Feſtemberg, il ne ſe trouve pas un mot d'un Enfant, qui, lors de ſon Baptême, ait eu le nom de George-Leopold, & dont les pere & mere aient été le Sereniſſime Prince & Seigneur, Meſſire Leopold-Eberhard Duc de Wirtemberg-Montbelliard, & l'Illuſtre Comteſſe de Sponeck, née de Hedwiger de Silefie. Fait à Feſtemberg, le 19 Avril 1725. Signé, Daniel LANGHAMMER, Senior & Paſteur de Feſtemberg. (L. S.)

Que le Certificat ci-deſſus écrit, eſt la propre écriture & cachet du ſieur Daniel Langhammer, Senior de cette Ville; & qu'icelui eſt encore Paſteur & Senior ici, atteſtent, pour l'appui de la verité, les Bourgue-Meſtres & Magiſtrats de la Ville Princiere de Feſtemberg, par l'appoſition du ſceau de leur Ville. Fait à Feſtemberg le 19 Avril en l'année 1725. (Place du ſceau.)

Traduit de l'Allemand en François par M. Muller Avocat, & Secretaire Interpreté au Conſeil Souverain d'Alſace, à Colmar, le 24 Aouſt 1725. Signé, J. G. MULLER, avec paraphe.

Légaliſé par les Magiſtrats de la Ville de Colmar, & ſigné par le Syndic d'icelle, le 27 Aouſt 1725. Signé, CHAUFFOUR. (L. S.)

Le Comte de Sponeck a ſi bien reconnu ſa bâtardiſe; que depuis 1697, qu'il prétend être né, juſqu'à 1719, qu'il s'eſt marié, il n'a jamais oſé porter le nom de Prince hereditaire, (qualité cependant inſeparable de l'enfant légitime d'un Prince Souverain.) Il ne s'eſt marié en 1719, âgé de 22 ans, que ſous le ſeul nom de Comte de Sponeck: (titre, que l'Empereur Leopold avoit conferé à ſa mere en 1701, veritable marque d'un enfant bâtard, qui ne porte jamais que le nom de ſa mere.) Le tout eſt prouvé par la piece ſuivante, qui eſt l'Extrait du mariage du Comte de Sponeck même.

Extrait du Regiſtre des Mariages de l'Eglife du Château de Montbelliard. fol. quatorze, article premier.

X I I.

Le vingt-deux du mois de Février mil ſept cent dix-neuf, s'eſt marié l'Illuſtre Seigneur George-Leopold Comte de Sponeck, fils de S. A. S. Leopold-Eberhard Duc de Wirtemberg-Montbelliard, & de l'Illuſtre Dame Anne-Sabine Comteſſe de Sponeck, avec l'Illuſtre Damoiſelle Eleonore-Charlotte Comteſſe de Coligny; fille de noble Jean-Louis de Sanderſleben, & de feuë noble Dame Henriette Hedvige Baronne de l'Eſperance. A Montbelliard, le quatorze du mois de Mars 1720. Signé, Jean-Jacques GROPP, Prédicateur à la Cour, Surintendant & Conſeiller du Conſiſtoire, avec paraphe.

Les Conſeillers de la Chancellerie de S. A. S. Leopold-Eberhard Duc de Wirtemberg-Montbelliard, atteſtent par ces Preſentes, que le ſuſdit très-Reverend & très-docte Sieur Jean-Jacques Gropp, qui a fait l'extrait ci-deſſus, eſt Prédicateur à la Cour de S. A. S. Surintendant & Conſeiller du Conſiſtoire; en foy & témoignage de quoy, le ſceau de la Chancellerie de S. A. S. a été appoſé & ſigné par le Secretaire. Fait à Montbelliard, le 15 du mois de Mars 1720. Signé, Auguſtin FELGENHAUER, Secretaire, avec paraphe, & ſcellé en Placard ſur papier.

Traduit de l'Allemand en Langue Françoiſe, d'un écrit ſigné & ſcellé, comme dit eſt ci-deſſus, & icelui auſſi ſigné & paraphé, par moi ſouſſigné Avocat & Secretaire Interprete au Conſeil Souverain d'Alſace. Fait à Colmar, ce 21 Octobre 1725.

Signé, J. G. MULLER, avec paraphe.

Légaliſé par les Magiſtrats de la Ville de Colmar, & ſigné par le Syndic d'icelle, le 22 Octobre 1725. Signé, CHAUFFOUR, Syndic, avec paraphe.

(L. S.)

B

Pour diffiper les calomnies que l'on a voulu infinuer dans le Public, que feu M. le Duc de Montbelliard avoit eu un mauvais commerce avec les deux fœurs dans un même tems, on produit ici l'Extrait mortuaire d'Henriette Hedvige, Baronne de l'Efperance, tiré du Livre des Mortuaires de l'Eglife du Château de Montbelliard.

XIII.   *Pag 5. num. 28.*

Madame Henriette Hedvige, Baronne de l'Efperance, s'endormit au Seigneur le 9 Novembre 1707, & fut inhumée dans l'Eglife du Château, le 12 dudit mois.

Cet Extrait prouve qu'Henriette Hedvige eft morte en 1707, & l'Extrait Baptiftaire du premier enfant, que feu M. le Duc de Montbelliard a eu avec Madame Elizabeth-Charlotte fa fœur, eft du 22 Avril 1711; par confequent il n'y a point eu de commerce avec les deux fœurs en même tems.

N'y ayant point eu de premier mariage, comme le Comte de Sponeck a crû pouvoir en fuppofer, entre fa mere & le feu Prince de Montbelliard, ni aucun empêchement dirimant par le commerce que ce Prince a eu avec Henriette Hedvige, Baronne de l'Efperance, il a pû légitimement & valablement époufer Madame Elizabeth-Charlotte, Baronne de l'Efperance, fœur d'Henriette Hedvige, morte en 1707. Ce mariage s'eft fait le 15 Aouft 1718. en bonne forme, prouvé par des titres fi autentiques, que perfonne jufqu'ici n'a ofé les attaquer.

XIV.   *Extrait du Livre des Mariages de l'Eglife du Château de Montbelliard.*
fol. treize, article cinq.

Le quinze du mois d'Aouft mil fept cent dix-huit, Son Alteffe Sereniffime, Leopold-Eberhard Duc de Wirtemberg Montbelliard, notre gratieux Prince regnant & Souverain Seigneur, fit benir fon mariage avec Madame Elizabeth-Charlotte, Baronne de l'Efperance.

Le prefent Extrait a été traduit de l'Allemand en François par le foufcrit, à Montbelliard le vingt-neuf du mois d'Avril mil fept cens vingt.

Signé, Jean-Jacques G R O P P, Miniftre de Cour, Surintendant & Confeiller Ecclefiaftique, avec paraphe.

Nous, les Gens du Confeil de S. A. S. Monfeigneur Leopold-Eberhard Duc de Wirtemberg-Montbelliard, &c. atteftons que le fieur Jean-Jacques Gropp eft Miniftre de Cour, Surintendant & Confeiller Ecclefiaftique de fadite A. S. en foy de quoi nous avons fait appofer aux Préfentes le fcel de la Chancellerie de fadite A. S. & icelle fait figner par le Secretaire de ladite Chancellerie. Fait à Montbelliard, le 29 Avril 1720.   *Par Ordonnance.*   *Signé*, SAIGEY, Secretaire, avec paraphe.

XV.   (*Place du fceau.*)

Second Titre du fufdit Mariage.

Comme ainfi foit, que Son Alteffe Sereniffime Monfeigneur Leopold-Eberhard Duc de Wirtemberg, Prince Souverain de Montbelliard, &c. auroit, par une inclination particuliere, formé la réfolution d'époufer Son Excellence Madame Elizabeth-Charlotte de l'Efperance, Baronne du Saint Empire, il eft, que fadite A. S. a fait appeller pardevant elle les foufcripts, même le jour d'hier quinziéme du mois d'Aouft courant, aufquels elle auroit gratieufement confié fes intentions à cet égard, & déclaré qu'elle entendoit prendre fadite Excellence pour être déformais fa compagne & fon époufe légitime, & à cet effet recevoir la Benediction facerdotale du fieur Jean-Jacques Gropp fon Surintendant & Miniftre de Cour, lequel préfent, après les formalités, remontrances & demandes ordinaires, concernant fon miniftere, a beni le mariage entre fadite A. S. & fadite Excellence au Château de Montbelliard, dans le Poîle, qu'on nomme *Jæger-Zimmer*, enfuite de leur requifition mutuelle, & de leurs promeffes réciproques, de fe prendre l'un & l'autre pour Epoux & Epoufe légitimes par l'impofition de fa main fur les leurs, & en prononçant les termes en tels cas requis & accoûtumés dans les Eglifes de la Souveraineté de fadite A. S. fur quoi & après la Benediction ordinaire à la fin de chaque fervice, fadite A. S. & fadite Excellence ont reçûs les gratulations des affiftans & des foufcripts, que fadite A. S. & fadite Excellence ont requis conjointement de leur en donner acte : ce qu'ils font par le prefent Certificat, figné d'eux & dudit fieur Gropp, en foi de verité des Préfentes, pour fervir & valoir tant à fadite A. S. qu'à fadite Excellence, comme ils trouveront convenir, à Montbelliard, le feiziéme jour du mois d'Aouſt mil ſept cent dix-huit. *Signés*, (a) Johann Ludwig Von Sanderſleben, Geheimer Rath, Pierre de Prudans, Intendant, (b) Jacob Send Von Taubenheim Cammer Junker; (c) Johann Heinrich Von l'Eſperance Grand-Veneur, George Briſechoux, Conſeiller & Procureur General ſubrogé de S. A. S. Pierre Jeremie Goguel, Conſeiller & Procureur General ſubrogé, Jean-Jacques Gropp, Miniſtre de Cour & ſurintendant. Leopold-Gaſpard Dros, Miniſtre; avec paraphe.

On pourroit ajoûter à ces titres le Contract de mariage de Madame la Ducheſſe de Montbelliard, dans lequel le feu Prince lui a conſtitué ſon doüaire ſur la Seigneurie de Riqueville en Alſace, ſi le Comte de Sponeck ne lui avoit pas enlevé cette piece, dont il y avoit quatre originaux, deux en Allemand & deux en François. Cependant comme c'eſt un fait conſtant, & connu à Montbelliard & en Alſace, que le feu Prince avoit mis un an avant ſa mort, la Ducheſſe de Montbelliard en poſſeſſion de ſon doüaire, qui eſt aujourd'hui ſequeſtré avec les autres terres : on croit pouvoir invoquer la notorieté de cette verité, en attendant que les Parties aient un Tribunal reglé, où l'on puiſſe former une demande en reſtitution contre le Comte de Sponeck, tant des papiers, que des autres effets, qu'il a enlevé à Madame la Ducheſſe de Montbelliard.

Ce mariage a été reconnu & agréé de S. A. S. Madame la Ducheſſe Doüairiere de Wirtemberg-Oëls, ſœur de feu M. le Duc de Montbelliard, avant & après la mort de ce Prince, comme il eſt juſtifié par les deux Lettres ſuivantes.

Lettre de Madame la Ducheſſe Doüairiere de Wirtemberg-Oëls, ſœur du feu Duc de Montbelliard, à Madame Elizabeth-Charlotte ſon Epouſe, ſur le nouvel an. XVI.

SERENISSIME DUCHESSE, MA TRES-CHERE BELLE-SOEUR,

Je felicite avec une devotion entiere vos graces, ma très-chere Sœur, ſur le renoüvellement de cette année, avec un déſir tout-à-fait cordial, que le Seigneur veuille donner à vos graces, avec la préſente année, un contentement & une proſperité parfaite & tout-à-fait ſalutaire, qu'il vous conſerve une infinité d'années dans une proſperité accomplie, telle que vous la pouvez déſirer vous-même, pour la grande conſolation de celle, qui ſe dévoüe entierement à vos graces, & qui ſera juſqu'au dernier ſoûpir de ſa vie, de vos graces, la très-fidelle & dévoüée Belle-ſœur & très-obéiſſante ſervante. *Signé*, Eleonore-Charlotte, Ducheſſe Doüairiere de Wirtemberg-Oëls. Datée de Breſlau, le vingt-ſept Decembre mil ſept cent vingt-deux. L'Inſcription : A S. A. S. Madame Elizabeth-Charlotte, Ducheſſe regnante de Wirtemberg-Montbelliard, née Baronne de l'Eſperance du Saint Empire, à Montbelliard.

Seconde Lettre de Madame la Ducheſſe Doüairiere de Wirtemberg-Oëls, à Madame la Ducheſſe de Montbelliard, après la mort du feu Duc ſon Epoux, ſous N°. 16. XVII.

SERENISSIME DUCHESSE, MA TRES-HONORE'E ET TRES-CHERE BELLE-SOEUR,

J'ai vû avec grande douleur, par la Lettre de vos graces, mon incomparable Ducheſſe, du cinquième de ce mois, que vos graces & ſes Sereniſſimes Enfans, que j'embraſſe un million de fois, ont été preſque tous malades; mais qu'à préſent, Dieu ſoit loüé, ils ſe portent mieux. Je ſouhaite de tout mon cœur que le Seigneur veüille toûjours conſerver vos graces & ſes chers Princes & Princeſſes dans une ſanté heureuſe, & dans un contentement parfait, &c. Je demeure juſqu'au tombeau, de vos graces, la très fidelle & dévoüée belle-Sœur & obéiſſante ſervante. *Signée*, Eleonore-Charlotte, Ducheſſe Doüairiere de Wirtemberg-Oëls. Dattée de Kleinelguth le ſept Octobre mil ſept cent vingt-quatre. L'Inſcription : A S. A. S. Madame Elizabeth-Charlotte, Ducheſſe Doüairiere de Wirtemberg-Montbelliard, à Oſtheim.

Cette Ducheſſe rémoigne la même tendreſſe, à MM. les Princes ſes Neveux, Enfans légitimes de feu M. le Duc de Montbelliard, & de Madame Elizabeth-Charlotte ſon Epouſe, qui ſont à Paris, dans une Lettre, qu'elle leur a écrite ſur le renouvellement de la préſente année.

SERENISSIMES PRINCES, MES TRES-CHERS NEVEUX, XVIII.

J'ai reçû la chere Lettre de vos graces, du deux Janvier, un peu tard; Je vous ſuis bien obligé de votre bon ſouhait. Le Seigneur comble vos graces cette année, & beaucoup d'autres, de toutes les proſperités de Prince, tant ſpirituelles, que temporelles, & vous faſſe croître pour ſa gloire, & pour l'aggrandiſſement de la ſplendeur de vos

(a) Jean-Loüis de Sanderſleben, Conſeiller Privé.   (c) Jean Henry de.
(b) Jacques Send de Taubenheim, Chambellan.

illuftres Ancêtres, &c. Vous pouvez être affûré, que j'ai pour vos graces toute la tendreffe & la fidelité d'une Mere, & que je le ferai voir dans toutes les occafions, ne voulant ceffer d'être qu'avec la mort, de vos graces, très-fidelle Tante, Mere & fervante. *Signée*, Eleonore-Charlotte, Ducheffe Doüairiere de Wirtemberg Oëls, dattée de Vienne, le deux Mars mil fept cens vingt-fix. L'Infcription : A leurs Alteffes, Meffieurs Leopold-Eberhard & Charles, Princes de Wirtemberg-Montbelliard, à Paris.

Ce Mariage à encore été reconnu par S. A. S. Madame la Princeffe Anne, feconde Sœur de feu M. le Duc de Montbelliard, par une Lettre de felicitation fur la naiffance de fon dernier Prince, George-Frideric, né le feize Aouft mil fept cens vingt-deux, de Madame la Ducheffe de Montbelliard fon Epoufe.

XIX.   Sereniſſime Prince très-honoré, et très-cher Frere,

La Lettre de vos graces nous a bien réjoüis, nous fouhaitons à vos graces, à votre Epoufe, & au fils de la chere Ducheffe, toutes fortes de bonheur & de benediction ; le Seigneur les conferve toûjours dans un état heureux, vous priant de bien agréer notre Lettre. Nous fommes, de vos graces, fidelle & obéiffante Sœur. *Signée*, Anne, Ducheffe de Wirtemberg, dattée d'Oftheim, le quatorze Aouft mil fept cent vingt-deux.

XX.   *Seconde Lettre de Madame la Princeffe Anne, à Madame la Ducheffe de Monbelliard, fur le nouvel an. Du 26 Decembre 1722.*

Sereniſſime Ducheſſe et belle-Sœur,

Nous remercions vos graces des bons fouhaits qu'elle nous fait, & fouhaitons réciproquement à vos graces, pour la nouvelle année, beaucoup de bonheur, de benediction & de contentement ; le Seigneur la conferve avec les fiens dans un état heureux & content. Nous fommes, de vos graces, très-obéiffante belle-Sœur, Anne, Ducheffe de Wirtemberg, dattée d'Oftheim, le vingt-fix Decembre mil fept cent vingt-deux. L'Infcription eft : A Son Alteffe Madame Elizabeth-Charlotte, Princeffe de Montbelliard, à Montbelliard.

Cette Princeffe fait encore aujourd'hui comprendre Madame la Ducheffe de Montbelliard dans les Prieres nominales de fes Eglifes, comme s'enfuit.

XXI.   Nous prions, &c. pour Sa Majefté Très-Chrétienne, pour la Sereniffime Ducheffe notre très-gratieufe Princeffe regnante, pour la Sereniffime Ducheffe Doüairiere de Wirtemberg-Oëls, pour la Sereniffime Ducheffe Doüairiere Elizabeth-Charlotte, & tous fes Princes & Princeffes, enfemble toute la Sereniffime Maifon de Wirtemberg, &c.

Le Mariage de Madame la Ducheffe de Montbelliard a encore été reconnu par S. A. S. M. le Duc Regnant de Wirtemberg-Oëls. Charles-Frideric, dans une Lettre, qu'il a écrite à feu M. le Duc de Montbelliard, par laquelle il le remercie de toutes les graces & honnêtetés, qu'il a reçûës de lui pendant fon féjour à Montbelliard. Il le prie

XXII. de continuer à l'aimer, & l'affûre de fa veneration. La Lettre eft dattée de Bafle le fix Decembre 1720. & *figné*, Charles-Frederic de Wirtemberg-Oëls. Au bas de cette Lettre, il ajoûte de fa main : Avec la permiffion de vos graces, je fais mes très-obéiffans complimens & recommandations à Madame votre Epoufe & à fes très-chers Enfans.

Ce même Mariage a de même été reconnu par S. A. S. M. le Duc Chriftian Ulrich de Wirtemberg-Oëls, dans une Lettre qu'il a écrite à feu M. le Duc de Montbelliard, dattée de Bafle le vingt-neuf Aouft mil fept cens vingt.

Sereniſſime Duc, très-honoré Cousin,

XXIII.   Nous ne fçaurions vous cacher, que nous avons été fort furpris d'apprendre, que notre très-cher Coufin le Duc de Wirtemberg-Stougard a repréfenté dans un Mémoire du quinze Février de l'an courant, que fon Confeiller & Envoyé Dermineur a remis à Sa Majefté le Roy de France, qu'il n'y a point de Princes, ni de Princeffes de la Maifon de Wirtemberg, qui reconnoiffent l'Epoufe de V. A. S. la Sereniffime Princeffe Elizabeth-Charlotte, Ducheffe de Wirtemberg-Montbelliard, née Baronne de l'Efperance, notre très-chere Coufine, pour la femme légitime de V. A. S. ni les Princes & Princeffes vos Enfans des deux lits *(a)*, auffi nos très-chers Coufins & Coufines, pour Enfans légitimes, & habiles à fuccéder : Comme donc cela nous a fort furpris, par l'endroit, que non feulement nous n'avons point donné de plein pouvoir

_____

(*a*) Ce Prince croyoit bonnement, fur ce que le Comte de Sponeck avoit publié dans fes écrits à Vienne, fous le nom du Duc de Montbelliard, qu'il y avoit eu du premier   mariage entre lui & la Comteffe de Sponeck. La fauffeté de ce premier mariage aujourd'hui conftante, nulle induction à tirer d'une expreffion échapée par pure erreur de fait.

à notre

à notre ſuſdit Couſin le Duc de Wirtemberg-Stoûgard, pour faire de telles remontrances : mais reconnoiſſons plûtôt l'Epouſe de V. A. S. la Sereniſſime Princeſſe Eli-
zabet-Charlotte Ducheſſe de Wirtemberg-Montbelliard, &c. née Baronne de l'Eſperance, notre très-chere Couſine, pour la femme légitime de V. A. S. de même que
nos très-chers Couſins & Couſines, les Princes & Princeſſes des deux lits, pour Enfans
légitimes, habiles à ſuccéder, & pour Princes & Princeſſes. Auſſi ne ſçaurions-nous
comprendre, pourquoi S. A. S. le Duc de Wirtemberg-Stoûgard fait à Vous & aux
Vôtres tant de difficultés, puiſque Dieu vous a beni d'une nombreuſe poſterité légitime, & qu'on peut encore eſperer plus de benediction. Et quand même, ce que Dieu
veüille détourner toute votre poſterité, viendroit à s'éteindre, ce ne ſeroit pas à la
Sereniſſime Maiſon de Stougard à s'en informer; puiſque, tant par la naiſſance, que
par les pacts de famille, Nous, de la ligne de Wirtemberg-Oëls ou Weiltingen,
ſommes les légitimes & les plus proches héritiers à la ſucceſſion de Wirtemberg-Montbelliard : & quoique nous ayons fait une convention, en vertu du recès de Weiltingen, avec nos très-cher Frere & Couſin, n'ayant les deux point encore d'enfans, &
Dieu au contraire nous ayant beni de poſterité, il eſt clair, que cela nous regarde à
préſent préferablement aux autres. Et Dieu ayant beni V. A. S. d'une nombreuſe poſterité, & pouvant encore l'en benir dans la ſuite, ce n'eſt pas le tems de parler de
telles affaires; & nous nous trouvons obligez, pour maintenir la verité & conſerver
l'amitié ſincere & fidele, qu'il y a eu entre V. A. S. nos Biſayeuls, Ayeuls, Pere &
Mere, & Nous-même, de vous donner notre ſentiment & déclaration ſur ce ſujet,
comme nous le donnons & voulons donner auſſi par les Preſentes, après une mûre délibération. Demeurant toûjours prêts à vous rendre tous les bons ſervices de parent;
auſſi-bien qu'à Madame votre Epouſe, notre très-chere Couſine, & à tous les Vôtres, auſſi nos très-chers Couſins & Couſines. Sereniſſime Duc, Votre fidel Couſin
& ſerviteur. *Signé*, Chriſtian Ulrich, Duc de Wirtemberg-Oëls. Dattée de Bâſle,
le vingt-neuf Aouſt mil ſept cent ving.

Seconde Lettre de M. le Duc de Wirtemberg-Oëls, Chriſtian Ulrich, à Madame   **XXIV.**
la Ducheſſe de Montbelliard, ſur la nouvelle année.

Sereniſſime Princeſſe, très-honore'e Couſine et Mere,

Je felicite vos graces très-humblement ſur le renouvellement de cette année, ſouhaitant du profond de mon cœur, qu'elle ne puiſſe pas ſeulement commencer la préſente,
mais qu'elle la finiſſe avec beaucoup d'autres dans un contentement & une proſperité
parfaite, telle qu'elle la peut ſouhaiter. Je me recommande à la continuation de vos
graces ineſtimables, & je ſuis avec toute la venération & reſpect, de vos graces, très-
obéiſſant & fidel Couſin, fils & ſerviteur. *Signé*, Chriſtian Ulrich, Duc de Wirtemberg-Oëls. Dattée de Paris, le deux Janvier mil ſept cent vingt-deux. L'Inſcription
eſt : à S. A. S. Madame la Ducheſſe Elizabeth Charlotte de Wirtemberg-Montbelliard, née Baronne de l'Eſperance, à Montbelliard.

Encore une autre de M. le Duc Chriſtian Ulrich de Wirtemberg-Oëls, après la
mort du feu Duc de Montbelliard, à Madame la Ducheſſe ſon Epouſe.

Sereniſſime Ducheſſe, très-honore'e Couſine et Mere,

Votre gratieuſe Lettre m'a tout-à-fait conſolé, craignant être banni de votre gratieux ſouvenir; le cœur me ſeigne, ma gratieuſe Maman, de vous ſçavoir dans un état
ſi malheureux; ſur-tout, puiſque pour le préſent, je me trouve embarraſſé de reconnoître les graces infinies, que j'ai reçûes de vous, &c. Je me recommande à la continuation de vos graces, & je ſuis juſqu'à la mort, avec un profond reſpect, de vos graces, très obéiſſant & fidel Couſin, fils & ſerviteur. *Signé*, Chriſtian Ulrich, Duc de
Wirtemberg-Oëls. Dattée de Wilhelminenorth, le deux Avril mil ſept cent vingt-
quatre. L'Inſcription eſt : à S. A. S. Madame la Ducheſſe Doüairiere de Wirtemberg-Montbelliard, née Baronne de l'Eſperance, à Oſtheim.

La réalité de ce Mariage a paru juſqu'ici ſi bien fondée à M. le Duc de Wirtemberg lui-même, qu'il n'en a pû diſconvenir. Il l'a ſi peu conteſté, que dans ſon Mémoire, donné à la Cour de France, quoiqu'il y parle dans des termes affreux de Madame la Ducheſſe de Montbelliard, il avoüe néanmoins ſon Mariage, diſant, page 5.
de ce Mémoire : ce Prince (parlant du Duc de Montbelliard) pouſſant encore ſon
aveuglement plus loin, Epouſa Elizabeth-Charlotte, Baronne de l'Eſperance; &
cinq lignes après, il repete le même mot d'*epouſer*.

L'Empereur même, dans les Decrets de ſon Conſeil Aulique, allégués & produits
                                                            C

par M. le Duc de Wirtemberg & le Comte de Sponeck, nomme Madame la Ducheſſe de Montbelliard, femme du feu Prince de ce lieu.

La notorieté & la paiſible poſſeſſion de ce Mariage ſe prouve encore par les honneurs, que les Etats de Montbelliard ont toûjours rendu à Madame la Ducheſſe de ce
lieu, comme à leur Souveraine, & à l'Epouſe légitime de leur Prince. On produit ici les
Complimens, qui lui ont été faits en 1721 le 8 Juin, contenus dans un Livre, où l'on
marquoit ces ſortes de Complimens, & pluſieurs autres cérémonies, écrites de la main
du ſieur Pierre Jeremie Goguel, Conſeiller du feu Duc de Montbelliard, qui eſt celui
qui a auſſi ſigné le ſecond titre de mariage de Madame la Ducheſſe, produit ci-deſſus
ſous Nᵒ. XV.

XXVI.   *La feüille de ce Livre commence,*

(a) Montbeil-
lard.
     Complimens, que le Conſeil, les Miniſtres, & le Magiſtrat de la Ville (a), ont
fait à Son Alteſſe Sereniſſime, Madame Elizabeth-Charlotte, Ducheſſe Regnante
de Wirtemberg-Montbelliard, le jour de ſa naiſſance, 28 Juin 1721.

LE CONSEIL.

SERENISSIME DUCHESSE, Le Conſeil m'a chargé d'aſſurer Son Alteſſe
Sereniſſime Madame la Ducheſſe Regnante, qu'il ſe félicite de voir renaître le jour,
qui lui a donné la naiſſance. Il prie Dieu qu'il la faſſe ſurvivre pendant de longues
années à cet heureux jour, avec Son Alteſſe Sereniſſime Monſeigneur le Duc, contente, joyeuſe & ſatisfaite. Il prend la liberté de ſe recommander très-humblement à
ſes graces, & à celle de toute la Sereniſſime & très-illuſtre Famille.

RE'PONSE.

Je vous ſuis bien obligée de vos bons ſentimens. Et comme je compte ſur votre fidelité, je vous ſouhaite toutes ſortes de bonheur & de contentement, & je ferai de
bon cœur tout ce qui pourra contribuer à votre avantage.

(b) ou le
CLERGE'.
LES MINISTRES (b).

C'eſt un autre Compliment en Langue Allemande de la même teneur, que le précedent, fait au nom du miniſtere du Comté de Montbelliard, par le Surintendant
des Egliſes, auquel Madame la Ducheſſe de Montbelliard fit une réponſe conforme
à la premiere.

LES MAGISTRATS DE LA VILLE.

SERENISSIME DUCHESSE, Les Bourgeois de la Ville de Montbelliard,
repréſentés ici par les trois Corps, m'ont prié d'aſſurer Son Alteſſe Sereniſſime Madame la Ducheſſe Regnante; qu'étant toûjours attentifs aux occaſions de s'aquiter de
leurs devoirs; ils ont appris agréablement, que le jour d'aujourd'hui eſt celui qui lui
a donné la naiſſance, ce qui les engage à prendre la liberté de venir l'en féliciter, dans
les ſentimens du plus profond reſpect, & prier Dieu du meilleur de leurs cœurs, qu'il
veüille longuement prolonger ſes jours avec S. A. S. le Duc leur Souverain; qu'il les
rende fort heureux, & qu'il leur accorde & à toute la Sereniſſime & très-Illuſtre Famille, tant de ſujets de joie & de contentement, qu'elles n'aient, pendant leur vie,
rien à déſirer : les ſuppliant tous enſemble, d'être perſuadé que les Bourgeois de Montbelliard ont & conſerveront juſqu'à la mort une fidelité inviolable, tant à S. A. S. leur
Souverain, qu'à S. A. S. Madame la Ducheſſe Regnante & à toute la Sereniſſime Famille, dont ils implorent la protection & la continuation de ſes graces.

RE'PONSE.

Je vous ſuis bien obligée des ſouhaits que vous me faites de la part de la Bourgeoi-
ſie, & des marques de fidelité que vous me donnez. Je vous ſouhaite auſſi bien du contentement, & je vous aſſure que je ferai de bon cœur, tout ce qui pourra contribuer à votre avantage.

Diſcours de Son Alteſſe Sereniſſime le Duc aux trois Corps de la Ville,
s'étant rencontré à leur félicitation.

Je ſuis ſenſible aux marques que vous donnez à mon Epouſe de vos bons cœurs,

& de votre fidelité. J'efpere que vous ne fouffrirez jamais perfonne, qui voudroit femer la defunion dans les familles, non plus qu'entre le Souverain & les fujets. J'affure tous ceux, qui feront inviolablement attachez & fidels, tant à moi, qu'à mon Epoufe, & à toute ma famille, de ma protection, du foin que je prendrai de leur bonheur, & de la continuation de mes graces, dont je veux bien aujourd'hui vous donner des marques.

Remerciement de trois Corps de la Ville.

Les trois Corps remercient en profond refpect Votre Alteffe Sereniffime des graces, qu'elle veut bien répandre fur eux. Ils affurent, qu'ils tâcheront de les mériter par la fidelité, qu'ils auront jufqu'à la mort pour Votre A. S. pour fon A. S. Madame la Ducheffe Regnante, & pour toute fa Sereniffime Famille.

RE'PONSE.

Je n'en doute aucunement, & vous pouvez auffi compter fur moi & fur les miens.

On pourroit ajoûter à toutes fes reconnoiffances, & à la notorieté publique dans les Etats de Montbelliard, encore celle des Provinces, des Villes, & même celle des Tribunaux de Juftice aux environs.

On pourroit même produire plufieurs reconnoiffances par écrit de toutes les Perfonnes de qualité à l'entour, pour juftifier cette notorieté, fi on n'appréhendoit pas de devenir ennuyeux. Mais toutes ces preuves font fuperflües, y ayant une Célébration de mariage en forme autentique, fuivie d'une paifible poffeffion de l'état de mary & de femme.

Les injures & la calomnie dans les écrits des Miniftres de M. le Duc de Wirtemberg & du Comte de Sponeck, allant jufqu'à la Genealogie de Madame la Ducheffe de Montbelliard, elle croit devoir produire les Lettres de Conceffion du titre de Baronne, que l'Empereur Leopold de très-glorieufe mémoire, lui a accordé & à fa famille en 1700, en confideration & récompenfe des fervices, que fon pere & fon frere avoient rendus à l'Empire dans les guerres d'Hongrie & ailleurs, le premier en qualité de Capitaine de Cavalerie, ayant un Brevet de Lieutenant-Colonel lorfqu'il fût tué, après 31 ans de fervice, au fiege de Bude en Hongrie; l'autre, pendant 14 ans, où il auroit continué, fi la mort n'avoit pas arrêté les pas de l'honneur de ce brave Cavalier. Ces Lettres Patentes fuffifent, pour fermer la bouche à fes ennemis. L'Empereur Leopold, Prince éclairé, & qui agiffoit par fes propres lumieres, ne pouvoit pas être furpris. Il fçavoit trop bien reconnoître la vertu héroïque, pour que les graces qu'il a conferé, foient fufceptibles d'une mauvaife critique. Ces Lettres ont conferé à Madame la Ducheffe le degré de la haute Nobleffe, avec les mêmes honneurs, dont les vrais Barons de l'Empire de quatre Races de pere & de mere, ont droit de joüir, tant pour elle, que pour fa pofterité, dans les Tournois & dans les Chapitres d'Empire, & ailleurs; & par-là fixé à Elle perfonnellement un état, qui, à l'exemple de beaucoup d'autres, comme cela s'obferve prefque dans toutes les Maifons des Princes en Empire, pouvoit la mettre en droit d'afpirer au mariage d'un Prince.

Lettres de Baron & de Baronne de l'Empire, accordées à Madame la Ducheffe de Monbelliard **XXVII.**
en 1700. par l'Empereur Leopold de très-glorieufe mémoire.

TRADUIT DE L'ALLEMAND EN FRANÇOIS.

Nous, Leopold, par la grace de Dieu, élû Empereur des Romains, &c. déclarons ouvertement par les préfentes Lettres pour Nous, nos Succeffeurs à l'Empire, & à nos Royaumes heréditaires, Principautés & Païs, & faifons fçavoir à tous, &c. Ayant donc gratieufement confideré & remarqué, que l'ancienne Famille de l'Efperance, de laquelle defcend notre féal & amé Jean-Gafpard de l'Efperance, Capitaine au Regiment d'Infanterie du Prince de Wirtemberg-Montbelliard, a depuis long-tems non feulement le droit de Chapitre & de Tournois, mais encore qu'elle a été alliée à plufieurs nobles Familles, eu encore égard aux fidels & confiderables fervices, que fes Ancêtres ont rendus à l'Etat; fon pere Jean-Chriftophe de l'Efperance, après trente & un ans de fervice, particulierement en Hongrie contre l'Ennemi juré du nom Chrétien, le Turc, ayant perdu fa vie au dernier fiege de Bude; & fon fils Jean-Gafpard de l'Efperance, ne tâchant que de Nous donner des témoignages de fon zele & de fa fidelité, par les fervices qu'il Nous rend depuis quatorze ans dans les troupes, Nous ayant fervi premierement en qualité de Lieutenant au Regiment de Polland, & enfuite fous notre General Heister défunt, en qualité de General-adjutant, dont il a si bien rempli les devoirs, qu'en consideration de l'expérience, qu'on vit, qu'il avoit au métier de la guerre, on lui donna une Compagnie au Regiment du Prince de Wirtemberg-Montbelliard, & c'est le rang qu'il tient encore aujourd'hui, promettant, comme il fait, s'aquiter de ces emplois d'une maniere à nous donner & à notre Illustre Maison d'Austriche, toutes les marques de sa fidelité & de son attachement. C'est donc en consideration & récompense des services que nous a rendu cette ancienne Famille de l'Esperance, & pour plusieurs autres causes à ce Nous mouvantes, qu'après une mûre deliberation, de notre plein gré, pure & franche volonté, Nous avons fait au susnommé Jean-Gaspard, & à ses quatre sœurs, Sebastiane, Henriette Hedvige, Polixene-Catherine, & Elizabeth-Charlotte de l'Esperance, cette grace, & les avons tous mis au rang, degrés d'honneur & dignité des Barons & Baronnes du Saint Empire, de nos Royaumes hereditaires, Principautés & Païs, & les avons inseré dans leur Communauté, les élevons & déclarons du nombre des anciens Barons & Baronnes du Saint Empire, & de nos Royaumes hereditaires, Principautés & Païs, leur donnons & conferons le titre & le nom de Baron & Baronnes du Saint Empire, & leur permettons de se nommer & écrire ainsi envers Nous & envers tous; entendons, ordonnons, & voulons que le susnommé Jean-Gaspard de l'Esperance, ses heritiers procréés de son corps en légitime mariage, & les héritiers de ses héritiers de l'un & l'autre sexe, comme aussi les susnommées, Sebastiane, Henriette Hedvige, Polixene-Catherine, & Elizabeth-Charlotte de l'Esperance, soient, se nomment, & s'écrivent à l'avenir & éternellement anciens Barons & Baronnes du Saint Empire, de nos Royaumes hereditaires, Principautés & Païs, & soient reconnus, tenüs honorées, & nommées telles, jouïssent de plus de tous les privileges, honneurs, dignités, avantages, prééminences, immunités, droits & jurisdictions dans les Assemblées de l'Empire, & autres, pour recevoir, avoir, porter & jouïr sans aucun empêchement, des Benefices dans les Chapitres & Canonicats, des Emplois tant Ecclesiastiques, que Seculiers, & des Fiefs, de la maniere que les Barons & Baronnes du Saint Empire, de nos Royaumes hereditaires, Principautés & Païs, qui sont de quatre generations du côté de pere & de mere, en jouïssent.

Et pour plus grande assurance de notre bienveillance, Nous avons non seulement gratieusement confirmé audit Jean-Gaspard, à ses héritiers nés en légitime mariage, & à ses quatre sœurs, Sebastiane, Henriette Hedvige, Polixene Catherine, & Elizabeth-Charlotte de l'Esperance, leurs anciennes Armoiries, mais leur avons encore augmenté & orné, &c.

Et pour faire encore ressentir plus particulierement les effets de nos bontés aux susdits Baron & Baronnes de l'Esperance, Nous leur avons, de notre pleine science, pure volonté, & après une mûre deliberation, accordé cette grace singuliere, & à la leur accordons par la teneur des Présentes, aussi-bien qu'à leurs héritiers nés en légitime mariage de l'un & de l'autre sexe, d'être appellé Wohlgebohren (a), &c. Ordonnons & commandons expressément par les Présentes, à leurs Eminences Illustrissimes les Archevêques de Mayence, Tréves, & Cologne, nos chers Neveux & Cousins, comme Electeurs & Archichanceliers de l'Empire en Allemagne, dans les Gaules aux Royaumes d'Arles, & en Italie, & à tous nos autres Chanceliers, Officiers & Chancelleries & Secretaires, de tenir la main, à ce que dans nos Chancelleries, & celles de nos Successeurs, le titre & nom de Wohlgebohren soit donné à l'avenir & pour toûjours, aux susdits Baron & Baronnes, &c.

Enjoignons de plus à tous nos autres Electeurs & Princes, &c. & voulons qu'ils reconnoissent à l'avenir le susdit Baron de l'Esperance dans toutes les Assemblées de la Noblesse, Tournois, hauts & bas emplois, & par-tout ailleurs, par anciens Baron & Baronnes de l'Empire, de nos Royaumes hereditaires, Principautés & Païs, qu'ils leur donnent le titre de Wohlgebohren, les laissent jouïr librement de toutes les immunités, privileges, honneurs, dignités, droits, jurisdictions & prérogatives y annexées, sans y contrevenir, ni permettre qu'autres y contreviennent en quelle maniere que ce soit, à peine d'encourir notre disgrace & celle du Saint Empire, & de payer une amende de cent marcs d'or par chaque contrevenant, la moitié applicable à notre profit, & l'autre à celui desdits Baron & Baronnes lezés, qui, indépendamment de cela, ne laisseront pas de jouïr de leurs privileges, libertés, franchises & dignités, & d'y être maintenu, &c. Et pour corroboration des Présentes, Nous y avons fait apposer & pendre notre Scel Imperial. Donné dans notre Ville de Vienne,

(a) Le titre de Wohlgebohren est précisément affecté distingue du simple Gentilhomme, aux seuls vrais & anciens Barons du Saint Empire, & les

l'onziéme

l'onziéme du mois de Septembre; l'an, après la naiſſance de Notre-Seigneur & Sauveur Jeſus-Chriſt, dix-ſept cent; de nos Regnes à l'Empire la quarante-troiſiéme; de Hongrie, quarante-ſixiéme, & de Boheme, quarante-cinquiéme. *Signé,* LEOPOLD. Plus bas : *S. Dominus Andræas,* Comte de Caunitz, *ad Mandatum ſacræ Cæſareæ Majeſtatis proprium.* C. F. Conſbruch. Collationné & regiſtré, Jean-Frideric Wening, *ut Regiſtrator.*

Le Mariage de Madame Elizabeth-Charlotte de l'Eſperance, Baronne du ſaint Empire, avec feu M. le Duc de Wirtemberg-Montbelliard, étant auſſi clairement juſtifié : où peut être le doute, qu'elle ne ſoit devenuë Ducheſſe de Wirtemberg-Montbelliard, comme participante des honneurs, des droits des prérogatives, & des qualités de feu ſon Epoux, & que ſes cinq Enfans; les uns légitimés par ce mariage; les autres, légitimes du jour de leur naiſſance, ne doivent joüir de tous les effets & les avantages d'un mariage légitime.

Pour ne laiſſer aucun doute ſur leur état & ſur leur naiſſance, on joint ici leurs Extraits Baptiſtaires, inſerés dans le Mémoire, préſenté à Vienne par le Comte de Sponeck, ſous le nom du feu Duc de Montbelliard.

Extrait du Livre des Baptêmes de l'Egliſe du Château de Montbelliard. XXVIII.
Traduit de l'Allemand en François. fol. 39. art. 3. num. 228.

Henriette Hedvige, fille de S. A. S. Leopold-Eberhard, Duc de Wirtemberg-Montbelliard, & de Madame Elizabeth-Charlotte Baronne de l'Eſperance, nâquit le vingt-deux Avril mil ſept cent onze, & fut baptiſée le vingt-trois dudit mois.

fol. 41. art. 2. num. 245. XXIX.

Leopold-Eberhard, fils de S. A. S. Leopol-Eberhard, Duc de Wirtemberg-Montbelliard, & de Madame Elizabeth-Charlotte Baronne de l'Eſperance, nâquit le vingt-huit Juillet mil ſept cent douze, & fut baptiſé le vingt-neuf dudit mois.

fol. 57. art. 2. num. 230. XXX.

Charles-Leopold, fils de S. A. S. Leopold-Eberhard Duc de Wirtemberg-Montbelliard, & de Madame Elizabeth-Charlotte Baronne de l'Eſperance, nâquit le premier May mil ſept cent ſeize, & fut baptiſé le trois dudit mois.

fol. 63. art. 4. num. 350. XXXI.

Elizabeth-Charlotte, fille de S. A. S. Leopold-Eberhard, Duc de Wirtemberg-Montbelliard, & de Madame Elizabeth-Charlotte Baronne de l'Eſperance, nâquit le trente-un Decembre mil ſept cent dix-ſept, & fut baptiſée le quatre Janvier 1718.

Le 16 Aouſt 1722, nâquit un fils à S. A. S. Leopold-Eberhard, Duc de Wirtem- XXXII. berg-Montbelliard, de Madame SON EPOUSE Elizabeth-Charlotte Baronne de l'Eſperance, & fut baptiſé le 18 dudit mois dans l'Egliſe de la Cour & du Château de ce lieu, & nommé George-Frideric ; ce que j'atteſte & affirme par l'oppoſition de mon cachet & ma ſignature. Fait à Montbelliard ce 8 Octobre 1722. *Signé,* M. Jean Gaſpard BOCKSHAMMER, Miniſtre de Cour, Superintendant & Conſeiller Eccleſiaſtique. (L. S.)

Extrait de la Vidimation miſe à la ſuite du Mémoire, que le Comte de Sponeck a préſenté à Vienne ſous le nom du feu Duc de Montbelliard, pour toutes les Pieces y produites, & qui peut ſervir ici pour la même Vidimation des Pieces, que l'on a tiré de ce Mémoire.

Je ſouſſigné, Jean-Theophile Herold, Docteur en Droit, & Notaire public Imperial-Juré, admis par le Souverain Conſeil d'Empire, demeurant en la Ville de Vienne en Autriche, certifie & atteſte par les Préſentes, que les Pieces Juſtificatives ci-deſſus alléguées & imprimées, ont été par moi collationnées; que les Extraits traduits de leurs Originaux Allemands en François, tirez des Livres des Mariages, Baptiſtaires & Mortuaires de l'Egliſe du Château de Montbelliard, & autres Originaux, ſont conformes à iceux Originaux, & copiées, vidimées, ſignées, & ſcellées par Mre Louis Locherer, Notaire Imperial, Public & Juré, Réſidant à la Ville de Baſle en Suiſſe. En foy & témoignage de quoi, j'ai ſigné le préſent Acte de ma propre main, & l'ai corroboré de mon cachet ordinaire de Notaire. Fait à Vienne en Autriche ce vingt-quatriéme Novembre, mil ſept cent vingt-deux. *Signé,* Jean-Theophile HEROLD, Docteur en Droit, & Notaire Public, Imperial-Juré, admis par le Souverain Conſeil d'Empire. *M. P.*

(L. S.)

D

11,416

SOMMAIRE
DU MANIFESTE

DE MADAME ELIZABETH-CHARLOTTE
de Lesperance, Baronne du Saint Empire, Doüairiere de Leopold Eberhard, Duc de VVirtemberg - Montbelliard, Prince Souverain du Saint Empire, & des Princes & Princeßes leurs Enfans.

MADAME la Baronne de Lesperance, Ducheſſe Doüairiere de Montbelliard, & ſes enfans, implorent la juſtice de Sa Majeſté, pour obtenir d'Elle une Proviſion de 60000. liv. ſur les Terres ſequeſtrées, de la ſucceſſion du feu Duc de Montbelliard, ſon époux, & leur pere, ſituées en Franche-Comté & en Alſace.

Ils ont établi leur droit dans un Manifeste, qu'ils ont eû l'honneur de lui preſenter, auſſi-bien qu'à tous ſes Miniſtres, & qu'ils ont diſtribué dans toutes les Cours de l'Europe.

Ils ſupplient S. M. de vouloir bien ſe faire rendre compte de la premiere propoſition de ce Mémoire, la ſeule néceſſaire pour ſtatuer ſur la Proviſion qu'ils demandent. Ils y ont démontré leur état de femme & d'enfans légitimes du feu Prince de Montbelliard ; & par conſequent le droit de receüillir tous ſes biens, à l'excluſion de M. le Duc de Wirtemberg-Stougard, qui n'eſt que ſon parent collateral, & du Comte de Sponeck, qui n'eſt pour le plus que ſon fils naturel.

Madame la Baronne de Lesperance a épouſé ſolemnellement le feu Duc de Montbelliard, avec toutes les formalitez requiſes & accoûtumées, & en preſence de tous les Ordres de la Principauté de Montbelliard, le 15. Aouſt 1718. Elle a fait imprimer à la ſuite de ſon Manifeste la Célébration de ce mariage, tirée des Regiſtres de l'Egliſe du Château de Montbelliard, dans la forme la plus autentique, avec un Acte de reconnoiſſance des principaux Officiers de la Principauté de Montbelliard. Son Contrat de mariage, contenant l'aſſignation de ſon Doüaire ſur la Seigneurie de Riqueville, en Alſace, y eſt de notorieté publique. Elle fut miſe en poſſeſſion de cette Terre par anticipation, par le feu Duc de Montbelliard, un an avant ſa mort. Cette Terre n'eſt pas moins aujourd'hui ſequeſtrée que les autres. Elle a encore fait imprimer à la ſuite du même Manifeste, les Lettres de complimens, qu'elle a reçû depuis ſon mariage de tous les Princes & de toutes les Princeſſes de la Maiſon de Wirtemberg, à l'exception de M. le Duc de Wirtemberg-Stougard, qui ayant formé le deſſein depuis long-tems, de réünir à ſes Etats ceux de Montbelliard, s'eſt flatté qu'il en trouveroit le pretexte dans l'inégalité de conditions, qui ſe trouvôit entre le feu Duc & la Princeſſe ſon épouſe.

11.416

Madame la Duchesse de Montbelliard, depuis son mariage avec le Prince son époux, a joüi paisiblement de son Etat & de sa qualité de femme d'un Prince Souverain de l'Empire. Elle a partagé avec lui tous les Droits, Honneurs, Titres & Prerogatives dûës & convenables à la qualité de Souverain. Elle en étoit en possession publique & paisible, à la mort de son époux. Elle a continué d'être recommandée aux prieres publiques en sa qualité de Veuve & de Doüairiere, jusques au tems que M. le Duc de Wirtemberg-Stougard, s'est emparé de force, & à main armée de la Principauté de Montbelliard. On lui accorde encore aujourd'hui le même honneur dans une partie des Etats de la Maison de Wirtemberg.

L'Extrait de Mariage par lequel le Comte de Sponeck, qui n'est au plus que bâtard du feu Duc de Montbelliard, tente de se mettre en paralele avec les enfans légitimes de ce Prince, est un Acte évidemment faux : si mal imaginé, qu'en le supposant vrai, il auroit été clandestin, incapable de produire aucun effet civil, beaucoup moins de faire obstacle à un mariage légitime, célébré publiquement, selon les Loix & Usages de l'Eglise Chrétienne.

Cette pretenduë Célébration de mariage de la mere du Comte de Sponeck, n'est signée ni des Parties, ni du Ministre. Elle est sans témoins. Elle ne contient ni le nom du feu Duc de Montbelliard, ni celui de la mere du Comte de Sponeck. Au lieu de ces noms : il n'y a que des lettres initiales, qui même ne pourroient les signifier en langue Latine, en laquelle l'Acte est écrit ; n'y ayant aucun mot Latin commençant par H. qui signifie Duc, ni aucun mot commençant par Z. qui désigne l'article de, qui est joint aux noms de familles ou de Maisons. Y a-t-il quelque exemple de Célébration de mariage, passé entre personnes, non pas du rang de Princes, mais même de condition privée & des plus communes, où les noms propres des Parties ayent été employez par leurs seules lettres initiales, qui ne sçauroient désigner personne avec certitude : les mêmes lettres commençant les noms d'une infinité de familles très distinctes & très differentes.

Ce pretendu mariage est écrit le dernier de la page 30. du Registre de l'Eglise de Reiovitz. Il est precedé de huit autres mariages, écrits dans la même page, & numerotez de suite en marge, suivant leurs dattes & leur ordre naturel. Il est également numeroté 9. comme le neuviéme, quoique selon sa datte il dût être le quatriéme en ordre. Il est écrit dans la feüille, après cinq autres mariages, qui cependant lui sont posterieurs de cinq mois : au lieu qu'ils auroient dû lui être anterieurs, pour pouvoir être écrit auparavant. En faut-il davantage pour démontrer que l'Acte n'a été inseré dans le Registre qu'après coup, pour tâcher de donner quelque couleur aux vûës ambitieuses de la Comtesse de Sponeck, & vrai-semblablement dans le tems qu'elle a pensé à faire rendre la Sentence de divorce, dont on parlera bien-tôt. Ce qu'il y a de certain : c'est qu'il n'en a paru des Extraits qu'en 1719. posterieurement au mariage de Madame la Duchesse de Montbelliard avec le feu Prince son époux.

Ce que l'on attribuë dans cette pretenduë Célébration à l'époux & à l'épouse, ne sçauroit convenir, ni au feu Duc de Montbelliard, ni à la Comtesse de Sponeck. Rien de plus faux, qu'ils ne pussent pas se marier en Silezie, où l'on dit qu'ils demeuroient, sans renoncer à leur Religion. La Comtesse de Sponeck, ni sa mere, n'ont jamais demeuré dans le Duché de Teschen. Feu M. le Duc de Montbelliard n'a jamais servi dans les Troupes de l'Electeur de Saxe. En 1695. il servoit en Hongrie dans celles de l'Empereur. Le 1. Juin de cette année, datte du pretendu mariage, il étoit à près de cent lieuës de Reiovitz. S'il eût été personnellement dans ce petit Village, avec la Comtesse de Sponeck à Reiovitz, eussent-ils pû l'un & l'autre se tromper sur toutes ces particularitez ?

Le Comte de Sponeck a si bien senti que la fausseté de cet Acte, en le presentant tel qu'il se trouve sur les Registres de Reiovitz, se manifesteroit d'elle-même, qu'il a eû la hardiesse de le tronquer. Dans une fausse expedition, qu'il s'en est fait délivrer, il en a supprimé les absurditez qui l'accompagnent, & y a fait ajoûter les noms de Duc de Wirtemberg-Montbelliard, & d'Hedviger, tout au long, au lieu des simples lettres initiales. L'expedition est encore plus fausse que le Registre.

C'est à la faveur de cette fausse expedition, que le Comte de Sponeck a prevenu la Cour & le Public. Mais cette fausseté, aujourd'hui constante, ne peut plus servir qu'à le couvrir de confusion. Kock Ministre de Reiovitz, qui a eû la foiblesse de la signer, à la faveur d'un Acte d'indemnité, & les Magistrats de Reiovitz, dont on a surpris la légalisation, ont eux-mêmes rendu témoignage à la verité, par les Extraits fidels & solemnels qu'ils ont délivrez, tant à M. le Duc de Wirtemberg-Stougard, qu'à Madame la Duchesse Doüairiere de Montbelliard, tirez du Registre de Reiovitz, que celle-ci a fait imprimer dans son Manifeste.

Indépendamment des vices, qu'on vient de remarquer dans cette pretenduë Célébration de mariage, qu'on a le front, jusqu'au pied du Trône, d'attribuer au feu Duc de Montbelliard avec la Comtesse de Sponeck : elle n'auroit pû produire aucun effet civil ; parce qu'en 1695. le feu Duc de Montbelliard étoit fils de famille, sous la puissance de George Duc de Wirtemberg-Montbelliard, son pere & son souverain. Il ne pouvoit donc pas se marier sans son consentement. Les Loix ausquelles il étoit sujet, prononcent la nullité de pareil mariage, d'autant plus qu'il n'y a point eû de Contrat, ni de Doüaire assigné à la mere de Sponeck ; point de témoins : défaut de propre Pasteur : defaut de pouvoir dans le Ministre, que l'on suppose avoir donné la Bénédiction. Toutes choses essentielles parmi les Protestans, comme parmi les Catholiques, pour la validité d'un mariage.

Anne Sabine Hedviger Comtesse de Sponeck n'a jamais porté d'autre nom, d'abord que son nom de fille, & ensuite celui de Sponeck. Elle n'a jamais osé entrer dans le Château de Montbelliard, tant que le Duc George de Montbelliard a vécu. Si elle a eu l'honneur d'accompagner Madame la Duchesse de Wirtemberg-Oels, lorsque cette Princesse a rendu ses respects au feu Roy : ce n'a esté que comme sa Demoiselle. Dans les Lettres Patentes de 1701. que le Comte de Sponeck a fait imprimer à la suite de son dernier Mémoire qu'il a distribué dans le Public, par lesquelles l'Empereur a accordé à sa mere, & à ses freres, la qualité de Comte, & de Comtesse : elle n'est apellée qu'Anne Sabine Hedviger. Si elle avoit épousé, comme on ose le pretendre aujourd'huy, un Prince Souverain de l'Empire le premier Juin 1695. six ans avant ces Lettres Patentes ; si ce mariage avoit esté aussi public, qu'on ose l'avancer dans ce Mémoire sans la moindre preuve : n'auroit-elle pas été qualifiée d'épouse de ce Prince ; au lieu que l'Empereur ne lui a donné que son seul nom de fille, Anne Sabine Hedviger. Peut on une preuve plus autentique, ou que l'Acte de celebration n'avoit pas encore esté fabriqué, ou qu'elle étoit parfaitement inconnuë à ses propres freres, & dans tout l'Empire.

Quoique puisse dire le Comte de Sponeck dans son dernier Mémoire, sans encore la moindre preuve & contre la notorieté publique : ni sa mere, ni lui, n'ont jamais reçû dans les Etats de Montbelliard, avant le mariage du feu Duc de Montbelliard, avec Madame la Baronne de Lesperance sa veuve, ni grace, ni rang, ni honneurs, ni aucune marque de distinction, qui convînt à la femme, ou au fils d'un Souverain.

Le Comte de Sponeck n'a esté dans la Maison du feu Duc de Montbelliard, d'abord que l'un de ses Pages, portant sa livrée, & ensuite l'un de ses Gentilhommes.

Le 18. May 1715. ce Prince, à l'instigation même de la Comtesse de Sponeck, fit un Traité à Wilbade avec M. le Duc de Wirtemberg-Stougard, par lequel reconnoissant qu'il n'avoit jusqu'alors contracté aucun mariage legitime, & qu'ainsi ses enfans ne pouvoient rien pretendre dans sa Succession: il assura 4000 Florins de rente pour alimens au Comte de Sponeck, & à sa mere. Ils ont tous les deux accepté cette donation, & ratifié le Traité avec serment.

Le 22. Février 1719. le Comte de Sponeck a esté marié, comme simple Particulier, avec Elonore Charlotte de Sanderlleben, en presence & du consentement du feu Duc de Montbelliard, de la Comtesse de Sponeck sa mere, & de toute sa famille. Rien de tout cela ne se seroit fait, s'il avoit esté fils legitime du feu Duc de Montbelliard.

La Sentence de Divorce, que ce Prince permit en 1714. à son consistoire d'expedier à la Comtesse de Sponeck, comme s'il eût esté question de dissoudre entre lui & elle un mariage, qu'il est évident n'avoir jamais existé, peut bien prouver, & la foiblesse de ce Prince, & les artifices de cette femme. Le Comte de Sponeck n'en sera pas moins obligé de justifier que cette Sentence a eû un mariage réel, pour objet de la dissolution qu'il a prononcée.

Il en est de même des Lettres de naturalité obtenuës du feu Roy, & de quelques Memoires presentez, soit à S. M. soit à l'Empereur, dans lesquels feu M. le Duc de Montbelliard, obsedé d'un côté par la cabale de Sponeck, & afoibli de l'autre par ses infirmitez, a laissé confondre, ou a confondu lui même, dans les derniers tems de sa vie, & seulement depuis son mariage, contracté solemnellement avec Madame la Baronne de Lesperance, le Comte de Sponeck avec ses enfans legitimes. Ces sortes de reconnoissances, quelques formelles qu'elles puissent être, ne sçauroient, ni supléer un mariage, ni changer, en mariage legitime, le concubinage, dans lequel feu M. le Duc de Montbelliard a pû vivre avec la mere du Comte de Sponeck.

Madame la Duchesse Doüairiere de Montbelliard se flatte d'avoir si clairement démontré dans son Manifeste, & par les simples observations qu'on vient de faire, la fausseté & la nullité du mariage que l'on suppose que la Comtesse de Sponeck a contracté avec le feu Duc de Montbelliard, qu'elle est persuadée, avec tous ceux qui l'ont lû, qu'il ne peut rester aucun doute sur la legitimité de son état, & de celui des Princes & Princesses ses enfans. Elle n'y a pas moins solidement établi(a) qu'il n'y a eu aucun empéchement diriment dans son mariage, (b) & que le Traité de Wilbade, ni aucun pacte de la Maison de Wirtemberg, n'ont pû faire obstacle à sa validité: Quoi qu'en sa qualité de Demoiselle, fille de Lieutenant Colonel & Baronne de Lesperance, elle fût d'une Condition inferieure à celle du feu Prince son Epoux: n'ayant point esté épousée de la main gauche, elle & ses enfans ne doivent pas moins joüir de la dignité de Prince, & succeder à la Principauté, aux Terres & aux autres biens du feu Duc de Montbelliard leur pere, à l'exclusion de M. le Duc de Wirtemberg-Stougard, parent collateral, & du Comte de Sponeck, qui n'est que le fils naturel du feu Duc de Montbelliard.

(a) Dans la deuxième proposition.

(b) Dans la quatième proposition.

Troisiéme proposition.

Il ne lui reste plus qu'à suplier S. M. puisqu'elle n'a pas trouvé à propos de juger le fond des contestations, de lui accorder la provision de 60000 liv. qu'elle demande, pour être en état & de subsister & d'aller demander Justice au Conseil Aulique, ou Sa Majesté a renvoyé les Parties. N'ayant eû depuis quatre ans, que le Duc de Montbelliard son Epoux est mort, que 30000 liv. en deux fois: pendant que le Comte de Sponeck, Batard, a obtenu 98000 liv. 60000 liv. une premiere fois, & 38000 liv. en trois autres, outre l'Or & Argent monnoyé, Bijoux, Vaisselle d'Argent, & autres meubles precieux, qu'il a enlevé du Château de Montbelliard, d'une valeur très-considerable.

Il y a des fonds suffisans entre les mains des Sequestres.

M. CAPON, Avocat.

A Paris, chez MESNIER, Libraire-Imprimeur, rue Saint Severin, au Soleil d'or.

QUESTION

D'ETAT,

ENFANT RECLAMÉ

PAR DEUX MERES.

A PARIS,

Chez PIERRE-AUGUSTIN PAULUS-DU-MESNIL, Imprimeur-Libraire, ruë Sainte Croix en la Cité, & au Palais au Pilier des Consultations, au Lion d'or.

————————————————

M. DCC XXVII.

PLAIDOYER

POUR RENE'-FRANÇOIS TROELLE, Maître Sculpteur à Paris, & Anne Lucas sa femme, Intimez & Demandeurs.

CONTRE Guillaume Brunot, Maistre Cordonnier, & Marguerite Revel sa femme, Appelans & Défendeurs.

MESSIEURS,

UN ENFANT éloigné de ses pere & mere dès sa naissance, confondu avec un autre par les caprices du hazard, élevé sous un nom étranger jusqu'à l'âge de quatre ans, forme aujourd'hui sur son état un problême d'autant plus singulier qu'il est produit par des motifs plus differens.

D'un côté, les Appelans démentis par un sentiment interieur, mais soutenus de quelques apparences, osent profiter d'une erreur qu'ils connoissent, pour autoriser la plus étrange & la plus nouvelle de toutes les usurpations.

De l'autre, les inspirations du sang, les mouvemens des entrailles paternelles soulevées contre cette espece d'attentat, sont les oracles infaillibles qui commandent à ceux pour qui je parle, de porter leurs plaintes dans le sanctuaire de la Justice, pour dissiper les nuages, écarter les obstacles, & approfondir une verité si interessante à leur tendresse.

Mais ce qui distingue la Cause que je défend de toutes celles dont les Tribunaux ont retenti jusqu'à present, c'est la pureté de son principe.

On a vû plus d'une fois des femmes se dire les meres d'Enfans qu'elles se donnoient à elles-mêmes par une adoption bizarre que le cœur n'avoit point dicté ; prevenues de haine contre des parens, dont la cupidité impatiente dévoroit leur succession pendant leur vie, elles vouloient se créer des heritiers directs pour fruftrer de leurs biens des collateraux qu'elles en croyoient indignes: Quelques-unes conduites par l'avarice empruntoient les couleurs de la plus vive tendresse, pour se procurer sous des tires favorables la jouissance d'un patrimoine, que la mort d'un mari décedé sans posterité trans-

A

mettoit à sa famille ; en sorte que ces especes fameuses étoient formées par des passions étrangeres à la nature & à la pieté paternelle.

Mais celle pour qui je parle, presente aux yeux de la raison le spectacle d'une maternité qui n'est point équivoque ; placée par l'indigence de son état, loin de ces projets fastueux, de ces interêts prophanes, sources des plus éclatantes démarches, elle n'apporte dans cette Audience que le titre sacré & immuable de Mere ; l'impression que fait la nature dans son ame est souveraine, sans partage & par-là plus efficace ; foible, abandonnée, à peine pourvûe des simples secours de l'humanité, elle devient forte, courageuse, invincible pour reclamer ce qu'elle a de plus cher au monde.

Heureusement pour seconder ses efforts, la Providence maîtresse des évenemens a menagé des faits précieux, dont l'assemblage est le fondement le plus solide de sa demande. Ce ne sont point de ces circonstances brillantes qui amusent le vulgaire, qui flatent sa curiosité, qui par leur varieté & la qualité des Parties sçavent charmer un Auditoire ; aussi communes que la condition où elles sont puisées, elles n'ont d'autre merite que la verité ; mais ce caractere recommandable annoblit tous les détails, consacre les moindres particularitez, seul il est digne de fixer les regards des Magistrats qui cherchant à être persuadez plutôt qu'à être éblouis, se reposent uniquement sur la force des preuves. Prêtez donc, MESSIEURS, une oreille attentive à celles dont je vais avoir l'honneur de vous rendre compte.

LES PARTIES qui plaident demeurent à Paris dans l'Isle, l'une rue S. Louis, l'autre rue des deux Ponts qui y est contigue ; celui pour qui je parle est Maître Sculpteur, la Partie adverse est Maître Cordonnier, tous deux sont mariez & ont plusieurs Enfans.

Le 14 Novembre 1722, la femme de Brunot, Partie adverse, accoucha d'un garçon, mais foible, délicat, qui fut même en danger de mort aussi-tôt qu'il vit la lumiere.

Le même jour la femme de Troelle pour qui je parle, mit au monde aussi un Enfant mâle, mais fort, robuste, & ressemblant à son pere.

Le lendemain 15 Novembre 1722, ces deux Enfans furent baptisez en l'Eglise S. Louis, Paroisse des peres & meres.

Comme ils étoient destinez à des Nourices de Campagne, & qu'ils devoient partir ensemble, il fallut leur préparer les hardes necessaires. Il semble que la Partie adverse pressentoit ce qui devoit arriver, il craignit que son Enfant ne fût confondu avec celui de ma Partie, & pour empêcher cette erreur il lui mit sur la tête un bonnet de laine marqué d'un G. premiere lettre de son nom de Baptême qui est Guillaume ; il l'enveloppa d'une couverture brûtée par un coin ; il eut soin de coudre avec du gros fil de Cordonnier ses langes, & d'y attacher un petit morceau de cuir ; ce furent-là les signes avec lesquels la Partie adverse distingua son Enfant.

Ces précautions firent croire à ma Partie qu'elle seroit à l'abri de l'inconvenient prévû par la Partie adverse. C'est pourquoi elle se contenta de faire un paquet de hardes à l'ordinaire au sien sans aucune marque particuliere ; ce qu'il faut seulement observer, est qu'elle lui donna deux bonnets de laine, & une couverture toute neuve.

En cet état une femme appellée la *Grande Françoise* qui s'étoit chargée de conduire à Richeville en Normandie ces deux Enfans, vint d'abord dans la chambre de ma Partie prendre le sien, & le porta chez les Parties adverſes , où ayant reçû le leur , elle ſe mit en chemin & les emmena tous les deux.

La Meneuſe étant arrivée à Richeville diſtant de 18 lieuës de Paris, poſa ces Enfans ſur ſon lit, & les y laiſſa pour aller chercher des Nourices qu'elle amena ; mais en remettant entre les mains de chacune ce dépôt qui lui avoit été confié, elle changea les noms, & par une conſéquence malheureuſe confondit les Perſonnes.

Celui qui avoit ſur la tête le bonnet marqué de la lettre G , dont la couverture brûlée par un coin, & les hardes couſues de gros fil étoient marquées d'un morceau de cuir, fut donné à la nommée le Cercle ſous le nom de Troelle, quoiqu'il fut Brunot, fils du Cordonnier Partie adverſe, qui comme j'ai eu l'honneur de vous le dire, avoit imaginé lui-même ces ſignes indicatifs.

L'autre dont le paquet n'avoit point de marques ſingulieres, mais pourtant deux bonnets de laine, & une couverture neuve qui ne reſſembloient point aux hardes du premier, fut confié à la nommée Auger ſous la dénomination de Brunot, quoiqu'il fut Troelle fils du Sculpteur pour qui je parle.

C'eſt ainſi qu'en l'abſence des pere & mere, Parties ſi intereſſées à ce qui ſe paſſoit, le hazard confondoit à ſon gré deux individus eſſentiellement diſtinguez par la nature, & à l'un deſquels la prévoyance humaine venoit encore d'appoſer des caracteres particuliers.

Au bout de 17 jours, cet Enfant foible, délicat, dont la Partie adverſe étoit accouchée, & qui dès ſa naiſſance avoit donné de juſtes frayeurs ſur ſa vie, déceda ; il étoit né le 14 Novembre, il mourut le 2 Décembre 1722. Mais comme l'équivoque avoit été formé dans l'eſprit de la Nourice par l'inattention, ou le défaut de memoire de la Meneuſe, il fut enterré ſous le nom de Troelle.

Cette nouvelle rapportée à celle pour qui je parle, qui ignoroit abſolument la confuſion faite par la Meneuſe, ne lui parut pas d'abord ſuſpecte de fauſſeté, mais peu de tems après la dépouille de l'Enfant décédé lui ayant été renvoyée dans la préſuppoſition qu'elle en étoit la mere, quels objets ſe préſenterent à ſes yeux ! Elle trouva non pas les deux bonnets de laine, la couverture toute neuve, ni les autres hardes qu'elle avoit donné à ſon Enfant ; mais celles dont la Partie adverſe avoit revêtu le ſien, c'eſt-à-dire le bonnet unique marqué d'un G, premiere lettre de ſon nom de Baptême qui eſt Guillaume, la couverture brûlée par un coin, les langes couſus de gros fil, & marquez d'un morceau de cuir.

A ce ſpectacle, il eſt difficile de concevoir quelle fut la ſituation de ma Partie, d'un côté la joye de dévoiler une erreur ſur la prétendue mort de ſon fils qui lui avoit couté tant de larmes ; de l'autre, la crainte, de perdre cet Enfant tombé en des mains étrangeres par la faute du hazard, ſe combattoient mutuellement dans ſon cœur ; mais l'eſperance triomphant d'une ſi cruelle perplexité, elle ſe transporte auſſi-tôt chez les Parties adverſes, leur déclare qu'elle eſt convaincue de l'exiſtence actuelle de ſon Enfant, & de la mort de celui des Parties adverſes, que le fondement de cette perſuaſion étoit la dépouille qui venoit de lui être renvoyée, qu'elle n'y trouvoit pas les hardes dont elle avoit revêtu ſon fils, au lieu qu'elle y voyoit en détail, non-ſeulement celles données par la Partie adverſe à ſon Enfant, mais auſſi les marques dont il les avoit diſtingué, notamment le bonnet marqué d'un G, couſu de gros fil, la couverture vieille brûlée par un coin, & le morceau de cuir.

Le Quartier fût bien-tôt inftruit d'un évenement fi fingulier ; tout le monde étoit témoin des agitations & des plaintes continuelles de celle pour qui je parle, mais le remede à fes douleurs n'étoit pas prefent, il dépendoit du tems & des éclairciffemens qu'elle pourroit avoir fur un fait fi interreffant.

Cependant la Partie adverfe préfumée par erreur la mere de l'Enfant vivant nourri par la nommée Auger, ne le laiffa que trois mois à Richeville, & l'envoya à une autre Nourice demeurante à Boifemont qui eft à une lieüe de Richeville.

Deux années s'étant écoulées, il fut apporté à Paris à la Partie adverfe à qui l'on croyoit qu'il appartenoit ; celle pour qui je parle tourmentée par des inquietudes qui ne lui laiffoient aucun repos, avertie par un fentiment interieur vint le voir à fon arrivée ; à fa vûe fortit de fa bouche ce premier cri de la nature toujours fi décifif, c'eft là mon Enfant, rendez-moi mon Enfant. En effet les voifins frappez par la reffemblance qui eft entre lui & Troelle fon pere, n'ont pû s'empêcher d'applaudir à cette verité par une efpece d'acclamation unanime ; & comme fi une deftinée favorable à la maternité de ma Partie eût voulu qu'il reftât à la Juftice un monument des allarmes violentes qui déchiroient fon cœur, & des marques exterieures qu'elle en donnoit, elle a permis que la Partie adverfe ofât l'accufer par une plainte libellée du 24 Août 1725 de fe déclarer publiquement la mere de l'Enfant qu'il avoit en fa poffeffion ; il l'a affigné & fon mari devant le Lieutenant Criminel du Châtelet par exploit du 19 Septembre 1725, pour voir dire qu'il lui fera fait défenfes de tenir de pareils difcours.

On lui reproche d'avoir gardé un filence profond fur cette procedure, mais pourquoi eût-elle comparû ? Eût-ce été pour faire fon apologie fur l'accufation hazardée contr'elle ? Mais elle cheriffoit cette heureufe faute qui manifeftoit des faits d'où dépendoit fa joye & fa felicité, fon crime unique étoit l'impetuofité de fon amour. Eût-ce été pour foutenir la verité de fa déclaration & la certitude du titre de mere qu'elle s'attribuoit ? Mais le Juge devant qui la prétenduë action d'injures formée par la Partie adverfe, étoit portée, n'étoit pas competent pour décider d'une filiation, il ne pouvoit comme il a fait par fa Sentence, que prononcer de fimples défenfes aux Parties *de fe méfaire ni médire* ; Infructueufement eût-elle étalé toutes fes preuves, le Tribunal où elle étoit traduite n'étoit point deftiné à en apretier le merite, c'eft par cette raifon que Troelle & fa femme pour qui je parle fe font déterminez d'affigner les Parties adverfes par Exploit du 14 Janvier 1727, au Parc civil du Châtelet, *pour voir dire que Bernard-François Troelle né le 14 Novembre 1722 de mes Parties fes pere & mere, & baptifé le lendemain 15 en la Paroiffe S. Louis, que Brunot & fa femme retiennent dans leur maifon, leur fera rendu ; & qu'il leur fera permis de l'en retirer.*

Ceux pour qui je parle ont fait fubir Interrogatoire aux Parties adverfes mari & femme les 11 & 12 Février 1727, d'où il réfulte plufieurs faits principaux.

1°. Ils difent qu'ils n'ont donné à leur Enfant qu'un feul bonnet, lequel n'étoit point neuf.

2°. Ils conviennent avoir marqué fes langes avec un morceau de cuir coufu de gros fil, afin que la Meneufe le pût diftinguer de celui de Troelle.

3°. Ils déclarent qu'auffi-tôt que la dépouille de l'Enfant decedé eut été
raportée

rapportée à ma Partie, elle vint leur dire qu'elle avoit reçu les hardes cousuës de gros fil avec le morceau de cuir, le bonnet marqué d'un G, & la couverture brûlée par un coin, qui composoient le paquet de l'Enfant Bruneau.

4°. Que quand l'Enfant actuellement vivant fut arrivé au bout de deux ans chez les Parties adverses, ma Partie le vint voir & s'écria : *Voilà mon Enfant, rendez-le moi.*

Enfin ils avouent que cet Enfant ressemble à Troelle, ils disent même que c'est le suffrage des voisins.

La consequence de ces faits aura son application dans la suite.

Mes Parties ont obtenu le 3 Mars 1727 une Sentence faute de comparoir adjudicative de leurs conclusions ; elle a été signifiée le 11 du même mois au domicile des Parties adverses qui en ont interjetté appel.

Mes Parties afin d'applanir toutes difficultez ont presenté une Requête en la Cour le 4 Avril 1727, par laquelle ils demandent qu'en cas qu'il y ait la moindre difficulté à confirmer purement & simplement la Sentence des premiers Juges, il leur soit permis de faire preuve par témoins que l'Enfant actuellement vivant est le même que celui dont la femme Troelle est accouchée le 14 Novembre 1722 ; ils ont posé des faits particuliers subordonnez à ce fait general, qui tendent à le démontrer, & dont le détail est expliqué dans la Requête.

Les Parties adverses soutiennent que l'Extrait-mortuaire énonciatif que Bernard-François Troelle fils de Troelle Sculpteur à Paris, est décédé le 2 Décembre, & a été inhumé le 3 Décembre 1722, rend cette preuve inadmissible.

Pour détruire ce sistême je vais établir deux propositions.

La premiere, qu'en general un Extrait-mortuaire d'un Enfant opposé à ses pere & mere, ne peut pas les empêcher de faire preuve de son existance en la personne d'un autre qui est vivant.

La seconde, que dans l'espece particuliere si l'Extrait-mortuaire élevoit quelques nuages, l'Interrogatoire des Parties adverses fourniroit des commencemens de preuve par écrit assez puissans pour les écarter.

PREMIERE PROPOSITION.

L'ETAT d'un citoyen ne peut souffrir aucune alteration ; né d'un tel pere & d'une telle mere il ne sçauroit perdre le titre de son origine ; la bizarrerie des évenemens, les caprices de ceux ausquels son enfance est confiée, l'opinion même du public, n'ont point d'empire sur cette verité primitive qui le constituë dans la République sous une qualité fixe & invariable ; l'interêt general de la societé garantit d'abord la certitude de cette proposition : de-là cette permission accordée par les Loix Romaines aux étrangers de défendre l'état d'un Enfant qui n'est point de leur sang, de combattre pour sa liberté attaquée, & de parer les coups qu'on voudroit y porter : *Non solum necessariis personis, sed etiam extraneis hoc permittatur,* dit la Loy, *Benignius* 6 au ff. *de liber. cauf.*

Mais cette faculté purement politique accordée à toute sorte de personnes par les Loix Romaines, devient une obligation sacrée à l'égard des pere & mere ; la vigilance qu'ils donnent à l'état de leurs Enfans est un culte necessaire qu'ils rendent à la nature de qui ils les tiennent, & la Loy leur met en main les armes pour remplir ce devoir indispensable : *Etiam si nolit filius, pro eo litigabit parens, quia semper parentis interest filium servitutem non subire,* dit la Loy 1 ff. *de liber. cauf.*

B

C'est pourquoi si sans la connoissance des pere & mere on ose changer cette filiation dont ils sont les auteurs, si par la confusion reflechie, ou fortuite des noms & des personnes, on insere même dans des actes autentiques quelque chose qui y donne atteinte, ils sont les contradicteurs legitimes pour reformer de pareils abus, c'est en leur bouche que reside principalement le droit de dévoiler la fausseté, & de découvrir les causes secretes de l'énonciation qui les blesse.

C'est contre de semblables inconveniens, & pour y servir de remede qu'a été faite la Loy 8ᵉ. au ff. *de statu hominum*, qui porte : *Imperator Titus Antoninus rescripsit non lædi statum liberorum ob tenorem instrumenti malè concepti.* Un acte mal conçu n'est pas capable d'alterer l'état d'un Enfant ; la filiation demeure entiere & invulnerable malgré la teneur d'un instrument public ; mais qu'entend-on par ces termes, *tenore instrumenti malè concepti?* Consultons M. Cujas si éclairé sur le texte & l'esprit des Loix : voici comme il nous répondra dans son Liv. 2 des quest. de Papinien.

Tenor instrumenti malè concipitur, si quid falsum sit scriptum errore vel simulatione.

Ainsi, selon M. Cujas, deux causes produisent ordinairement ces fausses énonciations dans des actes publics.

La premiere est la fraude, l'artifice, la dissimulation dictées par l'avarice, l'ambition, la jalousie, & cette chaîne de passions multipliées qui forment des revolutions surprenantes parmi les hommes, *simulatione.*

La seconde, est une erreur, pour ainsi dire, de bonne foi ; une opinion sans malignité, que la negligence ou l'inattention fait naître, que les circonstances du hazard entretiennent, & qui se consomme par une déclaration contraire à la vérité, *errore.*

Or dans tous ces cas, soit volontaires, soit fortuits, l'autorité des fastes publics, la veneration attachée aux faits contenus dans des Archives qui paroissent revêtus d'un sceau respectable n'est d'aucun poids pour donner atteinte à la filiation, ni pour énerver une verité immuable par elle-même ; Quelle en est la raison? C'est que d'un côté ces énonciations sont écrites sur des relations trompeuses, infideles, par des Officiers qui en sont les redacteurs forcez sans en connoître le fondement ; de l'autre, elles se font à l'insçu des Parties veritablement interressées, soit des pere & des mere, soit des enfans victimes trop ordinaires de ces sortes d'erreurs : *Hæc non mutant statum veritatis, vel nomen substantiæ ejus hominis*, continuë M. Cujas dans l'endroit cité.

D'où il suit, que si dans un Registre où l'on écrit la naissance des citoyens, on met qu'un Enfant vient de naître esclave au lieu qu'il est né libre, qu'il est fils d'un tel, au lieu qu'il est fils d'un autre, la substance de son état n'est point changée, ses droits ne sont point anéantis, la paternité de ceux qui lui ont donné l'être demeure invulnerable, c'est ce que dit la Glose sur la Loy 8 ff. *de statu hominum, Consuetum erat olim cujusque nativitatem scribi, unde si cum debuit dicere liber dixit servus, vel dixit Titius cum deberet dicere Lucius, hoc non præjudicat veritati.*

Quelle est donc la ressource pour reparer un tort aussi considerable? C'est la preuve testimoniale, la plus ancienne de toutes les preuves, la seule capable de porter la lumiere dans la plus épaisse obscurité, que les Loix Romaines annoncent comme le Droit Commun dans toutes sortes de matieres, & qu'elles autorisent singulierement pour les questions d'état, soit que par une reticence frauduleuse on ait cherché à l'ensevelir dans les ténebres en n'en faisant aucune mention dans les Regiſtres, ſoit qu'on y ait déguiſé la perſonne par un faux nom & une qualité ſuppoſée ; c'eſt le texte de la Loi 15, *cod. de lib. cauſ. Nec omiſſa profeſſio probationem generis excludit, nec falſa ſimulatio veritatem minuit,* dont la Gloſe fait ainſi l'analyſe, *Ingenuitas probatur non tantum per ſcripturam, ſed etiam per teſtes & alias legitimas probationes.*

Nos Ordonnances les plus anciennes ont applaudi par leur ſilence à des déciſions ſi ſages, & les nouvelles n'y ont pas dérogé.

En effet l'Ordonnance de 1539 qui preſcrit la neceſſité des Regiſtres ne les ordonne qu'à deux fins.

La premiere, pour avoir une preuve certaine de l'âge, *& par l'extrait dudit Regiſtre ſe pourra prouver le tems de majorité ou minorité, & fera pleine foi à cette fin.*

La ſeconde, pour ſçavoir poſitivement le tems de la mort des Beneficiers ; il eſt enjoint aux Chapitres, Colleges, Monaſteres & Curez de faire un Regiſtre qui fera foi *pour ſervir,* dit l'article 50, *au Jugement des Procès où il ſeroit queſtion de prouver ledit tems de la mort à tout le moins quant à la créance.*

Ainſi l'Ordonnance abandonne la certitude de deux époques à la déciſion des Regiſtres, le tems de majorité ou minorité, & le tems de la mort ; les Miniſtres qui font les ceremonies du Baptême & celles de l'inhumation ſont crûs ſur les dattes de l'âge & du décès, mais cette miſſion qui leur eſt donnée ſeulement pour fixer des dattes, n'eſt point pour conſtater l'état de la perſonne qu'ils baptiſent ou qu'ils enterrent, parce qu'ils ignorent ſa famille & ſon origine, ils ne connoiſſent ni ſon nom ni ſa qualité, par conſequent ils n'ont point l'autorité d'aſſûrer quels ſont les pere & mere auteurs de ſa naiſſance.

L'Ordonnance de 1667 bien-loin d'alterer ces veritez puiſées dans les ſources de la raiſon, les a confirmées. Le titre des faits qui giſent en preuve renferme trois déciſions.

1°. Une diſpoſition prohibitive negative, pour exclure la preuve par témoins en matiere de conventions.

2°. Sans parler de la filiation ni de l'état, elle dit ſimplement article 7, que les preuves de l'âge, des mariages & du tems des décès ſeront reçûes par des Regiſtres en Juſtice.

3°. Elle permet même la preuve teſtimoniale pour toutes ſortes de faits en cas d'accidens imprevûs, ou lorſqu'il y aura un commencement de preuve par écrit.

Par où l'on voit d'abord que le Legiſlateur s'éleve contre ceux qui ayant été les maîtres de fixer l'inconſtance de la perſonne avec laquelle ils ont contracté, ont negligé de paſſer des actes ; ne pas profiter des remedes que la Loi preſente, c'eſt ſe rendre indigne de ſon ſecours, c'eſt pourquoi il leur eſt défendu de tenter une preuve qui doit leur être refuſée.

Mais bien-loin que l'état ſoit placé dans cette claſſe, il n'en eſt pas ſeulement fait mention ; il n'eſt parlé que de l'âge & des décès pour en déterminer les époques, encore les Regiſtres ſont-ils même impuiſſans pour produire cet effet, ſi l'on n'a obſervé certaines formalitez preſcrites pour les mettre au-deſſus du ſoupçon, car l'Ordonnance de 1667 après avoir dit dans l'article 7 du titre 20, *que les preuves du tems du décès ſeront* reçuës par des Regiſtres en bonne forme qui feront foi & preuve en juſtice, ajoûte dans l'article 10 comme une condition indiſpenſable à l'autorité qu'elle donne aux Regiſtres, que les ſépultures ſeront ſignées par deux des plus proches parens ou amis du défunt qui auront aſſiſté au Convoy, & ſi aucun d'eux ne ſçavent ſigner, ils le déclareront & feront de ce interpellez par le Curé ou Vicaire dont ſera fait mention.

Dé-là deux conſequences.

La premiere, que pour prouver même le tems d'un décès, la ſignature de deux proches parens ou amis eſt neceſſaire, ou la mention expreſſe dans le Regiſtre qu'ils ont été interpellez de ſigner, s'ils ne le ſçavent pas.

La ſeconde, que le Regiſtre capable de conſtater ſeulement une datte n'exclut pas celui dont la mort y eſt énoncée, ou les perſonnes intereſſées de démontrer ſon exiſtence tant par titres que par témoins; cette conſequence n'eſt combattuë ni par la lettre ni par l'eſprit de l'Ordonnance; en effet ne ſeroit-ce pas le comble de l'illuſion de propoſer qu'on dût s'en rapporter en matiere d'état à un Prêtre obligé par les fonctions de ſon Miniſtere d'inſcrire le tems des ſépultures, qui ſur l'inſpection d'une bierre contenant un corps mort, écrit le nom qui lui eſt annoncé ſans ſçavoir quelle eſt la perſonne décedée, ſans connoître ni le pere ni la mere, ni le défunt qu'il n'a jamais vû, ſur la foi d'étrangers ſouvent auſſi peu inſtruits que lui d'un fait de cette importance; c'eſt pourquoi l'article 10 n'ordonne point que le Curé ou Vicaire ſigne le Regiſtre, parce que ſa ſignature eſt abſolument inutile; mais quand deux parens ou amis du défunt déclarent ſon nom & ſignent leur témoignage, alors on preſume que la verité eſt dans leur bouche, parce qu'ils le connoiſſoient, qu'ils étoient en liaiſon avec lui, qu'ils l'ont vû malade, peut-être même mourir & enſevelir.

Appliquons maintenant ces diſpoſitions de l'Ordonnance à l'eſpece preſente. Que porte l'Extrait-Mortuaire rapporté par les Parties adverſes? En voici les termes.

Le 2 Décembre (1722) mourut, & le 3 dudit mois fut inhumé Bernard-Fran-çois Troelle, fils de M. Troelle, Sculpteur dans l'Iſle S. Louis à Paris, âgé de 17 jours, lequel Enfant étoit en nourice chez le nommé Claude le Cercle notre Paroiſſien, laquelle inhumation a été faite par nous Robert Belin, Prêtre, Curé de Riche-ville, préſence dudit Claude le Cercle & d'Auguſtin de Giſors.

Deux obſervations ſur cet Extrait-Mortuaire.

1°. Il n'eſt ſigné d'aucuns témoins, contre les termes de l'Ordonnance, il n'eſt point fait mention qu'ils ayent été interpellez de déclarer s'ils ſçavent ſigner, par conſequent il n'eſt pas même capable de prouver ni qu'il eſt mort un Enfant à Richeville, ni l'année & le jour qui y ſont marquez; donc il ſeroit abſurde de l'oppoſer pour conſtater invariablement le nom & la qualité de l'Enfant decedé.

2°. Ceux qui ſont dits preſens à l'enterrement bien-loin d'être parens ou amis du défunt, comme l'exige l'Ordonnance pour donner quelque credit à leur déclaration, lui étoient totalement étrangers; ils ne connoiſſoient pas mes Parties ni n'en étoient connus, par conſequent ils étoient dans l'impoſſibilité d'atteſter rien de poſitif, & qui portât avec ſoi les caracteres d'une verité bien établie.

En effet le prémier témoin nommé Claude le Cercle mari de la Nourice

rice de l'Enfant décedé, n'a pas pû certifier un fait qu'il ignoroit abfolument; car il n'étoit point venu de Richeville, lieu de fon domicile, à Paris,
recevoir l'enfant nourri par fa femme, des mains de fes pere & mere;
pendant les 17 jours qu'il a vêcu, il ne les a point vus; ils ne fe font point
tranfportez à Richeville: De qui donc a-t-il appris un fait de cette qualité ?
C'eft de fa femme, qui elle-même n'en avoit aucune connoiffance perfonnelle, puifqu'il eft certain que l'Enfant decedé lui avoit été confié,
non pas immédiatement par fes pere & mere demeurans à Paris où il étoit
né, mais à Richeville par une Meneufe qui s'en étoit rendu dépofitaire
pour le voyage de Paris à Richeville; c'eft donc uniquement de la Meneufe de laquelle part cette fauffe indication qui a paffé dans la bouche
de la Nourice, & de la bouche de la Nourice dans celle de fon mari;
or tout le monde fçait qu'un témoin qui ne dépofe pas d'un fait de fa
connoiffance, mais qu'il a entendu dire à un autre, ne fournit aucune
forte de preuve, parce que ce n'eft pas le fait même qu'il certifie, mais
le rapport d'autrui fur ce fait; ici le mari de la Nourice, fi on peut le
regarder comme témoin, n'ayant ni figné ni été interpellé de le faire,
fuivant l'Ordonnance, n'a parlé que fur une continuité de oüi dire dont
le principe venoit de la Meneufe, par confequent il a déclaré ce qu'il
ne fçavoit pas quand il a dit que l'Enfant enterré étoit Troelle quoiqu'il
fût Brunot.

Le fecond témoin Auguftin de Gifors Payfan de Richeville, eft encore
moins digne de foi que le premier fur le nom de l'Enfant decedé; car,
plus on s'éloigne de la fource où la verité pouvoit être puifée, plus on
fe trompe groffierement; or celui-ci ne parloit que fur la relation du Nou-
ricier du même Village que lui, qui rendoit ce qu'il avoit appris de fa
femme, laquelle lui avoit rapporté le difcours de la Meneufe, ce qui dé-
veloppe en un mot le commencement, le progrès & la confommation
de l'erreur dans l'Extrait-Mortuaire: D'où il faut conclurre que cet acte
qui pourroit prouver qu'un Enfant eft mort à Richeville le 2 Décembre
1722, fi les témoins euffent figné le Regiftre, ou qu'ils euffent été interpellez de figner aux termes de l'Ordonnance, eft incapable de conftater le nom de l'Enfant décedé, puifque non-feulement il n'eft point
figné de deux proches parens ou amis, mais que les deux perfonnes indi-
quées comme prefentes à l'enterrement n'ont connu ni l'Enfant ni fes pere
& mere.

Mais quand même un Extrait-Mortuaire en bonne forme figné de deux
proches parens ou amis feroit oppofé à un citoyen, contenant l'année &
le jour de fa mort, il ne porteroit encore aucun préjudice à fon état,
la voye lui feroit toujours ouverte pour reparer le vice d'une énonciation
qui le bleffe, pour deffiller les yeux tompez par les apparences, & démontrer fon exiftence dans le moment où l'on croit avoir quelque fondement de conclurre fon décès.

La preuve de cette verité fe tire de la comparaifon des differentes formalitez prefcrites par l'Ordonnance pour la redaction des Extraits-Baptiftaires & Mortuaires, & la Jurifprudence conftante par rapport aux Extraits-Baptiftaires qui déclarent une fauffe filiation.

Les articles 9 & 10 du titre 20 de l'Ordonnance de 1667, veulent
que le Regiftre des Baptêmes faffe mention du jour de la naiffance, qu'on
y nomme l'Enfant, le pere, la mere, le parain & la maraine. Ils ordonnent

C

que les Baptêmes foient fignez par le pere s'il eft prefent, & par les parain & maraine qui doivent indifpenfablement y affifter.

Elle ne demande au contraire à l'égard des Sépultures, que la mention expreffe du jour du décès & la fignature de deux proches parens ou amis qui auront été prefens au Convoi, *& dans les articles de Sepulture fera fait mention du jour du décès*, dit l'article 9. Ainfi l'Ordonnance ne prefcrit point d'y marquer le nom des pere & mere du défunt, ni même fon nom & fa qualité; il eft vrai que l'Extrait-Mortuaire doit contenir le nom de la perfonne morte, mais cette dénomination qu'on lui donne dans cet inftant ne fait pas une preuve auffi abfolue de fon décès que le Baptiftaire affure la filiation de l'Enfant qui y eft infcrit, parce que les mêmes perfonnes auffi neceffaires & auffi parfaitement inftruites d'un fait auquel elles s'intereffent, ne font pas également appellées par la Loi à la redaction des Extraits-Baptiftaires & Mortuaires.

Dans le Baptiftaire, c'eft le pere qui pour l'ordinaire fe fait un devoir d'y être prefent & de le figner, ce font les parain & maraine certains du nom & de l'état de l'Enfant prefenté au Baptême dont par confequent le témoignage n'eft point fufpect; mais l'Extrait mortuaire n'a pas pour lui des motifs pareils de recommandation; les pere ou mere, mari ou femme du défunt n'affiftent point à fes funerailles, ainfi ce n'eft point de leur bouche que le Prêtre peut apprendre fon nom & fa qualité; ceux qui fe trouvent au convoi ont feulement entendu dire que le défunt étoit malade, ils ne l'ont point vû expirer ni enfevelir; prefens à fon inhumation ils fignent l'Extrait mortuaire, fans qu'ils puiffent affirmer que la perfonne à laquelle ils rendent les derniers devoirs ait été leur parent ou leur ami, ce qui arrive fur-tout par rapport aux perfonnes de baffe condition qui ne laiffent point d'Enfans ni de biens, & au convoi defquels il n'y a pour tout cortege que quelques voifins, ou curieux qui n'ont point vû mourir celui dont ils accompagnent le corps.

Cependant, malgré l'autenticité des Extraits baptiftaires, malgré les précautions multipliées par l'Ordonnance, pour rendre leur autorité fuperièure à celle des Extraits mortuaires, bien-loin qu'ils forment des Loix irrevocables fur l'état des hommes, on a coutume tous les jours par des raifons d'équité de permettre la preuve contraire aux énonciations qu'ils contiennent. Si la demande eft établie fur des faits fuivis & circonftanciez qui faffent appercevoir la verité, elle eft écoutée favorablement, & la teneur des Regiftres publics n'eft point un obftacle à l'admiffion de la preuve teftimoniale. Que d'autoritez, que de Jugemens folemnels je pourrois citer pour juftifier ce que j'avance! Mais fans vouloir prodiguer une érudition fuperflue, eft-il une démonftration plus parfaite de cette propofition, que l'Arrêt du 3 Août 1722 rendu en faveur de la Tocquelin? Des Regiftres publics en bonne forme de la Paroiffe dans laquelle elle avoit été baptifée lors de fa naiffance, déclaroient une filiation comme étant la fienne, la dénommoient, lui donnoient une mere, & l'indiquoient à des marques pofitives. Cependant elle fut reçûe à combattre ces Regiftres publics, à ruiner l'Extrait baptiftaire oppofé par la preuve teftimoniale à caufe de la vrai femblance des faits qu'elle articuloit.

Or, fi la foi des Extraits baptiftaires peut être détruite par la preuve teftimoniale, quelques refpectables qu'ils foient par le concours des formalitez deftinées à les mettre au-deffus de la contradiction, à plus forte raifon

des Extraits mortuaires qui ne portent point avec eux les mêmes caracteres de verité, seront-ils impuissans pour empêcher de démontrer l'existence
de celui dont ils annoncent le décès ?

Ainsi en rassemblant toutes les parties de ma premiere Proposition, il
resulte qu'en general la filiation qui derive de la nature & de la Loi, ne
sçauroit être alterée par quelque évenement que le hazard puisse produire,
qu'un Registre public qui la dérange est inutile contre des pere & mere
toujours recevables à rectifier des erreurs arrivées sans leur fait & par les
caprices de la fortune ; que des Extraits mortuaires rédigez même suivant
la forme prescrite par l'Ordonnance, sont bien moins dignes de foi que les
Extraits baptistaires, contre lesquels on a coutume d'admettre la preuve
testimoniale selon les circonstances, que par consequent elle ne sçauroit
être refusée contre les Extraits mortuaires.

Qu'en particulier, celui qui est opposé par les Appelans, bien-loin de
pouvoir prouver même le tems d'un décès, est nul, suivant le texte même
de l'Ordonnance, & est incapable de produire aucun effet. 1°. Parce qu'il
n'est point signé des prétendus témoins déclarez presens, formalité qui n'a
pas été suppléée par une interpellation s'ils sçavoient signer. 2°. Parce que
non-seulement ils ne sont parens, ni amis de l'Enfant décedé, ni de ses pere
& mere, mais qu'ils ont attesté sur le rapport d'autrui un fait duquel ils
n'avoient nulle connoissance personnelle.

D'où il faut conclure que les Appelans n'ont point de titre valable, pour
empêcher la preuve testimoniale que la raison & les Loix publiques du
Royaume autorisent.

J'AJOUTE subsidiairement, que quand même l'Extrait mortuaire dont il   SECONDE
PROPOSITION.
s'agit formeroit quelques nuages, l'Interrogatoire des Parties adverses fournit des commencemens de preuves par écrit suffisans pour les écarter, &
faire admettre la preuve testimoniale.

On leur demande sur l'article 5, *s'il n'est pas vrai qu'une femme appellée la
Grande Françoise a apporté chez eux l'Enfant de la femme Troelle ?*

Ils répondent *qu'il est vrai.*

On leur demande sur l'article 9, *s'il n'est pas vrai que Brunot marqua les
langes de son Enfant avec du gros fil de Cordonnier afin de le distinguer ?*

*Le mari répond, qu'il est vrai qu'il marqua un lange de son Enfant avec un
morceau de cuir cousu avec du fil, & ce afin que la Meneuse pût distinguer l'un d'a-
vec l'autre. La femme répond, que son mari lui a dit avoir marqué la couverture ou
un des langes avec un morceau de cuir, & un bout de fil pour faire la distinction
d'une layette à l'autre.*

On leur demande sur l'article 11, *s'ils n'ont donné qu'un bonnet à leur Enfant ?*

Ils répondent, *qu'ils n'en ont donné qu'un.*

On leur demande sur l'article 16, *si ce n'est pas la même Meneuse qui a
pris à Paris ces deux Enfans, qui les a confiez aux Nourices ?*

Ils répondent, *que cela est vrai.*

On leur demande sur l'article 20, *S'il n'est pas vrai que la femme Troelle
toute désolée au bruit de la mort de son Enfant vint trouver la femme Brunot, &
lui dit que certainement ce n'étoit pas son Enfant qui étoit mort, puisqu'on venoit
de lui renvoyer des hardes qu'elle n'avoit point données à son Enfant, entr'autres un
bonnet usé & racommodé marqué d'un G, avec une couverture brûlée par un coin ?*

A dit (c'eft la femme Brunot qui parle) *Que ladite femme Troelle vint la trouver , & lui dit qu'elle ne croyoit pas que fon Enfant fût mort quoiqu'on lui eût renvoyé fes hardes , parmi lefquelles il y en avoit qui avoient été changées ;* fur quoi la Répondante lui dit , *que fi elle étoit en doute que fon Enfant fût mort , elle n'avoit qu'à fe transporter fur les lieux pour en avoir la certitude ;* ajoûte la Répondante, *que quelque tems après ladite femme Troelle lui dit qu'entr'autres hardes de fon Enfant on lui avoit renvoyé un bonnet ufé , racommodé & marqué d'un G, qu'elle ne connoiffoit point , mais elle ne parla point à la Répondante d'une couverture brûlée par un coin.* Le mari dit les mêmes chofes , & s'explique dans les mêmes termes.

On leur demande fur l'article 24 , *S'il n'eft pas vrai qu'auffi-tôt que l'Enfant vivant eût été rapporté chez eux , la femme Troelle fa mere s'y transporta , qu'après l'avoir regardé elle s'écria fondant en larmes , c'eft-là mon Enfant , rendez-moi mon Enfant ?*

Ils répondent unanimement , *Qu'il eft vrai que la femme Troelle vint chez eux dès que l'Enfant y fut arrivé , & que dès qu'elle le vit , elle s'écria , c'eft-là mon Enfant , rendez le moi.* Le mari ajoute , *qu'il lui dit qu'elle lui donnât des preuves convaincantes , & que pour lors il lui rendroit ledit Enfant.* La femme ajoute , *que la Troelle lui dit que la chofe n'en demeureroit pas là , & qu'il falloit que cela allât plus loin.*

On demande à la femme Brunot fur l'article 27 , *S'il n'eft pas vrai qu'elle a marqué au Curé de Boifemont fon coufin , où elle s'eft transportée à l'occafion des plaintes de la Troelle , qu'elle doutoit elle-même que l'Enfant qu'on lui avoit renvoyé fût le fien , parce qu'elle lui voyoit une reffemblance parfaite avec fon pere Troelle , & les autres Enfans qu'il a ?*

A dit qu'il eft vrai , *qu'elle a dit au Curé de Boifemont fon coufin qu'il y avoit de la reffemblance entre l'Enfant d'elle Répondante & ceux de Troelle , non pas qu'elle doutât que cet Enfant ne fût le fien , & dit en même-tems au Curé de Boifemont qu'elle fe fouvenoit de s'être fort attachée pendant qu'elle étoit groffe de l'Enfant dont eft queftion , à regarder un des Enfans de Troelle qui eft mort , & qu'elle avoit fouvent les Enfans de Troelle devant les yeux , allans & venans à l'école , même maifon que celle où demeure la Répondante.*

Le mari dit auffi que plufieurs perfonnes font d'avis qu'il y a beaucoup de reffemblance entre Troelle & l'Enfant vivant.

Si l'on raproche les faits avouez dans l'Interrogatoire & Ecrits dans l'Extrait mortuaire de ceux pofez dans ma Requête dont je ferai certainement la preuve , on trouvera que de leur affemblage réfulte la confequence neceffaire , que c'eft le Fils des Parties adverfes qui eft mort , & que l'Enfant vivant eft le mien.

Un Point conftaté par l'Extrait mortuaire que rapportent les Parties adverfes , & qui , parce qu'ils le produifent , eft une preuve abfoluë contr'eux , au lieu que comme je l'ai démontré il n'en forme aucune contre mes Parties , eft que l'Enfant décedé le 2 Decembre 1722 , avoit pour Nourice la nommée le Cercle de la Paroiffe de Richeville.

Or , fi j'établis que l'Enfant donné à la le Cercle & qui eft mort , étoit celui des Parties adverfes , il s'enfuivra que l'Enfant vivant eft le mien. C'eft pour parvenir à la démonftration de ce fait general que je demande la preuve de faits particuliers ; fçavoir que la Partie adverfe a coufu les hardes de fon Enfant naiffant avec du gros fil , les a marquées d'un morceau de cuir , lui a mis fur la tête un bonnet marqué G premiere lettre de

fon

ſon nom de Baptême qui eſt Guillaume, & lui a donné une couverture brûlée par un coin ; que cet Enfant revêtu de ces mêmes hardes ſans en excepter une, couvert du bonnet marqué G, a été donné par la Meneuſe ſous le nom de Troelle à la nommée le Cércle pour le nourrir ; que pendant 17 jours qu'elle l'a nourri, ces hardes & ce bonnet ont perpétuellement ſervi à ſon uſage, qu'à l'inſtant même de ſon décès il avoit ſur la tête le bonnet indicatif, qu'il appartenoit à la Partie adverſe ſon pere, qu'il n'en a été dépouillé que pour l'enſevelir ; & qu'enfin ces hardes ainſi marquées ont été rapportées à celle pour qui je parle, qu'on a crû en être la mere.

La Meneuſe eſt un témoin neceſſaire ſur ce point ; la Nourice ne l'eſt pas moins pour dépoſer que l'Enfant qu'elle a nourri & qui eſt mort, étoit couvert de ces hardes quand il lui a été confié, qu'elle l'en a toujours dépouillé ou revêtu ſelon ſes beſoins pendant les 17 jours qu'il a vêcu, que l'ayant livré pour la ſepulture elle a gardé les hardes pour les rendre à ſa mere, & qu'elle les a renvoyées à la femme Troelle pour qui je parle, qu'on lui a dit être la mere de l'Enfant remis entre ſes mains avec la couverture brûlée par un coin, les langes couſus de gros fil & le bonnet marqué d'un G.

De la preuve de chacun de ces faits, je tirerai une ſuite de conſequences réſultantes les unes des autres ; donc les deux Enfans ont été confondus ; donc on a nommé Brunot celui qui étoit Troelle, & Troelle celui qui étoit Brunot ; donc on a enterré ſous le nom de Troelle l'Enfant Brunot ; donc l'Enfant de la Partie adverſe eſt décédé ; & celui qui exiſte appartient à mes Parties.

Que dirai-je de la differente complexion des deux Enfans, dont j'ai demandé à faire la preuve telle qu'elle parut quand ils naquirent le 14 Novembre 1722 ? Celui dont la Partie adverſe accoucha étoit d'une extrême delicateſſe, comme je le pretends ; il fut malade en naiſſant, on le crut même en très-grand danger, mais on eut ſoin de cacher cette circonſtance fâcheuſe à la Partie adverſe ſa mere ; au contraire celui dont ma Partie accoucha étoit robuſte & d'une conſtitution vigoureuſe : Or ce fait démontré, quelle en ſera l'induction ? Tous les jours la force ou la foibleſſe du temperamment adminiſtre des préſomptions puiſſantes, pour déterminer laquelle de deux perſonnes a vêcu le plus long-tems, dans l'égalité d'âge le plus foible eſt reputé mort le premier, c'eſt une regle triviale en matiere de ſucceſſions ; pourquoi en ſuivant ces routes connues, en conſultant les Loix de la vrai-ſemblance qui doivent être admiſes dans tous les cas où la verité n'eſt pas entierement palpable, ne pas décider que l'Enfant des Parties adverſes a juſtifié la foibleſſe de ſon temperamment par la courte vie dont il a joüi, puiſqu'il eſt mort au bout de dix-ſept jours, ainſi qu'il paroît par l'Extrait-mortuaire, & que l'Enfant de mes Parties qui a toujours eu une ſanté parfaite, eſt le même qui vit aujourd'hui & que nous reclamons ? Mais de qui dépend la certitude d'un fait de cette qualité ? *Ab obſtetricibus & teſtibus,* dit Mᵉ. Denis Godefroi ſur la Loy 13 ff. *de probat.* C'eſt conſtamment de la Sagefemme qui a accouché les deux meres, comme c'eſt la même qui leur a ſervi, elle aura des lumieres plus parfaites & plus déciſives ; c'eſt de la Garde qui a été auprès d'elles, & des perſonnes qui ont aſſiſté à leur enfantement, c'eſt des Parains & Maraines, de la Meneuſe & des Nourices.

Mais l'Interrogatoire des Parties adverſes fournit des circonſtances qui ſont, je ne dis pas ſeulement des adminicules à la preuve par témoins, mais

D

qui pourroient fuffire dès-à-prefent pour la décifion de la queftion, fi l'on fuivoit les traces de laNature dont laLoy doit être fouveraine & dominante dans cette Caufe.

1°. La Partie adverfe convient d'une part avoir coufu les hardes de fon Enfant avec du gros fil, & les avoir marquées d'un morceau de cuir; de l'autre, qu'auffi-tôt que ces mêmes hardes furent raportées à celle pour qui je parle, elle fut le lui déclarer: ce font les faits principaux fur lefquels je fonde l'induction que la Partie adverfe eft le pere de l'Enfant dont la dépouille reconnoiffable à des fignes faits de fa propre main, a été renvoyée à ma Partie. Pourquoi la Partie adverfe ne confomme-t-il pas fa déclaration par l'effufion entiere de fes fentimens? Pourquoi par une confeffion ébauchée trahit-il la verité en la taifant? Il avouë le principe, il diffimule la confequence: c'eft donc en lui reprefentant les langes, la couverture & le bonnet raporté, qu'on le forcera de parler en lui faifant cette queftion preffante; *Vide utrum tunica filii tui fit an non.* Vous avez mis fur la tête & le corps de votre Enfant un bonnet & des hardes que vous avez diftinguez par des fignes particuliers, la mort qui l'a ravi, les a feparez de fa perfonne; reconnoiffez-les aujourd'hui, & les marques que vous y avez attachez: *Vide utrum tunica filii fit an non,* ne refiftez pas à l'évidence qui vous éclaire, ne balancez plus à dire, comme Jacob à l'infpection de la robe de fon fils Jofeph: *Tunica filii mei eft, fera beftia comedit eum, beftia devoravit Jofeph.*

Genefe, ch. 37, v. 32.

2°. Eft-il rien de plus puiffant pour déterminer les fuffrages, que ce preffentiment qui fait voler ma Partie chez les Parties adverfes, dès le moment qu'elle apprend que l'Enfant dont il s'agit vient d'y être apporté par fa Nourice; de l'aveu des Parties adverfes qui doivent en être crus, elle s'écrie en le voyant: *Voilà mon Enfant, rendez-le moi,* paroles énergiques que l'efprit n'a point étudiées, que l'imagination n'a point fournies, qui ne font point dûes à la réflexion; mais que dicte tout d'un coup la nature par une efpece d'entoufiafme de l'amour maternel, qui fortent impetueufement du fond du cœur, comme de la fource où réfident les affections d'une mere éplorée, où fe paffe cette cruelle viciffitude d'efperance & de crainte, de confolation & d'amertume fur le fort de fon Enfant qu'elle envifage en des mains étrangeres: *Voilà mon Enfant, rendez-le moi.* A fon afpect tous les preftiges de l'erreur cedent à l'empire de la réalité, il n'eft point dans la pouffiere du tombeau comme on l'a dit fauffement, il joüit de la lumiere du jour; la mere reconnoît fon fils, elle feule peut découvrir en lui ces traits diftinctifs, qui font imperceptibles à l'œil le plus penetrant; c'eft, je l'ofe dire, le coin de la nature inconnu à tout autre qu'à la veritable mere.

Comparez maintenant la vivacité & la chaleur de ces expreffions de ma Partie, avec la langueur de la réponfe qu'y fait la Partie adverfe; il lui dit, *de lui donner des preuves convaincantes, & que pour lors il lui rendra cet Enfant,* ce font les propres termes de l'art. 24 de l'Interrogatoire. Mais il ne fent donc rien pour cet Enfant, il ne trouve point en lui-même les preuves qu'il lui appartient, il les demande, il les cherche au déhors; difpofé par des marques étrangeres à croire qu'il eft à ma Partie, il ne veut cependant le lui ceder que quand elle raportera des *preuves convaincantes,* qui acheveront celle qui n'eft encore que commencée; ma Partie victime de cette opiniâtreté ajoute avec un torrent de larmes, *que la chofe n'en demeurera pas là, qu'il faut que cela aille plus loin.* Ce fut autrefois, à la différence du langage, que le Sage difcerna la veritable mere de celle qui n'en avoit que les apparences, il la reconnut à ses gemissemens, & à l'émotion de ses entrailles: *Commota sunt quippe viscera ejus*, dit l'Ecriture; au lieu que l'indifference de l'autre ne lui permit pas de douter du faux prétexte qui l'animoit; ainsi la Partie adverse sera tranquile, il ne comptera point perdre d'Enfant qui lui appartienne, si la voix des témoins constate pleinement une verité qu'il ne trouve pas encore assez éclaircie pour oser lui rendre un hommage public.

3°. Ce qui est d'un grand poids dans la contestation presente, c'est la ressemblance qui est entre le sieur Troelle & l'Enfant qu'il reclame; les Parties adverses sont obligées dans leur Interrogatoire non-seulement d'avoüer ce fait, mais de convenir que tous les voisins en sont frappez; & une circonstance qui merite attention, c'est que cet Enfant qui parvenu déja à l'âge de quatre ans & plus, peut se faire entendre, bégaye comme le sieur Troelle pour qui je parle.

Inutile de déclamer contre l'induction tirée de la ressemblance d'emprunter le suffrage des Naturalistes, ni de citer des exemples fameux pour en dégrader le merite. Si je venois avec ce moyen unique & solitaire faire cet argument à la Partie adverse, l'Enfant vivant est l'image du sieur Troelle, puisqu'il a les mêmes traits & la même difficulté de parler, donc il est son fils; on pourroit s'élever contre cette consequence trop prompte, parce que la nature capricieuse dans ses operations se joue dans les raports qu'elle forme entre les personnes les plus étrangeres; mais je ne le propose qu'avec d'autres considerations puisées dans la nature, & autorisées par la confession même des Parties adverses: Or c'est de cet assemblage que resulte un moyen victorieux en ma faveur; en effet, consultons les Jurisconsultes dont les décisions sont l'ouvrage de l'experience, & de la maturité du Jugement: voici comme s'explique M°. Henris, tom. 2, liv. 6, quest. 18 à l'occasion de la cause du Comte de S. Geran qui ressembloit à son pere; *Quoique l'argument de la ressemblance des Enfans au pere ne soit pas concluant, c'est pourtant un indice assez fort, & qui joint à d'autres présomptions découvre la verité; nous pouvons ajouter qu'en semblables rencontres, on peut dire que la Nature tâche de découvrir par-là ce qu'on veut cacher, & que c'est une prévoyance du souverain Ouvrier pour aller au-devant de l'imposture, & combatre l'artifice du pere des fourbes & des mensonges.*

Aussi ne suis-je pas le premier qui aye donné quelque crédit à cette observation, elle fut faite avec succès en 1638 dans la cause de Marie Cognot desavouée de sa mere, par M°. Lemaitre son Défenseur, & ne fut pas d'une mediocre consideration pour faire pancher en sa faveur la balance de la Justice, comme il paroît par le Plaidoyer 7 de M°. Lemaitre, & l'Arrêt qu'il raporte.

Envain la Partie adverse, pour affoiblir l'impression de ce moyen, dit-elle que son imagination frappée par la presence d'un des Enfans de ma Partie qui venoit à l'école dans la maison où elle demeure pendant qu'elle étoit grosse, a pû être la cause de cette ressemblance; mais par quelle prédilection, ou plûtôt par quelle chaîne inconnuë a-t-elle donc été liée à cet objet plutôt qu'à un autre? De cent enfans qui fréquentent journellement cette école, pourquoi par une singularité bizarre en distinguer un qui n'a rien de recommandable, pour en faire le modele & le prototype de la production? Il n'est pas permis de s'arrêter à des idées si fausses, si contraires à la vrai-semblance; elles ne sont supposées par la Partie adverse que pour détourner les yeux de cette image parfaite, que pour empêcher qu'à la confrontation de ceux pour qui je parle, & de leur petite famille avec ce même Enfant, on ne décide qu'il en rassemble tous les traits sur son visage, & qu'on ne conclue qu'il est bien difficile que les raports soient si grands, si entiers, à moins que le Sang & la Nature même ne les ait formez.

Vous pouvez vous-mêmes, Messieurs, verifier par vos yeux la certitude de ce fait, déja averé par les Parties adverses, & le joignant à tous ceux qui sont établis par leur Interrogatoire, épargner à l'impatience d'une mere les longueurs d'un interlocutoire fatiguant pour sa tendresse; depuis quatre années que le hazard a fait cette étrange métamorphose dont elle se plaint, languissante dans la tristesse, elle n'a encore recueilli que des douleurs & des peines de sa maternité; il est tems qu'elle en ressente les prérogatives par la joye de recouvrer cet objet de son amour.

Jugez définitivement par la superiorité de votre sagesse cette question singuliere qui nous divise; vos suffrages ne sont point captivez par les mêmes embarras qui gênoient ce Prince arbitre de la querelle des deux meres dont parle l'Ecriture; seules Habitantes de la maison où elles étoient accouchées; elles articuloient des circonstances que les ombres de la nuit, pendant laquelle la mort de l'Enfant de l'une étoit arrivée, que le silence & l'obscurité qui y regnent, rendoient impenetrables : *Et eramus simul, nullusque alius nobiscum in domo exceptis nobis duabus*, dit le Texte sacré. L'Enfant vivant exposé au milieu d'elles, comme le fruit du triomphe où elles aspiroient également, n'avoit en lui aucunes marques distinctives qui l'attachassent à l'une plutôt qu'à l'autre. A travers ces nuages épais l'homme n'appercevoit pas la moindre lueur, le Juge n'avoit pas de quoi asseoir ces conjectures legales permises dans les difficultez épineuses, ce qui fait dire à un Auteur fameux, *terribile & arduum de mulieribus pro filiis Judicium*; ici les yeux sont frappez par des traces de lumieres dont l'éclat porte la conviction dans les esprits, d'un côté la Nature a voulu imprimer sur le visage de l'Enfant dont il s'agit les caracteres de sa filiation, afin que sa vûë seule annonçât quel il est, & effaçât tous les doutes; de l'autre, la force du sang s'est manifestée sans équivoque dans des tems non suspects, d'abord par des gemissemens publics dont tout un quartier a été témoin, & dont la preuve est acquise par une plainte émanée de notre Adversaire même, ensuite par des protestations faites à lui-même, comme il en convient, de se pourvoir contre l'erreur qui le rendoit possesseur de cet Enfant.

Si dans l'espece portée au Tribunal de Salomon, la veritable mere qui disputoit la conquête de son Enfant à celle qui venoit d'étouffer le sien, s'écrioit avec confiance, *mentiris, filius quippe meus vivit, filius tuus mortuus est*, quoique dépourvue des plus legeres présomptions, avec quelle certitude du succès celle pour qui je parle doit-elle tenir le même langage à la Partie adverse, *mentiris, filius quippe meus vivit, filius tuus mortuus est?* puisque plus heureuse que celle dont elle imite les sentimens, elle a l'avantage de saisir l'entendement par des démarches qui n'appartiennent qu'à une mere, & de développer même la verité par des déclarations positives tirées de l'Interrogatoire de ses propres Parties; en effet ne croyez pas que les Parties adverses ignorent ce secret important; l'indifference de leurs réponses fait penser qu'ils sçavent par quelles voyes obliques & extraordinaires cet Enfant est tombé entre leurs mains; mais esclaves de

l'erreur

Liv. 3 Rois, chap. 3, vers. 18.

l'erreur qui a produit cette funeste confusion, subjuguez par un Extrait-Mortuaire qu'ils n'osent démentir, ils soutiennent exterieurement par bien-séance, ce qu'ils devroient désavouer par sentiment; enchaînez par la crainte d'un respect humain mal entendu, ils n'ont pas le courage de faire une restitution dont ils connoissent la necessité. Rompez donc par votre autorité les barrieres fragiles qui les retiennent: Semblables au souverain Scrutateur des cœurs dont vous êtes les organes sur la terre, sondez par quelque Oracle nouveau & non attendu les sentiers obscurs & impene-trables de la Nature: Réunissez aujourd'hui dans une seule action toutes les forces de cette penetration plus qu'humaine dont la Divinité a versé les dons precieux sur ceux qu'elle a choisis pour juger les peuples. Cher-chez avec des regards curieux les routes imperceptibles qui conduisent à la découverte des mouvemens interieurs, afin que ne trouvant dans la Partie adverse qu'une femme plus opiniâtre que sensible, affranchie éga-lement de desirs & de crainte, exempte de ces émotions violentes, ap-panages inseparables de la maternité, & voyant dans celle pour qui je parle une mere inquiéte, agitée de troubles inconnus, qui avec les seules armes de son amour & de sa tendresse a livré les premieres attaques de ce combat, & qui dans l'esperance de recouvrer son fils comme le prix glorieux de sa victoire, éprouve déja les transports de joye d'un second enfantement; vous ne fassiez aucune difficulté de prononcer en sa faveur ces paroles du Sage: *Date huic Infantem vivum, hæc est enim mater ejus.*

Liv. 3 Rois, ch. 3, vers. 27.

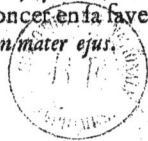

Me. FORESTIER le jeune, Avocat.

De l'Imprimerie de P. A. PAULUS DU-MESNIL, Imprimeur-Libraire, rue Sainte Croix en la Cité. 1727.

De l'Imprimerie de J. Quillau, rue Galande, 1726.

CERTIFICAT DONT L'ORIGINAL EST ECRIT EN ALLEMAND,
délivré le propre jour de la Benediction du Mariage de feu M.
le Prince de Montbéliard avec Madame la Comtesse de Sponeck,
lequel a été traduit en François le 20° May 1724, par un Secretaire
Interprete.

JESUM!

JE soussigné, certifie & atteste par ces lignes, & sur ma parole & foi de Prêtre, que Tit. Pleniss. Monseigneur Léopold Eberhard, * H. Z. W. M. & Damoiselle Anne Sabine ** V. H. le 1er Juin du stile nouveau ont dûement obtenu ici à Reïowitz dans la Grande Pologne, en l'Eglise, la Benediction nuptiale, suivant la Coutume de l'Eglise Lutherienne, & ont été mariez au nom de la Très-Sainte Trinité par Jean-Christophe Fuchsius, Prédicateur Lutherien de Reïowitz & Skoki, ainsi signé.

* *Nota.* La premiere lettre Allemande H. signifie le mot Duc: la seconde Z. le mot de: la troisiéme W. Wirtemberg : la quatriéme M. celui de Montbéliard.

Nous les Bourguemaistres & Magistrat de la Ville de Skoki, sçavoir faisons à tous qu'il appartiendra, que feu Sieur Jean Christophe Fuchsius, lequel a marié Pleniss. Tit. Monseigneur Léopold Eberhard Duc de Wirtemberg Montbéliard, avec Damoiselle Anne Sabine de Hedwiger, dans l'Eglise de Reïowitz le premier du mois de Juin de l'année mil six cens quatre-vingt quinze, suivant qu'il nous a suffisamment apparu par le Registre des Mariages de ladite Eglise, a été Pasteur audit Reïowitz, & ici à Skoki, & qu'il a écrit de sa propre main & écriture, laquelle Nous connoissons très bien, le Certificat écrit en la premiere page, aux écritures & Certificats duquel foi entiere doit être ajoutée, en témoignage de tout ce qui est écrit ci-dessus, nous avons signé de nos propres mains, & avons fait apposer le Scel ordinaire de la Ville aux presentes : Fait à Skoki le cinquième du mois de Juillet en l'année mil sept cens vingt, signé Thomas Forbes, Proconsul Civitatis Skoki Juratus; Stanislaus Dyament, Advocatus Juratus; Boguslaus Fakubovitz, Consul Juratus; Laurentius Makolacqua, Consul Juratus; Johannes Figulus, Consul Juratus; Jeremias Fuchsius, Consul Juratus; Mathias Berepansky, Consul Juratus; Johannes Lisecx, Scabnius Juratus; Samuel Solnicki, Scabnius Juratus; Johannes-Christophorus Schuiltz, Scabnius Juratus; Jacobus Cien, Scabnius Juratus; Alexander Ploresqusxi, Notarius Juratus Skocensis utriusque Magistratûs, tous avec paraphes & scellé en placard sur papier.

** *Nota.* La premiere lettre Allemande V. signifie le mot de; & la seconde H. Hedwiger.

Traduit d'Allemand en Langue Françoise d'un Certificat en original signé & scellé, comme dit est ci-dessus, & icelui aussi signé & paraphé par moi, soussigné Avocat & Secretaire Interprete au Conseil Souverain d'Alsace : Fait à Colmar ce 20 May 1724.

B. MULLER, *avec paraphe.*

ACTE du Mariage de S. A. S. de Montbéliard, & d'Anne Sabine de Hedwviger Comtesse de Sponeck, du 1. Juin 1695.

EGO infra scriptus ad instantiam & requisitionem Illustrissimi ac Excellentissimi Domini Caroli Leopoldi, Comitis de Coligny, hic in Bonis Skocensibus in Palatinatu Posnaniensi Majoris Poloniæ Regni consistentis, personaliter comparentis, ratione extraditionis ex libro Copulationum Ecclesiæ Reyovicensis ad Ecclesiam Skocensem incorporatæ, infra scriptorum sponsorum debitè copulatorum factam, & interpositam, prout seriem compertus sum, & in libro Metrices authen-

Q

tico, continenti in se copulationem sponsorum, dictæ Ecclesiæ Reyovicensis, manu olim Reverendi Joannis Christophori Fuchsii, tum temporis Parochi Ecclesiæ Skocensis, & Reyovicensis Ordinarii, anno millesimo septingentesimo decimo quinto vitâ defuncti, latino Idiomate scriptam, & connotatam vidi, legi, manu ejus propriâ, & non aliâ, omnique suspicionis notâ carente, conscriptam, cognovi; itâ fidelissimè ad prædictam Illustrissimi Comitis Instantiam descripsi, & extradidi modo & tenore sequenti.

Anno millesimo sexcentesimo nonagesimo quinto Fol. 30. Num. 9. NB. prima Junii copulati sunt etiam in Templo Reyovicensi binæ huc venientes Personæ, ambo Evangelicæ, Equites ambo huc venerunt, nimirum Perillustris Dominus Leopoldus Eberhard *Herzog zu Vvürtemberg - Mompelgard*, Sacri Romani Imperii Comes, & Perillustris Magnifica Domina, & Virgo *Anna Sabina von Hedvviger*. Quæ præmissa verè & realiter contenta ad prædictam Instantiam sub fide & conscientia mea Pastorali, descripta ac extradita, majoris valoris & roboris ergò manu meâ propriâ subscripsi, & sigillo communivi. Datum in Civitate Skoki dicta in solita ad Ecclesiam suam residentia, die tertio Julii anni millesimi septingentesimi vigesimi.

(L.S.)   C H R I S T O P H O R U S   K O C H I U S , Pastor
Ecclesiarum Combinatarum Reyovico & Skoki, m.p.

AD Officium & acta Civitatis Skocensis in Palatinatu Posnaniensi Majoris Poloniæ Regni consistentis personaliter comparens Reverendus Christophorus Kochius Ecclesiarum Evangelico-Lutheranarum in Skoki & Reyoviez Parochus noster actualis optimè nobis notus, ad instantiam officiosamque requisitionem Illustrissimi ac Excellentissimi Domini Comitis de Colligny, debitè factam; reproduxit coram officio, totoque Magistratu nostro Skocensi, ad id specialiter congregato, librum authenticum Metrices Templi Reyovicensis proprium sub forma veteri vidimus, continentem in se copulationes Sponsorum, sanum, salvum, & illæsum, omnique vitio & suspicionis notâ carentem, nobis, totique Civitati nostræ Skocensi optimè notum & probatum ; ubi in continenti personaliter comparens prædictus Illustrissimus Comes petiit, certæ necessitatis causâ, ejusdem libri & scripturæ, realitatis & verificationis attestationem sibi dari, ac certum punctum, ut pote copulationis infra scriptorum Serenissimorum Sponsorum manu propriâ Reverendi olim Joannis Christophori Fuchsii, pro tunc Pastoris Sckocensis ac Reyovicensis, vitâ functi notatum, scriptum, in eodem libro Metrices contentum, extradi dignari ; cujus puncti per nos debitè conspecti series est ejusmodi : Anno millesimo sexcentesimo nonagesimo quinto Fol. 30. num. 9. NB. primâ Junii copulati sunt etiam in Templo Reyovicensi binæ huc venientes personæ, ambo Evangelicæ, Equites ambo, huc venerunt, nimirum Perillustris Dominus Leopoldus Eberhard *Herzog zu Vvürtemberg - Mompelgard*, Sacri Romani Imperii Comes, & Perillustris Magnifica Domina & Virgo, *Anna Sabina von Hedvviger*. Proindè omnibus in universum, & singulis, cui id scire expedit, præmissa priùs studiorum ac venerationis nostræ commendatione. Nos Proconsul & Consules civitatis Sckoki, notum testatumque facimus, supra specificatum librum Metrices Reyovicensem, ejusque punctum de copulationis supra scriptarum Serenissimarum personarum, manu propriâ toties dicti Reverendi Joannis Christophori Fuchsii, Parochi pro tunc Sckocensis, & Reyovicensis, de anno, die & mense, quibus supra, latino Idiomate conscriptum, & connotatum, esse verum, reale, non immutatum, nobis, officioque nostro optimè notum, sanum, salvum, ac illæsum, cum variis scriptis, ac litteris manualibus authenticis per prædictum Reverendum Fuchsium morte derelictis, publicè à Reverendo Kochio Pastore reproductis, confrontatum fuisse, & esse compertum. Quem librum & scripturam non solùm nos Magistratus Skocensis, verùm is idem Reverendus Kochius Pastor coram nobis, & plenariâ residentiâ nostrâ sub fide & conscientiâ veras, & reales esse, agnovit & allegavit, ac etiam se sufficientissimè scire, & de ore dicti Reverendi Fuchsii Pastoris antecessoris sui in anno millesimo septingentesimo decimo quinto demortui (cui pro eo tempore ad Ministerium Ecclesiasticum Associatus extiterat) audire & habere protulit in eo, quod dictus Reverendus Fuchs Pastor Serenissimum Ducem Wirtembergicum Montbelgardensem cum certa Perillustri, & Magnifica Virgine in Templo Reyovicensi legitimè copulaverit, de ejusmodi copulatione coram multis sese jactaverit, & id multoties geminando promulgaverit.

Quapropter, cùm ita se habere conspexerimus, & notum habuerimus, ideò præ-sentes Attestationis nostræ litteras cum omni, quâ decet reverentiâ & observantiâ extradendas esse duximus, prout extradimus, & in majorem rei veritatis sidem, & valorem manibus nostris subscripsimus, sigilloque Civitatis nostræ Skocensis com-muniri jussimus. Datum in Civitate nostra Skoki die tertiâ mensis Julii, anno Do-mini millesimo septingentesimo vigesimo.

(L. S.) Ad Mandatum Spectabilis Pro-Consulis Consulum civitatis Skoki in Pala-tinatu Posnan. Majoris Regni Poloniæ datum & Actis Civitatis ejusdem extra-ditum.

Thomas Forbes, Pro-Consul Civitatis Skoki Juratus. m. p.
Stanislaus Dyament, Advocatus Juratus. m. p.
Boguslaus Jacubowicz, Consul Juratus. m. p.
Laurentius Makolagwa, Consul Juratus. m. p.
Joannes Figulus, Consul Juratus. m. p.
Jeremias Fuchsius, Consul Juratus. m. p.
Matthias Szezepansky, Consul Juratus. m. p.
Joannes Lisek, Scabinus Juratus. m. p.
Samuel Solnicki, Scabinus Juratus. m. p.
Joannes Christophorus Schultz, Scabinus Juratus. m. p.
Jacobus Clen, Scabinus Juratus. m. p.
Joannes Isert, Scabinus Juratus. m. p.
Alexander Plorezynsky, Notarius Juratus. m. p. Civitatis Skoki, utriusque Magi-stratus ejusdem. m. p.

EXTRAIT Baptistaire de George-Léopold, fils unique & seul heritier légitime de S. A. S. de Montbéliard, du 12 Decembre 1697.

NOUs Frideric Opfergeld Prevôt & Prélat élû & confirmé du Monastere de Notre-Dame à Magdebourg, de l'Ordre des Prémontrés, certifions par les Presentes à tous qu'il appartiendra, que le 12 Decembre l'an de Christ 1697. étant pour lors Diacre de Festenberg, nous avons baptisé un enfant mâle, qui a été nommé George-Léopold; son pere est S. A. S. Léopold Eberhard Duc de Wirtem-berg-Montbéliard, & sa mere Madame Anne-Sabine de Hedwiger, & a été pre-sent comme parain le Capitaine Léonard de Nardin.

En foi de quoi les Presentes ont été munies du sceau dudit Monastere & de notre signature. Fait à Magdebourg audit Monastere de Notre-Dame, le 8 Septembre 1722.

(L.S.) FRIDERIC OPFERGELD, Prevôt & Prélat.

ACTE de divorce d'entre S. A. S. Léopold-Eberhard Duc de Wirtemberg-Montbéliard & Anne Sabine Comtesse de Sponeck, du 6 Octobre 1714, traduit d'Allemand en François.

AU NOM DE LA TRES-SAINTE TRINITE'. AMEN.

SOIT notoire & manifeste à tous ceux qu'il appartiendra, que Moi Léopold-Eberhard Duc de Wirtemberg-Montbéliard, & Moi Anne-Sabine Comtesse de Sponeck, avons eu pendant notre Mariage quelques enfans par ensemble, dont deux sont encore en vie; sçavoir Léopoldine-Eberhardine & George, & que par bon conseil, du vouloir & consentement de tous deux, à raison de notre disparité d'humeurs, d'où sont nées & arrivées de part & d'autre des causes suffisantes de divorce; Nous nous sommes volontairement & formellement séparez par les Pre-sentes, en sorte que dès-à-present l'un a liberé l'autre, & se donne réciproquement la liberté de se remarier, à qui, quand & comment il le trouvera bon; Et Moi Léo-pold-Eberhard Duc de Wirtemberg-Montbéliard promets pour moi, mes héritiers & successeurs de faire payer à Montbéliard annuellement à ladite Anne-Sabine Comtesse de Sponeck pendant sa vie pour son entretien, la somme de cinq mille francs, monoye de Montbéliard, ou quatre mille livres de France, à commencer du premier Janvier mil sept cens quinze, & de lui donner sa résidence dans mes Châteaux de Montbéliard ou de Blamont, outre les Fiefs que je lui ai accordez qu'elle a vendus ou qu'elle possède encore, & les allodiaux qu'elle a reçû de moi, mais au cas qu'elle vienne à se remarier, elle ne pourra plus prétendre de résidence dans lesdits Châteaux, & elle sera privée de deux mille cinq cens francs, monnoye de Montbéliard, ou deux mille livres de France qui me retomberont ou à mes successeurs dès le jour de son Mariage, & les deux autres mille cinq cens francs, monnoye de Montbéliard, ou deux mille livres de France, seulement après sa mort: En foi de quoi nous avons signé tous deux ces Présentes de nos mains, fait apposer nos sceaux & expedier deux originaux conformes l'un à l'autre, desquels l'un a été remis à moi Léopold-Eberhard Duc de Wirtemberg-Montbéliard, & l'autre à moi Anne-Sabine Comtesse de Sponeck. Fait à Seloncour le 6 Octobre 1714. *Signé*, LEOPOLD-EBERHARD DUC DE WIRTEMBERG-MONTBÉLIARD, & ANNE-SABINE COMTESSE DE SPONECK.

Nous soussignez Conseillers Ecclésiastiques de S. A. S. Léopold-Eberhard Duc de Wirtemberg-Montbéliard, certifions par les Présentes signées de nos propres mains, & auxquelles sont apposez nos cachets, que l'Acte ci-dessus nous a été communiqué, lequel nous reconnoissons pour juste & conforme à l'intention des deux Parties. Fait à Seloncour le 6 Octobre 1714. *Signé*,

ASSIGNAT DE MADAME LA DUCHESSE DOUAIRIERE.

PARDEVANT le Soubscrit Notaire Juré & public Bourgeois de Montbéliard, & les témoins en bas nommés, les jour, mois & an marqués à la fin du présent Acte; Sont comparus personnellement SON ALTESSE SERENISSIME Léopold Eberhard Duc de Wirtemberg Montbéliard, &c. d'une part, & SON ALTESSE SERENISSIME la Duchesse Anne Sabine, assistée de Messire Jean-Joachim de Westerstetten Lieutenant Colonel au service de Sa Majesté Danoise, Seigneur de Buchouine, &c. d'autre part; lesquels de leur pure & franche volonté, ont avoüé publiquement d'avoir traité, & d'être convenus des points & des articles suivans.

PREMIEREMENT, les Parties déclarent encore solemnellement, que pour des raisons suffisantes & relevantes qui leur sont assés connuës, & dont les Juges qui ont prononcé leur divorce le sixième Octobre mil sept cens quatorze, qu'elles ont accepté, & auquel elles ont réciproquement consenti, ont été suffisamment informés; elles sont même quant au lien conjugal séparées justement, validement, entiérement & pour toujours.

Pour le second ensuite dudit Divorce, une certaine somme des Revenus annuels ayant été destinée & réglée à SON ALTESSE SERENISSIME la Duchesse Anne Sabine pour toutes ses prétentions & pour son entretien, laquelle somme elle a avoüé avoir touché & perçu réglément jusqu'au premier Janvier mil sept cens vingt-un; & le capital de ladite somme se trouvant diminué, de manière que SON ALTESSE SERENISSIME le Duc ne reste plus à lui devoir que deux mille livres de revenu par an; les deux Traitans sont convenus par les Présentes, que pour une assurance constante & permanente de l'entretien de SADITE ALTESSE Duchesse Anne Sabine, le Château Seigneurial d'Hericourt avec tous les Bâtimens Seigneuriaux qui en dépendent, lui seront évacués pour son logement, sous l'obligation de les maintenir en bon état à ses frais, & que subsistance lui sera assignée sur la Ville & la Banlieuë dudit Hericourt & sur le Village de Brevelier, pour jouir pendant sa vie de tous les Droits, Revenus, Rente, utilité, dépendance & appartenance, quel nom qu'elles puissent avoir, de la manière que SON ALTESSE SERENISSIME en a joui de tout tems, ou qu'il en auroit pû jouir, sans en rien excepter que ce qui est réservé spécialement par le présent Traité, ainsi
que

que S**a dite** A**ltesse** S**erenissime** le Duc affigne, évaqué entiérement par les préfentes à la Ducheffe Anne Sabine, lefdites Villes & Village de la maniére ci-deffus énoncée.

Pour le troifiéme, que cette jouiffance commencera, avec l'aide de Dieu, le premier Janvier mil fept cens vingt-un, & que S**on** A**ltesse** S**erenissime** la Ducheffe Anne Sabine, demeurera dans une poffeffion paifible defdits lieux jufqu'à fon décès, après lequel ladite jouiffance retournera à S**on** A**ltesse** S**ere- nissime** le Duc, ou à fes heritiers.

Pour le quatriéme, S**on** A**ltesse** S**erenissime** fe réferve audit Hericourt & Brevelier le Bois pour fes Forges, de même que le débit du Sel de Saulnot, le débit du Fer de Chagey & Daudincour, comme auffi les Mines qui font aufdits lieux, & les Prez qui font audit lieu de Brevelier.

Pour le cinquiéme, le Château d'Hericourt ayant befoin de réparations, S**on** A**ltesse** S**erenissime** le Duc veut une fois pour toutes fournir cinq mille livres pour les faire, lefquelles cinq mille livres S**on** A**ltesse** S**erenissime** la Ducheffe Anne Sabine a actuellement reçûes.

Pour le fixiéme, S**on** A**ltesse** S**erenissime** la Ducheffe Anne Sabine doit, & veut non-feulement fe contenter entiérement de la jouiffance defdites Villes d'Hericourt & Village de Brevelier, tant pour le paffé, que pour l'avenir, mais encore au cas qu'elle vînt à être troublée par quelqu'un dans la jouiffance defdits revenus, elle ne fera en droit de demander à S**on** A**ltesse** S**erenissime** le Duc, que la garantie de deux mille livres de rente; ayant déclaré par les Préfentes de la maniére la plus folemnelle & obligatoire que faire fe peut, moyennant la jouiffance des fufdits droits & revenus, ne devoir ni vouloir former ni à préfent ni à l'avenir, aucune prétention contre fon Séréniffime Epoux de ci-devant, féparé à préfent d'elle légitimement, ni lui demander quoi que ce foit fous quelque prétexte que ce puiffe être, renonçant par les Préfentes dans la meilleure forme que faire fe peut, à tous les droits & prétentions qui lui auroient pû competter, par le divorce, obligations, Billets, ou par quelque autre titre, foit qu'ils lui compettent actuellement, ou qu'ils lui puiffent competter à l'avenir, cédant & tranfportant auffi entiérement à S**on** A**ltesse** S**erenissime** le Duc, fes droits acquis pour fon entretien par d'autres Traités conclus & faits avec d'autres.

Et pour que tout ce que deffus foit exactement obfervé, les deux Parties ftipulantes fe font promis réciproquement, & fe font obligées par leur parole de s'y conformer inviolablement, & de ne permettre qu'il y foit contrevenu en aucune maniére que ce foit, ayant renoncé à toutes exceptions & droits contraires aux Préfentes, même à toute raifon de circonvention de dol ou d'erreur, comme fi la chofe s'étoit paffée autrement qu'elle n'eft écrite au blanc de ce Traité, & à la léfion d'outre moitié qu'elles ont promis de n'alléguer pour empêcher la validité. S**on** A**ltesse** S**erenissime** la Ducheffe Anne Sabine, ayant de plus pour ce fujet renoncé au Senatus-Confulte Velleïen qui lui a été donné fuffifamment à entendre, & à tous autres Droits & Loix favorables aux femmes; ayant auffi les deux Traitans renoncé à la claufe qui dit, Que générale renonciation ne vaut, fi la fpéciale ne précéde; & en général à tous autres priviléges, exceptions, fubterfuges déja actuellement introduits, ou qui pourroient l'être dans la fuite, capables d'empêcher l'effet de la préfente convention, ou de l'énerver en quelque maniére; le tout de bonne foi & fans fraude : En foi de quoi deux Exemplaires d'une même teneur en ont été expédiés, fignés des propres mains, tant des deux Parties que de moi Notaire, & des témoins pour ce appellés & requis, & corroborés des Sceaux des uns & des autres. Fait à Montbéliard le trentiéme de Novembre mil fept cens vingt; figné à l'Original L**e'opold** E**berhard**, D. d. W. M. A**nne** S**abine**, J**ean** J**oachim** **de** W**erterstetten**, comme affiftant requis, C**hre'- tien** U**brich**. D. d. W. O:els comme témoin requis, F**riderihe-Auguste** R**ausels**, Secrétaire, comme témoin requis, & J**e're'mie** B**erdot**, No.re Juré l'ayant reçû.

N**ous** Rainold Beurlin ancien Lieutenant des Villes & Bailliage d'Hericourt en Franche-Comté : Certifions à tous qu'il appartiendra avoir exactement & de mot à autre, traduit de Langue Allemande en Langue Françoife, un Acte de convention d'Affignat & de Douaire, qui fut fait le trente Novembre mil fept cens

R

vingt, entre feu SON ALTESSE SERENISSIME Monseigneur Léopold Eberhard Duc de Wirtemberg Montbéliard, & SON ALTESSE SERENISSIME Madame la Duchesse son Epouse, & à présent sa Douairiere, & que la Copie qui est ci dessus traduite en Langue Françoise est conforme en tous points à l'Original qui Nous a été représenté par SADITE ALTESSE SERENISSIME Madame la Duchesse Anne Sabine, écrite en Langue Allemande, dûement signé de feu SADITE ALTESSE Léopold Eberhard, de deux témoins, & du Prince Chrétien Ulrihe, Duc de Wirtemberg Oëls, ainsi que de Maître Berdot Notaire Impérial à Montbéliard, le tout corroboré des Sceaux d'un chacun ; après quoi ledit Original a été remis au pouvoir & entre les mains de SADITE ALTESSE Madame la Duchesse Anne Sabine, duquel compulsoire, ainsi que de ladite Traduction, je lui ai décerné Acte pour lui valoir & servir partant que de raison, déclarant que le Papier timbré n'est point d'usage en cette Province de Franche-Comté. Fait à Hericourt ce neuviéme Juin mil sept cens vingt-six. R. BEURLIN.

LETTRES PATENTES

DE SA MAJESTÉ IMPÉRIALE LEOPOLD I.
Par lesquelles il éleve la Famille de Hedwiger, de l'un & de l'autre sexe, à la dignité de Comtes & Comtesses du saint Empire.

Du 2 Aoust 1701.

Traduites d'Allemand en François.

NOUS LEOPOLD, PAR LA GRACE DE DIEU, élû Empereur des Romains, toujours Auguste, Roy d'Allemagne, de Hongrie, de Bohême, de Dalmatie, de Croatie, & d'Esclavonie, Archiduc d'Autriche, Duc de Bourgogne, de Brabant, de Stirie, de Carinthie, de Carniole, de Luxembourg, de Wirtemberg, de la haute & basse Silesie, Prince de Suabe, Marquis du saint Empire Romain, de Bourgau, de Moravie, de la haute & basse Lusace, Comte de Hapsbourg, de Tirol, de Ferrette, de Kibourg, & de Gorice, Landgrave en Alsace, Seigneur de la Marche d'Esclavonie, de Port Naon, & de Salins.

Déclarons ouvertement par les presentes Lettres, pour Nous, nos Successeurs à l'Empire, à nos Royaumes hereditaires, Principautez & Pays, & faisons sçavoir à tous : Quoique quantité de Familles, & Sujets nobles fassent aujourd'hui l'ornement de La Majesté Imperiale, que la Providence divine Nous a donné en partage ; cependant, comme & plus ces anciennes & nobles Familles reçoivent d'honneur & de bienfaits de leurs excellentes vertus & services, & plus le Trône de cette Majesté a d'éclat & de splendeur ; & que d'ailleurs les doux effets que des Sujets ressentent de la bonté Imperiale, sont de puissans motifs pour les porter à un attachement inviolable à son service & à toute suite de belles actions : ayant de plus un penchant naturel à procurer generalement à tous les fideles Sujets du saint Empire, de nos Royaumes hereditaires, Principautez & Pays, tous les avantages, honneurs, dignitez & accroissemens imaginables ; Nous en avons un incomparablement plus grand, à favoriser & honorer ceux dont les Ancêtres & eux-mêmes, qui étant nez de bonne & ancienne Noblesse, se font signalez par leurs vertus heroïques, par leur fidelité & attachement à Notre Service, à celui du saint Empire Romain, & de nos Royaumes hereditaires, Principautez & Pays dans les affaires d'importance.

Ayant donc gracieusement consideré & remarqué, que *GEORGE GUILLAUME*, *JEAN CHRISTOFFLE*, *JEAN RUDOLFE*, freres, & leur Sœur *ANNE SABINE de Hedviger* descendans de la noble & ancienne Famille *des Hedvigers*, qui depuis plusieurs siecles a residé dans notre Duché de Silesie, qui ont toujours été elevez dans les vertus de la Noblesse, & qui dès leur jeunesse ont été formez aux exercices des Chevaliers ; ayant de plus passé leurs vies avec honneur dans les Charges tant Civiles que Militaires,

& qui, fans épargner leurs biens, ni leur fang, les ont facrifiez pour le bien public, qu'ils ont tâché de procurer par leurs confeils & par leurs actions. *BALTHASAR de Hedviger* ayant été favorifé des graces fingulieres de l'Empereur MAXIMILIAN II. de glorieufe memoire, Notre Prédeceffeur à l'Empire, qui à caufe de fes actions Heroïques, & du courage intrépide qu'il fit paroître en Hongrie contre le Turc, ennemi juré du nom Chrétien, particulierement, lorfqu'ayant paffé le Danube à la nage, pour reconnoître l'Ennemi, il lui caufa une perte confiderable, pour témoignage de fa valeur, & du bon & fidele fervice qu'il avoit rendu, fit inferer dans fes Armes une Demi-Lune & un Poiffon nageant dans la riviere. *CHARLES de Hedviger, leur Bifayeul*, ayant fervi jufqu'à fa mort avec honneur feu le Duc HENRI de Lignitz, en qualité de Confeiller intime, & *CHRISTOFFLE de Hedviger*, leur ayeul de la même maniere, & en la même qualité, le Duc JEAN-CHRISTIAN de Lignitz, & *leur pere JEAN-GEORGE de Hedviger* s'étant rendu également recommandable à Notre fervice dans les Troupes à Kayserswaldau & Praufdorf, & ayant fini fa vie par une mort prématurée, en qualité de Capitaine, dans le Regiment du General Thim, l'exemple defquels, fes *ayeuls, bifayeul & Ancètres, ledit GEORGE-GUILLAUME de Hedviger* a fuivi, dans le fervice qu'il Nous a rendu contre l'Ennemi juré. Premierement, en qualité de Volontaire dans le Regiment de Dragons de notre General Schlick, enfuite en qualité d'Enfeigne, après avoir tué un Baffa par fon adreffe d'un coup de feu, puis en qualité de Lieutenant, & enfin en celle de Capitaine dans le Regiment de Montbéliard, ayant dans toutes les occafions donné des marques de fa fidelité inviolable, & s'étant toujours comporté en brave Soldat & d'honneur ; de forte qu'après la réforme que Nous fimes dudit Regiment de Montbéliard entre plufieurs autres, le Duc de Wirtemberg-Montbéliard à prefent Regnant, le fit Maréchal de fa Cour, qui eft l'Emploi où il eft encore actuellement, & où jufqu'à prefent il ne continue pas moins de Nous être foumis & dévoué qu'il l'étoit, quand il fervoit dans les Troupes, s'offrant très-humblement de procurer à l'avenir dans toutes les occafions Notre avantage, celui de l'Empire, & de notre Maifon Archiducale d'Autriche, & de porter fes Freres à la même chofe, ainfi qu'il peut & doit le faire dans l'Emploi de Maréchal de ladite Cour, qu'il poffede.

C'eft donc en confideration des fufdits mérites, fidelité, fervices rendus, & qu'ils rendront à l'avenir, de leurs nobles qualitez & vertus, qu'après une mûre déliberation, bon confeil & pleine fcience, Nous avons fait aux fufnommez *GEORGE GUILLAUME, JEAN CHRISTOFFLE, JEAN RUDOLFF, & ANNE SABINE de Hedviger*, cette grace particuliere, & les avons avec tous leurs heritiers légitimes, procréez de leurs corps, & les heritiers de leurs heritiers des deux fexes en ligne defcendante, élevez, honorez, mis & incorporez pour toujours, au rang, honneur & dignité de nos Comtes & Comteffes du faint Empire, de nos Royaumes hereditaires, Principautez & Pays, de la même maniere que s'ils étoient nez anciens Comtes & Comteffes de quatre generations.

Le faifons, honorons, élevons & mettons les fufdits Freres & Sœur *de Hedviger*, leurs heritiers légitimes procréez de leurs corps, & les heritiers de leurs heritiers, mâles & femelles en ligne defcendante, comme deffus, au rang, honneur & dignité de nos Comtes & Comteffes du faint Empire, les mettons dans leur nombre, & les inferons dans leur Communion; conferons & donnons à eux tous, outre les Titres d'honneur qu'ils avoient déja, en omettant le nom de leurs Prédeceffeurs, le Nom & la Qualité de Comtes & Comteffe de Sponeck, & leur permettons de fe nommer & de s'écrire ainfi : Entendons, ordonnons & voulons auffi, que les fufdits *GEORGE GUILLAUME, JEAN CHRISTOFFLE, JEAN RUDOLFF, & ANNE SABINE, Comtes & Comteffe de Sponeck*, leurs heritiers légitimes procréez de leurs corps, & les heritiers de leurs heritiers foient à jamais nos Comtes & Comteffes du faint Empire, de nos Royaumes hereditaires, Principautez & Pays, qu'ils fe nomment & s'écrivent ainfi, & foient reconnus, honorez, appellez & infcrits tels par Nous, par les Empereurs Romains & Rois nos Succeffeurs à l'Empire; par notre Maifon Archiducale d'Autriche, par toutes nos Chancelleries & les leurs, & par un chacun, foit de haute ou de baffe condition : Qu'ils puiffent fans aucun empêchement jouir & être faits participans de toutes & chacunes les graces, libertez, honneurs, dignitez, avantages, prééminences, droits, jurifdictions dans les Affemblées & Tournois; avoir

& recevoir des Benefices dans les hauts & bas Canonicats, des Fiefs & des Charges tant Ecclefiaftiques que Seculieres, de la maniere que nos Comtes & Comteſſes du ſaint Empire, de nos Royaumes hereditaires, Principautez & Pays, qui
ſont nez tels, en jouiſſent & en uſent, de Droit & de Coutume.

De plus, Nous avons gracieuſement confirmé aux ſuſdits Comte & Comteſſe
GEORGE GUILLAUME, JEAN CHRISTOFFLE, JEAN
RUDOLFF, & ANNE SABINE de Sponeck, leurs anciennes Ar-
moiries de Nobleſſe & de Chevaliers qu'ils ont heritez, & Leurs avons gracieuſement permis de les porter à l'avenir éternellement, comme il ſuit : un Ecu
écartelé, dont le premier & dernier quartier eſt un Lion d'Or couronné, lam-
paſſé dans un Champ de gueules, tourné en dehors & en ſautoir, le Goſier ouvert,
jettant de l'écume, dreſſant en haut une double queue; le ſecond & le troiſiéme
quartier eſt un Champ d'azur, chargé d'un Ruiſſeau coulant, & portant un Thim
ſurnageant; dans le troiſiéme quartier en haut, & dans le ſecond en bas, à la droite
du Ruiſſeau, paroît une Etoile d'or à ſix Rais, & à la gauche une Demi-Lune : ſur
le Centre de l'Ecu eſt un Aigle de ſable dans un Champ d'or couronné à aîles dé-
ployées, préſentant ſes ſerres, & tirant une langue de gueules : ſur l'Ecu des Armoiries ſont deux caſques de Tournois ouverts & tournés en dedans l'un contre
l'autre, détachés, nobles, garnis de gueules, dont le gauche eſt à Cimier d'or &
d'azur, & le droit d'or, & de gueules pendant en bas, chacun avec ſes Lambre-
quins, & une Couronne d'or au deſſus : de la Couronne de la gauche ſortent deux
Aigles d'azur, ſurchargés du Ruiſſeau, du Thim, de l'Etoile, & de la Demi-Lune
blaſonnez dans l'Ecu : de la Couronne de la droite eſt iſſant le Lion coloré
dans ledit Ecu, tourné en dedans : qui ſont les Armoiries que Nous leur avons
confirmées & accordées, blaſonnées de leurs couleurs naturelles dans le blanc des
préſentes Lettres.

Et pour faire d'autant plus reſſentir les Effets de Notre Grace Imperiale aux
ſuſdits GEORGE GUILLAUME, JEAN CHRISTOPHE, JEAN
RUDOLFF, & ANNE SABINE Comtes & Comteſſe de Sponeck,
Nous leur avons après une mûre Délibération, bon Conſeil, & pleine ſcience, à
leurs heritiers légitimes procréés de leurs corps, & à leurs deſcendans, mâles &
femelles, fait cette grace ſinguliere, & accordé cette liberté; la leur accordons par
Notre Puiſſance Imperiale & pleine ſcience par les Preſentes, qu'à l'avenir ils portent le Titre de Hoch & Wohlgebohrn, Voulans & Nos Succeſſeurs au ſaint Empire,
à Nos Royaumes hereditaires, Principautez & Pays, les nommer & écrire ainſi,
& donner auxdits Comtes & Comteſſe de Sponeck, à leurs heritiers légitimes procréés
de leurs corps, & aux heritiers de leurs heritiers ledit Titre & qualité, dans Nos
Chancelleries, dans les écrits ouverts & cachetés, Lettres & Miſſives, où ils ſeront
nommez, & que Nous, ou Nos Succeſſeurs leurs adreſſeront : comme Nous avons
déja actuellement ordonné à Nos Chancelleries de le faire.

Ordonnons & commandons auſſi expreſſément par les Preſentes à Leurs Eminences Illuſtriſſimes, les Archevêques de Mayence, de Treves & de Cologne, Nos
chers Neveux & Couſins, comme Electeurs & Archichanceliers du ſaint Empire
Romain, en Allemagne, dans les Gaules, au Royaume d'Arelat, & en Italie, & à
tous Nos autres Chanceliers, Officiers de Chancellerie & Secretaires, preſens &
à venir, de faire & tenir main, à ce que dans Nos Chancelleries, & dans celles de
Nos Succeſſeurs le Titre & Nom Hoch & Wohlgebohrn, ſoient donnés, & écrits à
l'avenir, & à jamais aux ſuſdits GEORGE GUILLAUME, JEAN
CHRISTOFFLE, JEAN RUDOLFF, & ANNE SABINE,
Comtes & Comteſſe de Sponeck, à leurs heritiers légitimes procréés de leurs corps,
& aux heritiers de leurs heritiers en ligne deſcendante.

Enjoignons de plus ſerieuſement par les Preſentes à tous & chacun les Electeurs,
Princes Eccleſiaftiques & Seculiers, Prelats, Comtes, Barons, Chevaliers, Intendans, Gouverneurs de Provinces, Grands Baillis, Commandans de Villes, Séné-
chaux, Prevôts, Juges Provinciaux, Maires, Bourgmaîtres, Jurés, Conſeillers,
Juges des Armoiries, Herauts, Perſevanten, Bourgeois, Communautés, & à tous
Nos autres Sujets de l'Empire, de Nos Royaumes hereditaires, Principautés &
Pays, de quelle qualité & condition qu'ils ſoient, & voulons, qu'ils reconnoiſſent
à l'avenir & à jamais les ſuſdits Comtes & Comteſſe de Sponeck, leurs heritiers légitimes procréés de leurs corps, & les heritiers de l'un & de l'autre ſexe, pour de
Nos

Nos anciens Comtes & Comtesses du saint Empire, de Nôs Royaumes hereditaires, Principautés & Pays : qu'ils les reconnoissent pour tels, les honorent, les nomment, & leur écrivent ainsi, & les laissent joüir paisiblement de toutes les Graces, Libertés, Honneurs, Dignités, Titres, Avantages, Droits & Jurisdictions cy-dedans specifiées, sans les y troubler, mais les y maintenir & proteger entierement de Notre part, & de celle du saint Empire, sans y contrevenir, ni permettre que d'autres y contreviennent en aucune maniere que ce soit, à peine d'encourir Notre disgrace & celle du saint Empire, & de payer, sans aucune rémission par chaque contrevenant une amende de deux cens marcs d'or, applicable, moitié à Notre profit, & à celui de la Chambre de l'Empire, l'autre moitié aux susdits *Comtes & Comtesse de Sponeck*, à leurs heritiers légitimes procréés de leurs corps, & aux heritiers de leurs heritiers en ce lezés, sans cependant que les Présentes préjudicient en aucune maniere à Nos Droits, à ceux du saint Empire Romain, de Nos Royaumes, Principautés, & Pays, ni à ceux d'autrui. En foi de quoi, Nous avons fait pendre aux presentes Lettres Patentes Notre Bulle d'or Imperiale. Donné dans Notre Ville de Vienne le deuxiéme du mois d'Aoust l'an de Grace mil sept cens & un, de Nos Regnes, de celui à l'Empire le quarante-quatriéme, de Hongrie le quarante-septiéme, & de celui de Boheme le quarante-cinquiéme. LEOPOLD. Ut Dominique André, Comte de Kaunitz. Ad mandatum Sacᵐ Cæsᵐ Majestatis proprium. C. F. CONSBRUCH. Collationné & enregistré Jean Friderich Weningölten, Registrateur.

PROCURATION DU FEU PRINCE DE MONTBELIARD, donnée au Prince son fils unique George-Leopold, pour aller en Pologne se faire donner un Acte de son Mariage avec la Dame de Hedvviger, Comtesse du saint Empire.

Du dix-sept Juin 1720.

NOUS par la grace de Dieu, Leopold-Eberhard, Duc de Wirtemberg & Teck, Comte de Montbéliard, Seigneur de Heydenheim. Donnons par & en vertu des Présentes, plein pouvoir à notre très-cher fils George-Leopold, ou à celui & à ceux qu'il commettra & envoyera en son nom pour raison de ce, de faire rechercher notre Mariage, qui a été accompli avec Damoiselle Anne-Sabine de Hedwiger, en Pologne, près de Posna, dans l'Eglise Lutherienne de Reïowitz, par la Bénédiction du Prédicateur Lutherien dudit lieu, Jean-Christophe Fuchsius, le premier du mois de Juin environ de l'année 1694, & de s'en faire donner des Certificats autentiques en bonne & düe forme où il appartiendra ; laquelle faveur, que nous esperons, nous sommes porté & incliné à reciproquer envers tout chacun, suivant son état, en toutes occasions ; en foi & témoignage nous avons signé & fait apposer nos Armes aux Presentes. Donné en notre Ville de résidence de Montbéliard, le 17 du mois de Juin de l'année 1720, *signé*, LEOPOLD EBERHARD, Duc de Wirtemberg-Montbéliard, & scellé en Cire rouge en placard.

Traduit de l'Allemand en Langue Françoise d'une Procuration en Original, signée & scellée, comme dit est ci-dessus, & icelle aussi signée & paraphée par moi soussigné Avocat & Secretaire-Interprete au Conseil Souverain d'Alsace. Fait à Colmar, ce 10 May 1714. *Signé* MULER, *avec Paraphe.*

LETTRE de S. A. S. Christian Ulrich, Duc de Wirtemberg-Oels, écrite de Bâle le 29 Août 1720 à Son Altesse Serenissime Léopold Eberhard, Duc de Wirtemberg-Montbéliard.

SERENISSIME DUC, TRES-HONORE' COUSIN,

Nous ne sçaurions Vous cacher, que Nous avons été fort surpris d'apprendre que Notre très-cher Cousin le Duc de Wirtemberg-Stoutgard a representé dans un Memoire du 15 Février de l'an courant, que son Conseiller & Envoyé Dermi-

S

neur a remis à Sa Majesté le Roi de France, qu'il n'y a point de Princes, ni de Princesses de la Maison de Wirtemberg, qui reconnoissent l'Epouse de V. A. S. la Serenissime Princesse ELISABETH-CHARLOTTE, Duchesse de Wirtemberg-Montbéliard, née Baronne de Lesperance, Notre très-chere Cousine, pour la femme légitime de V. A. S. ni les Princes & Princesses vos enfans de deux lits, aussi nos très-chers Cousins & Cousines, pour enfans légitimes & habiles à succeder : Comme donc cela Nous a fort surpris, par l'endroit que non seulement, Nous n'avons point donné de plein pouvoir à Notre susdit Cousin le Duc de Wirtemberg-Stoutgard, pour faire de telles remontrances, mais reconnoissons plûtôt l'Epouse de V. A. S. la Serenissime Princesse ELISABETH-CHARLOTTE Duchesse de Wirtemberg-Montbéliard, &c. née Baronne de Lesperance, Notre tres-chere Cousine, pour la femme légitime de V. A. S. de même que Nos très-chers Cousins & Cousines les Princes & Princesses des deux lits, pour enfans légitimes, habiles à succeder, & pour Princes & Princesses : Aussi ne sçaurions Nous comprendre, pourquoi S. A. S. le Duc de Wirtemberg Stoutgard fait à Vous & aux Vôtres tant de difficultés, puisque DIEU Vous a beni d'une nombreuse postérité légitime, & qu'on peut encore esperer plus de benediction. Et quand même, ce que DIEU veüille detourner, toute Votre Posterité viendroit à s'éteindre, ce ne seroit pas à la Serenissime Maison de Stoutgard à s'en informer, puisque tant par la naissance, que par les pactes de Famille, Nous de la ligne de Wirtemberg-Oels, ou Weiltingen, sommes les légitimes & les plus proches heritiers à la succession de Wirtemberg-Montbéliard : Et quoique nous ayons fait une convention, en vertu du Récès de Weiltingen, avec Nos très-chers Frere & Cousin, n'ayant les deux point encore d'enfans, & DIEU au contraire nous ayant beni de posterité, il est clair que cela Nous regarde à present preferablement aux autres : Et DIEU ayant beni V. A. S. d'une nombreuse posterité, & pouvant encore l'en benir dans la suite, ce n'est pas le tems de parler de telles affaires, & Nous nous trouvons obligés, pour maintenir la verité, & conserver l'amitié sincere & fidèle, qu'il y a eu entre V. A. S. Nos Bisayeuls, Ayeuls, Pere & Mere, & Nous-même, de vous donner Notre sentiment & déclaration sur ce sujet, comme Nous les donnons & voulons donner aussi par les Presentes, après une mure déliberation. Demeurans toujours prêts à vous rendre tous les bons services de Parent, aussi-bien qu'à Madame Votre Epouse, Notre très-chere Cousine, & à tous les Vôtres, aussi Nos très-chers Cousins & Cousines.

SERENISSIME DUC,

A Bâle, ce 29 Août   Votre fidele Cousin &
1720.   Serviteur.

CHRISTIAN ULRICH, D. d. W. O.

PIECE TRADUITE DE L'ALLEMAND EN FRANÇOIS.

NOUS Eleonore-Charlotte, par la Grace de Dieu, Duchesse née & Douairiere de Wirtemberg, Teck & Châtillon, d'Oels en Silesie, Comtesse de Montbéliard & Colligny, Dame de Heidenheim, Sternberg, Mezibohr, Festenberg & Koltzig, &c.

FAISONS sçavoir, & confessons sur notre bonne conscience par ces Presentes, devant Dieu & tout le monde, que nous n'avons rien sçu de l'intervention que Funck a voulu faire contre toute sorte de raison & d'excuse dans le Procès qui est pendant à Paris au Conseil d'Etat, entre M. George Léopold, Duc de Wirtemberg Montbéliard, & M. Eberhard Louis, Duc de Wirtemberg Stoutgard, & attestons en même temps, que si Funck a osé se servir dans la moindre chose de nos blancs-Seings que nous lui avons confiez, contre le Mariage entre feu S. A. S. le Prince Léopold Eberhard, Duc de Wirtemberg & Teck, Comte de Montbéliard,

Seigneur de Heidenheim, notre très honoré & très cher frere, avec (Pl. cum Tis.) la Sereniffime Anne Sabine, Comteffe de Sponeck, lequel Mariage a été beni par le Prêtre au mois de Juin de l'année 1695, ou contre la naiffance légitime du Prince George Léopold leur fils, à prefent Duc de Wirtemberg Montbéliard, né le 12e Decembre de l'année 1697, dans notre Château de Feftenberg, & baptifé par le fieur Opfergeld, Miniftre, pour lors notre Prêtre; Nous déclarons donc devant tout le monde que s'il a fait l'un ou l'autre, c'eft une fraude infâme, & une fauffeté manifefte (de la part dudit Funck ;) En confirmation de quoi nous avons figné de notre propre main & fait appofer notre Sceau de Princeffe : Fait à Vienne le 24 Juillet 1726.

(L. S.) ELEONORE-CHARLOTTE
Ducheffe de Wirtemberg-Oels.

Je fouffigné Notaire Imperial, public & Juré, attefte par ma fignature faite de ma main propre, & par l'appofition de mon Sceau ordinaire de Notaire, que la prefente copie eft tirée fidelement de fon original, & après la confrontation faite je l'y ai trouvé conforme mot pour mot. Fait à Montbéliard le 17 Aouft 1726.

(L.S.) BENJAMIN REUTH, Notarius,
Cæfareus, publicus, Juratus.

FORMULAIRE DU SERMENT

Prêté enfuite de la Renonciation à la Principauté de Montbéliard.

COMME la ceffion & renonciation du 29 Juillet dernier, que j'ai figné de ma propre main, & dont la teneur me vient d'être expliquée de nouveau, porte, qu'en cas que j'aye en vertu de ma naiffance quelque droit & prétention à la Principauté de Montbéliard & les Comtés & Seigneuries en dépendantes, je l'ai transferé & cedé à S. A. S. Monfeigneur Eberhard-Louis, Duc regnant de Wirtemberg, & à fes fucceffeurs, en y renonçant pour moi, & ma pofterité pour jamais & éternellement; moi GEORGE, Comte de Sponeck, je jure préfentement pour confirmation de la fufdite ceffion & renonciation faite par moi, avec le confentement de S. A. S. Monfeigneur Leopold Eberhard, Duc de Montbéliard, & avec connoiffance de caufe, prife par fa Regence, au Dieu tout-puiffant, un ferment corporel & folemnel, lequel m'a été bien expliqué, que je tiendrai toujours ferme, fans vouloir avoir jamais recours au benefice de minorité ou autres exceptions quelconques, ce à quoi je me fuis engagé dans la ceffion & renonciation du 29 Juillet dernier, & par confequent que je ne veuille, ni moi, ni mes heritiers, jamais de ma vie, & éternellement former aucune prétention, competence ou droit à ladite Principauté de Montbéliard ni aux Comté & Seigneuries en dépendantes, foit ou fous prétexte de fucceffion, appanage ou alimentation, & que je reconnois pour feul & legitime fucceffeur en ladite Principauté de Montbéliard & toutes fes Seigneuries & dépendances, S. A. S. Monfeigneur Eberhard-Louis Duc de Wirtemberg, & cela conformément à la ceffion & renonciation fus-mentionnée faite & écrite à Montbéliard, auffi vrai que je fouhaite, que Dieu me foit en aide par JESUS-CHRIST.

(L. S.) GEORGE, Comte de Sponeck.

(L. S.) FALLOT, Confeiller & Affiftant.

Après cela M. le Confeiller & Affiftant Fallot repréfenta avec bien du refpect, que comme le fufdit Seigneur Comte George de Sponeck, &c. étoit dans l'intention de tenir fidelement ce qu'il avoit promis par le ferment prêté au gracieux contentement de S. A. S. le Duc regnant de Wirtemberg, qu'il efperoit auffi, que du côté de Sadite Altesse Serenissime ce qui avoit été promis & stipulé gracieusement par écrit audit Seigneur Comte de Sponeck, à sa famille, & à ses descendans, au sujet de cet accommodement, seroit aussi executé & accompli fidelement ; de quoi lui fut donné une assurance convenable par la réponse de M. le Conseiller Intime, Baron de Schunck, au nom de son très gracieux Seigneur. Ensuite de quoi ce présent Acte commencé au nom de Dieu, se finit aussi de même, après plusieurs congratulations de part & d'autre.

Toutes lesquelles choses ont été faites l'an de Christ, Indiction, Regnes de sa Maj. Imp. mois, jour, heure & lieu marqués ci-dessus, dans la maison de plaisance de S. A. S. de Wirtemberg à Louisbourg, dans la chambre basse de l'aîle gauche du bâtiment, le matin environ les onze heures, en présence du susdit Conseiller M. Pfau, comme témoin requis specialement pour le présent Acte, qui en foi des choses susdites s'est ici souscrit de sa propre main, & y a apposé son Cachet ordinaire, *signé* (L. S.) C A S P A R D P F A U.

Nous donc Jean Philippe Schæffer, & Jean-Frideric Senckeisen, Notaires Jurez publics, par le pouvoir & autorité de Sa Majesté Imperiale, qui avons assisté au présent Acte, cession, renonciation & accommodement confirmé par Serment, dès le commencement jusqu'à la fin, sans interruption, & qui avons vû & oui, pris fidelement *ad notam* & protocolé tout ce que dessus arrivé, fait, & ainsi traité, en avons dressé le présent instrument public pour une memoire éternelle, & en foi de verité l'avons écrit nous-même, souscrit de nos propres mains, confirmé & corroboré *in optima forma* de nos cachets accoutumés, qui nous ont été accordés gracieusement comme seings du Notariat, suivant que nous en avions été requis & priés gracieusement à raison de notre Charge.

Pro Lege & Grege.	Fidelis & Secretus
S. JOH. PHIL. SCHÆFFERI,	S. JOH. FRIDERICI SENCKEISEN.
Not. Cæf. Publ. (L.S.)	Not. Cæf. Publ. (L.S.)
JOHANN. PHILIPP. SCHÆFFER, Notarius Cæsareus publ. Juratus, debito & legitimo modo requisitus in fidem præmissorum, attestor.	JOH. FRIEDR. SENCKEISEN, Notarius Cæsareus publ. Juratus, debito & legitimo modo requisitus in fidem præmissorum, attestor.

Je souscris Notaire Imperial public & Juré, atteste en la meilleure forme que faire se peut, par mon seing manuel & mon Sceau ordinaire de Notaire ici apposé, que la présente copie tirée fidelement de son original & *factâ collatione & diligenti auscultatione*, y a été trouvée conforme de mot à mot. Fait à Stoutgard, le 23 Octobre de l'an 1715.

(L. S.) Notariatûs JOHANN. PHILIPP. SCHÆFFER, Notarius Cæsareus Publ. Juratus in fidem præmissorum, attestor.

11,418

Réflexions sommaires sur la conduite du Comte DE SPONECK, & sur les Pieces qu'il a fait imprimer.

LE Comte de Sponeck crie à l'imposture, sur ce qui est dit dans le premier Memoire des Princes de Montbeillard, que son épouse est fille du Duc de Montbeillard, qu'Anne-Sabine Hedvviger a été femme de Chambre de la Duchesse d'Oëls, que la mere de la Demoiselle Hedvviger a servi en qualité de Confituriere dans la maison de cette Princesse, que Jean-Georges Hedvviger pere de la Demoiselle Hedvviger a exercé le métier de Boulanger à Lignits pendant un tems considérable.

Pour montrer que son épouse n'est pas fille du Duc de Montbeillard, le Comte de Sponeck a fait imprimer un acte de célébration de mariage fait à Oëls en 1697 entre Loüis Sandersleben & Henriette Hedwige, la Sentence de leur divorce, & l'Extrait-baptistaire de son épouse. Pour relever la condition de la Demoiselle Hedwiger, & du pere, & de la mere de la Demoiselle Hedwiger, il a fait imprimer les Lettres de Comtés & Comtesse du S. Empire que l'Empereur a accordées le 2 Août 1701 à la famille d'Hedwiger.

Il falloit aller plus loin; 1°. Il falloit accuser d'imposture feu M. le Duc de Wirtemberg, puisqu'en Allemagne, & en France, non-seulement il a dit tout ce qui se trouve dans le premier Memoire des Princes de Montbeillard, mais il l'a soutenu par des faits & par des pieces. 2°. Sur la condition de la Demoiselle Hedwiger, il falloit joindre aux Lettres Patentes de 1701, ce que l'on n'a jamais vû, son Extrait-baptistaire, celui de son pere, celui de sa mere, l'acte de célébration de leur mariage, les Extraits-baptistaires, les actes de célébration de mariage de ses ayeux, ou des titres équivalans. 3°. Il falloit rendre raison de ce qui est dit dans le Traité de Vilbade, que le Comte de Coligny & sa sœur épouse du Comte de Sponeck, sont *enfans* du Duc de Montbeillard; & de ce que dans une donation faite par ce Prince le 16 Novembre 1716 à la Baronne de l'Esperance & à ses enfans, avec substitution au profit de tous les enfans d'Henriette Hedwige, le Comte de Coligny & sa sœur épouse du Comte de Sponeck, ne sont nommez que par le nom de leur mere *Charles-Leopold de l'Esperance*, *Eleonore-Charlotte de l'Esperance*, & de ce qu'ils ont signé sous ce nom; de ce que Loüis Sandersleben a signé & le Traité de Vilbade & la donation de 1716; & de ce que dans cette donation il a assisté le Comte de Coligny & l'épouse du Comte de Sponeck, en qualité de Curateur nommé par acte du 11 Août 1716, pour agir sous l'autorité de la Baronne de l'Esperance. *(a)*

Le Comte de Sponeck devoit-il provoquer ces explications, devoit-il le faire dans une cause remplie de faits capables d'exciter contre lui *l'indignation publique* ?

Quel autre sentiment pourroit-on avoir à la vûë du premier titre qu'il a fait paroître dans les Cours de France & d'Allemagne, pour dire que la Comtesse de Sponeck a été mariée le 1. Juin 1695 avec Leopold Eberhard Duc de Wirtemberg Montbeillard; c'est un faux extrait d'un faux acte de célébration, soutenu par une fausse légalisation de ce faux extrait.

Le faux de l'acte de célébration, que le Comte de Sponeck ne rend pas exactement en François, est devenu certain par son aveu qu'il a été inscrit après coup dans les Registres de l'Église de Rejovvits. Il dit que c'est au mois de Novembre 1695. Rien ne le prouve; & les faits de la cause disent que le coup a été fait longtems après l'année 1695.

Il est établi que quand cet Acte auroit été inscrit le 1 Juin 1695 dans le Registre de Rejovvits, il n'auroit pû faire un mariage, ni pour le Prince de Montbeillard, ni pour Anne-Sabine Hedvviger, depuis Comtesse de Sponeck.

Ainsi avec un extrait fidele de cet Acte on n'auroit pû faire fortune; c'est ce qui a fait prendre la résolution au Comte de Coligny de s'en faire délivrer le 3 Juillet 1720 un faux extrait, & une fausse légalisation de ce faux extrait, *personaliter comparens illustrissimus Comes de Coligny petiit, certæ necessitatis causâ.*

Ces mots, *certæ necessitatis causâ*, prouvent 1°. que le Comte de Coligny n'a pas jugé l'acte de célébration capable d'établir le mariage du Prince de Montbeillard avec la Comtesse de Sponeck; 2°. qu'il a commis le faux avec réflexion pour en abuser.

La fausseté de l'extrait & sa malice sont sensibles. 1°. Le Ministre actuel de Rejovvits a rempli les lettres initiales. 2°. Il a retranché toutes les énonciations, qui prouvent que l'acte ne peut s'appliquer ni au Prince de Montbeillard, ni à la Comtesse de Sponeck. 3°. Pour tromper les Juges & le Public, ce Ministre a attesté que l'extrait est très-fidele, *fidelissimè descripsi & extradidi.* Dans un certificat du 23 Mai 1735, que le Comte de Sponeck vient de faire imprimer, ce Ministre entreprend de se justifier, mais il aggrave son crime.

La fausseté de la légalisation & sa malice ne sont pas moins évidentes; 1°. les Magistrats

(a) Il paroît une ample & magnifique Généalogie, imprimée depuis le mois de May 1716, où le Comte de Coligny & l'épouse du Comte de Sponeck sont placés dans le rang des enfans du Duc de Montbeillard.

(b) Primâ Junii copulati sunt & in Templo Rejovicensi binæ ex Technensi Silesiæ Ducatu huc venientes personæ, ambo Evangelicæ, quibus ibidem copulatio, ni à fide deficerent, interdicta ,, Equites ambo huc venerunt, nimirum perillustris Dominus Leopoldus Eberhard H. Z. W. M. S. Romani Imperii Comes, & perillustris magnifica & Virgo Anna Sabina V. H. Domini nus Sponsus tum erat in militiâ Electoris Saxonici, Sponsa verò ex Ducatu Technensi, sub tutelâ Matris viduæ. *La traduction que le Comte de Sponeck vient de donner en François n'est pas exacte.*

de Skoki ont déclaré que le Regiſtre leur a été repreſenté : *Librum authenticum Metrices Templi Rejovvicenſis proprium vidimus*. 2°. Ils ont tranſcrit le faux extrait dans l'Acte de légaliſation. 3°. Afin que perſonne ne pût s'apercevoir de la fauſſeté, non ſeulement ils ont atteſté dans les termes les plus forts, que l'extrait eſt véritable, *Teſtatum facimus punctum copulationis ſupra ſcriptum eſſe verum, reale, non immutatum, nobis, officioque noſtro optimè notum, ſanum, ſalvum, ac illaſum*, mais ils ſe ſont prêtez juſqu'à rendre dans leur légaliſation un témoignage d'oüi-dire ſur le mariage ; & le lendemain 4 Juillet ils ont fait une enquête conforme. Qui ne ſeroit effrayé de tant de prévarications ?

L'uſage que le Comte de Sponeck a fait de toutes ces fauſſetés ne ſe peut définir.

Non-ſeulement il a oſé les produire dans les Cours de France & d'Allemagne ; mais à la Cour de l'Empereur dans un Mémoire imprimé en 1722, ſous le nom du Duc de Montbeillard, il a fait tranſcrire en entier le faux extrait & la fauſſe légaliſation du Comte de Coligny. Ainſi dans le centre de l'Allemagne, aux pieds du Thrône, il a donné le ſpectacle étonnant d'un ſouverain complice de pluſieurs fauſſetés ! (a)

(a) Termes du Mémoire page 4. Le Mariage eſt prouvé par un certificat tiré du Livre des Mariages de Skoki écrit de la main du Miniſtre d'aujoud'hui, & légaliſé par le Magiſtrat du lieu dans la forme du monde la plus authentique, ſuivant la cotte C. cette cotte C. eſt à la fin du Mémoire, eſt le faux extrait & la fauſſe légaliſation.

A la Cour de France il a parlé en ces termes du faux extrait, & de la fauſſe légaliſation du Comte de Coligny, pour les oppoſer à un extrait fidele que M. le Duc de Wirtemberg a produit. *Cet extrait* (b) *eſt en bonne forme ; il eſt légaliſé par les Magiſtrats* (c) *de Skoki, & ainſi il eſt auſſi authentique que celui de M. le Duc de Wirtemberg ; auquel des deux faudra-t-il s'en rapporter ?* Il venoit de dire que *ces Magiſtrats ne rapportent pas ſeulement des lettres initiales, & que leur témoignage & leur légaliſation ſeroit capable par elle-même de lever tout ſcrupule à l'égard du Regiſtre.* Peut-on être ſi opiniâtre ſur le faux, & le ſoutenir ſi hardiment aux pieds du Thrône ?

(b) Mémoire imprimé de 1726. pages 21 & 22.

(c) Ce ſont les Conſuls Jurés.

Tandis que le Comte de Sponeck a crû pouvoir impunément s'en ſervir, il l'a fait, & il a ainſi gagné de hauts & puiſſans Protecteurs aux dépens de la vérité.

Mais auſſi-tôt que l'affaire a été renvoyée au Parlement, il a quitté priſe, pour s'attacher à ce qu'il appelle un Certificat, qu'il dit avoir été donné au Prince de Montbeillard le jour de la Célébration. En 1726 il n'avoit parlé de ce prétendu Certificat que pour fortifier l'Acte de Célébration qui eſt dans le Regiſtre (d). En 1736, il en a fait l'Acte de Célébration (e) : En voici les termes.

(d) Mémoire de 1726, page 16.

(e) Mémoire de 1736. page 21.

Je ſouſſigné, certifie & atteſte par ces lignes & ſur ma parole & foi de Prêtre, que tit. pleniſſ. Monſeigneur Leopold Eberhard H. Z. W. M. & Damoiſelle Anne Sabine V. H. le 1 Juin du ſtile nouveau, ont dûement obtenu ici à Rejovvits dans la grande Pologne, en l'Egliſe, la Bénédiction Nuptiale, ſuivant la coutume de l'Egliſe Lutherienne ; & ont été mariés au nom de la très-ſainte Trinité par Jean Chriſtophe Fuchius Prédicateur Luthérien de Rejovvits & Skoki.

Le Comte de Sponeck dit que cette Piece eſt ſignée par le Miniſtre Fuchs ; & il eſt vrai que les mots *Jean Chriſtophe Fuchius Prédicateur Luthérien de Rejovvits & Skoki*, ſont mis à la place d'une ſignature ; mais outre qu'ils appartiennent à la derniere phraſe, ce n'eſt pas le Miniſtre Fuchs qui atteſte, c'eſt un tiers qui atteſte le fait de ce Miniſtre, c'eſt donc un tiers qui auroit dû ſigner ; il n'a pas ſigné ; ainſi c'eſt un écrit imparfait.

La vérification qui en a été faite le 5 Juillet 1720 par les Magiſtrats de Skoki, & que le Comte de Sponeck vient de faire imprimer, ne peut rendre cet écrit plus important. 1°. Elle eſt faite au préjudice de l'inſtance qui étoit à Vienne. 2°. Elle eſt faite ſans qu'aucune Partie ait été appellée. 3°. Elle eſt faite ſans pieces de comparaiſon. 4°. Elle eſt faite par des Juges qui ſont convaincus de prévarication. 5°. Ils n'ont pas même eu l'attention de déclarer par qui la vérification a été requiſe, par qui l'écrit a été préſenté, & à qui il a été remis ; enſorte que non-ſeulement on ne peut dire qu'il ait été donné au Duc de Montbeillard le premier Juin 1695 par celui qui l'a fait, mais il eſt impoſſible de déterminer par qui, à qui, pourquoi, & en quel tems, il a été donné avant la vérification. 6°. Si cet écrit eſt du miniſtre Fuchs, & ſi ce Miniſtre eſt l'auteur de la mention qui a été faite ſur le Regiſtre de Rejowits, c'eſt l'ouvrage d'un fauſſaire. 7°. Il eſt ſans datte, & incapable à tous égards, comme on l'a établi, de former, ou prouver un mariage.

Il étoit réſervé à un tems de prodiges d'en faire l'acte de la vie le plus important, le plus précieux à l'Etat, *un titre authentique, un acte ſolemnel,* un titre que l'on dit *avoir formé l'union du Prince de Montbeillard & d'Anne-Sabine Hedvviger, l'acte même de célébration de leur mariage.*

Avec une piece auſſi mépriſable, & avec un acte mis après coup dans le regiſtre de Rejowits, il n'étoit pas poſſible de ſoutenir la datte du 1 Juin 1695. C'eſt ce qui a obligé le Comte de Sponeck à dire dans ſon Mémoire de 1736 page 12, que la circonſtance d'avoir mis la célébration du mariage dans le Regiſtre de Rejowits au mois de Novembre 1695 eſt indifférente. A la page 26. il eſt allé plus loin, & a dit que la datte de l'année eſt indifférente ; il dit même que l'on peut placer le mariage en quel temps l'on voudra, parce que le Miniſtre Fuſch eſt décédé en 1715. (f)

(f) Le Comte de Sponeck a fait imprimer un Certificat de ſa mort ; mais ce n'eſt qu'un certificat, & un certificat donné par un Miniſtre qui a fait une fauſſeté.

Avec de pareils diſcours il ſeroit aiſé de faire toutes ſortes de fauſſetés dans les mariages. Mais c'eſt une regle commune à toutes les nations, que l'Etat des perſonnes doit être certain & invariable ; Il eſt prouvé que les Proteſtans y ont pourvû pour les mariages, comme les Catholiques, par l'établiſſement des regiſtres ; & il eſt de fait qu'il y a des regiſtres à Réjowits.

De-là, de ce que la datte du premier Juin 1695 se trouve dans le registre de Réjowits, & de ce qu'elle n'est ni soûtenuë, ni soûtenable, il suit que le mariage de la Comtesse de Sponeck est une imposture, qui ne doit trouver place dans aucune année.

L'imposture éclate de toutes parts : Et les suppositions, les obmissions, les dissimulations qui ont été faites, ne servent qu'à la mettre au plus grand jour.

Il est prouvé que la Campagne de 1695 a commencé en Hongrie au mois de May, que le Prince de Montbeillard étoit en Hongrie au mois de Mars, qu'il a fait la campagne en personne, & qu'il y brûloit du désir d'acquerir de la gloire par de *belles actions*. Comme il eut été ridicule de le tirer d'Hongrie vers le premier Juin, pour venir se marier à Rejowits, avec une Demoiselle qui étoit accouchée le 30 Mars, on lui a fait passer le quartier d'hyver à la Cour d'Oëls, sans en rapporter la preuve.

Il falloit du moins faire trouver ce Prince à l'armée d'Hongrie *dans les premiers jours de Juin*, afin de ne le pas *exposer à des reproches*. On a eû recours à l'expédient de rapprocher la Ville du Pest (a) du Village de Rejowits, afin que le Prince pût en faire le voyage *en deux ou trois jours*; un Prince *vole avec rapidité* où il peut se distinguer.

(a) Il y a 200 liëües de France.

On a pensé avec raison, puisque c'est l'usage des Protestans, qu'il falloit des *promesses* avant le mariage; mais on s'est contenté de dire qu'il y en a eu, quoique le registre n'en parle pas; le prétendu certificat de Fusch n'en parle pas non plus; les Sentences de Breslaw ne permettent pas de l'admettre.

On a aussi pensé qu'il seroit utile que la Duchesse d'Oëls eut excité le Prince de Montbeillard à faire ce mariage, & qu'elle eût reçu la Comtesse de Sponeck au retour de Rejowits avec l'amitié d'une belle-sœur qui y avoit eu beaucoup de part; on l'a dit, mais sans le prouver, sans s'embarasser même des bienseances, ni de ce qui prouve le contraire.

Il y a plus; le Comte de Sponeck avoit en sa possession & les Lettres de la Duchesse d'Oëls du 4 & du 28 May 1695, & une donation de cette Princesse du 21 Septembre 1717, qui prouvent le contraire. Il a fait imprimer cette donation, avec la Lettre du 4 May, & il a laissé celle du 28 May; vraisemblablement il l'a trouvée trop pressante.

La preuve qui résulte de la donation de 1717 est convainquante. C'est à la verité à son cher neveu & fils que la Duchesse d'Oëls fait une donation; mais ce n'est ni à S. A. S., ni *au Prince George* *, ni au Prince héréditaire de Montbeillard, ni à un Prince de la Maison de Wirtemberg, c'est uniquement *au Comte de Sponeck* fils de S. A. S. Monseigneur Leopold Eberhard, Duc de Wirtemberg, Comte de Montbeillard : c'est par conséquent à un fils naturel de ce Prince.

* Terme que l'on a mis en tête de l'Acte dans l'impression.

Par-là sont détruits tous les certificats de la Duchesse d'Oëls sur le mariage de la Comtesse de Sponeck, qui ont été surpris en 1723, 1726, 1734, 1735; le Comte de Sponeck n'en a fait imprimer qu'un seul, qui est du 24 Juillet 1726, & il est essentiellement different d'un autre certificat du même jour, qu'il a fait imprimer dans son Memoire de 1726; celui-ci étoit capable de détruire tous les certificats de la Duchesse d'Oëls, parce qu'il y est dit qu'elle a donné des blancs-seings; il est vrai qu'elle en a fait un grand nombre, dont quelques-uns lui ont été fort onereux.

Il est prouvé par les Sentences de Breslaw, qu'au 18 Août 1695 la Comtesse de Sponeck étoit fille, & qu'ainsi elle n'a pas été mariée le premier Juin 1695; pour éluder cette preuve, il n'en a coûté que la facilité de supposer, contre les termes de la Sentence du 18 Août, que la mere avoit paru au consistoire pour la fille.

Autre embarras. Il est prouvé que la Comtesse de Sponeck n'a jamais joüi des honneurs de la Souveraineté avant l'intrigue. Le Comte de Sponeck les a abandonnez, sans s'embarasser des conséquences.

Il est prouvé par l'extrait baptistaire de l'épouse du Comte de Sponeck, & par celui de Ferdinand Eberhard son frere, qu'en 1699 & 1700 la Comtesse de Sponeck n'étoit pas femme du Duc de Montbeillard; non-seulement le Comte de Sponeck a gardé un profond silence sur cette preuve; mais pour empêcher qu'on fît attention sur les qualitez des parain & maraine qui font la preuve, il n'a pas fait mettre leurs noms dans l'impression de l'extrait-baptistaire de son épouse, & il n'a pas fait imprimer celui de Ferdinand Eberhard.

Plusieurs autres actes établissent que la Comtesse de Sponeck n'étoit pas femme du Duc de Montbeillard; tels sont le contrat d'échange de 1701, la confirmation de ce Traité, les Lettres Patentes même du 2 Août 1701 de Comte & Comtesse du S. Empire que l'Empereur a accordées à la famille d'Hedwiger.

Tels sont tous les actes & les faits qui prouvent que le Comte de Sponeck & la Comtesse de Coligny sa sœur sont nés, & ont été regardés comme enfans naturels.

L'Extrait-baptistaire de la Comtesse de Coligny prouve qu'elle a été baptisée en enfant naturel du Prince Leopold Eberhard de Montbeillard, & d'Anne-Sabine Hedwiger; il faudroit dire la même chose du Comte de Sponeck, en admettant le certificat de son baptême que la Justice ne peut recevoir. Le personnage de Page du Duc de Montbeillard qu'il a fait à Montbeillard, dans toute l'Allemagne, à la Cour, à la table de l'Empereur, l'inhumation du fils qu'il prétend être né le 30 Mars 1695, l'extrait-baptistaire de l'aî-né des Princes de Montbeillard du 1 May 1716, & l'acte de célébration de mariage du Comte de Sponeck du 22 Février 1719, prouvent que le Comte de Sponeck & la Comtesse de

Coligny ont vécu en enfans naturels de la Comteſſe de Sponeck ; & il en réſulte, comme on vient de le dire, que la Comteſſe de Sponeck n'a pas été mariée au Duc de Montbeillard.

Sur toutes ces preuves le Comte de Sponeck a gardé un profond ſilence.

Toutes ces preuves ſerviroient à expliquer, s'il en étoit beſoin, le Traité de Vilbade, & les actes confirmatifs de ce Traité, que le Comte de Sponeck a fait imprimer, parce que dès qu'avant & après le Traité de Vilbade, la Comteſſe de Sponeck a été regardée dans Montbeillard comme mere d'enfans naturels, dès qu'avant & après ce Traité ſes enfans ont vécu en enfans naturels, dès que cela eſt prouvé par des actes authentiques, il eſt impoſſible de ſe refuſer à la conféquence qui en réſulte, que dans le Traité de Vilbade, & dans les actes qui le confirment, on a eu juſte raiſon de les traiter en enfans naturels ; le Traité de Vilbade & les actes qui le confirment ne peuvent donc ſervir qu'à prouver que la Comteſſe de Sponeck n'a pas été mariée au Duc de Montbeillard.

Le Traité de Vilbade & les actes qui le confirment ſervent, comme tous les autres actes dont on vient de parler, pour montrer que le divorce datté des 5 & 6 Octobre 1714, eſt une ſuppoſition.

D'abord le Comte de Sponeck en a parlé, comme étant ſolemnel (a) ; mais à l'Audience il a ſoûtenu que ce n'étoit qu'un divorce de fait, & non pas un divorce de droit, parce qu'il dit qu'il n'y a eu ni diſcuſſion, ni Tribunal, ni Juges. Si le droit, ſi les Juges, ſi le Tribunal manquent, les ſignatures manquent, les dattes s'éclipſent, le fait tombe, & il ne peut plus être regardé que comme une ſuppoſition.

Et en effet il y a preuve complette qu'avant le mois d'Octobre 1714, la Comteſſe de Sponeck n'avoit à Montbeillard d'autre caractere que celui de mere d'enfans naturels. Il y a preuve complette qu'au mois de Février 1719 elle étoit dans le même état, la preuve augmente tous les jours. * Il y a preuve complette que le ſieur Briſechoux Procureur General de la Cour de Montbeillard, J. J. Gropp, Miniſtre, Surintendant de Cour, & J. R. de Sponeck frere de la Comteſſe de Sponeck, qui ont ſigné l'acte datté du 6 Octobre 1714, ont agi, depuis ce tems-là juſqu'à celui de l'intrigue, comme s'il n'y avoit pas eu de divorce.

D'un autre côté on voit qu'en 1720, & depuis ce tems-là, le Comte de Sponeck & le Comte de Coligny ſe ſont portés aux plus grands excès pour le prétendu mariage de la Comteſſe de Sponeck ; on voit ſinguliérement qu'ils ont été auteurs ou complices de pluſieurs fauſſetés, & qu'ils ont abuſé de la facilité du Prince de Montbeillard pour l'en rendre complice à la Cour de Vienne.

L'on voit d'ailleurs dans le Mémoire de Vienne (b) que pour faire valoir le prétendu divorce de 1714, le Comte de Sponeck a parlé d'un divorce fait en 1700 par un conſentement mutuel, conformément au droit civil, pendant qu'il eſt prouvé par les actes voiſins, & authentiques de 1701 que c'eſt une ſuppoſition.

Tous ces faits conduiſent à mettre le divorce prétendu fait en 1714 au nombre des ſuppoſitions, qui ont été pratiquées pour autoriſer l'impoſture.

En vain le Comte de Sponeck a fait imprimer l'acte de célébration de mariage de la Comteſſe de Coligny datté du 31 Août 1719 (c), l'interrogatoire de Nardin du 17 Janvier 1720, & pluſieurs autres pieces faites poſterieurement, dont il réſulte qu'alors la Comteſſe de Sponeck a été traitée, comme épouſe légitime du Duc de Montbeillard, & ſes enfans comme Princes légitimes ; tous ces actes étant poſterieurs aux Lettres de naturalité du mois de May 1719, il faut les rejetter comme ayant été arrachés à la foibleſſe du Prince par le Comte de Sponeck & ſes complices.

Après la mort du Prince de Montbeillard le Comte de Sponeck n'auroit pas long-tems impoſé, s'il n'avoit joint à ſes premiers crimes celui de faire arracher par force du carroſſe de ſa Souveraine les documens de leur état.

Cette action qu'on laiſſe à caractériſer, eſt bien capable de rendre fameux le triomphe qu'il s'eſt fait, en uſurpant la Souveraineté de Montbeillard.

Au reſte il comptoit ſi peu ſur cette Souveraineté, que dans l'acte de ſa priſe de poſſeſſion, qu'il n'a pas fait imprimer (d), il ſe ſoumit à la déciſion de l'Empereur.

Dès le mois d'Avril 1723 il en fut informé par un décret du Conſeil Aulique, qui ne lui permet de ſe préſenter à Vienne, que pour demander des alimens, avec défenſes de porter le nom & les armes de Wirtemberg Montbeillard.

Qui pourra croire qu'après cet événement il ait oſé en France conteſter l'état des Princes de Montbeillard & de leur mere, y demander la poſſeſſion & la joüiſſance de leur patrimoine ? Qui pourroit croire, ſans l'uſage qu'il y a fait des fauſſetés du Comte de Coligny, que la fortune lui a prodigué ſes tréſors, pendant que les Princes ont manqué du néceſſaire ?

Mais à préſent qu'il eſt démaſqué, que peut-il eſperer de tant de crimes qu'il a commis pour tromper les Souverains, les Juges, le public ; le ſeul avantage qu'il puiſſe ſe ménager, c'eſt de les faire oublier, en ſe tenant à l'état d'enfant naturel qui lui eſt propre ; il l'a fait en Allemagne ſans pouvoir s'en relever, que tarde-t-il à le faire en France ?

M. SICAULD, Avocat.

(a) Mémoire de 1736, page 28.

* Donation de la Ducheſſe d'Oëls, du 21 Sept. 1717.

(b) Page 5.

(c) Il n'a pas communiqué cet acte de célébration.

(d) Il l'a communiqué.

De l'Imprimerie de CLAUDE SIMON, rue des Maſſons, du côté de la rue des Mathurins. 1736.

De l'Imprimerie de PAULUS-DU-MESNIL, Imprimeur-Libraire, rue Ste. Croix en la Cité. 1736

PRÉCIS

D'UNE CONSULTATION

Signée de Messieurs DE LA VIGNE, DENYAU, CHEVALIER, GACON, MOUFLE, COCHIN, NORMANT & AUBRY, en datte du premier Septembre 1734.

Sur l'état du Fils du feu Prince DE MONTBELIARD, & de Madame la Comtesse DE COLIGNY sa sœur.

LE Conseil soussigné qui a vû les Memoires & Titres produits dans la contestation d'entre le fils & heritier de feu M. le Prince de Wirtemberg-Montbeliard & Made. la Comtesse de Coligny sa sœur, d'une part; M. le Duc de Wirtemberg-Stutgard, d'autre part, & les enfans de feuë la Barone de Lesperance, est d'avis:

QUE le Duc de Wirtemberg-Stutgard est non-recevable à prétendre les Terres de Franche-Comté & d'Alsace, qui dépendent de la succession du feu Prince de Montbeliard. Il est étranger dans le Royaume, il n'a point obtenu de Lettres de Naturalité avec dispense d'Incolat, par conséquent il est Aubain en France, & il ne peut y recueillir aucune succession. Si par les Traitez de Munster, de Riswick, & de Rastadt, le Roi a promis de rétablir la branche de Wirtemberg-Montbeliard dans tous ses biens, c'est une stipulation qui a été personnelle à cette branche, elle pouvoit posseder des Terres en France, parce qu'elle avoit obtenu des Lettres de Naturalité, & le Roi a religieusement observé les Traitez à son égard. La branche de Wirtemberg-Stutgard ne peut pas les reclamer, par le vice de perigrinité; il faut donc que le feu Prince de Montbeliard ait laissé des enfans habiles à succeder à ses Terres de France, ou que le Roi lui succede par le Droit d'Aubaine.

Le feu Prince a laissé deux enfans de son mariage avec Dame Anne-Sabine de Hedwiger, George Leopold, & Leopoldine-Eberhardine Comtesse de Coligny; il s'agit d'examiner leur état, & les droits qu'ils peuvent avoir sur les Terres situées en France, qui dépendent de la succession de leur pere.

On ne peut pas leur opposer l'incapacité qui naît de la qualité d'Etranger; le Duc George, pere du feu Prince, avoit obtenu des Lettres de Naturalité, pour lui, & sa posterité née en légitime mariage; & le feu Prince de Montbeliard en ayant obtenu de nouvelles en 1719: Il ne faut donc plus examiner que leur légitimité.

Le Duc de Wirtemberg-Stutgard les a traduits au Conseil de l'Empereur, pour contester sur cette légitimité, ils n'ont pas crû devoir s'y défendre; cependant le Jugement qui a été prononcé par défaut ne les déclare point illégitimes, mais seulement inhabiles à succeder aux Fiefs immédiats & aux allodiaux de l'Empire; ils peuvent donc fucceder à tous les biens qui ne font pas Fiefs immédiats & allodiaux de l'Empire. Telles font les Terres de France.

Dans ce Royaume on ne connoît point les mariages morganatiques, l'inégalité des conditions du mari & de la femme n'y décide jamais du fort de leurs enfans ; on n'y connoît que deux fortes d'état, celui des enfans légitimes, & celui des enfans naturels. Ainfi il faut écarter de cette caufe toute idée de mariage morganatique. Une differtation feroit inutile fur ces fortes de mariages, foit parce que nous les méconnoiffons en France, foit parce que le pacte morganatique n'eft point intervenu dans le mariage du feu Prince avec Dame Anne-Sabine de Hedwiger.

Si par un Traité fait en 1617 entre les cinq frères de la Maifon de Wirtemberg, ils fe font promis pour eux & leur poftérité de ne point contracter de mariages inégaux, cette promeffe n'a point été faite fous peine de la nullité de ces mariages, les contractans ne pouvoient pas s'impofer cette peine, ils n'ont pas même ftipulé la peine d'exherédation, contre les enfans qui naîtroient de ces mariages inégaux : C'eft ce qui rend le Traité de 1617 étranger à la conteftation dont il s'agit.

Le Traité qui a été fait à Wildbade entre le Duc de Wirtemberg & le feu Prince de Montbeliard, eft également inutile. Ce Traité eft effentiellement nul, & contre les bonnes mœurs, en ce que l'on y a fait promettre au feu Prince de ne point fe marier pendant la vie de la Barone de Lefperance fa concubine, & qu'on l'a engagé à confondre avec fes fils adulterins fes deux enfans légitimes, à qui il ne pouvoit enlever l'état de légitimité.

La renonciation que le Duc de Wirtemberg exigea alors de George-Leopold, fils du feu Prince de Montbeliard, a toujours été fans force & fans effet : Renonciation faite par un mineur âgé feulement de 18 ans : Renonciation à une fucceffion qui n'étoit point échuë, que nous n'admettons jamais en France que pour les filles que l'on marie & que l'on dote, & en faveur des mâles. Renonciation qui n'a point été libre, de la part d'un mineur qui étoit alors dans le Château & au pouvoir du Duc de Wirtemberg : Renonciation enfin qui n'a pû être affermie par le ferment que l'on a fait prêter au mineur, parce que le ferment a été également extorqué par force, & qu'il doit être regardé comme nul, même en Allemagne, où l'on fuit l'Autentique *Sacramenta*.

Quant au mariage du feu Prince de Montbeliard avec Dame Anne-Sabine de Hedwiger, pere & mere de George-Leopold & de la Comteffe de Coligny ; il eft inconteftable 1°. Que le Duc de Wirtemberg ne peut pas nier que le mariage ait été contracté. L'on en a parlé dans le Traité de Wildbade, comme d'un mariage peu convenable à la Maifon de Wirtemberg ; on y a fait mention des enfans nez de ce mariage, on a exigé de George-Leopold & de fa fœur une renonciation à la fucceffion de Montbeliard : preuves certaines que le Duc de Wirtemberg connoiffoit & leur naiffance, & le mariage de leur pere & mere.

2°. Les enfans de la Barone de Lefperance ne peuvent pas contefter avec plus de vrai-femblance la célébration de ce mariage ; leur mere n'avoit époufé le feu Prince de Montbeliard, qu'après un divorce fait en 1714 entre ce Prince & Dame Anne-Sabine de Hedwiger fa femme légitime. Qui dit un divorce, fuppofe néceffairement un mariage exiftant & un mariage valable. Le feu Prince n'avoit la liberté d'époufer la Barone de Lefperance, qu'en cas qu'il eût recouvré fa liberté par un divorce jufte, fuivant les Loix des Eglifes Proteftantes. Le divorce de 1714 eft donc le premier titre des enfans de la Barone de Lefperance ; or ils ne peuvent pas reconnoître ce divorce, & défavoüer en même-tems le mariage qui l'avoit précédé.

D'ailleurs la Barone de Lefperance leur mere a ratifié le Traité de Wildbade, où le mariage du feu Prince avec Dame Anne-Sabine de Hedwiger eft folemnellement reconnu. Toutes ces preuves forment une fin de non-recevoir infurmontable, contre ce que les enfans de la Barone de Lefperance s'efforcent d'oppofer au mariage dont il s'agit.

Il faut venir préfentement aux preuves de la validité de ce même mariage.

L'on doit décider aujourd'hui des mariages des Proteftans d'Allemagne, comme l'on décidoit de tous les mariages avant le Concile de Trente ; ce Concile n'ayant point été publié & reçu dans les Etats des Princes Proteftans, il ne peut y avoir force de Loi. Il n'eft pas douteux qu'avant le Concile de Trente les mariages clan-

5

destins ne fuffent valables; le Concile lui-même l'attefte, & la raifon en eft fenfible. L'effence du mariage confifte dans le confentement des contractans; l'Eglife feule pouvoit établir un empêchement dirimant de ce Sacrement, & jamais elle n'avoit exigé une célébration publique & folemnelle, fous peine de nullité. Pour affurer la légitimité aux enfans qui naiffoient des mariages, il fuffifoit qu'il y en eût quelque preuve, ou par écrit, ou par témoins, ou par l'aveu même des perfonnes mariées, & l'on fuivoit la même Jurifprudence en France, avant les Ordonnances Royaux qui ont profcrit les mariages clandeftins. Ces fortes de mariages étoient défendus à la verité, mais ils n'étoient pas nuls.

Les Eglifes Proteftantes ont confervé cette difcipline, avec d'autant plus de rai-fon, qu'elles ne regardent point le mariage comme un Sacrement, & qu'elles ne lui donnent que la force d'un contrat civil. Jufques-là, que de fimples promeffes deviennent un mariage valable, dès que la confommation fuit les promeffes. Cette maxime eft atteftée par Carpfovius & Bruneman, & aucun de leurs Auteurs n'exige la publicité du mariage, comme une condition qui lui foit effentielle.

Il n'eft donc point queftion dans les mariages des Proteftans d'Allemagne de la préfence du propre Curé, de la publication des Bans, de la célébration folemnelle & publique. Le feul confentement mutuel des contractans fuffit pour la validité de leurs mariages, & pour affurer l'état des enfans qui en peuvent naître, on a recours également à la preuve teftimoniale, ou par écrit: Telles font les maximes qui doivent décider du mariage du feu Prince de Montbeliard, & de Dame Anne-Sabine de Hedwiger, qui fuivoient la Confeffion d'Ausbourg.

Or, il y a des preuves & par écrit & teftimoniales de leur mariage célébré dans l'Eglife de Reïovitz, en préfence du Miniftre Fufch, le premier Juin 1695.

La premiere preuve eft le certificat que ce Miniftre en a donné lui-même. Il attefte fur fa parole & foi de Prêtre, que Monfeigneur Leopold-Eberhard. H. Z. W. M. & Demoifelle Anne-Sabine V. H. ont reçu la Bénédiction nuptiale dans l'E-glife Lutherienne de Reïovitz & Skoki, & qu'ils ont été mariez au nom de la Très-Sainte Trinité. Ce certificat eft figné de ce Miniftre.

La feconde preuve eft le Regiftre de l'Eglife de Reïovitz, où il eft fait mention de ce même mariage, avec la même date du premier Juin 1695. L'on y voit les mêmes noms de Baptême, & les mêmes lettres initiales des furnoms.

La troifiéme preuve eft l'acte folemnel du prétendu divorce fait en 1714 entre le feu Prince de Montbeliard & Dame Anne-Sabine de Hedwiger; ce divorce connu & autorifé du Confiftoire de Montbeliard. Il eft vrai que l'acte eft nul, parce qu'il n'y avoit aucun des motifs pour lefquels on permet le divorce dans les Eglifes Pro-teftantes; mais tout nul qu'il eft, cet acte eft affez de force pour prouver un mariage précedent, un mariage valable, un mariage connu de tout Montbeliard.

La quatriéme preuve eft le Traité de Wildbade, où le feu Duc de Wirtemberg adverfaire implacable des enfans du feu Prince de Montbeliard, a avoüé lui-même & le mariage & la naiffance que lui devoient George-Leopold & la Comteffe de Coligny.

La cinquiéme preuve eft une procuration donnée par le feu Prince à George-Leo-pold, qu'il appelle fon fils & Prince heréditaire, pour rechercher en Pologne les preu-ves de fon mariage avec Dame Anne-Sabine de Hedwiger.

La fixiéme preuve eft l'Enquête à futur qui a été faite en conféquence, & où plu-fieurs témoins atteftent le mariage, ou pour y avoir été prefens, ou pour l'avoir ap-pris du fieur Fufch Miniftre, devant qui il avoit été célébré. Ces témoins font le fils du fieur Fufch & fa femme, le fieur Kock fon fucceffeur & fa femme, le fieur Sager témoin oculaire, & tous irréprochables.

La feptiéme preuve eft la dépofition particuliere du fieur Nardin, qui avoit la confiance du feu Prince, & qui parle de la célébration de ce mariage, pour y avoir été prefent.

La huitiéme preuve eft l'affignat d'un doüaire que le feu Prince fit en 1717 en faveur de fa femme, qu'il avoit voulu répudier. Il lui a affigné la joüiffance de la même Terre qui a toujours été le doüaire des Princeffes veuves de Montbeliard.

Enfin la neuviéme & derniere preuve eft une cohabitation publique des deux per-fonnes mariées, dans le Château de Montbeliard; cohabitation qui a fubfifté pen-dant plufieurs années fous les yeux du Duc George, pere du feu Prince; cohabitation dont tous les Sujets de Montbeliard peuvent dépofer.   **B**

Tant de titres & de témoignages forment un corps de preuves, auquel il n'eſt pas poſſible de ſe refuſer.

Dira-t-on que le certificat du Miniſtre Fuſch & le Regiſtre de l'Egliſe de Reïovitz ne portent que les lettres initiales des deux perſonnes mariées, & qu'ils laiſſent leurs ſurnoms dans l'incertitude? Mais ces lettres initiales ne peuvent jamais être appliquées qu'au Duc de Wirtemberg-Montbeliard, appellé Leopold-Eberhard, & à Dame Anne-Sabine de Hedwiger. On eſt encore à chercher & à trouver une autre explication de ces mêmes lettres. Le doute, s'il y en a, eſt levé par les noms de Baptême qui ſont dans leur entier, par la qualité de Monſeigneur, par celle de Comte du S. Empire Romain qui eſt dans le Regiſtre, par la deſignation de la Religon que les deux perſonnes mariées profeſſoient.

Que peuvent prouver ces lettres initiales? Qu'il y avoit du myſtere, & que d'abord on a voulu tenir ce mariage ſecret; mais il a été ſolemnel dans ſa célébration, il a éclaté pendant la vie des deux perſonnes mariées, beaucoup de titres, pluſieurs témoins, une longue cohabitation l'ont rendu public; ç'en eſt aſſez pour ne pas le traiter de mariage clandeſtin, & pour ne pas le rejetter, comme s'il étoit dépoüillé de toutes preuves.

Si l'on objecte que ſur le Regiſtre l'acte eſt écrit en latin, quoique ceux qui le précedent ſoient rédigez en Allemand, la réponſe eſt facile. 1°. Le choix d'une langue plutôt que d'une autre dépendoit du Miniſtre ſeul, qui ne pouvoit jamais par ſon fait donner atteinte à l'état des deux perſonnes mariées & de leurs enfans. 2°. Le Miniſtre a choiſi la langue la plus univerſellement connuë, pour atteſter un mariage ſur lequel il prévoyoit que l'on feroit des recherches; c'eſt une ſingularité qui n'affoiblit point la force du Regiſtre.

L'acte de célébration eſt du premier Juin 1695, & il ne ſe trouve dans le Regiſtre qu'après des mariages contractez au mois de Novembre de la même année. Le fait eſt vrai; il faut, ou que le Miniſtre ait négligé pendant quelques mois de porter cet acte ſur ſon Regiſtre, ce qui ne pourroit pas préjudicier aux deux mariez, ou qu'il ait voulu placer ce mariage hors de rang & avec diſtinction, ce que l'on préſume par le *Nota bene* qu'il a mis à la marge.

Si l'on avoit été en uſage dans l'Egliſe de Reïovitz de faire ſigner par les contractans leur acte de célébration, on auroit prévenu ce déplacement, le Miniſtre auroit été contraint de rédiger l'acte ſur le champ; mais aucun de ces ſortes d'actes n'eſt ſigné ſur le Regiſtre de Reïovitz, le Miniſtre étoit donc le maître d'écrire cet acte ſur le Regiſtre lorſqu'il le jugeroit à propos; ſoit négligence, ſoit biſarrerie, ſoit deſir de diſtinguer ce mariage des autres, cette circonſtance ne peut donner atteinte à l'état des perſonnes mariées & de leurs enfans; ce déplacement ne formera jamais un moyen de faux contre le Regiſtre.

Les mariages, même clandeſtins, entre les Proteſtans d'Allemagne, ſont valables; pourvû qu'il n'y ait pas ce que leurs Auteurs appellent *impedimentum ſanguinis aut deſponſationis*. Le premier de ces empêchemens eſt celui qui naît de la parenté ou de l'alliance; or, perſonne ne révoque en doute qu'il n'y avoit ni parenté, ni alliance entre le feu Prince de Montbeliard & Dame Anne-Sabine de Hedwiger. Le ſecond empêchement ſeroit celui qui naîtroit d'un mariage précedent, valable, & encore ſubſiſtant; & cet empêchement, on l'oppoſe au mariage dont il s'agit, ſous le prétexte que Dame Anne-Sabine de Hedwiger avoit pris des engagemens précedens avec un Gentilhomme Sileſien, appellé de Zleiditz.

Le fait eſt tel. Il y avoit eû des promeſſes de futur mariage entre ce Gentilhomme & Demoiſelle Anne-Sabine de Hedwiger; ſur ces promeſſes, Sentence du Conſiſtoire de Breſlau qui les déclare valables, & qui condamne Zleiditz à épouſer celle à qui il avoit fait ces promeſſes, ou à lui donner une juſte ſatisfaction. Survient le mariage par paroles de preſent entre le Prince de Montbeliard & Demoiſelle Anne-Sabine de Hedwiger, elle renonce expreſſement à ſes juſtes prétentions contre Zleiditz; & par une ſeconde Sentence la liberté eſt renduë à ce Gentilhomme. Qui peut doûter que les promeſſes à futur n'ont point formé d'obſtacle à un mariage que les Canons appellent *ratum & conſummatum*?

On objecteroit inutilement contre l'Enquête à futur, que ces ſortes d'Enquêtes ſont proſcrites en France par l'Ordonnance de 1667. Il ſuffit que ces Enquêtes ſoient en vigueur dans le Pays où celle-ci a été faite, pour lui donner, même en France, toute la force qu'elle doit avoir. C'est une preuve ancienne, & qui est de Droit commun, il étoit important de la faire, pour ne pas laisser périr les preuves du mariage dont il s'agit, les témoins sont irréprochables, leurs dépositions sont claires & précises; par ces deux circonstances elle doit être d'un grand poids.

L'on ne peut pas opposer le défaut de consentement du pere du feu Prince à ce mariage. Dans l'Eglise universelle, les mariages des fils de Famille n'ont jamais été déclarez nuls par le défaut de consentement des pere & mere. D'ailleurs le Duc George a sçu le mariage de son fils avec Dame Anne-Sabine de Hedwiger; il les a vû habiter ensemble pendant plusieurs années, sans le trouver mauvais; il est mort sans avoir formé la moindre plainte à l'occasion de ce mariage. Ce seroit ici une nullité qui ne seroit relative qu'au pere du feu Prince, & qui ne pourroit jamais être opposée par un parent collateral, tel que le Duc de Wirtemberg, encore moins par des enfans adulterins, tels que ceux de la Barone de Lesperance.

Si le mariage du feu Prince de Montbeliard avec Dame Anne-Sabine de Hedwiger est valable, la naissance de leurs enfans George-Leopold & Leopoldine-Eberhardine n'est pas moins certaine.

Le sieur Opfergeld, alors Diacre de l'Eglise de Ferstemberg, a attesté solemnellement qu'il avoit administré le Baptême à George-Leopold. La Duchesse de Wirtemberg-Oels, Propriétaire du Château de Ferstemberg où il est né, rend un pareil témoignage à sa naissance; lui & sa sœur ont été emmenez au Château de Montbeliard lorsque le Prince leur pere y est retourné, ils y ont été élevez publiquement; le feu Duc de Wirtemberg les a reconnus solemnellement dans le Traité de Wildbade, il a exigé de George-Leopold une renonciation qui prouve parfaitement qu'il connoissoit les droits de sa naissance; le feu Prince leur pere leur a fait rendre à Montbeliard les honneurs qui ne pouvoient être accordez qu'à ses enfans légitimes; ils ont été nommez dans les Prieres publiques à Montbeliard, en qualité de Prince hereditaire & de Princesse; à la mort même du feu Prince, les Sujets de Montbeliard ont prêté serment de fidelité à George-Leopold; toutes les preuves assurent à jamais leur état.

Ils ont deux adversaires, le Duc de Wirtemberg, & les enfans que le feu Prince de Montbeliard a eûs de la Barone de Lesperance.

On l'a déja dit, le Duc de Wirtemberg est non-recevable à reclamer une succession échuë en France, & des Terres qui y sont situées; il est Aubain, & le vice de peregrinité lui impose un éternel silence sur la question d'état qu'il se propose d'agiter.

La prétention des enfans de la Barone de Lesperance n'est pas plus solide; le mariage de leur mere avec le feu Prince n'a pû être valable, qu'autant que le prétendu divorce fait en 1714 entre le feu Prince & sa femme légitime, auroit été juste & conforme aux Loix des Eglises Protestantes. Mais selon ces mêmes Loix, il n'y a que deux causes légitimes de divorce, l'adultere & la desertion malicieuse. Lorsque deux Protestans veulent faire divorce, il faut qu'ils prouvent judiciairement l'un ou l'autre de ces faits, comme l'on exige parmi nous en Jugement des preuves des motifs de séparation entre mari & femme. Il n'y a point eû de semblables preuves dans le divorce de 1714; on n'a pas même allegué, ou l'adultere, ou la desertion malicieuse. Ainsi ce prétendu divorce étoit incapable de dissoudre le lien du mariage, même dans les principes des Eglises Protestantes.

Au défaut de ces deux motifs, on en a supposé un qui est ridicule & d'une dangereuse conséquence, c'est la disparité d'humeurs; & après ce frivole prétexte, les deux personnes mariées se sont réciproquement donné la liberté de contracter un autre mariage: Ce qu'ils ne pouvoient pas faire.

Le Consistoire de Montbeliard l'a approuvé par flaterie pour son Prince; mais on n'a point observé la forme judiciaire qui est indispensable pour les divorces, selon les Auteurs Protestans; & le Consistoire a rendu un Jugement contraire à la Loi de Dieu & aux maximes des Eglises Protestantes.

Le lien du mariage a donc subsisté jusqu'à la mort du feu Prince; les enfans qu'il a eûs de la Barone de Lesperance sont évidemment adulterins, & il ne leur est dû que des alimens.

La Barone de Lesperance ne pouvoit pas être dans la bonne foi. Le mariage du feu Prince étoit connu de tout Montbeliard, elle avoit ratifié le Traité de Wildbade où il est fait mention de ce mariage; elle avoit été témoin du divorce ; peut-être même l'avoit-elle inspiré , & ce divorce supposoit nécessairement le mariage.

Le Jugement du Conseil Aulique ne déclare pas, à la verité, les enfans de la Barone de L'esperance illegitimes; mais il ne les déclare pas légitimes, la question de leur état est entiere , & le Roi est Juge de cette contestation , par rapport aux Terres situées en France ; soit que les enfans légitimes du feu Prince de Montbeliard & de Dame Anne-Sabine de Hedwiger demandent l'envoi en possession provisionnelle de ces mêmes Terres, soit qu'ils sollicitent un Jugement définitif , ils doivent esperer un heureux succès.

De l'Imprimerie de PAULUS-DU-MESNIL , rüe Ste. Croix en la Cité , 1736.

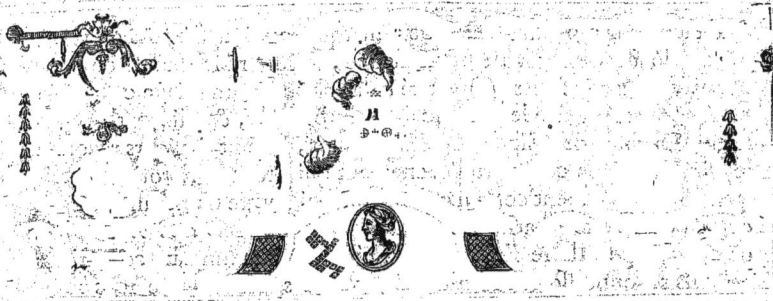

MEMOIRE

POUR CHARLES-LEOPOLD, & GEORGES-FREDERIC DE MONTBELLIARD.

CONTRE le Duc de Wirtemberg-Stoutgard.

DEUX differens Adversaires ont combattu jusqu'à present l'état des enfans legitimes du feu Prince de Montbelliard. Le Comte de Sponeck a parû sur les rangs, comme un Concurrent qui dans la supposition d'un mariage anterieur à celui qui leur a donné la naissance, a prétendu les exclure de la succession de leur pere. Que n'a-t'il point osé? à quels excès ne s'est-il point porté pour établir ce mariage imaginaire? subornation de témoins, fabrication d'actes, tout a été mis en usage avec une hardiesse qui paroît incomprehensible; mais plus il a pris de précautions, plus il a fait d'efforts pour accrediter la fable qu'il débitoit, plus il a fourni d'armes à la verité contre lui-même. On l'a suivi pas à pas; on a démontré la supposition de la plûpart des faits qu'il alleguoit; on l'a forcé d'abandonner des pieces dont la fausseté étoit averée; enfin on lui a fait voir qu'il n'avoit ni titres constitutifs, ni possession de l'état auquel il aspiroit; ensorte que réduit au silence, il ne lui reste aujourd'hui que la confusion d'avoir tenté par toutes sortes de voyes d'usurper un état, qu'il sçavoit lui-même ne lui pas appartenir.

Le second Adversaire qui s'est élevé contre les enfans legitimes du Prince de Montbelliard, est le Duc de Wirtemberg-Stoutgard, qui affectant de confondre les enfans legitimes & les bâtards du feu Duc de Montbelliard, demande également la proscription des uns & des autres. C'est à lui particulierement qu'on se propose de répondre

Pour éviter, autant qu'il est possible, des répetitions ennuyeuses, on ne rappellera point les prétendus moyens qui sont communs au Duc de Wirtemberg & au Comte de Sponeck. Ils ont été suffisamment réfutés dans les réponses aux Memoires de ce dernier. Ainsi l'on ne s'attachera qu'à satisfaire aux objections qui sont particulieres au Duc de Wirtemberg.

A

Il est d'abord fort important de remarquer que depuis plus de vingt ans que les contestations ont commencé, ni lui, ni le Comte de Sponeck n'ont jamais contesté la verité ni la publicité du mariage célebré le 15 Août 1718. entre le feu Duc de Montbelliard, & Elizabeth-Charlotte, Baronne de l'Esperance. En un mot, ils ont toujours reconnu le fait du mariage comme un évenement qui étoit de notorieté publique. Il est également certain que ni l'un, ni l'autre n'ont jamais revoqué en doute que Charles-Léopold & Georges-Frederic ne soient nés de ce mariage. Ils se sont toujours réduits à soutenir que ce mariage dont ils reconnoissoient l'existance, & qui s'étoit célebré sous leurs yeux, & qu'il ne pouvoit produire aucuns effets civils, étoit nul. C'est à ce point de droit que la question a toujours été réduite jusqu'à present depuis le commencement de la contestation, comme on le peut voir dans tous les Memoires qui ont été imprimés & distribués dans toute l'Europe, soit par le Duc de Wirtemberg, soit par le Comte de Sponeck.

Pour prouver la nullité de ce mariage, le Duc de Wirtemberg a employé trois moyens.

Il a d'abord prétendu qu'il étoit incestueux, parce qu'anciennement le Duc de Montbelliard ayant vêcu dans un commerce illicite avec Henriette Hedwige, Premiere Baronne de l'Esperance, il ne pouvoit plus, selon lui, épouser Elizabeth-Charlotte, sœur d'Henriette Hedwige. Ce premier moyen a été si solidement refuté dans les deux Memoires des enfans legitimes du Duc de Montbelliard, qu'on croit pouvoir le compter pour rien. Il paroit même que le Comte de Sponeck & le Duc de Wirtemberg en ont porté le même Jugement, puisqu'ils n'osent plus le faire valoir, & que jusqu'à present ils n'ont pû répondre aux principes, aux raisonnemens, aux autorités, & aux exemples qu'on leur a opposés sur cette partie de leur défense.

Le Duc de Wirtemberg a fondé son second moyen sur un prétendu pacte de la maison de Wirtemberg de 1617. appellé le Traité des cinq freres, par lequel les cinq freres de la Maison de Wirtemberg, qui ont signé ce Traité, sont convenus de ne point *se marier sans le consentement les uns des autres*, principalement de leur frere aîné. Mais on a fait voir au Duc de Wirtemberg; 1°. Que cette convention ne formoit point un engagement dont l'inexecution de la part d'un des cinq freres emportât la nullité d'un mariage contracté contre cette clause du Traité de 1617. 2°. Que cette clause qui tendoit à gêner la liberté des mariages, étoit contraire aux Loix & aux bonnes mœurs, & comme telle nulle. 3°. Qu'en la supposant valable, elle n'auroit pû à la rigueur obliger que les cinq freres qui l'avoient souscrite, & non pas leur posterité, qu'ils n'ont ni pû, ni entendu assujettir à un devoir si singulier.

Le troisiéme moyen du Duc de Wirtemberg a roulé sur l'inégalité des conditions; il a soutenu dans le point de droit, qu'un mariage contracté entre un Prince, & une femme de condition inégale, étoit nul, suivant les Loix de l'Empire. Dans le fait, il a prétendu qu'Elizabeth-Charlotte, Baronne de l'Esperance, étoit non-seulement d'une condition fort inferieure à celle du Duc de Montbelliard, mais même qu'elle étoit de la famille la plus ignoble, & de la condition la plus baſſe ; mais il n'a pas été plus difficile de détruire ce troiſiéme moyen, que les deux précedens.

Dans le point de droit, on a fait voir au Duc de Wirtemberg que ſuivant les Loix Romaines, (a) qui ſont ſuivies en Allemagne, l'iné-galité des conditions n'eſt point un obſtacle à la validité des mariages.

1°. On lui a prouvé que tel étoit le ſentiment des plus célebres Docteurs, & des plus ſçavans Juriſconſultes de l'Empire, tels que Myler (b), Ilterus (c), Mathias Stephani (d), Schurpfius (e), Beſol-dus (f), Carpſovius (g), Henricus à Coccei (h), Hornius (i), Felt-man (l), & de beaucoup d'autres qu'il eſt inutile de citer.

2°. On lui a prouvé que telle étoit la juriſprudence du Conſeil Auli-que, en lui rapportant ſix Jugemens célebres émanés de ce Tribu-nal ; le premier rendu en faveur d'Othon, fils d'Othon, Duc de Brunſ-wic-Lunebourg, & de Mechtilde de Campen, ſimple Demoiſelle ; le ſecond rendu en 1622. par l'Empereur Ferdinand II. en faveur des enfans d'Edouard Fortunat, Margrave de Bade, & de Marie d'Eicken, fille d'un ſimple Gentilhomme, contre Frederic V. Margrave de Baden-Dourlac ; le troiſiéme rendu le 11 Avril 1715. en faveur d'Eſther-Marie de Wizeleben, veuve de Charles, Prince Palatin de Birkenfeld, contre Chriſtian II. Duc de Baviere, Comte Palatin du Rhin ; le quatriéme rendu le 30 Septembre 1724. en faveur des enfans de Jean-François-Deſiré de Naſſau-Siegen, & d'Iſabelle-Claire-Eugenie de la Serre ; le cinquiéme rendu le 11 Septembre 1731. en faveur de Frede-ric-Charles d'Hoſtein-Ploen, fils de Chriſtian-Charles Slefvic-Holſ-tein, & de Dorothée-Chriſtine d'Eichelberg, contre le Prince Jean-Adol-phe-Ferdinand d'Hoſtein-Retviſch ; leſixiéme du 4 Février 1733. rendu en faveur des enfans du Duc Antoine-Ulric de Saxe-Meinengen, & de Philippine-Elizabeth Cezarine, que ce Prince avoit épouſée, quoiqu'elle ne fût que Femme de Chambre de la Princeſſe de Saxe.

3°. On lui a démontré par vingt exemples illuſtres de mariages contractés entre des Princes, des Ducs, des Electeurs, & de ſimples Demoiſelles, ou même de ſimples Bourgeoiſes, dont les enfans, ſans aucune contradiction, ont joui du rang, des dignités & des états de leurs peres, que les mariages de condition inégale n'étoient pas moins valables dans l'Allemagne qu'en France ; on lui en a même cité un exemple tiré de la Maiſon de Wirtemberg.

Dans le point de fait on eſt convenu qu'à la verité Elizabeth-Char-lotte de l'Eſperance n'étant originairement que ſimple Demoiſelle, n'étoit pas d'une condition égale à celle du Duc de Montbelliard ; mais on lui a fait voir qu'ayant été long-tems avant ſon mariage élevée à la dignité de Baronne du S. Empire, elle étoit devenue par-là digne des plus grandes alliances.

A l'égard des fables, où plûtôt des infamies que le Duc de Wirtemberg a débitées pour inſinuer qu'Elizabeth-Charlotte étoit de la famille la plus vile ; elles ne meritent qu'un parfait mépris. Cependant pour confon-dre ſur ce point les Agens du Duc de Wirtemberg, il eſt bon de rap-

(a) Nov. 18. cap. 11. Nov. 78. cap. 2.

(b) Gumolog. per-ſonn. illuſtr. cap. 5.
(c) De feudis Imp. cap. 14.
(d) De juriſd. no-bil infeud. lib. 2. part. 1. cap. 1.
(e) Concil. 56. Cent. 2.
(f) Diſcurſ. polit. Diſſert. 2. de nobili-tate, cap. 11. Idem Diſſert. 2. de jure fa-mil. cap. 1. n. 4.
(g) Juriſp. Eccle-ſiaſt. lib. 2. tit. 1. de-finit 10.
(h) De conjug. ina-qual. perſon. illuſtr. §. 1.
(i) Juriſp. feud. cap. 6. n. 10.
(l) De impari ma-trim.

porter quelques faits dont vraifemblablement le Duc de Wirtemberg n'inftruiroit pas le Public.

Tout le fiftême que fes Agens ont imaginé pour décrier la famille des Barons de l'Efperance, roule fur deux points.

1°. Ils prétendent qu'il y a eu à Montbelliard une famille fort ignoble, connue fous le nom de *Curie*, & ils donnent pour chef à cette famille un *Pierre Curie dit Perinot*. Que cette famille foit de la lie du peuple, qu'elle ait eu pour chef un Pierre Curie dit Perinot, dont les defcendans ayent occupé à Montbelliard ou ailleurs les plus vils emplois, ce font des faits étrangers, & abfolument indifferens qu'on n'a nul interêt d'approfondir.

2°. Il foutient que les Barons de l'Efperance font de cette famille, & defcendent en droite ligne de ce Pierre Curie. Voilà fans doute le point critique qu'il faudroit prouver, & c'eft ce que le Duc de Wirtemberg ne prouve point du tout. Pour établir l'identité de ces deux familles connues fous des noms totalement differens, il ne rapporte ni actes de célébration de mariages, ni actes de Baptêmes, ni aucune piece autentique, ou tirée d'un dépôt public, de quelque nature que ce puiffe être; on le défie d'en citer aucune. Ainfi tout ce que fes Agens ont répandu dans des libelles pour tâcher de confondre deux familles fi étrangeres l'une à l'autre, ne peut être envifagé que comme autant d'impoftures & de calomnies.

Mais fi ces Agens trop zelés n'ont trouvé aucuns titres pour appuyer leur fuppofition, ils s'en font dédommagés de deux façons.

1°. Ils ont mis les enfans légitimes du Duc de Montbelliard dans une impoffibilité abfolue d'employer les pieces qui pourroient fervir à leur défenfe, en empêchant dans toute l'étendue du Duché de Montbelliard, où ils font maîtres abfolus, les Officiers publics de leur délivrer aucunes expeditions de quelque acte que ce puiffe être, comme il eft prouvé par des Procès verbaux en bonne forme des 11 Mars 1740. & premier Avril 1741. dûement légalifés.

2°. Pour appuyer leurs calomnies, ils fe font fait à eux-mêmes un titre, & c'eft un fait qui merite toute l'attention poffible. On va le développer dans toutes fes circonftances, & il n'y aura perfonne qui ne foit furpris des excès aufquels on s'eft livré pour favorifer la caufe du Duc Wirtemberg, & pour flétrir fes Adverfaires.

Le Duc de Wirtemberg a produit récemment l'ancien Regiftre des Baptêmes de Montbelliard, qui commence au 17 Mars 1651. & qui finit au 29 Octobre 1697. Dans ce Regiftre fes Agens ont trouvé fous la date du 26 Novembre 1675. l'acte de Baptême d'une Henriette Hedwige, fille de Richard Curie & d'Anne Gervaifot, & ils ont imaginé qu'avec le fecours d'un peu d'induftrie, ils rendroient cet acte fort propre à prouver l'identité des deux familles des *Curie* & des *l'Efperance* : Voici donc ce qu'ils ont fait.

Ils ont commencé par raturer legerement le nom de *Curie* dans cet acte de Baptême, enfuite ils ont mis au-deffus de ce nom foiblement raturé, celui de *Perinot* en interligne, qu'ils ont encore raturé fort fuperficiellement; enforte que ces ratures menagées avec une

extrême

extrême précaution, n'empêchent point qu'on ne life ces deux mots placés l'un fur l'autre, *Curie Perinot*.

Au moyen de cette double radiation, le nom du pere ne fe trouvant plus fur le Regiftre, on a placé à la fuite des deux mots rayés un renvoi, qui conduit à ces autres mots qu'on a ajoutés à la fin de l'acte, *de Dumogniarre dit l'Efperance :* ces derniers mots font écrits d'une plume, & d'une encre totalement differentes de celles qui ont formé le corps de l'acte ; la difference eft fenfible.

Ainfi graces à la précaution qu'ont eu les fauffaires, de ne rayer que fort legerement les deux noms *Curie* & *Perinot*, écrits l'un fur l'autre, & à l'addition des deux mots de *Dumogniarre dit l'Efperance*, l'extrait Baptiftaire fe prefente aux yeux du Lecteur en ces termes : *le 26 Novembre* 1675. *eft née Henriette Hedwige, fille de Richard Curie Perinot de Dumogniarre dit l'Efperance.* Voici prefentement quel eft le raifonnement que font les Agens du Duc de Wirtemberg fur cet acte ainfi conçû.

Cet acte, difent-ils, eft l'acte de Baptême d'Henriette Hedwige, Baronne de l'Efperance, & il prouve bien que la famille des Curie eft la même que celle des l'Efperance, puifqu'on voit qu'en 1675. Richard Curie fut infcrit fur le Regiftre public des Baptêmes, comme pere d'Henriette Hedwige, Baronne de l'Efperance. Il eft vrai, dit-on, que dans ce tems il ne prenoit que le nom de Curie avec le furnom de Perinot ; mais comme dans la fuite Jean-Gafpard Curie fon fils prit le nom de l'Efperance, que fes fœurs prirent auffi, elles ont rayé les noms de Curie & de Perinot dans l'acte Baptiftaire d'Henriette Hedwige, & ont fubftitué à ces noms raturés ceux de Dumogniarre dit l'Efperance, afin de ne plus paffer pour membres d'une famille qui les confondroit avec la populace la plus abjecte. Mais, continue-t-on, la fabrication de cet acte eft évidente ; on y lit encore fort aifément les noms de *Curie* & de *Perinot*, & on y voit clairement que ceux de *Dumogniarre dit l'Efperance*, ont été ajoutés d'une autre main & d'une autre encre ; enforte qu'il refte pour conftant, qu'Henriette Hedwige qui a été maîtreffe du Duc de Montbelliard, & qui étoit tante des Barons de l'Efperance, étoit fille de Richard *Curie*, & que par confequent les *Curie* & les *l'Efperance* ne forment qu'une feule & même famille.

Pour juger de ce raifonnement, & pour difcerner quels font les auteurs de la falfification, il fe prefente plufieurs obfervations importantes.

Dès qu'il eft d'abord averé que les ratures & les additions ne font point du corps de l'Acte, & qu'elles y ont été faites après coup, elles ne meritent aucune foi, comme le Duc de Wirtemberg en convient ; il faut donc commencer par les mettre à l'écart, & confiderer l'Acte en lui-même, tel qu'il étoit originairement, & avant qu'il eût été alteré. Or, de l'aveu du Duc de Wirtemberg, cet Acte étoit ainfi conçû : *Le* 26 *Novembre* 1675. *eft née Henriette Hedwige, fille de Richard Curie & d'Anne Gervaifot fa femme.* On conçoit bien que ces deux noms *Henriette Hedwige*, font deux noms de Baptême, comme *Marie-Anne* ou *Chriftine-Eleonore*, & que dès-là ils appartiennent à tout le monde, en forte que feuls ils ne defignent nommément perfonne. Ainfi de ce qu'on voit dans un Acte de Baptême qu'il est né une fille nommée *Henriette Hedwige*, on ne peut conclure que cette fille soit de telle, ou telle famille, non plus qu'on ne pourroit pas appliquer parmi nous à telle ou telle maison, à telle ou telle personne un Acte de Baptême où il y auroit simplement, & sans aucune mention des noms des pere & mere : *Le tel jour est née Marie-Anne.*

C'est donc le nom de famille du pere qui détermine le nom & la famille de l'enfant; ainsi quand on trouve un Acte de Baptême qui énonce la naissance d'un enfant nommée *Henriette Hedwige*, & qualifiée *fille de Richard Curie*, il ne sçauroit y avoir d'équivoque sur le nom & sur la famille de cet enfant, & il n'est pas douteux qu'elle se nomme *Henriette Hedwige Curie*. Il est donc d'abord sensible que l'Acte de Baptême du 26 Novembre 1675. est celui d'*Henriette Hedwige Curie*, & non pas celui d'*Henriette Hedwige de l'Esperance*, & qu'ainsi il ne resulte de cet Acte ni preuve, ni presomption que la Famille des *l'Esperance* soit la même que celle des *Curie*.

Il n'y auroit donc que les alterations & les additions faites à cet Acte de Baptême qui pourroient servir de moyen pour faire croire que cette Henriette Hedwige Curie seroit la même qu'Henriette Hedwige de l'Esperance ; mais on vient de le dire, & le Duc de Wirtemberg en convient avec raison, ces alterations étant manifestes, elles ne doivent point changer le corps de l'Acte qui doit subsister tel qu'il étoit originairement & dans sa verité primitive. Les additions étant aussi d'une encre toute autre & d'une main étrangere, comme il en convient encore, il est hors de doute que dès-là elles ne meritent aucune foi, puisqu'elles sont évidemment l'ouvrage d'un Faussaire, qui a voulu changer l'énoncé de l'Acte. Ainsi ces additions ne prouvent point l'identité d'*Henriette Hedwige Curie*, & d'*Henriette Hedwige de l'Esperance*. Tout cela paroît d'une évidence à laquelle on ne sçauroit se refuser.

Il ne s'agit plus que de sçavoir quel est le Faussaire qui a commis ces alterations ; le Duc de Wirtemberg, qui vient de produire le Registre où cet Acte de Baptême est inscrit, prétend que c'est la Famille des l'Esperance qui s'est rendue coupable de cette falsification pour changer son nom de *Curie* en celui de *l'Esperance* ; mais on soutient au Duc de Wirtemberg que cette falsification est l'ouvrage de ses Agens, dont l'objet a été de confondre & d'identifier la Famille des *Curies* avec celle des *l'Esperance*.

1°. S'il étoit vrai que quelqu'un de la Famille des l'Esperance, persuadé que sa Famille & celle des Curies neût été qu'une même Famille, eût voulu dérober au Public la connoissance de cette identité, il est naturel de penser qu'au lieu de faire dans l'Acte de Baptême en question la falsification dont on vient parler, il auroit entierement supprimé cet Acte de Baptême, parce que la falsification de l'Acte avec quelques ratures & quelques corrections ou additions qu'on pût supposer, n'auroit jamais pû faire de cet Acte qu'un Acte évidemment falsifié, & consequemment incapable de faire aucune foi. Il n'y avoit donc de la part du Faussaire aucun ménagement à garder ; & dès qu'on suppose

qu'il étoit maître du Regiftre, & que par conféquent il pouvoit auffi-
bien fupprimer l'Acte par une radiation parfaite & abfolue de cet Acte
en entier, que fe reduire à rayer feulement le nom du pere pour y en
fubftituer un autre d'une encre & d'une main étrangere, il eft fenfible qu'il étoit de fa prudence & de fon interêt de le rayer en
entier, afin qu'il ne reftât aucun veftige de cet Acte. Cette premiere
reflexion fait d'abord fentir qu'il n'eft pas vraifemblable que cette
falfification ait été faite par une perfonne de la Famille des l'Efperance.

2°. Si quelque perfonne de la Famille des l'Efperance étoit l'auteur
de cette falfification, il feroit inconcevable que cette perfonne fe fût
contentée de rayer le nom *Curie* avec une telle legereté qu'on pût
encore le lire; il feroit encore plus incomprehenfible qu'elle eût ajouté
en interligne le nom de *Perinot* pour le rayer encore à demi, c'eft-à-
dire, de maniere que ces deux noms demeuraffent toujours lifibles. Car
on ne fçauroit difconvenir qu'en rayant les noms affez fuperficiellement
pour laiffer à tous curieux la facilité de les lire, le fauffaire auroit été
contre fon objet qui étoit d'en effacer jufqu'à la moindre trace. Telle
eft cependant la radiation des deux noms dont il s'agit. Le Duc de
Wirtemberg convient qu'elle eft faite avec tant de legereté, qu'on
peut encore lire les deux noms rayés. Cette circonftance prouve encore
qu'il eft contre la vraifemblance d'attribuer cette falfification à une
perfonne de la Famille des l'Efperance.

3°. La Famille des l'Efperance ne pouvoit avoir aucun interêt de
rayer ni le nom *Curie* dans cet Acte de Baptême, ni l'Acte en entier,
puifqu'il eft vrai que cet Acte n'avoit aucune forte de rapport à cette
Famille des l'Efperance, dont il ne faifoit pas la plus legere mention.
Car enfin l'Acte pris en lui-même avant la falfification, ne contenoit
que ceci: *Le 26 Novembre 1675. eft née Henriette Hedwige, fille de
Richard Curie & d'Anne Gervaifot.* Or cet Acte ainfi conçu ne prouvoit
point que la Famille des *Curie* fût la même que celle des *l'Efperance.*
Ainfi les l'Efperance n'avoient aucune raifon ni aucun interêt de falfi-
fier cet Acte qui étoit totalement étranger à leur Famille, & qui ne
faifoit aucune mention d'eux: ils auroient même été des infenfés, &
ils auroient agi directement contre leur interêt en le falfifiant, comme
on le fuppofe, de maniere à faire croire qu'ils étoient de la Famille
des Curie; ils ne pouvoient faire mieux que de le laiffer tel qu'il étoit;
il ne tombe donc pas fous le fens qu'ils ayent fait cette falfification.

4°. Le pere d'Henriette Hedwige, Baronne de l'Efperance, & de
fes freres & fœurs, ne fe nommoit point *Richard*, mais *Jean Chriftophe,*
comme on le voit dans le Diplôme de l'Empereur du 11 Septembre
1700. dont l'énoncé fur ce point doit faire une foi entiere, tant que le
contraire ne fera pas prouvé; & affurément le Duc de Wirtemberg
ne rapporte aucune piece qui prouve que le pere des Barons & Baronnes
de l'Efperance ait jamais porté un autre nom que celui de *Jean-Chriftophe de l'Efperance,* fous le lequel il a toujours été connu, foit à Montbelliard, foit à l'Armée, où après trente-un ans de fervice il fut tué
au Siege de Bude, comme le porte le Diplôme de l'Empereur.

De toutes ces obfervations il refulte qu'il eft contre toute vrai-femblance de fuppofer que la falfification dont il s'agit ait été faite par
une perfonne de la Famille des l'Efperance, & qu'au contraire il eft
plus que vrai-femblable que cette falfification a été faite par les Agens
du Duc de Wirtemberg, dans la vûe de fe ménager un titre à la faveur
duquel ils puffent confondre les l'Efperance avec la Famille des Curie,
& oppofer par-là aux enfans légitimes du Prince de Montbelliard la
baffeffe de l'origine de leur mere, pour attaquer enfuite avec plus
de fuccès fon mariage par le prétendu moyen de l'inégalité des conditions.

Mais on a fait voir dans le point de droit que ce moyen étoit
condamné, foit par les plus fçavans Jurifconfultes de l'Empire, foit
par la Jurifprudence conftante du Confeil Aulique, foit par un ufage
univerfellement obfervé dans toute l'Allemagne, & dans tous les Etats
voifins. Dans le fait on vient de faire connoître combien les Agens
du Duc Wirtemberg en impofent à la Cour & au Public dans les faits
qu'ils hafardent fur la naiffance de la Baronne de l'Efperance.

A la vûe des Memoires que les enfans legitimes du Duc de Montbelliard ont prefentés pour leur défenfe, le Duc de Wirtemberg n'a donc
pû fe diffimuler à lui-même l'impuiffance des moyens qu'il avoit pro-
pofés contre la validité du mariage celebré le 15 Août 1718. entre le
Duc de Montbelliard & Elifabeth-Charlotte, Baronne de l'Efperance.
Ainfi il a changé de fyftême, & au lieu de foutenir, comme il avoit
toujours fait depuis plus de vingt ans, que ce mariage étoit nul, &
incapable de produire des effets civils, il prend aujourd'hui le parti
de dire pour la premiere fois qu'il n'y a jamais eu de mariage, ou du
moins il prétend que non-feulement le Regiftre qui contient la celebration de ce mariage de 1718. mais encore les Regiftres des Baptêmes & des Sepultures de Montbelliard, ont été fabriqués après coup
en 1720.

C'eft ainfi que le Duc de Wirtemberg prétend enlever aux enfans
legitimes du feu Duc de Montbelliard tous les titres conftitutifs de
leur état, fçavoir, l'Acte de celebration de mariage de leurs pere &
mere du 15 Août 1718. & leurs Extraits-Baptiftaires des premier May
1716. & 16 Août 1722.

Son argument, comme on le voit affez, confifte à dire que ces Actes
conftitutifs de leur état fe trouvent infcrits fur des Regiftres qui ont
été fabriqués après coup en 1720. pour procurer aux bâtards du Duc
de Montbelliard un état de legitimité qu'ils ne pouvoient pas avoir
fans le fecours de toutes ces falfifications.

Ce nouveau fyftême donne lieu à deux queftions.

La premiere eft la queftion de fait, qui confifte à fçavoir, fi les Regiftres des Mariages & des Baptêmes, fur lefquels les Actes en queftion ont
été infcrits, font en effet des Regiftres fabriqués après coup en 1720.

La feconde eft la queftion de droit, qui eft de fçavoir, fi en fuppofant que ces Regiftres euffent été fabriqués en 1720. comme le prétend
le Duc de Wirtemberg, il en refulteroit que l'Acte de celebration de
mariage de 1718. & les Extraits-Baptiftaires de 1716. & de 1722.

fuffent

fuffent des Actes faux, & comme tels incapables de conftater le fait du mariage & des Baptêmes, dont ils font mention. Voilà ce qu'il s'agit d'examiner.

EXAMEN DE LA QUESTION DE FAIT.

Pour difcuter cette queftion avec ordre, il faut confiderer :

1°. Quel a été, felon le Duc de Wirtemberg, l'objet de la fabrication de ces Regiftres ?

2°. Quelles font les preuves de cette fabrication ?

PREMIERE CONSIDERATION.

Quel a été l'objet de la fabrication ?

C'étoit d'affurer, dit le Duc de Wirtemberg, un état aux enfans du Duc de Montbelliard. Voyons donc quels enfans ce Prince avoit en l'année 1720. qui eft l'époque de la prétendue fabrication.

Ce Prince avoit trois ordres d'enfans.

1°. Il en avoit d'Anne-Sabine Hedwiger.

2°. D'Henriette Hedwige.

3°. D'Elifabeth-Charlotte, Baronne de l'Efperance.

D'Anne-Sabine Hedwiger le Duc de Montbelliard a eu quatre enfans ; fçavoir,

Leopold-Eberhard, qui eft mort dès 1709.

Leopoldine-Eberhardine, qui a époufé le Comte de Coligny le 31 Août 1719.

Georges-Leopold, qui eft le Comte de Sponeck, marié le 22 Fevrier 1719. à Eleonore-Charlotte, Comteffe de Coligny, & prétendue fille de-Sanderfleben & d'Henriette Hedwige.

Charlotte-Leopoldine, morte en 1703.

Ainfi de ces quatre enfans, il n'y en avoit en 1720. que deux qui vêcuffent, fçavoir, Leopoldine-Eberhardine, époufe du Comte de Coligny, & Georges-Leopold, Comte de Sponeck.

Il eft d'abord conftant que ce n'a point été pour affurer l'état de ces quatre enfans qu'on a fait en 1720. la fabrication des Regiftres de Mariages & de Baptêmes de Montbelliard.

1°. Par rapport aux Regiftres des Baptêmes, ils ne parlent point de ces quatre enfans, dont on n'a jamais rapporté aucuns Actes Baptiftaires de quelque Eglife que ce foit ; ce n'a donc pas pû être pour eux qu'on ait fait cette fabrication.

2°. Par rapport aux Regiftres des Mariages, il n'y a encore eu aucun motif intereffant pour eux de faire cette fabrication, & il eft évident par deux raifons qu'ils n'en ont pû être l'objet.

La premiere eft qu'ils ont été mariés, l'un le 22 Fevrier 1719. l'autre le 31 Août 1719. & que pour configner dans un Regiftre en 1719. ces deux mariages, il n'étoit pas befoin de fabriquer un nouveau Regiftre en entier depuis 1698. jufqu'en 1719.

La feconde raifon eft que s'ils avoient été l'objet de cette fabrica-

C

tion, on n'auroit pas infcrit fur ce Regiftre le mariage de Georges-Leopold, Comte de Sponeck, du 22 Fevrier 1719. tel qu'il eft, c'eft-à-dire, en ne laiffant au Comte de Sponeck que la qualité ou defignation d'enfant naturel du Duc de Montbelliard, *& de l'Illuftre Dame Anne-Sabine, Comteffe de Sponeck*. On l'auroit defigné comme legitime ; on ne l'auroit pas marié fous le nom de fa mere, on l'auroit qualifié Prince, comme on qualifia le 31 Août 1719. du titre de Princeffe Leopoldine-Eberhardine fa sœur. Cette difference effentielle dans ces deux Actes de celebration de mariage du frere & de la sœur de la même année 1719. fournira dans la fuite matiere à une autre obfervation importante.

On voit donc d'abord que les enfans d'Anne-Sabine Hedwiger n'ont pû être l'objet de la prétendue fabrication des Regiftres des mariages & des Baptêmes de Monbelliard.

Les enfans d'Henriette Hedwige ont-ils été l'objet de cette fabrication ?

Il y a deux fortes d'enfans d'Henriette Hedwige ; elle en a eu huit.

De ces huit enfans on prétend qu'il y en a eu trois qui ont eu pour pere Sanderfleben, & qui font nés pendant fon prétendu mariage avec Henriette Hedwige, diffous par le prétendu divorce de 1701. Ces trois enfans font Charles-Leopold (Comte de Coligny) Ferdinand-Eberhard, & Eleonore-Charlotte, Comteffe de Sponeck.

Les cinq autres font enfans naturels du Duc de Montbelliard, & nés depuis le divorce de 1701. fçavoir,

Elifabeth, née le premier May 1702.

Eberhardine, née le 18 May 1703.

Leopold-Eberhard, né le 13 Août 1704.

Leopoldine-Eberhardine, née le 15 Septembre 1705.

Henriette Hedwige, née le 27 May 1707.

Le Duc de Wirtemberg prétend que c'eft pour affurer l'état de ces huit enfans que les Regiftres ont été fabriqués ; mais voici ce qui paroît d'abord contraire à cette prétention.

1°. Pour affurer l'état de ces huit enfans, il ne pouvoit jamais être neceffaire de fabriquer des Regiftres des Mariages.

Cela paroît évident à l'égard des cinq enfans naturels, qui n'ont jamais paffé que pour enfans naturels, & à l'égard defquels on n'a jamais fuppofé aucun mariage.

Cela n'eft pas moins fenfible à l'égard des trois autres qu'on prétend nés du mariage de Sanderfleben & d'Henriette Hedwige, puifqu'il eft vrai qu'on n'a point infcrit ce mariage dans le prétendu Regiftre fabriqué : on n'avoit donc nul interêt de fabriquer un Regiftre de Mariage pour ces trois enfans, non plus que pour les cinq autres.

Si l'on avoit fabriqué pour eux le Regiftre des Mariages, on n'auroit pas manqué d'y infcrire un Acte de celebration du prétendu mariage de Sanderfleben & d'Henriette Hedwige. C'étoit la piece la plus importante & la plus propre à affurer l'état de ces trois enfans ; cela auroit été facile, puifque ce mariage étoit, dit-on, de 1697. en lui donnant cette époque, il étoit aifé de le mettre dans le Regiftre fabriqué ; dès que cela n'a point été fait, il est évident qu'on n'a point fabriqué pour eux en 1720. un Registre de mariages qui ne sert en rien à leur état.

2°. A l'égard des Registres de Baptêmes, il faut convenir que sept de ces huit enfans sont inscrits sur ce Registre ; il n'y a que l'aîné de tous nommé Charles-Leopold, qui ne s'y trouve point inscrit ; à l'égard de Ferdinand-Eberhard & d'Eleonore-Charlotte, ils y sont comme enfans de Sanderfleben & d'Henriette Hedwige : les autres comme enfans naturels.

Mais sur cela il y a une reflexion qui se presente bien naturellement, & la voici. Si l'on avoit fabriqué en 1720. les Registres des Baptêmes de Montbelliard pour assurer l'état de ces trois enfans, se seroit-on contenté d'y inscrire la naissance de Ferdinand-Eberhard dont il n'a jamais été question nulle part, & qui étoit peut-être mort en 1720. & celle d'Eleonore-Charlotte, sans y inscrire en même tems la naissance de Charles-Leopold, qui est le Comte de Coligny ? Cela ne tombe pas sous le sens, sur-tout quand on pense que c'est ce Charles-Leopold, Comte de Coligny, qui en 1720. a fait toutes les démarches pour assurer l'état de sa sœur & de son beau-frere ; se seroit-il oublié lui-même ?

Le Duc de Wirtemberg soutient que ces trois enfans étoient enfans du Duc de Montbelliard, & non pas de Sanderfleben, & il le prouve, soit par le Traité de Wilbade, soit par la fausseté du divorce de 1701. soit par l'impossibilité où l'on est de rapporter un Extrait de celebration du mariage de Sanderfleben & d'Henriette Hedwige. Tout cela peut être, & cela paroît même très-vrai-semblable ; mais cela ne fait pas que ces enfans n'ayent pas pû être, & qu'en effet ils n'ayent pas été baptisés sous le nom de Sanderfleben, à mesure qu'ils sont venus au monde, & précisément au tems de leur naissance. C'est même ce qui resulte naturellement des faits exposés par le Duc de Wirtemberg dans son Memoire, signé Fesch, pages 25 & 26.

En effet, il dit dans cet endroit » que le Prince de Montbelliard « s'étant apperçu que de son commerce avec Henriette Hedwige, il « alloit bien-tôt naître un petit témoin qui découvriroit le mystere de « leur intrigue, il en fit confidence à Sanderfleben ; simple Soldat dans « son Regiment, à qui il persuada moyennant une place de Lieutenant, « & de quoi se soutenir, de passer pour mari de la Dame Henriette » Hedwige, à condition que le Prince demeureroit chargé de l'entretien « de la mere & des enfans qui en proviendroient. C'est ainsi que s'expli- « que le Duc de Wirtemberg à l'endroit cité, & il continue ainsi : à quoi » Sanderfleben ayant donné les mains, voulut bien pour quelque tems « passer pour être le pere de ces enfans ; mais pour que par la suite on ne « pût l'obliger de l'être tout de bon, il se garda bien d'assister à aucun de « leurs Baptêmes, ni de se faire inscrire dans quelques Registres que ce « soit, comme leur pere ou mari de leur mere, laissant au Prince & à « Henriette Hedwige le soin de les faire baptiser en secret sous des noms « de pere & de mere supposés. «

Dès qu'il étoit donc convenu & arrêté entre Sanderfleben d'une part, & le Prince de Montbelliard & Henriette Hedwige d'autre part, dès 1697. comme le Duc de Wirtemberg en convient ; &

comme il nous le dit lui-même expreſſément, que Sanderſleben
paſſeroit pour pere des enfans d'Henriette Hedwige, eſt-il étonnant
qu'après cette convention ces enfans ayent en effet été baptiſés ſous
le nom de Sanderſleben à meſure qu'ils venoient au monde, & n'auroit-il pas au contraire été extravagant de les faire baptiſer ſous le nom
d'un autre pere, pendant qu'on ſeroit convenu avec Sanderſleben qu'il
paſſeroit pour leur pere? il y auroit eu dans cette conduite une contradiction groſſiere & manifeſte.

Il ſuit donc des faits mêmes avancés par le Duc de Witemberg, que
les premiers enfans d'Henriette Hedwige ont neceſſairement lors de
leur naiſſance, dû être inſcrits ſur les Regiſtres de Montbelliard comme enfans de Sanderſleben. Il n'y a donc encore eu ni raiſon, ni motif, ni prétexte de fabriquer des Regiſtres de Baptêmes pour eux; leur
état devoit naturellement être aſſuré par ces Regiſtres dès le moment
de leur naiſſance, comme il l'eſt.

Mais s'il eſt évident que la fabrication des Regiſtres en queſtion n'a
pû ſe faire pour aſſurer l'état des enfans d'Anne-Sabine Hedwiger, ni
de ceux d'Henriette Hedwige, il ne reſte plus qu'à voir ſi les enfans
d'Elizabeth-Charlotte, Baronne de l'Eſperance, ont pû avoir quelque interêt à cette fabrication prétendue.

Le Duc de Montbelliard a eu ſept enfans d'Elizabeth-Charlotte;
ſçavoir, Henry-Hedwigue, Leopold-Eberhard, Georges-Leopold,
Charles-Leopold, Elizabeth-Charlotte, une fille morte en naiſſant,
& Georges-Frederic.

Cinq de ces enfans qui ſont nés avant le mariage de 1718. ſont inſcrits ſur les Regiſtres des Baptêmes comme enfans naturels, & ils
étoient preſque tous morts avant 1720. époque de la prétendue fabrication; ainſi ils n'ont pû en être l'objet.

Le ſixiéme né le premier May 1716. auſſi inſcrit ſur les Regiſtres de
Montbelliard comme enfant naturel, n'avoit encore aucun interêt à la
fabrication, puiſque cette fabrication ne lui a point donné d'autre état
que celui qu'on convient qu'il avoit.

Enfin le ſeptiéme, Georges-Frederic, né le 16 Août 1722. &
conſequemment plus de deux ans après l'époque de la prétendue fabrication, n'a pû encore être l'objet de cette fabrication des Regiſtres de
Baptêmes. On voit donc clairement que les enfans d'Elizabeth-Charlotte n'avoient aucun interêt à la fabrication de ces Regiſtres de Baptêmes.

A l'égard des Regiſtres de Mariages, ils n'y ont jamais eu plus d'interêt; puiſqu'en 1720. aucun d'eux n'étoit marié, & qu'en effet le
Regiſtre des Mariages ne parle d'aucun d'eux.

Reſte à ſçavoir ſi ces Regiſtres n'ont point été fabriqués pour aſſurer
leur état en aſſurant celui de leur mere; c'eſt encore ce qu'on ne ſçauroit ſuppoſer.

1°. Pourquoi auroit-on fabriqué un Regiſtre de Baptêmes, dans la
vûe d'aſſurer l'état de la mere, lorſqu'il eſt certain dans le fait, que ce
Regiſtre ne parle point d'elle, & que ſon Baptême ne s'y trouve point?
ce n'eſt donc pas pour elle qu'on a fabriqué.

2°. Il n'étoit pas néceſſaire de fabriquer pour elle en 1720. un Regiſtre

giftre des Mariages, puifqu'elle étoit mariée dès 1718. & que dès ce tems fon Mariage devoit fe trouver infcrit fur le Regiftre.

Dira-t-on qu'il n'y avoit point de Mariage célebré en 1718? c'est ce qui n'est pas propofable.

1°. Le fait du Mariage étoit public dès 1719. comme on le voit par les Lettres de naturalité obtenues par le Duc de Montbelliard au mois de May 1719. dans lefquelles Elizabeth-Charlotte est nommée fa femme.

On objectera fans doute que l'expofé fait par le Duc de Montbel-liard dans ces Lettres, ne fait pas preuve, puifque dans les mêmes Lettres Anne-Sabine Hedwiger est dénommée premiere femme du Duc de Montbelliard, quoiqu'elle ne l'ait jamais été.

Il faut convenir que ces Lettres ne font pas preuve pour le mariage de 1695. parce que l'énoncé de ces Lettres est combattu fur ce point par une multitude d'actes & de faits conftans, & que d'ailleurs le Duc de Montbelliard pouvoit hazarder dans l'expofé de ces Lettres le fait d'un mariage fur lequel perfonne ne pouvoit fçavoir au jufte s'il en im-pofoit; car comment pénétrer la verité d'un fait fi ancien alors, & arri-vé dans un Pays éloigné & étranger, d'un mariage d'ailleurs, qu'on prétendoit alors avoir été anéanti par un divorce dès 1701. On ne pou-voit fur cela le démentir. Il n'en étoit pas de même du mariage de 1718. fi ce mariage n'avoit pas été public & notoire, il n'auroit pas pû le prefenter en 1719. comme tel; il ne pouvoit pas en impofer fur le fait d'un mariage qu'il fuppofoit contracté à Montbelliard l'année pré-cedente, & actuellement fubfiftant.

2°. Ce mariage de 1718. est conftaté par un Procès verbal du 16 Août 1718.

3°. Il est conftaté par les complimens des Corps du Confeil, de la Ville & du Confiftoire, infcrits fur leurs Regiftres de l'année (1718. ou 1719.) fi le Duc de Wirtemberg nie le fait, qu'il rapporte les Regiftres.

4°. Il est conftaté par un acte mortuaire infcrit fur les Regiftres publics du 22 Juin 1719. dans lequel le Duc de Montbelliard & Eli-zabeth-Charlotte font défignés comme mari & femme, fous le titre de *Leurs Alteffes*.

5°. Il a toujours été reconnu par le Duc de Wirtemberg, qui s'est toujours réduit à le foutenir nul & irrégulier, foit à caufe de l'incefte prétendu, foit à caufe de l'inégalité de conditions, foit enfin par rap-port aux pactes de famille.

6°. Le fait de ce mariage a été reconnu au Confeil Aulique, contra-dictoirement avec le Duc de Wirtemberg, par le Jugement du Con-feil Aulique du 18 Septembre 1739. qui juge que *les deux mariages du Duc de Montbelliard manquent de ce qui est requis pour former un mariage légitime, & qu'ils doivent être regardés comme nuls & de nulle valeur.* En-fuite fe lit ce qui fuit : » Declarant en outre (Sa Majefté Imperiale) » en interpretation de fa Décifion Imperiale du 8 Avril 1723. par ces » prefentes; fçavoir, qu'en conformité d'un ample avis du Confeil Auli-» que de l'Empire, l'on n'avoit d'autre motif que *la nullité & l'illegiti-*

D

» mité de ces prétendus mariages, & l'illégitimité de la naissance des
» enfans. L'Empereur reconnoissoit donc le fait & la vérité du mariage.
7°. Et cette dernière raison tranche toute difficulté. Le Duc de
Montbelliard, ni Elizabeth-Charlotte, Baronne de l'Esperance, n'a-
voient aucun interêt, soit pour eux personnellement, soit pour leurs
enfans, de fabriquer en 1720. un Registre des Mariages pour y inferer
un acte de célebration de 1718. en voici la preuve.

Ou ce Mariage avoit été célebré en 1718. ou il ne l'avoit pas été.

Si ce Mariage avoit réellement été célebré en 1718. la célebration
en avoit été dès-lors inscrite, comme il paroît, sur le Registre des Mariages, & dans ce cas la fabrication d'un nouveau Registre étoit sans
objet; on ne peut pas en disconvenir.

Si au contraire on suppose qu'en 1718. il n'y avoit eu aucun Mariage
célebré entre le Duc de Montbelliard, & Eleonore-Charlotte, Baronne de l'Esperance, il est ridicule de penser que pour supposer ce
mariage, & pour en avoir une preuve autentique, le Prince ait eu
recours à une fabrication d'un Registre entier en 1720. car l'objet de
cette fabrication ne pouvoit être que le mariage du Prince avec Elizabeth-Charlotte. Dans l'hipotèse le Prince vouloit que l'état des enfans
qu'il avoit eu d'elle fût assuré par un mariage: mais si telle étoit son
envie en 1720. & s'il est vrai qu'alors il n'y eût point eu de mariage
réellement célebré en 1718. le Prince étoit également en 1720.
comme en 1718 le maître d'épouser Elizabeth-Charlotte, & cet expedient pour assurer l'état de la mere & des enfans étoit bien plus simple, bien plus naturel, bien moins hazardeux, bien moins embarrassant, & beaucoup plus sûr, que de recourir à une fabrication de Registres
en 1720. pour y inferer un mariage comme fait en 1718. & qu'il étoit
absolument indifferent de faire en 1718. ou en 1720. En un mot le
Prince pouvoit en 1720. épouser Elizabeth-Charlotte, & consequemment il n'avoit pas besoin de recourir au faux pour supposer ce mariage, qu'il pouvoit faire en 1720. aussi librement qu'en 1718.

Il est donc manifeste que l'interêt d'Elizabeth-Charlotte & de ses
enfans, n'a jamais exigé qu'on fabriquât en 1720. le Registre des
Mariages de Montbelliard.

Or s'il est vrai, s'il est démontré que ni le Prince de Montbelliard,
ni aucun des enfans qu'il a eu, soit d'Anne-Sabine Hedwiger, soit
d'Henriette Hedwige, soit d'Elizabeth-Charlotte, n'a jamais eu aucun interêt à la fabrication de ces Registres de Baptêmes & de Mariages, il faut convenir, 1°. que le Duc de Wirtemberg s'abuse, quand
il dit qu'on a fabriqué de nouveaux Registres pour assurer l'état de ces
enfans; 2°. que cette fabrication auroit été faite sans interêt, sans raison
& sans objet, puisque le motif que le Duc de Wirtemberg suppose,
est évidemment faux, & que d'un autre côté on le défie d'alleguer
aucune autre raison qui ait pû déterminer à cette fabrication des
Registres.

Mais concevra-t'on que sans interêt & sans objet on se soit porté à
commettre un crime de faux si inoui, si difficile & si hazardeux? cela
ne peut ni se présumer, ni même se concevoir; on ne fait rien sans

motif, & furtout quand il s'agit d'une chofe auffi importante, auffi délicate & auffi pénible, que la fabrication de plufieurs Regiftres publics qui contiennent les Baptêmes & les Mariages d'une Ville entière pendant vingt-cinq ans.

De ces courtes reflexions il refulte d'abord que la fabrication des Regiftres en queftion auroit été, dans le fiftême même du Duc de Wirtemberg, un crime gratuit, & un très-long travail en pure perte, fans objet & fans fruit. C'eft une confideration qui doit du premier coup d'œil engager tout homme raifonnable à fufpendre pour le moins fon jugement fur la verité ou la fauffeté de ces Regiftres. Pour en pouvoir décider avec plus de certitude, il faut examiner les preuves que le Duc de Wirtemberg rapporte pour prouver cette prétendue fabrication.

SECONDE CONSIDERATION.

Quelles font les preuves de la fabrication?

Il faut diftinguer quatre fortes de Regiftres, dont chacun merite un examen particulier.

Ces quatre Regiftres font celui des Baptêmes, celui des Mariages, celui des Sepultures, & celui des Divorces.

Il faut pefer avec attention les preuves de fabrication qu'on allegue, relativement à chacun de ces Regiftres, parce que les preuves qui tombent fur un des quatre Regiftres, peuvent ne pas porter coup à l'autre. Mais avant que d'entrer dans l'examen de ce qui concerne chacun de ces Regiftres en particulier, il eft bon de rappeller d'abord quelques obfervations generales.

On fçait que pendant la Guerre de 1688. le Duc Georges, pere du Prince de Montbelliard, fut obligé de fe retirer en Silefie, parce que la France s'empara de la Principauté de Montbelliard. Pendant que ce Pays fe trouva ainfi fous une domination étrangere, on ne fçait point fi les Regiftres des Eglifes furent tenus bien regulierement. Quoi qu'il en foit, au moyen de la Paix de Rifwic le Duc Georges revint à Montbelliard au commencement de l'année 1698. comme le Duc de Wirtemberg nous le dit lui-même; & foit dès-lors, foit quelque tems après, fon Confeil crut que pour regler tout ce qui concernoit l'état des Citoyens, il falloit recommencer à tenir exactement des Regiftres de Baptêmes, Mariages, Divorces & Sepultures. On fit donc quatre Regiftres, un pour les Baptêmes, un pour les Mariages, un pour les Divorces, & un pour les Sepultures. Ces quatre Regiftres commencent tous au mois de Février de l'année 1698. qui eft l'époque de la rentrée du Duc Georges dans fes Etats, & tous quatre finif-fent en l'année 1723. qui eft l'époque de la mort du Duc de Montbelliard. Alors le Duc Wirtemberg s'étant emparé de Montbelliard, y fit faire à fon tour de nouveaux Regiftres, qui font ceux dont on fe fert encore aujourd'hui.

Il faut encore remarquer que ces Regiftres des Baptêmes, Mariages

& Sepultures, font tous écrits, comme le Duc de Wirtemberg en convient, de la main de ceux qui étoient Miniftres, & prépofés pour tenir ces Regiftres au tems où chaque acte y a été infcrit.

Après ces obfervations préliminaires, voyons ce qui regarde chacun de ces quatre Regiftres.

§. Ier.

Concernant les Regiftres des Baptêmes.

Le Duc de Wirtemberg a produit deux Regiftres des Baptêmes.

Le premier commence le 17 Mars 1651. & finit le 29 Octobre 1697. on ne fçauroit fçavoir fi ce Regiftre eft vrai ou faux ; mais c'eft ce qu'il eft peu important d'examiner : ce qu'il y a de fûr, c'eft qu'il ne préfente aucun caractere qui en affure la foi.

Le Duc de Wirtemberg fait fur cet ancien Regiftre deux obfervations qu'il préfente comme deux preuves de la fabrication prétendue faite en 1720. du fecond Regiftre des Baptêmes, commencé au mois de Février 1698. & fini en 1723.

Premiere obfervation du Duc de Wirtemberg.

Il obferve d'abord qu'à la fin de cet ancien Regiftre, après un acte du 29 Octobre 1697. on a effacé deux actes de Baptêmes, l'un du 13 Février 1698. & l'autre du 8 Mars de la même année, & qu'on a reporté fur le fecond Regiftre ces deux actes de Baptêmes chacun fous fa date. Il convient que ces deux actes de Baptêmes ne font de nulle importance, relativement à l'affaire préfente. Cependant il ne laiffe pas de préfenter cette remarque comme une preuve de la fabrication du nouveau Regiftre.

Réponfe.

Mais on ne voit pas comment il peut de cette circonftance inferer que ce fecond Regiftre, qui paroît commencé au mois de Février 1698. a été fabriqué en 1720. Car enfin, quelle relation, quelle liaifon y a-t'il entre la circonftance rapportée, & la fabrication du nouveau Regiftre, prétendue faite en 1720 ? on ne voit entre ces deux objets aucun rapport qui foit tel, que l'un foit une conféquence de l'autre. Le Duc de Wirtemberg auroit dû expliquer ce qu'il a dû juger ne devoir être fenti ou apperçû par perfonne.

Si l'on veut expliquer pourquoi ces deux Extraits Baptiftaires des 13 Février & 8 Mars 1698. qui fe trouvoient à la fin de l'ancien Regiftre, ont été rapportés fur le nouveau Regiftre, il ne faut pas une imagination bien fubtile pour donner la raifon de ce fait. Après la rentrée du Duc Georges dans fes Etats, on refolut de tenir de nouveaux Regiftres, & on vouloit que tous ces Regiftres commençaffent en même tems, c'eft-à-dire au mois de Février 1698. ainfi pour que le nouveau Regiftre, conformément à cette vûe generale, commençât comme les autres au mois de Février 1698. on reporta fur ce nouveau Regiftre les deux extraits des 13 Février & 8 Mars 1698. qui étoient à la fin de l'ancien. Il n'y avoit affurément point de miftere à obferver, point de précautions à prendre pour une operation fi indifferente par elle-même, & qui ne contenoit aucun faux.

Mais,

Mais, dira-t'on peut-être, pourquoi a-t'on rayé & biffé ces deux actes de Baptêmes sur l'ancien Regiftre ?

Si le Duc de Wirtemberg fait cette queftion, on commencera par la lui retorquer ; qu'il y réponde lui-même, & qu'il nous y trouve une réponfe qui faffe voir que de cette rature des deux actes en queftion, il refulte que le nouveau Regiftre a été fabriqué en 1720. c'eft là ce qu'il a à prouver.

Ne l'embarrafferoit-on point davantage, fi on lui demandoit qui eft-ce qui a fait la radiation de ces actes? 1°. Il ne peut pas prouver qu'elle foit l'ouvrage du Miniftre qui a tenu le Regiftre commencé en Février 1698. 2°. Il ne fçauroit non plus prouver dans quel tems cette radiation a été faite; 3°. Il y a plus de vingt ans que le Regiftre qui contient ces ratures, eft entre les mains de fon Confeil & de fes Agens. Qui eft-ce qui peut affurer que cette radiation n'a point été faite dans l'efpace de ces vingt années, furtout quand on voit que fon Confeil veut tirer avantage de cette même radiation, & s'en faire un moyen pour prouver la fabrication & la fauffeté d'un nouveau Regiftre qui l'incommode. On ne pouffera pas fur cela les reflexions plus loin.

Le Duc de Wirtemberg obferve en fecond lieu, que l'ancien Regiftre des Baptêmes continuoit jufqu'en 1701. inclufivement, & voici comme il raifonne en partant de cette obfervation. Si l'on avoit, dit-il, laiffé fubfifter les feuilles de l'ancien Regiftre qui alloient jufqu'en 1701. on auroit vû qu'elles ne contenoient point les deux Actes Baptiftaires de Ferdinand-Eberhard, & d'Eleonore-Charlotte prétendus enfans de Sarderfleben, & d'Henriette Hedwige, l'un de 1699. & l'autre de 1700. & afin de ne pas laiffer fubfifter contre ces deux enfans cette preuve negative, qui auroit renverfé l'état qu'on vouloit leur donner d'enfans légitimes de Sanderfleben, on a enlevé, continue le Duc de Wirtemberg, les feuillets du Regiftre qui alloient jufqu'en 1701. & dans le nouveau Regiftre on a infcrit les Actes de Baptême de ces deux enfans fous leurs dates de 1699. & de 1700. mais en leur donnant pour pere Sanderfleben.

Seconde Obfer-vation du Duc de Wirtemberg.

1°. Il n'y a pas la moindre preuve que l'ancien Regiftre allât jufqu'en 1701. & l'on n'en croira point le Duc de Wirtemberg fur fa fimple parole, ou de la foi de fes conjectures hafardées fans aucune apparence de fondement. On dit (fans aucune apparence de fondement) car non-feulement il n'allegue pas la moindre raifon pour appuyer cette conjecture, mais encore on peut dire qu'elle choque la vraifemblance à juger d'un Regiftre par comparaifon à un autre.

En effet le prétendu vieux Regiftre des fepultures & le prétendu vieux Regiftre des mariages alloient jufqu'en 1701. on a bâtonné les actes mortuaires depuis le 20 Octobre 1698. jufqu'au 20 Juillet 1701. & les actes de mariage depuis le premier Mars 1698. jufqu'au 17 May 1701. & tous ont été exactement reportés, fçavoir les actes de fepulture fur le nouveau Regiftre des fepultures, & les actes de mariage fur le nouveau Regiftre des mariages. Cependant on n'a point fupprimé les feuilles de ces deux Regiftres qui contenoient les actes bâtonnés ; pourquoi auroit-on fupprimé les autres ?

Réponfe.

E

La raison que le Duc de Wirtemberg donne de cette différence, n'est pas proposable ; car on lui a fait voir que Sanderfleben ayant consenti de passer pour pere des enfans d'Henriette-Hedwige, ils devoient être inscrits sur les Registres, conformément à cette convention & à cet arrangement pris dès 1697. selon le Duc de Wirtemberg, comme enfans de Sanderfleben. Ainsi s'il est vrai que l'ancien Registre des Baptêmes allât jusqu'en 1701. il est plus que vraisemblable que Ferdinand-Eberhard & Eleonore-Charlotte, enfans d'Henriette Hedwige, nés en 1699. & en 1700. étoient inscrits sur cette ancien Registre comme enfans de Sanderfleben.

2°. Ne peut-on pas dire au contraire, en suivant l'hypothefe de la continuation de ces vieux Registres jusqu'en 1701. que ce font les Agens du Duc de Wirtemberg, maîtres abfolus de ces Registres depuis plus de ving ans, qui en ont supprimé les dernieres feuilles, de peur qu'en effet on y vît ces deux enfans inscrits comme enfans de Sanderfleben, & dans le dessein de persuader, comme il l'entreprend aujourd'hui, que tous les Registres de Montbelliard ont été fabriqués en 1720 ?

Troifiéme Obfervation du Duc de Wirtemberg.

Le Duc de Wirtemberg observe en troisiéme lieu, que Ferdinand-Eberhard, & Eleonore-Charlotte, premiers enfans d'Henriette Hedwige, avoient été baptisés au Village d'Etupes près de Montbelliard, fous des noms de pere & de mere fupofés. Il ajoute que pour empêcher que cela ne parût, on supprima en 1704. les Registres de l'Eglife de ce Village, & que lors de la fabrication des Registres de Montbelliard faite en 1720. on porta fur le nouveau Registre des Baptêmes, ces deux enfans comme enfans de Sanderfleben. Le Duc de Wirtemberg prétend prouver ce fait par un Certificat que lui a donné le 28 No-vembre 1741. le Ministre d'Etupes, entré au ministere de cette Eglife le 29 Avril 1727. Dans ce certificat ce Ministre dit que fon penultié-me prédeceffeur, mort en 1704. avoit eu ordre de porter fes Regif-tres au Conseil, & que les y ayant laissés, ils ont été perdus.

Réponfe.

Le fait fuppofé par le Duc de Wirtemberg, n'est pas d'abord vrai-femblable, par les raifons qu'on a déja expliquées. Sanderfleben ayant consenti de passer pour mari d'Henriette-Hedwige, & pour pere des enfans qui naîtroient d'elle, & cette convention, de l'execution de la-quelle dépendoit le fort de Sanderfleben, comme nous le dit le Duc de Wirtemberg lui-même, ayant été faite dès 1697. il n'étoit pas na-turel de baptifer les enfans d'Henriette Hedwige fous d'autre nom que celui de Sarderfleben, qui de fon bon gré paffoit dans le monde pour leur pere. Ainsi en ce point le fyftême du Duc de Wirtemberg fe contredit manifeftement, & l'on a raifon de dire qu'il n'est pas vrai-femblable que les premiers enfans d'Henriette-Hedwige nés en 1699. & 1700. ayent été baptifés au Village d'Etupes, fous des noms de pere & mere empruntés. Cela choque la vraifemblance.

Mais outre que cela n'est pas vraifemblable, il faut ajouter que cela n'est pas vrai. C'est un fait purement hafardé de la part du Duc de Wir-temberg, & dont il ne rapporte ni la moindre preuve, ni la plus le-gere préfomption. Cependant il est important d'obferver que ce fait qu'il allegue, est un moyen de faux contre le Registre des Baptêmes de Montbelliard ; ainfi ce fait doit être bien établi , bien averé , & conftaté par des preuves non fufpectes, non équivoques, puifqu'il ne tend à rien moins qu'à ébranler la foi d'un Regiftre public en bonne forme : or ce fait n'étant nullement prouvé , & n'étant qu'une allegation hafardée , il eft fenfible qu'une pareille allegation fans preuve , ne détruit point la foi d'un Regiftre public , furtout quand on fait attention que la foi de ce Regiftre eft ainfi attaquée aujourd'hui par une perfonne qui, depuis plus de vingt ans qu'on plaide, a toujours reconnu ce Regiftre pour vray, & en a produit cent extraits.

A l'égard du Certificat du 28 Novembre 1741. produit par le Duc de Wirtemberg , c'eft une piece beaucoup plus fufpecte que concluante , & le Duc de Wirtemberg auroit dû s'appercevoir qu'elle renverfe fon fyftême de fabrication de Regiftres prétendue faite en 1720.

1°. Un Certificat de cette nature ne fait point foi en Juftice. On ne voit même que trop dans cette affaire quel cas on doit faire de pareilles pieces, où le faux & le vrai font également atteftés.

2°. Comment ce Miniftre qui n'eft entré au Miniftere que le 29 Avril 1727. fuivant le Duc de Wirtemberg, peut-il fçavoir & attefter ce qui s'eft paffé en 1704. c'eft-à-dire, vingt-trois ans avant qu'il fût Miniftre du lieu ?

3°. S'il eft vrai, comme le porte le Certificat, que le Miniftre d'Etupes en 1704. ait eu ordre de porter fon Regiftre des Baptêmes au Confeil de Montbelliard, où il a été fupprimé, il s'enfuit que c'eft en 1704. qu'on a fait la fabrication du nouveau Regiftre des Baptêmes de Montbelliard, que le Duc de Wirtemberg fuppofe n'avoir été faite qu'en 1720.

En effet, fuivant le Duc de Wirtemberg, cette fuppreffion des Regiftres de l'Eglife d'Eftupes n'avoit point d'autre objet que d'affurer aux deux enfans d'Henriette Hedwige, Ferdinand-Eberhard & Eleonore-Charlotte l'état d'enfans de Sanderfleben. Or c'eft ce qu'on ne pouvoit faire en fe contentant de fupprimer les Regiftres Baptiftaires de l'Eglife d'Etupes en 1704. il falloit neceffairement à cette premiere operation en ajouter une feconde, c'eft-à-dire, qu'en fupprimant le Regiftre qui leur donnoit un état contraire à celui auquel ils afpiroient, il falloit en même tems fabriquer un autre Regiftre où ils trouvaffent l'état qu'ils vouloient avoir, fans quoi ils feroient reftés fans état depuis 1704. jufqu'en 1720. tems auquel le Duc de Wirtemberg fuppofe qu'on a penfé pour la premiere fois à faire un Regiftre où ils fuffent infcrits comme enfans de Sanderfleben.

Dans le fyftême du Duc de Wirtemberg on auroit fait ce qu'il étoit inutile de faire, & on auroit negligé ce qui étoit indifpenfable.

En premier lieu, on auroit fait ce qu'il étoit abfolument inutile de faire ; car on n'avoit aucun interêt de fupprimer les Regiftres de l'Eglife d'Eftupes, qui, fuivant le Duc de Wirtemberg même, ne faifoient aucune mention des enfans d'Henriette Hedwige. En effet, felon lui, ces enfans avoient été infcrits fur ce Regiftre de l'Eglife d'Eftupes, *fous des noms de pere & mere fuppofés.* Ce font les termes du Duc de Wirtemberg ; il n'y avoit donc rien fur ces Regiftres à quoi on pût reconnoître les enfans d'Henriette Hedwige, & il est très vrai de dire dans cette hipothese du Duc de Wirtemberg, que ces Registres d'Estupes ne faisoient aucune mention d'eux. Conséquemment il étoit fort inutile de supprimer ces Registres qui ne les interessoient point, puisqu'ils ne parloient point d'eux.

En second lieu, on auroit negligé ce qui étoit indispensable, dans le tems qu'on se seroit occupé de l'inutile, puisqu'on auroit negligé de faire ce qu'on se proposoit uniquement, c'est-à-dire, de donner à ces enfans l'état qu'on desiroit si ardemment de leur assurer, en les inscrivant sur un nouveau Registre, comme enfans de Sandersleben, & on les auroit ainsi laissés dans cet état pendant seize ans, & dans un tems où l'on suppose qu'on se livroit aux plus grands excès, & qu'on entreprenoit toute sorte de crimes pour leur procurer cet état. Cette idée est extravagante.

Ainsi ou le certificat du Ministre d'Estupes produit par le Duc de Wirtemberg est vrai, ou il est faux.

S'il est vrai, il en resulteroit au plus que ce seroit en 1704. & non pas en 1720. que la fabrication des Registres des Baptêmes de Montbelliard auroit été faite; ce qui renverseroit le systême du Duc de Wirtemberg de fond en comble, puisqu'il seroit au moins obligé de convenir que les Actes inscrits sur ce Registre depuis 1704. sont vrais, & au-dessus de tout soupçon.

Quand on dit qu'en supposant la verité du certificat en question, il en resulteroit *au plus* que la prétendue fabrication de Registre auroit été faite en 1704. tems de la supression du Registre d'Estupes, ce n'est, pour parler les termes de l'Ecole, qu'un *datum non concessum*. Car de la verité du certificat, & en supposant le fait de la suppression du Registre des Baptêmes d'Estupes, il ne resulteroit aucunement qu'on eût fabriqué en quelque tems que ce soit un Registre de Baptêmes à Montbelliard. Ce dernier fait n'est point une consequence necessaire du premier; il n'y a même aucune liaison entre ce deux faits pour que l'un soit une suite de l'autre. Pour tirer du fait de suppression du Registre d'Estupes, on ne dit pas, une consequence necessaire, mais du moins une induction de probabilité, qu'on a fabriqué un nouveau Registre des Baptêmes à Montbelliard, il faudroit, dans l'hipothese, commencer par prouver que sur le Registre des Baptêmes d'Estupes les enfans d'Henriette Hedwige, qu'on prétend avoir été l'objet de la suppression de l'ancien Registre, & de la fabrication du nouveau, étoient en effet inscrits comme enfans d'Henriette Hedwige, & d'un autre pere que Sandersleben. Alors ce fait étant bien prouvé, on pourroit dire avec quelque vraisemblance: on vouloit donner aux enfans d'Henriette Hedwige l'état d'enfans de Sandersleben: le Registre des Baptêmes d'Estupes étoit un obstacle à ce projet, parce que ces enfans étoient inscrits sur ce Registre comme enfans d'Henriette Hedwige & d'un autre pere: on a donc supprimé ce Registre, & on en a fait un autre où ils ont été inscrits, suivant ce qu'on desiroit, comme enfans d'Henriette Hedwige & de Sandersleben. La liaison & le rapport qui se trouveroient entre la

suppression

suppreſſion d'un Regiſtre où il ſeroit certain que ces enfans auroient été inſcrits comme nés d'un autre pere que celui qn'on auroit voulu leur donner, & la fabrication d'un Regiſtre où ils ſe trouveroient inſcrits comme enfans du pere qu'on avoit envie & interêt de leur donner, pourroit faire conclure, ſinon neceſſairement, du moins vrai-ſemblablement du fait de ſuppreſſion d'un Regiſtre au fait de fabrication d'un autre. Mais, on le repete, non-ſeulement il n'eſt point prouvé que les deux enfans d'Henriette Hedwige ayent été inſcrits ſur le Regiſtre d'Eſtupes, comme enfans d'Henriette Hedvige, & d'un pere autre que Sanderſleben, mais il n'eſt pas même prouvé qu'ils y ayent du tout été inſcrits; & enfin il eſt vraiſemblable, & il ſuit du ſyſtême même du Duc de Wirtemberg, que s'ils ont été inſcrits ſur le Regiſtre d'Eſtupes au tems de leur naiſſance, ils y ont été inſcrits comme enfans d'Henriette Hedwige & de Sanderſleben. On a donc raiſon de dire que ſi le certi-ficat du Miniſtre d'Eſtupes étoit vrai, il en reſulteroit *au plus* que le Regiſtre des Baptêmes de Montbelliard auroit été fabriqué en 1704. & que dès-là tous les Actes poſterieurs à 1704. ſeroient vrais, & au-deſſus de toute atteinte. Reprenons preſentement le ſecond membre de l'alternative.

Si le certificat en queſtion produit par le Duc de Wirtemberg eſt faux, comme il y a grande apparence, on laiſſe à la prudence du Conſeil le ſoin de juger à quels Adverſaires les enfans legitimes du Duc de Montbelliard ont affaire.

Le Duc de Wirtemberg paſſe enſuite aux faits qui concernent la naiſſance des cinq derniers enfans d'Henriette Hedwige; il prétend que ces cinq enfans ont été baptiſés ſous des noms de peres & de meres empruntés, c'eſt-à-dire, comme enfans du ſieur Polinger, Capitaine Suiſſe, & de Catherine Veiſſ ſa femme. Il ajoute qu'ils ont eu pour parain & Maraine Sebaſtien Cremer, Receveur General du feu Duc de Montbelliard, & Suſanne Meiſſeliere ſa femme. Selon le Duc de Wirtemberg, ce Cremer & ſa femme, par ordre du Duc de Montbel-liard, firent baptiſer ces enfans ſecretement; ſçavoir, le premier dans la maiſon de Suſanne Meiſſeliere, & les quatre autres dans l'Egliſe de Saint Julien, qui eſt un Village dépendant du Comte de Montbelliard. Ils ont été, dit-il, inſcrits ſur les Regiſtres des Baptêmes de cette Egliſe comme enfans du ſieur Polinger, Capitaine Suiſſe, & de Cathe-rine Veiſſ ſa femme, & enſuite on a rayé ſur ce Regiſtre leurs Actes de Baptêmes ainſi conçus, & on les a reportés comme enfans naturels du Duc de Monbelliard & d'Henriette Hedwige ſur le Regiſtre des Baptêmes de Montbelliard fabriqué en 1720.

Tout le monde convient que les cinq derniers enfans d'Henriette Hedwige ont eu pour pere le Prince de Montbelliard. Ce ſont cinq enfans naturels deſquels il n'a jamais été queſtion dans cette affaire; il eſt encore certain que ces cinq enfans ſont inſcrits ſur le Regiſtre des Baptêmes de Montbelliard comme enfans naturels du Prince de Montbelliard & d'Henriette Hedwige : ainſi ils n'ont dans ces Regiſ-tres que la qualité qui leur convient, & dès-là on peut dire qu'en cela le Regiſtre ne contient aucun faux, de l'aveu même du Duc de Wirtemberg.

F

Mais eſt-il vrai que ces cinq enfans ayent d'abord & au moment de leur naiſſance été inſcrits ſur d'autres Regiſtres de Baptêmes comme enfans legitimes d'un Capitaine Suiſſe & de ſa femme ? Il faut du moins avouer que cela n'eſt guéres vraiſemblable ; car enfin dans l'hipotheſe ces cinq enfans au moyen de l'inſcription de leurs baptêmes dans un Regiſtre public avoient un état de legitimité honorable, puiſqu'on leur y donnoit pour pere un Capitaine Suiſſe. Ainſi c'étoit leur rendre un fort mauvais ſervice que de leur enlever cet état, en biffant les feuilles du Regiſtre qui le leur aſſuroient, pour les inſcrire dans un autre Regiſtre comme bâtards. Cependant, ſi l'on en croit le Duc de Wirtemberg, ce n'étoit que pour leur interêt & en leur faveur qu'on faiſoit cette alteration de Regiſtre & ce faux en 1720. Étoit-ce leur mere qui les reclamoit ? Non, elle étoit morte alors. Étoit-ce le Duc de Wirtemberg ? Encore moins ; car il ne paroît pas qu'il ait ſeulement penſé à eux. A propos de quoi auroit-on donc commis ce faux ? C'eſt ce qu'on ne conçoit pas, & dès-là on peut dire qu'il n'eſt pas vraiſemblable.

Mais il ne faut pas s'en tenir au plus ou moins de vraiſemblance ſur des faits de cette nature ; il faut tâcher de découvrir s'ils ſont vrais, & pour cela il faut examiner avec attention les pieces que le Duc de Wirtemberg produit, pour en conſtater la verité.

La premiere piece qu'il produit eſt le prétendu Regiſtre orignal des Baptêmes, Mariages & Sepultures de l'Egliſe de Saint Julien, commencé le 9 Mars 1684. & continué juſqu'en 1741.

Pour prouver que quatre des cinq enfans d'Henriette Hedwige ont été inſcrits ſur ce Regiſtre, & que les Actes de leurs baptêmes ont été rayés & biffés, il obſerve qu'il y a en effet ſur ce Regiſtre quatre Actes de baptêmes rayés, & le fait eſt vrai. Il ajoute que ces quatre Actes n'ont point été ſi parfaitement rayés qu'on ne puiſſe bien encore les lire avec de bons yeux, ou le ſecours d'une loupe ; c'eſt encore un fait vrai. Enfin il remarque qu'en liſant ces Actes malgré leurs ratures on trouve :

Que le premier Acte raturé eſt du 19 May 1703. qu'il contient le baptême d'Eberhardine, baptiſée ſous le nom de Polinger & de Catherine Veiſſ ſa femme.

Que le ſecond Acte raturé eſt du 14 Août 1704. qu'il contient l'Acte de baptême de Leopold-Eberhard, auſſi baptiſé comme fils de Polinger & de Catherine Veiſſ ſa femme.

Que le troiſiéme Acte raturé eſt du 16 Septembre 1705. qu'il contient le baptême de Leopoldine-Eberhardine, baptiſée comme fille de Polinger & de Catherine Veiſſ ſa femme.

Que le quatriéme Acte raturé eſt du 28 May 1708. & qu'il contient le baptême d'Henriette Hedwige, également baptiſée comme fille de Polinger & de Catherine Vieſſ ſa femme.

Il faut convenir que tout cela ſe trouve ainſi ſur le Regiſtre produit.

La ſeconde piece que produit le Duc de Wirtemberg, eſt *une copie collationnée* d'une dépoſition qu'il a fait faire en 1726. par Suſanne Meiſſeliere, veuve du ſieur Cremer, qui dit que le premier des cinq enfans a été baptiſé dans ſa maiſon, & qu'elle a porté les quatre autres à Saint Julien où ils ont été baptisés comme enfans de Polinger, Capitaine Suisse, & de Catherine Veiss sa femme.

La troisiéme piece produite par le Duc de Wirtemberg, est encore *une copie collationnée* d'un certificat daté du 22 Juillet 1716. par lequel le Sieur Morel, prétendu Ministre de l'Eglise de Saint Julien, dépendante de la Principauté de Montbelliard, declare que le 9 Juillet 1716. il reçut une Lettre datée du 8 du même mois, par laquelle le Sieur Gropp le prioit de lui apporter les Regîstres Baptistaires de son Eglise; que le lendemain Gropp arriva chez lui, qu'il emporta les Regîstres, & qu'il les lui rendit le 21 Juillet 1716. qu'alors il s'apperçut des ratures qu'on y avoit faites, & que le lendemain 22 Juillet il en dressa un acte qu'il signa, & qui est le certificat dont le Duc de Wirtemberg produit une copie collationnée.

La quatriéme piece que produit le Duc de Wirtemberg, est une autre *copie collationnée* d'un autre certificat prétendu délivré le 16 Septembre 1705. au Sieur Cremer par le Sieur Scharfferstein, Ministre Predecesseur du Sieur Morel à Saint Julien. Dans ce certificat Scharfferstein atteste avoir baptisé trois enfans; sçavoir, Eberhardine le 19 May 1703. Leopold-Eberhard le 14 Août 1704. & Leopoldine-Eberhardine le 16 Septembre 1705.

La cinquiéme piece produite par le Duc de Wirtemberg, est encore une *copie collationnée* de quatre Extraits de Baptêmes de quatre de ces enfans. Ces Extraits sont dits délivrés le 12 Decembre 1710. à Susanne Meisseliere par le Sieur Morel, alors Ministre de S. Julien.

Ces cinq pieces meritent d'être serieusement examinées, soit quant au fond, soit quant à la forme. Commençons par le prétendu Regîstre de l'Eglise de S. Julien, qui contient, dit-on, tous les Baptêmes depuis 1684. jusqu'en 1741.

Comment peut-on d'abord s'assurer que ce Regîstre soit veritablement celui qui a été tenu dans l'Eglise de S. Julien depuis 1684. jusqu'en 1741? c'est un point important dont il faudroit être certain, & que cependant rien n'assure. Car enfin quelle certitude peut-on avoir ici que ce Regîstre n'a pas été fabriqué à Montbelliard, pour être ensuite presenté comme Regîstre original de la Paroisse de S. Julien? Si l'on en croit les certificats rapportés par le Duc de Wirtemberg, l'un du Ministre d'Estupes du 28 Novembre 1741. l'autre du 22 Juillet 1716. & si l'on considere d'un autre côté, quelle est l'autorité du Duc de Wirtemberg dans tout le Pays de Montbelliard, on voit qu'il est maître absolu du sort des Ministres & des Regîstres; on voit qu'il tire ces Regîstres des mains des Ministres, & qu'il s'en empare quand il lui plaît, sans Jugement préalable, sans Procès verbal, en un mot sans aucune formalité. Ainsi rien n'empêche son Conseil ou ses Agens, d'alterer, de changer ou de supprimer ces Regîstres, & d'en supposer d'autres à leur place, sans qu'ils éprouvent sous l'autorité du Souverain aucune contradiction. C'est ce qui merite une singuliere attention, & ce qui doit rendre infiniment suspect tout ce qui est produit par le Duc de Wirtemberg, qui est le maître absolu de se faire quel genre de preuves il juge à propos, dans une affaire où il a personnellement un interêt si considerable.

Indépendamment de cette observation importante, & qui merite la plus sérieuse attention, on va proposer quelques reflexions qui serviront à faire connoître combien la foi de ce Registre est suspecte.

1°. S'il est vrai que quelque personne ait eu interêt de supprimer les quatre actes de Baptêmes inscrits sur le prétendu Registre de S. Julien, & d'en dérober à la posterité jusqu'aux moindres vestiges, tombe-t'il sous le sens que cette personne maîtresse absolue de les supprimer, se soit contentée de passer assez legerement differens traits de plume dessus, & de les rayer de façon qu'on pût encore les lire tous quatre en entier? Assurément une personne interessée à en supprimer la memoire, auroit eu soin de les effacer si bien, qu'il auroit été impossible de les lire, & c'est assurément ce qui n'étoit pas difficile. Cependant il faut convenir qu'ils sont si mal raturés, qu'on peut encore les lire en entier, & c'est une circonstance qui tenteroit beaucoup de croire que ce Registre a été fabriqué exprès pour y inscrire ces quatre actes de Baptêmes, & pour les effacer ensuite avec assez de menagement & de précautions pour qu'on pût encore les lire, afin de pouvoir conclure de la rature imparfaite de ces Baptêmes qui se trouvent inscrits sur le Registre de Montbelliard, que ce Registre de Montbelliatd avoit été fabriqué après coup. Voici même une circonstance qui peut donner beaucoup de poids à ce soupçon.

On observe que dans ces quatre actes ainsi raturés, il s'est trouvé plusieurs mots, dont les lettres formées d'une encre plus foible & plus pâle que celle dont on s'étoit servi en raturant, ont été presqu'entierement éclipsées sous les traits des ratures dont ces lettres étoient chargées; ensorte qu'il étoit très-difficile, & peut-être impossible de lire ces mots, dont la plûpart des lettres avoient en quelque sorte disparu. Mais en même tems on remarque que ces lettres, pour ainsi dire, perdues sous les traits confus des ratures, ont été rétablies & surchargées d'une encre beaucoup plus noire, non seulement que celle qui avoit servi originairement à former l'écriture du corps des actes, mais encore que l'encre employée à faire les ratures. C'est une remarque dont la verité sautera aux yeux de quiconque examinera ces quatre actes avec quelque attention.

Or en partant de cette observation, qui est juste dans le fait, on demande qui peut être l'auteur de cette surcharge? Si les ratures ont été faites par une personne interessée à enlever jusqu'aux moindres vestiges de ces actes, on ne peut pas raisonnablement supposer que ce soit cette même personne qui ait travaillé à rendre plus lisibles les mots qu'elle auroit pris la peine, & qu'elle auroit eu interêt d'effacer totalement. Il faut donc que cette surcharge ait été faite par une personne qui avoit un interêt tout opposé, c'est-à-dire, par une personne dont l'objet étoit que les actes raturés pussent être lûs. Or quelle autre personne que le Duc de Wirtemberg a pû avoir cet interêt?

Il y a encore une autre observation qui se presente trop naturellement

ment pour être négligée : c'est qu'il semble que la main qui a fait les ratures, a singulierement épargné les mots caracteristiques de chaque acte ; ainsi les mots qui dans ces actes expriment les noms des enfans, les noms des pere & mere, les dates des Baptêmes, sont précisément ceux qui sont raturés avec plus de legereté, & ausquels on a conservé des caracteres plus lisibles ; ensorte qu'à dire vrai, ces actes ne paroissent avoir été rayés que pour être lûs seulement avec un peu plus de difficulté. Comment concilier ces faits avec l'hipothese du Duc de Wirtemberg, qui suppose que les auteurs des ratures ont voulu effacer à jamais la memoire de ces actes, & en enlever jusqu'aux moindres vestiges ? Ces circonstances ne s'accorderoient-elles pas mieux avec l'hipothese d'un Registre presenté pour Registre de S. Julien, fabriqué récemment pour y inscrire ces quatre actes, & pour les rayer ensuite, de façon cependant à être encore lus, afin de pouvoir crier au faux contre le Registre de Montbelliard, & soutenir qu'il a été fabriqué en 1720. par la raison qu'il contient les mêmes actes inscrits & rayés sur le prétendu Registre de S. Julien ?

2°. Si l'on en croit le Duc de Wirtemberg, & la déposition extrajudiciaire de Susanne Meisseliere, qu'il prétend avoir fait entendre en 1726. cette Susanne Meisseliere se fit délivrer le 12 Decembre 1710. par le Sieur Morel, alors Ministre de S. Julien, des Extraits Baptistaires de ces enfans, *lesquels Extraits furent mis en dépôt dans les Archives de Montbelliard.* Ce sont les termes de la déposition de Susanne Meisseliere, rapportés dans le Memoire du Duc de Wirtemberg, pag. 37 rect. & vers. & pour prouver l'existence de ces Extraits, le Duc de Wirtemberg ajoute qu'il en produit les copies vidimées n°. 65 & 66. Il prétend même que Scharfferstein, Ministre de S. Julien, & qu'on dit mort dès 1709. avoit pareillement délivré des Extraits Baptistaires de ces enfans dès le 14 May 1705. & pour prouver encore que le feu Duc de Montbelliard avoit fait conserver ces Extraits dans ses Archives, il en produit une copie vidimée.

Ainsi pendant que le Duc de Montbelliard employoit, selon le Duc de Wirtemberg, jusqu'au faux pour supprimer jusqu'aux moindres vestiges des Baptêmes inscrits sur le Registre de S. Julien, il conservoit avec soin dans ses Archives les Actes de ces mêmes Baptêmes extraits du Registre qu'il supprimoit, & il en conservoit même de doubles extraits écrits & signés de la main des Ministres de cette Eglise. Comment concevoir de pareilles contradictions ? ne sont-elles pas bien propres à faire soupçonner & le prétendu Registre de S. Julien, & les pieces que le Duc de Wirtemberg y a jointes pour donner plus de poids à ce Registre ?

Mais en examinant ces pieces du côté de la forme, une observation generale suffit pour les écarter toutes. En effet il n'y en a pas une qui soit produite en original : ce ne sont que de prétendues copies collationnées sans aucune formalité, & à l'insçû des Parties interessées, par des Officiers du Duc de Wirtemberg, qui pourroit ainsi se faire à lui-même tant de titres qu'il jugeroit à propos, si l'on admettoit dans une affaire où il a un si grand interêt, des pieces de cette nature. Mais quelle idée doit-on avoir des Agens de ce Prince, qui

G

produiſent des Regiſtres de Baptêmes en originaux, & qui ne produiſent que des copies collationnées par eux-mêmes d'une dépoſition, d'un certificat de Miniſtre, d'un extrait de Baptême ? Car enfin il eſt certain qu'il ne produit la prétendue dépoſition de Suſanne Meiſſeliere du 12 Decembre 1726. qu'en copie collationnée. Le certificat du Sieur Morel du 22 Juillet 1716. n'eſt non plus produit qu'en copie collationnée. Enfin les prétendus extraits de Baptêmes délivrés par Scharfferſtein le 16 Septembre 1705. & par Morel le 12 Decembre 1716. ne ſont auſſi produits par le Duc de Wirtemberg qu'en copies collationnées. Pourquoi le Duc de Wirtemberg n'a-t'il pas produit les originaux de ces pieces ? On ne ſçauroit s'empêcher de remarquer encore en cela une affectation infiniment ſuſpecte ; quoi qu'il en ſoit, il eſt hors de doute, ſurtout dans les circonſtances ſingulieres d'une affaire ſi importante, que des copies collationnées par les Officiers du Duc de Wirtemberg, & à l'inſçû des Parties intereſſées, ne meritent aucune foi.

Au reſte de toutes ces pieces il n'y en a qu'une qui ſemble fixer l'époque de la prétendue radiation des quatre actes de Baptêmes en queſtion inſcrits ſur le Regiſtre de S. Julien, & l'on conçoit que l'époque de cette radiation eſt ici un fait important ; l'acte qui en parle eſt le prétendu certificat du Sieur Morel, Miniſtre de S. Julien, daté du 22 Juillet 1716. il dit que le 10 Juillet 1716. le Sieur Gropp emporta ſon Regiſtre, & que le 21 du même mois de Juillet il le lui rendit avec les ratures des quatre actes en queſtion.

Suivant ce certificat, & en le regardant pour un moment comme vrai, il doit demeurer pour conſtant, que les ratures ont été faites dans le mois de Juillet 1716. & comme c'eſt de la rature de ces actes ſur le Regiſtre de S. Julien, & de leur tranſlation ſur le Regiſtre des Baptêmes de l'Egliſe de Montbelliard, que le Duc de Wirtemberg infere la fabrication du Regiſtre des Baptêmes de Montbelliard, il doit ſuppoſer que cette fabrication de Regiſtre des Baptêmes de Montbelliard, deſtinée à remplacer la ſuppreſſion des actes raturés ſur le Regiſtre de S. Julien, a été faite dans le tems de la radiation des actes inſcrits ſur le Regiſtre de S. Julien ; car l'objet étoit de donner aux enfans pour qui on faiſoit le faux, l'état d'enfans naturels d'Henriette Hedwige & du Duc de Montbelliard, & l'on n'auroit point rempli cet objet, ſi dans le tems même où l'on ſupprimoit la mention de leurs Baptêmes ſur le Regiſtre de S. Julien, on n'avoit pas inſcrit ces Baptêmes, tels qu'on les ſouhaitoit, ſur un autre Regiſtre ; d'où il ſuit que ce ſeroit en l'année 1716. que l'on devroit avoir fabriqué le Regiſtre deſtiné à recevoir la mention de ces Baptêmes ; ainſi la fabrication de ce Regiſtre, ſuivant les faits énoncés dans le certificat du Sieur Morel, ne ſeroit pas, comme le prétend le Duc de Wirtemberg, de 1720. mais de 1716.

Le Duc de Wirtemberg en fournit même une preuve n° 83. pag. 40 verſ. de ſon Memoire, où il rapporte une table généalogique que, ſelon lui, le Duc de Montbelliard fit imprimer à la fin de l'année 1716. Dans cette table généalogique, le Duc de Montbelliard plaça comme enfans naturels procréés de lui, les enfans d'Henriette Hedwige. On voit donc que dès-lors l'état de ces enfans devoit être assuré, & leurs Baptêmes inscrits sur le Registre de Montbelliard; ce qui prouve bien que s'il y avoit eu une fabrication de Registre à Montbelliard, cette fabrication auroit été faite en 1716. & non pas en 1720. auquel cas tous les actes des derniers mois de l'année 1716. ou postérieurs à cette année, seroient au-dessus de tout soupçon, puisqu'ils se trouveroient postérieurs à la prétendue fabrication, qui dans le vrai n'est qu'une chimere.

On finira cet examen concernant les Registres des Baptêmes par deux observations importantes, qui tendent à assurer de plus en plus l'état de Charles-Leopold, & de Georges-Frederic, seuls enfans légitimes du feu Duc de Montbelliard, & ces observations ne sont qu'une consequence de celles qu'on vient de faire.

La premiere est qu'ils n'ont jamais eu aucun interêt qu'on fabriquât pour eux après coup un Registre des Baptêmes à Montbelliard. Le premier né en 1716. avant la célebration du Mariage de 1718. est inscrit sur ce Registre de la main de celui qui étoit alors Ministre, & il est inscrit comme enfant naturel du Duc de Montbelliard, & d'Elizabeth-Charlotte, Baronne de l'Esperance. On ne lui faisoit donc point de grace en ne l'inscrivant qu'à ce titre d'enfant naturel que personne ne pouvoit lui contester. Le second né le 16 Août 1722. quatre ans après la célebration du Mariage de 1718. & deux ans après l'époque de la prétendue fabrication, est inscrit sur le même Registre, comme *fils légitime de S. A. S. Leopold-Eberhard, Duc de Wirtemberg-Montbelliard, notre très-gracieux Prince Territorial & Seigneur Souverain, & de S. A. S. Elizabeth-Charlotte ; notre très-gracieuse Princesse Territoriale & Dame Souveraine regnante.* Ce sont les termes de l'acte de Baptême écrit sur le Registre de la main du Ministre. On conçoit que le premier de ces deux enfans a été légitimé de plein droit par la célebration du Mariage subsequent.

Ainsi que le Registre des Baptêmes de Montbelliard ait été fabriqué après coup ou non, que cette prétendue fabrication ait été faite en 1716. ou en 1720. tout cela ne peut être qu'indifferent aux deux enfans du Duc de Montbelliard, puisque dans toutes les hipotheses leur état est également assuré. C'est ce qu'on établira dans la suite.

La seconde observation a pour objet une allegation du Duc de Wirtemberg, qui ne craint point de dire dans son Memoire, que ces deux enfans ont été baptisés dans des Eglises éloignées, en secret, & sous des noms de pere & de mere empruntés. Mais il est bon de remarquer que le Duc de Wirtemberg ne rapporte ni la moindre preuve, ni la plus legere presomption pour appuyer son allegation démentie par un Registre public.

Il est vrai que le Duc de Wirtemberg a fait déposer ce fait à Susanne Meisseliere, qu'il a fait entendre de son autorité privée en 1726. mais outre que cette déposition est un acte extrajudiciaire, évidemment nul, & incapable de faire aucune foi, il est aisé de faire sentir la fausseté de cette déposition.

1°. Cette Susanne Meisseliere ne dit point dans quelles Eglises, ni sous quels noms ces enfans d'Elizabeth-Charlote & du Duc de Mont-

belliard ont été baptifés. Comme cette femme fe donne pour la confi-
dente du Prince , elle auroit dû fçavoir les circonftances qui concer-
noient les Baptêmes de ces enfans , comme elle fçavoit celles qui
avoient raport aux Baptêmes des enfans d'Henriette Hedwige. Cependant elle n'entre fur cela dans aucun détail.

2°. Il ne faut que jetter les yeux fur le Traité de Wilbade de 1715 ,
pour fe convaincre qu'en effet les enfans d'Elizabeth-Charlote n'ont
jamais été baptifés , ni fous des noms empruntés , ni ailleurs qu'à Montbelliard. On voit par ce Traité de Wilbade, que l'engagement du Duc
de Montbelliard avec Elizabeth-Charlote étoit public ; que leurs enfans , qui font dénommés dans ce Traité , étoient connus partout pour
leurs enfans : on voit que dans ce même Traité on affure une penfion ,
non feulement à ces enfans nés alors , mais encore à ceux qui naîtroient
du Duc de Montbelliard & d'Elizabeth-Charlote , pendant la vie de
laquelle on interdit au Prince , & le Prince s'interdit lui-même la liberté de fe marier à une autre femme. Tous ces faits conftatés par un
Acte de 1715. paffé avec le Duc de Wirtemberg lui-même , prouvent
bien que les enfans d'Elizabeth-Charlote avoient toujours été publiquement reconnus pour enfans du Duc de Montbelliard & d'elle , &
que par conféquent on ne les avoit pas baptifés clandeftinement dans
des Eglifes Etrangeres , & fous des noms de pere & de mere empruntés.

Paffons prefentement à l'examen des autres Regiftres, qu'on prétend
de même avoir été fabriqués après coup.

§. II.

Concernant les Regiftres des Sépultures.

Le Duc de Wirtemberg prétend que le Regiftre des Sépultures de
Montbelliard a été fabriqué en 1720. comme celui des Baptêmes.

Pour le prouver , il argumente de quelques feuilles attachées au
Regiftre des Baptêmes, & qui contiennent des actes mortuaires depuis
le 3 Février 1684. jufqu'au 20 Juillet 1701. il obferve que fur ces
feuilles on a paffé tranfverfalement un trait de plume fur tous les actes
mortuaires qui s'y trouvoient infcrits depuis le 20 Octobre 1698. jufqu'au 20 Juillet 1701. & qu'on a rapporté fur le nouveau Regiftre ces
mêmes actes mortuaires ainfi bâtonnés fur l'ancien ; & en effet on voit
clairement que le nouveau Regiftre contient tous les mêmes actes qui
fe trouvent dans cet intervale fur l'ancien.

Mais que refulte-t'il de cette découverte du Duc de Wirtemberg ?
Pour fentir de quel poids elle peut être , il faut fe rappeller la propofition qu'il foutient, & qu'il s'engage de prouver ; or cette propofition
eft , que les Regiftres Mortuaires de Montbelliard ont été fabriqués
après coup en 1720. Voilà ce qu'il foutient, & ce qu'il a à prouver ;
mais c'eft ce qu'il ne prouve point : tout ce qu'il nous apprend par les
anciennes feuilles qu'il produit, c'eft qu'on a reporté fur un nouveau Regiftre les Actes mortuaires infcrits fur l'ancien Regiftre
depuis le 20 Octobre 1698. jufqu'au 20 Juillet 1701. & ce fait ne
prouve aucun des deux points que le Duc de Wirtemberg entreprend
de

de prouver ; fçavoir, 1°. Que le Regiftre des Sepultures a été fabriqué
après coup. 2°. Que cette fabrication a été faite en 1720. car il fe peut
fort bien faire qu'on ait reporté en 1701. fur le nouveau Regiftre, les
Actes mortuaires qui étoient fur l'ancien depuis 1698. jufqu'alors ; ce
qui fuffit pour écarter toute idée d'un Regiftre fabriqué en 1720. En
un mot, le Duc de Wirtemberg allegue cette prétendue fabrication ,
& c'eft à lui d'en rapporter les preuves ; tant qu'il n'en rapportera
point, fon allegation ne meritera jamais aucune créance : mais il eft aifé
de lui faire voir que ce qu'il fuppofe, choque même la vraifemblance.

En effet, pourquoi auroit-on fabriqué les Regiftres mortuaires
de Montbéliard en 1720. ? Il faut du moins donner quelque motif d'interêt qui ait pû engager alors à cette fabrication ; or le Duc
de Wirtemberg ne fçauroit en alleguer aucun , & on le défie de
citer aucune raifon qui ait pû rendre cette fabrication utile ou neceffaire. On peut donc dire d'abord qu'il n'eft pas vraifemblable qu'on ait
fabriqué en 1720. fans neceffité & fans aucune raifon d'utilité , le
Regiftre mortuaire dont il s'agit.

Mais ce qui prouve demonftrativement que ce Regiftre mortuaire
n'a point été fabriqué en 1720. c'eft qu'il contient des Actes infiniment contraires au projet qu'avoit alors le Duc de Montbéliard, non-
feulement de faire paffer les premiers enfans d'Henriette Hedwige pour
enfans de Sandersleben , mais encore de fuppofer un mariage entre lui
& Anne-Sabine de Hedwiger. On fçait combien ce dernier projet
fur tout l'occupoit dans l'année 1720. il eft donc évident que fi alors
il avoit fait fabriquer un nouveau Regiftre des Actes mortuaires de
Montbéliard, comme on le fuppofe, il n'y auroit pas laiffé tous les
Actes qui pouvoient être le plus contraires à ce double projet ; c'eft cependant ce qu'on trouve dans ce Regiftre prétendu fabriqué en 1720.

D'abord on y voit fous la date du 9 Novembre 1707. l'Acte mortuaire d'Henriette Hedwige, qui n'y eft défignée que comme fille, &
non comme femme du fieur Sandersleben. Le Duc de Montbéliard, qui
vouloit alors faire paffer le Comte de Coligny & la Comteffe de Sponeck
pour enfans de Sandersleben , auroit-il laiffé fubfifter un pareil Acte
dans un Regiftre qu'il auroit fait fabriquer en 1720 ? Cela tombe-t'il
fous le fens ?

On trouve dans le même Regiftre un Acte mortuaire de Leopold-
Eberhard, fils du Duc de Montbéliard & d'Anne-Sabine Hedwige ,
Comteffe de Sponeck. Cet enfant n'eft defigné & qualifié dans cet
Acte que comme un enfant naturel, & Anne-Sabine Hedwiger fa
mere n'y eft non plus défignée que comme fille , & par fon nom de
fille. Ainfi rien ne pouvoit être plus contraire que cet Acte au projet
qui occupoit en 1720. le Prince tout entier, de fuppofer qu'il étoit
marié dès 1695. avec Anne-Sabine Hedwiger ; il eft donc fenfible que
s'il avoit fait fabriquer en 1720. le Regiftre des Sepultures de Montbelliard , il n'y auroit pas laiffé des Actes de cette efpece.

Mais ce qui prouve encore plus évidemment non-feulement que ce
Regiftre n'a point été fabriqué en 1720. mais qu'il a réellement été
commencé dès le tems de fa date , & continué de fuite fuivant l'ufage,
c'eft la note marginale qui fe trouve fur ce Regiftre à la date du mois
de Février 1703. en ces termes : *Charlotte-Leopoldine , fille de S. A. S.*
Leopold-Eberhard , Duc de Wirtemberg-Montbelliard, & de la Haute Dame

Anne-Sabine., Comtesse de Sponeck, s'est endormie dans le Seigneur à Saint Germain en Suisse le 3 Fevrier 1703. & ensuite a été déposée dans l'Eglise du Château d'Icy. Concevra-t-on jamais que le Regiftre qui contient cette note marginale, ait été fabriqué en 1720 ? Certainement s'il avoit été fabriqué dans ce tems, on n'y auroit pas mis une note marginale de cette espece, qui ne pouvoit que renverser les projets qu'on avoit alors de faire passer la Comtesse de Sponeck pour mariée au Duc de Montbelliard dès 1695., & ses enfans pour legitimes. 1°. Cette note indiquoit le lieu où cette Charlotte-Leopoldine avoit été baptisée sous le nom de Jean Barry de Londres & de Charlotte-Leopoldine sa femme, & où elle avoit été enterrée comme telle. 2°. Cette note laissoit à cet enfant la qualité de fille naturelle, & à sa mere son nom de fille & le titre de concubine. Que pouvoit-il y avoir de plus opposé à l'idée du prétendu mariage de 1695. qu'on vouloit faire valoir en 1720 ? Si l'on avoit fabriqué ce Regiftre des Sepultures en 1720. y auroit-on laissé de pareils Actes ?

Il y en a beaucoup d'autres semblables qui démontrent que cette prétendue fabrication de Regiftres faite en 1720. est une chimere. Non seulement le Duc Wirtemberg ne prouve point cette fabrication qu'il allegue, & dont il fixe l'époque à l'année 1720. mais on lui prouve qu'elle n'est pas même vraisemblable.

§. I I I.

Concernant le Regiftre des Mariages.

Ce que le Duc de Wirtemberg appelle l'ancien Regiftre des Mariages, est un assemblage informe de quelques feuilles collées ensemble & mal attachées, sur lesquelles il y a des Actes de mariages écrits depuis le 17 Avril 1683. jusqu'au 15 May 1701. De ces Actes ainsi écrits sur ces feuilles, les neuf derniers qui occupent l'intervalle du premier Mars 1698. jusqu'au 17 May 1701. ont été bâtonnés & reportés chacun sous sa date sur le nouveau Regiftre, qui commence au 7 Fevrier 1698. & finit au 7 Juin 1723. & c'est de la translation de ces neuf Actes de l'ancien sur le nouveau Regiftre, que le Duc de Wirtemberg conclud que ce nouveau Regiftre a été fabriqué en 1720. il n'en allegue pas d'autre raison, ni n'en rapporte pas d'autre preuve. Dès-là il est aisé de juger quel cas on doit faire d'une pareille allegation.

Avant de démontrer combien elle choque même la vraisemblance, il est bon d'observer qu'aucun des neuf Actes inscrits sur l'ancien & reportés sur le nouveau Regiftre, n'est raturé ; il y a seulement deux traits de plume passés transversalement du haut de la page en bas, en sorte qu'on lit sans peine ces neuf Actes de mariages, qui ne contiennent que les mariages de differens Particuliers fort étrangers à la Maison du Duc de Montbelliard.

On a oublié de faire la même observation sur le Regiftre des Sepultures ; mais on est persuadé qu'elle n'auroit point échappé à l'exactitude de M. le Rapporteur. Tout ce qu'on inferera de ces observations, c'est que ce n'a point été à mauvais dessein, ni pour changer l'état de personne, ni avec des précautions mysterieuses, qu'on a reporté quelques Actes

des anciens Regiſtres ſur les nouveaux. De cette obſervation prélimi-
naire paſſons à l'examen du Regiſtre, & faiſons voir qu'il n'eſt pas
poſſible de ſuppoſer que ce Regiſtre des Mariages ait été fabriqué en
1720. comme le prétend le Duc de Wirtemberg.

Il n'y a ſur ce Regiſtre que trois Actes de celebration de mariage
qui puiſſent être intereſſans; ſçavoir, celui du Duc de Montbelliard &
d'Eliſabeth-Charlotte, Baronne de l'Eſperance, du 15 Août 1718.
celui de Georges-Leopold, Comte de Sponeck, & d'Eleonore-Charlotte, Comteſſe de Coligny, du 22 Fevrier 1719. & celui de Charles-
Leopold, Comte de Coligny & de Leopoldine-Eberhardine, Comteſſe de Sponeck, du 31 Août 1719.

Aucun de ces trois Actes de celebration de mariages n'a jamais été
ſoupçonné, ni pour la date, ni pour la verité des mariages; le Duc
de Wirtemberg les a toujours reconnus dans tous les tems, & dans tous
les Memoires qu'il a diſtribués. C'eſt ainſi que dans un de ſes Memoires
intitulé *l'impoſture du Comte Georges de Sponeck*, il ſoutient que le divorce
de 1714. avoit été imaginé par Eliſabeth-Charlotte, Baronne de l'Eſperance, *qui apparemment*, dit-il, *avoit déja formé le projet du mariage,
qui doit avoir été mis en execution l'an 1718.* Le Duc de Wirtemberg
reconnoiſſoit donc alors & la date, & la verité du mariage de 1718.

Il a de même toujours reconnu la date & la verité du mariage du Comte
de Sponeck & d'Eleonore-Charlotte Comteſſe de Coligny du 22 Fevrier 1719. puiſque dans le Memoire qu'il vient de citer, il dit que le
Comte de Sponeck eſt toujours reſté dans ſon état de néant juſqu'à *ſon
mariage*, qui ſe fit, dit-il, *le 22 Fevrier 1719.*

Enfin, le Duc de Wirtemberg a reconnu la date & la verité du
mariage celebré le 31 Août 1719. entre le Comte de Coligny &
Leopoldine-Eberhardine, Comteſſe de Sponeck, puiſqu'il a perpetuellement ſoutenu que ces mariages des 22 Fevrier & 31 Août 1719.
étoient des unions monſtrueuſes.

S'il eſt donc vrai que ces trois mariages ayent été réellement celebrés
en 1718. & en 1719. comme il n'eſt pas poſſible d'en douter, on n'a
pas eu beſoin de fabriquer en 1720. un Regiſtre pour les inſcrire, &
cependant on ne trouvera jamais dans tout le Regiſtre aucun autre
Acte de mariage pour lequel on puiſſe ſuppoſer qu'il y ait eu quelque
neceſſité ou quelque raiſon d'utilité de faire en 1720. cette fabrication
de Regiſtre. Mais il eſt encore aiſé de faire voir que cette fabrication
du Regiſtre des Mariages prétendue faite en 1720. eſt contraire à toute
vraiſemblance.

En effet, n'eſt-il pas ridicule de ſuppoſer qu'on ait fabriqué ce Regiſtre en 1720. & qu'on y ait laiſſé l'Acte de celebration de mariage
du 22 Fevrier 1719. dans lequel le Comte de Sponeck n'eſt marié
que comme enfant naturel du Duc de Montbelliard, & ſous le nom
de ſa mere, qui n'eſt elle-même déſignée que comme concubine &
par ſon nom de fille, pendant que dans le même Regiſtre à une date
poſterieure de ſix mois à cet Acte de celebration, on en trouve un autre
du 31 Août de la même année 1719. dans lequel la ſœur du Comte
de Sponeck eſt mariée avec le titre de Princeſſe? En fabriquant ce Regiſtre en 1720. dans un tems où l'on prodiguoit dans tant d'Actes
le titre de Prince & la qualité d'enfant legitime au Comte de Sponeck,

& où l'on cherchoit par-tout le moyen de lui faire des preuves de sa prétendue légitimité, auroit-on oublié ou négligé de lui donner dans son Acte de célébration ce même titre de Prince, & cette même qualité d'enfant legitime? En un mot, auroit-on laissé subsister dans un Registre qu'on fabriquoit à son gré, & dont consequemment on étoit maître, un Acte si propre à aneantir l'état qu'on avoit alors tant d'envie d'assurer au Comte de Sponeck? C'est une idée qui revolte.

Que resulte-t'il de la difference essentielle qui se trouve entre ces deux actes de célébration des 22 Fevrier & 31 Août 1719. sinon qu'au 22 Fevrier 1719. on n'avoit pas encore formé le projet de faire passer la Comtesse de Sponeck pour premiere femme du Duc de Montbelliard, & qu'alors on n'avoit point encore imaginé le mariage de 1695. auquel l'on ne pensa vraisemblablement qu'à la fin de l'année 1719. comme il y a lieu de le présumer à la vûe de l'acte de célébration du 31 Août 1719. qui est le premier acte non suspect, où l'on voye quelqu'apparence de ce projet?

Il est donc évident qu'il n'y a jamais eu aucun motif d'interêt ni aucune raison d'utilité, qui ait pû déterminer en 1720. à fabriquer le Registre des mariages de Montbelliard, & que les deux mariages de 1719. qui s'y trouvent inscrits, font une preuve sensible que ce Registre n'a point été fabriqué. Mais voici une autre observation qui ne peut que confirmer de plus en plus la même vérité.

Le Duc de Wirtemberg convient, comme on l'a déja observé, qu'en 1720. la Comtesse de Sponeck dominoit à la Cour de Montbelliard, & que le Prince étoit uniquement occupé du soin de procurer à elle & à son mari un état de legitimité, en faisant passer l'un pour son fils legitime, & l'autre pour fille legitime de Sandersleben. Ainsi on ne sçauroit concevoir que dans ce tems & avec de pareilles vûes le Duc de Montbelliard ait supposé & ait inscrit dans un Registre qu'il auroit fait fabriquer alors, un mariage avec la Baronne de l'Esperance; mais ce qui est encore plus inconcevable, c'est qu'en faisant fabriquer ce Registre des mariages en 1720. il eût négligé d'y faire inserer un acte de célébration de mariage entre Sandersleben & Henriette Hedwige de l'Esperance, sans lequel il ne pouvoit procurer à la Comtesse de Sponeck ni au Comte de Coligny son frere, l'état de legitimité qu'il desiroit avec ardeur, suivant le Duc de Wirtemberg, de leur assurer.

Mais ce qui tranche toute difficulté, & ce qu'on ne peut trop repeter, c'est que ce n'est point aux enfans legitimes du Duc de Montbelliard à prouver que ces Registres n'ont point été fabriqués après coup, puisqu'il est vrai qu'on ne sçauroit rapporter de preuves positives d'une negative. C'est au Duc de Wirtemberg à prouver qu'ils ont été fabriqués après coup en 1720. comme il le soutient, & non-seulement c'est ce qu'il ne prouve point, comme on vient de le voir, mais encore on lui fait voir que la supposition de cette fabrication prétendue faite en 1720. choque toute sorte de vraisemblance.

§. I V.

Concernant le Registre des Divorces.

Pour avoir une idée juste de ce qui regarde les Registres des Divorces

ces, il faut d'abord sçavoir ce que c'est que le Tribunal qui connoît des caufes de divorces & autres matieres Ecclefiaftiques chez les Proteftans.

Ce Tribunal s'appelle *Confiftoire*, ou *Confeil Ecclefiaftique*. Les Officiers qui le compofent font quelques Confeillers Séculiers, dont le nombre n'eft point reglé, le Surintendant des Eglifes du Pays, qui eft un Theologien, revêtu, comme les autres, du titre de *Confeiller Ecclefiaftique*, ou *Confiftorial*, & le Greffier.

C'eft à ce Confeil Ecclefiaftique, ou Confiftoire, (car ces deux noms fignifient la même chofe) que fe portent & fe jugent en dernier reffort toutes les demandes en accompliffement de promeffes de mariage, en condamnation de dommages & interêts pour raifon de groffeffe & frais d'accouchement, en accufation d'adultere, en féparation de lit & de table, ce qui s'appelle divorce, en réparation de fcandale commis dans les Eglifes, & enfin les demandes à fin de condamnation en cas d'ufure.

Tous les Jugemens s'y rendent en Langue Françoife, & jamais en Allemand, de même qu'au Confeil de Regence en matieres civiles & criminelles; les actes ne s'en expedient de même qu'en François à la Chancellerie. C'eft le Greffier qui infcrit, & qui feul a caractere pour infcrire fur le Regiftre du Confiftoire ou Confeil Ecclefiaftique, toutes les Sentences qui s'y rendent; jamais aucune Sentence n'y a été infcrite de la main d'aucun Confeiller. Le Greffier eft auffi le feul qui puiffe délivrer des expeditions de ces Sentences, & figner ces expeditions; il eft fans exemple qu'aucun des Juges du Confiftoire en ait délivré. Cet ufage des Confiftoires eft attefté par le Confeil, par les trois Corps de la Ville, par les Juges & par les Pafteurs & Miniftres de Montbelliard. Mais ce qui prouve encore mieux cette police invariable, c'eft le Regiftre même du Confiftoire ou Confeil Ecclefiaftique, qui eft produit en original; il eft intitulé:

Regiftre des Caufes matrimoniales, tenu au Confeil Ecclefiaftique de Montbelliard le Mercredy 23 Fevrier 1698. pour S. A. S. M. le Prince Georges, par honorés Sieurs Georges du Vernoy, Georges-Louis Smith, & Jean-Nicolas Perdrix, Confeillers, affiftant avec eux François Eftevenard, Greffier dudit Confeil.

Ce Regiftre commencé le 23 Fevrier 1698. finit le 16 Octobre 1722.

On trouve dans ce Regiftre deux fortes de Jugemens, fçavoir des Jugemens d'inftruction, ou préparatoires, & des Jugemens définitifs. Les premiers font tous fignés par le Greffier du Confiftoire, fçavoir depuis 1698. jufqu'en 1706. par Eftevenard, & depuis 1706. jufqu'à la fin par Cucuel fon fucceffeur dans l'Office de Greffier. A l'égard des Sentences définitives, autrefois elles n'étoient fignées que par le premier Confeiller du Confiftoire, qui étoit alors le fieur du Vernoy, & depuis l'ufage s'introduifit de les faire figner fur le Regiftre par trois Confeillers, & c'eft ce qui s'obferve encore aujourd'hui. Tout ce qu'on avance ici eft juftifié par le Regiftre même.

C'eft donc dans ce Regiftre qu'on auroit dû trouver le prétendu divorce de Sanderfleben & d'Henriette Hedwige de 1701. & celui du

I

Duc de Montbelliard & d'Anne-Sabine Hedviger de 1714. s'ils avoient eu quelque réalité. Mais ni l'un ni l'autre ne s'y trouvent inscrits, parce qu'en effet ces deux divorces n'ont jamais existé ; ils n'ont été imaginés & fabriqués qu'en 1720. Il est essentiel de se rappeler ici quel étoit alors l'état de la Cour de Montbelliard.

Les deux enfans naturels nés du Duc de Montbelliard & d'Anne-Sabine Hedwiger, sçavoir Georges-Leopold Comte de Sponeck, & Leopoldine-Eberhardine sa sœur, y donnoient la loi, surtout depuis qu'ils avoient épousé, l'un Eleonore-Charlotte prétendue fille de Sandersleben, & l'autre Charles-Leopold aussi prétendu fils de Sandersleben. On a dans cette affaire que trop d'exemples de l'empire absolu qu'ils exercerent alors sur l'esprit du Duc de Montbelliard, qui dans cette année 1720. ne parut occupé que du soin d'assurer un état de legitimité à ces quatre enfans, pour pouvoir leur transmettre sa succession.

Ce projet auroit été bien moins difficile alors, si le Prince n'avoit pas été marié publiquement dès 1718. En effet s'il n'y avoit pas eu un mariage solemnel & connu de tout le monde dès 1718. entre le Prince & Elizabeth-Charlotte Baronne de l'Esperance, on n'auroit pas eu besoin de supposer le divorce de 1714. pour soutenir la fable du mariage de 1695. Il auroit été tout simple & tout naturel de faire prononcer ce divorce en 1720. & d'en faire inscrire en même tems la Sentence dans son ordre sur le veritable Registre du Consistoire. Cette operation n'auroit couté aucun faux, & n'auroit été arrêtée par aucune difficulté ; mais comme il y avoit un mariage public celebré dès 1718. il falloit necessairement que la date du divorce destiné à rompre les liens du prétendu mariage de 1695. fût anterieure à cette époque de 1718. puisque sans cela il auroit paru deux mariages subsistans en même tems. On fut donc obligé en 1720. de supposer un divorce anterieur à l'année 1718. & comme il n'étoit pas possible de trouver dans le veritable Registre du Conseil Ecclesiastique un blanc pour inserer avant l'année 1718. ce faux divorce, peu difficiles sur le choix des expediens, voici ce que les Sponeck imaginerent.

Secondés par l'autorité du Duc de Montbelliard, dont ils disposoient à leur gré, ils engagerent le sieur Gropp, Surintendent des Eglises de Montbelliard, à fabriquer un petit Registre dans lequel on pût inscrire un divorce entre Sandersleben & Henriette-Hedwige de l'Esperance, & un autre entre le Duc de Montbelliard, & Anne-Sabine Hedwiger. Le sieur Gropp n'eut pas la force de désobéir, il fit ce qu'on exigea de lui ; mais il le fit si mal, & avec si peu de précautions, qu'il paroît n'avoir agi en cela que comme contraint, & comme un homme qui n'avoit pas envie de tromper le Public par une fausseté qu'il commettoit malgré lui. C'est ce qu'on verra dans la suite.

Il fit donc un petit cahier qui contient en tout sept pages attachées ensemble avec un cordon de soye ; ce cahier est intitulé :

Registre du Consistoire de Montbelliard, concernant les Divorces depuis que S. A. S. Georges Duc de Wirtemberg-Montbelliard est rentré après la Paix de Riswic dans ses Etats le 7 Fevrier 1698.

Il contient en tout six Sentences de divorces, dont quatre sont

tirées de l'ancien & veritable Regiſtre ; les deux autres ſont les divorces de Sanderſleben de 1701. & du Duc de Montbelliard de 1714.
Les voici ſuivant l'ordre qu'elles tiennent ſur le cahier.

La premiere eſt un divorce prononcé entre Marc Huguenot , dit
la Lance , & Judith Nardin ſa femme. Elle eſt du 5 Juillet 1699.
Cette Sentence ſe trouve ſous la même date dans le veritable Regiſtre , où elle eſt écrite de la main du Greffier , & ſignée G. du Vernoy ,
avec paraphe. Ainſi il eſt évident qu'elle a été copiée ſur le veritable
Regiſtre , & reportée ſur le petit cahier fabriqué en 1720.

La ſeconde Sentence eſt celle qui prononce le divorce entre Jean-
Louis de Sanderſleben & Henriette Hedwige. Elle eſt datée du premier Mars 1701. On conçoit bien qu'elle ne ſe trouve point ſur le veritable Regiſtre.

La troiſiéme du 10 Decembre 1710. eſt entre Eliſe-Catherine No-
blot & Jean Valiton. Elle ſe trouve ſous la même date dans le veritable Regiſtre.

La quatriéme du 16 Decembre 1711. eſt entre Anne Fiſtran & Jean-
Guillaume Ziler. Elle ſe trouve auſſi ſous la même date dans le veritable Regiſtre.

La cinquiéme , qui ne ſe trouve point ſur le veritable Regiſtre , eſt
le divorce prétendu prononcé entre le Duc de Montbelliard & Anne-
Sabine Hedwiger , daté du 6 Octobre 1714.

Enfin la ſixiéme eſt une Sentence de divorce prononcée le 25 Août
1721. entre Anne Faivre , & Marc Vernet, Tiſſerand à Montbelliard.
Elle ſe trouve ſous la même date dans le veritable Regiſtre.

On voit donc clairement que ce petit cahier , auquel on a donné
le nom de Regiſtre , n'a été fabriqué en 1720. que pour y placer les
deux divorces de 1701. & de 1714. qui ne pouvoient plus alors trouver leur place dans le veritable Regiſtre. Il eſt ſenſible qu'il n'a pas
été fabriqué pour les autres divorces qui ſe trouvoient inſcrits ſur le
veritable Regiſtre.

La fabrication de ce petit cahier eſt peut-être le faux le plus groſſier,
le plus manifeſte, le plus mal imaginé & le plus inutile qu'on ait jamais
commis , & il paroît que Gropp qui en a été l'auteur, ou plutôt l'inſtrument,n'a jamais eu en vûe de donner à ce cahier les apparences mêmes
d'une piece ſérieuſe. On voit qu'il n'y a pris aucunes précautions pour
conſerver la vraiſemblance. En un mot,il n'eſt pas poſſible qu'il n'ait lui-
même regardé cet ouvrage comme un jeu plus propre à ſatisfaire la
paſſion de ceux qui exigeoient de lui cette marque de ſoumiſſion ,
qu'à en impoſer à perſonne.

1°. L'exiſtence du veritable Regiſtre,qu'on laiſſoit ſubſiſter en bonne
forme & en ſon entier , devoit être, tant qu'il ſubſiſteroit , une preuve
convaincante de la fauſſeté du nouveau Regiſtre.

2°. Gropp ne pouvoit pas ſe diſſimuler qu'un Regiſtre du Conſiſtoire écrit de ſa main , ne pouvoit faire aucune foi , parce que ce Regiſtre devoit être écrit de la main du Greffier.

3°. Il ſçavoit mieux que perſonne qu'à Montbelliard toutes les Sentences de divorces , & en general tous les Jugemens , ſoit en matiere
Eccleſiaſtique , ſoit en matiere civile , ſont rendus & inſcrits ſur les

Regiftres en Langue Françoife, & jamais en Allemand. Ainfi il étoit bien fûr que fon petit cahier, qu'il a affecté d'écrire en Allemand, prefenteroit en cela une fingularité, qui auroit feule fuffi pour en rendre la foi fufpecte.

4°. Gropp n'ignoroit pas qu'il n'étoit entré au Confiftoire qu'en 1707. lorfqu'il fucceda au fieur Daniel Nardin décédé en 1707. dans la place de Surintendant des Eglifes de Montbelliard. Jufqu'à cette époque le fieur Gropp n'étoit point membre du Confiftoire, il n'y avoit aucune entrée, & il n'étoit que Miniftre de l'Eglife de Montbelliard, fans être Confeiller du Confiftoire, comme le Duc de Wirtemberg nous le dit lui-même. Il fentoit donc bien que tout le monde découvriroit fans peine la fauffeté de fon petit cahier, où il infcrivoit de fa main des actes dont les dates étoient de beaucoup anterieures au tems où il étoit entré au Confiftoire. Cette feule circonftance rendoit le faux fenfible.

5°. Gropp ne pouvoit pas douter qu'en comparant le veritable Regiftre avec fon petit cahier, la fauffeté de ce dernier ne fautât aux yeux des moins clairvoyans.

Par exemple, en confultant l'ancien Regiftre au fujet du divorce prononcé le 5 Juillet 1699. entre Marc Huguenot, dit la Lance, & Judith Nardin, on trouve que cette Sentence définitive du 5 Juillet 1699. eft précédée d'une Sentence préparatoire du Mercredi 21 Juin 1699. écrite fur le Regiftre de la main du fieur Eftevenard, Greffier du Confeil Ecclefiaftique, qui ordonne que le Procureur du Demandeur communiquera fon libelle à la Défendereffe. Cette Sentence qui fe refere à celle du 5 Juillet 1699. ne fe trouve point fur le petit cahier fabriqué en 1720. quoiqu'on y ait infcrit celle du 5 Juillet 1699.

Si l'on examine encore fur le veritable Regiftre cette Sentence définitive du 5 Juillet 1699. on trouve qu'elle y eft infcrite de la main d'Eftevenard, qui étoit alors Greffier du Confeil Ecclefiaftique, & fignée G. du Vernoy, avec paraphe. G. du Vernoy étoit alors le plus ancien Confeiller du Confiftoire. Qu'on envifage enfuite la même Sentence du 5 Juillet 1699. écrite fur le nouveau Regiftre fous fa date du 5 Juillet 1699. on voit,

1°. Qu'elle n'y eft point écrite de la main du Greffier.

2°. Qu'elle y eft écrite de la main du fieur Gropp, qui dans ce tems, c'eft-à-dire en 1699. n'étoit ni Greffier, ni membre du Confiftoire ou Confeil Ecclefiaftique : enfin que Gropp a contrefait fur le Regiftre qu'il fabriquoit, la fignature de G. du Vernoy qui fe trouve fur l'original de cette Sentence, & à la fin dans le veritable Regiftre. Il a de même contrefait le paraphe de G. du Vernoy. Mais cette imitation de fignature eft faite fi groffierement, & avec fi peu d'attention & de précaution, qu'il paroît évidemment que Gropp n'a pas même voulu prendre la peine de fauver les apparences, ni de donner au faux un air de vraifemblance, foit parce que probablement il ne travailloit à cette fabrication que comme contraint, foit parce qu'il fçavoit mieux que perfonne qu'on lui faifoit faire un ouvrage inutile.

Il en eft de même de la Sentence de divorce du 10 Decembre 1710. & de celle du 16 Decembre 1711. Dans la premiere fur le nouveau

Regiftre

Regiſtre la ſignature de G. du Vernoy, & dans la ſeconde celle de Leonard Nardin , ſont également contrefaites.

On voit donc clairement que les Sponeck n'ont fait fabriquer ce
nouveau Regiſtre après coup , que pour y inſerer les deux divorces de
1701. & de 1714. qui n'avoient jamais exiſté , comme il eſt prouvé
par l'ancien Regiſtre. D'où il reſulte que la prétendue Sentence de divorce du 5 Octobre 1714. dont le Comte de Sponeck a rapporté un
extrait tiré de ce Regiſtre fabriqué, pour prouver la réalité du prétendu mariage de 1695. eſt au contraire une preuve de la ſuppoſition de
ce mariage , puiſqu'il eſt certain qu'on n'a point recours au faux pour
prouver ce qui eſt vrai.

Que ce Regiſtre ait été fabriqué ſur la fin de l'année 1719. ou dans
le cours de l'année 1720. & non auparavant, dans la vûe d'appuyer
le prétendu mariage de 1695. & de le concilier avec le mariage qui
avoit été publiquement célebré en 1718. entre le Duc de Montbelliard
& Elizabeth-Charlotte Baronne de l'Eſperance , c'eſt un fait qui ne
peut être revoqué en doute, par les raiſons qu'on a déja expliquées ,
en faiſant voir que tous les actes inſcrits ſur les Regiſtres publics ante-
rieurement à cette époque, ſont contraires à l'idée de ce prétendu mariage de 1695. Telle eſt , par exemple , la célebration du mariage du
Comte de Sponeck & d'Eleonore-Charlotte Comteſſe de Coligny du
22 Février 1719. Cet acte où l'on voit le Comte de Sponeck marié
comme fils naturel du Duc de Montbelliard & d'Anne-Sabine de Hedwiger, prouve bien qu'au commencement de l'année 1719. on ne pen-
ſoit pas encore au prétendu mariage de 1695.

Mais ce qui merite bien d'être remarqué, c'eſt que de la fabrication
de ce petit Regiſtre des divorces faite évidemment en 1720. le Duc
de Wirtemberg induit la fabrication des autres Regiſtres des Baptêmes,
Mariages & Sépultures, qu'il ſuppoſe également avoir été faite en
1720. comme ſi l'un étoit une ſuite neceſſaire de l'autre. Il n'eſt pas
difficile de lui faire ſentir le faux de cette maniere de raiſonner par induction. Elle péche également & dans le droit, & dans le fait.

Il eſt d'abord certain dans le point de droit, qu'on ne ſçauroit prouver la fauſſeté d'une piece par la fauſſeté d'une autre, lorſque la fauſſeté de l'une n'eſt pas une conſéquence abſolue & neceſſaire de la fauſſeté de l'autre, enſorte qu'il ſoit impoſſible que celle-ci ſoit fauſſe,
ſans que celle-là le ſoit. Ainſi pour admettre le raiſonnement du Duc
de Wirtemberg, qui conſiſte à dire, *on a fabriqué certainement en* 1720.
*un Regiſtre des Divorces, donc on a fabriqué dans le même tems les Regiſtres
des Baptêmes, Mariages & Sépultures,* il faudroit qu'il eût commencé
par prouver que le Regiſtre des Divorces n'a pas pû être fabriqué en
1720. ſans que les autres Regiſtres ayent auſſi été fabriqués dans la
même année, enſorte que la fabrication de ceux-ci fût tellement liée
avec la fabrication de celui-là, que l'une fût une conſéquence neceſſaire
de l'autre. Or c'eſt ce qu'il ne prouve, ni ne prouvera jamais, parce
qu'en effet il eſt fort poſſible qu'on ait fabriqué un Regiſtre , & qu'on
n'en ait pas fabriqué quatre.

Dans le fait, non-ſeulement la fabrication des Regiſtres des Baptê-

K

més, Mariages & Sépultures en question, n'est point une conséquence nécessaire de la fabrication du Registre des Divorces, mais on peut
ajouter que ces Registres contiennent en eux-mêmes des preuves convaincantes qu'ils n'ont point été fabriqués. On a déja développé ces
preuves, ainsi on se contentera de remarquer ici les differences qui se
trouvent entre le Registre des Divorces fabriqué en 1720. & les Registres des Baptêmes, Mariages & Sépultures, qu'on soutient, avec
raison, n'avoir point été fabriqués.

1°. Il y a dans le Registre, ou plûtôt dans le petit cahier des divorces, un premier caractere de faux, à l'évidence duquel on ne sçauroit
se refuser, sçavoir dans l'écriture. En effet, non-seulement ce Registre n'est point écrit de la main du Greffier, qui seul, suivant le Duc de
Wirtemberg, est en droit d'inscrire sur le Registre les Sentences de
divorce, mais encore il est écrit de la main d'un homme qui jusqu'en
1707. comme le Duc de Wirtemberg en convient, n'étoit point membre du Consistoire. En cela la fausseté de ce petit cahier éclate d'une
maniere évidente.

Il n'en est pas de même des Registres des Baptêmes, Mariages &
Sépultures, ils sont tous écrits de la main du Ministre qui étoit en droit
de les écrire, & qui étoit commis pour cela, comme nous le dit encore le Duc de Wirtemberg dans son dernier Memoire. En effet ces
Registres depuis leur commencement, c'est-à-dire depuis l'année
1698. jusqu'en 1721. sont tous écrits de la main de Gropp, qui pendant tout ce tems a été le Ministre de l'Eglise de Montbelliard. Voici
comme s'explique sur ce fait le Duc de Wirtemberg dans son dernier
Memoire signé Fusch. » Ce qu'il y a bien à observer, dit-il, c'est que
» le Duc Georges d'abord après son arrivée à Montbelliard en 1697.
» ayant congedié celui qui étoit alors Ministre de l'Eglise du Château,
» il mit à sa place le nommé Jean-Jacques Gropp, &c. Ces Registres
étant donc dans la forme usitée, & écrits de la main du Ministre qui
étoit le seul qui pût les écrire, ils font dès-là foi par eux-mêmes, au
lieu que le Registre ou cahier des divorces n'étant point écrit de la
main du Greffier du Consistoire, qui étoit seul en droit d'inscrire sur le
Registre les Sentences de divorce, & étant au contraire écrit de la
main d'un homme qui n'étoit ni Greffier, ni membre du Consistoire,
ils ne font dès-là revêtus d'aucun caractere d'autenticité, & font même
évidemment faux.

2°. La fausseté du petit cahier des divorces paroit manifestement par
la fausseté des signatures qu'il contient. Le veritable Registre où font
les vrayes signatures, est une piece de comparaison qui démontre le
faux. Les Registres des Baptêmes, Mariages & Sépultures, ne contiennent ni fausses signatures, ni aucune autre marque de faux.

3°. Le veritable Registre des divorces prouve encore la fausseté du
petit cahier, en ce que le veritable Registre contient non-seulement
les Sentences définitives, mais encore les Sentences d'instruction qui
ne se trouvent point sur le petit cahier, & en ce que le veritable Registre contient un très-grand nombre de Sentences, non-seulement
dans toutes les années, mais encore dans tous les mois de chaque an-

née, enforte qu'il forme un volume bien rempli de 4 ou 500 pages, au lieu que le petit cahier ne contient que 7 pages & six Sentences.

On ne remarque rien de femblable dans les Regiftres des Baptêmes, Mariages & Sépultures; il n'y a point d'acte qui ne fe trouve entier & dans fon ordre fur ces Regiftres.

4°. Enfin on voit clairement pourquoi ce petit cahier a été fabriqué en 1720. on découvre fans peine le motif de la fabrication, & on ne découvre aucune raifon qui ait pû déterminer à fabriquer les Regiftres des Baptêmes, Mariages & Sépultures; mais ce qui eft encore plus décifif, c'eft que ces derniers Regiftres prouvent clairement par tout leur contenu, comme on l'a fait voir, qu'ils n'ont point été fabriqués après coup en 1720.

De toutes les obfervations qu'on vient de faire fur les differens Regiftres produits par le Duc de Wirtemberg, il refulte, 1°. Que le prétendu Regiftre qui contient le divorce de 1714. eft un Regiftre faux, fabriqué en 1720. dans la vûe de conftater le mariage imaginaire de 1695. 2°. Que les Regiftres des Baptêmes, Mariages & Sépultures, font des monumens vrais, & non fufpects, & que les actes qu'ils contiennent doivent faire une foi entiere, & qu'ainfi on ne peut douter ni de la verité du mariage de 1718. dont la célébration eft infcrite fur un de ces Regiftres, ni de la légitimité des enfans nés de ce mariage, & infcrits comme tels fur le Regiftre des Baptêmes, furtout quand on voit que la verité de ce mariage a toujours été regardée comme un fait de notorieté publique, & conftamment reconnue depuis le commencement des conteftations jufqu'à prefent, foit par le Comte de Sponeck, foit par le Duc de Wirtemberg, foit par l'Empereur lui-même.

Après avoir fi clairement prouvé que les Regiftres des Baptêmes, Mariages & Sépultures de Montbelliard n'ont point été fabriqués après coup en 1720. comme le prétend le Duc de Wirtemberg, il femble qu'on pourroit s'en tenir-là; cependant pour ne lui laiffer aucune ombre de reffource, on veut bien lui faire voir en deux mots qu'en fuppofant cette fabrication telle qu'il l'annonce, il ne pourroit en tirer aucun avantage contre les enfans légitimes du feu Duc de Montbelliard, dont l'état n'en feroit pas moins certain, ni moins inébranlable.

Examen de la Queftion de Droit.

En fuppofant que les Regiftres de Montbelliard euffent été fabriqués en 1720. en refulteroit-il que l'acte de célébration de mariage de 1718. & les Extraits des Baptêmes de 1716. & de 1722. fuffent des actes faux, & comme tels incapables de conftater le fait de ce mariage & de ces Baptêmes dont ils font mention?

Suivant le Duc de Wirtemberg, lorfqu'on a fabriqué en 1720. les nouveaux Regiftres des Baptêmes, Mariages & Sépultures, on a fupprimé ceux qui avoient été tenus jufqu'alors, & le faux, felon lui, confifte en ce qu'on a inferé dans les nouveaux Regiftres fabriqués, des actes qui n'étoient pas fur les anciens Regiftres qu'on fupprima lors de la fabrication; car le Duc de Wirtemberg ne prétend pas, & en effet il

seroit ridicule de prétendre que tous les actes, qui se trouvent aujour-
d'hui sur les trois Registres actuels, fussent faux, par la seule raison
que ces Registres auroient été copiés sur les anciens, & fabriqués en
1720. Il sent bien que cela n'est pas proposable, parce ce qu'en effet
tous les actes, qui des anciens Registres où ils étoient inscrits, ont été
transportés sur les Registres prétendus fabriqués, sont essentiellement
vrais, & font autant de foi que si les Registres sur lesquels on suppose
qu'ils étoient originairement, existoient encore. Ainsi on ne peut pas
dire, en supposant la fabrication des nouveaux Registres, que tous les
actes qui y sont inscrits soient faux; aussi le Duc de Wirtemberg ne le
prétend-t'il pas.

Parmi les actes inscrits sur les Registres prétendus fabriqués, on ne
pourroit donc regarder comme faux que ceux qui n'étant point originairement sur les anciens Registres supprimés, auroient été faussement ajoutés sur les nouveaux Registres; certainement tous les actes
de cette espece seroient faux. Mais à quelle marque, à quel caractere
distinctif pourroit-on reconnoître les actes de cette espece? Dans l'hipothese de la supposition des veritables Registres, comment pourroit-
on distinguer les actes qui étoient originairement sur ces veritables
Registres, d'avec ceux qui n'y étoient pas? On sent bien que cela seroit absolument impossible; d'où il resulte qu'en supposant même la
fabrication des Registres en question, il seroit impossible de juger faux
tels ou tels actes inscrits sur ces Registres, à moins qu'on n'en prouvât
la fausseté par quelques circonstances particulieres.

Or pour ne parler ici que des trois actes qui interessent les enfans
légitimes du feu Duc de Montbelliard, c'est-à-dire de l'acte de célébration de mariage du 15 Août 1718. & des deux actes de Baptême des
premier May 1716. & 16 Août 1722. qui forment les titres constitutifs
de leur état; quels faits, quelles circonstances particulieres le Duc de
Wirtemberg peut-il alleguer pour prouver que ces actes n'étoient pas
originairement sur les Registres prétendus supprimés, comme ils sont
aujourd'hui sur les Registres prétendus fabriqués en 1720? On le défie
de rapporter sur cela ni preuves, ni indices, ni présomptions. On lui
a même fait voir que dès 1718. & 1719. le mariage du Prince & d'E-
lizabeth-Charlotte étoit public & notoire à Montbelliard, & que si ce
mariage n'avoit pas été fait dès 1718. le Duc de Montbelliard étoit le
maître de le célebrer en 1720. ensorte qu'il n'avoit pas besoin de supposer un mariage qu'il pouvoit faire. Si donc ce mariage étoit notoire
& public dès 1718. & 1719. on ne peut pas douter que dès-lors il ne
fût inscrit sur les Registres, & conséquemment on ne sçauroit supposer qu'il ait été ajouté faussement en 1720. sur les Registres prétendus
fabriqués alors; par conséquent cet acte, tel qu'il est sur les Registres,
doit faire une foi entiere, & est au-dessus de tout soupçon, soit que
ces Registres ayent été fabriqués en 1720, soit qu'ils ne l'ayent pas
été.

De l'Imprimerie de la Veuve D'ANDRÉ KNAPEN, au bout du Pont
S. Michel, 1745.

11,420

MEMOIRE

POUR GEORGES LEOPOLD, Duc de WIRTEMBERG-MONTBELLIARD.

CONTRE Charles Leopold, & Georges-Frederic, enfans de la Baronne de l'Esperance.

LES excès ausquels se sont portés dans leurs écrits les enfans de la Baronne de l'Esperance obligent le Prince de Montbelliard de donner de nouveaux éclarcissemens, qui en confirmant les droits sacrés de sa naissance, le vangent de tous les outrages dont on a cherché à le couvrir.

On ne se contente pas d'attaquer le mariage du feu Duc de Montbelliard avec la Demoiselle de Hedviger par des faits hasardés & des raisonnemens captieux, on se livre encore aux déclamations les plus outrées: on attaque la mere du Prince de M. du coté de sa naissance & de son honneur: on impute au Prince de Montb. lui-même un inceste odieux, on débite en un mot sans pudeur ce que la calomnie a de plus noir, pendant que l'on prodigue au contraire à la Baronne de l'Esperance, & à l'union qu'elle a contractée avec le feu Duc de Montbelliard les éloges les plus pompeux.

Le Prince de Montbelliard doit au Public, qui a parû s'interesser dans sa cause des éclaircissemens qui le rassurent, il ne se persuade pas que ces écrits ayent pû faire quelque impression sur le fond de son droit, mais ils peuvent former des préjugés toujours funestes au parti de la verité & de l'innocence; il convient au Prince de Montbelliard de les dissiper, & de vanger son honneur, qui ne lui est pas moins précieux que son état.

Deux questions se présentent naturellement dans cette cause. Y a t'il eu un mariage legitime contracté entre le feu Duc de Montbelliard & Anne Sabine de Hedviger, Comtesse de Sponeck: si cela est constant le Prince de Montbelliard leur fils est legitime, & doit jouir de tous les avantages qui sont dus à l'éclat de sa naissance.

Le mariage contracté depuis entre le feu Duc de Montbelliard & la Baronne de l'Esperance est-il valable, ou n'est-il au contraire qu'une union également odieuse à la Réligion & à la nature? en ce cas les enfans de la Baronne de l'Esperance ne peuvent partager la gloire du Prince de Montb.

A

Pour fe donner quelque avantage dans ces queſtions, le grand art qui a regné dans la deffenſe des Barons de l'Eſperance a été d'en intervertir l'ordre naturel, ils fe font attachés d'abord à étaler avec pompe les circonſtances dont ils prétendent que le mariage de leur mere a été accompagné, ils en ont vanté la publicité ; & croyant avoir prévenu par là les eſprits en leur faveur, ils font retombés ſur le mariage du Duc de Montbelliard, leur pere, avec la Comteſſe de Sponeck, comme ſur un titre ſuſpect, enigmatique, & qui ne pourroit être mis en parallele avec celui qu'ils deffendent.

L'interêt de la verité, & l'ordre naturel des faits ne permet pas de les ſuivre dans cette confuſion, il faut commencer par aprofondir la verité du mariage de 1695 avant que de porter ſon jugement ſur celui de 1718. On va donc établir en premier lieu que le Duc de Montbelliard a epouſé ſolemnellement Anne Sabine de Hedviger en 1695, & que ce mariage ne peut être ſuſpect ni dans ſa verité ni dans ſa validité: on fera voir en ſecond lieu que le Duc de Montbelliard n'a pas pû epouſer la Baronne de l'Eſperance en 1718. Ces deux propoſitions enferment toutes les queſtions qui nous diviſent.

PREMIERE PROPOSITION

Le Mariage de 1695 ne peut être conteſté.

Par quelles preuves peut-on établir la verité d'un mariage ! C'eſt par un acte de célébration ſigné d'un Miniſtre, dont le caractere attire toute la confiance de la juſtice & du Public : c'eſt par la notorieté publique qui atteſte la verité de cet engagement, c'eſt par les actes paſſés depuis entre le mari & la femme dans cette qualité, c'eſt enfin par la poſſeſſion.

Tous ces genres de preuves ſe reuniſſent icy en faveur du mariage auquel le Duc de Montbeliard doit ſa naiſſance.

Premierement, le Prince de Montbelliard raporte l'acte de celebration delivré par le Miniſtre Fuchs, qui a marié dans ſon Egliſe de Rejoüitz le feu Duc de Montbeliard & Anne Sabine de Hedviger: cet Acte eſt entierement écrit de la main de ce Miniſtre qui eſt mort le 30 Juin 1715 longtems avant le mariage de la Baronne de l'Eſperance : ce Miniſtre a eu ſoin d'ailleurs de faire mention de ce mariage ſur le Regiſtre de ſon Egliſe, il eſt vrai que comme parmi les Proteſtans les actes de célébration ne ſont ſignés ni des parties ni des témoins, le Miniſtre qui les rédige quand il juge à propos ne l'a écrit qu'au mois de Novembre 1695, & qu'il a même chargé ſon regiſtre de quelques énonciations peu exactes, mais qui n'intereſſent en rien la verité du mariage. Quoiqu'il en ſoit l'acte delivré par le Miniſtre le jour même du mariage ne depend point de l'ordre du regiſtre, il ne contient aucune énonciation qui puiſſe être critiquée, & ſi une partie des noms des deux époux ne ſont écrits qu'en lettres initiales, l'aplication neceſſaire qui s'en fait au feu Duc de Montbelliard & à Anne Sabine de Hedviger n'en eſt pas moins evidente : les noms de *Leopold Eberhard* & d'*Anne Sabine* ſont écrits en toutes lettres, les lettres initiales qui ſuivent ne conviennent qu'au Duc de Virtemberg Montbeliard & à la Demoiſelle de Hedviger ; & s'il reſtoit encore le moindre nuage, il ſeroit diſſipé par toutes les preuves qui mettent cette verité dans le plus grand jour.

Secondement, la notorieté publique annonce le même mariage & l'aplique ſingulierement au Duc de Montb. & à la Demoiſelle de Hedviger:

Dès 1712. on trouve dans les Tables genealogiques d'Hubener imprimées à Hambourg, que Leopold Eberhard Duc de Virtemberg-Montbelliard a epousé Mademoiselle Hedvigerin, fille d'un Conseiller d'Olau en Silesie. En 1716 le même Auteur ajoûte, qu'il y a eu un divorce entre eux le
6. Octobre 1714. En 1718 il date le mariage du 1 Juin & ne se trompe
que dans la datte de l'année, qu'il met de 1694 pour 1695.

Des Enquêtes faites en Pologne & à Montbelliard en 1720 contiennent
les dépositions d'un grand nombre de témoins qui attestent qu'ils ont été
témoins oculaires du mariage fait à Rejoüitz, & qu'ils ont vû le Duc de Virtemberg-Montbelliard & la Demoiselle de Hedviger recevoir dans l'Eglise la
bénédiction nuptiale : ces Enquêtes à futur sont autorisées en Pologne &
à Montbelliard, ce n'est que depuis 1667 que l'usage en est abrogé en
France.

Troisiemement, une foule d'Actes passés par le Duc de Montb. soit avec
la Duchesse de Montbelliard, soit avec d'autres personnes, confirment la verité du mariage. Entre ces Actes se fait remarquer principalement le fameux
divorce du 6 Octobre 1714. Dans cet Acte le Duc & la Duchesse de Montbelliard reconnoissent qu'ils sont mariés, qu'ils ont eu plusieurs enfans de
leur mariage, dont deux sont actuellement vivans : ils ajoûtent que la disparité d'humeur les oblige de se rendre reciproquement la liberté de se remarier, le Duc promet à sa femme 4000 liv. de pension par an avec son habitation dans les chateaux de Montbelliard ou de Blamont, & stipule que si
elle se remarie elle perdra son habitation, & la moitié de sa pension : cet
Acte est signé par neuf Conseillers du Prince de Montb. il est enregistré
dans le Registre de la Chancelerie & du Consistoire, il étoit si public, que
comme on l'a deja dit, Hubner dans ses Tables genealogiques, imprimées
à Hambourg en 1716, en parle en citant expressément sa date du 6 Octobre
1714.

Le Traité de Vilbade, ouvrage de la plus funeste conjuration contre la
Duchesse de Montbelliard & contre le Prince son fils, ce Traité si indigne
des noms augustes qui y sont employés énonce le mariage du Duc de Montbelliard, qui ne peut jamais s'appliquer qu'à celui qu'il avoit contracté en
1695 avec la Demoiselle de Hedviger : on y repete plusieurs fois que ce
mariage n'est point licite & conforme au rang de la maison de Virtemberg, c'est à ce titre seul d'inegalité qu'on y conteste aux enfans les droits
précieux de leur naissance pour succeder aux biens de leur pere, mais quelque outrage qu'on ait prétendu leur faire, cette piéce même si odieuse réclame aujourd'hui en leur faveur : le fait du mariage y est demeuré constant,
il ne leur en faut pas davantage. Quand il ne s'agira plus que d'en soutenir
les prérogatives, le Prince de Montb. n'aura pas de peine à faire prévaloir
les droits de la nature & de la Réligion sur des conventions qui blessent
jusqu'à l'humanité.

Joignons à ces titres les lettres de naturalité de 1719, dans lesquelles le
feu Duc de Montbeliard a presenté le Prince son fils au Roy, comme son fils
légitime & son successeur, le mariage de la Comtesse de Coligny sœur du
Prince de Montbelliard dans lequel elle est mariée comme Princesse de Montbeliard, les actes de 1720 dans lesquels le feu Duc de Montbeliard a toujours
traité le Prince son Fils comme Prince héréditaire, & que la Baronne de
l'Esperance elle-meme a signé, les lettres des Princes & Princesses de la branche d'Oels adressées tant à Anne Sabine de Hedviger, Duchesse de Mont-

beliard, qu'au Prince & à la Princesse héréditaire, les Actes de Batêmes de leurs enfans dans lesquels ces Princes & Princesses ont tenu le rang de Parain & de Maraine, les certificats donnés depuis par la Duchesse Douairiere d'Oels dans lesquelles elle a déclaré avoir été parfaitement instruite dans tous les tems & du mariage de son frere avec la Demoiselle de Hedviger & de la naissance de leurs enfans ; quelle foule de monumens s'éleve pour confirmer la foi du mariage, & pour dissiper les frivoles critiques qu'il plaît aux Barons de l'Esperance de former !

Enfin la possession se réunit à tant de preuves, elle résulte d'abord de tous les titres dont on vient de rendre compte, leur suite forme une chaîne de possession qui publie le mariage, & l'état des enfans, d'ailleurs les Barons de l'Esperance conviennent eux-mêmes que depuis 1719 le Prince de Montbelliard a joui de tous les honneurs de Prince héréditaire, qu'il a été reconnu en cette qualité par les peuples du Comté de Montbelliard, & que depuis la mort de son pere ces peuples fideles lui ont rendu les hommages & prêté le serment de fidélité qu'ils lui devoient comme à leur Souverain.

Traiter après cela le mariage du Duc de Montbelliard de fable & d'imposture, c'est offenser la raison, & se soulever contre l'évidence même. Quoi donc ! le Ministre Fuchs, mort en 1715. a-t'il préparé un titre qui pût un jour être opposé au prétendu mariage de la Baronne de l'Esperance qui n'a été contracté qu'en 1718. L'histoire de 1712 à-t'elle adopté une fable forgée huit ans après, l'a-t'elle confirmée en 1716. & 1718. avant que les Auteurs de l'imposture l'eussent concertée entre eux ? Joüoit-on une comédie à Montbelliard, lorsqu'en 1714. le Duc de Montbelliard signoit un acte de divorce avec Anne-Sabine de Hedviger, sa femme ; le Prince y représentoit-il le personnage de mari sans l'avoir été, & la concubine celui d'épouse légitime ? Les Conseillers du Prince & les Officiers du Consistoire, étoient-ils les spectateurs de la piéce pour y applaudir ? le Duc de Virtemberg-Stougard, si jaloux de s'attribuer des droits sur la succession du Duc de Montbelliard, se seroit-il uniquement occupé dans ce Traité de Vilbade, à relever l'inégalité du mariage contracté par le Duc de Montbelliard, s'il n'avoit été dans les liens d'aucun engagement ? auroit-il pris tant de précaution pour faire ratifier ce traité par le Prince de Montbelliard, pour lui faire faire *un serment corporel* de l'exécuter ? Enfin le Duc de Montbelliard, les Princes & Princesses de la Branche d'Oels, les Peuples du Comté de Montbelliard, tout se seroit-il prêté à confirmer une imposture si odieuse ? Que la critique la plus outrée exerce ses talens sur un mariage si solemnellement établi, elle viendra toûjours échoüer contre cette foule de monumens qui se prêtent un secours mutuel : tant de voix qui s'élevent en faveur du mariage, forceront toûjours l'incrédulité de se rendre, ou il n'y a rien de certain parmi les hommes, ou il faut se soumettre à une verité si constante.

Une seule réflexion suffiroit pour désarmer les Barons de l'Esperance. En quel tems la fable du mariage a-t'elle été imaginée par le feu Duc de Montbelliard ? Est-ce avant, est-ce depuis son mariage avec la Baronne de l'Esperance ? si on dit que c'est avant ce mariage, on est bientôt confondu, car le Duc de Montbelliard, maître d'épouser Anne-Sabine de Hedviger, n'auroit pas eu recours à l'imposture, pour lui donner un état quand il pouvoit le faire sans aucun obstacle par la voye de la verité, on n'est point gratuitement imposteur ; si on dit que c'est depuis, on ne touche

che pas à un écüeil moins funefte. Car comment pourroit-on concevoir que le Duc de Montbelliard, dans le feu de la paffion dont il étoit épris pour la Baronne de l'Efperance, dans le tems qu'il la combloit de fes faveurs, jufqu'à partager avec elle fon rang & fa fouveraineté, fe fut porté à lui faire le plus cruel affront, en fuppofant un premier mariage, qui pouvoit ébranler l'état de la Baronne de l'Efperance, & qui réduifoit fes enfans à ne tenir que le fecond rang dans la maifon de Montbelliard ; & pour qui encore fe feroit-il porté à ces excès d'injuftices ! pour une maîtreffe qu'on dit avoir été abandonnée depuis près de 20 ans ; le fyftême des Barons de l'Efperance eft un tiffu d'égaremens qui révolte, & qui ne peut exciter qu'une jufte indignation, quand on en difcute toutes les parties.

Cependant avec quel air de confiance n'annoncent-ils pas leur chimere, mais pour lui donner plus de poids, les déclamations les plus indécentes, & les fuppofitions les plus hardies ne leur coûtent rien ; confondons également & leurs impoftures, & leurs raifonnemens.

Il n'y a point d'excès aufquels ils ne fe foient porté pour décrier Anne-Sabine de Hedviger : fa mere, dit-on, étoit Confituriere de la Cour d'Oëls, le feul emploi de la fille étoit d'être Femme de chambre de la Ducheffe d'Oëls, elle étoit unie par les liens du fang à des perfonnes de la lie du peuple : mais on demande d'abord à nos Adverfaires, dans quelle fource ils ont puifé ces traits d'infamie qu'ils débitent avec tant de préfomption ; l'unique garand qu'ils citent, eft le Mémoire du Duc de Wirtemberg à la Cour de Vienne, mais ils auroient dû être les premiers à rejetter l'autorité d'un Ecrivain paffionné, qui s'eft emporté avec autant de fureur contre la naiffance de la Baronne de l'Efperance leur mere, que contre l'état d'Anne-Sabine de Hedviger, il ne fait pas plus d'honneur à l'une qu'à l'autre, il rapporte des Piéces du même poids pour les décrier toutes les deux, voudroient-ils qu'on jugeât du rang dans lequel leur mere eft née, par les traits de ce Mémoire, une jufte indignation les tranfporteroit fi on ofoit en faire ufage contre eux ; pourquoi ofent-ils en faire ufage contre le Prince de Montbelliard ? dans cet objet ils devroient fe réünir avec nous pour obtenir une réparation proportionnée à l'infulte, & ils ont la baffeffe d'adopter un ouvrage qui n'eft pour eux qu'un titre d'opprobres.

Le Supplément de Morery qu'ils ofent encore propofer, n'eft que le Copifte fidele du Mémoire du Duc de Wirtemberg, l'Auteur en eft convenu de bonne foi, il tombe donc par les mêmes coups qui font portez à ce Mémoire, ouvrage de paffion, qui fe décrie par fes propres fureurs.

Mais pour achever de les confondre l'un & l'autre, il fuffit de leur oppofer des monumens refpectables, aufquels le Public ne pourra refufer fa confiance. L'Empereur Leopold accorda le 2 Août 1701. à la famille de Hedviger des Lettres Patentes, par lefquelles les mâles & les femelles de cette famille furent élevez à la dignité de Comte & Comteffe de l'Empire. » Il y déclare qu'ils defcendent de la noble & ancienne famille des Hed- « viger, qui depuis plufieurs fiécles a refidé dans le Duché de Silefie, que « leurs Ancêtres ont paffé leur vie avec honneur dans les Charges tant Civi- « les que Militaires, que fans épargner leur bien ni leur fang, ils les ont « facrifié pour le bien public, qu'ils ont tâché de procurer par leurs con- « feils & leurs actions. Balthazard de Hedviger ayant été favorifé des gra- « ces fingulieres de l'Empereur Maximilien II. qui à caufe de fes actions «

B

» héroïques & du courage intrépide qu'il fit paroître en Hongrie contre
» le Turc, particulierement lorfqu'ayant paffé le Danube à la nage pour
» reconnoître l'ennemi, il lui caufa une perte confidérable, pour témoi-
» gnage de fa valeur & du bon fervice qu'il avoit rendu, fit inferer dans fes
» armes une demie lune & un poiffon nageant dans la riviere. Charles de
» Hedviger leur bifayeul, ayant fervi jufqu'à fa mort avec honneur feu
» le Duc Henri de Lignitz, en qualité de Confeiller intime, & Chriftofle
» de Hedviger, leur ayeul, de la même maniere, & en la même qualité
» le Duc Jean-Chriftian de Lignitz, & leur pere Jean-George de Hedvi-
» ger, s'étant également rendu recommandable à notre fervice dans les
» Troupes à Kaïfervaldan & Praufdorf, & ayant fini fa vie par une mort
» prématurée en qualité de Capitaine dans le Régiment du Général Thim.

Des témoignages fi honorables dans un titre émané de l'Empereur,
n'impoferont-ils pas filence à la calomnie ? La Demoifelle de Hedviger
eft fortie d'une famille noble & ancienne, les fervices de fes Ancêtres font
connus dans l'Empire, & ont merité depuis plufieurs fiécles des diftinc-
tions honorables à cette famille ; fon pere eft mort jeune, étant déja Capitaine dans un Régiment Impérial.

La mere de la Demoifelle de Hedviger étoit de l'illuftre Maifon de
Pogrel, * tous les Livres Génealogiques en parlent avec la diftinction qui
lui convient, & c'eft avec la même diftinction que la mere de la Demoifelle de Hedviger avoit toûjours été regardée à la Cour de la Ducheffe
d'Oels, où elle a exercé la charge de Surintendante de la Maifon de cette
Souveraine.

On ne peut donc dégrader la Demoifelle de Hedviger du côté de fa
naiffance, fans trahir la bonne foi & la verité ; auffi la Ducheffe d'Oels l'a-
t'elle toûjours traitée avec diftinction : nous rapportons deux Lettres
qu'elle lui a écrites avant fon mariage, dont l'adreffe eft à Mademoifelle de Hedviger, notre Demoifelle a'Honneur, ce n'eft point une traduction
hazardée que nous rapportons, ce font les termes des Lettres écrites de fa
propre main, dont l'adreffe eft en François ; ces Lettres ne font pas fufpectes, elles font écrites avant le mariage ; que deviennent donc après
cela ces idées forgées par la calomnie, que la mere étoit Confituriere, &
la fille Femme de chambre de la Ducheffe d'Oëls, ne rougira-t'on pas d'a-
voir débité des fables fi groffieres ?

Après avoir vangé Anne-Sabine des reproches qui lui font faits du côté de la naiffance, il faut revenir à l'acte de célébration de fon mariage,
& parcourir toutes les critiques que l'on a imaginées pour le décrier. On
prétend qu'Anne-Sabine de Hedwiger ne pouvoit pas époufer le Duc de
Montbelliard au mois de Juin 1695, parce qu'il y avoit des promeffes de
mariage entre le fieur de Zeidlitz & elle, & que parmi les Proteftans, ces
promeffes feules ôtent aux parties la liberté de contracter un autre engagement ; mais il y a deux réponfes également folides à cette objection ; la
premiere, eft que du propre aveu des Barons de l'Efperance, le fieur de
Zeidlitz refufoit d'exécuter fes promeffes, & qu'il l'avoit déclaré au Confiftoire de Breflau ; or la Demoifelle de Hedviger en époufant le Duc
de Montbelliard, acquiefçoit au refus du fieur Zeidlitz : les parties fe
trouvoient donc d'accord de fe rendre une mutuelle liberté ; il n'en eft pas
des fimples promeffes comme du mariage même ; pour le mariage même,

quand il eft une fois celebré, le feul confentement réciproque des parties ne fuffit pas pour rompre les nœuds qui les uniffent, il faut un divorce en forme prononcé par un Tribunal compétent; pour les fimples promeffes, il fuffit que les parties y renoncent de part & d'autre, ces promeffes ne leur donnent qu'une action; mais quand tous deux renoncent à cette action, les promeffes s'évanoüiffent, & fans aucun jugement, elles font libres de prendre d'autres engagemens.

La feconde, eft que quand même l'une des Parties fe marieroit fans le confentement de l'autre, le mariage ne feroit pas nul pour cela, tous les Docteurs Proteftans font d'accord en ce point, que le mariage célébré en face de l'Eglife l'emporte fur l'engagement qui peut naitre des promeffes anterieures, *ceffant fponfalia de futuro per fponfalia de præfenti*. Il n'y avoit donc rien de la part de la Demoifelle de Hedviger qui pût faire obftacle au mariage qu'elle a contracté avec le Duc de Montbeliard.

A ce prétendu empechement de droit de la part de la Demoifelle de Hedviger, on en a ajoûté un de fait de la part du Duc de Montbeliard, on prétend que ce Prince ne pouvoit pas être à Rejoüitz en Pologne le 1 Juin 1695, parcequ'il fervoit actuellement en qualité de Colonel dans l'armée de l'Empereur en Hongrie, mais les pieces que l'on rapporte pour établir cet *alibi* ne fervent qu'à en démontrer l'illufion; le Prince de Montbeliard, dit-on, paffa à Zathmar en Hongrie le quartier d'hyver qui a féparé les campagnes de 1694 & de 1695. Il ne pouvoit donc pas être à la Cour d'Oels, il ne pouvoit pas en partir à la fin de May 1695 pour fe trouver à Rejoüitz le 1 Juin fuivant, la preuve qu'il a paffé le quartier d'hiver à Zathmar fe tire de deux lettres qu'il a écrites de cette place au Confeil de guerre à Vienne : la découverte eft heureufe, il faut en féliciter les Barons de l'Efperance; mais ce qui doit troubler leur fatisfaction, eft que la derniere de ces lettres eft du 11 Novembre 1694, c'eft à-dire precifément à la fin de la campagne de la même année : comment ofe-t'on en conclure que le Duc de Montbeliard n'ait pas pû paffer fon quartier d'hiver à la Cour d'Oels? comment peut-on conclure qu'il n'ait pas pû fe marier à Rejouitz près de fept mois après.

Mais, dit-on, voici quelque chofe de plus précis dès le mois de Mars 1695. L'Empereur envoye differens ordres au Prince de Montbeliard qui lui font adreffés à Zathmar, on lui fait fçavoir qu'une partie de fon Regiment doit refter en Garnifon, & que l'autre doit fe rendre à Grand-Vardin, *Auffitôt le Prince de Montbelliard part à la tête des Compagnies de fon Regiment qui doivent fe rendre à Grand-Vardin, là il reçoit en Avril des lettres qui lui notifient que l'Empereur a donné le commandement en Chef de fes armées au Comte de Caprara, le Prince de Montbelliard refte à Grand Vardin jufqu'au 17 May 1695. . . . . Le 17 May le Comte de Solar part à la tête du corps d'armée qui étoit à Grand-Vardin, le Prince de Montbelliard eft dans la marche, il arrive à Bude, on le trouve dans toutes les revuës, il eft dit qu'il a fervi toute la campagne, l'on voit qu'elle a commencé dès le mois de May 1695.*

A cette defcription qui indique toutes les marches, & qui y place le Duc de Montbelliard en perfonne, ne diroit-on pas que les Barons de l'Efperance le voyent à la tête de fon Régiment, & qu'ils font en état de le faire remarquer à tout l'Univers; cependant tout cela n'eft qu'une équivoque qui ne peut en impofer à ceux qui ont la plus légere teinture du fervice militaire; le Régiment de Montbelliard étoit refté en garnifon à Zathmar, pendant le quartier d'hyver, aux premieres approches de la

Campagne de 1695. le Conseil de Guerre de l'Empereur envoye des ordres
à tous les Régimens, pour leur apprendre leur destination, ces ordres sont
adressez à tous les Colonels, dans le lieu où le Régiment est en quartier,
& par conséquent au Prince de Montbelliard à Zathmar, comme à tous les
autres; mais peut-on en conclure qu'il y fût en personne. Il faudroit donc
se persuader qu'il n'y avoit pas un seul Colonel qui ne fut en personne à
son Régiment, parce qu'il n'y en a point qui n'ait reçu de pareils ordres.
On s'en rapporte à tous ceux qui sont au fait de ces sortes d'usages, du
mérite & de la force de pareilles inductions.

Mais, voici une derniere preuve de l'alibi ; *une Lettre du General Heisler,*
prouve qu'on lui avoit écrit d'Oëls à la fin de Mai ou au commencement de Juin
1695. pour lui demander une recommandation auprès du Prince de Montbelliard, au
sujet d'une Compagnie vacante dans son Régiment ; comment concilier cette verité avec
le séjour du Prince de Montbelliard à Oëls dans le mois de Mai 1695. avec son ma-
riage à Rejouits le premier Juin, & son retour à Oëls.

Cette conciliation ne seroit pas fort difficile, quand le Duc de Montbelliard auroit été actuellement à la Cour d'Oëls, on auroit pû écrire au Général Heisler, qui étoit en Hongrie, pour avoir une recommandation auprès de lui, d'autant plus que la réponse du Général Heisler, prouve qu'il
n'a fait sa recommandation que par Lettres ; mais dans le fait, ce n'est que
le déguisement de la verité qui a fourni ce faux raisonnement ; la Lettre
écrite de Silesie au Général Heisler, est du 23 Juin, c'est-à-dire, plus de
trois semaines après le mariage du Duc de Montbelliard, & dans un tems
où il étoit bien facile qu'il eût joint l'Armée. Pourquoi supposer qu'elle est
de la fin du mois de Mai, ou du commencement de Juin, sa datte est certaine, elle est du 23 Juin, la réponse du Général Heisler est du 6 Juillet :
ces dattes s'accordent donc facilement avec celle du mariage qui est du
premier Juin ; trois semaines après le Prince de Montbelliard pouvoit être
en Hongrie, on pouvoit écrire au Général Heisler pour solliciter ce Prince ; le Général auroit pû faire la recommandation en Hongrie même, sans
que cela répandit le moindre doute sur la verité du mariage celebré à Rejouits ; toutes les preuves de l'alib prétendu se dissipent donc dès que l'on
applique les véritables dattes, & ce n'est que l'alteration dans les faits qui
fournit une vaine lueur de moyen.

Il n'y avoit donc aucun obstacle au mariage, ni de la part de la Demoiselle de Hedviger, ni de la part du Prince de Montbelliard, & par conséquent rien ne peut alterer la confiance qui est dûe à l'Acte de celebration ;
soit qu'on le considere dans l'Acte original, délivré par le Ministre Fuchs,
soit qu'on s'attache à la mention du Régistre.

Cependant les Barons de l'Esperance multiplient infiniment les critiques
sur la mention du Registre, & n'épargnent pas même l'Acte délivré par le
Ministre Fuchs.

Par rapport à l'Acte qui se trouve sur le Registre, on insiste sur l'obscurité prétenduë des lettres initiales ; *il ne présente clairement aucune partie con-*
tractante, dit-on, *puisque les noms des contractans ne sont point exprimés, & qu'on*
ne trouve que des lettres initiales qui sont des chiffres susceptibles d'interprétations ar-
bitraires.

L'exactitude auroit dû exiger qu'on ne parlât pas d'une maniere si generale & si absoluë, il n'est point vrai qu'on ne trouve que des lettres initiales, le Registre ainsi que l'Acte de célébration délivré au feu Duc de Montbelliard,

belliard, porte expreſſément que le Miniſtre Fuchs a donné la bénédiction nuptiale à *Leopold Eberhard*, & à *Anne Sabine*, ces quatre mots ſont écrits en toutes
lettres: il y a donc bien certainement deux parties contractantes, le mary s'appelloit *Leopold Eberhard*, ſa femme s'appelloit *Anne Sabine*. Or le feu Duc de
Montbelliard s'appelloit Leopold Eberhard, la Demoiſelle de Hedviger s'appelloit Anne Sabine, il ne faut donc pas recourir à des interprétations arbitraires pour faire l'application, elle ſe fait néceſſairement par les ſeuls noms
écrits en toutes lettres: mais il pourroit y avoir un autre mary appellé Leopold Eberhard & une autre femme appellée Anne Sabine, voilà le dernier retranchement des Barons de l'Eſperance, comme ſi avec une poſſibilité arbitraire & purement idéale, on pouvoit affoiblir la verité qui ſe preſente d'elle-
même: le concours de quatre noms n'eſt pas ſi facile qu'on le ſuppoſe, il ſe
trouve juſte dans la perſonne des pere & mere du Prince de Montbelliard, on
ne le trouve dans aucune autre perſonne, il faut donc neceſſairement recon-
noitre que ce ſont eux qui ont reçû la bénédiction nuptiale à Rejoüitz.

Il eſt vray que leurs qualités ajoutées à ces quatre noms ne ſont qu'en lettres
initiales, mais l'application qui ſe fait par les ſeuls noms écrits, ſe fortifie par le
rapport exact des lettres initiales, celles du mary forment préciſement les noms
de Duc de Virtemberg-Montbelliard, celles de la femme forment préciſement
les noms de Hedviger: ſi cet acte pouvoit leur être étranger, il faudroit que
le hazard eût bien ſervi le Prince de Montbelliard, tant de noms écrits tout
au long, tant de lettres initiales, tout forme exactement la déſignation du feu
Duc de Montbelliard & de la Demoiſelle de Hedviger, & cependant l'acte
de celebration ne ſeroit pas fait pour eux, à quelle perſonne ſenſée & de bonne foy peut-on entreprendre de le perſuader?

Du moins ces circonſtances formeroient un violent commencement de preuve, & le moindre jour qui viendroit s'y joindre, ne permettroit plus d'héſiter,
mais tout confirme l'application qui ſe fait par l'acte même, une foule de témoins atteſtent à toute l'Europe dans une Enquête juridique, qu'ils étoient
preſens lorſque le Miniſtre Fuchs a celebré le mariage dont il parle, & qu'ils
ont vû eux-mêmes que c'eſt le Prince de Montbelliard qui a été marié avec la
Demoiſelle de Hedviger: l'hiſtoire publie la même verité dans un tems non
ſuſpect, le Duc de Montbelliard fait un divorce avec la Demoiſelle de Hedviger, qu'il réconnoit par conſequent pour ſa femme: des titres ſans nombre qui
ont ſuivis, adoptent la même verité: peut on ſans dégrader ſa propre raiſon,
reſiſter à un corps depreuves ſi lumineux?

Enfin ſi cet acte de celebration n'étoit point celuy du Duc de Montbelliard,
qui eſt-ce qui luy auroit indiqués e lieu de Rejoüitz pour y aller chercher un
titre de cette qualité. Diſons plus s'il avoit voulu inferer après coup un faux
acte de célebration de mariage dans quelque regiſtre, auroit-il été en choiſir
un dans la Pologne; n'avoit-il pas plus d'autorité dans ſes Etats, & plus de facilité pour y trouver un prevaricateur, s'il avoit été capable de ſe livrer à l'impoſture, n'auroit-il pas fait écrire les noms en toutes lettres? on voit donc dans
l'acte de célebration des caractères de verité, qui ſe manifeſtent même dans ce
qui ſert de precepte aux doutes que les Barons de l'Eſperance veulent répandre.

Ce qu'ils ajoûtent que l'acte qui eſt dans le regiſtre eſt en latin, & qu'on veut
appliquer les lettres initiales à des mots allemands, ne mérite pas la plus legè-
re attention: le mary étoit Comte du Saint Empire ſuivant l'acte même, par
conſequent il étoit Allemand: comment veut-on que les lettres initiales de ſon
nom ne forment pas des noms allemands? d'ailleurs ce Miniſtre avoit délivré

un acte de célébration entierement écrit en allemand, & dont les lettres initiales dévoient répondre à des noms allemands, il a conservé les mêmes lettres dans le registre, quoiqu'il y ait rédigé l'acte en latin, il n'y a rien en cela que de naturel; il faut écarter de même ce que l'on dit que le Prince de Montbelliard n'étoit pas Duc de Montbelliard du vivant de son pere, mais seulement Prince de Montbelliard, & qu'ainsi la lettre H dont on fait *Herzog*, qui veut dire Duc, ne lui convenoit pas : mais les Barons de l'Esperance rapportent eux-mêmes des extraits des registres du Conseil de guerre de Vienne dans lesquels dès 1694, on luy donne la qualité de Duc de Montbelliard, & en effet tous les Princes de la maison de Virtemberg prennent la qualité de Duc de Virtemberg, en y ajoûtant le titre de Souveraineté qui distingue leur Branche particuliere: enfin il faut écarter ce que l'on dit encore que l'époux n'étoit pas Prince, mais Comte du St. Empire; comme si quelqu'un pouvoit ignorer que les Etats de Montbelliard ont toujours porté le nom de Comté, & que les Souverains ne prennent la qualité de Duc, que parce qu'ils joignent le titre de Virtemberg à celui de Montbelliard.

L'ordre dans lequel est placé l'Acte de célébration de mariage paroît aux Barons de l'Esperance un objet plus important, il n'est écrit que dans le mois de Novembre 1695, & il porte qu'il a été célébré le premier Juin, pourquoy le Ministre ne l'a t'il pas écrit dans le tems qu'il l'a célébré? cette observation pourroit facilement se rétorquer contre les Barons de l'Esperance. Car enfin si cet Acte de célébration étoit l'ouvrage de l'intrigue & de la corruption, rien n'étoit si facile en écrivant l'acte dans le mois de Novembre où remplissant après coup un blanc du mois de Novembre, que de dire que le mariage avoit été célébré dans le même tems: la bonne foy du Ministre l'a donc seul engagé en écrivant dans le mois de Novembre de donner au mariage sa véritable datte, mais pourquoi ne l'a t'il pas écrit dès le premier Juin? comme cela n'est point du fait ny du Prince de Montbelliard ny de ses pere & mere, ce n'est point à luy à en trouver la raison, peut-être que le Ministre qui avoit délivré un acte de célébration en bonne forme le jour même du mariage, se persuada qu'il étoit inutile d'en faire mention dans son Registre, & que la réflexion l'a engagé dans la suite à réparer cette négligence: quoy qu'il en soit la mention se trouve dans un monument public & par conséquent elle fait une pleine foy par elle-même.

L'expédition qui en a été donnée en 1720 par le Ministre Koch, successeur du Ministre Fuchs, ne mérite aucune des couleurs dont il plaît aux Barons de l'Esperance de la noircir sous pretexte que les lettres initiales y ont été étenduës par les noms de Duc de Virtemberg-Montbelliard & de Hedviger, le Ministre Koch n'a fait en cela que ce qu'il devoit, le Ministre, l'Officier public qui délivre l'expédition d'une piéce n'est pas réduit à en donner une simple copie figurée, en conservant dans l'expédition toutes les abréviations qui peuvent être dans l'original: il peut, il doit même écrire en toutes lettres ce qui a été mis d'une maniere plus sommaire dans la minute quand le sens de l'abréviation est clair & certain: par exemple, sans sortir de l'acte même il y a dans le Registre de Rejoüitz en parlant du Mary, *S. Romani Imperii Comes*, fera-t'on un crime au Ministre qui délivre l'expédition d'y écrire, *Sacri Romani Imperii Comes*, & d'étendre ainsi l'*S*, par le mot de *Sacr*, cela se fait & se doit faire dans toutes les occasions de cette nature : mais dira-t'on, cela se peut à l'égard de certaines abréviations sur lesquelles personne ne peut former de doute, mais pour les noms même des parties, cela est trop important & demande trop de réserve, mais en ce cas le mérite de l'expédition ne dépend plus que de sçavoir s'il y avoit un doute raisonnable à former sur les lettres initiales : or on croit avoir demontré qu'il n'y avoit pas le moindre prétexte de douter de leur application, le Ministre trouvoit d'abord quatre noms propres écrits en toutes lettres dans son Regiſtre, qui ne pouvoient jamais convenir qu'au Duc de Montbelliard & à la Dlle. de Hedviger, il trouvoit des lettres initiales qui étoient exactement faites pour leurs qualités, le Ministre Fuchs luy avoit expliqué à lui-même ces lettres initiales, le Ministre Koch joignoit à cela la notoriété publique qui régnoit dans le lieu de Rejoüitz & de Skoki, l'histoire avoit annoncé le mariage huit ans auparavant, le divorce de 1714 l'avoit solemnellement confirmé, les procurations, les passeports du Duc de Montbelliard de l'année 1720, dans lesquels il reconnoissoit avoir été marié à Rejoüitz, portoient un nouveau degré de lumiere : dans cet état le Ministre le plus timide pouvoit-il refuser d'étendre les lettres initiales dans l'expedition.

Que les Barons de l'Esperance se répandent après cela en clameurs contre le Ministre & contre son expedition, qu'ils prodiguent sans reserve & sans pudeur les reproches de faussetés, ce sont les efforts impuissans d'une partie qui veut effrayer par le bruit & par le fracas, quand elle ne peut convaincre par la raison : tout est perdu, parceque l'on a mis les noms entiers au lieu des noms abregés, voila de ces traits qui ne sont reservés qu'à une cause dans laquelle la verité blesse, & dans laquelle on s'offense de tout ce qui la manifeste.

Au surplus ce sont de vaines clameurs, puisque le Prince de Montbelliard n'a jamais contesté qu'après les quatre noms du mary & de la femme, on ne trouve dans l'acte de celebration de simples lettres initiales pour exprimer leurs qualités, il n'a jamais raisonné que sur l'état même du Regiſtre : c'est donc porter des coups inutiles que de s'attacher à l'expedition seule, quand le Prince de Montbelliard n'a jamais pris droit que par le Regiſtre même ; mais on veut faire du bruit, & pour cela on poursuit l'ombre, quand la realité ne peut être entamée : abandonnons aux Barons de l'Esperance un triomphe si chimerique, le véritable triomphe nous demeurera toujours par l'autorité de la piéce, & de tout ce qui s'y réunit.

On ne croit pas que l'on puisse nous reprocher après cela d'avoir abandonné l'autorité du registre, pour nous renfermer dans le seul acte de celebration delivré par le Ministre Fuchs au feu Duc de Montbelliard ; ces deux pieces concourent parfaitement, chacune en particulier seroit suffisante pour former la preuve constante du mariage, toutes deux réünies forcent les plus incredules à se rendre ; en effet qu'oppose-t'on à l'acte delivré par le Ministre Fuchs au Prince de Montbelliard : *il est bien extraordinaire*, dit-on, *de donner pour preuve d'un mariage solemnel un Acte en brevet, dont le Prince étoit le maître, ou qu'il pouvoit perdre, ensorte que la validité du mariage dépendoit des évenemens*, mais en premier lieu tout ce qui est extraordinaire n'est pas nul, on peut quelquefois porter la confiance trop loin ; mais quand on n'a point été trompé dans cette confiance, la preuve n'en subsiste pas moins, quoyqu'elle ait été exposée à des évenemens qui ne sont point arrivés ; en second lieu ce que l'on regarde comme si extraordinaire a cependant bien des exemples, la France a rétenti il y a quelques années d'une affaire celebre, qui ne rouloit que sur un mariage dont les registres ne faisoient aucune mention, & qui n'étoit prouvé que par un acte de célebration en feuille volante, a-t-on prétendu que cette circonstance pût donner atteinte à ce mariage, quelque vive qu'ait été la contestation, on n'a jamais balancé sur la force de la preuve en elle-même, & ce n'est que par la voye de l'appel comme d'abus tiré du deffaut de presence du propre Curé que le mariage a été détruit ; nous aurions pû dire alors que c'étoit *un mariage en brevet*, si nous avions pensé que le succés d'une cause importante dût dépendre d'une saillie qui peut amuser le Public sans le toucher.

Mais les Protestans veulent, dit-on, que la preuve du mariage soit tirée des registres publics; mais nos Ordonnances ne sont-elles pas infiniment plus respectables que les passages de quelques Docteurs Protestans ; cependant parmi nous, & malgré la severité de nos Loix, les Actes de célébration, en feuille volante, font une preuve entiere, on ne considere point la facilité de les perdre ou de les supprimer, on se rend à l'autorité de la piece ; quand elle est rapportée: d'ailleurs c'est une pure supposition de dire que parmi les Protestans on exige une preuve écrite dans les Registres publics, ils en parlent bien comme de la preuve la plus ordinaire & la plus solide, mais jamais ils n'ont hazardé de dire qu'elle fut l'unique. Capzonius, que l'on cite pour les Barons de l'Esperance, dit expressément, que la preuve testimoniale suffit, comment penseroit-on autrement parmy eux, quand les promesses seules forment l'engagement du mariage, *Dummodò copula carnalis accesserit.*

Le certificat, dit-on, n'est point datté, le nom du Ministre n'y est qu'en tierce personne. Voila de ces critiques qui sont admirables pour avoir l'avantage de ne pas demeurer sans reponses, mais au fond qu'en peut-on esperer? la datte devient indifferente, s'il n'y a aucun lieu de soupçonner que le mariage ait été celebré depuis 1718, mais cela est-il équivoque, quand le Ministre Fuchs qui a écrit & signé l'acte de celebration, est mort au mois de Juin 1715. Nous en avons la preuve par le Certificat du Ministre Koxc son successeur, délivré en 1720 & confirmé par la déclaration des Magistrats de Scoki, il faut donc que l'acte de celebration soit au moins anterieur à l'année 1715, & dès lors la datte precise du jour devient absolument indifferente; allons plus loin, le Ministre Fuchs a écrit sur son registre la celebration du mariage au mois de Novembre 1795: Il falloit donc qu'il eut delivré alors l'acte de celebration, enfin en quel tems veut-on que ce Ministre ait delivré au Prince de Montbelliard, l'acte de celebration de son mariage, si ce n'est pendant que ce Prince étoit en Pologne: or il n'y jamais été qu'à la fin de May & au mois de Juin 1695. C'est donc dans ce tems-là qu'il a écrit & signé cette piece importante, aussi le sieur Nardin, témoin oculaire, a t-il deposé qu'il avoit vû dresser & délivrer l'acte de celebration le premier Juin 1695. On ne peut pas douter de la veritable datte de cette piece. Quant à ce que l'on dit qu'il est parlé du Ministre Fuchs en tierce personne, c'est un fait qui se detruit par la seule lecture de la piece. Le sieur Fuchs y parle en premiere personne, *Je soussigné, certifie & atteste par ces lignes, &c.* Il signe au bas de l'acte & dans un lieu detaché du corps de l'écrit, ce n'est donc pas une tierce personne qui parle de la benediction donnée par ce Ministre, c'est luy-même qu'il l'atteste. Toute l'équivoque ne tombe que sur les derniers termes de l'acte, *ont été mariés par* & au dessous, *Jean-Christophe Fuchs*, mais cette expression ne désigne pas une tierce personne, quand c'est le Ministre Fuchs qui signe lui-même, & qu'il a dit au dessus, *Je soussigné, certifie & atteste par ces lignes, &c.* On est faché d'entrer dans la discussion de pareilles equivoques capables d'avilir la cause la plus célebre.

Cependant voila ces redoutables critiques à la faveur desquelles on veut détruire le mariage d'un Prince Souverain, ébranler l'état de ses enfans, & décider du sort d'une des plus illustres maisons de l'Europe; l'acte de celebra-

tion

tion eſt rapporté en bonne forme, les Regiſtres publics en contiennent une mention expreſſe,n'importe les Barons de l'Eſperance ne veulent point en croire les actes les plus autentiques : plutôt que de ſe rendre, ils feront le procés à toute la terre; le Miniſtre ſera un prevaricateur, ſon ſucceſſeur un fauſſaire, leur pere un impoſteur : bientôt nous leur entendrons dire que les témoins ſont corrompus, que les hiſtoriens ſont dévoués, que les actes les plus ſolemnels ſont antidatés; en un mot, il faut que toute la terre ſoit couverte de crimes pour parvenir à la conquête de l'état auquel ils aſpirent : que leur triomphe ſeroit funeſte,s'il en devoit coûter à tant de perſonnes & leur honneur & leur innocence ?

On a eû une extréme attention à ne negliger aucune des critiques par leſquelles les Barons de l'Eſperance ont voulu diminuer la foy de l'acte de célebration de mariage, parceque c'eſt là le fondement ſur lequel porte toute la cauſe, on paſſera plus rapidement ſur les obſervations qu'ils propoſentcontre les autres preuves.

Celles qui ſont tirées de l'hiſtoire les bleſſent infiniment, *peut-on établir un mariage par l'hiſtoire ?* non ſans doute ſi cette preuve étoit la ſeule, mais quand elle ſe joint à des titres authentiques, elle produit deux effets également importans; le premier eſt qu'elle confirme la preuve du mariage, le ſecond eſt qu'elle en établit la notorieté publique, ce qui eſt infiniment déciſif dans ces matieres.

Hubner, dit-on, eſt un homme livré à la Comteſſe de Sponeck; il entreprend de refuter les mauvais bruits qui avoient été repandus ſur ſa naiſſance, il ſe preſente pour la deffendre, & deſlors voila un auteur qui a prêté ſa plume à la Comteſſe de Sponeck : on pourroit répondre d'abord que dans la premiere édition de ſon ouvrage, qui eſt de 1711, il n'y a pas un ſeul mot ſur la naiſſance d'Anne Sabine de Hedviger, il ſe contente de dire ſimplément qu'elle eſt fille d'un Conſeiller d'Olau, le reproche s'évanouit donc à l'égard de cette premiere édition,qui comme la plus ancienne, eſt la plus importante, mais dans quelle ſource a-t'on donc puiſé cette maxime, qu'un hiſtorien qui rend compte du mariage d'un Prince ſouverain, doive perdre toute confiance, parce qu'il dit que celle qu'il a epouſée, eſt d'une nobleſſe ancienne : la juſtice qu'il luy rend ſur ſa naiſſance, le rend-t'elle ſuſpect dans ce qu'il dit ſur ſon mariage ? à l'avenir pour ſe menager une reputation de ſincerité, il faudra donc déchirer dans l'hiſtoire ceux dont on expoſera l'état, au fond que peut-on reprocher à Hubner ? il a rendu compte de l'ancienne nobleſſe de la famille de Hedviger, mais l'Empereur l'avoit bien fait lui-même dans les lettres de 1701. Un auteur eſt-il coupable quand il parle ſur la foy d'un monument ſi reſpectable.

Mais il dit en 1716 en parlant du Duc de Montbelliard, que ſa premiere epouſe qui vit encore, eſt Anne Sabine de Hedviger, il ne pouvoit parler ainſi que depuis que le Duc de Montbelliard avoit epouſ. une ſeconde femme, c'eſt donc une addition faite depuis 1718. par le ſecours d'un carton, voila toujours la reſſource des Barons de l'Eſperance : un auteur leur déplaît, auſſi-tot ſon ouvrage eſt alteré; mais on leur demande ſi deux ans après qu'un ouvrage a été répandu, & qu'il eſt entre les mains de tout le monde, on s'aviſe d'y mettre des cartons, cela ſe pratique quelquefois dans les premiers momens de l'impreſſion, & avant qu'un ouvrage ait vû le jour, mais deux ans après qu'il eſt répandu, cela eſt impoſſible, parcequ'il faudroit ou faire rapporter tous les exemplaires qui ſont diſperſés, ou afficher, pour ainſi dire, l'impoſture en ajoûtant dans un petit nombre d'exemplaires ce qui ſeroit contredit par tous les autres.

D

Au fond quel eft le pretexte de cette diffamation? L'auteur en parlant du Duc de Montbelliard dit, que *fa premiere epoufe qui vit encore*, *eft Anne Sabine de Hedviger*. On voit bien pourquoy il s'eft exprimé ainfi, c'eft que dans cette même édition, il parle du divorce de 1714 fait entre le Duc de Montbelliard, & Anne Sabine de Hedviger, il l'appelle donc fa premiere epoufe, parce qu'elle l'avoit été & qu'elle ne l'étoit plus, parceque le Duc de Montbelliard pouvoit fe rémarier à tout moment, & que dans le tems que l'auteur écrivoit à Hambourg, ce Prince auroit pû prendre une feconde femme à Montbelliard, c'eft donc une mifere que d'infifter fur une pareille reflexion.

Pour oppofer l'hiftoire à l'hiftoire, les Barons de l'Efperance nous citent une brochure imprimée en 1707 dans laquelle il eft dit que le Prince de Montbelliard n'eft pas encore marié, mais l'ignorance d'un particulier ne peut faire aucune impreffion, quand la notorieté publique s'éleve pour publier le fait dont il n'eft point inftruit, c'eft aux lumieres des uns & non à l'ignorance des autres qu'il faut deferer.

Les critiques des Barons de l'Efperance contre la preuve teftimoniale ne font pas plus folides, ils conviennent que les Enquêtes à futur font reçûës à Montbelliard & en Pologne, mais ils foutiennent qu'on eft toujours en droit d'examiner fi la preuve par témoins eft admiffible, & ils ajoûtent que dans l'efpece particuliere elle ne peut être admife, foit parcequ'on ne prouve point un mariage par témoins, foit parce qu'on n'en détruit pas un autre par une pareille preuve, mais ces deux argumens font également frivoles. 1°. On ne pretend pas prouver par témoins le mariage de 1695 quoyque les Proteftans fe contentent de ce genre de preuves, on pretend feulement confirmer par la preuve teftimoniale celle qui refulte déja & du Regiftre & de l'acte de celebration delivré au Duc de Montbelliard & à la Demoifelle de Hedviger: pourroit-on refufer une pareille preuve, quand elle ne fait que feconder celle qui réfulte déja des titres les plus decififs 2°. On ne pretend pas non plus combattre par la preuve teftimoniale la preuve par écrit du mariage de 1718: on fçait refpecter la verité & les preuves juridiques qui l'établiffent: on convient donc que la Baronne de l'Efperance a epoufé le Duc de Montbelliard, on n'entreprend point d'établir le contraire, voilà tout ce que la Loy éxige de deference pour les preuves par écrit, mais que le refpect pour ce genre de preuve aille jufqu'à prétendre qu'on ne puiffe pas prouver un mariage anterieur, & que quand il eft déja prouvé par écrit, on ne puiffe y joindre la preuve teftimoniale, c'eft ce que la fageffe de la loy ne luy a jamais permis de penfer, & ce que les Barons de l'Efperance entreprendront en vain d'établir. Enfin la pretendue contradiction que l'on oppofe aux témoins en ce que les uns difent qu'il n'y avoit perfonne dans l'Eglife lors du mariage, & que les autres foutiennent qu'ils en ont été les fpectateurs, eft une fubtilité qui s'évanouit par la feule lecture des dépofitions; Nardin depofe qu'il n'y avoit d'étrangers dans l'Eglife que le Maître d'Ecole qui chanta fuivant l'ufage, les autres difent que de la porte ils ont vû la ceremonie, il n'étoit pas néceffaire pour cela de regarder par le trou de la ferrure, comme on fuppofe que nous l'avons dit à l'audience, on ne fçait fur quel fondement on nous impute une imagination fi burlefque.

Paffons au divorce de 1714, piece fi accablante pour les Barons de l'Efperance, qu'ils la regardent comme le feul apuy de la caufe du Prince de Montbelliard: on eft bien eloigné de penfer comme eux que fans ce titre il ne refteroit rien que l'on pût oppofer à leur état, l'acte de celebration formera à jamais le titre le plus puissant pour les confondre, mais on avouë que s'il avoit besoin de secours, l'acte de divorce luy en fourniroit un si victorieux qu'il n'y auroit rien qui y pût resister.

Voyons donc ce qu'on luy oppose, *c'est*, dit-on, *un acte isolé qui parle d'un mariage que rien n'annonce ny avant ny depuis*. Voilà le grand art de la deffense des Barons de l'Esperance, ils sont accablés par une foule de preuves qui mettent la verité du mariage dans le plus grand jour, que font-ils? ils les détachent les unes des autres, & les considerent chacune en particulier comme s'il n'y en avoit qu'une seule. Leur oppose t'on l'acte de celebration de mariage, ils n'y voient que des lettres initiales; leur oppose-t'on l'histoire & les témoins, on ne prouve point un mariage par une preuve testimoniale, leur oppose-t'on le divorce, c'est une piece isolée, mais la bonne foy regne-t'elle dans une pareille deffense, un traité de divorce seroit une piece isolée, s'il n'y avoit point de vestige d'un mariage anterieur, s'il n'y avoit rien qui l'annonça, mais l'acte de celebration d'un mariage entre *Leopold Eberhard avec les lettres initiales du Duc de Virtemberg-Montbelliard*, & *Anne Sabine avec les lettres initiales de Hedviger*, l'histoire, les témoins publient que c'est le Duc de Montbelliard qui a epousé la Demoiselle de Hedviger, c'est à la suite de ces preuves qu'on trouve en 1714 un divorce *entre Leopold Eberhard Duc de Virtemberg-Montbelliard*, & *Anne Sabine de Hedviger*. Comment peut-on détacher ce divorce de l'acte de celebration, mais si cela est impossible, comment peut-on dire que le divorce soit un acte isolé? ce divorce a eu son exécution, la Duchesse repudiée a jouy de la pension de 4000 liv. & de l'habitation promise par ce traité, le divorce a été confirmé en 1720, le Duc de Montbelliard a assigné un doüaire à sa premiere femme le 30 Novembre de la même année, les reconnoissances se sont multipliées de jour en jour. Le divorce se lie donc parfaitement avec tout ce qui precede, & ce qui suit.

Mais, dit-on, *cet acte n'a paru qu'en 1720*, on avoit dit d'abord qu'il n'avoit été fabriqué qu'en 1719. On est aujourd'huy plus modeste, on se contente de dire qu'il n'a paru que vers ce tems là; mais dans cette reserve même la verité n'est pas respectée, car enfin il n'a jamais paru dans aucun tems plus qu'en 1714, il est signé alors du Duc & de la Duchesse de Montbelliard, il est approuvé par les Conseillers du Prince qui signent au nombre de neuf, il est inscrit dans les Registres de la Chancellerie & du Consistoire, il devient si public que Hubner dans son édition de 1716 en parle expressément sous sa veritable datte du 6 Octobre 1714. Que veut-on donc de plus pour sa manifestation? falloit-il le faire publier à son de trompe dans les Etats de Montbelliard; rien ne manque à sa publicité, que trouve-t-on de plus en 1720. Les Ministres du Consistoire le confirment de nouveau, il est rappellé dans l'assignat du douaire, pourquoy donc les Barons de l'Esperance lui donnent-ils pour époque l'année 1720. Seroit-ce parce qu'ils ne reconnoissent pour verité que ce qui convient à leur sisteme?

Le Divorce, dit-on, *ne prouve pas le mariage, il n'en forme que la presomption, il n'y a point de maîtresse qui ne pût obtenir un pareil brevet d'un Prince Protestant*. Voilà tout ce que l'on pourroit hasarder si effectivement l'acte de divorce étoit une piece isolée, il formeroit même en ce cas une presomption, les Barons de l'Esperance en conviennent, mais quand il se joint à des titres aussi puissans que ceux qui établissent le mariage, ne se convertira-t'il pas en demonstration? ne dissipera-t'il pas tous les doutes, ne confondra-t'il pas les subtilités & les équivoques: le conseil des Barons de l'Esperance a eu bien de la peine à retenir un pareil aveu dont on fent qu'il eft entierement pénetré.

Il ne refte plus qu'à le fuivre dans fes réfléxions fur le Traité de Vil-bade & fur les reconnoiffances; pour le Traité de Vilbade, on dit qu'il y a de la témérité de la part du Prince de Montbelliard à s'en faire un moyen, il y eft confondu avec les enfans naturels, il y eft déclaré incapable de fucceder, & expofé à manquer d'alimens. Il eft vrai qu'on y dit que le Duc de Montbelliard n'avoit pas contracté de mariage licite ; mais quand cela s'appliqueroit au mariage de Réjoüitz, il faudroit en conclure que ce mariage a été reconnu illicite : d'ailleurs cette expreffion peut s'appliquer à la Baronne de l'Efperance, à qui le Duc de Montbelliard avoit donné des promeffes de mariage.

Toutes ces réfléxions tombent par un feul mot. Le Duc de Virtemberg-Stugard & le Duc de Montbelliard reconnoiffent expreffément que le Duc de Montbelliard a été marié : non feulement il eft répété plufieurs fois que le Duc de Montbelliard n'a point contracté de mariage convenable à la dignité de fa Maifon ; mais il eft dit expreffément qu'il promet *de ne fe point remarier, & de ne paffer à d'autres nôces;* ce qui prouve qu'il l'avoit été & qu'il ne l'étoit plus, & ce qui confirme par conféquent & le mariage de 1695 & le divorce de 1714. Voilà un aveu bien folemnel dans un Titre où les interêts du Prince de Montbelliard n'ont point été ménagés. Que peut-on répondre à la force de cette preuve ? Les Barons de l'Efperance ne peu-vent pas dire que ce Traité doive s'entendre du mariage du Duc de Montbelliard avec leur mere, puifqu'il ne l'a époufée que trois ans après. Les prétenduës promeffes de mariage dont ils parlent aujourd'hui, & dont il n'a été queftion dans aucun tems, font une plaifante évafion pour fau-ver l'application néceffaire du Traité de Vilbade. Auroit-on fait faire au Duc de Montbelliard un aveu auffi humiliant que celui qui eft dans le Traité, s'il n'avoit été queftion que de fimples promeffes dont il n'y avoit aucune preuve, & qu'il étoit le maître de détruire quand il vouloit ? C'eft donc d'un mariage réellement contracté que l'on parle, & jamais le Duc de Montbelliard n'en avoit contracté d'autre que celui de Réjoüitz : le voilà donc reconnu par le Traité de Vilbade comme un mariage bien réel. On dit que l'on en parle comme d'un mariage qui n'étoit pas licite, mais on ajoûte auffi-tôt en quoi il n'étoit pas licite, c'eft en ce qu'il n'étoit pas convenable au rang de la Maifon de Virtemberg, la feule inégalité eft ce qu'on lui reproche ; & quand on auroit été jufqu'à le fuppofer nul, il fau-droit toûjours qu'il demeurât pour conftant qu'il a été célebré, & il ne refteroit plus qu'à fçavoir fi on auroit eu raifon de lui reprocher quelque nullité, mais, encore une fois, on ne le blâme que du côté de l'inégalité feu'e. Voilà donc un Titre bien autentique qui confirme la verité iné-branlable du mariage : qu'après cela dans ce Traité on ait confondu le Prince de Montbelliard avec les enfans naturels de fon pere quant à la capacité de fucceder, qu'on ait voulu le réduire à la fimple joüiffance des fonds qu'on lui deftinoit par ce Traité, ce fera bien un trait d'égarement de la part de ceux qui ont eu part à cet ouvrage ; mais cela n'affoiblira ja-mais la preuve conftante du mariage écrite dans le Traité même, ni par conféquent l'état légitime des enfans. Qu'un pere dans un Acte autenti-que déclare expreffément qu'il a été marié, qu'il a eu des enfans légitimes de fon mariage, que cependant tout ce qu'ils peuvent prétendre fur fa Succeffion font des alimens, on lui répondra avec tous les principes du

droit

droit naturel & civil, vous n'êtes pas le maître de regarder les enfans que vous avés eus de votre mariage comme étrangers à votre Succeſſion, quelques conventions, quelques diſpoſitions que vous faſſiés, il faut que votre volonté cede à la nature & à la loi, ainſi l'aveu du pere ſubſiſte pour le triomphe des enfans, quelques diſpoſitions qu'on lui ait arrachées pour les humilier.

Telle eſt la convention de Vilbade, on avoüe que le Prince de Montbelliard y eſt traité indignement; mais ce ſont ces diſpoſitions mêmes ſi odieuſes, qui donnent une nouvelle force à l'aveu qu'il y trouve du mariage de ſes pere & mere, dans le tems que l'aîné de ſa maiſon eſt armé contre lui, dans le tems que ſon pere cede à la violence qui l'opprime juſqu'à diſpoſer de ſa Succeſſion future, dans le tems que rien n'oſe réclamer en ſa faveur, que la Religion eſt profanée, que la nature eſt tenüe captive, que les loix les plus ſacrées ſont ſans force & ſans voix; la vérité cependant conſerve ſon empire : l'audace qui ne reſpecte rien s'anéantit en ſa préſence, elle triomphe au milieu des paſſions les plus tumultueuſes, & l'on dira qu'il y a de la témérité de la part du Prince de Montbelliard de faire valoir un triomphe qu'elle ne remporte que pour lui : Que l'on connoît peu la force des preuves, ſi on ne ſent pas toute la ſuperiorité de celle-ci!

Quant aux reconnoiſſances de tant de parties differentes qui ont rendu hommage aux droits ſacrés du Prince de Montbelliard, les Barons de l'Eſperance prétendent rétorquer contre lui les avantages qu'il en veut tirer. Vous n'avez, lui diſent-ils, aucune poſſeſſion d'Etat, votre mere n'a jamais été traitée en Femme ni en Souveraine, jamais vous n'avez été traité en Fils légitime ni en Prince héréditaire. Anne-Sabine de Hedviger, depuis ſon prétendu mariage en 1695, a pris en la même année la qualité de fille dans une Sentence de Breſlau; ſi elle a ſuivi le Prince de Montbelliard dans les Etats de ſon pere, c'eſt pour venir demeurer à Héricourt, & enſuite dans une maiſon écartée que le Prince lui avoit achetée; elle ne ſe préſente point au Château tant que vit le Duc Georges. En 1701 elle fait un échange avec ſon frere, elle n'y prend que la qualité de la Damoiſelle de Hedviger; les Lettres Patentes du Duc de Montbelliard, confirmatives de cet échange, ne lui donnent point d'autre qualité, non plus que les Lettres Patentes de la même année, par leſquelles l'Empereur l'a créé Comteſſe de l'Empire : un de ſes enfans mort en 1709, n'eſt enterré que comme Comte de Sponeck. Depuis le divorce de 1714, ſes qualités ne changent point; dans le Traité de Vilbade, le Prince de Montbelliard reconnoît que les enfans qu'il a eus de la Comteſſe de Sponeck ſont incapables de ſucceder; enfin le fils d'Anne-Sabine eſt marié en 1719 avec la Demoiſelle de Sanderſleben, & on ne lui donne que la qualité d'Illuſtre Seigneur Comte de Sponeck; il eſt vrai que tout a changé depuis 1719, que la mere a été traitée en femme répudiée & en Princeſſe, & le fils en Prince hereditaire; mais pour oppoſer la reconnoiſſance du pere, il faut qu'elle ait été continuée & qu'elle ſe ſoit ſoutenüe dans tous les tems ſur le même pied.

Tel eſt en abregé tout ce que les Barons de l'Eſperance ont crû pouvoir alléguer de plus fort pour attaquer la poſſeſſion d'état : mais pour diſſiper l'illuſion qu'ils ſe flattent de répandre, il faut diſtinguer deux objets qu'ils pourroient ſe propoſer dans cette diſcuſſion de la poſſeſſion d'état : veulent-ils perſuader qu'il n'y a point eu de mariage, & que le Prince

E

de Montbelliard n'eſt point légitime? Veulent-ils ſeulement en conclure que le mariage a été clandeſtin, & ne produit point d'effets civils? Dans l'un & dans l'autre objet leur raiſonnement ſeroit également faux.

Premierement, ſi le mariage eſt prouvé par des Titres inconteſtables, comme on l'a démontré, quelque qualité que la femme ait pris depuis ou qu'on lui ait donné, le mariage n'en ſubſiſtera pas moins. Un mariage ſecret, clandeſtin, caché juſqu'à la mort d'un des deux Epoux, n'en eſt pas moins un mariage valable, & ne rend pas moins légitimes les enfans qui lui doivent le jour : la ſeule peine que la Loi prononce en ce cas parmi nous, eſt la privation des effets civils, c'eſt-à-dire que les enfans ne peuvent ſucceder : au ſurplus ils conſervent tous les honneurs dûs à leur rang; les Nom & Armes de leur Maiſon, leur Etat : ainſi tout ce que l'on étale ſur la poſſeſſion d'état eſt ſans objet, s'il ne s'agit que de la validité du mariage & de la légitimité des enfans.

Secondement, ſi on veut ſeulement prouver que le mariage a été clandeſtin, & ne peut produire des effets civils, la conſequence ne ſera pas plus juſte, parce que cette peine n'eſt attachée qu'aux mariages qui ont été tenus ſecrets juſqu'à la mort; mais ſi un mariage que l'on a tenu caché pendant 20 & 30 années, eſt déclaré pendant la vie des deux conjoints, il n'y a plus ni clandeſtinité ni aucune peine prononcée contre les enfans. Or le mariage du Prince de Montbelliard avec la Damoiſelle de Hedviger a été rendu public de l'aveu des Barons de l'Eſperance au moins quatre ans avant la mort du Duc de Montbelliard, il ne ſeroit donc expoſé à aucun reproche de clandeſtinité.

Ainſi quand on paſſeroit aux Barons de l'Eſperance tout ce qu'ils débitent ſur le prétendu défaut de poſſeſſion d'état, cette circonſtance ne porteroit aucun coup à la validité du mariage, & n'empêcheroit aucun de ſes effets. Voilà donc bien des recherches perduës & des reflexions inutiles.

Mais il y a trop d'équivoque dans tout ce qu'ils avancent pour ne le pas relever. Vous n'avez point de poſſeſſion d'état avant 1719, diſent-ils, & celle que vous avez euë depuis eſt inutile. On ſoûtient au contraire qu'il y a en faveur du Prince de Montbelliard une poſſeſſion conſtante avant 1719, & que celle que l'on reconnoît depuis 1719 ſuffiroit ſeule.

On dit d'abord qu'il y a une poſſeſſion d'état avant 1719. Il eſt vrai que le Prince de Montbelliard ni la Princeſſe ſa mere ne joüiſſoient pas des honneurs dûs à leur rang; mais la poſſeſſion d'état ne peut-elle pas ſubſiſter ſans cela? Voilà où eſt la queſtion. Si le mariage de la mere étoit connu, ſi il étoit public, il y a une poſſeſſion d'état qu'on ne peut conteſter, parce que la poſſeſſion ne conſiſte que dans la notorieté publique de notre état : or le mariage de la Damoiſelle de Hedviger n'étoit ignoré de perſonne, elle eſt venuë à Montbelliard avec le Prince ſon époux, elle demeuroit dans le Château, elle mangeoit à la table du Duc Georges ſon beau pere; ce ſont des faits publics, à la preuve deſquels on ſe ſoumettroit ſi la cauſe dépendoit de ce ſeul objet. Le Duc Georges la reconnoiſſoit pour ſa Bru, comme le Sieur Beurlin l'a dépoſé; c'eſt ce qui l'empêcha d'écouter les propoſitions qu'on lui fit pour marier ſon fils à la Princeſſe de Bade-Dourlac. En effet, ſans l'obſtacle du mariage avec la Damoiſelle de Hedviger, le Duc Georges rétabli dans ſes Etats, auroit-il différé de marier le Prince héréditaire, l'unique eſpoir de ſa Maiſon? Se ſeroit-il privé d'une satisfaction si douce pour un pere avancé en âge ? Cette seule circonstance établit la certitude du mariage, & la preuve que le Duc Georges en étoit parfaitement instruit.

Si le mariage n'avoit pas été publiquement connu, comment Hubner l'auroit-il publié dans un Ouvrage imprimé à Hambourg en 1712 ? Comment l'Allemagne ne se seroit-elle pas élevée contre une supposition si grossiere ? Comment n'auroit-elle pas excité une espece de soulevement & de trouble à la Cour & dans les Etats de Montbelliard ?

Ce mariage a-t-il pû être ignoré jusqu'en 1719, quand le Duc de Montbelliard le reconnoît par le divorce de 1714, quand ses Ministres, quand son Consistoire signent un Acte si important ?

Etoit-il ignoré à la Cour du Duc de Virtemberg-Stugard quand on se contente dans le Traité de Vilbade d'en relever l'inégalité & la disproportion ? C'est donc une illusion de nous donner ce mariage pour un mystere impénétrable jusqu'en 1719 : on voit au contraire qu'il a été connu dans tous les tems.

Mais la mere & les enfans ne jouissoient pas des honneurs dûs à leur rang, ils ne portoient que les titres de Comtes & de Comtesse de Sponeck. Cela peut être, mais outre qu'on ne peut leur en faire aucun reproche, puisque la volonté du Duc de Montbelliard Souverain dans ses Etats étoit pour eux une loy absoluë, c'est que d'ailleurs la publicité du mariage, & par consequent de leur état n'étoit pas incompatible avec cette exclusion des honneurs qui leur étoient dus, des raisons de politique pouvoient retenir le Prince de Montbelliard, mais elles ne pouvoient ny donner atteinte à l'état de la mere & de l'enfant, ny les priver des avantages que la notorieté publique leur assuroit.

Il ne faut point insister sur quelques actes dans lesquels la mere n'a pris que la qualité de fille, & ensuite de Comtesse de Sponeck, ces mêmes qualités se trouvent dans des actes où le mariage est expressement reconnu, ainsi dans le traité de divorce où on ne peut pas douter que le Duc de Montbelliard n'ait traité Anne Sabine de Hedviger comme sa femme, elle n'est cependant appellée que Comtesse de Sponeck ; il en est de même dans le Traité de Vilbade, où le mariage est plusieurs fois réconnu, mais ce qui est encore plus décisif, ce sont les lettres de naturalité dont on a parlé cy-dessus, & l'acte de celebration du mariage de la Comtesse de Coligny de 1719. Elle est mariée comme Princesse de Montbelliard, on luy donne le titre d'Altesse Serenissime, ainsi on la traite en fille legitime du Duc de Montbelliard, cependant quand on parle de ses pere & mere, on dit qu'elle est fille de son Altesse Serenissime le Duc de Montbelliard & de la Comtesse de Sponeck. On ne peut trop fixer son attention sur un acte si important, l'état de la mere & de l'enfant n'étoit pas équivoque, le Duc de Montbelliard marie l'une comme la Princesse sa fille, & ne donne à l'autre qu'il reconnoit pour sa femme que le titre de Comtesse de Sponeck. Que conclure de cela ? sinon que soit caprice, soit autre motif particulier, la femme légitime du Souverain dans le tems même qu'elle est reconnuë pour femme légitime, porte souvent le seul titre des dignités qui lui sont personnelles.

La mere des Barons de l'Esperance nous en fournira elle-même un exemple remarquable, elle fut mariée au mois d'Août 1718, on annonce son mariage comme revêtu de la solemnité la plus celebre, comme suivi de tous les honneurs dûs à son rang : cependant au mois de Septembre suivant, elle fut maraine de l'enfant d'un particulier de Montbelliard, mais quelle qualité luy donne-t'on dans le Regiftre public, *illuftr: Dame Elizabeth-Charlotte, Baronne de l'Efperance,* on ne parle ni d'Alteffe Sereniffime, ni de Ducheffe de Mont-belliard, ni d'époufe du Prince regnant, on l'appelle Baronne de l'Efperance, comme on appelloit la premiere femme Comteffe de Sponeck : on ne peut donc tirer aucune induction de cette dénomination.

En effet fuppofons un mari qui paffe un acte avec fa femme dans lequel il luy donne expreffément la qualité de fon epoufe legitime fans luy faire prendre d'autre nom que celuy de la famille même dans laquelle elle a pris naiffance, dira-t'on que cette femme n'a aucune poffeffion de fon état de femme, qu'elle n'eft traitée que comme une concubine, & que fes enfans ne peuvent afpirer aux honneurs de la legitimité: il n'y a perfonne qui ne fe revolte contre l'abfurdité de cette confequence : les noms, les qualités ne peuvent être tout au plus qu'un figne, qu'une indication de l'état, mais fi la qualité de femme eft reconnûë, fi ce qu'il y a de réel dans l'état eft bien établi, cette realité fubfifte, le figne & la denomination qu'on employe deviennent abfolument indifferentes.

Or le Duc de Montbelliard a traité Anne Sabine de Hedviger comme fa femme legitime dans le Traité de divorce de 1714, il y réconnoit fon mariage avec elle de la maniere la plus expreffe, qu'importe après cela qu'il l'ait qualifiée Ducheffe de Montbelliard ou Comteffe de Sponeck, elle n'en eft pas moins en poffeffion de fon état de femme légitime : dans le traité de Vilbade le mariage eft reconnu, dans le mariage de la Comteffe de Coligny, la mere eft reconnûë pour femme & la fille pour Princeffe, qu'importe après cela, on ne peut trop le repeter, que l'on ait donné à la mere le titre de Comteffe de Sponeck, la poffeffion publique de l'état de femme legitime fubfifte, même avec ce titre étranger.

Que l'on juge après cela fi la diftinction qui a été propofée par le Prince de Montbelliard entre la poffeffion d'état de femme, & la poffeffion des honneurs de la Souveraineté, n'eft qu'une fubtilité, comme les Barons de l'Efperance veulent le faire entendre; elle eft établie par le texte même des Actes les plus folemnels; les mêmes Actes traitent la mere du Prince de Montbelliard, d'époufe légitime du feu Duc de Montbelliard, & ne lui donnent pas cependant les titres de la dignité de fon mari : il ne faut pas les divifer, il ne faut pas dire : Elle n'eft point qualifiée Ducheffe de Montbelliard, donc elle n'eft pas reconnûë pour femme légitime, comme il ne faut pas dire: Elle eft reconnûë femme légitime, donc elle eft traitée de Ducheffe de Montbelliard. Il faut conferver la verité telle qu'elle eft établie par les Actes mêmes; il faut convenir qu'elle eft traitée publiquement comme femme, & que cependant elle n'en a pas les honneurs. Concluons donc qu'avant 1719 la mere étoit en poffeffion publique de fon état de femme légitime, & qu'il n'y avoit que la poffeffion publique des honneurs qui lui manquât. Mais fi un mari, & à plus forte raifon un Souverain, reconnoît publiquement fon mariage, & que cependant il refufe les titres & les honneurs de fa dignité à celle qu'il reconnoît pour fa femme, en eft-elle moins en poffeffion de fon état ; c'eft ce que perfonne ne peut penfer.

Ce que l'on vient de dire décide également pour le fils comme pour la mere, leur poffeffion étant indivifible; il ne refte à fon égard qu'à répondre à quelques traits par lefquels on a voulu le diffamer, foit dans la perfonne de la Princeffe fa femme, foit dans fa propre perfonne.

Dans un des Mémoires imprimés qui ont paru pour les Barons de l'Efperance,

rance, on s'eft fait un point capital d'infinuer que la Princeffe de Montbelliard étoit fille du feu Duc de Montbelliard & de la Dame de Sanderfleben ; que le Sieur de Sanderfleben avoit bien voulu paffer pour fon pere, mais que ce n'étoit qu'une fiction. *Quoique fa mere, dit-on, n'eût jamais eu d'autre nom ni d'autre qualité que celui de Baronne de l'Efperance, & qu'elle eût été inhumée dans l'Eglife du Château de Montbelliard en 1707 fous le feul nom d'Henriette Hedvige, Baronne de l'Efperance ; il s'eft trouvé dans le Regiftre d'une Eglife de la Souveraineté de Montbelliard une célébration de mariage entre elle & le Sieur de Sanderfleben, datée de 1697; des Actes de Baptême, par lefquels Charles-Leopold-Ferdinand Eberhard, & Eleonore-Charlotte paroiffent avoir été baptifés comme enfans naturels & légitimes du Sieur de Sanderfleben & d'elle. . . . On a trouvé auffi dans le Confiftoire de Montbelliard une Sentence de divorce datée de 1699, qui paroît avoir diffous le mariage du Sieur de Sanderfleben & d'Henriette Hedvige, Baronne de l'Efperance, & permis à l'un & l'autre de fe marier ailleurs comme bon leur femblera. Au moyen de ce mariage & de ce divorce les trois premiers enfans d'Henriette Hedvige de l'Efperance font devenus enfans légitimes du Sieur de Sanderfleben ; il n'y a que les deux autres qui ayent continué d'être enfans naturels du Duc de Montbelliard.*

La Princeffe de Montbelliard eft du nombre des premiers enfans ; il femble donc que dans le fyftême des Barons de l'Efperance, elle foit fille du feu Duc de Montbelliard, & que le Sieur de Sanderfleben n'ait été que fon pere putatif : c'eft pour cela que l'on fuppofe que les Actes de mariage & de divorce entre les Sieur & Dame de Sanderfleben ont été fabriqués quand on a voulu les faire paroître ; mais ces impoftures vont être confonduës par des piéces autentiques : jamais la mauvaife foi & le menfonge n'ont été portés plus loin que dans cette partie de Mémoire des Barons de l'Efperance.

Le mariage des Sieur & Dame de Sanderfleben ne fe trouve point comme on le fuppofe dans le Regiftre d'une des Eglifes de la Principauté de Montbelliard ; c'eft dans les Regiftres de l'Eglife d'Oëls en Silefie que l'Acte de célébration de mariage a été rédigé au mois de Fevrier 1697 : ainfi c'eft une premiere impofture dans le Mémoire des Barons de l'Efperance, de le placer dans un Regiftre de la Souveraineté de Mohtbelliard, comme fi le Duc leur pere l'y avoit fait inférer par un coup d'autorité.

De ce mariage eft née au mois d'Octobre 1700 Eleonore - Charlotte de Sanderfleben, aujourd'hui époufe du Prince de Montbelliard ; elle eft baptifée comme fille du Sieur de Sanderfleben, * & d'Henriette Hedvige, Baronne de l'Efperance, fa femme ; elle a donc un état certain, fa légitimité ne peut être conteftée. Quelle perfonne pourroit conferver l'honneur de fa naiffance, fi étant née dans le cours d'un mariage honorable, & ayant joüi des avantages de fa naiffance, la calomnie pouvoit fe déchaîner impunément contre ce qu'il y a de plus facré & de plus refpectable.

Il eft vrai qu'il y a eu un divorce prononcé entre les Sieur & Dame de Sanderfleben ; mais en quel tems ? Le Mémoire des Barons de l'Efperance le place en 1699, c'eft-à-dire un an avant la naiffance de la Princeffe de Montbelliard : on voit bien ce qui leur fait imaginer cette époque ; on vouloit abfolument qu'elle ne fût point fille légitime des Sieur & Dame de Sanderfleben ; pour cela il falloit diffoudre le mariage un an avant fa naiffance : mais c'eft une feconde impofture qui doit révolter toutes les perfonnes d'honneur ; ce divorce n'a été demandé & prononcé qu'en 1701, long-tems après l'Acte de Baptême de la Princeffe de Montbelliard ; la Sentence de divorce fubfifte en bonne forme dans les Regiftres du Confiftoire de Montbelliard. Peut-on por-

* Les Sanderfleben ont été reçûs dans les Chapitres d'Allemagne. On fçait quelles preuves on y fait tant du côté paternel que maternel.

F

ter l'audace jufqu'à faire retrograder ce divorce de deux années entieres pour
avoir l'indigne fatisfaction d'en impofer au Public, & de lui faire croire que
la Princeffe de Montbelliard étoit née long-tems après que fa mere avoit ceffé
d'avoir un mari ; mais les monumens fubfiftent, & à la honte des Barons de
l'Efperance, ils confondent leur calomnie.

Mais ce divorce n'eft peut-être qu'un acte de complaifance de la part du
Sieur de Sanderfleben qui a bien voulu s'y prêter parce qu'il recouvroit fa
liberté ? C'eft pour le perfuader, fans doute, que le Mémoire des Barons de
l'Efperance, porte que la Sentence de divorce permet à l'un & à l'autre de fe
marier ailleurs comme bon leur femblera ; troifiéme impofture auffi groffiere
& auffi aifée à confondre que les précedentes. La Sentence de divorce eft intervenuë fur la plainte de la Dame de Sanderfleben qui a accufé fon mari du
crime d'adultere : & comme il eft des regles parmi les Proteftans, que la partie innocente recouvre feule la liberté de fe remarier : la Sentence de divorce ne
le permet qu'à la Dame de Sanderfleben, & l'interdit expreffément au Sieur
de Sanderfleben. On voit donc que c'eft un titre bien férieux, titre qui impofe au Sieur de Sanderfleben le joug le plus dur, en le privant de fa femme,
& lui ôtant la liberté d'en prendre une autre : cette circonftance prouve encore qu'il n'avoit alors aucun reproche à faire à la Dame de Sanderfleben,
qui lui avoit gardé la fidelité conjugale, puifque fi le crime avoit été commun aux deux conjoints, ou ils n'auroient pû être féparés par le divorce, ou
ils auroient dû y trouver une égale liberté de fe remarier ; mais il en eft tout
autrement, le mari eft reconnu feul coupable, & la femme feule innocente : les enfans dont elle étoit accouchée auparavant étoient donc les
fruits d'un mariage honorable, & la gloire de leur naiffance ne peut être
obfcurcie.

Ajoûtons que le Duc de Montbelliard a eu depuis deux enfans de la Dame
de Sanderfleben, devenuë libre par le divorce ; ceux-là ont toûjours été reconnus depuis pour enfans naturels, par quelle prédilection le Duc de Montbelliard auroit-il voulu rendre les premiers enfans de la Dame de Sanderfleben légitimes, en faifant fabriquer une célébration de mariage & un divorce,
& auroit-il laiffé les autres dans l'opprobre de leur naiffance ? Il eft donc aifé
de reconnoître qu'il y a toûjours eu entr'eux une difference effentielle : les premiers nés pendant le mariage des Sieur & Dame de Sanderfleben ont toûjours joüi des honneurs qui étoient dûs à la pureté de leur origine ; les autres
nés depuis le divorce ont été reconnus pour enfans naturels du Duc de Montbelliard : la calomnie ne peut donc les confondre pour étendre aux premiers
les malheurs qui ont accompagné la naiffance des feconds.

Enfin, le feu Duc de Montbelliard adopta par les Lettres Patentes de 1714
les trois enfans qu'Henriette Hedvige avoit eus du Sieur de Sanderfleben fon
mari, fuivant ce qui fe pratique dans les Pays régis par le Droit Romain ; il
ne faut pas être furpris après cela fi le Duc de Montbelliard les a compris
dans le Traité de Vilbade ; les inductions finiftres que l'on tire de ce Traité
n'ont donc aucun fondement.

Après avoir confondu tant d'impoftures, on ne croit pas avoir befoin de
réfuter les fables débitées dans le même Mémoire des Barons de l'Efperance
fur l'éducation du Prince de Montbelliard : on le fait paffer par les dégrés de
Page & de Gentilhomme de fon pere, & cela fur la foi du Supplément de
Moreri : mais pendant que l'Auteur du Mémoire déchire le Prince de Montbelliard, fur la foi d'un Ouvrage fi fautif, le Défenfeur des Barons de l'Efpe-

rance nous en vange à l'Audiance, en foudroyant l'Auteur de ce Supplément, à qui il a reproché avec raison d'avoir débité les faits les plus calomnieux. Tel eſt l'heureux concert qui regne entre ceux qui concourent à la défenſe des Barons de l'Eſperance, qu'ils détruiſent tour à tour ce que les autres s'efforcent d'établir, partage ordinaire de l'impoſture, qui ne peut pas ſe concilier avec elle-même.

Que le Mémoire des Barons de l'Eſperance perde donc à jamais toute confiance dans le Public; l'impoſture confonduë dans des objets, ſi eſſentiels ne peut plus conſerver aucun crédit dans le reſte. Eſt-il donc permis de diffamer non ſeulement par des faits étrangers à la cauſe, mais encore par des faits faux & calomnieux? Eſt-il permis de changer & les lieux & les tems, & les diſpoſitions des Actes, pour donner quelque couleur à des impoſtures? Mais quelque ſanglante que ſoit l'injure, nous en ſerons aſſez vangés par l'indignation publique.

Le Prince de Montbelliard croit donc avoir établi la poſſeſſion conſtante de l'état de femme légitime dans la perſonne de ſa mere, & d'enfant légitime dans ſa propre perſonne ayant 1719: mais il a ajoûté que quand il n'auroit que la poſſeſſion publique depuis 1719, qui eſt reconnuë par les Barons de l'Eſperance eux-mêmes, elle ſeroit ſuffiſante.

Un mariage peut être caché pendant un grand nombre d'années, la femme, les enfans peuvent n'avoir aucune poſſeſſion d'état; mais ſi le mari prend enfin le parti de rendre juſtice & aux uns & aux autres, & que long-tems avant ſa mort ou avant la mort de ſa femme il déclare ſolemnellement ſon mariage, qu'il rende aux uns & aux autres les Titres, les Honneurs qui leur conviennent, que par-là il les mette en poſſeſſion publique de leur état, alors tous les avantages de la poſſeſſion d'état leur ſont acquis, & après la mort de leur pere on ne peut en conteſter les effets.

C'eſt ce qui ſeroit arrivé au Prince de Montbelliard quand il ne remonteroit point avant 1719; ſa mere a été traitée publiquement comme Ducheſſe de Montbelliard, & lui comme Prince héréditaire; ſon pere lui a donné cette qualité dans un grand nombre d'Actes importans; dès 1719 il a obtenu du Roi des Lettres de Naturalité pour le Prince de Montbelliard: comme ſon fils légitime & Prince de Montbelliard il lui a donné en 1720 une Procuration pour aller en Pologne, & un Paſſeport ſous les titres de fils & de Prince héréditaire; il l'a fait recommander aux Prieres publiques dans les Egliſes; il lui a fait rendre tous les Hommages par ſes Peuples; les Princes & Princeſſes de la Branche d'Oëls ont tenu ſes enfans ſur les Fonts de Baptême, & lui ont écrit un grand nombre de Lettres, ainſi qu'à la Princeſſe ſon épouſe, ſous les titres d'Alteſſe Sériniſſime: enfin à la mort de ſon pere il eſt entré en poſſeſſion de la Souveraineté, & a reçû de ſes Sujets le ſerment de fidélité. Voilà donc en ſa faveur la poſſeſſion la plus publique & la plus conſtante.

Dans cette ſituation, le principe des Barons de l'Eſperance décide en faveur du Prince de Montbelliard; tout ſe préſume en faveur de celui qui eſt en poſſeſſion d'un état qu'on lui conteſte, il n'a pas beſoin de s'armer de titres & de preuves; mais le Prince de Montbelliard n'étoit-il pas en poſſeſſion de tous les droits qu'on lui conteſte avant que la tempête ſe fût formée; ſa poſſeſſion ſeule lui ſuffiſoit donc contre les efforts de ſes ennemis.

En poſſeſſion de l'état de fils légitime, de la qualité de Prince héréditaire, de la Souveraineté même, reconnu par ſon Pere & par toute ſa Maiſon, reſpecté par des Peuples ſoumis & tranquiles, on vient lui demander qui il eſt, qu'y a-t'il à répondre à une demande si téméraire, sinon que pour le connoitre, on n'a qu'à le considerer avec tout l'éclat qui l'environne, que son pere, que sa maison, que ses peuples répondent pour luy, que ce n'est point à luy à descendre de son rang pour en faire la conquête, que c'est à ceux qui l'attaquent à rapporter des preuves qui les détruisent, tel est en général l'effet de la possession, tel est en particulier l'avantage que le Prince de Montbelliard doit recueillir de la sienne.

Mais, nous dit-on, cette possession n'a pas toujours été la même, vous avez vécu long-tems dans l'obscurité, & l'éclat dont vous avez été révêtu, n'est que l'effet des intrigues de votre nouvelle épouse? On croit avoir établi qu'avant 1719, la mere & le fils étoient en possession de leur état, quoyque les honneurs publics n'y fussent point attachés, mais quand on supposeroit que le mariage auroit été caché, que l'état de la mere & du fils n'auroit point été connu, la réconnoissance publique qui auroit suivi n'en seroit pas moins décisive, autrement il faudroit dire que les mariages cachés pendant un tems, mais que la possession publique a manifesté depuis, ne pouroient jamais former un état pour les enfans, ce qui résiste aux notions les plus communes.

Attribuer cette possession publique aux intrigues de la Princesse héréditaire, luy donner un credit sans bornes à la Cour de Montbelliard, c'est placer ses supositions dans des circonstances bien peu propres à les faire adopter. A-t'on donc oublié que c'étoit la Baronne de l'Esperance qui dominoit alors avec tout l'empire qu'elle avoit sçu se menager, qu'elle étoit la maitresse absoluë du cœur du Prince regnant, & qu'elle disposoit de ses volontés aussi bien que de sa puissance; c'est dans ce tems où elle étoit parvenuë au comble de la faveur & de l'autorité, que le Duc de Montbelliard n'a pas crû pouvoir trahir la nature, la réligion, la verité qui parloient en faveur du Prince son fils, asservi sous le joug de la Baronne de l'Esperance, n'ayant de goût, d'attachement que pour elle, luy ayant sacrifié une femme, dont l'union luy avoit été si chere, c'est dans ce moment qu'il tourne les yeux vers l'enfant de son premier mariage, que la nature le force de se rendre, & qu'elle obtient de luy des démarches qu'il ne pouvoit differer sans peril. Les circonstances du tems ajoûtent donc un nouvel éclat au triomphe du Prince de Montbelliard.

Dans une cause moins importante on n'auroit point été obligé de rassembler tant de preuves & de reflexions, mais quand il s'agit de l'état & de l'état d'un Souverain, rien ne doit être negligé, tout concourt heureusement pour sa deffense.

On luy conteste sa qualité d'enfant legitime, cette question ne dépend que du seul point qui est de sçavoir si *Leopold Eberhard Duc de Virtemberg-Montbelliard* a epousé *Anne Sabine de Hedviger* sa mere, mais quel est l'homme en qui on réconnoisse encore un fond de droiture qui puisse se deffendre d'une verité si sensible, un Registre public, un acte de celebration en bonne forme nous déclarent que *Leopold Eberhard* avec les lettres initiales de *Duc de Virtemberg-Montbelliard*, & *Anne Sabine* avec les lettres initiales de *Hedviger* ont reçû en face d'Eglise la bénédiction nuptiale, les témoins presens au mariage attestent dans une Enquête juridique que c'est le même Leopold Eberhard Duc de Virtemberg-Montbelliard & Anne Sabine de Hedviger qui ont été mariés, l'histoire le publie dès l'an 1712, sans que personne, ni en Allemagne, ni dans la maison de Virtemberg, ni dans les Etats de Montbelliard, se soit soulevé contre un fait si éclatant, Leopold Eberhard Duc de Virtemberg-Montbelliard fait un divorce en 1714 avec Anne Sabine de Hedviger, on luy fait reconnoître

en

en 1715 que fon mariage n'eft pas conforme au rang de la maifon de Virtemberg, & fur ce feul pretexte, on veut éxclure fes enfans de fa fucceffion: allarmé cependant dés droits inviolables du fils, le Duc de Virtemberg-Stugard
éxige de luy une ratification du traité, & un ferment corporel de l'exécuter:
le pere repare cette injuftice en 1719 en prefentant fon fils à toute l'Europe
comme fon fucceffeur, il luy fait rendre tous les honneurs dûs au Prince héréditaire, ce fils enfin fuccedé tranquilement à la Souveraineté de fon pere:
quand on reunit tous ces objets, il n'y a point d'efprit affés aveugle, de cœur
affés prevenu pour heziter fur une verité fi palpable: l'interêt, l'ambition, la
politique peuvent s'armer contre le Prince de Montbelliard, mais il n'y a aucune de ces paffions qui au fond ne rende hommage à fes droits.

Il refteroit à dire un mot de la validité du mariage, mais les nouveaux def-
fenfeurs des Barons de l'Efperance ont fi peu infifté fur cet objet, qu'il mérite à peine de trouver fa place dans la caufe: difons-en cependant un mot;
parmy les Proteftans, la feule circonftance effentielle pour former le mariage,
eft la benediction nuptiale. *Noftris moribus*, dit Capzovius, *nuptiæ duplici conftant
actu, folemni copula Sacerdotali, & convivio nuptiali, quod ultimum tamen præcisè necef-
farium non eft, at benè copula & benedictio coram facie Ecclefiæ Sacerdotalis, quæ in
orbe Chriftiano fucceffit in locum deductionis fponfæ in domum.*

Auffi n'a-t'on imaginé d'autre pretexte de critique que le deffaut de confentement du pere & du Souverain, le Prince de Montbelliard croit avoir diffipé un
pretexte fi frivole dans un precedent Mémoire, il obfervera feulement icy qu'il
eft facile de diftinguer à cet égard les principes du droit Romain, de l'Eglife
Catholique, & des Proteftans, par les idées differentes que l'on s'eft fait dans
chaque droit de la nature du mariage.

Parmy les Romains ce n'étoit qu'un contract purement civil, il n'eft pas
extraordinaire qu'il fut entierement fubordonné à la puiffance paternelle,
mais ce principe eft trop étranger à nos mœurs pour y être adopté; les enfans
emancipés n'étoient pas même obligés de demander le confentement de leur
pere; & pour la mere, jamais les enfans n'avoient befoin de fon agrement,
même après la mort du pere: les droits de la nature n'avoient aucune part au
principe du droit Romain fur cette matiere, & ce font les feuls aufquels on ait
égard dans la Religion, ajoûtons que parmy les Romains même le feul filence du pere fuffifoit pour la validité du mariage.

Dans l'Eglife Catholique le mariage eft regardé comme un Sacrement, c'eft
un acte qui appartient tout entier à la Religion, quant à l'engagement facré
qu'il forme entre les parties: auffi ne l'a-t'on jamais fait dependre de la volonté du pere à l'égard des majeurs, les Docteurs ont difputé fur quelques textes
anciens, mais le Concile de Trente a décidé contre la neceffité du confentement, & c'eft la difcipline génerale de l'Eglife.

Les Proteftans tiennent une efpece de milieu entre ces deux extremités:
ils ne regardent point le mariage comme un contrat purement civil, ils ne le
regardent point auffi comme un Sacrement, ils le definiffent un contrat d'inftitution divine ou de droit divin. C'eft ce qui les conduit à diftinguer deux
parties dans le mariage, les promeffes qui precedent *Sponfalia*, & la benediction facerdotale qui confomme l'engagement *matrimonium*: tant qu'il n'y a que
de fimples promeffes qui produifent parmi eux une action, ils jugent qu'elles
font nulles, fi le confentement du pere n'eft intervenu: ainfi dans ce cas le fils
qui a meprifé un devoir fi facré n'a point d'action contre la fille, comme la fille n'en a point contre luy; mais fi ces promeffes ont été fuivies de la benedic-

G

tion facerdotale, alors comme la Religion devient intereſſée, on n'écoute plus
la réclamation du pere, rien n'eſt plus déciſif que ce que nous dit Capzovius,
ſur cette queſtion dans ſa diſtinction 60. *Eo malitiæ & audaciæ quandoque liberi
progrediuntur, ut inſciis & invitis parentibus, non modo ſponſalia contrahant, ſed &
per benedictionem facerdotalem peregrinis forſan in locis, ubi diſſenſus parentum haud facilè explorari poteſt, ea conſummari faciunt, ex quo ſumma parentibus inſertur injuria,
quippe quod tùm facultas matrimonium perfectum reſcindendi ipſis non competat.*

La contradiction des parens eſt bien marquée dans cette eſpece *invitis pa-
rentibu*, c'eſt pour ſe ſouſtraire à cette réſiſtance que le fils va ſe marier dans
une terre étrangere, & par conſequent hors la préſence du propre Miniſtre,
là il ne reçoit la benediction facerdotale que parce qu'on ignore la contradiction du pere : malgré toutes ces circonſtances le pere ne peut réclamer, *facultas matrimonium perfectum reſcindendi non competit*.

Les Docteurs Proteſtans jugent même que quand les promeſſes n'auroient
pas été ſuivies de la benediction facerdotale, & que *copula tantùm acceſſerit*, l'autorité des peres devient impuiſſante. *Edocti Principes plerique Magiſtratus Evangelici
ſponſalia ſine conſenſu parentum contracta, accedente copulá carnali ſive præceſſerit,
ſive ſequatur haud reſcindunt, ſed conſummationem per benedictionem facerdotalem contra-
hentibus injungunt.*

Que l'on juge aprés cela ſi parmy les Proteſtans, le Duc George auroit pû
réclamer contre un engagement qui n'avoit pas ſeulement été ſuivi de la naiſſance de pluſieurs enfans, mais qui avoit été auparavant conſommé par la benediction facerdotale.

Mais il ne l'a pas fait, & cette ſeule circonſtance écarte le moyen non-ſeulement parmy les Proteſtans & dans l'Egliſe Catholique, mais même dans les
principes les plus ſeveres du droit Romain, *niſi evidenter diſſentiat*, il n'eſt pas
queſtion de ſçavoir s'il a connu le mariage ou s'il l'a ignoré, tout ſe préſume
en faveur du mariage, & quand il ſeroit même conſtant que le pere auroit
ignoré le mariage, la loy préſumeroit encore que le pere auroit plutôt uſé
d'indulgence pour ſon fils, que d'employer tout le poids de ſon autorité pour
troubler un mariage paiſible.

Enfin il eſt prouvé que le Duc George a connu & approuvé le mariage de
ſon fils avec la Demoiſelle de Hedviger, le moyen ſe trouve donc confondu
de toutes parts, le pere n'auroit pas pû être écouté, des collateraux ſeroient
ſans action, & la ſeule qualité d'enfans du feu Duc de Montbelliard ſuffiroit
pour impoſer à jamais ſilence à nos adverſaires.

Il ne faut pas être ſurpris après cela ſi la qualité d'enfant legitime dans la perſonne du Prince de Montbelliard a été reconnuë dans tous les jugemens du
Conſeil Aulique, quelqu'indiſpoſition qui ait regné contre luy à la Cour de
Vienne juſqu'à préſent, on n'a jamais crû pouvoir donner atteinte à ſon Etat:
c'eſt ce que l'on a déja établi de la part du Prince de Montbelliard, cependant
les enfans de la Baronne de l'Eſperance ſe ſoulevent contre cette verité, ils
ſoutiennent que le Prince de Montbelliard a toujours été traité comme enfant
naturel dans les jugemens du Conſeil Aulique, & qu'au contraire leur mere y
a été reconnuë épouſe legitime du feu Duc de Montbelliard, ils ont voulu
donner la même idée des écrits du Duc de Virtemberg-Stugard, fort offenſés
de ce que l'on a ſoutenu que ce Prince s'étoit contenté d'attaquer dans le Prince
de Montbelliard la capacité de ſucceder ſans ſe porter juſqu'à révoquer en doute la pureté de ſon origine.

Par rapport au Duc de Virtemberg, il eſt vray que l'écrit qui a paru ſous ſon

nom contient, comme on l'a dit cy-deſſus, les plus violentes déclamations conꞏ
tre la famille de Hedviger, & que la même paſſion a fait quelquefois hazarder à l'auteur des expreſſions peu favorables à la dignité du mariage qui avoit
uni le Duc de Montbelliard avec Anne Sabine de Hedviger ; mais malgré ſes
emportemens, il convient cependant de la verité du mariage & de la juſte application que l'on doit faire à ces deux époux de la mention du regiſtre de
Rejoüitz, *Son Alteſſe Sereniſſime le Duc de Virtemberg-Montbelliard*, dit-il, *qui ne*
vouloit nullement donner à connoître ny luy ny ſa concubine, n'avoit fait inſerer au ſieur
Fuchs Miniſtre deffunt à Rejoüitz que les lettres initiales dans le Regiſtre de l'Egliſe du-
dit lieu. C'étoit donc le Duc de Montbelliard qui avoit dicté en perſonne les
lettres initiales, & par conſequent c'étoit ſon propre mariage qui étoit écrit ſur
le Regiſtre : auſſi le Duc de Virtemberg-Stugard ajoûte-t'il que *ce mariage ne*
peut être regardé que comme un mariage ad Morganaticam, ou de la main gauche : il conclud enſuite qu'il *ne peut y avoir icy aucun mariage de Prince, par conſequent point*
d'enfans ny de ſucceſſion, ſi un ſimple Gentilhomme ne trouvoit pas honorable pour luy de
ſe marier avec la Demoiſelle de Hedviger. . . . à plus forte raiſon demeurera nul, deshon-
nête & ſans force : QUANT AUX EFFETS DE DROIT, *ſon pretendu mariage avec un*
Prince de l'Empire, voilà à quoy viennent ſe terminer toutes les déclamations
de l'écrivain du Duc de Virtemberg-Stugard, c'eſt de prétendre que ce mariage bien réel & bien conſtant ne produit point *des effets de droit*, c'eſt-à-dire ne
rend pas les enfans capables de ſucceder : il eſt vray qu'avec le peu de préciſion
& d'exactitude qui regne dans cet écrit, on voit un mélange perpetuel de contradictions ſur les idées qu'il donne de ce mariage, mais enfin elles aboutiſ-
ſent toutes cependant à cet unique objet.

Auſſi ce même écrivain declame-t'il enſuite contre le divorce de 1714 comme contraire à tous les principes de la Confeſſion d'Ausbourg, & s'en fait-il
un moyen pour prouver la nullité eſſentielle du mariage de la Baronne de l'Eſperance de 1718 qu'il combat également, & par l'adultere naiſſant du premier
mariage avec la Demoiſelle de Hedviger, & par l'inceſte.

Quant aux jugemens du Conſeil Aulique, celuy du 8 Avril 1723 déclare
en général les enfans, tant d'Anne Sabine de Hedviger, que d'Elizabeth-Charlotte de l'Eſperance, *inhabiles à porter la dignité du Prince leur pere, & à la ſucceſſion*
des allodiaux & fiefs immediats de l'Empire, & quant aux deux enfans encore vivants
procréés d'Henriette-Hedvige, Baronne de l'Eſperance, on s'en tient à la déclaration faite
par Mr. le Duc de Montbelliard, portant qu'étant enfans naturels, il n'étoit point
queſtion d'eux dans la preſente inſtance : deux conſequences néceſſaires ſe tirent de
cette diſpoſition ; la premiere, que le Prince de Montbelliard n'y eſt point traité comme enfant naturel, non ſeulement on ne luy donne point cette qualité, mais on met une difference eſſentielle entre luy & les enfans que le Duc
de Montbelliard ſon pere avoit eûs d'Henriette Hedvige, Baronne de l'Eſperance : pour ceux-cy comme enfants naturels, on déclare qu'il n'en eſt pas
queſtion ; mais pour le Prince de Montbelliard on le déclare ſimplement inhabile à porter la dignité du Prince ſon pere, & à ſucceder aux allodiaux & fiefs
immediats de l'Empire, c'eſt-à-dire qu'on réconnoit le mariage qui le rendoit
légitime, mais qu'on n'attache point à ce mariage *les effets de droit*, quant
aux fiefs de l'Empire ; la deuxiéme conſequence eſt qu'on n'y donne aucun
avantage au mariage de 1718, ni aux enfans qui en ſont nés, ſur le mariage de
1695, ni ſur le Prince de Montbelliard, ils ſont tous compris dans la même
diſpoſition, ils ſont tous également déclarés inhabiles à ſucceder, on ne peut
donc pas concevoir ſur quel pretexte les Barons de l'Eſperance ont ſupoſé que

les jugemens du Conseil Aulique pouvoient former quelque prejugé en leur faveur, & leur procurer quelque avantage sur le Prince de Montbelliard.

Les autres jugemens dont les Barons de l'Esperance ont fait imprimer des Extraits confirment ce qui est établi par ce premier jugement que le Prince de Montbelliard a toujours été reconnu pour enfant légitime, & que tout le credit du Duc de Virtemberg à la Cour de Vienne s'est réduit à le faire déclarer incapable de succeder à la dignité du Prince son pere & aux Fiefs immediats de l'Empire suivant l'extrait qu'ils nous donnent du jugement du 21 Juin 1723. Le Conseil Aulique a ordonné que le Prince de Montbelliard feroit sa soumission au sujet du titre & des armes, faute de quoy il ne seroit plus ouy dans ses demandes à l'égard des alimens, de la succession allodiale, & des biens propres & maternels : il est évident que par là on reservoit au Prince de Montbelliard des droits qui ne pouvoient appartenir qu'à un enfant legitime. Premierement on luy reserve à lui seul le droit de succeder aux allodiaux, il avoit été declaré inhabile à succeder à la Souveraineté & Fiefs immediats de l'Empire; mais les allodiaux, c'est-à-dire, les biens tenus en franc aleu n'étoient point compris dans cette disposition, on les luy reserve expressément par le jugement du 21 Juin. Secondement, on luy reserve de même les propres, c'est-à-dire les biens de son pere qui n'étoient point sujets aux mêmes regles que l'on pretendoit établir pour la Souveraineté, & pour les Fiefs immediats de l'Empire: enfin on luy reserve les biens maternels, ausquels il n'auroit pû succeder s'il avoit été enfant naturel.

Il ne faut pas équivoquer sur ce qu'on luy reserve aussi des alimens, comme si en cela on l'avoit traité en enfant naturel ; car ces alimens ne s'appliquent qu'à la Souveraineté & aux Fiefs immediats de l'Empire, dont on l'exclud : le Conseil Aulique supposant qu'il ne peut succeder à cette espece de biens, lui reserve ses droits pour succeder à tous les autres, & même des alimens sur ceux ausquels il ne pourra pas succeder : tout cela part du même principe, on reconnoit un mariage legitime entre les pere & mere, on reconnoit le Prince de Montbelliard pour legitime, mais en supposant (ce qui n'est autorisé par aucune Loy ni Constitution Imperiale) qu'à cause de l'inegalité de la mere, il ne peut succeder à la Souveraineté ny aux Fiefs immediats de l'Empire, on luy reserve un droit d'alimens sur les biens qu'on suppose, qu'il ne peut recueillir, & un droit de propriété sur les autres.

Il en est de même du Jugement du 4 Septembre 1728; il permet expressément au Prince de Montbelliard seul de poursuivre l'ulterieure Succession allodiale, les alimens & les biens qu'il prétend propres & maternels séparément : Si on ne l'avoit pas reconnu pour enfant légitime, pouvoit-on lui permettre de reclamer la proprieté de tous ces biens? Un bâtard peut-il succeder aux biens allodiaux, & aux propres de son pere : peut-il succeder aux biens maternels? il est donc plus clair que le jour que dans tous ces jugemens il est reconnu pour enfant légitime.

Mais, dit-on, ce dernier Jugement annonce une soumission du Prince de Montbelliard de quitter les Nom & Armes de Virtemberg: les inductions que l'on voudroit tirer de cette énonciation, s'évanoüissent par deux réfléxions également décisives. La premiere, est que quand le Prince de Montbelliard auroit été obligé de faire à Vienne une pareille soumission, elle ne seroit que l'effet de la contrainte qui lui étoit imposée par les premiers Jugemens du Conseil Aulique; on l'avoit déclaré inhabile à succeder à la dignité du Prince son pere; on exigeoit qu'il donnât sa soumission de ne point porter les Noms

&

& Armes de Virtemberg, on ne vouloit l'écouter fur fes autres droits qu'à cette condition : quand il auroit été forcé pour foûtenir les droits qui lui étoient réfervés, de prendre ce parti, cela ne donneroit aucune atteinte à fon état d'enfant légitime, parce que les Jugemens du Confeil Aulique qui exigeoient cette foumiffion, lui réfervoient cependant les droits de fa naiffance fur tous les Biens autres que les Fiefs immédiats de l'Empire ; ainfi dans la queftion qui s'agite aujourd'hui, & qui ne roule que fur la légitimité feule, cette foumiffion feroit abfolument indifférente.

La feconde réfléxion, eft que jamais le Prince de Montbelliard n'a fait une abdication des Noms & des Armes de fa Maifon ; il eft vrai qu'étant obligé d'expofer fes droits dans un Mémoire imprimé, il annonça dans une Pré-face détachée du Mémoire *qu'on avoit furpris des Arrêts qui lui faifoient défenfes de prendre la qualité de Prince, & qu'il fe voyoit dans la dure néceffité ou de manquer de déférence aux Arrêts, ou de fe dégrader lui-même, que l'option étoit fâcheufe ; que cependant il alloit facrifier* POUR UN TEMS *ce que fa naiffance avoit de plus flatteur, perfuadé que la décifion qu'il attendoit, le lui rendroit encore avec plus d'avantage.* Ce n'eft donc pas une abdication de fon Nom & de fes Armes ; il fufpend feulement pour un tems les Titres honorables qui lui font acquis par fa naiffance, mais il ne les fufpend que pour les reclamer, jamais il n'a tenu un autre langage ; & en effet l'homme peut-il fe dépouiller lui-même de fon état ? les déclara-tions, les foumiffions peuvent-elles lui enlever à lui-même & à fes defcendans les Titres précieux qui lui font acquis par fa naiffance, & qui forment en fa perfonne un caractere imprimé par la nature.

Il faut donc retrancher toutes les illufions que préfentent les Barons de l'Efperance ; il faut reconnoître que l'état légitime du Prince de Montbelliard eft affermi par les Jugemens même dans lefquels regne la prévention la plus outrée contre fes droits : il eft vrai qu'en même tems qu'on le reconnoît légi-time, on le déclare inhabile à porter la dignité du Prince fon pere, & à fucce-der aux Fiefs immédiats de l'Empire ; mais cette incapacité prétenduë ne donne aucune atteinte à fa légitimité.

Si le Prince de Montbelliard avoit la liberté d'expofer fes droits à la Cour de Vienne, il fe flatte qu'on lui rendroit fur la dignité même de fon pere toute la juftice qui lui eft dûë. Sa caufe eft celle de tous les Princes de l'Empire : victimes de leur grandeur, ne leur feroit-il jamais permis de fuivre un penchant auquel eft attaché le bonheur de leur vie, & ne feroient-ils Souverains que pour perdre cette liberté, qui eft le plus précieux avantage de l'homme ? Non, jamais on ne leur a impofé des Loix fi barbares : maîtres de leurs deftinées, ils peuvent communiquer l'éclat qui les environne à celles qu'ils trouvent dignes de leur eftime & de leur tendreffe ; & quoiqu'elles ne foient pas toûjours nées dans le fein d'une Maifon Souveraine, leurs enfans ne deviennent pas pour cela étrangers aux dignités de leur Maifon.

Mille exemples fameux foutiendront la défenfe du Prince de Montbelliard, la Nature parlera en fa faveur, la Religion exercera fes droits : que ne doit-on pas attendre de tant de voix réünies, quand elles fe feront entendre dans le cœur d'un Prince auffi fage & auffi éclairé que l'Empereur ?

H

SECONDE PROPOSITION.

Le prétendu mariage de 1718 ne se peut soutenir.

Avant que d'exposer les Moyens sur lesquels cette seconde Proposition est fondée, il n'est pas indifférent de détruire les idées que l'on a voulu donner de la solemnité avec laquelle on prétend qu'il a été célébré. Si l'on en croit les Barons de l'Esperance, toute la pompe qui accompagne ordinairement le mariage d'un Souverain a été employée dans cette occasion, les deux époux ont reçu solemnellement la benediction nuptiale dans l'Eglise de Montbelliard, en presence d'Anne Sabine de Hedviger & de son fils, & à la face de toute la Cour de Montbelliard ; ils en ont reçu les complimens de tous les ordres de la Souveraineté.

Mais il y a bien à rabattre de ces fastueuses idées, ce prétendu mariage a été administré au Duc de Montbelliard & à la Baronne de l'Esperance dans une chambre du Château de Montbelliard appellée *le Poile*, c'est ce que porte expressément l'acte qui en a été dressé, les parties rougissoient elles-mêmes d'en faire la ceremonie dans un temple destiné à des actes de religion, la Duchesse de Montbelliard, c'est-à-dire Anne Sabine de Hedviger, ni le Prince son fils non seulement n'étoient pas presens, mais ils n'étoient pas même alors à Montbelliard, on avoit pris le tems que la Duchesse de Montbelliard étoit allée en Dannemarc voir le Comte de Sponek son frere, Lieutenant Général des Armées du Roi de Dannemarc, & Gouverneur de Copenhague, pour consommer une union si odieuse ; quatre ou cinq personnes seulement paroissent avoir été présentes : pour les complimens de tous les Ordres de la Souveraineté, c'est un encens que les Barons de l'Esperance prodiguent à leur mere, pour orner le vain triomphe qu'ils ont imaginé. Ce mariage fut si peu rendu public d'abord, que la Duchesse de Montbelliard & le Prince son fils l'ont ignoré fort long-tems. On voit même que quelque tems après on ne traitoit point encore la Baronne de l'Esperance de Duchesse de Montbelliard, puisque les Registres de l'Eglise de Montbelliard prouvent qu'elle n'y est employée que sous son nom de fille dans la cérémonie du Baptême d'un enfant dont elle a été la Maraine. Qu'on ne vienne donc point donner à ce mariage un air de triomphe; la Baronne de l'Esperance qui n'ignoroit pas l'indignation qu'il devoit exciter dans Montbelliard, crut devoir y accoûtumer les Peuples avec plus de précaution.

Quoiqu'il en soit, ce mariage a-t-il pû lui imprimer le caractere d'épouse légitime ? Deux obstacles insurmontables enleveront toûjours à ses enfans un pareil avantage.

Le premier se tire du mariage de 1695, qui n'a pû être détruit par le divorce. Il est vrai que le divorce est reçu parmi les Protestans ; mais suivant leur discipline, il ne dépend pas des Parties de rompre arbitrairement les nœuds qui les unissent : il faut que deux circonstances concourent pour le rendre légitime, une Sentence émanée d'un Tribunal competent, & des causes de divorce admises dans la Confession d'Ausbourg : ces deux circonstances manquent également au prétendu divorce de 1714.

Premierement, il n'y a point de Jugement, c'est un Acte passé entre le mari & la femme, comme s'il ne s'agissoit que d'une convention ordinaire: le Duc de Montbelliard fait signer à la Duchesse sa femme qu'elle consent d'être séparée d'avec lui, qu'ils recouvrent tous deux leur liberté, qu'ils

puiſſent ſe remarier : on fait venir les Membres du Conſiſtoire, qui ſe contentent de faire un compliment à leur Souverain, & de mettre au pied de
cet Acte, qu'*il leur paroît juſte & conforme à l'eſprit des Parties*. Il ne faut pas être
bien pénétrant pour juger qu'on ne meſuroit la juſtice qu'à la volonté du
Prince. Quoiqu'il en ſoit, voilà à quoi ſe termine tout le cérémonial ; mais
peut-on dire qu'un pareil Acte puiſſe former l'ombre même & l'extérieur d'un
divorce ?

Le divorce ne dépend point de la volonté des conjoints, autrement le mariage parmi les Proteſtans ne formeroit qu'une convention toûjours réſolu-
ble ; l'eſprit de changement trop ordinaire parmi les hommes, inſpireroit
tous les jours au mari & à la femme la volonté de rompre de premiers nœuds
& d'en former de nouveaux ; & le mariage, ce titre d'honneur ſi ſacré dans
toutes les Nations, ſeroit tous les jours prophané par de pareilles révolutions.

Non, les Proteſtans n'en ont jamais conçû une idée ſi baſſe & ſi mépriſable ;
ils veulent que des Juges légitimes prononcent le divorce en connoiſſance de
cauſe ; c'eſt aux Conſiſtoires à en connoître, comme ſeuls Juges des cauſes
de mariage : *Divortio à Conſiſtorio decreto*, dit Bochmer L. 4. titre 19. n. 45.

Cette regle eſt commune aux Souverains & aux Sujets : quelques Auteurs
ont ſeulement prétendu qu'à l'égard des Souverains, il y avoit trop de danger de leur laiſſer la liberté de s'adreſſer à un Conſiſtoire qui leur eſt entière-
ment ſoumis, & qu'il falloit qu'ils s'adreſſaſſent ou à l'Empereur ou à la Chambre Imperiale de Vetzlar ; mais enfin il eſt conſtant qu'il leur faut des Juges,
& qu'au moins il intervienne une Sentence dans leur Conſiſtoire.

Mais ici on a négligé une forme ſi eſſentielle ; il n'y a ni Parties, ni Cauſe,
ni Juges, ni Tribunal : il n'y a point de Parties, puiſqu'il n'y a ni Demandeur
ni Défendeur : il n'y a point de Cauſe, puiſqu'on ne voit pas même l'ombre
d'une Procedure : il n'y a point de Juges, puiſque le Conſiſtoire n'en a point
fait la fonction, & n'a pas même été mis en état de la faire : enfin il n'y a
point de Tribunal, puiſque le Conſiſtoire n'a donné ſon approbation qu'à
Seloncour, qui eſt hors de la Souveraineté de Montbelliard, & par conſéquent hors de ſon reſſort. Quel effet peut-on donc donner à un Acte de cette
qualité ? C'eſt un monument qui ſubſiſte quant à la preuve du mariage qui y
eſt reconnu, parce qu'il eſt de principe que les nullités d'un Acte n'empêchent
pas qu'on ne profite des confeſſions qu'il renferme ; mais c'eſt un Acte ſans
forme & ſans autorité pour détruire ce même mariage, puiſqu'il n'a aucun
caractere de Jugement.

Secondement, aucune cauſe ne pouvoit autoriſer ce divorce, les Proteſtans
n'en reconnoiſſent que deux, l'adultere & la déſertion malicieuſe ; & ces cauſes de divorce ne procurent la liberté de ſe remarier qu'à la partie innocente
qui s'en plaint, & non au coupable qui en eſt convaincu : *Verum haud conceditur
divortium*, dit Capzovius, *niſi ex cauſa fornicationis ſive adulterii & deſertionis ma-
litioſa . . . . at aliis etiam ex cauſis ſeparari poſſunt conjuges quoad thorum &
menſam veluti ob unius aut alterius ſævitiam machinationem mortis, continuas rixas &
inſidias.*

Stikius nous enſeigne la même doctrine : *Omnes à Juſtiniano olim præſcriptas
cauſas ad eum numerum reductas ut earum hodie* DUAS TANTUM *genuinas in Eccleſiis
noſtris admittamus, adulterium nempe & malitioſam deſertionem.*

L'Acte de divorce n'eſt fondé ni ſur l'une ni ſur l'autre de ces cauſes ; il n'a
donc aucun motif que l'on puiſſe admettre dans la Confeſſion d'Auſbourg ; car
pour la diſparité d'humeur qui en fait le ſeul prétexte, il eſt abſurde d'en

faire une caufe de divorce : quels defordres n'entraîneroient point un principe
fi funefte, le mariage cefferoit d'être indiffoluble ; il n'y en a point que l'un des
conjoints ne fût le maître abfolu de rompre à chaque inftant en alléguant une
difparité d'humeur fouvent trop réelle, & qu'il feroit toujours facile de fuppofer. Auffi la difcipline des Confiftoires a-t-elle banni dans tous les tems un
prétexte fi frivole ; il ne produit, fuivant Bachmer, que la fimple féparation
d'habitation, quand elle a conduit les Parties à des extremités qu'il eft toujours fage d'éviter : *Quod enim hanc concernit palam eft eo in cafu in Confiftoriis noftris tantum decerni feparationem quoad thorum & menfam ad tempus, quia femper fpes
fupereft animorum duritiem & alienationem tractu temporis frangi, & diffidentes ad
concordiam reduci poffe. Neque audiendos credo qui ex inimicitiis, rixifque inter conjuges
ortis, vel etiam ex animorum difparitate, violationem fidei conjugalis trahere ftudent,
ne ad judaïcam divortiorum laxitatem reverti videatur. In hanc fententiam exivit facultas juridica hujus loci menfe Januario 1720.* On ne peut rien de plus précis que
cette doctrine, qui n'eft pas le fentiment particulier d'un Auteur, mais la
difcipline des Confiftoires ; *eo in cafu in Confiftoriis noftris decerni tantum feparationem quoad thorum & menfam ad tempus.* Voilà la regle des Confiftoires.

Par-là tombe ce que difent les Barons de l'Efperance, qu'il y a des Auteurs
Proteftans qui admettent plufieurs caufes de divorce ; car en premier lieu,
comment pourroit-on fixer la varieté des opinions humaines, principalement
dans une Religion qui ne reconnoît aucune autorité vifible : ce n'eft donc pas
par les opinions de quelques Particuliers qu'il faut fe déterminer, mais par
l'ufage général des Confiftoires. En fecond lieu, il y a deux fortes de divorce
parmi les Proteftans ; l'un qu'ils appellent, *divortium totale ;* l'autre qu'ils appellent *divortium partiale ;* & ce dernier n'eft autre chofe que la féparation d'habitation, *féparatio quoad thorum & menfam.* Pour cette efpece de divorce, il eft
vrai qu'il y a plufieurs caufes admifes parmi les Proteftans ; mais pour le véritable divorce qui rompt les nœuds du mariage, on ne connoît que l'adultere
& la defertion malicieufe : & fi quelques Particuliers s'étoient égarés jufqu'à
en admettre d'autres, ce feroient des opinions folitaires qui n'auroient fait
aucune fortune, & dont on ne pourroit faire aucun ufage.

Le divorce de 1714 ne peut donc fe foutenir ni dans la forme, parce qu'il
n'y a point de Sentence ; ni au fond, parce qu'il n'y a point de caufes légitimes. En vain oppofe-t-on que l'Acte de divorce ne fe borne pas à la difparité d'humeur ; mais qu'il ajoûte, *d'où font nées & arrivées de part & d'autre des
caufes fuffifantes de divorce ;* car que peut-on conclure de ces expreffions ? Veut-
on nous faire entendre que fans expliquer aucune caufe de divorce en particulier, on peut le demander en alléguant en général qu'il y a entre les Parties
des caufes de divorce ; ce feroit introduire un relâchement encore plus funefte que de fe contenter de la difparité d'humeurs ; un pareil retranchement
pour les Barons de l'Efperance ne fert qu'à manifefter l'impoffibilité où ils font
de fe défendre.

Le fecond obftacle au mariage de 1718, eft que le Duc de Montbelliard
ayant vécu dans le crime avec Henriette Hedvige, ne pouvoit plus époufer
la Baronne de l'Efperance fa sœur fans une difpenfe en forme qui fit ceffer
cet empêchement : on ne prétend point agiter ici la queftion de fçavoir fi
cet empêchement eft de droit naturel ou divin, ou s'il eft feulement établi par
la difcipline des Eglifes Catholiques & Proteftantes ; il fuffit qu'il foit conftant entre nous que l'alliance au premier dégré forme un empêchement diriment, foit qu'elle foit produite par un mariage légitime, foit qu'elle foit
l'effet

l'effet d'une conjonction illicite : on ne parlera point ici de la décision du Concile de Trente Session 24. Chap. 4. *de reform. matr. monit*, puisqu'il n'est pas reçu parmi les Protestans, on se contentera d'opposer aux Barons de l'Espérance ce que les Auteurs Protestans ont avancé sur cette matiere, & ce que la discipline de leurs Consistoires a établi. Capzovius Liv. 2. Distinction 97. nous expose leurs principes : *Id verò dubii adhuc restat num etiam affinitas fornicatione contractâ nuptiis sit impedimento in gradibus prohibitis, quod certè ex regulâ prædictâ & sæpius inculcata facilè decidendum, ex quâ cum ratio identitatis in consanguinitate & affinitate quoad prohibitionem connubii appareat non possumus non firmiter concludere, nequidem ex fornicatione affinitatem nuptias permitti in gradibus prohibitis quia scilicet de consanguinitate hoc asseruimus, non ergo præsumat filius ducere uxorem patris quantumvis illegitimè pater cum ea concubuerit, nec quisquam consobrinam ejus quam stupraverit . . . . . siquidem in nuptiis contrahendis pudor naturalis & jus sanguinis potissimum inspicitur & propterea de utroque jure Pontificio & civili, quoad nuptiarum prohibitionem ex illicito coitu oritur affinitas, idque adeo ut coitus horum affinium in gradibus prohibitis pro incestu habeatur, eique pœna incestus indicatur.* Il cite une foule d'Auteurs Protestans qui ont établi le même principe ; &, ce qui est encore plus important, une Sentence du Consistoire Suprême de Dresde qui l'a ainsi jugé.

Les Protestans regardent donc eux-mêmes ces mariages avec toute l'horreur qui accompagne l'inceste ; les Barons de l'Esperance n'ont pas osé eux-mêmes en disconvenir : mais, disent-ils, on peut dispenser de cet empêchement ; & comme dans la Confession d'Ausbourg les Princes ont la Jurisdiction Ecclesiastique, ils peuvent se dispenser eux-mêmes ; mais cette objection ne peut ici trouver d'application ni dans le fait ni dans le droit.

Dans le fait, parce que quand on supposeroit dans les Princes Protestans le droit de se dispenser eux-mêmes, ce qui résiste à tous les principes, au moins il faudroit qu'ils déclarassent expressément qu'ils se donnent cette dispense ; car d'imaginer que le fait seul renferme la dispense, c'est établir pour regle que les Princes Protestans n'en admettent aucune, que tous les empêchemens cessent à leur égard, & qu'ainsi ils peuvent sans éprouver aucun remord, sans s'exposer à aucun reproche, violer les Loix les plus saintes & les plus pures, ce qui fait horreur. Quoi, l'inceste pour eux est un crime permis, puisqu'en le commettant même ils l'authorisent ! quel étrange apanage de la Souveraineté, que la liberté indéfinie de se prostituer à toute sorte d'infamie, & de trouver dans sa grandeur seule un titre pour s'en applaudir ; non une doctrine si scandaleuse ne peut trouver de sectateurs. Si les Princes pouvoient se dispenser eux-mêmes, au moins il faudroit qu'ils y procedassent juridiquement ; toute dispense doit être fondée sur des causes légitimes, il faudroit au moins qu'ils les exposassent, & qu'en conséquence ils prononçassent un Jugement ; mais de passer de la débauche à l'inceste avec une licence effrenée, sans aucun titre que sa propre authorité, c'est offenser la Religion, & scandaliser tout l'Univers.

Dans le Droit, les Princes n'ont jamais pû avoir le droit de se dispenser eux-mêmes ; toute dispense renferme un Jugement, & jamais on ne peut être Juge dans sa propre Cause ; si dans les intérêts purement temporels les Princes ne veulent point se juger eux-mêmes, s'ils s'en rapportent à des Magistrats qu'ils ont établis, combien doivent-ils encore être plus reservés dans ce qui interesse la Religion ? Il faut donc, comme en matiere de divorce, qu'ils ayent

I

recours, ou au Confiftoire, ou à quelque Puiffance fuperieure dans l'Empire, mais jamais ils ne peuvent fe juger eux-mêmes, & encore moins fe livrer à l'in-cefte, fans au moins avoir gardé une forme de Jugement.

Les deux obftacles au mariage de la Baronne de l'Efperance, font donc également établis. Quelle reffource peut-on trouver après cela dans fa préten-duë bonne foi? On n'en peut alleguer aucune par rapport à l'empêchement qui naiffoit de la conjonction illicite avec Henriette Hedvige, fœur de la Baronne de l'Efperance; & par rapport au premier mariage du Duc de Mont-belliard, celle que l'on propofe n'a pas le moindre prétexte.

On allegue deux caufes de cette bonne foi, l'ignorance du premier maria-ge, & la connoiffance du divorce qui en avoit rompu les liens; voilà d'abord un fiftême dont les parties s'uniffent par un accord merveilleux. La Baronne de l'Efperance ne fçavoit pas que le Duc de Montbelliard eût époufé Anne-Sabine de Hedviger, mais elle fçavoit que leur mariage avoit ceffé par le di-vorce: Peut-on infulter la raifon par des propofitions fi contradictoires? Mais fi elles fe détruifent mutuellement, elles ne font pas plus difficiles à com-battre en les difcutant féparément.

Premierement, à qui perfuadera-t-on que la Baronne de l'Efperance igno-rât le premier mariage du Duc de Montbelliard, quand il n'y auroit eu que le divorce de 1714? Pour l'en inftruire, pourroit-on jamais fuppofer que ce ma-riage lui fût inconnu? Etoit-elle donc fi étrangere à la Cour de Montbelliard, que ce qui y étoit public lui fût caché à elle feule? Ce divorce figné par neuf Miniftres du Prince, & par fon Confiftoire; ce divorce enregiftré & dans le Confiftoire, & dans la Chancellerie, pouvoit-il être ignoré de perfonne? Il étoit plus connu de la Baronne de l'Efperance que de tout autre, puifque c'é-toit-elle feule qui par fes intrigues avoit préparé ce grand ouvrage, & l'avoit fait confommer. Mais que répondra-t-on au Traité de Vilbade, que la Ba-ronne de l'Efperance elle-même a figné? Ce Traité dans lequel il eft dit que le Duc de Montbelliard n'avoit point été marié convenablement au rang de la Maifon de Wirtemberg, & où il déclare en termes exprès, *qu'il ne fe rema-riera pas, & ne convolera point à d'autres nôces*. Elle fçavoit donc que le Duc de Montbelliard avoit contracté un mariage, que l'on prétendoit inégal; mais quelque inégal qu'il fût, & quand il auroit rendu les enfans incapables de fucceder, il formoit toûjours un lien indiffoluble pour le Duc de Montbel-liard. Enfin, que répondra-t-elle à la notorieté publique du mariage & du di-vorce attefté par l'Hiftoire? Quoi, un Auteur célèbre publie à Hambourg dès 1712 le fait du mariage, le même en 1716 rend compte du divorce du 6 Octo-bre 1714, & l'on fuppofera que la Baronne de l'Efperance ignoroit ces grands événemens dans Montbelliard même. A qui prétend-t-on faire illufion par un pareil prétexte?

Mais plus elle auroit été inftruite, dit-on, & plus elle auroit été en bonne foi; car elle voyoit que le Duc de Montbelliard avoit recouvré fa liberté par le divorce, elle a donc pû l'époufer fur la foi d'un Acte fi folemnel. Mais les moyens que l'on vient d'établir contre le divorce, diffipent en même tems ce phantôme de bonne foi: car puifqu'elle connoiffoit l'Acte de divorce, elle fçavoit en même tems qu'il ne pouvoit jamais produire l'effet qu'on veut lui attribuer. Elle fçavoit qu'il n'y avoit point de Sentence de divorce; elle fça-voit qu'il n'y avoit point de caufe de divorce, & par-là fa mauvaife foi ne peut plus admettre d'excufe. Les principes fur cette matiere font fi publics, ils

font fi intereffans pour la focieté, qu'il n'eft permis à perfonne ni de les ignorer, ni de fe faire une excufe de cette prétendue ignorance.

Si parmi nous un mari & une femme paffoient un Acte, par lequel ils re-
connoîtroient leur mariage nul, & qu'au pied d'un pareil Acte, il plût à un
Official d'écrire qu'il le trouve jufte & conforme à l'intention des Parties,
croit-on qu'il pût authorifer un des conjoints à contracter un autre mariage,
& que celui ou celle qu'il auroit époufé, pût fe mettre à l'abri de la rigueur
des Loix par l'authorité d'une pareille piéce, la feule propofition révolteroit ;
mais le même principe regne parmi les Proteftans pour le divorce, que parmi nous pour la nullité du mariage ; il faut qu'il intervienne un Jugement en
connoiffance de caufe ; on ne voit ici ni aucun Jugement, ni aucune Caufe,
jamais l'acte de divorce n'a donc pû conftituer la Baronne de l'Efperance en
bonne foi.

Par-là tombent les préjugés que l'on oppofe pour authorifer la bonne foi,
car il n'y en a pas un feul dans lequel on ne trouve au moins un Jugement
émané d'un Juge compétent, qui avoit prononcé la nullité du mariage, alors
la bonne foi peut avoir quelque fondement, mais qu'un acte paffé entre les
deux conjoints, par lequel ils fe donnent une liberté qui n'eft pas en leur pouvoir, puiffe jamais fervir de voile à la bonne foi, c'eft ce qui n'a jamais été
penfé. D'ailleurs dans une queftion de bonne foi, tout dépend des circonftances particulieres, & l'on ne peut raifonner par des exemples, entre lefquels
regne neceffairement une extrême difparité.

La conduite de la Baronne de l'Efperance eft trop oppofée à tout ce qui
reffent la bonne foi, pour qu'elle puiffe jamais fe prévaloir d'un pareil moyen.
On excufe quelquefois une femme infortunée qui a été trompée par un mari
perfide, & qui par les routes de l'honneur a été engagée dans un mariage,
dont la nullité fe découvre dans la fuite ; mais pour une maitreffe, livrée depuis long-tems à la paffion d'un Souverain, & qui a profité de la foibleffe de
fon cœur, pour l'entraîner dans les plus honteux déréglemens, qui lui a fait
rompre les nœuds facrés qui l'uniffoient à fa femme légitime, pour lui faire
contracter avec elle l'engagement le plus criminel ; c'eft prophaner le terme
de bonne foi, que de le faire fervir à excufer tous fes défordres.

Tout fe réünit donc pour la défenfe du Prince de Montbelliard, les titres
les plus authentiques affurent la verité du mariage auquel il doit la naiffance ;
le feu Duc de Montbelliard l'a contracté dans un tems où il n'étoit fous les loix
d'aucun autre engagement, la Demoifelle de Hedviger qui a reçû les premiers
hommages de fon cœur, en a accepté le tribut aux pieds des Autels, la liberté a préfidé à leur union, la Religion l'a confacrée, & l'honnêteté publique l'a élevée à un degré d'honneur, dont l'éclat ne peut être obfcurci.

Au contraire, l'engagement que les Barons de l'Efperance reclament comme le titre de leur état, eft marqué aux caracteres les plus odieux, c'eft en
violant toutes les regles, c'eft en franchiffant toutes les bornes de la bienféance, que leur mere s'eft tracée la route aux grandeurs dont elle étoit épri-
fe, l'accès du lit conjugal lui étoit interdit, & par les droits d'une époufe légitime qui y étoit entrée avec honneur, & par les fautes d'une fœur trop facile qui l'avoit prophané ; la vertu avec tout fon éclat, le crime avec la confufion qui l'accompagne, devoient également l'en exclure, mais incapable
d'imiter les exemples de l'une, & d'éviter la contagion de l'autre, elle n'a pas

raint de fouler a ux pieds ce que la Religion & la nature avoient de plus
facré.

Les Barons de l'Efperance peuvent-ils donc fe flater de partager avec le
Prince de Montbelliard, la gloire d'une naiffance légitime, un parallele fi
odieux feroit pour tout l'Univers un fujet de fcandale & d'indignation; que
la vertu triomphe, que le crime demeure dans l'humiliation, c'eft aux Oracles de la Juftice que de tels coups font réfervés.

Mᵉ COCHIN, Avocat.

A Paris, chez la Veuve MAZIERES, Imprim. Libraire de la Reine,
ruë Saint Jacques, à la Providence.

11,421

PRÉFACE.

IL n'est point de situation plus triste que celle du fils unique & seul heritier légitime de feu M. le Prince de Montbéliard; sa naissance lui donne des Droits incontestables sur la qualité de Prince & sur le patrimoine de ses Ancêtres; il étoit même en possession de l'un & de l'autre à la mort de son pere : mais il a eu le malheur de s'en voir dépouiller, sans avoir eu ni le tems ni la facilité de se défendre. M. le Duc de Wirtemberg-Stoutgard son parent collateral, s'est emparé à mains armées de la Principauté de Montbéliard; l'on a surpris en son nom des Arrêts qui font défense au fils légitime de feu M. le Prince de Montbéliard de prendre la qualité de Prince; & pour comble de disgrace ses Agens ont négligé jusqu'ici ses interêts, ils ont fait paroître plusieurs Memoires que l'on n'a jamais adopté & que l'on désavoue même expressément, pour s'en rapporter uniquement aux raisons qui sont détaillées par celui-ci. Aujourd'hui le fils unique de feu M. le Prince de Montbéliard, prêt à rendre compte de

fon état & de juftifier fes prétentions, fe voit
dans la dure néceffité, ou de manquer de déference aux Arrêts qui ont été furpris ou de
fe dégrader lui-même en quelque façon, &
de ne point prendre pendant cette conteftation la qualité de Prince de Wirtemberg-
Montbéliard.

L'option eft fâcheufe, cependant il n'hefite
point, il va facrifier pour un tems ce que fa
naiffance a de plus flatteur, perfuadé que la
décifion qu'il attend le lui rendra encore
avec plus d'éclat, & qu'en recouvrant fes
Droits il aura la fatisfaction d'avoir marqué
fon refpect pour les Ordres qui lui ont été
donnez, fans écouter ce qu'une jufte délicateffe pouvoit lui infpirer.

MEMOIRE

POUR George Léopold fils unique, & seul légitime héritier de Léopold Eberhard Duc de Wirtemberg Prince de Montbéliard.

L y a trop long-tems que la calomnie triomphe par les Libelles diffamatoires que l'on a femés dans toute l'Europe contre le fils légitime de feu M. le Prince de Montbéliard; l'objet de ce Memoire eft de rendre enfin ce qu'il doit à la Religion, à la verité, & à fa propre réputation.

La Religion eft intereffée à défendre le Mariage dont il eft né; Mariage contracté à la face des Autels, conforme aux maximes du plus pur Chriftianifme, cimenté par une longue cohabitation, avoüé par le Prince, reconnu par fes Sujets, & même affermi par la guerre que M. le Duc de Wirtemberg-Stoutgard lui a déclarée depuis longtems.

La verité parle hautement pour le fruit de ce Mariage. Elle réclame pour lui les droits auguftes de fa naiffance, fon état, fa dignité, fon patrimoine. Elle va rendre aux deux premieres Cours de l'Europe un compte exact de ce qui s'eft paffé: & le Public, dont le fuffrage eft fi cher à ceux qui connoiffent tout le prix de la réputation, le Public fera inftruit de l'indigne manœuvre que l'on a faite pour dépouiller un enfant légitime de fes droits; jufqu'ici il n'en a été redevable qu'à fa naiffance, défor-mais il va les tenir de la Juftice.

E'TAT DE LA QUESTION.

George-Léopold doit prouver qu'il eft né en légitime Mariage de Léopold Eberhard Duc de Wirtemberg Montbéliard; ce qui l'engage dans cette preuve, ce font les prétentions de deux adverfaires qui lui difputent la fucceffion de fon pere. Le premier adverfaire eft M. le Duc de Wirtemberg-Stoutgard fon parent collateral, l'autre eft Elifa-beth-Charlotte Baronne de Lefperance qui ofe prendre la qualité de veuve de feu M. le Prince de Montbéliard, & de Tutrice des enfans qu'elle a eus de fon commerce adulterin avec le Prince.

M. le Duc de Wirtemberg-Stoutgard s'appuye fur les anciens pactes

A

de la Maifon de Wirtemberg, & fur un traité nouveau qu'il a fait avec feu M. le Prince de Montbéliard ; la Baronne de Lefperance a pour titre un phantôme de Mariage qu'elle fe flatte d'avoir contracté en 1718 avec ce Prince, quoique fa femme, mere de George Léopold, foit encore actuellement vivante.

Ainfi par rapport à M. le Duc de Wirtemberg-Stoutgard la queftion eft de fçavoir fi des traités faits par des collatéraux peuvent ôter à une poftérité légitime la capacité de recueillir le patrimoine de fes Ancêtres: & par rapport à la Baronne de Lefperance, il s'agit uniquement de fçavoir fi feu M. le Prince de Montbéliard a pû avoir tout à la fois deux femmes légitimes actuellement vivantes. Mais comme il y auroit de la folie à douter fi une exhérédation conventionnelle peut avoir quelque force, & plus encore à croire que dans le Chriftianifme le même homme peut avoir en même tems deux femmes légitimes, on comprend aifément qu'il a fallu que les adverfaires de George Léopold cherchaffent quelques prétextes pour colorer leur prétention : & ce prétexte, ils croyent l'avoir trouvé dans la naiffance de George Léopold, & dans l'opprobre dont ils tâchent de la couvrir.

Il faut donc fe borner à un feul point, c'eft à prouver que George Léopold eft fils légitime de feu M. le Prince de Montbéliard ; car cette légitimité feule établira parfaitement fon habilité à fucceder à fon pere: *Si filius, ergo hæres.* George Léopold, dira t'on, eft fils légitime de feu M. le Prince de Montbéliard ; donc M. le Duc de Virtemberg-Stoutgard ne doit pas fe flatter d'envahir le patrimoine de ce Prince, & d'interrompre l'ordre naturel des fucceffions, à la faveur d'un traité plus honteux encore à ceux qui l'ont infpiré & extorqué, qu'au Prince qui a eu la foibleffe de le figner; donc George Léopold doit exclure les enfans adulterins de la Baronne de Lefperance, foit de la Principauté de Montbéliard qui releve immédiatement de l'Empire, foit des Terres qui font fituées en Franche-Comté & en Alface.

Le détail exact du fait va faire connoître pour qui la Juftice doit fe déclarer.

FAIT.

La Maifon de Wirtemberg eft partagée en plufieurs branches, celles de Wirtemberg-Stoutgard, Wirtemberg-Montbéliard, & Wirtemberg-Oëls.

Leopold Eberhard Duc de Wirtemberg-Montbéliard dernier mort, étoit fils du Prince George qui fut dépouillé de fes Etats par les armes de France pendant la guerre de 1688. Ce Prince fugitif avec fon fils, fut réduit à demander un azile en Siléfie au Duc de Wirtemberg-Oëls fon gendre; mais après y avoir demeuré quelque tems il fe retira en Suiffe où il reffentit toutes les incommoditez de la difette, & felon un Hiftorien fon contemporain, il fut même en proye à la mifére, fans revenu, fans fuite, fans efperance même de recouvrer bientôt fa Principauté & les terres qu'il poffedoit en Alface & en Franche-Comté. Pour comble de malheur cette trifte fituation dérangeoit l'établiffement de fon fils, & elle ne lui permettoit pas d'en chercher un qui fût convenable à fa naiffance.

Cependant le jeune Prince commença alors à fuivre les impreffions d'un temperament naturellement tendre, il prit feu pour une Demoifelle premiere Dame d'honneur de la Duchesse d'Oëls, il en vint jusqu'à engager sa foy à cette Demoiselle nommée Anne Sabine de Hedwiger, & cet engagement fut suivi par la possession: il ne manquoit donc plus à ce Mariage que la cérémonie de la bénédiction nuptiale; ce fut pour accomplir cette cérémonie que le jeune Prince & la Demoiselle choisirent le lieu de Reïovitz en Pologne. Comme ils faisoient profession l'un & l'autre de la Religion Protestante, ils se presentérent au Ministre de cette Eglise & ils y furent mariés publiquement; l'on prouvera dans son temps que le Registre en fait foi, & que l'Acte est signé par le Ministre même & datté du premier Juin 1695.

Il ne faut pas croire que ce Mariage ait été célébré en Pologne pour en dérober la connoissance au Duc George pere de feu M. le Prince de Montbéliard; le Mariage s'étoit fait avec son agréement, mais on jugea à propos de le célébrer hors de Silésie pour éviter les dépenses qui auroient été necessaires, & parcequ'Anne Sabine de Hedwiger, quoique Demoiselle, étoit d'une condition inférieure à celle du Prince.

La célébration de ce Mariage avoit été précédée de la naissance d'un enfant qui est mort. Et dans la suite feu M. le Prince de Montbéliard en a eu trois autres enfans, George-Léopold dont il s'agit présentement, Léopoldine-Eberhardine que ce Mémoire peut interesser indirectement, & un troisiéme qui est mort depuis plusieurs années.

En 1697 la Paix de Risvvick rétablit le Duc George dans ses Etats. Il y retourna accompagné, non seulement du Prince son fils, mais encore de la nouvelle Epouse de ce Prince, & de la Mere de cette Epouse; preuve incontestable que le Mariage célébré en Pologne ne lui étoit pas inconnu: puisqu'un Prince religieux jusqu'à l'extrême délicatesse, tel que le Duc George, n'auroit pas favorisé la débauche de son fils, à la vuë de toute sa famille, de sa Cour & de son Peuple. Aussi la maniére honorable dont il a traité l'une & l'autre a fait éclater ses vrais sentimens envers elles: arrivé à Montbéliard il leur a donné un des principaux apartemens de son Palais, il les a fait manger à sa table, il a toujours reçu avec satisfaction les respects & les bons offices que lui rendoit Anne-Sabine de Hedwiger, & c'est entre ses bras qu'il a voulu rendre les derniers soupirs.

Le Duc George mourut en 1699; mais M. le Prince de Montbéliard devenu indépendant par la mort de son Pere, ne pensa point à rompre ses engagemens, il continua à vivre en bonne intelligence avec sa femme légitime; & comme s'il avoit voulu ratifier d'une maniére authentique le mariage qu'il avoit contracté, & le publier à la face de tout l'Empire, il pensa à élever la famille des Hedwiger qui lui étoit si étroitement alliée; pour cela le 2e Aoust 1701, il obtint de l'Empereur des Lettres Patentes, qui donnoient à tous ceux qui composoient cette famille le titre de Comtes & de Comtesses de l'Empire; & pour asseoir ce titre, feu M. le Prince de Montbéliard fit un don à sa femme de la Terre de Sponeck dans le Brisgau, en permettant aussi à ses freres de prendre la qualité de Comtes de Sponeck.

L'on doit observer que ces Lettres Patentes ne furent point surprises, ni extorquées par les instances de feu M. le Prince de Montbéliard. Il les demanda à l'Empereur; mais la Noblesse des Hedwiger, leurs services, leurs belles actions, justifiérent cette demande, & les Lettres Patentes font elles-mêmes un monument des motifs qui les ont fait accorder.

Voyez à la fin de ce Mémoire la Copie des Lettres Patentes.

Mais il faut l'avoüer, puisque c'eft un fait certain & une vérité déja connuë. Après cette marque de tendreffe que feu M. le Prince de Mont-béliard donna à fa femme, il fe livra à d'étranges défordres; l'efprit de diffolution s'empara de ce pauvre Prince, il en fut lui-même la première victime, & enfuite il fit quelques efforts pour y facrifier fa femme & fes enfans légitimes. Devenu le joüet de quelques concubines, il fuivoit aveuglément les funeftes impreffions que la jaloufie & l'ambition de ces femmes fçavoit lui infpirer. Il édifioit, & il détruifoit fouvent en un clin d'œil, fa volonté n'étoit plus entre fes mains, fes maîtreffes en difpofoient, & lorfqu'elles avoient eu l'adreffe de le faire donner dans quelque piege, l'impoffibilité même ne l'arrêtoit plus, pour executer ce qu'elles avoient projetté: Loix divines, Loix humaines, il falloit que tout pliât devant lui.

Telle étoit la trifte fituation de feu M. le Prince de Montbéliard; mais tel eft aujourd'hui le malheureux fort de fon fils, qu'il ne puiffe défendre fa caufe, fans flétrir la mémoire de fon pere; & que pour pârer les coups qu'on lui a portés, ce fils foit forcé à publier lui-même l'ignominie de la perfonne qu'il doit le plus refpecter. Il les dira donc ces faits honteux; mais il aura du moins la fatisfaction de les dire avec modération, & il ne les dira que pour apprendre à fes adverfaires à difcerner enfin une union légitime & fainte par elle-même, d'avec la débauche & les fruits mal-heureux qu'elle a produits.

Feu M. le Prince de Montbéliard avoit commandé un Regiment en Hongrie pour le fervice de l'Empereur, & il y avoit lié une étroite amitié avec un Gentilhomme d'une ancienne Nobleffe, nommé Jean-Louis de Sanderfleben. Ce Gentilhomme alloit ordinairement paffer fes quartiers avec feu M. le Prince de Montbéliard chez M. le Duc de Wirtemberg-Oëls, là M. de Sanderfleben aima & époufa Mademoifelle de Moniard de Lefperance: l'Acte de ce mariage eft produit, & il eft datté du 6e Fevrier 1697. De ce mariage font nés trois enfans, Charles-Léopold, Ferdinand-Eberhard, & Eleonore-Charlotte de Sanderfleben: ce fait appartient à l'hiftoire du Procès.

M. de Sanderfleben & fa femme vécurent en parfaite intelligence, lorfqu'ils demeurérent en Siléfie; mais le malheur voulut que M. le Prince de Montbéliard retournant dans fes Etats engageât M. de Sanderfleben à le fuivre & à s'y établir, en lui faifant efperer des reffources qu'un cadet de Maifon ne trouve guéres dans fon patrimoine. M. le Prince de Montbéliard devint amoureux de Madame de Sanderfleben; pour s'en mettre en poffeffion, il profita d'une abfence de M. de Sanderf-leben qui fut obligé de faire un voyage en Bohême & en Siléfie pour mettre ordre à fes affaires particuliéres; à peine M. de Sanderfleben fut-il de retour à Montbéliard que la femme légitime de feu M. le Prince de Montbéliard l'avertit de tout ce qui s'étoit paffé. Ce Gentilhomme rempli d'honneur & outré de la perfidie de fon ami & de la foibleffe de fa femme la maltraita en préfence même du Prince; il étoit affés naturel que le Prince prît le parti de fa maîtreffe & qu'il lui épargnât des vivacités qu'elle ne s'étoit attiré que pour avoir voulu lui plaire; mais M. de Sanderfleben n'écouta que fon jufte reffentiment. L'amitié avoit perdu tous fes droits & le Prince ne pouvoit plus exiger de refpect de celui qu'il avoit fi indignement traité.

Auffi M. de Sanderfleben fe porta aux plus grandes extrêmités: dans

ces

ces premiers momens il s'abandonna à toute sa colère & le Prince lui-même n'y échappa que par le nombre des Courtisans qui l'environnoient; après cette saillie M. de Sandersleben s'en retourna en Bohême dans ses Terres de Kiswald, &c. Alors on éclata de part & d'autre; M. de Sandersleben ne voulut plus voir sa femme & il prit même des mesures pour retirer de Montbéliard les enfans légitimes qu'il en avoit eus; ces mesures échouèrent, mais il se donna du moins la satisfaction de n'avoir plus aucune rélation avec elle.

D'un autre côté M. le Prince de Montbéliard profita de son dépit; il fit prononcer une espèce de divorce entre M. & Madame de Sandersleben & il eut de son commerce avec elle plusieurs enfans qui sont sans difficulté doublement adulterins.

Cette circonstance est remarquable; & l'on ne doit point perdre de vue la différence essentielle qui se trouve entre les enfans légitimes que Madame de Sandersleben a eus de son mari, & ceux qu'elle a eus de feu M. le Prince de Montbéliard. La naissance des premiers est irréprochable, elle emprunte son éclat d'une longue suite d'ancêtres qui se sont distingués; & cet éclat n'est point terni par aucun mélange de sang étranger; la naissance des seconds a eu un principe criminel & vitieux, aussi n'ont-ils jamais paru pour demander une portion dans la succession du feu Prince de Montbéliard.

Cependant il est surprenant que les Agens de M. le Duc de Wirtemberg ayent affecté de confondre tous les enfans de Madame de Sandersleben; & en cela ils ont sacrifié une vérité qui leur est connuë, aux interêts de leur maître. Les trois enfans légitimes qui étoient nés du mariage de M. & Madame de Sandersleben vivent encore; Charles-Léopold de Sandersleben Comte de Coligni qui a épousé Leopoldine-Eberhardine fille légitime du feu Prince de Montbéliard & de Madame la Comtesse de Sponeck, Eléonore-Charlotte de Sandersleben qui est mariée à George Léopold, dont on défend les droits dans ce Mémoire, & Ferdinand Eberhard de Sandersleben. Par ce double mariage les enfans légitimes de feu M. le Prince de Montbéliard ont été unis aux enfans légitimes de M. & Madame de Sandersleben & l'on ne voit rien dans cette alliance qui ne soit exactement conforme à ce que l'honneur & la Religion prescrivent.

Au reste l'on ne doit point être surpris qu'après la mort de Madame de Sandersleben, feu M. le Prince de Montbéliard ait donné quelques marques d'amitié aux enfans légitimes de M. & de Madame de Sandersleben; il étoit de la générosité de ce Prince de faciliter leur établissement & de se souvenir des motifs qui avoient autrefois engagé M. de Sandersleben à le suivre; ce fut pour tenir sa parole qu'il fit donation de quelques terres situées en France aux enfans légitimes de M. de Sandersleben, il comprit dans cette donation la terre de Coligni & il la chargea de substitution, en leur imposant expressément la necessité d'en porter le nom & les armes écartelées avec ceux de Sandersleben.

Mais les Agens de M. le Duc de Wirtemberg ont altéré ces faits pour rendre odieuse la cause de George-Léopold; ils disent que feu M. le Prince de Montbéliard a marié les enfans qu'il avoit eus de Madame la Comtesse de Sponeck sa femme, avec ceux qu'il a eus de Madame de

B

Sanderſleben ; c'eſt ainſi que ces Agens, après avoir attaqué la naiſſan.
ce de Georges-Léopold, tâchent de ſe préparer de nouveaux moyens,
pour attaquer un jour l'état des enfans qui naîtront de ſon mariage ; il
eſt donc important de prévenir l'effet de leur impoſture & de juſtifier
ici la mémoire de feu M. le Prince de Montbéliard du trait le plus infâme dont on ait pû le noircir. Les enfans légitimes de ce Prince n'avoient
aſſurément aucune affinité avec ceux de M. & de Madame de Sanderſleben ;
rien ne pouvoit donc faire obſtacle à leurs mariages, & ſi dans la ſuite
Madame de Sanderſleben a eu des foibleſſes pour feu M. le Prince de
Montbéliard, la honte de leur commerce ne doit point réjaillir ſur des
enfans déja nés, & il ſera toujours vrai ſelon les maximes de l'Egliſe,
que les habitudes criminelles du Prince avec Madame de Sanderſleben
n'ont pû produire aucune ſorte d'affinité entre les enfans que chacun
d'eux avoit eu légitimement auparavant.

A peine Madame de Sanderſleben fut-elle morte qu'Elizabeth-Charlotte Baronne de Leſperance ſa ſœur ſe prêta pour la remplacer, c'eſt celle
qui eſt aujourd'hui l'adverſaire du fils légitime de feu M. le Prince de Montbéliard. Voilà donc deux ſœurs ſucceſſivement concubines d'un Prince
déja légitimement marié à la Comteſſe de Sponeck, mais ce titre ne
pouvoit flatter qu'une paſſion de la Baronne de Leſperance & ſon ambition avoit encore tout à déſirer ; l'objet le plus naturel & le plus digne
de cette ambition étoit de dépouiller la femme légitime de ſon rang
& de ſes honneurs & enſuite d'envahir ſa dépouille ; ce fut pour réüſſir
dans ce déteſtable projet que la Baronne de Leſperance profita de tout
l'aſcendant qu'elle avoit ſur l'eſprit du Prince & qu'elle lui perſuada de
faire divorce avec la Comteſſe de Sponeck.

Mais où trouver une raiſon de divorce ? l'on ne dit pas une raiſon légitime & qui pût appaiſer des conſciences que l'on étoit réſolu de ne
point écouter de part & d'autre ; l'on dit, du moins une raiſon apparente,
un prétexte ſpécieux qui pût en impoſer au Public. Il n'y en avoit aſſurément aucun ſelon les maximes de la Confeſſion d'Auſbourg que feu M. le
Prince de Montbéliard & Madame la Comteſſe de Sponeck ſuivoient.
Il fallut donc imaginer quelque choſe de nouveau & ce devoit être là
le chef-d'œuvre de la flatterie, toujours diſpoſée à perdre les Princes,
pourvû qu'elle leur rende agréables les Courtiſans. Cependant les fades
adulateurs du Prince de Montbéliard ne purent rien imaginer de plus apparent *qu'une prétendue diſparité d'humeurs* entre le mari & la femme
& ils crurent qu'ils donneroient du poids à ce ridicule motif de divorce
en extorquant à force de mauvais traitemens le conſentement de l'infortunée Comteſſe de Sponeck.

Ce ſont là toutes les meſures que purent inſpirer la paſſion du Prince
& l'ambition de la Maîtreſſe. Le 6 Octobre 1714, l'on en vint à l'execution & l'on paſſa un acte qui mérite une attention toute particuliére.
D'abord M. le Prince de Montbéliard & ſa femme reconnoiſſent qu'ils
ont eu pluſieurs enfans *de leur mariage* ; que de ces enfans il en reſte
encore deux vivans ; que par bon conſeil & d'un conſentement unanime ils ſe ſont ſéparés à raiſon *de la diſparité d'humeurs* ; que par cet acte
ils ſe quittent mutuellement de la foi qu'ils s'étoient donnée, & qu'ils
ont réciproquement la liberté *de ſe remarier*, comme ils jugeront à propos ; que M. le Prince de Montbéliard promet pour lui & pour ſes he-

ritiers, de payer tous les ans à Madame la Comtesse de Sponeck la somme de 5000 francs monnoye de Montbéliard, & de lui donner *son habitation* dans son Château de Montbéliard, ou dans celui de Blamont; que cette pension & cette habitation sont sans préjudice des Fiefs que M. le Prince de Montbéliard disoit avoir déja donnés à Madame la Comtesse de Sponeck; qu'elle perdra son habitation & la moitié de sa pension *si elle vient à se remarier;* que le surplus de cette pension lui sera néanmoins payé jusqu'à sa mort. On voit à la suite de cet acte l'attestation que donnent quelques Officiers du Prince; par cette attestation ils reconnoissent que l'acte du divorce est juste & conforme à l'intention des Parties.

Ainsi devoit être assouvie la jalousie de la Baronne de Lesperance, par le coup fatal qu'elle avoit portée à la légitime épouse; mais une passion que l'on écoute n'est jamais satisfaite, & la Baronne de Lesperance ne vouloit point se calmer qu'elle n'eût effacé, s'il se pouvoit, jusqu'aux traces du mariage que le Prince de Montbéliard avoit légitimement contracté. Elle voyoit avec regret à la Cour de Montbéliard les enfans nés de ce mariage, jouir des honneurs & avoir toutes les espérances des enfans légitimes; à la verité, elle ne crut pas d'abord qu'il fût possible de faire part de ces avantages à ses enfans, parcequ'enfin ils étoient notoirement le fruit d'un adultére, mais il s'agissoit du moins d'envelopper les enfans légitimes dans l'opprobre de la bâtardise, & de les mettre au niveau des enfans de la Baronne de Lesperance.

Des vûës si indignes s'accordoient parfaitement avec les interests de la Cour de Stoutgard, & l'on ne pouvoit pas douter que cette Cour ne songeât sérieusement à étouffer la branche de Wirtemberg - Montbéliard, pour s'emparer de ses Etats; dès l'année 1681, elle avoit laissé éclater cet injuste projet, lorsque M. le Duc de Wirtemberg fit enlever & mettre dans les fers feu M. le Prince de Montbéliard, ce fait mérite d'être sçû, parcequ'il découvre les secrets ressorts de toutes les intrigues de la Cour de Wirtemberg, & qu'il peut faire voir quel est l'esprit qui dans tous les temps a animé les adversaires de George-Léopold.

Léopold - Eberhard Prince de Wirtemberg - Montbéliard dernier mort, se trouva en 1681, sur les Terres du Wirtemberg, alors ce Prince étoit la seule espérance de la branche de Wirtemberg-Montbéliard: il se croyoit en pays ami & il marchoit sans Gardes & sans aucune précaution, lorsqu'il se vit enveloppé d'une troupe de gens armés que l'on avoit apostés pour se saisir de sa personne. On le conduisit dans une prison où il resta pendant plus d'une année, & M. le Duc de Wirtemberg ne le rendit qu'à force de mandemens donnés par l'Empereur, pour la liberté de ce Prince, ces mandemens sont dattés du 3 Octobre 1681: 9 & 14 Octobre 1682. C'est ainsi que l'on viola l'hospitalité & le droit des gens dans la personne d'un Prince que sa naissance rendoit respectable, & que les liens du sang unissoit étroitement à son persécuteur; voilà le stile de la Cour de Stoutgard. L'on ajoute une circonstance assez bizarre; lorsqu'au Conseil de l'Empereur on a prouvé par ce coup d'essai quelle étoit la politique de M. le Duc de Wirtemberg, lorsqu'on a rapproché ce coup de main, des violences qu'il a exercées tout récemment envers la branche de Montbéliard, les Agens de M. le Duc de Wirtemberg se sont défendus en disant, qu'il ne falloit pas réveiller les vieilles querelles des Princes: plaisante défaite de la part de ceux qui aigriffent eux-mêmes les anciennes playes par les nouvelles!

Auffi le Public & la Baronne de Lefperance ne pouvoient pas ignorer que la Cour de Wirtemberg-Stoutgard, ne regardât d'un œil de convoitife le patrimoine de la Maifon de Montbéliard, & ce fut fur ce plan que la Baronne de Lefperance projetta de faire fervir à fes interefts perfonnels les deffeins ambitieux de cette Cour; mais rien n'étoit plus propre à feconder ces interefts & ces deffeins, que de flétrir la naiffance des enfans légitimes de feu M. le Prince de Montbéliard & de Madame la Comteffe de Sponeck.

D'un côté, en excluant ces enfans de la fucceffion de leur père, la branche de Montbéliard n'avoit plus que des bâtards adultérins qui ne pouvoient former aucun obftacle à M. le Duc de Wirtemberg pour arriver à fon but; il eft vrai que fuivant les pactes de la Maifon de Wirtemberg, ce n'étoit point à M. le Duc de Wirtemberg-Stoutgard, mais à M. le Duc de Wirtemberg-Oels, que devoit appartenir la fucceffion de Montbéliard. Cependant il faut avoüer auffi que c'étoit une grande avance pour l'ufurpation d'effacer la ligne directe de M. le Prince de Montbéliard.

D'un autre côté, la Baronne de Lefperance trouvoit parfaitement fon compte à perdre les enfans légitimes de ce Prince, parcequ'elle ménageoit par là M. le Duc de Wirtemberg, & qu'elle affûroit par un nouveau crime à fes enfans adultérins des alimens plus confidérables qu'ils ne pouvoient raifonnablement efperer: tel devoit être le prix des piéges qu'elle alloit tendre à des enfans qui ne pouvoient encore ni les appercevoir, ni s'en défendre. L'on ne fera donc plus furpris de voir agir de concert la maîtreffe & les collateraux de feu M. le Prince de Montbéliard, & l'on comprendra auffi aifément comment il a fubi le joug qu'on lui a impofé, lorfqu'on verra la maîtreffe de ce Prince effeminé liée d'intereft avec la Cour de Stoutgard.

Leur complot ne pouvoit s'executer que par un Traité, & afin que M. le Duc de Wirtemberg fût plus fûr de fon coup, il voulut que le Traité fût paffé fur fes Terres, où M. le Prince de Montbéliard dépendroit entiérement de lui; pour cela on choifit le lieu de Wildbaade fitué dans le Wirtemberg & célebre par fes bains; on fuppofa que feu M. le Prince de Montbéliard en avoit befoin, & on ne pouvoit pas une conjoncture plus favorable. A peine y fut-il arrivé qu'on lui prefenta un Traité à figner, fans lui donner le tems, ni la liberté de le lire; voici le fyftéme & la fubftance de ce Traité dont on parlera fouvent dans la fuite.

L'on fait commencer M. le Prince de Montbéliard par déclarer, *qu'il n'avoit pas jufqu'alors contracté de mariage permis & fuivant l'Etat de fa Séréniffime Maifon*, il ajoute, *que cependant il a eu trois fortes d'enfans qui font auffi peu habiles à fuccéder au Comté de Montbéliard, aux neuf Seigneuries qui en dépendent & à leurs appartenances, qu'à afpirer à aucun appanage, & qui par là ne fçauroient prétendre la moindre chofe.*

Après ce beau préambule on lui a fait dire, qu'il craint que fes enfans pour qui il a une affection finguliére ne manquent d'alimens, que pour y pourvoir il a fait de très-inftantes remontrances à S. A. S. M. le Duc de Wirtemberg-Stoutgard (que l'on qualifie par le Traité fucceffeur légitime de Montbéliard) & que les deux Princes ont fait les conventions fuivantes.

1°.

1°. Ils promettent de vivre en bonne intelligence, & en particulier M. le Prince de Montbéliard s'engage à ne rien entreprendre qui puisse porter préjudice à la Maison de Stoutgard.

2°. L'on est convenu que si M. le Prince de Montbéliard meurt sans avoir contracté de mariage convenable à sa naissance, M. le Duc de Wirtemberg-Stoutgard succédera à tous les biens de la branche de Montbéliard; & pour s'en assûrer M. le Prince de Montbéliard s'oblige à engager son Conseil & ses Officiers à reconnoître M. le Duc de Wirtemberg pour son légitime successeur.

3°. Sous cette condition de succéder, M. le Duc de Wirtemberg promet de donner en Fief féminin douze mille florins de revenu, que l'on doit partager en trois portions égales, 4000 florins pour Madame la Comtesse de Sponeck & ses deux enfans, même somme pour les Enfans de Madame de Sandersleben, & enfin l'autre tiers pour la Baronne de Lesperance encore vivante & pour ses enfans nés & à naître. Moyennant ces differentes sommes *les Enfans de M. le Prince de Montbéliard demeurent exclus de toutes prétentions & demandes, sous quel prétexte qu'elles puissent se faire.*

4°. Pour l'execution de la convention cy-dessus M. le Prince de Montbéliard promet de remettre incessamment entre les mains de M. le Duc de Wirtemberg autant de Terres & de Pays qu'il en faut pour faire les douze mille florins de revenu chaque année, & M. le Duc de Wirtemberg-Stoutgard veut bien s'engager à investir les Enfans de M. le Prince de Montbéliard de ce Fief, cependant sous deux modifications: l'une est que le Domaine direct & la Haute-Justice seront réservés à M. le Duc de Wirtemberg l'autre modification est qu'à mesure que les Vassaux viendront à mourir, leur part & portion n'accroîtra point aux autres, mais qu'elle se réünira au Domaine direct en faveur de la Maison de Stoutgard.

5°. M. le Duc de Wirtemberg promet sa protection aux Enfans de M. le Prince de Montbéliard, & même pour les avoir sous ses aîles, il se réserve expressément le droit de leur donner dans le Wirtemberg l'équivalent du Fief qui leur aura d'abord été assigné; voila en verité des efforts bien genereux en faveur des Enfans légitimes de M. le Prince de Montbéliard!

6°. M. le Prince de Montbéliard promet de ne point se marier avant le décès de la Baronne de Lesperance; il y a plus, il ne lui est pas même permis de se marier après le decès de cette concubine, que sous deux conditions, la premiere est que son Mariage ne portera point préjudice à la Maison de Stoutgard; la seconde, qu'il n'y aura aucun empêchement légitime à ce Mariage & qu'il sera proportionné à la naissance du Prince: clause qui sera à jamais l'opprobre des Ministres de Stoutgard qui ont eu assez peu de Christianisme pour l'imaginer & assés d'éfronterie pour l'inserer dans un Traité qui ne pouvoit pas manquer d'être exposé au grand jour. Après cette clause il est dit, que si M. le Prince de Montbéliard se marie suivant ces deux conditions, ou que, par quelque autre accident, la branche de Stoutgard ne succéde point à celle de Montbéliard, alors la convention faite avec M. le Prince de Montbéliard pour les alimens de ses Enfans ne subsistera plus.

7°. Lorsque M. le Duc de Wirtemberg-Stoutgard aura la main garnie du fond qui doit produire 12000 florins de revenu, il veut bien ne point s'opposer à ce que les Enfans de M. le Prince de Montbéliard soient élevés à la dignité de Comtes, il s'engage même à y contribuer, pourvû toutefois qu'ils ne prennent point les armes de Wirtemberg-Montbéliard.

8°. Enfin M. le Duc de Wirtemberg fait ses protestations de non-préju-

C

dice pour fa Maifon, & M. le Prince de Montbéliard promet, parole de Prince, d'executer réligieufement toutes les conventions dont on a parlé.

Ce Traité eft du 18 Mai 1715, il eft figné des deux Princes & de quelques particuliers.

Quoiqu'il eût été médité à loifir par le Confeil de M. le Duc de Wir-temberg & confommé avec moins de difficulté que l'on ne devoit naturel-lement en attendre; cependant ce Traité ne fut pas capable de calmer les juftes allarmes de M. le Duc de Wittemberg. Il avoit tenté de confondre tous les enfans de M. le Prince de Montbéliard & de les envelopper tous fous l'ignominieufe qualité d'enfans incapables de fucceder; mais l'on ne fçait par quel hazard il va démêler dans cette foule d'enfans George-Léopold & Léopoldine-Eberhardine, & pourquoi il diftingue la Comteffe de Sponeck leur mere, de la maîtreffe du Prince de Montbéliard. Il avoit fur leur compte des fcrupules particuliers & bien fondés; c'eft pour cela qu'il exigea d'eux une rénonciation expreffe à la fucceffion de M. le Prince de Montbéliard & aux droits qu'ils pourroient prétendre après fa mort; voici les termes remar-quables de cette rénonciation.

Nous donc & en particulier, moi la Comteffe de Sponeck & mes deux enfans, moi George & moi Léopoldine-Eberhardine pour plus grande corroboration de ceci (le Traité de Wildbaade) fi nous devions ou pouvions avoir une fois quelques droits auxdits Comté & Seigneurie de Montbéliard, foit par droit de fucceffion, accommodement, appanage & alimentation, conjointement & divifément, après une meure déliberation, nous le cedons, transferons & remettons par cette & en vertu des prefentes à S. A. S. Eberhard Louis Duc de Wirtemberg &) à fes Succeffeurs ..... rejettans toutes exceptions &) en particulier la léfion au deffus ou au deffous de la moitié.

L'on conviendra que cette démarche de M. le Duc de Wirtemberg prouve parfaitement la conviction où il étoit des droits incontestables que les enfans légitimes de M. le Prince de Montbéliard avoient fur fa fucceffion; au refte, il eft affés fingulier que l'on ait fait figner cette renonciation à la Baronne de Lefperance pour elle & pour fes enfans, quoiqu'il n'y ait que la Comteffe de Sponeck & fes enfans qui parlent dans cet Acte.

Seroit-il donc poffible que tant de précautions n'ayent pû diffiper les inquiétudes de M. le Duc de Wirtemberg! que pouvoit-il encore défirer après le Traité de Wildbaade, & la renonciation que l'on avoit extorquée des Parties intereffées! qu'avoit-il à craindre de la part de ceux qu'il difoit être no-toirement bâtards & inhabiles à fucceder! Cependant l'on va voir que M. le Duc de Wirtemberg n'étoit pas tranquille, & qu'il trembloit encore que fa proye ne lui échappât.

Il venoit de diftinguer d'une maniére éclatante la Comteffe de Sponeck & fes enfans, de la maîtreffe & des enfans adulterins de feu M. le Prince de Mont-béliard; il va plus loin, & par une prévoyance qui pourroit bien prouver ce que fa confcience lui reprochoit, il fait demander à George-Léopold, s'il vou-droit encore affermir le Traité de Wildbaade & la renonciation dont on vient de parler, par un ferment qui lui fût perfonnel. George-Léopold n'étoit alors âgé que de dix-huit ans; l'Acte porte qu'il y a confenti: fur cela deux Notaires du Wirtemberg expedient la formule du ferment que l'on trouvera à la fin de ce Mémoire; il fuffira d'obferver préfentement, que George-Léopold ratifie par ferment la renonciation, *en cas qu'il ait en vertu de fa naiffance quelque droit & prétention à la Principauté de Montbéliard ...... fans vouloir avoir jamais re-*

ours au bénéfice de minorité, ou autres exceptions quelconques. Il faut remarquer que cet Acte a été passé à Louisbourg maison de Campagne de M le Duc de Wirtemberg.

Ce fut la derniere main qu'il mit à son projet; pour la Baronne de Lesperance, elle étoit en trop beau chemin pour s'arrêter. Les obstacles qui s'étoient élevés contre son ambition paroissoient détruits, les voyes étoient applanies, & elle osa tout, parcequ'elle pouvoit tout sur l'esprit de feu M. le Prince de Montbéliard. Elle conçut la folle idée de devenir l'Epouse de ce Prince, n'ayant pas assés de modération pour se contenter des Patentes de sa Concubine irrévocable, que le Traité de Wildbaade lui avoit données. D'ailleurs elle vouloit tenter de légitimer ses enfans, & elle feignit de croire qu'elle pouvoit sans crime remplir la place que le divorce de 1714 paroissoit avoir laissée vacante. Ainsi en 1718 M. le Prince de Montbéliard fit des nôces, après lesquelles les enfans qu'il avoit eus de la Baronne de Lesperance, parurent sous le nom & la figure de Princes.

C'étoit là sans doute une contravention manifeste au Traité de Wildbaade, parceque par ce Traité le Prince avoit promis de ne point se marier pendant la vie de la Baronne de Lesperance, & par conséquent il s'étoit imposé l'obligation de ne point épouser cette Maîtresse; mais enfin elle crut pouvoir éclater, persuadée que ce Traité étoit une chimère dont M. le Duc de Wirtemberg avoit bien voulu se repaître pendant quelque tems. M. le Prince de Montbéliard ne se crut pas plus engagé par ce Traité; à le prendre dans son sens naturel, ce Prince avoit fait esperer à M. le Duc de Wirtemberg qu'il n'auroit jamais d'autres enfans légitimes que ceux qu'il avoit eus de la Comtesse de Sponeck; cependant par son prétendu nouveau mariage, il faisoit sortir un essain d'enfans adulterins travestis en Princes de la Maison de Wirtemberg. Ainsi l'on regardoit alors à Montbéliard le Traité de Wildbaade comme un assemblage scandaleux de toute sorte d'attentats aux droits les plus sacrés.

Il restoit une difficulté bien embarrassante pour la Baronne de Lesperance; c'étoit l'impossibilité d'anéantir le Traité de Wildbaade, sans faire revivre les droits des enfans légitimes: aussi ne fut-il pas moyen de prévenir cette difficulté, & le mariage que la Baronne de Lesperance avoit tant desiré, eut un effet tout opposé à celui qu'elle en attendoit. Dès que l'on eut une fois méprisé le Traité de Wildbaad, l'on ne pouvoit plus raisonnablement éxiger de George-Léopold qu'il executât ce Traité injuste, & qu'il fît valoir sa prétenduë renonciation. Il fut donc reconnu alors Prince Héréditaire par la Cour & par le Peuple de Montbéliard, & il est constaté qu'en cette qualité on le recommanda aux Priéres publiques. La Comtesse de Sponeck rentra en même tems dans tous ses droits & les prérogatives de son Etat; mais par une suite necessaire des desordres du Prince, elle fut regardée comme Princesse répudiée, & la Baronne de Lesperance fut installée dans le rang & les prééminences de la Princesse regnante.

Cette nouvelle distinction accordée à la Comtesse de Sponeck & à ses enfans tenoit trop au cœur de la maîtresse; pour l'appaiser on imagina une nouvelle façon de confondre la famille adulterine avec la légitime postérité; ce qui y donna occasion fut, que le Prince jouissoit de plusieurs Terres situées en Franche-Comté & en Alsace sous la domination du Roy. Il est certain que les enfans légitimes de feu M. le Prince de Montbéliard ne couroient aucun risque de perdre ces Terres par le droit d'aubaine qui a lieu en France; l'on avoit prévenu cet inconvénient, & le Duc George pere de M. le Prince de Montbéliard dernier mort avoit obtenu de Louis Quatorze des Lettres de naturalité pour lui & tous ses descendans en légitime mariage & à perpétuité; mais comme la passion de feu M. le Prince de Montbéliard étoit alors de rapprocher ses enfans adulterins des légitimes, il dissimula les premieres Lettres de naturalité, & après avoir osé représenter au Roy que sa femme étoit morte, quoiqu'elle soit encore vivante aujourd'hui, pour favoriser les enfans de la Baronne de Lesperance, il obtint d'autres Lettres de naturalité qui comprirent tous ses enfans sans exception sous la qualité de Princes & Princesses, cousins & cousines de S. M.

Ce fut là un second coup de crédit de la Baronne de Lesperance, & un second triomphe remporté par la maîtresse sur la femme légitime. Cependant la Maison de Wirtemberg Stoutgard fumoit de colére, elle trouva étrange que feu M. le Prince de Montbéliard eût été assés perfide pour tenter de se remarier, après avoir promis solemnellement de vivre dans le concubinage avec la Baronne de Lesperance. Cette infraction du traité de Wildbaade donna lieu à M. le Duc de Wirtemberg de s'adresser à l'Empereur, & d'entâmer les procédures, dont on va faire un article separé.

PROCEDURES
A la Cour de l'Empereur.

M. le Duc de Wirtemberg porta ses plaintes à l'Empereur de ce que M. le Prince de Montbéliard donnoit le titre de Duchesses à la Comtesse de Sponeck & à la Baronne de Lesperance, & la qualité de Princes & Princesses sans distinction à tous ses enfans. Sur cet exposé l'Empereur enjoignit à M. le Prince de Montbéliard de supprimer désormais ces qualités; ce Mandement est du mois de Novembre 1721.

Si M. le Prince de Montbéliard avoit été bien conseillé, ou plutôt s'il avoit écouté d'autres conseils que ceux de la Baronne de Lesperance, & la passion qui l'occupoit alors, il se seroit borné à défendre la juste cause des enfans qu'il avoit eus de la Comtesse de Sponeck, il auroit fait valoir en leur faveur le Mariage qu'il avoit valablement contracté en Pologne, il auroit fait sentir toute la foiblesse & toute l'iniquité du traité de Wilbaade; mais feu M. le Prince de Montbéliard gourmandé par sa passion ne voyoit que par les yeux de sa maîtresse, & elle vouloit, ou que les enfans légitimes périssent, ou que les siens eûssent les mêmes avantages. M. le Prince de Montbéliard entreprit donc de faire révoquer le Mandement de l'Empereur, en soutenant également la validité de ses deux Mariages, se flattant toujours que le Mariage contracté avec la Baronne de Lesperance étoit régulier, & que ses enfans adulterins avoient pû être légitimés par ce prétendu Mariage. M. le Duc de Wirtemberg répondit par un torrent d'injures; la contestation étoit en cet état en 1723, lorsque M. le Prince de Montbéliard tomba dangereusement malade.

A cette nouvelle de la maladie du Prince tous les Officiers Ecclésiastiques & Séculiers & le Peuple prêterent serment de fidelité à George-Léopold en qualité de Prince héreditaire. Le 25e Mars de la même année M. le Prince de Montbéliard mourut, le même jour George-Léopold prit possession en personne des Etats de son pere, & il donna des procurations pour prendre possession en son nom de plusieurs Fiefs & Seigneuries qui dépendent de la succession.

Après

Après cette première démarche il crut que son devoir le plus pressant étoit de donner avis à l'Empereur de la mort du Prince, & de demander un délai suffisant pour reprendre la contestation & pour se défendre : la Lettre de George Léopold fut produite le 6e Avril 1723.

Le 8 du même mois M. le Duc de Wirtemberg surprit un Jugement du Conseil Aulique ; ce Jugement renferme deux dispositions principales. Par la première les enfans de la Comtesse de Sponeck, & ceux de la Baronne de Lesperance sont confondus, selon l'ancien sistême inspiré à feu M. le Prince de Montbéliard, & tout ce qui a été fait jusqu'alors en leur faveur, est déclaré nul. Par la seconde disposition, ces enfans ne sont point déclarés illégitimes, mais simplement inhabiles à succeder à la dignité du Prince leur pere, & aux allodiaux & Fiefs immédiats dépendans de l'Empire ; il faut observer que cette seconde disposition est libellée & qu'elle rappelle les aveux faits par feu M. le Prince de Montbéliard & la rénonciation expresse de la Comtesse de Sponeck, de la Baronne de Lesperance & de leurs Enfans.

Au reste ce Jugement ne donne la qualité d'Enfans naturels qu'à ceux que feu M. le Prince de Montbéliard avoit eus de Madame de Sandersleben, cette circonstance est remarquable.

Quelques jours après ce Jugement, le Conseil Aulique en a rendu un second le 16 Avril 1723, 1°. il annulle la prise de possession & le serment de fidelité prêté à George-Léopold, 2°. il déclare qu'après une parfaite soumission de sa part, il sera pourvû à ses alimens & à ceux de ses freres & sœurs, s'il les demande, 3°. le Conseil Aulique casse la prise de possession de l'une & l'autre des Parties; & en réservant expressément les droits de la branche de Wirtemberg-Oëls, il ordonne que M. le Duc de Wirtemberg sera mis en possession provisionnelle des Etats de Montbéliard, 4°. Ce Jugement délivre les Sujets de Montbéliard du serment de fidelité prêté à George-Léopold, en mêmetems il leur enjoint de prester serment provisionnel à M. le Duc de Wirtemberg, jusqu'à ce qu'autrement il en soit ordonné, 5°. enfin ce Jugement porte que M. le Duc de Wirtemberg-Stoutgard & les Agnats de la branche de Wirtemberg-Oëls se pourvoiront en la maniere accoutumée au Conseil Aulique, pour y attendre le jugement deffinitif sur le possessoire, ou le pétitoire de la succession contestée.

Il n'est pas surprenant que le Conseil Aulique ait rendu des Jugemens si désavantageux à George-Léopold, puisqu'il n'a pas encore été entendu & que feu M. le Prince de Montbéliard, loin de deffendre la Cause de ses Enfans légitimes, a fait précisément tout ce qu'il falloit pour la trahir; mais on a lieu d'esperer que le Conseil Aulique rétractera ces Jugemens, lorsqu'il aura appris de la bouche même de George-Léopold ce qui doit justifier le Mariage dont il est né. C'est avec cette confiance qu'il a formé opposition aux Jugemens dont on a parlé, son opposition a été reçuë le 5 Fevrier 1725, & l'objet de ce Mémoire est en partie d'instruire les Juges qui doivent prononcer sur cette opposition.

PROCEDURES
à la Cour de France.

George-Léopold dépouillé des Etats de Montbéliard par la violence de M. le Duc de Wirtemberg, a cherché avec raison à se ménager une

D

reſſource dans les terres qui dépendent de la ſucceſſion de ſon Pere & qui ſont
ſituées en Alſace & en Franche-Comté ; mais il a trouvé de nouveaux obſtacles
de ce côté-là, parceque le Roi avoit ordonné au Conſeil ſouverain d'Alſace
& au Parlement de Beſançon de mettre ces Terres en ſéqueſtre. George Léopold
fut donc obligé de faire aſſigner dans ces Tribunaux M. le Duc de Virtemberg-
Stoutgard & M. de Wirtemberg-Oëls pour obtenir contradictoirement avec
eux l'envoi en poſſeſſion des Terres dont il s'agit. Ces deux Cours ſouveraines
ordonnérent que les Parties ſeroient appellées, mais dans la ſuite le Parlement
de Beſançon & le Conſeil d'Alſace ont été deſaiſis de la connoiſſance de cette
conteſtation & le Roi l'a évoquée à ſon Conſeil ſur la demande expreſſe que
M. le Duc de Wirtemberg en avoit formée.

Une ſeule circonſtance de cette procédure mérite ici quelque attention,
c'eſt que le Parlement de Beſançon parfaitement inſtruit du fait, a accordé à
George-Léopold une proviſion de ſoixante-mille livres ſur les Terres de Franche-Comté, cette proviſion eſt du 30 Aouſt 1723, & elle a été ſuivie de quelques autres que la juſtice du Roi a cru devoir au fils légitime de feu M. le Prince
de Montbéliard.

M. le Duc de Wirtemberg a pourſuivi l'Inſtance qu'il avoit portée au
Conſeil du Roi, & il a commencé par repréſenter la neceſſité de révoquer les Lettres de Naturalité accordées à feu M. le Prince de Montbéliard,
en ce qu'elles donnent ſans diſtinction à tous ſes enfans la qualité de Princes
& Princeſſes, Couſins & Couſines de Sa Majeſté ; mais M. le Duc de Wirtemberg n'a eu garde de laiſſer appercevoir combien George-Léopold &
ſa ſœur étoient dignes d'être exceptés. Sur ces remontrances le 11 Septembre 1723 eſt intervenu un Arreſt du Conſeil qui ordonne que ces Lettres ſeront
rapportées pour y réformer les qualitez de Princes & de Princeſſes, Couſins
& Couſines de Sa Majeſté, & pour en être expediées d'autres en la maniére accoutumée.

George-Léopold a formé oppoſition à cet Arreſt par ſa Requeſte du 19
Novembre 1723, en même tems il a demandé l'envoi en poſſeſſion des Terres
d'Alſace & de Franche-Comté. La Baronne de Leſperance qui veut être de
tout, eſt intervenuë dans cette Inſtance pour ſoutenir les prétendus droits de
ſes Enfans & pour avoir la main-levée de ſon Doüaire : ce ſont ces demandes
reſpectives qui ont donné lieu à un autre Arreſt du 8 Juin 1725. Par cet Arreſt
ſans s'arrêter aux oppoſitions formées par George-Léopold & la Baronne de
Leſperance en ce qui concerne les Lettres de Naturalité, le Roi ordonne
qu'elles ſeront rapportées, ſauf néanmoins à George-Leopold & à la Baronne
de Leſperance à ſe pourvoir (ſi fait n'a été) contre le Jugement du Conſeil
Aulique, pour ce fait, être ſtatué ce qui ſe trouvera au cas appartenir.

Telle eſt la ſituation préſente de George-Léopold. Il doit diſſiper les préjugés qui peuvent naître de ces Arreſts, des libelles répandus par ſes Adverſaires, & du trop long ſilence que ſes Agens ont gardé ſur ſon état malgré ſes
ordres réiterés ; il doit deffendre ſa Cauſe devant les deux Monarques qui ſe
trouvent les Arbitres de ſon ſort & qui peuvent prendre connoiſſance indirectement de la validité du Mariage auquel il doit le jour ; pour cela il va ſe
renfermer dans quatre propoſitions. 1°. Il y a eu un Mariage réellement contracté entre feu M. le Prince de Montbéliard & la Comteſſe de Sponeck mere
de George-Leopold. 2°. Ce Mariage a été légitime. 3°. George-Léopold eſt né
de ce mariage. 4°. Le divorce de 1714 n'y a point donné d'atteinte & feu M.
le Prince de Montbéliard n'a jamais contracté d'autre Mariage qui ait été
valable.

Ces quatre propositions embraffent toute la deffenfe de George-Léopold & les preuves que l'on en va rapporter détruiront naturellement les objections de M. le Duc de Wirtemberg & celles de la Baronne de Lefperance.

L'on remarquera en paffant, qu'en établiffant les droits de George-Leopold l'on prouve auffi la naiffance légitime de Léopoldine Eberhardine fa fœur germaine.

PREMIERE PROPOSITION.

Il y a eu un mariage contracté entre feu M. le Prince de Montbéliard & Madame la Comteffe de Sponeck.

Tout ce que la prudence des Jurifconfultes, tout ce que l'expérience de plufieurs fiecles a pu imaginer de précautions pour affurer les mariages & l'état des enfans qui en font nés, tout concourt à prouver le mariage dont il s'agit. La Loi réduit ces fortes de preuves à deux efpeces, la preuve par écrit & les conféquences que l'on peut tirer des faits qui ont trait au mariage. *Si tibi controverfia ingenuitatis fiat, defende caufam tuam inftrumentis & argumentis quibus potes.* Or dans cette conteftation George Léopold réünit ces deux efpeces de preuves en faveur du mariage dont il eft né : preuve par les Régiftres de l'Eglife où ce mariage a été contracté, preuve par plufieurs actes authentiques, par une foule de témoins, par l'aveu des perfonnes mariées, par les démarches même de M. le Duc de Wirtemberg ; pourroit-on fe refufer à la multitude, à la variété, à la force de ces preuves?

L. 2. Cod. de Teftibus.

L'on a dit en premier lieu, preuve par les Régiftres publics. L'autorité de ces fortes de Régiftres n'eft pas douteufe en cette matiére, puifqu'ils font particuliérement deftinés à prouver les mariages que l'on contracte en face de l'Eglife & puifque d'ailleurs ils font revêtus du caractere public. Or dans le fait, feu M. le Prince de Montbéliard avoit époufé Madame la Comteffe de Sponeck à Reïovitz en Pologne & le Régiftre de cette Eglife attefte ce mariage d'une maniere bien authentique ; l'extrait que l'on en a donné à George Léopold eft conçû en ces termes. *Copulati funt etiam in templo Reyovicenfi binæ huc venientes perfonæ, ambo Evangelicæ, Equites ambo huc venerunt, nimirùm per-illuftris Dominus Leopoldus Eberhardus Herzogzu Wirtemberg-Muntpelgard S. Romani Imperii Comes & perilluftris & magnifica Domina & virgo Anna Sabina de Hedvviger.*

Voyés à la fin de ce Mémoire l'Acte dans fon entier.

On ne peut pas une atteftation plus forte & plus réguliere quant à la forme extérieure ; car cet endroit du Régiftre eft écrit de la main du Miniftre même, figné de lui, fcellé de fon Sceau, datté du premier Juin 1695, numerotté 9, & le feuillet fur lequel cet acte eft écrit, eft au nombre 30. Enfin le Miniftre a encore inferé dans le Régiftre une atteftation particuliere fur la verité de ce mariage ; *præmiffa verè & realiter contenta fub fide & confcientiâ meâ paftorali &c.* & l'Extrait que l'on en rapporte eft legalifé par les Magiftrats de Skoki.

Pour détruire toute la force de cet acte, il faudroit attaquer le Régiftre même, il faudroit le dégrader & prouver que ce n'eft point un monument public, il faudroit démontrer qu'il eft indigne de foi, que l'on ne doit point s'en rapporter à fon témoignage, non feulement fur le mariage dont il s'agit, mais encore fur tous les autres mariages atteftés par ce Regiftre : & c'eft ce que les adverfaires de George Léopold n'ont pas encore ofé. Ils laiffent tranquillement fubfifter ce témoin irréprochable du mariage de feu M. le Prince de

Montbéliard avec Madame de Sponeck ; mais peuvent-ils se flatter de fermer la bouche à ce témoin qu'ils ne suspectent même pas ? espèrent-ils qu'un Régistre public en bonne forme ne fera aucune impression & qu'on le rejettera du Procès comme une piece inutile ?

L'on fortifie cette première preuve par le Certificat que le Ministre a donné en feüille volante du mariage dont il s'agit ; ce Ministre atteste sur sa parole & foi de Prestre que Monseigneur Léopold-Eberhard H. Z. W. M. & Demoiselle Anne-Sabine V. H. ont été mariés dans l'Eglise de Rëiovitz, suivant la coutume de l'Eglise Luthérienne, ensuite de cet acte est la légalisation donnée par les Magistrats de Skoki : ces Magistrats n'attestent pas simplement que le sieur Fusch a été Ministre de ladite Eglise, mais encore que l'acte est écrit entiérement de la main de ce Ministre : en répondant aux objections de M. le Duc de Wirtemberg, on prouvera qu'il n'y a aucune conséquence à tirer contre George-Léopold, de ce que cet acte ne porte que les lettres initiales du nom des personnes mariées & que l'on ne peut l'appliquer qu'à feu M. le Prince de Montbéliard & à Madame la Comtesse de Sponeck.

A ces deux preuves par écrit l'on joint la preuve testimoniale. Il ne faut pas que l'on se prévienne en France contre les dépositions que l'on va examiner, sous prétexte que les témoins ont été entendus avant la contestation & sans aucune Ordonnance du Juge, il est vrai qu'en France l'Ordonnance de 1667 a proscrit les enquêtes que l'on appelloit d'examen à futur ; mais cette espece de preuve a lieu dans toute l'Allemagne, elle y est connuë sous le nom de probatio ad perpetuam rei memoriam & l'on s'en sert toutes les fois que l'on prévoit que dans la suite on aura besoin de certaines preuves & qu'elles pourroient dépérir par la caducité des témoins, ou par d'autres accidens.

L'on a vû dans le fait que la passion qui dominoit feu M. le Prince de Montbéliard pour la Baronne de Lesperance & pour ses enfans adulterins, ne l'étourdissoit pas tellement qu'il n'écoutât de tems en tems ce que sa conscience lui demandoit pour ses enfans légitimes, ce fut dans un de ces heureux momens où la verité se présente sans nuages & où l'on est forcé de la reconnoître, que M. le Prince de Montbéliard pensa sérieusement en 1720 à assûrer les preuves de son seul mariage & l'état des enfans qu'il en avoit eus. La première démarche qu'il crut devoir faire, fut de donner une commission aux sieurs Brisechoux & Goguel ses Conseillers pour aller recevoir la déposition du sieur Nardin alors malade ; cette commission est signée de feu M. le Prince de Montbéliard & elle est conçuë en ces termes, à l'effet de prendre une exacte information de la connoissance qu'a le sieur Nardin du mariage que nous avons contracté solemnellement avec Madame Anne Sabine de Hedvviger.

Cette Commission fut executée le 17 Janvier 1720, & le Sieur Nardin après avoir prêté le serment accoutumé, a dit, qu'il a connoissance de ce mariage, qu'il le sçait comme témoin oculaire, & pour avoir assisté à la cérémonie de la bénédiction dudit mariage ; qu'il a été célébré par le sieur Fusch Ministre de Rëiovitz ; que feu M. le Prince de Montbéliard lui avoit donné une marque de la confiance qu'il avoit en lui, lorsqu'il lui fit part du dessein qu'il avoit formé d'épouser Madame de Sponeck ; que par un effet de cette même confiance, M. le Prince de Montbéliard avoit voulu que le Sieur Nardin le suivît en Pologne, où il alla célébrer son mariage ; qu'enfin il sçait que George-Léopold & Léopoldine-Eberhardine sont nés de ce mariage, & que les deux autres enfans que feu M. le Prince de Montbéliard en avoit eus, sont morts. M. le Duc de Wirtemberg pourra-t-il pourra-t-il reprocher un témoin qui étoit son Officier, & à qui il avoit donné une place dans son Conseil dans le tems même de sa déposition?

Cette déposition méritoit bien d'être examinée séparément, mais il suffira de parcourir l'enquête qui fut faite quelque tems après à Skoki, c'est-là où le mariage dont il s'agit est notoire, parceque l'Eglise de Skoki est réunie à celle de Reïovitz, où ce mariage a été contracté.

L'enquête est composée de huit témoins; le Pasteur actuel de Skoki est à la tête. Il dépose que le sieur Fusch son Prédécesseur lui a dit souvent avoir marié S. A. S. Léopold-Eberhard Duc de Wirtemberg-Montbéliard avec une Dame de Noblesse, Anne-Sabine de Hedwiger, il ajoute que le Régistre de son Eglise en fait foi. Le second témoin est fils du sieur Fusch, il dit que son pere a marié M. le Prince de Montbéliard avec Mademoiselle Anne-Sabine de Hedwiger, qu'il les a vûs arriver, qu'il les a servis pendant leur séjour à Reïovitz, que son pere racontoit souvent l'honneur qu'il avoit eu de benir ce mariage, que la cérémonie en avoit été faite publiquement, qu'il y a beaucoup de personnes à Skoki & à Reïovitz qui en ont connoissance, que la contagion a emporté plusieurs Particuliers qui sçavoient les circonstances de la célébration, qu'enfin le Régistre en fait foi & que l'Acte est écrit en Latin, de la main de son pere. Les autres témoins parlent tous de l'éclat que le mariage en question avoit fait à Skoki; mais le septiéme témoin entre dans un plus grand détail, il dit expressément qu'il a vû arriver à Reïovitz M. le Duc de Wirtemberg-Montbéliard avec Demoiselle Anne-Sabine de Hedwiger; qu'ils descendirent chez le Sieur Fusch Pasteur de cette Eglise, que le lendemain ils furent mariés publiquement, qu'il fut present au mariage, & que l'on y observa toutes les cérémonies accoutumées; ce témoin est le Fabricien de l'Eglise de Reïovitz, & il n'est pas surprenant qu'en cette qualité il ait eu une connoissance particuliére d'un mariage aussi distingué que celui dont il s'agit.

Il seroit assez inutile de raisonner beaucoup sur ces dépositions, l'on se bornera à une réflexion très simple, c'est celle que fait naître l'uniformité de tous les témoins & le concours de toutes les autres especes de preuves que l'on rapporte. Il n'est personne qui puisse révoquer en doute le mariage de feu M. le Prince de Montbéliard avec Madame la Comtesse de Sponeck, lorsque l'on pésera sans prévention & sans interest tout ce qu'un Régistre public & en bonne forme mérite d'autorité, tout le poids que doivent avoir le témoignage du Ministre, celui d'un Officier même de M. le Duc de Wirtemberg, les dépositions de plusieurs témoins & sur-tout la renommée & le cri public de Skoki & de Reïovitz, sur le mariage que l'on ose contester. Sans doute toutes ces preuves appaiseront les Juges de George-Léopold & satisferont le Public; mais il faut aller plus loin & porter la lumiere jusques sous les yeux de M. le Duc de Wirtemberg & de la Baronne de Lesperance; il faut arracher au moins intérieurement leur suffrage & achever de les convaincre par des preuves, s'il se peut, encore plus fortes que celles qui ont précédé.

M. le Duc de Wirtemberg méconnoîtra-t il les armes dont il s'est servi pour attaquer le fils légitime de feu M. le Prince de Montbéliard? ou s'il les reconnoît, pourra-t il éviter le contre-coup qu'elles vont lui porter? son grand argument est celui dont il est redevable au Traité de Wildbaade; mais en attendant que l'on fasse comprendre à ses Agens qu'il leur convient de sacrifier l'interest à leur honneur, & d'abandonner ce monstrueux Traité; on prouvera qu'il renferme un aveu autentique du mariage en

E

queſtion. L'on a fait dire d'abord à feu M. le Prince de Montbéliard, *qu'il n'avoit point juſqu'alors contraſté de mariage permis & ſuivant l'état que requiert ſa Séréniſſime Maiſon:* quel eſt le ſens naturel de cet aveu? ſi ce n'eſt, qu'à la vérité le Prince avoit déja contraſté un mariage, mais que ce mariage étoit meſſéant à un Prince du nom de Wirtemberg; donc M. le Prince de Montbéliard étoit alors marié à Madame la Comteſſe de Sponeck, car il n'avoit point encore tenté de prendre d'autres engagemens; donc le mariage de feu M. le Prince de Montbéliard & de Madame de Sponeck eſt certain; donc il étoit connu même de M. le Duc de Wirtemberg & il faut indiſpenſablement dans cette conteſtation, ou qu'il avouë ce mariage, ou qu'il renonce à ſon Traité; l'on répondra dans la ſuite à la prétenduë indécence de ce mariage.

Seconde preuve du mariage que M. le Duc de Wirtemberg a pris la peine de produire. Parmi pluſieurs Certificats donnés par de ſimples Particuliers pour ſoutenir les faits que les Miniſtres de M. le Duc de Wirtemberg avoient hazardés à la Cour de Vienne, il en eſt deux qui méritent d'être diſtingués de tous les autres. Le premier de ces Certificats eſt du 28 Decembre 1722, le nommé Cyprien de Seydlitz y parle & il dit, que trois Particuliers lui ont raconté avoir connoiſſance du mariage fait en 1695, entre M. le Duc de Montbéliard & une Demoiſelle, que ce Prince & la Demoiſelle étoient arrivés à cheval à Reïovitz, que tous deux étoient en habits d'hommes, & qu'ils avoient été mariés dans cet équipage, ce qui fit, ajoute le Certificat, que l'on ne pouvoit reconnoître qui des deux étoit l'Epoux ou l'Epouſe.

Voilà en vérité une magnifique découverte! un inconnu ſans aucun caractére ſe donne la liberté d'atteſter des faits que l'on ne confie qu'à des Régiſtres publics, ou du moins que l'on n'abandonne jamais entiérement à la ſeule preuve par témoins; mais que dit-il? *que d'autres Particuliers lui ont raconté* il ne parle donc point comme témoin oculaire, il parle par oui-dire; & enfin qu'a-t-il entendu raconter? qu'en 1695 M. le Prince de Montbéliard a épouſé une Demoiſelle à Reïovitz, & que tous deux étoient en habits d'hommes. On ne peut pas une atteſtation plus préciſe pour le mariage dont il s'agit, & M. le Duc de Wirtemberg ne pouvoit pas adopter cette atteſtation d'une maniére plus autentique qu'en la produiſant lui-même à la Cour de l'Empereur, & en la faiſant imprimer à la ſuite de ſon Mémoire. Qu'il n'affeſte donc plus d'ignorer un mariage que ſes propres Aſtes ont dû lui apprendre; mais auſſi qu'il compte peu ſur cette bizarre circonſtance d'une femme mariée en habit d'homme: ſi le fait étoit prouvé, l'on en ſeroit quitte pour dire que cet équipage ne convenoit pas dans une cérémonie que la Religion doit rendre reſpeſtable.

L'autre Certificat que M. le Duc de Wirtemberg a produit, eſt celui du ſieur Dobrynski Curé de Bialenzina: ce Certificat eſt de la trempe du premier; il atteſte que le ſieur Dobrynski converſoit familierement avec le ſieur Fuſch Miniſtre de Reïovitz, que ce Miniſtre lui a ſouvent raconté *qu'au mois de Juin 1695, il avoit marié dans le Temple de Reïovitz un certain Comte d'Empire qui s'appelloit Léopold-Eberhard avec une Fille nommée Anne Sabine; que pendant la copulation qui ſe fit devant l'autel, ladite Anne-Sabine comme Epouſe, étoit à la main gauche de l'Epoux.*

Il n'eſt pas ſurprenant que dans un Certificat mandié par les Agens de M. le Duc de Wirtemberg l'on ait ſupprimé les noms propres des perſonnes mariées; mais malgré cette précaution, peut-on à ces traits méconnoître feu

M. le Prince de Montbéliard & Madame la Comteffe de Sponeck? peut-on douter que cette atteftation ne parle de leur mariage, lors même que M. le Duc de Wirtemberg leur en fait l'application, lorfqu'il produit ce Certificat pour prouver que George-Léopold eft né d'un mariage de la main gauche? ce feroit anticiper fur la feconde queftion que de répondre ici à cette objection. L'on ne doit préfentement s'attacher qu'à prouver le feul fait du mariage & ce fait eft conftaté par le Certificat que l'on examine; il faut avancer & établir ce mariage par plufieurs actes authentiques.

Celui qui fe préfente naturellement le premier, eft l'acte du prétendu divorce de 1714. Cet acte eft très propre à prouver ce que M. le Prince de Montbéliard penfoit fur fon mariage dans un tems où le dégoût de fa femme légitime l'avoit faifi & où une nouvelle paffion lui faifoit regretter fa liberté; tous les termes de cet acte portent. D'abord M. le Prince de Montbéliard & Madame de Sponeck déclarent qu'il leur refte deux enfans *de leur mariage*; ils difent enfuite qu'à raifon de la difparité d'humeurs, *ils fe font féparés*, ils fe donnent mutuellement *la liberté de fe remarier à qui & comment ils trouveront bon*; M. le Prince de Montbéliard conftituë une penfion annuelle de 5000 francs à Madame la Comteffe de Sponeck, il lui affigne fon habitation dans le Château de Montbéliard, ou dans celui de Blamont, il ftipule que la penfion fera réduite à la moitié, fi Madame de Sponeck *vient à fe remarier* & en même tems qu'elle perdra fon habitation; enfin quelques Officiers du Prince atteftent que cet acte eft jufte & conforme à l'intention des Parties.

L'on prouvera l'irrégularité de ce divorce felon les principes de la Confeffion d'Aufbourg, en établiffant la quatriéme propofition; quant à préfent l'on tire de cet acte des conféquences naturelles & bien fenfibles fur le fait de ce mariage; il y a eu un divorce entre feu M. le Prince de Montbéliard & Madame la Comteffe de Sponeck, donc il y avoit eu entre eux un mariage, parceque le divorce n'eft autre chofe qu'une diffolution du lien du mariage; *ils fe font féparés* d'un confentement réciproque & *ils fe font féparés* par un acte public, donc ils avoient été unis par un confentement mutuel & authentique; ils fe font *donné la liberté de fe remarier*, donc ils étoient mariés auparavant; ils rompent des liens, donc ils en avoient formé. Que l'on ajoute à toutes ces expreffions les plus énergiques dont on puiffe fe fervir, la conftitution d'une penfion viagére, l'habitation, la réduction de cette penfion à la moitié & la perte abfoluë de l'habitation, fi Madame de Sponeck vient *à fe remarier* & qu'avec toutes ces ftipulations l'on accorde s'il fe peut, que Madame de Sponeck n'ait été que la maîtreffe du Prince. Sans doute l'on n'auroit pas eu pour elle tant de ménagemens fi elle n'avoit eu en fa faveur que le fouvenir d'une paffion déja éteinte & M. le Prince de Montbéliard auroit pu alors fe livrer impunément à fes nouvelles amours fans reconnoître authentiquement les enfans qu'il avoit eus de Madame de Sponeck, fans lui affurer un douaire & une habitation, fans demander & recevoir la permiffion de prendre de nouveaux engagemens. En un mot on ne fait point un divorce publiquement avec une maîtreffe, mais on la quitte fans chercher à juftifier aux yeux du Public fa nouvelle inclination, parceque dans ce changement l'on ne court d'autre rifque que celui de paroître volage.

Au refte comment M. le Duc de Wirtemberg répondra-t-il au témoignage que les Confeillers de M. le Prince de Montbéliard ont rendu à l'occafion de ce prétendu divorce, en déclarant que cet acte étoit jufte & conforme à l'intention des Parties? dira-t-on que ce Prince n'a affemblé fon Confeil que pour lui faire part de fon inconftance, pour le faire ridiculement attefter qu'il avoit raifon de changer de maîtreffe, & que c'étoit l'intention de l'une & de l'autre des Parties intereffées? la précaution auroit été nouvelle & il feroit rare de voir proceder par formalité en fait d'amourettes; d'ailleurs ce feroit mal connoître le caractére particulier de feu M. le Prince de Montbéliard de croire qu'il s'étoit fait un monftre pour le combatre, lui, qui pour contenter fes paffions ne vouloit pas même reconnoître les obftacles les plus légitimes.

Cependant l'acte du prétendu divorce n'eft pas le feul par lequel feu M. le Prince de Montbéliard ait reconnu fon mariage avec Madame la Comteffe de Sponeck; il lui a rendu de nouveaux témoignages dans un tems d'autant moins fufpect que le Prince étoit alors tout occupé de la paffion qu'il avoit pour la Baronne de Lefperance. Le 17 Juin 1720 il donna une procuration à George-Léopold qu'il nomme *fon très cher fils, pour faire rechercher fon mariage qui a été accompli avec Demoifelle Anne-Sabine de Hedwwiger en Pologne près de Pofna dans l'Eglife Luthérienne de Reïovitz par la bénédiction du Prédicateur Luthérien dudit lieu, &)c.* Il n'y avoit affurément que la force de la verité qui pût arracher cet aveu de feu M. le Prince de Montbéliard, après toutes les démarches qu'il avoit faites dans les fougues de fa paffion pour effacer jufqu'aux traces de fon mariage.

Mais il ne s'eft pas borné à cet aveu; le 30 Novembre 1720 par un acte folemnel & reçu de Notaire, il a affigné le douaire & l'habitation de Madame de Sponeck fur la Terre d'Héricourt & Breveliers que ce Prince poffédoit en Franche Comté; cet acte paroît encore plus énergique que tous les autres. D'abord M. le Prince de Montbéliard & Madame de Sponeck déclarent de nouveau, *que pour des raifons fuffifantes ils fe font féparés quant au lien conjugal entiérement & pour toujours:* enfuite le Prince céde à Madame de Sponeck le Château & la Ville d'Hericourt avec le Village de Breveliers & leurs dépendances, pour remplacer la penfion promife par l'acte de divorce; l'on donne dans cet acte la qualité d'Alteffe Séréniffime & de Ducheffe Douairiere à Madame de Sponeck & on l'a fait renoncer expreffément au Senatus-Confulte Velleïen; d'un autre côté M. le Prince de Montbéliard prend la qualité *de fon époux ci-devant & à préfent féparé.*

Y a-t il donc de la témérité à foutenir que jamais Mariage n'a été mieux prouvé que le mariage de feu M. le Prince de Montbéliard avec Madame la Comteffe de Sponeck? mais ce qui met le comble à tant de preuves par écrit & par témoins c'eft la cohabitation des deux perfonnes mariées pendant près de dix-neuf années, c'eft l'étroite union dans laquelle ils ont vécu avec le Duc George le plus Réligieux de tous les Princes, c'eft l'éducation publique qu'ils ont donnée à leurs enfans, ce font les honneurs & les prééminences dont Madame de Sponeck a toujours joui, c'eft enfin l'obéïffance qui lui a été exactement renduë par les peuples foumis à M. le Prince de Montbéliard. Il ne faut être que médiocrement Jurifconfulte pour fentir toute la force que doit avoir cette cohabitation publique & conftante, lorfqu'il s'agit de prouver un mariage contefté: & cette cohabitation a paru fi propre à diffiper les doutes qui peuvent naître fur les mariages, que la * Loi n'héfite pas de lui donner le pouvoir d'affurer un mariage, même indépendemment de toute preuve par écrit; *fi vicinis vel aliis fcientibus uxorem liberorum procreandorum causâ domi habuifti & ex eo matrimonio filia fufcepta eft, quamvis neque nuptiales tabulæ, neque ad natam filiam pertinentes facta funt, non ideò minus veritas matrimonii, aut fufceptæ filiæ fuam habet poteftatem.*

*L. 9. Cod. de Nupt.

II

Il eſt tems de répondre aux objections que l'on a faites pour combattre
la vérité du mariage dont il s'agit.

PREMIERE OBJECTION.

Contre le Mariage de feu M. le Prince de Montbéliard
& de Madame la Comteſſe de Sponeck.

Monſieur le Duc de Wirtemberg oppoſe à l'Extrait que l'on a donné à
George - Léopold des Régiſtres de Reïovitz, un extrait qu'il prétend plus
fidéle & il eſt différent du premier en deux points qui lui paroiſſent eſſentiels.
1°. L'extrait rapporté par M. le Duc de Wirtemberg ne porte point les noms
propres des perſonnes mariées, il dit ſimplement, *copulati ſunt . . . . perilluſtris Dominus Léopoldus - Eberhardus H. Z. W. M. S. Romani Imperii Comes
& perilluſtris & magnifica virgo Anna-Sabina V. H. 2°.* Cet extrait porte que
les deux perſonnes qui ont été mariées à Reïovitz venoient du Duché de
Teſchen en Siléſie, qu'on leur avoit refuſé dans ce Duché de benir leur mariage, à moins qu'ils ne quittaſſent la Confeſſion d'Auſbourg, que l'époux
ſervoit alors dans les Troupes de l'Electeur de Saxe & que l'épouſe originaire
du Duché de Teſchen étoit ſous la tutelle de ſa mere veuve : il eſt conſtant
dans le fait que l'extrait donné à George-Léopold ne fait aucune mention
de ces particularités.

Mais à cela pluſieurs réponſes. Premiérement l'Extrait rapporté par George-
Léopold eſt légaliſé par les Magiſtrats de Skoki & ſigné par douze de ces Magiſtrats ; or ils ne rapportent pas ſimplement les lettres initiales H. Z. W. M.
qui ſignifieroient Herzog zu Wirtemberg Muntpelgard, c'eſt-à-dire en François Duc de Wirtemberg-Montbéliard ; de même ils ne ſe ſont point bornés
aux ſeules lettres V. H. qui après les noms d'Anne Sabine ſignifieroient Von
Hedwiger, ou de Hedwiger. Mais ils expriment parfaitement les noms &
ſurnoms des deux perſonnes mariées. Leur témoignage & leur légaliſation
ſeroit capable par elle-même de lever tout ſcrupule à l'égard du Régiſtre.

En ſecond lieu il faut examiner de bonne foi ſi l'Acte de célébration porté
par les Régiſtres de Skoki peut convenir à d'autres qu'à feu M. le Prince de
Montbéliard & à Anne-Sabine de Hedwiger. L'on ne parle point ici de l'impoſſibilité morale qu'il y auroit à trouver deux autres Particuliers qui ſe fuſſent
mariés en Pologne, à Reïovitz, dont les ſurnoms & les lettres initiales des
noms propres fuſſent abſolument les mêmes que ceux de feu M. le Prince de
Montbéliard & d'Anne-Sabine de Hedwiger ; l'on dit quelque choſe de plus
poſitif : & l'on veut bien ſuppoſer pour un inſtant que par miracle il ſe trouve
un Seigneur Comte d'Empire qui s'appelle Léopold-Eberhard, qui puiſſe revendiquer les quatre lettres H. Z. W. M. comme les lettres initiales de ſa dignité & de ſon nom propre & qui cependant ne ſoit pas le même que M. le
Prince de Montbéliard ; alors on lui prouveroit que ce n'eſt pas lui qui a épouſé
Anne-Sabine de Hedwiger en Pologne, qu'il n'y a que feu M. le Prince de
Montbéliard qui ait pu contracter le Mariage dont parle le Régiſtre, parceque c'eſt feu M. le Prince de Montbéliard qui a emmené Anne - Sabine de
Hedwiger dans ſes Etats, c'eſt ce Prince qui lui a donné une habitation &
des alimens, c'eſt lui qui a vécu conjugalement avec elle pendant dix - neuf
années, c'eſt lui qui a tenté de faire divorce avec elle, c'eſt lui qui par l'Acte
du divorce & par pluſieurs autres Actes s'eſt reconnu le Pere des Enfans dont
Anne-Sabine de Hedwiger eſt mere ; c'eſt lui enfin qui l'a miſe en poſſeſſion

du rang & des prérogatives qui ne pouvoient convenir qu'à la femme de ce Prince.

D'ailleurs fi toutes ces démarches ne caractérifent pas affés le mari d'Anne-Sabine de Hedwiger, s'il refte quelque doute fur fon mariage, que l'on s'en rapporte du moins à tous les témoins entendus à Skoki, qui dépofent unanimement & fans aucune équivoque que c'eft feu M. le Prince de Montbéliard qui a époufé Anne-Sabine de Hedwiger à Reïovitz en 1695, que l'on explique la prétenduë ambiguïté des Régiftres par la dépofition du fieur Nardin qui parle de ce mariage comme témoin oculaire, comme confident de fon Prince, que l'on confulte même les atteftations produites par M. le Duc de Wirtemberg; l'une dit qu'Anne-Sabine de Hedwiger étoit en habit d'homme lorfqu'elle a célébré fon mariage avec M. le Prince de Montbéliard, l'autre atteftation porte qu'en qualité d'Epoufe elle étoit à la main gauche de fon mari; tous ces actes réunis forment une démonftration parfaite fur le fait dont il s'agit.

L'on objecte inutilement que l'Extrait délivré à M. le Duc de Wirtemberg parle de quelques circonftances que l'on a diffimulées dans l'Extrait donné à George-Léopold; que les deux perfonnes mariées avoient déclaré venir du Duché de Tefchen, qu'elles avoient ajouté qu'on leur avoit refufé d'y célébrer leur mariage, à moins qu'ils ne changeaffent de Religion, qu'en particulier le mari avoit dit qu'il ferviroit dans les Troupes de l'Electeur de Saxe, que la femme s'étoit prétenduë originaire du Duché de Tefchen, & fous la tutelle de fa mere veuve; qu'enfin aucune de ces circonftances ne pouvoient convenir à feu M. le Prince de Montbéliard & à Anne Sabine de Hedwiger, puifque tous deux venoient d'Oëls & non pas du Duché de Tefchen, puifque le Prince ne ferviroit affurément pas dans les Troupes de Saxe, mais dans celles de l'Empereur, puifqu'enfin Anne Sabine de Hedwiger n'eft point originaire de Tefchen.

Cette objection porte fur un fait qui eft tout au moins douteux & fur un principe erroné en Droit. Le fait eft incertain, parceque l'Extrait des Régiftres que l'on a donné à George-Léopold ne fait aucune mention de ces particularités, cependant cet Extrait eft en bonne forme, il eft légalizé par les Magiftrats de Skoki; & ainfi il eft auffi autentique que celui de M. le Duc de Wirtemberg; auquel des deux faudra-t-il s'en rapporter?

En Droit, c'eft une maxime certaine, que tout ce qui s'appelle défignation de perfonnes, tout ce que les Jurifconfultes comprennent fous le terme générique de *démonftration*, devient abfolument inutile, fi d'ailleurs l'on ne peut pas douter quelle eft la perfonne que l'on a voulu défigner. *Demonftratio plerumque vice nominis fungitur, nec intereft falfa, an vera fit, fi certum fit quem Teftator demonftraverit.* Mais fi ces fortes de défignations ne font d'aucun poids pour les legs, pour les contrats, pour les actes les plus communs dans la focieté civile, elles font encore bien moins importantes pour les mariages; parceque, difent les Canoniftes, le mariage eft beaucoup plus favorable que ces legs, & ces contrats. Auffi c'eft un principe univerfellement adopté en cette matiere, que la défignation des perfonnes mariées ne peut point donner atteinte au mariage, de quelque efpece que foit cette défignation, vraye ou fauffe, honteufe, ou même oppofée à la fubftance du mariage; ces fortes de défignations ne peuvent être de quelque conféquence, qu'autant qu'elles influent fur le confentement que l'on donne au mariage & l'on n'y a point d'égard, à moins que la fauffeté & la défignation n'emportent cette efpece d'erreur que nous appellons en Droit *error perfonæ. Omninò tenendum eft*, dit

L. 34. de Condit. & dim.

Sanchès, * *demonstrationem per se sumptam nunquam suspendere vel vitiare matrimonium, cujuscumque sit qualitatis, sive sit turpis, sive contraria substantiæ matrimonii, sive vera sit, sive falsa: sed semper habetur pro non adjectâ, ac firmum manere matrimonium ..... quia falsa demonstratio non vitiat legatum, ergò nec matrimonium quod est favorabilius.*   ** Sanchès lib. 5. Disp. 19. num. 1. de Matr.*

L'on peut faire une application juste de cette maxime à l'espece du fait. Quand même M. le Prince de Montbéliard & Madame la Comtesse de Sponeck auroient dit au Ministre qui les maria, qu'ils venoient de Teschen, qu'on leur avoit proposé de renoncer à la Religion qu'ils professoient, que le mari servoit dans les Troupes de Saxe, & que la femme étoit sous la tutelle de sa mere veuve; quelle conséquence pourroit-on tirer de ces faits? on pourroit dire que M. le Prince de Montbéliard & Madame de Sponeck en avoient imposé au Ministre; mais en même tems il faudroit avoüer que tout ce détail qu'ils auroient fait est entiérement étranger au mariage, & que la fausseté de ces circonstances n'est pas capable de lui donner atteinte, parceque les personnes qui ont contracté sont certaines par les Régistres publics, par l'attestation du Ministre, par la légalisation des Magistrats, par plusieurs témoins oculaires, par le bruit public de Skoki, par toute la conduite que M. le Prince de Montbéliard & M.^{dme} de Sponeck ont tenüe dans la suite, & qu'au reste il est très-indifferent pour ce mariage que les personnes mariées à Reïovits fussent venues de Teschen, ou d'Oëls, qu'on leur eût proposé de changer de Religion, que le mari servît en Saxe ou dans les Troupes de l'Empereur, & que la femme fût sous la tutelle de sa mere veuve. On passe à une seconde objection.

SECONDE OBJECTION.
Sur la vérité du Mariage.

M. le Duc de Wirtemberg fait tous ses efforts pour rendre suspect le Régistre des Eglises unies de Skoki & de Reïovitz. Il prétend que le mariage dont il s'agit n'y est pas placé dans l'ordre de sa datte, que naturellement il devoit suivre un mariage contracté le 29 May 1695, dont le Régistre fait mention; que cependant le mariage en question n'est attesté qu'après un mariage du 27 Novembre, que cette attestation est au bas de la page comme hors d'œuvre avec un *nota benè*, qu'en un mot elle est en Langue Latine, quoique le reste du Régistre soit en Langue Allemande.

M. le Duc de Wirtemberg se flatteroit trop, s'il croyoit par cette critique affoiblir le témoignage d'un Régistre public & en bonne forme. L'attestation du mariage dont il s'agit se trouve précisément au fol. 30, où elle doit être; cette attestation est signée du Ministre même; en faut-il davantage pour la justifier? D'ailleurs, tous les témoins qui ont été entendus déposent, que le Ministre Fusch regardoit comme une grande distinction d'avoir célébré le mariage de feu M. le Prince de Montbéliard, & qu'il s'en vantoit à tout propos. Après cela sera-t-on surpris que ce Ministre ait marqué l'attestation de ce mariage par un *nota benè*, qu'il ait rendu remarquable cette attestation, sans cependant la déplacer de la page où elle devoit être, & qu'enfin il ait rédigé cet acte en Latin, afin qu'il pût être entendu par toute sorte de personnes, lui, qui s'étoit sottement imaginé qu'il pouvoit s'enorgueillir d'avoir prêté son ministére à la célébration de ce mariage?

Il est donc vrai qu'il y a eu un mariage réellement contracté entre feu M. le Prince de Montbéliard & Madame la Comtesse de Sponeck, c'étoit l'objet de

la première propofition; l'ordre que l'on s'eft propofé demande que l'on établiffe préfentement la validité de ce mariage.

SECONDE PROPOSITION.
*Le mariage contracté entre feu M. le Prince de Montbeliard & Madame
la Comteffe de Sponeck a été légitime.*

Il s'agit ici de juftifier un mariage contracté par deux perfonnes de la Religion Proteftante ; & il faut le juftifier aux yeux des Princes Catholiques qui
doivent connoître de la fucceffion de Montbéliard. Pour cela l'on n'implo-
rera point la clémence de ces Princes dans une conteftation où elle ne doit
avoir aucune part ; c'eft à leurs lumiéres feules, c'eft à leur juftice que l'on
appelle des calomnies inventées par les Agens de M. le Duc de Wirtemberg
pour flatter indignement leur Maître.

D'abord le fimple détail des circonftances particuliéres de ce Mariage, lui
eft infiniment avantageux. Il a été contracté par deux perfonnes qui n'avoient
pris aucun autre engagement, il a été célébré folemnellement & connu des
Parens de l'une & l'autre des Parties contractantes, il a été fuivi d'une cohabitation paifible pendant dix neuf années; ce Mariage n'a point été fterile,
les enfans qui en font nés ont été reconnus, ils fe font trouvés en poffeffion
de leur Etat à la mort de feu M. le Prince de Montbéliard & fa Veuve joüit
encore actuellement du titre & des honneurs de fa Doüairiére.

Tous ces faits conftans devroient fuffire pour affûrer le Mariage dont il
s'agit, mais il manqueroit quelque chofe à fa juftification, fi l'on n' effaçoit pas
les préjugés que l'on peut avoir pris contre ce Mariage dans les libelles de
M. le Duc de Wirtemberg & de la Baronne de Lefperance ; l'on fe renferme
dans trois objections.

Les mœurs particuliéres de l'Allemagne ont donné lieu à la première objection; c'eft celle que M. le Duc de Wirtemberg croit trouver dans les Ufages
des Fiefs de l'Empire & dans le Pacte appellé *Morganatique*, par lequel ceux
qui contractent mariage réglent quelquefois les droits de leur pofterité fur les
Fiefs qu'ils poffédent.

La difcipline univerfelle de l'Eglife de France peut faire naître la feconde
objection; le Mariage dont il s'agit n'a point été contracté en prefence du propre Curé des Contractans, & il eft important à George-Léopold de démontrer
que ce n'eft point là une irrégularité dans le Mariage de feu M. le Prince de
Montbeliard fon Pere.

Enfin une troifiéme objection eft commune à la France & à l'Allemagne,
c'eft celle qui réfulte du prétendu deffaut du confentement des Pere & Mere
au Mariage que l'on examine; il faut difcuter ces objections fuivant les principes reçus dans les Tribunaux aufquels elles font propres.

DU PACTE MORGANATIQUE.

[* Lib. 3. feud. pag. 444. d. lib. pag. 499. Rubr. 7. De filiis natis ex matrim. ad Morga- naticam con- tracto.]

Pour donner une jufte idée de ce pacte qui eft très peu connu en France,
il faut propofer une efpece, telle que Math. de afflictis * & les autres Commentateurs du livre des Fiefs la propofent.

Un particulier, dit cet Auteur, poffède un Fief de dignité & il époufe une
femme de noble extraction; cette femme lui donne un enfant, elle meurt enfuite, & le mari dégagé des liens du mariage fe livre à une concubine de baffe
naiffance : quelque tems après, pour appaifer fa confcience, ce particulier
époufe

épouse sa concubine, l'on passe un contrat de mariage & l'on convient expressément que les enfans nés & à naître de la concubine ne succéderont point à leur
pere, mais qu'ils se contenteront d'une certaine portion qui leur sera assignée
sur les biens paternels; c'est ce pacte que l'on appelle Morganatique, terme
emprunté des Lombards qui signifie un pacte fait dans le tems même du mariage, quelquefois aussi les Feudistes l'appellent *Pactum ex Lege Salicâ.*

Après le contrat de mariage & cette convention le pere meurt, il laisse des
enfans de deux differens lits, un fils né de la premiére femme qui étoit noble,
& plusieurs enfans de la seconde femme roturiére. Sur cette hipotése les
Auteurs demandent, comment se doit partager la succession paternelle entre
ces freres consanguins?

Ils répondent tous unanimément que les enfans du second lit ne peuvent
rien prétendre aux fiefs, parcequ'ils en sont expressément exclus par le pacte
Morganatique. A l'égard des autres biens paternels & qui ne sont point fiefs,
les enfans du second lit peuvent y prétendre au deffaut du fils du premier lit,
mais pendant la vie de ce fils, les enfans nés du mariage Morganatique doivent se borner à la portion des biens qui leur a été fixée par le contrat de mariage de leur Pere & Mere : le fait & la décision que l'on vient de rapporter
sont exactement d'après Matth. de afflictis. *(aa)*

Quelques refléxions sur l'espece que l'on vient de proposer & sur l'essence
du pacte morganatique feront sentir combien le mariage contracté par feu
M. le Prince de Montbéliard avec Madame la Comtesse de Sponeck est different des mariages contractés à la morganatique.

Premiérement ce pacte est odieux par lui-même & l'on ne peut l'excuser
en quelque façon, que par la faveur que mérite la Noblesse paternelle & ma-
ternelle des enfans du premier lit; aussi l'auteur que l'on a cité, après avoir
prononcé en faveur du pacte morganatique, dit que cette espece de convention renferme une injustice criante, *dicta Consuetudo continet magnam iniquita-*
tem. * En effet cette Coutume prive des enfans légitimes des droits du sang,   * *Matth:*
de afflict. lib.
3. feud. Rub.
7. num. 5.
elle est opposée au droit commun, qui ne permet jamais de traiter d'une suc-
cession qui n'est point échüe, elle dégrade en quelque sorte les enfans du second lit, elle les réduit à la conditlon obscure de leur mere, quoique ce soit
une maxime adoptée chez toutes les Nations, que les enfans légitimes suivent
la condition de leur pere & qu'ils en ont tous les avantages, *quia filii non*   *Idem lib.3.*
feud. pag.
444.
sequuntur conditionem matris, sed patris, meritò omnes filii debent patri succedere,
non inspectâ conditione diversarum uxorum.

Aussi cette opposition sensible du pacte morganatique au droit commun
a donné lieu aux Commentateurs du livre des Fiefs de renfermer ce pacte
dans des bornes assés étroites : & c'est la seconde réflexion que l'on a à faire sur
ces sortes de conventions; les Auteurs conviennent que ce pacte ne se présume
jamais & qu'il faut qu'il soit expressément stipulé dans le contrat de mariage;
tempore desponsationis factum fuit pactum inter ipsos conjuges, quod filii ex eâ
& marito nati & nascituri non succedant patri, sed habeant certum quid de bo-
nis paternis. * Voila des termes bien énergiques & les plus propres à exclure   * *Matth.*
de afflict.
lib. 3. feud.
Rubr. 7. in
princip.

(aa) *Titius habens feudum nobile duxit in uxorem* | *inter ipsos conjuges, quòd filii ex eâ & marito nati &*
quandam mulierem nobilem & ex isto matrimonio natus | *nascituri non succedant patri, sed habeant certum quid*
est filius; deinde moritur ista uxor superstite viro qui | *de bonis paternis: postea moritur Titius, superstitibus filio*
non valens luxuriam continere, copulavit se cum quâdam | *nato ex primo matrimonio & filiis natis ex secundo ma-*
muliere ignobili & vilis conditionis, & illam habuit in | *trimonio, dubitatur qualiter isti filii succedant? Matth.*
concubinam, demùm nolens stare in peccato mortali eam | *de afflict. de filiis natis ex matrimonio ad Morganati-*
desponsavit & tempore desponsationis factum fuit pactum | *cam contractô rubr. c. 7. pag. 499.*

les enfans du second lit de la succession paternelle; mais sans une expression aussi forte, & aussi précise l'on ne les exclura jamais d'une succession que les droits de la nature leur donnent & dont on ne devroit point les dépouiller sous quel prétexte que ce soit.

Troisiéme réflexion; le pacte morganatique a quelque chose de si odieux & il fait un telle violence au droit commun, que ce pacte ne peut pas subsister par lui-même & il a besoin pour se soutenir d'être appuyé par la Coutume du lieu; *nota ergo quod Consuetudo est illa quæ facit valere hoc pactum quod aliàs non valebat & talis Consuetudo debet esse præscripta quia est contra jus.* & c'est par la même raison que cette espece de Coutume doit être renfermée dans les bornes de son territoire, encore plus scrupuleusement que toutes les autres Coutumes que nous appellons locales, *quartò nota quod Consuetudo de quâ in hoc textu est localis & ideò extra locum non debet servari, sed debet servari jus commune, ut dicit Glossa.*

* *Idem pag. 444. num. 1.*

* *D. Rubr. 7. num. 5.*

Quatriéme réflexion sur le pacte morganatique: ce pacte ne doit être toleré qu'en faveur des enfans du premier lit, parcequ'ils sont les aînés & parcequ'ils sont censés d'une noblesse plus épurée que les enfans du second lit, mais on ne verra point que dans cette foule d'Auteurs qui expliquent cette sorte de pacte, il y en ait aucun qui entreprenne de le justifier lorsqu'il n'y a des enfans légitimes que d'un seul lit & l'on n'a jamais prétendu que ce pacte puisse être stipulé dans un Contrat de mariage en faveur des collateraux.

La cinquiéme réflexion est, que l'on suppose même que le second mariage a quelque chose de honteux & qu'il a été précédé d'un concubinage public entre le pere & la mere; *copulavit se cum quâdam muliere ignobili & vili conditionis & illam habuit in concubinam.* Et il n'est pas si surprenant que dans cette supposition, l'on traite plus durement les enfans du second lit.

* *D. Rubr. 7. in princ.*

Enfin c'est un principe en cette matiére, que le pacte morganatique n'exclud point les enfans indistinctement de toute la succession paternelle; il ne les exclud absolument que des fiefs: & à l'égard des autres biens, les enfans morganatiques y succedent toûjours au défaut des enfans d'un premier lit; *firma remanet conclusio, quod filii nati ex matrimonio ad morganaticam contracto non succedunt in feudis. Extende idem in allodiis, in quibus, aliis extantibus (filiis), hujusmodi filii non succederent: secùs, si non extarent*. Il reste à faire une juste application de ces differentes maximes à l'espece de cette contestation.

* *Balzaranus ad lib. 2. feud pag. 239. num. 8.*

Le Conseil de M. le Duc de Wirtemberg prétend que George-Léopold est né d'un mariage contracté à la morganatique, que les Coutumes de l'Empire autorisent ces sortes de mariages & qu'elles excluent les enfans morganatiques de la succession aux fiefs paternels. L'on va se borner à discuter le seul fait que les Agens de M. le Duc de Wirtemberg supposent hardiment, & on leur demande sur quoi appuyent-ils un fait aussi grave? rapportent-ils un contrat de mariage, dans lequel le pacte morganatique ait été stipulé expressément entre feu M. le Prince de Montbéliard & Madame la Comtesse de Sponeck? ou du moins suppléent-ils à ce contrat par les papiers domestiques, par des témoins dignes de foi, par de fortes présomptions?

On le peut dire avec confiance, ils n'ont ni preuve, ni présomption du prétendu pacte morganatique; point de preuve, parcequ'il n'y a point eu d'autre contrat de mariage entre feu M. le Prince de Montbéliard & Madame la Comtesse de Sponeck, que celui de Reïovits, & il n'y a constamment aucune trace du pacte morganatique; cependant ce pacte ne peut être fait que dans le tems même du mariage & l'on a déja obfervé que c'eft la neceffité de le ftipuler alors qui lui a fait donner le nom de Morganatique. Point de préfomption, parceque de toutes les circonftances qui ont accompagné le mariage dont s'agit, il n'en eft aucune qui ait trait au mariage morganatique.

En effet lorfque feu M. le Prince de Montbéliard époufa Madame la Comteffe de Sponeck, il n'avoit point encore contracté de mariage, par conféquent il n'avoit point d'enfans légitimes & d'un premier lit à qui il pût donner la préference pour les fiefs & les allodiaux de fon patrimoine, fur ceux qui naîtroient de fon mariage avec Madame de Sponeck ; ce mariage ne porte donc pas le premier & le plus effentiel caractére du mariage à la morganatique.

En fecond lieu, Madame de Sponeck étoit à la vérité d'une condition inférieure à celle du Prince qu'elle époufoit & il n'eft perfonne qui ne fente toute la difference qu'il y a entre un Prince de la Maifon de Wirtemberg & une fimple Demoifelle ; mais enfin cette difference n'eft pas affez grande pour faire préfumer un mariage à la morganatique : on l'a dit fur la foi d'une infinité d'Auteurs les plus accrédités en matiere de Fiefs, il faut pour le mariage morganatique, que la feconde femme foit d'une naiffance obfcure & même que ce fecond mariage ait quelque chofe de honteux, il faut qu'il y ait quelque tache qui puiffe rendre défavorables les enfans qui en doivent naître, telle que pourroit être l'ignominie d'un concubinage public & précédent ; *copulavit fe*, dit Matth. de afflictis, *cum quâdam muliere ignobili & vilis conditionis & illam habuit in concubinam.*

D'un côté il n'y a dans l'Empire aucune Loi qui deffende les Mariages de condition inégale, ou qui limite en quelque maniére que ce foit les effets de ces fortes de Mariages ; loin de là c'eft une maxime adoptée par les Feudiftes Allemans, *qu'un enfant né de Mariage légitime &) de perfonnes libres fuccéde aux Fiefs &) porte les Armes de fon pere ;* ce font les termes dans lefquels s'explique Myler Docteur de l'Univerfité de Tubinge dans le Wirtemberg. Cette maxime ne paroîtra donc pas étrangére aux Agens de M. le Duc de Wirtemberg. (bb)

D'un autre côté la naiffance de la mere la plus obfcure n'eft pas une raifon pour faire conjecturer qu'un mariage eft morganatique, c'eft encore un principe de Myler (cc) qui propofe cette queftion. Un fils né d'un pere revêtu de la qualité de Comte & d'une mere de la lie du Peuple fuccede t'il au titre de fon pere & aux Fiefs de dignité ? il réfout cette queftion fans héfiter en faveur du fils, parceque les enfans fuivent la condition du pere, parceque la baffeffe de la naiffance de la mere n'eft plus une tache que l'on puiffe reprocher à fes enfans, & qu'elle joüit elle-même de tous les honneurs de fon mari, parcequ'enfin aucune Conftitution Imperiale n'exclut fes enfans de la fucceffion des Fiefs paternels : *Ex quibus jam deductis facilè refolvitur quæftio, An filius natus ex patre Comite & matre plebeiâ æquè fit Comes, quàm pater Comes, adeo ut in feudis titulatis & dignitatum fuccedat, nec non in publicis Imperii conventibus feffionem & votum habeat ? quod fine dubio affirmativè refolvitur; tum quoniàm filius legitimè natus, quoad dignitatem, familiam, gentem, & cæteras præeminentias, quæ Juris civilis funt, patris generofi, non verò matris conditionem fequitur ; tum quòd uxores etiam inferioris ordinis maritorum illuftrium dignitate & fplendore ita nobilitantur, ut ex eifdem prognati liberi quoad fucceffionem bonorum tàm feudalium quàm allodiorum eo jure cenfeantur, ac fi ex perfonâ paternæ dignitati æquales forent. Ac ita refpondit dicta Facultas Marpurgenfis; quod adeò verum eft ut filius ex patre Principe, Comite, nobili &*

(bb) *Myler Gamol P. P. Imp. C. 5. §. 6. ufque ad § 22. & feqq. (cc) D. C. 5. §. 51. & feqq. & §. 16.*

matre plebeïâ natus iifdem patris infignibus & armis potiatur ; idem quoque di-
cendum eft in obtinendo voto & feffione in Comitiis aliis-vè Conventibus publicis,
cùm nulla Lex aut Conftitutio Imperii hoc prohibeat, aut ullam remoram feù vincu-
lum injiciat : & hanc refolutionem affirmativam viri prudentes adeô extendunt,
ut liberi nati ante matrimonium fed per fubfequens matrimonium legitimati, digni-
tatem paternam æquè confequantur ac omnium bonorum paternorum fucceffionem
acquirant, quamvis pater fit illuftris, ac mater humilis conditionis. Myler fonde
ce fentiment fur une infinité d'autorités de Jurifconfultes Allemans.

Mais ce que l'on vient de rapporter eft ici de furérogation, parceque Madame la Comteffe de Sponeck n'eft conftamment pas d'une naiffance obfcure.
Que les Miniftres de M. le Duc de Wirtemberg fufpendent ici pour quelque
tems leurs préventions, qu'ils rendent avec toute l'Europe les témoignages
qui font dûs à l'éclat & à l'ancienneté de la Maifon de Wirtemberg, à la bonne
heure ; mais qu'ils n'aillent pas jufqu'à faire fortir Madame de Sponeck d'une
vile populace, jufqu'à lui donner pour ancêtres de pauvres Artifans ! elle eft
née d'une famille anciennement noble, & l'on peut en donner deux fortes
de preuves. La premiere émane du rang qu'elle tenoit chez Madame la Ducheffe d'Oëls avant fon mariage. Elle étoit premiére Dame d'Honneur de
cette Princeffe ; Or l'on n'imaginera pas que l'on ait pris une fille de la lie du
Peuple pour remplir cette place, fur-tout fi l'on réfléchit que Madame la
Comteffe de Sponeck eft de Siléfie, & qu'elle n'auroit jamais pû diffimuler fa
naiffance à la Cour de Madame la Ducheffe d'Oëls, parceque l'on étoit trop
près de la fource pour s'y méprendre.

Mais une feconde forte de preuve affûre la naiffance de Madame la Comteffe de Sponeck, & elle efface tous ces petits certificats dont M. le Duc de
Wirtemberg a groffi fon Mémoire ; c'eft la preuve que l'on puife dans les Patentes mêmes que l'Empereur a données à la famille de Hedwiger pour les
décorer du titre de Comtes & Comteffes de l'Empire. L'on voit par ces Lettres
Patentes qu'*Anne Sabine de Hedvviger & fes freres font de la noble & ancienne*
famille de Hedvviger qui depuis plufieurs fiecles a réfidé en Siléfie, & qui ont
toujours été élevés dans les vertus de la Nobleffe ; ce font les termes mêmes des
Lettres Patentes. Après une mention auffi honorable, on vient au détail des
belles actions de plufieurs particuliers de cette famille, on parle de Baltazar
de Hewiger qui fut chéri de Maximilien fecond, & qui mérita fon eftime par
l'intrépidité avec laquelle il paffa le Danube à la nage pour aller reconnoître
l'Armée Ottomane, l'on remonte jufqu'au bifayeul d'Anne Sabine & de fes
freres, & on le trouve placé dans le Confeil du Duc Henry de Lignitz, l'on
reconnoît que l'ayeul a occupé la même place, que Jean George de Hedwiger
pere d'Anne Sabine s'eft rendu recommandable dans les Troupes Impériales,
qu'il étoit Capitaine dans le Regiment du General Thim, & qu'une mort prématurée l'a enlevé. L'on parle avec éloge des freres d'Anne Sabine, & perfonne n'ignore que l'un d'eux a mérité par fa bravoure & par fa prudence d'ê-
tre élevé à la dignité de Chambellan & Lieutenant General de S. M. Danoife,
& à celle de Gouverneur de Coppenhague.

Tout ce détail eft trop bien circonftancié pour n'être pas fincére ; d'ailleurs
le nom refpectable de l'Empereur qui parle dans ces Lettres Patentes doit
écarter tout foupçon de fauffeté ; l'on ne lui en impoferoit pas impunément
& il n'eft pas fi facile de traveftir de prétendus Artifans dont la mémoire auroit été toute récente, en Gentilshommes & en Officiers des Troupes Impériales. Après cela quel fecours pourra tirer M. le Duc de Wirtemberg d'un
certificat

certificat donné par les Boulangers de Liegnitz pour attester qu'en 1650 ils ont reçu un Hedwiger dans leur Maîtrise! de quel poids peut être un Acte de cette espece, un simple certificat expédié par six Artisans & mis en paralléle avec le témoignage de Madame la Duchesse d'Oëls & des Lettres Patentes de l'Empereur même! mais que prouve t'il ce certificat? qu'en 1650 il y a eû à Liegnitz un Boulanger du nom de Hedwiger; le fait peut être vrai, sans tirer à conséquence contre Madame la Comtesse de Sponeck; il faudroit joindre à ce beau certificat des preuves authentiques de la filiation de Madame de Sponeck, il faudroit démontrer qu'il n'y a eû qu'une famille du nom de Hedwiger, que la tige de cette famille étoit un Boulanger, & que Madame de Sponeck en descend; il faudroit enfin détruire les preuves qu'elle a données à la Cour de Vienne sur son ancienne noblesse & qui ont facilité les Lettres Patentes de Comtes & Comtesses d'Empire.

Après cette digression indispensable il faut revenir au Pacte Morganatique; & de tous les faits que l'on vient d'établir tirer cette conséquence: Madame la Comtesse de Sponeck est d'une condition inégale à celle de feu M. le Prince de Montbéliard; mais l'inégalité de condition ne suffit pas pour donner à un Mariage le caractére & les effets d'un Mariage Morganatique. Madame la Comtesse de Sponeck n'est point d'une naissance obscure, elle est née Demoiselle; & sa famille est même illustrée; donc le Mariage qu'elle a contracté avec feu M. le Prince de Montbéliard n'est point un Mariage à la Morganatique, parceque ces sortes de Mariages supposent toujours que la seconde femme est d'une condition vile & qu'il y a une étrange disproportion entre la condition du mari & celle de la femme, *copulavit se cum quâdam muliere ignobili & vilis conditionis.* * C'est cette bassesse d'extraction de la mere qui réjaillit sur la postérité, qui l'empêche de succeder aux Fiefs, & dans les principes du Mariage Morganatique, on la regarde comme une tache qui ternit tout l'éclat que les enfans pourroient emprunter de la dignité de leur pere.

* Matth. de afflict. ubi supr.

Mais les enfans d'un Prince & d'une Demoiselle ne rougissent jamais de leur naissance, lorsqu'elle est légitime: C'est le privilége de la Noblesse d'aspirer à tout; d'être susceptible de tous les caracteres de dignité & de prééminence que le mérite ou la fortune peuvent lui imprimer; & de les transmettre à leur postérité. L'on pourroit sans difficulté en prendre à témoin tout ce qu'il y a de grandes Maisons dans l'Europe, mais il faut se réduire à quelques exemples récens, propres à l'Empire &, s'il se peut, personnels même à la Maison de Wirtemberg.

Plusieurs Arrests rendus au Conseil Aulique ont adopté des Mariages de cette espece & ils ont autorisé les enfans nés de ces mariages à recueillir toute la succession de leurs peres; l'on se borne à rappeller deux de ces Arrests.

Le premier est du 4 Septembre 1622. Il fut rendu en faveur de Guillaume fils d'Edoüard-Fortunat Marggrave de Bade & de Marie d'Eicken Demoiselle Flamande, cet Arrest debouta Frideric V. Prince de la Maison de Bade des prétentions qu'il avoit formées sur la succession d'Edouard-Fortunat sous prétexte qu'Edouard avoit épousé une femme de condition inégale & inférieure à celle de Prince, & l'Arrest le condamna aux dépens. Même Arrest le 11 Avril 1715 contre Christian Prince Palatin de Birkenfeld & en faveur d'Escher-Marie de Vizleben en qualité de veuve de Jean-Charles Prince Palatin de Birkenfeld & de tutrice de leurs enfans. Troisiéme Arrest en 1717 entre les Princes de Nassau-Siegen & sur les mêmes circonstances du fait.

A ces trois Arrests l'on ajoutera l'exemple domestique que fournit la Mai-

H

fon de Wirtemberg-Stoutgard. Madame la Ducheffe de Wirtemberg eft de la Maifon de Bade-Dourlac & l'on n'ofera pas nier qu'elle defcende d'Ernefte de Baade & d'Urfule de Rofenberg; celle-ci étoit une fimple Demoifelle & ce-pendant elle n'a pas laiffé de tranfmettre à fa pofterité tous les titres honori-fiques de fon mari.

Au refte les mariages contractés à la Morganatique ne doivent jamais exclure des enfans légitimes pour admettre des collatéraux; un pacte auffi odieux ne peut fe foutenir qu'en faveur des enfans d'un premier lit, en faveur d'une Nobleffe ir-réprochable; & lorfque ce pacte a été ftipulé expreffément, lorfqu'il eft foutenu par la Coûtume du pays, lorfqu'il a toutes les qualités requifes pour fubfifter, il eft encore des bornes que l'on doit lui prefcrire. Ce feroit une erreur de croire que le pacte Morganatique rende les enfans du fecond lit abfolument inhabiles à fuccéder à leur pere; pour régler équitablement cette fucceffion il faut diftinguer avec les Auteurs trois differentes conjonctures. 1°. En aucune circonftance les enfans nés d'un mariage Morganatique ne fuccedent aux fiefs. 2°. Pour les allodiaux ils fuccedent au deffaut des enfans du premier lit en faveur defquels feulement l'on fait le pacte Morganatique en contractant un fecond mariage. 3°. Si les enfans du premier lit vivent, les enfans morga-natiques font réduits à la portion qui leur a été fixée par le contrat de mariage de leur pere & mere.

Mais M. le Duc de Wirtemberg paffe pardeffus toutes ces régles; il n'eft que collatéral, cependant il fe flatte d'exclure le fils légitime & d'avoir en fa faveur un prétendu Pacte Morganatique qui n'a jamais fubfifté, il voudroit que l'on pré-fumât ce Pacte quoique l'on n'en trouve aucune trace dans le mariage de feu M. le Prince de Montbéliard; il fe propofe, non pas de réduire George-Léopold à une certaine portion du patrimoine de fon pere, mais de lui donner de fimples alimens, comme à un enfant naturel; & le fondement de tout cela, c'eft le fa-meux Traité de Wildbaade. Mais avant que d'examiner ce Traité, il faut faire une dernière réflexion fur l'état du Mariage dont il s'agit.

Il s'eft trouvé plufieurs fois des Mariages contractés en Empire, qui ont été Morganatiques dans leur principe, & qui dans la fuite n'ont pas eû les effets accoutumés du pacte Morganatique; ce changement arrive toutes les fois que l'Empereur par la plénitude de fon pouvoir eleve à la dignité de Comteffe la femme qui par fa naiffance étoit d'une condition inférieure à celle de fon mari; alors la grace que l'Empereur accorde a un effet retroactif, elle raméne le Mariage au droit commun, elle efface le vice & l'obfcurité de la naiffance, l'on ne recherche plus ce que la femme a été, on la confidére dans l'état où elle eft actuellement par le bien-fait du Prince; fes enfans commencent à jouir des honneurs qui font dûs à la dignité de leurs pere & mere, & ils rentrent dans tous les droits des enfans légitimes.

Ce feroit là précifément la fituation de George Léopold, s'il pouvoit être vrai que le Mariage de fes pere & mere eût été Morganatique dans fon ori-gine; Madame la Comteffe de Sponeck tient des bienfaits de l'Empereur un Titre qui l'a rapprochée du Prince fon mari; l'on ne pouvoit avoir d'autres vûes en demandant & en accordant ce titre que d'effacer jufqu'aux moindres foupçons du prétendu Mariage Morganatique, & fi malgré les Lettres Paten-tes de Comtes & de Comteffes accordées à la famille de Hedwiger l'on regar-doit aujourd'hui au Confeil Aulique le Mariage dont il s'agit, comme un Mariage Morganatique, l'on arracheroit d'une main à George Léopold ce que l'Empereur lui a donné de l'autre; l'on détruiroit ce qui a été fait en 1700 avec une parfaite connoissance de cause, & l'on dégraderoit un Mariage à qui les Parties contractantes de concert avec l'Empereur ont voulu donner tous les effets que des enfans légitimes ont droit d'en attendre.

En voici un exemple récent. En 1692 le Prince d'Anhalt Cœthen a épousé une simple Demoiselle de la famille de Rathen ; en 1694 l'Empereur a donné à cette Dame le titre de Comtesse d'Empire de Nyenbourg ; le Prince d'Anhalt est mort en 1704, il a laissé plusieurs enfans qui ont succedé à la dignité de leur pere, & l'Empereur même a regardé comme Prince héréditaire d'Anhalt l'aîné des enfans ; il est de l'ordre d'examiner ici le Traité de Wildbaade.

L'on ne peut pas se dispenser de retracer ici une idée des differentes clauses de ce contrat, quoique l'on en ait déja donné un extrait fidele dans le détail du fait. D'abord feu M. le Prince de Montbéliard s'est obligé de ne rien entreprendre qui puisse porter préjudice à la Maison de Wirtemberg-Stoutgard ; en second lieu l'on est convenu que, si M. le Prince de Montbeliard ne contracte point de mariage convenable à sa naissance, M. le Duc de Wirtemberg lui succédera ; en troisiéme lieu moyennant cette succession M. le Duc de Wirtemberg veut bien promettre un Fief féminin de douze mille florins de revenu, à partager entre tous les enfans légitimes & naturels de feu M. le Prince de Montbéliard ; en quatriéme lieu M. le Prince de Montbéliard doit faire le fond de ces douze mille florins de revenu ; d'un autre côté M. le Duc de Wirtemberg se réserve le droit de succéder à ses vassaux, à l'exclusion de leurs freres & sœurs & d'échanger leurs Fiefs toutes & quantes fois il lui plaira contre des Terres situées dans le Wirtemberg ; enfin M. le Prince de Montbéliard s'impose la necessité de ne point se marier qu'après le decès de la Baronne de Lesperance, & alors même il ne pouvoit se marier que sous la condition expresse, que son mariage ne porteroit aucun préjudice à la branche de Wirtemberg-Stoutgard.

Faudra-t-il bien des efforts pour renverser un Traité aussi mal cimenté que celui-là ? Faudra-t-il avoir recours aux armes que la Loi nous met entre les mains pour détruire un ouvrage que la nature abhorre & que la Religion réprouve ? Quoi donc ! un simple collatéral viendra contracter sur une succession avenir, il l'enlevera à des enfans légitimes qui, selon l'expression de la Loi, en ont déja une espece de propriété pendant la vie de leur pere *. Il sera permis à un pere devenu idolâtre de sa concubine de méconnoître le plus pur de son sang, ou de le confondre avec le fruit de son crime ! Non sans doute, il faut que la politique de la Cour de Stoutgard, céde en cette occasion aux sentimens de la nature, il faut que les Princes de la Maison de Wirtemberg subissent comme les Particuliers le joug que le Droit des Gens, que l'équité même leur impose ; il faut qu'ils adoptent trois maximes qui vont anéantir le Traité de Wildbaade.

Premiere Maxime, Toute convention contraire à la Loi & aux bonnes mœurs doit être absolument inefficace ; *Pacta quæ contra Leges, Constitutionesque, vel contra bonos mores fiunt, nullam vim habere indubitati juris est. L. 6. Cod. de Pact.* Mais peut-il être une convention plus opposée aux Loix & aux bonnes mœurs que celle qui dépouille (d) des descendans déja nés pour revêtir des collatéraux ? imagine-t-on une clause plus monstrueuse que celle qui interdit tout mariage à feu M. le Prince de Montbéliard pendant la vie de sa maîtresse, & qui ne lui permet pas même de se marier après la mort de cette maîtresse, que conformément aux vûes de M. le Duc de Wirtemberg, & d'une maniére qui ne donne point d'atteinte à ses interêts ! des stipulations aussi

* *Filii quasi domini rerum paternarum.*

(d) *Ex eo instrumento nullam vos habere actionem in quo contra bonos mores de successione futurâ interposita fuit stipulatio, manifestum est. l. 4. C. de inut. stip.*

odieuſes tombent d'elles-mêmes ; mais en tombant elles doivent entraîner
avec eux tout le Traité de Wildbaade, dont elles ont été l'unique objet.

Seconde Maxime, Quand même le Pacte que M. le Duc de Wirtemberg
a fait avec feu M. le Prince de Montbéliard, ſeroit licite, ce Pacte rempla-
ceroit mal celui que l'on appelle Morganatique. La raiſon eſt, que le Pacte
Morganatique doit être fait dans le tems même du mariage, & alors on to-
lére ce Pacte par les motifs que l'on a expliqués ; mais il ſeroit ſans exemple
d'admettre un Pacte de future ſucceſſion bien des années après le mariage
contracté, & après la naiſſance des enfans légitimes. Il eſt plus facile de regler les droits des enfans qui peuvent naître, que de dépoüiller ceux qui ſont
déja nés & qui ont un droit acquis ſur les biens paternels ; & ſans chercher
des raiſons de convenance, il eſt conſtant que l'on n'admet plus le Pacte Morganatique après le mariage conſommé, bien moins encore peut-on regarder
comme un Pacte Morganatique celui que font des collatéraux au préjudice
des enfans légitimes vingt ans après la célébration du mariage.

L'on ne dit rien des ruſes de la Cour de Wirtemberg pour attirer feu M. le
Prince de Montbéliard à Wildbaade ; & de la violence dont on a uſé pour lui
faire ſigner ce Traité : l'on feroit valoir cette violence & ces ruſes, ſi l'on n'a-
voit pas d'ailleurs des argumens invincibles contre ce Traité, l'on remarque-
roit qu'il porte en lui-même la preuve de cette violence, parce que feu M. le
Prince de Montbéliard eſt le ſeul qui promette quelque choſe par ce Traité,
le ſeul qui s'oblige, qui prenne des engagemens ; il s'impoſe la neceſſité de
ne point ſe marier qu'à certaines conditions, il aſſûre ſa ſucceſſion à M. le
Duc de Wirtemberg, lui ſeul pourvoit aux alimens de ſes enfans ; M. le Duc
de Wirtemberg en eſt quitte pour promettre l'honneur de ſa protection aux
enfans de M. le Prince de Montbéliard, il ne contracte d'autre obligation
que celle de ne point s'oppoſer à l'expedition des Lettres Patentes de Comtes
& de Comteſſes d'Empire : & non content de la ſucceſſion du pere, il ſe dé-
dommage encore de ſes généreux efforts, en ſe ménageant la ſucceſſion de
ſes vaſſaux, à l'excluſion de leurs freres & ſœurs ; ce n'eſt pas là faire une convention réciproque, c'eſt faire la loi, c'eſt parler en Maître, c'eſt n'écouter
que ſa cupidité.

Inutilement objecte-t on la prétendue ratification du Traité de Wildbaade,
que l'on exigea de feu M. le Prince de Montbéliard, lorſqu'il fut dans ſes
Etats ; parce que pour engager ce Prince à ratifier, l'on a uſé des mêmes artifices & de la même violence qui avoient ſi bien réuſſi pour le Traité. Le
Peuple étoit gagné, la Maîtreſſe du Prince alloit à grands pas à ſes fins par
cette ratification : &, ce que l'on ne comprendra jamais, M. le Duc de Wirtemberg avoit eu aſſez de crédit dans les Etats de Montbéliard, pour y établir un Conſeil qui ne dépendoit que de lui, qui veilloit à ſes intereſts, &
qui pendant la vie même du feu Prince avoit anticipé ſur ſon autorité ; ce ſeul
trait prouve parfaitement combien feu M. le Prince de Montbéliard étoit
obſédé par ſes Sujets, par ſa concubine, par ceux qui vouloient ſe ménager
ſa ſucceſſion.

Mais enfin quand même le Traité de Wildbaade & la ratification de ce
Traité auroient été faits en pleine liberté ; quelle conſéquence en pourroit-
on tirer contre le fils légitime de feu M. le Prince de Montbéliard ? il n'eſt
pas ſi facile d'arracher à des enfans les droits que la nature & la Loi leur donnent ſur la ſucceſſion paternelle. M. le Duc de Wirtemberg vouloit s'aſſûrer
le patrimoine de la branche de Wirtemberg-Montbéliard, dont il étoit exclus.

I °

°. Par la poſterité légitime de cette branche. 2°. Par la branche de Wirtemberg-Oëls; feu M. le Prince de Montbéliard donnoit ce qu'il ne pouvoit pas
donner, il déshéritoit ſon fils unique ſans cauſe & même ſans prétexte, il por-
roit en des mains étrangeres une Principauté & des Terres qui ne devoient pas
échaper à George-Léopold, ſoit par le Pacte de la Maiſon de Wirtemberg,
ſoit par l'ordre naturel des ſucceſſions; l'on vient à l'objection que l'on pourroit faire en France contre le Mariage dont il s'agit.

DU DÉFAUT DE PUBLICATION DE BANS
& de préſence du propre Curé.

il y auroit ſans doute de l'injuſtice à vouloir juger ſelon la diſcipline de
l'Egliſe Catholique d'un Mariage contracté dans la Confeſſion d'Auſbourg;
chaque Egliſe a en cette matiére des Maximes qui lui ſont propres, & il
faut les ſuivre ces Maximes, lorſqu'on les trouve fondées ſur un uſage conſtant, lorſqu'elles n'ont rien d'oppoſé à l'eſſence & à la dignité du Mariage,
c'eſt ſur ce plan que l'on doit examiner. 1°. Le défaut de publication de Bans.
2°. Celui de la préſence du propre Curé des Contractans dans le Mariage dont
il s'agit.

Le Mariage de feu M. le Prince de Montbéliard avec Madame la Comteſſe de Sponeck n'a point été précédé de la publication des Bans; le fait eſt
vrai, mais il eſt incapable de donner aucune atteinte à ce Mariage. C'eſt ce
que l'on va prouver premierement par les principes univerſellement reçûs
ſur la publication des Bans, & en ſecond lieu par les circonſtances particuliéres où le Mariage a été contracté.

L'on reconnoît par tout l'utilité de la publication des Bans, par tout on a
adopté cette formalité que le quatriéme Concile de Latran a jugé néceſſaire
pour prévenir les Mariages que l'on pourroit contracter contre les défenſes de l'Egliſe; mais l'on s'en diſpenſe communément dans les Mariages des Princes, parceque les empêchemens de parenté & d'affinité qui
pourroient s'oppoſer à leurs Mariages ſont aſſés publics par eux-mêmes,
& il eſt inconteſtable que cette formalité n'eſt jamais regardée comme
eſſentielle au Mariage, ſoit dans l'Egliſe Catholique, ſoit dans la Confeſſion d'Auſbourg. Dans l'Egliſe Catholique l'on ſuit en cela les Decrets
du Concile de Latran & de celui de Trente; or ni l'un ni l'autre de ces
Decrets ne porte la clauſe irritante, ils n'impoſent pas la néceſſité de cette
publication, ſous peine de la nullité du mariage: & l'on ſçait que cette
clauſe irritante ne ſe préſume jamais.

Dans la Confeſſion d'Auſbourg l'on oblige ceux qui veulent contracter
Mariage à faire publier au moins un Ban, & entre cette publication &
la célébration du Mariage l'on met un intervalle aſſés conſiderable pour
découvrir les obſtacles qui pourroient s'y rencontrer, mais ſi dans la ſuite
il ne ſe trouve aucun empêchement, l'on regarde comme légitime le Mariage qui n'a point été précédé de cette publication. Tous les Canoniſtes
de la Religion Proteſtante ſont autant de garants de cette vérité, & il ſuf-
fira de rapporter le ſentiment de Strikius dans ſes Notes ſur Bruneman.
Cet Auteur s'attache à juſtifier l'uſage où l'on eſt de ne faire publier qu'un
Ban, & il ajoute que l'on peut même l'omettre impunément, pourvû
qu'effectivement il n'y ait point d'empêchement au Mariage; *Hoc certum,*
ſi conſtet inter partes deſponſatas nullum impedimentum vel ſanguinis, vel

1

alteriùs desponsationis adesse, etiàm sinè proclamatione publicâ Benedictionem sacerdotalem concedi posse: frustrà enim adhibetur hoc, cujus nullus superest effectus. *

* Strikius ad. Brunnemann. De jure Eccles. lib. 2. cap. 16 de soc. conjug. pag. 587, ad verb. una proclamatio pro tribus.

Ce principe général est encore soutenu par les circonstances particu-liéres du Mariage de feu M. le Prince de Montbéliard avec Madame la Comtesse de Sponeck. Ce Prince étoit alors errant avec le Duc George son pere, il n'avoit point de demeure fixe & permanente, son seul do-micile étoit à Montbéliard où il avoit établi le siége de sa fortune, pour parler le langage de la Loi qui définit le domicile, c'est là qu'il se propo-soit de retourner d'abord que ses Etats lui seroient rendus; mais dans la triste conjoncture où il se trouvoit, il falloit opter, ou de ne point se ma-rier, ou de célébrer son Mariage sans publication de Bans, parceque d'un côté il étoit impraticable de faire publier ces Bans à Montbéliard qui étoit alors sous la main du Roy, & d'un autre côté il étoit inutile de le faire pu-blier dans un Pays où il n'avoit aucun domicile. Il fallut donc s'accom-moder au tems, & l'on se dispensa d'autant plus aisément de cette forma-lité, qu'elle ne pouvoit point influer sur la validité du Mariage.

Défaut de présence du propre Cu-ré.

Mêmes raisons & même impossibilité pour feu M. le Prince de Montbé-liard de contracter devant le Ministre du lieu de son domicile; mais comme en France on regarde d'un œil bien different la publication des Bans & la présence du propre Curé, il faut dire quelque chose de plus pour effacer les impressions que l'on y pourroit prendre contre le Mariage dont il s'a-git, parcequ'il a été contracté en Pologne, où l'une & l'autre des Parties contractantes n'étoit point domiciliée.

C'est un grand principe que les Loix de l'Eglise n'ont point de force, que lorsqu'elles ont été publiées d'une maniére propre à les faire connoître de tous ceux qui lui sont soumis: & cette maniére est, non-seulement de les publier dans les endroits où les Conciles tiennent leurs Sessions & où ils portent la Loi, mais encore dans chaque Royaume, dans chaque Pro-vince Ecclésiastique, dans chaque Diocése; autrement ce seroit obliger les enfans de l'Eglise à l'observation d'une Loi qu'ils peuvent raisonnable-ment ignorer, lorsqu'elle ne leur est pas intimée par leurs Supérieurs im-médiats. Nous en avons un exemple dans la question même que nous agi-tons présentement.

Le Concile de Trente a fait un Decret pour déclarer nuls les Mariages contractés hors la présence du propre Curé, mais en même tems ce Con-cile déclare que son Decret n'obligera que trente jours après sa publica-tion. Aussi lorsque Clément VIII. au commencement du dixseptiéme sié-cle accorda une dispense au Duc de Bar, pour épouser la Princesse Cathe-rine sœur de Henry le Grand, il fut dit par cette Dispense que le Mariage devoit être contracté devant le propre Curé, *si le Concile de Trente avoit été publié en Lorraine.* De là une conséquence bien naturelle; le Concile de Trente n'a point été publié dans les Provinces d'Allemagne qui alors faisoient déja profession de la Religion Protestante; il ne seroit donc pas équitable d'obliger les Peuples de ces Provinces à observer la discipline établie par ce Concile, il seroit trop dur de les soumettre à une Loi qu'on ne leur a jamais fait connoître authentiquement.

Quelles sont donc les regles qui doivent décider des Mariages contra-ctés dans les Eglises Protestantes? ce sont les regles qui étoient reçuës dans toute l'Eglise avant le Concile de Trente, c'est la discipline que la

Confeſſion d'Auſbourg a conſtamment pratiquée au ſujet des Mariages : & cette difcipline conſiſte en deux points effentiels.

Les Confiſtoires qui ſont les Tribunaux Eccléſiaſtiques des Egliſes Proteſtantes obligent premiérement les Proteſtans à la publication des Bans & à celebrer leurs Mariages dans un Temple & en prefence d'un Miniſtre ; mais on a déja vû qu'ils ne regardent la publication des Bans que comme une précaution ſage, & non point comme une formalité effentielle & indifpenfable : quant à la célébration du Mariage, les Confiſtoires exigent qu'elle ſoit ſolemnelle & authorifée par la préfence d'un Miniſtre, ſans demander précifément la préfence du Miniſtre de l'un des deux contractans ; *in ordinatione Conſiſtoriali piè introductum, ut in Templo publico copulationes fiant*, dit Brunneman ; c'eſt à cette ſolemnité que ſe borne la difcipline des Egliſes Proteſtantes ; mais cette difcipline n'a jamais fixé un Temple ou un Miniſtre plûtôt qu'un autre ; jamais elle n'y a attaché la validité du mariage, jamais elle n'a prefcrit cette ſolemnité que comme une bienféance, que comme une cérémonie qui convient à la dignité du Mariage & à la pieté de ceux qui le contractent, *piè introductum.*

Le ſecond point effentiel eſt, que la ſolemnité du mariage n'eſt point d'une néceſſité abſoluë parmi les Proteſtans, c'eſt-à-dire qu'il leur eſt enjoint de rendre leurs mariages publics, qu'ils ne peuvent pas contracter des mariages clandeſtins ſans ſe rendre coupables de défobéiſſance, ſans manquer de refpect aux Loix de leurs Egliſes, ſans s'expofer aux peines que les Confiſtoires voudront leur impoſer, pour avoir enfreint leurs Ordonnances ; cependant, ſelon leur Juriſprudence, leurs mariages ſont valables, quoique clandeſtins, ils obligent dans le for interieur : & pour peu qu'il y ait de preuves de ces mariages, leur lien ſubſiſte même dans le for extérieur.

L'on dit plus ; les Egliſes Proteſtantes obſervent encore aujourd'hui une maxime qui étoit commune à toute l'Egliſe avant le Concile de Trente, c'eſt que des Fiançailles que les Canoniſtes appellent *de futuro*, de ſimples promeſſes d'époufer deviennent parmi les Proteſtans un mariage parfait & valable par l'habitude que les fiancés ont enſemble ; *ſponſalia autem de futuro non manent talia poſt copulam, ſed tranſeunt in ea quæ ſunt de præſenti.* * Telle eſt la difcipline actuelle des Egliſes Proteſtantes. L'on ne peut pas l'appuyer ſur une authorité plus refpectable en cette matiére que celle de Brunneman & l'on n'entaſſera pas ici les autres autorités qu'il cite, parcequ'il n'eſt pas poſſible que les adverſaires de George-Léopold oſent conteſter ces principes.

Après cela qu'on les confronte au Mariage de feu M. le Prince de Montbéliard avec Madame la Comteſſe de Sponeck & l'on trouvera le Mariage le plus légitime, le plus indiſſoluble, le mieux prouvé qui fût jamais. Ce Mariage pourroit être légitime quand même il ſeroit clandeſtin, mais l'on n'y voit rien qui reſſente la clandeſtinité ; il a été célébré dans le Temple de Reïovitz, le Miniſte Fuſch a donné la Bénédiction Nuptiale. Une foule de témoins y ont aſſiſté & lui ont rendu des témoignages autentiques, les Regiſtres de Reïovitz en font foi, il a été ſuivi de la naiſſance de trois enfans, il y a eu une cohabitation publique & tranquille pendant dix-neuf années ; feu M. le Prince de Montbéliard l'a reconnu par l'acte même du divorce, & en pluſieurs autres circonſtances, M. le Duc de Wirtemberg en a été du moins allarmé & il l'avouë ſuffiſam-

* Brunneman de Jur. Ecclef. l. 2, c. 16. num. 8.

ment par le Traité de Wildbaade. Que reste-t-il à défirer après tant de formalités & de preuves? il n'y a plus que le prétendu défaut du confentement de pere & mere qui puiffe y former obstacle; c'eſt ce défaut que l'on va examiner en peu de mots.

PRETENDU DEFAUT
du confentement des peres & meres.

Perſonne ne contefte la neceffité du confentement des peres & meres pour les mariages de leurs enfans, c'eſt la raiſon qui l'a dictée, c'eſt la Loi même qui impoſe cette néceffité, c'eſt l'uſage de toutes les Nations & de tous les tems qui l'autoriſe; mais il eſt important de bien diſcerner de quelle eſpece de néceffité eſt ce confentement, & dans quelles conjectures il eſt indiſpenſable aux enfans de l'obtenir.

Il eſt conftant que les Loix Civiles & Canoniques exigent le confentement des peres & meres d'une manière bien différente. Les Loix Civiles toujours jalouſes de la puiffance paternelle paroiffent décider qu'il n'y a point de mariage ſans le confentement de ceux en la puiffance deſquels font les perſonnes mariées; *nuptiæ confiſtere non poffunt niſi confentiant omnes, id eſt qui coëunt, quorumque in potestate funt.* * Mais en même tems que ces Loix travailloient à affermir les droits de la puiffance paternelle ſur l'action de la vie la plus importante, par une ſubtilité indigne des Romains, ils en ont affranchi le fils émancipé, ils n'ont point établi la néceffité du confentement de la mere, ſous prétexte qu'elle ne jouïffoit pas de la puiffance paternelle; c'eſt là le premier pas que les Loix Romaines ont fait en cette matiére.

* L. 2. ff. de rit. nupt.

Dans la ſuite il s'eſt trouvé des mariages ſur leſquels les peres gardoient le ſilence, ſans les approuver ou les défendre expreffément : ce fut ce qui donna lieu à un Empereur de décider que ces ſortes de mariages étoient légitimes & que le confentement tacite du pere étoit ſuffiſant; *ſi, ut proponis, pater quondàm mariti tui in cujus fuit potestate, cognitis nuptiis vestris non contradixit, vereri non debes ne nepotem ſuum non agnoſcat.* * C'eſt à ces deux principes que paroît ſe réduire toute la juriſprudence Romaine ſur le confentement des peres & meres pour le mariage de leurs enfans.

* L. 5. Cod. de Nupt. & la Loi 7. ff de Sponſal. dit en termes plus énergiques, intelligi tamen ſemper filia patrem conſentire, niſi evidenter diſſentiat.

Quant aux loix de l'Egliſe, elle a toujours détefté les mariages que les fils de famille ont contractés ſans ce confentement, mais elle ne les a jamais déclarés nuls, quelques inſtances qu'on lui ait faites dans le dernier Concile Oecumenique, elle a jugé qu'il ſeroit indécent de faire dépendre la validité du Sacrement d'un confentement qui, à le bien prendre, lui eſt abſolument étranger : & c'eſt là l'état actuel de la diſcipline de l'Egliſe Catholique en cette matiére.

Dans la Confeffion d'Auſbourg l'on n'a point de maximes particuliéres ſur le confentement des peres & meres, Brunneman obſerve que les Conſiſtoires ſuivent en ce point le droit Civil & Canonique, à cela près que leur uſage ne met aucune différence entre le confentement du pere & celui de la mere; *confenſum requirimus etiam patris jure civili & canonico & ex praxi Conſiſtoriorum, etiam matris;* ce font les termes de cet Auteur.

* Brunneman de jure Eccleſ. lib. 2. cap. 16. num. 5.

Au reſte il ſeroit inutile de faire ici une differtation ſur la juriſprudence qui eſt perſonnelle à la France pour les mariages des fils de famille, parcequ'il ne s'agit point ici d'un Mariage contracté en France.

Parmi

A

Parmi tous les differens principes que l'on vient de propofer, l'on donne l'option aux adverfaires de George-Léopold & on leur démontre que le Mariage de feu M. le Prince de Montbéliard avec Madame la Comteffe de Sponeck ne peche point par le défaut de confentement des pere & mere: que l'on confulte le Droit Civil, ce Mariage eft légitime; en effet fi le Duc George, pere de feu M. le Prince de Montbéliard, fi la mere de Madame de Sponeck n'y ont pas donné leur confentement par écrit, du moins ils y ont acquiefcé publiquement, ils y ont donné un confentement tacite, ils l'ont approuvé par toute la conduite qu'ils ont tenuë avec les nouveaux mariés. Le Duc George a emmené dans fes Etats, non-feulement fa belle-fille, mais encore la mere de cette belle-fille, il les a logées honorablement dans fon Palais, il mangeoit avec elles, partout il a témoigné une confidération particuliére pour Madame la Comteffe de Sponeck; mais rien ne prouve mieux que le Duc George avoit eu part de ce Mariage, qu'il l'avoit agréé & qu'il le croyoit valable, que la circonftance dont on va parler.

Il eft certain que le Duc George a vécu quelques années après avoir recouvré fes Etats; la Paix de Ryfvick qui les lui rendit eft de 1697, & il ne mourut qu'en 1699; feroit-il vraifemblable que ce Prince n'ait jamais penfé à marier fon fils unique, la feule efperance de la branche de Wirtemberg-Montbéliard? croira-t-on qu'il l'ait vû tranquillement entre les bras d'une maîtreffe, fans vouloir le tirer d'un état fi dangereux, fi oppofé au Chriftianifme dont le pere faifoit profeffion ouverte? il falloit fans doute qu'il y eût un vrai Mariage entre feu M. le Prince de Montbéliard & Madame la Comteffe de Sponeck, il falloit que le pere fût informé de ce Mariage: & ce qui doit achever de le perfuader, eft, que le Duc George après avoir recouvré fes Etats auroit pû procurer à fon fils un établiffement fortable, un mariage convenable à fa naiffance; s'il ne l'a pas fait, fi l'on ne voit pas même qu'il ait fait aucune démarche, aucune négociation pour marier fon fils, il faut néceffairement en conclure qu'alors le Prince héréditaire avoit déja pris des engagemens légitimes & connus de fon pere.

D'ailleurs la même raifon, le même filence, la même cohabitation qui opere le confentement tacite du Duc George, emporte auffi le confentement de la mere de Madame la Comteffe de Sponeck, & l'on croira aifément que cette mere n'a jamais formé d'obftacle à un Mariage auffi avantageux pour fa fille. Voilà donc les obligations de feu M. le Prince de Montbéliard & de Madame de Sponeck fur le confentement des pere & mere, parfaitement remplies felon les Loix Romaines, parceque ces Loix fe contentent que les peres & meres ne s'oppofent pas au Mariage de leurs enfans, lorfque le Mariage eft parvenu à leur connoiffance, *fi pater cognitis nuptiis veftris non contradixit, vereri non debes ne nepotem fuum non agnofcat.* (a)

A cela les Agens de M. le Duc de Wirtemberg ont fait une objection qu'ils ont puifée dans le titre dixiéme des Inftituts de Juftinien. Ils prétendent que dans l'efprit du Droit civil le confentement tacite du pere ne fuffit pas pour légitimer le Mariage de fon fils, parceque Juftinien fe fert de ces termes, *in tantùm ut præcedere debeat juffus parentis*, & felon eux ce terme, *juffus*, ne peut s'expliquer que du confentement exprès.

Cette objection conviendroit mieux à l'Ecole qu'aux Tribunaux, pour lefquels on écrit. Il ne s'agit pas ici de s'attacher trop fervilement à la lettre du texte de Juftinien, il faut en prendre l'efprit & les motifs, il faut l'ex-

(a) D. L. §. Cod. de Nupt.

K

pliquer d'une maniére qui ne laiffe point de contradiction entre les Loix du Code & du Digeste, & l'Inftitut. Dans le Code, il eft décidé que le filence du pere fuffit pour rendre régulier le Mariage du fils de famille ; *Si pater nuptiis cognitis non contradixit (b)* : dans le Digeste il eft dit que le pere eft cenfé confentir au Mariage de fa fille, s'il ne s'y oppofe pas expreffément, *intelligi femper filia patrem confentire nifi evidenter diffentiat.* Dans l'Inftitut on va jufqu'à demander le commandement du pere, *præcedere debet juffus parentis (c)* ; mais il eft facile de réfoudre cette antinomie par l'autorité & par la raifon.

(b) D. L. 5. Cod. de Nupt.

(c) D. tit. 10. inftitut. de Nup.

Par l'autorité, les plus fameux Commentateurs des Inftituts conviennent que le confentement tacite du pere fuffit pour le Mariage de fon fils; Borcholften *(d)* s'explique fur cela d'une maniére bien précife; voici fes termes : *Nihil verò refert expreffè parentes confentiant an tacitè ; nam & qui non contradicit aut non evidenter diffentit, confentire videtur.* Cet Auteur ne met donc aucune différence entre le confentement exprès ou tacite des parens, & Vinnius *(e)* parle en termes auffi forts fur le même endroit de l'Inftitut : *Enimverò, non præcifè requirimus ut pater expreffè confentiat, fed ut ne contradicat, aut diffentiat, gnarus eorum quæ aguntur.*

(d) Lib. I. tit. 10. num. 26.

(e) D. tit. 10. num. 9 .

A toutes ces autoritez l'on peut joindre une raifon bien fenfible, & tirée de l'efprit même du Droit Romain. Pourquoi ce Droit a-t-il exigé le confentement du pere ou de l'ayeul, en la puiffance duquel eft le fils de famille ? La Loi & les Jurifconfultes n'en donnent point d'autres raifons que celle-ci : Le fils de famille ne doit point contracter Mariage fans ce confentement, afin qu'il ne donne point à fon pere ou à fon ayeul un héritier à qui ils foient obligés de tranfmettre malgré eux une partie de leurs fucceffions, *qui in poteftate parentis eft, etiam illius confenfum adhibere debet ....* *nempè ne invito agnofcatur hæres (a).* Or ce n'eft plus malgré eux qu'ils ont des héritiers nés du Mariage de leur fils ou de leur petit fils, dès qu'ils ont connu ce Mariage, & qu'ils n'ont point ufé du droit que la puiffance paternelle leur donnoit pour s'y oppofer. Ainfi les vûes des Loix Romaines font parfaitement remplies par le feul confentement tacite du pere; ainfi le Mariage de feu M. le Prince de Montbéliard avec Madame la Comteffe de Sponeck a été exactement conforme à ce que le Droit Romain leur prefcrivoit; l'on ajoute & l'on prouve qu'il n'eft pas moins régulier dans l'efprit du Droit Canonique.

(a) Vinnius inftitut. lib. tit. 20. num. 4.

Les faints Decrets ont cent fois profcrit les Mariages des fils de famille contractées fans le confentement de leurs peres & meres, mais ils ne les ont jamais irrités, lors même que les peres & meres s'y font formellement oppofés; à plus forte raifon laiffent-ils fubfifter ces Mariages, lorfque les peres & meres y confentent tacitement, lorfqu'ils ne fe plaignent point du mépris que l'on a fait de leur autorité, lorfqu'ils vivent dans une union parfaite avec leurs enfans après leur Mariage.

D'ailleurs quand même on fuppoferoit contre le fentiment de tous les Canoniftes de la Religion Catholique & Proteftante, que le Mariage des fils de famille eft nul fans le confentement exprès des peres & meres, cette objection demeureroit fans force, pris égard aux circonftances particuliéres du Mariage dont il s'agit; perfonne n'ignore que les droits des peres & meres font tellement perfonnels qu'ils ne peuvent point fe tranfmettre, & que jamais ils ne peuvent être exercés par des étrangers; auffi en France où ces droits font plus refpectés qu'en aucun pays du monde, nous tenons pour maxime, que l'obstacle qui naît du défaut du consentement des peres & meres est un obstacle respectif, qui ne doit subsister qu'en leur faveur, & l'on ne permet point à des collatéraux de faire valoir le défaut de ce consentement, lorsque les peres & meres n'ont pas réclamé eux-mêmes l'autorité de la Justice pour faire rentrer leurs enfans dans leur devoir.

L'on est allé plus loin ; après avoir pris toutes les mesures que la prudence pouvoit suggérer, pour imposer aux enfans la nécessité de ne point contracter Mariage sans le consentement de leurs peres & meres, on a crû devoir prescrire des bornes à cette Loi, & nos Cours Souveraines ont souvent décidé que les peres & meres n'étoient plus recevables à se pourvoir contre les Mariages de leurs enfans, lorsqu'ils avoient laissé écouler plus de cinq ans depuis ces Mariages, sans les combattre.

Dans l'espece du fait, voyons en quelles mains sont aujourd'hui les armes de la puissance paternelle ? Elles sont entre les mains de M. le Duc de Wirtemberg, parent collateral de feu M. le Prince de Montbéliard. Ces armes lui sient mal, elles étoient destinées au seul Duc George, si son autorité avoit été blessée, & nul autre ne doit entreprendre de les manier ; mais à quelle fin M. le Duc de Wirtemberg a-t-il pris ces armes ? Est-ce pour venger l'autorité paternelle qu'il prétend avoir été méprisée ? Est-ce pour faire revivre les droits sacrés de cette puissance que l'on avoit lieu de croire ensevelis avec ceux à qui la Loi les avoit accordés ? Non sans doute ; c'est uniquement pour s'emparer d'une opulente succession ; ce n'est point à la dignité du Mariage, c'est à son interêt personnel que M. le Duc de Wirtemberg voudroit aujourd'hui faire servir l'autorité paternelle.

Non hos quæsitum munus in usus.

Enfin dans quel tems, dans quelles circonstances vient-on opposer un prétendu défaut de consentement des peres & meres ? On l'oppose plus de trente ans après le Mariage contracté, & après plus de vingt ans écoulés depuis la mort des peres & meres, on l'oppose quoique les peres & meres n'ayent jamais fait la moindre démarche pour se plaindre eux-mêmes, quoiqu'ils ayent toujours témoigné beaucoup de satisfaction du Mariage de leurs enfans ; on l'oppose enfin pour dépouiller des enfans légitimes nés sous la foi d'un Mariage solemnel : prétention odieuse ! qui n'a point eu jusqu'ici d'exemple, & qui ne doit pas dans la suite trouver de partisans.

Ainsi tombent les principales objections que l'on a faites contre la validité du Mariage de feu M. le Prince de Montbéliard avec Madame la Comtesse de Sponeck, il en reste deux sur lesquelles il paroît que M. le Duc de Wirtemberg ne compte pas beaucoup, cependant on va les détruire en peu de mots, pour ne rien obmettre de ce qui peut affermir les droits de George-Léopold.

Les Agens de M. le Duc de Wirtemberg ont prétendu par leur libelle que Madame la Comtesse de Sponeck avoit déja pris des engagemens avec un jeune Gentilhomme nommé Gottlob-Léopold de Zedliz, avant le Mariage qu'elle a contracté avec feu M. le Prince de Montbéliard ; l'on a soutenu que ces engagemens étoient réels & légitimes, qu'ils formoient par conséquent un obstacle invincible au Mariage subséquent ; & pour preuve de ce fait l'on a rapporté, 1°. La Sentence du Consistoire de Breslaw, qui condamne Zedliz à executer ses promesses de mariage ou à dédommager

Anne Sabine de Hedwiger, 2°. L'Acte de défiftement qu'elle a fait de toutes fes prétentions contre Zedliz, & la feconde Sentence renduë par le même Confiftoire fur ce défiftement, pour abfoudre Zedliz des condamnations portées contre lui.

Mais ces deux Actes ne doivent être d'aucun poids dans cette conteftation; que prouvent-ils en effet? qu'il y avoit eu des promeffes de mariage entre Zedliz & Anne-Sabine de Hedwiger, *que les promeffes étoient de mariage à futur,* (a) que Zedliz avoit été condamné à exécuter ces promeffes, ou à dédommager Anne-Sabine de Hedwiger, que dans la fuite elle s'eft défiftée, non feulement des droits que lui donnoient les promeffes *de futuro*, mais encore des dommages & interêts que le Confiftoire de Breflaw lui avoit adjugés; que fur ce défiftement Zedliz a été abfous par le même Tribunal qui l'avoit condamné, & qu'enfin la feconde Sentence *a permis à Zedliz de fe marier ailleurs comme il le trouveroit à propos* (b).

A la vûe de ces deux actes l'on fera furpris, fans doute, que le Confeil de M. le Duc de Wirtemberg ait propofé férieufement une objection de cette efpece. Quelle force pourroient donc avoir de fimples promeffes de mariage, pour empêcher & détruire un Mariage qui a été célébré en face de l'Eglife, & qui a été fuivi d'une cohabitation de dix-neuf années? quelle conféquence pourroit-on tirer contre Madame la Comteffe de Sponeck, d'une Sentence qui a été renduë en fa faveur, d'une Sentence dont elle s'eft défiftée, d'une Sentence enfin qui du confentement mutuel des deux Parties, a été révoquée par le Confiftoire dont elle étoit émanée? en un mot, il y avoit eu *des promeffes de mariage de futuro*, entre Zedliz & Madame la Comteffe de Sponeck; mais ces fortes de promeffes ne peuvent jamais donner atteinte à un Mariage qui eft légitimement contracté & confommé, elles fe réduifent toujours à des dommages & interefts, elles n'impofent point une obligation indifpenfable de les executer, elles n'ôtent jamais la liberté de contracter Mariage avec d'autres. Ces principes font connus & ils fuffiroient pour détruire l'argument des promeffes de Mariage faites entre Zedliz & Madame la Comteffe de Sponeck.

Mais ces principes généraux acquiérent encore du poids & de la force, par les circonftances particuliéres du fait, parcequ'enfin ces promeffes de Mariage fe font évanouïes, celle à qui elles ont été faites s'en eft défiftée, elle a remis à Zedliz la parole qu'il lui avoit donnée, elle n'a pas même voulu éxiger les dommages & interefts qui font toujours dûs en pareille occafion: & puifque la feconde Sentence de Breflaw donne expreffément la liberté à Zedliz *de fe marier ailleurs comme il le trouvera à propos*, à plus forte raifon Madame la Comteffe de Sponeck avoit cette liberté, elle qui n'avoit point fait de promeffes de Mariage, & de qui feule il dépendoit de faire executer la premiére Sentence du Confiftoire.

L'autre objection que l'on fe propofe de réfuter, vient d'un Certificat donné à M. le Duc de Wirtemberg, par le Curé de Skoki en Pologne. Pour entendre cette objection, il faut fe rappeller que l'Eglife de Skoki eft réünie à celle de Réïovitz; l'Eglife de Skoki eft Catholique Romaine, l'Eglife de Réïovitz fuit la Confeffion d'Aufbourg; ainfi, quoique ces Eglifes foient réünies, l'on a été obligé de prépofer un Curé Catholique à l'Eglife de Skoki, & un Miniftre Proteftant à celle de Réïovitz, afin que chacun d'eux faffe les fonctions qui lui font propres.

Le 28 Decembre de l'année 1722, le Curé de Skoki a donné une atteftation

(a) Ce font les termes de la premiere Sentence.

(b) Ce font les termes de la feconde Sentence.

tion par laquelle il déclare qu'il n'eſt pas permis aux Miniſtres Proteſtans *d'adminiſtrer aucuns Sacremens* dans ſa Paroiſſe, ſans ſa permiſſion expreſſe, que de cette Paroiſſe dépend le Village de Réïovitz, que le Miniſtre Fuſch n'a pû marier M. le Prince de Montbéliard avec Anne-Sabine de Hedwiger, parceque ce Curé ne fut point preſent au Mariage, & que d'ailleurs il n'avoit point donné permiſſion de le célébrer à Réïovitz, *& que de pareils mariages ſont nuls & de nulle valeur en Pologne.*

D'abord il n'eſt perſonne qui ne ſente toute la foibleſſe d'un Certificat particulier dans une Cauſe de cette importance ; mais le Certificat devient ſuſpect & inutile par le détail qu'il renferme.

Il eſt ſuſpect, parceque le Curé de Skoki s'aroge de ſon autorité privée un droit conſidérable, ce Curé ſuppoſe en ſa faveur une ſubordination & une dépendance du Miniſtre de Réïovitz, quoiqu'il n'ait donné aucune preuve de cette prétenduë dépendance.

L'on a ajouté & l'on démontre que ce Certificat eſt inutile. Premiérement, s'il s'agiſſoit ici de ſçavoir quelle eſt la diſcipline de l'Egliſe de Pologne ſur la célébration des Mariages, l'on ne s'en rapporteroit pas au ſimple Certificat d'un Curé ; l'on devroit conſulter les Canons de cette Egliſe, les Evêques, la Tradition ; & c'eſt d'eux ſeuls que l'on pourroit apprendre ſi en effet ſelon la diſcipline de l'Egliſe de Pologne, il faut la préſence du Curé pour la validité du Mariage.

En ſecond lieu, la diſcipline de l'Egliſe de Pologne que le Curé de Skoki prend la liberté d'atteſter, eſt abſolument étrangére à cette Cauſe. Il s'agit d'un Mariage contracté par feu M. le Prince de Montbéliard & Madame la Comteſſe de Sponeck : or ni l'un ni l'autre n'étoit domicilié en Pologne, ils n'étoient donc pas ſoumis aux Loix particuliéres & aux uſages de cette Egliſe. L'on a déja prouvé que parmi les Proteſtans, le Mariage n'eſt point regardé comme un Sacrement, que la Confeſſion d'Auſbourg n'oblige point ſes adhérans à contracter leurs Mariages devant le propre Curé, qu'elle ne demande la célébration dans un Temple, que comme une bienſéance, comme une cérémonie de pieté, & non pas une néceſſité ; *piè introductum*, dit Brunneman, *ut in Templo copalationes fiant* ; & c'eſt cette cérémonie que feu M. le Prince de Montbéliard & Madame la Comteſſe de Sponeck ont réligieuſement obſervée.

Au reſte il faut écarter tout le prétendu raiſonnement que l'on fonde ſur la diſcipline de Pologne, parcequ'encore une fois les Parties contractantes n'y étoient point domiciliées, & que cette conteſtation n'eſt point ſoumiſe à la déciſion de la Pologne.

TROISE'ME PROPOSITION.

George Léopold eſt né du mariage de feu M. le Prince de Montbéliard, & de Madame la Comteſſe de Sponeck.

Après avoir prouvé le fait & la légitimité du mariage de feu M. le Prince de Montbéliard avec Madame la Comteſſe de Sponeck, il eſt de l'ordre d'établir la filiation de George Léopold, & de faire voir qu'il eſt né de ce mariage pour parvenir ainſi par degrés à démontrer qu'il eſt habile à ſucceder à feu M. le Prince de Montbéliard. Or l'on rapporte différentes preuves de cette filiation, mais des preuves telles que la Loi les demande, & telles que l'uſage de toutes les Nations les preſcrit en cette matiére.

L

L'on doit placer à la tête de ces preuves l'Attestation donnée par le Sieur Opfergeld, Diacre de l'Eglise de Festemberg; c'est lui qui a baptisé George Léopold en 1697, & il en a rendu par écrit un témoignage authentique en qualifiant George Léopold, *fils de Son Altesse Serenissime le Duc de Wirtemberg-Montbéliard, & d'Anne Sabine de Hedvviger.* Si les Régistres de l'Eglise de Festemberg en Silésie étoient en bon ordre, ce seroit d'eux que l'on exigeroit ce témoignage; mais ces Régistres ont été si mal tenus, que George Léopold a été contraint d'avoir recours au Ministre qui l'a baptisé, & qui heureusement s'est encore trouvé vivant.

Que l'on n'oppose pas que cette attestation ne donne pas à George Léopold la qualité de fils légitime, & qu'elle est d'une main suspecte, sous prétexte que le Diacre Orpfergeld a été chassé dans la suite de l'Eglise de Festemberg.

Premiérement George Léopold ne peut pas être né en 1697, d'un Prince & d'une Demoiselle réguliérement mariés en 1695, qu'il ne soit légitime; & c'est un premier principe en cette matiére, que l'état des enfans ne peut recevoir aucune atteinte par les omissions ou les autres défauts des Certificats de leur naissance; *Imperator Antoninus rescripsit non lædi statum liberorum ob tenorem instrumenti malè concepti. L. 8. ff. de Stat. homin.*

En second lieu c'est une calomnie inventée par le Conseil de M. le Duc de Wirtemberg, que la prétendue destitution du Diacre Opfergeld, il n'a quitté l'Eglise de Festemberg, que pour passer à la Prevôté de Notre Dame de Magdebourg, qui est un poste très considérable; d'ailleurs l'on demande quelle consequence pourroit-on tirer de cette destitution, quand même elle seroit vraye? Les Ministres de Stoutgard seroient les premiers qui ayent jamais osé attaquer un Extrait Baptistaire, par cette raison, que le Pasteur qui l'a donné, a été dans la suite privé de son Benefice.

La seconde preuve de la filiation de George Léopold, est la plus forte & la moins suspecte, que l'on puisse donner en ce genre; c'est l'éducation que feu M. le Prince de Montbéliard & Madame la Comtesse de Sponeck, ont donné à George Léopold, ce sont les aveux multipliés du père & de la mere: c'est cette notorieté publique à qui la Loi donne la preference sur toutes les preuves par écrit. On a déja cité, & on doit encore rappeller ici les termes de la Loi 9. au Code de Nuptiis. *Si vicinis vel aliis scientibus uxorem liberorum procreandorum causâ domi habuisti & ex eo Matrimonio filia suscepta est, quamvis, neque nuptiales tabulæ, neque ad natam filiam pertinentes factæ sunt, non ideo minùs veritas matrimonii aut susceptæ filiæ suam habet potestatem.*

Cette Loi nous apprend comment l'on peut prouver la verité d'un Mariage, ou la naissance d'un enfant; *veritas matrimonii, aut susceptæ filiæ:* elle fait abstraction de tout Contrat de Mariage, de tout Regiftre public ou domestique, *quamvis neque Nuptiales tabulæ, neque ad natam filiam pertinentes factæ sunt:* & alors elle donne toute la force de prouver ce Mariage & cette naissance à la seule notorieté, à la connoissance des voisins, ou de ceux parmi lesquels on habite; *si vicinis vel aliis scientibus, &c.*

L'on peut se livrer à cette espece de preuves sans aucun scrupule, parceque'enfin l'on n'en impose point au Public, il est trop éclairé, il est trop sévére pour se laisser surprendre; mais si l'on s'en rapporte à lui sur la filiation de George Léopold, que deviendront les prétentions de M. le Duc de Wirtemberg! que l'on interroge les sujets de feu M. le Prince de Montbéliard, ses Officiers, sa parenté. Ses sujets ont vû élever George Léopold comme fils unique de leur Prince, ils l'ont reconnu autentiquement Prince hereditaire, ils lui ont donné part aux suffrages publics qui se faisoient dans leurs Temples pour la prosperité de leurs Princes, ils l'ont vû marier par feu M. le Prince de Montbéliard, ils lui ont prêté serment après la mort du feu Prince, ses Officiers, la Baronne de Lesperance elle-même, tout le domestique a été témoin de cette éducation, de ce Mariage, & il a été si public, que les Généalogistes d'Allemagne ont regardé George Léopold comme fils unique & présomptif héritier de feu M. le Prince de Montbéliard ; il n'est pas jusqu'à Madame la Duchesse d'Oëls qui sçait parfaitement toutes les circonstances du Mariage de feu M. le Prince de Montbéliard son frere & celles de la naissance de George Léopold, qui ne rende les témoignages qu'elle doit à la vérité.

Cette Princesse n'a pas dédaigné de regarder comme sa belle sœur, celle qui n'avoit été d'abord que sa premiere Dame d'honneur, elle a bien voulu être présentée avec elle, & en cette qualité à Louis XIV. elle ne cesse point de traiter George Leopold comme son neveu, elle lui donne tous les jours de nouvelles preuves d'une générosité vrayement digne d'elle, en rendant témoignage à la vérité, malgré les interêts que la Branche de Wirtemberg Oëls pourroit avoir à priver George Léopold de son état. Que pourra-t'on répondre à cette foule de témoins qui parlent, qui écrivent en faveur de George Léopold ? Osera-t'on se flater, l'on ne dit pas de récuser le Public : cela seroit sans exemple, mais l'on dit d'affoiblir son témoignage, ou de le révoquer en doute ?

La troisiéme preuve de la filiation de George Léopold, vient des reconnoissances faites par ses pere & mere. Quoique la Loi ne donne pas à ces reconnoissances seules le pouvoir d'assurer l'état & la filiation des enfans, cependant elle avoue que ces reconnoissances doivent être de quelque poids, lorsqu'elles sont soutenues par d'autres circonstances : *Instrumenta domestica, seu privata testatio, seu advocatio, si non aliis quoque adminiculis adjuventur, ad probationem sola non sufficiunt.* * Examinons-les donc ces reconnoissances, qui dans cette contestation, sont appuyées de toutes les sortes de preuves que l'on peut desirer.

Premiérement l'acte de divorce de feu M. le Prince de Montbéliard & de Madame la Comtesse de Sponeck porte expressément, qu'ils ont eu plusieurs enfans de leur Mariage, & qu'il en reste encore deux, sçavoir George & Léopoldine Eberhardine ; ce n'étoit constamment pas la passion qui faisoit parler alors M. le Prince de Montbéliard, & s'il a rendu un témoignage favorable à ses enfans dans le tems même qu'il en répudioit la mere, on conviendra que c'est la vérité seule qui a pû arracher cet aveu.

En second lieu le 17 Juin 1720 M. le Prince de Montbéliard donna *plein pouvoir à son très-cher fils George-Léopold, pour aller en Pologne, & y rechercher les preuves du Mariage qu'il avoit contracté avec Demoiselle Anne-Sabine de Hedwviger;* ainsi parloit feu M. le Prince de Montbéliard, lors même qu'il étoit livré à la Baronne de Lesperance ; quant à Madame la Comtesse de Sponeck, on la verra adhérer à tout ce qui est porté dans ce Mémoire, & réclamer hautement ses droits & ceux de ses enfans.

Mais il faut remarquer que toutes ces différentes preuves de la naissance de George-Léopold ne sont ici détaillées que pour satisfaire les Juges & le Public, & pour dissiper les doutes que les Ministres de M. le Duc

* *Lib. 5. Cod. de Probat.*

de Wirtemberg ont affecté de répandre fur la naiffance de George Léopold.
A l'égard de M. le Duc de Wirtemberg, il en a toujours été parfaitement
convaincu, & un Prince ne contefte pas des faits qui font de fa connoiffance, il ne demande pas qu'on lui rapporte des preuves de Palais d'une
filiation qu'il a reconnue publiquement, & qui devroit paffer pour autentique fur les feules affurances qu'il en a données lui-même. C'eft ainfi que
M. le Duc de Wirtemberg dans le Traité de Wildbaade a fait une convention particuliere pour les alimens de George-Léopold, de fa fœur &
de leur mere, il en parle d'une maniére à les diftinguer, il leur donne la
préférence fur tous les autres enfans & fur la Maîtreffe de feu M. le Prince
de Montbéliard ; c'eft ainfi qu'il les a reconnu pour femme & enfans de
ce Prince, lorfqu'il a exigé d'eux une rénonciation expreffe & une confirmation du Traité de Wildbaade, une ceffion de leurs droits, un abandon-
nement des prétentions qu'ils pourroient avoir fur la Principauté de Montbéliard *par droit de fucceffion, &c.* C'eft ainfi enfin qu'il a déclaré à tout
l'Empire qu'il regardoit George-Léopold comme le fils légitime de feu
M. le Prince de Montbéliard, en l'obligeant à renoncer encore plus particuliérement, & avec ferment à la fucceffion de fon pere.

Que les Agens de M. le Duc de Wirtemberg chicannent tant qu'ils voudront fur une filiation qu'on leur démontre ; il fera toujours vrai de dire
que M. le Duc de Wirtemberg les a démentis par une infinité de démarches ; elles prévaudront fans doute ces démarches que l'on a eu tout le
tems de réfléchir, & que l'on n'a faites qu'en parfaite connoiffance de
caufe, puifqu'il s'agiffoit d'une affaire d'Etat, & la plus importante qui
ait jamais été agitée à la Cour de Stoutgard.

Mais que peut on objecter pour rendre fufpecte la naiffance de George-
Léopold ? Il faut, felon le Confeil de M. le Duc de Wirtemberg un Extrait des Régiftres de Baptême ; or dit-on, non feulement George-
Léopold ne le rapporte pas cet Extrait ; mais encore M. le Duc de Wirtemberg apporte un Certificat du premier Miniftre de l'Eglife de Feftemberg, par lequel ce Miniftre déclare qu'il a cherché inutilement dans les
Régiftres le Baptême de George-Léopold de Sponeck fous les années 1697
& 1698.

A qui donc les Agens de la Cour de Stoutgard prétendent-ils en impofer par cette objection? S'il faut indifpenfablement un Extrait des Régiftres des Baptêmes pour prouver l'état ou la filiation des particuliers,
malheur à ceux dont les Pafteurs ou les parens auront négligé d'enrégi-
ftrer les noms! Malheur aux enfans que les Parains & Maraines auront
fait baptifer fous des noms empruntés! Il n'y aura plus de reffource pour
prouver fon état, lorfque les Régiftres auront été mal tenus, lorfqu'ils
auront été perdus, lorfqu'on les aura altérés. Ce peut être là le langage
des Jurifconfultes de Stoutgard, parceque dans le tems prefent leur Prince
eft intéreffé à défendre une théfe auffi étrange que celle-là ; mais l'équité
& la Loi parlent un langage bien different.

L'équité demande que pour l'état des perfonnes, c'eft-à-dire pour ce
que les particuliers peuvent avoir de plus précieux, on leur ménage toute
forte de preuves, pourvû qu'elles ne foient point fufpectes, & qu'elles ne
tendent pas à introduire des Avanturiers dans les familles. La Loi auroit
cru rendre trop difficile & fouvent même impraticable la preuve de la filiation, fi elle n'avoit admis en ce genre que la preuve par les Régiftres
publics,

publics , mais elle est bien éloignée d'une austérité si mal entenduë, elle veut qu'alors on s'en rapporte aux titres , & aux differentes circonstances du fait, *Si tibi controversia ingenuitatis fiat, defende causam tuam instrumentis & argumentis quibus potes,* (a) elle veut que l'on consulte les voisins & ceux qui peuvent être instruits de cette filiation, *si vicinis vel aliis scientibus &c.* (b) elle permet au deffaut des titres & de la renommée d'en croire même de simples Lettres si elles sont d'ailleurs reconnuës : *Probationes quæ de filiis dantur, non in solâ affirmatione testium consistunt ; sed & Epistolas quæ uxoribus missæ allegarentur (si de fide earum constitit) nonnullam vicem instrumentorum obtinere decretum est. (* d)

    A tous ces differens genres de preuves la Loi ajoute les papiers domestiques, on l'a déja prouvé ; (e) elle souffre que l'on écoute quelquefois les aveux & les reconnoissances des peres & meres, *etiam matris professio filiorum recipitur, sed & avi recipienda est.* (f) Enfin elle décide que la perte du titre qui pourroit faire foi de la naissance & de l'état d'un particulier, ne doit point lui préjudicier ; *statum tuum natali professione perditâ mutilatum non esse, certi juris est.* (g)

    Après des décisions si formelles demandera t'on encore un extrait des Régistres, comme la seule preuve qui soit admissible en matiére d'état & de filiation ? pourra t'on rejetter l'attestation donnée par le Ministre même qui a baptisé George Léopold , le bruit public de Montbéliard, les reconnoissances portées par l'acte du divorce & la procuration de 1720, les aveux faits par M. le Duc de Wirtemberg dans le Traité de Wildbaade & dans les renonciations qu'il a exigées personnellement de George Léopold ? réunir en sa faveur tant de sorte de preuves, c'est pour se servir de l'expression même de la Loi , défendre sa cause par les titres & par les argumens les plus convaincans ; *Deffende causam tuam instrumentis & argumentis. (* h)

    Au reste quel usage peut-on faire du Certificat par lequel le Ministre de Festemberg atteste qu'il n'a point trouvé dans ses Régistres le Baptême de George Léopold Sponeck sous les années 1697 & 1698 ? ce n'est point sous le nom de Sponeck qu'il faloit le chercher, parceque George Léopold a été baptisé comme fils de M. le Prince de Montbéliard & d'Anne Sabine de Hedwiger, dont la famille n'avoit point encore le nom de Sponeck. Mais une ruse aussi misérable que celle-là ne mérite pas qu'on la reléve.

(a) *L.* 2. *Cod de Testib.*

(b) *L.* 9. *Cod. de Nupt. ut supr.*

(d) *L.* 2. *ff. de probat.*

(e) *Vid. l.* 5. *Cod. de probat.*

(f) *L.* 16. *ff. de probat. & l. l. §. 12. ff. de gnosc. liber.*

(g) *L.* 6. *Cod. de fid. instrum.*

(h) *D. l.* 2. *Cod. de Testib.*

QUATRIEME PROPOSITION.

Le divorce de 1714 n'a point donné d'atteinte au Mariage de feu M. le Prince de Montbéliard avec Madame la Comtesse de Sponeck, & ce Mariage est le seul que ce Prince ait légitimement contracté.

    Il manqueroit quelque chose à la défense de George Léopold, si après avoir prouvé qu'il doit le jour à un Mariage légitime, l'on ne démontroit pas encore que ce Mariage n'a jamais reçû aucune atteinte par le divorce, tel qu'il est en usage dans l'Eglise Protestante ; d'ailleurs l'on ne doit pas se borner à écarter les prétentions de M. le Duc de Wirtemberg, il faut encore anéantir celles des enfans de la Baronne de Lesperance ; ce sont les deux derniers objets de cette derniere proposition : l'on commence par examiner le prétendu divorce.

    L'Eglise Catholique & la Confession d'Ausbourg regardent le divorce

M

d'un œil bien différent ; dans l'Eglise Catholique la mort seule peut rompre les liens d'un Mariage consommé, la seule Profession réligieuse peut dissoudre cette espece de Mariage que les Canonistes appellent *ratum & non consummatum* : & si quelquefois l'on voit des Catholiques mariés, séparés authentiquement par le Juge, cette séparation ne touche point au lien du Mariage, elle le laisse subsister dans toute sa force, elle se borne uniquement à interrompre la communauté de biens, ou à autoriser les personnes mariées à ne point habiter ensemble.

Dans la Confession d'Ausbourg l'on a des principes entierement opposés ; l'on y regarde, dit Puffendorf, le Mariage comme une convention dont les Parties contractantes peuvent résilier toutes les fois que les conditions essentielles n'ont pas été accomplies ; ainsi, selon cet Auteur, la fin du Mariage est d'avoir une postérité légitime, & cette fin ne peut être remplie que par la cohabitation des personnes mariées ; c'est donc manquer dans un point essentiel, c'est ne vouloir pas arriver à la fin que l'on s'est proposée que d'abandonner de dessein prémédité son mari ou sa femme & de refuser d'habiter ensemble. Aussi dans les Eglises Protestantes l'on regarde comme une premiére cause légitime de divorce *la désertion malicieuse* de l'une des personnes mariées ; *Initur matrimonium ad sobolem procreandam, cui fini necessaria est mutua corporum præbitio : inde saltèm ex mero jure naturali, alter conjugum vinculo liberabitur propter malitiosam alterius desertionem.* (m)

(m) Puffendorff. de jur. natur. lib. 6. cap. 1. §. 21. Brunneman. de dissolut. matrim. num. 26.

Le même principe a fait naître une seconde cause de divorce parmi les Protestans, c'est l'adultére commis par le mari ou la femme, parceque, dans le sistême de Puffendorff, celui qui se rend coupable de ce crime, manque aux engagemens qu'il a pris par le Mariage pour avoir des enfans légitimes, & qui ne doivent le jour qu'à l'union des deux personnes mariées : *Deindè conjugium initur, ut suam quisque prolem tollat, non adulterinam, non suppositiam . . . . . . ergò divortii justa causa erit, si uxor alteri corporis sui copiam faciat : & quidèm ultrò.* (n)

(n) Idem. ibid. Brunneman de dissolut. matrim. n. 16. Ob adulterium solvitur matrimonium jure canonico tantium quoad thorum, sed in nostris Consistoriis etiàm à vinculo fit separatio.

De là il faut conclure qu'il y a deux raisons de divorce dans les Eglises Protestantes, la désertion malicieuse & l'adultére, & l'on avoüe que les Protestans ne regardent point le divorce comme une simple séparation *quoad thorum & mensam* : ils tiennent pour principe que le divorce va jusqu'au lien du Mariage, qu'il a la force de rompre entiérement ce lien, & qu'il donne au mari & à la femme la liberté de prendre d'autres engagemens ; mais en même tems l'on conviendra à Stoutgard qu'hors l'adultére & la désertion malicieuse il n'y a point de raison qui puisse autoriser les Protestans mariés à faire divorce & à contracter un nouveau Mariage ; c'est suivant ces maximes qu'il faut juger du divorce que feu M. le Prince de Montbéliard tenta en 1714.

L'on voit dans l'acte de ce divorce un aveu réciproque du Mariage que feu M. le Prince de Montbéliard & Madame la Comtesse de Sponeck avoient contracté : ensuite il est dit, *Que par bon conseil, du vouloir & consentement de tous deux à raison de la disparité d'humeurs, d'où sont nées & arrivées de part & d'autre des causes suffisantes de divorce, ils se sont volontairement séparés, &c.* par bon conseil & *pour disparité d'humeurs* feu M. le Prince de Montbéliard a voulu faire divorce ! quel conseil ! quelle nouveauté dans le Monde Chrétien & dans l'Eglise Protestante ! le Conseil du Prince étoient ses flatteurs, sa maîtresse, sa passion : & que lui ont-ils suggéré ? la paſſion a allumé de nouveaux feux, la maîtreſſe les a fomentés, les flatteurs leur ont applaudi, & ils ont cherché à les juſtifier en créant une nouvelle cauſe de divorce ; mais on en appelle à tout ce qu'il y a de Juriſconſultes dans l'Empire & de Juges dans les Conſiſtoires Proteſtans, on les prend à témoins que depuis la Confeſſion d'Auſbourg il n'avoit pas encore paru la moindre trace d'une diſcipline auſſi monſtrueuſe que celle-ci ; & en effet quel déſordre n'entraîneroit pas cette facilité de faire divorce ſous prétexte de diſparité d'humeurs ? peu de perſonnes mariées qui ne ſoient expoſées à l'amertume que cette diſparité d'humeurs peut répandre ſur toutes les actions de la vie ; ou du moins, point de perſonnes mariées qui ne puiſſe la ſuppoſer avec quelque vrai-ſemblance, & s'en faire un motif de divorce; ce ſeroit là ſans doute rendre le Mariage plus diſſoluble que le Contrat le moins important.

Que l'on ne cherche point ici d'autres raiſons pour colorer le divorce de 1714 ; que la calomnie ne ſoit pas plus hardie après la mort de M. le Prince de Montbéliard qu'elle l'a été dans le tems même de ſes nouvelles amours. Jamais elle n'a oſé attenter à la réputation de Madame la Comteſſe de Sponeck, jamais elle ne lui a imputé ni de commerce criminel, ni une déſertion malicieuſe que ſa conduite auroit démentie hautement ; il n'y a donc jamais pû avoir de divorce entre feu M. le Prince de Montbéliard & Madame la Comteſſe de Sponeck, même dans les Maximes Proteſtantes.

L'on ne s'arrêtera point à prouver la foibleſſe du prétendu conſentement mutuel pour ce divorce. D'un côté il eſt vrai, & l'on ſe perſuadera aiſément que Madame la Comteſſe de Sponeck n'a donné qu'un conſentement forcé à ce divorce, que feu M. le Prince de Montbéliard a parlé en maître en cette occaſion & qu'il étoit d'autant plus dangereux de lui réſiſter, qu'il s'a-giſſoit pour lui de ſatisfaire une paſſion à laquelle il ſacrifioit tout.

D'un autre côté l'on ſçait que le Mariage eſt indiſſoluble par lui-même, que les Parties contractantes, après en avoir formé le lien par leur conſen-tement réciproque ne peuvent plus le rompre par un conſentement con-traire ; que c'eſt Dieu qui préſide à des engagemens ſi ſaints & que lui ſeul, ou ceux qui tiennent de lui le pouvoir de prononcer ſur les mariages peu-vent en dégager. Auſſi dans la Confeſſion d'Auſbourg comme dans l'Egliſe Catholique l'on a recours au Juge Eccléſiaſtique lorſqu'il s'agit du lien du mariage, il n'eſt jamais permis aux perſonnes mariées de ſe ſéparer de leur autorité privée. Brunneman atteſte que les Conſiſtoires ne ſouffrent point que celui-là même qui eſt innocent de l'adultére, ou de la déſertion mali-cieuſe, rompe ſes liens de lui-même, il faut une citation réguliére devant les Juges du Conſiſtoire, il faut une information, des preuves, des proce-dures, un jugement, parceque ſans ces précautions l'on ſeroit expoſé tous les jours à voir diſſoudre des mariages légitimes par le caprice des particu-liers, *In Conſiſtorio noſtro Electorali indiſtinctè prohibitum propriâ autoritate ab invicem propter adulterium diſcedere, ſed tota adulterii cauſa coram Con-ſiſtoriis ventilanda, ne fortè falſâ adulterii ſuſpicione benè concordantia matri-monia turbentur.* (oo) Il établit enſuite la même maxime pour la déſertion malicicieuſe. (pp)

Or l'on demande, où feu M. le Prince de Montbéliard a-t-il formé ſa demande en diſſolution de Mariage ? où a-t-il allégué la déſertion mali-cieuſe ou l'adultere ? quelles preuves en a t-il données ? quel jugement a t-il obtenu ? il eſt conſtant qu'il a mépriſé tout cet appareil judiciaire, auquel

(oo) *Brun-nemand.jur. Eccleſ. cap. 6. libr. 1. num. 19.*
(pp) *Ibid, num. 27.*

les Princes doivent cependant se soumettre, comme les simples Particuliers. Feu M. le Prince de Montbéliard n'a eu garde de rendre hommage à l'Eglise, de la consulter, de la reconnoître pour son divorce, parcequ'il vouloit y parvenir à quelque prix que ce fût & qu'il ne pouvoit pas se flatter que l'E-glise Protestante autorisât un divorce sans preuves, sans raisons, même sans prétexte spécieux. C'est donc avec justice que l'on a dit pour quatriéme pro-position, que le divorce de 1714 n'a donné aucune atteinte au Mariage de feu M. le Prince de Montbéliard & de Madame la Comtesse de Sponeck, puisque le divorce n'a eu ni motif, ni autorité légitime; il reste une réfle-xion qui paroît très propre à affermir encore les droits de George-Léopold.

Le divorce a été toleré par la Loi de Moyse, il a été expressément per-mis par le Droit Romain, l'Eglise Grecque & les Eglises Protestantes l'ont adopté; mais en aucun tems, chez aucune Nation le divorce n'a anéanti les droits des enfans nés des personnes qui ont fait divorce. Malgré lui ces enfans ont toujours conservé leur état, leur légitimité, leur habilité à suc-ceder à leurs peres & meres, parcequ'il suffit pour en joüir que leur naif-sance n'ait rien eu de vitieux dans son principe. Quoi donc! les peres & meres seroient affranchis de leurs chaînes par le divorce? le coupable même de l'adultere, ou de la défertion malicieuse recouvreroit sa liberté? & les seuls enfans qui n'ont pû avoir de part au crime, en porteroient cependant toute la peine par la perte de leur honneur & de toute leur fortune? les seules lu-miéres de la raison font sentir toute la bizarrerie & toute l'injustice de ce sistême.

(qq) ff. de divort. & rep. cod. di-vort. fact. a-pud quem li-ber. morar. vel educar. debeant.

Si l'on parcourt les Loix Civiles sur le divorce, (qq) loin d'y trouver cette rigueur extrême qui feroit rejaillir sur les enfans toute l'infamie du divorce, l'on voit une attention particuliére à conserver leurs droits, à pourvoir à leur éducation, à obliger les peres & meres à avoir pour ces enfans des égards dont la Loi ne les charge point pour des enfans illégi-times; preuve incontestable que les plus célébres Jurisconsultes, & les Loix n'ont point cru que le divorce pût porter quelque préjudice aux droits de la naissance.

Enfin c'est une maxime universellement reçûe que des enfans qui se-roient nés d'un mariage effectivement nul, mais contracté de bonne foi, au-roient cependant toutes les prérogatives des enfans légitimes: à combien plus forte raison doit-on les donner ces prérogatives, à des enfans nés d'un mariage régulier, quoique dans la suite ce mariage paroisse détruit par le divorce, selon les maximes de l'Eglise Protestante? l'application de ces principes est bien naturelle pour cette contestation.

Quand même on supposeroit avec les adversaires de George-Léopold que le divorce de 1714 a été fait pour les raisons & avec les précautions que demande la discipline des Eglises Protestantes, George-Léopold n'en seroit pas moins légitime, il ne seroit pas moins capable de succéder à feu M. le Prince de Montbéliard, parcequ'enfin sa naissance n'auroit au-cune tache & qu'en 1714, il avoit sur son état & sur les biens de son pere des droits que le caprice & l'inconstance n'ont pas pû lui ravir; il est tems d'examiner le Mariage que la Baronne de Lesperance se flatte d'avoir contracté avec feu M. le Prince de Montbéliard; il s'agit de prouver présen-tement que ce prétendu Mariage ne donne aucun droit aux enfans qui en sont nés & qu'ils ne peuvent point disputer avec George-Léopold des pri-vileges de la légitimité.

Prétendu

Prétendu Mariage de la Baronne de Lesperance avec feu M. le Prince de Montbéliard.

Rien ne prouve mieux l'étrange ascendant que la Baronne de Lesperance avoit sur l'esprit de feu M. le Prince de Montbéliard, que toutes les fausses démarches qu'elle lui a fait faire. L'on a vû dans le détail du fait qu'elle a été l'ame du honteux traité de Wildbaade, c'est elle qui a inspiré le divorce de 1714, & pour comble d'infamie elle a engagé ce Prince à l'épouser en 1718, quoique le Droit Divin & les Saints Decrets, quoique la discipline particulière des Eglises Protestantes réprouvassent leur prétendu Mariage.

En effet deux empêchemens dirimans y formoient des obstacles invincibles; empêchement dirimant par le Mariage précédent, empêchement dirimant par l'affinité qui étoit entre le Prince & la Baronne de Lesperance.

Quant au premier obstacle l'on vient de prouver que le Mariage de feu M. le Prince de Montbéliard & de Madame la Comtesse de Sponeck avoit été valable dans son principe & que son lien subsistoit encore, malgré le prétendu divorce de 1714; or il ne faut pas un grand raisonnement, ni entasser ici beaucoup d'autorités pour démontrer, que feu M. le Prince de Montbéliard n'avoit pas la liberté de contracter un nouveau mariage, lors même qu'il étoit encore dans tous les engagemens du premier. Si la Confession d'Ausbourg permet le divorce dans les circonstances de l'adultère ou de la désertion malicieuse, elle a toujours proscrit la multiplicité des femmes; cependant feu M. le Prince de Montbéliard retomboit nécessairement dans cet inconvénient en épousant la Baronne de Lesperance, puisque de son propre aveu il avoit déja épousé Madame la Comtesse de Sponeck en 1695, puisqu'elle n'avoit donné aucune occasion au divorce, puisqu'enfin l'autorité Ecclésiastique n'avoit point prononcé sur le premier Mariage, & n'avoit point autorisé le Prince à en contracter un second.

Mais si l'on avoit résolu de sacrifier tous les droits de la femme légitime, il falloit du moins respecter l'affinité qui étoit entre feu M. le Prince de Montbéliard & la Baronne de Lesperance; elle ne pouvoit pas ignorer que Madame de Sandersleben sa sœur avoit eu un commerce criminel avec le Prince; le bruit en étoit public à la Cour de Montbéliard, & la Baronne de Lesperance elle-même avoit reçû entre ses bras les fruits de ce commerce. L'affinité étoit donc certaine, elle étoit connue, elle étoit au premier degré; examinons ce que les Consistoires & les Canonistes Protestans pensent de cette sorte d'affinité.

Brunneman dans son Traité du Droit Ecclésiastique donne deux principes en cette matiére; premier principe, le commerce criminel produit la même affinité qu'un mariage légitime. *Quotiescumque ex legitimis Nuptiis oritur affinitas prohibens Nuptias alias, toties etiam ex stupro oritur prohibitio; sic non potest ducere eam quæ à fratre olim cognita, sic cujus socer cum aliquâ puellâ consuevit, ille eam soluto matrimonio ducere non potest.... & si talia fiant occultè, Deo hæc sunt abominalia* (rr).

Second principe; l'affinité forme un empêchement au mariage dans les mêmes degrez que la consanguinité; *eodem in gradu quo in consanguinitate prohibita sunt Nuptiæ, sunt etiam prohibita in affinitate, scilicet in quarto gradu.* (ss)

(rr) *Brunnem. de Jur. Ecclef. Lib. 2. cap. 16. num. 20. Carps L. 2. Def. 97. &c.*

N

(N) Brun-
neman, ibid.
n. 23. Carps
Diff. 88.

Il seroit inutile de s'arrêter ici à examiner ce que le premier de ces principes peut avoir de contraire à la discipline de l'Eglise Catholique ; l'on
sçait que depuis le quatriéme Concile de Latran, l'on faisoit aucune
difference dans toute l'Eglise entre l'affinité légitime & celle que nous appellons illégitime ; mais le Concile de Trente a corrigé cette discipline
en renfermant l'affinité illégitime dans des bornes plus étroites, & en la
réduisant au second degré inclusivement ; il n'est donc pas surprenant que
les Eglises Protestantes ayent conservé l'ancienne discipline de l'Eglise en
ce point, elles qui n'ont point reçû le Concile de Trente.

Quoi qu'il en soit, il faut raisonner du Mariage dont il s'agit, suivant
le premier principe de Brunneman. On ne peut pas douter que l'affinité
que produit un Mariage réel & effectif, n'empêche les beau-freres & belles-
sœurs de se marier ensemble ; mais puisque Brunneman atteste que dans
la Confession d'Ausbourg, l'affinité qui naît du crime, a les mêmes effets
que celle qui vient d'un Mariage véritable ; c'est une consequence juste,
que parmi les Protestans, l'on ne peut pas épouser la sœur de celle avec
qui l'on a eu un commerce criminel, comme l'on ne pourroit pas épouser
la sœur de sa femme légitime.

Cette conséquence est encore appuyée sur le second principe que Brunneman propose ; si la défense de contracter Mariage pour cause d'affinité,
a la même étendue parmi les Protestans, que l'empêchement dirimant de
la consanguinité, il est incontestable qu'ils ne peuvent pas contracter un
Mariage valable dans le premier degré d'affinité. Il auroit été nécessaire
pour légitimer un Mariage de cette espece, d'obtenir une dispense émanée d'une autorité légitime, & d'ailleurs cette dispense ne pouvoit être
accordée que pour des raisons très pressantes, parceque le commerce que
feu M. le Prince de Montbéliard avoit eu avec Madame de Sandersleben,
étoit parfaitement connu à Montbéliard ; & personne n'ignore avec quelles
précautions l'on doit dispenser dans le premier degré d'une affinité notoire ; mais feu M. le Prince de Montbéliard n'a pas même tenté cette
dispense, & l'on n'en trouve aucune trace dans tous les actes que la Baronne de Lesperance a sçû se ménager.

Ainsi s'évanoüit cet ombre de Mariage qui flatte si agréablement la Baronne de Lesperance & toute sa posterité ; ainsi l'Eglise Catholique & la
Protestante reprouvent une union que l'on ne pourroit établir que sur les
ruines des Loix les plus sacrées parmi nous, elles anatématisent un Mariage
qu'on ne peut autoriser qu'en énervant les deux empêchemens dirimans
les plus insurmontables que les Canons ayent jamais prescrits, l'empêchement du lien & celui de l'affinité.

Après avoir prouvé la validité du Mariage de Madame la Comtesse de
Sponeck, & l'irrégularité de celui de la Baronne de Lesperance, il semble
qu'il n'y a qu'à conclure tout simplement, que George Léopold est seul légitime héritier de feu M. le Prince de Montbéliard ; mais M. le Duc de Wirtemberg s'est ménagé deux nouvelles ressources qu'il faut examiner en finissant.

La premiere vient du traité connu dans la Maison de Wirtemberg sous
le nom du pacte des cinq freres ; l'autre consiste dans la renonciation particuliére que l'on a extorqué à Stoutgard de George Léopold.

Le pacte des cinq freres fut fait en 1617, pour régler les droits des cinq
Princes qui composoient alors la Maison de Wirtemberg. Par ce pacte,
l'aîné eut pour son partage le Duché de Wirtemberg avec les dépendances ;

Louis Frideric qui le fuivoit immédiatement, eut la Principauté de Mont-béliard avec les Terres d'Alface & de Franche-Comté, les trois autres Princes n'eurent que des appanages ; mais de toutes les conventions qui furent faires entre ces cinq freres, il en eft deux qui font effentielles à cette conteftation.

L'une a pour objet les Mariages que ces Princes pouvoient contracter dans la fuite ; on s'eft expliqué en ces termes : *(t) puifque Leurs Alteffes Sereniffimes font d'une naiffance égale, ils doivent & veulent à l'avenir com-me jufqu'à préfent porter le même titre & les mêmes armes, & font convenus par le préfent Traité, que comme il eft en foi-même louable, convenable & jufte, aucun de Leurs Alteffes ne doit, ni veut fe marier fans le confeil, connoiffance, volonté & bon plaifir des autres, particulierement de leur frere aîné Prince re-gnant, comme étant le Chef de cette Maifon Ducale, fur-tout avec une perfonne qui n'eft point de condition de Prince.*

Telle eft la claufe qui a donné lieu au triomphe imaginaire de M. le Duc de Wirtemberg : il prétend 1°. que les Princes de la Maifon de Wir-temberg ne doivent point fe marier fans l'agrément de l'aîné de fa Maifon ; 2°. que fur-tout ils ne doivent point contracter Mariage avec des perfonnes qui ne feroient pas de condition de Prince.

Mais fur quoi peut-on s'appuyer pour faire paffer à la pofterité une con-vention, une obligation qui a été perfonnelle aux cinq freres qui contra-ctoient ? Ils ont fait un Traité qui prévenoit les difficultez qui pouvoient naître entre eux ; & par le traité, ils fe font donnés des marques réciproques de confidération & d'amitié ; entre autres, ils font convenus de ne point fe marier fans l'agrément de leurs freres, quelle conféquence en peut-on tirer pour le Mariage d'un de leurs defcendans ? Deux réflexions peuvent prouver que cette claufe n'appartient point à la queftion qu'il s'agit de décider.

Première réflexion ; l'obligation de confulter tous les Princes de la Mai-fon de Wirtemberg pour les Mariages que l'on contracteroit dans cette Maifon, ne pouvoit être impofée qu'à ceux qui ont fait le pacte de 1617. Le Mariage eft l'action qui demande le plus de liberté, & qui n'admet ni conditions, ni reftrictions étrangéres aux perfonnes qui contractent. Cha-cun peut bien en particulier reftraindre la liberté naturelle de contracter Mariage ; il peut fe faire une Loi de bienféance pour fixer fon choix, mais cette Loi ne peut jamais être d'une néceffité abfolue & indifpenfable, & l'on tenteroit inutilement de la tranfmettre à fes defcendans ; auffi les cinq freres n'ont parlé que pour eux dans le pacte de 1617 : ils ont dit *qu'au-cun de Leurs Alteffes Sereniffimes ne doit, ni veut fe marier fans le confeil des autres, particulierement de leur frere aîné.* Cette expreffion eft bornée aux cinq freres : on n'y voit rien qui puiffe faire préfumer la volonté de fou-mettre leurs defcendans à la même obligation. Or tout ce qui diminue la liberté naturelle pour le Mariage, eft de droit étroit : il ne doit point être expliqué des perfonnes & des circonftances qui n'ont point été prévûes par la convention. Il ne faut donc pas appliquer à feu M. le Prince de Mont-béliard la promeffe réciproque que les cinq freres fe font faite de ne point fe marier, que de leur confentement mutuel.

Seconde réflexion fur cette claufe ; toutes les obligations que le pacte de 1617 a pû impofer aux cinq freres, n'ont été, felon l'intention des cinq Princes qui contractoient, que des obligations de bienféance, & nulle ment d'une néceffité abfolue. Ils ont dit, *qu'il étoit louable, convenable & jufte qu'aucun de leurs Alteffes ne fe mariât fans le confentement des autres.* C'eft dans l'amitié fraternelle, c'eft dans la déférence que les cadets doivent à leur aîné que cette convention a pris fes motifs; mais ce n'eft point une loi impérieufe, une obligation indifpenfable & fans retour, bien moins encore ofera-t-on foutenir que cette convention a été faite fous peine de nullité des Mariages qui lui feroient contraires. Les cinq freres n'ont point imaginé une ftipulation auffi extravagante qu'auroit été la claufe irritante des Mariages qui fe feroient fans le confentement mutuel de ces Princes, ou d'exhérédation des enfans qui naîtroient de ces Mariages, ils n'ont pas porté leurs vûes jufqu'à cet excès, & quand même ils auroient bien voulu s'obliger fous des peines auffi dures, leur obligation auroit été vaine & fans effet, parcequ'ils n'avoient pas l'autorité néceffaire pour prefcrire au Mariage de leurs freres une loi qui dût s'accomplir fous peine de nullité de Mariage, ou d'une privation abfolue de la fucceffion paternelle pour les fruits de ce Mariage.

Mais il eft une autre claufe du pacte des cinq freres que M. le Duc de Wirtemberg n'a eu garde de relever, & qui eft cependant bien importante pour la décifion que l'on attend. Dans le fixiéme article il a été dit, *que s'il arrivoit par la volonté immuable du Tout-puiffant qu'un de ces Seigneurs & Princes freres vînt tôt ou tard à décéder, fans laiffer d'héritier mâle légitime procréé de fon corps, on eft convenu particuliérement par les prefentes, & on s'eft promis réciproquement que le plus proche frere qui le fuit en âge fera fubftitué au défunt dans les Principautés, Comtés, Seigneuries & Pays qu'il poffédoit dans l'appanage qui lui aura été affigné dans tous les effets & meubles; de forte qu'alors il abandonnera les Comtés, Seigneuries & Pays qu'il poffédoit & l'appanage qu'il avoit, foit qu'il ait des héritiers mâles, ou non: & fon plus proche frere né après lui fuccédera immédiatement, & confécutivement le troifiéme à celui-ci : & ainfi le Cadet occupera toujours la place & poffédera les biens de celui qui le précédoit immédiatement en âge, & ainfi de mâle en mâle, à l'exclufion des filles.*

Cette claufe n'a rien d'obfcur, rien qui ait befoin d'interprétation. Son fens naturel eft que fi quelqu'un des cinq freres vient à mourir fans poftérité légitime, ce n'eft point l'aîné feul qui doit lui fuccéder, ce ne font point tous les freres conjointement, c'eft celui *qui le fuit en âge immédiatement qui doit profiter de fa fucceffion,* & enfuite il doit fe faire une gradation de tous les autres cadets à l'appanage de celui qui le précéde. Si l'on fuppofoit donc avec M. le Duc de Wirtemberg que feu M. le Prince de Montbéliard eft mort fans poftérité légitime, ou fans enfans habiles à lui fuccéder, fous le faux prétexte du Pacte Morganatique, fi la fucceffion de toutes les differentes branches de la Maifon de Wirtemberg doit fe regler fur le pacte de 1617; il eft inconteftable que ce n'eft point M. le Duc de Wirtemberg qui doit fuccéder à feu M. le Prince de Montbéliard, parceque M. le Duc de Wirtemberg eft l'aîné de la Maifon de Wirtemberg & par le pacte de famille, l'aîné eft abfolument exclus de la fucceffion des autres branches, tant qu'il y a des cadets pour recueillir la fucceffion vacante.

Dans ce fiftême qui eft parfaitement conforme au Pacte des cinq freres, ce feroit à la branche de Wirtemberg-Oëls à revendiquer la fucceffion de Montbéliard, parceque ces deux branches fe fuivent immédiatement; mais malheureufement pour Monfieur le Duc de Wirtemberg,

George-

George-Léopold a trouvé dans le fein même de la branche de Wirtem-berg-Oëls des fecours pour rentrer dans fes droits. D'un côté le Prince Chriftian d'Oëls par fa lettre du 29 Aouft 1720 avoüe la légitimité de la naiffance de George-Léopold, il n'héfite pas de dire qu'il n'eft pas tems pour la branche d'Oëls de fe prévaloir du Pacte des cinq freres, parce-que feu M. le Prince de Montbéliard avoit une pofterité légitime, & lui a fouvent réiteré une reconnoiffance auffi précife; d'un autre côté Madame la Ducheffe Doüairiere d'Oëls publie hautement la vérité & la validité du Mariage dont il eft queftion, elle plaint George-Léopold dans fa difgrace, elle l'honore de fon crédit; quel effet n'auront point les fuffrages, que George-Léopld ne doit affurément pas à la flatterie, & dont il ne peut être redevable qu'à une amitié défintereffée?

Mais enfin fi M. le Duc de Virtemberg croit avoir des prétentions, il ne devoit pas fe faire raifon les armes à la main, le Pacte dès cinq freres dont il fe prévaut lui avoit tracé la route qu'il devoit tenir, il eft dit, que fi les Princes de Wirtemberg ont quelques difficultés *au fujet de ce Traité, ou pour autre chofe, fous quelque prétexte & pour quelque raifon que ce puiffe être, ils ne fe laifferont point porter à en venir à des voyes de fait, mais s'accommo-deront avant toute chofe à l'amiable par l'entremife des autres Seigneurs Freres, de leurs Héritiers & par celle des Confeillers qu'ils choifiront de part & d'autre pour Arbitres.*

Cette prévoyance étoit fage; elle convenoit à des freres, elle étoit di-gne des Princes qui l'ont faite & qui vouloient concourir unanimément à l'avantage de leur famille; les tems font changés, M. le Duc de Wirtem-berg exerce fes prétentions les armes à la main, fes Agens ont recours à l'artifice pour dépoüiller par provifion George-Léopold de l'Etat dont il étoit en poffeffion : & ce qui eft bien fingulier, M. le Duc de Wirtemberg viole le Pacte des cinq freres, dans le tems même qu'il invoque ce Pacte & qu'il fait retentir les Tribunaux des anciennes Conventions de la famille de Wirtemberg : Oüi ce Pacte doit être exécuté, mais il faudroit pour cela que M. le Duc de Wirtemberg laifât contefter George-Léopold avec la branche de Wirtemberg-Oëls, il faudroit qu'il portât fes prétentions par-devant les Arbitres nommés de part & d'autre; ou fi M. le Duc de Wirtem-berg veut enfraindre ce Pacte dans ces deux points effentiels, qu'il ceffe de le réclamer & de l'oppofer au fils légitime de feu M. le Prince de Mont-béliard.

Au refte, que doit-on penfer des différentes rénonciations que l'on a ex-torquées de George-Léopold? c'eft ce qu'il faut examiner dans le dernier article de ce Mémoire.

De la prétendue rénonciation faite par George Léopold.

L'on a vû dans le fait que pendant la vie de feu M. le Prince de Mont-béliard l'on a obligé George Léopold à aller à Loüifbourg maifon de cam-pagne de M. le Duc de Wirtemberg, que là on a extorqué de lui une ré-nonciation à la Principauté de Montbéliard & aux autres Terres, que, non content de cette première rénonciation, l'on en a exigé une particu-liére pour le Nom & les Armes de Wirtemberg, que d'ailleurs on l'a fait renoncer expreffément au funefte avantage qu'il pouvoit efpérer de l'é-trange léfion qu'on lui faifoit fouffrir, que l'on a prétendu lui impofer fi-lence, même fur fa minorité, qu'il a promis de ne jamais objecter la foi-

O

bleſſe & le privilége de ſon âge, & qu'enfin l'on a couronné tant de hon-
teuſes extorſions par un ferment, pour affermir, s'il ſe pouvoit, par la Réligion même, ce que la Réligion & les Loix condamnent hautement.

Il faut donc écarter cette rénonciation prétenduë, il faut en faire ſentir toute l'irrégularité: & pour cela l'on va examiner trois queſtions. George
Léopold a-t'il pû légitimement renoncer à la Principauté de Montbéliard,
au Nom & aux Armes de Wirtemberg? c'eſt la premiére queſtion. Pouvoit-
il ſe priver des reſſources que lui offroient contre cette rénonciation ſa
minorité & la plus énorme léſion qui fût jamais? ſeconde queſtion. Enfin,
que doit-on penſer du ferment que l'on a fait venir au ſecours d'une rénonciation auſſi foible & auſſi odieuſe? troiſiéme & derniére queſtion.

De la rénonciation prétendue à la Principauté de Montbéliard, au Nom & aux Armes de Wirtemberg.

Cette rénonciation a deux faces. 1°. On doit la diſcuter ſuivant les principes du Droit commun, ſuivant les maximes que toutes les Nations ont
adoptées en matiére de rénonciation. 2°. Il faut conſulter ce que le Droit
public preſcrit en particulier ſur les rénonciations aux Principautés.

Maximes
du Droit
commun ſur
les rénon-
ciations en
général.

Pour ne rien dire de trop général en matiére de rénonciation, & pour
ne point ſortir de l'eſpece du fait, l'on établira d'abord comme une circonſtance eſſentielle & conſtante, que George Léopold étoit mineur lors
de ſa rénonciation; ſon Extrait baptiſtaire porte, qu'il a été baptiſé le 12
Decembre 1697, & la rénonciation eſt du 9 Juillet 1715; George Léopold
n'avoit donc que dix-huit ans, lorſqu'il ſouſcrivit à la rénonciation qu'on
lui préſente.

Or il n'eſt rien de plus trivial & de moins inconteſtable en Droit que
l'incapacité du mineur pour toute aliénation en général, & nommément
pour toute rénonciation. Un Mineur ne peut pas aliéner ſes immeubles,
quoiqu'il en ait le domaine; parceque ce domaine n'eſt pas libre en ſa perſonne. La Loi lui en ôte l'exercice, juſqu'à ce qu'il ſoit d'un âge mûr, &
qu'il ait aſſés de diſcernement pour adminiſtrer ſes biens en bon pere de
famille: & ſi quelques fois une néceſſité preſſante, ou une évidente utilité
demande l'aliénation des biens du mineur, alors cette aliénation doit être
accompagnée de certaines précautions que l'on a jugé propres à conſerver
les intereſts de ce mineur; tel eſt le ſuffrage de la parenté & l'autorité du
Juge, qui doivent précéder l'aliénation, tel eſt encore l'autorité du curateur qui doit intervenir dans l'acte même, tel eſt enfin le conſentement
du mineur, ou du moins ſa ratification qui doit ſuivre l'aliénation; ces
principes ſont trop connus pour les juſtifier par le texte de la Loi, & par
l'autorité des Juriſconſultes.

Cependant pourroit-on imaginer une aliénation plus préjudiciable au mineur, & en même tems faite avec moins de précautions que celle dont il s'a-
git? George Léopold ne cédoit pas un patrimoine médiocre, ou un droit qui
fût douteux; on l'a fait renoncer à une Principauté & à toutes ſes dépendances, on l'a forcé à effacer de ſa propre main les marques de ſa dignité,
à ſe dépouiller de ſon nom & de ſes Armes, à abdiquer ſon Etat même &
tous les droits de ſa naiſſance. Et par quels motifs a-t'on exigé ce dénuë-
ment abſolu? par quelles voyes y eſt-on parvenu? par quelles formalités a-
t'on tâché de le juſtifier, au moins en apparence?

De motifs juſtes & raiſonnables, il n'en étoit aucun; l'on conçoit aiſément qu'il n'y avoit ni néceſſité, ni utilité pour le mineur ; il a cédé ſes droits, parcequ'ils donnoient de l'ombrage à la Baronne de Leſperance, & parceque M. le Duc de Wirtemberg vouloit, à quelque prix que ce fût, s'emparer de la Principauté de Montbéliard.

Les voyes dont on s'eſt ſervi pour conſommer la rénonciation projettée à la Cour de Stoutgard, ſont les voyes les plus illégitimes. L'on a gagné la concubine du feu Prince de Montbéliard, & après avoir ainſi ſubjugué ce Prince, il a été facile de triompher de la foibleſſe & du peu d'expérience d'un mineur. L'on avoit armé contre lui toute l'autorité de ſon Souverain & toute la puiſſance paternelle qui réſidoient en la même perſonne ; & George Léopold ne doit pas diſſimuler qu'il étoit pour lui d'une néceſſité indiſpenſable de ſuivre aveuglément les volontés de ſon Prince, ſans pouvoir compter ſur les bontés de ſon pere.

Enfin l'on a négligé dans cette rénonciation toutes les formalités qui ſont indiſpenſables pour les aliénations faites par les mineurs. Il eſt vrai que George Léopold étoit aſſiſté du ſieur Fallot qui ſe diſoit Conſeiller de S. A. S. feu M. le Prince de Montbéliard, & qu'à la ſuite de la rénonciation qui a été faite à Montbéliard il eſt dit qu'elle avoit été faite avec connoiſſance de cauſe & en vertu d'un Decret du Prince.

1º. L'on pourroit prouver que celui qui aſſiſtoit George Léopold n'avoit point alors le titre de Conſeiller de feu M. le Prince de Montbéliard ; mais ce fait devient inutile, dès qu'il eſt conſtant que l'on n'a jamais créé de curateur à George Léopold pour autoriſer les Actes que l'on vouloit ſurprendre ; ce défaut eſt eſſentiel, & lui ſeul pourroit ſuffire pour faire tomber la prétendue rénonciation, parcequ'un mineur ne peut contracter aucune obligation ſans l'autorité d'un curateur.

2º. Quant au decret du Prince que l'on ſuppoſe avoir été donné en connoiſſance de cauſe pour la rénonciation de Montbéliard, il faut faire deux refléxions. Premierement, ce fait a été hazardé pour pallier l'irrégularité de la rénonciation & pour ſuppléer, s'il ſe pouvoit, par ce prétendu decret aux ſages précautions que la Loi éxige dans les aliénations du bien des mineurs.

En ſecond lieu, ce prétendu decret ſeroit inutile ; & quand même M. le Duc de Wirtemberg le conſtateroit aujourd'hui, il n'en pourroit eſperer aucun avantage, parceque feu M. le Prince de Montbéliard n'avoit point aſſez d'autorité pour diſpoſer en maître des droits que ſon fils légitime avoit ſur ſa ſucceſſion. Ce Prince étoit devenu le plus redoutable adverſaire de George-Léopold, & s'il étoit vrai que ce decret fût émané de lui, que prouveroit-il dans cette conteſtation ? ſi ce n'eſt, que feu M. le Prince de Montbéliard étoit gagné & qu'il n'épargnoit pas les voyes de rigueur envers George Léopold, pour l'obliger à renoncer.

Tous ces principes généraux ſur l'aliénation du bien des mineurs, ne ſont point étrangers à la queſtion que l'on examine, puiſqu'une rénonciation, telle que celle de George-Léopold, eſt une aliénation à pure perte ; mais c'eſt trop s'y arrêter, voyons les Maximes qui ſont perſonnelles aux rénonciations.

Parmi ces Maximes, il en eſt deux dont cette conteſtation paroît ſuſceptible. D'abord, nous regardons comme un principe inconteſtable, que les mineurs ne peuvent jamais renoncer gratuitement à leurs droits, parceque cette ſorte de rénonciation emporte néceſſairement une

(a) Me- noch. Confil. 731. num. 20. Caftrenfis Conf. 188. n. 1. lib. 2.

lézion du tout (a). Auffi l'on a prefcrit des bornes à cette régle, *Que chacun peut renoncer aux droits qui font introduits en fa faveur* : & la Gloffe ne l'applique qu'aux majeurs qui ont toutes les lumiéres néceffaires pour rendre une rénonciation jufte & prudente; *Quamvis regulariter proditum fit, quemlibet renuntiare poffe fuo favori, tamen hæc regala intelligitur de majoribus qui compleverunt virilem vigorem.* (b)

(b) Gloff. in l. fi Judex ff. de minor.

(c) Paul. Galleratus de Renuntiat. lib. 3. cap. 3. num. 7.

L'Auteur du Traité des Rénonciations (c) prétend que l'on ne doit pas déclarer les mineurs abfolument incapables de faire des rénonciations qui leur foient avantageufes, dans la jufte crainte de leur nuire en voulant trop les favorifer; parceque, dit cet Auteur, rarement les mineurs trouveroient-ils avec qui contracter, s'ils ne pouvoient céder aucuns droits, & fouvent ils perdroient les avantages qu'ils peuvent efperer d'une ceffion faite à propos : *Favor verteretur in odium, generaliter minoribus adempta renuntiandi poteftate, cùm interdùm renuntiando majorem poffint confequi utilitatem.*

Enfuite lorfque cet Auteur vient à examiner une rénonciation purement gratuite de la part du mineur, alors il s'éléve contre un Acte que les Loix réprouvent & qu'il eft du bien public de profcrire à jamais. Le mineur, dit Galleratus, ne peut pas donner, & par la même raifon il ne peut pas rénoncer fans caufe : *Sicut minor non poteft donare etiam adhibito Prætoris*

(d) Cet Auteur cite Ménoch. Bartole, Balde, Felinus, Paul de Caftres.

decreto, ita nec etiam gratis renuntiare (d) .... etiam non poteft minor renuntiatione fuâ alienare ..... non poteft renuntiare juri hypothecæ in re immobili, neque poteft renuntiare immobilibus (e).

(e) Gallerat. d. lib. d. cap. num. 11.

Une feconde Maxime que l'on doit fuivre dans cette queftion, eft, qu'un mineur qui a renoncé & qui combat fa renonciation, n'eft pas obligé de prouver qu'il a été lézé en renonçant, parceque la lézion eft une fuite infaillible de cet Acte; & que l'on ne doit pas engager le mineur dans la preuve d'un fait certain : *Ut autem reftitutio in integrum competat adversùs renuntiationem, illud fciendum eft, quòd minor non tenetur probare læfionem, quandò quidèm læfus dicitur eo ipfo quòd renuntiat (f).* C'eft

(f) Gallerat. ibid. num. 14.

ainfi, dit Paul de Caftres, qu'un mineur qui a renoncé à la querelle d'inofficiofité, n'eft point obligé de prouver que la fucceffion paternelle étoit opulente, & qu'il étoit de fon interest de ne point fe priver du droit qu'il avoit pour quereller le teftament paternel (g), il en eft de même du mineur qui a renoncé à la fucceffion de fon pere; rien de plus facile que de faire une application jufte de ces deux Maximes à l'efpece qui fe préfente.

(g) Paul de Caftr. in l. c. Cod. de in integr. reftit. minor.

George-Léopold âgé de dix-huit ans a renoncé au Comté de Montbéliard, & à plufieurs Terres, on l'a forcé à abdiquer fon nom, fes armes, fa dignité : & que lui a-t-on donné en échange? des alimens, & des alimens très-modiques; ou plutôt M. le Duc de Wirtemberg ne lui a rien donné, parceque par le Traité de Wildbaade feu M. le Prince de Montbéliard étoit chargé de faire le fond de ces alimens, & que d'ailleurs ces alimens font une dette que l'heritier devroit acquiter, même envers un enfant qui feroit illégitime. Eft-ce donc trop s'avancer de dire que la rénonciation dont il s'agit a été purement gratuite, qu'elle eft vicieufe dans fon principe, irréguliére dans fa forme, injufte & odieufe dans les effets que les Agens de M. le Duc de Wirtemberg ont ofé en efpérer?

En vain chercheroient-ils une reffource dans le droit public & dans les principes que toute l'Europe reconnoît en matiere de rénonciations aux Souveraineté; ces principes leur font auffi oppofés que ceux du droit

commun

commun ; & fans rappeller ici le privilege des mineurs, il fuffira de faire une diftinction avec Grotius & Puffendorf.

Ces Auteurs célébres pour le droit public, font une differenсe des Domaines qui font entiérement libres & patrimoniaux entre les mains des Princes, & de ceux qui font régis par quelque Loi particuliére, qui en prefcrit l'ordre & le cours pour les fucceffions. Quant aux Domaines libres, les Princes peuvent y renoncer, lorfqu'ils font devenus les maîtres abfolus de leur patrimoine, & qu'ils font dans un âge à pouvoir en difpofer ; parceque ces fortes de Souverainetés ne different en rien des biens qui forment le patrimoine des particuliers.

Il n'en eft pas de même des Principautés dont la fucceffion eft expreffément réglée par une Loi particuliere. Il faut indifpenfablement fuivre la ligne à laquelle cette Loi a affecté la Principauté, ou le Domaine : & Grotius décide que la renonciation du pere dans ces conjonctures, ne pourroit pas nuire aux enfans nés, ni même à ceux qui feroient à naître. *In lineali fucceffione patris factum nocere non poteft liberis natis, quia fimul atque exiftere cœperunt, jus proprium eis quæfitum eft ex Lege ; fed nec nafcituris, quia impedire non poteft quin ad illos quoque fuo tempore jus pertineat.* (h)

Dans le fait on ne peut pas douter que la Principauté de Montbéliard & les autres Terres n'ayent été affectées à perpétuité à la feconde branche de la Maifon de Wirtemberg. Le pacte des cinq freres que les Adverfaires de George Léopold invoquent fi fouvent, a fait fur ce point une Loi précife & irrévocable. L'on y voit dans l'article fecond, *que la Principauté de Montbéliard a été remife & tranfportée avec toutes fes appartenances au Duc Louis Frideric, comme au fecond Seigneur regnant en héritage & fucceffion pour foi & fes héritiers mâles légitimes, procréés de fon corps.* Il eft évident que cette difpofition du pacte des cinq freres, n'étoit point perfonnelle au Duc Louis Frideric, qui a été la tige de la branche de Wirtemberg-Montbéliard ; mais cette convention a étendu & porté fes vûes fur toute la ligne defcendante du Duc Louis Frideric ; cela eft démontré par ces termes, *en héritage & fucceffion pour foi & fes héritiers mâles, légitimes, procréés de fon corps.*

Dans le fixiéme article du même Traité, l'on a tracé l'ordre des fucceffions dans la Maifon de Wirtemberg ; la régle eft que lorfqu'une branche de cette Maifon viendra à manquer, celle qui la fuit immédiatement, lui fuccédera, foit dans fes Domaines ou dans fon appanage ; mais cette mutation ne doit point être faite que fous cette condition expreffe, *s'il arrivoit par la volonté immuable du Tout-Puiffant, qu'un de ces Seigneurs & Princes freres vînt tôt ou tard à décéder fans laiffer d'héritier mâle légitime procréé de fon corps.* Cet article fuppofe encore que dans la Maifon de Wirtemberg, pour tranfporter le patrimoine d'une branche à une autre, il faut que celle que l'on dépouille, n'ait plus d'héritier mâle & légitime.

Oferoit-on prétendre, que cette feconde difpofition n'a été faite nommément que pour les cinq freres qui contractoient ? Mais cette objection s'évanouiroit par les termes qui font répétés plufieurs fois dans le même article ; *les fufdits Seigneurs fe font promis pour eux & leurs defcendans.* D'ailleurs on ne peut pas mieux exprimer une volonté déterminée de foumettre leur poftérité légitime aux conventions qu'ils faifoient fur leurs fucceffions, que par cette claufe qui fuit la gradation dont on a déja parlé ; *& ainfi le cadet occupera toujours la place, & poffédera les biens de celui qui*

(h) *Grot. de jure pac. & bell. lib. 2. num. 20.*

P

le précédoit immédiatement en âge, & ainsi de mâle en mâle, à l'exclusion des filles.

Après des dispositions aussi précises, comment les Agens de M. le Duc de Wirtemberg se sont-ils flatté de pouvoir dépouiller le fils légitime de feu M. le Prince de Montbéliard d'une Principauté qui lui appartenoit par tant de titres ? Ils ont prévû sans doute toutes ces difficultés : & c'est pour cela qu'ils ne se sont pas bornés à une rénonciation pure & simple ; ils ont encore exigé une rénonciation particuliére au privilége des mineurs, & à la léfion d'outre moitié, & un ferment prêté par George Léopold ; mais toutes ces précautions ont été inutiles : & loin d'affermir la rénonciation à la Principauté de Montbéliard, elles l'affoiblissent, & elles prouvent que l'on ne doutoit pas à la Cour de Stoutgard, que cette Principauté n'appartînt légitimement à George Léopold.

Rénonciation au privilége de la minorité.

Un mineur ne peut jamais rénoncer au privilege de son âge ; parceque si l'on autorisoit cette rénonciation, ce privilége que la Loi a sagement introduit, deviendroit infructueux pour le mineur. On le tromperoit, dit Ulpien, *(i)* en lui fermant la voye de la restitution ; *hoc enim ipso deceptus videtur, quòd, cùm posset restitui intrà tempus statutum .. hoc non fecit.* Et la même facilité que le mineur auroit pour s'engager dans une convention défavantageuse, il l'auroit pour renoncer à son privilége ; *prædictam regulam tempera non procedere in beneficio concesso ob ætatis imbecillitatem, nam hoc casu minori non est permissum renunciare : & hoc ideò, quia quâ fragilitate & facilitate incidit in captionem, eâdem quoque renunciando rursùs captatur. (k)*

(i) L. 19. ff. de minor.

(k) Gallerat. Lib. 3. num. 8. & 9. Castrens. in L. si intra Cod. de in integr. rest. Bartol. conf. 88. num. 3.

Rénonciation à la léfion d'outre moitié.

Même décifion & même raifon pour la rénonciation à la léfion d'outre moitié ; car enfin cette rénonciation qui est toujours odieuse, même par rapport aux majeurs, ne peut avoir aucun effet à l'égard des mineurs, parcequ'ils ont incommutablement le privilége de la restitution, dès qu'ils sont léfés même médiocrement, à plus forte raifon dès qu'ils souffrent une léfion énorme.

Ce sentiment est encore celui de l'Auteur que l'on a déja cité plusieurs fois. Il croit en général que l'on peut soutenir la rénonciation & la léfion d'outre moitié ; mais il modifie sa propofition, & il exclud expressément de cette espece de rénonciation, les femmes, ceux qui sont ignorans dans les affaires & les mineurs. *Specialis hujus beneficii renunciatio valet, etiam-si facta fuerit incontinenti : & hoc nisi renuncians sit fæmina, rusticus, vel minor. (l)*

(l) Gallerat Cent. 2. cap. 3. num. 8.

Serment prêté par un mineur.

A l'égard du ferment que les Agens de M. le Duc de Wirtemberg ont eu la témérité de faire prêter à George Léopold, il est de la même trempe que les rénonciations que l'on vient d'examiner ; toute convention que la Loi réprouve, est essentiellement nulle, & l'on ne doit en attendre aucun effet ; mais elle n'acquiert pas de la force par les promesses que l'on feroit de l'exécuter, & même par le ferment que l'on y ajoûteroit. C'est l'esprit de la Loi cinquiéme cod. de Legib. *secundùm itaque prædictam regulam, quâ ubicumque non servari pactum Lege prohibente censuimus, certum est nec stipulationem hujusmodi tenere, nec mandatum ulliûs esse momenti, nec Sacramentum admitti.*

Mais l'on a déja prouvé que la Loi deffend expressément l'aliénation du bien des mineurs, lorsqu'elle se fait sans cause & sans formalités, que toute rénonciation gratuite leur est interdite, qu'ils ne peuvent jamais se priver du privilége de leur âge & de la lézion; le ferment que l'on a extorqué à la fuite de ces Actes défendus, eft donc lui-même fans néceffité, fans équité, fans force.

Ce feroit une vaine fubtilité de recourir à la fameufe Authentique *Sacramenta puberum* (m), fous prétexte que cette Authentique approuve les fermens prêtés par des mineurs qui ont atteint l'âge de puberté, à l'occafion de l'adminiftration de leurs biens.

(m) *Cod. Si adverf. vendit.*

Deux réponfes peuvent détruire cette objection. 1º. L'Authentique fuppofe que le ferment a été prêté par le mineur fans dol & fans violence de la part de ceux qui l'ont exigé, *per vim autem, vel per juftum metum extorta etiam à majoribus (maximè ne querimoniam maleficiorum commiſſorum faciant) nullius eſſe momenti jubemus.* Cependant l'on fçait que George-Léopold a prêté le ferment dont il s'agit, dans un tems où il étoit abfolument à la difcrétion de M. le Duc de Wirtemberg: Ce ferment a été prêté dans fa maifon de campagne, & rien ne prouve mieux la violence qui y a donné lieu que les proteftations que George-Leopold a faites contre fa rénonciation & fon ferment dans les premiers momens de fa liberté.

2º. Un ferment eft un acte de Religion qui ne peut fubfifter qu'autant qu'il eft fondé fur la vérité, fur la prudence & fur la juftice: *Oportet omnem jurantem in veritate, judicio & juftitiâ jurare ;* mais où étoit la prudence de la part du mineur de renoncer à fon état, à fes biens, à toute fa fortune, fans fe ménager aucun dédommagement, aucune reſſource? Où étoit la juftice du côté de M. le Duc de Wirtemberg d'exiger d'un enfant légitime la rénonciation à une fucceffion opulente, à une fucceffion qui n'étoit pas encore échûe, à une fucceffion enfin qui lui étoit acquife par les droits du fang & par le pacte de la Maifon de Wirtemberg?

Non, la Réligion ne confacre point un ferment de cette efpece; le Droit Civil le condamne, parceque ce ferment rendroit inutile tout ce que la Loi a fait pour mettre à couvert les interefts des mineurs (a); le Droit Canonique le regarde comme un lien d'iniquité, il ne ratifie point une promeffe qui n'a pas fon principe dans une Juftice exacte, mais dans la force & dans la furprife.

(a) Subvertit Edictum de minoribus , quod eft introductum naturali æquitate, ne fcilicet minores propter ætatis imbecillitatem circumveniantur.

Il refte en finiffant à répondre à une objection que les Agens de M. le Duc de Wirtemberg font dans la follicitation de cette affaire.

Ils prétendent que par le Traité de paix de Rifwick, l'on a promis de ne rendre qu'à la Maifon de Wirtemberg les Terres d'Alface & de Franche-Comté que feu M. le Prince de Montbéliard poffédoit: or, difent-ils, George-Léopold n'eft pas Prince de la Maifon de Wirtemberg, & s'il en a eu le titre pendant la vie de fon pere, il en eft déchû en vertu d'un Arreft du Confeil Aulique, qui lui fait défenfes de prendre le nom & les armes de Wirtemberg. Ils concluent de là que l'on ne doit pas différer de rendre à M. le Duc de Wirtemberg les Terres qui font fous la domination du Roi, que M. le Duc de Wirtemberg n'a point fur cela de légitime contradicteur, & qu'il ne doit pas même entrer en lice avec George-Léopold, parceque, felon eux, George-Léopold n'a pas les qualités néceffaires pour paroître dans cette conteftation.

C'eft-là donner pour un principe indubitable la queftion qu'il s'agit ici de décider; en effet toutes les propofitions que l'on a faites dans ce Mémoire, toutes les raifons que l'on a dites, toutes les objections que l'on y réfout, aboutiffent à un feul point, c'eft la légitimité de George-Léopold.

Il prétend & il prouve qu'il eft fils légitime de feu M. le Prince de Mont-béliard, & que dans le Mariage de fon pere, l'on ne trouve pas la moin-dre trace du Mariage Morganatique; il peut donc réclamer la qualité de Prince de la Maifon de Wirtemberg, & le patrimoine de la branche de Wirtemberg-Montbéliard; voilà l'unique objet de la contestation.

Cependant dès le premier pas M. le Duc de Wirtemberg voudroit le dépouiller de tous fes droits. A peine eft-il entré dans la carriére, qu'il croit toucher au terme & avoir une victoire complette; & cela à la faveur d'un Arreft du Confeil Aulique, qui fait défenfes à George-Léopold de prendre le nom & les armes de Wirtemberg.

On l'a déja dit, cet Arreft a été rendu par défaut contre George-Léopold; il y a formé oppofition, & fon oppofition a été reçûe par le Confeil Au-lique le 5 Fevrier 1725, ainfi toutes les forces de cet Arreft font en fufpens, jufqu'à ce que l'oppofition ait été contradictoirement décidée, & que l'on ait prononcé irrévocablement fur fa légitimité.

D'ailleurs s'il s'agiffoit ici d'une fimple provifion, inconteftablement on devroit l'adjuger à George-Léopold; il a en fa faveur un Mariage célébré folemnellement, la reconnoiffance de fes pere & mere, la dépofition d'une foule de témoins, & ce qui eft encore plus digne d'attention, la pof-feffion de fon état, de la qualité de Prince de Wirtemberg, de la princi-pauté même de Montbéliard, lorfque feu M. le Prince de Montbéliard eft mort.

Quelles font donc les regles que l'on doit fuivre dans les queftions qui ont pour objet l'état des perfonnes? Il n'en eft point de plus connue & de plus in-violable que celle qui donne la provifion à celui dont on contefte l'état. On la doit cette provifion à la faveur que mérite une queftion auffi interef-fante, ou plûtôt la Juftice la plus rigoureufe ne peut pas la refufer à celui qui réunit des titres auffi forts & auffi multipliés que ceux de George-Léopold. *Lite ordinatâ, in poffeffione libertatis, is de cujus libertate quæritur, conftituitur & interim pro libero habetur. L. 14. C. de liberal. cauf. l. 24. ff. eod.*

Dans les regles il doit donc jouir de la qualité de Prince de Wirtemberg, & de toute la fucceffion paternelle, pendant la conteftation; enfuite il de-mande une décifion définitive, perfuadé que le crédit de M. le Duc de Wirtemberg & la hardieffe de la Baronne de Lefperance ne l'emporteront jamais fur la vérité des faits qu'il a établis, & fur la juftice des demandes qu'il a formées.

Signé, COURCHETET.

De l'Imprimerie de J. QUILLAU, 1726.

De l'Imprimerie de J. Quillau, rue Galande, 1726.

CERTIFICAT DONT L'ORIGINAL EST ECRIT EN ALLEMAND, délivré le propre jour de la Benediction du Mariage de feu M. le Prince de Montbéliard avec Madame la Comtesse de Sponeck, lequel a été traduit en François le 20e May 1724, par un Secretaire Interprete.

J E S U M!

JE soussigné, certifie & atteste par ces lignes, & sur ma parole & foi de Prêtre, que Tit. Pleniss. Monseigneur Léopold Eberhard, * H. Z. W. M. & Damoiselle Anne Sabine ** V. H. le 1er Juin du stile nouveau ont dûement obtenu ici à Reïowitz dans la Grande Pologne, en l'Eglise, la Benediction nuptiale, suivant la Coutume de l'Eglise Lutherienne, & ont été mariez au nom de la Très-Sainte Trinité par Jean-Christophe Fuchsius, Prédicateur Lutherien de Reïowitz & Skoki, ainsi signé.

Nous les Bourguemaistres & Magistrat de la Ville de Skoki, sçavoir faisons à tous qu'il appartiendra, que feu Sieur Jean Christophe Fuchsius, lequel a marié Pleniss. Tit. Monseigneur Léopold Eberhard Duc de Wirtemberg Montbéliard, avec Damoiselle Anne Sabine de Hedwiger, dans l'Eglise de Reïowitz le premier du mois de Juin de l'année mil six cens quatre-vingt quinze, suivant qu'il nous a suffisamment apparu par le Registre des Mariages de ladite Eglise, a été Pasteur audit Reïowitz, & ici à Skoki, & qu'il a écrit de sa propre main & écriture, laquelle Nous connoissons très bien, le Certificat écrit en la premiere page, aux écritures & Certificats duquel foi entiere doit être ajoutée, en témoignage de tout ce qui est écrit ci-dessus, nous avons signé de nos propres mains, & avons fait apposer le Scel ordinaire de la Ville aux presentes : Fait à Skoki le cinquiéme du mois de Juillet en l'année mil sept cens vingt, signé Thomas Forbes, Proconsul Civitatis Skoki Juratus ; Stanislaus Dyament, Advocatus Juratus ; Boguslaus Fakubovitz, Consul Juratus ; Laurentius Makolacqua, Consul Juratus ; Johannes Figulus, Consul Juratus ; Jeremias Fuchsius, Consul Juratus ; Mathias Berepansky, Consul Juratus ; Johannes Lisecx, Scabnius Juratus ; Samuel Solnicki, Scabnius Juratus ; Johannes-Christophorus Schuiltz, Scabnius Juratus ; Jacobus Cien, Scabnius Juratus ; Alexander Ploresqusxi, Notarius Juratus Skocensis utriusque Magistratûs, tous avec paraphes & scellé en placard sur papier.

Traduit d'Allemand en Langue Françoise d'un Certificat en original signé & scellé, comme dit est ci-dessus, & icelui aussi signé & paraphé par moi, soussigné Avocat & Secretaire Interprete au Conseil Souverain d'Alsace : Fait à Colmar ce 20 May 1724.

B. MULLER, *avec paraphe.*

* *Nota.* La premiere lettre Allemande H. signifie le mot Duc : la seconde Z. le mot de : la troisiéme W. Wirtemberg : la quatriéme M. celui de Montbéliard.

** *Nota.* La premiere lettre Allemande V. signifie le mot de ; & la seconde H. Hedwiger.

ACTE du Mariage de S. A. S. de Montbéliard, & d'Anne Sabine de Hedwviger Comtesse de Sponeck, du 1. Juin 1695.

EGO infra scriptus ad instantiam & requisitionem Illustrissimi ac Excellentissimi Domini Caroli Leopoldi, Comitis de Coligny, hic in Bonis Skocensibus in Palatinatu Posnaniensi Majoris Poloniæ Regni consistentis, personaliter comparentis, ratione extraditionis ex libro Copulationum Ecclesiæ Reyovicensis ad Ecclesiam Skocensem incorporatæ, infra scriptorum sponsorum debitè copulatorum factam, & interpositam, prout seriem compertus sum, & in libro Metrices authen-

Q

tico, continenti in se copulationem sponsorum, dictæ Ecclesiæ Reyovicensis, manu olim Reverendi Joannis Christophori Fuchsii, tum temporis Parochi Ecclesiæ Sko. censis, & Reyovicensis Ordinarii, anno millesimo septingentesimo decimo quinto vitâ defuncti, latino Idiomate scriptam, & connotatam vidi, legi, manu ejus propriâ, & non aliâ, omnique suspicionis notâ carente, conscriptam, cognovi; ità fideliffimè ad prædictam Illustrissimi Comitis Instantiam descripsi, & extradidi modo & tenore sequenti.

Anno millesimo sexcentesimo nonagesimo quinto Fol. 30. Num. 9. N B. prima Junii copulati sunt etiam in Templo Reyovicensi binæ huc venientes Personæ, ambo Evangelicæ, Equites ambo huc venerunt, nimirum Perillustris Dominus Leopoldus Eberhard *Herzog zu Vvürtemberg - Mompelgard*, Sacri Romani Imperii Comes, & Perillustris Magnifica Domina, & Virgo *Anna Sabina von Hedvviger.* Quæ præ. missa verè & realiter contenta ad prædictam Instantiam sub fide & conscientia mea Pastorali, descripta ac extradita, majoris valoris & roboris ergò manu meâ propriâ subscripsi, & sigillo communivi. Datum in Civitate Skoki dicta in solita ad Eccle. siam suam residentia, die tertio Julii anni millesimi septingentesimi vigesimi.

(L.S.) Christophorus Kochius, Pastor Ecclesiarum Combinatarum Reyovico & Skoki, m.p.

AD Officium & acta Civitatis Skocensis in Palatinatu Posnaniensi Majoris Po. loniæ Regni consistentis personaliter comparens Reverendus Christophorus Kochius Ecclesiarum Evangelico-Lutheranarum in Skoki & Reyoviez Parochus noster actualis optimè nobis notus, ad instantiam officiosamque requisitionem Il. lustrissimi ac Excellentissimi Domini Comitis de Colligny, debitè factam; repro. duxit coram officio, totoque Magistratu nostro Skocensi, ad id specialiter congre. gato, librum authenticum Metrices Templi Reyovicensis proprium sub forma ve. teri vidimus, continentem in se copulationes Sponsorum, sanum, salvum, & illæsum, omnique vitio & suspicionis notâ carentem, nobis, totique Civitati nostræ Skocensi optimè notum & probatum; ubi in continenti personaliter comparens prædictus Illustrissimus Comes petiit, certæ necessitatis causâ, ejusdem libri & scripturæ, rea. litatis & verificationis attestationem sibi dari, ac certum punctum, ut pote copula. tionis infra scriptorum Serenissimorum Sponsorum manu propriâ Reverendi olim Joannis Christophori Fuchsii, pro tunc Pastoris Sckocensis ac Reyovicensis, vitâ functi notatum, scriptum, in eodem libro Metrices contentum, extradi dignari; cujus puncti per nos debitè conspecti series est ejusmodi: Anno millesimo sexcen. tesimo nonagesimo quinto fol. 30. num. 9. N B. primâ Junii copulati sunt etiam in Templo Reyovicensi binæ huc venientes personæ, ambo Evangelicæ, Equites ambo, huc venerunt, nimirum Perillustris Dominus Leopoldus Eberhard *Herzog zu Vvür. temberg - Mompelgard*, Sacri Romani Imperii Comes, & Perillustris Magnifica Do. mina & Virgo, *Anna Sabina von Hedvviger.* Proinde omnibus in universum, & sin. gulis, cui id scire expedit, præmissa prius studiorum ac venerationis nostræ com. mendatione. Nos Proconsul & Consules civitatis Sckoki, notum testatumque facimus, supra specificatum librum Metrices Reyovicensem, ejusque punctum co. pulationis supra scriptarum Serenissimarum personarum, manu propriâ toties dicti Reverendi Joannis Christophori Fuchsii, Parochi pro tunc Sckocensis, & Reyovi. censis, de anno, die & mense, quibus supra, latino Idiomate conscriptum, & connotatum, esse verum, reale, non immutatum, nobis, officioque nostro optimè notum, sanum, salvum, ac illæsum, cum variis scriptis, ac litteris manualibus au. thenticis per prædictum Reverendum Fuchsium morte derelictis, publicè à Reve. rendo Kochio Pastore reproductis, confrontatum fuisse, & esse compertum. Quem librum & scripturam non solùm nos Magistratus Skocensis, verùm is idem Reve. rendus Kochius Pastor coram nobis, & plenariâ residentiâ nostrâ sub fide & con. scientiâ veras, & reales esse, agnovit & allegavit, ac etiam se sufficientissimè scire, & de ore dicti Reverendi Fuchsii Pastoris antecessoris sui in anno millesimo septin. gentesimo decimo quinto demortui (cui pro eo tempore ad Ministerium Ecclesia. sticum Associatus extiterat) audire & habere protulit in eo, quod dictus Reveren. dus Fuchs Pastor Serenissimum Ducem Wirtembergicum Montbelgardensem cum certa Perillustri, & Magnifica Virgine in Templo Reyovicensi legitimè copulave. rit, de ejusmodi copulatione coram multis sese jactaverit, & id multoties geminando promulgaverit.

Quapropter, cùm ita se habere conspexerimus, & notum habuerimus, ideò præsentes Attestationis nostræ litteras cum omni, quâ decet reverentiâ & observantiâ extradendas esse duximus, prout extradimus, & in majorem rei veritatis fidem, & valorem manibus nostris subscripsimus, sigilloque Civitatis nostræ Skocensis communiri jussimus. Datum in Civitate nostra Skoki die tertiâ mensis Julii, anno Domini millesimo septingentesimo vigesimo.

(L. S.) Ad Mandatum Spectabilis Pro-Consulis Consulum civitatis Skoki in Palatinatu Posnan. Majoris Regni Poloniæ datum & Actis Civitatis ejusdem extraditum.

Thomas Forbes, Pro-Consul Civitatis Skoki Juratus. m. p.
Stanislaus Dyament, Advocatus Juratus. m. p.
Boguslaus Jacubowicz, Consul Juratus. m. p.
Laurentius Makolagwa, Consul Juratus. m. p.
Joannes Figulus, Consul Juratus. m. p.
Jeremias Fuchsius, Consul Juratus. m. p.
Matthias Szezepansky, Consul Juratus. m. p.
Joannes Lisek, Scabinus Juratus. m. p.
Samuel Solnicki, Scabinus Juratus. m. p.
Joannes Christophorus Schultz, Scabinus Juratus. m. p.
Jacobus Clen, Scabinus Juratus. m. p.
Joannes Isert, Scabinus Juratus. m. p.
Alexander Plorezynsky, Notarius Juratus. m. p. Civitatis Skoki, utriusque Magistratus ejusdem. m. p.

EXTRAIT Baptistaire de George-Léopold, fils unique & seul heritier légitime de S. A. S. de Montbéliard, du 12 Decembre 1697.

NOus Frideric Opfergeld Prevôt & Prélat élû & confirmé du Monastere de Notre-Dame à Magdebourg, de l'Ordre des Prémontrés, certifions par les Presentes à tous qu'il appartiendra, que le 12 Decembre l'an de Christ 1697. étant pour lors Diacre de Festenberg, nous avons baptisé un enfant mâle, qui a été nommé George-Léopold; son pere est S. A. S. Léopold Eberhard Duc de Wirtemberg-Montbéliard, & sa mere Madame Anne-Sabine de Hedwiger, & a été present comme parain le Capitaine Léonard de Nardin.

En foi de quoi les Presentes ont été munies du sceau dudit Monastere & de notre signature. Fait à Magdebourg audit Monastere de Notre-Dame, le 8 Septembre 1722.

(L. S.) FRIDERIC OPFERGELD,
Prevôt & Prélat.

ACTE de divorce d'entre S. A. S. Léopold-Eberhard Duc de Wirtemberg-Montbéliard & Anne Sabine Comtesse de Sponeck, du 6 Octobre 1714, traduit d'Allemand en François.

AU NOM DE LA TRES-SAINTE TRINITE'. AMEN.

SOit notoire & manifeste à tous ceux qu'il appartiendra, que Moi Léopold-Eberhard Duc de Wirtemberg-Montbéliard, & Moi Anne-Sabine Comtesse de Sponeck, avons eu pendant *notre Mariage* quelques enfans par ensemble, dont deux sont encore en vie; sçavoir Léopoldine-Eberhardine & George, & que par bon conseil, du vouloir & consentement de tous deux, à raison de notre disparité d'humeurs, d'où sont nées & arrivées de part & d'autre des causes suffisantes de divorce; Nous nous sommes volontairement & formellement séparez par les Presentes, en sorte que dès-à-present l'un a libéré l'autre, & se donne réciproquement la liberté de se *remarier*, à qui, quand & comment il le trouvera bon; Et Moi Léopold-Eberhard Duc de Wirtemberg-Montbéliard promets pour moi, mes héritiers & succeſſeurs de faire payer à Montbéliard annuellement à ladite Anne-Sabine Comteſſe de Sponeck pendant ſa vie pour ſon entretien, la ſomme de cinq mille francs, monoye de Montbéliard, ou quatre mille livres de France, à commencer du premier Janvier mil ſept cens quinze, & de lui donner ſa réſidence dans mes Châteaux de Montbéliard ou de Blamont, outre les Fiefs que je lui ai accordez, qu'elle a vendus ou qu'elle poſſede encore, & les allodiaux qu'elle a reçû de moi; mais au cas qu'elle vienne à ſe remarier, elle ne pourra plus prétendre de réſidence dans leſdits Châteaux, & elle ſera privée de deux mille cinq cens francs, monnoye de Montbéliard, ou deux mille livres de France qui me retomberont ou à mes ſucceſſeurs dès le jour de ſon Mariage, & les deux autres mille cinq cens francs, monnoye de Montbéliard, ou deux mille livres de France, ſeulement après ſa mort. En foi de quoi nous avons ſigné tous deux ces Preſentes de nos mains, fait appoſer nos ſceaux & expedier deux originaux conformes l'un à l'autre, deſquels l'un a été remis à moi Léopold-Eberhard Duc de Wirtemberg-Montbéliard, & l'autre à moi Anne-Sabine Comteſſe de Sponeck. Fait à Seloncour le 6 Octobre 1714. *Signé,* LEOPOLD-EBERHARD DUC DE WIRTEMBERG-MONTBELIARD, & ANNE-SABINE COMTESSE DE SPONECK.

NOUS ſouſſignez Conſeillers Eccleſiaſtiques de S. A. S. Léopold-Eberhard Duc de Wirtemberg-Montbéliard, certifions par les Preſentes ſignées de nos propres mains, & auſquelles ſont appoſez nos cachets, que l'Acte ci-deſſus nous a été communiqué, lequel nous reconnoiſſons pour juſte & conforme à l'intention des deux Parties. Fait à Seloncour le 6 Octobre 1714. *Signé,*

ASSIGNAT DE MADAME LA DUCHESSE DOUAIRIERE.

PARDEVANT le Soubſcrit Notaire Juré & public Bourgeois de Montbéliard, & les témoins en bas nommés, les jour, mois & an marqués à la fin du préſent Acte; Sont comparus perſonnellement SON ALTESSE SERENISSIME Léopold Eberhard Duc de Wirtemberg Montbéliard, &c. d'une part, & SON ALTESSE SERENISSIME la Ducheſſe Anne Sabine, aſſiſtée de Meſſire Jean-Joachim de Weſterſtetten Lieutenant Colonel au ſervice de Sa Majeſté Danoiſe, Seigneur de Buchouine, &c. d'autre part; leſquels de leur pure & franche volonté, ont avoüé publiquement d'avoir traité, & d'être convenus des points & des articles ſuivans.

PREMIEREMENT, les Parties déclarent encore ſolemnellement, que pour des raiſons ſuffiſantes & relevantes qui leur ſont aſſés connuës, & dont les Juges qui ont prononcé leur divorce le ſixième Octobre mil ſept cens quatorze, qu'elles ont accepté, & auquel elles ont réciproquement conſenti, ont été ſuffiſamment informés; elles ſont même quant au lien conjugal ſéparées juſtement, validement, entiérement & pour toujours.

Pour le ſecond enſuite dudit Divorce, une certaine ſomme des Revenus annuels ayant été deſtinée & réglée à SON ALTESSE SERENISSIME la Ducheſſe Anne Sabine pour toutes ſes prétentions & pour ſon entretien, laquelle ſomme elle a avoüé avoir touché & perçu réglément juſqu'au premier Janvier mil ſept cens vingt-un; & le capital de ladite ſomme ſe trouvant diminué, de maniére que SON ALTESSE SERENISSIME le Duc ne reſte plus à lui devoir que deux mille livres de revenu par an; les deux Traitans ſont convenus par les Preſentes, que pour une aſſurance conſtante & permanente de l'entretien de SADITE ALTESSE Ducheſſe Anne Sabine, le Château Seigneurial d'Hericourt avec tous les Bâtimens Seigneuriaux qui en dépendent, lui ſeront évacués pour ſon logement, ſous l'obligation de les maintenir en bon état à ſes frais, & que ſubſiſtance lui ſera aſſignée ſur la Ville & la Banlieuë dudit Hericourt & ſur le Village de Brevelier, pour joüir pendant ſa vie de tous les Droits, Revenus, Rente, utilité, dépendance & appartenance, quel nom qu'elles puiſſent avoir, de la maniére que SON ALTESSE SERENISSIME en a joüi de tout tems, ou qu'il en auroit pû joüir, ſans en rien excepter que ce qui eſt réſervé ſpécialement par le préſent Traité, ainſi que

que SADITE ALTESSE SERENISSIME le Duc affigne, évaque entiérement par les préfentes à la Ducheffe Anne Sabine, lefdites Villes & Village de la ma-niére ci-deffus énoncée.

Pour le troifiéme, que cette jouiffance commencera, avec l'aide de Dieu, le premier Janvier mil fept cens vingt-un, & que SON ALTESSE SERENISSIME la Ducheffe Anne Sabine, demeurera dans une poffeffion paifible defdits lieux juf-qu'à fon décès, après lequel ladite jouiffance retournera à SON ALTESSE SERE-NISSIME le Duc, ou à fes heritiers.

Pour le quatriéme, SON ALTESSE SERENISSIME fe réferve audit Heri-court & Brevelier le Bois pour fes Forges, de même que le débit du Sel de Saul-not, le débit du Fer de Chagey & Daudincour, comme auffi les Mines qui font aufdits lieux, & les Prez qui font audit lieu de Brevelier.

Pour le cinquiéme, le Château d'Hericourt ayant befoin de réparations, SON ALTESSE SERENISSIME le Duc veut une fois pour toutes fournir cinq mille livres pour les faire, lefquelles cinq mille livres SON ALTESSE SERENISSIME la Ducheffe Anne Sabine a actuellement reçûes.

Pour le fixiéme, SON ALTESSE SERENISSIME la Ducheffe Anne Sabine doit, & veut non-feulement fe contenter entiérement de la jouiffance defdites Vil-les d'Hericourt & Village de Brevelier, tant pour le paffé, que pour l'avenir; mais encore au cas qu'elle vînt à être troublée par quelqu'un dans la jouiffance defdits revenus, elle ne fera en droit de demander à SON ALTESSE SERENISSIME le Duc, que la garantie de deux mille livres de rente; ayant déclaré par les Pré-fentes de la maniére la plus folemnelle & obligatoire que faire fe peut, moyennant la jouiffance des fufdits droits & revenus, ne devoir ni vouloir former ni à préfent ni à l'avenir, aucune prétention contre fon Séréniffime Epoux de ci-devant, féparé à préfent d'elle légitimement, ni lui demander quoi que ce foit fous quelque pré-texte que ce puiffe être, renonçant par les Préfentes dans la meilleure forme que faire fe peut, à tous les droits & prétentions qui lui auroient pû competter, par le divorce, obligations, Billets, ou par quelque-autre titre, foit qu'ils lui compet-tent actuellement, ou qu'ils lui puiffent competter à l'avenir, cédant & transpor-tant auffi entiérement à SON ALTESSE SERENISSIME le Duc, fes droits ac-quis pour fon entretien par d'autres Traités conclus & faits avec d'autres.

Et pour que tout ce que deffus foit exactement obfervé, les deux Parties ftipu-lantes fe font promis réciproquement, & fe font obligées par leur parole de s'y conformer inviolablement, & de ne permettre qu'il y foit contrevenu en aucune maniére que ce foit, ayant renoncé à toutes exceptions & droits contraires aux Pré-fentes, même à toute raifon de circonvention de dol ou d'erreur, comme fi la chofe s'étoit paffée autrement qu'elle n'eft écrite au blanc de ce Traité, & à la lé-fion d'outre moitié qu'elles ont promis de n'alléguer pour empêcher la validité. SON ALTESSE SERENISSIME la Ducheffe Anne Sabine, ayant de plus pour ce fujet renoncé au Senatus-Confulte Velleïen qui lui a été donné fuffifamment à entendre, & à tous autres Droits & Loix favorables aux femmes; ayant auffi les deux Traitans renoncé à la claufe qui dit, Que générale renonciation ne vaut, fi la fpéciale ne précéde; & en général à tous autres priviléges, exceptions, fubter-fuges déja actuellement introduits, ou qui pourroient l'être dans la fuite, capables d'empêcher l'effet de la préfente convention, ou de l'énerver en quelque maniére; le tout de bonne foi & fans fraude: En foi de quoi deux Exemplaires d'une même te-neur en ont été expédiés, fignés des propres mains, tant des deux Parties que de moi Notaire, & des témoins pour ce appellés & requis, & corroborés des Sceaux des uns & des autres. Fait à Montbéliard le trentiéme de Novembre mil fept cens vingt; figné à l'Original LEOPOLD EBERHARD, D. d. W. M. ANNE SABINE, JEAN JOACHIM DE WERTERSTETTEN, comme affiftant requis, CHRE-TIEN UBRICH D. d. W. O:els comme témoin requis, FRIDERIHE-AUGUSTE RAUSELS, Secretaire, comme témoin requis, & JE'RE'MIE BERDOT, No.re Ju-ré l'ayant reçû.

NOUS Rainold Beurlin ancien Lieutenant des Villes & Bailliage d'Hericourt en Franche-Comté: Certifions à tous qu'il appartiendra avoir exactement & de mot à autre, traduit de Langue Allemande en Langue Françoife, un Acte de con-vention d'Affignat & de Douaire, qui fut fait le trente Novembre mil fept cens

R

vingt, entre feu SON ALTESSE SERENISSIME Monfeigneur Léopold Eberhard Duc de Wirtemberg Montbéliard, & SON ALTESSE SERENISSIME
Madame la Ducheffe fon Epoufe, & à préfent fa Douairiere, & que la Copie qui
eft ci deffus traduite en Langue Françoife eft conforme en tous points à l'Original
qui Nous a été repréfenté par SADITE ALTESSE SERENISSIME Madame la Ducheffe Anne Sabine, écrite en Langue Allemande, dûement figné de feu SADITE
ALTESSE Léopold Eberhard, de deux témoins, & du Prince Chrétien Ulrihe, Duc
de Wirtemberg Oëls, ainfi que de Maître Berdot Notaire Impérial à Montbéliard,
le tout corroboré des Sceaux d'un chacun; après quoi ledit Original a été remis au
pouvoir & entre les mains de SADITE ALTESSE Madame la Ducheffe Anne Sabine,
duquel compulfoire, ainfi que de ladite Traduction, je lui ai décerné Acte pour lui
valoir & fervir partant que de raifon, déclarant que le Papier timbré n'eft point
d'ufage en cette Province de Franche-Comté. Fait à Hericourt ce neuviéme Juin
mil fept cens vingt-fix. R. BEURLIN.

LETTRES PATENTES

DE SA MAJESTE' IMPERIALE LEOPOLD I.
Par lefquelles il éleve la Famille de Hedwiger, de l'un & de l'autre
fexe, à la dignité de Comtes & Comteffes du faint Empire.

Du 2 Aouft 1701.

Traduites d'Allemand en François.

NOUS LEOPOLD, PAR LA GRACE DE DIEU,
élû Empereur des Romains, toujours Augufte, Roy d'Allemagne, de
Hongrie, de Bohême, de Dalmatie, de Croatie, & d'Efclavonie, Archiduc
d'Autriche, Duc de Bourgogne, de Brabant, de Stirie, de Carinthie, de Carniole, de Luxembourg, de Wirtemberg, de la haute & baffe Silefie, Prince de
Suabe, Marquis du faint Empire Romain, de Bourgau, de Moravie, de la haute
& baffe Luface, Comte de Hapfbourg, de Tirol, de Ferrette, de Kibourg, &
de Gorice, Landgrave en Alface, Seigneur de la Marche d'Efclavonie, de Port
Naon, & de Salins.

Déclarons ouvertement par les prefentes Lettres, pour Nous, nos Succeffeurs
à l'Empire, à nos Royaumes hereditaires, Principautez & Pays, & faifons fçavoir
à tous : Quoique quantité de Familles, & Sujets nobles faffent aujourdh'ui l'ornement de La Majefté Imperiale, que la Providence divine Nous a donné en partage; cependant, comme & plus ces anciennes & nobles Familles reçoivent
d'honneur & de bienfaits de leurs excellentes vertus & fervices, & plus le Trône
de cette Majefté a d'éclat & de fplendeur; & que d'ailleurs les doux effets que
dés Sujets reffentent de la bonté Imperiale, font de puiffans motifs pour les porter à un attachement inviolable à fon fervice & à toute forte de belles actions;
ayant de plus un penchant naturel à procurer generalement à tous les fideles Sujets du faint Empire, de nos Royaumes hereditaires, Principautez & Pays, tous
les avantages, honneurs, dignitez & accroiffemens imaginables; Nous en avons
un incomparablement plus grand, à favorifer & honorer ceux dont les Ancêtres
& eux-mêmes, qui étant nez de bonne & ancienne Nobleffe, fe font fignalez
par leurs vertus heroïques, par leur fidelité & attachement à Notre Service, à
celui du faint Empire Romain, & de nos Royaumes hereditaires, Principautez
& Pays dans les affaires d'importance.

Ayant donc gracieufement confideré & remarqué, que *GEORGE
GUILLAUME, JEAN CHRISTOFFLE, JEAN RUDOLFE,*
freres, & leur Sœur ANNE SABINE de Hedwiger defcendans de la noble
& ancienne Famille *des Hedwigers*, qui depuis plufieurs fiecles a refidé dans notre Duché de Silefie, qui ont toujours été élevez dans les vertus de la Nobleffe,
& qui dès leur jeuneffe ont été formez aux exercices des Chevaliers; ayant de
plus paffé leurs vies avec honneur dans les Charges tant Civiles que Militaires,

& qui, fans épargner leurs biens, ni leur fang, les ont facrifiez pour le bien public, qu'ils ont tâché de procurer par leurs confeils & par leurs actions. *BALTHASAR de Hedviger* ayant été favorifé des graces fingulieres de l'Empereur MAXIMILIAN II. de glorieufe memoire, Notre Prédeceffeur à l'Empire, qui à caufe de fes actions Heroïques, & du courage intrépide qu'il fit paroître en Hongrie contre le Turc, ennemi juré du nom Chrétien, particulierement, lorfqu'ayant paffé le Danube à la nage, pour reconnoître l'Ennemi, il lui caufa une perte confiderable, pour témoignage de fa valeur, & du bon & fidele fervice qu'il avoit rendu, fit inferer dans fes Armes une Demi-Lune & un Poiffon nageant dans la riviere. *CHARLES de Hedviger, leur Bifayeul*, ayant fervi jufqu'à fa mort avec honneur feu le Duc HENRI de Lignitz, en qualité de Confeiller intime, & *CHRISTOFFLE de Hedviger*, leur ayeul de la même maniere, & en la même qualité, le Duc JEAN-CHRISTIAN de Lignitz, *& leur pere JEAN-GEORGE de Hedviger* s'étant rendu également recommandable à Notre fervice dans les Troupes à Kayferswaldau & Praufdorf, & ayant fini fa vie par une mort prématurée, en qualité de Capitaine, dans le Regiment du General Thim, l'exemple defquels, fes ayeuls, bifayeul & Ancêtres, ledit *GEORGE-GUILLAUME de Hedviger* a fuivi dans le fervice qu'il Nous a rendu contre l'Ennemi juré. Premierement, en qualité de Volontaire dans le Regiment de Dragons de notre General Schlick, enfuite en qualité d'Enfeigne, après avoir tué un Baffa par fon adreffe d'un coup de feu, puis en qualité de Lieutenant, & enfin en celle de Capitaine dans le Regiment de Montbéliard, ayant dans toutes les occafions donné des marques de fa fidelité inviolable, & s'étant toujours comporté en brave Soldat & d'honneur; de forte qu'après la réforme que Nous fimes dudit Regiment de Montbéliard entre plufieurs autres, le Duc de Wirtemberg-Montbéliard à prefent Regnant, le fit Maréchal de fa Cour, qui eft l'Emploi où il eft encore actuellement, & où jufqu'à prefent il ne continue pas moins de Nous être foumis & dévoüé qu'il l'étoit, quand il fervoit dans les Troupes, s'offrant très-humblement de procurer à l'avenir dans toutes les occafions Notre avantage, celui de l'Empire, & de notre Maifon Archiducale d'Autriche, & de porter fes Freres à la même chofe, ainfi qu'il peut & doit le faire dans l'Emploi de Maréchal de ladite Cour, qu'il poffede.

C'eft donc en confideration des fufdits mérites, fidelité, fervices rendus, & qu'ils rendront à l'avenir, de leurs nobles qualitez & vertus, qu'après une mûre déliberation, bon confeil & pleine fcience, Nous avons fait aux fufnommez *GEORGE GUILLAUME, JEAN CHRISTOFFLE, JEAN RUDOLFF, & ANNE SABINE de Hedviger*, cette grace particuliere, & les avons avec tous leurs heritiers légitimes, procréez de leurs corps, & les heritiers de leurs heritiers des deux fexes en ligne defcendante, élevez, honorez, mis & incorporez pour toujours, au rang, honneur & dignité de nos Comtes & Comteffes du faint Empire, de nos Royaumes hereditaires, Principautez & Pays, de la même maniere que s'ils étoient nez anciens Comtes & Comteffes de quatre generations.

Le faifons, honorons, élevons & mettons les fufdits Freres & Sœur *de Hedviger*, leurs heritiers légitimes procréez de leurs corps, & les heritiers de leurs heritiers, mâles & femelles en ligne defcendante, comme deffus, au rang, honneur & dignité de nos Comtes & Comteffes du faint Empire, les mettons dans leur nombre, & les inferons dans leur Communion; conferons & donnons à eux tous, outre les Titres d'honneur qu'ils avoient déja, en omettant le nom de leurs Prédeceffeurs, le Nom & la Qualité de Comtes & Comteffe de Sponeck, & leur permettons de fe nommer & de s'écrire ainfi: Entendons, ordonnons & voulons auffi, que les fufdits *GEORGE GUILLAUME, JEAN CHRISTOFFLE, JEAN RUDOLFF, & ANNE SABINE, Comtes & Comteffe de Sponeck*, leurs heritiers légitimes procréez de leurs corps, & les heritiers de leurs heritiers foient à jamais nos Comtes & Comteffes du faint Empire, & s'écrivent ainfi, & foient reconnus, honorez, appellez & infcrits tels par Nous, par les Empereurs Romains & Rois nos Succeffeurs à l'Empire; par notre Maifon Archiducale d'Autriche, par toutes nos Chancelleries & les leurs, & par un chacun, foit de haute ou de baffe condition: Qu'ils puiffent fans aucun empêchement jouir & être faits participans de toutes & chacunes les graces, libertez, honneurs, dignitez, avantages, préeminences, droits, jurifdictions dans les Affemblées & Tournois; avoir

& recevoir des Benefices dans les hauts & bas Canonicats, des Fiefs & des Charges tant Ecclefiaftiques que Seculieres, de la maniere que nos Comtes & Comteffes du faint Empire, de nos Royaumes hereditaires, Principautez & Pays, qui
font nez tels, en jouiffent & en ufent, de Droit & de Coutume.

De plus, Nous avons gracieufement confirmé aux fufdits Comte & Comteffe
GEORGE GUILLAUME, JEAN CHRISTOFFLE, JEAN
RUDOLFF, & ANNE SABINE de Sponeck, leurs anciennes Ar-
moiries de Nobleffe & de Chevaliers qu'ils ont heritez, & Leurs avons gracieufement permis de les porter à l'avenir éternellement, comme il fuit : un Ecu
écartelé, dont le premier & dernier quartier eft un Lion d'Or couronné, lam-
paffé dans un Champ de gueules, tourné en dehors & en fautoir, le Gofier ouvert,
jettant de l'écume, dreffant en haut une double queue; le fecond & le troifiéme
quartier eft un Champ d'azur, chargé d'un Ruiffeau coulant, & portant un Thim
furnageant; dans le troifiéme quartier en haut, & dans le fecond en bas, à la droite
du Ruiffeau, paroît une Etoile d'or à fix Rais, & à la gauche une Demi-Lune : fur
le Centre de l'Ecu eft un Aigle de fable dans un Champ d'or couronné à aîles dé-
ployées, préfentant fes ferres, & tirant une langue de gueules : fur l'Ecu des Armoiries font deux cafques de Tournois ouverts & tournés en dedans l'un contre
l'autre, détachés, nobles, garnis de gueules, dont le gauche eft à Cimier d'or &
d'azur, & le droit d'or, & de gueules pendant en bas, chacun avec fes Lambre-
quins, & une Couronne d'or au deffus : de la Couronne de la gauche fortent deux
Aigles d'azur, furchargés du Ruiffeau, du Thim, de l'Etoile, & de la Demi-Lune
blafonnez dans l'Ecu : de la Couronne de la droite eft iffant le Lion coloré
dans ledit Ecu, tourné en dedans : qui font les Armoiries que Nous leur avons
confirmées & accordées, blafonnées de leurs couleurs naturelles dans le blanc des
préfentes Lettres.

Et pour faire d'autant plus reffentir les Effets de Notre Grace Imperiale aux
fufdits GEORGE GUILLAUME, JEAN CHRISTOPHE, JEAN
RUDOLFF, & ANNE SABINE Comtes & Comteffe de Sponeck,
Nous leur avons après une mûre Délibération, bon Confeil, & pleine fcience, à
leurs heritiers légitimes procréés de leurs corps, & à leurs defcendans, mâles &
femelles, fait cette grace finguliere, & accordé cette liberté; la leur accordons par
Notre Puiffance Imperiale & pleine fcience par les Prefentes, qu'à l'avenir ils portent le Titre de Hoch & Wohlgebohrn, Voulans & Nos Succeffeurs au faint Empire,
à Nos Royaumes hereditaires, Principautez & Pays, les nommer & écrire ainfi,
& donner auxdits Comtes & Comteffe de Sponeck, à leurs heritiers légitimes procréés
de leurs corps, & aux heritiers de leurs heritiers ledit Titre & qualité, dans Nos
Chancelleries, dans les écrits ouverts & cachetés, Lettres & Miffives, où ils feront
nommez, & que Nous, ou Nos Succeffeurs leur adrefferont : comme Nous avons
déja actuellement ordonné à Nos Chancelleries de faire.

Ordonnons & commandons auffi expreffément par les Préfentes à Leurs Eminences Illuftriffimes, les Archevêques de Mayence, de Treves & de Cologne, Nos
chers Neveux & Coufins, comme Electeurs & Archichanceliers du faint Empire
Romain, en Allemagne, dans les Gaules, au Royaume d'Arelat, & en Italie, & à
tous Nos autres Chanceliers, Officiers de Chancellerie & Secretaires, prefens &
à venir, de faire & tenir main, à ce que dans Nos Chancelleries, & dans celles de
Nos Succeffeurs le Titre & Nom Hoch & Wohlgebohrn, foient donnés, & écrits à
l'avenir, & à jamais aux fufdits GEORGE GUILLAUME, JEAN
CHRISTOFFLE, JEAN RUDOLFF, & ANNE SABINE,
Comtes & Comteffe de Sponeck, à leurs heritiers légitimes procréés de leurs corps,
& aux heritiers de leurs heritiers en ligne defcendante.

Enjoignons de plus ferieufement par les Prefentes à tous & chacun les Electeurs,
Princes Ecclefiaftiques & Seculiers, Prelats, Comtes, Barons, Chevaliers, Intendans, Gouverneurs de Provinces, Grands Baillis, Commandans de Villes, Séné-
chaux, Prevôts, Juges Provinciaux, Maires, Bourgmaîtres, Jurés, Confeillers,
Juges des Armoiries, Herauts, Perfevanten, Bourgeois, Communautés, & à tous
Nos autres Sujets de l'Empire, de Nos Royaumes hereditaires, Principautés &
Pays, de quelle qualité & condition qu'ils foient, & voulons, qu'ils reconnoiffent
à l'avenir & à jamais les fufdits Comtes & Comteffe de Sponeck, leurs heritiers légitimes procréés de leurs corps, & les heritiers de l'un & de l'autre fexe, pour de

Nos

Nos anciens Comtes & Comteſſes du ſaint Empire, de Nos Royaumes hereditaires,
Principautés & Pays : qu'ils les reconnoiſſent pour tels, les honorent, les nomment,
& leur écrivent ainſi, & les laiſſent joüir paiſiblement de toutes les Graces, Libertés, Honneurs, Dignités, Titres, Avantages, Droits & Juriſdictions cy-dedans ſpeci-
fiées, ſans les y troubler, mais les y maintenir & proteger entierement de Notre
part, & de celle du ſaint Empire, ſans y contrevenir, ni permettre que d'autres y
contreviennent en aucune maniere que ce ſoit, à peine d'encourir Notre diſgrace
& celle du ſaint Empire, & de payer, ſans aucune rémiſſion par chaque contrevenant une amende de deux cens marcs d'or, applicable, moitié à Notre profit, & à
celui de la Chambre de l'Empire, l'autre moitié aux ſuſdits *Comtes & Comteſſe de
Sponeck*, à leurs heritiers légitimes procréés de leurs corps, & aux heritiers de leurs
heritiers en ce lezés, ſans cependant que les Preſentes préjudicient en aucune maniere à Nos Droits, à ceux du ſaint Empire Romain, de Nos Royaumes, Principautés, & Pays, ni à ceux d'autrui. En foi de quoi, Nous avons fait pendre aux
preſentes Lettres Patentes Notre Bulle d'or Imperiale. Donné dans Notre Ville
de Vienne le deuxiéme du mois d'Aouſt l'an de Grace mil ſept cens & un, de Nos
Regnes, de celui à l'Empire le quarante-quatriéme, de Hongrie le quarante-
ſeptiéme, & de celui de Bohême le quarante-cinquiéme. LEOPOLD. Ut Dominique André, Comte de Kaunitz. Ad mandatum Sacæ Cæsæ Majeſtatis proprium. C. F. CONSBRUCH. Collationné & enregiſtré Jean Friderich
Weningölten, Regiſtrateur.

PROCURATION DU FEU PRINCE DE MONTBELIARD, *donnée au Prince ſon fils unique George-Leopold, pour aller en Pologne ſe faire donner un Acte de ſon Mariage avec la Dame de Hedvviger, Comteſſe du ſaint Empire.*

Du dix-ſept Juin 1720.

NOUS par la grace de Dieu, Leopold-Eberhard, Duc de Wirtemberg & Teck,
Comte de Montbéliard, Seigneur de Heydenheim. Donnons par & en vertu
des Preſentes, plein pouvoir à notre très-cher fils George-Leopold, ou à celui & à
ceux qu'il commettra & envoyera en ſon nom pour raiſon de ce, de faire rechercher notre Mariage, qui a été accompli avec Damoiſelle Anne-Sabine de Hedwiger,
en Pologne, près de Poſna, dans l'Egliſe Lutherienne de Reïowitz, par la Béne-
diction du Prédicateur Lutherien dudit lieu, Jean-Chriſtophe Fuchſius, le premier du mois de Juin environ de l'année 1694, & de s'en faire donner des Certificats
autentiques & en bonne & düe forme où il appartiendra; laquelle faveur, que
nous eſperons, nous ſommes porté & incliné à reciproquer envers tout chacun,
ſuivant ſon état, en toutes occaſions; en foi & témoignage nous avons ſigné & fait
appoſer nos Armes aux Preſentes. Donné en notre Ville de réſidence de Montbéliard, le 17 du mois de Juin de l'année 1720, *ſigné*, LEOPOLD EBERHARD,
Duc de Wirtemberg-Montbéliard, & ſcellé en Cire rouge en placard.
Traduit de l'Allemand en Langue Françoiſe d'une Procuration en Original,
ſignée & ſcellée, comme dit eſt ci-deſſus, & icelle auſſi ſignée & paraphée par moi
ſouſſigné Avocat & Secretaire-Interprete au Conſeil Souverain d'Alſace. Fait à
Colmar, ce 20 May 1714. *Signé* MULER, *avec Paraphe.*

LETTRE de S. A. S. Chriſtian Ulrich, Duc de Wirtemberg-Oels, écrite de Bâle le 29 Août 1720 à Son Alteſſe Sereniſſime Léopold Eberhard, Duc de Wirtemberg-Montbéliard.

SERENISSIME DUC, TRES-HONORE' COUSIN,

Nous ne ſçaurions Vous cacher, que Nous avons été fort ſurpris d'apprendre
que Notre très-cher Couſin le Duc de Wirtemberg-Stoutgard a repréſenté dans
un Memoire du 15 Février de l'an courant, que ſon Conſeiller & Envoyé Dermi-

S

neur a remis à Sa Majesté le Roi de France, qu'il n'y a point de Princes, ni de
Princesses de la Maison de Wirtemberg, qui reconnoissent l'Epouse de V. A. S. la
Sereniffime Princesse ELISABETH - CHARLOTTE, Duchesse de Wirtemberg-Montbéliard, née Baronne de Lesperance, Notre très-chere Cousine,
pour la femme légitime de V. A. S. ni les Princes & Princesses vos enfans de deux
lits, auffi nos très-chers Cousins & Cousines, pour enfans légitimes & habiles à
succeder : Comme donc cela Nous a fort surpris, par l'endroit que non seulement,
Nous n'avons point donné de plein pouvoir à Notre susdit Cousin le Duc de Wirtemberg-Stoutgard, pour faire de telles remontrances, mais reconnoissons plûtôt
l'Epouse de V. A. S. la Sereniffime Princesse ELISABETH - CHARLOTTE
Duchesse de Wirtemberg-Montbéliard, &c. née Baronne de Lespérance, Notre
tres-chere Cousine, pour la femme légitime de V. A. S. de même que Nos
très-chers Cousins & Cousines les Princes & Princesses des deux lits, pour
enfans légitimes, habiles à succeder, & pour Princes & Princesses : Auffi ne sçaurions Nous comprendre, pourquoi S. A. S. le Duc de Wirtemberg-Stoutgard fait
à Vous & aux Vôtres tant de difficultés, puisque DIEU Vous a beni d'une nombreuse posterité légitime, & qu'on peut encore esperer plus de benédiction. Et quand
même, ce que DIEU veüille détourner, toute Votre Posterité viendroit à s'é-
teindre, ce ne seroit pas à la Sereniffime Maison de Stoutgard à s'en informer,
puisque tant par la naissance, que par les pactes de Famille, Nous de la ligne de
Wirtemberg-Oels, ou Weiltingen, sommes les légitimes & les plus proches heritiers à la succeffion de Wirtemberg-Montbéliard : Et quoique nous ayons fait une
convention, en vertu du Récés de Weiltingen, avec Nos très-chers Frere & Cousin, n'ayant les deux point encore d'enfans, & DIEU au contraire nous ayant beni
de posterité, il est clair que cela Nous regarde à present préférablement aux autres :
Et DIEU ayant beni V. A. S. d'une nombreuse posterité, & pouvant encore l'en
benir dans la suite, ce n'est pas le tems de parler de telles affaires, & Nous nous
trouvons obligés, pour maintenir la verité, & conserver l'amitié sincere & fidele,
qu'il y a eu entre V. A. S. Nos Bisayeuls, Ayeuls, Pere & Mere, & Nous-même,
de vous donner Notre sentiment & déclaration sur ce sujet, comme Nous les
donnons & voulons donner auffi par les Presentes, après une mure délibération.
Demeurans toujours prêts à vous rendre tous les bons services de Parent, auffi
bien qu'à Madame Votre Epouse, Notre très-chere Cousine, & à tous les Vôtres,
auffi Nos très-chers Cousins & Cousines.

SERENISSIME DUC,

A Bâle, ce 29 Août   Votre fidele Cousin &
1720.   Serviteur.

CHRISTIAN ULRICH, D. d. W. O.

PIECE TRADUITE DE L'ALLEMAND EN FRANÇOIS.

NOUS Eleonore Charlotte, par la Grace de Dieu, Duchesse née &
Douairiere de Wirtemberg, Teck & Châtillon, d'Oels en Silesie,
Comtesse de Montbéliard & Colligny, Dame de Heidenheim,
Sternberg, Mezibohr, Festenberg & Koltzig, &c.

FAISONS sçavoir, & confessons sur notre bonne conscience par ces Presentes,
devant Dieu & tout le monde, que nous n'avons rien sçu de l'intervention que
Funck a voulu faire contre toute sorte de raison & d'excuse dans le Procès qui est
pendant à Paris au Conseil d'Etat, entre M. George Léopold, Duc de Wirtemberg Montbéliard, & M. Eberhard Louis, Duc de Wirtemberg-Stoutgard, & attestons en même temps, que si Funck a osé se servir dans la moindre chose de nos
blancs-Seings que nous lui avons confiez, contre le Mariage entre feu S. A. S. le
Prince Léopold Eberhard, Duc de Wirtemberg & Teck, Comte de Montbéliard,

Seigneur de Heidenheim, notre très honoré & très cher frere, avec (Pl. cum Tis.) la Sereniſſime Anne Sabine, Comteſſe de Sponeck, lequel Mariage a été beni par le Prêtre au mois de Juin de l'année 1695, ou contre la naiſſance légitime du Prince George Léopold leur fils, à preſent Duc de Wirtemberg Montbéliard, né le 12e Decembre de l'année 1697, dans notre Château de Feſtenberg, & baptiſé par le ſieur Opfergeld, Miniſtre, pour lors notre Prêtre; Nous déclarons donc devant tout le monde que s'il a fait l'un ou l'autre, c'eſt une fraude infâme, & une fauſſeté manifeſte (de la part dudit Funck;) En confirmation de quoi nous avons ſigné de notre propre main & fait appoſer notre Sceau de Princeſſe : Fait à Vienne le 24 Juillet 1726.

(L. S.) ELEONORE-CHARLOTTE
Ducheſſe de Wirtemberg-Oels.

Je ſouſſigné Notaire Imperial, public & Juré, atteſte par ma ſignature faite de ma main propre, & par l'appoſition de mon Sceau ordinaire de Notaire, que la preſente copie eſt tirée fidelement de ſon original, & après la confrontation faite je l'y ai trouvé conforme mot pour mot. Fait à Montbéliard le 17 Aouſt 1726.

(L. S.) BENJAMIN REUTH, Notarius,
Cæſareus, publicus, Juratus.

FORMULAIRE DU SERMENT
Prêté enſuite de la Renonciation à la Principauté de Montbéliard.

COMME la ceſſion & renonciation du 29 Juillet dernier, que j'ai ſigné de ma propre main, & dont la teneur me vient d'être expliquée de nouveau, porte, qu'en cas que j'aye en vertu de ma naiſſance quelque droit & prétention à la Principauté de Montbéliard & les Comtés & Seigneuries en dépendantes, je l'ai transferé & cedé à S. A. S. Monſeigneur Eberhard-Louis, Duc regnant de Wirtemberg, & à ſes ſucceſſeurs, en y renonçant pour moi, & ma poſterité pour jamais & éternellement; moi GEORGE, Comte de Sponeck, je jure preſentement pour confirmation de la ſuſdite ceſſion & renonciation faite par moi, avec le conſentement de S. A. S. Monſeigneur Leopold Eberhard, Duc de Montbéliard, & avec connoiſſance de cauſe, priſe par ſa Regence, au Dieu tout-puiſſant, un ſerment corporel & ſolemnel, lequel m'a été bien expliqué, que je tiendrai toujours ferme, ſans vouloir avoir jamais recours au benefice de minorité ou autres exceptions quelconques, ce à quoi je me ſuis engagé dans la ceſſion & renonciation du 29 Juillet dernier, & par conſequent que je ne veuille, ni moi, ni mes heritiers, jamais de ma vie, & éternellement former aucune prétention, competence ou droit à ladite Principauté de Montbéliard ni aux Comté & Seigneuries en dépendantes, ſoit ou ſous prétexte de ſucceſſion, appanage ou alimentation, & que je reconnois pour ſeul & legitime ſucceſſeur en ladite Principauté de Montbéliard & toutes ſes Seigneuries & dépendances, S. A. S. Monſeigneur Eberhard-Louis Duc de Wirtemberg; & cela conformément à la ceſſion & renonciation ſus-mentionnée faite & écrite à Montbéliard, auſſi vrai que je ſouhaite, que Dieu me ſoit en aide par JESUS-CHRIST.

(L. S.) GEORGE, Comte de Sponeck.

(L. S.) FALLOT, Conſeiller & Aſſiſtant.

Après cela M. le Conſeiller & Aſſiſtant Fallot repréſenta avec bien du reſpect, que comme le ſuſdit Seigneur Comte George de Sponeck, &c. étoit dans l'intention de tenir fidelement ce qu'il avoit promis par le ſerment prêté au gracieux contentement de S. A. S. le Duc regnant de Wirtemberg, qu'il eſperoit auſſi, que du côté de Sadite Alteſſe Sereniſſime ce qui avoit été promis & ſtipulé gracieuſement par écrit audit Seigneur Comte de Sponeck, à ſa famille, & à ſes deſcendans, au ſujet de cet accommodement, ſeroit auſſi exécuté & accompli fidelement ; de quoi lui fut donné une aſſurance convenable par la réponſe de M. le Conſeiller Intime, Baron de Schunck, au nom de ſon très gracieux Seigneur. Enſuite de quoi ce préſent Acte commencé au nom de Dieu, ſe finit auſſi de même, après pluſieurs congratulations de part & d'autre.

Toutes leſquelles choſes ont été faites l'an de Chriſt, Indiction, Regnes de ſa Maj. Imp. mois, jour, heure & lieu marqués ci-deſſus, dans la maiſon de plaiſance de S. A. S. de Wirtemberg à Louiſbourg, dans la chambre baſſe de l'aîle gauche du bâtiment, le matin environ les onze heures, en préſence du ſuſdit Conſeiller M. Pfau, comme témoin requis ſpecialement pour le préſent Acte, qui en foi des choſes ſuſdites s'eſt ici ſouſcrit de ſa propre main, & y a appoſé ſon Cachet ordinaire, ſigné (L. S.) CASPARD PFAU.

Nous donc Jean Philippe Schæffer, & Jean-Fridéric Senckeiſen, Notaires Jurez publics, par le pouvoir & autorité de Sa Majeſté Imperiale, qui avons aſſiſté au préſent Acte, ceſſion, renonciation & accommodement confirmé par Serment, dès le commencement juſqu'à la fin, ſans interruption, & qui avons vû & ouï, pris fidellement ad notam & protocolé tout ce que deſſus arrivé, fait, & ainſi traité en avons dreſſé le préſent inſtrument public pour une memoire éternelle, & en foi de verité l'avons écrit nous-même, ſouſcrit de nos propres mains, confirmé & corroboré in optimâ formâ de nos cachets accoutumés, qui nous ont été accordés gracieuſement comme ſeings du Notariat, ſuivant que nous en avions été requis & priés gracieuſement à raiſon de notre Charge.

Pro Lege & Grege.   Fidelis & Secretus
S. JOH. PHIL. SCHÆFFERI,   S. JOH. FRIDERICI SENCKEISEN.
Not. Cæſ. Publ.   (L. S.)   Not. Cæſ. Publ.   (L. S.)

JOHANN. PHILIPP. SCHÆFFER, Notarius Cæſareus publ. Juratus, debito & legitimo modo requiſitus in fidem præmiſſorum, atteſtor.

JOH. FRIEDR. SENCKEISEN, Notarius Cæſareus publ. Juratus, debito & legitimo modo requiſitus in fidem præmiſſorum, atteſtor.

Je ſouſcris Notaire Imperial public & Juré, atteſte en la meilleure forme que faire ſe peut, par mon ſeing manuel & mon Sceau ordinaire de Notaire ici appoſé, que la préſente copie tirée fidelement de ſon original & factâ collatione & diligenti auſcultatione, y a été trouvée conforme de mot à mot. Fait à Stoutgard, le 3 Octobre de l'an 1715.

(L. S.)   Notariatûs JOHANN. PHILIPP. SCHÆFFER, Notarius Cæſareus Publ. Juratus in fidem præmiſſorum, atteſtor.

11,422

MEMOIRE

QUI débrouille la Conteſtation agitée
depuis l'an 1719.

AU SUJET DE LA SUCCESSION

DE

MONTBEILLARD,

Et la ramene à la Préciſion de la réſolution définitive
de SA MAJESTE' Très-Chrétienne,
datée du 24. Avril 1740.

Ce Mémoire contient quatre Parties.

LA Iʳᵉ. repréſente les Principes univerſels du droit de la Nature &
des Gens, qui déterminent la maniere de procéder en pareil cas,
ſuivant la diſtinction entre la *Juriſdiction perſonnelle*, & la *Juriſdiction réelle.*

A

LA IIme. Contient l'Abrégé de l'Histoire de ce qui s'est passé dans cette contestation, depuis l'an 1719. jusqu'en 1746.

Ce récit détruit les fausses suppositions, contenues dans la Lettre répandue dans le Public sous le nom d'un Jurisconsulte de Colmar du 1. Mars 1746. Il démontre, en même tems, que le Duc de Wirtemberg n'agit que par les Principes rapportés dans la première Partie de ce Mémoire, que le Roi très-Chrétien a lui-même établi pour servir de régle, selon laquelle cette contestation devoit être terminée, sçavoir que l'Empereur jugeroit de la question de l'état de legitimité des Prétendans de Montbeillard, & que le Roi de France mettroit le Duc de Wirtemberg en possession des Terres, qui sont de sa domination, à l'exclusion des bâtards, qui ne sont pas recevables pour le possessoire. Il est donc constant, que la demande du Duc de Wirtemberg est entierement conforme à une grande multitude de titres déclaratifs de la propre volonté de Sa Majesté, constatée par ses décisions du 30. Mars & 24. Août 1723. par les Déclarations faites de Souverain à Souverain à la plus grande partie des Cours de l'Europe; par ses Arrêts du 11. Septembre 1723. 3. Janvier, 1724. 8. Juin 1725. 26. Mai 1739. & par la résolution définitive du 24. Avril 1740. par laquelle Sa Majesté a de nouveau mis cette contestation en régle, en la remettant dans le même état, où elle s'étoit trouvée en 1723. & 1724. par conséquent, en annullant tout ce que les Prétendans de Montbeillard avoient demandé & obtenu dans cet intervalle à l'égard de la question personnelle de l'état de legitimité, Sa Majesté Très-Chrétienne ayant fait remettre ladite résolution définitive non seulement aux Ministres de feu S. M. I. & du Duc de Wirtemberg, mais encore à toute la Diète de l'Empire par les mains de M. de la Noue avec une lettre dattée du 4. Mai 1740.

Le centre de cette résolution consiste dans la distinction entre la *Jurisdiction personnelle & réelle*, & c'est dans cette précision que Sa Majesté a ordonné l'examen de cette affaire à Messieurs les Commissaires par son Arrêt du 27. Juillet. 1740.

Si bien que le change, que le Jurisconsulte de Colmar veut donner à cette contestation dans sa lettre susmentionnée du 1. Mars 1746. est un écart manifeste des déclarations & décisions les plus sacrées de Sa Majesté Très-Chrétienne.

LA IIIme. Les Points essentiels & décisifs, qui épuisent tout le fond de la question de l'état de legitimité des Prétendans de Montbeillard, & *detruisent l'apparence de complication & immensité extrème, sous laquelle on a voulu la presenter.*

LA IVᵐᵉ Le dénombrement des principaux titres, qui démontrent sans replique la bâtardise des Prétendans de Montbeillard; le Duc de Wirtemberg ayant rassuré la conscience du Roi par la production des Originaux, & satisfait au-delà de ce qu'on a exigé ou pu exiger de lui en pareil cas à juste titre, la question de l'état de legitimité des Prétendans de Montbeillard n'étant aucunement du Ressort des Tribunaux de France.

Il faut observer à l'égard d'une partie de ces titres que le Duc de Wirtemberg ayant depuis peu découvert les intrigues, que les Comtes de Sponeck & de Coligny, continuoient de tramer avec le Curé de Reiowitz en Pologne, où ils prétendent, que le Duc de Montbeillard a été marié en 1695. & s'étant en mê-me-tems apperçu dans la lettre du Jurisconsulte de Colmar, que les Avocats du Comte de Sponeck se préparoient des nou-veaux faux-fuyants & délais dans les Registres, & pieces, qui se trouvent en Silésie & en Pologne, ce Prince a prié Sa Ma-jesté le Roi de Prusse, de condescendre à une démarche, qui pourroit couper tout d'un coup le chemin aux chicanes ul-térieures, que les Avocats du Comte de Sponeck pourroient remettre sur le tapis, sçavoir, qu'au lieu que tous les Souve-rains & Magistrats ont coutume de s'en rapporter, à l'égard des choses étrangeres, aux Souverains & Magistrats étrangers, & aux Certificats, que ceux-ci peuvent donner des faits passés chez eux, & aux copies & Extraits légalisés des pieces, qui s'y trouvent, il plairoit à Sa Majesté Prussienne, d'envoyer en Fran-ce tous les Originaux, qui se trouvent sous sa domination en Silésie, & qui démontrent l'imposture, sur laquelle la préten-tion du Comte de Sponeck est fondée.

Sadite Majesté, pour donner au Duc de Wirtemberg une preuve réelle, & publique de son affection & amitié s'est telle-ment prêtée à sa demande, que non seulement elle a envoyé à M. le Baron le Chambrier son Ministre Plénipotentiaire à la Cour de France tous les Originaux rélatifs à ce sujet, qui se sont trouvés en Silésie, mais encore, qu'elle a député un ex-près en Pologne, le sieur Beker Avocat ordinaire au Tribunal Royal de Glogau, pour requérir les Magistrats, au ressort des-quels le Village de Reiowitz est situé, de confier en mains tier-ces de Sadite Majesté l'Original du Livre de l'Eglise, où ce pré-tendu Mariage comique se trouve enregistré, & d'y ajouter se-lon les régles de la Justice la plus exacte, une inquisition im-partiale, sur la fausse enquête, que le Comte de Coligny fit fabriquer à Reiowitz en 1720. avec le faux Extrait du Livre d'Eglise, que le Comte de Sponeck avoit produit à Vienne & en France.

Une démonstration aussi évidente réduit au pied du mur les adversaires les plus obstinés, & on ne sçauroit disconvenir, qu'on ne trouve pas dans les histoires un second exemple, qu'une imposture aussi manifeste ait jamais été poussée au point, auquel les bâtards de Montbeillard ont eu la témérité, de pousser la leur à la Cour de France.

Le Duc de dWirtemberg pécheroit contre le respect dû à Sa Majesté très-Chrétienne, si après une démonstration aussi peu ambigue, il doutoit un moment de la promte décision d'une affaire, qui coute actuellement à sa Maison plus dequatre millions de livres, en pertes, frais & dommages.

PREMIERE PARTIE.

*Repréfentant les principes univerfels du droit de la Nature & des Gens, qui déter-
minent la maniere de procéder en pareil cas.*

A conteftation agitée au fujet de la fucceffion de Montbeillard étant une affaire compliquée, en tant qu'elle inté-
reffe des *perfonnes etrangeres en France*, & concerne des
terres fituées en France, il eft naturel, qu'on ne doit pas confondre les différentes queftions, qui en réfultent par rapport
à la Jurifdiction.

La manière de procéder doit être conforme à cette complication, qui d'elle-même n'infere aucune ambiguité dans
les principes du Droit, tout comme il ne fe trouve pas dans
le cas, dont il s'agit, la moindre complication embaraffante par rapport aux circonftances du Fait.

*Le Souverain d'un païs eft regulierement le feul Juge competant des conteftations,
mûes pour la propriété des terres, qui y font fituées.*

Tous ceux qui prétendent être mis en poffeffion des terres conteftées, font
obligés, d'expofer devant fes Tribunaux les Titres & Moyens, fur lefquels leur
demande eft fondée, quelque foit la patrie, le rang, la qualité & le domicile, foit
de celui, dans la fucceffion duquel fe trouvent *les biens*, foit de ceux, qui y prétendent, & quelque foit auffi la nature & l'efpece des Moyens & Titres, fur lefquels ils fe fondent.

Mais quand les Prétendans font d'un autre païs indépendant du Souverain,
fous la domination duquel les terres, aufquelles ils prétendent, font fituées, &
qu'ils fe préfentent *pour être mis en poffeffion* fous *la qualité perfonnelle*, qui dépend
des Faits paffés ailleurs, & des loix d'un autre Etat, aufquels ces Prétendans
étrangers font fujets, foit par leur *état perfonnel*, foit par leur *domicile*; il n'y
a que *le fouverain perfonnel*, qui puiffe décider competemment & fans retour des
difputes fufcitées à l'égard de la *qualité perfonnelle*, comme le légiflateur & l'interprête de la régle, que quelqu'un eft obligé d'obferver.

C'eft fur ce principe, que la diftinction entre la *Jurifdiction perfonnelle* & la
Jurifdiction réelle eft fondée.

Dans les *Caufes réelles* les faits du même homme peuvent être traités différem-
ment, dès qu'il poffede des biens fous de différentes dominations. La raifon en
eft toute fimple, étant fondée *dans la divifibilité naturelle des biens & dans l'indépendance des uns des autres*, chaque poffeffeur étant obligé, de fuivre les loix
du Souverain du païs, relativement aux biens qui y font fitués.

Il n'en eft pas de même *des caufes perfonnelles*, comme par exemple du *mariage*,
qui eft un contract *individuel*, & *indépendant des biens*, que quelqu'un peut poffeder.

Ce Contract ne peut pas être multiforme. Il eft ou légitime ou illégitime, felon le rapport, qu'il a avec les loix, que quelqu'un eft obligé, d'obferver en fe
mariant.

Mais il n'y a que *le Souverain ou Juge perfonnel*, auquel quelqu'un a été foumis par fon *état perfonnel*, ou par fon *domicile* fixé fous fa domination, dans le
tems qu'il s'eft marié, qui puiffe décider compétemment & fans retour de *la
légitimité* ou *illégitimité de fon mariage.*

Le droit de la Nature & des Gens attribue à pareilles décifions l'effet civil par
tout l'univers, comme la fuite naturelle d'un fait précédant, étant univerfellement
établi parmi toutes les Nations policées, que les enfans procréés d'un mariage légitime fuccédent aux biens de leurs peres, & que ceux, qui font procréés dans
le concubinage ou de mariages illégitimes, en doivent être exclus; & comme un

B

homme qui poſſéderoit des biens ſous de différentes dominations, n'eſt pas obligé ni peut être obligé, d'obſerver en ſe mariant les diverſes loix & ceremonies établies en fait de mariage en differens païs, il n'eſt non plus poſſible, qu'il y ait plus, qu'un ſeul Juge, qui puiſſe décider les diſputes ſuſcitées à l'égard d'un mariage.

Au reſte, ce ſeroit vouloir s'éblouir par une illuſion des plus manifeſtes, ſi on vouloit dire, que l'honneur & la conſcience du *Souverain réel*, eſt intéreſſé de faire décider par ſes propres Tribunaux la *queſtion perſonnelle* mûe ſur la légitimité d'un mariage étranger.

C'eſt en tout cas, au *Juge perſonnel*, d'en répondre devant Dieu, s'il a rendu un jugement injuſte, *le Souverain du païs* où les terres conteſtées ſont ſituées, n'étant ni légiſlateur ni interprête de la régle, à laquelle le Prétendant étranger a été ſujet en ſe mariant, & il n'eſt pas ſoutenable de dire, qu'on peut ou doit agir en caſſation contre les jugemens d'un Souverain, auprès d'un autre, qui n'eſt pas ſon ſuperieur, ſur-tout ſur la *queſtion perſonnelle* de l'état de ſes juſticiables, n'y ayant rien, qui lui pourroit donner un droit, de ſoumettre celle-là à la déciſion de ſes Tribunaux.

Le Souverain réel ne commet non plus ſon honneur en donnant aux déciſions & certificats rendus du *Souverain perſonnel ſur la qualité perſonnelle de ſes juſticiables*, l'effet, que les autres Souverains, donneroient en pareil cas aux ſiens.

C'eſt le fait du pere, &. non pas la volonté du *Souverain perſonnel*, qui exclut les bâtards de la ſucceſſion, & un pareil jugement n'eſt qu'une déclaration ou un certificat rendu par connoiſſance de cauſe, ſur la vérité du fait & ſur la contravention aux loix, auſquelles quelqu'un eſt ſujet, ſi bien qu'il n'y entre rien d'une *diſpoſition arbitraire de la part du Souverain perſonnel*, qui pourroit être regardé comme un préjudice porté aux droits *du Souverain réel*.

Il s'enſuit, que le *Souverain réel* peut donner ſans aucune formalité de procès la poſſeſſion au ſucceſſeur légitime, à l'excluſion des bâtards, dès qu'il eſt conſtaté par les jugemens & certificats de leur *Juge naturel*, qu'ils n'ont pas la qualité, ſous laquelle ils ſe ſont préſentés dans le païs étranger.

Cependant, ſi le *Souverain réel* aime mieux, que la miſe en poſſeſſion ſe faſſe juridiquement, le ſucceſſeur légitime ne ſçauroit ſe diſpenſer, d'expoſer devant le Juge, nommé par le Souverain où *les biens* ſont ſitués, les titres & moyens, ſur leſquels il appuie ſa demande pour la miſe en poſſeſſion, & ſur leſquels *le Jugement de proprieté* doit être fondé.

Mais il ne s'enſuit pas, que dans le cas, où il s'agit d'un titre étranger, qui concerne *l'état des perſonnes*, qui ne ſont pas ſujets du *Souverain réel*, des faits paſſés ailleurs, & des Loix d'un autre Etat, le *Juge réel* ſoit en droit, de juger ſur ſon fond, competemment décidé par le Juge naturel.

La procédure dans un pareil cas compliqué ſe réduit *à une formalité*, que le *Souverain réel* peut ordonner, pour ſauver ſes droits de Souveraineté, *en adjugeant la proprieté* au ſucceſſeur légitime.

Il lui doit ſuffire, que celui-ci, pour écarter de *l'action poſſeſſoire* les bâtards qui ſe ſont préſentés ſous la qualité étrangere d'enfans légitimes, ait remis au *Juge réel* les Jugemens & les Certificats du *Juge perſonnel* en dûe forme; puiſqu'il eſt inconteſtable, que parmi toutes les Nations policées les bâtards ne ſont pas recevables en Juſtice pour la ſucceſſion de leurs prétendus peres, & qu'on ajoûte foi aux Certificats des Juges étrangers ſur les choſes, qui ſont de leur reſſort.

Ce ſeroit renverſer la nature, ſi on vouloit écouter les *bâtards* dans *l'action réelle & poſſeſſoire*, ou continuer en leur faveur le ſequeſtre, dès qu'on a reçu en forme authentique le Jugement de bâtardiſe, de la part de celui, qui eſt le légiſlateur & l'interprête de la regle, que quelqu'un étoit obligé de ſuivre en ſe mariant.

Leur admiſſibilité pour le *poſſeſſoire* ſeroit l'effet de leur légitimité. Mais comment ſeroit-il poſſible que l'effet eût lieu, pendant que ſa cauſe n'éxiſte point?

Il eſt vrai, qu'en conſidérant les choſes ſuperficiellement, & ſans approfondir les principes de Droit, on se trompe aisément sur ce chapitre, & on entend à tout moment dans le cas dont il est question, que des personnes très-respectables par leur rang & par leur mérite personnel, soutiennent, que Sa Majesté très-Chrétienne est en droit, *de faire juger par ses Tribunaux la question de l'Etat des Prétendans de Montbeillard, parceque la succession dans des terres situées en France, en dépend.* Comment, disent-ils, seroit-il juste & honorable, que l'Empereur pût décider de la possession des terres, qui sont de la Souveraineté de France, & que le Roi de France fût obligé, de mettre le Duc de Wirtemberg en possession de ces terres, parceque l'Empereur a déclaré les enfans du dernier possesseur bâtards? Eût-il jugé par partialité ou surprise, seroit il juste que le Roi de France souffrît, qu'un Jugement injuste d'un autre Souverain eût son effet en France?

Pour dissiper cette illusion, on repete, que ce *n'est pas la volonté du Souverain ou Juge personnel*, qui peut exclure les bâtards de la succession; la question de l'état de légitimité est tout-à-fait indépendante *des biens* du pere, & le *Juge personnel*, en jugeant leur état, ne fait pas la moindre réflexion, *sur les biens* que le pere a possedés; c'est le fait du pere contraire aux Loix, qu'il étoit obligé de suivre, & qui est prouvé par le Certificat du Juge compétent, qui les exclut par tout l'Univers.

On ne blâme cependant pas un *Souverain réel*, si dans le cas où les bâtards soutiennent, qu'on a supposé un faux fait, & que le Jugement de bâtardise est fondé sur *une disposition arbitraire du Juge personnel*, veut rassurer sa religion par quelqu'information à prendre sur le fait, pour voir, si pareils Prétendans ont prouvé quelque chose, qui pourroit le mettre en droit, de refuser aux Jugemens ou Certificats *du Juge personnel* l'effet, qui leur est régulierement dû par le droit de la nature & des gens.

Mais cette information ne pourroit jamais être exigée en forme de Procès & juridiquement, puisqu'il s'agit alors d'une affaire en tout sens étrangere; si bien qu'au cas même que les Prétendans prouveroient en effet des faits contraires, *le Souverain réel* n'en pourroit jamais décider *en Juge.* Tout ce qu'il peut faire alors, s'il veut les favoriser, se doit faire par la voie de représentation, en s'expliquant là-dessus avec le *Souverain personnel*, comme il convient *en chaque affaire étrangere.*

II. PARTIE,

Contenant l'abregé de l'histoire, de ce qui s'est passé dans la contestation agitée pour la succession de Montbeillard, depuis l'an 1719. jusqu'en 1746.

Le Duc Léopold Eberhard de Wirtemberg parvint à la Régence de la Principauté de Montbeillard en 1699.

Il n'étoit jamais question d'un mariage légitime de sa part, ni d'enfans légitimes jusqu'en 1719. où l'on vit tout d'un coup éclorre le systeme d'imposture, qui a fait naître la contestation dont il s'agit.

Ce Prince épris de sa fille bâtarde Eleonore Charlotte, connue par ses intrigues en France, sous le nom de la Princesse de Montbeillard, sœur & femme du Comte de Sponeck, soi-disant Prince héréditaire de Montbeillard, se laissa entraîner dans le projet formé pour son établissement, en soutenant tout d'un coup, qu'il a été marié avec la mere de Sponeck en 1695.

Comme il ne pouvoit pas être porté à cette extravagance, sans le ministere de l'autre concubine, la Baronne de l'Espérance, mere des deux autres Prétendans, il falloit la gagner, en la faisant également passer pour femme legitime moyennant le divorce, qu'il fut supposé en même tems à l'égard de la Sponeck.

Dès que les arrangemens furent ainsi pris, le Duc Léopold Eberhard demanda au Roi de France des Lettres de naturalité pour ses femmes & enfans, qu'il qualifia de Princes & Princesses, quoique ce fût encore le 22. Février 1719. que le Comte de Sponeck fût marié avec sa sœur & inscrit au Livre de mariage comme fils naturel par le nom de sa mere.

Auſſi-tôt que les Lettres Patentes leur furent expédiées au mois de Mai 1719. avec les qualités de Princes & Princeſſes, couſins & couſines de ſa Majeſté, le Prince de Montbeillard fit tout d'un coup traiter ſes concubines & bâtards, comme femmes & enfans légitimes avec les qualités de Ducheſſes, Princes & Princeſſes de Wirtemberg.

Le Duc de Wittemberg Stouttgard informé de cet évenement ne tarda pas de s'y oppoſer.

Il falloit donc ſe faire un appareil de titres, pour ſoûtenir l'impoſture. Ce qui ſe fit à Montbeillard par le Prédicateur Gropp, qui fabriqua des nouveaux Regiſtres d'Egliſes & de Conſiſtoire, & par le Comte de Coligni & le Conſeiller Nardin, qui partirent pour Pologne, où ils ont fabriqué le faux extrait du livre de l'Egliſe de Reiowitz, avec une fauſſe enquête ſur les circonſtances du prétendu Mariage ; étant vraiſemblable que la Mere de Sponeck a eu ſoin de faire ci-devant jouer une pareille piéce de Théatre audit Village, pour s'en ſervir dans le cas de beſoin. C'étoit ſur ces titres poſtiches, que le Prince de Montbeillard plaida contradictoirement pour la légitimité de ſes prétendus Mariages, devant le Conſeil-Aulique de l'Empire, depuis l'an 1720. juſqu'à ce qu'il mourut en 1723.

Comme d'un côté le Duc régnant de Wirtemberg, & de l'autre, les enfans naturels dudit Prince, prétendoient à ſa Succeſſion, le Roi de France fit mettre en ſéqueſtre les 9. Seigneuries, dont il s'agit preſentement.

Le Roi décida en même-tems la maniere de procéder dans cette conteſtation, ſuivant la diſtinction *entre la Juriſdiction perſonnelle & réelle*, en déclarant par ſes déciſions du 30. Mars & 14. Août 1723. rapportées parmi les piéces juſtificatives jointes à la réponſe à la lettre du Juris-Conſulte de Colmar du 1. Mars 1746. cotté C. & D. en termes exprès.

» *Que la queſtion de l'Etat de ces Enfans étant actuellement* pendante au » Conſeil-Aulique de l'Empire, *Sa Majeſté n'entend prendre aucune part à* » *cette conteſtation.*

» *Les Terres demeureront en ſéqueſtre*, juſqu'à la déciſion de ce Procès, *après* » *laquelle S. M. eſt diſpoſée à donner la poſſeſſion à ceux, qui auront* droit à » la propriété; *il y a donc un préalable, à juger, ſi les enfans ſont légiti-* » *mes ou non? Si M. le Duc de* Wirtemberg obtient un Jugement qui les déclare » *illégitimes, il ſera mis ſans difficulté en poſſeſſion de ces Terres.*

» *Si au contraire ces enfans étoient jugés légitimes, comme ils le préten-* » *dent, il reſtera à juger ſi par* la qualité de ces Terres, *elles ne peuvent* » être poſſedées que par des Princes de la maiſon de Wirtemberg.

» *Ou ſi au contraire, elles ſont ſuſceptibles d'être poſſedées par un fils lé-* » *gitime comme l'héritage de ſon Pere, quoiqu'il ſoit déchu de la dignité de* » *Prince.*

» *Et c'eſt ce qui ſera décidé dans ce cas*, tant au Parlement de Beſançon, *qu'au Conſeil ſuperieur de Colmar, attendu que la queſtion de* propriété eſt » du Poſſeſſoire des Terres *ſituées ſous l'obéiſſance du Roi, & ne peut être jugée que dans les Tribunaux du Royaume.*

Cette déclaration fut réiterée envers la plus grande partie des Cours de l'Europe. Les Jugemens du Conſeil-Aulique de l'Empire parurent le 8. & le 16. Avril 1723. & ces enfans y furent declarés inhabiles des Noms, Armes, Dignités, & ſucceſſions auſquels ils prétendoient.

Telle avoit été la demande du Duc de Wirtemberg.

Mais la Cour de France prétendit, que ce Prince devoit apporter un autre Jugement, où il ſeroit expreſſément prononcé ſur la Bâtardiſe.

Le Duc de Wirtemberg, en échange, ſoutint, que ces Jugemens devoient ſuffire, puiſqu'ils étoient fondés ſur l'illégitimité des pretendus Mariages, comme ſur le titre & moyen, ſur lequel ſa demande avoit été appuyée; outre que les Traités de Paix de Weſtphalie, de Ryſwik, & de Baaden garantiſſoient *la propriété de ces terres*, aux Ducs de Wirtemberg, par conſequent, que des enfans, qui n'avoient pas cette qualité, n'avoient aucun droit pour y prétendre.

Le

Le Roi de France conftata cependant le principe établi par fes décifions du 30 Mars & 24 Août 1723. *fur la diftinction entre la Jurifdiction perfonnelle & réelle* par l'Arrêt du 11 Septembre 1723. rapporté dans le Recueil des pieces juftificatives cotté E. par lequel il a plu à Sa Majefté très-Chrétienne d'ordonner, en conféquence du jugement du Confeil Aulique, du 8 Avril 1723.

» *Que les enfans du feu Prince de Montbeillard & leurs meres feront tenus*
» *de rapporter les Lettres Patentes en original du mois de Mai 1719. portant*
» *bénéfice de naturalité en leur faveur, avec titres de Princes & de Coufins*
» *& Coufines de Sa Majefté, pour être lefdites Lettres réformées, en ce qui*
» *concerne lefdits titres & qualités & leur en être expédiées d'autres.*

Il faut obferver, qu'il n'y a aucune différence par rapport *à la jurifdiction*, entre la queftion touchant les *qualités de Princes*, & entre celle, qui concerne *la légitimité de la naiffance*. L'une comme l'autre eft du reffort du *Juge perfonnel*, comme une caufe étrangere en France, concernant des perfonnes, qui ne font pas nés fujets de France, des faits paffés ailleurs, & les loix d'un autre Etat.

Le Comte de Sponeck ayant cependant intenté *l'action poffeffoire ou réelle*, au Parlement de Befançon, & au Confeil fupérieur de Colmar, pendant qu'il plaida à Vienne fur la queftion *perfonnelle*, Sa Majefté très-Chrétienne en arrêta le cours, fur la demande du Duc de Wirtemberg par l'Arrêt d'évocation du 3 Janvier 1724. rapporté dans le Recueil des pieces juftificatives cotté F.

» *En évoquant à foi & à fon Confeil la connoiffance de la conteftation mûe*
» *pour raifon defdites Terres.*

Cet Arrêt confirma de nouveau le principe établi fur la *diftinction entre la Jurifdiction perfonnelle & réelle*. Car, outre que cette évocation eft expreffément déterminée à la conteftation mûe *pour la poffeffion ou la propriété des Terres*, il eft inconteftable par tout ce qui l'a précédé & fuivi, que Sa Majefté n'a aucunement évoqué. par-là la *queftion perfonnelle* de l'état de légitimité qui n'a jamais été pendante à Befançon & Colmar, & que le Roi a reconnu par fes décifions du 30 Mars & 24 Août 1723. d'être du reffort du Confeil Aulique, faifi par la procédure contradictoire des deux parties, comme feul Juge compétant *des qualités perfonnelles* de fes jufticiables, & des faits paffés fous fon reffort.

C'eft dans cette même précifion qu'il a plu à Sa Majefté très-Chrétienne de débouter les Prétendants de leur oppofition formée à l'Arrêt du 11 Septembre 1723. par l'Arrêt du 8 Juin 1725. expédié le 26 Mai 1739. rapporté dans le Recueil des pieces juftificatives cotté G.

» *Sa Majefté les a déboutés & ordonné que ledit Arrêt du 11 Septembre 1723.*
» *fera exécuté felon fa forme & teneur*, fauf néanmoins audit George Léopold
» & à ladite Elizabeth-Charlotte Lefpérance, audit nom, à fe pourvoir, fi
» *fait n'a été contre le Jugement du Confeil Aulique du 8 Avril 1723.*

Y a-t'il jamais eu au monde un Difpofitif plus clair & plus précis ? Sa Majefté ayant par-là conftaté de nouveau la *diftinction entre la Jurifdiction perfonnelle & réelle*, en renvoyant expreffément les Prétendans, à fe pourvoir *à l'égard de la queftion perfonnelle*, devant le Confeil Aulique de l'Empire, & en ne s'attribuant que la *Jurifdiction réelle*.

Sa Majefté très-Chrétienne étoit même tellement convaincue, que ni fa confcience ni fon honneur n'étoit intéreffée à protéger les Prétendans de Montbelliard, qu'Elle fit propofer au Duc de Wirtemberg par écrit en 1727. un plan d'accommodement à l'égard des différends relatifs à la Principauté de Montbeillard, par M. de Chavigny.

» *En offrant en propres termes, de le mettre en poffeffion des neuf Seigneuries*
» *fequeftrées, & de les lui garantir contre les enfans naturels du feu Prince*
» *de Montbeillard & contre tous autres.*

Mais les difficultés que le Duc de Wirtemberg fit par rapport à la Souveraineté des quatre Seigneuries, firent échouer cet accommodement.

Il arriva enfuite que pendant la derniere guerre entre la France & l'Empire de l'an 1734 & 1735. les Prétendans de Montbeillard profitérent des conjonctures & obtinrent fur leur faux expofé,

C

Qu'il n'y avoit point encore eu de Tribunal fixe, ni déterminé à juger de la question de l'Etat de légitimité,

un Arrêt de renvoi du 4 Juin 1735. par lequel il fut ordonné au Parlement de Paris, de décider la question de l'Etat de ces Prétendans.

Mais Sa Majesté arrêta le cours de cette procédure, entamée incompétement, & par un acte d'hostilité, sur les instances, qui lui furent faites de la part de Sa Majesté Impériale & du Duc de Wirtemberg, en vertu du subséquent Traité de Paix.

Il est notoire même, que par l'article XIII. du Traité de Paix achevé à Vienne en 1738. le bénéfice des Traités précédans, par lesquels *la propriété des Seigneuries féquestrées*, dont il s'agit, avoit été garantie à perpétuité aux Ducs de Wirtemberg, fut *personnellement approprié au Duc alors régnant, & à ses successeurs;* de sorte qu'on se flattoit là-dessus à la Cour de Wirtemberg, de rentrer sans difficulté en possession de son ancien patrimoine.

Mais on resta toujours dans les anciennes contradictions réciproques, & on passa dix-sept ans dans une pure dispute de mots, sur la suffisance des premiers Jugemens du Conseil Aulique de l'Empire du 8 & 16 Avril 1723. & sur le sens des Traités de Paix. Ce ne fut qu'en 1739. que le Duc de Wirtemberg demanda en conséquence, du propre avis de Messieurs les Ministres de France, un Arrêt d'interprétation à Sa Majesté Impériale sur ses premiers Jugemens de l'an 1723.

Il l'obtint le 18 Septembre 1739. & il y fut déclaré, que les Jugemens du 8 & 16 Avril 1723. n'ont été fondés que sur l'illégitimité des prétendus mariages, comme le véritable & unique objet de la discussion contradictoire, agitée entre le Duc de Wirtemberg & le Prince de Montbéillard, & qui avoit été tellement constatée, que la bâtardise des Prétendans de Montbéillard avoit été reconnue comme incontestable.

Plus ce coup étoit décisif, plus les Prétendans & leurs Défenseurs s'efforcerent à le rendre inefficace à la Cour de France.

Mille traits de calomnie & d'imposture furent lancés contre l'Arrêt d'Interprétation de Sa Majesté Impériale, & les Prétendans obtinrent, moyennant les réponses juridiques, qu'ils avoient obtenues sur leurs faux exposés de quatre Universités Protestantes, qu'il fut résolu au mois de Novembre 1739. de renvoyer de nouveau la question de l'Etat à la décision du Parlement de Paris.

Cependant le Ministre de Wirtemberg eut le bonheur, de convaincre tellement Messieurs les Ministres de France de la fausseté palpable des suppositions, par lesquelles ladite resolution avoit été surprise, que sur le rapport qui en fut fait au Roi, Sa Majesté fit défendre au Bureau des Affaires étrangeres la délivrance du nouvel Arrêt de renvoi, & M. le Cardinal de Fleuri déclara aux Ministres de S. M. Imp. & du Duc de Wirtemberg, que pour finir une bonne fois une affaire qui avoit duré si long-tems, elle s'en fera faire le rapport en présence des Ministres de l'Empereur & du Duc de Wirtemberg, dès que la Cour, qui étoit alors à Fontainebleau, seroit de retour à Versailles.

M. le Cardinal tint sa promesse; il se fit faire le rapport en présence de M. le Prince de Lichtenstein Ambassadeur de S. M. I. du Baron de Schmerling, & des Ministres de Wirtemberg, & cette conférence, qui dura plus de quatre heures de suite, changea tout d'un coup toute la face, que cette affaire avoit prise depuis les dernieres années à la Cour de France.

M. le Duc de Wirtemberg ajouta peu après deux nouveaux titres, qui achevérent, à détromper la Cour;

L'un, par la revocation publique & solemnelle des quatre Universités, qui avoient donné leur avis en faveur des prétendans sur leurs fausses expositions.

L'autre, par la déclaration de tous les Electeurs, Princes & Etats de l'Empire, dattée de Ratisbonne du quatre Avril 1740. par lequel les fausses insinuations, que les Prétendans avoient faites à la Cour de France par rapport au droit des Protestans en fait de mariages, furent entierement détruites.

Après une démonstration aussi évidente Messieurs les Ministres de France déclarerent à ceux du Duc de Wirtemberg, qu'ils étoient parfaitement convaincus de la bâtardife de ces Prétendans, qu'on étoit bien éloigné, de prétendre qu'on peut ou doit agir en France en caffation contre les Jugemens de l'Empereur *fur l'état perfonnel* de fes justiciables, qu'il s'agiffoit à l'égard du *poffeffoire d'une pure formalité*, pour fauver en pareil cas les droits de fouveraineté du Roi, en levant le féqueftre juridiquement, & en ordonnant la mife en poffeffion par un Arrêt en forme émané du Trône de Juftice du Souverain, fous la domination duquel les terres étoient fituées.

On remit la réfolution définitive de Sa Majefté dattée du 24. Avril 1740. rapportée dans le recueil des pieces juftificatives, cotté K, non feulement aux Miniftres de Wirtemberg, mais encore à ceux de S. M. I. & le Roi la fit même remettre à la Diète de l'Empire par M. de la Noue avec la lettre de S. M. du 4. Mai 1740. rapportée dans le recueil des pieces juftificatives, cotté L.

Il faut obferver que cette piece étant proprement la regle, qui doit décider de l'écart, dans lequel on s'eft jetté du depuis dans la pourfuite de cette affaire; il eft effentiel de la mettre devant fes yeux & d'examiner avec la précifion néceffaire, ce qu'elle contient.

Obfervez-y quatre points.

1°. C'eft en effet l'intention du Roi, que cette réfolution définitive doit fervir de *regle* à l'égard de la maniere de proceder dans cette contestation.

Voici les propres expreffions :

» *Pour fimplifier une affaire, qui n'a déja caufé que trop de difcution, & que*
» *S. M. ne peut différer plus long-tems de mettre en* REGLE.

2°. Le Roi établit de nouveau le principe fondamental, fuivant lequel il veut qu'on procede dans cette contestation par la précifion de la diftinction entre la *Jurifdiction perfonnelle & réelle.*

Voici comment S. M. s'y eft expliquée ;

« *Le Roi connoît trop, quels font les droits refpectifs des Souverains, pour*
» *vouloir en aucun cas donner la moindre atteinte aux droits de l'Empereur*
» *ou de l'Empire,* SUR LEURS SUJETS OU LEURS VASSAUX : *mais en même-tems*
» *Sa Majefté ne croit pas qu'on veuille mettre en doute, que les Tribunaux de*
» *fon Royaume font feuls compétants pour juger les* CONTESTATIONS *qui s'é-*
» *levent fur les* BIENS *qui y font fitués.*

3°. Le Roi fixe fur ce principe fes droits à la *Jurifdiction réelle*, & fe fert même du terme *exclufif* de la façon qui fuit :

» *Il s'agit* UNIQUEMENT *de la* MISE EN POSESSION *de certains Domaines*
» *fitués en France. Tel eft* L'OBIET DIRECT *de la queftion debaraffée de tou-*
» *tes les autres apparences, fous lefquelles on a voulu la préfenter.* Il y eft dit
» expreffement, *que fa réfolution pour le renvoi au Parlement de Paris n'a eu*
pour objet, que la connoiffance des CONTESTATIONS MÛES *pour la* PROPRIETE' &
» POSSESSION DES TERRES *fituées en France.*

4. Le Roi remet très-expreffement cette contestation AU MESME ETAT, qu'elle étoit DU TEMS DE L'ARREST D'E'VOCATION rendu le 3. Janvier 1724.

Sa Majefté s'en rapporte à la procédure intentée à Befançon & à Colmar pour la Mife *en* poffeffion, *& à la demande du Duc de Wirtemberg, fur laquelle cette contestation fut évoquée à Elle & à fon Confeil; Sa Majefté en conclut que le féqueftre, qui avoit mis les Terres, dont il s'agit, fous la main de la Juftice, ne pouvoit être ni fini ni levé que juridiquement, il ne s'agiffoit que du choix du Tribunal par lequel la* queftion de LA PROPRIETE' DES TERRES *fequeftrées feroit terminée irrévocablement.*

Outre qu'il ne fe trouve pas la moindre trace dans cette réfolution, que Sa Majefté ait voulu foumettre à la décifion de fes Tribunaux la *queftion perfonnelle* de l'état de ces prétendans étrangers, elle prouve plutôt & fans la moindre ambiguité, que l'intention de S. M. a été très-pofitivement, de la laiffer entierement à la Jurifdiction de l'Empereur, non-feulement en vertu de fa déclaration, qu'elle *ne veut en aucun cas donner la moindre atteinte aux droits de l'Empereur ou de l'Em-pire fur leurs Sujets ou Vaffaux*, réclamés de ceux-ci à l'égard de cette queftion par les mémoires exhibés par M. le Prince de Lichtenftein, & par la lettre de la Diète de l'Empire du 4. Avril 1740. mais encore par le *terme exclufif*, dont S. M. T. C. s'eft fervi, difant, qu'il s'agiffoit *uniquement* de la queftion *de la propriété des terres* fituées en France; elle y a même joint *le difpofitif le plus précis*, en mettant la conteftation au même état qu'elle étoit du tems de l'Arrêt d'évocation du 3. Janvier 1724. lequel état étoit fans contrédit fondé dans la *diftinction entre la Jurifdiction perfonnelle & réelle*, conftatée également par les propres décifions de Sa Majefté Très-Chrétienne, déclarées à la plus grande partie des Cours de l'Europe, & par la procédure contradictoire des deux parties pourfuivie par rapport à la *queftion perfonnelle* de l'état de légitimité devant le Confeil Aulique de l'Empire, & à l'égard de la *queftion de la propriété des terres*, dont la Souveraineté du Roi eft inconteftable, devant le Confeil d'État de Sa Majefté.

C'eft là-deffus que Sadite Majefté a déclaré par fa réfolution définitive du 24. Avril 1740. qu'il ne s'agit que de la mife en poffeffion, & que *la queftion de la propriété des terres eft l'objet direct* débarraffé des autres apparences, fous lefquelles on avoit voulu préfenter cette conteftation.

Cette correction ne s'adreffa aucunement aux titres & moyens, fur lefquels le Duc de Wirtemberg avoit appuyé fa demande; ils étoient tout fimples. Ce Prince n'avoit pas befoin d'emprunter des apparences; fa demande étoit au pied de la lettre conforme aux décifions de S. M. Mais elle s'adreffa aux Avocats & Défenfeurs des Prétendans, contre lefquels le Duc de Wirtemberg avoit porté fes plaintes, après qu'ils avoient furpris par leurs titres poftiches la réfolution prife peu auparavant à Fontainebleau, à l'égard de la Jurifdiction fur la queftion perfonnelle de l'état de légitimité, que le Roi reforma fur ces plaintes par la réfolution du 24 Avril 1740. envoyée à la Diète de l'Empire comme une preuve de la pureté des intentions de fa Majefté, puifqu'elle ne prétendoit pas donner la moindre atteinte aux droits de l'Empereur & de l'Empire fur leurs Sujets ou Vaffaux.

Si cette réfolution définitive prouve que fa Majefté a fixé fa Jurifdiction, & la manière de procéder dans cette conteftation *au poffeffoire ou à la queftion réelle*, la réponfe définitive de M. le Duc de Wirtemberg du 27 Juin 1740. rapportée dans le recueil des Pieces juftificatives, cotté M. avec la Lettre que feu fa Majefté l'Empereur Charles VI. écrivit dans le même fens à M. le Cardinal de Fleury du 18 Juin 1740. cotté N. prouve que ce Prince s'eft invariablement tenu à la diftinction entre *la Jurifdiction perfonnelle & réelle*, en fixant la procédure en France à *la queftion réelle*.

C'eft dans cette précifion que le Duc de Wirtemberg a joint à fa fufdite réponfe définitive, les titres fur lefquels il a appuyé fa demande pour la *mife en poffeffion* des terres dont il s'agit, fpécialement le traité conclu entre le Roi Louis XIV. & le Duc de Wirtemberg du 25 Janvier 1644. & les traités de Paix de Weftphalie, de Ryfwik, de Baaden & de Vienne, par lefquels les Seigneuries en queftion ont été garanties aux Ducs de Wirtemberg à perpétuité.

Les enfans naturels du dernier poffeffeur ayant fait au Roi la même demande pour être mis en poffeffion, le Duc de Wirtemberg, pour les écarter de *l'action poffeffoire* a prouvé en dûe forme, qu'ils n'ont pas la qualité d'enfans légitimes, fous laquelle ils s'y font préfenté.

Comme cette *qualité perfonnelle* eft un fujet tout-à-fait étranger en France, que ces bâtards n'ont pu pallier que des titres poftiches, empruntés des réponfes juridiques de quelques Univerfités, rendus fur leurs faux expofés, le Duc de Wirtemberg leur a d'abord oppofé la révocation publique des mêmes Univerfités, jointe en dûe forme à fa réponfe définitive; il y a ajoûté pareillement en dûe forme l'Arrêt d'interprétation de fa Majefté Impériale du 18 Septembre 1739. & la déclaration unanime de la Diète de l'Empire du 4 Avril 1740. Ce qui devoit fuffire, pour prouver loyalement que ces Prétendans etrangers n'ont pas la qualité fous laquelle ils s'étoient préfentés, par conféquent qu'ils ne pouvoient pas être admis en Juftice *pour le poffeffoire*, les bâtards en étant exclus en France comme par tout ailleurs.

On a même informé la Cour de France, fans forme de Procès & miniftérialement, comme il convient de faire dans une caufe tout-à-fait étrangere

tant

tant par les réponfes juridiques , que par les propres Pieces.exhibées par les Prétendans , que leur bâtardife eft inconteftable , & qu'ils n'ont rien prouvé qui pourroit mettre Sa Majefté Très-Chrétienne en droit, de refufer aux Jugemens & Certificats de l'Empereur & de l'Empire l'effet , qui leur eft dû par le droit de la nature & des Gens, fuivant l'ufage établi par tout l'Univers ; puifque *la declaration de bâtardife étoit fondée fur le fait du pere, & non pas fur la difpofition arbitraire du Juge.*

C'eft donc au feul point de la queftion réelle que le Duc de Wirtemberg a borné fa procédure en France, & fa Majefté en nommant là-deffus une commiffion de fon Confeil d'Etat, pour examiner ce mémoire & pour lui en rendre compte , a également *borné l'examen de Meffieurs les Commiffaires au poffeffoire fur le pied de l'Arrêt d'évocation* du 3 Janvier 1724. par fon Arrêt du 27 Juillet 1740. rapporté dans le recueil des Pieces juftificatives, cotté ☉. En voici les expreffions :

   » *Le Roi s'étant fait repréfenter les mémoires fournis de la part du Duc de* »*Wirtemberg d'une part , & par les enfans du feu Prince de Montbeillard* »*d'autre part ,* TENDANT A ESTRE MIS EN POSSESSION DES NEUF SEIGNEURIÉS. » *Vû auffi l'*ARREST DU CONSEIL D'ETAT *du 3.* JANVIER 1724. *par lequel* » *Sa Majefté fur* LA REQUESTE DU DUC DE WIRTEMBERG *a évoqué à foi &* » *à fon Confeil* LA CONNOISSANCE DE LA CONTESTATION MÜE POUR RAISON »DESDITES TERRES, *a ordonné que lefdits Mémoires feront remis &c. pour être* » *en préfence & de l'avis des fieurs Commiffaires , fait droit par Sa Majefté ,* » *ainfi qu'il appartiendra.* »

Plus , que cette démonftration fondée fur les Déclarations , Décifions & Arrêts émanés du trône même du Roi Très-Chrétien, qui lui-même a reconnu très-folemnellement que la *queftion perfonnelle* de la légitimité du mariage d'un Prince étranger n'eft pas de fon reffort, & *que fes Tribunaux ne doivent décider que de la queftion réelle de la proprieté des terres* eft claire & eft évidente, plus doit-on être furpris du change, qu'on veut nouvellement donner à cette conteftation en regardant M. le Duc de Wirtemberg comme lié en France dans un Procès en régle fur la queftion de l'état de légitimité des Prétendans de Montbeillard.

La lettre qui a été répandue fur ce fujet dans le public fous le nom d'un Jurifconfulte de Colmar dattée du premier Mars 1746. contient trois fauffetés palpables :

Premierement , Il y repréfente le Duc de Wirtemberg comme très-coupable de ce qu'il avoit fi long-tems tergiverfé , de reconnoître la competence des Tribunaux François à l'égard de la queftion de l'état de légitimité des Prétendans.

Secondement, Il avance , que le Roi a decidé par fa refolution du 24 Avril 1740. pour la competence des Tribunaux François fur la queftion de l'état de légitimité.

Troifiemement , il foutient , que le Duc de Wirtemberg a effectivement reconnu depuis l'an 1740. la Jurifdiction des Tribunaux François par rapport à la queftion de légitimité.

Le recit qu'on a fait ci-deffus de ce qui s'eft paffé dans cette conteftation , prouve fans autre difcuffion , que l'auteur de cette lettre, en foutenant les trois fauffes fuppofitions , qu'on vient de rapporter , a été prévenu par quelqu'un , qui a ou ignoré le vrai fait, ou eu l'intention de furprendre la bonne foi du public.

Quant à la premiere fauffe fuppofition , on ne peut pas difconvenir, que le Duc de Wirtemberg en fe tenant à l'égard *de la queftion perfonnelle* de l'état de légitimité à la Jurifdiction de l'Empereur & de l'Empire, n'a fait que fuivre exactement la régle que le Roi Très-Chrétien lui-même a prefcrit à fes Miniftres & Tribunaux , & déclaré à la plus grande partie des Cours de l'Europe; par conféquent qu'il n'a aucunement merité à cet égard les reproches du Jurifconfulte de Colmar.

Pour ce qui eft de la feconde fauffe fuppofition , il eft incompréhenfible comment l'auteur de cette lettre a pu foutenir, que le Roi a decidé par fa réfolution du 24 Avril 1740. pour la competence de fes tribunaux à l'égard de la *queftion de l'état perfonnel ,* pendant qu'on n'y trouve pas la moindre trace de cette quef-

D

tion. Sa Majesté y parle *uniquement de la mise en possession*, en remettant la contestation *à l'état, qu'elle étoit du tems de l'Arrêt d'evocation rendu le 3 Janvier 1724. où la Jurisdiction de France étoit fixée au possessoire, & la question personelle traitée devant le Conseil-Aulique de l'Empire.*

A l'égard de la troisieme fausse supposition, il est impossible, que le Jurisconsulte de Colmar ait jamais vu les Mémoires exhibés au nom du Duc de Wirtemberg ; sa lettre écrite à Sa Majesté du 27 Juin 1740. avec le Mémoire qui y étoit joint ; le Mémoire imprimé de l'an 1741. & tous les autres sont remplis *des protestations les plus solemnelles & les plus expressives, que S. A. ne veut ni peut agir en France que pour le possessoire, en se tenant à l'égard de l'état de legitimité aux Jugemens & Declarations de l'Empereur & de l'Empire.* On ne disconvient pas que le Ministre de Wirtemberg par zèle pour les intérêts, dont il étoit chargé, & par l'envie de rompre enfin le charme de l'imposture, est de son propre chef entré sans aucune nécessité dans une discussion des plus étendues sur la fausseté des piéces que les Prétendans avoient produites à Vienne & en France ; mais c'est un abus que de dire que M. le Duc de Wirtemberg s'est lié par-là dans un Procès en regle sur la question de l'état de legitimité, & que le fait des deux mariages est devenu l'objet principal de la discussion de Messieurs les Commissaires.

Le Jurisconsulte de Colmar nomme cette question tantôt principale, tantôt incidente, pendant qu'elle n'est ni l'une ni l'autre ; car le Roi lui-même a décidé :

» *Qu'elle est un préalable, qui est du ressort du Conseil Aulique de l'Empire.*

Le Ministre de Wirtemberg, en offrant *de son propre chef*, de prouver la fausseté des piéces produites par les Bâtards de Montbeillard, a déclaré non-seulement de bouche, mais encore par un Mémoire imprimé, qu'il avoit exhibé le 1. Mars 1742.

» *Que sa Cour lui a expressément défendu, d'entrer dans cette contestation,*
» *ni de faire aucune demande, qui pût tendre à faire discuter où décider de*
» *nouveau en France la question de l'Etat personnel des enfans du feu Prince*
» *de Montbeillard.*

Cela fait voir que ce Ministre, en prouvant de son propre mouvement dans la meilleure intention du monde, mais contre les ordres, qu'on lui a donnés par un nombre infini de piéces & regiftres, la fausseté de celles, que les Prétendans avoient produites, n'a ni pu ni voulu engager son Sérénissime Maître dans un Procès en régle, ni faire discuter de nouveau la question de l'Etat de legitimité de ses Prétendans competemment décidée ailleurs.

Son but n'étoit, que de faire voir *ministérialement* par la découverte du sistême d'une fourberie suivie & diversifiée par des faits innombrables, jusqu'où alloit l'impudence de ces Bâtards & de leurs Défenseurs. Il a fait voir, que ce systême de fourberie, qui éclata en 1719 & 1720. avoit trois branches :

La *premiere* concernoit les Bâtards que le Prince de Montbeillard avoit procréés avec Hedwigue Lespérance ; la *seconde*, ceux qu'il avoit procréés avec Anne Sabine Hedwiger, puis nommée Comtesse de Sponeck, & la *troisiéme* concernoit Elisabeth-Charlotte Lespérance & ses enfans.

LE PRINCE DE MONTBEILLARD AYANT CONÇU LE PROJET INOUI DANS LA CHRÉTIENTÉ, DE MARIER ENSEMBLE QUATRE DE SES ENFANS, savoir : les deux enfans procréés avec Hedwigue Lespérance, Charles-Leopold, connu aujourd'hui sous le nom du Comte de Coligny, & sa sœur Eléonore-Charlotte, connue à Paris sous le nom de la Princesse de Montbeillard, avec le fils & la fille qu'il avoit procréés avec la Comtesse de Sponeck, s'avisa, *pour couvrir l'horreur de ces mariages*, de faire fabriquer des faux Regiftres d'Eglise, pour faire passer lesdits premiers enfans pour enfans du sieur Sanderfleben, nonobstant que ce même homme a signé le Traité de Wildbaaden, qui prouve que c'étoit le Prince, qui les a procréés.

Après que ces mariages détestables furent consommés, on passa outre au *second degré* de la fourberie, pour leur faire un établissement, en soutenant que le

Prince de Montbeillard a été marié à Reiowitz avec la Comtesse de Sponeck en 1695.

Mais pour soutenir ce projet on avoit besoin du ministere de la troisiéme concubine Elisabeth-Charlotte Lespérance, il falloit en venir *au troisiéme degré* de la fourberie, faisant également passer celle-ci pour femme légitime, en supposant le divorce à l'égard de la Comtesse de Sponeck; & c'est là-dessus qu'on a fabriqué ce grand nombre de fausses piéces justificatives.

Voilà ce que le Ministre de Wirtemberg a de son propre chef entrepris de prouver *Ministérialement & sauf ses fins de non-recevoir*, pour prévenir la surprise que le Baron de Lespérance, par le stratagême le plus rusé, lui avoit fait craindre à l'égard du Comte de Sponeck; quoique cette discussion concernoit la plupart des circonstances, ou tout-à-fait étrangeres ou indifférentes à la question principale touchant la légitimité du prétendu mariage de la Sponeck, la découverte que le Ministre de Wirtemberg a faite par-là de toute l'étendue de ce systême de fourberie, n'étoit pourtant aucunement indifférente, pour convaincre la Cour & le public de l'énorme impudence des Defenseurs de ces Bâtards imposteurs.

Les preuves, qu'il en a rapportées sont si démonstratives, qu'il est impossible d'y trouver la moindre ambiguité, & on peut hardiment dire, que les Histoires ne fourniront pas un second exemple d'une imposture aussi évidente par ses preuves, que détestable par son fond.

L'auteur de la lettre répandue sous le nom d'un Jurisconsulte de Colmar a cependant grand tort, de vouloir fonder sur cette démonstration du Ministre de Wirtemberg la Jurisdiction de la France, sur la *question personnelle* de l'état de légitimité de ces étrangers competemment décidée par leur Juge naturel, reconnu le plus solemnellement du monde par le Roi Très-Chrétien lui-même.

Le Duc de Wirtemberg, qui s'étoit positivement borné à l'objet direct, sur lequel le Roi a fixé la résolution définitive du 24 Avril 1740. a rempli les intentions de Sa Majesté. En vertu de cette résolution ce Prince n'avoit autre chose à faire, que ce qu'il a fait effectivement par sa réponse définitive du 27 Juin 1740. & par le Mémoire qui y étoit joint, & dont il a répeté le sens dans le Mémoire exhibé & imprimé en 1741. après la communication des Mémoires des Prétendans.

Si le Roi a souhaité d'être informé du fond de la question de l'état de légitimité, pour voir, si les Prétendans ont prouvé quelque chose, qui l'auroit pû mettre en droit, de refuser aux Jugemens & Déclarations de l'Empereur & de l'Empire l'effet, qui leur est dû suivant l'usage établi en pareil cas par-tout l'Univers, sur les principes du Droit de la Nature & des Gens, & par les propres décisions de Sa Majesté, on lui a également & pleinement satisfait par le contenu du Mémoire joint à la réponse définitive du 27 Juin 1740. en prouvant que *cette déclaration de bâtardise est fondée sur le fait du pere, & non pas sur une disposition arbitraire du Juge.*

Il auroit été aux Prétendans de prouver le contraire.

Ils n'ont cependant rien prouvé, tant s'en faut, que les propres piéces, qui ont été exhibées par eux, renferment en elles-mêmes les preuves les plus convaincantes de l'imposture, sur laquelle leur prétention est fondée.

L'information ministérielle que l'on a donnée là-dessus à la Cour de France, y doit suffire, sur une question en tout sens étrangere, sur le fond de laquelle les Tribunaux François ne sont pas en droit de juger.

Le Duc de Wirtemberg n'auroit pas besoin, d'y ajouter d'autres preuves; mais pour ne pas laisser le moindre sujet de difficulté, en rapportant les preuves jointes au présent Mémoire dans la III. & IV. Partie, il fait plus, qu'on n'auroit jamais pû exiger de lui à juste titre.

TROISIE'ME PARTIE.

Contenant les points essentiels & décisifs , qui épuisent tout le fond de la Question de l'état de Légitimité

DES PRETENDANS DE MONTBEILLARD,

Compétemment decidée par les Jugemens du Conseil Aulique Imperial , aussi-bien que par la Declaration unanime de la Diète de l'Empire ,

Et qui détruisent l'apparence de la complication & immensité extrême, sous laquelle on a voulu la presenter,

pour ce qui est

DU COMTE DE SPONECK,

Ce Prétendant ne sçauroit prouver
ni sa Filiation , car il ne se trouve pas dans le Livre de Baptême de Festenberg où il prétend être né & baptisé ;
ni le prétendu Mariage de sa mere ;
Il suffit de considerer le Livre de Reiowitz en Pologne , où il prétend que sa mere Anne Sabine Hedwiger, puis nommée Comtesse de Sponeck a été mariée avec le Prince de Montbeillard le 1. Juin 1695.

Le faux extrait du Livre de l'Eglise de Reiowitz, tel que le Comte de Sponeck l'a produit à Vienne & en France.	*Extrait du Livre de l'Eglise de Reiowitz , representant l'Enregistrement de ce prétendu Mariage , tel qu'il s'y trouve de l'An 1695. inscrit pag. 30. en bas de la feuille, après les Mariages du 3. Juillet , 6. 13. 20. & 27. Novembre.*
Anno Millesimo Sexcentesimo Nonagesimo quinto fol. 30. N°. 9. NB. Prima Junii copulati sunt etiam in Templo Reiowicensi binæ huc venientes Personæ, ambo Evangelicæ ; Equites ambo huc venerant , nimirum perillustris Dominus LEOPOLDUS EBERHARD, Herzog zu Wirtemberg Mömpelgard, Sacri Romani Imperii Comes , & perillustris Magnifica & Virgo , Anna Sabina von Hedwiger. Quæ præmissa vere & realiter ibidem contenta, & omnis Suspicionis nota carente ita conscripta ; testatus est Christ. Kochius Pastor.	9. NB. Prima Junii copulati sunt & in Templo Reiowicensi binæ, *Ex Teschensi Silesia Ducatu* huc venientes Personæ, ambo Evangelicæ *quibus ibidem Copulatio ni à fide desicerent interdicta* ; Equites ambo huc venerant, nimirum perillustris Dominus LEOPOLDUS EBERHARD, S.R.W.M. S. Romani Imperii Comes, & perillustris, Magnifica & Virgo , Anna Sabina D.S. *Dominus Sponsus tunc erat in Militia Electoris Saxonici, Sponsa vero è Ducatu Teschensi sub Tutela Matris Viduæ.*

Remarquez , s'il vous plaît , que cet Enregistrement, outre qu'il ne sçauroit passer pour une preuve non suspecte, étant inscrit *après coup & hors de l'ordre* du jour nommé après les mariages du 3. Juillet 6. 13. 20. & 27. Nov. & en langue Latine, pendant que tous les autres Enregistremens qui se trouvent dans ce livre , sont en Allemand, renferme en soi-même les Preuves les plus convaincantes de la nullité de ce prétendu Mariage *par sa Clandestinité incontestable.*

1°. Il prouve qu'il auroit été célebré dans un Païs étranger, & dans un Village, où ni le Curé ni les habitans n'ont connus les prétendus Epoux, de forte qu'il refte éternellement incertain, quels ont été les Individus, qui y ont joué cette Piece de Théatre.

2°. Les noms de Famille, qui font le Point effentiel d'un pareil acte, y font entierement fupprimés tellement, que même le Curé a effectivement ignoré ce que vouloient dire les Lettres Initiales **S.3.W.M.D.S.** aufquelles on pourroit appliquer mille noms différens. On les a exprimé dans le faux Extrait par des mots Allemans entrelardés contre rime & raifon dans un expofé Latin, & il eft conftant, que fi le Curé avoit fçu la fignification de ces Lettres, au lieu de mettre le mot Allemand **Serzog,** il auroit naturellement mis le mot Latin DUX & ainfi du refte.

Cet Enregistrement prouveroit tout au plus, que le Curé de Reiowitz y a copulé un inconnu anonyme, foi-difant Comte de l'Empire, avec une Demoifelle inconnue & anonyme.

3°. Cet Enregistrement contient quatre énonciations, qui ne font aucunement applicables au Prince de Montbeillard, ni à Anne Sabine Hedwiger, & qu'on a par confequent malicieufement obmifes dans le faux Extrait. Car ces prétendus époux feroient venus non pas du Duché de Tefchen, où ils n'ont jamais été, mais du Duché d'Olfe, où la fille étoit en fervice. Outre cela le Duché d'Olfe étant de la Confeffion d'Augfbourg, le faux motif de leur venue à un village Luthérien en Pologne, allegué dans cet Enregiftrement, prouve également, que le Curé a effectivement ignoré, qui étoient ces prétendus époux. Au refte le Prince de Montbeillard n'a jamais été au fervice de Saxe, mais dans celui de l'Empereur, & la mere d'Anne Sabine Hedwiger a eu fon domicile à Olfe, & non pas dans le Duché de Tefchen; de forte que toutes ces circonftances démontrent palpablement la fourberie, fur laquelle cet Enregiftrement eft fondé.

4°. Aucune des conditions prefcrites pour la légitimité d'un mariage parmi toutes les Nations Chrétiennes n'a été obfervée dans cette prétendue célébration, ni la proclamation de bans, ni la preuve du confentement du pere. On n'y a pas même nommé les peres des époux.

Outre cela il eft prouvé par les archives du Confeil de guerre de Vienne, que le Prince de Montbeillard a été le 1. Juin 1695. à l'armée Impériale en Hongrie près de Segedin à la tête de fon Regiment,

Et par les Protocoles du Confiftoire de Breflau, qu'Anne Sabine Hedwiger qui prétendoit être mariée le 1. Juin 1695, avec le Prince de Montbeillard, comparut le 18. Août 1695. devant la Juftice Matrimoniale de Breflau en qualité de fille validement fiancée à un certain Zedlitz.

On a trouvé outre cela nombre de documens en partie fignés de fa propre main, où elle s'eft toujours qualifiée de fille & de Demoifelle de chambre de la Duchelfe d'Olfe en 1696. 1697. 1698. 1699. 1700. 1701. enfin cette femme auffi-bien que fes enfans ont continué la poffeffion publique de leur état de concubine & de bâtards jufqu'en 1719.

Outre leur propre aveu conftaté par le traité de Wildbaaden l'an 1715. on a mille preuves fans exception qui démontrent cette vérité; mais pourquoi voudroit-on s'arrêter fur des circonftances accefloires ou confecutives, après que le principal eft prouvé par une feule piece effentielle & décifive fans replique?

Pour ce qui eft

DES BARONS DE L'ESPERANCE,

Ils prétendent, que leur mere a été mariée avec le Prince de Montbeillard le 15 Août 1718.

Ils font eux-mêmes tellement ignorants fur le fait de cette prétendue célébration, qu'ils varient fur l'endroit même, ou elle doit s'être faite; ayant foutenu dans

E

leurs Mémoires imprimés à Paris, tantôt que cette célébration s'eft faite publiquement dans la Chapelle du Château en face de tout le monde, tantôt qu'elle
s'eft faite dans une chambre, nommée la Chambre des Chaffeurs.

Il eft très-aifé de prouver, même par les dattes de différens enregiftremens, que
ce prétendu mariage n'étoit qu'un jeu, pour faire agréer au Prince de Montbeillard par le miniftere de cette concubine, le projet d'établiffement formé en faveur
du Comte de Sponeck, dès qu'il fut marié avec fa propre fœur.

Il ne fut queftion du prétendu mariage de la Baronne de Lefperance qu'en 1719.
après que le Prince de Montbeillard fe crut à couvert, par les Lettres-Patentes
obtenues en France pour fes prétendues femmes & enfans nouvellement qualifiés de
Princes & Princeffes.

C'étoit en confidération de ces Lettres-Patentes expediées au mois de Mai 1719.
qu'il a fallu retrodater la prétendue célébration d'un mariage, qui ne fut mis fur le
tapis qu'en 1719. comme fubordiné dans ce fyftême d'impofture au mariage du
Comte de Sponeck célébré le 22 Fevrier 1719. auquel celui-ci ne fut traité qu'en fils
naturel, au lieu que fa fœur Leopoldine-Eberhardine mariée le 31. Août 1719.
à fon frere le Comte de Coligny, fut infcrite comme Princeffe & fille légitime.

Or, comme ce fyftême d'impofture étoit proprement imaginé au profit du Comte
de Sponeck, il n'eft pas naturel, que le Prince de Montbeillard eût eu l'intention,
de conftater auparavant le mariage de la Baronne de Lefperance, qui auroit pu
renverfer les avantages deftinés dans fon fyftême au Comte de Sponeck; cependant ce Prince ayant déclaré la Comteffe de Sponeck & la Baronne de Lefperance
pour fes femmes légitimes dans l'expofé, fur lequel les Lettres-Patentes lui ont été
accordées en France, il eft naturel, qu'il a fallu fuppofer enfuite le prétendu mariage, en lui donnant une datte anterieure à ces Lettres-Patentes, quoiqu'il n'ait jamais été célébré réellement.

Il eft vrai qu'il eft fort fuperflu de s'embarquer dans une difcuffion particulière
fur l'éxiftence ou la non-exiftence de cette célébration, & d'autres circonftances
acceffoires d'un mariage, qui fans aucune difcuffion feroit nul par l'incefte, & parcequ'il étoit directement oppofé aux régles de l'honnêteté publique.

Il importe néanmoins, de fçavoir que non-feulement *l'Acte de cette prétendue
célébration de mariage eft tiré d'un Livre d'Eglife frauduleufement fuppofé*, qui
ne fçauroit jamais paffer pour preuve en Juftice, le vieux livre d'Eglife, qui s'eft
trouvé du depuis en original, demontrant palpablement cette fuppofition, mais
encore, que *le fauffaire Gropp, qui a fabriqué les nouveaux Regiftres d'Eglife, a eu
l'inadvertance de ne pas changer les endroits du Regiftre des Baptêmes, où la Baronne de Lefperance, dont il a infcrit le mariage dans un nouveau Regiftre des mariés, fous la datte du 15. Août 1718. fe trouve au mois de Septembre de la même
année, défignée comme Baronne de Lefperance & non pas comme Ducheffe de Montbeillard*; ce qui fait fauter aux yeux le néant de cette fuppofition.

On n'a qu'à confidérer le ci-joint Extrait ou Regiftre des Baptêmes dont l'Original eft entre les mains de Meffieurs les Commiffaires.

Cette Repréfentation fait connoître que la Baronne de Lefperance qu'on fuppofe frauduleufement avoir été mariée le 15. Août 1718. ne l'a pas été le 9. Septembre, 1718. où elle fe trouve défignée par fon nom de Famille; tout comme
elle étoit infcrite avant ce prétendu mariage le 11. Juillet, 1718. aucunement
en femme du Duc Léopold Eberhard de Montbeillard, comme elle eft infcrite
le 29. Décembre 1719. avec la qualité d'Alteffe, ce qui fe prouve par l'Extrait
ci-joint.

Il faut obferver que tous ces Enregiftremens font de la main du Prédicateur
Gropp, par conféquent qu'il n'eft pas poffible que ce même homme, qui prétend
avoir célébré lui-même ce mariage, & l'a infcrit dans le nouveau Regiftre des mariés,
fous la datte du 15. Août, 1718. eût pu oublier trois femaines après, le 9. Sept. 1718.
fçavoir, que la Baronne de Lefperance étoit femme du Duc de Montbeillard, fi
cette célébration s'étoit faite réellement; ce qui fait voir, que le nouveau Regiftre
de Baptême n'a été fuppofé, que dans l'intention, d'y inferer les bâtards procréés avec Hedwige Lefperance, baptifés en differens Villages fous les noms

d'autres peres & meres, & qu'on vouloit tout d'un coup faire passer pour enfants de Sanderfleben ; si bien que le Prédicateur Gropp, en fabriquant le nouveau Registre des Mariés, en faveur de la Baronne Elisabeth Charlotte de Lesperance, a oublié de changer à son égard le nouveau Registre de Baptême, supposé quelque-tems auparavant, pour l'amour des Enfans de la Baronne Hedwigue de Lesperance. Ce qui fait une fourberie cousue de fil blanc sur du drap noir.

Extrait du Registre de Baptème de Montbeillard.

Jour, Mois & An.	Nº. des Baptêmes.	Noms des Enfans baptisés.	Noms des Peres & Meres.	Noms des Parains & Maraines.
11. Juillet 1718.	356.	Leopoldine Charlotte.	Augustin Felgenhaver. Anne-Sabine Strobel.	S. A. Léopold Eberhard, Duc de Wirtemberg - Montbeillard. Le Noble Jean-Louis de Sanderleben. Jean Henry Sivers. *La bien-née Elisabeth - Charlotte, Baronne de Lesperance.*
9. Septembre. 1718.	361.	Ferdinand Eberhard.	Pierre Reischacher. Anne - Judith Vuillemenot.	Le haut - né Ferdinand Eberhard, Comte de Coligny. *La bien - née Elisabeth - Charlotte, Baronne de Lesperance.*
29. Décembre. 1719.	379.	Charles-Jacob.	Le Noble Jacob Sent de Taubenheim. Sophie-Louise-Magdeleine.	S. A. Léopold Eberhard, Duc de Wirtemberg - Montbeillard. Le haut - né Charles Léopold, Comte de Coligny. *S. A. Elisabeth - Charlotte, femme de S. A. notre très - gracieux Souverain & Seigneur.* La haute - née Eberhardine, Comtesse de Coligny.

Mais pourquoi voudroit-t-on s'arrêter sur cette dispute, pendant qu'un tel mariage, au cas même que cette existence fût hors de doute, seroit nul & illégitime par soi-même, n'étant contesté de quiconque, *que le Prince de Montbeillard a eu les deux sœurs Lesperance pour concubines, conjointement avec la Comtesse de Sponeck, & qu'il a procréé huit bâtards avec la sœur de la mere des Barons de Lesperance, soi-disant ses fils légitimes?*

Moins que la bâtardise des Barons de Lesperance est contestable, également par rapport au fait, & à l'égard du point de droit, plus leurs Avocats ont cherché du secours dans l'imagination & dans l'imposture, *en soutenant avec effronterie, que les Princes Protestans sont exempts des Loix communes en fait de mariage.*

Cette idée est tout-à-fait monstrueuse & manifestement contraire aux principes & usages établis dans la Chrétienté; & il n'est aucunement problematique, que nonobstant que les Souverains Protestans n'ont point de Superieur dans les choses ecclesiastiques, comme les Catholiques, le Droit Episcopal étant réuni chez eux à la Souveraineté, qui le fait exercer par les Consistoires, les Princes Protestans sont pourtant par leur Religion même, & par l'usage établi en Allemagne, sujets aux Loix communes dans toutes les choses, qu'un tiers auroit droit & intérêt de contester, si bien que le faux fuyant, que les Avocats des Barons de Lesperance cherchent dans la qualité de Prince Protestant, ne merite pas la moindre attention, & ne sçauroit jamais former un titre en France, pour suspendre en leur faveur la mise en possession du Duc de Wirtemberg dans des terres, qui lui sont si religieusement garanties par les Traités de Paix.

Le fait n'est pas contesté du tout, & à l'égard du point de droit usité parmi les Princes Protestans en Allemagne, il doit suffire, que tous les Princes Protestans de l'Empire ont déclaré en face, de l'avis & avec l'attestation des Etats Catholiques, qui ne sçauroient ignorer les Loix de leurs co-Etats, par la lettre écrite à Sa Majesté Très-Chrétienne du 4 Avril 1740. rapportée parmi les pieces justificatives cotté J.

» *Qu'il est notoire & incontestable, qu'il n'y a aucune Loi ni Usage dans*
» *le saint Empire, qui puisse favoriser les deux prétendus mariages du feu Duc*
» *de Montbeillard; mariages, qui ne contiennent, que du crime & de l'illégi-*
» *timité, de sorte que les principes des Protestans de la Confession d'Augsbourg*
» *détestent plutôt, tout ce qui s'y trouve, comme contraire à la Religion, à l'hon-*
» *nêteté publique, & à l'ordre de la societé civile, ce qui est si manifeste, que*
» *même on n'y rencontre rien, qui soit fondé sur quelque principe du Droit Ec-*
» *clésiastique ambigu; comme en son tems toutes les circonstances ont été léga-*
» *lement & authentiquement déduites devant Sa Majesté Imperiale.*

Ce seroit vouloir accuser l'Empereur & tous les Electeurs, Princes & Etats de l'Empire d'un crime de faux dans toutes les formes, & agir en cassation contre les Loix, les Jugemens & les Déclarations d'un autre Etat indépendant, si on vouloit soutenir en France, que le prétendu mariage du Duc de Montbeillard avec la Baronne de Lesperance, outre qu'il ne peut jamais être regardé comme prouvé, est légitime par la qualité de Prince Protestant, en dépit de la Déclaration contraire de toute la Diète de l'Empire.

Il est impossible de croire, que Sa Majesté Très-Chrétienne approuvera jamais une pareille prétention, Elle, qui a fait déclarer à la Diète de l'Empire sur ce même sujet par M. de la Noue, moyennant le Mémoire joint à sa lettre du 4 Mai 1740. rapporté dans le Recueil des Pieces justificatives cotté K. & L. *comme une preuve de la pureté de ses intentions,*

» *Qu'elle connoît trop les droits respectifs des Souverains, pour vouloir en*
» *aucun cas donner la moindre atteinte aux droits de l'Empereur ou de l'Em-*
» *pire, sur leurs Sujets ou Vassaux.*

Ceci pourroit suffire pour confondre les Defenseurs des Barons de Lesperance; mais on veut bien par surcroît de démonstration éclaircir ceux qui ne sont pas assez instruits du droit des Protestans en fait de mariage.

Le mariage avec la sœur de sa premiere femme, est régulierement défendu chez tous les Protestans. On croit cependant le cas dispensable, quand il s'y trouve de

bonnes

bonnes raifons & des circonftances extraordinaires, ce qui eft reguliérement éxa-
miné & décidé par les Confiftoires.

Les Princes Proteftans obfervent cet ordre eux-mêmes, pour éviter toutes les
contradictions, qui leur pourroient être fufcitées, par ceux, qui auroient droit ou
intérêt aux conféquences.

Ce qu'on n'ignore pas en France, puifque le fieur Capon, Avocat des Barons de
Lefperance, a rapporté dans un Mémoire imprimé à Paris en 1726. l'exemple du
Duc Eberhard de Wirtemberg, qui donna à fon gendre le Prince d'Oetingue après
la mort de la première Epoufe fa fœur cadette,

» Ce Prince, dit le fieur Capon, *fit confulter toutes les Univerfités Protef-*
» *tantes & les fçavans de l'Europe, & a fait imprimer leurs avis dans un*
» *Receuil à part.*

On a dit avec fondement, qu'il faut des bonnes raifons pour, que le cas foit difpenfable, c'eft pourquoi le cas n'eft pas tenu tel, quand quelqu'un auroit vêcu dans
le concubinage avec deux fœurs, auquel cas les principes & ufages fondés fur le
Droit commun & Canon, établi dans toutes les trois Religions en Allemagne, n'admettent aucunement la difpenfe.

A plus forte raifon ne pouvoit-elle pas avoir lieu dans le prétendu mariage du
Prince de Montbeillard avec la Baronne de Lefperance, par les circonftances, qu'on
y rencontre, & rien n'auroit pu autorifer une célébration, qui auroit été faite en
dépit des Loix communes & de l'honnêteté publique, tant à l'égard de la vie fcan-
daleufe d'une vieille concubine inceftueufe, que par rapport à fa vile origine, qui
ne pouvoit que deshonorer une famille Souveraine. Cependant, quand même le
cas feroit difpenfable felon les Loix communes, & que les Princes Proteftans fuffent difpenfés en cette qualité d'eux-mêmes, en pareil cas, le mariage de la Baronne
de Lefperance feroit néanmoins illégitime, étant incompatible avec les pactes de la
famille de Wirtemberg les plus pofitifs, & nommement avec celui des cinq Freres
Ducs de Wirtemberg de l'an 1617.

» Ou tous les Princes de cette maifon, *fe font engagés pour eux & pour*
» *leurs defcendans à perpétuité fous le lien d'un ferment corporel, qu'aucun*
» *d'eux ne doit ni veut fe marier fans le confeil, connoiffance, volonté &*
» *bon plaifir des autres, particulierement de leur frere aîné, Prince regnant,*
» *comme étant le chef de la maifon Ducale, furtout avec une perfonne qui*
» *n'eft pas de la condition de Prince. Voyez dans le recueil des pieces juftifi-*
» *catives l'extrait cotté A.*

Le Prince appanagé de Montbeillard a de nouveau reconnu la validité de ce
pacte, par le traité de Wildbaaden de l'an 1715. rapporté parmi les Pieces juftificatives cotté B. *il a même reconnu dans l'article VI. qu'il ne pourroit jamais contracter un mariage légitime avec la Baronne de Lefperance.*

Comment pourroit-on donc foutenir en France, qu'il auroit pu fe difpenfer
de fon propre chef, & époufer légitimement la Baronne de Lefperance, une
vieille concubine inceftueufe, fortie de la lie du peuple, & la principale complice du plus horrible fyftême d'impofture, dont on ait jamais entendu parler, & qui
elle-même avoit corroboré l'article VI. du traité de Wildbaaden par fon propre ferment en reconnoiffant pat-là fon inhabileté, pour être femme légitime de ce Prince.

*Auroit-il été compatible avec la dignité d'une maifon Ducale, qu'un Souverain
eût une femme, dont le grand pere a été valet de la ville de Montbeillard, faifant les fonctions du bourreau, & que fa réfidence eût été remplie de Tailleurs,
de Cordonniers, de Tifferands, de Bonnetiers, de Cloutiers, de Savetiers, & de
Cochers, qui tous auroient été fes oncles & coufins.*

IV. PARTIE.

Contenant le dénombrement des principaux titres, qui démontrent fans replique
la bâtardife des Prétendans de Montbeillard, & dont on a repréfenté les originaux à la Cour de France, *non pas dans l'intention, d'y plaider fur la queftion
de l'état de légitimité, competemment décidée par les Jugemens de l'Empereur,*

F

& la déclaration de l'Empire, mais pour faire voir avec précision & évidente l'extrême impudence, avec laquelle ces bâtards & leurs Défenseurs ont osé profaner depuis si long-tems le Trône de S. M. le Roi Très-Chrétien par l'imposture la plus affreuse, sur laquelle leur prétention est fondée.

I°. A L'EGARD DU COMTE DE SPONECK.

S. M. LE ROI DE PRUSSE *a envoyé à son Ministre Plénipotentiaire en France M.* LE BARON LE CHAMBRIER *les pieces & régistres, qui se sont trouvé sur ce sujet en Silesie & en Pologne, sçavoir,*

1° L'original du Livre de l'Eglise de Reiowitz, village Lutherien situé dans la grande Pologne au Palatinat de Bosnanie.

Toutes les observations detaillées ci-dessus dans la troisieme Partie de ce Memoire sautent aux yeux d'un chacun, qui regarde l'enregistrement de ce prétendu mariage.

2° La déposition faite par serment, de trois témoins, que le Magistrat Polonois de la ville de SKOKI a examiné sur la requisition du député de Sa Majesté Prussienne au sujet de la fausse enquête, que le Comte de Coligny avoit jointe au faux extrait du Livre d'Eglise fabriqué en 1720.

Cette deposition prouve, que tout ce que le Comte de Coligny avoit fait mettre dans sa fausse Enquête comme averé par lesdits trois témoins, avoit été frauduleusement supposé, comme contraire à leur deposition de l'an 1720.

3° Trois lettres du Curé de Reiowitz écrites au Comte de Sponeck &c. du 2 Octobre & 3 Novembre 1746. que le hazard a fait tomber en original dans les mains du Ministre de Wirtemberg à Berlin, *& qui prouvent non-seulement la constante collusion criminelle de ce Curé avec les Comtes de Sponeck & de Coligny, à l'égard du crime de faux commis en 1720. Mais encore que le Comte de Coligny, pour appuyer les intrigues des Avocats de son frere & beau-frere, le Comte de Sponeck, a écrit une lettre très-menaçante au Curé de Reiowitz, pour l'empêcher, de délivrer l'original du Livre d'Eglise en question.*

4° L'Original d'un Protocole du Consistoire de Breslau de 1692, 1693, 1694 & 1695. que M. le Cardinal de Sinzendorf, comme Evêque de Breslau, a fait remettre à Sa Majesté le Roi de Prusse, & qui contient le Procès sur promesse de mariage entre le sieur de Zedliz & Anne-Sabine Hedwiger, puis nommée Comtesse de Sponeck, mère du Prétendant de Montbeillard.

Les Pieces contenues dans ce volume, prouvent quatre choses :

*) *Qu'Anne-Sabine Hedwiger étoit domiciliée à Olse, au service de Madame la Duchesse d'Olse, sœur du Prince de Montbeillard, par conséquent que l'enregistrement, qui se trouve dans le Livre de l'Eglise de Reiowitz ne sçauroit lui être appliqué, puisqu'il y est dit, que l'épouse étoit du Duché de Teschen, où le mariage lui avoit été deffendu, à moins qu'elle ne changeât de Religion.*

**) *Qu'Anne-Sabine Hedwiger, qui prétendoit être mariée avec le Prince de Montbeillard à Reiowitz le 1 Juin 1695. comparut encore en fille validement fiancée avec le sieur Zedliz, devant le Consistoire Episcopal de Breslau le 18 Août 1695.*

***) *Y ayant dans ce Protocole plusieurs pieces originales, signées de la propre main d'Anne-Sabine Hedwiger, ce Protocole sert en même-tems à prouver d'autant plus l'authenticité du grand nombre d'autres pieces également signées de la propre main, rapportées dans le present dénombrement.*

****) *Y ayant dans ce Protocole plusieurs originaux de Lettres signées de la propre main de Madame la Duchesse d'Olse, ce Protocole sert également pour prouver sa fabrication frauduleuse des certificats, que le Comte de Sponeck a produits sous le nom de cette Princesse.*

5° L'Original d'un Contrat de vente concernant la Terre de Carlsfeld, en Silésie, signé par la propre main d'Anne-Sabine Hedwiger & de celle de son frere, datée du 26 Janvier 1696.

Elle est traitée tout le long de ce document , en fille & Demoiselle de Chambre de Madame la Duchesse d'Olse.

6° Acte , datté du 28 Janvier 1696. par lequel le Duc Silvius-Fréderic d'Olse , a confirmé le précedent Contrat de Vente.

Anne-Sabine Hedwiger y est pareillement traitée en fille & Demoiselle de Chambre de Madame la Duchesse d'Olse.

7° Acte , daté du 16 Juillet 1696. par lequel le Duc Silvius-Fréderic d'Olse, confirma l'achat d'une Ferme à Jenkewiz à Anne-Sabine Hedwiger , *qui y est toujours traitée en fille & Demoiselle de Chambre de Madame la Duchesse d'Olse.*

8° Acte , daté du 30 Avril 1697. par lequel le Duc Sylvius-Fréderic d'Olse a affranchi la ferme de Jenkewiz, en faveur d'Anne-Sabine Hedwiger , *qui y est toujours traitée en fille & Demoiselle de Chambre de Madame la Duchesse d'Olse.*

9° L'ORIGINAL D'UN PLEIN-POUVOIR , daté de Montbeillard le 21 Juin 1699. SIGNE' DE LA PROPRE MAIN D'ANNE-SABINE HEDWIGER, QUI S'Y EST QUALIFIE'E DE FiLLE ELLE-MÊME.

Ce plein pouvoir a été donné pour la vente de sa Ferme de Neugarden à Jenkewiz en Silesie AUTORISE' PAR LE CONSEIL DE REGENCE DE MONTBEILLARD , & MUNI DU SCEAU DE LA CHANCELLERIE DUCALE D'ALORS.

10° L'original du Contract de vente passé à Breslau le 20. de Juillet 1699. en vertu du précedent plein pouvoir. *Anne Sabine Hedwiger y est toujours traitée en fille*

11° Acte datté du 17. Mars 1700 par lequel le Duc Chrétien Ulric d'Olse a confirmé le précedent contract de vente. *Anne Sabine Hedwiger y est toujours traitée en fille.*

A TOUS CES CONTRACTS EST IOINT LE CERTIFICAT DU GOUVERNEMENT ROYAL DE BRESLAU.

12° L'original du livre de l'Eglise de Festemberg, où le Comte de Sponeck pretend être né & baptisé en 1697. mais on ne trouve pas son nom dans ce livre ; *si bien qu'il ne sçauroit prouver sa filiation , par conséquent , la véritable origine de cet imposteur restera éternellement incertaine.*

M. LE DUC DE WIRTEMBERG, *pour prouver , qu'Anne Sabine Hedwiger puis nommée Comtesse de Sponeck & ses enfans ont continué jusqu'en 1719. la possession de leur état respectif de concubine & de bâtards , a ajouté encore les Titres suivants.*

13° Deux lettres du 12 & 19 Octobre 1698. écrites de la propre main du Pere du Prince de Montbeillard le Duc George, *qui prouvent qu'Anne Sabine Hedwiger est venue à Montbeillard en fille , avec sa mere , qui y devoit servir en qualité de femme de charge.*

14° L'original des Registres de l'Eglise de Montbeillard , où Anne Sabine Hedwiger puis nommée Comtesse de Sponek est *inscrite* nombre de fois en marraine *toujours comme fille,* specialement le 10 Sept. 1699. 17. Oct. 1700. 12. Avril, 1 Juin 1710. 2 Juin, 11 Novembre 1703. 24 Juillet 1704. 5 Septembre , 7 Novembre 1714. 9 Septembre 1715. 8 Mars 1717. ses deux enfans, le premier Prétendant d'aujourd'hui, & sa sœur mariée à son frère de Coligny , y sont également inscrits nombre de fois , *toujours en Comte & Comtesse de Sponeck* ; le fils fut même marié & inscrit encore le 22 Fevrier 1719. par le nom de sa mere , comme fils naturel.

15° Le Contract de permutation entre Anne Sabine Hedwiger & son frère pour les Terres de Tremoin & Carlsfeld du 20 Juillet avec l'Acte de confirmation du Duc de Montbeillard du 4 Octobre 1701. *où Anne Sabine Hedwiger est qualifiée de fille & Demoiselle de Chambre de Madame la Duchesse d'Olse.*

16° Le Diplôme de l'Empereur de l'an 1701. par lequel la famille de Hedwiger a été élevée à la dignité de Comte , *& auquel Anne Sabine Hedwiger n'a été traitée que comme fille.*

17° L'original du Protocole des lods & achats de Montbeillard , où elle se trouve nombre de fois *dans cette qualité,* en particulier , l'Acte de vente datté le 21. Août 1711. *entre elle & le Prince de Montbeillard, signé par elle-même,* prouve qu'elle a toujours été traitée *par son nom de famille , & jamais comme épouse du Prince.*

18°. L'original du Traité de Wildbaaden du 10. Mai 1715. figné du Duc Leopold Eberhard de Montbeillard, & de fes Confeillers les fieurs *Sandersleben*, *le Comte de Sponeck*, l'oncle du Prétendant & *Brifechoux*, par lequel ce Prince a déclaré d'une façon qui eft au-deffus de toute objection de furprife :

» *Qu'il n'a jamais été marié légitimement, qu'il n'a point de defcendants légi-*
» *times & habiles à fucceder.*

» *Que le Duc Regnant de Wirtemberg eft fon légitime fucceffeur, que tous les*
» *Confeillers & Officiers de Montbeillard feront d'abord tenus, de reconnoître*
» *le Duc Regnant de Wirtemberg, comme leur légitime Souverain, après le*
» *decès du Prince de Montbeillard.*

» *Que ce, que le Duc de Wirtemberg accordoit à ces femmes & enfans,*
» *étoit une gratification de pure generofité, fans y être aucunement obligé.*

19°. L'original de l'acte de Notaire datté de Montbeillard le 26 Juillet 1715. fur ce que le Duc Leopold Eberhard de Montbeillard a fait prêter *en fa propre préfence un ferment corporel à tous fes Confeillers & Officiers* pour l'accompliffement du traité de Wildbaaden, déclarant que *n'ayant pas des defcendans legitimes* ils devoient reconnoître le Duc de Wirtemberg Stouttgard comme le fucceffeur légitime.

Cet acte eft figné non feulement *du Notaire Cucuel*, & de fes deux Temoins *Dermineur & Bofkammer*, mais encore de tous les Confeillers de Régence nommement, *de Nardim, Comte de Sponeck, de Prudans, du Vernoy, Nardin, Roffel, Brifechoux, Cuvier & Goguel.*

20°. L'original de l'Acte figné de *la propre main du* Duc Leopold Eberhard de Montbeillard du 27 Juillet 1715. par lequel il déclare, qu'*ayant la conftante & fincere intention, d'accomplir la convention de Wildbaade dans tous fes points*, il a prié pour cet effet par fa lettre du 21 Juin 1715. le Duc Regnant de Wirtemberg-Stouttgard, *de lui envoyer des Miniftres Plenipotentaires à Montbeillard*, pour que les points dont on eft convenu, puiffent être mis en *execution*.

21°. L'original de l'inftrument de Notaire datté Montbelliard le 27 Juillet 1715. fur ce que le Duc Leopold Eberhard de Montbeillard *a actuellement cedé en vertu du traité de Wildbaade* les 4 Seigneuries Blamont, Clemont, Hericourt, & Chatelot à M. le Duc de Wirtemberg-Stouttgard comme *à fon legitime fucceffeur.*

22°. L'original de l'Acte datté du 29 Juillet 1715. figné *de la propre main d'Anne Sabine Comteffe de Sponeck*, de fes deux enfans le Comte George de Sponeck (qui eft le premier Prétendant d'aujourd'hui) *de la Comteffe Leopoldine Eberhardine de Sponeck* préfentement mariée avec fon frere le Comte de Coligny, par la feconde Concubine *la Baronne Elifabeth-Charlotte de Lefperance, pour elle & fes enfans, nés & à naitre* affiftées par les Confeillers fuivans, qui ont figné cet acte.

Le Comte de Sponeck, frere d'Anne Sabine, du Vernoy, Brifechoux & Goguel.

Cet Acte eft confirmé à titre *d'autorité de Prince & de pere* par le Duc Leopold Eberhard de Montbeillard, qui l'a figné lui-même.

Les deux Concubines pour elles & leurs enfans *y confeffent, que la convention de Wildbaaden leur ayant été loyalement expliquée elles reconnoiffent les points, qui les regardent, pour valides*, fe contentans, de ce qui leur a été reglé, & promis, & renonçans à toute autre prétention.

23°. L'original de l'Acte de Notaire datté Louifbourg du 16 Octobre 1715. par lequel les Comte George de Sponeck, qui eft le premier Prétendant d'aujourd'hui, a renoncé par un ferment corporel, devant Notaire & Témoins, à toute prétention, & promis de s'en tenir aux conditions du Traité de Wildbaade, lequel Acte eft *figné par ledit Comte de Sponeck lui-même & par fon Confeiller affiftant Fallot, autorifé à cet effet du Duc Leopold Eberhard de Montbeillard*

II. PAR RAPPORT AUX BARONS DE L'ESPERANCE.

Le fait du concubinage inceftueux n'étant contredit de quiconque, & le point de Droit, qui décide de l'illegitimité d'un pareil mariage n'étant fujet à aucune ambiguité, on s'en pourroit tenir fans autre difcuffion au Jugement de Sa Majefté Impériale, & à la déclaration de la Diète de l'Empire.

On

On veut cependant y ajouter des titres, qui font au-deffus de toute exception, & qui doivent fermer la bouche à ceux, qui voudroient faire paffer ces Pretendans pour légitimes.

1° Les vieux & nouveaux Regiftres d'Eglife & de Confiftoire de Montbeillard, *qui decouvrent l'horrible fyftême d'impofture, fur lequel le nouveau Regiftre, d'où l'acte de la pretendue celebration de mariage de la Baronne de Lefperance eft tiré, a été frauduleufement fabriqué, & qui par confequent ne fçauroit jamais paffer pour preuve en Juftice.*

Ces Regiftres d'Eglife démontrent en outre par eux-mêmes la fauffeté de cette prétendue célébration, puifque la Baronne de Lefperance, qui prétendoit être mariée le 15 Août 1718. *fe trouve encore le 9 du mois de Septembre 1718. defignée comme Baronne de Lefperance, & non pas comme Ducheffe de Montbeillard dans les Regiftres des Baptêmes*, de la même main du Prédicateur Gropp, qui a eu l'inadvertance, de ne pas changer l'enregiftrement du 9. Septembre, où elle avoit été infcrite dans les Regiftres des Baptêmes, comme une fimple particuliere par fon nom de Lefperance, avant qu'il ait fuppofé en fa faveur le nouveau Regiftre des mariés.

2° Le Traité des cinq freres Ducs de Wirtemberg de l'an 1617. connu depuis plus d'un fiecle dans les Actes publics.

On le trouve dans toutes les grandes Bibliotheques de Paris, entr'autres rapporté par Lunig dans fes archives de l'Empire, Contin. II. Part. IV. Sect. VII. N°. XXXIX. F. 745, 757.

Ce Traité prouve, *qu'il n'eft pas permis aux Princes cadets ou appanagés de la Maifon de Wirtemberg, de fe marier fans le confentement du Chef de la famille, fur-tout avec une perfonne qui n'eft pas de la condition de Prince, ce qui doit achever de confondre ceux, qui foutiennent que le Prince de Montbeillard, comme Proteftant, étoit exemt des loix communes, & par confequent qu'il a pu fe marier légitimement avec la Baronne de Lefperance malgré fa vile origine felon fon propre bon plaifir, & même fe difpenfer validement de fon propre chef avec une concubine inceftueufe, nonobftant que ce cas n'eft pas difpenfable du tout.*

3° Le Traité de Wildbaade de l'an 1715. où le Prince de Montbeillard *a reconnu non-feulement la validité des anciens pactes de famille en fait de mariage, mais encore fpecialement l'inhabilité de la Baronne de Lefperance, pour être fa femme légitime, ce qui eft inconteftable par l'article VI.*

Les Titres, qu'on vient de rapporter, démontrent tellement la bâtardife du Comte de Sponeck & des Barons de Lefperance, qu'on ne voit pas, comment il feroit poffible de les vouloir faire paffer pour légitimes.

Il eft vrai que les bâtards méritent de la compaffion, dès qu'ils tâchent d'effacer la macule de leur naiffance par le merite perfonnel, & par leur propre vertu.

Mais pour ce qui eft des bâtards de Montbeillard, qui joignent à la honte de leur naiffance, l'infamie de l'impofture, l'arrogance de participer aux titres & prérogatives de la Souveraineté, l'impertinence dans leurs expreffions, & la témérité de profaner la Majefté du Trône du Roi très-Chrétien par leurs impudentes fuggeftions, en accufant d'injuftice & de menfonge, les Jugemens & Déclarations de l'Empereur, & de tous les Electeurs, Princes & Etats de l'Empire, ils font dignes du mépris & du reffentiment, de tous ceux à qui la Religion, l'honnêteté publique, & l'ordre de la focieté civile tient à cœur.

CONCLUSION.

Si l'Auteur de la lettre répandue dans le public, fous le nom d'un Jurifconfulte de Colmar, datée du 1 Mars 1746. veut donner un change entier à cette conteftation, *en reprefentant le Duc de Wirtemberg comme lié en France dans un Procès en regle fur la queftion de l'état de legitimité de ces Prétendans étrangers, & le fond de l'affaire fous l'apparence d'une complication & immenfité extrême; c'eft un double prejugé qui eft radicalement detruit par la demonftration évidente contenue dans ce Memoire.*

G

Le droit du Duc de Wirtemberg est à couvert sous le bouclier des titres déclaratifs de la propre volonté du Souverain, dont il reclame la Religion, & la demande, que ce Prince fait à Sa Majesté, est entiérement conforme à ses décisions.

On connoît trop la justice du Roi très-Chrétien, pour croire que Sa Majesté
pourroit jamais approuver les écarts, dans lesquels les Défenseurs des Bâtards de
Montbeillard voudroient de nouveau faire envelopper cette contestation ; & ses
Ministres sont trop jaloux de l'honneur & de la gloire de leur Souverain, pour
laisser anéantir ses sacrées décisions, en faveur de quelques Bâtards étrangers, reconnus pour tels de leur propre pere, & jugés tels par leur Juge compétant, comme
procréés dans le concubinage le plus sordide.

Seroit-il possible, qu'on voulût après une démonstration aussi peu ambigue soutenir pareils Bâtards en France, où en particulier les mariages clandestins & incestueux sont notoirement condamnés par les loix du Royaume ; où les Curés qui
les célebrent sont pendus,& les enfans qui en proviennent exclus de toute succession ?

On ne voudra surement pas se livrer à une pareille contradiction, en prétendant,
en dépit de tant de titres déclaratifs de la propre volonté de Sa Majesté très-Chrétienne & contre l'usage établi parmi toutes les Nations policées, que ces étrangers
réfractaires puissent agir en France en cassation contre les Jugemens & les Déclarations de l'Empereur & de l'Empire, sur la question de légitimité des prétendus
mariages d'un Prince de l'Empire, question à tous égards étrangere, comme con-
cernante des personnes, qui n'étoient pas sujets de France, des faits passés ailleurs,
& des loix d'un autre Etat, dont le Roi de France n'est ni législateur ni interprete.

Le Duc de Wirtemberg doit plutôt se flatter que Sa Majesté très-Chrétienne le
mettra, sans aucune difficulté, en possession des neuf Seigneuries, dont la propriété lui est garantie par les Traités de Paix de Westphalie, de Riswick, de Baaden & de Vienne, dès qu'elle sera fidélement instruite du véritable état de
cette affaire, en conformité de la précision, dans laquelle Sa Majesté en a mis la
contestation Elle-même.

Elle n'a prétendu autre chose que de juger du *Possessoire*, ou de la mise en
possession.

M. le Duc de Wirtemberg a satisfait à tout ce qu'on a prétendu de lui.

Il a prouvé par les Jugemens de l'Empereur & par la Déclaration de tout l'Empire, que les Prétendans *sont Bâtards, par conséquent non-recevables en Justice pour
le Possessoire.*

On y a ajouté des informations ministériales sur cet objet étranger, qui démontrent, que les Prétendans n'ont rien prouvé, qui pourroit mettre la France en droit
de refuser l'effet, que le droit de la nature & des Gens attribue à pareils Jugemens
& Certificats, *fondés sur le fait du pere, & non pas sur une disposition arbitraire*
Juge, & qu'au reste cette affaire est si simple, qu'en se tenant à la route que Sa
Majesté très-Chrétienne a prescrite Elle-même, on peut la terminer dans un
quart d'heure de tems.

Il s'ensuit de soi-même, que le Sequestre ne sauroit plus subsister en faveur de
ces Prétendans, & qu'on ne sauroit refuser à juste titre, de mettre M. le Duc
de Wirtemberg en possession des Terres, dont il s'agit, sans aucun délai ultérieur.

De l'Imprimerie de Ch. J. B. Delespine, Imprimeur-Libraire ordinaire
du Roi, rue S. Jacques, au Palmier. 1747.

11,423

MEMOIRE,
Sur la queſtion de la Légitimité des Princes DE MONTBEILLARD.

LE 15 Août 1718, Leopold Eberhard, Duc de Wirtemberg, Prince ſouverain de Montbeillard, a épouſé Eliſabeth-Charlotte, Baronne de l'Eſperance.

Le Duc & la Ducheſſe de Montbeillard ont laiſſé deux enfans : l'aîné, Charles-Leopold, eſt né le premier May 1716, & il a été légitimé par le mariage ſubſéquent.

Le puîné, Georges-Fréderic, eſt né le 22 Août 1722, & le Miniſtre Surintendant de Cour l'a baptiſé, en qualité de fils de S. A. S. Leopold-Eberhard, Duc de Wirtemberg-Montbeillard, notre très-gracieux Prince territorial, & Seigneur ſouverain, & de S. A. S. Elizabeth-Charlotte, notre très-gracieuſe Princeſſe territoriale, Dame ſouveraine regnante.

Pendant la vie du Duc de Montbeillard, leur état, & celui de leur mere, n'ont pas été attaqués ; ce n'eſt qu'après ſa mort que le Comte de Sponeck en a fait l'entrepriſe.

En Allemagne, dans le procès qu'il avoit au Conſeil Aulique, contre la maiſon de Wirtemberg-Stougard, par un écrit du 11 Janvier 1725, il a demandé que la qualité de doüairiere, qui a été donnée par l'Empereur, & par ſon Conſeil Aulique, à la Ducheſſe de Montbeillard, fût révoquée : mais il n'a pû l'obtenir, quoique la Ducheſſe de Montbelliard ne fût pas partie.

En 1730, lorſque la Ducheſſe de Montbeillard a paru au Conſeil Aulique de l'Empereur, pour ſe plaindre des divers attentats du Comte de Sponeck, elle a été admiſe a plaider en qualité de *Dame doüairiere Eliſabeth-Charlotte de Montbeillard*, pendant que le Conſeil Aulique n'a reçu le Comte de Sponeck que ſous le nom de Sponeck : dans tous les décrets du Conſeil Aulique, qui ont été rendus ſur leurs demandes, on trouve cette différence, & tous ſont contradictoires.

Il y a même un Mandement Imperial, reſtitutoire, & inhibitoire, du 1. Avril 1732, donné en vertu d'un decret contradictoire du Conſeil Aulique du même jour, dans lequel l'Empereur a donné à la Ducheſſe de Mont-

A

beillard, la qualité de *notre amée & dévote Elisabeth-Charlotte*, *née Baronne de l'Esperance*, *doüairiere de Montbeillard* : il est enjoint par ce Mandement au Comte de Sponeck, de s'abstenir contre elle, de toutes machinations, calomnies, injures, & attentats défendus ; & de lui restituer l'argent, les documens, les effets qu'il a emportés, *spécialement les coffres détachés & arrachés par force du carosse de la Plaignante.*

Lorsque la Duchesse de Montbeillard a été ainsi reçuë en Justice au Conseil Aulique de l'Empereur, il est nécessaire de regarder les Princes de Montbeillard, comme possédant en Allemagne l'état d'enfans légitimes du feu Duc de Montbeillard.

Il n'en est pas de même du Comte de Sponeck, & de la Comtesse de Coligny ; car, par un decret donné au Conseil Aulique, le 16 Avril 1723, on a cassé absolument & anéanti la signature du Duc de Wirtemberg-Montbeillard, que le Comte de Sponeck avoit mise dans un écrit imprimé contre le Duc de Wirtemberg ; on a ordonné que la Lettre originale qu'il a envoyée à l'Empereur, sous le sceau du Prince de Wirtemberg, lui sera renduë avec reproche ; on a aussi ordonné que lorsqu'il viendra, tant pour lui, que pour sa sœur, à supplier très-humblement l'Empereur, au sujet de l'alimentation, il y sera pourvû selon l'exigence du cas.

Il a executé ce decret, en ce que par une écriture du 15 Juillet 1727, il a fait sa soumission de quitter le nom & les armes de Wirtemberg (*a*) & en ce qu'il a demandé des alimens (*b*) ; par là il est rentré dans l'état d'enfant naturel, où il est né, a été marié, & a vécu jusqu'au mois de Juin 1719.

Nonobstant ces évenemens, il a attaqué en France l'état de la Duchesse de Montbeillard, & de ses enfans, par deux moyens. L'un est que le mariage de 1718, est incestueux. L'autre est, que c'est un adultere.

Le premier moyen ne pouvoit faire la matiere d'un doute raisonnable : aussi dès que la question a été mise dans son jour, on l'a abandonnée à l'Audiance ; & dans un Memoire imprimé.

On a insisté sur le second moyen, qui n'est pas meilleur.

L'argument du Comte de Sponeck est, de prétendre que le premier Juin 1695, le Duc de Montbeillard a épousé dans l'Eglise de Rejovvits en Pologne, Anne-Sabine Hedvviger, alors Demoiselle de chambre de la Duchesse d'Oels, & devenuë dans la suite Comtesse de Sponeck par Lettres patentes de l'Empereur, du 2 Août 1701. Il dit que la Comtesse de Sponeck étant vivante en 1718, le Duc de Montbeillard ne pouvoit épouser en 1718, la Baronne de l'Espérance ; & comme il entre dans son systême de soutenir qu'il y eu au mois d'Octobre 1714 un divorce solemnel, fait entre le Duc de Montbelliard & la Comtesse de Sponeck, il prétend que ce divorce n'est pas légitime.

A cet argument on répond 1°. Que le prétendu mariage de 1695, est une chimere ; 2°. Que le divorce prétendu fait en 1714 est une supposition ; 3°. Que dans l'hypothese du prétendu mariage de 1695, & d'un divorce fait en 1714, l'état de la légitimité des Princes de Montbeillard, seroit inébranlable.

On prouvera par un second Memoire, que l'hypotese du prétendu

mariage de 1695 eft une chimere ; c'eft une impofture qui a été imaginée, pour faire du Comte de Sponeck, un enfant légitime, & un Prince
héréditaire de Montbeillard.

L'objet de ce Memoire eft d'établir que dans l'hypotefe du prétendu
mariage de 1695, & dans la fuppofition d'un divorce fait en 1714, la
legitimité des Princes de Montbeillard ne peut fouffrir la moindre difficulté.

Pour le prouver, il fuffiroit de dire que la Ducheffe de Montbeillard
leur mere a été dans la bonne foi, c'eft-à-dire, qu'elle a ignoré le prétendu
mariage de 1695 ; c'eft la décifion précife du Chapitre *ex tenore* ; c'eft celle
du Droit Civil ; c'eft une maxime de toutes les Nations policées. On ne
prouve pas que la Ducheffe de Montbeillard ait eu connoiffance au mois
d'Août 1718 du prétendu Mariage de 1695 : donc les Princes de Montbeillard fes enfans feroient légitimes dans l'hypotefe du prétendu Mariage
de 1695.

On ajoute, fans y être obligé, qu'au mois d'Août 1718, la Ducheffe
de Montbeillard auroit eu jufte lieu d'ignorer le prétendu Mariage de
1695.

Dans l'hypothefe de ce prétendu Mariage, il eft certain qu'il feroit clandeftin. * Mariage fait hors le domicile des contractans, dans un Royaume
étranger, dans un Hameau, fans Lettres Teftimoniales, fans le confentement des pere & mere, fans la préfence d'aucun parent de l'un ou de l'autre des contractans, fans proclamation de Bans, fans promeffes précéden-
tes ; déguifement de leurs domiciles, de leurs noms, de leur état ; déguifement de la qualité de Prince héréditaire de Montbeillard, qui auroit
arrêté le Miniftre le plus hardi, le plus dévoüé à la paffion de ce Prince,
ou d'Anne-Sabine Hedvviger. Par quelle voye la Ducheffe de Montbeillard auroit-elle été informée en 1718, d'un engagement auffi téné-
breux ?

On veut que ce Mariage ait été connu en Silefie par la Ducheffe d'Oels,
& même que ce Prince ayant ramené Anne Sabine Hedvviger dans cette
Cour, elle ait été reçuë avec toutes les amitiés qu'elle pouvoit attendre d'une
belle foeur, qui avoit eu beaucoup de part à fon mariage. C'eft la Ducheffe
d'Oels, dit-on, qui confirma le Prince dans la réfolution de l'époufer, pour
garder la fidelité qu'un Prince devoit à fa parole.

De pareils difcours ne pourroient trouver place dans un Roman, parce
que le Public fe révolteroit fur l'injure que l'on fait à la Ducheffe d'Oels de
penfer qu'elle feroit entrée dans le plus ridicule des myfteres, indigne de
fon rang, & de ce qu'elle devoit au Prince Georges fon pere, au Prince Leopold Eberhard fon frere, à toute la Maifon de Wirtemberg, à elle-même,
à l'Empire, au Public.

Un fait adminiftré par le Comte de Sponeck, juftifie la Ducheffe d'Oels.
Suivant les Certificats qu'il rapporte, il auroit été baptifé, & la Comteffe
de Coligny fa foeur auroit auffi été baptifée, aux mois de Février & Décembre 1697, en enfans naturels : jamais il n'entrera dans l'efprit que la Ducheffe d'Oels l'eut fouffert, fi elle étoit entrée dans le myftere, & fi après
le facrifice, elle avoit honoré la fête, par une reception telle qu'il plaît au
Comte de Sponeck de l'imaginer.

Le fait, que ces enfans auroient été baptifés en enfans naturels, prouve que

* Plufieurs
Auteurs Prote-
ftans parlent de
la clandeftinité
& des marques
de clandeftini-
té. On exige
des Lettres te-
ftimoniales
hors le domici-
le des Contra-
ctans, afin d'af-
furer le fait
qu'il n'y a pas
d'empêche-
ment.

la Comtesse de Sponeck n'étoit pas mariée, & que si elle l'avoit été on l'auroit ignoré en Silesie.

Il faut dire même que la Comtesse de Sponeck auroit voulu qu'on l'ignorât, s'il avoit été aussi réel, qu'il est fictif. C'est ce qui est prouvé par le fait que le 18 Août 1695, elle parut au Consistoire de Breslau, en qualité de *Demoiselle*, pour se déporter entierement de sa prétention de mariage contre Godlieb Leopold de Zedlits, & renoncer à la Sentence qu'elle avoit obtenuë contre lui le 21 Mars de la même année 1695, en vertu d'un interdit Ecclesiastique imposé à ce Gentilhomme en l'année 1692.

C'est une infamie (a) parmi les Protestans, de passer à un second engagement, dans le cas où il y a des fiançailles avec une autre personne, avant que ces fiançailles ayent été résoluës. Par la Sentence du 21 Mars 1695, il est prouvé qu'il y avoit eu des *Fiançailles à futur mariage, concluës* entre le sieur Zedlits & la Demoiselle Anne-Sabine Hedwiger, * & que ces Fiançailles étoient entierement obligatoires & valables. Dès que le 18 Août 1695 la Comtesse de Sponeck vint à Breslau pour se déporter entierement de sa prétention de mariage contre le sieur Zedlits, il est nécessaire pour l'honneur de la Comtesse de Sponeck, & il convient aux usages des Protestans, de penser, qu'alors elle n'étoit pas mariée. Ce fait devient certain par celui qui est expliqué dans la Sentence du 18 Août, qu'elle a paru en qualité de *Demoiselle*.

* Entre les deux parties.

Comme il n'étoit pas possible de s'y méprendre, on s'est avisé de dire que la mere de la Comtesse de Sponeck a fait toute la procedure à cause de sa grande jeunesse. Mais il n'est pas dit un seul mot de la mere dans ces deux Sentences, il n'y est point dit que la fille ait paru par autrui, il y est parlé uniquement de *la Demoiselle Hedwiger*, il en est parlé en ces termes: *icelle... ayant cejourd'hui pardevant nous renoncé à la Sentence qu'elle avoit obtenuë*. Par ces termes, il est démontré qu'elle parut en personne au Consistoire de Breslau.

Que ces termes sont accablans! Ils prouvent que le prétendu mariage de 1695 n'a jamais été qu'une imposture, & que s'il avoit été réel, la Comtesse de Sponeck auroit d'abord méprisé sa Religion, & sacrifié son honneur; qu'elle en auroit ensuite imposé au Consistoire de Breslau; qu'elle l'auroit fait, pour demeurer dans un engagement qui n'auroit pû, étant caché, être regardé par les Protestans, que comme un concubinage, incapable de lui donner la qualité d'Epouse légitime (b). Ces termes prouvent qu'en Silesie, on auroit ignoré, & on auroit eu juste raison d'ignorer le prétendu mariage de 1695.

Passons à Montbeillard, & voyons si ce prétendu mariage y auroit été moins ignoré, qu'en Silesie.

Le Comte de Sponeck dit que le Duc George traita Anne-Sabine Hedwiger

(a) *Quamdiu vinculum sponsalitium subsistit, tamdiù sponsa adulterii rea est, quod fidem de matrimonio faliat, ulteriusque copiam corporis faciat.* Strict. de diss. sponf. Sect. 3. §. 4.
Bina Sponsalia contrahentes infamiam incurrunt. L. 1. §. ult. L. 13. §. 1. de his qui infam. not. Berlich. part. 4. concl. 28. num. 33.
Qui post prima sponsalia purè subsistentia & obligatoria, sponsalia ulteriora contrahit, hoc ipso infamis sit. Bruckner. cap. 4. n. 19.
(b) *Occultum conjugium vocatur & clandestinum. Quæ leges damnant concubinatum eædem etiam connubium occultum minimè admittendum esse jubent ... uxor clandestina æque ut concubina non fruitur legibus legitimarum conjugum,* Bœhmer. de clandest. desponf. §. 56. 57. & 59.

vviger , comme une bru qui lui étoit chere , qu'elle fut logée dans le Palais de Montbeillard , comme la femme du Prince héréditaire , habitant
publiquement avec lui , & mangeant à la table du Duc regnant ; il ajoûte
qu'une foule de témoins feroit en état d'en dépofer.

Pourquoi , pour entendre cette foule de témoins fur un fait fi beau , & fi
intereſſant pour le Comte de Sponeck , auroit-on négligé de faire des enquêtes à futur , comme le Comte de Coligny en a fait faire à Skoki pour
accompagner le faux Extrait de célébration du prétendu mariage de 1695 ,
avec lequel on a ébloüi la France ? Apparemment que les témoins de Montbeillard n'étoient pas encore préparés fur les difcours qu'il auroit fallu tenir.

On en eſt convaincu par la circonſtance que le Comte de Sponeck s'eſt
réduit à faire dépofer par Beurlin , que le Duc George l'avoit entretenu de
la propofition qui lui avoit été faite , de marier le Prince héréditaire ſon
fils avec la Princeſſe de Bade Dourlac , & que ce Prince lui avoit dit avoir
été dans la néceſſité de la refufer , à caufe du mariage de fon fils avec la Demoiſelle Hedvviger.

Le Comte de Sponeck a même encheri fur cette dépofition , en difant
qu'il eſt de notorieté publique , que la Princeſſe de Bade Dourlac fut propofée au Prince George , & il obferve que ce Prince n'auroit pas négligé de
faire une alliance fi honorable , qui auroit fait la joye & la confolation de
fes dernieres années.

A qui prétend-on ainfi en impofer ? & croit-on fur un fait de cette importance , perfuader par de fimples difcours , avec la dépofition d'un feul témoin , que s'il eût été notoire , le Prince George n'en auroit parlé
qu'à Beurlin ? Croit-on perfuader par de fimples difcours , que pour aſſurer
la notorieté de ce fait , pour aſſurer celui de la tendre & belle reception faite
par le Prince George à la Demoiſelle Hedvviger , le Comte de Sponeck
auroit négligé de joindre au témoignage de Beurlin , quelque portion de
cette foule de témoins , qu'il dit maintenant être en état d'en dépofer ? Croit-
on perfuader par de fimples difcours , que le prétendu mariage de la Demoiſelle Hedvviger étant clandeſtin , ayant été fait fans le confentement
du Prince George , & ne pouvant être agréable à la Maifon de Montbeillard , ce Prince n'auroit pas ufé de fon droit pour le faire anéantir , marier fon fils avec la Princeſſe de Bade Dourlac , vivre , & mourir avec cette
confolation. Plus le Comte de Sponeck infiſte fur les fentimens du Duc
George pour la Demoiſelle Hedvviger , fans en rapporter d'autre témoignage que celui de Beurlin , & plus il fait fentir , ce qui eſt vrai , que jamais le Duc George n'a connu le prétendu mariage de 1695.

Dans la forme , la dépofition de Beurlin ne pourroit faire foi en Juſtice ,
par trois raifons. 1°. Elle eſt faite de l'autorité d'un Juge fufpect & incom-
petent. 2°. Elle eſt unique. 3°. Elle eſt faite en France , dans une Enquête
que l'Ordonnance de 1667 oblige de rejetter. *

Avec cette dépofition doivent difparoître tous les vains difcours du Comte de Sponeck fur le confentement du Duc George , pour en conclure , que ,
fi le prétendu mariage de 1695 étoit auſſi réel , qu'il eſt fictif , il auroit
été ignoré à Montbeillard pendant la vie de ce Prince.

Après la mort de ce Prince , rien n'auroit pû empêcher le Duc de Montbeillard de rendre public ce prétendu mariage. Mais c'eſt ce qu'il n'a pas fait.

B

* Abrogeons
toutes les En-
quêtes d'exa-
men à futur ,
tit. 23.

On l'a vû au mois de Septembre 1699, & au mois d'Octobre 1700,
tenir deux enfans d'Henriette Hedvvige avec S. A. S. Eleonore Charlotte,
Duchesse Doüairiere de Wirtemberg Oels, la très-noble Polixene Catherine
de l'Esperance, & noble Anne Sabine Hedvviger, sans donner à Anne
Sabine Hedvviger le caractere de Souveraine, ou la qualité de son épouse.

Dans un Memoire imprimé en 1726, le Comte de Sponeck dit que le
Duc de Montbeillard voulant ratifier d'une maniere authentique le mariage
de 1695, & le publier à la face de tout l'Empire, il pensa à élever la famille d'Hedvviger; que pour cela au mois d'Août 1701, il obtint les Lettres patentes de l'Empereur, qui donnent à tous ceux qui composent cette
famille, le Titre de Comte & Comtesse de l'Empire; que pour asseoir ce
titre, il fit don à Anne Sabine Hedvviger de la terre de Sponeck en Brisgau, avec permission à ses freres de prendre la qualité de Comtes de
Sponeck.

Si le prétendu mariage de 1695 avoit été réel, & si le Duc de Montbeillard avoit été dans le sentiment de le publier à la face de tout l'Empire,
pourquoi n'en parloit-il pas dans les Lettres Parentes de 1701, ou du moins
dans la donation de la Terre de Sponeck? Pourquoi dans ces événemens si
éclatans confondre Anne Sabine Hedvviger avec ses freres? Pourquoi aussi-
tôt après ces événemens ne pas remplir l'objet qu'il s'étoit proposé? Dans un
second Memoire on tirera de son silence la preuve convainquante qu'il n'é-
toit pas marié; ici on en infere que s'il avoit été marié, il auroit voulu en
1701, que ce mariage fût ignoré, à Montbeillard, & dans l'Empire.

Les mêmes inductions naissent du fait, que le Prince a confirmé, avec tout
l'appareil du Souverain, une échange faite entre Anne-Sabine Hedvviger
& J. R. Comte de Sponeck son frere, où elle est qualifiée, non seulement
Demoiselle, mais *Demoiselle de Chambre de la Duchesse d'Oels*.

Les mêmes inductions naissent du fait, que depuis 1701. Anne-Sabine
Hedvviger n'a porté que le nom de Comtesse de Sponeck, qui étoit déterminant sur l'esprit des Peuples de Montbeillard, pour croire qu'elle n'étoit
pas épouse de leur Prince.

Les mêmes inductions naissent du fait, que nonobstant l'élevation de la
Comtesse de Sponeck, le Duc de Montbeillard a fait servir le Comte de
Sponeck dans sa Maison, & dans toute l'Allemagne, d'abord en qualité de
son Page, ensuite en celle de Gentilhomme de sa suite.

Les mêmes inductions naissent du fait, qu'en 1709, le fils qu'on dit être
né du Prince de Montbeillard au mois de Mars 1695, & qui dans l'hypotese du prétendu mariage de 1695. auroit été alors le Prince hereditaire de
Montbeillard, a été enterré dans la Cave de Sponeck avec les Armes de
Sponeck.

Pourroit-on ne pas tirer les mêmes inductions du fait, que dans le Traité
de Vilbade du 18 May 1715. il n'a été donné à la Comtesse de Sponeck
d'autre qualité que celle de Comtesse de Sponeck; du fait que ses enfans y
sont compris comme enfans naturels (*a*); du fait qu'à Montbeillard, où la
Comtesse de Sponeck étoit en liberté, elle a pleinement confirmé le Traité

(*a*) Il est dit d'eux comme de tous les autres enfans naturels du Prince de Montbeillard, qu'ils
ne pouvoient aspirer ni à la Principauté, ni aux neuf Seigneuries, ni à aucuns appanages ou
desistemens; & par ainsi qu'ils sont hors d'état de demander la moindre chose, qu'ils sont incapables de lui succeder, & qu'ils ont besoin des alimens nécessaires à la vie.

de Vilbade, avec la seule qualité & la signature de Comtesse de Sponeck ; du fait que dans ce second Acte on n'a donné à ses enfans que le nom de Sponeck, qu'ils ont signé, & n'ont signé que Sponeck ; du fait dont il n'est pas possible de se tirer, que leur oncle J. R. Comte de Sponeck, qui avoit tant d'intérêt à leur élévation, a signé le Traité de Vilbade, & la confirmation de ce Traité. Il étoit premier Ministre du Duc de Montbeillard.

La Duchesse de Montbeillard a signé, pour elle, & ses enfans, la confirmation du Traité de Vilbade ; elle a vû par conséquent que la Comtesse de Sponeck étoit au rang des femmes que le Duc de Montbeillard a séduites, & que tous les enfans qui en étoient venus étoient ses enfans naturels ; elle n'a pû douter que ceux de la Comtesse de Sponeck l'étoient comme les autres, voyant la conduite de leur mere & de leur Oncle à leur égard ; elle a été confirmée dans cette pensée au mois de May 1716. par le fait particulier, que dans l'extrait Baptistaire de son fils Charles Leopold, le ministere Surintendant de la Cour de Montbeillard n'a donné au Comte de Sponeck & à la Comtesse de Coligny, qui ont été parain & maraine, ni la qualité d'Altesses Serenissimes, ni au Comte de Sponeck la qualité distinctive de Prince heredidaire de Montbeillard, qui n'auroient pû leur être refusées, s'ils avoient été enfans legitimes du Prince Leopold Eberhard.

Il n'y a rien qui, depuis le mois de May 1716, auroit pû apprendre à la Duchesse de Montbeillard avant le mois d'Août 1718, le prétendu mariage de 1695.

Sur cette explication qui est exacte, il resulte avec évidence, 1°. qu'à Montbeillard ce prétendu mariage auroit été alors aussi ignoré qu'en Silesie. 2°. Que la Duchesse de Montbeillard, lors de son mariage, auroit eu juste lieu de l'ignorer.

Deux faits qui ont suivi son mariage, mettent cette verité au plus grand jour.

Le premier est qu'au 22 Fevrier 1719, le Comte de Sponeck a été marié en qualité d'enfant naturel ; sur ce fait qui a été dissimulé à l'Audience, & dans tous les Memoires du Comte de Sponeck, il n'y a personne qui pût s'y méprendre, parce qu'il n'a pas été marié sous le nom de son pere, c'est sous le nom de sa mere, le Comte de Sponeck ; on ne lui a pas donné la qualité de Prince hereditaire de Montbeillard, qu'il auroit été indispensable de lui donner en le mariant, s'il avoit été regardé à Montbeillard comme fils legitime du Prince de Montbeillard ; on lui a donné une qualité qui y déroge, illustre Seigneur ; on n'a donné à sa mere aucune qualité qui pût la faire regarder, comme étant, ou ayant été épouse legitime du Prince de Montbeillard, & Princesse Souveraine de Montbeillard, on lui a donné la seule qualité de Comtesse de Sponeck, qui la faisoit paroître aux yeux du public, comme mere d'un enfant naturel.

Lorsqu'au mois de Fevrier 1719, dans l'acte de la vie le plus brillant & le plus solemnel, pour elle, pour son fils, pour sa posterité & pour sa famille, la Comtesse de Sponeck est demeurée dans l'état de mere d'un enfant naturel ; lorsque dans ce moment elle a laissé son fils dans l'état d'enfant naturel ; lorsque le Duc de Montbeillard y a concouru ; lorsque dans cette Fête le Ministre Surintendant de Cour, les Officiers de cette Cour, & le peuple, ont regardé le Comte de Sponeck comme enfant naturel ; lorsque le

Comte de Sponeck lui-même a dû se regarder comme étant enfant naturel, & qu'il doit être par conséquent présumé avoir alors ignoré le pretendu mariage de 1695 ; qui pourroit refuser à la Duchesse de Montbeillard la justice qu'elle l'ignoroit, & auroit eu juste lieu en 1718 de l'ignorer ?

Le second fait est, que la commission donnée le 16 Janvier 1720, pour interroger Nardin sur le pretendu mariage de 1695, est le premier acte, où il soit parlé de ce mariage. De ce fait, de la démarche singuliere qui a été faite d'interroger Nardin, pour avoir de lui une exacte information de la connoissance qu'il en avoit ; des mouvemens étonnans que l'on s'est donné après l'interrogatoire de Nardin, pour en rechercher les preuves ; des faussetés qui ont été commises pour lui donner quelque couleur ; des perquisitions qui ont été faites pour avoir des preuves authentiques de la naissance des enfans, que le Comte de Sponeck dit en être venus ; enfin de tout ce qui a été imaginé pour donner cours en 1720 au pretendu mariage de 1695 ; il resulte qu'avant 1720, il n'en avoit pas été question dans Montbeillard ; & qu'ainsi au mois d'Août 1718, la Duchesse de Montbeillard auroit eu juste lieu de l'ignorer.

En vain l'on opposeroit que Hubner Recteur d'Ecole à Hambourg a fait mention en 1712. du pretendu mariage d'Anne Sabine Hedwiger, dans ses introductions à l'Histoire générale & politique de l'Univers.

Lorsqu'on traitera la question de ce pretendu mariage, on n'aura pas de peine à faire voir que le témoignage d'Hubner ne peut faire la plus legere impression. Ici, où il ne s'agit que de la bonne foi de la Duchesse de Montbeillard, il suffit d'observer que si l'Introduction d'Hubner a fait quelque fortune à Hambourg, elle n'en a pas fait depuis 1712 jusqu'en 1720 à Montbeillard, où il faut se fixer. Les faits qui viennent d'être expliquez le prouvent, puisqu'il en resulte que pendant cet espace de tems le public est demeuré à Montbeillard dans l'opinion, que la Comtesse de Sponeck n'étoit pas femme du Duc de Montbeillard; non-seulement le public l'a pensé; mais c'est la Comtesse de Sponeck elle-même, c'est son fils, ce sont les enfans de la Comtesse de Sponeck qui ont fondé cette opinion.

Encore aujourd'hui le Comte de Sponeck la confirme par la distinction qu'il fait dans la personne de la Comtesse de Sponeck de la qualité de Souveraine & celle de femme ; dans cette idée il convient, ne pouvant soutenir le contraire, que la Comtesse de Sponeck n'a pas joüi des prérogatives attachées à la dignité de Souveraine; mais il prétend qu'elle a été traitée publiquement de femme par le Prince de Montbeillard, & que personne ne l'ignoroit.

C'est ce qu'il est impossible de persuader, n'y ayant personne qui puisse concevoir que si le Duc de Montbeillard avoir traité publiquement la Comtesse de Sponeck comme sa femme, elle n'eût pas été aussi-tôt traitée, & reconnuë dans Montbeillard comme Souveraine; en consequence l'aveu fait par le Comte de Sponeck, qu'elle n'a pas été traitée comme Souveraine, doit persuader qu'elle n'a pas été traitée en femme du Prince de Montbeillard; & qu'ainsi en 1718, la Duchesse de Montbeillard auroit eu juste lieu d'ignorer le pretendu mariage de 1695 s'il avoit été aussi réel, qu'il est fictif.

Les

Les actes de divorce dattés dés 5 & 6 Octobre 1714, que le Comte de Sponeck oppofe, ne prouvent pas le contraire.

Plus on examine ces actes, & plus on trouve de raifons pour les rejetter; mais comme on veut bien fuppofer ici le pretendu mariage de 1695, pour ne rien laiffer à defirer fur le droit des Princes de Montbeillard, on va auffi fe livrer à la fuppofition d'un divorce fait en mil fept cent quatorze.

D'abord on le confiderera par rapport à la Ducheffe de Montbeillard; & enfuite on examinera quel en feroit l'effet par rapport au feu Duc de Montbeillard fon époux.

Par rapport à la Ducheffe de Montbeillard, la queftion eft de fçavoir, fi elle auroit eu connoiffance du pretendu mariage de 1695 par le divorce de 1714?

Le Comte de Sponeck dit que la Ducheffe de Montbeillard a eu connoiffance du divorce, parce qu'il prétend que c'eft fon ouvrage.

Mais que dit-il pour le prouver? il fe répand en injures contre la Ducheffe de Montbeillard, elles ne meritent que du mépris.

Aux injures le Comte de Sponeck joint beaucoup de reflexions fur les effets que l'ambition & l'amour peuvent produire dans le cœur d'une jeune perfonne, après fa féduction, pour faire oublier fa foibleffe; c'eft où l'on ne s'égarera pas, & on lui épargnera les reflexions qui pourroient être faites fur les diverfes paffions de la Comteffe de Sponeck.

On fe renferme, comme on doit le faire, dans ce que la Juftice exige pour former une décifion. Il n'eft point prouvé que la Ducheffe de Montbeillard ait eû aucune part dans le pretendu divorce; donc on ne peut dire que ce foit fon ouvrage; les Actes dattés des 5 & 6 Octobre 1714. difent que la Comteffe de Sponeck l'a defiré, donc ce feroit fon ouvrage, & non pas celui de la Ducheffe de Montbeillard; il n'eft point prouvé que la Ducheffe de Montbeillard ait eû la moindre connoiffance de ce divorce, donc on ne peut dire qu'elle en ait eû connoiffance.

Elle eft en plus forts termes, puifqu'avant 1714. la Comteffe de Sponeck a joüé fucceffivement, & par reprife, les perfonnages de mere, & de fille, fans jamais faire celui de femme. Depuis 1714. jufqu'en 1718. & au delà, elle s'eft tenüe à la qualité de mere fans prendre celle de femme; elle a laiffé à fes enfans le caractere d'enfans naturels; fes enfanss'y font tenus, en 1715 dans la confirmation du Traité de Villebade, en 1716 dans le Batême de Charles-Leopold fils de la Ducheffe de Montbeillard; leur oncle J. R. Comte de Sponech y a donné fon fuffrage dans le Traité de Villebade, & dans la confirmation de ce Traité; dans ces Actes il n'y a pas un mot de divorce; il n'y a rien qui puiffe le faire préfumer; la Comteffe de Sponeck, qui dans l'hypotefe du pretendu mariage de 1695, & dans celle du divorce de 1714, n'auroit rien eû alors à menager, n'a point pris dans ces Actes, ni dans aucun autre, avant 1718, la qualité de femme feparée par divorce ou autrement; elle n'a pas feulement pris la qualité de femme; & elle n'a fait aucune forte de proteftation pour l'acquerir, ou la conferver. Inftruite des Actes de 1715. & du Batême de fon fils, inftruite par la notorieté du Perfonnage que la Comteffe de Sponeck a fait avant 1714, la Ducheffe de Montbeillard auroit eû en 1718 jufte lieu d'ignorer le divorce de 1714.

C

Ce divorce n'auroit même pû l'informer, ni qui que ce soit, du prétendu mariage de 1695 dont il s'agit, puisqu'il n'en est pas dit un seul mot dans les Actes de divorce.

De toutes ces réflexions il suit, dans l'hypotese du prétendu mariage de 1695, & dans celle du divorce de 1714, que la Duchesse de Montbeillard auroit été lors de son mariage dans la bonne foi necessaire pour assurer la legitimité des Princes de Montbeillard ses enfans.

Leur legitimité seroit encore assurée en examinant le divorce par rapport au Duc de Montbeillard, parce qu'il s'ensuit qu'il auroit eû la liberté de se remarier, & par conséquent d'épouser la Duchesse de Montbeillard.

Dans cette partie de la cause les questions se sont multipliées; on ne fera que les parcourir, en expliquant neanmoins ce qui est essentiel pour les résoudre, parce que s'il y avoit eû divorce, soit qu'il fût bon, ou mauvais, il faudroit s'y tenir, & décider en conséquence que les Princes de Montbeillard sont legitimes.

La premiere question qui a été traitée, est de sçavoir, si les Protestans n'admettent que deux causes de divorce, l'adultere, & la desertion malicieuse. Calvor qui a écrit en 1705, dit que ce sont les deux principales causes du divorce *hæc duo præcipuè* (a), il s'ensuit que ce ne sont pas les seules. Bruckner qui a écrit en 1692, dit que quoique les Théologiens & les Jurisconsultes de leur prétenduë réforme, soient d'avis que hors ces deux causes il ne faille pas permettre le divorce, neanmoins les Consistoires sont dans l'usage de le permettre pour plusieurs autres causes. *Praxis quotidiana Consistoriorum nostrorum ostendit ob plures alias causas, hodie divortia permitti atque decerni.* Il en rapporte quelques cas singuliers (b). Il y a plusieurs autres Auteurs Protestans qui en expliquent differens cas: le Droit Civil en admet un grand nombre (c), & il est suivi à Montbeillard. En voila plus qu'il n'en faut pour détruire la proposition que les Lutheriens n'admettent le divorce que dans deux cas, celui de l'adultere, & celui de la desertion malicieuse.

Est-il vrai qu'ils n'admettent pas la disparité d'humeurs pour une cause legitime de divorce? Il faut convenir qu'ils sont partagés; mais le dernier état de la Jurisprudence Romaine l'authorise (1); on l'admettoit autrefois en France, ainsi qu'il est prouvé par la trentiéme Formule du Moine Marculphe (2).

Bruckner propose des temperamens qui conviennent à la doctrine des Protestans, c'est de n'admettre le divorce que quand il est necessaire, après que l'on a perdu toute esperance de reconcilier les Epoux; il n'admet pas que les Epoux soient (comme le Comte de Sponeck l'a apprehendé pour l'interêt public) les seuls Juges de leur sort; il ne les rend pas maîtres absolus de rompre leurs nœuds; il dit que la décision doit en être deferée aux Magistrats & aux Sages, *quod Magistratus, & viri Sapientes, circa ea statuunt, in eo acquiescamus.*

(marginal notes:)

(a) *Cap. 49. de repudio & divortio.*

(b) *De justis divortiorum causis.*

(c) *L. consensu Cod. de repudiis.*

---

(1) *Si quidem qui violento affectu, odioque simul correpti fuerint, per quam est difficile reconcilare, contingit enim, &c.*

(2) *Dum & inter illum, & conjugem suam, non charitas secundùm Deum, sed discordia regnat, & ob hoc pariter conversare minimè possunt: Placuit utriusque voluntate, ut se à consortio separare deberent, quod & ita fecerint; propterea has epistolas inter se uno tenore conscriptas fieri & adfirmare decreverunt, ut unusquisque ex ipsis sive ad servitium Dei in Monasterio, aut copula matrimonii sociare se voluerit, licentiam habeat, & nullam requisitionem ex hoc de parte proximi sui habere non debeat. Lib. 2.* L'illustre M. Bignon, après avoir observé que ces sortes de divorces ont été condamnés par les Conciles, ajoûte: *usum ejusmodi divortii etiam inter Christianos invaluisse hæc formula ostendit.*

En suppofant qu'il ait été fait un divorce en 1714; il étoit inutile d'agiter la queftion de fçavoir fi la difparité d'humeurs étoit ou non une caufe legitime de divorce; parce que ce n'eft pas la difparité d'humeurs que le Duc
de Montbeillard, la Comteffe de Sponeck, & le Confiftoire de Montbeillard
auroient jugée pouvoir faire la caufe du divorce; dans l'Acte datté du 5
Octobre 1714, il eft dit, *à caufe de la contrarieté d'humeurs, dont s'eft réellement
enfuivi de part & d'autre des raifons affés fuffifantes de divorce.* Il eft dit dans l'Acte
datté du 6 Octobre 1714, *à caufe de la difparité d'humeurs, & pour des raifons fuffifantes qui en font refultées de part & d'autre.* Ces mots que l'habileté
du Défenfeur du Comte de Sponeck lui a fait obmettre dans fon Memoire, prouvent que la difparité d'humeurs n'eft pas ce qui auroit decidé
du divorce; elle auroit feulement produit des caufes fuffifantes de divorce.

On a prétendu que les Proteftans ne permettoient pas aux coupables de
fe remarier; & fur ce fondement, on s'eft émancipé à décider que le Duc
de Montbeillard étoit feul coupable; qu'il n'avoit aucune caufe pour répudier la Comteffe de Sponeck; qu'il ne pouvoit acquerir la liberté de fe
remarier.

On n'auroit pas propofé ces queftions, fi on avoit obfervé que Carpzovius, à qui l'on a fait grace dans la profcription génerale des Auteurs Proteftans, a adopté le fentiment de Luther; qu'il peut être permis au coupable de fe remarier; que c'eft auffi le fentiment de Bohemer (a); que cet
Auteur & plufieurs autres, n'approuvent pas même qu'en pareil cas; & en
aucun autre; la peine du célibat puiffe être impofée; que dans le fait, on
ne pourroit decider s'il y a eû un coupable, d'abord que les actes n'expliquent
pas les caufes du divorce; & qu'ils difent que c'eft une difparité d'humeurs
qui les à produites; que fuivant ces mêmes actes; le Duc de Montbeillard & la Comteffe de Sponeck, auroient réciproquement défiré le divorce;
qu'ils fe feroient donné la liberté réciproquement de fe remarier; ainfi
que la Novelle 140 (b) permet de le faire; que le Confiftoire de Montbeillard l'auroit approuvé: & que ce qu'il auroit jugé feroit irrévocable.

Plufieurs raifons font connoître que fon jugement; ou fon approbation;
feroit irrévocable.

Premierement, le Confiftoire de Montbeillard juge ces fortes de matieres en dernier reffort. Dans l'Electorat de Saxe (c), il y a trois Confiftoires, dont l'un reçoit les appellations des autres; & celui-ci eft fouverain, *à
refcriptis Electoris ex Confiftorio emanatis nefas eft appellare.* Dans les autres Etats
des Proteftans, qui relevent immédiatement de l'Empire, où il y a plufieurs
Confiftoires, on en ufe de la même maniere; & s'il n'y a qu'un Confiftoire;
il eft abfolu; comme exerçant le pouvoir du Prince, à qui la Jurifdiction
de l'Ordinaire eft demeurée, par les Traités de Paffau, & d'Ofnabruck;
pour l'exercer, & la faire exercer, en attendant que les troubles de la Religion fuffent pacifiés en Allemagne. A Montbeillard, il n'y a qu'un Confiftoire; & par conféquent fes Jugemens font abfolus.

Secondement; fuivant les actes des 5 & 8 Août 1714 la Comteffe de
Sponeck auroit demandé le divorce.

Troifiémement; elle n'a pas fait d'oppofition au mariage de la

(a) Tit. de
Divortiis, §. 45.
& 46.

(b) *Si mutua
affectio matrimo-
nia conficit, meri-
tò diverfa volun-
tas eadem per
confenfum diri-
mit.*

(c) *Carpzo-
vius, lib. 1. Dif.
11.*

Duchesse de Montbeillard, qui a été fait sous ses yeux.

Quatriémement, après qu'à Montbeillard il a été question du prétendu mariage de 1695, & du divorce que l'on suppose avoir été fait en 1714, non seulement la Comtesse de Sponeck n'a pas réclamé contre le divorce, mais elle l'a pleinement approuvé.

De toutes ces raisons, il n'y en a pas une qui ne prouve que la Comtesse de Sponeck auroit été non-recevable à attaquer le divorce.

Dans cette situation, toutes les questions que le Comte de Sponeck a proposées, sont superfluës, toutes ses critiques sont vaines, & c'est gratuitement qu'il s'échauffe pour faire le procès, tantôt au Consistoire de Montbeillard, tantôt à la Duchesse de Montbeillard ; en cas qu'il y ait eu divorce, il s'ensuit qu'y ayant un Jugement irrévocable *, ce Jugement seroit legitime pour le fond, & pour la forme. Ce seroit les cas de dire avec Bruckner, *quod Magistratus & viri sapientes circa ea statuunt, in eo acquiescamus.* Il faudroit par-conséquent décider dans l'hypotese du pretendu mariage de 1695 que le Duc de Monbeillard auroit eu la liberté de se remarier, & qu'ainsi du chef de leur pere, les Princes de Montbeillard seroient légitimes, aussi-bien que du chef de leur mere.

* Res judicata pro veritate habetur.

Il y a plus, c'est que dans le cas où les causes de divorce ne seroient pas valables, & dans le cas où le Consistoire de Montbeillard auroit mal procedé, il faudroit déclarer les Princes de Montbeillard légitimes.

Ce qui se fait tous les jours sous nos yeux ne permet pas d'en douter. On appelle comme d'abus de la célébration d'un mariage, & il est déclaré qu'il y a abus ; on se pourvoit en l'Officialité pour résoudre un mariage ; & il est anéanti ; les parties se remarient, ils ont des enfans, & dans la suite on se pourvoit avec succès contre les Jugemens, qui ont anéanti le premier mariage. On décide dans l'un & l'autre cas, que les enfans nés des seconds mariages sont légitimes, par la raison qu'ils ont un Jugement destructif du premier mariage, & un mariage solemnel fait sur ce fondement ; la faveur dûe aux enfans personnellement les soutient contre les plus vives attaques.

Nous avons sur cette matiere le Chapitre *perlatum* aux Décrétales, *qui filii sint legitimi*, & des exemples ausquels il n'est pas possible de résister.

Dans l'espece du Chapitre *perlatum*, l'époux étant allé à Constantinople, & y ayant demeuré plus de dix ans sans revenir *ad uxorem*, son épouse intenta l'action de divorce devant l'Evêque de Vicence, par la raison qu'elle ne pouvoit pas *diutius expectare*; l'Evêque prit la précaution de faire écrire au mari par ses parens, pour l'engager de revenir *ad propria*; le mari n'étant pas revenu, l'Evêque après un long espace de tems, entendit la femme *in conspectu Ecclesia*, & il prononça le divorce, avec permission à la femme de se remarier, *mulieri, ut alium duceret, facultatem indulsit*. Après la mort de ce second mari, on contesta sa succession à ses enfans, que l'on prétendoit n'être pas légitimes ; le Pape Alexandre III. ayant été consulté, il répondit que les enfans étoient légitimes, & devoient avoir la succession de leur pere, s'il étoit prouvé que l'Evêque eut prononcé une Sentence de divorce. *Si constiterit .... legitimos judicetis & ab hæreditate non patiamini excludi.*

Plusieurs

Plusieurs Canonistes observent que la cause du divorce dans cette espece, n'étoit pas légitime, & que la procédure n'étoit pas réguliere. Mais comme le dit Gonzales, le Pape ne s'embarassa pas de sçavoir si la Sentence du divorce étoit valable, parce que soit qu'elle fût valable, ou non, *sivè effet valida sivè nulla*, elle étoit toujours suffisante pour la légitimité des enfans du second mariage, qui avoit été contracté publiquement par l'autorité de l'Eglise. A cette explication, est conforme le sentiment de la glose sur le chapitre *perlatum. Nota quod filii nati de matrimonio authoritate Ecclesiæ contracto legitimi sunt habendi, licet matrimonium non fuerit legitimum. Isti filii legitimi erunt, quia authoritate Ecclesiæ & publice contraxit.*

Qu'il soit permis de joindre à cet exemple, l'histoire fameuse des enfans de Philippe Auguste & d'Agnès d'Istrie. Philippe Auguste après avoir épousé Insberge sœur de Canut II. Roi de Dannemark, avoit fait rendre une Sentence de Divorce pour cause d'affinité, par l'Archevêque de Rheims en qualité de Légat né du Saint Siege. Sur le fondement de ce divorce, il épousa solemnellement Agnès Marie d'Istrie, fille du Duc de Meranie, & il en eut deux enfans, Philippe, & Marie; dans un Concile tenu à Lyon, la Sentence du Divorce fut anéantie, par la raison qu'elle n'avoit pas été renduë regulierement; l'affaire mise de nouveau en Jugement, comme elle étoit sur le point d'être jugée, Philippe-Auguste reprit Insberge, & Agnès d'Istrie se retira dans un Convent, où elle mourut de déplaisir. Suivant le mauvais usage du tems, le Roi Philippe Auguste s'addressa au Pape Innocent III, pour la légitimité des enfans qu'il avoit eu d'Agnès d'Istrie; le Pape Innocent III, & après lui les Evêques de France, les déclarerent légitimes, *titulo legitimationis decoravimus. Eos legitimos habemus.* Sainte Marthe les met au rang des enfans légitimes de France, & il rapporte un fait qui ne laisse pas de doute sur cet événement; c'est que Philippe de France traita de son apanage avec Saint Loüis, que l'on sçait avoir été jaloux des droits de sa Couronne; ce qui prouve également que Philippe de France fut regardé comme légitime, est que dans toutes les Histoires, on le nomme *Oncle paternel de Saint Louis.*

Un autre exemple soutenu par le suffrage de Beaumanoir, mérite d'être rapporté (*a*). Un Chevalier avoit pris Dame, & ils avoient eu enfans de leur mariage; mais ce mariage fut dépiecé par le jugement de l'Eglise, avec congé de se marier ailleurs; le Chevalier prit femme, & en eût enfans; la Dame prit Baron & en eût enfans; la nouvelle femme & le nouvel époux étant morts, conscience requit aux anciens époux que leur mariage avoit été dépiecé par mauvaise cause, & ils le montrerent à la Cour de Chrétienté. Par Sentence, il fut déclaré que le premier mariage étoit bon, & que les deux époux pouvoient se rassembler. Après leur mort, il y eût procès entre leurs enfans, dans lequel les enfans des seconds mariages contestoient la validité du premier; il fut jugé que tous les enfans étoient loyaux héritiers; les premiers, parce que l'Eglise avoit rappellé la Sentence; les seconds, parce que *cette premiere Sentence avoit donné congé de se remarier, & que la seconde ne pouvoit grever à autrui.*

Un fait singulier rapporté par Charondas, peut encore être cité (*b*). Une jeune fille avoit été mariée par ses parens, à un jeune homme de longue robe; le mari ayant passé les nuits de la premiere année à instruire

D

(*a*) Coutume de Beauvaisis, chap. 18. Elles ont été rédigées en 1283. On rapporte le fait dans le stile de Beaumanoir, pour ne rien ôter de ce que la force de ses expressions fait comprendre.

(*b*) Réponses du droit François, liv. 9. ch. 36. Il dit avoir écrit au procès.

des procès, la femme l'accusa d'inhabileté ; & il y eût Sentence de divorce prononcée par l'Official, avec permission à la femme de se remarier ; ce qu'elle fit, dit l'Auteur, sans longuement attendre ; le mari de son côté se maria, & ils eurent chacun des enfans de leurs nouveaux mariages. Comme ils revinrent en liberté, la femme fit des démarches pour rallier leur premier mariage : le mari l'agréa ; pour cela, ils appellerent de la Sentence de divorce, qui fut anéantie par l'Official de l'Archevêque, à l'effet de demeurer en mariage : ce qu'ils firent. Après la mort du mari, *la femme reconnut pour légitimes, les enfans qu'il avoit eû du second mariage ;* & sur la question de son doüaire, qui fit l'objet d'un grand procès entre elle & tous les enfans, par Arrêt du mois d'Août 1554, on leur donna pareil privilege.

Les exemples du Chapitre *perlatum*, & des enfans de Philippe-Augufte, doivent faire dans cette cause d'autant plus d'impreffion, qu'ils sont adoptés par Bohemer au titre *qui filii sint legitimi* §. 33 & 35, pour décider que l'erreur de droit excuse & opere la bonne foy, *Si factum Judicis, licet nulliter procedentis, accefferit* ; la raison qu'il en rend, & qu'il fortifie, *ad hoc refero*, par les décisions d'Alexandre III. & d'Innocent III. *cap. perlatum & per venerabilem*, est sensible : *Quod justam*, dit-il, *credendi causam habuerit, se justum iniisse connubium, quod Auctore Judice Ecclesiastico initum est.*

Avec ces exemples, dans lesquels se réunissent les Théologiens & les Magistrats, les Catholiques & les Protestans, on peut dire avec certitude que s'il y a eu un divorce en 1714, quand il ne seroit pas valable, soit pour la forme ou pour le fond ; quand il auroit été anéanti, ce qui n'est pas arrivé, & met par conséquent la cause des Princes de Montbeillard au plus fort ; il seroit neceffaire de les déclarer légitimes, par la raison, que le divorce auroit été fait en Confiftoire, (a) & que le mariage de 1718 auroit été celebré publiquement dans l'Eglise de Montbeillard (b).

Ainsi dans l'hypothèse du prétendu mariage de 1695, les Princes de Montbeillard auroient la bonne foy de leur mere ; dans cette même hypothèse, & dans celle d'un divorce fait en 1714, ils auroient la liberté que leur pere auroit eü de se remarier ; par conséquent *ex utraque parte*, & du pere & de la mere, ils seroient légitimes ; ils le seroient même dans le cas où le divorce ne seroit pas valable.

Après cela, qui ne seroit surpris d'entendre dire au Comte de Sponeck, » que le mariage de la Baronne de l'Esperance sera à jamais l'opprobre de » ceux qui y ont engagé un Prince trop facile ; que c'est une femme ambitieuse, qui n'a pas rougi de recüeillir après sa sœur les vœux criminels » du Duc de Montbeillard, d'enlever ce Prince à son épouse légitime, de » faire couronner en elle un adultere public ; que par l'excès de ses desordres elle a prétendu s'élever au comble des dignités : mais qu'il est temps » de la précipiter d'un rang, auquel elle n'est parvenüe que par tant de crimes & de scandales ; que si ses enfans sont innocens, ils ne doivent » pas profiter pour cela des forfaits de leur mere ; qu'ils sont malheureux » de devoir le jour à tant d'attentats, & que l'unique gloire qu'ils puiffent » se ménager, est de n'y prendre aucune part.

C'est un enfant naturel décidé tel par sa soumiffion aux Jugemens, qui lui en donnent les caractères, c'est un usurpateur jugé tel, qui parle de la sorte; & en le faisant, il deshonore sa femme, puisqu'elle est fille d'Henriette Hedvviger, sœur de la Duchesse de Montbeillard; il le fait gratuitement, puisqu'il a abandonné la question d'Inceste, qui n'étoit pas soutenable.

Pour faire le reproche à la Duchesse de Montbeillard d'avoir commis un adultere public, il oublie le divorce qu'il suppose; puisque dans la supposition d'un divorce fait en 1714, il seroit indispensable de décider que la Duchesse de Montbeillard a été épouse légitime du Duc de Montbeillard: il donne pour réalité le prétendu mariage de 1695, que le plus crédule de tous les hommes ne pourroit adopter: Il s'étourdit sur les justes reproches qu'il y auroit lieu de faire à la Comtesse de Sponeck, dans l'hypothèse de ce prétendu mariage, de l'avoir caché pendant vingt-cinq ans dans Montbeillard.

Il parle de desordres, de scandales, de crimes, de forfaits, pour ternir la memoire de la Duchesse de Montbeillard: Est-ce la mort de cette Princesse qui l'enhardit à commettre un pareil attentat au mépris des Mandemens de l'Empereur: Ne sçait-il pas d'ailleurs que le mariage de la Duchesse de Montbeillard doit faire oublier ses foiblesses dans l'esprit des Juges & du public?

Il parle de forfaits: auroit-il donc oublié les faussetez, les impostures, les prévarications de toutes especes, qui ont été commises, & dont il a été l'auteur, ou le complice, pour se faire enfant legitime, pour devenir Prince hereditaire de Montbeillard, pour ravir ce titre à l'aîné des Princes de Montbeillard, pour monter au faîte de la grandeur qu'il n'a pû soutenir aux approches du Baron de Montigny, pour en imposer au Roi, à l'Empereur, à la France, à l'Allemagne, à toute l'Europe? Voilà ce qu'on doit appeller des forfaits, & ces forfaits font gémir les Princes de Montbeillard d'avoir un frere naturel aussi pervers.

Le jour qu'ils doivent à leur mere leur est précieux, il fait leur gloire, il leur donne lieu d'esperer, qu'aprés que la Cour aura conservé leur état par un jugement, digne de cette haute sagesse, qui l'a rendu arbitre des plus grandes affaires, la Maison de Wirtemberg s'unira pour leur faire pleine justice sur la qualité de Prince, & sur la Souveraineté de Montbeillard.

Ils ne dissimulent pas qu'à la Cour de Vienne la grande témérité des prétentions du Comte de Sponeck a produit des decrets qui les confondent avec lui sur ces deux objets; mais ils ont l'avantage que leurs droits sont entiers, parce que les decrets qui ont été rendus pendant la vie du Duc de Montbeillard, ont été attaqués par l'opposition de ce Prince; aucun de ceux qui ont été rendus depuis sa mort, ne leur a été notifié judiciairement; ils n'étoient pas même alors en état de se défendre, l'un n'ayant que sept ans, & l'autre étant au berceau; ils n'ont pas été défendus; on n'a pas seulement appellé leurs tuteurs; ils doivent esperer de la religion du Roi & de l'Empereur, qu'étant informés de leur droit, ils concoureront à les placer dans le rang que le Roi des Rois leur a donné.

Me. SICAULD, Avocat.

MEMOIRE,

Sur l'Illegitimité du Comte DE SPONECK & de la Comtesse DE COLIGNY.

ON ne rappellera pas ce qui a été expliqué dans le précédent Memoire, pour montrer que le Comte de Sponeck, & la Comtesse de Coligny, ont été traités en enfans naturels par l'Empereur, & par le Conseil Aulique.

Quoique leur soumission aux decrets du Conseil Aulique fixe leur état, on va prouver qu'ils sont illegitimes.

Depuis long-temps on a opposé & l'on n'a pas cessé d'opposer au Comte de Sponeck, qu'il ne prouvoit point par le Certificat de l'ancien Vicaire de Festemberg du 8 Septembre 1722, qu'il est né, & a été baptisé le 12 Decembre 1697 dans l'Eglise de Festemberg; on a ajouté, & prouvé qu'il lui seroit impossible de l'établir, parce qu'il est prouvé par un Certificat duëment légalisé du Ministre actuel de Festemberg, que son nom, ni ceux de ses pere & mere, ne se trouvent pas dans les Registres de l'Eglise de Festemberg, qui sont en bonne Forme: c'est à quoi il n'a pas encore répondu; il doit par conséquent demeurer pour certain qu'il n'établit pas le fait particulier de sa naissance.

A juger de son état par son Certificat, il s'ensuit qu'il auroit été baptisé comme enfant naturel du feu Duc de Montbeillard & d'Anne Sabine Hedvviger, depuis Comtesse de Sponeck.

L'Extrait Baptistaire de la Contesse de Coligny sa sœur, fait connoître qu'elle auroit été baptisée de la même maniere.

Le fait expliqué par feu Monsieur le Duc de Wirtemberg Stougard, que le Comte de Sponeck a servi de Page & ensuite de Gentilhomme au Duc de Montbeillard, prouve que le Duc de Montbeillard ne le regardoit pas alors comme son fils legitime.

En 1715 dans le traité de Vilbade, & dans la confirmation de ce Traité, le Comte de Sponeck & sa sœur sont traités en enfans naturels, sans que leur mere, ni leur oncle, qui les ont signé, ayent fait aucune sorte de protestation.

L'Extrait-Baptistaire de l'aîné des Princes de Montbeillard du premier Mai 1716, prouve que le Ministre Sur-Intendant de Cour de Montbeillard regardoit alors le Comte de Sponeck & sa sœur comme étant enfans naturels.

On a fait voir qu'au mois de Fevrier 1719, le Comte de Sponeck a été marié en enfant naturel; & il faut supposer que la Comtesse de Coligny sa sœur a été mariée de la même maniere, d'abord qu'elle ne prouve pas le contraire.

Dans les Lettres de naturalité du mois de Juin 1719, qu'il n'étoit pas
necessaire

neceffaire d'obtenir, le Duc de Montbeillard a donné pour la premiere fois
à l'un & à l'autre la qualité de fes enfans legitimes ; mais il a été diffimulé
que la Comteffe de Sponeck leur mere fût encore vivante , & l'on ne
parloit pas encore à Montbeillard de fon prétendu mariage.

Ce n'eft qu'au commencement de l'année 1720 qu'il a été queftion à
Montbeillard de ce prétendu mariage , & l'on affecta de n'en avoir pas une
exacte connoiffance.

Dans la fuite, après qu'on fe fut ajufté, on débita précifément que le
premier Juin 1695 le Duc de Montbeillard avoit époufé à Rejovvits en
Pologne Anne Sabine de Hedvviger.

C'eft la fuppofition de ce mariage qui a fervi au Comte de Sponeck,
pour fe faire fucceffivement fils légitime du Duc de Montbeillard, Prince
hereditaire de Montbeillard, Souverain de Montbeillard; c'eft avec cette
fuppofition, avec un faux extrait de celebration, avec une enquête pratiquée pour foutenir cette fauffeté, qu'il s'eft mis au rang des Princes malheureux, dont la France a toûjours été le refuge.

Avec cette même fuppofition, il réclame maintenant les droits facrés de fa
naiffance, & prétend même que la queftion ne peut plus être problematique.

Avant que d'examiner les moyens fur lefquels il fe fonde, il faut obferver avec le celebre Domat, qu'il y a des faits qui font toûjours réputés
vrais, jufqu'à ce que le contraire ait été prouvé, & qu'il y en a d'autres
qui font toûjours réputés contraires à la verité, fi on ne les prouve ; ainfi,
ajoûte-t-il, tout ce qui arrive naturellement & communément, eft tenu
pour vrai ; comme au contraire ce qui n'eft ni ordinaire, ni naturel, ne
paffera pas pour vrai, s'il n'eft point prouvé *. Sur ce principe, il n'y a
perfonne qui ne dife, que le prétendu mariage de 1695 n'étant ni ordinaire, ni naturel, il ne peut paffer pour vrai, s'il n'eft pas prouvé.

Non feulement ce mariage ne feroit ni ordinaire, ni naturel; mais tout
ce qui y a rapport, le rend incroyable ; de-là il réfulte que pour le prouver, il faudroit des preuves plus claires que le jour.

Un enfant a toûjours été en poffeffion de l'état de legitimité, & on
lui en contefte le droit; comme la preuve teftimoniale ne fuffit pas pour
l'affûrer, *foli teftes ad ingenuitatis probationem non fufficiunt*, la Loi vient à fon
fecours fur les titres & les argumens qui peuvent lui être utiles, *deffende*
caufam tuam inftrumentis, & argumentis, quibus potes. Mais fi un enfant
a vêcu dans l'état d'illigitimité, & qu'il veuille en fortir, alors la
Loi lui impofe la neceffité de prouver folidement qu'il eft legitime,
fi quidem in poffeffione libertini talis fuit, fine dubio ipfum oportebit ingenuita-
tis caufam agere, docereque fe ingenuum effe. Le Comte de Sponeck & la
Comteffe de Coligny ayant été baptifez en 1697 comme enfans naturels, & ayant vêcu dans cet état jufqu'au mois de Juin 1719, qu'on
a penfé à en faire des enfans legitimes ; quoiqu'ils euffent été mariés
dans l'année 1719 en enfans naturels, il s'enfuit qu'ils font dans la neceffité de prouver clairement & folidement qu'ils font legitimes, *opor-*
tebit docere fe ingenuum effe.

La neceffité d'une preuve claire & folide augmente par la circonftance,
que le Comte de Sponeck & la Comteffe de Coligny n'afpirent pas feulement à être declarez enfans legitimes, c'eft d'un Souverain qu'ils voudroient être les enfans legitimes; leur objet eft d'enlever les avantages
de l'aîneffe à un enfant de ce Souverain, dont le droit étoit devenu pu-

E

blic en 1718 , avant qu'il fût queſtion de leur legitimité ; & ce droit eſt ſoutenu par tout ce qu'il y a de plus auguſte & de plus reſpectable dans la ſocieté ; un mariage fait avec toute la ſolemnité & la publicité imaginable ; mariage fait dans le ſein de la Souveraineté de Montbeillard ; mariage accompagné pour la mere & pour les enfans, d'une poſſeſſion qui a continué juſqu'à la mort du Souverain ; mariage , que dans les excès de l'uſurpation, & de l'intrigue, toute la famille de Sponeck a reſpecté. Si dans les queſtions ordinaires de poſſeſſion , la Loi maintient celui qui en a l'avantage contre un autre, qui ne prouve pas ſon droit , *te in probatione ceſſante , dominium apud eum remaneat* ; L. 2. Cod. *de prob.* Pourroit-il être douteux que pour l'établiſſement du prétendu mariage de 1695 , & pour réuſſir par ce prétendu mariage dans leurs projets , le Comte de Sponeck & la Comteſſe de Coligny doivent ſe préſenter avec des demonſtrations ?

La nature du prétendu mariage de 1695 l'exige ; parce que , comme on l'a déja obſervé, ſi ce mariage étoit auſſi réel qu'il eſt ſuppoſé ; il ſeroit clandeſtin , il auroit été caché pendant vingt-cinq ans, ſans que ni la Comteſſe de Sponeck , ni ſes enfans , ni leur famille ſe fuſſent mis en peine de le rendre public. Cette conduite ne pouvant être exempte de mauvaiſe foi , ainſi que tous les Proteſtans le declarent , il ſeroit indiſpenſable d'en établir la verité par des demonſtrations ; il faudroit , pour ſe ſervir des expreſſions du Comte de Sponeck , que la queſtion ne pût être encore problematique ; ſans cela les yeux de toute l'Europe n'y verront qu'une impoſture ; & ceux que l'intrigue a ſéduits , ne pourront plus avoir que des ſentimens d'indignation contre les auteurs & les complices de cette avanture.

Suivons le Comte de Sponeck dans les diſcours , dans les actes , dans les témoignages qu'il a raſſemblez pour éblouir le public.

Le début convient à la piéce. On dit que le Prince qui avoit obtenu un Régiment de l'Empereur , paſſoit à la Cour d'Oels , tout le tems qui n'étoit pas rempli par ſon ſervice militaire ; que ſa ſituation étoit triſte , qu'il étoit cependant néceſſaire de l'établir, mais que dans l'état des affaires de ſa maiſon , ne pouvant ſe flatter de trouver une Princeſſe qui voulût s'unir à ſon ſort , il s'attacha à Anne-Sabine Hedvviger , qui étoit Demoiſelle d'honneur de la Ducheſſe d'Oels.

Pour connoître quelle étoit la ſituation du Prince de Montbeillard en 1695 , il n'y a qu'à voir la deſcription qu'il en a faite dans une Lettre du 19 Août 1695 , qu'il écrivit à l'Empereur ; il y parle de ſa fidélité , & de celle de ſes ayeux , pour la Maiſon d'Autriche, du ſacrifice génereux qu'ils lui ont fait de leur ſang & de leurs biens ; de l'abandon qu'ils ont fait de la Principauté de Montbeillard aux ennemis de l'Empereur ; du refus qu'ils ont fait des conditions proportionnées de la France , pour continuer leur attachement inviolable à l'Empereur. Il dit que quoique ſon pere & lui ne jouiſſent pas actuellement de la Principauté de Montbeillard , il a ſacrifié ſa perſonne au ſervice militaire de l'Empereur ; qu'il a acheté un Régiment pour groſſe ſomme ; qu'il tâchera de le remettre en bon état ; qu'il a déja fait deux Campagnes en Hongrie en qualité de volontaire , & la derniere avec réputation , en qualité de Colonel en pied ; il demande à l'Empereur dans la promotion, la charge de Major géneral de la Cavalerie, par préference ſur tous les anciens Colonels Impériaux : Eſt-ce donc là une situation qui pût décourager le Duc de Montbeillard, jusqu'à lui faire perdre l'esperance d'unir une Princesse à son fort ? Est-ce une situation qui pût le reduire à former le projet d'un attachement serieux avec une Demoiselle d'honneur de la Duchesse d'Oels sa sœur ?

Sa maison n'étoit pas dans une autre situation qu'elle doit être, toutes les fois qu'il y aura guerre entre la France & l'Empire ; en 1695, il pouvoit écouter les propositions honorables de la France, & s'y attacher comme ont fait souvent les Ducs de Wirtemberg ; il pouvoit aussi comme il a fait, s'attacher à la Maison d'Autriche ; & quoique cet attachement lui fît perdre la jouissance actuelle de Montbeillard, & des Terres situées en France, il n'avoit rien à craindre pour la proprieté. Il pouvoit par conséquent de quelque côté qu'il s'attachât, à la France, ou à la Maison d'Autriche, esperer une Princesse, s'il eût pensé à un établissement : son nom seul, son ardeur pour le service militaire, le progrès qu'il y avoit fait en 1695, l'esperance fondée des plus grands emplois, auroient été suffisans pour l'obtenir ; que ne pouvoit-il pas, étant Prince héreditaire de Montbeillard, seul Prince de sa branche, seul appellé par la Loi à toutes les possessions de son pere ? Le fixer à cause de sa situation, à une Demoiselle d'honneur de sa sœur, c'est ne pas sentir ce que l'état de Prince, & le droit certain de devenir Souverain, peuvent sur le cœur de l'homme.

Jugeons du Duc de Montbeillard par lui-même, & disons avec assurance, que pouvant épouser une Princesse digne de lui, s'il a pensé à la Demoiselle Hedvviger, lorsque son tems n'étoit pas rempli par son service militaire, ce ne fut jamais pour en faire un attachement serieux ; un semblable attachement ne seroit ni naturel ni ordinaire, & il n'est pas prouvé : il n'est donc pas véritable.

Le Comte de Sponeck en fournit lui-même la preuve, en disant que sur les promesses solemnelles d'un engagement sacré, qui uniroit à jamais leurs destinées, le Prince de Montbeillard reçut des premieres preuves de la tendresse de la Demoiselle Hedvviger, qui n'ayant rien diminué de son estime, l'engagerent à assurer son état par un mariage solemnel.

Sur ce discours, quelqu'un pourroit dire que le fait des premieres tendresses n'est pas bien placé, pour en faire la récompense des promesses solemnelles, le gage de l'estime du Duc de Montbeillard, le dessein d'assurer l'état de la Demoiselle Hedvviger par un mariage solemnel.

On se fixe à des faits précis, & l'on dit premierement, que dès l'année 1692, il y avoit eu des fiançailles à futur mariage, entierement valables, & obligatoires, conclues entre le sieur Zedlits, & la Demoiselle Hedvviger ; il y eût même alors un interdit Ecclésiastique ; le 21 Mars 1695, ces promesses subsistoient (a) ; la Demoiselle Hedvviger ne s'en est déporté entierement, que le 14 Août suivant (b). Il est impossible de concilier ces faits avec celui qu'il y a eu des promesses solemnelles entre le Duc de Montbeillard, & la Demoiselle Hedvviger ; & comme il faut préférer ce qui est écrit dans deux Sentences, à ce qui n'est soutenu d'aucune preuve, il faut dire qu'entre le Duc de Montbeillard & la Demoiselle Hedvviger, il n'y a pas eu de promesses solemnelles ; il faut dire conséquemment, que s'il y a eu un attachement entr'eux, il n'étoit pas pour le serieux.

Secondement, il y a ici un fait embarrassant pour les preuves de tendresse capables d'engager à un mariage, c'est l'accouchement de la Demoiselle Hedvviger au 30 Mars 1695 ; il n'a pas été supposé, comme le dit le

(a) Sentence de Breslau, du 21 Mars 1695.
(b) Sentence de Breslau, du 18 Août 1695.

Comte de Sponeck, que le Sieur Zedlits ait été l'auteur de la grosseste;
mais le Comte de Sponeck veut que le Prince de Montbeillard ait été le
pere de l'enfant; & pour le prouver, il ne dit autre chose, sinon que le
Prince l'a reconnu dans sa procuration du 17 Juin 1720 : ce fait n'est pas
concluant, d'autant mieux que nonobstant la procuration donnée pour la
recherche de l'Extrait baptistaire de l'enfant, nonobstant les recherches ef-
fectives que le Comte de Sponeck a fait & fait faire pour avoir cet Extrait,
il n'a pas encore été rapporté : peut-être aussi qu'il y a de bonnes raisons
pour le tenir au secret; quoiqu'il en soit, c'est que dans la Lettre du 19
Août 1695 le Prince de Montbeillard dit à l'Empereur, pour obtenir la
Charge de Major General de la Cavalerie, qu'il a fait la campagne de 1694
avec réputation : ce fait ne permet pas de penser qu'il ait quitté le Service
vers le premier Juillet 1694, pour recevoir des preuves de tendresse de la
Demoiselle d'Hedvviger qui ayent donné naissance à l'enfant; & s'il n'en
a pas été le pere, c'est un dérangement considérable dans les préparatifs du
mariage.

C'en est un autre de supposer, comme a fait le Comte de Sponeck, que
la Duchesse d'Oels étoit instruite des liaisons de son frere avec la Demoiselle Hedvviger, & qu'elle le confirma dans une résolution digne de la fidelité qu'un Prince devoit à sa parole.

Ce fait comme on l'a déja observé n'est pas admissible, parce qu'il seroit
injurieux à la Duchesse d'Oels; aussi n'est-il pas prouvé; il est même démenti par d'autres faits qui sont prouvés, & qui ont été expliqués.

En voici un, dont il n'a pas encore été parlé, & dont on est redevable au
Comte de Sponeck. Il a communiqué deux Lettres de la Duchesse d'Oels
écrites les 4 & 28 May 1695. à la Demoiselle Hedvviger.

La premiere est conçuë en ces termes : » MADEMOISELLE, Ma chere
» BIENLE (petite Sabine,) comme je suis dans l'intention de faire un voyage
» à Breslau au commencement de la semaine prochaine; je ne puis vous don-
» ner la permission pour un tems si long que vous me l'avez demandé, & je
» vous assure en même-tems que je serai toûjours, Votre gracieuse Princesse.

Dans la seconde, il est dit : » Ma très-chere BIENLE, pour vous faire con-
» noître que l'absence ne sçauroit changer la sincerité de mon bon cœur pour
» vous; je vous envoye ces lignes pour une assurance constante que je m'in-
» teresserai pour vous, non pas comme une Princesse, mais bien comme une
» mere qui suis, Votre gracieuse Princesse.

Par ces Lettres on voit au naturel quelle étoit la disposition de la Duchesse
d'Oels pour la Demoiselle Hedvviger dans le mois de Mai 1695. C'est une
Princesse qui affectionne sa Demoiselle d'honneur, qui aime sa petite Sabine,
qui l'aime tendrement, qui la protege, qui veut lui faire du bien; mais en la
regardant comme étant actuellement & devant rester dans sa dépendance,
comme étant & devant demeurer dans l'état de sa Demoiselle d'honneur : Il
est par-là prouvé qu'elle ne la regardoit pas comme une Demoiselle qui tou-
chât au moment d'être Princesse, d'être sa belle sœur, d'être l'épouse du
Prince héréditaire de Montbeillard, Duchesse future, Souveraine de Montbeillard, devant avoir sur elle la preséance dans la Maison de Wirtemberg.
De-là il résulte que c'est une supposition, de dire que la Duchesse d'Oels ait
eû part au prétendu mariage de 1695, & ait confirmé son frere dans la résolution de le celebrer.

On peut aller plus loin avec la Lettre de la Duchesse d'Oels du 28 May
1695,

1695, car dans son arrangement le Comte de Sponeck fait partir le Prince de Montbeillard avec la Demoiselle Hedvviger de Silesie, pour se rendre ensemble le 31 May 1695 à Rejovvits, & y recevoir la Benediction nuptiale le lendemain premier Juin 1695 ; c'est ce que l'on ne pourroit concilier avec la lettre de la Duchesse d'Oels, parce que cette Lettre est écrite de Weibling qui est dans le Duché de Wirtemberg ; elle est adressée à Raké en Silesie qui est éloignée de Rejovvits d'environ 60 lieuës de France. Il y a de Weibling à Raké environ 160 lieuës de France. La Lettre de la Duchesse d'Oels ne pouvoit par conséquent être renduë à la Demoiselle Hedvviger qu'après le premier Juin 1695. Comme il n'est pas possible d'imaginer que la Duchesse d'Oels lui ait écrit sans être assurée que sa Lettre lui seroit renduë à Raké au tems où elle devoit l'être, il s'ensuit que la Demoiselle Hedvviger n'étoit pas à Rejovvits le premier Juin 1695.

D'un autre côté, si on examine les Lettres, les ordres, les Listes de Régimens, les Recüeils qui ont été tirés des Archives de la Chancellerie du Conseil de Guerre, & les Certificats donnés par le Commissariat General de Guerre Imperiale, qui ont été rapportés ; pour peu qu'on ait d'experience dans l'art militaire, il ne seroit pas possible de dire que le Prince de Montbeillard s'est trouvé le premier Juin 1695 à Rejovvits.

Ses Lettres écrites au Conseil de Guerre les 21 Octobre, 11 & 24 Novembre 1694, prouvent qu'il étoit alors avec son Régiment à Zathmar en Hongrie, & qu'il y étoit fortement occupé du soin de faire reparer la place.

Une lettre que l'Empereur lui a écrite le 7 Mars 1695, prouve qu'il étoit alors à Zathmar, & que l'Empereur lui a fait part de la marche que les troupes devoient faire ; il y est dit que l'on entrera en campagne au commencement du mois de Mai, & que les troupes doivent se trouver effectivement près de Bude, ou de Pest, vers la fin du mois d'Avril. L'Empereur lui donne l'ordre de faire toutes les dispositions nécessaires dans le Regiment qui lui a été confié, pour l'avoir complet, en bon état de servir, prêt à marcher au premier ordre, à décamper sans aucun obstacle, à continuer promptement la marche.

Par une autre lettre de l'Empereur, écrite le 20 Mars 1695 au Prince de Montbeillard, il est prouvé qu'alors ce Prince étoit encore à Zathmar, que son Regiment y avoit resté pendant l'hyver, qu'on en laissa une partie dans Zathmar, que l'autre partie fut destinée à aller en campagne, avec ordre de se trouver sans faute le 10 Mai, au rendez-vous assigné près de Pest.

Par deux lettres, l'une du 12 Avril 1695, écrite au Prince de Montbeillard lorsqu'il étoit en marche ; l'autre du 19 Avril 1695, écrite au Lieutenant-Colonel de son Regiment qui étoit resté dans Zathmar, il est prouvé que le Prince de Montbeillard se mit à la tête des cinq Compagnies qui devoient servir dans l'Armée, ainsi qu'il lui convenoit de le faire.

Par une lettre du 28 Avril 1695, qui ne permet pas de douter qu'il s'étoit mis effectivement en marche pour avoir part dans les operations de la Campagne, il lui fut mandé de témoigner en son patticulier au Comte de Caprara, Maréchal-Commandant en chef, tout le respect convenable.

Par une lettre du Général Heisler du mois de Mai 1695, il est prouvé que les cinq Compagnies du Regiment de Montbeillard, avoient

F

été deftinées avec d'autres troupes , pour faire le Siege de Temefvvar au commencement de la campagne , & que ce Siege n'ayant pas été fait, il fut réfolu de faire marcher ce corps de troupes à Segedin, pour y demeurer juf-qu'à nouvel ordre, étant néceffaire qu'il joignît la grande armée.

Par une lettre du Confeil de guerre, écrite le 17 Mai 1695, au Colonel Solar, il eft prouvé qu'on lui donna le Commandement de ce corps de trou-pes avec ordre de veiller à fa confervation, & de donner les avis néceffaires aux Généraux.

Par une lettre du Comte de Solar, du 24 Mai 1695, & par une autre du 4 Juin fuivant, il eft prouvé que le Comte de Solar partit de Grof-vvardin où étoit ce corps de troupes, pour le conduire à Segedin , & que le 1 Juin 1695 il étoit arrivé à Szoboflavv.

Par une lettre du Comte de Solar du 12 Juin 1695 , il paroît qu'il fut arrêté dans fa marche par un débordement d'eaux; mais la lettre du 19 Juin prouve qu'il continua fa marche vers la grande armée , avec les troupes qu'il avoit fous lui.

Le Général Heifler en fit la revûë le 6 Juillet 1695 , & il en fut fait une autre le 16 Août fuivant : par la lifte des Regimens & par les Certificats des Commiffaires de guerre, dûement expédiés, il eft prouvé que le Prince de Montbeillard s'y eft trouvé en perfonne.

Par un de ces Certificats il eft dit qu'il a fait la campagne ; d'où il réfulte qu'il n'a pas quitté le fervice, & qu'ainfi au 1. Juin 1695 il étoit à Szoboflavv à la tête des cinq Compagnies de fon Regiment, que le Comte de Solar conduifoit à Segedin.

L'inftance, la variation, l'importance des mouvemens qui furent faits pendant la Campagne, ne permettroient pas d'en douter, puifqu'il ne peut tomber fous le fens que dans ces circonftances il ait interrompu fon fervice.

S'il pouvoit refter quelque doute , il feroit levé par la lettre du 19 Août 1695 , qu'il écrivit à l'Empereur pour demander par préference fur tous les anciens Colonels Imperiaux , la Charge de Major Général de la Cavalerie.

On y voit un Prince toujours prêt à facrifier fa perfonne au Service Mili-taire, parlant avec activité de fes campagnes de Hohgrie, ne feignant pas de dire, qu'il a fait celle de 1694 avec réputation, fe donnant pour un guer-rier expérimenté, brulant de zéle pour le fervice de l'Empereur, & qui pro-met de ne rien oublier pour meriter la Charge de Major général de Cavale-rie par de belles actions , & par le facrifice de tout le bien & de tout le fang qui lui reftent.

A cette ardeur pour le Service Militaire, à cette foif de belles actions, aux facrifices de fon bien & de fon fang , à fa noble fierté , à l'élevation de fes fentimens, à fon ambition pour les grands emplois dans la guerre, recon-noit-on un Prince qui auroit quitté le Service Militaire, pour s'occuper d'une avanture auffi extraordinaire, que feroit celle dont il s'agit ; reconnoit-on un Prince qui ait quitté le Service , pour s'en aller * avec une fille en Ca-valiers, fans aucune fuite, dans le Village de Rejovvits, y célébrer un Maria-ge, qui feroit détefté à tous égards par les Proteftans. Son courage & fon am-bition vangent fa mémoire de cette infulte , puifqu'on ne peut penfer qu'il eut ofé faire valoir fes fervices auffi hautement qu'il l'a fait , pour deman-der la Charge de Major Général de la Cavalerie, s'il avoit quitté au premier

* Ambo Equi-tes.

Juin 1695 les cinq Compagnies de son Regiment, que le Comte de Solar menoit à la grande Armée.

Les objections qui ont été faites ne peuvent servir qu'à confi   er de plus en plus le fait principal, qu'au premier Juin 1695 il étoit à Szoboslavv avec le Comte de Solar pour se rendre à la grande Armée.

En effet, on dit qu'il n'est prouvé par aucun genre de preuve, que le rendez-vous de l'Armée de l'Empereur fût fixé au 20 Mai 1695.

Par des lettres qui font foi, il est prouvé que le rendez-vous fut d'abord au 10 Mai, & qu'ensuite il fut au 20 Mai.

On objecte que ce fait ne prouveroit rien, parce que le plus souvent les Officiers n'arrivent que long-tems après le rendez-vous, surtout les personsonnes d'un rang distingué, qui sont réservées pour les coups décisifs.

On laisse au Comte de Sponeck à se concilier sur ce point avec les Militaires, parce qu'il n'est pas nécessaire d'indulgence pour le Prince de Montbeillard. Il y a preuve complette qu'il étoit à son Regiment avant le Rendez-vous : Il y a même lieu de présumer qu'il n'avoit pas quitté la place de Zathmar pendant le Quartier d'hyver.

On objecte que depuis son mariage, il ne lui falloit que deux ou trois jours pour rejoindre l'armée, parce que l'armée s'assembloit presque sur les frontieres de Pologne; & que s'il ne s'étoit rendu en Hongrie que dans les premiers jours de Juin il n'auroit été exposé à aucun reproche.

Si l'on avoit consulté quelque Géographe, ou jetté les yeux sur les Cartes d'Hongrie, de Pologne, & d'Allemagne, on n'auroit pas fait cette objection. 1°. Le rendez-vous de l'armée étant à Bude ou Pest, on ne peut dire qu'elle étoit assemblée sur les frontieres de Pologne; les mouvemens de l'armée étoient bien au-delà de Bude, & en de-çà il y a plus de 90 lieües de France pour venir à Cracovie, qui est le Palatinat le plus proche de Bude. 2°. Ce n'est pas dans ce Palatinat qu'est situé Réjovvits, il est dans le Palatinat de Posnanie, & de Bude à Rejovvits, en passant par la Pologne, il y a plus de deux cens lieües, qu'on ne peut faire qu'avec grande difficulté, parce que les chemins sont mauvais, marécageux, coupés de rivieres, point de poste reglée; en passant par Vienne, où le chemin est meilleur, la route est plus longue. De-là il suit qu'en faisant sortir le Prince de Montbeillard de Rejovvits pour se rendre à l'armée, il n'eût pas été possible qu'il s'y fût rendu en deux ou trois jours. 3°. S'il avoit, comme on le dit, ramené la Demoiselle Hedvviger en Silesie, & qu'il fût parti de Silesie pour l'armée, son retour à l'armée auroit été moins prompt; au surplus il ne s'agit pas de le déterminer, parce qu'il y a un fait plus précis, qui est qu'au premier Juin 1695 il étoit à Szoboslavv dans le corps de troupes que le Comte de Solar conduisoit à la grande armée.

On objecte que les Lettres qui ont été communiquées, ne peuvent établir le fait, que le Prince de Montbeillard ait été en Hongrie avant le mois de Juin 1695, & on dit pour soutenir cette proposition, que quoique les ordres aient été addressez au Colonel, il n'en resulte pas que le Prince de Montbeillard ait été présent dans les lieux où les Lettres ont été addressées.

Sur cette objection, on renvoye le Comte de Sponeck aux Lettres,

aux Liftes , aux Certificats dont il vient d'être parlé. La preuve y eft complette, que le Prince de Montbeillard étoit en Hongrie avant le mois de
Juin 1695 : c'eft à lui que les Lettres font addreffées, c'eft à lui perfonnellement que l'on parle dans les Lettres *à votre dilection*, *à votre Regi-*
ment, *en votre particulier*, &c. lorfque l'on eût fait la deftination de fon
Regiment pour en laiffer une partie dans Zathmar, & faire marcher l'autre en campagne, on écrivit au Lieutenant Colonel du Regiment de
Montbeillard à Zathmar, & au Colonel dans la marche des troupes.
Dans les Liftes des Regimens *, on diftingue les Colonels d'avec les Lieu-
tenans-Colonels, pour déterminer la préfence des uns & des autres, elles
affurent le fait que le Prince de Montbeillard étoit à l'armée en perfonne.
Enfin il eft dûement certifié qu'il a fait la Campagne en perfonne, ce qui
dit qu'il y étoit en perfonne avant le mois de Juin; tout cela concourt à
établir le fait principal qu'au 1. Juin 1695 il étoit dans l'armée d'Hongrie.

On objecte enfin qu'il ne lui convenoit pas d'être à la tête de cinq Compagnies feulement, pendant que la plus grande partie de fon Regiment
étoit à Zathmar.

Il lui convenoit de marcher où le zele dont il brûloit pouvoit éclater,
où il pouvoit faire de belles actions, où il pouvoit facrifier fon fang ; c'é-
toit au fiege de Temefvvar; c'étoit à la grande armée qu'il pouvoit l'efperer, & non pas dans une Place que fes attentions avoient mis hors d'infulte.

On vient de voir que dans le commencement de la campagne les cinq
Compagnies de fon Regiment, avec les autres détachemens qui compo-
foient le corps de Troupes du Comte de Solar, avoient été deftinés au
Siege de Temefvvar ; il étoit indifpenfable que le Prince de Montbelliard s'y trouvât en perfonne, pour foutenir la gloire qu'il avoit acquife
au blocus de Tockay. Après qu'on eut changé de deffein, le corps de
Troupes fur lequel il paroît que le Confeil de Guerre fondoit de grandes
efperances fut deftiné à d'autres expeditions ; & enfin on le fit marcher vers
la grande armée. Pourroit-il tomber fous le fens que dans tous ces mouvemens le Prince de Montbeillard eut quitté l'armée pour faire une action qui
auroit démenti tous les éloges qu'il fe donne dans fa Lettre du 19 Août 1695.

A en raifonner fur ce qui eft naturel, fur ce qui eft ordinaire, fur ce
qui arrive communément, il n'y a perfonne qui puiffe l'imaginer ; Mais
on a l'avantage d'être fondé en preuves de faits précis, qui dans l'ordre
militaire font convainquans, pour le fait principal, qu'au premier Juin
1695 il étoit à Szoboflavv, fous le Commandement du Comte de Solar,
& non pas dans le Village de Rejovvitz.

Ces preuves vont prendre une nouvelle force par la réfutation des
moyens du Comte de Sponeck.

Son premier moyen eft de dire, qu'il rapporte le titre qui a formé l'u-
nion du Prince de Montbeillard & de la Demoifelle Hedvviger, lors de
la celebration de leur mariage. C'eft le certificat du Miniftre Fufchs, qu'il
dit dans un endroit leur avoir été délivré le premier Juin 1695. Dans un
autre endroit il dit que c'eft au Prince de Montbeillard que ce Miniftre
l'a remis. A tous propos il dit que c'eft un original, un acte autentique, un
acte folemnel.

A ce certificat il joint la mention de ce mariage qu'il dit avoir été faite
par

par le Miniftre Fufchs dans les Regiftres de l'Eglife de Rejovvits au mois de Novembre fuivant ; & il le qualifie auffi d'acte autentique & folemnel.

Eft-il vrai qu'un certificat original donné par un Miniftre puiffe fervir aux Contractans de titre conftitutif de leur mariage ; & faire ce qu'on appelle un Acte de celebration ? c'est ce qu'il faut d'abord examiner.

A en juger par la maniere dont le Comte de Sponeck s'eft expliqué en 1726 , dans un Memoire contenant le defaveu de tous autres Memoires, il ne penfoit pas de la forte ; car il donnoit pour preuve du mariage fuppofé le regiftre de Rejovvits, & l'extrait de ce regiftre que le Comte de Coligny s'eft fait délivrer en 1720 ; il reclamoit l'autorité generale des regiftres comme étant un monument public qui ne pouvoit être dégradé ; il argumentoit de la légalifation qui avoit été faite par les Magiftrats de Skoki * ; il vouloit fur ce fondement que l'on préferât l'extrait du Comte de Coligny à celui que feu M. le Duc de Wirtemberg Stougard avoit rapporté, par la raifon que dans le premier on trouvoit l'explication des lettres initiales, & le témoignage des Magiftrats fur ce mariage * ; à la fuite de cet extrait, il faifoit venir les pieces originales du Miniftre Fufchs, non pas comme un acte de celebration , mais comme un fimple certificat en feüille volante, capable felon lui de fortifier la preuve refultante du regiftre de Rejovvits *.

*Pag. 15.

*Page 21.

*Page 28.

Par quel art le Comte de Sponeck eft-il parvenu en 1736, à faire de cette feüille volante un acte de celebration, un titre conftitutif de mariage ? Comme il ne l'a pas expliqué, il faut y fuppléer, & croire que l'impoffibilité de foutenir l'extrait du Comte de Coligny, & le danger évident de s'attacher au regiftre de Rejovvits, lui ont fait quitter prife fur le regiftre, pour tenter fortune avec le certificat du Miniftre Fufchs.

Mais il n'a pas réflechi qu'un pareil Certificat, confideré en lui-même, ne peut jamais faire chez les Proteftans un Acte de célébration, un Titre conftitutif de Mariage ; les raifons qui le décident font, qu'avec un pareil Certificat, celui auquel il feroit délivré, deviendroit le maître de confirmer ou anéantir fon état & celui de l'autre , d'y apporter tel changement qu'il voudroit ayant un Miniftre à fa dévotion, d'en fubftituer un ou plufieurs autres ; il feroit le maître de le rendre public , ou de le cacher , & après l'avoir caché, le faire paroître quand il voudroit ; il feroit le maître de contracter d'autres engagemens fans s'embaraffer de celui-ci ; il feroit le maître de la date pour le public, dans le cas même où il y auroit une date, parce que les Actes fous feing privé n'ont de date dans le public que celle qui peut leur être donnée par des déclarations judiciaires ou authentiques. Une infinité d'autres inconvéniens pourroient arriver ; & dans le principe il n'y auroit point d'engagement néceffaire, point d'obligation réciproque ; par conféquent point de Contrat Civil ; par conféquent point de mariage ; parmi les Proteftans c'eft une attention qu'il eft indifpenfable de faire, parce que quoiqu'ils regardent le mariage comme étant d'inftitution divine, ils ne veulent pas le recevoir comme un Sacrement , ils en font feulement un Contrat Civil ; par cette raifon, en le confidérant *in flatu civili* , ils veulent pour la validité d'un Mariage, qu'il y en ait des preuves certaines, comme il doit y en avoir dans les Contrats Civils ; ils veulent que les Mariages foient déclarés au public *omnibus innotefcat*. Rien n'y feroit moins pro-

G

pre qu'un simple Certificat donné par un Miniftre à l'un des Contra-
&tans.

Une difpute qui s'eft élevée en 1727 à la Diete de Ratisbonne, eft bien
capable de faire fentir cette vérité. Elle eft rapportée par Bohemer en Allemand, fur le titre des Decretales, *qui filii fint legitimi*, §. 42.

Une femme prétendit avoir été mariée en 1703 avec un Colonel, fuivant
l'ufage des Proteftans, par un Eccléfiaftique nommé Jean-Jacques Muller:
Elle repréfenta le Certificat de Muller, qui étoit daté du 4 Janvier 1703:
Elle y joignit deux lettres du 18 Mars 1704, à elle écrites par le Colonel,
qui avoit figné, votre fidele mari, une lettre du 14 Avril fuivant écrite à la
mere du Colonel où il parloit de fa femme, un Teftament militaire fans
date & où le Colonel l'avoit nommée fa femme légitime, une Enquête faite
à Cologne qui établiffoit que le Colonel l'avoit continuellement appellée fa
femme, un Teftament militaire du Colonel fait en 1707, écrit de fa main
& fcellé de fon cachet, où il l'appelloit fa chore petite femme, un Paffeport
de 1708 où il l'avoit qualifiée fon époufe, la reconnoiffance de fon mariage
faite par les Etats d'Hollande, & comme elle convenoit que le mariage avoit
été fait clandeftinement, elle prétendit qu'étant fait entre Proteftans il
n'étoit pas moins valable.

Il fut amplement répondu à ces raifons, & l'on dit entr'autres chofes,
que le Certificat étoit fufpect de faux, qu'il étoit donné par une perfonne
inconnuë; que de pareils Certificats pouvoient être donnés par gens fans
caractere, & pour argent; que les Certificats ne peuvent faire preuve que
quand ils font tirés des Livres d'Eglife où les Actes ont été infcrits *vi officii*;
que n'y ayant pas de certitude *de fide atteftantis*, les Certificats ne peuvent
faire preuve, moins encore operer celle d'un Mariage légitimement contracté, que les Proteftans ne reçoivent les mariages clandeftins qu'après qu'il
a été fatisfait à toutes les Ordonnances Eccléfiaftiques, de façon qu'ils ne
puiffent plus être cachés; que fuivant ces Ordonnances les Actes font nuls,
quand la forme prefcrite n'a pas été obfervée; qu'il feroit honteux aux Proteftans d'approuver le prefent Mariage; que les lettres produites par la femme
n'ayant pas été reconnuës par le Colonel, elles ne pouvoient fervir de
preuves; qu'enfin ce qui avoit été fait en Hollande & à Cologne étoit nul
à caufe de l'incompétence.

Sur ce differend il y eut un avis donné au mois d'Avril 1727 contre la
femme par l'Univerfité de Hall; & de la maniere dont Bohemer s'explique,
il fut fuivi par la Diete de Ratifbonne: *negandum exiftimavit in cafu notabili ad
Comitia Imperii deducto.*

La queftion qu'il propofe à ce fujet eft de fçavoir fi dans le cas d'un mariage
clandeftin fait entre deux Proteftans, qui ont pris un Certificat de celebration, *teftimonium copulæ*, il faut y ajoûter foy, lorfque le mariage eft contefté;
après avoir rapporté la décifion de la Diete de Ratifbonne, il s'explique en
ces termes qui font remarquables: *merito etiam ut copulæ huic certitudo adfit,
fieri debet à Parocho, certæ Ecclefiæ præpofito, & actuale munus Paftorale exercente,
atteftatum defumendum ex Libris Ecclefiafticis, vim probandi unicè in his habentibus,
quæ munus publicum Paftoris exercent.* Suivant cet Auteur, ce n'eft pas par un
Certificat original, par une feüillé volante, par un Acte hors d'œuvre, qu'il
faut établir la verité d'un mariage, c'eft par un extrait du Regiftre, *attefta-*

tum desumendum ex Libris Ecclesiasticis ; il n'y a que les Regiſtres qui puiſſent fournir la preuve d'un mariage , *vim probandi unicè habentibus ;* & pourquoi le Miniſtre y eſt-il aſſujetti ? c'eſt parce qu'il s'agit d'un fait public, pour lequel il n'a & ne peut avoir de croyance qu'autant qu'il ſe renferme dans les Regiſtres de ſon Egliſe qui font ſa Loi ; *munus publicum Paſtoris exercent.*

Long-tems avant Bohemer, Gerhard, & Carpzovius, ont fait mention de cet uſage des Proteſtans ; Carpzovius Liv. 2. def. 142. après avoir établi la neceſſité de la Benediction Sacerdotale, dit, que par cette raiſon les Miniſtres des Paroiſſes font obligés d'avoir un Regiſtre particulier pour y écrire les noms des perſonnes qu'ils marient, le jour, & le lieu où ils les marient, & de le laiſſer à leurs Succeſſeurs, afin que l'on puiſſe connoître la verité des mariages qui ont été celebrés : *Quamobrem Parocho incumbit in Libro peculiari conjugum à ſe copulatorum nomina , ac diem , & locum contracti matrimonii deſcribere , eundemque ſucceſſori ſuo relinquere, quo caſu poſtea de veritate contracti matrimonii conſtare queat.*

Si pour établir la verité d'un mariage il faut écrire dans un Regiſtre le jour du mariage , le lieu du mariage , les noms des Contractans , la conſequence eſt certaine, que c'eſt dans les Regiſtres qu'il faut en chercher la preuve, que c'eſt là où il faut prendre la celebration , que c'eſt par un extrait du Regiſtre , & non pas par un Certificat particulier du Miniſtre que le mariage doit être conſtaté.

L'exemple de la Demoiſelle de Kerbabus, qui a été cité à l'Audience, ne s'applique pas à cette eſpece , parce qu'il étoit queſtion d'une feüille extraordinairement trouvée dans un Regiſtre , & il y avoit lieu de ſe pourvoir par appel comme d'abus contre la celebration du mariage ; après avoir long-tems plaidé ſur le Regiſtre , on prit la voie d'appel comme d'abus, par laquelle on auroit pû commencer ; cet appel eut le ſuccès que le Public avoit prévû dès les premiers momens de la querelle , & ce ſuccès fit évanoüir toutes les conteſtations dont la feüille étoit ſuſceptible. Quel rapport cela peut-il avoir à l'entrepriſe que l'on fait aujourd'hui de vouloir ériger en Acte de celebration un Certificat, qui n'eſt pas tiré du Regiſtre?

Il n'y a pas plus de raiſon d'oppoſer les difficultés qui pouvoient ſe trouver en France dans la preuve des mariages avant l'Ordonnance de 1667, parce que jamais en France avant l'Ordonnance de 1667 on n'auroit préferé un Certificat au Regiſtre, où il auroit été fait mention d'un mariage.

Le Comte de Sponeck ne trouvera pas de reſſource dans la critique qu'il a faite des uſages de Pologne, en particulier des Regiſtres de l'Egliſe de Rejovvits.

1°. Il n'a point prouvé qu'en Pologne les Regiſtres des Egliſes ſoient mal tenus , & on ne doit pas le préſumer. 2°. Il eſt vrai que dans ceux de l'Egliſe de Rejovvits on ne trouve point la ſignature des Parties , des témoins , ou du Miniſtre ; il ne s'agit pas d'y remedier, ni d'obliger les Polonois Catholiques ou Proteſtans à changer leurs uſages ; il s'agit ſeulement de ſçavoir ſi y ayant un Regiſtre de l'Egliſe de Rejovvits, on pourroit prendre le Certificat du Miniſtre Fuſchs pour un Acte de celebration capable de faire un titre conſtitutif de mariage.

Sur cette queſtion, après ce qui vient d'être expliqué, il eſt aiſé de ſe déterminer. En aucun pays on ne donne aux Certificats particuliers le caractere d'un Acte de Célébration ; parmi les Proteſtans ils ne pourroient l'a-

voir, & fur tout quand il y a des Regiftres. Ici il y a un Regiftre; donc le
Certificat du Miniftre Fufchs ne peut être regardé comme un Acte de célébration conftitutif du Mariage dont il s'agit.

Ce Mariage tel qu'on le prefente, auroit été clandeftin, comme celui
de 1703, que la Diette de Ratisbonne a condamné; il eft contefté comme
celui de 1703, & ce n'eft pas feulement fur des doutes confiderables qu'on
le contefte comme on conteftoit celui de 1703, *graviffima dubia*; c'eft fur
la deftruction des préparatifs de ce prétendu mariage, c'eft fur la preuve militaire d'un *alibi*, c'eft fur des titres judiciaires & authentiques de toutes efpeces; c'eft fur une infinité d'autres raifons convainquantes dont plufieurs
ont un rapport à l'efpece de 1703; pourroit-on dans ces circonftances particulieres regarder le Certificat du Miniftre Fufchs comme un Acte de célébration conftitutif du mariage prétendu contracté entre le Prince de Montbeillard & la Demoifelle Hedvviger.

Au nombre des raifons qui concourent à rejetter le Certificat, il en eft
une qui dans l'ordre judiciaire ne peut fouffrir de réplique.

Le Comte de Sponeck avoüe que le Miniftre Fufchs n'auroit pas fait mention de ce prétendu mariage dans le Regiftre le 1. Juin 1695, jour où il
prétend qu'il auroit été contracté; il dit que le Miniftre Fufch a fait cette
mention au mois de Novembre 1695; il laiffe même la liberté de placer
cette entreprife dans tel tems que l'on voudra, pourvû qu'on le faffe avant
1715, tems auquel il fuppofe que le Miniftre Fuchs eft décédé.

Dans le fait avoüé par le Comte de Sponeck que la mention a été mife
fur le Regiftre au mois de Novembre 1695, il eft ce qu'on appelle vul-
gairement un *après coup*, & cet après coup eft une fauffeté. En quelque Tribunal, en quelque pays que l'on fe trouve, il n'eft pas poffible d'en prendre une autre idée, par la raifon queles Regiftres des Eglifes font des Livres
publics, où les Curés, les Miniftres, ceux qui fous leur autorité exercent
leurs fonctions, doivent écrire régulierement, & dans le tems, tout ce qui eft
de leur Miniftere. Cet ufage a lieu parmi les Catholiques & les Proteftans.

Il y a ici quelque chofe de plus marqué que l'omiffion d'avoir porté le
Mariage fuppofé dans le tems de fa prétenduë célébration: ce prétendu Mariage fe trouve après cinq autres Mariages dont les mentions ont été faites,
fucceffivement dans leur ordre & dans leur tems. Ce prétendu Mariage eft
outre cela redigé en latin, pendant que les autres font en Allemand; on n'y
a pas mis comme dans les autres, les noms des pere & mere vivans; & on
y a mis ce qui ne fe trouve pas dans les autres les deux lettres N. B. que le
Comte de Sponeck rend en ces mots *Nota bene*.

La remarque qu'on doit faire fur ces deux lettres, fur l'ordre du Regiftre
exactement obfervé pour les Mariages écrits avant celui-ci, fur la date de
ces Mariages, fur l'affectation d'avoir écrit celui-ci en latin pendant que
les autres font en Allemand, fur le défaut d'expreffion du nom des pere &
mere vivans, eft que le Miniftre Fufchs a été de mauvaife foi, & a fenti
qu'on le regarderoit comme un homme de mauvaife foi; fa mauvaife foi
aggrave la fauffeté qu'il a commife.

Si le Comte de Sponeck n'avoit pas avoüé précifement par écrit & à
l'Audience le fait qui opere un après coup, qui eft inexcufable, on fe
feroit pourvû par la voye de l'infcription de faux pour le conftater; fon
aveu

aveu en difpenfe , & met en état de tirer toutes les conféquences qui réfultent de la fauffeté commife par le Miniftre Fufch.

La premiere conféquence qui doit en être tirée, eft que le Régiftre de Rejovvits ne peut faire aucune foi , telle qu'elle puiffe être pour établir le mariage fuppofé.

La feconde conféquence eft , que tout ce qui vient du Miniftre Fufch , doit être rejetté. On ne peut en fa faveur reclamer la foi dûe aux Pafteurs fur ce qui eft de leurs fonctions , parce qu'il a perdu toute croyance fur fes fonctions , pour avoir commis une fauffeté dans fes fonctions ; il l'a perduë particulierement pour le fait prefent, puifque c'eft pour le fait prefent qu'il a commis une fauffeté.

La troifiéme conféquence , eft que fon certificat doit être rejetté. Dans l'efpece du mariage de 1703, rapportée par Bohemer , on alléguoit plufieurs moyens , pour rendre la foi du Certificateur fufpecte ; ici il n'eft pas queftion de raifonner pour déterminer fi la foi du Miniftre Fufch fera fufpecte ; la fauffeté qu'il a commife dans le Regiftre de Rejovvits lui ôte toute croyance ; elle fait par conféquent tomber fon certificat.

Ce certificat ne doit pas feulement être rejetté , par la raifon que le Miniftre Fufch s'eft rendu indigne de toute croyance fur le prétendu mariage , qui fait l'objet de la caufe ; il doit encore être rejetté , par la raifon qu'il eft fans datte ; on ne trouve pas même dans le corps de ce certificat l'année, où ce prétendu mariage auroit été célebré : il n'y eft fait mention que du jour.

Qu'eft-ce en Juftice qu'un acte fous feing privé, fans datte ; ce n'eft rien , & fi on veut lui donner quelque qualification , c'eft un chiffon. Pour un mariage où les dattes font fi néceffaires , il feroit étrange qu'on en fît ufage ; puifqu'on ne peut y voir le tems où il a été délivré ; on ne peut par conféquent , par un pareil acte , déterminer ni le tems où le mariage auroit été fait , ni celui où l'acte auroit été délivré à l'un des époux.

Quelle illufion , de vouloir en faire un acte de célebration conftitutif de mariage. Les fimples lumieres de la raifon feroient connoître la témerité de cette entreprife , aux perfonnes les moins verfées dans les affaires ; puifqu'il n'y a qui que ce foit au monde capable de penfer qu'un acte de célebration puiffe être fans datte. Que diroient les Proteftans de cette entreprife , eux qui exigent que dans les Regiftres on faffe mention du jour auquel le mariage a été célebré , *diem defcribere* ; eux qui veulent que pour rendre les mariages publics , l'on faffe des déclarations folemnelles , *folemnis in focietate civili manifeftatio*.

Si cela eft vrai pour les mariages entre perfonnes d'un rang ordinaire , que ne doit-on pas exiger pour la preuve d'un mariage que l'on prétend avoir été célebré par un Prince hereditaire de Montbeillard ; pour un mariage dont l'ajuftement demanderoit qu'on tirât ce Prince du fervice militaire , où fon nom , fon courage , fon ambition , veulent qu'on le laiffe , pour le faire venir précifément le premier Juin 1695 , au village de Rejovvits , dans un équipage indigne de lui , faire un mariage ridicule à tous égards ; pour un mariage dont tant de faits concourent à démontrer la fuppofition, pendant que la preuve manque aux Auteurs de l'impofture ? que ne doit-

H

on pas dire dans la circonftance, que le Certificateur a perdu toute croyance
pour avoir commis une fauffeté fur le fait de ce prétendu mariage ?

Comment fur un certificat fans datte, conftater que le même certificat a été
délivré le premier Juin 1695, & qu'il a été remis au Prince de Montbeillard;
le certificat ne dit ni l'un ni l'autre, & l'on n'y trouve rien qui puiffe le
fuppléer, ou déterminer le tems du mariage ; il faut donc le rejetter, par
la raifon qu'il eft fans datte, & par conféquent incapable de faire un acte
de célebration, incapable de faire un titre couftitutif de mariage.

Le Comté de Sponeck l'a bien fenti, & c'eft pour cela qu'il a recours au
Regiftre de Rejovvits, à la dépofition de Nardin, à une déclaration de la
Ducheffe d'Oels du 24 Juillet 1726, pour y prendre la date du premier
Juin 1695.

On ne la trouve pas dans l'interrogatoire de Nardin ; il ne parle que de
l'année, & il en parle avec incertitude de 1694 ou 1695 ; dans le Certificat de la Ducheffe d'Oels, il n'y a que le mois & l'année : dans le Regiftre
de Rejovvits on trouve véritablement la date du premier Juin 1695.

Mais le Comte de Sponeck ne peut rien prendre dans le Regiftre
de Rejovvits, à caufe de la fauffeté que le Miniftre Fufchs y a commife
pour le fait prefent ; l'interrogatoire de Nardin eft nul, & fon témoignage
ne peut mériter que de l'indignation : c'eft un homme qui s'eft livré évidemment à l'impofture. Le Certificat de la Ducheffe d'Oels ne doit être
regardé que comme une furprife, dont le même Certificat fournit la
preuve ; on lui fait dire qu'elle a confié des blancs feings au fieur Funck.
Il eft vrai qu'elle a fait en fa vie un grand nombre de blancs feings : quel
fond pourroit-on faire fur fa déclaration ?

Au fond, il ne faut pas perdre de vûë que le Comte de Sponeck repre-
fente le certificat du Miniftre Fufch pour un acte de célebration conftitutif
du mariage fuppofé; qu'il cherche des dates où il voudra, cela ne rendra pas
le Certificat de Fufch different de ce qu'il eft, & doit être toûjours aux yeux
de la Juftice ; c'eft une piece fans date ; donc ce n'eft pas un Acte de celebration, donc il ne pourroit être un Titre conftitutif du mariage fuppofé,
donc il ne pourroit fervir à établir ni le fait, ni le temps de ce prétendu
mariage.

Sur la date de l'année qui manque dans le corps du Certificat, le Comte
de Sponeck dit qu'elle eft affez indifferente, puifqu'en quelque tems qu'on
place le mariage, il fera toûjours valable, toûjours fait dans un temps
libre, dès que le Duc de Montbeillard n'a époufé la Ducheffe de Montbeillard qu'en 1718.

Ufons ici du confentement que donne le Comte de Sponeck, de placer
le mariage en d'autre temps que le premier Juin 1695, & difons que le
mariage n'auroit pas été fait le premier Juin 1695 ; par-là on fait juftice
au Duc de Montbeillard, en le laiffant tout entier à l'ardeur qu'il avoit
de faire dans l'armée d'Hongrie de plus belles actions, que n'auroit été
celle qu'on lui voudroit faire faire à Rejovvits ; par-là il eft confirmé que la
mention de fon premier mariage dans le Regiftre de Rejovvits, fous la
datte du premier Juin 1695, eft une fauffeté ; par-là il eft confirmé que
le Certificat du Miniftre Fufch ne pourroit fervir à établir qu'il y a eu

un mariage fait le premier Juin 1695 ; par-là on est autorisé à dire que si le Certificat est du Ministre Fusch , il auroit été fait long-temps après l'année 1695 , auquel cas ce seroit une imposture qualifiée.

Il n'est pas indifferent , comme le Comte de Sponeck le dit , que le mariage supposé soit déplacé ; puisque s'il n'est pas prouvé qu'il soit du premier Juin 1695 , tout l'édifice du Comte de Sponeck s'écroule par la chûte du fondement. Il n'est pas en effet question de sçavoir en quel temps ; ce prétendu mariage seroit placé hors le premier Juin 1695 , & il n'est pas question de lui trouver une place avant 1718 , pour le rendre valable ; dans les circonstances où il a été annoncé à Montbeillard en 1720 , dans celles des divers Actes qui ont été alors arrachés à la foiblesse du Duc de Montbeillard ; dans les situations où le Comte de Sponeck voudroit se placer , il est indispensable qu'il prouve ce qu'il a avancé , & dont il entretient l'Europe depuis si long-temps , que le mariage dont il s'agit a été fait effectivement le premier Juin 1695 ; s'il ne le prouve pas , tout ce qu'il a fait , ce qu'il a dit , tout ce qu'on a fait pour lui , la Justice ne peut le regarder que comme une illusion.

Quand il a laissé la liberté de placer ce prétendu mariage en toute autre année que celle de 1695 , il ne faut pas croire que cela lui soit échappé ; il n'a ainsi parlé que parce qu'il ne pouvoit se tirer avec avantage du fait , que le Certificat du Ministre Fusch est sans date ; il a bien compris que chacun ayant la liberté de lui donner une date , il n'étoit pas possible de fixer les esprits à la date du premier Juin 1695.

Quoique ce Certificat soit de main privée & sans date , on dit qu'il est autentique & solemnel ; apparemment qu'on s'est fondé sur ce qui a été plusieurs fois relevé comme un fait important , que les Magistrats de Skoki ont vérifié l'écriture du Ministre Fusch , tant pour son Certificat , que pour le Registre de Rejovvits.

Rien n'est moins important. 1°. Les vérifications sont des 3 & 5 Juillet 1720 , & elles ont été faites à la Requête du Comte de Coligny sans appeller les Parties interessées. 2°. Elles sont faites par gens qui ont fait une fausse déclaration sur le Registre de Rejovvits , à la Requête du Comte de Coligny , le 3 Juillet 1720 : c'est une prévarication qui les rend indignes de toute foy. 3°. Quand la vérification du Certificat seroit irreguliere , & capable de faire foi en justice , il ne s'ensuivroit pas qu'on pût la regarder comme un titre solemnel & autentique. Ces épithétes ne conviennent pas à une piece de main privée , & sans date.

Quelque fond que le Comte de Sponeck fasse sur cette piece , & sur la mention du Registre , il est sensible , après tout ce qui vient d'être développé , qu'elles ne pourroient servir à établir le prétendu mariage du Prince de Montbeillard , dans le cas même où le mariage y seroit clairement expliqué ; que doit-il esperer , lorsqu'il ne prouve pas que le mariage se trouve dans les pieces , & que d'un autre côté les énonciations du Registre qu'on peut lui opposer , font un obstacle invincible à sa prétention ?

On dit que le Comte de Sponeck ne prouve pas que le mariage se trouve dans le Registre ou dans le Certificat ; voici quel est son sistême.

On trouve dans le Registre & dans le Certificat les noms de Baptême de Leopold Ebethard & Anne Sabine ; les noms propres sont en lettres initiales. Dans le Regiſtre il y a cinq lettres initiales pour Leopold Eberhard, H. Z, W, M, S, deux lettres pour Anne-Sabine, V, H. Dans le Certificat il n'y a que quatre lettres pour Leopold Eberhard, H, Z, W, M; il y a deux lettres pour Anne Sabine, V, H.

La prétention du Comte de Sponeck à l'égard de Leopold Eberhard eſt qu'en Allemand la lettre H ſignifie *Duc*, la lettre Z ſignifie Zu ou De, le double W ſignifie Wirtemberg, la lettre M ſignifie Montpelgard en Allemand, Montbeillard en François. Par rapport à Anne Sabine, il dit que la lettre V ſignifie Von en Allemand & De en François, la lettre H, Hedwiger.

Il s'applaudit dans la rencontre de toutes les lettres, & il traite d'incrédules ceux qui ne s'y rendront pas; il veut même qu'il n'y ait plus rien d'énigmatique ni d'obſcur, & pour cela il demande, ſi on ne veut pas l'en croire, qu'on lui preſente deux autres perſonnes mariées, un Leopold Eberhard, & une Anne Sabine, à qui les Lettres initiales puiſſent convenir.

Comme cette façon de ſe marier eſt inſolite, afin de mettre la choſe dans un dernier degré d'évidence, il repreſente que le Duc de Montbeillard ſignoit ordinairement Leopold Eberhard, H, Z, W, M, & qu'il a ainſi dicté ſes noms au Miniſtre Fuſch qui a ſuivi ce qui lui a été dicté. Il ajoûte qu'il n'y a rien que de naturel dans cette circonſtance.

Les réflexions ſe preſentent en foule pour faire voir que cette interpretation doit être rejettée.

Ce n'eſt pas en effet aux Princes de Montbeillard à faire des perquiſitions en Sileſie, en Saxe, dans toute l'Allemagne, pour trouver deux perſonnes ayant les noms de Baptême de Leopold-Eberhard & Anne-Sabine, à qui les lettres initiales puiſſent convenir; il leur ſuffit que le Comte de Sponeck ne prouve pas que ces lettres initiales doivent être neceſſairement remplies par les noms de Wirtemberg Montbeillard, & de Hedwiger.

Le Comte de Sponeck ne le prouve pas par l'obſervation que la ſignature ordinaire du Prince de Montbeillard étoit en lettres initiales. 1°. Ses Lettres du 21 Août 1694 & du 19 Août 1695 prouvent qu'en 1695 il ſignoit ſeulement *le Prince de Montbeillard*, & non pas le Duc de Wirtemberg Montbeillard. 2°. Il n'auroit pas ſigné ſon nom à Rejovvits; il ne pouvoit même être queſtion pour lui de le ſigner dans le Certificat que le Comte de Sponeck dit lui avoir été donné le premier Juin 1695. par le Miniſtre Fuſch. 3°. On ne prouve pas, on ne dit pas même qu'Anne-Sabine Hedwiger ait jamais ſigné par des lettres initiales, elle n'étoit pas d'une condition à ſigner en lettres initiales.

Ce qui eſt dit par le Comte de Sponeck que le Prince de Montbeillard a dicté ſes noms au Miniſtre Fuſch, comme ils ſe trouvent écrits dans le certificat, & que le Miniſtre a ſuivi ce qui lui a été dicté, n'eſt pas admiſſible; parce qu'il n'eſt pas vrai, comme le prétend le Comte de Sponeck, qu'il n'y ait rien que de naturel dans cette circonſtance; jamais pareil évenement n'eſt arrivé : donc il ne ſeroit pas naturel; donc il ne ſeroit pas ordinaire; donc il ne doit pas être réputé vrai, à moins que le Comte de Sponeck ne prouvât, ce qu'il ne fait pas, que le Prince de Montbeillard a en effet dicté les lettres initiales de ſon nom, ainſi que de celui de la Demoiſelle Hedwiger, & que le Miniſtre Fuſch en a reçû la déclaration.

On

On ne doit tenir pour vrai, quand il s'agit de conjectures, que ce qui arrive communément, ce que chacun doit faire dans son état, ce que chacun y fait: un Juge n'est réputé avoir fait que ce qu'il doit faire. Il en est de même des Officiers de Justice, des Notaires, des Curés, Ministres & Vicaires, dans leurs fonctions. Jamais il n'est arrivé à des Juges, à des Officiers de Justice, à des Notaires, à des ●●●, à des Ministres, ou à leurs Vicaires, de prendre des Lettres initiales pour déterminer les personnes dont ils sont obligés de parler, chacun dans leurs fonctions; donc on ne peut tenir pour vrai que le Ministre Fuschs ait reçû la Déclaration que l'on suppose lui avoir été dictée par le Prince de Montbéillard.

Comment imaginer qu'il l'ait reçû, lorsque par-là il se seroit rendu coupable d'avoir concouru à cacher perpetuellement un mariage clandestin.

Comment imaginer qu'il auroit reçu la déclaration du Prince de Montbeillard, telle qu'on la présente, lorsqu'il devoit penser, étant Ministre, qu'elle ne pouvoit servir à former un mariage?

Comment l'imaginer, lorsqu'il se seroit évidemment exposé à une punition sévère & exemplaire, si la chose avoit été découverte par le Prince Georges?

On dit que la déclaration qu'il a reçuë, n'auroit pû former un mariage. Qu'est-ce qu'un mariage dans la Confession d'Ausbourg? c'est un contrat civil, & comme le dit le Comte de Sponeck, il faut en juger comme d'un engagement & d'une convention ordinaire; or il est de l'essence d'un contrat civil, d'un engagement, d'une convention ordinaire & capable d'obliger les deux Parties, qu'elles soient véritablement obligées; c'est ce que l'on ne trouveroit pas ici. Un homme public n'oblige pas les Parties, & il ne peut les obliger par des lettres initiales, mises dans les qualités ou dans le corps de quelque acte que ce soit; aucune partie ne seroit tenuë de se reconnoître dans des lettres initiales qui ne seroient pas de son fait, pour executer ce qui auroit été écrit; l'époux ne seroit pas obligé de recevoir l'épouse: l'épouse ne seroit pas obligée de venir chez l'époux.

Il est de l'essence des Contrats civils, qu'ils soient faits de façon que tout le monde puisse les connoître, lorsqu'il s'agit de les executer. Il est de l'essence des mariages faits pour la société civile, *in statu civili*, que l'acte de la bénédiction Sacerdotale soit intelligible, afin qu'ils deviennent publics, *ad matrimonium legitimum requiritur publica declaratio, solemnis in societate civili manifestatio*; il faut que tout le monde puisse les connoître, *omnibus innotescat*, l'intérêt de l'Etat l'exige, *publica salus postulat, desiderat, præcipit* * ; à cet ordre, que les Protestans gardent soigneusement, rien de plus contraire que des lettres initiales; elles ne peuvent par conséquent, former un engagement pour la société civile.

Pour l'établissement de la vérité d'un mariage dans la Confession d'Ausbourg, *ut constet de veritate*, il est nécessaire que les noms des Contractans soient écrits avec plénitude dans les Registres de l'Eglise, *nomina describere*, * de-là il résulte qu'avec des lettres initiales on ne peut prouver un mariage; donc le Comte de Sponeck ne prouve pas celui dont il s'agit par les Actes qu'il represente.

Quel est l'état du Comte de Sponeck? baptisé, à ce qu'il dit, en 1697, mais baptisé en enfant naturel, élevé en enfant naturel, gratifié d'alimens en

* Bohemer, *de Clandest. despons.*

* Gerhard, Carpzovius.

I

enfant naturel, marié en enfant naturel au mois de Février 1719. Alors le Duc de Montbeillard, avoit épousé depuis 1718 publiquement & solemnellement la Duchesse de Montbeillard ; & son fils avoit acquis *in statu civili* le droit de Prince héréditaire & de seul enfant légitime du Duc de Montbeillard ; c'est pour lui ôter ces droits éminens, & même pour lui enlever toutes les terres de la succession ● Duc de Montbeillard, que le Comte de Sponeck soutient le prétendu mariage de 1695.

Nul doute que pour reussir dans de si hauts projets, le Comte de Sponeck seroit obligé de démontrer le fait du prétendu mariage de 1695 ; nul doute que la façon de ce mariage seroit seule suffisante pour l'exiger : A ce qui vient d'être dit pour l'établir, il faut joindre ici le phénomene des Lettres initiales. Est-ce donc une démonstration que le Comte de Sponeck présente à la Justice ? c'est une interpretation dont il se rend arbitre, & sur laquelle il voudroit subjuguer l'Univers par l'appareil d'un crédit que plusieurs faussetés lui ont acquis. Rien de plus foible & moins déterminant pour un Tribunal, qui ne connoît que les regles pour rendre ses oracles.

Une régle qui a toujours été suivie en matiere d'interprétations, d'ambiguités, d'obscurités, c'est de décider contre ceux qui pouvoient se mieux expliquer ; avec cette regle qui doit recevoir son application pour les mariages des Protestans, puisqu'ils ne les regardent que comme des Contrats Civils, on est fondé à rejetter toutes les interprétations du Comte de Sponeck.

S'il pense, & a jamais pensé sérieusement qu'il y ait eu un mariage fait, le premier Juin 1695, entre le Duc de Montbeillard & Anne Sabine Hedvviger, qu'il impute à Anne Sabine Hedvviger de ne s'être pas mieux expliquée pouvant le faire.

Rien alors dans le systeme du Comte de Sponeck, n'auroit été impossible à Anne Sabine Hedvviger ; puisque par ses charmes, par ses excès de tendresse, par l'assurance de l'estime du Prince, elle l'auroit arraché à la gloire qu'il bruloit d'acquerir en Hongrie, pour en faire le plus grand sacrifice à l'amour dans le Village de Rejovvits ; elle pouvoit par conséquent faire, & faire avec empire, tout ce qui étoit capable d'assurer sa conquête : elle le devoit ; mais elle ne l'auroit pas fait, & n'auroit laissé à la posterité qu'une énigme, un hieroglife, un emblême : est-il de la justice de tirer des ténébres ce qu'on a voulu y ensevelir par des lettres initiales ?

La régle des Contrats Civils est de penser que le Duc de Montbeillard n'est point entré en 1695 dans ce mystere, parce qu'il ne tombe pas sous le sens qu'il ait fait alors un sacrifice de sa gloire aussi honteux que seroit celui-ci ; il ne tombe pas sous le sens que s'il avoit alors épousé la Demoiselle Hedvviger, il l'eut laissée dans la suite pendant l'espace de 24 ans, sans lui donner publiquement la qualité de son épouse, & à leurs enfans celle d'enfans légitimes.

Au surplus pour adopter l'interpretation du Comte de Sponeck, il faudroit faire des efforts d'imagination surprenans ; car il faudroit prendre en Langue Allemande ce que le contexte du Registre oblige d'expliquer en Latin ; il faudroit choisir quatre lettres initiales pour la Langue Allemande & laisser la cinquiéme à la Langue Latine ; il faudroit sacrifier dans la Langue Allemande toutes les significations qu'elle peut fournir, pour se renfermer dans celles qui plaisent au Comte de Sponeck.

Mais quelle eſt l'autorité du Comte de Sponeck pour exiger tant d'efforts de l'eſprit humain ? Ne comprendra-t'il jamais que la Loi condamne ſa té-mérité, par l'obligation qu'elle impoſe, d'adopter entre les Princes de Mont-beillard & lui, tout ce qui peut concourir à rejetter ſes pretentions, tout ce qui eſt utile à la cauſe des Princes de Montbeillard. Il leur eſt utile que pre-nant le Regiſtre de Rejovvits, tel qu'il eſt, les lettres initiales ne ſoient pas expliquées en Langue Allemande, ils ont un droit particulier de le deman-der par la raiſon que le contexte eſt en Latin ; donc il faut ſe tenir au La-tin. Dans le Latin l'on ne trouve pas l'explication que le Comte de Sponeck y cherche ; par là ſon ſyſtême eſt détruit.

Il l'eſt auſſi par les énonciations du Regiſtre. 1°. Il y eſt dit que les deux Cavaliers venoient du Duché de Teſchen en Siléſie, pendant que le Comte de Sponeck les fait partir de Sileſie & revenir à la Cour d'Oels, ce qui ſupoſe qu'ils ſeroient partis de la Cour d'Oels, qui n'eſt pas dans le Duché de Teſchen.

2°. Il eſt dit que les deux Cavaliers ſont venus à Rejovvits pour recevoir la Bénédiction Nuptiale, par la raiſon qu'ils ne pouvoient ſe marier en Si-leſie ſans s'expoſer à changer de Religion ; la fauſſeté de ce motif eſt démon-trée par deux faits ; l'un eſt que la Religion Lutherienne eſt la ſeule Reli-gion du Duché d'Oels ; l'autre eſt que la Demoiſelle Hedvviger venoit d'é-prouver à Breſlavv qu'il n'y avoit pas de danger pour ſa Religion. *   * Sentence du 31.Mars 1695.

3°. On donne à l'Epoux la qualité de Comte de l'Empire. Jamais le Prince de Montbeillard n'a pris cette qualité ; il ne pouvoit même la pren-dre, ſans déroger à celles de Prince de la Maiſon de Wirtemberg, & Prince héréditaire de Montbeillard.

4°. On donne à l'Epouſe les qualités de très-illuſtre & magnifique. La Demoiſelle Hedvviger n'auroit pû les prendre avant qu'elle ait été Comteſſe : auſſi ne les lui a-t'on pas données dans les extraits baptiſtaires de 1699 & 1700, elle y a la ſimple qualité de Noble.

5°. On donne à l'Epouſe la qualité de vierge, pendant que le Comte de Sponeck fait la Demoiſelle Hedvviger mere d'un enfant, dont l'Egliſe n'a pas encore fait connoître le pere.

6°. Il eſt dit que l'Epoux étoit alors dans les Troupes de l'Electeur de Saxe. Les lettres qui ont été communiquées prouvent que le Prince de Mont-beillard étoit au Service de l'Empereur, qu'il y étoit attaché inviolablement, qu'il bruloit de zéle pour l'Empereur.

7°. Il eſt dit que l'Epouſe étoit du Duché de Teſchen, ſous la Tutelle de ſa mere qui étoit veuve. Il eſt prouvé que la mere d'Anne-Sabine Hedvvi-ger étoit de la Principauté de Lignits, qui n'eſt pas du Duché de Teſchen.

De toutes ces énonciations il réſulte que le mariage, écrit par qui l'on voudra, dans le Regiſtre de Rejovvits, ne pourroit être un mariage fait en-tre le Duc de Montbeillard & la Demoiſelle Hedvviger.

Ces énonciations étoient trop preſſantes, pour qu'on n'y cherchât pas quelque remede ; & d'un autre côté il n'y auroit pas eû de prudence à con-tinuer de ſe fixer à la mention du Regiſtre, voyant qu'elle a été faite après coup ; c'eſt ce qui a engagé le Comte de Sponeck à faire du Certificat de Fuſchs un Acte de célébration ; il prétend que ce Certificat eſt exact, & qu'on y trouve tout ce qui peut former la preuve d'un mariage. Comme il n'a pas

abandonné tout-à-fait le Regiftre, il dit que cela fait deux Actes de célébration, dans l'un defquels il y a erreur, mais que cela ne peut influer fur
l'Acte de Célébration.

Qu'il nous apprenne donc où il a jamais été introduit, parmi les Catholiques, ou les Proteftans, de faire deux Actes de celébration; qu'il nous apprenne dans quelle Eglife un Prêtre, un Miniftre, un Curé, ou ceux qui
fous leur autorité font les fonctions paftorales, auroient impunément
donné des Certificats particuliers de celébration, pendant qu'il y a des
Regiftres pour y écrire la celébration; qu'il apprenne en quel Tribunal on
pourroit recevoir un certificat particulier de mariage, & le recevoir
pour Acte de celébration, lorfque la celébration fe trouve écrite dans
le Regiftre; qu'il apprenne, où il eft jamais arrivé, & où il pourroit
arriver, qu'un Pafteur faifant deux actes de celébration contre toutes les
regles, il fît d'abord le premier par un Certificat particulier, & le fecond,
fix mois après par la mention dans le Regiftre; qu'il apprenne comment un
Certificat fans date pourroit être preferé à un Regiftre public ? Comment
un Certificat fans date pourroit obliger en aucune Eglife; comment il
pourroit faire un Contrat civil réciproquement obligatoire, un engagement indiffoluble, un mariage parmi les Proteftans; qu'il apprenne en
quel lieu on pourroit recevoir le Certificat fans datte, d'un homme qui
eft convaincu d'avoir fait une fauffeté fur le Regiftre ? S'il ne peut répondre à ces demandes, comme il lui eft impoffible de le faire, qu'il ceffe de
faire paroître fur la fcéne & le Regiftre & le Certificat; plus on les examine, & plus on eft convaincu qu'ils n'étoient pas au jour en 1695.

L'avanture de Breflavv en eft un témoignage évident. Le premier Août
1695, Anne Sabine Hedvviger paroît en perfonne au Confiftoire en qualité de Demoifelle, pour fe déporter entierement de fa prétention de mariage contre Leopold Zedlits, avec lequel elle avoit conclu depuis 1692
des fiançailles à futur mariage; de-là il fuit qu'alors elle étoit fille, &
qu'ainfi elle n'avoit pas été mariée le premier Juin 1695 avec le Duc
de Montbeillard.

Une fupériorité de génie a fait prendre fur cet événement la réfolution de dire, que c'eft la mere qui a paru pour la fille à Breflavv, & que
la mere l'a fait par la raifon que dans l'intervalle des deux Sentences
la fille avoit été unie au Prince de Montbeillard, ce qui l'obligeoit de renoncer pour jamais au fieur Zedlits; en confequence on s'éleve jufqu'à
dire, que la critique répand fur la verité un nouveau jour.

Où cherchera-t'on la verité, ce ne pourroit être dans le Regiftre de
Rejovvits, puifque le coup de la mention qui s'y trouve n'étoit pas encore fait ? La chercher dans le Certificat de Fufch lorfqu'il eft fans date,
ce feroit une illufion; elle feroit d'autant plus extrême par rapport à l'avanture de Breflavv, qu'il n'a jamais été propofé en juftice de preferer un
Certificat fans date à une Sentence, dont la date eft invariable. Il faut
donc fe fixer à la Sentence de Breflavv; & qu'y trouve-t'on ? ce n'eft pas
la mere d'Anne-Sabine Hedvviger, c'eft Anne-Sabine Hedvviger elle-
même. Ce fait fur lequel on ne devoit pas fe tromper eft démontré par
ces termes, *icelle ayant pardevant nous renoncé*; en quelle qualité paroît-elle ?
en la même qualité qu'elle avoit prife au Confiftoire le 21 Mars 1695,

c'eft

c'eſt toûjours une fille, *la Demoiſelle Anne-Sabine Hedvviger*; elle n'avoit donc pas changé d'état ; pourquoi vient-elle ? *pour ſe départir entierement* de ſa prétention de mariage ; elle ne s'en étoit donc pas encore départie, & par conſequent elle étoit libre ; ſi elle ne l'avoit pas été, & ſi elle avoit été mariée le premier Juin 1695 avec le Duc de Montbeillard , ſuivant la doctrine des Proteſtans elle ſe ſeroit par ce mariage renduë infame , & elle auroit commis adultere; après le mariage elle ſe ſeroit joüée de ſa Religion; tout cela n'eſt pas admiſſible , & il en reſulte qu'elle n'avoit pas été mariée le premier Juin 1695 avec le Duc de Montbeillard.

Suivons-la dans ſes autres actions. En 1699 & 1700 le Prince eſt parain de deux enfans de Henriette Hedvvige ; la Comteſſe de Sponeck eſt maraine. Le Miniſtre de Cour ne lui donne pas la qualité d'épouſe du Prince, & il la met dans un ordre inférieur à la Ducheſſe d'Oels, & à la ſœur d'Henriette Hedvviger. *

Le 20. Juillet 1701. Georges-Guillaume Hedvviger ſon frere aîné , & qui poſſedoit alors la Charge de Grand Maître d'Hôtel du Duc de Montbeillard , fait avec elle une échange , où il la qualifie *Noble Demoiſelle, & Demoiſelle de Chambre de la Ducheſſe d'Oels.* Elle ſigne dans le Contrat *Anne Sabine Hedvviger.* Dans la Requête où ſon frere demande la confirmation de l'échange au Duc de Montbeillard, il nomme *la Demoiſelle Hedvviger* ; le 4 Août 1701. le Prince confirme l'échange; l'échange eſt incorporée dans les Lettres de Confirmation ; & dans ces Lettres le Prince lui-même la nomme *la très-noble Demoiſelle Anne Sabine Comteſſe de Sponeck, Dame de Carzfeldt, ſœur* de Guillaume Hedvviger , *Demoiſelle de Chambre de notre dilection S. A. S. la Ducheſſe d'Oels.* Pourroit-on reſiſter à ce témoignage de ſon état ; c'eſt le Prince dont on voudroit faire ſon époux qui la reçoit avec tout l'appareil du Souverain dans les qualitez de Demoiſelle , & Demoiſelle de Chambre de la Ducheſſe d'Oels, qui détruiſent les titres de Femme du Prince & de Souveraine ; c'eſt ſon frere aîné qui la traite de même , d'abord ſans le Prince, & enſuite en preſence du Prince : c'eſt elle-même qui y ſouſcrit. A ce concours de témoignages donnez dans un tems non ſuſpect, qui pourroit méconnoître, qu'elle n'étoit pas effectivement mariée au Prince en 1701. & qu'ainſi elle ne l'avoit pas été le premier Juin 1695 ; c'eſt dans deux Actes autentiques que ce témoignage eſt écrit ? oſeroit-on demander la préference pour le Certificat de Fuſch qui eſt ſans datte , & ne nait-il pas ici une préſomption *juris & de jure* que la mention du Regiſtre n'avoit pas encore été imaginée ?

Cet argument, qui eſt ſi puiſſant par lui-même, eſt encore ſoutenu par des faits éclatans. C'eſt le Prince qui a obtenu les Lettres de Comte & Comteſſe de Sponeck dans l'intervalle de ces Actes: c'eſt pour la Comteſſe de Sponeck qu'il l'a fait; il y a joint la generoſité de lui donner la terre de Sponeck pour aſſeoir le titre de Comte & Comteſſe à perpetuité dans ſa famille. Ces faits ne laiſſent pas à réfléchir ſur le pouvoir qu'elle avoit alors auprès du Prince. Cependant dans les Lettres de Comte & Comteſſe elle n'eſt nommée qu'Anne-Sabine Hedvviger. Comme on ne rapporte pas la donation de la Terre de Sponeck il faut préſumer que la même choſe s'y trouve , & peut-être quelque choſe de plus fort ; la confirmation de l'échange le fait préſumer, puiſque le Prince ne la reçoit qu'en qualité de Demoiſelle , & Demoiſelle de chambre de la Ducheſſe d'Oels; lorſqu'elle a eû le pouvoir de s'élever &

* En qualité de Souveraine elle auroit dû être miſe avant la Ducheſſe d'Oels.

K

fa famille à la dignité de Comte, peut-il entrer dans l'esprit que si elle avoit
été femme du Prince, elle n'auroit pas eû le pouvoir de le faire déclarer?
Peut-il entrer dans l'esprit que si le Prince avoit eû le Certificat de Fusch,
ou si elle l'avoit eû, on n'en auroit pas alors fait l'usage qui convenoit à sa
situation?

A ces faits il faut joindre ce qui a été dit, pour montrer qu'en 1715 dans
le Traité de Villebade elle n'a pris aucune des qualités qui pouvoient carac-
teriser une Souveraine; qu'elle n'y a point pris celle de femme; qu'elle est
restée dans celle de Comtesse de Sponeck, dans l'état de mere de deux enfans naturels; que J. R. Comte de Sponeck l'un de ses freres l'a autorisé par
son suffrage; que ses enfans y ont souscrit; qu'en 1716 ses enfans ont été
regardés comme enfans naturels dans l'Eglise de Montbeillard; qu'au mois
de Février 1719 ses enfans ont été mariés comme enfans naturels; qu'il n'a
été imaginé de rendre ses enfans legitimes qu'au mois de Juin 1719; qu'il
n'a été imaginé de la rendre épouse legitime du Prince de Montbeillard
qu'au commencement de Janvier 1720; ensorte que dans l'hypotèse du prétendu mariage de 1695, non seulement elle auroit demeuré vingt-cinq ans
sans prendre la qualité de femme, ni sans faire donner à ses enfans celle
d'enfans legitimes; & cela en presence du Duc de Montbeillard qui l'a élevée
& sa posterité en 1701 à la dignité de Comte du S. Empire; l'esprit de l'homme n'a pas assés de force pour concilier cet état avec celui de femme, & en
y réfléchissant on ne peut se refuser à la conséquence qui en résulte; que le
mariage de 1695 est une imposture.

Quelle impression ne doit pas faire l'évenement particulier des mariages
du Comte de Sponeck & de la Comtesse de Coligny sa sœur? Si la Comtesse
de Sponeck avoit eû un droit legitime de se dire femme du Duc de Montbeillard, & de faire donner à ses enfans la qualité d'enfans legitimes après
le mariage de la Duchesse de Montbeillard, elle n'auroit plus eû aucun ménagement à garder auprès du Prince de Montbeillard pour faire valoir ses
droits & ceux de ses enfans; rien ne pouvoit par conséquent en 1719 l'obliger à consentir que ses enfans fussent mariés comme enfans naturels, & tout
devoit parler en elle, tout devoit agir pour s'y opposer; la vertu que son fils
lui donne devoit élever son courage; elle ne pouvoit connoître le danger
que pour l'affronter avec plus d'intrepidité; aucun mouvement de sa part
n'a été fait dans cette occasion pour ses enfans, la nature s'explique, & dit,
qu'elle ne pouvoit prendre le caractere de femme du Duc de Montbeillard.

Quel autre jugement pourroit-on en porter lorsque pour répondre aux
actes autentiques de 1701, qui sont accablans, le Comte de Sponeck distingue dans la personne de la Comtesse de Sponeck, la qualité de Souveraine, & celle de femme; il avoüe, parce que les actes de 1701 le démontrent, que la Comtesse de Sponeck n'a pas joüi des prérogatives attachées à la Souveraineté; mais il soutient, que personne n'ignoroit à Montbeillard qu'elle fut la femme legitime du Duc de Montbeillard, qu'elle
vivoit publiquement avec lui avec ce caractere d'honneur & de dignité,
qu'il la traitoit publiquement comme sa femme, qu'il lui rendoit toute la
justice qui lui étoit duë: que le défaut des honneurs de la Souveraineté, ne
peut nuire à son état, d'autant plus que le Prince n'en a ainsi usé, que parce que le désordre où se trouvoient les affaires de sa maison ne lui permettoit pas d'abord de faire paroître sa famille avec tout l'éclat, dont elle auroit
dû être accompagnée.

Par cet aveu le Comte de Sponeck est confondu ; 1°. Il n'est pas vrai qu'en 1701 le Duc de Montbeillard ne fût pas en état de faire paroître sa famille avec tout l'éclat dont elle pouvoit être accompagnée ; par la mort du Prince Georges, arrivée en 1699, il joüissoit de tous ses biens, & il étoit le maître de faire ce qu'il auroit voulu; il étoit le maître particulierement s'il avoit eû une femme & des enfans de les entretenir avec éclat ; les grands avantages qu'il a faits à la Comtesse de Sponeck sans qu'elle fût sa femme, à ses enfans sans qu'ils fussent légitimes, à toute la famille de Coligny, en fournissent une preuve convainquante.

2°. Il n'est pas admissible que la femme d'un Souverain qui auroit été traitée publiquement avec les caracteres d'honneur & de dignité dûes à une femme, traitée avec toute la justice dûe à une femme, ainsi traitée au milieu de ses Etats, où il étoit le maître absolu dans son Château, à la vûë de tous les Officiers de sa Cour, à la vûë de son peuple, eût manqué de joüir des prérogatives de la Souveraineté, que l'honneur, la dignité, la justice dûe à une femme, exigeoient préférablement à toutes choses. Après la mort du Prince George, aucun ménagement, tel qu'il pût être, n'auroit pû empêcher le Duc de Montbeillard d'en faire joüir la Comtesse de Sponeck, si elle avoit été sa femme; & rien n'auroit pû empêcher la Comtesse de Sponeck d'en joüir. Si le Prince avoit pû se porter à l'excès de la refuser, le Public y auroit suppléé, sans contrevenir à ses ordres, par une infinité d'attentions & de distinctions, qui feroient aujourd'hui sa gloire. De ce que le Comte de Sponeck ne justifie pas que le public ait eu ces sortes d'attentions, & de ce qu'il avoüe que la Comtesse de Sponeck n'a pas joüi des honneurs de la Souveraineté, tout homme sensé conclura qu'elle n'a pas plus joüi des honneurs de femme, que de ceux de Souveraine.

3°. Les Actes de 1701 prouvent qu'elle n'a pas joüi véritablement des honneurs de femme. Ils prouvent même qu'elle étoit fille. Ils prouvent par conséquent 1°, qu'elle n'a pas été mariée au Duc de Montbeillard le premier Juin 1695, 2°, qu'elle n'a pas eu la possession de femme.

On ne peut donc être trop étonné de ce que le Comte de Sponeck prétend avoir une possession publique & continuelle sur le prétendu mariage de 1695. Suivons-le encore dans cette chimere.

Le premier fait qu'il articule est que au retour de Rejovvits la Comtesse de Sponeck fut reçüe par la Duchesse d'Oëls, avec toutes les marques d'amitié qu'elle pouvoit attendre d'une belle-sœur qui avoit eu beaucoup de part à son mariage.

Il faut écarter ce fait, parce qu'il n'est pas prouvé, il est même démenti par d'autres faits qui ont été expliqués. Il l'est par la Lettre de la Duchesse d'Oels du 28 May 1695, parce que cette Lettre prouve qu'elle étoit alors à Weibling au Duché de Wirtemberg, qui est éloigné d'Oels de plus de 160 lieuës.

Le second fait articulé par le Comte de Sponeck, est que c'est la Duchesse d'Oels qui l'a fait baptiser.

Ce fait ne devoit pas être proposé. 1°. Le Comte de Sponeck ne rapporte point d'extrait baptistaire. 2°. A juger de son état par le Certificat qu'il rapporte, il auroit été baptisé comme un enfant naturel.

Le troisiéme fait allégué par le Comte de Sponeck, est que la Duchesse d'Oels l'a fait élever & la Comtesse de Coligny sa sœur.

Ce fait n'eſt pas prouvé, & quand il le ſeroit, il ne s'enſuivroit pas que la Comteſſe de Sponeck eût été mariée le 1 Juin 1695, ni que ſes enfans fuſſent légitimes.

Le quatriéme fait allegué par le Comte de Sponeck, conſiſte dans la reception que le Prince Georges a faite à la Comteſſe de Sponeck à Montbeillard.

Ce fait n'a été hazardé que ſur une dépoſition ridicule, inſuffiſante, & nulle : & d'ailleurs les faits ſuivans, ainſi que les actes de 1701, le détruiſent.

Depuis la mort du Prince Georges juſqu'en 1712, le Comte de Sponeck n'allegue rien en ſa faveur.

En voici la raiſon, c'eſt qu'il y a preuve qu'en 1699 & 1700, la Comteſſe de Sponeck n'étoit pas regardée comme épouſe du Duc de Montbeillard. En 1701, il y a preuve qu'elle n'étoit pas mariée. En 1709 il faudroit la regarder comme mere d'un enfant naturel du Duc de Montbeillard, s'il y avoit preuve que le Prince en a été le pere.

En 1712 le Comte de Sponeck place la relation d'Hubner ſur le mariage de la Comteſſe de Sponeck ; & il dit que le mariage étant public à Hambourg aux extrémités d'Allemagne, il ne devoit pas être ignoré à Montbeillard.

Il y a pluſieurs réponſes. 1°. Il a été montré que l'on ne devoit compter ni ſur Hubner, ni ſur aucun autre Hiſtorien. 2°. S'il falloit raiſonner par les Hiſtoires dans une matiere où il faut des Titres, comme il y a un Hiſtorien qui aſſure qu'en 1707 le Duc de Montbeillard n'étoit pas encore marié, il faudroit dire pour le concilier avec Hubner, contre les intentions du Comte de Sponeck, que ce Prince n'a pas été marié en 1695. 3°. Quelque choſe qu'on faſſe dire par les Hiſtoriens, ou par les Genealogiſtes, on ne détruira pas le fait bien prouvé, qu'avant 1720, il n'a pas été queſtion à Montbeillard du mariage prétendu fait à Rejovvits en 1695.

En 1714, le Comte de Sponeck place le divorce, & il dit qu'il auroit été inutile, s'il n'y avoit pas eu un mariage ; voilà, ajoute-t'il, l'enigme des actes de Célébration expliqué.

Comment l'enigme ſeroit-elle expliquée par le divorce, quand dans les Actes de divorce il n'eſt pas dit un ſeul mot, ſoit du mariage de 1695, ſoit des Actes que le Comte de Sponeck preſente pour actes de célébration. Cette reflexion, qui eſt ſimple, ſuffiroit pour rendre inutils tous les argumens que le Comte de Sponeck fait dans la ſuppoſition d'un divorce, parce que la queſtion eſt de ſçavoir s'il y a eu un mariage fait le 1 Juin 1695 à Rejovvits entre le Duc de Montbeillard & Anne-Sabine Hedvviger. Tant que le Comte de Sponeck ne le démontrera pas, ſes argumens porteront à faux, & il ne pourra être écouté.

Il ne lui eſt pas plus utile de dire qu'un divorce ſuppoſe néceſſairement un mariage. 1°. Il a été jugé au Parlement de Roüen, qu'une demande en ſéparation avec des adminicules, ne pouvoit ſervir à établir qu'il y avoit eu un mariage.

2°. Parmi les Proteſtans, il ſe fait quelquefois des mariages de conſcience, qui, quoiqu'ils ſoient déteſtez, & ayent été faits plûtôt, comme le dit Bohemer ſur le titre de Cland. deſponſ. contra conſcientiam, quam ſalva conſcientia, néanmoins ils obligent in ſtatu naturali, ſans qu'ils puiſſent jamais operer aucun effet civil, in ſtatu civili, in foro humano. En ſuppoſant que le Duc de Montbeillard eût fait un pareil mariage avec la Comteſſe

41

teſſe de Sponeck, ce feroit choſe inutile pour le Comte de Sponeck, puiſqu'il ne pourroit demander pour la ſocieté civile, ni le nom d'enfant legitime, ni les biens accordés à la legitimité civile.

3°. En parlant ainſi, on ne lui accorde pas qu'il y ait eû un mariage
de conſcience entre le Duc de Montbeillard & la Comteſſe de Sponeck;
on raiſonne ſeulement pour le confondre dans toutes les hypotêſes qu'il
preſente, & on n'y eſt pas obligé.

Ce qui en diſpenſe, eſt que dans l'état où eſt la Cauſe, pour donner au
Comte de Sponeck la légitimité qu'il demande, il faudroit qu'il établît par
démonſtration, que le premier Juin 1695 il y a eu un mariage fait à Rejovvits entre le Duc de Montbeillard & la Comteſſe de Sponeck; il faudroit qu'il détruisît les moyens qui établiſſent que c'eſt une impoſture; il
faudroit outre cela que ce mariage, s'il étoit réel, fût légitime; c'eſt à quoi
il ne parviendroit pas par l'hypotêſe d'un divorce fait en 1714.

Quel eſt ſon jeu? Dans l'impoſſibilité où il eſt d'établir ſolidement le
fait du mariage de la Comteſſe de Sponeck avec le Duc de Montbeillard;
il donne des énigmes à expliquer, afin de rendre le myſtere impénétrable.
Comme il eſt né dans l'obſcurité, il voudroit s'en tirer par l'obſcurité.

Mais ce n'eſt pas ainſi que les hommes doivent ſe préſenter à la Juſtice,
pour prendre dans la ſocieté civile un état contraire à celui dans lequel ils
ont vécu; il leur faut des titres conſtitutifs de l'état qu'ils veulent prendre,
& que ces titres ſoient non-ſeulement recevables en juſtice, mais exempts
de toute ſuſpicion, capables d'enlever les ſuffrages; tout cela manque aux
titres que le Comte de Sponeck voudroit faire regarder comme des titres
conſtitutifs de ſon état, & il ne peut le réparer par la ſupoſition d'un divorce
fait en 1714, puiſqu'en ſupoſant ce divorce, il ne ſeroit pas moins vrai qu'il
y a fauſſeté, & une fauſſeté réflechie dans le Regiſtre, que l'auteur du Certificat ſeroit celui de la fauſſeté; que par ces raiſons, & par toutes les autres
qui ont été expliquées, ces deux pieces ne ſont pas recevables en Juſtice;
avec ces pieces, doit tomber tout ce qui a été pratiqué pour les ſoutenir.

Le Comte de Sponeck fournit lui-même une réflexion naturelle pour
rendre inutile la ſupoſition d'un divorce fait en 1714; d'abord il dit *,
qu'il faut au moins que le mariage ait été celebré avant le divorce de
1714, & ſentant bien qu'avec un après coup ſur le Regiſtre, & un
Certificat ſans date, il n'eſt pas le maître de donner une date au mariage; il dit tout de ſuite, *il faut au moins qu'il ait été celebré avant la mort
du Sieur Fuſch qui l'a écrit & ſigné de ſa main, & le Sieur Fuſch eſt décédé
en 1715; or, ajoûte-t-il, en quelque tems que l'on place le mariage, il ſera toûjours
valable, toûjours fait dans un tems libre, puiſque le Duc de Montbeillard n'a épouſé
la Baronne de l'Eſperance qu'en 1718.*

Rien ne prouve que le Miniſtre Fuſch ſoit décédé en 1715, parce que
le Comte de Sponeck ne rapporte, pour le prouver, que le témoignage de
gens qui ont perdu toute croyance par le faux témoignage qu'ils ont donné
ſur le Regiſtre de Rejovvits. Depuis long-temps on lui dit que le décès du
Miniſtre Fuſch ne peut & ne doit être établi que par ſon Extrait mortuaire,
il ne le rapporte pas, & par conſéquent il ne prouve pas que le Miniſtre
Fuſch ſoit mort en 1715. On peut par cette raiſon ſuppoſer qu'il eſt mort
depuis 1715; & qu'ainſi, dans le cas où la mention du Regiſtre & le Certificat ſeroient de lui, ils ont été fabriquez depuis le mariage de la Ducheſſe
de Montbeillard.

* Pag. 26 du
Memoire de
1736.

L

Le Comte de Sponeck ne prouve pas non plus que la mention du Regiſtre & le Certificat ſoient de la main de ce Miniſtre ; parce que, comme on l'a déja obſervé, il ne rapporte pas une verification valable ; par cette raiſon on peut dire que la mention du Regiſtre & le Certificat ſont d'une autre main, & que cette autre main les a fait, ou donnez, depuis le mariage de la Ducheſſe de Montbeillard.

Ici pour détruire tous les argumens que le Comte de Sponeck tire d'un divorce fait en 1714, il ſuffit de dire que la mention du Regiſtre & le Cerficat ont été faits après l'année 1714 ?

Au ſurplus, peut-on dire qu'il y ait eû un divorce fait en 1714.

Non-ſeulement, depuis le premier Juin 1695, la Comteſſe de Sponeck n'a point fait avant 1714 la figure d'une femme dans la ſocieté civile ; mais dans la Siléſie le 18 Août 1695 elle s'eſt préſentée au Conſiſtoire de Breſlavy en qualité de fille ; à Montbeillard elle a fait le même perſonnage en 1701, d'une maniere qui ne peut ſouffrir d'équivoque ; c'eſt le Duc de Montbeillard qui l'a reçuë en qualité de fille ; c'eſt Guillaume Hedvviget Comte de Sponeck ſon frere aîné, Grand-Maître d'Hôtel du Duc de Montbeillard, qui lui en a donné la qualité ; c'eſt elle-même qui ſe l'eſt donnée ; ſans qu'aucune raiſon pût porter les Parties à faire un déguiſement ; bien plus, tout les invitoit à une autre décoration, s'il y avoit eû lieu de faire une femme de la Comteſſe de Sponeck. Depuis 1701 juſqu'en 1714 on ne voit rien qui ait pû lui donner la qualité de femme du Duc de Montbeillard ; on voit ſeulement qu'en 1709 elle auroit été regardée comme mere d'un enfant naturel, en cas qu'il fût prouvé que l'enfant a été fils du Duc de Montbeillard.

Depuis 1714, juſqu'au temps où l'on a entrepris d'en faire une femme ſeparée du Duc de Montbeillard, il y a eu des évenemens importans, où elle auroit dû prendre la qualité de femme ſeparée, du moins faire paroître qu'il y avoit eû un divorce entre elle & le Duc de Montbeillard ; rien ne pouvoit l'en empêcher ; au contraire, tout l'invitoit à le faire, & pour elle & pour ſes enfans ; c'eſt ce qu'elle n'a pas fait ; elle a même fait tout ce qui peut perſuader qu'il n'y a pas eû de divorce fait en 1714.

En effet dans le Traité de Vilbade nulle mention du divorce ; on n'y donne pas la qualité de femme ſéparée à la Comteſſe de Sponeck ; on ne lui donne pas ſeulement celle de femme ; elle n'a d'autre qualité que celle de Comteſſe de Sponeck, qui la réduit à la qualité de mere de deux enfans naturels.

Dans la confirmation de ce Traité, qui eſt faite à Montbeillard, où le Comte de Sponeck voudroit que le divorce eut été connu, la Comteſſe de Sponeck approuve tout ce qui a été fait à Vilbade, & elle ſigne Comteſſe de Sponeck ſans aucune reclamation.

J. R. de Sponeck ſon frere ſigne ces Actes.

Le Comte de Sponeck ſigne la confirmation du Traité, & il en fait une nouvelle, ſans reclamer dans aucun endroit du monde, ſes droits, ni ceux de ſa mere.

En 1716 on fait la ceremonie du Baptême de l'aîné des Princes de Montbeillard, & comment le Comte de Sponeck, comment la Comteſſe de Coligny y ſont-ils reçus par le Miniſtre Sur-Intendant de Cour ? en enfans naturels du Duc de Montbeillard & de la Comteſſe de Sponeck.

En 1718 le Duc de Montbeillard épouſe avec toute la ſolemnité imaginable la mere dés Princes de Montbeillard ; nul mouvement de la part de la Comtesse de Sponeck, ou de ses enfans, pour jouir des avantages que le divorce de 1714 auroit pû leur donner.

En 1719 ces deux enfans sont mariez ; & le Ministre qui connoissoit l'état du Duc de Montbeillard, qui connoissoit celui de la Comtesse de Sponeck, qui pensoit que ces deux enfans étoient du Duc de Montbeillard, qui a signé les Actes de divorce ; ne donne aucun signe de ce divorce à la mere & aux enfans ; il les traite comme auparavant ; il donne à la mere le nom unique de Comtesse de Sponeck ; c'est le même nom qu'il donne aux enfans ; il ne donne point au Comte de Sponeck la qualité de Prince hereditaire de Montbeillard, qu'il auroit été indispensable de lui donner s'il avoit été fils legitime du Duc de Montbeillard & de la Comtesse de Sponeck séparée de ce Prince par un divorce fait en 1714.

Lorsqu'il n'y a rien avant & depuis 1714 qui puisse faire penser qu'il ait été fait un divorce en 1714, lorsque tout ce qui précede & qui suit l'année 1714, ne presente que des évenemens contraires à l'idée d'un divorce fait en 1714, dans une cause, qui de la part de nos adversaires est remplie de tenebres & de faussetez, pourroit-il y avoir du *pirrhonisme* à dire, que le divorce de 1714 est une supposition ?

Si l'on examine les actes qui en sont rapportés, on voit qu'ils ne sont pas en forme de Sentence, & que ce sont des certificats donnés par le Ministre de Cour ; au lieu que ce devroient être des expéditions délivrées par le Greffier : les deffenseurs du Comte de Sponeck disent d'ailleurs qu'il n'y a eu ni Tribunal, ni Juges, ni discussion, ni figure de procès : ces faits ne préparent pas à croire qu'il y ait eu effectivement un divorce fait en mil sept cent quatorze.

Ce qui décide qu'il n'y a pas eu un divorce fait en 1714, est que dans l'acte du 6 Octobre 1714, étant à la suite de celui du 5 Octobre, on trouve la signature de trois hommes, qui depuis 1714 ont parlé, & agi comme n'y ayant point eu de divorce. C'est Nardin qui dans l'interrogatoire de 1720, tout devoüé qu'il étoit alors à la Comtesse de Sponeck, n'en a pas dit un seul mot dans son interrogatoire. C'est le Ministre Gropp Surintendant de Cour, qui en 1716 & 1719 a inscrit dans ses Registres le Comte de Sponeck & la Comtesse de Coligny comme étant enfans naturels. Enfin c'est J. R. de Sponeck qui dans le Traité de Vilbade & dans la confirmation de ce Traité, dont il est l'auteur, & qu'il a signés, a parlé d'une maniere qui ne sçauroit se concilier avec le divorce, & qui lui est absolument contraire ; il n'auroit pas été possible qu'il l'eut oublié sept mois après la datte qu'on lui a donnée. On ne pensera pas que dans des occasions si décisives ces trois hommes eussent gardé le silence sur le divorce de 1714, & même fait des choses qui y sont contraires. Le fait qui est personnel à Nardin conduit à décider que les actes de divorce ont été faits en 1720.

Les confirmations qui en ont été faites aux mois de Septembre & d'Octobre 1720, ne permettent pas d'en douter, par une raison qui est sans replique ; c'est que l'on ne peut imputer à la Duchesse de Montbeillard d'avoir demandé ces confirmations, s'il y avoit eu un divorce, puisqu'elle n'en auroit pas eu besoin. Il faut imputer le tout à l'intrigue de mil sept cent vingt.

On ne doit pas être touché du fait que le Duc de Montbeillard a signé l'Acte du 5 Octobre 1714, parce que c'étoit, comme le dit le Comte

* Page dernière du Mémoire du Comte de Sponeck.

de Sponeck, *un Prince trop facile.* *Il l'a été pour la Comtesse de Sponeck & son fils, au point, que dans un Memoire imprimé sous son nom, datté du mois de Novembre 1722, & distribué à Vienne par le Comte de Sponeck, on a osé transcrire en entier le faux extrait de celebration du prétendu mariage de 1695, & la fausse legalisation des Magistrats de Skoki, que le Comte de Coligny s'est fait délivrer en 1720. A la vûë de cette surprise énorme, il n'y a personne qui ne pense, qu'en 1720 la Comtesse de Sponeck, & tous ceux qui sont entré dans l'intrigue, ont pû surprendre, & auront en effet surpris sa signature.

Avec les reflexions que le Comte de Sponeck a faites sur le prétendu divorce de 1714, doivent disparoître toutes celles qu'il a faites sur le Traité de Wilbade, pour y chercher un mariage en faveur de la Comtesse de Sponeck ; son argument roule sur les mots de Mariage licite & convenable ; il les applique à la Comtesse de Sponeck, & il y fait venir tout ce qui a été dit à Vienne par le Duc de Wirtemberg, pour le faire declarer incapable de succeder aux Fiefs immédiats de l'Empire.

Ce raisonnement n'est pas juste, puisqu'à Vienne le Comte de Sponeck a traité la question de sçavoir s'il y a eû un mariage fait à Rejovvits, & l'on en a regardé la proposition comme une fable. Pouvoit-il y avoir d'autres sentimens à Vienne, où l'on a vû le Comte de Sponeck servir de Page au Duc de Montbeillard, le servir à la table de l'Empereur, y être confondu avec les autres Pages du Duc de Montbeillard. * De semblables faits ne peuvent jamais sortir de la mémoire, & ils sont toujours convainquans.

* *Voyez* le Mémoire du Duc de Wirtemberg *page* 18.

Au fond, en donnant aux mots de mariage licite & convenable, l'effet de supposer un mariage fait par le Duc de Montbeillard, rien ne conduiroit dans l'Acte à déterminer que c'est celui du premier Juin 1695 : c'est le seul dont il puisse être question ; puisque c'est le seul dont le Comte de Sponeck ait parlé.

Non seulement dans le Traité de Vilbade il n'est point parlé de ce prétendu mariage, mais la Comtesse de Sponeck, son frere, & le Comte de Sponeck, ont déterminé par leur conduite qu'il ne pouvoit en être question dans le Traité de Vilbade.

Ce qui regarde les enfans n'est pas susceptible de divers sens, puisqu'ils sont mis avec les autres enfans naturels du Duc de Montbeillard dans la même classe, & à tous égards, soit par rapport à l'incapacité de succéder, & pouvoir *demander la moindre chose*, soit par rapport à la nécessité de leur assurer *des alimens*, soit par rapport à leur naissance. Qu'on raisonne tant qu'on voudra, jamais on ne pourra sortir de ce parallele, qui est victorieux.

Au surplus, dans les Actes qui, comme celui-ci, présentent des doutes à l'esprit, il faut s'en tenir aux regles ; c'en est une de s'attacher à ce qui est clair ; il est clair que la Comtesse de Sponeck est traitée & a été mise dans l'Acte de Vilbade comme mere de deux enfans naturels ; il est clair qu'elle y a souscrit dans la confirmation de ce Traité ; il est clair que ses enfans y sont traités en enfans naturels. Donc il faut tenir pour constant qu'alors elle étoit regardée comme mere de deux enfans naturels.

C'est un autre principe, que dans les questions d'Etat, tout doit être interpreté contre ceux qui veulent être enfans légitimes, après avoir vêcu un temps considerable dans l'illégitimité. Ce principe doit sur-tout recevoir son application à l'espece presente par rapport au Traité de Vilbade, parce que avant, & depuis ce Traité, la Comtesse de Sponeck & ses enfans

fans ont été dans l'état d'illégitimité. De-là il fuit qu'il faudroit interpréter contre le Comte de Sponeck, s'il en étoit befoin, l'obfcurité des expreffions du Traité de Vilbade, où il cherche fon élevation.

Pourroit-on en ufer autrement, lorfqu'on voit ce qui a été fait par Guillaume de Sponeck dans les actes authentiques de 1701, & par J. R. de Sponeck dans le Traité de Vilbade & dans la confirmation de ce Traité.

Si la Comteffe de Sponeck avoit été femme du Duc de Montbeillard, fes deux freres auroient-ils ainfi concouru à détruire ce caractere qui eût fait pour eux le comble de l'élévation; l'auroient-ils fait dans la circonftance qu'ils étoient redevables de leur dignité de Comtes du Saint Empire à la Comteffe de Sponeck; leur conduite condamne celle du Comte de Sponeck. Elle détruit pleinement ce qu'il dit, que fa mere étoit en poffeffion de l'état de femme lors du Traité de Vilbade, & que ce Traité lui en donne le droit.

La conduite des oncles du Comte de Sponeck n'eft pas moins puiffante pour détruire toutes les inductions qu'il tire de la confirmation particuliere du Traité de Vilbade, que le Duc de Wirtemberg lui a fait faire avec ferment, par l'acte du mois d'Octobre 1715; lorfque l'un de fes oncles venoit de reconnoître qu'il devoit être mis au rang des enfans naturels du Duc de Montbeillard, & que l'autre long-tems auparavant avoit traité avec fa mere en qualité de fille, il faut dire que le Comte de Sponeck n'a fait au mois d'Octobre 1715, que ce qu'il devoit faire.

Si le Duc de Wirtemberg n'a pas exigé la même chofe des enfans de la Ducheffe de Montbeillard, c'eft parce qu'ils n'étoient pas en âge de s'obliger, & que leur mere l'avoit fait pour eux. Le Comte de Sponeck ne peut par conféquent en tirer aucun avantage pour établir fa légitimité.

Une réflexion qu'il faut faire fur l'acte du mois d'Octobre 1715, eft qu'au Confeil Aulique, le Comte de Sponeck a demandé d'en être relevé, & il en a été débouté par le decret contradictoire du 4 Septembre 1727; ici il ne demande pas à en être relevé : il le demanderoit inutilement, puifqu'on ne pourroit l'en relever; de-là il fuit qu'il eft non-recevable dans fa demande à être déclaré enfant légitime du Duc de Montbeillard.

Après tout ce qui vient d'être expliqué, pourroit-il être néceffaire d'entrer avec lui en difcuffion fur les inductions qu'il tire des Lettres de naturalité de 1719, & de tout ce qui a fuivi?

Quelques reflexions generales fuffiront pour en montrer l'illufion.

Il n'y a qu'à lire l'Acte de Célébration que le Comte de Coligny s'eft fait délivrer le 3 Juillet 1720 par le Miniftre de Rejovits & par les Magiftrats de Skoki, pour voir qu'il eft faux, & que la légalifation eft fauffe.

L'Extrait n'eft pas conforme au Regiftre, & c'eft une fauffeté, foit qu'on examine la conduite du Miniftre qui l'a délivré, foit qu'on examine la difference de l'extrait au Regiftre. Le Miniftre a attefté avoir fait un extrait très-fidel, *fideliffimè defcripfi & extradidi*. La difference du Regiftre à l'extrait, confifte dans les additions, qui ont paru au Comte de Coligny, néceffaires pour établir le mariage, & dans des retranchemens néceffaires pour lever les obftacles que le Regiftre faifoit à cette entreprife.

La legalifation eft fauffe; & l'on ne peut en douter, parce que les Certificateurs ne fe font pas contenté de certifier le fait du Miniftre, comme cela fe fait ordinairement; mais on leur a repréfenté le Regiftre, *Librum authenticum metrices Templi Rejovvicenfis proprium vidimus*; ils ont tranfcrit dans

M

leur Acte l'extrait tiré par le Ministre ; ils ont attesté qu'il étoit *verum, reale,* *non immutatum;* ainsi ils ont attesté une fausseté qu'ils connoissoient : ils ont fait plus ; car sans qu'il en fût question, ils ont rendu un témoignage d'oüi-dire sur le mariage. Pour que des Juges se portent à de pareils excès, il faut de grands ressorts.

Ce sont les mêmes Juges qui après s'être ainsi expliqués, se sont oubliés jusqu'à faire le lendemain 4 Juillet 1720, sur la requisition du Comte de Coligny, l'Enquête dont le Comte de Sponeck a tant parlé.

Ces pieces ont été produites à Vienne ; & ce qui seroit incroyable, si on n'en rapportoit la preuve, on les a fait adopter par le feu Duc de Montbeillard ; l'on a même, comme il vient d'être observé, fait imprimer le faux extrait de célébration avec la fausse legalisation, sous le nom de ce Prince, on l'a ainsi distribué à Vienne & dans toute l'Allemagne.

Ce fait, qui est superieur à toutes reflexions, prouve que le Comte de Sponeck & ceux qui étoient dans l'intrigue, ont abusé de la foiblesse du Prince pour lui faire adopter tout ce qui a été fait depuis le mois de Juin 1719. La conséquence qui en résulte est, qu'il faut écarter de la cause tout ce qui a été fait dans ce tems-là, pour se fixer à l'état où l'on étoit auparavant.

Comme les declarations du Duc Ulrich d'Oels, & celles de la Duchesse d'Oels, sont posterieures au mois de Juin 1719, & qu'elles ont pour fondement la complaisance qu'ils ont eûë pour le Duc de Montbeillard, il faut aussi les écarter de la cause. On a même l'avantage que le Duc Ulrich s'en est expressément expliqué par un acte du 23 Novembre 1722, que feu M. le Duc de Wirtemberg a produit en 1725 au Conseil du Roi.

RECAPITULATION.

Pour établir qu'il y a eu un mariage fait à Rejovvits le 1 Juin 1695 entre le Duc de Montbeillard & la Comtesse de Sponeck, le Comte de Sponeck rapporte le Registre de Rejovvits, & un Certificat qu'il qualifie d'acte de célébration.

Mais ces deux actes ne sont pas recevables en Justice. 1°. Ils ne sont pas dûëment verifiés. Le défaut d'une reconnoissance valable de plusieurs piéces rapportées par la femme du Colonel qui plaidoit à la Diete de Ratisbonne en 1727, pour soutenir la verité & la validité de son mariage, contribua à lui faire perdre sa cause quoi que les pieces qu'elle produisoit fussent concluantes pour la possession de son état de femme.

2°. La mention du Registre, qui seroit seule capable de faire un Acte de célébration, est faite après coup, & par-conséquent elle est fausse; donc elle doit être rejettée.

3°. Le Comte de Sponeck assure que le Certificat est de la main de celui qui a fait la mention du Registre ; c'est donc l'ouvrage d'un homme qui a fait une fausseté. La conséquence est qu'il doit être rejetté.

4°. Il faudroit encore le rejetter, par la raison que les Certificats particuliers ne sont pas admissibles, sur-tout quand il y a des Registres.

5°. Il faudroit aussi le rejetter, par la raison qu'il est de main privée, sans date, destitué de preuves qui puissent assurer le temps où il a été fait, le temps où il a été donné, la personne à qui il a été donné, le temps où l'Auteur, tel qu'il soit, est décédé. Le Comte de Sponeck lui-même le rend inutile par la liberté qu'il donne dans ses embarras de placer le mariage en telle année qu'on voudra avant 1715 ; comme il n'y a point d'Acte dans la caufe capable de faire foi en juftice , qui en détermine l'Au-teur, rien n'empêche de dire que le certificat a été fait depuis 1718 , & que la mention du Regiftre eft du même temps.

Au fond , la mention fur le Regiftre & le Certificat n'auroient pas été capables de former un mariage entre qui que ce foit, dans aucun pays, parce qu'il n'eft pas de pays où un homme public puiffe obliger qui que ce foit par de fimples lettres initiales : Il n'en eft pas même où un homme pu-blic puiffe obliger par des Actes que fes fonctions ne lui permettent pas de faire : il n'eft pas où l'on puiffe marier perfonne , en donnant à l'un des époux la liberté de conferver ou anéantir fon engagement , & celui de l'autre.

On doit le dire pour tous les hommes , parce qu'ils appartiennent tous à l'Etat ; mais on doit le dire fur-tout pour les perfonnes d'un rang émi-nent , pour les Princes , pour les Souverains.

C'eft un Souverain , alors Prince héréditaire , qu'on prétend avoir été marié en lettres initiales ; & outre les raifons generales, qui déterminent qu'il n'y auroit pas dans les Actes qu'on rapporte un engagement capable de former un mariage, on ne trouve ici ni le Souverain , ni la perfonne à laquelle on voudroit qu'il eut été marié ; l'on trouve même des obftacles invincibles.

Il eft d'ailleurs prouvé que ce Prince étoit le premier Juin 1695 en Hongrie à Szoboflavv à la tête d'une partie de fon Régiment , fous le Commandement du Comte de Solar , à plus de 250 lieuës de Rejovvits.

Il eft en même temps prouvé par une Sentence du Confiftoire du Bref-lavv que la Comteffe de Sponeck avec laquelle on voudroit qu'il a été marié étoit fille au 18 Août 1695. Il eft prouvé par des Titres au-guftes & autentiques qu'elle étoit fille en 1701; elle eft partie dans la Sen-tence, elle l'eft dans les Titres, c'eft fon frere qui lui a donné cette qua-lité, c'eft elle-même qui fe l'eft donnée, le Duc de Montbeillard y a foufcrit.

Tout cela eft prouvé par les Princes de Montbeillard aufquels il fuffiroit de dénier le prétendu mariage du premier Juin 1695 , parce que le Comte de Sponeck qui en demande l'execution a perpetuellement vécu jufqu'à l'intri-gue de 1719 dans l'état d'enfant naturel.

Le Comte de Sponeck ne laiffe pas de prétendre qu'il a une poffef-fion publique , & pour lui , & pour fa mere ; mais on le défie de rapporter pour lui aucun Acte de légitimité avant les lettres de naturalité du mois de Juin 1719, enforte que, s'il eft né le 12 Décembre 1697, comme il le dit fans le prouver , il auroit vingt-un an & demi d'illegitimité.

Si fa mere étoit devenuë femme du Duc de Montbeillard le premier Juin 1695 elle auroit caché fon mariage pendant vingt-cinq ans fans avoir de rai-fon pour le cacher, & en ayant eû un très-grand nombre pour le rendre pu-blic ; cet état confirme qu'elle n'a jamais été femme du Duc de Montbeil-lard , comme il réfulte de la Sentence de Breflavv & des Actes de 1701.

C'eft ce qui eft encore confirmé par le fait que dans des occafions inte-reffantes, aux approches même du mois de Juin 1719 , elle a été traitée publiquement comme mere d'enfans naturels ; elle a marié fes enfans au mois de Février 1719. comme enfans naturels.

Dans l'efpace de 25 ans le Comte de Sponeck ne trouve que deux Actes dont il argumente , qui font le divorce prétendu fait en 1714, & le Traité de Vilbade de 1715 ; mais il n'y eft pas dit un feul mot du mariage de

1695 ; le Traité de Vilbade ne permet pas même de penſer qu'il y eût un mariage avec la Comteſſe de Sponeck. Quand il y auroit eu un divorce fait en 1714 , ce ne ſeroit pas un argument concluant pour le mariage de 1695 ; mais tout dit que le divorce eſt une ſuppoſition faite pour l'intrigue ; il n'eſt pas poſſible ſur ce point de réſiſter au fait que J.R. de Sponeck & le Miniſtre Sur-Intendant de Cour qui ont ſigné l'aprobation de ce divorce , ont depuis 1714 , avant l'intrigue , traité la Comteſſe de Sponeck comme mere d'enfans naturels.

S'il y avoit des doutes , & l'état de la mere , & l'état des enfans obligeroient de les expliquer contre eux. Non ſeulement leur état l'exigeroit , mais celui de la Ducheſſe de Montbeillard & de ſes enfans l'exigeroit auſſi ; la Ducheſſe de Montbeillard depuis ſon mariage , qui a été public & ſolemnel , a joüi de ſon état ; ſes enfans en ont joüi ; avant l'intrigue ils avoient un droit acquis ; ils avoient celui de ſe dire ſeuls enfans légitimes du Duc de Montbeillard.

Voilà en ſubſtance les moyens ſur leſquels on vient d'établir que le Comte de Sponeck & la Comteſſe de Coligny ne pourroient eſperer d'être déclarés légitimes , ſi leur droit étoit entier. Mais on a montré qu'il ne l'eſt pas. Premierement , à Vienne leur état eſt décidé par des caracteres qui les réduiſent à la condition d'enfans naturels. Secondement , le Comte de Sponeck n'eſt pas recevable à demander d'être declaré légitime à cauſe de l'Acte du mois d'Octobre 1715 qui ſubſiſte.

Il a d'ailleurs été établi à l'Audience , & dans des Memoires dignes de l'attention des Juges , & du Public , que s'il étoit poſſible , ce qui n'eſt pas , d'admettre un mariage fait en 1695 , il ne ſeroit pas valable , pour avoir été célébré contre les Loix de Pologne ſans le pouvoir du Curé de Skoki , & pour l'avoir été ſans le conſentement du Prince George ; ce ſecond moyen intereſſe les Souverains.

Il eſt tems que le Public ſoit vangé du ſcandale que le Comte de Sponeck lui donne par ſes entrepriſes : celui de vouloir dans les circonſtances de la cauſe , marier un Souverain en lettres initiales , par un certificat ſans datte , ſoutenu par un faux acte de célébration , doit étonner toutes les Nations.

Me SICAULD, Avocat.

OBMISSIONS ET FAUTES D'IMPRESSION.

Page 2. ligne 40. il y eu , liſez il y a eu.
P. 7. l. 23. ſur cette explication , liſez de cette explication.
P. 8. l. 31. c'eſt ſon fils , liſez c'eſt ſon frere.
Idem. l. 36. & celle , liſez & de celle.
P. 12. l. 13. ce ſeroit les cas , liſez ce ſeroit le cas.
P. 15. l. 3. Hedvviger , liſez Hedvvige.
P. 19. l. 30. la tendreſſe , ôtez la.
P. 20. l. 9. C'eſt que , liſez il eſt de fait que.
P. 23. à la ligne 22. ajoutez , Comme il n'eſt pas poſſible d'imaginer que le Prince de Montbeillard ait quitté le Service pour aller ſe marier à Rejovvits.

P. 24. l. 4. dans l'Armée d'Hongrie , liſez le Corps de Troupes qui marchoit à l'Armée d'Hongrie.
P. 25. ligne pénultiéme , dans , liſez pour.
P. 27. l. 41. avant le mot il s'agit , liſez mais.
P. 30. l. 14. ôtez de.
P. 30. l. 45. premier , liſez prétendu.
P. 31. l. 16. ce qu'il a dit , liſez tout ce qu'il a dit.
Idem. l. 42. les , liſez ces.
P. 39. l. 5. ôtez particulierement.
Idem. l. 13. maître abſolu , liſez maître , abſolu.
Idem. l. 20. la , liſez le.

De l'Imprimerie de CLAUDE SIMON, ruë des Maſſons, du côté de la ruë des Mathurins. 1736.

11.424

OBSERVATIONS

SUR LES JUGEMENS DU CONSEIL AULIQUE
dans l'Affaire de Montbelliard.

E Duc de Wirtemberg qui ne peut se flatter de détruire les preuves du mariage contracté à Rejowits entre Leopold-Eberhard, Duc de Wirtemberg-Montbelliard, & Anne-Sabine de Hedviger, ni la legitimité des enfans qui sont nés de ce mariage, prétend se retrancher dans les Jugemens du Conseil Aulique qu'il a fait rendre en sa faveur, & les opposer comme une espece de barriere aux droits de la femme & du fils legitime.

Mais quelques reflexions suffisent pour dissiper le phantôme dont on veut nous effrayer, & pour faire voir qu'il n'est pas même permis de consulter de prétendus Jugemens, qui ne portent aucun caractere, ni d'autorité ni de Justice.

1°. Les biens qui donnent lieu à la contestation sont situez en France, ils ne sont point soumis à l'autorité du Conseil Aulique; on ne peut donc se faire un titre des Jugemens qu'il a pû rendre. C'est un principe inviolable de chaque Gouvernement, qu'on n'y reconnoît d'autre autorité que celle du Souverain, sans égard pour tout ce qui est émané d'une Puissance étrangere; jamais en France on ne s'est écarté d'une maxime si interessante pour l'ordre public; autrement ce seroit un Prince étranger qui donneroit des Loix dans le Royaume, les biens qui y sont situez seroient enlevez à l'un & déferez à l'autre par ses ordres, & le possesseur n'auroit pour titres que des Jugemens qui ne porteroient point le caractere de la Puissance publique; on ne craint point de le dire, ce seroit un attentat à l'autorité du Roy que de le prétendre.

Qu'on ne dise pas que le droit des Parties dépend du mariage d'un Prince de l'Empire; car il faut bien distinguer ce qui fait l'objet de la contestation, des moyens qu'on employe pour la faire décider, pour l'ordre des Jurisdictions, pour la competence des Tribunaux, c'est l'objet seul de la contestation qu'il faut considerer. S'agit-il de biens situez en France, de sçavoir à qui la proprieté en appartient, c'est au Roy seul à prononcer, ou aux Tribunaux qu'il a établis pour en connoître; quelque moyen qu'on employe, quelque titre qu'on invoque, son autorité est toujours la même. Il est donc absolument indifferent de sçavoir si la contestation dépend du mariage d'un Prince de l'Empire, ou d'un autre moyen. L'objet réel de la contestation, ce sont des biens situez en France, des biens qui ne sont soumis qu'à l'autorité du Roy; le Roy seul est donc en droit de prononcer sur les prétentions respectives des Parties.

Ainsi sans autre discussion, il faut absolument écarter les Jugemens du Conseil Aulique; quelque décision qu'ils renferment, ils ne peuvent avoir aucune autorité dans le Royaume; la question qui se presente

A

est entiere, & ce n'est que de l'autorité & de la sagesse du Roy que les Parties doivent attendre leur destinée.

2°. On ne peut pas même se faire un préjugé de ce qui est émané du Conseil Aulique; le dévouement du Duc de Wirtemberg pour la Cour de Vienne, le zele avec lequel il avoit soûtenu ses interêts dans toutes les occasions, les secours que l'Empereur avoit lieu d'en attendre dans la suite; le pacte qui appelloit la Maison d'Autriche à la succession des biens de la Maison de Wirtemberg, en cas qu'elle vînt à s'éteindre, tout donnoit au Duc de Wirtemberg un credit si puissant à la Cour de Vienne, qu'il n'est pas extraordinaire qu'on lui ait sacrifié la branche de Montbelliard, foible par elle-même, & necessairement liée à la France par les biens qu'elle possede dans le Royaume. Pourroit-on déferer en France à des Jugemens qui partent d'un principe si suspect, si contraire à l'interêt de l'Etat, & à l'honneur de la Monarchie?

3°. S'il étoit permis après cela de se livrer à un examen plus particulier de ces Jugemens, on n'auroit pas de peine à reconnoître qu'il y regne une contradiction qui suffit pour les décrediter, qu'on n'y apperçoit ni regles, ni principes, & qu'une aveugle partialité éclate à chaque disposition.

Pour faire sentir cette verité, il faut remonter à la Convention de Wilbade du 18 May 1715. Le Duc de Wirtemberg ne s'étoit fait accorder la succession aux Etats de Montbelliard, que sur le fondement que le Duc Leopold-Eberhard n'avoit pas contracté *de mariage licite*, *suffisamment qualifié*, *& suivant que l'état de leur Maison de Prince le requeroit*; on a déja fait voir qu'il resulte clairement de ces termes, que la verité du mariage du Duc de Montbelliard avec Anne-Sabine de Hedviger étoit demeurée pour constante, & que les enfans qu'ils avoient étoient reconnus pour legitimes; c'est pour cela que le Duc de Wirtemberg prit la précaution de se faire ceder les droits du fils legitime, & de faire confirmer cette cession par un serment corporel.

Quand le Duc de Montbelliard eut secoué le joug d'une Convention si odieuse & si illegitime, en faisant reconnoître son fils pour Prince Hereditaire, le Duc de Wirtemberg, toujours animé du même esprit qui avoit regné dans la Convention de Wilbade, se reduisit à en demander l'execution, & soutint que ce fils, quoique legitime, ne pouvoit s'arroger ni la qualité de Prince, ni le droit de succeder à la Souveraineté de Montbelliard : il n'imagina pas même alors de revoquer en doute ni la verité, ni la validité du mariage, & le Conseil Aulique entrant dans les mêmes vûes, n'a jamais pensé à donner atteinte à l'état legitime du fils, mais seulement à l'exclure de la Principauté de Montbelliard, & des prerogatives attachées à la qualité de Prince de l'Empire.

C'est ce qui paroît dans tous les Jugemens qu'il a rendus depuis 1721. jusqu'à celui du 18 Septembre 1739. dans lequel changeant tout d'un coup de sistême & de principes, il a entrepris contre toutes sortes de regles de prononcer sur la question de legitimité que le Duc de Wirtemberg n'avoit jamais agitée.

On est donc en droit d'opposer à ce dernier Jugement tous ceux que ce même Conseil Aulique avoit rendus auparavant, ce Tribunal n'a pas pû se reformer lui-même; & malgré les excès auxquels il s'est porté en dernier lieu, la verité qu'il a reconnue dans les tems precedens subsistera toujours. Qu'on parcoure en effet tous ces Jugemens, & l'on verra que ceux qui ont précedé celui du 18 Septembre 1739. sont aussi favorables au fils legitime dans le point dont il s'agit aujourd'hui, qu'on a voulu lui rendre funeste celui qu'on a rendu en dernier lieu.

Le Refcrit de l'Empereur du 8 Novembre 1721. donné fur la fimple Requête du Duc de Wirtemberg, contient des défenfes au Duc de Montbelliard de donner à fa femme & à fes enfans le titre de Princes & de Princeffes : ce n'étoit pas qu'il y eût le moindre doute fur l'état des uns & des autres, fur le mariage, fur la naiffance ; mais on fuppofoit que fuivant la Convention de Wilbade & les Ufages de l'Empire, un mariage inegal, quoique legitime, ne communiquoit point à la femme les prérogatives de fon mari, ni aux enfans celles de leur pere.

C'eft ce qui eft parfaitement expliqué dans le Jugement qui fut rendu le 8 Avril 1723. fur l'oppofition que le Duc de Montbelliard avoit formée au Refcrit de 1721. on n'avoit point prononcé pendant fa vie fur cette oppofition ; mais auffi-tôt qu'il fut mort, le Duc de Wirtemberg fit rendre un Jugement, par lequel après avoir renouvellé les défenfes portées par le Refcrit du 8 Novembre 1721. il eft dit : *Que conformément aux droits connus & à l'ufage pratiqué en Allemagne, conformément aux pactes de famille de 1617. enfuite de l'aveu fait en differentes reprifes en 1715. par M. le Duc de Montbelliard, & confirmé par ferment corporel de Georges-Leopold Comte de Sponeck, il eft déclaré inhabile à porter la dignité du Prince fon pere, & à la fucceffion des Allodiaux & Fiefs immediats de l'Empire.*

Par les motifs & par les difpofitions de ce Jugement, il eft évident qu'on reconnoiffoit le fils du Duc de Montbelliard pour legitime & pour capable de fucceder ; on le déclare feulement inhabile à porter la dignité de fon pere, & à fucceder aux Allodiaux & Fiefs immediats de l'Empire, attendu, dit-on, l'ufage pratiqué en Allemagne, les pactes de famille de 1617. les reconnoiffances du Duc de Montbelliard en 1715. & le ferment corporel de fon fils ; mais fi le Duc de Montbelliard n'avoit point époufé Anne-Sabine de Hedviger, fi le mariage étoit nul, il ne falloit point recourir à d'autres moyens ; dans tous les Pays du monde les bâtards ne fuccedent point ; pourquoi donc invoque-t-on les ufages de l'Allemagne ? C'eft parce qu'on prétend que dans l'Empire les enfans nés d'un mariage inegal ne fuccedent point à la dignité de leur pere ; pourquoi rappelle-t-on les pactes de famille de 1617 ? C'eft parce qu'on fuppofe que fuivant ces pactes de famille, qu'on appelle dans la Maifon de Wirtemberg le Traité des cinq freres, les puînez de cette Maifon ne doivent fe marier qu'à des perfonnes de leur rang ; enfin pourquoi a-t-on recours aux reconnoiffances du Duc de Montbelliard en 1715. c'eft-à-dire à la Convention de Wilbade, & au ferment corporel du fils legitime ? c'eft parce qu'on y a fait dire au Duc de Montbelliard qu'il n'a point contracté de mariage licite fuffifament qualifié, fuivant que l'état de fa Maifon le requeroit ; voilà les motifs du Jugement bien développez, ils ne roulent tous que fur l'inegalité des conditions dans le mariage du Duc de Montbelliard avec Anne-Sabine de Hedviger. Le mariage en lui-même eft certain, il eft legitime ; mais la femme n'étoit pas d'un rang auffi élevé que fon mari, en confequence on défend au fils de prendre la qualité de Prince, on le déclare inhabile à porter la dignité de fon pere, & à fucceder aux Allodiaux & Fiefs immediats de l'Empire ; on le reconnoît donc legitime, né dans le fein d'un mariage qu'on ne peut défavouer. Voilà ce qui refulte du Jugement du 8 Avril 1723. quelque injuftice qu'on y ait faite au fils legitime, il y trouve au moins cet avantage que fes plus cruels ennemis n'ont pas crû alors pouvoir élever aucune conteftation fur fon état.

Ce qui confirme cette verité eft, qu'on ajoute par raport aux enfans que le Duc de Montbelliard avoit eûs d'Henriette-Hedvige Baronne de l'Efperance, *qu'on s'en tient à la déclaration faite par le Duc de Montbelliard dans fes productions du 9 Novembre 1722. portant qu'étant enfans naturels, il n'étoit point queftion d'eux dans la prefente inftance.*

Cette difpofition acheveroit de lever tous les doutes s'il en pouvoit refter quelqu'un : on diftingue parfaitement le fils legitime des enfans naturels ; pour le fils legitime fuivant les ufages d'Allemagne, fuivant le Traité des cinq freres, fuivant la Convention de Vilbade, il fera inhabile à porter la dignité de fon pere, & à fucceder aux Allodiaux & Fiefs immediats de l'Empire ; pour les enfans naturels, il n'en eft pas queftion, cette qualité les exclud neceffairement de toutes prétentions.

Comme il ne s'agit point aujourd'hui de la qualité de Prince de l'Empire, ni de la capacité de fucceder aux Allodiaux & Fiefs immediats de l'Empire, mais feulement de recueillir en France des biens d'une nature ordinaire, loin que ce Jugement puiffe être oppofé au fils legitime, il eft plus clair que le jour qu'il décide abfolument en fa faveur, & qu'en le reconnoiffant legitime, il établit neceffairement le droit qu'il a de fucceder à des biens qui ne fe regiffent que par le droit commun.

Ce Jugement du 8 Avril fut fuivi d'un autre du 16 du même mois, dans lequel le Confeil Aulique animé toujours du même efprit, caffoit tout ce qui avoit été fait lors de la prife de poffeffion des Etats de Montbelliard par le fils legitime, & ordonnoit que le Duc de Wirtemberg en feroit mis en poffeffion, fans préjudice des droits de la branche de Wirtemberg-Oëls.

Ces difpofitions ne pouvoient regarder que la Principauté de Montbelliard, comme Fief immediat de l'Empire ; mais pour les Terres & Seigneuries fituées en France, non-feulement elles n'étoient point comprifes dans ces Jugemens, mais elles n'étoient pas même foumifes au pouvoir, à la Jurifdiction de l'Empereur, ni du Confeil Aulique. Le fils legitime du Duc de Montbelliard s'adreffa donc au Parlement de Befançon & au Confeil de Colmar pour en être mis en poffeffion ; il s'adreffa de même à l'Evêque de Bâle pour recevoir l'Inveftiture du Fief de Francalmont, ces démarches donnerent lieu à un Decret de l'Empereur du 21 Août 1724. par lequel en fuppofant que toutes les Terres de la fucceffion du Duc de Montbelliard étoient unies à la Principauté de Montbelliard, & étoient dans la mouvance immediate de l'Empire, l'Empereur fait de nouvelles défenfes de prendre les titres & armes Ducales de Wirtemberg, & prononce differentes peines en cas qu'on contrevienne à fes ordres. Mais il y a une obfervation très-importante fur ce Decret ; c'eft que l'Empereur fe plaint des entreprifes du fils legitime, *comme s'il avoit été exclus, à caufe du mariage inegal & difproportionné de fon pere, feulement de la fucceffion du Fief immediat haut regalien de la Principauté de Montbelliard, quoique notoirement les neuf Seigneuries incorporées à la Principauté de Montbelliard ayent été conservées fous la Souveraineté de l'Empire Romain par l'article 13. du Traité de Rifwik & par l'article 12. de celui de Bade.* On voit par là quel étoit le principe de tous ces Jugemens, c'eft *le mariage inegal & difproportionné du pere,* voilà ce qui a fait déclarer le fils inhabile à fucceder aux Fiefs immediats de l'Empire, fuivant les ufages reçûs en Allemagne, incapacité qu'on
étend

étend aux Seigneuries, parce qu'on les suppose mouvantes de l'Empire, & incorporées à la Principauté de Montbelliard. En cela le Conseil Aulique formoit lui-même une entreprise manifeste sur les droits du Royaume, puisque ces neuf Seigneuries sont situées en France, & soumises à la domination de Sa Majesté, comme cela a été reconnu depuis par la discussion la plus exacte des titres ; mais il est toujours certain par ce Decret même que le fils n'avoit été exclu *qu'à cause du mariage inegal & disproportionné de son pere*; il y avoit donc un mariage, & un mariage valable, le fils né de ce mariage étoit donc legitime ; tout cela étoit constant & reconnu à la Cour de Vienne, tout cela étoit avoué par le Duc de Wirtemberg; ainsi on ne peut trop le repeter, ces Decrets même sont décisifs dans la contestation presente, où l'on ne peut pas dire que l'inegalité des conditions entre les pere & mere puisse nuire au fils dans les droits qu'il reclame sur les biens du Royaume.

* Cependant le fils du Duc de Montbelliard qui ne vouloit pas abandonner ses droits sur les biens de l'Empire, demanda au Conseil Aulique les Allodiaux situez en Allemagne, les biens propres & maternels, & une provision alimentaire sur la Principauté de Montbelliard ; mais comme ces demandes étoient accompagnées de reserves pour la conservation de tous ses droits, par un Jugement du 4 Septembre 1727, il fut ordonné qu'on *lui communiqueroit l'exposé du Duc de Wirtemberg touchant la succession dans les Allodiaux & les alimens, de même qu'en ce qui regarde les biens propres & maternels*; & par un autre du 21 Juin 1728, il fut ordonné, *qu'avant toutes choses le fils du Duc de Montbelliard donneroit des preuves certaines & justificatives de sa soumission aux Decrets de Sa Majesté Imperiale à se désister des titres & armes, de même que de son recours à des Jurisdictions étrangeres, en l'avertissant que sans ce prealable il ne sera plus admis pour ses autres prétentions pour raison des provisions alimentaires, des biens Allodiaux de la succession, de même que pour les biens propres & maternels*.

On voit le piege qui étoit tendu par là au fils legitime ; on vouloit d'un côté qu'il renonçât au titre & aux armes de Wirtemberg, à tous ses droits sur Montbelliard & sur les Fiefs immediats de l'Empire ; de l'autre qu'il se désistât de toutes les demandes qu'il avoit formées en France pour les biens qui y étoient situez, & que le Conseil Aulique vouloit reclamer pour l'Empire ; mais le fils du Duc de Montbelliard refusa de se prêter à des conditions si dures & si injustes; il se seroit plûtôt réduit aux dernieres extrémitez, que de trahir si honteusement les droits de sa naissance ; aussi a-t-il abandonné les demandes qu'il avoit formées à la Cour de Vienne.

Mais un nouvel ennemi le traduisit encore au Conseil Aulique en 1730. ce fut la Baronne de l'Esperance, qui sous prétexte de reclamer les titres & effets qu'elle prétendoit qu'on lui avoit enlevez, soutint que ses enfans étoient seuls legitimes, &, qu'il n'y avoit point eu de mariage valablement contracté entre le feu Duc de Montbelliard & la Demoiselle de Hedviger. Le fils legitime méprisa un pareil Adversaire, il ne daigna pas défendre à ses demandes; la Guerre survenue en 1733. entre la France & l'Empereur étoit un nouvel obstacle qui ne lui permettoit pas d'agiter à Vienne une pareille question ; aussi la Baronne de l'Esperance fit-elle rendre un Jugement le 5 May 1734. qui déclara la cause tombée en contumace. La paix ayant été rétablie, le fils legitime forma opposition à ce Jugement; mais par le dernier

B

6

Jugement qui eft intervenu le 18 Septembre 1739. le Confeil Aulique a refufé de le reftituer contre la contumace, & d'écouter fa défenfe au fond.

Ce refus de toute juftice ne feroit par lui-même d'aucune confequence, auffi le Confeil Aulique ne s'y eft-il pas renfermé, mais prononçant fur des objets qui n'avoient jamais fait la matiere d'aucune conteftation devant lui, il a tenté de porter les coups les plus funeftes à un enfant malheureux qu'il vouloit accabler fous le poids de fon indignation. Dans ce Jugement, après avoir fuppofé que le *Comte de Sponeck, la Baronne de l'Efpérance & fes enfans avoient reconnu par un ferment réitéré en 1715 tout ce que le Duc de Montbelliard avoit déclaré dans le Traité de Wilbade au fujet de l'illegitimité de fes deux prétendus mariages, & de la naiffance illegitime de fes enfans, & que Sa Majefté Imperiale avoit refufé le 8 Novembre 1721. à M. le Duc de Montbelliard la legitimation de fes enfans naturels,.... le Confeil Aulique déclare qu'il manque aux deux mariages ce qui eft requis pour un mariage legitime, & que pour raifon des crimes compliquez ils doivent être déclarez pour nuls & de nulle valeur, comme auffi les enfans qui en font iffus pour enfans illegitimes.*

Quelque referve qu'imprime le nom toujours refpectable de l'Empereur, qui fe trouve à la tête d'un pareil Jugement, il eft bien difficile de ne fe pas foulever contre tout ce qui y eft avancé, & ftatué au mépris des veritez les plus claires & les plus conftantes.

1°. On prononce la nullité des deux mariages du feu Duc de Montbelliard, fans que jamais le Duc de Wirtemberg l'eût demandé, & fans qu'il en fût même queftion dans l'affaire, où il ne s'agiffoit que de relever le fils legitime contre la contumace obtenue 1734. par la Baronne de l'Efpérance. Pouvoit-on être en garde contre un coup fi imprévû? Pouvoit-on fe défendre contre une prétention qui n'étoit point formée, & lorfqu'il n'y a eu ni demande, ni défenfe, peut-on dire que ce qui eft intervenu foit un Jugement?

2°. On a vû en parcourant les Jugemens precedens que la verité, que la validité du mariage du Duc de Montbelliard avec Anne-Sabine de Hedviger, avoit été reconnue tant par le Confeil Aulique, que par le Duc de Wirtemberg, qu'on avoit declaré le fils légitime inhabile feulement à porter la dignité de fon pere, & à fucceder aux Fiefs immediats de l'Empire, en lui refervant fes droits fur les allodiaux, & fur les biens propres & maternels; & qu'on ne s'étoit fondé pour cela que fur le mariage inegal & difproportionné de fon pere. Comment donc le Confeil Aulique après avoir confirmé cette verité dans un fi grand nombre de Jugemens pendant près de 20 années, change-t'il fubitement de fiftême & de parti, & prétend-il exclure indéfiniment de toutes fucceffions comme enfant illégitime & né d'un mariage nul, celui qu'il n'avoit jugé inhabile à recueillir certains biens, qu'à caufe de l'inégalité des conditions qui fe trouvoit dans le mariage de fes père & mere? Une contradiction fi fenfible ne fuffiroit-elle pas pour foulever tous les efprits contre l'iniquité évidente de ce dernier Jugement?

3°. A quelles fuppofitions a-t'on recours pour appuyer une pareille décifion? On dit que le Duc de Montbelliard avoit reconnu en 1715. l'illégitimité de ces deux prétendus mariages; mais le Confeil Aulique s'eft tellement égaré dans cette difpofition, qu'il n'a pas même reflechi que le fecond mariage, qui eft celui de la Baronne de l'Efperance, n'a été contracté qu'en 1718. enforte qu'on veut que le Duc de Montbelliard ait reconnu illégitime trois ans avant qu'il fût fait. Nous sommes bien éloignés de prendre la défense de ce mariage ; mais on ne peut pas se dissimuler à soi-même qu'il fallut que ceux qui ont redigé ce Jugement soient tombés dans un étrange aveuglement pour donner dans un pareil anacronisme. Par rapport au premier mariage, est-il vrai que le Duc de Montbelliard l'ait reconnu illegitime en 1715 ? Il a reconnu qu'il n'étoit pas licite, suffisamment qualifié, & tel que l'état de sa Maison le requeroit, c'est-à-dire, qu'il étoit inégal & disproportionné ; mais un mariage inégal & disproportionné n'est point un mariage illégitime : il n'y a donc que supposition dans ces motifs.

4°. Le serment réiteré du fils en 1715. ne portoit point encore sur la validité du mariage de ses pere & mere ; mais quel titre contre les droits inviolables de la naissance, que le serment éxigé de la timidité d'un Prince de dix-sept ans, obligé de se soumettre à l'autorité de son pere & de son Souverain !

5°. On ne craint point d'avancer dans ce Jugement , que l'Empereur avoit refusé au feu Duc de Montbelliard le 8 Novembre 1721. la legitimation de ses enfans ; cependant il est constant que ce Rescrit n'avoit été donné que sur la supplique seule du Duc de Wirtemberg. Comment donc a-t-on pû supposer qu'il y eût une demande de la part du Duc de Montbelliard ? & comment même a-t-on pû porter la supposition jusqu'à avancer que le Duc de Montbelliard eût demandé la légitimation des enfans qu'il avoit eu de la Comtesse de Sponeck ? C'est un fait hazardé contre la verité la plus constante, fait dont on défie nos Adversaires de rapporter la moindre preuve. Quelle idée peut-on se former d'un Jugement appuyé sur un motif si calomnieux ?

Enfin on se contente d'alléguer en termes vagues , que ces deux mariages, par des crimes compliqués, doivent être declarés nuls, sans indiquer quels sont ces pretendus crimes, parce qu'il est réellement impossible d'en decouvrir la moindre trace. Sans porter plus loin les reflexions, nous en avons assez dit pour faire sentir que ce dernier Jugement n'est que l'ouvrage de la passion & de la colere, & qu'il n'est propre qu'à revolter tous ceux qui consulteront la verité & la justice.

En effet comment concevoir que le Conseil Aulique se soit porté en 1739. à declarer illégitime un fils dont la naissance n'avoit jamais été attaquée en elle-même , & à qui l'on n'avoit jamais opposé que l'inégalité des conditions de ses pere & mere. Il suffit de jetter les yeux sur le Memoire que le Duc de Wirtemberg donna à la Cour de Vienne en 1722. pour être convaincu qu'il reconnoissoit la verité du mariage de 1695. & la légitimité des enfans ; il est vrai qu'il accabloit d'injures & la mere & les enfans, mais le mariage n'en demeuroit pas moins pour certain , & c'étoit même le seul moyen qu'il opposa pour combattre le prétendu mariage de la Baronne de l'Esperance de 1718. On peut voir les pages 31 , 32 & 33 de ce Memoire ; on y trouvera les moyens qui établissent la nullité du divorce sur lequel la Baronne de l'Esperance se fondoit pour faire valoir le prétendu mariage de 1718. on y combat le pretexte frivole de la disparité d'humeurs sur lequel le divorce étoit fondé ; on ajoute que *ce qui rend encore ce divorce évidemment nul , est qu'il s'est fait, non à l'instance d'Anne-Sabine de Hedviger , qui étoit la Partie innocente , mais à celle du Duc de Montbelliard qui étoit la Partie coupable d'adultere & d'inceste. De ce divorce , dit-on , fait contre tout droit & raison , naît encore une autre nullité , en ce qu'on a donné au Duc de Montbelliard la liberté de se remarier ailleurs , quoique cela ne puisse être accordé qu'à la Partie innocente . . . . .*

par où le Duc de Montbelliard s'eſt joué, & a fait à ſon gré un veritable & ſcandaleux mépris du ſaint état du mariage. Ne reſulte-t'il pas de toutes ces expreſſions, que la verité du mariage de 1695. étoit reconnue? autrement de quoi auroit-il ſervi d'employer tant de moyens contre le divorce, qui, étoit inutile s'il n'y avoit point de mariage?

Le Duc de Wirtemberg ne conteſtoit donc alors au fils légitime, que la capacité de ſucceder à la Principauté de Montbelliard, & aux Fiefs immédiats de l'Empire, & c'eſt auſſi le ſeul objet des Jugemens que le Conſeil Aulique rendit en 1723. & en 1727. pretexte frivole, ſuivant l'uſage même de l'Allemagne, comme on pourroit le prouver par une foule d'exemples tirés des plus grandes Maiſons. Sans remonter à des tems éloignés, on a vû preſque de nos jours Jean-Louis, Prince d'Anhalt-Zerbſt, marié avec Chriſtine Zeitſehſnitple, Demoiſelle du Païs de Turinge, & les enfans qu'il en avoit eu lui ſucceder dans ſes États. Leopold, Prince d'Anhalt-Deſſau, marié en 1698. avec Louiſe Forſen, fille d'un ſimple Bourgeois, ſa femme & ſes enfans reconnus pour Princes & Princeſſes par l'Empereur. En 1701. Georges-Guillaume, Duc de Zel, épouſa de même Eleonore, fille du Sieur d'Albreuſe en Poitou; il en eut Sophie-Dorothée, mariée au feu Roy d'Angleterre. La même choſe eſt arrivée à Antoine-Ulric, Duc de Saxe-Meininghen. Enfin un exemple celebre eſt celui de Chriſtian-Charles, Duc d'Holſtein-Nordbourg, qui épouſa en 1702. Chriſtine d'Erhelberg, ſimple Demoiſelle; le fils qu'il eut de ce mariage, fut declaré incapable de ſucceder au rang de ſon pere, & aux Fiefs de l'Empire par quatre Jugemens du Conſeil Aulique, de même que le fils du Duc de Montbelliard; mais le Roy de Dannemark ayant jugé qu'il étoit capable de ſucceder aux biens ſitués dans ſes Etats, l'Empereur n'a pû refuſer de le réconnoître enfin pour Prince, & pour heritier des dignités & des biens de ſon pere dans l'Empire. On pourroit encore citer l'exemple de Jean-Jacques, Prince de Brikenfeld. En un mot, jamais l'inégalité des conditions n'a privé des enfans légitimes, des droits qui leur ſont déferés par la nature.

Ainſi les Jugemens du Conſeil Aulique pour la Principauté de Montbelliard, ne peuvent jamais ſubſiſter; mais l'excès auquel on s'eſt porté dans le dernier, en declarant illégitime le fils du feu Duc de Montbelliard, après que la validité du mariage de ſes pere & mere avoit été ſi expreſſément reconnue, tant par les premiers Jugemens, que par le Duc de Wirtemberg, ne ſert qu'à faire connoître qu'on a tout ſacrifié à la plus injuſte paſſion.

On auroit pû, on auroit dû même s'épargner toutes ces reflexions: quelques Jugemens que le Conſeil Aulique ait pû rendre, la queſtion ſera toujours entiere en France, où le Roy, ſeul Juge des conteſtations qui s'y élevent, ne peut jamais ſe déterminer que par ſes propres lumieres & par ſa profonde ſageſſe; il faut donc écarter tout ce qui ne porte que le caractere d'une autorité étrangere; & ſi les Jugemens du Conſeil Aulique pouvoient ici meriter quelqu'attention, ce ne ſeroit que par la reconnoiſſance qu'ils renferment de la verité, de la validité du mariage du Duc de Montbelliard & de la Comteſſe de Sponeck, & par conſequent des droits inviolables de leur fils, au moins ſur des biens qui ne ſont point aſſujettis aux prétendus uſages de l'Allemagne & de l'Empire.

De l'Imprimerie de la veuve d'ANDRE' KNAPEN, au bas du Pont Saint Michel, au Bon Protecteur. 1741.

11,425

De l'Imprimerie de PAULUS-DU-MESNIL, Imprimeur-Libraire, rüe Ste. Croix en la Cité, 1736

PRÉCIS

D'UNE CONSULTATION

Signée de Messieurs DE LA VIGNE, DENYAU, CHEVALIER, GACON, MOUFLE, COCHIN, NORMANT & AUBRY, en datte du premier Septembre 1734.

Sur l'état du Fils du feu Prince DE MONTBELIARD, & de Madame la Comtesse DE COLIGNY sa sœur.

LE Conseil soussigné qui a vû les Memoires & Titres produits dans la contestation d'entre le fils & heritier de feu M. le Prince de Wirtemberg-Montbeliard & Made. la Comtesse de Coligny sa sœur, d'une part; M. le Duc de Wirtemberg-Stutgard, d'autre part, & les enfans de feuë la Barone de Lesperance, est d'avis:

QUE le Duc de Wirtemberg-Stutgard est non-recevable à prétendre les Terres de Franche-Comté & d'Alsace, qui dépendent de la succession du feu Prince de Montbeliard. Il est étranger dans le Royaume, il n'a point obtenu de Lettres de Naturalité avec dispense d'Incolat, par conséquent il est Aubain en France, & il ne peut y recueillir aucune succession. Si par les Traitez de Munster, de Risswick, & de Rastadt, le Roi a promis de rétablir la branche de Wirtemberg-Montbeliard dans tous ses biens, c'est une stipulation qui a été personnelle à cette branche, elle pouvoit posseder des Terres en France, parce qu'elle avoit obtenu des Lettres de Naturalité, & le Roi a religieusement observé les Traitez à son égard. La branche de Wirtemberg-Stutgard ne peut pas les réclamer, par le vice de perigrinité; il faut donc que le feu Prince de Montbeliard ait laissé des enfans habiles à succeder à ses Terres de France, ou que le Roi lui succede par le Droit d'Aubaine.

Le feu Prince a laissé deux enfans de son mariage avec Dame Anne-Sabine de Hedwiger, George Leopold, & Leopoldine-Ebethardine Comtesse de Coligny; il s'agit d'examiner leur état, & les droits qu'ils peuvent avoir sur les Terres situées en France, qui dépendent de la succession de leur pere.

On ne peut pas leur opposer l'incapacité qui naît de la qualité d'Etranger; le Duc George, pere du feu Prince, avoit obtenu des Lettres de Naturalité, pour lui, & sa posterité née en légitime mariage; & le feu Prince de Montbeliard en ayant obtenu de nouvelles en 1719: Il ne faut donc plus examiner que leur légitimité.

Le Duc de Wirtemberg-Stutgard les a traduits au Conseil de l'Empereur, pour contester sur cette légitimité, ils n'ont pas crû devoir s'y défendre; cependant le Jugement qui a été prononcé par défaut ne les déclare point illégitimes mais seulement inhables à succeder aux Fiefs immédiats & aux allodiaux de l'Empire; ils

A

peuvent donc succeder à tous les biens qui ne sont pas Fiefs immédiats & allodiaux de l'Empire. Telles sont les Terres de France.

Dans ce Royaume on ne connoît point les mariages morganatiques, l'inégalité des conditions du mari & de la femme n'y décide jamais du sort de leurs enfans ; on n'y connoît que deux sortes d'état, celui des enfans légitimes, & celui des enfans naturels. Ainsi il faut écarter de cette cause toute idée de mariage morganatique. Une dissertation seroit inutile sur ces sortes de mariages, soit parce que nous les méconnoissons en France, soit parce que le pacte morganatique n'est point intervenu dans le mariage du feu Prince avec Dame Anne-Sabine de Hedwiger.

Si par un Traité fait en 1617 entre les cinq freres de la Maison de Wirtemberg, ils se sont promis pour eux & leur postérité de ne point contracter de mariages inégaux, cette promesse n'a point été faite sous peine de la nullité de ces mariages ; les contractans ne pouvoient pas s'imposer cette peine, ils n'ont pas même stipulé la peine d'exheredation, contre les enfans qui naîtroient de ces mariages inégaux : C'est ce qui rend le Traité de 1617 étranger à la contestation dont il s'agit.

Le Traité qui a été fait à Wildbade entre le Duc de Wirtemberg & le feu Prince de Montbeliard, est également inutile. Ce Traité est essentiellement nul, & contre les bonnes mœurs, en ce que l'on y a fait promettre au feu Prince de ne point se marier pendant la vie de la Barone de Lesperance sa concubine, & qu'on l'a engagé à confondre avec ses fils adulterins ses deux enfans légitimes, à qui il ne pouvoit enlever l'état de légitimité.

La renonciation que le Duc de Wirtemberg exigea alors de George-Leopold, fils du feu Prince de Montbeliard, a toujours été sans force & sans effet : Renonciation faite par un mineur âgé seulement de 18 ans : Renonciation à une succession qui n'étoit point échuë, que nous n'admettons jamais en France que pour les filles que l'on marie & que l'on dote, & en faveur des mâles : Renonciation qui n'a point été libre, de la part d'un mineur qui étoit alors dans le Château & au pouvoir du Duc de Wirtemberg : Renonciation enfin qui n'a pû être affermie par le serment que l'on a fait prêter au mineur, parce que le serment a été également extorqué par force, & qu'il doit être regardé comme nul, même en Allemagne, où l'on suit l'Autentique *Sacramenta*.

Quant au mariage du feu Prince de Montbeliard avec Dame Anne-Sabine de Hedwiger, pere & mere de George-Leopold & de la Comtesse de Coligny ; il est incontestable. 1°. Que le Duc de Wirtemberg ne peut pas nier que le mariage ait été contracté. L'on en a parlé dans le Traité de Wildbade, comme d'un mariage peu convenable à la Maison de Wirtemberg ; on y a fait mention des enfans nez de ce mariage, on a exigé de George-Leopold & de sa sœur une renonciation à la succession de Montbeliard : preuves certaines que le Duc de Wirtemberg connoissoit & leur naissance, & le mariage de leur pere & mere.

2°. Les enfans de la Barone de Lesperance ne peuvent pas contester avec plus de vrai-semblance la celebration de ce mariage ; leur mere n'avoit épousé le feu Prince de Montbeliard, qu'après un divorce fait en 1714 entre ce Prince & Dame Anne-Sabine de Hedwiger sa femme légitime. Qui dit un divorce, suppose nécessairement un mariage existant & un mariage valable. Le feu Prince n'avoit la liberté d'épouser la Barone de Lesperance, qu'en cas qu'il eût recouvré sa liberté par un divorce juste, suivant les Loix des Eglises Protestantes. Le divorce de 1714 est donc le premier titre des enfans de la Barone de Lesperance ; or ils ne peuvent pas reconnoître ce divorce, & désavoüer en même-tems le mariage qui l'avoit précedé.

D'ailleurs, la Barone de Lesperance leur mere a ratifié le Traité de Wildbade, où le mariage du feu Prince avec Dame Anne-Sabine de Hedwiger est solemnellement reconnu. Toutes ces preuves forment une fin de non-recevoir insurmontable, contre ce que les enfans de la Barone de Lesperance s'efforcent d'opposer au mariage dont il s'agit.

Il faut venir presentement aux preuves de la validité de ce même mariage.

L'on doit décider aujourd'hui des mariages des Protestans d'Allemagne, comme l'on décidoit de tous les mariages avant le Concile de Trente ; ce Concile n'ayant point été publié & reçu dans les Etats des Princes Protestans, il ne peut y avoir force de Loi. Il n'est pas douteux qu'avant le Concile de Trente les mariages clandeſtins ne fuſſent valables; le Concile lui-même l'atteſte, & la raiſon en eſt ſenſible. L'eſſence du mariage conſiſte dans le conſentement des contractans; l'Egliſe ſeule pouvoit établir un empêchement dirimant de ce Sacrement, & jamais elle n'avoit exigé une célébration publique & ſolemnelle, ſous peine de nullité. Pour aſſurer la légitimité aux enfans qui naiſſoient des mariages, il ſuffiſoit qu'il y en eût quelque preuve, ou par écrit, ou par témoins, ou par l'aveu même des perſonnes mariées, & l'on ſuivoit la même Juriſprudence en France, avant les Ordonnances Royaux qui ont proſcrit les mariages clandeſtins. Ces ſortes de mariages étoient défendus à la verité, mais ils n'étoient pas nuls.

Les Egliſes Proteſtantes ont conſervé cette diſcipline, avec d'autant plus de raiſon, qu'elles ne regardent point le mariage comme un Sacrement, & qu'elles ne lui donnent que la force d'un contrat civil. Juſques-là, que de ſimples promeſſes deviennent un mariage valable, dès que la conſommation ſuit les promeſſes. Cette maxime eſt atteſtée par Carpſovius & Bruneman, & aucun de leurs Auteurs n'exige la publicité du mariage, comme une condition qui lui ſoit eſſentielle.

Il n'eſt donc point queſtion dans les mariages des Proteſtans d'Allemagne de la préſence du propre Curé, de la publication des Bans, de la célébration ſolemnelle & publique. Le ſeul conſentement mutuel des contractans ſuffit pour la validité de leurs mariages, & pour aſſurer l'état des enfans qui en peuvent naître, on a recours également à la preuve teſtimoniale, ou par écrit: Telles ſont les maximes qui doivent décider du mariage du feu Prince de Montbeliard, & de Dame Anne-Sabine de Hedwiger, qui ſuivoient la Confeſſion d'Auſbourg.

Or, il y a des preuves & par écrit & teſtimoniales de leur mariage célébré dans l'Egliſe de Reïovitz, en préſence du Miniſtre Fuſch, le premier Juin 1695.

La premiere preuve eſt le certificat que ce Miniſtre en a donné lui-même. Il atteſte ſur ſa parole & foi de Prêtre, que Monſeigneur Leopold-Eberhard. H. Z. W. M. & Demoiſelle Anne-Sabine V. H. ont reçu la Bénédiction nuptiale dans l'Egliſe Lutherienne de Reïovitz & Skoki, & qu'ils ont été mariez au nom de la Très-Sainte Trinité. Ce certificat eſt ſigné de ce Miniſtre.

La ſeconde preuve eſt le Regiſtre de l'Egliſe de Reïovitz, où il eſt fait mention de ce même mariage, avec la même date du premier Juin 1695. L'on y voit les mêmes noms de Baptême, & les mêmes lettres initiales des ſurnoms.

La troiſiéme preuve eſt l'acte ſolemnel du prétendu divorce fait en 1714 entre le feu Prince de Montbeliard & Dame Anne-Sabine de Hedwiger; ce divorce connu & autoriſé du Conſiſtoire de Montbeliard. Il eſt vrai que l'acte eſt nul, parce qu'il n'y avoit aucun des motifs pour leſquels on permet le divorce dans les Egliſes Proteſtantes; mais tout nul qu'il eſt, cet acte a aſſez de force pour prouver un mariage précedent, un mariage valable, un mariage connu de tout Montbeliard.

La quatriéme preuve eſt le Traité de Wildbade, où le feu Duc de Wirtemberg adverſaire implacable des enfans du feu Prince de Montbeliard, a avoüé lui-même & le mariage & la naiſſance que lui devoient George-Leopold & la Comteſſe de Coligny.

La cinquiéme preuve eſt une procuration donnée par le feu Prince à George-Leopold, qu'il appelle ſon fils & Prince heréditaire, pour rechercher en Pologne les preuves de ſon mariage avec Dame Anne-Sabine de Hedwiger.

La ſixiéme preuve eſt l'Enquête à futur qui a été faite en conſéquence, & où pluſieurs témoins atteſtent le mariage, ou pour y avoir été préſens, ou pour l'avoir appris du ſieur Fuſch Miniſtre, devant qui il avoit été célébré. Ces témoins ſont le fils du ſieur Fuſch & ſa femme, le ſieur Kock ſon ſucceſſeur & ſa femme, le ſieur Sager témoin oculaire; & tous irréprochables.

La ſeptiéme preuve eſt la dépoſition particuliere du ſieur Nardin, qui avoit la confiance du feu Prince, & qui parle de la célébration de ce mariage, pour y avoir été préſent.

La huitiéme preuve eſt l'aſſignat d'un doüaire que le feu Prince fit en 1717 en faveur de ſa femme, qu'il avoit voulu répudier. Il lui a aſſigné la joüiſſance de la même Terre qui a toujours été le doüaire des Princeſſes veuves de Montbeliard.

Enfin la neuviéme & derniere preuve eſt une cohabitation publique des deux perſonnes mariées, dans le Château de Montbeliard; cohabitation qui a ſubſiſté pendant pluſieurs années ſous les yeux du Duc George, pere du feu Prince; cohabitation dont tous les Sujets de Montbeliard peuvent dépoſer.

B

Tant de titres & de témoignages forment un corps de preuves ; auquel il n'eſt pas poſſible de ſe refuſer.

Dira-t-on que le certificat du Miniſtre Fuſch & le Regiſtre de l'Egliſe de Reïovitz ne portent que les lettres initiales des deux perſonnes mariées, & qu'ils laiſſent leurs ſurnoms dans l'incertitude? Mais ces lettres initiales ne peuvent jamais être appli-quées qu'au Duc de Wirtemberg-Montbeliard, appellé Leopold-Eberhard, & à Dame Anne-Sabine de Hedwiger. On eſt encore à chercher & à trouver une autre explication de ces mêmes lettres. Le doute, s'il y en a, eſt levé par les noms de Baptême qui ſont dans leur entier, par la qualité de Monſeigneur, par celle de Comte du S. Empire Romain qui eſt dans le Regiſtre, par la deſignation de la Religon que les deux perſonnes mariées profeſſoient.

Que peuvent prouver ces lettres initiales? Qu'il y avoir du myſtere, & que d'a-bord on a voulu tenir ce mariage ſecret; mais il a été ſolemnel dans ſa célébration, il a éclaté pendant la vie des deux perſonnes mariées, beaucoup de titres, pluſieurs témoins, une longue cohabitation l'ont rendu public; ç'en eſt aſſez pour ne pas le traiter de mariage clandeſtin, & pour ne pas le rejetter, comme s'il étoit dépoüillé de toutes preuves.

Si l'on objecte que ſur le Regiſtre l'acte eſt écrit en latin, quoique ceux qui le précédent ſoient rédigez en Allemand, la réponſe eſt facile. 1°. Le choix d'une langue plutôt que d'une autre dépendoit du Miniſtre ſeul, qui ne pouvoit jamais par ſon fait donner atteinte à l'état des deux perſonnes mariées & de leurs enfans. 2°. Le Miniſtre a choiſi la langue la plus univerſellement connuë, pour atteſter un mariage ſur lequel il prévoyoit que l'on feroit des recherches; c'eſt une ſingularité qui n'aſtoi-blit point la force du Regiſtre.

L'acte de célébration eſt du premier Juin 1695, & il ne ſe trouve dans le Re-giſtre qu'après des mariages contractez au mois de Novembre de la même année. Là fait eſt vrai; il faut, ou que le Miniſtre ait négligé pendant quelques mois de porter cet acte ſur ſon Regiſtre, ce qui ne pourroit pas préjudicier aux deux mariez, ou qu'il ait voulu placer ce mariage hors de rang & avec diſtinction, ce que l'on pré-ſume par le *Nota bene* qu'il a mis à la marge.

Si l'on avoit été en uſage dans l'Egliſe de Reïovitz de faire ſigner par les contrac-tans leur acte de célébration, on auroit prévenu ce déplacement, le Miniſtre auroit été contraint de rédiger l'acte ſur le champ; mais aucun de ces ſortes d'actes n'eſt ſigné ſur le Regiſtre de Reïovitz, le Miniſtre étoit donc le maître d'écrire cet acte ſur le Regiſtre lorſqu'il le jugeroit à propos; ſoit négligence, ſoit biſarrerie, ſoit deſir de diſtinguer ce mariage des autres, cette circonſtance ne peut donner atteinte à l'état des perſonnes mariées & de leurs enfans; ce déplacement ne formera jamais un moyen de faux contre le Regiſtre.

Les mariages, même clandeſtins, entre les Proteſtans d'Allemagne, ſont valables; pourvû qu'il n'y ait pas ce que leurs Auteurs appellent *impedimentum ſanguinis aut deſponſationis*. Le premier de ces empêchemens eſt celui qui naît de la parenté ou de l'alliance; or, perſonne ne révoque en doute qu'il n'y avoit ni parenté, ni alliance entre le feu Prince de Montbeliard & Dame Anne-Sabine de Hedwiger. Le ſecond empêchement ſeroit celui qui naîtroit d'un mariage précédent, valable, & encore ſubſiſtant; & cet empêchement, on l'oppoſe au mariage dont il s'agit, ſous le pré-texte que Dame Anne-Sabine de Hedwiger avoit pris des engagemens précedens avec un Gentilhomme Sileſien, appellé de Zleiditz.

Le fait eſt tel. Il y avoit eû des promeſſes de futur mariage entre ce Gentilhomme & Demoiſelle Anne-Sabine de Hedwiger; ſur ces promeſſes, Sentence du Conſiſ-toire de Breſlau qui les déclare valables, & qui condamne Zleiditz à épouſer celle à qui il avoit fait ces promeſſes, ou à lui donner une juſte ſatisfaction. Survient le mariage par paroles de preſent entre le Prince de Montbeliard & Demoiſelle Anne-Sabine de Hedwiger, elle renonce expreſſement à ſes juſtes prétentions contre Zlei-ditz; & par une ſeconde Sentence la liberté eſt renduë à ce Gentilhomme. Qui peut douter que les promeſſes à futur n'ont point formé d'obſtacle à un mariage que les Canons appellent *ratum & conſummatum?*

On objecteroit inutilement contre l'Enquête à futur, que ces ſortes d'Enquêtes ſont proſcrites en France par l'Ordonnance de 1667. Il ſuffit que ces Enquêtes ſoient en vigueur dans le Pays où celle-ci a été faite, pour lui donner, même en France, toute la force qu'elle doit avoir. C'est une preuve ancienne, & qui est de Droit commun, il étoit important de la faire, pour ne pas laisser périr les preuves du mariage dont il s'agit, les témoins sont irréprochables, leurs dépositions sont claires & précises ; par ces deux circonstances elle doit être d'un grand poids.

L'on ne peut pas opposer le défaut de consentement du pere du feu Prince à ce mariage. Dans l'Eglise universelle, les mariages des fils de Famille n'ont jamais été déclarez nuls par le défaut de consentement des pere & mere. D'ailleurs le Duc George a sçu le mariage de son fils avec Dame Anne-Sabine de Hedwiger ; il les a vû habiter ensemble pendant plusieurs années, sans le trouver mauvais ; il est mort sans avoir formé la moindre plainte à l'occasion de ce mariage. Ce seroit ici une nullité qui ne seroit relative qu'au pere du feu Prince, & qui ne pourroit jamais être opposée par un parent collateral, tel que le Duc de Wirtemberg, encore moins par des enfans adulterins, tels que ceux de la Barone de Lesperance.

Si le mariage du feu Prince de Montbeliard avec Dame Anne-Sabine de Hedwiger est valable, la naissance de leurs enfans George-Leopold & Leopoldine-Eberhardine n'est pas moins certaine.

Le sieur Opfergeld, alors Diacre de l'Eglise de Ferstemberg, a attesté solemnellement qu'il avoit administré le Baptême à George-Leopold. La Duchesse de Wirtemberg-Oels, Proprietaire du Château de Ferstemberg où il est né, rend un pareil témoignage à sa naissance ; lui & sa sœur ont été emmenez au Château de Montbeliard lorsque le Prince leur pere y est retourné, ils y ont été élevez publiquement, le feu Duc de Wirtemberg les a reconnus solemnellement dans le Traité de Wildbade, il a exigé de George-Leopold une renonciation qui prouve parfaitement qu'il connoissoit les droits de sa naissance ; le feu Prince leur pere leur a fait rendre à Montbeliard les honneurs qui ne pouvoient être accordez qu'à ses enfans légitimes ; ils ont été nommez dans les Prieres publiques à Montbeliard, en qualité de Prince heréditaire & de Princesse ; à la mort même du feu Prince, les Sujets de Montbeliard ont prêté serment de fidelité à George-Leopold ; toutes les preuves assurent à jamais leur état.

Ils ont deux adversaires, le Duc de Wirtemberg, & les enfans que le feu Prince de Montbeliard a eûs de la Barone de Lesperance.

On l'a déja dit, le Duc de Wirtemberg est non-recevable à reclamer une succession échûe en France, & des Terres qui y sont situées ; il est Aubain, & le vice de peregrinité lui impose un éternel silence sur la question d'état qu'il se propose d'agiter.

La prétention des enfans de la Barone de Lesperance n'est pas plus solide ; le mariage de leur mere avec le feu Prince n'a pû être valable, qu'autant que le prétendu divorce fait en 1714 entre le feu Prince & sa femme légitime, auroit été juste & conforme aux Loix des Eglises Protestantes. Mais selon ces mêmes Loix, il n'y a que deux causes légitimes de divorce, l'adultere & la desertion malicieuse. Lorsque deux Protestans veulent faire divorce, il faut qu'ils prouvent judiciairement l'un ou l'autre de ces faits, comme l'on exige parmi nous en Jugement des preuves des motifs de séparation entre mari & femme. Il n'y a point eû de semblables preuves dans le divorce de 1714 ; on n'a pas même allegué, ou l'adultere, ou la desertion malicieuse. Ainsi ce prétendu divorce étoit incapable de dissoudre le lien du mariage, même dans les principes des Eglises Protestantes.

Au défaut de ces deux motifs, on en a supposé un qui est ridicule & d'une dangereuse conséquence, c'est la disparité d'humeurs ; & après ce frivole prétexte, les deux personnes mariées se sont réciproquement donné la liberté de contracter un autre mariage : Ce qu'ils ne pouvoient pas faire.

Le Consistoire de Montbeliard l'a approuvé par flaterie pour son Prince ; mais on n'a point observé la forme judiciaire qui est indispensable pour les divorces, selon les Auteurs Protestans ; & le Consistoire a rendu un Jugement contraire à la Loi de Dieu & aux maximes des Eglises Protestantes.

Le lien du mariage a donc subsisté jusqu'à la mort du feu Prince ; les enfans qu'il eûs de la Barone de Lesperance sont évidemment adulterins, & il ne leur est dû que des alimens.

La Barone de Lesperance ne pouvoit pas être dans la bonne foi. Le mariage du feu Prince étoit connu de tout Montbeliard, elle avoit ratifié le Traité de Wildbade où il est fait mention de ce mariage; elle avoit été témoin du divorce, peut-être même l'avoit-elle inspiré, & ce divorce supposoit nécessairement le mariage.

Le Jugement du Conseil Aulique ne déclare pas, à la verité, les enfans de la Barone de Lesperance illegitimes; mais il ne les déclare pas légitimes, la question de leur état est entiere, & le Roi est Juge de cette contestation, par rapport aux Terres situées en France; soit que les enfans légitimes du feu Prince de Montbeliard & de Dame Anne-Sabine de Hedwiger demandent l'envoi en possession provisionnelle de ces mêmes Terres, soit qu'ils sollicitent un Jugement définitif, ils doivent esperer un heureux succès.

De l'Imprimerie de PAULUS-DU-MESNIL, ruë Ste. Croix en la Cité, 1736.

11,426

PREUVES DES FAITS CONTENUS
dans le Mémoire des Princes DE MONTBELLIARD, contre M. le Duc de Wirtemberg.

Lettre du Roy à la Diette de l'Empire.

TRÈS-CHERS ET GRANDS AMIS,

„ NOUS avons reçu la Lettre, que vous nous avez écrite le 6 du mois
„ dernier, sur les intérêts de notre Cousin le Duc de Wirtemberg, par rap-
„ port aux neuf Seigneuries situées dans nos Etats. L'intérêt, que vous paroissez
„ prendre à cette affaire, n'auroit pu qu'augmenter, s'il avoit été possible, l'at-
„ tention que nous avons apportée dans l'examen de cette contestation : &
„ pour vous en convaincre plus particulierement, Nous chargeons le Sieur de
„ la Noüe, notre Ministre près de vous, de vous communiquer le Mémoire
„ que nous avons fait remettre au Duc de Wirtemberg. Nous sommes persua-
„ dé que vous y reconnoîtrez la pureté de nos intentions, & nous vous assu-
„ rons bien volontiers de l'amitié la plus sincere & la plus parfaite. Sur ce, nous
„ prions Dieu, qu'il vous ait, TRÈS-CHERS ET GRANDS AMIS, en sa
„ sainte & digne garde. Ecrit à Versailles, le 4 Mai 1740.

Signé, LOUIS,

Et plus bas, AMELOT.

La suscription de la Lettre étoit en ces termes: *A nos Très-Chers & Grands
Amis, les Electeurs, Princes & Etats du Saint-Empire, ou leurs Ambassadeurs &
Députés, assemblés à la Diette générale, à Ratisbonne.*

MEMOIRE DU ROY,
Servant de Réponse à un autre Mémoire, remis au Roy de la part de l'Empereur, concernant l'affaire de Montbelliard.

LE Roi ne croit point que sa Religion ait été surprise dans ce qui lui a été
exposé des prétentions respectives du Duc de Wirtemberg & des enfans
du feu Prince de Montbelliard, par rapport aux terres situées en Franche-Comté & en Alsace, & dont Sa Majesté a jugé à propos de renvoyer la connoissance,
par attribution particuliere, à la Grand'Chambre de son Parlement de Paris.

I. Sa Majesté ne reconnoît point les terres dont il s'agit, pour être des dépendances du Comté de Montbelliard, quoiqu'elles ayent été possédées par le même propriétaire. Ce sont des Domaines privés, situés dans le Royaume, & Sa
Majesté ne pourroit souffrir que cet Article fût mis en dispute.

II. Pour simplifier une affaire, qui n'a déja causé que trop de discussion, & que
S. M. ne peut différer plus long-temps de mettre en régle, sans intéresser sa
justice ; il suffit d'observer, qu'il s'agit uniquement de la mise en possession de
certains Domaines situés en France, qui ont appartenu au feu Prince de Montbelliard, & qui sont reclamés d'une part, par les enfans de ce Prince ; & de l'autre, par le Duc de Wirtemberg. C'est l'objet direct de la question, débarassée
de toutes les autres apparences, sous lesquelles on a voulu la présenter.

a

11,426

Le Roi connoît trop quels sont les droits respectifs des Souverains, pour vouloir, en aucun cas, donner la moindre atteinte aux droits de l'Empereur ou de l'Empire, sur leurs Sujets ou leurs Vassaux : mais en même-temps S. M. ne croit pas qu'on veuille mettre en doute, que les Tribunaux de son Royaume sont seuls compétens pour juger les contestations qui s'élevent sur les biens qui y sont situés, quels que soient la dignité, le rang, la qualité & le domicile, soit de celui dans la succession duquel se trouvent ces mêmes biens, soit de ceux qui y prétendent, & quelle que soit aussi la nature & l'espéce des moyens & des titres sur lesquels les Parties se fondent.

En examinant sur ce principe l'affaire dont il s'agit, on reconnoîtra aisément, que la résolution du Roi y est entierement conforme, & qu'elle n'est qu'une suite nécessaire de l'état où se trouve la contestation.

Les terres de France, qui font partie de la succession du feu Prince de Montbelliard, sont en litige depuis 1723. Ce fut dans cette même année, & presqu'aussi-tôt après la mort de ce Prince, que George de Sponeck, en qualité de fils du Prince de Montbelliard, fit assigner le Duc de Wirtemberg, en vertu d'Arrêts rendus par le Parlement de Besançon & le Conseil de Colmar, dans le ressort desquels les terres en question se trouvent situées, & le sequestre qui fut établi en conséquence, mit dans le moment ces terres sous la main de la justice.

Le Duc de Wirtemberg ne voulant point plaider dans aucun de ces Tribunaux, se pourvut au Roi, offrant de justifier, que ledit George de Sponeck étoit sans titre ni qualité. Sur sa Requête, le Roi évoqua l'affaire à son Conseil, par Arrêt du 3. Janvier 1724.

Il est survenu dans la suite de nouvelles Parties, parce que les enfans du feu Prince de Montbelliard & de la Baronne de l'Espérance sont intervenus dans l'instance, à l'effet d'exclure tous les autres Contendans, de la possession des terres dont il s'agit. L'affaire est du reste au même état où elle étoit en 1724. n'ayant été fait depuis aucune procédure.

Il a cependant été fourni de part & d'autre un très-grand nombre de Mémoires, mais qui n'ont été signifiés ni communiqués, & sur lesquels par conséquent on ne pourroit pas appuyer une décision certaine. Le compte que le Roi s'est fait rendre, n'a servi qu'à faire connoître à S. M. que cette affaire est d'une si grande étendue, qu'Elle ne pourroit que très-difficilement en prendre connoissance par Elle-même, comme Elle avoit espéré pouvoir le faire, lorsqu'Elle l'évoqua à son Conseil en 1724. & c'est uniquement par cette raison, qu'Elle a jugé à propos de l'envoyer à la Grand'-Chambre de son Parlement de Paris, où toutes les Parties pourront exposer leurs titres & leurs moyens.

Cet exposé simple & précis fera connoître à Sa M. Imp. qu'elle n'a pas été exactement instruite de l'état de la contestation, & que non-seulement la voye que S. M. a choisie est la plus propre à terminer irrévocablement la question de la propriété des terres, dont il est question ; mais aussi qu'il seroit même impossible d'en trouver aucune autre qui fût reguliere ; puisque le Procès qui est intenté, & le sequestre qu'on n'a pu s'empêcher d'établir, ne peut être ni fini ni levé que juridiquement.

Il n'y auroit donc qu'à délibérer sur le choix du Tribunal, & S. M. n'en pourroit choisir un plus éclairé que son Parlement de Paris.

Si le Duc de Wirtemberg refusoit de comparoître à un Tribunal, que les plus grands Souverains ont souvent reconnu pour Juge, il ne pourra imputer qu'à lui-même, de n'avoir pas profité des voyes, qui lui sont ouvertes pour le soutien de ses prétentions.

On ne voit pas comment le Traité conclu à Vienne le 18. Novembre 1738. pourroit s'opposer au renvoi de cette contestation au Parlement de Paris. Toutes les Conventions rélatives à la Maison de Wirtemberg, ont été religieusement exécutées, à la suite des Traités de Riswick & de Bade. Le Prince de Montbelliard a été remis en possession, tant de cette Principauté, que des Domaines de France dont il avoit été dépouillé à l'occasion de la guerre ; & il les possedoit toutes à sa mort, arrivée en 1723. Les contestations qui s'éleverent alors entre ses enfans & ses héritiers collatéraux, donnerent lieu au fequeftre, qui fubfifte encore aujourd'hui, fans que la guerre qui eft furvenue depuis, y ait apporté aucun changement; le Roi n'ayant point confifqué les terres fequeftrées, parce que le propriétaire en étoit incertain. Ce fequeftre, établi en pleine paix, ne fut point regardé alors comme une infraction des Traités. Ce n'étoit effectivement qu'un acte de juftice ordinaire, & inévitable dans les circonftances où l'on fe trouvoit; & qui font encore les mêmes. Le Traité de Vienne a pareillement eu fon execution dans ce qui dépendoit de la pure volonté de S. M. par la reftitution de la Principauté de Montbelliard, dont le Roi s'étoit mis en poffeffion. Mais à l'égard des neuf Seigneuries qui font en litige, il faut néceffairement attendre la fin du Procès; & quelle que foit la Partie, à laquelle elles feront adjugées, le Traité de Vienne, auffi bien que ceux de Riswick & de Bade, feront la bafe de ce jugement.

Par toutes ces raifons, S. M. ne peut rien changer à la réfolution qu'Elle a prife de renvoyer à la Grand'-Chambre de fon Parlement de Paris, la connoiffance des conteftations & dépendances concernant la propriété & la poffeffion des terres fituées en Franche-Comté & en Alface, faifant partie de la fucceffion du feu Prince de Montbelliard.

Cependant, fi le Duc de Wirtemberg a plus de confiance dans l'examen que S. M. en fera elle-même, le Roi voulant donner à ce Prince des marques de l'attention particuliere qu'il aura toujours pour fes intérêts, fe portera volontiers à faire examiner l'affaire dans fon Confeil, auffi-tôt que les Parties auront remis les titres & piéces néceffaires pour la décifion, quelque longue & pénible que puiffe être la difcuffion d'une conteftation auffi compliquée & auffi étendue. Et comme S. M. défire extrêmement d'en voir la fin, Elle efpére que le Duc de Wirtemberg ne différera pas de donner fa réponfe définitive fur le parti qu'il jugera à propos de prendre, fans quoi S. M. ne pourroit fe difpenfer de faire expédier fes Lettres-Patentes, pour le renvoi à la Chambre de fon Parlement de Paris.

RÉPONSE DE M. LE DUC DE VVIRTEMBERG
au Mémoire du Roi.

LA Réponfe qu'il à plû au Miniftére de S. M. T. C. de donner fur le Mémoire, qui lui a été remis au nom de S. M. Imp. concernant les affaires de Montbelliard, doit confoler M. le Duc de Wirtemberg, par les affurances qui y font contenues de ce que S. M. défire extrêmement d'en voir la fin.

La déclaration définitive, qu'on demande à ce Prince, fera d'elle-même toute fimple, dès qu'on ne veut s'attacher qu'à l'objet de la queftion.

Pour la débarraffer entierement, on ne veut, ni parler de la différence des Seigneuries, confondues dans le même fequeftre, ni faire des répetitions ennuyeufes de tout ce qui s'eft paffé dans cette négociation, depuis 20. ans & au-delà.

On convient, fans difficulté, que régulierement chaque Souverain eft en droit de faire connoître & juger par fes Tribunaux, de la propriété & poffeffion de biens de fa domination, en matiére de procès de particulier à particulier.

Ce principe ne fouffre aucune conteftation par le cas dont il s'agit. La propriété & poffeffion des terres en queftion a été affurée par quatre Traités de paix, à la Sereniffime Maifon de Wirtemberg. Si les prétendans étoient Princes & enfans légitimes de cette Maifon : le Duc de Wirtemberg ne refuferoit pas de leur répondre en Juftice réglée, devant tel Tribunal qu'il plairoit à S. M. de nommer : mais étant privés de cette qualité perfonnelle, il ne lui eft pas poffible de fe commettre avec eux, pour raifon de biens, qui appartiennent fans contredit aux Ducs de Wirtemberg.

Jamais l'Empereur ne s'eft mêlé des terres, qui font de la Souveraineté du Roi. Il a jugé fimplement la queftion de légitimité des mariages d'un Prince de l'Empire, & de la naiffance de fes enfans.

Le Roi avoit lui-même demandé ce jugement; & le Duc de Wirtemberg l'a rapporté en dûe forme, pour justifier que les prétendans de Montbelliard sont sans les titres & les qualités personnelles, sous lesquelles ils s'étoient présentés à S. M. Le Duc de Wirtemberg a donc rempli par-là toute l'idée de l'Arrêt d'évocation.

Ce Prince sera toujours charmé de donner au Roi toutes les preuves de respect & de déférence que S. M. peut désirer, & il ne manquera à rien en ce que le Droit Territorial exige à juste titre.

Mais on ne voit pas, dans l'affaire dont il s'agit, quels sont les points qu'on croit sujets à une discussion juridique, ni quels titres & pièces on voudroit que M. le Duc de Wirtemberg produisît devant un Juge Civil.

Si on considere la demande de M. le Duc de Wirtemberg, pour la mise en possession des neuf Seigneuries, cette demande ne paroît être sujette à aucune discussion. Le titre sur lequel elle est fondée, consiste généralement dans les Traités de paix de Westphalie, de Ryswick & de Bade, qui garentissent la pleine & libre jouissance de ces terres à la Maison & aux Princes de Wirtemberg, l'article n'est pas contesté; & le Traité de Vienne aplique très-positivement au présent Seigneur Duc, les promesses des Traités précédens, sans la moindre réserve.

Si on considere la prétention des enfans de Montbeillard, leur demande est encore moins sujette à une longue discussion, puisqu'elle est fondée sur le prétexte, que selon les Loix & les Usages de l'Empire, ils sont enfans légitimes du feu Prince de Montbeillard : Question personnelle, indépendante des terres dont il s'agit, mais dépendante de la décision de l'Empereur, comme Juge personnel des Etats & Sujets de l'Empire, ainsi qu'il a été reconnu tant de fois par le Roi.

Le Duc de Wirtemberg n'a eu d'autres Titres à produire à cet égard, que la décision Impériale; & il a fait remettre au Ministre des Affaires Etrangeres, l'original d'une décision, telle que S. M. l'avoir demandée.

Il s'agit de sçavoir présentement, si c'est sur l'autenticité de la piéce, qu'on a exhibée, que S. M. veut faire juger, ou si c'est sur le fonds de la question de l'état de légitimité; c'est-à-dire sur la justice de ce jugement.

Au premier cas, M. le Duc de Wirtemberg en rendra tel compte, qu'il plaira à S. M. d'exiger. Au second cas, il ne dépend pas de ce Prince, de plaider sans le consentement exprès de l'Empereur & de tout l'Empire, à un Tribunal étranger, sur le fond d'une question, qui est de la jurisdiction de l'Empereur & de l'Empire, & actuellement décidée au Tribunal compétent, reconnu par le Roi.

S. M. ne voudra pas, que le Duc de Wirtemberg s'engage dans un procès contre des bâtards, *qui non habent personam standi in judicio*, & avec lesquels il n'y a jamais eu aucune instance liée en France.

Quand il a été question de l'abolition des Titres & qualités de Princes, qu'on leur attribuoit dans les Lettres-Patentes de 1719. le Roi n'a jamais prétendu que le Duc de Wirtemberg leur fît signifier ses Mémoires, quoique l'on soutînt alors, que la question de l'état n'étoit pas encore clairement décidée; en conséquence des Mémoires du Duc de Wirtemberg, des Requêtes des prétendans, & du jugement du Conseil-Aulique, en renvoyant les prétendans à se pourvoir à Vienne, au cas qu'ils crussent avoir été mal jugés. Mais on ne prétendoit pas alors qu'on en signifiât quelque chose, ni qu'on dût plaider en France sur le fond de la question.

Aujourd'hui, qu'il est survenu, par rapport à la question d'état, non-seulement une décision aussi positive que S. M. l'avoit demandée; mais qu'il y a aussi le Traité de Vienne, qu'il applique au présent Duc de Wirtemberg la Promesse de la pleine & libre jouissance des neuf Seigneuries contenues dans les Traités précédens, ce Prince se persuade de la bonté & de la justice du Roi, que S. M. n'exigera pas de lui ce qu'on n'exigeroit pas de ses Sujets; c'est-à-dire de reconnoître pour parties, des personnes sans état & actuellement jugés bâtards; par conséquent sans Titres & qualités de pouvoir intenter aucun procès, sous le prétexte de leur naissance.

Voilà tout ce qu'on peut dire sur un sujet, qui est entierement épuisé;

&

& c'eſt à S. M. de faire telle diſpoſition, que lui inſpirera ſa ſageſſe & ſa Religion.

Les Miniſtres de Wirtemberg n'ont d'autres ordres, que de déclarer, avec tout le reſpect imaginable, que d'un côté, le Duc leur Maître ne peut deroger en rien, ni aux droits de ſa Maiſon, garantis par les Traitez de paix, touchant les terres dont il s'agit, ni à la juriſdiction de l'Empereur & de l'Empire, touchant la queſtion de légitimité des ſujets de l'Empire ; & de l'autre côté, qu'étant donc inconteſtable, que le droit de propriété de la Maiſon de Wirtemberg ſur ces terres, eſt fondé dans les Traitez de paix, & que le prétexte des enfans non ſeulement eſt deſtitué de tout titre, mais encore anéanti par un titre irréprochable, qui eſt la déciſion & déclaration de l'Empereur & de tout l'Empire, il ne ſe trouve dès lors ni parties, ni matiére pour plaider.

Le Duc de Wirtemberg ne ſouhaitant que de pouvoir mériter les bonnes graces du Roi, eſpére que S. M. voudra bien lui faire ſçavoir, avec préciſion, ſur quels points & de quelle façon il pourra réuſſir à lui complaire, &c.

Célébration du Mariage du Duc de Montbelliard, & de la Baronne de l'Eſperance.

Extrait du Livre des Mariages de l'Egliſe du Château de Montbelliard, fol. treize, art. cinq.

LE quinze du mois d'Août mil ſept cent dix-huit, Son Alteſſe Séréniſſime Leopold-Eberhard, Duc de Wirtemberg-Montbelliard, notre gracieux Prince regnant & Souverain Seigneur, fit bénir ſon mariage avec Madame Eliſabeth-Charlotte, Baronne de l'Eſperance.

Le préſent Extrait a été traduit de l'Allemand en François par le ſouſcrit. A Montbelliard le 29. du mois d'Avril 1720.

Signé, JEAN-JACQUES GROPP, Miniſtre de Cour, Surintendant & Conſeiller Eccléſiaſtique, avec paraphe.

Nous, les Gens du Conſeil de S. A. S. Monſeigneur Leopold-Eberhard, Duc de Wirtemberg-Montbelliard, &c. atteſtons que le ſieur Jean-Jacques Gropp eſt Miniſtre de Cour, Surintendant & Conſeiller Eccléſiaſtique de Sadite A. S. en foi de quoi nous avons fait appoſer aux Préſentes le ſcel de la Chancellerie de Sadite Alteſſe Séréniſſime, & icelles fait ſigner par le Secretaire de ladite Chancellerie. Fait à Montbelliard, le 29. Avril 1720. Par Ordonnance. *Signé*, SAIGEY, Secretaire, avec paraphe.

(Place du Sceau.)

Procès-Verbal des Officiers de la Souveraineté, concernant le même Mariage.

Comme ainſi ſoit, que Son Alteſſe Séréniſſime Monſeigneur Leopold-Eberhard, Duc de Wirtemberg, Prince Souverain de Montbelliard, &c. auroit, par une inclination particuliere, formé la réſolution d'épouſer Son Excellence Madame Eliſabeth-Charlotte de l'Eſperance, Baronne du Saint Empire, il eſt, que Sadite A. S. a fait appeller pardevant Elle les ſouſcrits, même le jour d'hier quinziéme du mois d'Août courant, auſquels elle auroit gracieuſement confié ſes intentions à cet égard, & déclaré qu'elle entendoit prendre Sadite Excellence pour être déſormais ſa compagne & ſon épouſe légitime, & à cet effet recevoir la Bénédiction ſacerdotale du ſieur Jean-Jacques Gropp ſon Surintendant & Miniſtre de Cour, lequel préſent, après les formalités, remontrances

b

& demandes ordinaires, concernant son ministere, a béni le mariage entre Sadite A. S. & Sadite Excellence au Château de Montbelliard, dans le Poïl, qu'on nomme *Jejer-Zimmer*, ensuite de leurs réquisitions mutuelles, & de leurs promesses réciproques, de se prendre l'un & l'autre pour époux & épouse légitimes par l'imposition de sa main sur les leurs, & en prononçant les termes en tels cas requis & accoûtumés, dans les Eglises de la Souveraineté de Sadite A. S. sur quoi, & après la Bénédiction ordinaire à la fin de chaque Service, Sadite A. S. & Sadite Excellence ont reçu les gratulations des assistans & des soufcrits, que sadite A. S. & sadite Excellence ont requis conjointement de leur en donner Acte : ce qu'ils font par le présent Certificat, signé d'eux & dudit sieur Gropp, en foi de vérité des Présentes, pour servir & valoir tant à sadite A. S. qu'à sadite Excellence, comme ils trouveront convenir. A Montbelliard, le seiziéme jour du mois d'Août mil sept cent dix-huit. *Signé*, Johann Ludwig Von Sanderfleben, Geheimer Rath, Pierre de Prudans, Intendant, Jacob Send Von Taubenheim, Cammer Juncker, Johann Heinrich Von l'Esperance Grand-Veneur, George Brisechoux, Conseiller & Procureur-Général subrogé, Jean-Jacques Gropp, Ministre de Cour & Surintendant, Leopold-Gaspard Gros, Ministre, avec paraphe.

Extrait-Baptistaire de Charles-Leopold, Prince de Montbelliard, l'aîné des deux Princes, Partie dans la Cause.

(*a*) Ce titre d'Excellence, au lieu de celui d'Altesse, prouve qu'il n'étoit pas regardé comme Prince.

Le premier Mars 1716. naquit Charles-Leopold, fils de S. A. S. Leopold-Eberhard, Duc de Wirtemberg-Montbelliard, & de la très-noble Elisabeth-Charlotte, Baronne de l'Esperance, & fut baptisé en l'Eglise du Château de Montbelliard, le 3. Mai 1716. Les Parrain & Marraine étoient Son Excellence (*a*) Georges-Leopold, Comte de Sponex, Son Excellence Leopoldine-Eberhardine, Comtesse de Sponex.

Extrait-Baptistaire de Georges-Frederic, le puîné des deux Princes.

Le 16. Août 1722. naquit un fils à S. A. S. Leopold-Eberhard, Duc de Wirtemberg-Montbelliard, notre très-gracieux Prince Territorial & Seigneur Souverain, & de S. A. S. Elisabeth-Charlotte, notre très-gracieuse Princesse Territoriale, & Dame Souveraine regnante. Les Parrain & Marraine étoient S. A. S. le Duc Christien-Ulric d'Oëls, & S. A. S. Eleonore-Charlotte, Duchesse d'Oëls, douairiere, & fut baptisé le 18. dudit mois dans l'Eglise de la Cour & du Château de ce lieu, & nommé Georges-Frederic, ce que j'attefte & affirme par l'apposition de mon cachet & ma signature. Fait à Montbelliard ce 8. Octobre 1722.

(L. S.) *Signé*, M. JEAN-GASPARD BOCKSHAMMER, Ministre de Cour, Superintendant & Conseiller Ecclésiastique.

L'un & l'autre délivrés par le Surintendant des Eglises de Montbelliard, & dûement légalisés.

EXTRAITS des Régistres ou Livres du Conseil, des Ministres ou du Clergé, & du Corps de Ville de Montbelliard.

LE CONSEIL.

Sereniffime Duchesse, le Conseil m'a chargé d'assurer S. A. S. Madame la Duchesse regnante, qu'il se felicite de voir renaître le jour qui lui a donné la naissance. Il prie Dieu qu'il le fasse survivre pendant longues années à cet heureux jour, avec S. A. S. Monseigneur le Duc, contente, joyeuse & satisfaite,

Il prend la liberté de se recommander très-humblement à ses Graces, & à celles de toute sa Serenissime & très-illustre Famille.

REPONSE.

Je vous suis bien obligée de vos sentimens, & comme je compte sur votre fidélité, je vous souhaite toute sorte de bonheur & de contentement, & je ferai de bon cœur tout ce qui pourra contribuer à votre avantage.

Le Compliment des Ministres est à peu près dans le même sens, fait par le Sur-Intendant des Eglises.

Compliment des Officiers de l'Hôtel de Ville.

Serenissime Duchesse, les Bourgeois de la Ville de Montbelliard, représentés icy par les trois Corps, m'ont prié d'assurer Son Altesse Serenissime, Madame la Duchesse Regnante, qu'étant toujours attentifs aux occasions de s'acquiter de leurs devoirs, ils ont appris agréablement, que le jour d'aujourd'hui est celui qui lui a donné la naissance, ce qui les engage à prendre la liberté de venir l'en féliciter, dans les sentimens du plus profond respect, & prier Dieu du meilleur de leurs cœurs, qu'il veuille longuement prolonger ses jours avec S. A. S. le Duc leur Souverain, qu'il les rende fort heureux, & qu'il leur accorde & à toute la Serenissime & très-Illustre Famille, tant de sujets de joie & de contentement, qu'elles n'ayent, pendant leur vie, rien à désirer: les suppliant tous ensemble, d'être persuadée que les Bourgeois de Montbelliard ont & conserveront jusqu'à la mort une fidélité inviolable, tant à S. A. S. leur Souverain, qu'à S. A. S. Madame la Duchesse Regnante & à toute la Serenissime Famille, dont ils implorent la protection & la continuation de ses graces.

Réponse de la Duchesse de Montbelliard.

Je vous suis bien obligée des souhaits que vous me faites de la part de la Bourgeoisie, & des marques de fidélité que vous me donnez. Je vous souhaite aussi bien du contentement, & je vous assure que je ferai de bon cœur tout ce qui pourra contribuer à votre avantage.

Autre Réponse du Duc, qui se rencontra à la Ceremonie.

Je suis sensible aux marques, que vous donnez à mon Epouse, de vos bons cœurs & de votre fidelité. J'espere que vous ne souffrirés jamais personne, qui voudroit semer la desunion dans les familles, non plus qu'entre le Souverain & les Sujets. J'assure tous ceux qui seront inviolablement attachés & fideles, tant à moi qu'à mon Epouse & à toute ma famille, de ma protection, du soin que je prendrai de leur bonheur, & de la continuation de mes graces, dont je veux bien aujourd'hui vous donner des marques.

Remerciement des trois Corps.

Les trois Corps remercient en profond respect, Votre A. S. des graces, qu'elle veut bien répandre sur eux. Ils assurent qu'ils tâcheront de les mériter par la fidelité, qu'ils auront jusques à la mort pour Votre A. S. pour S. A. S. Madame la Duchesse Regnante, & pour toute la Serenissime Famille.

Réponse du Duc.

Je n'en doute aucunement, & vous pouvez aussi compter sur moi & sur les miens.

EXTRAITS de plusieurs Lettres écrites à la Duchesse de Montbelliard, par Chrestien Ulric, Duc d'Oëls: par la Princesse Elisabeth Charlotte de Wirtemberg-Montbelliard, Duchesse Douairiere d'Oëls: & la Princesse Anne, Duchesse de Wirtemberg-Montbelliard, en 1720, 1721, 1722, 1724, & 1729.

SÉRENISSIME PRINCESSE, MA TRÈS-HONORÉE DAME TANTE, ET MERE,

Je prie très-humblement votre grace.... d'être persuadée que je ne négligerai aucune occasion de lui témoigner mon sincere dévouement selon mes promesses, sur tout quand je verrai que votre grace & les siens en pourront profiter & non pas un Collateral; je me recommande à vos bontés inestimables & à votre amitié, & suis avec tout le respect possible, de votre grace, le très-obéïssant & très-fidele neveu, fils & serviteur. *Signé*, ULRIC, Duc d'Oëls. A Paris le premier Décembre 1729. *Le dessus de la Lettre*, à S. A. S. Madame la Duchesse Elisabeth-Charlotte de Wirtemberg-Montbelliard, née Baronne de l'Espérance à Montbelliard.

Autre Lettre du même Prince au Duc de Montbelliard, du 12. Juin 1720.

SÉRENISSIME DUC, MON TRÈS-HONORÉ COUSIN ET ONCLE.

(a) C'est le Duc de Wirtemberg.

J'ay eu le plaisir de rencontrer à Oëls M. le Comte de Coligny, qui m'a donné certains avis. Stoutgard (a) tâche de m'engager dans ses intérêts. Mais je ne me mêlerai de rien jusques à ce que j'aurai eu l'honneur d'en parler avec votre grace, & qu'elle m'aura donné là-dessus ses ordres.

Autre Lettre du même Prince à la Duchesse de Montbelliard, du 14 Décembre 1721.

SÉRENISSIME DUCHESSE, MA TRÈS-HONORÉE TANTE ET MERE.

Les bienfaits que j'ai reçu de Votre A. S. à Montbelliard, m'obligent de lui en témoigner ma très-respectueuse reconnoissance. Je m'estimerai heureux toutes les fois que j'aurai l'occasion de pouvoir lui donner des preuves réelles de mon parfait & sincere dévouement, je la supplie de me continuer toujours ses bonnes graces, & de me croire avec le plus profond respect de Votre A. S. le très-humble & très-fidele neveu, fils & serviteur. *Signé*, CHRETIEN ULRIC, Duc d'Oëls. *A Paris, ce 14. Septembre 1721.*

Même dessus de la Lettre.

Autre Lettre du même Prince, du 2. Janvier 1722.

SÉRENISSIME PRINCESSE, MA TRÈS-HONORÉE DAME, TANTE ET MERE.

Je viens féliciter votre grace sur la nouvelle année.... Je la supplie de me croire avec tout le respect possible de Votre grace. Comme ci-dessus.

Même souscription.

Lettre de la Duchesse d'Oëls, du 24. Décembre 1720.

SERENISSIME DUCHESSE, MA TRE's-CHERE DAME, BELLE-SŒUR
ET SŒUR.

Il n'y a point de bonheur, que ne vous souhaite du fond de son ame, au renouvellement de cette année & de plusieurs autres, celle qui se dévoue toute entiere à vos bonnes graces, & qui sera jusques au tombeau avec le titre
glorieux de V. A. la très-fidelle & très-dévouée belle sœur, sœur & servante.
Signé, ELEONORE CHARLOTTE, Duchesse d'Oëls.
A Vienne, ce 24 Décembre 1720.
La suscription à S. A. Madame la Duchesse Elisabeth-Charlotte Duchesse
de Wirtemberg-Montbelliard.

Autre du Duc Chrestien Ulric, Duc d'Oëls, du 31. Août 1722.

SERENISSIME DUCHESSE, MA TRE's-HONORE'E DAME, TANTE ET MERE.

Je viens remercier votre grace de toutes les bontés qu'elle a eu pour moi à
Montbelliard, & la supplier très-humblement de me les continuer, & d'être
persuadée que je ne négligerai aucune occasion de faire connoître par les effets, mon dévouement & mon zele pour votre grace. Je suis avec tout le respect imaginable de votre grace, le très-obéissant & très-fidele neveu, fils &
serviteur, signé Chrestien Ulric, Duc d'Oëls. A Cassel le 31. Août 1722. La
suscription, à S. A. S. Madame la Duchesse Régnante de Wirtemberg Montbelliard, née Baronne de l'Esperance, à Montbelliard.

Autre du même Prince avec la même suscription.

SERENISSIME DUCHESSE, MA TRE's-HONORE'E DAME,
TANTE ET MERE.

Je suis arrivé ici heureusement, & aussi-tôt je n'ai point voulu manquer
de m'acquitter de mon devoir, & de m'informer de l'état de votre santé,
en vous assûrant que je serai toute ma vie de votre grace, le très-humble
& très-fidele neveu, fils & serviteur, signé Chrétien Ulric, Duc d'Oëls.
Manheim le 14 Septembre 1722.

Autre du même du 4 Décembre 1722, dans les mêmes termes.

Autre de la Duchesse Anne, du 26 Decembre 1722.

SERENISSIME PRINCESSE ET BELLE-SŒUR.

Je vous remercie des bons désirs, & je vous souhaite pareillement pour
la nouvelle année, bonheur, salut, & bénédiction, & que le Seigneur vous
maintienne en bonne santé. De Votre Altesse obéissante Belle-Sœur, signée
Anne, Duchesse de Wirtemberg Montbelliard. L'adresse à S. A. S. Madame Elisabeth Charlotte, Princesse de Montbelliard.

*Autre de la Duchesse d'Oëls, du 22 Décembre 1722, de Compli-
mens sur la nouvelle année, dans les mêmes termes.*

SERENISSIME DUCHESSE, MA TRE's-CHERE BELLE-SŒUR.

Je félicite avec une dévotion entiere vos graces, ma très-chere Sœur.

c

sur le renouvellement de cette année : avec un désir tout-à-fait cordial, que le Seigneur veuille donner à vos graces, avec la présente année, un contentement & une prospérité parfaite & tout-à-fait salutaire, qu'il vous conserve une infinité d'années dans une prospérité accomplie, telle que vous la pouvez désirer vous-même, pour la grande consolation de celle, qui se dévoue entiérement à vos graces, & qui sera jusqu'au dernier soupir de sa vie, de vos graces, la très-fidelle & dévouée belle-sœur & obéissante servante. Signé, Eléonore-Charlotte, Duchesse Douairiere de Wirtemberg-Oëls. Datée de Breslau, le 2 Décembre 1722. La suscription à S. A. S. Madame Elisabeth-Charlotte, Duchesse regnante de Wirtemberg-Montbelliard, née Baronne de l'Espérance du saint Empire, à Montbelliard.

Autre du Duc Chrétien Ulric d'Oëls du premier Avril 1724.

SERENISSIME DUCHESSE, TRE'S-HONORE'E DAME, TANTE ET MERE.

Votre gracieuse Lettre m'a tout-à-fait consolé, craignant d'être banni de votre gracieux souvenir, le cœur me seigne, ma gracieuse Maman, de vous sçavoir dans un état si malheureux, sur-tout, puisque pour le présent, je me trouve embarrassé de reconnoître les graces infinies, que j'ai reçues de vous, &c. Je me recommande à la continuation de vos graces, & je suis jusqu'à la mort, avec un profond respect, de vos graces, très-obéissant & fidele Cousin, fils & serviteur. Signé, Christian Ulrich, Duc de Wirtemberg-Oëls. Datée de Wilhelminenorth, le deux Avril mil sept cent vingt-quatre. La suscription est à S. A. S. Madame la Duchesse Douairiere de Wirtemberg-Montbelliard, née Baronne de l'Espérance, à Ostheim.

Consultation de la Faculté de Droit de l'Université d'Helmstatt.

NOUS les Doyen, Senior & autres Docteurs de la Faculté Juridique en l'Université de Helmstatt, ayant été consultés & requis de donner notre avis fondé en Droit sur le cas à Nous proposé & la question en résultant que voici. Titius a eu des enfans de Sempronia, & après la mort de cette même Sempronia, il a épousé sa sœur Caja, de laquelle il a aussi eu des enfans ; question de sçavoir : *Si ce mariage a été contracté valablement & légitimement, & s'il n'est pas préjudiciable aux enfans procréés pendant & constant icelui, ayant délibéré sur ladite question proposée en pleine Assemblée :* Nous estimons que, quoiqu'il paroisse d'abord qu'un pareil mariage ne sçauroit être valablement contracté & que par conséquent il doit préjudicier aux enfans, par rapport à leur légitimité, attendu que ce mariage est au premier degré d'affinité, que par ainsi il doit être regardé comme incestueux ; y ayant même une prohibition expresse au Levit. 19 de ne point épouser la sœur de sa femme ; sentiment qui est adopté par beaucoup de Théologiens & de Jurisconsultes qui sont rapportés tout au long par Niemeier de Conjug. illicit. notamment *Differt. de Conjug. cum uxoris soror.* §. 22. comme néanmoins cette prohibition ne doit point être envisagée comme faite sans restriction, & que plusieurs autres Théologiens & Jurisconsultes soutiennent qu'elle ne peut s'entendre seulement que dans le cas de la Poligamie, il s'ensuit que la prohibition cesse, lorsque la personne, dont on a épousé la sœur, est décédée. *Vid. Niemeier cit. loc.* §. *Ibid. Sequi omnino videtur post uxoris mortem cessare quoque interdictum de uxoris sorore non ducenda. Quod verò Lege divina prohibitum non est, id eodem Jure permissum esse censetur. Jung. Idem Thes. 65. Ex dictis colligitur, neque Jure naturâ, neque divino positivo conjugium cum defunctâ uxoris sorore esse prohibitum ; que*

par conséquent la prohibition dans le cas présent n'est que de droit humain, dont le Législateur peut fort bien dispenser, ainsi que cela se fait journellement dans les Etats Protestans. Enfin l'on ne peut d'autant moins objecter aucun empêchement au mariage contracté avec Caja, puisque Titius n'a jamais été marié avec Sempronia, sœur de Caja, & que les enfans qu'ils ont procréés ensemble sont nés sans qu'il y ait eu de mariage. C'est pourquoi nous estimons que le mariage dont est question, doit être censé légitimement & valablement contracté, & qu'il ne peut être d'aucun préjudice aux enfans nés pendant icelui. Ainsi délibéré. En foi de quoi nous y avons fait apposer le sceau de la Faculté. Fait à Helmstatt le sixième Juillet 1720.

Signé, les Doyen, Senior & autres Docteurs de la Faculté Juridique en ladite Ville. Et à côté est le sceau sur cire rouge.

Traduit sur expédition signée & scellée comme dit est, & paraphée par moi soussigné Avocat, Sécrétaire-Interprète au Conseil souverain d'Alsace. Fait à Colmar le 30 Mai 1740.

Signé, H O R R E R.

NOUS Conseiller du Roi & son Juge ès Forts & Citadelle de la Ville de Strasbourg soussignés, Certifions à tous qu'il appartiendra que Me Horrer qui a fait & signé la Traduction ci-dessus & d'autre part, est Avocat, Sécrétaire Interprète au Conseil souverain d'Alsace, qu'en cette qualité foi doit lui être ajoutée, tant en Jugement que dehors; Attestons en outre, que ni le papier Timbré, ni le Contrôle des Actes ne sont point en usage en cette Province. En foi de quoi nous avons signé les Présentes & fait apposer le scel ordinaire de notre Siége. A Strasbourg ce deuxième Juillet mil sept cent quarante.

Signé, L A Q U I A N T E.

Autre Consultation de l'Université de Francfort-sur-Oder.

NOUS les Doyen, Professeur ordinaire, Senior & autres Docteurs de la Faculté Juridique en l'Université Royale & Electorale de Francfort-sur-Oder, ayant été requis de donner notre avis, fondé sur les principes du Droit Naturel & Divin, sur le Cas à Nous proposé & la Question en résultant que voici. Titius a eu des enfans de Sempronia, & après la mort de cette même Sempronia, il a épousé sa sœur Caja, de laquelle il a pareillement eu des enfans. Question de sçavoir : *Si ce Mariage de Titius avec Caja a été valablement Contracté, & si les enfans doivent être censés légitimes; ayant délibéré sur ladite question en pleine Assemblée.*

Nous estimons que, quant au Droit Naturel, il est vrai de dire, que ce n'est pas chose aisée de déterminer jusqu'où s'étend la prohibition de contracter mariage, *Grot. de Jur. Bell. & Pac. lib. 2. cap. 5. §. 12. Puffend. de Jur. Nat. & Gent. lib. 6. cap. 1. §. 28.*

Ce que nous avons de certain à cet égard, est que nous ne pouvons épouser nos meres, ni celles qui nous en tiennent lieu; parce que le respect que la nature nous oblige de rendre à ces personnes, est absolument incompatible avec l'obéissance que doit une femme à son mari : à notre égard comme il ne nous conste d'aucune prohibition prouvée par ledit droit, concernant le mariage en question, étant des regles, que celui qui en allegue, soit tenu de la prouver, & que d'ailleurs il nous paroît d'une entreprise difficile, de décider généralement tous les cas en fait de mariage, sur des principes tirés du droit de nature; le plus sûr est de consulter sur ce le droit divin positif au Chap. 18. & 20. du Levitique, où l'on voit au dix-septiéme verset du Chap. 18. qu'il est permis à un homme après la mort de sa femme, d'épouser la sœur de cette même femme, les termes en sont claires. *Vous ne prendrez point la*

fœur de votre femme pour la rendre fa rivale, & vous ne découvrirez point dans el-
le du vivant de vôtre femme; ce que la pudeur veut qui foit caché. Il eft évident
que l'amitié naturelle qui eft entre deux fœurs, ne doit point être troublée
ni rompue par la jaloufie qui fe rencontre entre deux femmes, qui ont époufé un même mari, ainfi que cela fe faifoit pour lors; laquelle raifon ceffe
par la mort de l'une. Nous ne nous étendrons pas davantage à cet égard, parce que nous l'avons fait affez amplement en notre décifion, qui a été jointe
par le fieur Samuel de Coccei Confeiller Intime de Juftice de S. M. le Roi de
Pruffe, à fon Traité de *Jure Controverf. ad Tit: ff. ad L. Jul. de adulter. quæft:* 6.
Mais dira-t-on? Au Levitique Chap. 18. vers 16. & Chap. 20. vers 21. Il eft
défendu d'époufer la femme de fon frere, d'où l'on conclut qu'il eft pareillement défendu d'époufer la fœur de fa femme. L'on répond à cette objection,
qu'au Levitique. Chap. 18 & 20. la prohibition n'eft point faite eu égard aux
dégrés, mais eu égard aux perfonnes, ainfi que nous l'avons fait voir en ladite décifion, & qu'il eft prouvé par *Stryck. de Diffens. Sponfalit. Sect.* 3. §. 20.
En effet par cette énumeration fi foigneufement & exactement faite des perfonnes qui ne fe doivent point époufer, l'on ne fçauroit douter que la prohibition ne doit s'entendre, que de la ligne directe *ubi folum nomen parentum*
& liberorum, en un mot, de tous les afcendans & defcendans. Les Rabins,
qui fans contredit, peuvent rendre le meilleur témoignage de ce que nous
appellons *Ufus Forenfis*; en matiere de préceptes divins, comptent les perfonnes, fans avoir égard aux dégrés; & il a toujours été permis chez eux d'époufer fucceffivement deux fœurs. C'eft ce qui eft encore prouvé par *Selden. de*
Jur. Nat. & Gent. lib. 5. *cap.* 10. & par plufieurs autres, notamment par le fça-
vant Jean-Chriftophe Wageufeil, en la queftion de fçavoir, fi la fainte Ecriture permet à un homme d'époufer fucceffivement deux fœurs; Luther, Jean
Brentius, & Paul Fagius ont été du même fentiment, ainfi que ledit Wageufeil l'a déduit en fa Queftion; & à ceux-ci l'on peut encore ajouter *Stryck*
de Diffens. Sponfalit. Sect. 5. §. 28. D'ailleurs en la prohibition de contracter Mariage avec la femme de fon frere, il y a une raifon bien plus importante,
qu'en celle qui pourroit concerner le Mariage d'un homme avec la fœur de
fa femme défunte : *Ibi enim duo fratres cum eadem muliere rem habent, hic unus*
vir cum duabus fucceffivè mulieribus; & encore faut-il faire attention que Dieu,
en certains cas, a ordonné le Mariage avec la veuve du frere; fçavoir, lorfqu'il étoit mort fans enfans, *Deuter.* 25. ÿ. 5. & 6.
Ainfi l'on peut d'autant moins douter qu'il foit permis d'époufer fucceffivement deux fœurs, & que les enfans procréés pendant le dernier mariage foient
légitimes; au furplus, pour ce qui eft du cas à nous propofé, il n'y eft pas queftion *de Matrimonio contrahendo, fed jam contracto*, lequel mariage ne peut être
caffé fans préjudicier à la femme & aux enfans; ainfi délibéré.

Signé, les Doyen, Profeffeur ordinaire, Senior & autres Docteurs de la Faculté Juridique en l'Univerfité Royale & Electorale de Francfort-fur-Oder,
le 29. Juin 1720. Et au bas eft le fceau fur cire rouge.

Traduit fur Expédition fignée & fcellée, comme dit eft, & paraphée par moi
fouffigné Avocat Secretaire-Interprête au Confeil Souverain d'Alface. Fait à
Colmar le 31. Mai 1740.

Signé, HORRER.

NOUS Jean Laquiante, Confeiller du Roy & fon Juge ès Forts & Citadelle de la Ville de Strafbourg, certifions à tous qu'il appartiendra, que
Me. Horrer, qui a fait & figné la Traduction ci-deffus & d'autre part, eft Avocat, Secretaire-Interprête au Confeil Souverain d'Alface, & qu'en cette qualité, foi doit être ajoutée à tous fes Actes, tant en Jugement que dehors; atteftons en outre, que ni le papier timbré, ni le contrôle, ne font point en ufage
en cette Province. En foi de quoi nous avons figné les Préfentes, & fait appofer le fcel ordinaire de notre Siége. A Strafbourg le 2. Juiller 1740.

Signé, LAQUIANTE.
Confultation

Confultation de la Faculté de Théologie de l'Univerfité d'Helmftatt.

SUR le Cas propofé à Nous les Doyen , Senior & autres Docteurs de la Faculté de Théologie en l'Univerfité de Helmftatt , contenant que Titius ayant procréé des enfans avec Sempronia , & qu'après le
décès d'icelle ayant époufé fa fœur Caja , avec laquelle il a pareillement
procréé des enfans ; la queftion eft de fçavoir : *Si le Mariage d'entre Titius
& Caja eft valable & conforme aux Loix , & s'il peut préjudicier aux enfans
procréés en icelui aux honneurs , états & droits.*

Nous difons pour réponfe que le mariage d'entre Titius & Caja fœur de
Sempronia eft conforme aux Loix & fans vice , & que les enfans procréés
par Titius & Caja font légitimes , & doivent être réputés tels , dans lefquels
il ne fe trouve rien de reprochable , car ce mariage eft conforme aux Loix
divines , naturelles & de l'Eglife. Il y a eu effectivement entre Sempronia
& Caja une confanguinité , mais elle ne s'étend pas jufqu'au point de pouvoir former empêchement à ce mariage , ni caufer préjudice aux enfans
procréés d'icelui , en leurs honneurs , dignités , états & droits , icelui n'étant
prohibé ni par les Loix divines , ni naturelles ; c'eft pourquoi dans l'Ecriture fainte , il eft permis à un homme d'époufer deux fœurs fucceffivement ,
& quoique ces fortes de mariages foient défendus par l'Eglife , ces défenfes
ne font pourtant pas générales , mais ont été introduites pour fervir de bornes à ne point furpaffer les degrés prohibés par Dieu & la Nature , & afin
de retenir les hommes en vertu d'icelles , de la tranfgreffion des Loix divines & naturelles.

La préfente opinion fur le cas propofé , eft conforme à la fainte Ecriture ,
à la Loi naturelle , aux Livres fymboliques & à la fainte Doctrine de notre
vraye Eglife & Religion Evangélique-Chrétienne. En foi de quoi nous
avons fait appofer le fcel de la Faculté de Théologie en l'Univerfité de Helmftatt. Fait audit Helmftatt , le 6. Juillet 1720.

Signé , les Doyens , Senior & Docteurs de la Faculté de Théologie en l'U-
niverfité de Helmftatt. A côté eft appofé un grand fceau en placard.

Traduit en françois fur l'Original allemand , figné & paraphé de même
que la préfente traduction par moi fouffigné Avocat & Sécrétaire Interprète
au Confeil fouverain d'Alface , féant à Colmar. Fait à Strafbourg ce 25
Mai 1740. *Signé* , HYLLE , *avec Paraphe.*
Enfuite eft écrit :

Nous Jean Laquiante Confeiller du Roi & fon Juge ès Forts & Citadelle de la Ville de Strafbourg , certifions à tous qu'il appartiendra , que Me
Hylle qui a fait & figné la Traduction ci-deffus & d'autre part , eft Avocat
& Sécrétaire Interprète au Confeil fouverain d'Alface ; qu'en cette qualité
foi doit lui être ajoûtée , tant en Jugement que dehors ; atteftons en outre
que ni le papier Timbré , ni le Controle des Actes ne font point en ufage
à Strafbourg ni en cette Province. En foi de quoi nous avons figné les
Préfentes de notre propre main , & y appofé le fceau de notre Siége. A
Strafbourg le vingt-huitiéme Mai mil fept cent quarante.

Signé ; LAQUIANTE , *avec Paraphe* , & à côté eft le fceau.

Enfuit eft écrit :
Controlé à Paris le vingt-huit Juin mil fept cent quarante. Reçu douze
fols. *Signé* , BLONDEL.

Collationné par les Confeillers du Roi Notaires à Paris , fouffignés fur
d

l'Original de ladite Traduction , repréfenté & rendu cejourd'hui vingt-huit Juin mil fept cent quarante.

Signé, DE LALOERE.

CHOMEL.

Autre Confultation de Théologie de l'Univerfité d'Iene.

SUR le Cas propofé , contenant que Titius ayant procréé des enfans naturels avec Sempronia , & qu'après le décès d'icelle, ayant époufé fa fœur Caja , avec laquelle il a pareillement eu des enfans; la queftion eft de fçavoir : *Si ce Mariage peut être reputé valable & conforme à la Loi, & s'il peut préjudicier aux enfans procréés avec ladite Caja.*

Je répond , 1°. comme dans le Levitique, chap. 18. ℣. 18. il eft fimplement défendu qu'un homme ne doit époufer la fœur de fa femme conjointement avec elle , contre fon gré, ou comme s'explique le texte originaire, pour l'attrifter & molefter pendant qu'elle eft encore vivante, il eft aifé de conclure de là , que fi elle eft décédée, & qu'ainfi l'autre ne cohabite pas à l'homme conjointement & en même tems qu'elle , ni peut être attriftée par fa fœur , alors un pareil mariage n'eft plus défendu : *Ceffante enim caufâ ceffat effectus.* Le mariage qui n'eft prohibé que pendant le vivant de l'une, doit être permis après fa mort, & le mariage qui eft purement & fimplement défendu, afin que l'émulation continuelle ne change en haine l'amitié qui eft d'ailleurs naturelle aux fœurs, doit être permis lorfque ces fortes d'inconveniens ne font plus à craindre, ou il s'en fuivroit que ces raifons auroient été ajoutées inutilement, ce qui feroit directement contraire à l'autorité de la fainte Ecriture, laquelle ne fait point mention de ces fortes de raifons dans les autres dégrés prohibés.

2°. Cette Loi a toujours été entendue & interprêtée de cette façon dans la Synagogue, & n'a jamais défendu d'époufer la fœur de fa femme défunte. La certitude de cet allegué eft conftatée par le Corps de Droit compilé fous l'Empereur Antonin le Pieux, par le Rabin Juda, iffu de fang Royal, furnommé le faint, lequel Corps de Droit eft reçu par tous les Juifs de l'Univers avec la plus grande vénération , dans lequel , au titre Jevammath. chap. 4. ℣. 13. les paroles fuivantes fe trouvent, qui, felon le texte Latin, s'expliquent comme s'enfuit : *Si cujus uxor mortua fuerit licitè ducit iftius fororem : fi repudiarit uxorem quæ deinceps moritur, ejus licitè ducere poteft fororem: aut fi repudiata alteri nupferit, ac moritur, ejus fororem licitè ducere poteft : quod & valet de fratriâ quàm vi legis divinæ. Deut. 25. ℣. 5. Ducere debeat quippe poft cujus mortem, vel renunciationem poft exutum calceum, aut matrimonium cum alio morti ejus præfente, licitè ejus ducere poteft fororem.* Ce qui veut dire en François. Si la femme de quelqu'un meurt, il époufe valablement fa fœur : fi quelqu'un répudie fa femme, laquelle enfuite meurt , il peut valablement époufer fa fœur; ou fi la répudiée fe marie à un autre & meurt, il peut valablement époufer fa fœur , ce qui eft également valable à l'egard de la femme du frere , laquelle il devoit époufer felon la Loi divine. Deut. 25. ℣. 5. Attendu qu'après fa mort, ou le refus, en ôtant le foulier , ou dans le cas d'un mariage avec un autre, icelle étant décédée la premiere , il peut valablement époufer fa fœur.

3°. Si vrai, qu'il avoit été rapporté à un mari que fa femme étant en pays étrangers y feroit décédée, & que fur ce rapport il auroit époufé fa fœur, que poftérieurement , néanmoins, la premiere femme auroit encore été vivante, & qu'elle en auroit dû mourir de chagrin, il peut conferver fa fœur en mariage, & les enfans procréés d'icelle, après la mort de la premiere, ne doivent point être réputés illégitimes, ainfi qu'il eft repeté au même titre, chap. 10. thef. 4.

4°. Que même un pareil mariage avec la fœur de la femme défunte eft recommandé préférablement à d'autres, afin que les enfans du premier mariage, que les belles-meres n'aiment pas communément, foient mieux traités en confidération de ce qu'ils font iffus de la fœur, & par conféquent du fang de la feconde femme.

5°. C'eft pourquoi il a été tourné à une louange particuliere au Rabin Gamaliel, qui eft reputé par quelques-uns, d'avoir été le Précepteur de l'Apôtre faint Paul, de ce que lors de l'enterrement de fa premiere femme, ceux qui avoient accompagné le convoi, lui ayant fait condoleance, il a prié la fœur de fa femme défunte, & que l'on venoit actuellement d'enterrer, de vouloir aller avec lui à la maifon & prendre foin des enfans qui étoient reftés, comme leur belle-mere future.

6°. Pour cette raifon, plufieurs parmi les Docteurs Chrétiens n'ont point réprouvés ces fortes de mariages, ainfi qu'il eft plus amplement à voir par les autres écritures qui ont été faites & imprimées dans la queftion de mariage du feu Prince d'Ottingen, & de celui du Docteur Goetz, Superintendant & Miniftre à Halberftat.

7°. Il eft fans contredit que dans toutes les Religions, il fe trouve de ces fortes de mariages parmi des hommes de haute & baffe naiffance, lefquels cependant n'ont pas été moins bénis de Dieu, à moins qu'un Conffeffeur trop rigide, quoique fans fuffifante raifon, n'ait inquiété & troublé les efprits.

8°. Et comme dans le Cas propofé, outre les raifons fufdites, il n'y a pas eu de mariage avec Sempronia, celui d'avec fa fœur Caja trouve d'autant plus lieu, & par conféquent il ne peut être rien objecté ni reproché aux enfans procréés avec elle.

Laquelle opinion j'ai donné conformément à la fainte Ecriture, & fuivant l'ancienne doctrine. Fait à Iene, le 13. Juillet 1720. *Signé*, Jean-André Dantz, Docteur & Profeffeur de la fufdite Théologie & des Langues Orientales, préfentement Doyen de la Faculté de Théologie. A côté eft appofé un petit cachet empreint fur cire d'Efpagne rouge.

Traduit en François fur l'Original Allemand, figné & paraphé de même que la préfente Traduction, par moi fouffigné Avocat & Secretaire, Interprête au Confeil Souverain d'Alface, féant à Colmar. Fait à Strasbourg, ce 25. Mai 1740. *Signé*, Hylle, avec paraphe. *Enfuite eft écrit*:

Nous Jean Laquiante, Confeiller du Roi, & fon Juge ès Forts & Citadelle de la Ville de Strasbourg, certifions à tous qu'il appartiendra, que M. Hylle, qui a fait & figné la Traduction ci-deffus & d'autre part, eft Avocat & Secretaire-Interprête au Confeil Souverain d'Alface, qu'en cette qualité foi lui doit être ajoutée tant en Jugement que dehors. Atteftons en outre, que ni le papier timbré, ni le contrôle des Actes ne font point en ufage en cette Province. En foi de quoi nous avons figné les préfentes de notre propre main, & y appofer le fceau de notre Siége. A Strasbourg le 28. Mai 1740. *Signé*, Laquiante, avec paraphe, & à côté eft un fceau. *Enfuite eft écrit*:

Contrôlé à Paris, le 28. Juin 1740. reçu douze fols, *Signé*, Plendela.

Collationné par les Confeillers du Roi, Notaires à Paris, fouffignés fur l'Original de ladite Traduction, repréfenté & rendu cejourd'hui 28. Juin 1740.

Signé, de Laloere.

Signé, Chomel.

11.427

RÉPONSE
AU MEMOIRE
DES BARONS DE L'ESPERANCE.

DANS un nouveau Mémoire que les Enfans de la Baronne de l'Esperance viennent de diſtribuer, on a rencheri ſur tout ce que la temerité & la ſuppoſition leur avoient fait hazarder dans les premiers.

On y trouve un Roman qui a toutes les graces de ces ſortes d'ouvrages, mais qui en a auſſi tous les défauts ; on forge des avantures, on diſtribue des caracteres à chacun des Herós de la piece, on les fait parler, on les fait agir au gré de ſon interêt ; on laiſſe dans l'oubli les titres les plus eſſentiels ; on change, on défigure ceux dont on croit pouvoir tirer quelque avantage : en un mot, ſans reſpect pour la verité, on débite les fables les plus groſſieres, démenties par une foule de monumens.

Qu'on preſente cet ouvrage à des hommes qui n'ont aucune con-noiſſance, ou qui n'ont qu'une idée très-ſuperficielle des faits & des titres qui en contiennent la preuve, on ne ſera pas étonné qu'ils en ſoient ſéduits juſqu'à s'intereſſer même pour les Barons de l'Eſperance ; mais qu'on mette ce même ouvrage ſous les yeux du Tribunal le plus auguſte, qui inſtruit par les titres mêmes doit être revolté de toutes les fictions dans leſquelles on s'égare, c'eſt un excès de temerité dont on n'auroit jamais pû ſoupçonner des perſonnes capables de reflexion & de ſentiment.

Ces reproches ſeront-ils ſoutenus par des traits propres à confondre les Barons de l'Eſperance? C'eſt au Public à en juger ſur les obſervations qu'on va lui preſenter.

OBSERVATIONS SUR LES FAITS.

On peut les partager en trois époques remarquables.

Dans la premiere, depuis 1695. juſqu'en 1707. on voit le feu Duc de Montbelliard & la Demoiſelle de Hedviger s'unir par les liens ſacrés du mariage ; cette union ſuivie de la naiſſance de pluſieurs enfans ; la paix & la tranquillité regner entre les deux époux.

A 11.427

Dans la seconde, depuis 1707. jusqu'en 1719. se forme par les intrigues de la Baronne de l'Esperance la plus violente tempête contre l'épouse legitime & contre son fils : cette maîtresse audacieuse profitant de l'empire qu'elle avoit sur le cœur & sur l'esprit du Duc de Montbelliard, entreprend de s'élever sur leur ruine.

Dans la troisiéme enfin le calme succede à l'orage , la verité & la justice reprennent leurs droits , & les honneurs que l'on accorde au fils legitime, à l'heritier presomptif, le dédommagent de tout ce qu'on avoit arraché de son pere pour le dégrader.

C'est ce que l'on a établi dans de précedens Mémoires : voyons comment les Barons de l'Esperance essayent de défigurer ces verités.

Premiere époque. Après avoir donné une idée de la Maison de Wirtemberg, & rendu compte de la triste situation où se trouvoit le Duc Georges de Montbelliard pendant la guerre commencée en 1688. on nous represente le Prince Leopold-Eberard son fils comme un jeune Guerrier, qui après avoir servi avec distinction à la tête de son Regiment, venoit se délasser à la Cour de la Duchesse d'Oels sa sœur pendant les quartiers d'hyver. Il lui falloit quelque amusement de cœur, il s'attacha, dit-on, à une jeune personne nommée Anne-Sabine de Hedviger qui servoit la Duchesse d'Oels en qualité de Demoiselle de Chambre : quoique son cœur fût déja occupé lorsque le Prince de Montbelliard fut tenté d'en faire la conquête , elle ne se refusa point à ses empressemens ; elle se ménagea si bien avec ses deux Amans, qu'elle ne perdit ni l'un ni l'autre ; elle devint mere de deux ou trois enfans, & pour se maintenir dans la liberté de les attribuer à celui des deux qu'elle pourroit conserver , elle aima mieux compromettre leur état, que de leur donner un pere certain.

Cependant pour fixer enfin leur destinée, elle poursuivit le sieur Zeidlits au Consistoire de Breslau pour l'obliger à accomplir les promesses de mariage qu'il lui avoit faites ; elle fit prononcer contre lui un Interdit Ecclesiastique dès 1692. elle obtint une Sentence le 21 Mars 1695. qui le condamnoit ou à l'épouser, ou à la satisfaire pour ses dommages & interêts ; le sieur Zeidlits ayant pris ce dernier parti, & payé mille ducats pour racheter sa liberté, il fut déchargé de son engagement par une Sentence du 18 Août de la même année.

Les esperances que la Demoiselle Hedviger avoit formées sur la passion du sieur Zeidlits étant dissipées, elle ne fut plus occupée qu'à captiver le Prince de Montbelliard. La Paix de Risvick ayant rétabli le Duc son pere dans ses Etats, il y retourna avec lui : la Demoiselle Hedviger qui n'avoit plus de bienséances à garder, y suivit son Amant ; mais pour ne point irriter le Duc Georges, on eut soin de la confiner dans une maison obscure à Montbelliard où elle vêcut inconnuë jusqu'à la mort du Duc Georges arrivée en 1699. Alors ne croyant plus trouver d'obstacle à ses desseins, elle proposa au Duc Leopold Eberard de l'épouser : elle ne fut pas reçue favorablement , mais l'amertume de ce refus fut adoucie par les protestations dont les Amans sont si prodigues. La Demoiselle Hedviger rebutée par le Duc de Montbelliard , forma alors le projet temeraire de supposer un mariage entre ce Prince & elle, & de le faire inscrire sur le Registre de quelque Eglise Lutherinne. Elle connoiſſoit un Miniſtre qui deſſervoit l'Egliſe de Rejovitz en Pologne, il ne fut pas difficile à gagner ; il trouva heureuſement ſur ſon Regiſtre un blanc dans le cours de l'année 1695. il y inſera le faux Acte de célébration de mariage qu'on lui demandoit ; mais comme l'impoſture pouvoit éclater dans le Public, on redigea cet Acte d'une maniere myſterieuſe, & les noms des deux époux n'y furent mis qu'en lettres initiales ; en même tems elle ſe fit délivrer en Allemand un Certificat de cette celebration, ſoit par le Miniſtre même, ſoit par un autre : c'eſt ce qu'on ne peut pas ſçavoir, puiſque ce Certificat n'eſt ſigné de perſonne.

Pendant qu'elle ſe forgeoit à elle-même des titres ſi infructueux, elle traînoit une vie obſcure & mépriſable dans la honte du concubinage ; mais elle perdit bien-tôt le peu de faveur qu'elle ne devoit qu'à ſes intrigues & à ſes foibleſſes, par la nouvelle paſſion dont le Duc de Montbelliard devint épris ; ce fut Henriette Hedwic Baronne de l'Eſperance qui la fit naître ; elle conſerva juſqu'à ſa mort arrivée en 1707. le cœur de ce Prince, & acheva d'éteindre les feux languiſſans que la Demoiſelle Hedviger y avoit allumez.

C'eſt ainſi que les Enfans de la Baronne de l'Eſperance tournent les faits qui rempliſſent la premiere époque. Leur Roman les réduit à une intrigue amoureuſe, dans laquelle une fille adroite cherche à captiver deux Amans, & ne peut en fixer aucun, & ne recueille enfin de tant de mouvemens que la honte & l'ignominie. Reprenons toutes les circonſtances de la fable pour ſubſtituer à ces traits, qui ne ſont que le jeu de l'imagination, la verité ſimple qui reſulte des titres.

On nous dit d'abord que la Demoiſelle Hedviger ſervoit la Ducheſſe d'Oëls en qualité de *Demoiſelle de Chambre*, & l'on croit établir cette qualité par deux Actes rédigez en Allemand, qu'on nous preſente traduits en François, avec cette fauſſe dénomination. Mais outre que la dénomination de Demoiſelle de Chambre en Allemand, pourroit ne pas répondre à l'idée que nous avons en François des termes de Femme de Chambre, c'eſt qu'il eſt aiſé de juſtifier qu'on abuſe ici d'une traduction infidéle : le Public, qui ne peut pas juger par lui-même de cette verité, en ſera bien-tôt convaincu en conſultant deux Lettres originales de la Ducheſſe d'Oëls à la Demoiſelle Hedviger, & dont la ſubſcription écrite en François par cette Princeſſe elle-même, ſe trouve en ces termes : *A Mademoiſelle Hedviger, notre Demoiſelle d'Honneur.* C'eſt un Juge non ſuſpect qui s'exprime ainſi avant le mariage de la Demoiſelle de Hedviger, c'eſt la Ducheſſe d'Oëls qui ſçavoit mieux que perſonne en quelle qualité la Demoiſelle Hedviger lui étoit attachée : les enfans de la Baronne de l'Eſperance peuvent-ils après cela ſoutenir leur ſuppoſition ?

La verité ne ſe conciliera pas mieux avec ce qu'ils avancent ſur ce concours de deux Amans, que la Demoiſelle de Hedviger ſçait ménager avec tant d'art qu'elle les conſerve également ſous ſon empire pendant pluſieurs années, partagée entre l'interêt qui l'attache à l'un, & l'ambition qui la flatte en faveur de l'autre. Il faut convenir que dans un Roman une pareille ſituation eſt bien propre à fournir à ſon Auteur des tours heureux, & des expreſſions brillantes, à ſoutenir & à recréer l'attention du Lecteur ; c'est apparemment tout ce qu'on s'est proposé dans le Memoire des Barons de l'Esperance.

Car enfin que deviendra cette fable, quand dépoüillée de ses ornemens, on la mettra, pour ainsi dire, vis-à-vis des titres. On voit bien que le sieur Zeidlits avoit recherché en mariage la Demoiselle Hedviger, qui étoit alors fort jeune, & qu'il en avoit donné des promesses par écrit à sa famille ; mais il avoit bien-tôt changé de sentiment, puisque dès 1692. la famille de la Demoiselle Hedviger avoit obtenu contre lui au Consistoire de Breslau, un Interdit Ecclesiastique, que nous ne voyons point, mais qui est énoncé dans une Sentence du même Consistoire du 18 Août 1695. il y avoit donc une rupture déclarée entre les deux familles, lorsque le Prince de Montbelliard commença à concevoir de l'estime & de l'attachement pour la Demoiselle de Hedviger ; rien ne faisoit obstacle à sa passion naissante ; le sieur Zeidlits qui s'étoit presenté dans des vûes legitimes, s'étoit retiré : c'étoit donc à un cœur libre que le Prince de Montbelliard adressoit ses vœux, & pour les recevoir la Demoiselle de Hedviger n'a eu besoin ni de cette adresse, ni de ce ménagement ingenieux qu'on lui attribue.

C'est ce qui resulte même de la Sentence que la famille de la Demoiselle de Hedviger obtint contre le sieur Zeidlits au mois de Mars 1695. cette Sentence rendue au Consistoire de Breslau, porte en propres termes, *qu'au cas que le sieur Zeidlits voulût constamment insister à sa resistance déduite dans les actes, & que suivant l'aversion qu'il a jusqu'ici témoignée, il ne voulût pas aucunement se laisser induire au mariage, il sera tenu de donner juste satisfaction à la Demanderesse, avec refusion de frais & dépens.* Ainsi depuis long-tems le Sieur Zeidlits avoit perseveré dans son refus, & dans son éloignement pour la Demoiselle de Hedviger ; il s'en étoit expliqué par écrit, & dans les termes les plus durs. Est-il donc extraordinaire qu'après cela elle ait écouté les recherches du Prince de Montbelliard ?

Comment peut-on attribuer à la Demoiselle de Hedviger l'heureux talent de se ménager tout à la fois & publiquement deux Amans qu'elle retient également dans ses fers ?

Ce n'est pas depuis 1692. que l'on peut placer cette rare intelligence ménagée avec tant d'art, puisque le sieur Zeidlits portoit alors ses sentimens non-seulement jusqu'à la plus parfaite indifference, mais même jusqu'à l'*aversion*, pour se servir des termes de la Sentence de Breslau.

Ce n'est pas non plus dans les années antérieures à 1692. que l'on peut mettre l'époque du Roman, puisqu'il n'y a rien qui nous indique, ni qui nous fasse même soupçonner que la passion du Prince de Montbelliard remonte à un tems si éloigné.

Ce n'est donc qu'en confondant les tems qu'on est parvenu dans le Roman des Barons de l'Esperance, à unir en quelque maniere deux Amans également écoutez par la Demoiselle de Hedviger. Si on avoit voulu consulter la verité, on auroit reconnu qu'après une recherche honorable de la part du Sieur Zeidlits, suivie de la rupture la plus éclatante

tante , le Prince de Montbelliard eſt devenu ſenſible , & que les regles du devoir le plus auſtére permettoient à la Demoiſelle de Hedviger de recevoir l'hommage d'un cœur auquel elle pouvoit s'attacher ſans reſerve.

La naiſſance de pluſieurs enfans , les meſures artificieuſes attribuées à la Demoiſelle de Hedviger pour conſerver la liberté d'en gratifier qui elle voudroit , deviennent donc après cela des impoſtures groſſieres qui tombent avec la fable même qui les à produites.

Plus les Barons de l'Eſperance étalent avec pompe ces chimeres, fruits de leur imagination , & plus ils ſuppriment habilement le fait déciſif du mariage celebré en 1695. entre le Prince de Montbelliard & la De-moiſelle de Hedviger : ce fait important & ſi bien juſtifié , comme on le verra dans la ſuite , ne pouvoit pas s'aſſortir avec les differentes par-ties du Roman , le parti le plus prudent étoit de l'oublier ; les Barons de l'Eſperance ne daignent donc pas en parler , mais ſuivant toujours l'idée d'une ſimple galanterie , ils paſſent rapidement au retour du Prince de Montbelliard dans les Etats de ſon pere; ils le font ſuivre par la Demoi-ſelle de Hedviger , comme une maîtreſſe inconnue au Duc George , & confinée dans une maiſon obſcure à Montbelliard pendant toute la vie de ce Prince. Ces derniers faits ne ſont appuyez d'aucun commencement de preuves ; les enfans de la Baronne de l'Eſperance ne s'aſſujettiſſent pas à des regles ſi auſtéres : on pourroit donc ſe contenter de les dénier avec la même confiance qu'ils les débitent ; & l'on ne voit pas par quel privilege ils pourroient meriter plus de foi que nous.

Mais ce n'eſt point aſſez de denier leur fait ; il faut en prouver la fauſ-ſeté. Pour cela il n'y a qu'à conſulter ceux qui ont été les témoins de tout ce qui s'eſt paſſé alors à la Cour de Montbelliard , & il n'y en a pas un ſeul qui ne nous donne une idée bien differente de la ſituation de la Demoiſelle de Hedviger.

Le ſieur Beurlin , dans une enquête juridique , dépoſe que le Duc George lui avoit dit à lui-même , que la propoſition du mariage du Prince ſon fils avec la Princeſſe de Bade , lui ayant été faite , il avoit été obligé de répondre que cela ne ſe pouvoit pas , le Prince ſon fils étant marié. Dans une autre enquête pluſieurs témoins dépoſent unanime-ment , *que le mariage étoit connu à Montbelliard , & du Duc George lui-même ; que la Demoiſelle de Hedviger après avoir demeuré quelques mois dans le Château d'Hericourt , vint habiter dans le vieux Château de Montbelliard , en attendant que le Château neuf , appellé le Donjon , fût habitable ; que le Prince Leopold-Eberard ſon mari y demeuroit avec elle ; que le Duc George venoit preſque tous les jours y viſiter la Demoiſelle Hedviger , & lui faiſoit beaucoup de careſſes ; qu'elle alloit auſſi viſiter le Duc George dans le Donjon, où elle mangeoit très-ſouvent avec lui ; que dans la derniere maladie du Duc George , elle ne le quittoit point , & qu'il mourut entre ſes bras en preſence de tous ceux qui l'aſſiſtoient.* Quelques-uns de ces témoins ajoutent ; *qu'An-ne-Sabine de Hedviger , après la mort du Duc George , continua de demeurer dans le Château de Montbelliard avec le Duc Leopold-Eberard ſon mari juſ-qu'au divorce de 1714.* A la vûe de ces dépoſitions , peut-on entendre ſans indignation ce que débitent les enfans de la Baronne de l'Eſpe-

B

rance fur l'état dans lequel l'époufe legitime a vêcu à Montbelliard pendant la vie & après la mort du Duc George ?

La fuite de leur narration fe foutient dans le même caractere. Ils fuppofent qu'après la mort du Duc George Anne-Sabine de Hedviger propofa au Duc de Montbelliard de l'époufer, croyant que tout obftacle étoit levé par la mort d'un pere qui n'auroit pas fouffert une pareille alliance. On ajoute que la propofition ne fut pas reçûe favorablement ; mais que le Duc Leopold-Eberard accompagna ce refus des proteftations d'un attachement inviolable fi familieres aux Amans.

On croiroit à ce recit, qu'une converfation fi touchante eft parvenue aux Barons de l'Efperance par quelques veftiges qui en feroient demeurés, que quelques témoins, que quelques lettres en dépoferoient; mais non, ils conviendront eux-mêmes qu'ils n'en ont pas le plus leger indice; c'étoit un ornement dont la fable étoit fufceptible; pouvoit-on fe refufer de la placer dans un Memoire qui n'étoit deftiné qu'à répandre d'agréables fictions ?

Quand la fuppofition évidente de cette converfation ne feroit pas démontrée par les preuves qui établiffent que le mariage étoit celébré depuis plufieurs années, il faudroit donc rejetter un difcours qui n'a d'autre appuy que la fecondité de l'imagination de nos ennemis.

Achevons les faits de cette premiere époque par le dernier trait dont les Barons de l'Efperance ont couronné leur fable. Anne-Sabine de Hedviger, difent-ils, piquée du refus qu'elle venoit d'effuyer, refolut de fe former un titre à elle-même qui pût l'élever au comble des honneurs dont elle étoit fi jaloufe : elle fe détermina à fuppofer un mariage ; elle connoiffoit le Miniftre d'une Eglife Lurherienne en Pologne, elle n'eut pas de peine à le gagner, & ce Pafteur infidéle infera dans le Regiftre de fon Eglife l'acte de celebration qui s'y trouve aujourd'hui, à la faveur d'un blanc qu'il trouva au bas d'une page dans le cours de l'année 1695. Mais comme ce Regiftre formoit un monument public, Anne-Sabine de Hedviger, pour ne pas s'expofer aux fuites dangereufes d'une fauffeté fi propre à revolter, voulut que l'acte fût conçû d'une maniere mifterieufe ; elle fe fit même donner un Certificat en Allemand de la celebration du mariage, mais qui n'eft figné de perfonne : voilà, dit-on, les circonftances qui ont donné l'être à ce titre qui fournit aujourd'hui le prétexte d'une conteftation fi celebre.

La verité outragée dans un pareil expofé, ne l'eft pas même avec ces ménagemens qui tendent à donner au moins l'idée du vrai-femblable : il ne faut que réfléchir avec quelqu'attention pour en être convaincu.

Premierement, qu'une maîtreffe rebutée forme le projet de fuppofer un mariage entre un Prince Souverain & elle, il faut convenir que c'eft une entreprife fi temeraire, qu'il n'y a perfonne qui puiffe concevoir que l'audace ait jamais été portée à un tel excès. Que pouvoit attendre la Demoifelle de Hedviger d'une fauffeté fi groffiere ? Si le Prince fe déterminoit à l'époufer dans la fuite, c'étoit un crime inutile ; s'il refufoit de prendre aucun engagement avec elle, auroit-elle ofé, de fon vivant, lui foutenir en face qu'il l'avoit époufée, ou après fa mort auroit-elle ofé prefenter cette fable aux yeux de l'univers, quand la notorieté publique, quand la poffeffion la plus conftante fe feroit élevée contre elle? Allons plus loin, fi la Demoifelle de Hedviger n'étoit pas veritablement mariée, le Duc de Montbelliard pouvoit époufer une perfonne de fon rang, la traiter avec la diftinction qui lui auroit été dûe, élever fes enfans comme Princes d'une Maifon illuftre, honorer fon fils aîné du titre de Prince hereditaire: quel perfonnage auroit joué dans ces circonftances la Demoifelle de Hedviger avec ce titre obfcur défavoué par le Souverain? Pour lui attribuer un tel projet, il faut fuppofer dans la Demoifelle de Hedviger non-feulement la temerité la plus outrée, mais encore l'extravagance la plus complette.

Secondement, comment Anne-Sabine de Hedviger auroit-elle concerté un projet fi audacieux avec le fieur Fuchs, Miniftre de l'Eglife de Rejovitz en Pologne, une diftance de plus de 200 lieues les feparoit? Comment a-t'elle pû le gagner? Comment a-t'elle pû lui prodiguer les tréfors neceffaires pour le corrompre? On ne dira pas qu'Anne-Sabine de Hedviger ait fait le voyage de Pologne, ni que le fieur Fuchs foit venu à Montbelliard pour arranger entr'eux un projet fi monftrueux; qui font donc les auteurs de la négociation? l'accufation, le foupçon même ne tombent fur perfonne en particulier; que peut-on donc penfer d'une fable fi groffiere?

Troifiémement, on dit que ce Miniftre a profité d'un blanc qu'il a trouvé fur fon Regiftre en 1695. mais fi cela eft, pourquoi n'a-t'il pas donné à l'acte de celebration la datte qui convenoit au lieu où il le plaçoit; il écrivoit à la fuite d'un acte du 27 Novembre, pourquoi ne dattoit-il pas l'acte de celebration du 28? rien ne le gênoit; déterminé à commettre la fauffeté, il n'en coutoit pas davantage d'éviter une critique que les feules dattes faifoient naître; & il étoit fort indifferent pour la Demoifelle de Hedviger que le faux mariage qu'elle faifoit fabriquer fût du mois de Juin, ou du mois de Novembre 1695. cette interverfion feule des dattes fait donc fentir que l'acte de celebration n'eft pas l'ouvrage d'un fauffaire, qui depuis la mort du Duc George arrivée en 1699. fe foit prêté aux vûes ambitieufes de la Demoifelle de Hedviger.

Quatriémement, on prétend que la Demoifelle de Hedviger a voulu fuppofer un mariage entre le Duc de Montbelliard & elle; mais fi cela eft, pourquoi n'a-t'elle pas fait écrire en toutes lettres les noms propres tant du Duc de Montbelliard que d'elle-même? pourquoi s'eft-elle contentée de lettres initiales, qui pouvoient compromettre l'état même qu'elle vouloit s'attribuer? Le crime marche-t'il donc avec tant de circonfpection & de retenue? fe porte-t'on à commettre une fauffeté énorme pour s'expofer à n'en recueïllir aucun fruit? tout feroit donc marqué au coin de l'extravagance & dans le projet & dans l'exécution.

C'eft une illufion de dire qu'elle craignoit de manifefter fon crime en faifant rédiger l'Acte de celebration dans un Regiftre public, d'une maniere qui ne pût laiffer aucun doute fur les veritables noms des deux époux; pour raifonner ainfi, il faut fuppofer en même tems deux idées qui ne peuvent jamais fe concilier. La Demoifelle de Hedviger auroit fait fabriquer un faux Acte de mariage, & elle auroit eu en même tems la sage précaution de le faire rédiger de telle maniere, qu'on ne pût jamais y reconnoître, selon les Barons de l'Esperance, ni elle, ni l'époux qu'elle vouloit se donner: quelle absurdité! C'est cependant sur cette supposition chimerique que porte tout le système des Barons de l'Esperance.

Cinquièmement, de l'aveu même de nos adversaires, le Duc de Montbelliard a adopté cet Acte de celebration, il a lui-même donné une Procuration à son fils pour s'en faire délivrer une expedition; mais si c'étoit une piece fabriquée sans qu'il y eût eu veritablement un mariage contracté entre la D.lle de Hedviger & lui, on demande à toutes personnes sensées comment il auroit pû tranquillement recevoir la nouvelle d'une imposture si affreuse, & comment il auroit pû l'approuver, & cela depuis même le mariage qu'il avoit contracté avec la Baronne de l'Esperance? Il faudroit donc supposer qu'on seroit venu dire au Duc de Montbelliard: Vous n'avez jamais voulu épouser la D.lle de Hedviger dans le tems que vous brûliez pour elle de la plus vive passion, dans le tems que vous lui prodiguiez & que vous receviez d'elle les gages les plus sensibles d'une tendresse mutuelle; mais voici une nouvelle à laquelle vous ne vous attendez pas, sans doute: Dans le Registre d'une Eglise de Pologne on a fait inserer un Acte de celebration entre la D.lle de Hedviger & vous; on vous a marié sans votre participation à celle à qui vous avez constamment refusé cet honneur; loin de vous soulever contre une telle imposture, reconnoissez la verité de cet engagement: en qui peut-on supposer assez d'effronterie pour faire une pareille proposition, & comment pourroit-elle être reçue, on ne dit pas par un Prince, mais par l'homme le plus obscur, sans exciter en lui le plus vif ressentiment? Cependant, à en croire les Barons de l'Esperance, il faut que la proposition ait été faite; il faut qu'elle ait été reçue docilement. Si de pareilles fictions peuvent trouver grace, quelles sont donc celles qui doivent révolter toutes les personnes qui ont du goût & du discernement?

Mais la supposition clandestine d'un Acte de celebration de mariage n'est pas seulement absurde, elle ne choque pas seulement toute vraisemblance, elle se trouve encore détruite par les preuves les plus décisives.

On pourroit dire d'abord que le Registre seul de Kejovitz suffit pour faire rejetter cette fable. Car enfin, c'est un monument public qui fait foi par lui-même tant qu'il n'est point attaqué ni détruit juridiquement. On nous dira, sans doute, que le Registre que nous invoquons porte avec lui-même la preuve que l'Acte de celebration n'y a point été rédigé dans le tems même du mariage, & que dès-lors on peut se donner une libre carriere sur le tems dans lequel il a pû être fabriqué; mais cette difficulté va bien-tôt s'évanouir: en approfondissant avec quelque attention l'état même du Registre, il en resultera à la verité que l'Acte de celebration du premier Juin 1695. n'y a été écrit qu'après un Acte du 27 Novembre de la même année; mais il n'en sera pas moins évident qu'il a été écrit dès 1695. dans l'ordre où il se trouve, c'est-à-dire, avant tous les Actes qui remplissent les pages suivantes,

&

& qui répondent à la fin de l'année 1695. & à l'année entière 1696. Pour juſtifier ce fait, qui eſt d'une grande conſequence, il faut obſerver que la page où ſe trouve l'Acte de celebration, contient neuf articles.

Des huit premiers articles, il y en a ſept qui ne contiennent que deux lignes chacun, & un autre qui en contient trois, enſorte que ces huit articles ne rempliſſent que dix-ſept lignes; c'eſt à la ſuite de ces huit premiers articles que ſe trouve l'Acte de celebration dont il s'agit, qui forme le neuviéme, & qui contient ſix lignes pleines, enſorte qu'il remplit ſeul le tiers de la page ou environ.

Or l'on demande s'il eſt permis de penſer que le ſieur Fuchs qui écrivoit ſur ſon Regiſtre les Actes qu'il paſſoit comme Miniſtre de l'Egliſe de Rejovitz en 1695. ait laiſſé en blanc le tiers d'une page, & qu'il ait mis les Actes qui ont ſuivi celui du 27 Novembre ſur la page ſuivante, quand il pouvoit encore en mettre trois ſur la même. Il faut convenir que cela ne peut pas entrer dans l'eſprit d'un Miniſtre, qui n'a aucun intérêt de laiſſer un pareil vuide ſur ſon Regiſtre, & qui s'expoſeroit même par-là à la cenſure de ſes Superieurs. Il ne prévoyoit pas alors qu'il en auroit beſoin cinq ou ſix ans après pour favoriſer l'impoſture qu'on lui demanderoit; il ſuivoit l'ordre naturel de ſon Regiſtre, & écrivoit les Actes à la ſuite les uns des autres.

Mais s'il n'a pas pû laiſſer en 1695. le tiers d'une page en blanc, il n'eſt donc pas vrai que quelques années après on ait profité de ce blanc pour y inſerer après coup un faux Acte de celebration. Si cet Acte ne contenoit que deux lignes ſerrées au bas d'une page, on pourroit peut-être ſoupçonner quelque impoſture; mais quand c'eſt un Acte étendu qui remplit ſeul le tiers de la page, un pareil ſoupçon doit s'évanouir, puiſqu'il n'eſt pas poſſible de concevoir qu'on eût laiſſé un ſi grand vuide ſur un Regiſtre public, ſans objet & ſans intérêt.

Cette obſervation qui détruit toute la fable des Barons de l'Eſperance, prouve en même tems la verité de l'Acte de celebration, & la candeur avec laquelle il a été mis ſur le Regiſtre par le Miniſtre Fuchs en 1695. Il avoit celebré le mariage le premier Juin; mais ſoit que l'Acte qu'il en avoit délivré en Allemand lui parût ſuffiſant, ſoit par d'autres motifs, il neglige d'en faire mention ſur ſon Regiſtre; revenu de ſon erreur au mois de Novembre de la même année, il le rédige avec la plus ſcrupuleuſe fidelité, en avertiſſant qu'il eſt du premier Juin, quoiqu'il l'écrive après un Acte du 27 Novembre; ſa faute même devient une preuve de ſon exactitude, & le juſtifie de la ſuppoſition dont on oſe l'accuſer.

A l'autorité du Regiſtre ſe joint la preuve teſtimoniale la plus complette. Le ſieur Nardin dans une dépoſition faite à Montbelliard devant les Commiſſaires du Souverain, atteſte que le mariage a été celebré en 1695. en ſa preſence, & que le Prince Leopold-Eberard & la Dlle de Hedviger ſe rendirent en perſonne à Rejovitz pour y recevoir la benediction nuptiale. Dans une enquête faite à Scoki, pluſieurs témoins dépoſent auſſi avoir vû celebrer le mariage en 1695. c'eſt ce qu'on a expoſé avec plus d'étendue dans les précedens Memoires. Com-

C

Nota. Cette obſervation eſt juſtifiée par la copie de la page entiere du Regiſtre de Rejovitz, que le Duc de Wirtemberg a fait imprimer.

ment donc foutenir après cela l'idée d'une fuppofition commife en 1700. ou 1711? Le Regiftre public, des dépofitions juridiques affurent également & la foy & la date du mariage, & les Barons de l'Efperance, au mépris de tant de preuves, croiront avoir le droit de donner à l'Acte de celebration une exiftence arbitraire, de le placer quand ils voudront, & cela uniquement parce qu'ils le veulent, & que cela convient à leur interêt. De quelle autorité font-ils donc revêtus pour difpofer ainfi à leur gré des Actes les plus facrés?

Quant au Certificat de ce même mariage délivré en Allemand par le Miniftre Fuchs, les Barons de l'Efperance ne craignent point d'avancer avec une confiance capable d'en impofer, qu'il n'eft figné de perfonne. Si cela étoit, il faut avouer que la Demoifelle de Hedviger auroit été douée d'une prudence admirable. Elle veut fuppofer un mariage, pour cela elle fe munit d'un Certificat qui n'eft point figné; elle le garde précieufement comme une preuve autentique de fon état & de celui de fes enfans. Il n'y a point à balancer ou de fa part, ou de la part de ceux qui lui font un pareil reproche, il faut que quelqu'un foit tombé dans le délire; mais la piece même décide, elle eft écrite & fignée par le Miniftre Fuchs, qui commence ainfi: *Je fouffigné, &c.* & qui finit par ces termes détachés du corps du Certificat comme toutes les fignatures: *Chriftophe Fuchs, Predicateur Lutherien de Rejovitz & de Scoki.* On voit donc que les fables les plus groffieres ne coûtent rien aux Barons de l'Efperance.

De la difcuffion de tous ces faits il refulte que tout ce qu'on a imaginé pour ternir la réputation de la Demoifelle de Hedviger, pour ébranler la foi du mariage qu'elle a contracté en 1695. avec le Prince Leopold-Eberard, pour la reduire depuis à la vile condition d'une concubine ignorée ou méprifée à Montbelliard, n'eft qu'un tiffu de fuppofitions qu'il eft bien facile de confondre; il eft évident au contraire que la Demoifelle de Hedviger qui avoit été d'abord recherchée en mariage par le fieur Zeidlits, fe trouvant dégagée par le refus qu'il avoit fait prefqu'auffitôt d'executer fes promeffes, a pû recevoir les vœux du Prince de Montbelliard, & s'unir à lui par les liens facrés du mariage; que ce mariage, en effet, a été celebré dans l'Eglife de Rejovitz par le Miniftre Fuchs en l'année 1695. en préfence d'un grand nombre de perfonnes, que la nouvelle époufe a fuivi fon mari à Montbelliard, qu'elle y a été logée dans le Château de Montbelliard où elle demeuroit publiquement avec le Prince fon époux, connue, cherie par le Duc Georges fon beau-pere qui lui prodiguoit tous les témoignages de la plus fincere affection, qui la recevoit très-fouvent à fa table, & qui eft mort enfin entre fes bras. Tout ce que nous difons à cet égard eft foutenu par des preuves juridiques, pendant que le fyftême des Barons de l'Efperance n'eft appuyé que fur les idées romanefques d'une imagination qui fe croit tout permis.

Seconde Epoque.   Paffons à la feconde époque dans laquelle la Baronne de l'Efperance, maîtreffe abfolue du Duc de Montbelliard, fait jouer les refforts de fa politique & de fon ambition pour perdre l'époufe legitime, & fes enfans.

Si on en croit les Barons de l'Efperance, tout ce qui eft arrivé alors étoit au contraire l'effet des intrigues de celle qu'ils appellent la Comtesse de Sponeck. Outrée de s'être vûe enlever le cœur du Duc de Montbelliard d'abord par Henriette Hedvic, ensuite par Elizabeth-Charlotte Baronne de l'Esperance, sa passion irritée lui fait tout tenter pour se venger d'un pareil affront. On étoit persuadé que le Duc de Montbelliard avoit épousé la Baronne de l'Esperance par paroles de present, pour lui ravir la gloire d'une pareille élevation, la Comtesse de Sponeck fait agir son frere, Favori du Duc de Montbelliard, & gagne le Duc de Wirtemberg-Stugard, trop porté de lui-même à s'assurer la succession aux Etats de Montbelliard; on mene le Prince aux Eaux de Vilbade dans le Wirtemberg; on profite de la foiblesse de sa santé pour l'engager à se nommer un successeur; le Comte de Sponeck dans une harangue pathetique le détermine enfin à se rendre aux vûes du Duc de Wirtemberg, & à signer la fameuse Convention du 18 May 1715.

Par cet Acte le Duc de Montbelliard nomme, en effet, le Duc de Wirtemberg pour son successeur; le Duc de Wirtemberg s'oblige de payer 4000 florins de pension aux enfans de la Comtesse de Sponeck, pareille somme aux enfans d'Henriette Hedvic, & la même somme à ceux d'Elizabeth-Charlotte de l'Esperance; enfin on stipule que si le Duc de Montbelliard, qui a promis de ne point passer à d'autres nôces pendant le vivant de la Baronne de l'Esperance, survivoit à ladite Dame, & que n'ayant point alors d'autre empêchement de se remarier & de convoler à d'autres nôces proportionnées à sa condition, il pût avoir des mâles & Princes legitimes, le Duc de Wirtemberg demeureroit déchargé de ses engagemens: cette derniere clause, ajoutent les Barons de l'Esperance, suppose deux verités: La premiere, que le Duc de Montbelliard étoit marié, puisqu'on le regarde comme ne pouvant alors convoler à de secondes nôces: La seconde, qu'il étoit marié à la Baronne de l'Esperance, puisqu'on lui fait promettre de ne se point marier pendant sa vie. Ainsi on reconnoît dans ce Traité la main qui a cherché à lui porter des coups si funestes; mais bien-tôt le Duc de Montbelliard honteux de la foiblesse qu'il avoit eue de signer un pareil Traité, se détermina à épouser la Baronne de l'Esperance; le mariage fut celebré le 15 Août 1718. avec toutes les solemnités qui convenoient à la dignité de l'époux; la Baronne de l'Esperance a joui dans une paix profonde des honneurs dûs à son rang jusqu'au mariage du fils de la Comtesse de Sponeck avec la Demoiselle de Sandersleben de Coligny.

On croit avoir rassemblé ce qu'il y a de plus essentiel dans le Memoire des Barons de l'Esperance; mais on va voir que la bonne foi, que la fidelité n'a pas plus de part au recit de ces nouveaux faits qu'à l'exposé des premiers.

C'est dans le cours de cette époque que se trouvent trois Actes extrêmement importans, le divorce du 5 Octobre 1714. par lequel le Duc de Montbelliard a prétendu dissoudre le mariage qu'il avoit contracté avec la Demoiselle de Hedviger, & se ménager la liberté de se marier à une autre, la Convention de Vilbade par laquelle le Duc de Wirtemberg a été nommé successeur aux Etats de Montbelliard, en réduisant l'épouse legitime & ses enfans à une pension viagere de 4000 florins, & enfin l'Acte de celebration de mariage entre le Duc de Montbelliard & Elizabeth-Charlotte Baronne de l'Esperance du 15 Août 1718. tous ces Actes sont-ils l'effet des intrigues, du crédit, de l'autorité de laDemoiselle de Hedviger ou du Comte de Sponeck son frere sur l'esprit du Duc de Montbelliard? C'est ce que les Barons de l'Esperance veulent nous persuader: que d'heureux talens ne faut-il pas réunir pour tenter une pareille preuve!

Premierement, pour juger du credit de l'épouse legitime, il n'y a qu'à jetter les yeux sur le Traité de divorce du 5 Octobre 1714. qui ne précede la convention de Vilbade que de sept à huit mois; on y voit le Duc de Montbelliard reconnoître les nœuds sacrez par lesquels il avoit été uni à la Demoiselle de Hedviger, & les rompre sur de vains prétextes que la Religion Protestante n'a jamais toleré: quand la passion peut porter un Prince à de pareils excès contre sa femme, nous dira-t'on encore que cette femme malheureuse, soit par elle-même, soit par son frere, ait été en état de dominer à la Cour de son mari, & de lui faire signer tout ce qu'elle a voulu, contre les interêts de celle à qui le Prince avoit donné sur son cœur un empire absolu?

Il est vrai que les Barons de l'Esperance ont la sage précaution de ne pas dire un seul mot de ce traité de divorce; cette piece étoit trop gênante; d'un côté elle confirme invinciblement la verité du mariage de Rejovitz; de l'autre, elle fait connoître à quelles disgraces étoit reduite l'épouse legitime: tout cela ne convenoit point au plan que les Barons de l'Esperance avoient formé; ils venoient de soutenir que la Demoiselle de Hedviger n'avoit point été mariée, & qu'elle n'avoit langui que dans l'état obscur d'une Concubine peu favorisée; par un contraste tout nouveau, ils vouloient la representer comme devenue toute puissante depuis qu'une autre avoit pris sa place; comment concilier ces illusions avec le traité de divorce qui les détruit toutes également? dans un ouvrage consacré à la verité, il n'y avoit pas moyen de resister à une piece si victorieuse; mais dans un roman, où l'on est maître de son sujet, il est facile de supprimer ce qui gêne, & c'est aussi la seule ressource qui soit restée aux Barons de l'Esperance. Ils n'ont donc pas dit un seul mot du traité de divorce dans le recit des faits.

Secondement, ils se sont fort étendus sur le traité de Vilbade, pour persuader qu'il étoit l'ouvrage du Comte de Sponeck & de sa sœur; mais deux reflexions fort simples détruisent tous leurs sophismes.

1°. Anne-Sabine de Hedviger étoit alors dans la disgrace, la Baronne de l'Esperance étoit au plus haut période de faveur & d'autorité; à laquelle peut-on imputer de bonne foi ce que l'on a fait faire alors au Duc de Montbelliard?

2°. Consultons les dispositions mêmes du traité. Anne-Sabine de Hedviger y perd tout, biens, honneurs, fortune, en un mot tous les avantages de son état, & de celui de ses enfans. La Baronne de l'Esperance qui n'avoit, qui ne pouvoit avoir aucun droit, y gagne tout au contraire; elle fait pourvoir à la subsistance de ses enfans; elle s'assure de la personne du Duc de Montbelliard, & lui fait promettre de ne se point

marier

marier pendant qu'elle vivra : de quelle main peuvent donc partir de pareilles difpofitions?

Troifiémement, le Duc de Montbelliard reconnoît dans ce traité qu'il a été marié, mais que le mariage *n'eft pas licite & fuffifament qualifié, fuivant l'état de fa Maifon* : mais pourquoi ne nomme-t'on point celle qu'il avoit époufée, fi ce n'eft parce que cela auroit fait neceffairement le triomphe d'Anne-Sabine de Hedviger? Jamais le Duc de Montbelliard n'avoit contracté d'autre mariage que celui de 1695. ce mariage reconnu & publié par l'Hiftoire, ce mariage dont on prétendoit avoir brifé les nœuds par le divorce de 1714. pourquoi ne le rappelle-t'on pas dans le traité? Ne voit-on pas que la jaloufie & l'ambition de la Baronne de l'Efperance en auroient été offenfées, & que comme elle dominoit dans cette convention, c'eft elle qui n'a pas permis qu'on s'y expliquât en termes fi clairs?

On ne feroit pas attendu fans doute que les Barons de l'Efperance entreprendroient de tourner cet argument en leur faveur, & de prétendre que le mariage dont on parle dans le traité avoit été contracté avec leur mere. On étoit perfuadé, difent-ils, que le Duc de Montbelliard avoit époufé la Baronne de l'Efperance par paroles de prefent. Mais qui eft-ce qui étoit perfuadé de cette fable? Sur quoi pouvoit-elle être appuyée? Où en trouvoit-on la trace la plus foible? Jamais on n'en a parlé, jamais on n'en a eu même le plus leger foupçon; lorfque le mariage a été célébré depuis en 1718. c'étoit l'occafion favorable de rappeller cette efpece d'engagement; mais ni dans l'acte de celebration de cet odieux mariage, ni dans aucun autre acte tel qu'il puiffe être, on n'en découvre aucune mention : fera-t'il donc permis aux Barons de l'Efperance de nous entretenir perpetuellement de fictions & de chimeres?

Deux veritez, difent-ils, refultent de ce traité. La premiere, que le Duc de Montbelliard étoit marié : la feconde, qu'il étoit marié avec la Baronne de l'Efperance leur mere. Pour la premiere conféquence, elle eft jufte; tout annonce en effet dans la convention de Vilbade que le Duc de Montbelliard avoit été marié; c'eft ce qu'il déclare lui-même dès le commencement du traité, en difant *que jufqu'à prefent il n'a point contracté de mariage licite & fuffifament qualifié, & fuivant l'état que requiert fa Sereniffime Maifon.* Pour la deuxième conféquence, que le mariage qu'il avoit contracté étoit avec la Baronne de l'Efperance; c'eft ce qu'on ne peut pas foutenir avec quelque pudeur; car enfin il doit demeurer pour conftant que jamais il n'y avoit eu de mariage entr'eux, au moins lors de la convention de Vilbade : on l'a déja dit, & on ne peut trop le repeter, on n'en apperçoit pas le moindre veftige dans tout ce qui précede; non-feulement les Regiftres publics n'en parlent point, mais les écrits privez, mais les actes les plus obfcurs & les plus fufpects ne nous en prefentent pas même l'idée; au contraire le mariage de 1718. fuppofe neceffairement qu'il n'y avoit aucun engagement anterieur; comment donc entreprend-on de nous perfuader que le traité de Vilbade établiffe une fauffeté fi groffiere?

Il y eft parlé d'un mariage anterieur du Duc de Montbelliard, cela eft vrai; mais puifqu'on ne défigne point celle qu'il avoit époufée, à qui peut-

D

on appliquer cet aveu ? Sera-ce à la Baronne de l'Esperance, qui certainement ne l'avoit point épousée, & qui n'a été mariée avec lui que trois ans après ? Ce ne peut donc être qu'à la Demoiselle de Hedviger, dont l'acte de celebration de mariage est rapporté, dont le mariage avoit été reconnu par le traité de divorce fait sept mois avant la convention de Vilbade, que l'Histoire avoit annoncé depuis plusieurs années comme mariée au Duc de Montbelliard. Les Barons de l'Esperance ne veulent pas qu'on croye un mariage qui existe, dont l'acte est rapporté, qui est confirmé par les actes les plus solemnels, & ils veulent nous faire croire un mariage fabuleux qui n'a pas l'ombre même d'existance ; ils veulent que le traité de Vilbade, en parlant d'un mariage, se rapporte à cette chimere, & non à l'engagement justifié de la maniere la plus claire & la plus précise ; c'est insulter à la raison que de lui tenir un pareil langage.

Ce n'est donc qu'en 1718. que le Duc de Montbelliard a eu la foiblesse d'épouser la Baronne de l'Esperance, au préjudice des droits sacrez de l'épouse legitime, ausquels le divorce de 1714. n'avoit pû donner aucune atteinte. S'il n'y avoit eu d'obstacle que dans le traité de Vilbade, le Duc de Montbelliard auroit eu raison de se soulever contre une condition aussi dure & aussi injuste que celle qu'on lui avoit imposée par cet acte ; & la Baronne de l'Esperance, en le faisant signer, avoit bien compris qu'il ne pourroit jamais lui faire préjudice. Mais ce qui détruira à jamais ce prétendu mariage de 1718. est que les nœuds qui unissoient le Duc de Montbelliard à la Demoiselle de Hedviger, n'avoient point été rompus par le divorce, & n'avoient pû l'être ; c'est que dans la Religion même Protestante on ne se joue point ainsi des engagemens les plus sacrez, & qu'un Prince, quelqu'élevé qu'il soit par son rang, ayant une femme legitime, ne peut en prendre une seconde, ni lui attribuer par là un état dont il n'est plus le maître.

Reconnoissons donc que tous les faits renfermez dans cette seconde époque ne sont que l'ouvrage des intrigues de la Baronne de l'Esperance, qui a voulu s'élever au comble des honneurs, en sacrifiant celle qui pouvoit seule y apporter obstacle ; c'est ce qui a produit le divorce de 1714. le traité de Vilbade de 1715. & enfin le mariage même de 1718. mais que peuvent tant de titres impuissans contre l'état inébranlable de l'épouse legitime & de son fils ? C'est aussi ce qui a produit dans la troisiéme époque tant de monumens dans lesquels ils ont été reconnus.

Troisiéme Epoque. Les Barons de l'Esperance éfrayez du nombre & de l'autorité des titres par lesquels le feu Duc de Montbelliard, dans les trois dernieres années de sa vie, a reconnu la verité du mariage qu'il avoit contracté en 1695. avec la Demoiselle de Hedviger, & les droits inviolables de son fils, ont réuni tous leurs efforts pour persuader que ces actes n'étoient que l'effet d'un complot formé entre les membres de deux familles qui dominoient à la Cour de Montbelliard, & dont les intrigues ont été favorisées par la foiblesse & par l'indolence du Souverain.

Il avoit marié, dit-on, en 1719. le Comte de Sponeck son fils avec Eleo-

nore-Charlotte de Saudersleben de Coligny, qui étoit auffi fa fille : c'eft
avec douleur, difent les Barons de l'Efperance, que nous rappellons une
circonftance fi humiliante ; mais on ne pouvoit la diffimuler après les
pieces que le Comte de Sponeck a lui-même produites, & qui la jufti-
fient. Ces deux familles réunirent tout leur credit pour forcer en quelq ue
maniere le Duc de Montbelliard à adopter le faux mariage de Rejovitz,
& à reconnoître le Comte de Sponeck comme Prince hereditaire ; pour
appuyer ces idées, on fait un long expofé des motifs par lefquels ils
parvinrent à le déterminer. Mais comme on eft obligé de convenir
de l'abfurdité de ces motifs, en fuppofant avec les Barons de l'Efperance qu'il n'y avoit point de mariage, on échappe, ou l'on croit échapper au reproche qu'excite un fiftême fi odieux, en reprefentant le Duc
de Montbelliard comme un Prince affervi fous le joug de Jean - Rodolphe Comte de Sponeck, qu'on décore du titre chimerique de fon
premier Miniftre.

C'eft à cette intrigue qu'on attribue les Lettres de Naturalité que le
Duc de Montbelliard obtint du Roi au mois de May 1719. pour les enfans de fes deux mariages. L'acte du 16 Avril 1720. par lequel le
Duc de Montbelliard engage fa premiere femme, dont il s'étoit feparé
par le divorce, & celle qui lui avoit fuccedé, à fe traiter & à fe reconnoître pour époufes legitimes ; la Commiffion donnée à deux de fes
Confeillers pour prendre une dépofition juridique du Sieur Nardin fur
toutes les circonftances du mariage celebré en 1695. & cette dépofition, la Procuration donnée à fon fils pour aller en Pologne lever une
Expedition de l'Acte de celebration, la fauffe, l'infidéle Expedition
que le Comte de Coligny s'en fit donner par le Miniftre Koch, & qu'il
fit legalifer par les Magiftrats de Skoki, l'affignat du Douaire du mois
de Novembre 1720. enfin les démarches que fit le Duc de Montbelliard
auprès de l'Empereur, pour faire rendre à fon fils le titre & les honneurs
de Prince hereditaire.

Ces titres, ajoute-t'on, ont prevenu tous les efprits en fa faveur ; mais
dequis qu'on a fubftitué les pieces veritables à celles qui ne l'étoient pas,
les preftiges de l'erreur & du menfonge fe font diffipez, & l'on a
vû s'élever une efpece de cri univerfel en faveur des Barons de l'Efperance.

Tout roule donc dans cette derniere partie fur le fiftême d'une cabale fous le poids de laquelle le Souverain lui-même a fuccombé ; voilà
à quoi aboutit tout l'effort du genie qui préfide à la défenfe des Barons
de l'Efperance.

Une foule de monumens confond nos prétentions ; mais pour les
détruire imaginons que tout cela n'eft que l'effet de l'obfeffion fous laquelle le Prince a gémi, que l'honneur, que la verité n'ont pû penetrer
jufqu'à lui, qu'il a cedé à la tyrannie que l'on a exercée fur fon efprit,
& que tant de démarches qu'il a faites dans le cours de trois ou quatre
années lui font abfolument étrangeres. Avec de pareilles infinuations,
il n'y a point de verité qu'on n'obfcurciffe, point d'état qu'on ne renverfe, point de titres qu'on ne détruife. Il eft inutile de raifonner fur
ce que les hommes ont fait, fur ce qu'ils ont écrit & figné, fur ce

qu'ils ont repeté cent & cent fois, tout cela ne pourra être oppofé à une Partie temeraire, qui aura toujours la reffource de fuppofer que c'eft l'artifice & la féduction qui ont arraché d'un homme foible tant de preu-ues & tant de reconnoiffances.

Mais fi un pareil moyen ne peut être écouté, quel jugement en peut-on porter, quand on le propofe dans des circonftances qui en décou-vrent toute l'abfurdité ? La Comteffe de Sponeck, felon nos Adverfai-res, n'étoit qu'une Concubine abandonnée depuis près de vingt ans ; dans le tems qu'elle regnoit avec le plus d'empire, le Prince n'avoit rien fait, n'avoit rien voulu faire pour elle ; l'indifference d'abord, la haine & le mépris dans la fuite, avoient pris fucceffivement la place de la tendreffe & du dévoûment ; la Baronne de l'Efperance au contraire étoit dévenue l'objet de l'eftime la plus pure, & de la paffion la plus vive, & le Duc de Montbelliard s'étoit déterminé avec joye à parta-ger avec elle fon rang & fa fortune. Telle étoit la fituation de la Cour de Montbelliard en 1719. c'eft dans cette pofition que la Comteffe de Sponeck, cette Concubine qui avoit vieilli dans l'obfcurité & dans l'igno-minie, reprend un empire defpotique fur le Duc de Montbelliard ; tout tremble, tout fléchit fous fes loix ; le Prince, fes Miniftres, les Offi-ciers du Confiftoire, les Peuples du Comté de Montbelliard, rien ne lui refifte ; elle traveftit la honte du concubinage & l'éleve à la dignité de l'engagement le plus facré ; elle fait adopter un acte faux & fabriqué dans les tenebres ; elle fe fait reconnoître pour époufe legitime, & fon fils pour Prince hereditaire. Eft-ce donc à des perfonnes fenfées que l'on propofe une fi étrange métamorphofe ? La décoration change auffi fubitement à la Cour de Montbelliard que fur nos Théatres ; c'eft une efpece d'enchantement qui la produit, contre les lumieres de la rai-fon, contre les idées du vrai-femblable ; les Barons de l'Efperance ne peuvent fe le diffimuler à eux-mêmes ; ils font forcez de convenir que cela eft incroyable, & cependant ils ne permettent pas d'en douter. Que pourroit-on répondre à des gens qui tiennent un pareil langage, fi-non qu'ils veulent que tous les hommes deviennent auffi imbecilles, qu'ils reprefentent le feu Duc de Montbelliard ?

Mais que devient, pendant ces revolutions, la Baronne de l'Efperance leur mere ? elle venoit d'époufer le Souverain, fi l'on en croit fes en-fans ; *tous les Officiers de la Cour, tous les Ordres de la Principauté avoient affifté à fon mariage ; elle en avoit reçû les hommages ; les Princes & les Princeffes de la branche de Wirtemberg-Oëls lui avoient écrit dans les termes les plus tendres, & ont toujours continué de lui donner, comme à une Sou-& veraine, comme à leur parente, des témoignages fignalez de leur eftime & de leur tendreffe.* Quel triomphe ! quelles acclamations ! quel dé-gré de gloire & d'honneurs ! Cependant auffi-tôt on la dégrade, & on l'avilit jufqu'à donner à fon époux une femme qui la prece-de dans l'honneur du mariage, & aux enfans nez de ce mariage fuppofé, un rang qui rabaiffe les fiens ; elle voit fubitement un Prince âgé de vingt-deux ans, paroître à la Cour de Montbelliard comme Prince hereditaire, & elle demeure tranquille, fans credit, fans confideration ; elle laiffe tout faire à une cabale qui l'opprime

au

au moment même où elle parvient à la Souveraineté ; personne ne s'interesse pour elle , elle n'a ni ami ni confident ; & jusqu'à cet époux même qui la comble d'honneur , tout la trahit. Ce n'est point assez , elle se prête elle-même à la conjuration, elle reconnoît la Demoiselle de Hedviger pour Duchesse de Montbelliard , & son fils pour Prince hereditaire ; elle signe avec eux des actes dans lesquels elle leur défere ces titres si injustement usurpez, & subit elle-même sa propre proscription ; quelle frénesie ! Aussi les Barons de l'Esperance ne craignent point de le repeter ; cela est incroyable , & cependant il le faut croire. Ce seroit fatiguer inutilement le public que de pousser plus loin la réflexion.

Mais un grand mobile, nous dit-on, conduisoit toute cette intrigue. Le Duc de Montbelliard avoit marié le Comte de Sponeck son fils avec la Demoiselle de Sandersleben qu'il avoit euë d'Henriette Hedvic ; premiere Baronne de l'Esperance ; ce mariage monstrueux avoit ranimé toute sa tendresse , & rien ne devint difficile à la Comtesse de Sponeck, soutenue du Comte de Sponeck son frere , favori , Premier Ministre du Duc de Montbelliard , car on ne craint point de lui prodiguer les titres les plus imaginaires.

Les Barons de l'Esperance renouvellent ici l'imposture énorme qu'ils avoient essayé de répandre dans leurs premiers Memoires ; ils ne craignent point d'accuser leur pere d'avoir marié ensemble deux de ses enfans , & de l'annoncer à tout l'univers comme coupable d'excès aussi contraires à la nature qu'à la Religion. A ce seul trait ils deviendroient indignes de prendre part à sa grandeur & à ses biens : il auroit mieux vallu que pendant sa vie ils lui eussent plongé un poignard dans le sein, que de lui faire une pareille insulte après sa mort ; un pere qui marie ensemble deux de ses enfans , est un monstre qu'il faut étouffer ; & un fils qui fait un pareil reproche à la memoire de son pere , en est un autre qui n'est pas digne du jour qui l'éclaire.

D'autant plus que ce reproche d'un côté ne peut jamais servir à la défense des Barons de l'Esperance , que de l'autre la calomnie est confondue par des titres autentiques qu'ils ne peuvent desavouer.

On dit que ce reproche leur est inutile, parce que si on ne peut élever aucun doute sur le mariage de 1695. ni sur la naissance de l'enfant qui lui doit le jour, sa capacité de succeder ne souffriroit aucune atteinte du mariage plus ou moins legitime que son pere lui auroit fait contracter; c'est donc gratuitement, c'est donc sans objet que les Barons de l'Esperance imaginent une imposture dont ils ne peuvent recueillir aucun fruit.

Mais c'est une calomnie confondue par les titres les plus autentiques. Henriette Hedvic, Baronne de l'Esperance , avoit été mariée au mois de Février 1697. avec le Sr de Sardersleben, l'Acte de celebration est en bonne forme dans l'Eglise d'Oels en Silesie , & non dans une Eglise de Montbelliard , comme les Barons de l'Esperance l'avoient avancé faussement dans un de leurs Memoires.

De ce mariage est née au mois d'Octobre 1700. Eleonore-Charlotte de Sandersleben qui a été mariée en 1719. au fils legitime , à l'heritier prosomptif du feu Duc de Montbelliard, elle a été baptisée comme fille

E

du sieur de Sandersleben & de Henriette Hedvic, Baronne de l'Esperance, sa femme; ainsi elle est née dans le sein d'un mariage consacré par les loix, legitime par sa naissance, elle en a reçu le caractere par l'Acte solemnel constitutif de son état, elle est donc née absolument étrangere au Duc de Montbelliard.

Ce ne fut qu'en 1701. qu'Henriette Hedvic demanda & obtint au Consistoire de Montbelliard une Sentence de divorce contre le sieur de Sandersleben son mari, Sentence qui en lui rendant sa liberté, défendoit au sieur de Sandersleben de se marier à une autre, suivant l'usage des Eglises Protestantes, qui distinguent entre les deux époux celui qui par ses égaremens a donné lieu au divorce, de celui qui ne s'est attiré aucun reproche, délivrant celui-ci d'un joug trop onereux, & laissant l'autre dans des liens qui font partie de la peine qu'il a meritée.

Si depuis ce divorce le Duc de Montbelliard s'est attaché à Henriette Hedvic, Baronne de l'Esperance, s'il en a eu des enfans naturels, il est souverainement injuste de confondre les enfans qu'elle a eus avec son mari pendant le cours de leur union, avec ceux qu'elle a pû avoir depuis le divorce avec un Amant qui avoit profité de sa liberté & de son indépendance.

On ne peut pas douter de la verité des faits que l'on vient d'exposer; l'Acte de celebration de mariage des Sieur & Dame de Sandersleben du mois de Février 1697. l'Extrait-Baptistaire d'Eleonore-Charlotte leur fille du mois d'Octobre 1700. enfin la Sentence de divorce de 1701. tout est rapporté en bonne forme : il n'y a point d'état dans le monde qui ne puisse être compromis, si avec de pareils titres on n'est pas à l'abri de l'insulte & de la calomnie. Que reste-t'il donc aux Barons de l'Esperance d'une accusation si odieuse & si temeraire, que l'indignation publique dont ils doivent être accablés pour avoir voulu couvrir la memoire de leur pere d'un opprobre éternel?

Si dans les dernieres années de la vie du Duc de Montbelliard, il a rendu hommage aux droits de sa femme & de son fils, s'il les a presentés au Roy, à l'Empereur, aux Princes & Princesses de sa Maison, aux Peuples du Comté de Montbelliard comme lui étant unis par les titres les plus sacrés, s'il a rassemblé toutes les preuves du mariage, s'il a eu recours pour cela aux monumens publics, s'il a employé les dépositions des témoins presens au mariage, en un mot, s'il a mis dans tout son jour une verité si importante, il ne faut donc pas attribuer cette conduite au credit de la famille de Sponeck & de celle de Sandersleben; le Duc de Montbelliard n'a fait en cela que ce que l'honneur, que ce que la Religion exigeoient de lui pour reparer l'injustice que la branche de Wirtemberg-Stutgard lui avoit fait faire par le Traité de Vilbade.

Que la Baronne de l'Esperance se soit jointe elle-même à tant de témoignages par les Actes qu'elle a signés, on n'en doit pas être surpris; autant qu'elle auroit dû s'élever contre ces démarches si elles avoient été le fruit de cabale & de l'imposture, autant étoit-elle obligée de ceder à l'éclat d'une verité si incontestable; trop heureuse en se retranchant sur le divorce de 1714. d'occuper la seconde place à la Cour de Montbelliard, & de ménager à ses enfans un rang éclatant à la suite du fils legitime qu'elle ne pouvoit méconnoître.

Dans cette conduite tout est simple, tout est naturel, au lieu que dans le systême imaginé par les Barons de l'Esperance tout revolte, tout choque également & la raison & la vraisemblance.

Après avoir détruit toutes les fables, toutes les suppositions hazardées par les Barons de l'Esperance, il faut passer aux conséquences qu'ils en tirent dans l'établissement de leurs moyens : ils les partagent en trois propositions.

Dans les deux premieres ils entreprennent de prouver que quand le Duc de Montbelliard auroit épousé en 1695. la Demoiselle de Hedviger, le second mariage qu'il a contracté en 1718. avec la Baronne de l'Esperance n'en seroit pas moins valable.

Dans la troisiéme ils attaquent le mariage de 1695. par tous les moyens que la malignité, la passion & l'esprit d'erreur a pû leur inspirer.

L'ordre naturel auroit voulu qu'on suivît une autre route, qu'on commençât par examiner si le Duc de Montbelliard avoit été marié en 1695. avant que d'agiter la question de sçavoir, s'il a pû se marier en 1718. car quoique dans les deux premieres propositions on suppose l'existence & la validité du mariage de 1695. on sent l'extrême difference qu'il y a entre une verité constante & parfaitement justifiée, & une supposition toujours accompagnée de reserves & de correctifs qui laissent l'esprit en suspens, & qui le disposent plus facilement à recevoir tout ce qu'on veut lui inspirer contre cette verité qu'on regarde comme équivoque. Les Barons de l'Esperance ont senti tout le besoin qu'ils avoient de cet artifice pour sauver, s'il étoit possible, le prétendu mariage de 1718. mais quoiqu'ils ayent crû se ménager quelque avantage dans cette interversion de l'ordre naturel, on ne craindra pas de les suivre dans leurs propositions telles qu'ils les ont arrangées, & de soutenir les deux propositions contraires en faisant voir :

Premierement, que le prétendu mariage de 1718. ne peut jamais être legitime.

Secondement, que celui contracté avec la Demoiselle de Hedviger est aussi sacré, aussi indissoluble, qu'il est constant & appuyé sur les preuves les plus décisives.

Mais avant que de traiter ces deux objets, qu'il soit permis de faire ici une reflexion importante sur l'idée generale que presente une contestation si celebre. Le feu Duc de Montbelliard a été marié deux fois, en 1695. avec la Demoiselle de Hedviger, en 1718. avec la Baronne de l'Esperance ; nous soutenons la verité incontestable du premier mariage qui fait tomber le second, & le fait degenerer dans un adultère déguisé sous l'ombre d'un engagement sacré. Les Barons de l'Esperance au contraire après avoir essayé de détruire le premier mariage, font tous leurs efforts pour soutenir le second. Voilà le point essentiel qui nous divise, il ne s'agit que de la preference entre les deux mariages.

Mais un autre Adversaire s'éleve, c'est le Duc de Wirtemberg-Stutgard, qui voulant envahir la succession aux Etats de Montbelliard, s'efforce de proscrire également les deux mariages, & prétend qu'on ne les doit regarder que comme des traits de débauche d'un Prince peu délicat, qui fous differens titres a fçu s'attacher fuccellivement plufieurs Maîtreffes, aufquelles il s'eft livré fans fcrupule. Il met dans la même claffe la Demoifelle de Hedviger, Henriette Hedvic Baronne de l'Efperance, & Elizabeth - Charlotte fa fœur; il confond leurs enfans, & veut les réduire également au trifte fort d'enfans naturels, fruits malheureux de la licence & des égaremens de leur pere.

Si de pareilles idées pouvoient former quelque préjugé, il feroit facile de le diffiper.

On ne prétend pas donner le feu Duc de Montbelliard comme un exemple de retenue & de moderation dans fes plaifirs; mais ne doit-on pas diftinguer dans le cours de fa conduite ce qu'il y a de pur, d'innocent, de legitime, de ce qui fe reffent de la corruption des paffions? S'il a formé d'abord des vœux que la Religion elle-même ne puiffe condamner, s'il les a confacrés aux pieds des Autels, s'il a contracté une union fainte, indiffoluble avec la Demoifelle de Hedviger, ce premier engagement doit-il recevoir quelque atteinte des égaremens dans lefquels il s'eft précipité depuis? Suppofons qu'il n'eût jamais connu ni Henriette Hedvic Baronne de l'Efperance, ni Elifabeth - Charlotte fa fœur, qu'il eût continué de vivre depuis 1701. comme il avoit fait jufques-là, qu'il fût demeuré attaché à la Demoifelle de Hedviger, que du moins après s'en être feparé par le divorce de 1714. il n'eût livré fon cœur à aucune autre, on demande ce que l'on pourroit reprocher à la Demoifelle de Hedviger, & ce que l'on pourroit propofer contre fon mariage, & contre le fort de fes enfans? On diroit, fi l'on veut, que le Duc de Montbelliard n'avoit pas époufé une perfonne d'une condition égale à la fienne, qu'il n'a pas voulu d'abord la mettre en poffeffion des honneurs dûs à fon caractere d'époufe legitime, qu'il a attendu long-tems à la traiter en Souveraine, & fon fils en Prince hereditaire; mais ces circonftances abfolument indifferentes ne porteroient aucun coup aux droits ni de la femme ni des enfans.

D'où viennent donc ces préjugés confus que l'on fe forme contr'eux? c'eft uniquement des égaremens dans lefquels eft tombé depuis le Duc de Montbelliard, c'eft des infidelités qu'il a faites à fa femme: mais peut-on fans injuftice la rendre coupable des fautes de fon mari, & la punir des malheurs qu'elle a effuyés?

Qu'on diftingue les premieres démarches du Duc de Montbelliard de celles qui ont fuivi, tout eft pur dans fon attachement pour la Demoifelle de Hedviger; ce n'eft que par un mariage honorable qu'il lui a été uni dans un tems de liberté; tout eft criminel dans ce que la paffion lui a fait faire depuis en faveur des deux Baronnes de l'Efperance: autant que celle qui a reçû fes premiers vœux eft innocente, autant celles qui ont flatté depuis fes paffions, font-elles coupables.

Il y a donc de l'aveuglement à les confondre, & à vouloir que toute la conduite du Duc de Montbelliard ait été infectée des mêmes vices & des mêmes égaremens, parce qu'on ne peut fe difpenfer de reconnoître qu'il s'eft porté aux plus grands excès depuis qu'il a abandonné fon époufe legitime.

Ces

Ces préjugés diffipés, & la queftion réduite à fon veritable objet, revenons à nos deux propofitions.

Obfervations fur les deux premieres Propofitions des Barons de l'Efperance.

On eft toujours convenu que la Baronne de l'Efperance, depuis long-tems Concubine du Duc de Montbelliard, dont elle avoit eu trois en-fans, l'avoit enfin époufé au mois d'Août 1718. au mépris de toutes les Loix ; mais on eft bien éloigné de reconnoître que ce mariage ait été fait avec cette folemnité & ces acclamations dont parlent nos Ad-verfaires ; il eft certain au contraire qu'il a été fait fecretement, & que le Prince n'a accordé que long-tems après les rangs & les honneurs de Souveraine à la Baronne de l'Efperance.

Les pieces qu'ils invoquent pour foutenir cette publicité, ne ré-pondent point aux idées qu'ils voudroient en donner : elles fe rédui-fent à un acte de celebration figné du feul Miniftre Gropp ; car pour le Certificat qui paroît avoir été donné le lendemain par quelques Con-feillers du Duc de Montbelliard, cette précaution même écarte plûtôt l'idée de publicité qu'elle n'eft propre à l'établir.

On ajoute que tous les Corps de la Ville manifefterent leur joye par des complimens qui ont été confervez dans leurs Archives ; mais c'eft ici une nouvelle impofture qui fe trouve confondue par la copie même de ces complimens que les Barons de l'Efperance ont fait imprimer ; on a eu foin d'en fupprimer la datte, ce qui prouve qu'ils font fort pofterieurs au mariage : & en effet, il n'y eft pas dit un feul mot du mariage, & on ne felicite la Baronne de l'Efperance que fur le jour de fa naiffance, d'où il faut neceffairement conclure que ces complimens n'ont été faits que long-tems après le mariage, & de-puis qu'il eût été rendu public.

Il en eft de même des Lettres des Princes & Princeffes de la bran-che de Wirtemberg-Oëls ; la plus ancienne eft du premier Decembre 1720. plus de deux ans après le prétendu mariage de 1718. à quoi donc veut-on nous faire reconnoître ce caractere de publicité dont on effaye de décorer ce mariage ?

Mais autant que les Barons de l'Efperance infiftent fur des pieces fi frivoles, & fi peu propres à foutenir ce qu'ils avancent, autant ils negligent de répondre aux preuves contraires qu'on leur a rapportées. Le mariage de la Baronne de l'Efperance eft du 15 Août 1718. fi ce mariage avoit été folemnel, & accompagné de toutes les acclamations de la Ville, comment trouveroit-on dans les Regiftres d'une Eglife de Montbelliard un Acte de Baptême du mois de Septembre fuivant, dans lequel la Baronne de l'Efperance, Mareine de l'enfant, n'eft quali-fiée que *Illuftre Dame Elifabeth-Charlotte, Baronne de l'Efperance.* Il n'y eft parlé ni d'Alteffe Sereniffime, ni de Ducheffe de Montbelliard, ni d'Epoufe du Prince Regnant ; elle eft traitée comme elle l'auroit été dix ans avant fon mariage. Cette preuve n'eft pas fufpecte, elle juftifie le fecret gardé fur le mariage, la privation du rang, des honneurs, des

F

qualitez dont on fuppofe que la Baronne de l'Efperance a été rewêtue au moment de fon mariage ; en un mot , elle diffipe toutes les fumées de grandeur dont il plaît aux Barons de l'Efperance de fe repaître.

Dans quel tems le mariage de la Baronne de l'Efperance a-t'il donc été connu & rendu public ? Dans quel tems a-t'elle commencé à jouir des honneurs ? Ce n'a été qu'en 1720. & dans le tems que le Duc de Montbelliard les a auffi accordez à fon époufe legitime ; les deux mariages fi differens dans ce qui en conftitue l'effence & la validité , ont été traitez de même par le Duc de Montbelliard ; ils n'ont été fuivis ni l'un ni l'autre de ces marques d'honneurs dûs à la feule époufe legitime. La Demoifelle de Hedviger , Comteffe de Sponeck & la Baronne de l'Efperance ont continué de porter leur nom de fille , & ce n'a été qu'au mois d'Avril 1720. qu'après leur avoir fait paffer un Acte , où elles fe traitoient également d'époufes legitimes , le Duc de Montbelliard leur a laiffé prendre les titres de Ducheffes & d'Alteffes Sereniffimes.

Qu'on n'attribue donc à la Baronne de l'Efperance aucun avantage fur la Comteffe de Sponeck du côté des honneurs , comme fi celle-là en étoit en poffeffion dans le tems même de fon mariage , & que celle-cy ne les eût obtenus que long-tems après ; leur fort a été le même à cet égard , & le même inftant qui a vû naître les honneurs de l'une , a vû l'autre entrer en poffeffion des mêmes prérogatives.

Mais comme ce n'eft pas là ce qui décide de la validité du mariage de la Baronne de l'Efperance , voyons fi ce que fes enfans alléguent pour le juftifier , peut fe foutenir.

Ils prétendent d'abord qu'il n'y avoit aucun empêchement dirimant ; que quoique le Duc de Montbelliard eût eu pour Concubine Henriette Hedvic , Baronne de l'Efperance , & qu'il en eût eu deux enfans , cela ne formoit aucun obftacle au mariage qu'il a contracté avec fa fœur ; qu'en tout cas le Duc de Montbelliard , comme Souverain , a pû fe difpenfer par le fait feul.

Ils n'infiftent pas beaucoup fur le premier moyen ; ils fe contentent d'obferver que le Droit Romain n'a point établi de prohibition expreffe d'époufer la fœur de celle que l'on avoit eu pour Concubine : mais ne fuffit-il pas que la Difcipline des Eglifes Catholiques & Proteftantes foit certaine à cet égard ? La pureté des mœurs que le Chriftianifme a retablie , en a fait une loi que les Proteftans eux-mêmes n'ont pas pû méconnoître.

Auffi les Barons de l'Efperance n'ont-ils pas pû citer un feul Auteur de la Confeffion d'Ausbourg , qui eût porté le relâchement à cet excès ; auffi n'ont-ils pas même entrepris de répondre à l'autorité de Capzovius , & de cette foule d'autres Docteurs qu'il cite pour établir que cette circonftance forme un empêchement dirimant , & fait regarder le mariage comme un veritable incefte. *Jure pontificio & civili* , dit-il , *quoad nuptiarum prohibitionem ex illicito coitu oritur affinitas , idque adeo ut coitus horum affinium in gradibus prohibitis pro incestu habeatur , eique pœna incestûs indicatur.* Il rapporte un Jugement du Confiftoire Suprême de

Drefde qui l'a ainfi décidé. Ce n'eft donc pas un problême parmi les Proteftans que le mariage avec celle qu'on a euë pour Concubine eft nul & inceftueux.

Mais, dit-on, ce n'eft point un empêchement qui derive du droit naturel ou divin, il eft purement de droit pofitif; il eft donc permis d'en difpenfer; ces difpenfes même font reçûes dans l'Eglife Catholique, comme on le voit par les exemples d'Emmanuel Roi de Portugal, d'Henry V. Roi d'Angleterre, de Sigifmond-Augufte & de Jean-Cafimir, Rois de Pologne, du Duc de Parme, & de plufieurs autres. Or parmi les Princes Proteftans le Souverain l'eft également pour le fpirituel comme pour le temporel, ainfi qu'il eft établi dans le Traité de Paffau, confirmé par celui de Weftphalie; ils peuvent donc fe difpenfer eux-mêmes, & ils n'ont à cet égard aucune précaution à prendre; par le fait feul, par la feule contravention à la Loi, ils font préfumez s'en difpenfer. En vain fe recrie-t-on contre les conféquences affreufes de ce principe; c'eft la maxime reçûe par les Proteftans, & l'on pourroit même l'autorifer par l'exemple du Prince d'Oettingen en 1632. & du Duc de Hoftein en 1649.

On convient avec les Barons de l'Efperance que dans la Difcipline de l'Eglife Catholique on peut obtenir la Difpenfe d'époufer la fœur de fa première femme, & qu'il y en a des exemples fort illuftres; ces Difpenfes cependant ne s'accordent prefque jamais lorfqu'il y a eu des enfans du premier mariage. Mais enfin, on peut dire en general que ces fortes de Difpenfes font autorifées parmi nous, & l'on n'a pas de peine à fe perfuader qu'elles foient également reçûes dans la Confeffion d'Ausbourg; mais qu'un Prince Proteftant puiffe fe difpenfer lui-même, ou, ce qui eft encore plus fort, qu'il n'ait pas befoin de Difpenfe, & qu'il puiffe legitimement contracter un mariage que les Proteftans regardent comme inceftueux, c'eft un paradoxe qui doit revolter tous ceux qui ne portent pas l'aveuglement auffi loin que les Barons de l'Efperance; & quand un Auteur ou deux, vil adulateur de fon Maître, auroit ofé avancer une pareille propofition, elle ne ferviroit qu'à le couvrir d'opprobre.

En effet, toute Difpenfe doit être fondée fur une caufe; ce n'eft point un pouvoir aveugle & arbitraire qui diftribue ces fortes de graces, il faut qu'un motif legitime, du moins favorable, en foit le principe; ainfi celui qui l'accorde devient Juge en cette partie: mais comment veut-on qu'un Prince Proteftant puiffe fe juger lui-même? quelle liberté apportera-t-il dans ce jugement que la violence de la paffion lui arrache en quelque maniere?

Auffi les Barons de l'Efperance n'exigent pas même qu'il fe difpenfe, ni qu'il le déclare; dans leur fiftême, il eft le maître abfolu de fe marier à fon gré; l'incefte n'eft point un obftacle pour lui, il le canonife en le commettant; la Religion, la pudeur, l'honnêteté publique ne font que pour le Peuple; pour lui, affranchi de ces regles auftéres, il n'a point d'autre loi, d'autre guide que fa paffion. On tremit de rappeller de fi affreufes maximes, qui font cependant l'unique appuy du mariage que les Barons de l'Esperance veulent faire regarder comme legitime.

Ils nous citent deux exemples dans les années 1632. & 1649. mais peut-on sçavoir aujourd'hui ce qui fut fait alors pour favoriser ces alliances ? on ne peut pas douter que les Princes dont on nous parle, n'ayent fait autoriser dans les regles des mariages qui n'étoient point inspirés par d'aveugles passions, mais dans lesquels ils ne consultoient que l'honneur & l'avantage des grandes Maisons qui s'unissoient.

On ne peut donc justifier le mariage du Duc de Montbelliard avec la Baronne de l'Esperance, ni par les principes, ni par les exemples ; comment pourroit-on couronner l'inceste, sans se rendre coupable du crime le plus odieux, & répandre le scandale le plus funeste ?

Mais outre ce premier moyen qui s'éleve contre le mariage de la Baronne de l'Esperance, il y en a un second si puissant, si décisif, qu'on peut dire que ses enfans entreprennent moins de le combattre, que d'échapper à la rigueur des principes par des prétextes chimeriques.

Le Duc de Montbelliard marié en 1695. avec la Demoiselle de Hedviger, qui n'est morte qu'en 1735. a-t'il pû épouser en 1718. la Baronne de l'Esperance ? Nos Adversaires n'oseroient le soutenir : ils conviennent que la poligamie est défendue parmi les Protestans, mais ils invoquent deux excuses ; la premiere, que le mariage de 1695. étoit inconnu, & que par conséquent la Baronne de l'Esperance étoit dans la bonne foy. La deuxiéme, que ce mariage avoit été détruit par le divorce de 1714. reçû & autorisé parmi les Protestans.

Dans tout ce qu'ils hazardent à cet égard, il n'y a rien de nouveau, & qui n'ait déja été refuté plusieurs fois dans differens Memoires.

On suppose que la Baronne de l'Esperance ne connoissoit pas le mariage de 1695. & pour le prouver on cite plusieurs actes, dans lesquels Anne-Sabine de Hedviger n'a pris, dit-on, que la qualité de fille, que la qualité de Comtesse de Sponeck jusqu'en 1719. pouvoit-on la regarder comme épouse legitime, elle qui depuis vingt-cinq ans ne jouissoit ni des honneurs, ni des qualitez dûes à la femme d'un Souverain ? On a déja répondu que c'étoit le comble de la mauvaise foi de supposer, de présumer même quelqu'incertitude sur le mariage du Duc de Montbelliard ; personne ne l'ignoroit ni à Montbelliard, ni dans les Etats du Duc de Wirtemberg, ni dans toute l'Allemagne ; on a vû que dans un Ouvrage imprimé dès 1712. le mariage étoit annoncé comme un fait public, qui n'a été contredit par personne, & qui a été confirmé par une seconde édition du même Ouvrage, donnée en 1716. deux ans avant le prétendu mariage de la Baronne de l'Esperance.

Mais que peut-on répondre au traité de divorce de 1714. ? Dira-t'on que ce traité étoit ignoré à Montbelliard, ce traité qui a été presenté aux Conseillers Consistoriaux du Prince, qui l'ont signé au nombre de neuf, & qui s'exécutoit publiquement depuis quatre années ?

Ajoutons

Ajoutons une circonstance qui mérite une nouvelle attention. Entre les neuf Conseillers Consistoriaux du Prince qui ont signé le divorce, on trouve le Sieur *Gropp*, & le Sieur *Briffehoux*, & ces deux mêmes Conseillers se trouvent dans le nombre de ceux qui ont signé le Certificat de la celebration du mariage de 1718. Il paroît même que le Sr *Gropp* est celui qui a donné la Benediction Nuptiale à la Baronne de l'Esperance : ce sont donc les mêmes Ministres qui ont concouru au divorce, dont on s'est servi pour le mariage : comment après cela peut-on porter l'imposture jusqu'à soutenir que le mariage de 1695. étoit ignoré à Montbelliard ? comment peut-on dire qu'il *n'y a pas une seule circonstance qui puisse faire présumer que la Baronne de l'Esperance en ait eu connoissance ?* Elle a connu, elle n'a pû ignorer le divorce, il étoit publié à Montbelliard, il étoit signé par ceux mêmes qu'elle a choisis pour confidens de son mariage ; la connoissance du divorce emporte necessairement la connoissance du mariage. Il faut donc renoncer à toute pudeur pour invoquer après cela la prétendue bonne foi, l'ignorance de la Baronne de l'Esperance.

Enfin, le traité même de Vilbade ne prouvoit-il pas encore la verité du mariage de 1695 ? On reconnoît dans ce traité que le Duc de Montbelliard avoit contracté un mariage qui ne répondoit pas à l'éclat de sa naissance ; jamais il n'y en a eu d'autre que celui de 1695. comment donc la Baronne de l'Esperance, qui a signé ce traité, pouvoit-elle ignorer le mariage ? Le dernier Défenseur des Barons de l'Esperance, qui a senti toute l'évidence de cette preuve, n'a pû y échapper, qu'en supposant que cette reconnoissance dans le traité s'appliquoit à quelque mariage avec la Baronne de l'Esperance ; on dit *à quelque mariage,* car il ne désigne, & ne peut désigner ni le tems ni les circonstances de ce mariage chimerique, c'est-à-dire qu'il soutient un sistême fabuleux par une supposition manifeste.

Que sert-il après cela de nous faire passer en revûe plusieurs actes qui justifient qu'Anne-Sabine de Hedviger ne prenoit point la qualité de Duchesse de Montbelliard ? Ces actes prouveront bien qu'elle ne jouissoit pas des honneurs, des qualitez même qui lui étoient dûes comme femme legitime, mais ils ne prouveront jamais que son mariage fût ignoré, mariage publié par l'Histoire, mariage reconnu dans le traité de divorce, & même dans la convention de Vilbade ; mariage qui seul avoit apporté tant d'obstacles aux vûes ambitieuses de la Baronne de l'Esperance, & contre lequel elle avoit employé tous les ressorts de sa politique ; il faut donc retrancher cette premiere excuse tirée de la bonne foi, qui ne peut être proposée que par un excès d'infidélité.

Passons à la seconde excuse tirée du divorce de 1714. Vous voulez, dit-on, que la Baronne de l'Esperance connût le mariage de 1695. mais en même tems elle ne pouvoit ignorer qu'il avoit été détruit par un divorce ; elle a donc pû legitimement épouser le Duc de Montbelliard ; & quand même ce divorce n'auroit pas été conforme aux regles des Eglises Protestantes, il auroit toujours suffi pour la constituer en bonne foi.

Comment les Barons de l'Esperance n'ont-ils pas senti d'abord la

G

contradiction de leur propre fiftême ? Leur mere ignoroit le premier mariage, nous difent-ils, mais en même-tems elle fçavoit que ce premier mariage avoit été anéanti par un divorce ; il faut avoir bien du talent & bien de l'efprit pour réunir tout à la fois ces deux idées dans la même défenfe. Mais paffons aux Barons de l'Efperance un fiftême fi mal afforti, oublions pour un moment une contradiction fi groffiere, & venons au moyen en lui-même.

Ce divorce, dit-on, eft autorifé parmi les Proteftans ; mais l'admettent-ils indifferemment fans caufe, fans formalitez, fans avoir recours à une autorité legitime ? Nous dira-t'on encore que les Princes de la Confeffion d'Ausbourg font tellement Souverains dans le fpirituel, qu'ils peuvent diffoudre leur mariage quand ils veulent, & qu'ils peuvent changer de femmes comme de Palais & de vêtemens ? il ne reftoit plus que ce dernier trait pour couronner la défenfe des Barons de l'Efperance.

S'ils ne portent pas les chofes à cette extrêmité, leur fiftême ne s'en éloigne pas beaucoup. Les Proteftans, felon eux, admettent plufieurs caufes de divorce, & ne les réduifent pas à l'adultere, & à la défertion malicieufe, comme on le prétend ; celui de 1714. ne parle pas feulement de la difparité d'humeurs, mais il ajoute qu'il s'en eft enfuivi d'autres caufes fuffifantes de divorce ; ainfi on ne peut pas douter qu'il ne fût appuyé fur des caufes legitimes.

Mais qu'on nous dife donc d'abord quelles font ces autres caufes de divorce qui peuvent être admifes, & en particulier quelles font celles fur lefquelles celui de 1714. a été fondé ; car c'eft une chofe bien finguliere d'entendre les Barons de l'Efperance n'aborder que des generalitez, & nous dire : Vous prétendez qu'on ne peut diffoudre un mariage entre les Proteftans que pour l'adultere & la défertion malicieufe, mais vous vous trompez, & les Confiftoires en admettent bien d'autres. Vous prétendez qu'on ne parle dans l'Acte de 1714. que de la difparité d'humeur ; mais vous vous trompés encore, car on ajoute que la difparité d'humeur a produit des caufes fuffifantes de divorce. Les Barons de l'Efperance ne vont pas plus loin ; mais que peuvent-ils attendre d'un pareil genre de défenfes ?

Il y a d'autres caufes de divorce en general ; mais qui font-elles ces autres caufes ? *il y en a d'autres que la difparité d'humeur dans l'Acte de 1714.* mais qui font-elles encore ces autres caufes ? Sur cela on ne trouve qu'un filence auffi prudent que profond dans leur Memoire. Que veulent-ils donc qu'on leur réponde ? Il faudroit dire, outre l'adultere & la défertion malicieufe, il y a encore telle & telle caufe admife par les Proteftans, & le divorce de 1714. énonce au moins ces caufes dont les Confiftoires fe contentent, alors on pourroit raifonner avec eux ; mais n'allant pas jufques-là, & ne pouvant pas y aller, c'eft abandonner eux-mêmes & leur défenfe & leur moyen.

Mais eft-il vrai que les Proteftans admettent d'autres caufes de divorce que l'adultere & la défertion malicieufe ? on a cité ce qu'il y a de plus celebre parmi eux ; Capzovius qui nous dit, *haud conceditur divortium, nifi ex caufa formicationis, five adulterii & defertionis malitiofæ.* Stikius, qui ne parle pas moins affirmativement; *omnes à Juſtiniano præſcriptas cauſas ad eum numerum reductas, ut earum hodiè duas tantùm genuinas in Eccleſiis noſtris admittamus, adulterium nempè & malirioſam deſertionem.* C'eſt le langage de preſque tous les autres; & ſi quelques-uns admettent d'autres cauſes, ce n'eſt pas pour diſſoudre le mariage, mais pour ſéparer ſeulement les deux épox d'habitation, ce qu'ils appellent *divortium partiale*, à la différence du vrai divorce qui opere la diſſolution du mariage, *divortium totale.* Tout cela a été oppoſé aux Barons de l'Eſperance, & tout cela eſt demeuré ſans réponſe.

Si le divorce ne peut pas être juſtifié au fond, il eſt également inſoutenable dans la forme. La Loi des Egliſes Proteſtantes eſt qu'il ſoit prononcé par le Conſiſtoire en connoiſſance de cauſe, & après une diſcuſſion exacte des motifs qui y donnent lieu: ici au contraire on ne trouve qu'un Acte volontaire entre le mari & la femme, par lequel ils ſe donnent la liberté de ſe marier à d'autres, & au bas un Certificat datté du lendemain, par lequel le Conſiſtoire déclare qu'il a vû cet Acte, qu'il reconnoît *équitable & conforme à l'intention des deux Parties.* Ce ſont les ſeuls termes du Certificat, & tout ce que l'autorité du Souverain a pû obtenir de ſon Conſiſtoire: mais de bonne foi peut-on appeller cela une Sentence de divorce?

Cependant les Barons de l'Eſperance ne comprennent pas, diſent-ils, ſur quoi tombe notre critique; comment n'y auroit-il pas un Jugement de divorce, puiſqu'on trouve dans l'affaire deux Parties, une cauſe, & un Tribunal? Reprenons les propres termes de leur Memoire pour en développer le ſophiſme & l'équivoque. *Il y a deux Parties*, diſent-ils, *le Duc de Montbelliard & la Comteſſe de Sponeck, tous deux Demandeurs*; c'eſt-à-dire qu'il y a eu deux Parties contractantes, mais non pas deux Parties traduites en Jugement. *Il y a eu une cauſe, puiſqu'on prétend que l'affaire a été expoſée aux Juges*; c'eſt-à-dire que les Parties, après avoir conſommé volontairement leur traité, ont déclaré aux Juges qu'elles en étoient contentes. *Il y a eu des Juges & un Tribunal, puiſque ce ſont les Miniſtres du Conſiſtoire qui ont prononcé*; c'eſt-à-dire qu'il y a eu des Juges à qui on n'a demandé aucun Jugement, & qui n'en ont prononcé aucun, mais qui ont certifié avoir vû l'Acte, l'avoir reconnu équitable & conforme à l'intention des Parties. Eſt-ce donc là ce que l'on peut appeller une Sentence de divorce? Que deux Parties parmi nous paſſent un Acte pardevant Notaires, dans lequel ils déclarent que leur mariage eſt nul, qu'ils portent cet Acte à un Official, qui ſoit aſſez ignorant pour mettre au bas qu'il le trouve équitable & conforme à l'intention des Parties, diroit-on que le mariage auroit été déclaré nul par une Sentence de l'Officialité, & que ſur la foi d'un pareil Acte une des Parties auroit pû ſe marier?

Mais que le divorce ſoit nul, dit-on, il aura toujours ſuffi pour conſtituer la Baronne de l'Eſperance en bonne foy: quelle reſſource! Quoi un Acte auſſi vicieux, auſſi choquant dans la forme, qu'il eſt nul & inſoutenable au fond, peut être la ſource de la bonne foy? Non, un Acte qui ne preſente que des caracteres de reprobation, ne peut ſéduire perſonne.

Comme il n'est jamais permis d'ignorer les regles & les Loix, il n'est jamais permis de se reposer sur un acte dans lequel elles sont toutes violées ; on excuse une ignorance de fait, mais on n'excuse point le mépris des Loix les plus sacrées ; & comme ce caractere étoit sensible dans le traité de divorce, il n'a pû en imposer à qui que ce soit, & moins encore à la Baronne de l'Esperance, qui ne pouvoit se dissimuler à elle-même qu'il étoit uniquement le fruit de ses artifices.

On ne peut qu'être scandalisé après cela du paralelle qu'osent faire ses enfans entre son mariage & celui d'Agnès de Bohème ou d'Istrie, fille du Duc de Meranie, avec Philippe-Auguste. Ce Prince qui avoit épousé, dit-on, Insberge, sœur de Canut IV. Roy de Dannemarck, fit prononcer la nullité de son mariage, pour cause de parenté, par un Legat du Saint Siege, & sur le fondement de cette Sentence, épousa Agnès, fille du Duc de Meranie ; mais la Sentence de divorce ayant été depuis cassée, on jugea cependant que les enfans nés du mariage d'Agnès d'Istrie étoient legitimes.

Les differences essentielles entre cet exemple & celui de la Baronne de l'Esperance, ont-elles donc besoin d'être relevées ?

Philippe-Auguste qui venoit d'épouser Insberge, ayant prétendu qu'il y avoit un empêchement dirimant dans le dégré de parenté qui se trouvoit entr'eux, le Pape Celestin III. nomma un Legat pour présider à une Assemblée d'Evêques, d'Abbés, & de Barons, & pour y prononcer en connoissance de cause sur la validité du mariage. Ce fut dans une assemblée si auguste que le mariage fut déclaré nul, quelque resistance qu'il y eût de la part d'Insberge & du Roi de Dannemarck, son frere. Le Roy de Dannemarck en porta ses plaintes au Pape, qui representa à ses Envoyez les informations qui avoient été faites en France sur l'alliance des deux Maisons, ce qui les obligea de se retirer. Ce fut dans ces circonstances que Philippe Auguste épousa Agnès d'Istrie. Cet évenement excita de nouvelles plaintes de la part du Roi de Dannemarck ; il y eut plusieurs Conciles tenus en France par de nouveaux Legats du Pape, pour prendre une plus ample connoissance du fond ; mais Philippe-Auguste fatigué du trouble que cette affaire causoit dans le Royaume, reprit Insberge sa femme, sans que cela fût ordonné par aucun Jugement contraire au premier.

Quand après cela on auroit reconnu Agnès d'Istrie pour femme legitime, & ses enfans comme capables de succeder, quel avantage en pourroit tirer la Baronne de l'Esperance ? La bonne foi d'Agnès d'Istrie étoit appuyée sur le Jugement solemnel d'une Assemblée venerable d'Evêques, d'Abbés, & de Barons, qui avoient à leur tête un Legat du Saint Siege ; ce Jugement avoit été rendu sur des Informations juridiques ; le Pape Celestin III. paroissoit l'avoir adopté, & ce ne fut que son Successeur Innocent III. qui permit de renouveller la question terminée par un Jugement, qui dans la regle, ne pouvoit être reformé. Que l'on mette vis-à-vis de ces circonstances l'Acte purement volontaire passé entre le Duc de Montbelliard & Anne-Sabine de Hedviger, par lequel ils se promettent mutuellement de se marier à d'autres, & il n'y a personne qui ne soit revolté du paralelle.

Cependant

Cependant ce ne fut qu'avec beaucoup de peine que les enfans d'Agnès d'Istrie furent reconnus pour legitimes. *Philippe-Auguste*, dit *un de nos Historiens, obtint du Pape, & de plusieurs Prélats de France, qu'un fils nommé Philippe, & une fille nommée Marie, qu'il avoit eus d'Agnès de Bohëme, fussent déclarez legitimes & capables d'heriter de lui,* CE QUE DÉPLUT FORT AUX SEIGNEURS DE FRANCE; *mais ayant un fils d'Isabelle de Haynaut, sa premiere femme, & ce fils ayant eu posterité, cette affaire n'eut point de suite.*

Le Pere Daniel, Hist. de Philippe-Auguste.

Un autre Historien qui ménage moins les expressions, dit que Philippe-Auguste eut d'Agnès de Bohëme *deux enfans qui ne pouvoient passer que pour bâtards, si le Pape Innocent III. ne les eût legitimez.*

Mezeray.

Quel avantage les Barons de l'Esperance peuvent-ils donc tirer de cet exemple? On ne pouvoit pas soupçonner la bonne foi d'Agnès de Bohëme ou d'Istrie, cependant Philippe-Auguste eut besoin de toute son autorité pour faire reconnoître legitimes les enfans qu'il avoit eus de cette Princesse, & pour vaincre la repugnance de la nation; qu'auroit-on pensé alors, que doit-on penser aujourd'hui des enfans de la Baronne de l'Esperance, elle dont la mauvaise foi éclate dans toutes ses démarches, & qui n'a en sa faveur qu'un divorce purement volontaire, sans causes & sans prétexte?

Rien ne peut donc justifier le prétendu mariage de la Baronne de l'Esperance avec le Duc de Montbelliard: quand ce Prince n'auroit pas été dans les liens d'un premier engagement, il n'auroit pas pû épouser la sœur de celle dont il avoit eu plusieurs enfans naturels. Mais l'obstacle du premier mariage détruit si radicalement le second, qu'il n'est plus possible de le soutenir, & le prétendu Acte de divorce entre le mari & la femme, en confirmant de plus en plus la foy du premier mariage, n'est propre qu'à fournir des armes contre le second, loin de le justifier ou de lui servir d'excuse.

Observations sur la troisiéme Proposition des Barons de l'Esperance.

Ils commencent par élever des doutes sur la naissance de George-Leopold, fils unique du feu Duc de Montbelliard & de Anne-Sabine de Hedviger. On ne prouve pas, disent-ils, qu'il soit même fils naturel de ce Prince, on n'est fondé que sur le Certificat d'un inconnu, qui n'est soutenu d'aucune possession d'état, ou plûtôt qui se trouve combattu par une possession contraire; comment peut-il se presenter comme fils legitime, & comme capable de recueillir les Etats & les biens du feu Duc de Montbelliard?

Pour dissiper ces doutes affectez, il suffit de retracer en un mot les titres qui prouvent & la naissance & la possession d'état, contre lesquels les Barons de l'Esperance osent s'élever. George-Leopold est né dans le Château de Festemberg, appartenant à la Duchesse d'Oëls, le 12 Decembre 1697. plus de deux ans après le mariage du Duc de Montbelliard & de Anne-Sabine de Hedviger; il fut baptisé le même jour par Frederic Opfergeld, qui étoit alors Pasteur de la Duchesse d'Oëls,

H

& qui depuis est devenu Prévôt & Prélat du Monastere de Magdebourg ; il en a donné son Certificat scellé du Sceau de ce Monastere, & dans ce Certificat, il déclare *avoir baptisé George-Leopold, fils de Son Altesse Serenissime Leopold-Eberard, Duc de Wirtemberg Montbelliard, & d'Illustre Dame Anne-Sabine de Hedviger.*

La verité de ce Certificat se trouve confirmée par la Duchesse d'Oels même, qui, dans un Acte passé à Vienne le 24 Juillet 1726. reconnoît que le Duc de Montbelliard son frere, *a été marié au mois de Juin 1695. avec Anne-Sabine Comtesse de Sponeck, & qu'ensuite il a aussi engendré pendant ce mariage Illustre George-Leopold, Duc de Wirtemberg-Montbelliard, aujourd'hui vivant, qui náquit le 12 Decembre 1697. dans notre Château de Festemberg, & fut baptisé par Me Opfergeld, alors notre Pasteur ; en foi de quoi nous avons voulu attester ceci par forme de serment; &c.*

Des preuves si claires doivent imposer silence à la critique ; car c'est une absurdité de dire que le Certificat de Frederic Opfergeld n'est point legalisé, & qu'il doit être regardé comme faux, parce que l'Acte de Baptême ne se trouve point sur les Registres de l'Eglise de Festemberg. Quant à la legalisation, on ne peut la demander pour un Acte délivré par le Prélat d'une grande Eglise, & scellé du Sceau de ce Monastere ; c'est un Acte autentique par lui-même, & qui merite plus de foi que la legalisation d'un Juge particulier inconnu dans le Royaume. D'ailleurs cet Acte soutenu du témoignage conforme de la Duchesse d'Oels, ne laisse aucune ressource à l'équivoque ni à l'incredulité. Pour le silence des Registres de Festemberg, on n'a jamais oui dire qu'un Acte de celebration de mariage, qu'un Acte de Baptême fût faux, parce qu'il n'est pas inscrit sur les Registres. Le Baptême de l'enfant qui venoit de naître au Duc de Montbelliard, fut fait dans la Chapelle du Château de Festemberg, appartenant là à Duchesse d'Oels, & par son Chapelain ou Pasteur ; jamais il n'y a eu de Registres dans cette Chapelle ; il n'est donc pas extraordinaire que l'Acte de Baptême dont il s'agit ne se trouve pas sur les Registres de la Paroisse. Mais il n'en a pas moins d'autenticité, soit par la dignité de celui qui l'a donné, soit par le poids de l'attestation de la Duchesse d'Oels qui s'y réunit.

Ajoutons que cette verité a été reconnue dans tous les tems, soit par le feu Duc de Montbelliard, soit par la Baronne de l'Esperance elle-même, soit enfin par tous les Princes & Membres de l'Empire. Dans le divorce du 5 Octobre 1714. le Duc de Montbelliard & Anne-Sabine de Hedviger s'expliquent ainsi : *Nous avons eu pendant notre legitime mariage quelques enfans ensemble, dont deux sont encore en vie, sçavoir Leopoldine-Eberardine & Georges.* Dans le traité de Vilbade on stipule 4000 Florins de pension pour *la Comtesse de Sponeck & ses deux enfans, Georges & Leopoldine-Eberardine.* N'est-ce pas dans la même qualité qu'on a fait faire à ce même Georges-Leopold la renonciation sous serment corporel, en exécution du traité de Vilbade, que la Duchesse d'Oels lui a fait la donation du 21 Septembre 1717. *comme à son très-cher Neveu,* que se sont passez enfin ces Actes si solemnels par lesquels le même Georges-Leopold a été reconnu pour Prince hereditaire du vivant de son pere, & pour Souverain après sa mort ?

Joignons à cela les Jugemens même du Conseil Aulique, dans lesquels on a reconnu la verité du mariage de ses pere & mere, & dans lesquels la partialité la plus outrée n'a pû empêcher qu'on ne traitât du moins le même Georges-Leopold comme le fils du Duc de Montbelliard, & d'Anne-Sabine de Hedviger; quoiqu'en supposant le mariage nul, on l'ait réduit à de simples alimens, il est toujours certain, qu'aux termes de ces Jugemens même sa naissance est demeurée hors de toute atteinte.

A la vûe de tant de preuves, c'est un excès de temerité auquel on ne devoit pas s'attendre de la part des Barons de l'Esperance, de traiter un enfant dont la naissance est si éclatante, comme le fruit d'une débauche obscure, qui ne permet pas de distinguer ni de reconnoître ceux à qui il doit le jour: les plus grands excès ne leur coûtent rien, & il n'y a point de verité pour eux qu'on puisse regarder comme sacrée.

Mais si la naissance n'est point équivoque, le mariage des pere & mere est-il certain, est-il inébranlable? C'étoit à proprement parler l'unique question à laquelle il falloit se réduire, c'est aussi celle sur laquelle nos Adversaires réunissent tous leurs efforts. Suivons-les dans leurs raisonnemens, & faisons voir qu'ils ne sont appuyez que sur l'imposture & sur l'illusion.

Comme le premier titre qui soutient le mariage est l'Acte même de celebration, on entreprend de le combattre par trois réflexions. 1°. Il étoit impossible que le Duc de Montbelliard & la Demoiselle de Hedviger se mariassent au mois de Juin 1695. 2°. L'Acte de celebration presente par lui-même des preuves & des caracteres de fausseté. 3°. Il ne renferme aucune preuve de mariage.

Pour établir la premiere réflexion, on observe que la Demoiselle de Hedviger poursuivoit en 1695. le Sieur Zeidlits, pour lui faire accomplir des promesses de mariage. Il seroit absurde de penser, dit-on, qu'elle voulût dans le même tems épouser le Prince de Montbelliard; d'un autre côté le Prince de Montbelliard étoit à la tête de son Regiment en Hongrie; il n'auroit donc pas pû se trouver à Rejovitz en Pologne le premier Juin, pour y recevoir la Benediction Nuptiale; il est donc impossible, disent nos Adversaires, que le mariage ait été celebré dans de pareilles circonstances. Mais il est facile de faire tomber ces prétendus obstacles.

Par rapport au Sieur Zeidlits, il suffit de consulter les pieces même qu'on nous oppose, pour démontrer la fausseté des raisonnemens dont on les accompagne. Le Sieur Zeidlits avoit fait une promesse de mariage, mais en quel tems? c'est ce que nous ne voyons pas; ce qui est certain, est qu'elle remonte necessairement au-delà de 1692. puisqu'on voit que dans cette même année on avoit obtenu un Interdit Ecclesiastique contre lui, faute d'exécuter cette promesse; il avoit donc retiré dès-lors sa parole, & il n'a jamais cessé un instant depuis de persister dans son refus.

Nous en avons une preuve qui n'est pas équivoque dans la Sentence du Consistoire de Breslau du 21 Mars 1695. qui porte que si le *Sieur*

Zeidlits vouloit conftamment infifter dans fa refiftance déduite dans les Actes, & que fuivant l'averfion qu'il a jufques-ici témoignée, il ne voulût pas fe laiffer induire au mariage, il fera tenu de donner jufte fatisfaction à la Demandereffe, &c. On ne peut donc pas douter que le Sieur Zeidlits n'eût rompu avec la famille de la Demoifelle de Hedviger, & n'eût rompu même avec éclat & avec aigreur, au moins depuis 1692. mais fi cela eft, comment n'auroit-il pas été permis à la Demoifelle de Hedviger en 1695. de s'engager au mariage propofé par le Prince de Montbelliard? Une réfiftance auffi conftante, auffi envenimée de la part du Sieur Zeidlits, au moins pendant trois années entières, permettoit-elle de penfer qu'il pût revenir à fes premiers fentimens? & fi cela étoit impoffible, la Demoifelle de Hedviger n'avoit-elle pas une pleine liberté de fe rendre aux recherches du Prince de Montbelliard?

Mais fi cela eft, dit-on, pourquoi pourfuivoit-on encore le Sieur Zeidlits en 1695? La réponfe fe prefente d'elle-même à ceux qui ne veulent pas s'aveugler. Ces pourfuites n'étoient pas l'ouvrage de la Demoifelle de Hedviger perfonnellement, & l'on peut dire qu'elles lui étoient abfolument étrangeres. Elle étoit née au mois d'Avril 1676. ainfi elle n'avoit que 16 ans lorfque le Sieur Zeidlits refufa d'accomplir les promeffes qu'il avoit faites, & lorfqu'on obtint contre lui un Interdit Ecclefiaftique en 1692. peut-on imaginer qu'elle eût quelque part ni aux promeffes en elles-mêmes, ni aux pourfuites qui furent faites, lorfqu'elle étoit encore dans un âge fi peu avancé? Il eft évident que c'étoit à fa mere, que c'étoit à fa famille que les promeffes avoient été faites, & que c'étoit cette même famille qui en pourfuivoit l'exécution. Si on ne peut imputer à la Demoifelle de Hedviger les premieres démarches, il eft aifé de juger qu'elle n'a pas eu plus de part à celles qui ont fuivi en 1695. On voit même par la Sentence du 21 Mars 1695. que fa famille ne penfoit plus à faire exécuter au Sieur Zeidlits fes engagemens, mais qu'elle fe propofoit uniquement d'obtenir une jufte reparation; ainfi l'obftacle chimerique qu'on voudroit trouver au mariage contracté avec le Prince de Montbelliard, fe diffipe de lui-même. Depuis plus de trois ans il n'étoit plus queftion du Sieur Zeidlits, il avoit manifefté non-feulement fa réfiftance, mais même fon averfion par une fuite d'Actes qu'il avoit fait fignifier. Quel obftacle y avoit-il donc au mariage de la Demoifelle de Hedviger avec le Prince de Montbelliard?

On ne s'arrêtera pas à une autre difficulté nouvellement imaginée par les Barons de l'Efperance. La Demoifelle de Hedviger, felon eux, ne pouvoit pas être à Rejovitz le premier Juin 1695. puifqu'on voit une Lettre qui lui fut écrite le 28 May précedent par la Ducheffe d'Oels, & qui eft adreffée à Kake; mais les Barons de l'Efperance fourniffent eux-mêmes la réponfe à leur objection, car ils conviennent que cette Lettre eft écrite par la Ducheffe d'Oels de Weilbing à 160. lieües de Kake. Dans cet éloignement, eft-il bien étonnant que la Ducheffe d'Oels ne fçût pas précifément la marche de la Demoifelle de Hedviger? Ne pouvoit-elle pas même penfer qu'avant que fa Lettre fût arrivée,

la

la Demoiselle de Hedviger pouvoit être revenue à Kake ? c'en est trop
pour écarter une pareille observation.

Du côté du Prince de Montbelliard l'obstacle n'étoit pas plus réel,
& le prétendu *alibi* est une veritable chimere. En vain les Barons de
l'Esperance prétendent-ils avoir fouillé dans les Archives des Conseils
de l'Empereur, & y avoir trouvé des ordres adressés au Prince de Montbelliard en Hongrie dans le cours de l'année 1695. Quand ils auroient
fait une pareille découverte, une réponse simple dissiperoit cette illusion.
Le Regiment du Prince de Montbelliard étoit en Hongrie ; il y avoit
de tems en tems des ordres à donner pour en regler la marche, & c'est
toujours au Colonel present ou absent que ces ordres s'adressent ; il ne
seroit donc pas extraordinaire qu'on en eût trouvé plusieurs dans les
Chancelleries de Vienne sous le nom du Prince de Montbelliard ; mais
ces ordres n'étoient veritablement adressez qu'au Regiment, & non au
Colonel personnellement ; c'est un usage constant, & qui n'est ignoré
d'aucun de ceux qui sont au fait du Service Militaire.

Si on avoit voulu avoir une preuve non équivoque de la présence du
Prince de Montbelliard en Hongrie, & de son Service actuel à la tête
de son Regiment, ce n'étoit pas par des ordres à lui adressés qu'il falloit
le justifier, mais par des Lettres & des réponses écrites de sa part. Peut-on
concevoir en effet que s'il avoit reçû tant d'ordres des Ministres de l'Empereur, il n'eût jamais rendu compte de leur execution ? On rapporte
bien des Lettres qu'il écrivit au Conseil de Guerre les 21 Octobre, 11 &
29 Novembre 1694. pourquoi ne s'en trouve-t'il pas une seule des mois
de Mars, Avril, May & Juin 1695 ? les Barons de l'Eperance n'auroient pas
manqué de les rapporter s'il s'en étoit trouvé ; il faut donc ou qu'ils conviennent qu'il n'étoit point en Hongrie, ou qu'ils soutiennent que quoiqu'il y fût, il aura été quatre mois entiers sans écrire aux Ministres de
l'Empereur, & sans faire une seule réponse à tant d'ordres qui lui étoient
adressez, ce qui choque le bon sens. Il est donc évident que son silence
alors ne vient que de ce qu'il n'étoit point en Hongrie avec son Regiment, ce qui détruit invinciblement le prétendu *alibi*. On ne peut prouver le séjour d'une personne dans un lieu, uniquement parce qu'on lui
a adressé des Lettres dans le même endroit ; ce ne seroit que par ses réponses qu'on pourroit le justifier ; il n'y en a aucune du Prince de Montbelliard dans le tems critique, en faut-il davantage pour établir qu'il n'é-
toit point en Hongrie, comme ou le suppose ?

Au surplus, les Barons de l'Esperance n'ont produit aucunes de ces
Lettres, aucuns de ces ordres dont ils prétendent appuyer leur prétendu
alibi, ce qui auroit pû dispenser d'y répondre ; mais en les supposant,
il est évident qu'ils n'en pouvoient tirer aucun avantage.

Ces prétendus obstacles une fois écartés, passons à la seconde reflexion, & voyons si l'Acte de celebration administre par lui-même des
preuves de fausseté.

Premiere preuve de fausseté. Pourquoi le Prince de Montbelliard auroit-il été chercher une Eglise en Pologne pour se marier ? on prétend
que le Duc Georges son pere consentoit au mariage ; rien ne l'empêchoit donc de se marier en Silesie.

I

Mais quel nouveau genre de preuve nous adminiſtre ce raiſonne=
ment! Le prince de Montbelliard n'étoit point obligé d'aller en Polo=
gne pour ſe marier, donc il eſt faux qu'il y ait été.

Si c'eſt là une de ces reflexions ſur leſquelles les Barons de l'Eſperan=
ce fondent leur triomphe, on demande s'il y en a jamais eu un de plus
chimerique? De quel Acte ne pourroit-on pas dire, il a été paſſé dans
un tel lieu, mais par quelle raiſon ne l'a-t'il pas été dans un autre Acte?
avec ce raiſonnement on pourroit détruire les Actes les plus ſolemnels.

D'ailleurs les Barons de l'Eſperance ſuppoſent apparemment que per=
ſonne n'eſt inſtruit de la ſituation de la Pologne par rapport à la Sileſie;
on diroit, à les entendre, que le Prince de Montbelliard a entrepris ſans
objet un voyage de long cours; mais il eſt conſtant que la Sileſie & la
Pologne ſe touchent, & qu'il n'a fallu qu'un jour de chemin pour ga=
gner Rejowits. Comment donc ſeroit-il, on ne dit pas impoſſible, mais
même extraordinaire, que le Prince de Montbelliard eût pris le parti de
s'y rendre pour y recevoir la Benediction nuptiale?

Seconde preuve de fauſſeté. L'Acte de celebration n'eſt écrit ſur le Re=
giſtre de Rejowits que long-tems après ſa date; la page ſur laquelle il ſe
trouve contient huit mariages, depuis le 27 Février juſqu'au 29 Septem=
bre; c'eſt après ce dernier mariage qu'*il eſt reſté un peu de blanc*, & c'eſt
dans ce blanc qu'on a inſcrit l'Acte de celebration en queſtion, ſous la
date du 1er Juin, donc l'Acte eſt ſuppoſé & fait après coup par un Mi=
niſtre prévaricateur.

Mais ce ſiſtême forgé par la malignité, n'eſt-il pas renverſé par ce qu'on
a établi que l'Acte de celebration dont il s'agit ne remplit pas, comme
on le ſuppoſe, *un peu de blanc* trouvé au bas d'une page, mais qu'il rem=
plit ſeul le tiers de cette page.

Le Duc de Wirtemberg dans le Recueil de Pieces qu'il a fait impri=
mer, nous a donné la page entiere du Regiſtre de Rejowits ſur laquelle
ſe trouve notre Acte de celebration; elle contient en effet neuf maria=
ges, huit de pluſieurs Particuliers de Rejowits, & celui du Prince de
Montbelliard qui fait le neuviéme; ces neuf articles dans ſon imprimé
contiennent vingt-trois lignes, les huit premiers n'en contiennent que
dix-ſept, & le neuviéme ſeul en contient ſix: voilà de ces veritez que
l'on peut appeller palpables, & dont il ne faut que des yeux pour ſe
convaincre. On ſçait que l'impreſſion eſt plus ſerrée que l'écriture à la
main; mais il y aura toujours la même proportion entre l'écriture du
Regiſtre à celle de la page imprimée. Si les huit premiers articles ne con=
tiennent que dix-ſept lignes imprimées, ils en peuvent contenir trente=
quatre d'écriture à la main; mais auſſi le neuviéme article qui ne contient
que ſix lignes imprimées, en contiendra douze à la main; cela eſt égal,
d'autant plus qu'on n'a jamais oſé avancer que l'article du mariage du
Prince de Montbelliard fût d'une écriture plus ſerrée que celle des
huit articles precedens; il eſt donc conſtant que cet article ſeul contient
le tiers de la page où il ſe trouve.

Mais eſt-ce donc là ce qu'on peut appeller *un peu de blanc*, trouvé
par hazard au bas d'une page? cet eſpace rempli par l'Acte de cele=

bration dont il s'agit, auroit suffi pour écrire encore sur la même page trois Actes de mariage de la même étendue que ceux qui précedent, puisque de huit il y en a sept qui ne sont que de deux lignes chacun. Par quel caprice le Ministre Lutherien auroit-il laissé le tiers de la page sans y écrire les Actes posterieurs au 27 Novembre, & auroit-il été les placer sur la page suivante ? c'est ce qui ne peut se concevoir.

La verité exacte ainsi developpée, raisonnons à notre tour, & voyons de quel côté doit être le triomphe. Pour rendre suspect l'Acte de celebration du Prince de Montbelliard, on suppose qu'il a été mis après coup dans un peu de blanc qui s'est trouvé au bas d'une page ; mais on vient de voir qu'il est impossible qu'on eût laissé un pareil blanc dans le Registre ; il est donc impossible qu'il ait été rempli après coup : on ne laisse point le tiers entier, & plus que le tiers d'une page sans écriture : on ne va pas porter sur une page suivante des Actes de celebration de mariage, quand on en peut mettre encore trois sur la même page où l'on a commencé à écrire ; ce prétendu blanc n'a donc point été laissé, & par consequent il n'a point été rempli par la suite.

Nous dira-t-on que c'étoit un Ministre infidele qui vouloit se menager la criminelle facilité de supposer dans la suite quelque mariage ? mais indépendamment de l'absurdité de cette supposition qui n'a aucun fondement, on demande si le Ministre d'une Eglise de Village peut concevoir de pareilles idées ? s'il peut concevoir que quelque jour il se presentera une occasion de favoriser quelque imposture, & si dans une attente si casuelle il aura commencé par commettre une faute énorme, & qui pouvoit lui attirer de justes reproches ? on peut tout supposer pour satisfaire sa passion ; mais en cela même on revolte ceux qui ne se livrent pas aux mêmes excès.

Ajoutons que toutes les pages du Registre sont écrites exactement jusqu'au bas, comment n'y auroit-il que celle où se trouve le mariage du Duc de Montbelliard qui auroit été reservée pour le crime & pour l'imposture ?

Enfin, on ne peut trop le repeter, si on avoit voulu inserer un faux Acte de celebration dans un blanc trouvé par hazard, pourquoi le Ministre n'auroit-il pas donné à ce mariage la date qui convenoit à l'Acte qui précede, & à celui qui suit immediatement ? qui l'empêchoit de dater notre mariage du 28 ou du 29 Novembre 1695 ? celui qui commet un un crime cherche à le cacher quand il en est le maître ; ici on l'auroit, pour ainsi dire, affiché sans interêt & sans objet ; ce qui repugne à la droite raison.

Tout ce qu'on peut dire sur l'Acte de celebration est donc uniquement, qu'il n'a pas été écrit & redigé dans le tems même que le mariage a été fait : on en convient, & le Ministre même a pris soin d'en avertir ; mais en conclura-t-on que l'Acte est faux, qu'il a été mis après coup ? c'est ce qu'on ne peut raisonnablement soutenir ; l'inspection seule du Registre prouve que l'Acte de celebration a été écrit avant tous les Actes qui se trouvent sur les pages suivantes ; il a donc été écrit en 1695. il l'a été, si l'on veut, six mois après le mariage ; mais ce n'est pas une raison d'imaginer qu'il soit faux. Un Ministre, un Curé qui n'écrira un

'Acte que trois mois, que six mois après qu'il a été fait, ne commet pas une fausseté, au contraire il répare une faute qu'il avoit commise ; il n'est donc pas coupable d'avoir écrit, mais d'avoir écrit trop tard, voilà tout ce qu'on peut lui reprocher ; mais le mariage en lui-même ne pourra-t'il plus subsister ? la femme deviendra-t'elle une concubine, ses enfans seront-ils degradés & reduits à la vile condition d'enfans naturels ? voilà des consequences qui ne peuvent être goûtées que par les enfans de la Baronne de l'Esperance.

Troisiéme preuve de fausseté. Le texte de l'Acte de celebration ne peut s'appliquer au Prince de Montbelliard ni à la Demoiselle de Hedwiger, les énonciations ne conviennent qu'à d'autres époux : on y dit qu'ils venoient du Duché de Teschen, mais le Duc de Montbelliard & la Demoiselle de Hedwiger venoient du Duché d'Oëls : on y dit qu'on n'avoit pas voulu les marier à cause de la difference de Religion, cependant il y a beaucoup d'Eglises Lutheriennes en Silesie : on y dit que l'Epoux servoit dans les Troupes de Saxe, cependant il servoit dans celles de l'Empereur : les noms du mari & de la femme ne sont qu'en lettres initiales ; la premiere de ces lettres ne convenoit pas même au Prince de Montbelliard, puisque c'est une H, premiere lettre du terme *Hersog*, qui, en Allemand, veut dire Duc, & Leopold-Eberard n'étoit pas alors Duc, mais Prince de Montbelliard ; cet Acte est donc *une espece de monstre dont les parties n'ont aucune proportion, une énigme que personne ne peut deviner, un dedale où la raison s'égare.*

Dans ces mouvemens de colere qui transportent ici les Barons de l'Esperance, on ne doit pas être étonné qu'ils oublient leur propre sistême ; il faut de la reflexion pour être d'accord avec soi-même, & cette vertu n'est pas du ressort des grandes passions.

Si les Barons de l'Esperance soutenoient aujourd'hui, comme ils avoient fait dans leur premier Memoire, que l'Acte qui est sur le Registre de Rejowits est absolument étranger au feu Duc de Montbelliard, & son fils ne l'a adopté que parce qu'il a cru y trouver quelques caracteres équivoques dont il pouvoit profiter, on ne seroit point surpris de leur entendre relever des énonciations qu'ils croyent propres à combattre l'application de cet Acte au feu Duc de Montbelliard & à la Demoiselle de Hedviger. Mais que dans le nouveau Roman qu'ils débitent, ils nous disent que c'est la Demoiselle de Hedviger qui, pour supposer un mariage entre le feu Duc de Montbelliard & elle, a fait dresser l'Acte de celebration, & l'a fait inserer dans le Registre de Rejowits, & que cependant il est tellement fabriqué, qu'il ne peut jamais convenir ni à l'un ni à l'autre, c'est un paradoxe si nouveau, c'est une contradiction si grossiere, qu'on ne peut pas le pardonner à gens qui se piquent de raisonner.

Il faut supposer pour cela que dans le Conseil intime de la Demoiselle de Hedviger, on s'est dit à soi-même, il faut nous menager un Acte de celebration, il faut le faire rédiger dans le Registre d'une Eglise éloignée, & le laisser là comme dans un dépôt sacré dont nous sçaurons bien le tirer quand il sera tems ; mais il faut le rédiger d'une maniere si obscure, & avec des énonciations si fausses, qu'on ne puisse jamais y

reconnoître

reconnoître ceux dont nous voulons suppofer le mariage. Voilà non feulement le langage que l'on fait tenir aux Miniftres de l'impofture, mais encore la conduite qu'on leur fait obferver; ne feroit-ce point de ce fiftême dont on pourroit dire que c'eft *un monftre compofé de parties qui n'ont aucun rapport, aucune proportion entr'elles?* Ou ne fuppofez pas que la Demoifelle de Hedwiger ait fait fabriquer cet Acte de celebration, ou ne fuppofez pas que de deffein prémedité elle l'ait fait rédiger de maniere à ne pouvoir s'en fervir.

Mais voyons donc quelles font ces énonciations fi fatales. On dit dans l'Acte de celebration, que les deux époux venoient du Duché de Tefchen, & qu'on n'avoit pas voulu les y marier s'ils ne changeoient de Religion; tout cela eft faux, s'écrient les Barons de l'Efperance; ils venoient du Duché de d'Oëls, où rien ne les empêchoit de fe marier, puifqu'on y fuit la Religion Lutherienne.

Un pareil démenti eft facile à donner; mais de quelles preuves peut-il être foutenu? Le Duché de Tefchen eft en Silefie fur les frontieres de la Pologne; le Duc de Montbelliard qui pouvoit avoir des raifons de ne fe point marier à Oëls, s'étoit rendu fans doute dans le Duché de Tefchen où on avoit refufé de le marier, & avoit paffé de-là en Pologne; qu'y a-t'il donc en cela qui puiffe former la moindre préfomption de faux, & qui combatte les énonciations qui fe trouvent dans l'Acte de celebration?

Il plaît aux Barons de l'Efperance, de leur autorité feule, de nier ces énonciations; cela leur fuffit pour crier à la fauffeté de l'Acte même; mais croyent-ils donc trouver une docilité fi aveugle dans les efprits? on ne peut pas fçavoir aujourd'hui tout le détail de ce qui s'eft paffé lorfque le Duc de Montbelliard & la Demoifelle de Hedviger fe font rendus à Rejovits; on ne peut avoir aucune preuve ni de ce qu'ils venoient du Duché de Tefchen, ni de ce qu'on avoit refufé de les y marier; mais il fuffit qu'il n'y ait point de preuves du contraire; il fuffit même que cela foit poffible, comme on ne peut pas en douter, pour que les prétendues critiques de l'Acte s'évanouiffent.

Il eft vrai qu'il paroît une erreur dans l'Acte, en ce que l'on dit que l'époux étoit dans le Service de l'Electeur de Saxe, au lieu que le Duc de Monbelliard fervoit dans les Troupes de l'Empereur; mais on demande à toute perfonne équitable, fi une pareille erreur gliffée dans un Acte que le Miniftre n'a dreffé que fix mois après le mariage, peut faire, non pas une preuve, mais un foupçon même apparent de fauffeté.

Quant aux noms des deux époux, les Barons de l'Efperance fuppofent toujours qu'ils ne font qu'en lettres initiales; ils fuppriment fans ceffe ce fait important, que les noms de *Leopold-Eberard*, qui étoient ceux du Duc de Montbelliard, & les noms d'*Anne-Sabine*, qui étoient ceux de la Demoifelle de Hedviger, y font écrits tout au long & en toutes lettres. Mais plus ils garderoit le filence à cet égard, & plus on croit être en droit de les rappeller à cette verité effentielle; car enfin, peut-on hefiter à reconnoître dans cet Acte de celebration Leopold-

K

Eberard, Duc de Wirtemberg-Montbelliard, & Anne-Sabine de Hedviger, quand on voit que c'eſt Leopold-Eberard avec les lettres initiales de Duc de Wirtemberg-Montbelliard, & Anne-Sabine avec les
les lettres initiales de Hedviger qui ont été mariés ? Ce concours ſi
exact des deux noms propres du mari, & des deux noms propres de la
femme ne ſera-t'il que l'effet du hazard ? Cet accord ſi parfait des lettres
initiales ne ſera-t'il encore qu'une rencontre favorable, qui aura ſervi ſi
heureuſement l'impoſture ? de pareilles idées ne ſervent qu'à revolter contre ceux qui en font toute leur reſſource.

Du moins, nous dira-t'on, il paroît bien inconcevable qu'un Acte
auſſi important que celui dont il s'agit n'exprime que par des lettres initiales une partie des noms des deux époux ; c'eſt expoſer leur ſort à l'incertitude & à la critique, quand au contraire la verité la plus lumineuſe
doit ſe faire reconnoître dans un titre de cette qualité ; mais quand on
auroit pû apporter plus de précautions dans la rédaction de cet Acte, ne
ſuffit-il pas d'y reconnoître ſi parfaitement les deux époux, qu'il ſoit
impoſſible de s'y tromper ? quatre noms propres, ſix lettres initiales,
forment par leur concours & par leur accord, une application ſi juſte & ſi
neceſſaire, qu'il y auroit de l'aveuglement à demeurer encore dans quelque ſorte d'incertitude.

Ajoutons que les lettres initiales deviennent encore plus claires,
quand on obſerve que rien n'eſt plus commun en Allemagne que de s'en
ſervir dans des Actes même de la plus grande conſequence ; par rapport
au feu Duc de Montbelliard en particulier, on voit qu'il n'a ſigné les
Actes des 17 Juin & 30 Novembre 1720. qu'avec les mêmes noms &
les mêmes lettres initiales qui ſe trouvent dans l'Acte de celebration,
Leopold-Eberard, H. Z. W. M. le Duc de Wirtemberg-Stutgard n'a ſigné
auſſi que dans cette forme la convention de Vilbade, *Louis-Evrard,
D. D. V.* tous les Actes qui ſont au Procès, tant de la Ducheſſe d'Oëls
que du Duc Chriſtian-Ulric de Wirtemberg, & en particulier toutes les
Lettres que les Princes & Princeſſes de cette branche ont écrites à la Baronne de l'Eſperance, ſans exception d'une ſeule, ne ſont ſignés de même
qu'en lettres initiales. Après cela, non ſeulement on ne peut ſe diſpenſer de
reconnoître le feu Duc de Montbelliard dans notre Acte de celebration,
mais on ne ſera pas même étonné de la forme dans laquelle cet Acte a
été rédigé : ce qui peut paroître extraordinaire parmi nous, paroiſſoit ſi
naturel, ſi ſimple, ſi familier au feu Duc de Montbelliard, qu'il n'imaginoit pas même qu'on pût élever le moindre doute en voyant dans un
Acte ſes noms & ſes qualités écrits dans cette forme.

Pour échapper à une reflexion ſi déciſive, les Barons de l'Eſperanc
prétendent qu'on trouve la ſignature du feu Duc de Montbelliard plu
étendue dans quelques-unes de ſes Lettres ; qu'il ne s'agit pas ici d'un
ſimple ſignature, mais d'une expreſſion dans le corps de l'Acte ; enfin
que ſi on allegue un uſage à ſon égard, on ne peut pas dire la mêm
choſe de la Demoiſelle de Hedviger, dont les noms ſont de même et
lettres initiales. Mais ſi le feu Duc de Montbelliard a ſigné deux o
trois Lettres en écrivant ſes qualités dans toute leur étendue, cela n

détruit pas pour cela le fait conftan: que dans un plus grand nombre
d'Actes & plus impo.tans, fa fignature ne fe trouve fimplement qu'en
lettres initiales, & cela fuffit pour qu'on ne doive pas être étonné de
voir qu'il ait fait employer la même forme dans fon Acte de celebration.
La difference que l'on veut faire entre les fignatures & les expreffions
de l'Acte, n'a rien de réel : un Prince qui fçait qu'on doit le reconnoître aux caracteres qu'il employe ordinairement dans fa fignature, n'i-
magine pas que ces mêmes caracteres deviennent obfcûrs quand ils fe
trouvent dans le corps d'un Acte; il y a même en cela un air de grandeur & de dignité : on fe perfuade aifément quand on eft dans un rang
fi élevé, qu'on ne peut être confondu avec le commun des hommes,
& qu'on eft fuffifamment defigné par des caracteres qui nous font propres, & qu'aucun autre n'oferoit ufurper. Enfin pour les noms de la
Demoifelle de Hedviger, n'eft-il pas naturel qu'en époufant le Duc de
Montbelliard, elle fe conformât à l'ufage de la Maifon dans laquelle
elle entroit, & qui devenoit la fienne même ?

Quoi qu'il en foit, cet ufage des Princes de la Maifon de Wirtemberg
n'étoit pas neceffaire pour conferver à l'Acte de celebration toute fa force & toute fon autorité; il n'étoit pas neceffaire pour reconnoître dans
cet Acte les deux époux qui ont reçû la Benediction nuptiale; quatre
noms propres & fix lettres initiales qui ne peuvent jamais convenir
qu'au feu Duc de Montbelliard & à la Demoifelle de Hedviger, mettent la verité dans un fi grand jour, qu'il n'eft pas poffible de s'y refufer.

En vain veut-on équivoquer fur la premiere des lettres initiales qui
eft celle du mot *Herfog*, qui veut dire Duc en Allemand. En vain
nous dit-on que Leopold-Eberard n'étoit pas alors Duc de Wirtemberg-Montbelliard, mais feulement Prince de Montbelliard, il eft
certain qu'il pouvoit indifferemment prendre ces differens titres ; tous
les Princes de la Maifon de Wirtemberg & autres Maifons Ducales,
font dans cet ufage, comme on le voit pour la Maifon de Wirtemberg
en particulier dans le traité des cinq freres de 1617. où ils prennent également le titre de Ducs de Wirtemberg, quoiqu'il y en eût trois qui
fuffent réduits à de fimples apanages;quoiqu'il en foit,Leopold-Eberard
avant 1695. prenoit fouvent le titre de Duc de Wirtemberg-Montbelliard : que les Barons de l'Efperance rapportent les differentes Lettres
adreffées par le Confeil de Guerre de l'Empereur au Prince Leopold-
Eberard dans la même année 1695. ces Lettres qu'ils ont autrefois
communiquées, & l'on verra qu'on ne lui donnoit jamais que la qualité
de *Duc* de Wirtembeg-Montbelliard, ce qui prouve qu'il la prenoit de
fa part, le Confeil de Guerre ne pouvant pas lui donner une autre
qualité, un autre titre que celui fous lequel il étoit connu, & qu'il étoit
dans l'ufage de prendre lui-même.

Que refte-t'il donc maintenant de ces preuves de fauffeté que l'on prétendoit trouver dans l'Acte de celebration même ? que le Duc de Montbelliard fe foit marié dans une Eglife de Pologne qui touche prefqu'à la
Silefie, ou dans la Silefie même, on ne voit rien en cela qui puiffe im-

primer à l'Acte un caractere ou de fausseté ou de verité ; c'est une circonstance absolument indifferente. Si l'Acte de celebration n'a été écrit
sur e Registre que six mois après le mariage, au moins il est évident
qu'il a été redigé en 1695. immédiatement après celui qui le precede,
& avant tous ceux qui sont sur les pages suivantes, & que ce n'est point
un Acte redigé après coup dans un peu de blanc trouvé par hazard au
bas d'une page; nulle preuve de fausseté dans les énonciations,
ce qui ne seroit d'ailleurs d'aucune conséquence; nulle équivoque à former sur les noms des deux époux, puisque les noms de Leopold-Eberard
& d'Anne-Sabine écrits tout au long, & les lettres initiales qui y sont
jointes, expriment & designent si clairement le feu Duc de Montbelliard & la Demoiselle de Hedviger, qu'il est impossible de les méconnoître.

À l'autorité du titre se joignent d'ailleurs les preuves les plus claires
de sa verité ; une Enquête faite en Pologne nous presente une foule de
Témoins qui déposent avoir vû eux-mêmes celebrer le mariage en
1695. l'Histoire l'a publié dès 1712. sans que personne se soit élevé
contre son Auteur ; le feu Duc de Montbelliard l'a reconnu de la maniere la plus forte & la plus décisive dans le divorce de 1714. dans le
Traité de Vilbade, & dans ce grand nombre d'Actes qui ont suivi;
mais ce qui fera peut-être encore plus d'impression, ce sont de nouvelles preuves que nous administre notre plus cruel ennemi, c'est-à-dire,
le Duc de Wirtemberg-Stutgard; il nous rapporte deux Certificats, l'un
du Sieur d'Abrinski du 26 Decembre 1722. l'autre des Sieurs Seydlits
& Prituiz du 28 Decembre de la même année. Dans le premier, le
Sieur d'Abrinski atteste que le Ministre Fuchs dont il étoit l'ami intime,
lui a dit plusieurs fois qu'il avoit marié en 1695. Leopold Eberard &
Anne-Sabine, & que l'épouse étoit à la main gauche de l'époux; dans
le second, les Sieurs Seydlits & Prituiz déclarent avoir oui dire à Michel
Zado & à Christophe Sager, Habitans de Rejovits, *que le mariage fait en*
1695. entre Monseigneur le Duc de Montbelliard & une Demoiselle, leur
étoit connu, & qu'ils avoient vû ces deux personnes qui étoient arrivées à
cheval à Revier (ou Rejovits, c'est la même chose) & qui avoient été
mariés en habits d'homme, de maniere qu'ils ne pouvoient sçavoir lequel des
deux étoit l'époux ou l'épouse. Ces circonstances sur la place de l'épouse du
côté gauche, sur l'habillement, & la difficulté de les distinguer, ne
peuvent être prouvées par de pareils certificats que le Duc de Wirtemberg a eu le credit de se faire donner; mais de ces pieces mêmes toutes
suspectes, & pour ainsi dire, toutes empoisonnées qu'elles sont, resulte
cependant une verité principale, qui est, qu'en effet le Duc de Montbelliard & la Demoiselle de Hedviger ont été mariés à Rejovits en 1695.
il en resulte que l'Acte de celebration de mariage est vrai, est sincere,
& que ce n'est point une Piece fabriquée par l'imposture quelques années après; il en resulte en un mot, que tous les raisonnemens, que
toutes les critiques, que tous les reproches de supposition hazardés,
tant par le Duc de Wirtemberg que par les Barons de l'Esperance, réunis

nis en ce point contre nous, ne tendent qu'à combattre une verité qu'ils ne peuvent se dissimuler à eux-mêmes, & qui est justifiée par les Pieces mêmes qu'ils nous fournissent.

Qui ne seroit indigné après cela de leur voir prodiguer des Memoires immenses pour s'armer contre cette même verité, pour la traiter de fable & d'imposture, pour insulter à la foiblesse des preuves qui servent à l'établir? Qui ne seroit indigné de voir le ton de hauteur qu'ils ont la temerité de prendre, la pompe du triomphe qu'ils se donnent, l'air de mépris avec lequel ils traitent & ce mariage, & la femme, & les enfans, & ceux qui soutiennent leurs droits? Rappellons-les à leurs propres pieces, & puisque tout ce qui vient de notre part ne peut trouver grace à leurs yeux, au moins fixons-les sur ce qu'ils nous fournissent eux-mêmes. Ils prétendent que le Duc de Montbelliard n'a point été en Pologne en 1695. & qu'il n'y a point été marié; mais les Certificats qu'ils produisent, ces Certificats qui font toujours foi contre ceux qui s'en servent, déposent au contraire que le Duc de Montbelliard & la Demoiselle de Hedviger se sont rendus à Rejovitz en 1695. & qu'ils y ont été mariés publiquement. Les Barons de l'Esperance ne rougiront-ils point enfin de l'opprobre dont ils se couvrent eux-mêmes?

Il leur sied bien après cela de se répandre en injures, en déclamations, en reproches sanglans contre le Ministre Kock, Successeur du Ministre Fuchs, qui a délivré une Expedition de l'Acte de celebration de mariage de 1695. & contre les Magistrats de Skoki, qui l'ont legalisé; ce sont tous des faussaires, suivant les Barons de l'Esperance, qui se sont laissés corrompre par le Comte de Coligny, parce qu'ils ont étendu les lettres initiales dans l'Expedition; mais outre que cela est absolument étranger à la contestation, puisqu'on ne se sert de cet Acte que tel qu'il est dans le Registre, n'est-il pas absurde d'ailleurs de faire un crime à un Ministre d'avoir délivré une Expedition conformément à la notorieté publique, conformément à ce que l'Histoire en avoit publié, & à ce qui étoit reconnu par la Procuration même du Duc de Montbelliard, en vertu de laquelle cette Expedition étoit délivrée? Un Ministre est-il réduit à ne donner qu'une copie figurée de ce qui est dans son Registre? jamais cela n'a été imaginé.

Que diroient les Barons de l'Esperance, si on alloit leur faire un crime d'avoir fait imprimer les Lettres des Princes & Princesses de la branche d'Oels écrites à la Baronne de l'Esperance, & d'avoir mis au pied les signatures en toutes lettres, quoique dans les originaux elles ne soient qu'en lettres initiales, si on alloit crier à l'imposture & à la falsification? C'est cependant le même reproche qu'ils font au Ministre Kock, & aux Magistrats de Skoki: sera-t'on toujours si austére, si rigide pour les autres, pendant qu'on est si indulgent pour soi-même?

Pour le Comte de Coligny, qui avoit à peine alors vingt-deux ans, il n'a fait autre chose que presenter sa Procuration, & de demander une Expedition de l'Acte qui y étoit indiqué, ce que le Ministre lui accorda aussi-tôt; non-seulement on n'a aucune preuve des faits qu'on lui impute, mais sa probité & son honneur le mettent fort au-

L

deſſus des vaines clameurs de ceux qui oſent s'ériger en ſes accu‑
ſateurs.

Il eſt inutile après cela de s'arrêter à la troiſiéme réflexion qu'ils
nous ont annoncée contre l'Acte de celebration. Ils prétendent que
cet Acte, quoique vrai, ne peut jamais établir le mariage, & voici leur
raiſonnement. Le mariage eſt un Contrat, eſt une convention; parmi
les Proteſtans il n'a même que ce caractere; or tout Contrat doit être
reciproquement obligatoire, il doit contenir la preuve d'une conven‑
tion parfaite: mais quelle obligation pouvoit reſulter du Regiſtre de
Rejovitz? Si le Duc de Montbelliard avoit refuſé de reconnoître la
Demoiſelle de Hedviger pour ſa femme, ou que la Demoiſelle de
Hedviger eût refuſé de le reconnoître pour ſon mari, quel titre l'un
ou l'autre auroit-il pû invoquer en ſa faveur? Auroit-il produit l'Acte
de celebration? mais les Parties n'y étant pas nommées, & ne l'ayant
pas ſigné, une piece ſi frivole n'auroit pas pû être admiſe; cet Acte
ne prouve donc pas le mariage.

Pour détruire ce ſophiſme, il faut obſerver que ce n'eſt qu'en France
qu'on a porté la police publique ſur les mariages à ce haut dégré de
perfection, ſi neceſſaire pour prevenir les abus & les inconveniens;
on exige non ſeulement des Regiſtres publics, mais encore la ſigna‑
ture des deux époux, de pluſieurs témoins & du Curé, ce qui donne
à l'Acte toute ſa force, & ne permet pas d'élever des doutes ſur ſa
ſincerité. Il n'en eſt pas de même de la plus grande partie des Païs
Etrangers; on ſe contente d'une ſimple note, ou d'une ſimple men‑
tion ſur un Regiſtre, ſans que cette mention ſoit ſignée ni des Parties,
ni du Curé ou Miniſtre, ni d'aucuns témoins; c'eſt ce qu'on voit pour
les huit mariages écrits ſur la même page du Regiſtre de Rejovitz.

Cela ſuppoſé, il eſt certain que ces Regiſtres n'adminiſtrent pas
une preuve auſſi complette du mariage que parmi nous; on pourroit
y inſerer des Actes de mariage entre des Parties qui n'auroient jamais
penſé à s'épouſer; deux perſonnes pourroient ſe preſenter devant un
Miniſtre, & prendre d'autres noms, d'autant plus qu'il n'eſt pas neceſ‑
ſaire de s'adreſſer à ſon propre Paſteur; ainſi la foi publique pourroit
facilement être violée, ce qui vient de l'imperfection des Loix & de
la police de ces Etats.

Comment donc la foi des mariages peut-elle y être établie? com‑
ment pourroit-on convaincre un des époux de perfidie? ce ſeroit ei
joignant à l'autorité du Regiſtre la preuve par témoins, ce ſeroit par le
reconnoiſſances que les deux époux auroient fait de la verité de leu
mariage, avant que l'un des deux eût eu la mauvaiſe foi de le déſa
vouer, ce ſeroit, en un mot, par tous les autres genres de preuves qu
l'on pourroit raſſembler.

Appliquons ces réflexions au mariage du Duc de Montbelliard,
à la difficulté qu'élevent nos Adverſaires. Si l'un des deux avoit voult
méconnoître l'autre pour ſon mari ou pour ſa femme, auroit-on pû l
confondre par le ſeul acte de celebration de Rejovitz? cela auroit peut
être été difficile; mais il en auroit été de même de tous les autres ma

riages contractez foit à Rejovits, foit dans tous les Pays où l'on n'apporte
pas plus de forme pour la réduction des Actes de celebration. Ces Actes
n'étant fignés de perfonne, ne font pas naturellement une preuve complette & décifive, la circonftance des lettres initiales dans celui du
Duc de Montbelliard, ne l'auroit pas mis dans une claffe differente,
foit parceque l'expreffion des noms propres du mari & de la femme eft
fi claire, foit parce que les lettres initiales ont une application fi jufte
& fi neceffaire, qu'on n'auroit pas pû douter qu'on ne dût les entendre
du Duc de Montbelliard & de la Demoifelle de Hedviger; mais il étoit
toujours vrai que cet Acte n'étant figné de perfonne, ne pouvoit faire
une foy entiere; il auroit donc fallu, de même que pour les autres mariages, recourir aux autres genres de preuves, à la preuve teftimoniale,
à la reconnoiffance du mari & de la femme, aux lumieres que la Ducheffe
d'Oels étoit en état de donner, & avec ces fecours fi neceffaires pour
tous les mariages des Proteftans, l'infidélité n'auroit-elle pas été confondue?

Nous les rapportons ces preuves fi décifives, Enquêtes juridiques,
Traités folemnels, Actes geminez, & dans les tems les moins fufpects,
Reconnoiffance des Princes & Princeffes de la même Maifon; c'eft
donc une illufion de nous dire que l'Acte par lui-même ne feroit pas
une preuve complette; ce reproche feroit commun à tous les mariages,
& par conféquent ne peut rien décider : mais pour ce mariage, comme
pour tous les autres, le Regiftre renferme un monument, qui, foutenu
des autres preuves qui s'y réuniffent, diffipe jufqu'au moindre doute.

On croit donc avoir vengé l'Acte de celebration qui eft fur le Regiftre de Rejovitz, de tous les reproches qu'une aveugle paffion a tenté
de faire valoir; mais peut-on finir cette réponfe fans obferver avec quelle
tranquillité les Barons de l'Efperance paffent fur l'Acte de celebration écrit & figné du Miniftre Fuchs, & délivré en Allemand le jour
même du mariage? Cet Acte ne fait point à la vérité partie du Regiftre
public, mais il eft écrit & figné de la main du Miniftre, ce qui lui donne
encore plus de poids que n'en auroit une fimple mention non fignée fur
le Regiftre; il n'eft point daté, mais il a au moins une date certaine avant
la mort de ce Miniftre décedé en 1715. cette piece, au furplus, n'eft
expofée à aucune des critiques élevées contre le Regiftre, fi ce n'eft
celle qui fe tire des lettres initiales que l'on croit avoir pleinement détruite; cependant quoique cette piece fût fuffifante, indépendamment
du Regiftre, il plaît aux Barons de l'Efperance de la paffer abfolument
fous filence, ou du moins de l'écarter en paffant comme un Certificat
qui, n'étant figné de perfonne, ne merite pas de fixer leurs regards; cependant c'eft un Acte entierement écrit & figné de la main du Miniftre,
quelle temerité! Eft-il difficile avec une pareille conduite d'éblouir &
de furprendre ceux qui n'étant pas inftruits, ne peuvent pas être en
garde contre de pareilles fuppofitions?

Il refte à examiner ce qu'opofent les Barons de l'Efperance aux preuves tirées d'un grand nombre d'Actes qui confirment pleinement la foy
du mariage : Vous nous parlez de poffeffion, difent-ils, d'Actes qui fe

lient avec le titre primitif du mariage ; mais il faut diftinguer deux tems ; dans les vingt-cinq premieres années on n'apperçoit aucun veftige de pofleffion ; la mere n'y paroît jamais que comme fille & comme Concubine , & les enfans que comme enfans naturels ; c'eft ce qui réfulte de beaucoup d'Actes qui fe fuivent prefque d'année en année ; dans les trois dernieres , on voit bien quelques Reconnoiffances qu'on a arrachées à la foibleffe d'un Prince qui n'étoit plus maître de lui-même ; mais que fervent des Reconnoiffances des pere & mere dans des queftions d'état, & des Reconnoiffances furprifes depuis que la conteftation étoit engagée ; c'eft à quoi l'on peut réduire toutes les critiques des Barons de l'Efperance.

Pour rétablir la verité alterée dans leur défenfe , il faut commencer par donner une idée fi nette de ce que nous avons foutenu jufqu'à prefent , qu'on ne puiffe plus équivoquer fur notre fiftême. Le mariage a été contracté en 1695. les deux époux font revenus à Montbelliard après la Paix de Rifwik , où ils ont été rejoindre leur pere & beaupere ; la femme a été logée dans le Château de Montbelliard avec fon mari , pendant que le Duc George demeuroit dans le Donjon. Les nœuds qui uniffoient les deux époux n'ont été ignorez de perfonne ; ils vivoient à la vûe de tout le peuple comme mariez ; le Duc George venoit très-fouvent voir fa bru , & lui faifoit mille careffes ; elle alloit voir le Duc George , & mangeoit publiquement avec lui , elle ne l'a point quitté dans fa derniere maladie , & il eft mort entre fes bras.

Depuis fon décès Anne-Sabine de Hedviger a continué de demeurer dans le Château de Montbelliard jufqu'en 1714. quoique le Duc de Montbelliard ait eu fucceffivement deux maîtreffes, qui avoient étouffé en lui tout fentiment de tendreffe pour elle, jamais on n'a ceffé de la traiter un moment comme fa femme ; voilà quel a été le caractére de la poffeffion jufqu'en 1714.

Les faits que l'on vient d'expliquer font juftifiez par le témoignage unanime de plufieurs perfonnes qui vivoient à la Cour de Montbelliard, & qui ont vû eux-mêmes toutes les circonftances que l'on vient de relever ; & la notorieté du mariage s'étoit tellement répandue, que dans les Tables Généalogiques d'Hubners, imprimées en 1712. à Hambourg, au rang des Souverains d'Allemagne, on met Leopold - Eberard Duc de Wirtemberg Montbelliard , & Anne-Sabine de Hedviger fa femme. On ne peut pas trouver un garant plus fûr de la poffeffion publique.

Les Barons de l'Efperance oppofent à des faits fi conftans des Actes paffez par la Demoifelle de Hedviger, dans lefquels on ne lui a donné que fa qualité de fille, ou de Comteffe de Sponeck, fans que dans aucun elle ait pris , ni qu'on lui ait donné le titre de Ducheffe de Montbelliard ; ils n'en demeurent pas là, ils foutiennent qu'elle n'y eft traitée que comme Concubine, & ils portent même l'audace jufqu'à citer deux Extraits-Baptiftaires de 1697. & un Extrait-Mortuaire de 1709. dans lefquels , difent-ils, fes enfans font annoncez comme *enfans naturels* ; c'eft ce qu'ils ont eu foin de faire imprimer en lettres italiques,

pour

pour qu'on ne pût pas douter que ces termes d'enfans naturels ne fussent employez dans les Actes mêmes.

Ces derniers traits d'imposture répondent parfaitment à toute la suite de l'ouvrage dans lequel ils sont répandus. On dénie formellement qu'il y ait un seul Acte dans lequel on ait donné aux enfans cette qualité d'enfans naturels, & ceux que l'on cite en particulier, ne renferment ni ces expressions, ni aucune qui en presente l'idée, comme il n'y a aucun Acte non plus dans lequel la Demoiselle de Hedviger soit traitée comme Concubine ; il est vrai que le Prince son époux, n'ayant pas déclaré autentiquement son mariage, quoiqu'il fût connu de tout le monde, elle ne pouvoit pas prendre la qualité de Duchesse de Mont-belliard; ce qui la réduisoit à prendre ou le nom d'Anne-Sabine de Hed-viger, ou celui de Comtesse de Sponeck. Mais que peut-on conclure de là? qu'elle n'étoit pas en possession publique de son état? c'est un équi-voque sur lequel on s'est assez expliqué, pour que les Barons de l'Espe-rance ne dûssent pas y insister plus long tems.

On convient qu'elle n'étoit pas en possession des honneurs & des qualitez dûes à son rang & à son état ; c'est une verité qui a toujours été avouée, & qu'on ne devoit pas se donner la peine d'établir. Mais la Baronne de l'Esperance n'a-t'elle pas été traitée de même depuis son ma-riage de 1718 ? N'a-t'on pas justifié que près d'un mois après elle n'est qualifiée que Baronne de l'Esperance, dans l'Acte de Baptême d'un enfant dont elle a été Mareine ? & ses enfans ne rapporteront pas un seul Acte où elle soit qualifiée Duchesse de Montbelliard avant l'année 1720. qui est le même tems dans lequel ce titre a été donné à la De-moiselle de Hedviger. Qu'on ne nous dise donc pas que la Demoiselle de Hedviger a passé pour Concubine du Duc de Montbelliard, que son mariage a été ignoré, qu'elle n'a pas été traitée à Montbelliard comme femme legitime ; débiter de pareilles impostures, c'est se sou-lever contre l'évidence qui resulte & des dépositions des témoins & de l'Histoire.

Mais les témoins ont été corrompus, les Historiens ont été gagnez, tout cela est l'effet des intrigues & de l'artifice de la Comtesse de Spo-neck ; c'est ainsi que les Barons de l'Esperance ont toujours une réponse prête pour détruire tout ce qui leur fait obstacle ; ils la repetent sans cesse, & la font également servir dans toutes les occasions. Le Sieur Fuchs Ministre de Rejovits, le Sieur Cokh son successeur, les Ma-gistrats de Scoki, les Témoins qui ont deposé dans l'enquête de Rejo-vitz, ceux qui ont deposé à Montbelliard, Hubners dans ses Tables Genealogiques, l'Editeur de Puffendorf, en un mot tout ce qui a rendu hommage à la verité du mariage, n'a cédé qu'à la corruption. Qui pour-roit après cela se declarer contre les Barons de l'Esperance ? La probité la plus connue, la reputation la plus entiere, rien ne les arrête, tout de-vient prevaricateur au moment même qu'on ne traite pas de fable, d'im-posture le mariage qu'ils ont interêt de combattre : faut-il donc pour leur triomphe que l'Univers entier soit couvert d'opprobre ?

Mais quand Anne-Sabine de Hedviger & ses enfans n'auroient eu aucune possession d'état jusqu'en 1714. tout ce que cela opereroit se-roit que le mariage auroit été secret ; mais en seroit-il moins un mariage ? Anne-Sabine de Hedviger en seroit-elle moins la femme legitime ? ses enfans en seroient-ils moins capables de succeder ? en France même où

M

les mariages tenus secrets jusqu'à la mort ne produisent point d'effets civils, on les reconnoît pour des mariages valables, la legitimité, la noblesse, & tous les autres avantages d'une naissance pure, sont acquis aux enfans; à plus forte raison doivent-ils jouir de ces avantages hors le Royaume, où les mariages secrets ne sont pas punis par la privation des effets civils.

D'ailleurs, si la possession n'a pas été aussi éclatante qu'elle auroit dû l'être jusqu'en 1714. que lui manque-t'il dans les années qui ont suivi?

D'abord, que peut-on répondre à l'Acte de divorce de 1714. dans lequel le Duc de Montbelliard & la Comtesse de Sponeck déclarent, *qu'ils ont eu pendant leur mariage legitime quelques enfans ensemble, dont deux sont encore en vie*, & dans lequel ils se donnent *la liberté de se remarier ailleurs?* Cet Acte qui est signé non-seulement des deux époux, mais encore de neuf Conseillers Consistoriaux du Prince, ne fait pas seulement une preuve constante du mariage, mais il annonce encore dans les termes les plus clairs la reconnoissance du mari dans un titre public, & par consequent il forme une possession publique de l'état.

Cependant aux yeux des Barons de l'Esperance c'est une piece frivole; si on le considere seul, les principes ne permetront pas de faire dépendre les preuves du mariage & de l'état du fait seul des Parties interessées; le divorce seroit une voye facile pour couvrir la honte du libertinage; si au contraire on lie ce divorce avec ce qui a précédé & suivi, on voit qu'il ne peut se concilier avec tant d'Actes dans lesquels Anne-Sabine de Hedviger est traitée comme fille; cet Acte antidaté ne peut donc se lier qu'avec des Actes marquez au même caractere de fausseté.

Quel talent pour secouer le joug d'une verité qui accable! le divorce détaché de ce qui précede & de ce qui suit, fourniroit seul une preuve du mariage; car enfin, est-ce tendresse, est-ce complaisance qui a arraché cet Acte au Duc de Montbelliard? il y avoit long tems que ces sentimens étoient bannis de son cœur; livré à d'autres charmes, il n'avoit plus que de l'indifference pour sa femme, & le divorce même en est la preuve la plus complette; ce n'est donc pas à sa facilité ni à sa complaisance qu'on peut attribuer un Acte de cette qualité; il ne l'a consenti que parce que c'étoit la seule voye de recouvrer une liberté dont il étoit si jaloux.

Dans quels cas rejette-t'on la preuve qui ne se tire que de la simple reconnoissance des Parties? c'est quand ils ont un égal interêt de persuader qu'il y a eu un mariage entr'eux, & qu'ils ne sont occupez que du dessein de le soutenir, alors on est peu touché d'une reconnoissance si suspecte: mais quand on voit au contraire qu'une des Parties n'aspire qu'à rompre les nœuds qui l'unissent, que rebuté de l'engagement qu'il a contracté, il ne cede qu'à la force d'une verité qu'il ne peut désavouer, alors son aveu, loin d'être rejetté, acquiert un tel dégré de force, un tel poids d'autorité, qu'il n'est pas possible d'y resister. C'est donc abuser des principes contre les principes mêmes, que de nous dire en general que la reconnoissance des Parties interessées est indifferente dans une question d'état. De quel poids n'a point été dans l'affaire de la Demoiselle Ferrand la reconnoissance de sa mere, qu'elle étoit accouchée d'une fille, qu'elle prétendoit décedée depuis, sans pouvoir le justifier? on disoit alors de la part des collateraux, que la reconnoissance de la mere étoit impuissante; mais on ne fut point touché d'un principe fi mal appliqué. Un aveu contraire à l'intérêt même de celui qui le fait, eft de toutes les preuves la plus éclatante.

Le Duc de Montbelliard en 1714. vouloit avoir la liberté de fe marier, le moyen le plus fimple étoit de foutenir qu'il ne l'avoit jamais été ; mais la bonne foi, mais l'honneur & la probité ne permettoient pas de recourir à une fuppofition fi honteufe ; il eft donc forcé de recourir au remede du divorce ; & l'on nous dira que la reconnoiffance du mariage que renferme un pareil traité, n'en fait pas la preuve la plus décifive ? c'eft en verité renoncer aux lumieres de la raifon que de propofer une pareille défenfe.

Mais cet Acte fi décifif par lui-même, répand encore plus de lumieres quand on le rapproche & du mariage contracté en 1695. & de cette foule d'Actes qui ont fuivi, dans lefquels le mariage a été fi folemnellement reconnu par le Duc de Montbelliard.

C'eft une illufion de dire que le traité de divorce devient fufpect, quand on confidere tous les Actes qui précedent, dans lefquels Anne-Sabine de Hedviger ne porte pas d'autre nom que celui de Comteffe de Sponeck.

Anne-Sabine de Hedviger étoit mariée en face d'Eglife ; mais fon mariage n'étoit pas déclaré publiquement, il falloit donc qu'elle fe contentât du titre de Comteffe de Sponeck, mais cette Comteffe de Sponeck étoit cependant mariée avec le Duc de Montbelliard ; il a donc fallu un divorce pour rendre à fon mari la fauffe liberté dont il étoit fi jaloux : qu'y a-t'il donc en cela qui ne fe concilie parfaitement ?

S'il étoit impoffible qu'une femme fût mariée, lorfqu'elle ne porte pas le nom de fon mari, le raifonnement des Barons de l'Efperance auroit quelque couleur ; ils nous diroient : Comment voulez-vous qu'il y ait eu un divorce en 1714. entre deux perfonnes qui n'étoient pas mariées ? Mais fi on peut être bien réellement marié fans porter le nom de fon mari, le fophifme s'évanouit, il n'y a plus de contradiction entre les Actes où Anne-Sabine de Hedviger n'eft appellée que Comteffe de Sponeck, & le traité dans lequel on diffout, à la mode des Proteftans, le mariage fubfiftant, & qu'on eft forcé de reconnoître.

Mais cet Acte, nous dit-on, eft antidaté, & ne fe concilie qu'avec des Actes auffi faux qu'il l'eft lui-même. Voilà fans doute une réponfe bien féduifante ; tous les hommes font prévaricateurs, tous les Actes font faux ; avec de pareils moyens reftera-t'il donc une verité fur la terre ? Que les Barons de l'Efperance nous difent donc quels font les genres de preuves dont l'efprit humain puiffe être frappé.

Mais quelle preuve d'antidate & de fauffeté trouve-t'on dans le divorce ? Ne feroit-ce point affez qu'il fût figné d'un Souverain dont ils fe difent enfans legitimes, pour les tenir dans le refpect ? Mais non, il ne faut pas leur demander de pareils fentimens ; cet Acte les bleffe, c'en eft affez pour qu'il devienne criminel à leurs yeux, & leur propre pere n'échappera pas à la plus atroce de toutes les accufations.

On juge bien qu'après cela ils ne feront pas touchez de ce grand nombre de Miniftres Confiftoriaux qui l'ont figné, & qui par leur fignature & leur approbation en affurent la date. Voici cependant une obfervation qui peut les embarraffer. Entre ces Miniftres, on trouve le fieur *Gropp*, qui eft le même qui a marié leur mere, & qui en a délivré l'Acte de celebration ; on trouve encore le fieur *Brifechoux*, qui a figné l'atteftation du mariage de la Baronne de l'Efperance; ces deux hommes font-ils des impofteurs, des fauffaires, gens capables de fe prêter à une antidate? mais alors que devient la foi de ce mariage dont les Barons de l'Efperance font trophée? ne tomberoit-il pas fous le même coup qu'ils veulent porter au divorce? C'eft trop s'arrêter à combattre des abfurditez qui ne font propres qu'à attirer fur leurs auteurs la plus jufte indignation.

A la reconnoiffance du mariage qui fe trouve dans l'Acte de divorce, on a joint celle qui refulte même du traité de Vilbade, dans lequel le Duc de Montbelliard déclare *qu'il n'a jufqu'à prefent paffé à aucun mariage licite, fuffifamment qualifié, ainfi que l'état de leur Maifon de Prince le requiert.* On a conclu de ces termes, que le Duc de Montbelliard étoit donc marié, quoiqu'avec une perfonne d'une condition inegale; & comme il n'y a jamais eu d'autre mariage que celui de 1695. on a foutenu que le traité même de Vilbade en contenoit la reconnoiffance. Ce raifonnement eft fimple & décifif; mais y en a-t'il que les Barons de l'Efperance ne tournent à leur avantage? Il eft vrai, difent-ils, que le traité de Vilbade prouve que le Duc de Montbelliard avoit été marié, mais avec qui? ce n'eft pas avec Anne-Sabine de Hedviger dont on ne raporte qu'un faux Acte de celebration, c'eft avec la Baronne de l'Efperance notre mere; il eft vrai que nous n'avons point d'Actes qui prouvent ce mariage, que nous n'en trouvons ni énonciation, ni aucune forte de veftige; n'importe, puifque le Duc de Montbelliard étoit marié, c'étoit avec la Baronne de l'Efperance; de fimples paroles fuivies de copulation forment un mariage parmi les Proteftans, c'étoit ce qui avoit formé l'engagement avec la Baronne de l'Efperance.

A de pareilles fuppofitions, fruits d'une imagination qu'aucun frein ne peut retenir, quelle réponfe nous demanderoit-on? Auffi habiles à forger un mariage chimerique, qu'à combattre un mariage parfaitement juftifié, les Barons de l'Efperance nous promenent dans le Pays des vifions & des vapeurs, ils nous donnent leurs rêves pour des réalitez; bien affurez que fi nous entreprenions de les combattre, nos armes porteroient toujours à faux, puifqu'on ne nous prefente que des phantômes; dans ce combat, les enfans de la Baronne de l'Efperance auroient trop d'avantage, fi on vouloit fe livrer à la difcuffion du prétendu mariage dont ils nous parlent ils feroient à l'abri de toute critique, point d'*alibi* à leur oppofer, point de fauffes énonciations à relever, point de lettres initiales à expliquer, point d'Acte redigé après coup, ils font inabordables de tous les côtez, auffi eft-ce un avantage qui n'eft refervé qu'à la chimere

Mais, difent-ils, lifez bien le traité de Vilbade, & pefez bien tous les termes de la claufe que vous venez de rapporter. On dit que le Duc de Montbelliard n'a point paffé *à un mariage licite fuffifamment qualifié*; voilà deux épithetes qui ont chacune en particulier une grande énergie; la feconde pouvoit convenir à un mariage avec la Demoifelle de Hedviger; mais il n'en étoit pas de même de la première, il auroit été licite, parce qu'il n'y avoit point d'empêchement à leur union; ainfi ce n'eft pas de ce mariage dont on a voulu parler. Au contraire les deux épithetes conviennent à un mariage avec la Baronne de l'Efperance; il n'étoit pas licite, parce qu'elle étoit fœur d'Henriette Hedvic, qui avoit été la Concubine du Duc de Montbelliard; il n'étoit pas fuffi-

famment

famment qualifié, parce que la Baronne de l'Esperance n'étoit pas d'une condition égale au Duc de Montbelliard ; c'est donc d'un mariage avec la Baronne de l'Esperance qu'il faut entendre le traité de Vilbade.

Voilà sans doute le triomphe de la Grammaire : qui auroit pû sans elle penetrer dans un pareil mistére, & découvrir de si grandes veritez, à la lecture de ces deux épithetes ? Mais ne nous laissons pas éblouïr par l'éclat d'une si magnifique interpretation. Le terme de *licite* ne s'entend pas seulement de ce qui est permis par les Loix, mais encore de ce qui est permis dans les regles de l'honneur & de la bienséance, & suivant ce que demandent l'état & la condition ; on peut donc dire d'un mariage contracté avec une personne d'une naissance obscure, que ce n'est pas un mariage licite & suffisamment qualifié, d'autant plus que si la premiere épithete n'étoit pas parfaitement exacte, elle seroit assez expliquée par la seconde. Ajoutons que ceux qui rédigent des Actes n'apportent pas ordinairement dans leurs expressions ce choix, cette exactitude dont se piquent les Orateurs & les Academiciens, & que ceux-cy même, malgré leur vigilance, ne sont pas toûjours exempts de ces fautes legeres, qu'on ne pourroit éviter que par une contrainte perpetuelle de l'esprit, qui feroit languir la composition. Le Commentaire des Barons de l'Esperance ne peut donc se soutenir, & avec lui disparoît ce mariage imaginaire dont ils nous entretiennent.

Mais, dit-on, il faut joindre cette premiere clause avec une autre qui se trouve dans le même traité, par laquelle le Duc de Montbelliard *promet de ne point passer à d'autres nôces pendant le vivant de la Baronne de l'Esperance, où il survivra ladite Dame, & n'aura aucun empêchement de se remarier, & convolera à d'autres nôces proportionnées à sa condition, sans empêchement, &c.* Pourquoi lui fait-on promettre de ne se point marier pendant la vie de la Baronne de l'Esperance, s'il n'étoit pas marié avec elle ? il y a une liaison si naturelle entre la premiere & la seconde clause, qu'il resulte des deux qu'on reconnoissoit un mariage subsistant avec la Baronne de l'Esperance. Mais si on avoit besoin d'entrer dans cette discussion, il seroit facile de tirer de cette derniere clause une consequence toute contraire à celle que les Barons de l'Esperance veulent nous faire appercevoir. Le Duc de Montbelliard promet de ne point passer à d'autres nôces du vivant de la Baronne de l'Esperance ; mais s'il avoit été marié avec elle, convenoit-il de mettre une pareille clause dans un traité solemnel ? Un mari s'engage de ne point se remarier du vivant de sa femme ; voilà sans doute une étrange convention, elle est de droit naturel & Divin, est-il d'usage, est-il honnête & licite de la stipuler par un contrat ? Qu'on ne dise pas que le divorce étant reçû parmi les Protestans, une pareille clause ne doit pas paroître aussi extraordinaire parmi eux que parmi nous ; car le divorce dans la Confession d'Ausbourg n'est pas libre & arbitraire, il faut qu'il soit fondé sur des causes graves, & l'on a déja fait voir qu'il n'étoit autorisé que dans le cas de l'adultere, & de la désertion malicieuse ; il faudroit donc, dans le sistême des Barons de l'Esperance, faire dire à la clause dont il s'agit, que le Duc de Montbelliard promet de ne point faire de divorce avec la Baronne de l'Esperance, que quand elle tomberoit dans le crime d'adultere, ou de désertion malicieuse, il lui seroit toujours fidéle, & ne profiteroit pas de la liberté que lui donnoit la discipline des Eglises

N

Lutheriennes, ce qui fait dégenerer la clause dans une abſurdité qu'on ne peut pas ſoutenir.

Mais cette clauſe n'en demeure pas là ; elle ajoute ; *& où il ſurvivra ladite Dame , & n'aura aucun empêchement de ſe remarier , & convolera à d'autres nôces proportionnées à ſa condition , ſans empêchement , &c.* Quel étoit cet empêchement qui pouvoit ſubſiſter alors ? ce n'étoit pas le mariage avec la Baronne de l'Eſperance, puiſqu'on ſuppoſe ſon décès ; il y avoit donc toujours un empêchement connu, un empêchement ſubſiſtant, que la Baronne de l'Eſperance fût morte ou vivante : mais, on le repete, quel étoit donc cet empêchement, ſinon le mariage contracté avec Anne-Sabine de Hedviger, qu'un divorce auſſi radicalement nul que celui de 1714. n'avoit pas pû diſſoudre ?

Ainſi les Barons de l'Eſperance ont beau contourner les clauſes du traité de Vilbade, pour y trouver un ſoupçon de mariage entre leur mere & le feu Duc de Montbelliard, cette idée péche dans le principe, puiſque ce prétendu mariage eſt évidemment une chimere ; mais les clauſes mêmes du traité ne peuvent ſe concilier avec elle.

Mais que ſignifie donc cette promeſſe du Duc de Montbelliard de ne ſe point marier pendant la vie de la Baronne de l'Eſperance ? On pourroit répondre qu'il n'eſt pas permis de demander les motifs des diſpoſitions d'un Acte dans lequel ou paroît avoir renoncé à toutes les lumieres de la droite raiſon ; l'honneur, l'équité, la Religion, tout y eſt violé ; l'ambition & la politique en dictoient les clauſes, ſans s'embarraſſer de chercher même des couleurs aux engagemens qu'on y faiſoit contracter. On vouloit aſſurer au Duc de Wirtemberg la ſucceſſion de Montbelliard, pour cela on fait proſcrire le mariage contracté avec la Demoiſelle de Hedviger ; on met des entraves au Duc de Montbelliard, pour l'empêcher de ſe remarier, & on le flatte par ce qui pouvoit le toucher davantage, c'eſt-à-dire par l'attachement pour une Maîtreſſe qui poſſedoit ſon cœur ſans reſerve ; tout cela eſt-il juſte, meſuré, raiſonnable ? Non ſans doute ; mais il n'eſt pas permis de demander de la raiſon dans un Acte qui n'eſt inſpiré que par les plus aveugles paſſions.

Pour ſuivre l'ordre chronologique que les Barons de l'Eſperance nous ont tracé, on convient que depuis le traité de Vilbade il y a encore deux ou trois Actes, dans leſquels Anne-Sabine de Hedviger n'eſt qualifiée que de Comteſſe de Sponeck, & ſon fils que de Comte de Sponeck ; mais c'eſt préciſément ce qui détruit tout l'avantage que les Barons de l'Eſperance ont voulu tirer des Actes anterieurs au divorce, dans leſquels on trouve les mêmes qualitez. En effet, le mariage ayant été bien ſolemnellement reconnu dans le divorce, on ne peut pas même imaginer que depuis Anne-Sabine de Hedviger ne fût pas reconnue pour épouſe legitime du Duc de Montbelliard ; mais ſi dans cette poſſeſſion conſtante de ſon état on ne lui donnoit que le nom de Comteſſe de Sponeck, ſera-t'on ſurpris qu'avant le divorce on ne lui donnât que le même titre, quoiqu'elle fût mariée dès 1695 ? Conclura-t'on des Actes anterieurs au divorce, qu'elle n'étoit pas mariée, quand dans les Actes poſterieurs elle eſt traitée de même, quoique le mariage fût reconnu par le Duc de Montbelliard d'une maniere ſi claire, ſi préciſe, & ſi poſitive ? On voit donc que ces dénominations ne peuvent former aucun préjugé. Anne-Sabine de Hedviger mariée en 1695. ne reçoit

dans les Actes qui fuivent que la qualité de Comteffe de Sponeck ; les
Barons de l'Efperance en concluent que le Duc de Montbelliard ne la
regardoit pas, ne la traitoit pas comme fa femme ; mais cette conféquence eft-elle jufte, quand on voit qu'après le divorce où il l'a bien
reconnue pour fa femme, on ne lui donne encore que la qualité de
Comteffe de Sponeck ? Il ne falloit qu'un peu de réflexion pour faire
fentir aux Barons de l'Efperance toute la force de ce raifonnement qui
renverfe leur fiftême.

Enfin, depuis 1719. jufqu'en 1723. que le Duc de Montbelliard
eft mort, c'eft-à-dire pendant quatre années entieres, les Barons de
l'Efperance font obligez de convenir que la poffeffion d'état a été publique, qu'elle eft foutenue par un grand nombre de titres, dans lefquels Anne-Sabine de Hedviger a été qualifiée de Ducheffe de Montbelliard, & fon fils de Prince hereditaire. Tout fe réunit donc pour
affurer les droits de la mere & des enfans ; non-feulement le mariage eft
conftant, mais il n'y a plus d'ombrage fur fa publicité.

Mais, dit-on, il ne s'agit pas de fçavoir fi le mariage a été fecret
jufqu'à la mort, il eft queftion de fçavoir s'il y a eu un mariage, & ces
Actes fi réiterez pendant le cours de quatre années, ne peuvent en
fournir une preuve fuffifante. Premierement, le Duc de Montbelliard,
dit-on, étoit tyrannifé par le Comte de Sponeck, favori, à qui il avoit
donné un empire abfolu, & dont il fuivoit aveuglement les paffions.
Secondement, les déclarations, les reconnoiffances de toute efpece
ne peuvent jamais traveftir en une union legitime un concubinage avéré.
Enfin, on ne s'arrête jamais à des reconnoiffances données au préjudice
d'une conteftation engagée.

De ces réflexions il faut retrancher d'abord l'autorité de ce prétendu
favori ; c'eft encore un phantôme qu'on nous prefente, & que l'imagination feule des Barons de l'Efperance a produit ; car enfin on n'avoit
jamais entendu parler de ce pouvoir imaginaire dont on veut revêtir
le Comte de Sponeck ; jamais il n'a eu la confiance intime du Prince,
jamais il n'a eu plus d'accès, plus de credit que les autres Confeillers.
Si quelqu'un jouiffoit alors d'un pouvoir rédoutable à la Cour de Montbelliard, c'étoit la Baronne de l'Efperance, elle qui avoit fçû s'élever
au comble des honneurs, & qui n'a jamais éprouvé aucun partage dans
le cœur du Duc de Montbelliard, & c'eft ce qui donne un nouveau
poids à tant de reconnoiffances ; car fi la force de la verité a fait faire
tant de démarches au Duc de Montbelliard, dans le tems que la Baronne de l'Efperance dominoit avec le plus d'empire, que n'auroit-il
pas fait fi dégagé des liens dans lefquels elle le retenoit, il avoit joui de
toute fa liberté ? il auroit renvoyé l'ufurpatrice, & rendu à la feule
époufe legitime ces droits facrez dont elle n'avoit pû être dépouillée ;
mais partagé entre l'autorité de fon premier engagement, & fa paffion
fubfiftante pour la Baronne de l'Efperance, on doit regarder comme
un prodige tout ce qu'il a fait & pour fa femme & pour fon fils ; il n'y a
que la verité qui puiffe obtenir un pareil triomphe.

Que des déclarations & des reconnoiffances ne puiffent pas traveftir
en un union legitime un concubinage avéré, voilà une de ces propofitions que perfonne ne peut combattre ; mais que le mariage étant
prouvé, les déclarations & les reconnoiffances ne puiffent pas, ne doivent pas diffiper tous les doutes qu'il plaît à la critique d'élever, c'eft

ce que la raison ne permettra jamais de penser. Donnons plus d'avantage aux Barons de l'Esperance, supposons pour un moment avec eux que la preuve du mariage fût équivoque, dans ce cas-là même les reconnoissances les plus solemnelles ne doivent-elles pas forcer tous les esprits à se rendre? Vous hésitez encore sans raison, sans prétexte, à la vûe d'un Acte de celebration dont les Registres publics sont dépositaires; mais enfin les reconnoissances, les déclarations, la possession publique, tout vous subjugue, ces titres differens se prêtent un secours mutuel, la verité du mariage reçoit un nouveau poids des Actes dans lesquels il est reconnu, & ces Actes, à leur tour, prenant leur source dans le titre constitutif de l'engagement, ne peuvent laisser aucune ressource à l'incertitude.

D'autant plus que, comme on l'a déja dit, il faut bien distinguer les circonstances dans lesquelles ces reconnoissances sont faites: peut-on imaginer que l'interêt & la passion y ayent quelque part? alors elles peuvent être suspectes; mais quand il a fallu au contraire combattre son propre cœur pour ceder à une verité qu'on n'a pû méconnoître, alors il est absurde de rejetter de pareilles reconnoissances. Telle étoit la situation du Duc de Montbelliard en 1714. en 1719. & dans les années suivantes; dégoûté depuis long-tems de celle à laquelle il s'étoit uni par le mariage, déterminé à la faire sortir du Château de Montbelliard, brûlant d'autres feux qui lui ont fait sacrifier ce qu'il devoit avoir de plus cher; c'est alors qu'il rend à la pureté, à la sainteté de son premier engagement l'hommage qui lui est dû: qu'on nous vienne dire après cela que des reconnoissances sont impuissantes par elles-mêmes, on ne craindra point qu'un principe si déplacé puisse faire illusion.

Enfin, on oppose à ces reconnoissances qu'elles n'ont été faites que pendant le cours de la contestation; mais c'est une nouvelle supposition qu'on défie les Barons de l'Esperance de justifier. Il n'y avoit point de contestation quand le Duc de Montbelliard a obtenu du Roy les Lettres de Naturalité du mois de May 1719. en faveur de Georges-Leopold son fils, *comme Prince hereditaire*, quand il a marié la Comtesse de Coligny sa fille, sous le titre *de la Princesse Leopoldine-Eberardine*, quand au mois de Juin 1720. il a nommé des Commissaires pour recevoir la déposition de Leonard Nardin, quand cette déposition a été faite, quand il a donné à son fils ses Procurations pour aller en Pologne, enfin, quand au mois de Novembre 1720. il a reglé le douaire *de Son Altesse Serenissime la Duchesse Anne-Sabine*. Ce n'est qu'au mois d'Avril 1721. que le Duc de Wirtemberg a obtenu un premier Rescrit de l'Empereur contre la mere & contre le fils; & ce n'est qu'au mois d'Août 1723. que ses Ministres ont presenté un Memoire au Roy, sur lequel ils ont obtenu l'Arrêt du 11 Septembre de la même année, encore ce Rescrit & cet Arrêt ne frappoient-ils point sur le mariage, mais seulement sur les honneurs de Prince & de Princesse que le Duc de Wirtemberg ne vouloit pas qu'un mariage inégal eût pû produire: tous ces faits sont constans, & mettent dans le plus grand jour la fausseté dont les Barons de l'Esperance se sont rendus coupables sur cet article comme sur tant d'autres.

Mais, dit-on, quelles sont ces reconnoissances que vous faites sonner si haut?

D'abord

D'abord les Barons de l'Efperance gardent un profond filence fur les Lettres de Naturalité obtenues au mois de May 1719. dans lefquelles le Duc de Montbelliard prefente fon fils comme Prince hereditaire; la critique n'avoit pas là beau jeu, auffi affecte-t'elle d'oublier ce premier titre. On ne peut pas fe faire un moyen de ce que le Roy en a ordonné le rapport fur un fimple Memoire du Duc de Wirtemberg, & fans entendre celui à qui elles avoient été accordées; car outre qu'on eft toujours en droit de former oppofition à cet Arrêt, c'eft qu'il ne s'agit pas de l'autorité des Lettres en elles-mêmes, mais de la reconnoiffance folemnelle du pere qu'elles renferment.

Paffant donc tout d'un coup à la Commiffion donnée par le Duc de Montbelliard, pour recevoir l'interrogatoire de Nardin, *fur la connoiffance qu'il a du mariage que nous avons contracté folemnellement avec Madame Anne-Sabine de Hedviger*, les Barons de l'Efperance nous demandent fi on a jamais fait faire à un Prince une démarche auffi choquante & auffi ridicule : mais, en premier lieu, c'eft changer d'objet; il ne s'agit pas de fçavoir fi la démarche eft digne de la grandeur du Souverain, il n'eft queftion que du fait même qui eft reconnu. En deuxiéme lieu, qu'y a-t'il donc de choquant, de ridicule dans cette démarche? Le fieur Nardin étoit le feul habitant de Montbelliard qui ait été prefent au mariage; on veut avoir de lui une déclaration judiciaire, comment pouvoit-on s'y prendre autrement? Il ne s'agiffoit pas d'un mariage dont l'Acte de celebration repofât dans une Eglife de Montbelliard, il avoit été celebré en Pologne; on ignoroit alors fi le Miniftre l'avoit écrit fur fon Regiftre, fi ce Regiftre fe trouveroit, on fe difpofoit à en aller faire la recherche; mais il ne falloit pas negliger une preuve facile, & qu'on avoit, pour ainfi dire, fous la main; le fieur Nardin pouvoit mourir, & il étoit effentiel de le faire répondre judiciairement.

Par là tombe la même critique que l'on fait fur les Procurations données le lendemain au fils legitime, pour aller, ou envoyer en Pologne *faire les recherches du mariage du Duc de Montbelliard, qui a été accompli avec Demoifelle Anne-Sabine de Hedviger.* Eft-il donc bien étonnant qu'on fît la recherche d'un mariage celebré depuis long-tems dans une Eglife éloignée de Montbelliard de plus de 200. lieuës?

C'eft, dit-on, s'expofer à la rifée duPublic d'imaginer qu'on ait attendu jufqu'au 30 Novembre 1720. pour affigner un douaire à Anne-Sabine de Hedviger; mais encore une fois, en fait de reconnoiffance, il s'agit du fait feul; d'ailleurs, ce douaire avoit été affigné dans le traité même de divorce de 1714. & l'Acte du 30 Novembre 1720. n'eft qu'une réduction du douaire ou de la penfion de 4000 l. à 2000 l. en confideration des fommes qu'Anne-Sabine de Hedviger avoit reçûes; le douaire a donc été accordé dans l'inftant même du divorce; & comme il n'y avoit point eu de contrat de mariage, on n'avoit pas pû prendre plûtôt des précautions pour affurer les droits de la femme. Un peu de réflexion auroit fait fentir cette verité; mais quand on en eft incapable, on donne dans des égaremens qui font pitié, s'ils n'excitent pas la rifée publique.

Enfin, on s'échauffe beaucoup contre l'enquête de Scoki; on convient cependant que ces fortes d'enquêtes d'examen à futur font autorifées hors le Royaume; mais, dit-on, il faut s'adreffer au Juge qui doit

O

connoître de la contestation, & faire l'enquête contradictoirement avec la Partie à laquelle on veut l'opposer. Mais ces deux critiques de forme font icy déplacées ; il n'y avoit point de contestation, il n'y avoit point de Parties, il n'y avoit donc point de Juge qui en dût connoître.

De quoi s'agissoit-il en effet dans cette enquête ? de confirmer la preuve du mariage contracté en 1695. entre le Duc de Montbelliard & la Demoiselle de Hedviger ; mais la verité de ce mariage étoit alors reconnue de tout le monde, & il n'étoit pas même possible de présumer qu'elle pût être un jour contestée ; le Duc de Wirtemberg l'avoit reconnue dans le traité de Vilbade, comme on l'a établi, & se réduisoit uniquement à exclure les enfans de la succession de leur pere, sous prétexte que le mariage n'étoit pas *licite & suffisamment qualifié*. La branche de Wirtemberg-Oels, par un grand nombre d'Actes & de lettres, avoit reconnu la Demoiselle de Hedviger pour Duchesse de Montbelliard, & son fils pour Prince hereditaire : enfin, la Baronne de l'Esperance elle-même, dans l'Acte du 6 Avril 1720. avoit traité avec eux dans les mêmes qualitez : on ne voyoit donc point de contradicteur sur le fait du mariage, tout se reunissoit pour en assurer la foy, il n'y avoit donc ni contestation, ni Parties, ni Tribunal qui dût connoître de ce fait.

Si le Duc de Montbelliard a voulu cependant lever tous les doutes que des ennemis inconnus pourroient former un jour, s'il a crû que c'étoit une précaution sage de faire entendre les témoins qui avoient été presens au mariage, il n'a pû s'adresser qu'aux Magistrats de Scoki, puisque le mariage avoit été celebré dans l'étendue de leur Jurisdiction, & que les témoins y étoient domiciliés ; l'enquête est donc aussi reguliere dans sa forme, qu'elle est concluante & décisive au fond.

On croit donc avoir détruit tous les moyens imaginez par les Barons de l'Esperance, pour ébranler la foy du mariage contracté en 1695. entre le Duc de Montbelliard & la Demoiselle de Hedviger.

La situation où se trouvoient les deux Parties ne pouvoit apporter aucun obstacle au mariage. Du côté de la Demoiselle de Hedviger, si elle avoit été recherchée autrefois par le sieur Zeidlits, le refus d'accomplir ses promesses avoit rompu depuis long-tems un si foible engagement ; ce refus avoit été déclaré dès 1692. & avoit été soutenu depuis par une suite d'Actes dans lesquels il avoit fait éclater *son aversion*. La Demoiselle de Hedviger avoit donc une pleine liberté de se rendre aux empressemens du Duc de Montbelliard en 1695. & auparavant ; & si la famille de la Demoiselle de Hedviger a continué alors ses poursuites contre le sieur Zeidlits, ce n'étoit que pour obtenir la reparation qui lui étoit dûe, & que la Demoiselle de Hedviger personnellement a refusée. Du côté du Prince de Montbelliard, on n'avoit imaginé d'obstacle que celui de son Service en Hongrie ; mais il ne s'y étoit pas encore rendu, & rien ne demandoit encore sa presence au mois de Juin ; aussi quelques lettres qui ayent été adressées sous son nom, de la part des Ministres & des Conseils de l'Empereur à son Regiment, ne trouve-t'on pas une seule lettre en réponse de sa part, ce qui ne permet pas de douter qu'il ne fût alors en Silesie.

On ne trouve aucun caractere de fausseté dans l'Acte de celebration ; s'il n'a pas été écrit sur le Registre le jour même du mariage, la seule inspection de la piece justifie qu'il a été écrit dans l'ordre où il se trouve, & que ce n'eſt point un blanc rempli après coup. Pour les énonciations, la critique ne peut ſe fixer que ſur ce qu'on a dit que l'époux ſervoit dans les Troupes de Saxe, au lieu qu'il ſervoit dans celles de l'Empereur ; mais une erreur ſi legere dans un Acte redigé ſix mois après la celebration, & en l'abſence du Duc de Montbelliard, peut-elle former le moindre ombrage ?

Enfin, l'Acte de celebration n'a rien d'équivoque ni d'énigmatique ; les noms de Leopold-Eberard avec les premieres lettres des mots de Duc de Wirtemberg-Montbelliard, ceux d'Anne-Sabine avec les premieres lettres des mots de Hedviger, ne peuvent jamais être appliquez à d'autres perſonnes, & ne laiſſent aucun doute dans les eſprits qui ne veulent pas s'aveugler eux-mêmes. Ce n'eſt pas la faute des deux époux, ſi par leur ſignature ils n'ont pas mis le dernier ſceau à l'évidence ; l'uſage en Pologne, & preſque par tout hors le Royaume, eſt de ne faire ſigner ni les Parties, ni les témoins, ni le Miniſtre ou le Curé, & c'eſt ce qui oblige ſouvent de recourir à d'autres preuves pour ſoutenir la foy du mariage que la ſeule mention du Regiſtre n'établit jamais parfaitement. Mais du côté des preuves qui ſe joignent à l'Acte de celebration, que peut-on demander de plus fort & de plus lumineux que ce que nous rapportons ? Des dépoſitions juridiques de pluſieurs perſonnes qui ont été témoins oculaires du mariage, la notorieté publique atteſtée par l'Hiſtoire, le traité de divorce de 1714. ſigné de neuf Conſeillers du Duc de Montbelliard, la convention même de Vilbade, les Lettres de Naturalité du mois de May 1719. l'Acte du 6 Avril 1720. la Commiſſion donnée par le Duc de Montbelliard le 16 Juin, l'Interrogatoire de Nardin du 17. les Procurations du même jour, le traité du 6 Octobre 1720. enfin, l'hommage des Peuples du Comté de Montbelliard.

Qu'on nous diſe que l'état ne ſe prouve point par de ſimples reconnoiſſances ; c'eſt un principe dont on abuſe, ſoit parce que nous ne ſommes pas réduits à de ſimples reconnoiſſances, & qu'elles ne ſervent qu'à appuyer la preuve qui reſulte de l'Acte même de celebration, ſoit parce que ce ne ſont pas ici des reconnoiſſances ſuſpectes que l'interet & la paſſion ayent ſuggerées, & qu'elles ſont données dans un tems où le Prince de Montbelliard, brûlant de nouveaux feux, n'a pû être entraîné que par la force de la verité même.

Ces reconnoiſſances ne ſont point données dans le cours d'une conteſtation ni qui fût formée, ni qu'on pût prévoir qui ſeroit formée dans la ſuite, elles ne ſont point équivoques, tout y eſt mis dans le plus grand jour.

Auſſi toute la reſſource des Barons de l'Eſperance s'eſt-elle réduite d'un côté à débiter des fictions, à inventer des circonſtances, à ſubſtituer des idées romaneſques à l'exactitude des faits ; de l'autre, à répandre le poiſon de leur colere ſur tout ce qui confond leur ſiſtême. Leur préſente-t'on des Actes, ils ſont faux, fabriquez après coup, ou antidatez ; invoque-t'on le ſuffrage des témoins, des Hiſtoriens, ils ſont tous gagnez, corrompus, livrez à l'erreur & au menſonge ; leur oppoſe-t'on des procedures juridiques, elles ſont ſuſpectes, irregulieres ; en un mot, leurs fables dénuées de tout commencement de preuves doivent prévaloir ſur des preuves de tout genre : avec de tels preſtiges croit-on pouvoir long-tems en impoſer à l'univers ? il n'y a qu'à rappeller la verité, la bonne foy, l'évidence pour les diffiper.

Réduifons en un mot, une affaire fi importante, elle ne dépend que d'un feul fait : le Duc de Montbelliard a-t'il été marié en 1695. avec la Demoifelle de Hedviger ? les Barons de l'Efperance nous conteftent cette verité ; mais que faut-il pour l'établir ? l'Acte de celebration de mariage exifte, un Regiftre public en eft le dépofitaire ; que cet Acte s'applique au Duc de Montbelliard & à la Demoifelle de Hedviger, c'eft une verité dont on fe fent penetré à la vûe de quatre noms propres, & de fix lettres initiales qui ne peuvent convenir qu'à eux. Mais cette preuve a-t'elle befoin d'être fortifiée ? la lumiere fort de tous côtés, & vient diffiper jufqu'aux plus foibles nuages, les dépofitions des témoins oculaires, la notorieté publique, les Actes dictés par la haine contre la Demoifelle de Hedviger & contre fes enfans, des reconnoiffances multipliées du Duc de Montbelliard, des Princes & Princeffes de Wirtemberg-Oels, qui devoient fucceder au Duc de Montbelliard par preference à la branche de Stutgard, des reconnoiffances du Duc de Wirtemberg-Stutgard, de la Baronne de l'Efperance elle-même, enfin, de tous les Peuples de Montbelliard.

Mais voici quelque chofe de plus fort, & c'eft une derniere reflexion qui rend, pour ainfi dire, toutes les autres fuperflues. Les Barons de l'Efperance eux-mêmes, oui les Barons de l'Efperance dans leur propre Memoire, deviennent les garans de la verité que nous foutenons. L'Acte de celebration de mariage leur a paru avoir une application fi neceffaire au Duc de Montbelliard & à la Demoifelle de Hedviger, qu'ils ont été réduits à fuppofer que c'étoit elle qui l'avoit fait fabriquer après coup ; il demeure donc pour certain entre nous, que cet Acte eft l'Acte de celebration du mariage du Duc de Montbelliard avec la Demoifelle de Hedviger, qu'il n'a pas été fait pour d'autres, mais pour eux, que c'eft d'eux dont on parle dans cet Acte ; voilà un point fur lequel nous n'avons plus à combattre ; & il ne refte plus qu'à fçavoir fi cet Acte a été écrit en 1695. ou fi on a profité depuis d'un blanc que le hazard a prefenté, pour l'inferer dans ce Regiftre ; mais la fable réduite à cette derniere extrémité, languit & feiche, pour ainfi dire, d'elle-même ; il faudroit avoir des preuves de cette fuppofition faite après coup, mais loin d'en avoir, tout revolte contre cette idée chimerique, le contraire eft démontré par la feule infpection du Regiftre, par la dépofition unanime des témoins qui étoient prefens, & plus encore par l'impoffibilité, & par l'abfurdité d'une pareille tentative.

Auffi quand le Confeil Aulique dévoué au Duc de Wirtemberg, a voulu profcrire les enfans legitimes du feu Duc de Montbelliard, ce n'a pas été en jugeant qu'il n'y avoit pas de mariage, mais en fuppofant qu'il étoit nul ; mais ce prétexte qui ne pouvoit fe foutenir, eft abandonné par les Barons de l'Efperance, ils n'infiftent fur aucun des moyens qu'on avoit hazardés contre la validité du mariage ; retranchés dans la feule queftion de fait, ne feront-ils pas accablés par le fuffrage de tout l'Univers, & par leur propre fiftême ?

De l'Imprimerie de la veuve d'ANDRÉ KNAPEN, au bas du Pont S. Michel, du côté de la ruë S. André des Arts, au Bon Protecteur. 1741.

11,428

MEMOIRE

POUR Messire CLAUDE-FRANÇOIS ROGER DE MONT-
BOISSIER-BEAUFORT DE CANILLAC, Conseiller d'Etat,
Auditeur de Rotte, Abbé Commendataire de l'Abbaye
Royale de Saint Pierre de Montmajour, Ordre de Saint Be-
noît, Congrégation de Saint Maur.

CONTRE la Demoiselle Faverolles de Blerée fille majeure.

LA Demoiselle Faverolles préfumant que M. l'Abbé de
Canillac ne feroit point inftruit de la conteftation qui
avoit été entr'elle & le fieur Abbé de Gamaches, dernier Abbé de Montmajour, & de l'Arrêt qui étoit intervenu fur cette conteftation au Parlement de Provence au mois de Juin 1730. a formé contre lui en l'année 1735. pardevant le Sénéchal d'Arles, la même demande dont
elle avoit été déboutée par cet Arrêt, mais elle s'eft trompée, le
fieur Abbé de Canillac avoit connoiffance de la conteftation & du
Jugement qui l'avoit fuivi ; auffi fe contentera-t'il, pour la faire déclarer non-recevable dans fa demande, de lui oppofer l'autorité de
la chofe jugée.

FAIT.

Le 12. Octobre de l'année 1520. le fieur Poitier Abbé de Montmajour donna à titre de Bail emphitéotique au fieur Geoffroy Domine cinquante faumées de Terre dépendantes du Domaine de
l'Abbaye, fous la redevance de la vingtiéme partie de tous les fruits
qui fe recolteroient deffus lefdits héritages.

Le 5. Novembre de la même année il donna au même fieur Domine vingt autres faumées de terre, à la charge de pareille redevance.

Par ces deux Baux, le fieur Abb   ur s'obligea à la
garantie ordinaire en pareils cas ; c   a faire joüir le preneur des Terres qu'il lui délaiffoit, con   perfonne qui lui en
contefteroit la propriété.

11.428

Le fieur Domine & ceux qui lui ont fuccédé n'ont jamais été trou-blés dans leur joüiffance ; enforte qu'il n'a point été queftion de leur part, de faire ufage de la garantie ftipulée en leur faveur.

En l'année 1720. la Demoifelle Faverolles de Blerée ayant acquis d'Etienne Dorial, héritier de Jean Dupré, cinquante cinq faumées, faifant partie des foixante-dix aliénées, au profit du fieur Domine, à la charge de payer les droits & redevances dont elles étoient char-gées envers l'Abbaye de Montmajour.

Le 13. Avril 1723. comme nouvelle preneure elle paffa déclaration à l'Abbaye de Montmajour, des Terres qu'elle avoit acquifes, & recon-nu qu'elles étoient chargées de la preftation de la vingtiéme partie de tous les fruits qui fe recolleroient deffus, laquelle preftation elle fe foumit d'acquitter annuellement.

La Demoifelle Faverolles a payé affez exactement jufqu'en 1725. la redevance dont elle étoit tenuë ; mais ayant ceffé de le faire, elle a été pourfuivie par le Fermier de l'Abbaye, pour la condamnation des arrerages dont elle étoit débitrice.

C'eft alors que la Demoifelle Faverolles s'eft imaginée pou-voir fe fouftraire au payement qui lui étoit demandé des arrerages de la redevance, à laquelle elle s'étoit nommément obligée par le Titre nouvel qu'elle avoit paffé en l'année 1723. fous prétexte que les cinquante-cinq faumées de Terre par elle acquifes, ayant été déclarées fujettes aux Tailles Royale & négociale de la ville de Ta-rafcon, il devoit lui être fait diminution, fur la redevance dont elle étoit tenuë, des fommes qu'elle avoit été & feroit obligée de payer par chaque année, à caufe de fon impofition.

Le Fermier de l'Abbaye lui ayant oppofé que fes prétentions n'é-toient pas foutenables, & que les héritiers de Jean Dupré, l'un de fes auteurs avoient été déboutés d'une pareille diminution qu'ils avoient demandé fur le même prétexte, par fentence contradictoire renduë en la Sénéchauffée d'Arles le 24. Novembre 1700. La Demoifelle Faverolles a pris le parti d'interjetter appel de cette Sentence au Par-lement de Provence, & d'intimer fur fon appel, non-feulement le Fermier de l'Abbaye avec lequel elle étoit en Inftance, mais en-core le fieur Abbé de Gamaches Prédéceffeur immédiat du fieur Ab-bé de Canillac, pour voir dire qu'il feroit tenu de la relever de tout ce qu'elle pourroit fouffrir à caufe de fon impofition, aux charges de la ville de Tarafcon.

Il ne fut pas difficile au fieur Abbé de Gamaches de faire voir qu'elle étoit mal fondée dans fon appel, & dans la diminution qu'elle demandoit ; une foule de moyens fe préfentoit à lui pour la faire débou-ter de fa demande.

Premierement, par les Baux des mois d'Octobre & Novembre 1520. le fieur Abbé de Montmajour n'avoit point déclaré que les foixante-dix faumées de Terre qu'il aliénoit fuffent du Territoire d'Arles, ni qu'elles fuffent exemptes de toutes fortes d'impofitions aux Tailles.

Secondement, il ne s'étoit point obligé d'en faire joüir le Preneur avec immunité & affranchissement des Tailles. La garantie qu'il avoit promis n'étoit qu'une garantie ordinaire en pareils cas, qui se réduisoit à faire valoir la proprieté utile des Terres comprises au Bail, & à prouver qu'elle appartenoit à l'Abbaye.

Enfin la Demoiselle Faverolles avoit si bien reconnu qu'elle n'avoit point de recours contre l'Abbé de Montmajour, pour raison de ce que les Terres délaissées à titre de Bail emphitéotique au sieur Domine avoient été assujetties aux Tailles de la ville de Tarascon, qu'ayant acquis en l'année 1720. cinquante-cinq saumées de ces Terres, elle avoit passé Titre nouvel de la redevance dont elles étoient chargées envers l'Abbaye de Monmajour, & s'étoit soumise de l'acquitter, sans faire aucune reserve ni protestation par rapport à l'imposition des Tailles, quoiqu'elle eût été faite plus de cent ans auparavant, & qu'elle même l'eût payé depuis son acquisition.

Aussi malgré les efforts de la Demoiselle Faverolles, il intervint Arrêt contradictoire le 21. Juin 1730. qui, sans s'arrêter à la demande de la Demoiselle Faverolles, confirma la Sentence du Sénéchal d'Arles du 24. Novembre 1700. ordonna qu'elle seroit exécutée contre elle, & la condamna en l'amende & aux dépens.

La Demoiselle Faverolles a exécuté cet Arrêt, elle a payé les dépens ausquelles elle avoit été condamnée. Il n'y avoit pas lieu de s'attendre qu'après un acquiesement aussi formel de sa part elle essaya de faire revivre dans la suite sa prétention: cependant le sieur Abbé de Canillac ayant été pourvû de l'Abbaye de Montmajour au mois de Février 1735. elle a formé contre lui en la même année devant le Sénéchal d'Arles la même demande dont elle avoit été déboutée par l'Arrêt contradictoire rendu entr'elle & le sieur Abbé de Gamaches; c'est-à-dire, afin d'être indemnisée des sommes qu'elle avoit été & seroit contrainte de payer, à cause de l'assujettissement des Terres par elle acquises aux Tailles Royale & négotiale de la ville de Tarascon.

Le sieur Abbé de Canillac a d'abord procedé sur cette demande en la Sénéchaussée d'Arles, mais depuis il l'a fait évoquer au Conseil en vertu de l'évocation général que sa Majesté a accordé à la Congregation de saint Maur au Conseil.

Par Arrêt contradictoire du 17. Octobre 1739. le Conseil a reçû l'appointement du Juge d'Arles pour dernier errement, & ordonné que les Parties y satisferoient, écriroient & produiroient dans huitaine ce que bon leur sembleroit. Elles ont écrit & produit respectivement, ensorte que la contestation est en état d'être décidée.

MOYENS.

Les moyens du sieur Abbé de Canillac contre la demande de la Demoiselle Faverolles se réduisent à un seul, qui consiste dans une fin de non-recevoir qu'il lui oppose.

Cette fin de non-recevoir réſulte de l'Arrêt du Parlement de Provence du 21. Juin 1730. renduë entr'elle & le ſieur Abbé de Gamaches dernier Titulaire de l'Abbaye de Montmajour, par lequel, ſans s'arrêter à la demande qu'elle avoit formé contre lui, afin de diminution ſur la redevance emphytéotique dont elle eſt tenuë envers l'Abbaye de Montmajour à cauſe des cinquante-cinq ſaumées de terre qu'elle a acquis d'Etienne Dorial, heritier de Jean Dupré, & ce dernier du ſieur Domine, des ſommes qu'elle avoit été, & feroit obligée de payer pour les tailles de la Ville de Taraſcon, auſquelles les terres compriſes dans ſon acquiſition avoient été déclarées ſujetes, il a été ordonné que la Sentence du Sénéchal d'Arles du 24. Novembre 1720. qui condamnoit les heritiers de Jean Dupré à payer la redevance dûë à l'Abbaye de Montmajour, feroit exécutée contr'elle avec amende & dépens.

Il eſt inconteſtable que la Demoiſelle Faverolles ayant été déboutée formellement par un Arrêt de la diminution qu'elle demandoit ſur la redevance dont elle eſt tenuë à cauſe de l'aſſujetiſſement des terres par elle acquiſes aux Tailles royale & négociale de la Ville de Taraſcon, elle n'eſt pas recevable à prétendre la même diminution, le même dédommagement contre le ſieur Abbé de Canillac; ce qui a été jugé entr'elle & le ſieur Abbé de Gamaches précedent Titulaire de l'Abbaye de Montmajour, milite en faveur du ſieur Abbé de Canillac qui eſt en droit d'en exciper.

C'eſt un principe dont perſonne ne doute, que quand on a été débouté par un Jugement contradictoire d'une demande, on n'eſt point admis à la former de nouveau, & qu'il ne reſte que les voyes de Droit, c'eſt-à-dire, l'appel, ſi c'eſt une ſimple Sentence, & la caſſation ou la Requête civile, ſi le Jugement a été rendu en dernier reſſort.

La Demoiſelle Faverolles, loin d'avoir eû recours aux voyes de Droit contre l'Arrêt du Parlement de Provence, qui eſt intervenu entr'elle & le ſieur Abbé de Gamaches ſur ſa demande en dédommagement, l'a au-contraire exécuté par le payement qu'elle a fait des dépens auſquels elle avoit été condamnée : ainſi il ne peut y avoir l'ombre de difficulté à la déclarer non-recevable dans la demande qu'elle a formé contre le ſieur Abbé de Canillac, demande qui tend préciſément aux mêmes fins que celle dont elle avoit été déboutée.

La Demoiſelle Faverolles convient du principe poſé par le ſieur Abbé de Canillac, que quand on a été débouté d'une demande par un Jugement contradictoire, on n'eſt pas recevable à la former de nouveau; mais elle prétend d'un côté que le ſieur Abbé de Canillac eſt non-recevable à lui oppoſer la fin de non-recevoir, qui réſulte de l'Arrêt rendu entr'elle & le ſieur Abbé de Gamaches, & d'un autre côté que lors de cet Arrêt elle n'avoit point formé la demande qu'elle a depuis intenté, c'eſt à quoi ſe réduiſent ſes objections, il eſt aiſé de les écarter.

Réponſes

Réponfes à la premiere Objection.

Le fieur Abbé de Canillac n'eft point entré dans le mérite du fonds, en la Sénéchauffée d'Arles, où la Demoifelle Faverolles avoit introduit fa demande, il a foutenu qu'elle devoit y être déclarée non-recevable; s'il n'a pas alors expliqué fur quel fondement il prétendoit qu'elle étoit non-recevable, ce n'eft pas alors une raifon pour l'exclure de propofer aujourd'hui en quoi confifte la fin de non-recevoir qu'il oppofe, il eft encore à tems de le faire.

D'ailleurs, quoiqu'en général les fins de non-recevoir doivent être propofées *in limine litis*, néanmoins il en eft qui peuvent être oppofées en tout état de Caufe, telles que celles qui réfultent de l'autorité de la chofe jugée, parce que celles-là font dirimantes, en ce qu'elles ôtent aux Juges le pouvoir de connoître de nouveau de la conteftation.

Ainfi quand le fieur Abbé de Canillac auroit (ce qui n'eft pas) difcuté au fond la demande de la Demoifelle Faverolles, il ne feroit pas pour cela non-recevable à lui oppofer ce qui a été jugé entr'elle & le fieur Abbé de Gamaches, parce que la fin de non-recevoir qui réfulte de ce Jugement, eft d'une nature à ne pouvoir être effacée par quelque acte que ce foit.

Réponfes à la feconde Objection.

La Demoifelle Faverolles n'y penfe pas d'oppofer que dans la conteftation qui a été jugée entr'elle & le fieur Abbé de Gamaches, il n'étoit nullement queftion de l'indemnité qu'elle prétend aujourd'hui, & qu'elle n'avoit point formé de demande à cet effet; il faut qu'elle ait oublié que dans la Requête d'avertiffement qu'elle a fait fignifier au Confeil, elle eft convenuë précifement d'avoir formé au Parlement d'Aix une demande afin de diminution des fommes qu'elle avoit payé, & qu'elle feroit obligée de payer pour fa cotte des Tailles de la Ville de Tarafcon, aufquelles les terres par elle acquifes, avoient été affujetties, & qu'elle a cherché à affoiblir la conféquence qui réfultoit de ce fait, en difant que fi on n'avoit pas fait droit fur la demande, c'eft que le Fermier du fieur Abbé de Gamaches avoit reprefenté qu'elle étoit peu confidérable.

Après un tel aveu peut-on écouter la Demoifelle Faverolles, lorf-qu'elle vient dire qu'il n'a point été queftion dans l'Inftance jugée entr'elle & le fieur Abbé de Gamaches, de l'indemnité qu'elle demande aujourd'hui, & qu'elle n'y avoit point conclu? Il n'y a qu'à jetter les yeux fur la Commiffion en conféquence de laquelle elle a fait affigner au Parlement de Provence le fieur Abbé de Gamaches & fon Fermier, & fur les procedures qui ont été faites de part & d'autre, on verra que la Demoifelle Faverolles a expreffément conclu à ce

B

qu'il lui fût accordé fur la redevance de la vingtiéme partie des fruits dont elle eft tenuë envers le fieur Abbé de Montmajour, une diminution porportionnée à ce qu'elle fouffroit par fon impofition aux Tailles de la Ville de Tarafcon, & que le fieur Abbé de Gamaches & fon Fermier ont défendu à cette prétention, & fait voir qu'elle y étoit mal fondée.

On verra encore que la Demoifelle Faverolles foutenoit, que depuis que les Terres comprifes dans fon acquifition avoient été affujetties aux Tailles de la Ville de Tarafcon, le Fermier du fieur Abbé de Montmajour avoit toujours accordé aux Preneurs une diminution fur la redevance dont ils étoient tenus, & que ce fait étoit formellement dénié.

Il faut cependant convenir que la Demoifelle Faverolles n'avoit conclu qu'à une diminution, & qu'elle demande aujourd'hui une indemnité; mais il n'y a perfonne qui ne fente que la difference qui eft entre cés deux demandes, ne confifte que dans les termes, & qu'au fond elles ont précifément le même objet, qui eft d'être dédommagé par la Demoifelle Faverolles des fommes qu'elle paye annuellement à caufe de fon impofition aux Tailles de la Ville de Tarafcon.

Il doit donc demeurer pour conftant que la queftion de l'indemnité ou de la diminution prétenduë par la Demoifelle Faverolles fur les redevances dont elle eft tenuë, a été agitée & difcutée au Parlement de Provence, & qu'elle y a été jugée par l'Arrêt contradictoire qui y eft intervenu : dès-là il n'eft pas permis de l'écouter dans la même prétention qu'elle renouvelle aujourd'hui. C'eft une feconde tentative de fa part, dans laquelle elle n'eft pas recevable : le fieur Abbé de Canillac a lieu de fe flatter que le Confeil le jugera ainfi.

Monfieur ROTROV, Rapporteur.

TARDIF, Proc.

A PARIS, chez PIERRE SIMON, Imprimeur du Grand Confeil, ruë de la Harpe, à l'Hercule. 1740.

11,429

MEMOIRE

POUR Meſſire CLAUDE-FRANÇOIS ROGER DE MONTBOIS-
SIER DE BEAUFORT DE CANILLAC, Conſeiller d'Etat, Auditeur de Rote pour le Roy à Rome, Abbé Commendataire
de l'Abbaye de Saint Pierre de Montmajour, Ordre de Saint
Benoît, Congrégation de Saint Maur, Demandeur.

CONTRE Jean Mauche, Négociant de la Ville de Taraſcon,
Défendeur.

L'OBJET de M. l'Abbé de Canillac dans cette affaire
eſt d'obliger le ſieur Mauche, ſon Cenſitaire, à lui exhiber ſes titres, & à lui donner une déclaration en
forme de ſes biens, & de le faire condamner à ſe dé-
ſiſter au profit de l'Abbaye de Montmajour, de la poſſeſſion de trois ſaumées de terres que lui ou ſes auteurs ont uſurpées ſur cette Abbaye. Il faut commencer par le recit
des faits : on établira enſuite que les prétentions de M. l'Abbé de Canillac ſont légitimes & inconteſtables.

FAIT

Le temporel de l'Abbaye de Montmajour ſituée en Provence, &
dont M. l'Abbé de Canillac eſt pourvû, conſiſte principalement en
pluſieurs Terres & Seigneuries, telles que celles de Fonvieille, Caſte-
let, Monpaon, la Viſclede, Grex-du-Comte & autres.

M. l'Abbé de Canillac a voulu renouveller le Terrier de ſon Abbaye : il a trouvé pluſieurs rebelles parmi ſes Cenſitaires, entr'autres
le ſieur Mauche Négociant de la Ville de Taraſcon, Partie adverſe.

Avant que de le traduire en Juſtice, M. l'Abbé de Canillac, par

A

le miniſtere de ſon fondé de procuration, jugea à propos de lui indiquer un jour préfix pour venir ſatisfaire à ſes devoirs. Il le fit donc aſſigner par Exploit du 17. Septembre 1740. à comparoir *dans tout le 26. du même mois,* (c'eſt-à-dire qu'on lui donnoit toute la journée du 26.) à comparoir, dit-on, dans le lieu de Fonvieille & en la maiſon Seigneuriale, pour lui donner par écrit, & aux formes de droit aveu & déclaration des biens qu'il poſſede dans l'étenduë du fief de Fonvieille & autres, par nom, ſituation, conſiſtance, nouveaux tenans & aboutiſſans, redevances & charges, avec exhibition de ſes titres, & pour s'acquiter en même tems de tous droits & devoirs ſeigneuriaux & des arrérages qui ſe trouveroient dûs.

A la vûë de cette aſſignation, le ſieur Mauche, qui ne vouloit point ſatisfaire à ſes devoirs, & qui craignoit pourtant qu'un refus marqué ne lui fût funeſte, imagina de prévenir le jour qui lui étoit indiqué, c'eſt-à-dire, le 26. Août, & dès le 23. bien inſtruit de l'abſence de l'Agent général de M. l'Abbé de Montmajour, il ſe tranſporta à Fonvieille muni d'une prétenduë déclaration de ſes biens, gagna l'Huiſſier du lieu à force d'argent, & lui fit commettre un faux dans ſon Exploit, en déclarant avoir ſignifié la déclaration des biens du ſieur Mauche, au ſieur Abbé de Canillac, *en parlant à Jacques Manuel Greffier de la Juriſdiction de Fonvieille ; & lui en avoir laiſſé copie :* ce qui eſt faux & ſuppoſé dans toutes ſes circonſtances, l'Huiſſier n'ayant ni ſignifié, ni laiſſé copie de l'Exploit à ce Greffier ; Faux pour raiſon duquel l'Huiſſier a été pourſuivi extraordinairement & decreté de priſe de corps le 30. Août 1740.

Quoiqu'il en ſoit, l'Agent général de M. l'Abbé de Canillac, qui ignoroit parfaitement cette manœuvre, ne manqua pas de ſe rendre à Fonvieille le 26. Août 1740. jour qu'il avoit indiqué au ſieur Mauche, pour recevoir l'exhibition de ſes titres & la déclaration de ſes biens. Mais après avoir attendu vainement toute la journée ſans que le ſieur Mauche parût, & ayant appris ſur le ſoir toute la manœuvre du 23. il le fit aſſigner au Conſeil par Exploit du lendemain 27. Août pour ſe voir condamner à fournir ſa déclaration, exhiber ſes titres, & acquitter les droits & devoirs Seigneuriaux.

Cet Exploit contenoit élection de domicile de la part de M. l'Abbé de Canillac en la maiſon de Me. Tardif ſon Procureur au Conſeil, & il étoit fait expreſſes défenſes au ſieur Mauche, en vertu de la Commiſſion du Conſeil, de faire aucunes pourſuites ni procedures ailleurs qu'en ce Tribunal. Le ſieur Mauche n'avoit donc autre choſe à faire qu'à venir défendre ici au Conſeil à la demande de M. l'Abbé de Canillac.

Cependant au préjudice de l'élection de domicile à Paris, & des défenſes portées par la Commiſſion du Conſeil, le ſieur Mauche s'aviſe le 6. Septembre ſuivant d'aller à Fonvieille (pendant l'abſence de l'Agent général du ſieur Abbé de Montmajour) faire ſignifier au Greffier de la Juriſdiction un Acte portant offres d'exhiber ſes titres ;

& c'eft à la faveur d'un tel manége que le fieur Mauche prétend fe faire envifager aujourd'hui comme ayant fatisfait à tous fes devoirs, tandis qu'on ne remarque dans toute fa conduite qu'un deffein très-répréhenfible de fe joüer de fon Seigneur.

Quoiqu'il en foit le fieur Mauche, obligé de comparoître au Confeil, a prétendu par une nouvelle chicane avoir été mal & follement affigné. Mais convaincu lui-même qu'il étoit à cet égard dénué de tout prétexte; il a en même tems défendu au fonds & demandé acte, 1°. de ce qu'il employoit pour aveu & dénombrement de fes biens, la déclaration qu'il prétend en avoir fait fignifier le 23. Août 1740. 2°. De l'exhibition qu'il prétend avoir fait de fes titres par l'acte du 6. Septembre de la même année. 3°. De fa déclaration qu'il a exactement payé les cens dont fes heritages font chargés; en confequence il a conclu à ce que Monfieur l'Abbé de Canillac fût débouté de fes demandes & condamné aux dépens.

Monfieur l'Abbé de Canillac a foutenu au contraire, que fans s'arrêter aux actes des 23. Août & 6. Septembre 1740. lefquels doivent être déclarés nuls, le fieur Mauche doit être condamné à lui fournir une déclaration dans les regles, à lui exhiber fes titres, & à payer les droits & devoirs Seigneurianx qui peuvent être dûs.

Enfin Monfieur l'Abbé de Canillac a formé une demande incidente par Requête du .... May 1742. à ce que le fieur Mauche foit condamné à fe defifter & départir à fon profit, de la poffeffion & joüiffance de trois faumées ou environ de terre, que lui ou les auteurs de Marie-Therefe Feraud fa femme ont ufurpées fur l'Abbaye, & qui font énoncées dans le dernier article de fa prétenduë déclaration du 23. Août 1740.

Tels font les differens objets de la conteftation: il faut maintenant établir la juftice des demandes de l'Abbé de Canillac.

MOYENS.

Commençons d'abord par écarter en peu de mots le prétendu moyen de folle affignation allegué par le fieur Mauche.

Mon pere vit encore, dit-il, je fuis fils de famille. Or, en pays de droit écrit un fils de famille ne peut efter en jugement fans la prefence & l'autorifation de fon pere, ou de Juftice à fon refus. Ainfi l'affignation qui m'a été donnée & toute la procedure qui l'a fuivie, tout cela eft nul faute d'avoir mis mon pere en caufe pour m'autorifer, ou de m'avoir fait autorifer par Juftice en cas de refus de fa part.

Pour détruire cette objection, il fuffira d'obferver, 1°. que le fieur Mauche eft *majeur*. 2°. Qu'il eft *negociant*. 3°. Qu'il eft *marié*. 4°. Que les biens dont on lui demande aveu & déclaration compofent la dot de Marie-Therefe Feraud fa femme, & que c'eft en qualité de mari & maître des biens & droits de la Demoifelle Feraud qu'on le pourfuit.

En général les qualités de *majeur* & de *négociant* rendent inconteſtablement le ſieur Mauche capable de contracter & d'eſter en jugement ſans la preſence de ſon pere. Cette verité eſt appuyée ſur le texte precis des Loix. *filius familias ex omnibus cauſis tamquam pater familias obligatur*, dit la Loi 39. ff. de obligat & act. & ob id agi cum eo, *tanquam cum patre familias poteſt*.

De plus le ſieur Mauche eſt *marié*, & il eſt conſtant parmi nous que le mariage émancipe, *même en pays de droit écrit*, ainſi qu'il a été jugé par une foule d'Arrêts rapportés par Monſieur Louet, lett. M. ſom. 18. & par Henris en ſon Recüeil d'Arrêts, tome 2. livre 4. queſt. 17.

Enfin ce qui tranche ici toute difficulté, c'eſt que les biens pour raiſon deſquels on demande au ſieur Mauche une déclaration en forme, lui ont été apportés en dot par ſa femme, de ſorte qu'il n'eſt pourſuivi que comme mari & maître de la Demoiſelle Feraud ſon épouſe.

Or quelqu'un oſeroit-il propoſer que le mari ait beſoin de l'autoriſation de ſon pere pour défendre les droits de ſa femme, & répondre aux actions qui ſont intentées contre lui pour raiſon des biens dotaux ? Ce ſeroit fouler aux pieds tous les principes que de le pretendre. Le pere n'a aucun droit, ni aucune inſpection ſur les biens de ſa bru, c'eſt le mari qui eſt le *tuteur* né de ſa femme, qui eſt ſon *Procureur* conſtitué par le contrat de mariage, & auquel ſeul, en cette double qualité, il appartient de veiller à la conſervation des biens dotaux, & de défendre à toutes les actions qui peuvent concerner ces biens. En un mot, le mari, quoique fils de famille, a ſans contredit *legitimam perſonam ſtandi in judicio*, au moins quand il s'agit des biens & droits de ſa femme dont il eſt le tuteur né & le procureur irrévocable; & tout de même qu'il n'a pas beſoin de ſe faire autoriſer par ſon pere quand il veut intenter quelque action du chef de ſa femme; de même auſſi ceux qui ont quelque pretention à exercer contre la femme, ne ſont obligés de s'adreſſer qu'au mari ſeul, & nullement au pere de celui-ci, qui n'a point ſa belle-fille ſous ſa puiſſance.

Ce ſont là des maximes inconteſtables, auſſi avons-nous l'avantage de pouvoir oppoſer ſur ce point le ſieur Mauche à lui-même. Ses pretendus actes des 23. Août & 5. Septembre 1740. dont il veut tirer tant d'avantage, à la requête de qui paroiſſent-ils ſignifiés ? A ſa ſeule Requête. Il n'y paroît ni aſſiſté, ni autorité par ſon pere. Il a donc reconnu lui-même qu'il avoit qualité pour agir & pour défendre aux actions intentées contre lui du chef de ſa femme. Delà s'éleve une fin de non recevoir inſurmontable contre ſa demande en folle aſſignation, qui eſt elle-même folle & déplorable.

Venons donc aux queſtions du fonds.

Le ſieur Mauche pretend avoir ſatisfait à tous ſes devoirs de cenſitaire par les actes des 23. Août & 6. Septembre 1740. le premier, dit-il, dit-il, contient déclaration des biens que je possede dans la Seigneurie de Fonvieille : par le second j'ai offert d'exhiber mes titres, ainsi je suis en regle.

Monsieur l'Abbé de Canillac soutient au contraire que ces deux actes doivent être déclarés nuls, & que sans s'y arrêter le sieur Mauche doit être comdamné à lui fournir aveu & déclaration dans les formes, à lui exhiber ses titres, & à lui payer les droits & devoirs qui peuvent être dûs.

Deux moyens de nullité également péremptoires s'élevent contre l'acte du 23. Août 1740.

1°. Il est de principe que c'est au Seigneur à donner la loi à son vassal ou censitaire, & à celui-ci de recevoir avec soumission la loi de son Seigneur, & de s'y conformer. La prééminence & la superiorité de l'un, l'inferiorité & la subordination de l'autre ont introduit cette maxime équitable. *Patronus non debet adire clientem*, dit Dumoulin, *sed cliens adire patronum*. Tout vassal, tout censitaire qui refuse d'obéir à la loi de son Seigneur, quand elle n'a rien d'injuste & de contraire aux regles, & qui entreprend au contraire de lui donner la loi, se rend coupable par cela seul, d'une sorte de felonie qui, prise à la rigueur, pourroit avoir des effets bien funestes pour le vassal ou censitaire.

Cela posé, qu'on se rappelle la conduite du sieur Mauche. Monsieur l'Abbé de Canillac l'avoir fait assigner le 17. Août 1740. & lui avoit indiqué jour *au 26. du même mois* pour se rendre au principal manoir, en la maison Seigneuriale du Fief de Fonvieille, à l'effet de lui exhiber ses titres, fournir sa déclaration des biens qu'il possede dans le Territoire de ce Fief, & payer les arrerages des droits & redevances dont ils sont chargés.

Voilà la loi du Seigneur, loi très-conforme aux regles, & par laquelle il n'a nullement excedé les bornes de son pouvoir. Car le devoir du censitaire étant *d'aller vers son Seigneur*, il est certain que celui-ci est en droit de lui dire : Je vous indique tel jour, transportez-vous dans ma maison Seigneuriale, & vous m'y trouverez prêt à recevoir l'exhibition de vos titres & votre reconnoissance.

Le devoir du sieur Mauche étoit donc d'attendre le 26. Août, jour indiqué, & ce jour là de se rendre au lieu de Fonvieille ; il y auroit trouvé le fondé de procuration du sieur Abbé de Montmajour, il lui auroit exhibé ses titres & fourni sa déclaration, & tout auroit été dans les regles.

Au lieu de cela, que fait le sieur Mauche ? Lui qui devoit recevoir la loi, entreprend de la donner. Le 26. Août, jour que lui avoit indiqué son Seigneur, n'est pas de son goût : il prefere le 23. C'est ce jour là qu'il choisit de son autorité privée pour acquiter ses devoirs. Tant pis pour le Seigneur s'il ne se trouve pas dans son Château. Il va donc le 23. Août au lieu de Fonvieille, bien assuré de n'y trouver ni le Seigneur, ni son fondé de procuration, de l'absence duquel il

B

avoit eu soin de s'instruire; & là il croit en être quitte en se presentant, une prétenduë déclaration à la main, devant une porte fermée.
Vit-on jamais conduite plus irreguliere? N'est-ce pas là se joüer de
son Seigneur? Est-ce à celui-ci de prendre le jour de son censitaire,
ou plûtôt n'est-ce pas au censitaire de suivre celui de son Seigneur?

Le sieur Mauche ne conteste pas nos principes, mais il prétend
se sauver à la faveur d'une équivoque. L'assignation, dit-il, m'étoit
donnée par l'exploit du 17. Août 1740. à comparoir en la maison
Seigneuriale du lieu de Fonvieille *dans tout le 26. du present mois.* Ce
n'est donc pas un jour certain & prefix qui m'étoit indiqué pour aller
acquitter mes devoirs, jour qu'il ne me fut pas permis d'anticiper. Le
26. Août n'étoit que le dernier jour du délai qu'on m'accordoit pour
remplir mes obligations. j'ai donc pû choisir du 17. au 26. Août, tel
jour que j'ai jugé à propos pour me rendre à Fonvieille à l'effet de
présenter mon aveu; & c'étoit à l'Agent de Monsieur l'Abbé de Montmajour à se tenir sur les lieux pour le recevoir.

Réponse. C'est donc à dire, suivant le sieur Mauche, que ces mots,
à comparoir dans tout le 26. du present mois, sont sinonimes avec ceux-ci
à comparoir d'ici au 26. du present mois. Mais qui ne sent pas l'extrême
difference qu'il y a des uns aux autres? Les derniers ne presentent à la
verité qu'un délai expirant le 26. mais les premiers indiquent un jour
certain. *A comparoir dans tout le 26.* signifie *à comparoir dans toute la
journée du 26.* Voilà le sens naturel de ces termes, & voilà le sens
dans lequel on les employe communément sur les lieux en pareil
cas. On accordoit donc au sieur Mauche *toute la journée du 26.* pour
venir remplir ses devoirs. Il étoit le maître de l'heure, mais non pas
du jour, qui étoit fixé & determiné au 26. par l'assignation. C'étoit bien
assez de s'astraindre à l'attendre toute la journée. Comment supposer
que le Procureur général de Monsieur l'Abbé de Montmajour,
homme chargé d'affaires, eût voulu se gêner au point de ne pas bou-
ger du lieu de Fonvieille depuis le 17. jusqu'au 26. Août, afin d'attendre l'heure & le moment du sieur Mauche? Cela seroit absurde à
penser; aussi a-t-il fixé un jour au sieur Mauche. Il lui a indiqué *toute
la journée du 26.* celui-ci n'a donc pas pû prévenir ce jour auquel il
étoit attendu, pour se rendre furtivement à Fonvieille le 23. dans
l'assurance de n'y trouver aucun contradicteur, ni personne qui pût
recevoir sa déclaration & l'exhibition de ses titres.

C'est donc le comble de l'illusion de la part du sieur Mauche, de
pretendre par une telle demarche avoir satisfait à tous ses devoirs.
On n'y remarque au contraire qu'un dessein prémedité de se joüer
de son Seigneur & de lui donner la loi, au lieu de la recevoir de lui:
conduite très-reprehensible & qui doit sans contredit operer la nullité
de l'acte du 23. Août 1740.

Seconde nullité. Elle resulte de ce que cet Acte *n'a point été signifié à M. l'Abbé de Canillac.*

A la verité, si l'on s'en rapporte à l'Acte, il paroît avoir été signifié à Jacques Manuel, Greffier de la Jurifdiction de Fonvieille, en parlant à fa perfonne, & lui en avoir été laiffé copie; mais c'eft là *un faux* commis par l'Huiffier que le Sr. Mauche a corrompu par argent, & à qui il a fait figner un Exploit tout dreffé; car cet Exploit ne fut ni fignifié, ni laiffé au Greffier.

La preuve que nous en rapportons eft fupérieure à toute criti-que: ce Greffier inftruit quelques jours après, du faux & de la pré-varication dont l'Huiffier s'étoit rendu coupable à fon égard, dénonça ce faux au Procureur Fifcal de la Jurifdiction, qui auffi-tôt en rendit plainte, & fur les preuves refultantes de l'information, le 30. Août 1740. cet Huiffier fut decreté de prife de corps, decret à l'exécu-tion duquel il n'échapa que par la fuite.

Le faux eft donc conftant. Le decret de prife de corps contre l'Huiffier & fa fuite le prouve affez. Or un acte *faux* eft conftamment un acte *nul*, fur-tout quand le faux confifte dans l'énonciation d'une fignification fuppofée. Quelle nullité plus radicale contre un exploit que celle de n'avoir été fignifié ni à perfonne, ni à domicile!

Ainfi Monfieur l'Abbé de Canillac eft à tous égards bien fondé à demander que fans s'arrêter à l'acte du 23. Août 1740. le Sr Mauche foit condamné à lui fournir une déclaration en forme de fes biens.

Quant à l'acte du 6. Septembre 1740. contenant de prétenduës offres d'exhiber fes titres, outre qu'il ne fçauroit plus fervir de rien au fieur Mauche, dès qu'il ceffe d'être appuyé fur celui du 23. Août précédent, cet acte, dit-on, fe trouve encore infecté de nullités particulieres refultantes de ce que le 6. Septembre n'eft pas le jour qui avoit été indiqué au fieur Mauche, pour fournir fa déclaration & exhiber fes titres; & de ce que cet acte a été fignifié au Greffier de la Jurifdiction de Fonvieille depuis l'affignation au Confeil, au pré-judice de l'élection de domicile faite par cette affignation en la mai-fon de Me. Tardif, Procureur au Confeil, & des défenfes faites au fieur Mauche, en vertu de la Commiffion du Confeil, de faire aucu-nes pourfuites ni procedures ailleurs qu'en ce Tribunal.

La nullité des actes des 23. Août & 6. Septembre 1740. une fois éta-blie, il eft certain que le fieur Mauche ne peut jamais s'en prévaloir pour prétendre avoir fatisfait à tout ce qu'on pouvoit exiger de lui. Il n'a fatisfait à rien, puifqu'il a manqué à l'affignation que lui avoit donné fon Seigneur pour fournir fa déclaration & exhiber fes titres, & tout ce qu'il a pû faire d'ailleurs, en choififfant les momens de l'ab-fence de fon Seigneur & de fes Agens, n'eft qu'une manœuvre odieufe digne d'attirer fur lui tout le courroux de la Juftice.

Ainfi rien de plus regulier que la demande de Monfieur l'Abbé de Canillac à ce que fans s'arrêter aux actes des 23. Août & 6. Septem-bre 1740. le fieur Mauche foit condamné à lui rendre aveu dans les formes, & à lui exhiber fes titres.

A l'égard des arrérages des droits Seigneuriaux, Monfieur l'Abbé de Canillac en demande 29. années en deniers ou quittances valables:

cette demande est en regle & ne sçauroit souffrir aucune difficulté.

Venons présentement à la demande incidente de Monsieur l'Abbé de Canillac en desistement de trois saumées de terre que le sieur Mauche, ou les auteurs de Marie-Therese Feraud sa femme, ont usurpées sur l'Abbaye.

Ces trois saumées sont celles que le sieur Mauche a énoncées dans le dernier article de sa prétenduë déclaration du 23. Août 1740. en ces termes, *finalement trois saumées douze Dextres de terre en Pré, de la directe universelle dudit Seigneur Abbé, sans aucune cense, confronte du levant le sieur Passet, du couchant la Petite Roubine du Gaudre, de Bize Terre du Fort-d'Hervart, & du midi Terre de l'Abbaye.*

On dit que ces trois saumées de terre appartiennent à l'Abbaye: en voici la preuve.

Par contrat du 19. Juin 1667. Marie de Buty, Intendant & Procureur général de Messire Charles de Bichy, Abbé de Montmajour, donna à nouveau bail & emphitéose à *Jacques Passet*, Menager à Fonvieille, » six saumées de terre, mesure de Dextre dudit Arles, de la » Pallu appellée Traboufille, dépendante du Domaine de ladite Ab-» baye, terroir dudit Fonvieille, à prendre de long en long du côté » de la Roubine-Vieille-du-Vigueirat, au-dessous du Fort-d'Hervart, » & tout contre quatre autres saumées de ladite Pallu, données audit » Passet en contréchange d'autres terres qu'il a désemparées à l'Ab-» baye; confrontant lesdites six saumées, du levant la Palud restante » audit Seigneur Abbé, du midi le Vallat d'Aquaria, du couchant » les susdites quatre saumées échangées, du septentrion la Petite » Roubine du Gaudre; sous la censive annuelle & perpetuelle de 90. » livres, qui est à raison de 15. livres par chacune saumée. »

Les trois saumées ou environ de terre énoncées dans la déclaration informe du sieur Mauche, font constamment partie de ces six saumées données à cens à Jacques Passet. Il ne faut pour s'en convaincre, que rapprocher les confrontations.

Le sieur Mauche, dans son prétendu aveu, donne pour tenant aux trois saumées, d'un côté *le sieur Passet*: suivant le contrat de 1667. les six saumées, confrontent à quatre autres saumées possedées par *le sieur Passet*.

De l'autre côté les trois saumées touchent à *la Petite Roubine du Gaudre.* La même confrontation se retrouve dans le contrat de 1667.

Les trois saumées tiennent aussi *aux terres du Fort d'Hervart*: ce font trois saumées, faisant moitié des six en question, qui, comme on va voir, ont été cedées en 1670. au sieur d'Hervart.

Enfin les trois saumées confrontent, selon le sieur Mauche, *aux Terres de l'Abbaye*, & les six saumées du contrat de 1667. confrontent d'un bout *la Pallu restante audit Seigneur Abbé.*

Les confrontations s'accordent donc parfaitement, & par consequent il n'est pas permis de douter de l'identité des terres.

Mais, dit-on, vous confondez les confrontations, vous transposez
celle

celle du nord d'un héritage avec celle du midi de l'autre.

On répond qu'en cela le sieur Mauche se fait un moyen de son inexactitude & de sa supercherie. Il est vrai qu'à suivre litteralement son prétendu aveu, les confrontations ne se trouveroient pas par les mêmes côtés d'orient, d'occident, &c. Mais c'est que le sieur Mauche n'a pas sçû s'orienter, ou plûtôt c'est qu'il a affecté cette confusion, afin de rendre l'identité des terres en question moins sensible. En un mot, Monsieur l'Abbé de Canillac met en fait que les confrontations des saumées possedées par le sieur Mauche, sont exactement les mêmes, & par les mêmes bouts & côtés, que celles des six saumées données à cens par le contrat de 1667. C'est ce qu'un rapport d'Experts éclaircira, au cas que le Conseil ne trouve pas actuellement sa religion suffisamment instruite.

Que sont devenuës ces six saumées données à cens à Jacques Passet par le contrat de 1667? *Trois* ont été venduës le 6. Juin 1670. à Messire Jean-Henry d'Hervart, par Loüis Passet fils de Jacques, à la charge par l'acquereur de payer la censive de quinze liv. par chaque saumée, faisant pour les trois 45. livres; & à l'égard des trois autres, le même Loüis Passet étant mort oberé de dettes, par Sentence de la Justice d'Arles du 3. Juillet 1691. le Curateur nommé à la discussion de ses biens *fut reçû, du consentement des Créanciers, à deguerpir les trois saumées de terre situées au terroir du Pâty, & sujettes à la pension ou censive de quarante-cinq livres annuellement; à ces fins ordonné que le Fermier de l'Abbaye de Montmajour se mettroit en possession de ladite terre, autrement que le tout demeureroit à ses périls & fortunes.*

Voilà donc, au moyen de ce deguerpissement, les trois saumées en question réunies au Domaine utile de l'Abbaye.

Or on defie le sieur Mauche de justifier que depuis 1691. ces trois saumées ayent été-données à cens ou emphitéose aux Auteurs de Marie-Therese Feraud sa femme: il ne peut donc les posseder qu'à titre d'usurpation, & par consequent la demande en desistement est incontestable.

OBJECTION.

Il paroît par le contrat de 1667. qu'indépendamment des six saumées lors données à cens à Jacques Passet, ce Particulier possedoit déja au même lieu du Pâty de Traboufille, quatre saumées à lui données en contrechange d'autres terres qu'il avoit desemparées à l'Abbaye, lesquelles quatre saumées étoient contiguës aux six premieres saumées. Or, suivant le sieur Mauche, les trois saumées de terre qu'il possede font partie de ces quatre saumées & non des six autres. Et pour le persuader il observe que la même Sentence de 1691. qui ordonna le déguerpissement des trois saumées chargées de la censive de quarante-cinq livres, ordonna aussi par une seconde disposition, que les Créanciers opteroient sur les quatre saumées de terre situées au quartier du Pâty, qui restoient à la discussion de Loüis Passet;

C

qu'en conséquence Antoine-Chaud, auteur de la femme du sieur Mauche, le premier des Créanciers en ordre d'hipotéque, fit procéder le 10. Décembre 1691. à une estimation des fonds de la discution, qu'il entendoit prendre en payement de ses créances, & que par ce Procès-verbal il lui fut abandonné entr'autres choses, deux saumées cent quatre-vingt-treize dextres, quatorze quinziémes de dextre, à prendre dans les quatre saumées restées à la discution; que depuis, Antoine Chaud ayant été évincé d'une partie des biens sur lesquels il s'étoit colloqué, la veuve de Loüis Passet qui avoit pris en collocation le surplus des quatre saumées, lui en abandonna en remplacement la continence d'une sexterée quarante-trois dextres par acte du 6. Octobre 1694. & le sieur Mauche prétend que les trois saumées treize dextres qu'il possede aujourd'hui sont ces portions des quatre saumées, prises en collocation par Antoine chaud, ou à lui cedées par la veuve Passet, & non les trois saumées déguerpies par le Curateur à la discution de Loüis Passet, & qui dès le 9. May 1692. avoient été, dit-il, données à nouveau bail, par le Fermier de l'Abbaye, au nommé Arnoux, sous la censive de dix livres par saumée.

RÉPONSE.

Monsieur l'Abbé de Canillac ne disconvient point, & n'a aucun intérêt de disconvenir, qu'Antoine Chaud n'ait été colloqué en 1691. sur une portion des quatre saumées de terre differentes des trois qui avoient été déguerpies; il ne disconvient point que la veuve Passet ne lui ait encore abandonné en 1694. une portion de ces quatre saumées : mais ce que Monsieur l'Abbé de Canillac soutient, c'est que les trois saumées ou environ, possedées par le sieur Mauche, ne sont point les mêmes, prises en collocation par Antoine Chaud, c'est-à-dire, qu'elles ne font point partie des quatre saumées restées à la discution, & qu'au contraire ce sont les trois saumées deguerpies, chargées de la censive de quarante-cinq livres, & faisant moitié des six données à cens à Jacques Passet par le Contrat de 1667.

Une premiere preuve contre le sistême du Sieur Mauche se tire de la difference de consistance. Antoine Chaud prit en collocation par le Procès-verbal du 10. Décembre 1691. *deux saumées cent quatre-vingt-treize dextres*, c'est-à-dire, trois saumées moins sept dextres. La veuve Passet lui ceda depuis, sur le surplus des quatre saumées, *une sexterée quarante-trois dextres*. La sexterée contient cinquante dextres, qui jointes aux quarante-trois font quatre-vingt-treize dextres : par conséquent, en réunissant le tout, il est évident qu'il échut à Antoine Chaud dans les quatre saumées, *trois saumées* 86. *dextres de terre*.

Or le sieur Mauche ne possede aujourd'hui que *trois saumées treize dextres*, selon son propre aveu : Voilà donc une difference de soixante-treize dextres, qui ne permet pas de penser que les objets possedés aujourd'hui par le sieur Mauche soient les mêmes pris en collocation par Antoine Chaud.

29. Voici une autre preuve qui n'est pas moins frapante. On voit par le Contrat de 1667. que les six saumées en un seul corps, données à cens à Jacques Passet, confrontoient *du côté du couchant* les quatre saumées échangées.

Par Contrat du 6. Juin 1670. Jacques Passet ceda au sieur d'Hervart trois saumées, faisant moitié des six ci-dessus. On voit par ce Contrat que les trois saumées aliénées confrontoient *du côté du couchant* les trois saumées restantes audit Passet.

Or si les six saumées en 1667. confrontoient *du couchant* aux quatre échangées, si les trois saumées cedées par Passet au sieur d'Hervart, confrontoient *du couchant* aux trois restantes, il s'ensuit necessairement de cette position, que les trois saumées demeurées à Passet étoient situées entre les quatre saumées échangées, & les trois saumées venduës au sieur d'Hervart, c'est-à-dire, que ces trois dernieres saumées n'étoient point contiguës aux quatre échangées, & qu'elles en étoient separées par les trois restées à Passet, faisant moitié des six saumées du Contrat de 1667.

Or les trois saumées possedées par le sieur Mauche, *touchent & font contiguës* aux trois saumées venduës au sieur d'Hervart, & sur lesquelles ses successeurs payent encore aujourd'hui la censive de quinze livres par saumée. Elles ne font qu'une seule & même continuité avec les trois saumées du sieur d'Hervart. C'est un fait qui a été éclairci sur les lieux avec le sieur Mauche, & dont, en cas de déni, on offre la preuve par un rapport d'Experts. Cette circonstance decisive jointe à la conformité deja justifiée des confrontations des trois saumées du Sr Mauche aves celles portées par le Contrat de 1667. ne permet donc pas de douter que ces trois saumées ne soient les mêmes qui étoient restées à Loüis Passet après l'aliénation des trois autres, & qui ont été déguerpies au profit de l'Abbaye en exécution de la Sentence de 1691.

Ainsi voilà des preuves suffisantes pour faire droit dès-à-present sur la demande en désistement de Monsieur l'Abbé de Canillac. Mais si le Conseil croyoit avoir besoin encore de quelques éclaircissemens, il dépend de sa prudence d'ordonner un rapport d'Experts. Monsieur l'Abbé de Canillac n'en craint point l'évenement, & il se flatte que l'application des titres sur les lieux achevera de dissiper tous les doutes.

Mais, dit le sieur Mauche, comment voulez-vous que je sois en possession des trois saumées déguerpies en 1691. quand il paroît que par Contrat du 9. May 1692. le sieur Mestral, Fermier de l'Abbaye les a données à nouveau bail au nommé Pierre-Joseph Arnoux, moyennent dix livres de censive par saumée ?

La réponse est que ce prétendu nouveau bail à cens n'a eu aucune exécution, parce que le Fermier avoit excedé ses pouvoirs, n'ayant pas qualité pour faire de ces sortes d'aliénations. Cela est si vrai que le sieur Mauche n'a pas pû justifier que ni le nommé Arnoux, ni personne ayant droit de lui, possede aujourd'hui les trois saumées déguerpies: preuve cependant qui lui auroit été bien facile si le nouveau bail avoit eu lieu. Les trois saumées n'ont donc pas cessé d'appartenir à l'Abbaye, c'est sur elle qu'elles ont été usurpées, & consequemment il faut la rétablir dans ses droits & dans la possession de ces trois saumées.

En un mot ce qui doit décider ici c'est la conformité de la consistance & des confrontations, c'est la contiguïté des trois saumées du sieur Mauche, avec les trois saumées cedées en 1670. au sieur d'Ervart, & qui payent encore actuellement la censive de quinze livres par saumée. Tout cela parle en faveur de Monsieur l'Abbé de Canillac, rien de tout cela ne cadre avec le sistême du sieur Mauche. Il a beau dire qu'Antoine Chaud son auteur se colloqua sur la plus grande partie des quatre saumées provenantes d'un prétendu échange fait avec l'Abbaye: si elles ne se sont pas trouvées dans sa succession, c'est sans doute qu'il les avoit alienées. Mais en un mot, que le sieur Mauche cherche ces quatre saumées, qu'il les prenne partout où il les trouvera, Monsieur l'Abbé de Canillac n'y met point d'obstacle, il se reserve seulement à faire valoir les droits de son Abbaye sur ces quatre saumées. Mais les trois que possede le sieur Mauche n'en font constamment point partie. Ce sont les mêmes dans lesquelles l'Abbaye est rentrée par le déguerpissement de 1681. nous l'avons prouvé. S'il reste quelques nuages, nous offrons de les dissiper par un rapport d'Experts, & par l'application des titres sur les lieux. En cet état Monsieur l'Abbé de Canillac n'a certainement rien à redouter des vains efforts du sieur Mauche.

TARDIF, Proc.

A PARIS chez PIERRE-GUILLAUME SIMON, Imprimeur du Grand Conseil, au bas de la rue de la Harpe, à l'Hercule. 1742.

MEMOIRE

POUR Meſſire DENIS-MICHEL DE MONTBOISSIER-BEAU-
FORT-CANILLAC , Marquis du Pont-du-Château.

*CONTRE Meſſire Nicolas de Bouillé , Prêtre , Chanoine ,
Comte de Lyon , Légataire univerſel de la feue Dame Marquiſe
du Pont-du-Château.*

LE Légataire univerſel d'une femme , qui, de ſon vivant ,
plaidoit en ſéparation de corps & d'habitation avec ſon
mari , peut-il jamais reprendre un pareil Procès ? Peut-il
après la mort de la femme appeller de nouveau le mari en
Jugement pour défendre à une accuſation de cette nature ?
C'eſt l'unique queſtion de la Cauſe.

Le Comte de Bouillé ſoutient l'affirmative. Il n'eſt arrêté ni par l'eſpèce d'une conteſtation, on ne dira pas ſimplement auſſi perſonnelle ,
mais la plus perſonnelle qu'il ſoit poſſible d'imaginer , & inhérente à
la qualité de femme & de mari ; ni par l'impoſſibilité qu'il y a de faire
aujourd'hui pour juger le Procès, ce qu'il eut été des regles de faire
ſi la Marquiſe du Pont-du-Château vivoit ; ni par la répugnance enfin, c'eſt tout ce que l'on peut dire de moins, qu'il ſembloit qu'il
dût avoir à faire valoir de certains moyens , de certains faits dont on
ſait ſi ſouvent les plaintes en pareille occaſion , & que l'impoſture &
la calomnie avoient dicté ſingulierement dans la plainte rendue ſous
le nom de la Marquiſe du Pont-du-Château.

Le Marquis du Pont-du-Château au contraire eſt oppoſant à la
repriſe du Procès ; & forcé d'avouer le malheur qu'il avoit de plaider
en ſéparation de corps avec ſa femme, c'eſt dans le malheur même
qu'il a eu de la perdre, qu'il eſt réduit d'un autre côté à trouver les
moyens qu'il a pour ſe rédimer du nouveau Procès que prétend lui
faire eſſuyer le Comte de Bouillé.

A 11.430

En un mot en récufant hautement un pareil adverfaire, le Marquis du Pont-du-Château foutient de plus que pour pouvoir reprendre, il faudroit du moins qu'il y eût un Procès à reprendre, mais que n'y en ayant plus, que ne pouvant plus y en avoir depuis le décès de la Marquife du Pont-du-Château, parce que depuis ce décès il ne fçauroit plus être queftion, ni d'ordonner la féparation de corps & d'habitation d'une femme morte, ni d'ordonner qu'une femme morte retournera avec fon mari, il s'enfuit donc néceffairement & que la reprife du Légataire univerfel eft nulle & inadmiffible, & que l'oppofition du mari à cette même reprife eft tout à la fois la plus réguliere & la plus favorable.

Telle eft l'idée exacte de la Caufe. En voici le peu de faits qu'il convient d'y ajouter. Ils confiftent principalement à rappeller trois Arrêts, entr'autres, intervenus entre les Sieur & Dame du Pont-du-Château, depuis une féparation volontaire qu'il y avoit eu entr'eux quelques années auparavant. L'Acte étoit du 20 Octobre 1730. Il portoit que la Dame du Pont-du-Château » auroit fait demander & » demandé elle-même » au Marquis du Pont-du-Château. » La per-» miffion de fe retirer d'avec lui & de vivre en fon particulier avec » une penfion convenable....... Et de la part dudit Seigneur Mar-» quis du Pont-du-Château a été dit que voulant bien confentir à la » demande qui lui a été faite par ladite Dame, il eftime qu'une pen-» fion de 12000 livres eft fuffifante....... « Ce fut le Marquis du Pont-du-Château qui fixa lui-même cette penfion qu'il s'obligea de payer à la Dame fon époufe, » *tant qu'ils vivroient féparément* ; « l'Acte le porte auffi expreffément.

Le premier des trois Arrêts, dont on entend parler, eft du 27 Janvier 1740, il eft rendu au Rapport de M. de Montholon. Il a confirmé une Sentence du Châtelet fur productions refpectives du 21 Août 1737, qui venoit de débouter la Marquife du Pont-du-Château d'une demande en féparation de biens *feulement* qu'on lui avoit fait former contre fon mari ; ç'avoit été le premier fruit de la féparation volontaire qu'il avoit eu la facilité de confentir, & qu'il voulut dèflors révoquer. Il en forma fa demande, fur laquelle eft intervenu le fecond Arrêt du 10 Mars 1741, rendu au Rapport de M. Bochard de Sarron : mais, comme en la formant il avoit donné à la Marquife du Pont-du Château l'option de revenir chez lui, ou de fe retirer dans un Couvent, ce qu'il n'avoit point encore jufques-là voulu exiger d'elle, l'Arrêt donna Acte à la Marquife du Pont-du-Château de ce qu'elle acceptoit l'option que lui donnoit fon mari, & de ce qu'en conféquence elle s'étoit retirée au Couvent du Cherche-Midy. Elle y a demeuré jufqu'à fon décès.

Enfin le troifieme Arrêt eft du 26 Juin 1742, rendu fur Déliberé au Rapport de M. Severt. Il a fait droit fur une nouvelle demande du Marquis du Pont-du-Château en révocation de l'Acte de féparation volontaire de 1730, non plus alternative comme la premiere, mais pure & fimple, abfolue & indéfinie. Il ordonnoit que dans un mois pour tout délai, la Marquife du Pont-du-Château feroit tenue de retourner en la Maison de son Mary, & d'y faire apporter les Meubles & Effets qu'il lui avoit abandonnés, lors de leur séparation volontaire.

C'est uniquement pour souftraire la Marquise du Pont-du-Château à l'exécution de ce troifieme Arrêt qu'on lui a fait rendre la Plainte qui a précedé sa demande en séparation de Corps du 26 Juillet fuivant, sur laquelle est intervenue la Sentence du 4 Septembre 1744, dont le Marquis du Pont-du-Château étoit Appellant.

Elle prononçoit la séparation de Corps, & celle de Biens, qui, comme l'on sçait, est une suite indispensable de toute séparation de Corps & d'habitation. Il n'est jamais possible de considerer autrement dans la thèse générale même une séparation de Biens qui n'est que l'effet d'une séparation de Corps : mais il y a quelque chose de plus dans l'espece particuliere ; & dès qu'il y avoit eu précédemment un Arrêt qui avoit débouté la Marquise du Pont-du-Château d'une demande en séparation de Biens *seulement* qu'elle avoit d'abord formée, il en résulte necessairement que la question des Biens étoit un point jugé incommutablement entre le Mary & la Femme : d'où il suit également que la séparation de Biens, prononcée en même tems que la séparation de Corps, ne l'avoit donc été, & ne l'avoit jamais pû être que comme la conséquence, l'effet, & la suite necessaire de celle-ci, mais sans la moindre connoissance de cause relative aux Biens, & en un mot comme un simple accessoire inséparable de l'unique principal qui s'agitoit & pouvoit aussi seul s'agiter, sçavoir la question de la personne & la séparation de Corps & d'habitation.

Depuis, la Marquise du Pont-du-Château est décédée le 27 Février 1745, eût-elle, si elle eût vécu, persifté jusqu'à la fin dans sa demande, c'est ce qu'il n'est possible à qui que ce soit de dire & de soutenir ; c'est de plus, comme on le verra par la suite de ce Mémoire, ce qu'il n'est pas même possible de supposer en matiere de séparation de Corps & d'habitation.

Il s'est trouvé après son décès un Testament du premier Août 1741, antérieur de près d'un an à sa demande en séparation de Corps qui n'est que du 26 Juillet 1742, il contient différens Legs ; deux entr'autres, l'un de la somme de 30000 livres au proffit du Marquis de Bouillé, & l'autre de 40000 livres au proffit de la Demoiselle de Bouillé sa Fille ; c'est le Frere & la Niéce du Comte de Bouillé que la Dame du Pont-du-Château institue au surplus son Légataire universel, & qui en cette qualité a mis au Greffe de la Cour un Acte de reprise par lequel il déclare « qu'il reprend audit nom le Procès qui » étoit pendant en la Cour entre les Sieur & Dame du Pont-du-Châ- » teau. . . . . . «

C'est à cet Acte de reprise que le Marquis du Pont-du-Château a formé opposition « comme étant ledit Procès entierement éteint par » le décès de la Dame du Pont-du-Château. «

Ainsi l'Acte de reprise & l'opposition, rapprochés l'un de l'autre, indiquent suffisamment ce surquoi les Parties sont divisées.

C'est suivant le Comte de Bouillé lui-même le Procès « qui étoit

» pendant entre les Sieur & Dame du Pont-du-Château« qu'il déclare & qu'il entend feulement reprendre.

Si donc ce Procès » qui étoit pendant « entre le Mari & la Femme du vivant de celle-ci, ne l'eft plus & ne fçauroit plus l'être aujour-d'hui qu'elle eft decedée : s'il ne fubfifte plus : s'il eft impoffible qu'il fubfifte : fi par conféquent il eft impoffible qu'il y ait un Procès à re-prendre : l'Acte de reprife eft neceffairement nul, parce qu'il ne fçau-roit y avoir lieu à une reprife, qui eft fans objet, dès qu'il n'y a point de Procès à reprendre.

Voilà ce que le Marquis du Pont-du-Château foutient, & l'unique point qu'il ait à établir, parce que c'eft auffi l'unique point qu'il foit queftion de juger. Il répondra enfuite aux objections du Comte de Bouillé.

Et d'abord Quelle a été à ce fujet l'impreffion qu'a faite le décès de la Dame du Pont-du-Château fur tous ceux qui fçavoient qu'elle plaidoit en féparation de Corps & d'habitation avec fon Mari ? Quelle a été la première idée dont on a été frappé ? Quel a été le premier mot que l'on a dit ? Ç'a été que le Procès étoit fini. La Marquife du Pont-du-Château eft morte : voilà donc fon Procès fini. Il n'eft per-fonne qui n'ait tenu ce langage ; il n'eft perfonne qui ne l'ait dit & penfé par cette raifon ; Qu'une demande en féparation de Corps & d'habitation eft, comme on l'a déja obfervé, la plus perfonnelle qu'il foit poffible d'imaginer, & une demande inhérente, pour ainfi par-ler, aux qualités de Femme & de Mari.

Que la conteftation qu'elle forme entr'eux ne fçauroit jamais fub-fifter qu'entre la Femme perfonnellement & le Mari perfonnellement ; & conféquemment entre une Femme vivante, & un Mari vivant.

Que c'eft une conteftation néceffairement étrangere & qui ne peut jamais en aucun cas n'être pas étrangere, à tout autre que les Con-joints mêmes entre lefquels elle s'agite, parce qu'en effet ce n'eft qu'entr'eux que fubfifte le lien auquel porte atteinte une féparation de Corps & d'habitation.

Et Qu'enfin un Procès de cette nature eft donc abfolument éteint par le décès de l'un ou de l'autre, fans qu'il puiffe jamais être tranf-miffible à leurs héritiers, fuffent-ils Enfans, moins encore à plus forte raifon à un étranger, à un Légataire univerfel, par cette raifon fans replique que le décès de l'un ou de l'autre des Conjoints fait abfolument ceffer l'unique interêt qu'ils faifoient valoir & qu'ils pou-voient feulement faire valoir ; du côté de la Femme, celui d'être fé-parée de Corps d'avec fon Mari ; & du côté du Mari, celui de con-ferver fa Femme, qu'il n'eft plus poffible de lui rendre lorfqu'elle eft morte.

Auffi le Marquis du Pont-du-Château n'a-t-il autre chofe à faire pour la défenfe de fa caufe, qu'à chercher, qu'à développer le prin-cipe & le fondement, le motif & la raifon de cette impreffion, en prouvant que fi l'on a dit & penfé qu'au moyen du décès de la Mar-quife du Pont-du-Château le Procès fe trouvoit fini, on a eu raifon de le dire & de le penfer.

Pour

Pour le prouver, il faut examiner d'abord quelle est la nature de la contestation que forme entre un mari & une femme, une demande en séparation de corps & d'habitation.

Il faut examiner en second lieu, comment cette demande peut s'intenter, comment l'instance se poursuit, comment elle se juge.

Par rapport au premier point, il faut, pour connoître la nature d'une Instance de séparation de corps & d'habitation entre mari & femme, remonter jusqu'à la nature & l'essence de l'union qui est entr'eux, & du lien qui les unit.

Ce lien est indissoluble ; cette union est pour durer toujours.

Ce n'est pas seulement une union naturelle entre des hommes.

Ce n'est pas seulement un Contrat civil entre des Citoyens.

C'est encore, c'est de plus un Sacrement entre des Chrétiens.

La nature forme l'engagement.

La Loi politique le détermine, le caractérise, le qualifie.

L'Eglise le consacre ; & l'indissolubilité qu'il a à ce dernier égard, est le sçeau de la perpétuité qu'il renferme dans le vœu de la nature & de la Loi.

Cependant l'époux & l'épouse, quoiqu'unis par des liens indissolubles, ne sont pas toujours inséparables.

Ils sont liés irrévocablement ; leur union va jusqu'à l'identité ; nulle puissance ne sçauroit la rompre. Tout cela est vrai ; & c'est précisément parce que cela est vrai, que, tout à la fois à la honte & pour le secours de l'humanité, il a fallu chercher, trouver le remede de la séparation de corps & d'habitation, & déterminer en même tems les causes qui seules pouroient l'opérer.

La Loy naturelle, au-dessus de toutes les Loix, étoit la seule qu'il fût possible d'écouter, pour porter atteinte à une union qui n'en pouvoit jamais recevoir, à ne consulter que la Loi primitive de son institution. C'est aussi la Loi naturelle qui a pû seule décider. C'est à quoi se rapportent ces textes du Droit Canonique, qui, comme l'on sçait, nous sert de regle en cette matiere : » *Si capitali odio ità mulier* » *vir persequatur quod meritò de ipso diffidat*..... *Si tanta sit viri sevi-* » *tia ut mulieri trepidanti non possit sufficiens securitas provideri.* « *Cap. 8. & 13. §. de restit. spoliat.*

Si cette haine a déja éclaté par des voyes de fait ; si déja un mari l'a portée jusqu'aux effets, tels que les coups, sévices & mauvais traittemens, quelqu'éloignement, quelque répugnance que le Juge doive avoir à prononcer une séparation de corps & d'habitation, elle devient nécessaire, elle est indispensable, il faut la prononcer.

Mais il y a plus, il n'est pas sans doute besoin d'attendre qu'une femme innocente & malheureuse ait éprouvé ce que la haine & la cruauté de son Tyran ne lui donnent que trop sujet d'appréhender & de craindre. L'objet de la séparation de corps & d'habitation ne doit pas être seulement d'arracher des mains d'un mari une femme devenue victime : ce doit être aussi d'empêcher, s'il est possible, qu'elle ne le devienne ; & c'est en ce sens, qu'en distinguant les sévices & mauvais traittemens de fait, des sévices & mauvais traittemens de paroles simplement, ceux-ci mêmes peuvent suivant la différence des

B

perſonnes, être une cauſe ſuffiſante de ſéparation, non pas qu'il ſoit permis de faire acception des perſonnes, ou de conſulter en cette matiere le tarif, pour ainſi dire, des qualités & des conditions; mais parce que, ſuivant la différence des perſonnes, de ſimples ſévices & mauvais traittemens de paroles peuvent plus ou moins faire ou ne pas faire appréhender pour la vie & la ſureté perſonnelle de la femme qui s'en plaint, & qui doit toujours, pour pouvoir s'en faire un moyen légitime de ſéparation, être en état de dire & de prouver qu'ils ſont tels qu'ils lui donnent véritablement lieu de craindre que ſon mari ne ſoit capable de ſe porter aux derniers excès.

Mais quoi! Une femme qui eſt dans le cas de former une demande en ſéparation de corps, & qui, en le faiſant, défend ſa propre vie, la ſureté même de ſa perſonne, ſera-t-elle donc pour cela admiſe à déférer un Criminel à la Juſtice dans la perſonne de ſon Mari coupable!

Le traînera-t-elle aux pieds du Tribunal de la même main qu'elle lui a donnée aux pieds des Autels!

En un mot une Femme Demandereſſe en ſéparation de corps & d'habitation deviendra-t-elle Accuſatrice, & ſon Mari Accuſé!

Non ſans doute: les Loix & nos uſages s'y oppoſent, & ſçavent allier ce qui eſt dû à l'humanité, avec ce qu'exigent l'honneur & le reſpect du mariage.

On ſçait que dans le cas de l'action appellée en droit » *actio re-* » *rum amotarum*, « à laquelle revient parmi nous l'action de récellé & divertiſſement: « *In veritate furtum eſt* «, dit M. Cujas; cependant » *actio furti non datur, nam in honorem Matrimonii turpis actio adversùs* » *Uxorem negatur.* «

De même auſſi quoique la plainte qu'une Femme rend contre ſon Mari, pour parvenir à une Séparation de corps & d'habitation, défere à la Juſtice un crime véritable, cependant on ne permet pas à la Femme de prendre la voye de la procédure extraordinaire; elle pourroit la prendre, ſi contre tout autre qu'un Mari elle ſe plaignoit des mêmes ſévices, des mêmes mauvais traittemens; elle pourroit la prendre même contre les complices que pourroit avoir ſon Mari; mais contre lui perſonnellement cette voye lui eſt interdite; elle eſt réduite à la voye civile, & c'eſt diſent les Loix, » *in honorem & prop-* » *ter pudorem tranſacti Matrimonii.* «

C'eſt auſſi le premier effet, mais qui n'eſt pas le ſeul, que produiſent en cette matiere la conſideration des perſonnes & la qualité de Femme & de Mari.

L'uſage & la pratique conſtante de la Cour comme du Châtelet, nous en offre un autre qui paroît dès l'entrée, pour ainſi dire, de ces ſortes de conteſtations.

On veut parler de l'Ordonnance dont le Juge répond la Requête de la Femme. Elle eſt de ſtile en pareil cas & pour toutes les demandes en ſéparation de Corps & d'habitation: la voici telle qu'elle ſe trouvoit au bas de la Requête de la Dame du Pont-du-Château du 26 Juillet 1742.

Ad tit. ff. h. t.
l. 2. cod.

» La Suppliante autorifée à la pourfuite de fes Droits, permis d'af-
» figner au principal dans les délais de l'Ordonnance, & au premier jour
» deux heures de relevée *en notre Hôtel pour être les Parties entendues en*
» *prefence l'une de l'autre.* «

C'eft la comparution qui fe fait en vertu de la feconde partie de
cette Ordonnance, c'eft l'objet de cette comparution que l'on a intention de relever.

Rien ne prouve mieux de quel œil on regarde en Juftice une demande en féparation de Corps & d'habitation.

Ce n'eft qu'avec une forte de répugnance, ce n'eft qu'à regret, ce
n'eft qu'à la derniere extrémité que l'on veut écouter une Femme qui
la forme.

A peine l'a-t'elle formée que la Juftice s'entremet entre le Mari &
& la Femme.

Le Magiftrat defcend du Tribunal, pour tenter d'être médiateur
entre les Parties.

Ses premieres tentatives font-elles inutiles, il laiffe à la vérité à la
Femme plaignante la liberté de prouver fes plaintes par toutes les
voies qu'elle peut avoir.

Mais l'a-t'elle fait; après l'inftruction la plus complette, après la
vifite même du Procès, au moment de juger, ce qui a été neceffaire
avant d'admettre la demande de la Femme le devient égalemeut,
avant d'opiner pour former le jugement.

Il eft des regles d'entendre alors une feconde fois les Parties en
prefence l'une de l'autre.

Le Magiftrat revient de nouveau à la charge, s'il eft permis de fe
fervir de ce terme. Il effaye de nouveau de ramener les efprits & les
cœurs à une réconciliation, toujours poffible & toujours trop tardive.

En tout autre cas ce feroit une forte de déni de Juftice que ces
précautions du Magiftrat.

Dans celui-ci au contraire, c'eft la regle de la rendre.

La Cour elle-même le pratique tous les jours en caufe d'appel,
comme cela fe fait en caufe principale ; & c'eft ce qu'elle auroit fait
fi le Procès eût été jugé du vivant de la Dame du Pont-du-Château,
comme cela avoit été fait au Châtelet.

De tout ce que l'on vient de dire, réfultent trois obfervations qu'il
n'eft jamais poffible de contefter, parce qu'elles font puifées dans la
nature même du Procès que forme entr'un Mari & une Femme une
demande en féparation, & dans l'ufage conftant dont on vient de
parler.

La premiere, c'eft qu'une Inftance de féparation de Corps & d'habitation eft effentiellement & par elle-même une Inftance criminelle;
par cette raifon, que la demande d'une Femme qui la forme, a pour
objet la défenfe de fa propre vie & de fa perfonne, contre les attentats qu'un Mari y a déja portés, ou qu'il y a jufte lieu de craindre
qu'il ne foit capable d'y porter.

Or toutes les fois qu'un Citoyen eft dans ce cas vis-à-vis d'un autre Citoyen, cela fait conftamment la matiere d'une pourfuite extra-

ordinaire & d'une Procédure criminelle entre l'un & l'autre.

La feconde, c'eft que fi entre Mari & Femme une Inftance de fé. paration ne fe pourfuit néanmoins qu'au Civil , après même avoir commencé par une Plainte, ce n'eft que par la confideration de la qualité des perfonnes, & pour ne point donner en ce cas d'action criminelle à la Femme contre le Mari, « *in honorem & propter pudorem* » *tranfacti matrimonii.* »

La troifieme enfin eft que fi cet interêt du Mariage épargne alors au Mari le perfonnage & le nom odieux d'accufé , c'eft d'un autre côté fans lui faire perdre l'efpece d'avantage, s'il eft poffible de s'ex- primer ainfi, qu'il a de l'être véritablement , en le confiderant toujours comme tel pour appliquer en fa faveur cette premiere maxime en ma- tiere criminelle qu'il faut toujours préfumer & fouhaiter l'innocence de l'accufé.

Voilà ce qu'un Mari défendeur à une demande en féparation de Corps & d'habitation éprouve fingulierement, comme il réfulte foit de la premiere comparution que le Juge, en autorifant même la Femme à l'effet de fa demande , ordonne pardevant lui, pour entendre les Parties en prefence l'une de l'autre , foit de la feconde comparution qu'il ordonne à mêmes fins, après l'inftruction la plus complette, après le Rapport du Procès, & avant d'ouvrir les avis pour juger.

Mais cela pofé, comment feroit-il donc poffible de douter que la mort de la Marquife du Pont-du-Château n'ait entierement éteint le Procès.

C'eft encore une fois fa fûreté perfonnelle , c'eft fa propre vie qu'une Femme Demanderefse en féparation de Corps & d'habitation défend.

C'eft uniquement pour l'une & pour l'autre qu'elle plaide.

C'eft uniquement pour l'une & pour l'autre qu'elle porte fes Plain- tes à la Juftice.

Donc lorfque cet objet unique , lorfque ce feul interêt d'une de- mande en féparation ne fubfiftent plus, lorfqu'ils ne fçauroient plus fub- fifter, lorfqu'il n'en fçauroit plus jamais être queftion, lorfque la mort a fouftrait pour toujours la Femme aux dangers qu'elle croyoit cou- rir, il n'eft plus poffible qu'il y ait de Procès , ni de reprife à faire , parce qu'il n'y a plus rien à juger.

D'un autre côté l'interêt du Mari, intérêt le plus légitime & qu'il lui fied plus de faire valoir eft celui de conferver fa Femme, eft celui de recevoir une feconde fois des mains même de la Juftice une Femme qui eft à lui. Et l'on voudroit que lorfque la mort la lui a enlevée pour toujours, il pût plaider pour fe la faire rendre, il pût avoir un Procès qu'il ne fçauroit jamais gagner ; Quel paradoxe ! Quelle ab- furdité !

C'eft à quoi il fuffit au Marquis du Pont-du-Château de ramener toujours fon Adverfaire , à l'objet unique , au feul intérêt d'une de- mande en féparation de corps & d'habitation.

Comme un Mari qui y défend ne fçauroit en propofer d'autre en Juftice que celui de ravoir fa Femme ; celle-cy n'en fçauroit

non

non plus propofer d'autre que celui dont on vient de parler.

Si cela eft vrai dans la thèfe générale, cela eft encore plus vrai, pour ainfi dire, dans l'efpèce particuliere, où par l'Arrêt du 27 Janvier 1740 la Dame du Pont-du-Château venoit de perdre le Procès en féparation de biens *feulement*, qu'elle avoit d'abord fait effuyer au Marquis du Pont-du-Château.

Il en réfulte néceffairement que la queftion des biens, féparée de la queftion de la perfonne, n'entroit point dans le Procès que voudroit reprendre le Comte de Bouillé, & n'y pouvoit jamais entrer.

Il eft vrai que fi la Dame du Pont-du-Château vivante fût parvenue à faire confirmer la Sentence de féparation de corps, elle eût été auffi féparée de biens.

Mais c'eft qu'alors une Femme obtient fa féparation de biens fans avoir même à la demander.

Mais c'eft qu'alors la féparation de biens devient une fuite néceffaire, un acceffoire dépendant abfolument de la féparation de corps & d'habitation

Mais c'eft qu'alors la féparation de biens eft de droit.

Mais c'eft qu'alors on la prononce, & l'on doit auffi la prononcer fans aucune connoiffance de Caufe.

Mais c'eft qu'alors on la prononce contre le Mari le plus Econôme, contre le meilleur Adminiftrateur, & vis-à-vis de la Communauté la plus opulente que la Femme alors peut inconteftablement accepter.

En un mot la Femme n'a point de moyens à propofer pour obtenir alors la féparation de biens.

Le Mari d'un autre côté n'a point & ne fçauroit avoir de moyens à faire valoir pour l'empêcher.

Donc il eft exactement vrai de dire que la queftion des biens n'eft pour rien dans le Procès, qui ne peut jamais en effet exifter que fur ce par rapport à quoi il y a & il peut y avoir de part ou d'autre conteftation, c'eft-à-dire, fur ce par rapport à quoi il y a & il peut y avoir des moyens contraires à faire valoir, & une défenfe refpective à propofer.

Donc il eft exactement vrai de dire que la queftion de la perfonne fait feule le Procès.

Donc il eft exactement vrai de dire que le Procès eft entierement éteint, lorfque par la mort de la Femme, il eft réduit aux termes dans lefquels il n'auroit jamais pû commencer, & aufquels, s'il eut été réduit du vivant même de la Femme, il n'y auroit plus eu de Procès.

Il eft éteint, il eft fini, il ne fubfifte plus & ne fçauroit plus fubfifter, parce qu'une Inftance de féparation de corps & d'habitation, eu égard au feul objet, au feul intérêt de la Femme qui la demande, eft véritablement une Inftance criminelle dans fon principe & dans fa Caufe, qui à la vérité ne fe pourfuit qu'au Civil par la confidération des perfonnes; par refpect pour les qualités de Mari & Femme; mais qui par cette raifon-là même doit donc toujours être

C

regardée comme une Inftance criminelle, toutes les fois que cela importe à l'honneur & au refpect dû au Mariage, pour en conclure que l'appel du Mari d'un côté, & la mort de la Femme de l'autre, anéantiffent & font abfolument ceffer le Procès.

Il eft éteint par l'impoffibilité qu'il y a de juger le Procès comme on l'auroit jugé, fi la Femme ne fût pas morte.

Ce n'auroit été qu'après avoir entendu en la Cour les Parties en préfence l'une de l'autre, comme elles avoient été entendues en Caufe principale, après le rapport du Procès, & avant le Jugement.

Or c'eft ce que le décès de la Femme met abfolument dans l'impoffibilité de faire.

Donc il eft vrai que le Procès eft néceffairement éteint par ce décès, depuis lequel il n'eft plus poffible de faire pour le juger, ce qu'il auroit été des regles de faire, ce que la Cour elle-même auroit fait, fi la Marquife du Pont-du-Château vivoit.

Enfin il eft éteint; parce que la queftion du bien ou mal jugé de la Sentence dont le Marquis du Pont-du-Château étoit Appellant, ne pourroit avoir trait, ne pourroit jamais fe rapporter, aujourd'hui que la femme eft morte, qu'à la queftion des biens.

Or dans la thèfe générale même la queftion des biens n'entre pour rien dans un Procès de féparation de corps & d'habitation entre Mari & Femme.

Et dans l'efpece particuliere elle y pouvoit d'autant moins entrer que la féparation de biens, confiderée comme principal & autrement que comme fuite & acceffoire fimplement de la féparation de corps & d'habitation, étoit chofe jugée contradictoirement entre les Parties & fans retour par l'Arrêt de 1740 qui venoit de débouter la Marquife du Pont-du-Château de la demande en féparation de biens feulement qu'elle avoit formée avant la demande en féparation de corps & d'habitation.

Contre une défenfe fi naturelle, fi favorable, & fi conféquente, pour peu que l'on faffe attention à la nature d'une Inftance de féparation de corps entre Mari & Femme, comme à l'ufage uniforme de la Cour & du Châtelet d'entendre les Parties en préfence l'une de l'autre avant le Jugement, voici le fyftême du Comte de Bouillé; on va pour abréger, le réduire à différentes objections à chacune defquelles on répondra féparément.

Premiere Objection.

Il ne nie point qu'une Inftance de féparation de corps & d'habitation eft effentiellement & par elle-même une Inftance criminelle. Il ne nie point que, fi elle ne fe pourfuit néanmoins qu'au civil, c'eft uniquement par la confidération de la qualité des perfonnes. Il ne nie point enfin l'ufage uniforme de la Cour dont on vient de parler. Cependant il fe refufe aux conféquences que l'on en vient de tirer, & préfente d'abord l'interêt qu'il a de faire confirmer la Sentence, en prouvant qu'elle a bien jugé, pour en conclure qu'il eft donc en droit de reprendre le Procès: c'eft une premiere objection.

Réponfe.

Rien de plus aifé que de l'écarter; & pour le faire il ne faut, comme on l'a déja dit en plaidant, que mettre, pour ainfi parler, la précifion

convenable aux chofes ; il en réfultera qu'il ne fçauroit jamais être
ici queſtion d'interêt préſenté fous le point de vûe, & de la façon
que préfente le Comte de Bouillé.

Il prétend faire une reprife à laquelle le Marquis du Pont-du-Château eſt oppofant ; voilà uniquement l'objet de la caufe ; de juger
entre la reprife & l'oppofition laquelle des deux eſt réguliere & admiſſible. Pour juger que c'eſt la reprife, il faut qu'il y ait effectivement un Procès à reprendre ; comme pour juger au contraire que
c'eſt l'oppofition qui eſt réguliere, il fuffit qu'il n'y ait plus & qu'il
ne puiſſe plus y avoir de Procès à reprendre depuis le décès de la
Marquife du Pont-du-Château. Ainfi l'interêt du Comte de Bouillé
ne fçauroit jamais réfulter de ce qui pourroit lui revenir en qualité de
Légataire univerfel, fi, en fuppofant qu'il y eût un Procès à reprendre, il parvenoit à faire confirmer la Sentence ; mais de ce qu'il y
auroit un Procès à reprendre : parce qu'avant qu'il puiſſe être queftion de faire confirmer ou infirmer la Sentence, il faut qu'il foit vrai
de dire, il faut qu'il ait été jugé que le Procès, dans lequel il s'agi-
roit d'examiner le bien ou le mal jugé de cette Sentence, fubſiſte
encore aujourd'hui.

On peut citer à ce fujet quelques exemples qui rendront encore
plus fenfible cette obfervation.

Ainfi un Seigneur n'eſt point recevable à demander la confifcation
d'un accufé décédé pendant l'inſtruction du Procès, ou depuis même
un premier Jugement de condamnation, *fi pendente appellatione de-
ceſſerit.*

Voyez Brodeau fur
M. Louet. Lett. A.
fomm. 18. n. 6.

Cependant il eſt évident que le Seigneur pourroit dire qu'il a interêt de faire examiner le bien ou mal jugé d'une premiere Sentence ;
mais il n'y eſt point recevable parce qu'il n'y a plus de Procès par la
mort de l'accufé, & que l'interêt, qu'auroit le Seigneur que ce Procès pût fubſiſter, du moins par rapport à la queſtion des biens & de la
confifcation, ne fçauroit empêcher que le Procès ne foit véritablement éteint.

On trouve au même endroit de Brodeau un autre exemple que
voici.

» Feignons, dit-il, qu'une Femme ait été condamnée à la pour-
» fuite de fon Mari pour adultere & privée par la même Sentence de
» fes conventions matrimoniales, & qu'ayant appellé de cette Sen-
» tence elle décede pendant l'appel : il eſt certain que *la queſtion des
» biens, qui n'étoit qu'incidente,* demeure auſſi éteinte avec le crime : *in
» hoc enim crimine tacita eſt bonorum ademptio, nec obſtat quod judex eam
» expreſſerit.* » Il venoit de dire plus haut *nam ita expreſſio nihil operatur,
» quia neceſſaria non erat. . . . Eorum autem quæ tacite infunt expreſſio nihil
» operatur, & quando Judex facit aliquid quod per legem intelligitur, lex fa-
» cere videtur, non ipſe. . . . non enim intelligitur diſponere fuper bonis
» folummodo exprimere diſpoſitionem legalem.* « Brodeau cite un Arrêt
qui l'a jugé, & qui débouta le Mari de la demande en reprife de Procès qu'il avoit formée contre la fille héritiere de fa Femme, en le con-
damnant » à bailler à fa fille les biens & conventions matrimoniales

N. 9. & 10.

N°. 8.

» de fa défunte mere , & par la mort de laquelle le crime , *enfemble la*
» *queftion de dot & des biens , étoit demeurée éteinte.* «

Or de même que dans ce fecond cas *la queftiou de dot & des biens
fut jugée éteinte* contre le Mari même furvivant , par cette raifon que
la queftion des biens *n'étoit qu'incidente* , il n'eft pas poffible de fe refufer à l'argument *à fortiori* qui en réfulte pour en conclure dans notre
efpece & contre un étranger Légataire univerfel d'une Femme morte,
que le Procès étant éteint par rapport à la queftion de la perfonne ,
comme en convient l'Abbé de Bouillé lui-même , il l'eft donc auffi
par rapport à la queftion des biens *qui n'étoit qu'incidente* , par la raifon
que , comme dans le cas de l'action d'adultere *tacita eft bonorum ademptio* , de même auffi dans le cas d'une demande en féparation de corps
tacita eft bonorum feparatio , fans que dans l'un ni l'autre cas on puiffe
relever , *quod Judex eam expefferit , quia ifta expreffio nihil operatur , quia
neceffaria non erat.*

Et pourquoi en effet la réparation civile ou la queftion des dommages & intérêts n'eft-elle pas éteinte par la mort d'un accufé de
même que *la queftion de Dot & des biens* dans le cas de l'action d'adultère ? C'eft qu'au lieu que celle-ci n'eft , comme on vient de le
voir , qu'incidente , la réparation civile , ou la queftion des dommages & intérêts eft véritablement principale , & fait le feul objet , l'u-
nique intérêt du Procès vis-à-vis de la Partie civile. Celle-cy n'eft
recevable qu'à conclure civilement & pour fon intérêt ; la queftion
du crime , & le Procès conféquemment à cet égard , ne fubfifte à proprement parler qu'entre le Miniftere public & l'Accufé ; il n'eft donc
pas étonnant que la mort de ce dernier , en éteignant le Procès vis-à-
vis du Miniftere public , le laiffe fubfifter vis-à-vis de la Partie civile;
c'étoient deux Procès , c'étoient deux objets , deux intérêts différens ; or rien de femblable ou d'approchant dans un Procès de féparation de corps & d'habitation ; ce Procès eft un ; l'objet en eft un ;
l'intérêt en eft un ; & ce Procès , cet objet , cet intérêt ne concernent que la queftion de la perfonne. La féparation de corps emporte
à la vérité de plein droit celle de biens ; mais c'eft comme fuite feulement , c'eft comme un pur acceffoire inféparable de l'unique principal qui s'agite , & qui peut feulement s'agiter entre le Mari & la
Femme , fçavoir la queftion de la perfonne ; ce n'eft ni comme réparation civile , ni comme dommages & intérêts ; cela réfulte de ce
qu'alors une Femme obtient fa féparation de biens , fans avoir même à
la demander ; cela réfulte de ce que ni elle ni le Mari n'ont point befoin
de moyens , l'une pour l'obtenir , l'autre pour l'empêcher ; cela réfulte de
ce que , fi la Femme la demande quoiqu'elle n'ait pas befoin de la demander , ce n'eft ni à titre de réparation civile , ni à titre de dommages &
intérêts qu'elle peut la demander , ou qu'on peut la prononcer ; cela réfulte enfin de ce que dans le cas même où l'on ordonneroit une féparation de corps pour une Caufe qui , quoique tirée du péril de la vie
de la Femme , n'inculperoit pourtant point le Mari , on ne laifferoit
pas néanmoins d'ordonner toujours la féparation de biens. C'eft donc
le cas d'appliquer encore ici ce que dit Brodeau au même endroit :
Extinéto

Extincto principali accefforium eft fopitum , & à Judicis cognitione fub-
tractum , qui n'eft que la conféquence & l'application de cette Loy ;
Cùm principalis caufa non confiftit , nec ea quidem , quæ fequuntur , locum
habent.

N. 8.

L. 171. §. 1. ff. de
Reg. Jur.

Ces textes & ces authorités, qui n'ont pas été faits pour la Caufe
du Marquis du Pont-du-Château, renferment une décifion générale
qui peut fans doute s'appliquer à bien des cas, mais à pas un defquels
ils ne fçauroient jamais s'appliquer avec plus d'avantage & de juftefle,
qu'à ce qui eft fuite & pur acceffoire du Droit le plus perfonnel qu'il
foit poffible d'imaginer.

Or d'un côté, en relevant que tous les droits d'un défunt paffent
à quiconque le repréfente, c'eft l'Abbé de Bouillé qui eft convenu
lui-même qu'il en faut excepter les Droits perfonnels ; ce font donc
les Droits perfonnels intégralement *& cùm omni Caufâ* ; c'eft donc
tout ce qui n'en eft que fuite & pur acceffoire qu'il faut excepter, &
c'eft auffi ce qui fe dit à ce fujet : *Si confiftit principale , confiftit quoquè*
accefforium ; fi corruit principale , corruit & accefforium.

D'un autre côté, Qu'entend-on, & que doit-on entendre ici par
Droits perfonnels ? La définition la plus claire ne le feroit jamais autant
que l'exemple de la chofe même.

Un Droit perfonnel eft celui qu'a une Femme de fe faire féparer de
corps d'avec fon Mari.

Un Droit perfonnel eft celui qu'a une Femme d'accufer fon Mari
d'impuiffance.

Et pourquoi font-ce là des Droits perfonnels ?

C'eft qu'il ne peut jamais y avoir que la Femme même qui puiffe
former de pareilles demandes.

Mais c'eft de plus qu'en les formant, elles n'ont d'autre objet que
la propre perfonne de la Femme.

Jura naturam induunt fui objecti ; fi ad rem mobilem , funt mobilia ; fi ad
rem immobilem , funt immobilia ; il faut dire de même, *fi ad perfonam*
confequendam , funt perfonalia.

Voilà bien le cas & l'efpèce des deux différentes demandes dont
on vient de parler ; dans l'une, c'eft fa vie même qu'une Femme défend ; dans l'autre, c'eft la liberté de fa perfonne qu'elle reclame.

Si donc, en difant que tous les droits d'un défunt paffent à quiconque le repréfente, il en faut excepter les Droits perfonnels intégralement, *& cum omni Caufâ,* c'eft tout ce qui n'en eft que fuite &
pur acceffoire qu'il faut excepter, telle qu'une féparation de biens,
qui ne devoit & ne pouvoit être que l'effet d'une féparation de corps
& d'habitation.

Inutilement le Comte de Bouillé prétend-il que les droits, pour
l'intérêt defquels il voudroit reprendre le Procès, étoient acquis à la
Marquife du Pont-du-Château vivante, foit par la conteftation en
Caufe, foit par la Sentence dont fon Mari étoit Appellant.

Seconde Objection.

Une infinité de réponfes écartent encore l'objection, mais avant
de les faire, il faut rappeller, & en partie rétablir quelques faits qui
concernent la procédure & les demandes de la Marquife du Pont-du-

Réponfes.

D

Château antérieurement à la Sentence ; les voici, pour abréger, par forme d'extrait simplement.

Arrêt en 1740 qui la débootte de fa demande en féparation de biens *feulement.*

26 Juin 1742, Arreft qui lui ordonne de retourner dans un mois, pour tout délai, chez le Marquis du Pont-du-Château.

26 Juillet fuivant, demande en féparation de corps pure & fimple, & fans aucunes conclufions relatives à la fuite de la féparation de corps & d'habitation.

31 Août de la même année, Sentence contradictoire d'appointement fur cette unique demande.

14 Novembre 1743, renonciation à la Communauté.

7 Décembre 1743, demande incidente relative à la queftion des biens.

12 Décembre, proteftation de nullité contre cette demande par Me. Potier en fon nom feul ; c'étoit le Procureur du Marquis du Pont-du-Château.

31 Décembre, Sentence par défaut obtenue par la Dame du Pont-du-Château qui appointe fur fa demande incidente, & joint à l'appointement du 31 Août 1742.

20 Janvier 1744, Oppofition de Me Potier mais toujours comme *Procureur en fon nom* à la Sentence de jonction.

22 & 25 du même mois, Requête contraire de la Dame du Pont-du-Château *défendereffe à la Requête en nullité du 20 Janvier* ; & Sentence contradictoire qui fans s'arrêter à la proteftation de nullité ordonne l'execution de la Sentence de jonction. Cette Sentence du 25 Janvier eft contradictoire entre la Dame du Pont-du-Château & Me Potier feulement, » contre Me Potier « (ce font les termes des qualités) » Procureur en cette Cour & *en fon nom* demandeur en nul-» lité contre ladite Sentence *fuivant la Requête verbale fignifiée* le 20 de » ce mois affifté de Me Beviere fon Avocat. «

Il faut ajouter que jamais le Marquis du Pont-du-Château n'a produit ni en execution de la Sentence par défaut du 31 Decembre 1743 qui appointoit fur la demande incidente du 7 du même mois, ni en execution de la Sentence contradictoire du 25 Janvier 1744.

Or d'après ces faits & ces dattes, voici ce qui en réfulte pour écarter, dans le droit comme dans le fait, la feconde objection de l'Abbé de Bouillé.

En premier lieu, loin que ce qu'il a dit de la conteftation en caufe, comme étant l'époque à laquelle tous les droits, ceux mêmes qui ne font que fimples acceffoires d'une demande, font acquis à celui qui l'a formée, puiffe avoir lieu en matiere de féparation de corps & d'habitation, on ne voit pas même que ce foit ce qui ait lieu dans les cas les plus ordinaires.

Il a parlé des interêts qui s'adjugent tous les jours en prononçant la condamnation d'une fomme principale ; mais fi l'exemple eft décifif, c'eft contre l'Abbé de Bouillé ; & en effet à l'exception des interêts qui ont lieu de plein droit, on n'en adjuge jamais qu'à compter du jour de la demande, comme on les adjuge toujours à compter du jour de cette demande : d'où il fuit bien évidemment qu'il arrive, tantôt qu'on les adjuge à compter long-tems avant la conteftation en caufe, parce qu'une demande eft toujours formée avant qu'elle foit conteftée ; & tantôt qu'on les adjuge long-tems après la conteftation en caufe, lors par exemple qu'on n'en forme la demande, ou qu'en plaidant même & à l'Audience, ou en Procès par écrit à la veille du jugement.

En fecond lieu, dans le cas même d'une féparation de biens, & à plus forte raifon dans celui d'une féparation de corps, ce n'eft qu'à compter du jour de la Sentence que l'on doit adjuger à une Femme les interêts de fa dot : c'eft ce qu'a jugé un Arrêt du 8 Avril 1672 au Rapport de M. de Machault. *Journal des Audiences.*

Et Quelle en eft la raifon ? Ce n'eft pas feulement celle-ci qui fe préfente tout d'un coup qu'un Mari défendeur à une demande en féparation refte tenu de toutes les charges du mariage jufqu'au jour de la Sentence ; d'où réfulte l'injuftice qu'il y auroit de le condamner à la reftitution des jouiffances à compter du jour de la demande : mais c'eft de plus cette autre raifon que ce pourquoi l'Abbé de Bouillé a plaidé qu'il falloit prendre à cet égard l'époque de la conteftation en caufe, ne fçauroit jamais avoir lieu en matiere fingulierement de féparation de corps & d'habitation.

C'eft, a-t'il dit, la conteftation en caufe qui conftate la mauvaife foi de quiconque engage alors un Procès qu'il perd par l'événement.

Mais voilà juftement ce qui ne peut pas s'appliquer à un Mari défendeur à une demande en féparation de corps & d'habitation, par un principe que l'on trouve par-tout, & qui eft que » les féparations entre Maris & Femmes ne fçauroient être volontaires, » ne dépendent point de leur volonté, & quand elles font volon- » taires font réputées contre les bonnes mœurs & l'honnêteté- » publique. « ce font les termes mêmes de M. l'Avocat Général Bignon, qui indiquent affez pourquoi l'on ne fçauroit dire qu'aucuns des droits, qui font la fuite & l'acceffoire d'une féparation de corps, foient acquis à la Femme à compter du jour de la conteftation en caufe : c'eft parce qu'on ne fçauroit dire non plus qu'il faille raifonner en ce cas, comme fi le Mari s'étoit reconnu coupable lors de la conteftation en caufe ; puifque c'eft même expreffément ce qu'il n'auroit pas pû faire avec effet & valablement ; puifque ce qui différe alors fa condamnation n'eft pas, à proprement parler, fon refus d'acquiefcer à la demande de fa Femme, mais la neceffité qu'il y a que la Juftice prenne connoiffance de toutes les féparations entre Maris & Femmes, comme d'un point qui appartient au droit public, & fur lequel rien ne peut être valable entr'eux que fous les yeux mêmes du Magiftrat. *Journal des Audiences. Arrêt du 22 May 1663.*

En troifieme lieu, s'il étoit vrai que les droits, fimples acceffoires d'une féparation de corps, fuffent acquis à la Femme par la feule conteftation en caufe, il n'y auroit point eu de demande incidente à former au Châtelet pour la Dame du Pont-du-Château relativement à la queſtion des biens ; ainſi c'eſt ſa propre demande du 7 Decembre 1743 qui prouve contre ce que ſoutient aujourd'hui le Comte de Bouillé.

En quatriéme lieu, elle prouve également qu'en la lui faiſant former, on n'a pû avoir d'autre objet que d'eſſayer de faire entrer, comme principal incident, la queſtion des biens dans une Inſtance, où jamais elle ne pouvoit entrer que comme ſuite & acceſſoire ſimplement : mais c'eſt en même tems ce que l'on a tenté inutilement, ſuivant les propres principes du Comte de Bouillé ; puiſqu'en effet il n'y a jamais eu de conteſtation en Cauſe entre les Sieur & Dame du Pont-du-Château ſur la demande incidente du 7 Décembre 1743.

Cela réſulte de la proteſtation de nullité faite contre cette demande le 12 du même mois par Me. Potier, non comme Procureur du Marquis du Pont-du-Château, mais comme *Procureur en ſon nom*.

Cela réſulte de ſon oppoſition formée de même, comme *Procureur en ſon nom*, le 20 Janvier 1744 à la Sentence d'appointement & de jonction du 31 Décembre précédent.

Cela réſulte de la Sentence même du 25 Janvier 1744, qui a déboutté de l'oppoſition, & qui eſt rendue contre & avec Me. Potier ſeul, comme *Procureur en ſon nom*.

Cela réſulte enfin de ce que le Marquis du Pont-du-Château, comme on l'a déja obſervé, n'a jamais produit ſur la demande incidente du 7 Décembre 1743.

En cinquiéme lieu, il eſt d'autant plus ſingulier de voir la confiance, avec laquelle l'Abbé de Bouillé plaide à ce ſujet tout ce qu'il a plaidé, que la Sentence même qu'il ſe propoſeroit, en reprenant le Procès, de faire confirmer, ne s'accorde en rien avec ſes propres principes. Ce n'eſt en effet qu'*attendu la renonciation à la Communauté* du 14 Novembre 1743, & à *compter du jour de ladite renonciation* qu'elle a prononcé par rapport à la queſtion des biens : elle n'a donc pris pour époque, ni la demande en ſéparation de corps & d'habitation pure & ſimple du 26 Juillet 1742, ni la conteſtation en Cauſe qui l'avoit ſuivie, ni la demande incidente du 7 Décembre 1743 ; & d'un autre côté la renonciation à la Communauté n'étant autre choſe qu'un Acte extrajudiciaire fait par la Femme ſeule, il n'en pouvoit jamais par conſéquent réſulter de conteſtation en Cauſe, cela étoit phyſiquement impoſſible. La demande incidente n'étoit point encore formée, & ne l'a été que le 7 Décembre ſuivant.

En ſixiéme lieu, enfin le Comte de Bouillé n'oppoſe pas avec plus de raiſon dans l'eſpèce particuliere que les prétendus droits, dont il ſemble ſe faire une perſpective ſi agréable, ayent été acquis du moins par la Sentence, à la Dame du Pont-du-Château.

Il a dit à ce ſujet que l'appel du Marquis du Pont-du-Château n'avoit point éteint le Jugement ; mais 1°. pour le dire, & ne point laiſſer de replique en le diſant, il eût fallu répondre à ce que l'on avoit plaidé de la nature de la conteſtation que forme entre un Mari & une Femme une Inſtance de ſéparation de corps & d'habitation ;

&

& fi, eu égard aux caufes qui en termes de Droit peuvent feules réguliérement l'opérer, il eft vrai que la plainte, qu'une Femme rend
contre fon Mari pour y parvenir, défere à la Juftice un crime véritable, parce que c'en eft un que d'attenter de quelque façon que ce
foit à la perfonne ou à la vie d'un autre : s'il eft vrai que contre tout
autre qu'un Mari, & pour raifon des mêmes févices, des mêmes mauvais traittemens, une Femme ou quiconque feroit dans le cas pou-
roit inconteftablement prendre la voye de la procedure extraordinaire ; s'il eft vrai qu'une Femme peut la prendre même contre les
complices qu'auroit un Mari ; s'il eft vrai enfin qu'une Inftance de
féparation de corps & d'habitation eft donc effentiellement & par
elle-même une Inftance criminelle, mais qui ne fe pourfuit civilement que par la confidération des perfonnes, par refpect pour les
qualités de Femme & de Mari, & comme difent les Loix, *in honorem
& propter pudorem Matrimonii* ; c'eft au Comte de Bouillé lui-même
que l'on demande, fi en matiere de féparation de corps & d'habitation,
comme en matiere criminelle, l'appel du Mari, qui eft l'Accufé, n'é-
teint pas le Jugement, dès que cette même confidération des perfonnes, ce même refpect pour les qualités de Femme & de Mari, ce
même intérêt du Mariage, & en un mot *honor & pudor Matrimonii*,
en excluant d'un côté la Procédure extraordinaire, revendiquent de
l'autre, pour ainfi parler, la maxime en matiere criminelle que *l'appel
éteint le Jugement*.

2°. L'appel du Marquis du Pont-du-Château étoit au moins néceffairement fufpenfif, & fufpenfif à tous égards, indéfiniment, jufqu'à
un Arrêt qui, du vivant de la Dame du Pont-du-Château, eût confirmé la Sentence dont fon Mari étoit Appellant.

Mais cela pofé, Qu'eft-il arrivé, & Qu'y a-t-il à relever entre la
Sentence & l'Appel d'un côté, & le moment où fe plaide la Caufe
d'un autre côté ? Rien autre chofe que le décès de la Marquife du
Pont-du-Château.

Or ce décès n'a certainement rien ajouté à la Sentence. Il n'a certainement pas non plus rien changé à l'effet de l'appel. Toute la
différence qu'opere ce décès, eft qu'auparavant il y avoit une Sentence, un Appel, & une Femme à féparer ; au lieu que depuis, il
n'y a plus de Femme à féparer ; quoiqu'il foit toujours vrai qu'il y a
eu une Sentence & un Appel. La difficulté par conféquent ne fçauroit
fe réduire qu'à examiner fi, n'y ayant plus de Femme à féparer, il peut
néanmoins fe faire qu'il y ait encore un Procès à juger, & une reprife
à faire pour y parvenir. Mais dès-lors & la difficulté réduite à ce point,
comme en effet elle s'y réduit, rien de plus aifé que de fe déterminer.
L'unique objet principal, l'unique intérêt du Procès étoit, du vivant
de la Marquife du Pont-du-Château, la queftion de la perfonne, c'eft-
à-dire, la féparation de corps qu'elle demandoit. La féparation de
corps emportoit à la vérité de plein droit celle de biens ; mais la queftion des biens n'entroit pas pour cela dans l'objet du Procès ; elle

E

n'en étoit qu'une suite nécessaire, un pur accessoire dépendant absolument de l'unique objet principal, sçavoir la question de la personne & la séparation de corps & d'habitation : or tout accessoire, qui n'est que pur accessoire de quelque principal que ce soit, ne sçauroit jamais subsister après le principal éteint : donc ce qui, du vivant de la Marquise du Pont-du-Château, faisoit l'unique objet principal & l'unique intérêt du Procès, étant nécessairement éteint par sa mort, la question des biens, qui n'étoit qu'un pur accessoire de ce principal, l'est aussi, *Extincto principali accessorium est sopitum, & à Judicis cognitione substractum . . . . Cùm principalis causa non consistit, nec ea quidem quæ sequuntur locum habent . . . . Si itaque consistit principale, consistit quoque accessorium ; si corruit principale, corruit & accessorium.* A moins que les Docteurs & les Jurisconsultes n'ayent rêvé, à moins qu'ils n'ayent déraisonné, en établissant ces maximes qu'ils nous ont transmises dans ce corps de Loix appellées à si juste titre, *raison écrite* ; à moins que quiconque après eux & comme eux en sent la vérité, de ce sentiment intime qui est garant du vrai, ne soit lui-même en délire, elles auront toujours malgré l'Abbé de Bouillé une application nécessaire contre lui, & fourniront au contraire au Marquis du Pont-du-Château les conséquences que voici.

Donc la Marquise du Pont-du-Château, Femme commune aux termes de la Loi & de son Contrat de Mariage, jugée telle de plus par l'Arrêt qui l'avoit déboutée de sa demande en séparation de biens *seulement*, & qu'elle n'a jamais attaqué, l'a été jusqu'à sa mort. Elle n'avoit pas cessé de l'être, ni par sa demande en séparation de corps, ni par une renonciation à la Communauté qu'une Femme commune, & qui ne plaide pas actuellement en séparation de biens avec son Mari, ne sçauroit jamais faire avec effet, ni enfin par la Sentence même, attendu l'appel suspensif de plein droit, & à tous égards indéfiniment. Donc encore une fois elle est restée *in sacris Mariti*, elle a été commune jusqu'à son décès.

Or les successions se prennent en l'état où elles se trouvent. Donc l'Abbé de Bouillé son Légataire universel ne trouve point dans la succession d'une Femme décédée commune, ce qu'il ne pourroit trouver que dans la succession d'une Femme séparée ; donc il ne trouve dans la succession ni la reprise dont il parle, ni les jouissances, ni les dépens ; & il ne sçauroit d'un autre côté prétendre à cet égard reprendre un Procès, dans lequel ces différens objets n'entroient & ne pouvoient jamais entrer que comme purs accessoires d'un principal qui ne subsiste plus, qui ne sçauroit plus subsister, qui n'est plus à juger, parce qu'il est nécessairement éteint par le décès de la Dame du Pont-du-Château, *Extincto principali accessorium est sopitum & à Judicis cognitione subtractum.*

Troisième Objection. Il ne reste plus qu'à répondre aux différens exemples de l'action d'injures, de l'action en révocation de donation pour cause d'ingratitude, & de l'action d'adultère, que l'on a citées pour en conclure que comme elles paſſent à l'héritier, & peuvent être repriſes quand une fois elles ont été conteſtées du vivant d'un défunt, il faut dire la même choſe, & par parité de raiſon d'une demande en ſéparation de corps & d'habitation.

Premiérement, impoſſible de comparer une demande en ſéparation de corps à une action d'injures; parce qu'il eſt impoſſible de ſoutenir qu'une Femme pût demander & obtenir ſa ſéparation pour raiſon de ſimples injures, qui, entre tout autre que Mari & Femme, donneroient néanmoins lieu à l'action d'injures.

C'eſt la raiſon pour laquelle on a dit plus haut qu'il falloit que des injures & des ſévices *de paroles ſimplement* entre Mari & Femme allaſſent juſqu'à faire légitimement craindre pour la vie & la ſureté perſonnelle de la Femme; faute de quoi elle ne pouvoit régulierement s'en faire un moyen de ſéparation.

Réponſes.

Mais il y a quelque choſe de plus. Au lieu que l'unique objet, le ſeul interêt d'un Procès en ſéparation de corps étant du côté de la Femme la ſureté de ſa perſonne & de ſa propre vie, le Procès eſt donc neceſſairement éteint lorſqu'elle eſt morte, parce qu'elle n'a plus de riſques à courir; il n'eſt point éteint au contraire dans le cas de l'action d'injures, & ſubſiſte même après la mort de l'injurié, parce que l'honneur d'un pere par exemple, ou de tout autre parent, qui faiſoit l'objet & l'interêt du Procès, fait également l'interêt du fils ou de tout autre héritier pour le reprendre, comme il faiſoit l'interêt du défunt pour le ſoutenir.

Secondement, il faut dire la même choſe par rapport à l'action en révocation de donation pour cauſe d'ingratitude, & toujours par la même raiſon; il n'y a point dans ce cas, comme dans celui d'un Procès en ſéparation de corps & d'habitation, de principal & d'acceſſoire à diſtinguer. Dans le cas de la révocation de donation pour cauſe d'ingratitude, l'unique objet du Procès l'unique interêt du donateur eſt de rentrer dans les biens donnés; & l'ingratitude du donataire n'eſt que le moyen de la demande; d'où il ſuit que l'interêt de l'héritier, pour reprendre après la mort du donateur, eſt préciſément le même que celui du donateur de ſon vivant. Dans le cas au contraire de ſéparation de corps & d'habitation l'unique objet du Procès, l'unique interêt, que la Femme puiſſe préſenter & faire valoir en juſtice, eſt celui de la perſonne; le moyen de ſa demande ſont les ſévices & mauvais traitemens du Mari; & la queſtion des biens n'eſt qu'un pur acceſſoire, qui ſans entrer dans le Procès, ſans former un objet particulier de conteſtation, doit être ſeulement la ſuite de l'évenement du principal, qui ne ſubſiſte plus; qui ne reſte plus à juger, parce que Dieu lui même, par la mort de la Femme l'a jugé; & qu'il n'eſt plus d'ailleurs poſſible de juger, comme il auroit été des regles de le faire ſi la Femme vivoit: on veut encore parler de la neceſſité d'entendre les Parties après le Rapport du Procès, & au moment même de l'Arrêt: or c'eſt ce qu'il eſt impoſſible de faire lorſque la Femme eſt morte, c'eſt à quoi rien ne ſçauroit ſuppléer; c'eſt par conſéquent ce qui met le Procès hors d'état de pouvoir jamais être jugé, comme de pouvoir jamais être repris; autrement il faudroit autant foutenir qu'il eft poffible de juger en caufe d'appel un Procès fans avoir, pour le juger, les Piéces fur lefquelles il auroit été jugé, & pû feulement l'être en caufe principale. La Femme & le Mari font, pour ainfi dire, ces Piéces effentielles d'un Procès de féparation de corps & d'habitation; Pieces qui, en caufe d'appel comme en caufe principale, peuvent jufqu'au moment de l'Arrêt aller à la décharge du Mari accufé.

Inutile après cela de s'arrêter à la citation de Ricard, qui ne parle point d'une demande en féparation de corps & d'habitation; mais que l'on pourroit néanmoins retorquer contre l'Abbé de Bouillé, en faifant remarquer que, fuivant cet Auteur lui même, la raifon pour laquelle l'action d'un Donateur en révocation de Donation pour caufe d'ingratitude *eft imparfaite* jufqu'au jour de la conteftation en caufe, c'eft, dit-il, *que le Demandeur eft réputé être demeuré dans les termes d'une fimple volonté & comme s'il n'avoit jamais intenté fon action*: or voilà juftement ce qu'il faut dire d'une Femme Demandereffe en féparation de corps, non pas, comme le foutient l'Abbé de Bouillé, jufqu'au jour de la conteftation en caufe feulement; mais jufqu'au jugement même en caufe d'appel, puifqu'en caufe d'appel comme en caufe principale, puifqu'en la Cour comme au Châtelet, il eft de reglé de faire entrer & d'entendre les Parties avant de juger.

N. 709.

Enfin par rapport à l'action d'adultere, en renvoyant d'abord à ce que l'on a dit plus haut de l'efpece que Brodeau rapporte Lettre A. fomm. 18. n. 10, & qui prouve que cette action quoique conteftée, quoique jugée même à l'avantage du Mari, ne fe tranfmet point contre l'héritier de la Femme, voici de plus ce qu'il faut obferver fur le point de fçavoir, comment elle fe tranfmet à l'héritier du Mari.

Voyez ci-deffus pag. 11 & 12.

1°. Le Mari peut feul l'intenter « C'eft, dit Brodeau, l'opinion d'Imbert en fon *Enchiridion* fous le mot *l'héritier du Mari* ou il tient que l'héritier du Mari *ne peut oppofer à la Femme qui répéte fa dot* qu'elle a commis adultere fon Mari vivant, fi non qu'il montrât que fon Mari s'en fut plaint. . . . . «

Lett. I. fomm. 4. n. 1.

» Si le Mari s'eft donc plaint *& a intenté l'accufation* d'adultere, *foit que le Procès ait été contefté* par le moyen du récollement & confrontation qui eft la vraie conteftation en matiere criminelle, *ou non*, » venant à décéder pendant le Procès, fes héritiers font reçus à reprendre, & rapportant preuve de l'adultere *feront priver la Veuve de fa dot, douaire & autres conventions matrimoniales*. . . . . ainfi jugé par Arrêt donné en la Grand-Chambre au Rapport de M. Boucher le 23 Juillet 1622. . . . «

Ibid. n. 2.

2°. Le Brun qu'a cité le Comte de Bouillé ne dit rien autre chofe, en voici les termes.

Traité de la Communauté liv. 3. ch. 2. fect. 4. Dift. 6. n. 23. & 25.

» Que fi après la mort du Mari fes héritiers *veulent contefter à fa Veuve fes conventions & fa Communauté*, fous prétexte d'un adultere » dont le Mari ne s'étoit pas plaint de fon vivant, ils ne doivent pas » être reçus. . . . il y a un Arrêt conforme rendu le *9 May 1585*. . . .

» *autre*

» *autre chofe eft fi le Mari a intenté l'action* : car en ce cas il eft permis
» aux héritiers de la pourfuivre même pour la faire déclarer *déchue de*
» *fes conventions*. . . . . «

De ces autorités réfultent deux obfervations.

La premiere eft que dans le cas de l'action d'adultere il n'eft pas
même neceffaire qu'il y ait eu *de conteftation en caufe* : il fuffit que le
Mari fe foit plaint & qu'il ait de fon vivant *intenté l'action*.

La feconde eft que lors même qu'il l'a intentée, ce n'eft encore
que par voie d'exception que fes héritiers peuvent la fuivre ; voici
fur ce fecond point ce qu'en dit Monfieur l'Avocat General Joly de
Fleury portant la parole en la Grand-Chambre le 23 May 1702. Il
fuffira, pour abréger, de ne rappeller que l'endroit où il fe réfume
fur le point de droit en ces termes: » Quand les faits que les héritiers
» articulent feroient véritables, le filence du Mari doit faire préfu-
» mer une réconciliation.

» Il ne faut pas dire qu'il faut diftinguer entre l'action du Mari &
» celle des héritiers ; que le Mari peut feul intenter l'accufation d'a-
» dultere, mais que les héritiers, exclus de ce pouvoir, le peuvent
» du moins indirectement par la voie d'exception ; que la Femme a
» une voie ouverte pour annéantir cette pourfuite en abandonnant
» l'avantage qui lui eft fait.

» *Il eft certain que fi les héritiers peuvent fuivre cette accufation, ce n'eft*
» *jamais que par voie d'exception, ou pour s'exemter de payer les conven-*
» *tions, ou pour difputer une libéralité du Mari.*

» Mais *il n'eft pas moins certain*, comme il a été juftifié, que *pour*
» *rendre l'héritier recevable il faut deux conditions ; l'une qu'il oppofe ce*
» *moyen par voie d'exception ; l'autre qu'il l'ait recueilli dans la fucceffion*
» *du défunt qui auroit commencé l'action ; fans ces deux conditions il ne peut*
» *être écouté.* «

Cela pofé, voici les reponfes du Marquis du Pont-du-Château à
l'objection du Comte de Bouillé.

Premierement, c'eft des *héritiers* dont parlent Imbert, Brodeau, le
Brun, & Monfieur l'Avocat Général Joly de Fleury ; ce n'eft pas d'un
Légataire univerfel, d'un étranger, tel que le Comte de Bouillé qui
n'avoit point l'honneur d'appartenir à la famille de Meffieurs Ferrand,
comme il n'eft point parent non plus du Marquis du Pont-du-Château.

Secondement, les différens exemples, que cite le Comte de Bouillé,
prouvent eux-mêmes qu'il n'y a point de regle uniforme ni de principe général à ce fujet. Dans le cas de l'action d'injures & de l'action
en révocation de Donation pour caufe d'ingratitude, l'action ne paffe pas à l'héritier, fi elle n'a été conteftée: l'action d'adultere au contraire fe tranfmet, foit qu'elle ait été conteftée ou non, & pourvû feulement qu'elle ait été intentée par le mari. Il ne fçauroit donc paroître étonnant que l'action en féparation de Corps & d'Habitation quoiqu'intentée, quoique conteftée, ne puiffe fe tranfmettre ; parce que de
même qu'il y aura des raifons de différence entre l'action d'injures ou
l'action en révocation de Donation pour caufe d'ingratitude, & l'ac-

Journal des Au-
diences nouv. Edit.
tom. 5. liv. 2. p. 238.

F

tion d'adultere , pour dire qu'aulieu que celle-ci paffe à l'héritier quoi-que fimplement intentée & fans conteftation en caufe , celles-là ne fe tanfmettent qu'après conteftation en caufe ; de même auffi il y aura des raifons de différence entre l'action d'adultere & l'action en fépara-tion de Corps & d'Habitation , pour dire qu'au lieu que la premiere fe tranfmet avant même qu'elle foit conteftée & pourvû feulement qu'elle ait été intentée, la feconde au contraire, quoiqu'intentée & même conteftée, ne fauroit paffer à l'héritier. Ainfi le plus ou le moins de perfonalité, pour ainfi dire , eft fans doute une raifon de différen-ce & qui doit le plus influer à ce fujet ; or quoiqu'affurément l'action d'adultere foit perfonnelle, elle ne l'eft pourtant pas autant, comme on l'a deja dit, que l'action d'impuiffance , ou en féparation de Corps & d'habitation. Elle l'eft bien en ce fens qu'il n'y a que le mari feul qui puiffe accufer fa femme d'adultere ; comme il n'y a que la femme feule qui puiffe accufer fon mari d'impuiffance, ou former contre lui demande en féparation de Corps & d'Habitation : mais elle ne l'eft pas également en ce fens que , comme l'action d'impuiffance ou en féparation de Corps & d'Habitation , elle tende *ad Perfonam confequen-dam :* ce qui caractérife le plus la perfonalité , & ce qui fe rencontre dans l'action d'impuiffance ou en féparation de Corps, mais non pas dans l'action d'adultere. Auffi le nouvel Editeur des Arrêts de M. Louet y en a-t-il ajouté un du 31 Mars 1678 » par le premier chef duquel » la Cour a , dit-il , jugé que l'action d'impuiffance intentée par une » femme contre fon mari ne peut paffer , quand elle eft morte , à fon » héritier. »

Lett. a. fomm. 18. n°. 10. Edit. de

Troifiémement, ce que l'on vient de dire de l'objet d'une demande en féparation de Corps par oppofition à l'objet de l'action d'adultere conduit naturellement à relever cette autre différence que voici. Elle confifte à faire remarquer que dans le cas de l'action d'adultere, qui n'a pour objet que de tirer vengeance d'un crime & de faire pronon-cer contre la femme la peine décernée par les Loix , la mort du ma-ri n'empêche pas qu'il n'y ait toujours un crime à punir , & qu'on ne puiffe d'ailleurs juger fi la Femme vivante en eft coupable ou non : au lieu que dans le cas d'une Inftance de féparation de corps & d'ha-bitation l'unique objet & l'unique intérêt de la Femme , qui comme principal faffe le Procès , étant la fureté de fa perfonne & de fa propre vie , il ne fçauroit plus être queftion de veiller à la fureté d'une per-fonne qui n'exifte plus ; il ne gift plus en Jugement de féparer une Femme que la mort a féparée pour toujours.

Quatriémement enfin quand, malgré tout ce que l'on vient de dire des actions d'adultère & en féparation de corps & d'habitation , il feroit poffible de raifonner par conféquence de l'une à l'autre , il fau-droit du moins le faire à tous égards ; il faudroit dire par conféquent que , de même que l'Héritier du Mari ne fçauroit jamais fuivre une accufation d'adultère que fous deux conditions : l'une qu'*il oppofe ce moyen par voye d'exception* ; l'autre qu'*il l'ait recueilli dans la fucceffion du défunt qui auroit commencé l'action ;* de même auffi l'Héritier d'une Fem-

me ne pourroit jamais reprendre un Procès en féparation de corps &
d'habitation que fous les mêmes conditions : or l'Abbé de Bouillé,
fimple Légataire univerfel de la Marquife du Pont-du-Château, trouveroit bien une demande en féparation de corps intentée, conteftée,
jugée même par une Sentence dont il y avoit appel ; mais il ne feroit
pas également dans le cas de dire qu'il ne l'oppoferoit que *par voye
d'exception* au Marquis du Pont-du-Château, qui en effet ne lui demande rien. Il lui manqueroit donc toujours pour reprendre l'une des
deux conditions requifes dans le cas de l'action d'adultère, & fans
lefquelles néanmoins il eft de principe qu'un Héritier même ne peut
être écouté.

Difons donc en finiffant ce Mémoire, ce que l'on fe flatte d'y avoir
établi pour le Marquis du Pont-du-Château. Tout s'éleve contre fon
Adverfaire dans une Caufe qu'il n'auroit jamais dû entreprendre, que
ce qu'il doit à la mémoire de la Marquife du Pont-du-Château, ne
l'engageoit pas fans doute à foutenir, & qu'il n'a pû défendre au contraire qu'en lui faifant l'injure de plaider hautement qu'elle a porté
au-delà du tombeau des reffentimens qu'il auroit dû lui-même s'effor-
cer le premier d'éteindre dans une Femme mourante, & qu'elle auroit toujours été à tems, fi elle eût vecu, de facrifier à fon propre
cœur, comme à fa religion, au moment même d'un Arrêt prêt à
confirmer, ou à infirmer la Sentence dont le Marquis du Pont-du-
Château étoit Appellant.

Mᵉ. LE BERCHE DES FOURNEAUX, Avocat.

LE BLANC, Procureur.

Chez D'HOURY pere, feul Imprimeur-Libraire de Monfeigneur le Duc d'Orleans,
& D'HOURY fils, rue de la vieille Bouclerie. 1746.

11,431

MEMOIRE SIGNIFIÉ

POUR Denis-Michel de Montboissier-Beaufort-Canillac, Marquis du Pont-du-Château, Appellant d'une Sentence de Séparation de Corps & de Biens renduë au Châtelet de Paris le 4 Septembre 1744.

CONTRE Messire Nicolas de Boüillé, Prestre, Chanoine de l'Eglise des Comtes de Saint Jean de Lyon, Legataire universel de Dame Marie-Françoise-Geneviéve Ferrand, Marquise du Pont-du-Château, Intimé.

M r. l'Abbé de Boüillé demande que le Parlement confirme une Séparation que la mort a faite pour jamais. Je voudrois pouvoir ensevelir dans le plus profond oubli l'affreuse Calomnie qui fait la baze de ce malheureux Procès. Mais la necessité d'instruire mes Juges & le Public de l'indigne manœuvre qu'une basse vengeance a pratiquée dans cette Affaire, me force de publier ma Deffense. Je pourrois m'en tenir à un Moyen invincible de nullité contre la Sentence, dont je suis Appellant; mais ce ne seroit point assez pour moy; il m'est interessant de confondre l'Imposture.

Je commencerai par donner une idée de cette odieuse Affaire; j'entrerai ensuite dans le détail des Faits; j'établirai mes Preuves 1º. Sur les propres Lettres de Madame du Pont-du-Château, sur celles de M. Ferrand son Pere, & de M. & de Madame de Canillac, nos Oncle & Tante communs : 2º. Sur la conduite que j'ai tenuë avec Madame du Pont-du-Château avant & depuis la Séparation volontaire de 1730. 3º. Sur les Declarations qu'elles a faites à la Justice dans ses Memoires imprimés, signés de sa main, ou qu'elle a fait faire par le ministere de ses Avocats avant sa Demande en Séparation de Corps & d'Habitation : 4º. Sur les variations, les faussetés, & les contradictions de ses Témoins : 5º. Sur les Dépositions de la plûpart de ceux que j'ay fait entendre. Ces differentes Preuves rapprochées des Faits d'une Plainte calomnieuse, & des Dépositions de Témoins vendus & livrés, développeront toute la noirceur de cette malheureuse Affaire.

Feuë Madame du Pont-du-Château m'a quitté en 1730. par dépit de ce que j'avois renvoïé une Femme * de Chambre, pour qui elle avoit un foible, qui n'a point d'exemple. J'avois déja congedié cette Fille en 1720. parce qu'elle abusoit dès-lors de l'amitié de sa Maîtresse. Madame du Pont-du-Château m'avoit fait consentir en 1726. à la reprendre. Mais comme le sujet pour lequel je la renvoyai en 1730. ne luy laissoit aucune espérance de la faire rentrer, elle prit le parti de se retirer aussi. j'ignore si depuis la Séparation volontaire, elle l'a reprise en qualité de Femme-de-Chambre; mais je sçai que dès qu'elle fut établie ruë Culture Sainte Catherine, où elle fut se loger, en me quittant, elle ne pouvoit

* Elle lui a laissé 500. liv. de Rente viagere par son Testament, quoiqu'il y eût plus de dix ans qu'elle ne fût plus à son Service.

A

se paſſer de cette Fille; qu'elle la faiſoit manger à ſa Table, & ſortoit preſque toûjours avec elle dans ſon Carroſſe.

Mais quel que fut l'aſcendant de cette ancienne Domeſtique ſur l'eſprit de Madame du Pont du-Château, il fallut bien-tôt ceder à une obſeſſion plus adroite & plus puiſſante; un Homme, qui avoit fait profeſſion d'être de mes Amis, que j'avois reçu dans ma Maiſon, & qui par ce moyen avoit fait connoiſſance avec Madame du Pont-du-Château, trouva le ſecret par ſes aſſiduitez & ſes complaiſances de s'approprier la meilleure partie du crédit de la Domeſtique favorite.

Il fut aidé dans cette entrepriſe par le ſieur de Blegny, mon ancien Homme d'Affaires, qui m'avoit quitté, pour s'attacher à Madame du Pont-du-Château. Blegny avoit auſſi ſes vûës; elles ont été bien remplies par une ſomme de 49000. liv. leguée tant à luy qu'à ſon Fils.

M. l'Abbé de Boüillé ſe borna pendant cinq ans à faire exactement ſa Cour à Madame du Pont-du-Château, tout le tems qu'il étoit à Paris; elle étoit fort riche, & n'avoit point d'Enfans. Le Bien de cet Eccleſiaſtique ne conſiſtoit qu'en Benefices, d'un Revenu bien inferieur à ſa Dépenſe. Il étoit fort ſouvent aux expediens; il me pria en 1733. de luy prêter deux mille francs; je les empruntai à Me. le Chanteur Notaire; le terme auquel j'avois promis de les rendre étant expiré, Me. le Chanteur me fit des Frais aſſez conſiderables au Châtelet, pour être païé. J'étois ſur le point de partir pour l'Armée; l'Argent que j'avois ramaſſé pour faire la Campagne étoit un Dépôt ſacré, auquel je ne pouvois toûcher, ſans me mettre hors d'état de ſervir: ainſi je fus obligé de manquer à mes Engagemens, & de prendre des Lettres d'Etat. L'Abbé de Boüillé étoit alors à Lyon où il avoit fait un Voyage, pour toûcher les Revenus de ſon Canonicat. Je luy fis ſçavoir les Pourſuites d'un Créancier que je n'avois ſur les bras qu'à cauſe de luy. Il ne me fit aucune ſorte de Réponſe: au retour de la Campagne Me. le Chanteur me harcela de nouveau & fut païé. Je recommençai mes inſtances à l'Abbé de Boüillé; mais voyant qu'il n'en tenoit compte, je le pourſuivis à mon tour, par le Miniſtere de Me. de la Foreſt Procureur au Châtelet, qui vint à bout de me faire rendre mes deux mille francs.

La juſtice & la neceſſité de ces Pourſuites ne me juſtifierent point dans l'eſprit de cet Eccleſiaſtique; il me jura dès-lors une haîne éternelle; il m'a tenu parole & me la tient encore exactement.

Depuis la Séparation volontaire de 1730. je vivois en bonne intelligence avec Madame du Pont-du-Château; elle avoit aſſiſté de concert avec moy aux Inventaires de Meſſieurs Ferrand, Conſeiller d'Etat, & Doyen du Parlement. Je luy avois donné une Tapiſſerie, un Carroſſe de Campagne, & quelque Tableaux de la Succeſſion de M. ſon Pere, que je m'étois fait adjuger; je luy avois également abandonné en pur Don trois mille & quelques livres du prix du Mobilier de M. ſon Oncle, & une Action de la Compagnie des Indes évaluée 1600. liv. J'envoyois de tems en tems chez elle ſçavoir de ſes nouvelles; elle en uſoit de même à mon égard; nous nous voïons très-ſouvent chez nos Amis communs; nous y mangions enſemble, mais ſur-tout chez M. le Duc de Sully.

Ce Commerce de Politeſſe s'interrompit tout d'un coup de ſa part. On luy fit entendre que j'avois mangé ſa Dot, & la meilleure partie de mon Bien: on luy perſuada de me plaider; elle aimoit la dépenſe, (a) & ſes aiſes, comme elle le dit elle-même (b) dans ſes Lettres; on la prit par ſon foible. La Penſion que je luy faiſois de convention étoit de 12000. liv. On luy fit entre-voir qu'elle pourroit joüir de tous ſes Revenus à la faveur d'une Séparation de Biens; elle ſaiſit avidement cette idée: mais comme elle avoit quelques ménagemens à garder dans le Monde, elle demanda Avis à M. le Duc de Sully, qui fit tous ſes efforts pour empêcher cette rupture. Les mauvais Conſeils qu'on luy donnoit d'ailleurs prévalurent; elle entama le Procès en (c) 1736. ce n'eſt qu'en Janvier 1740. qu'elle perdit tout eſpoir de ſuccès dans une entrepriſe, dont on luy avoit donné la réüſſite, comme la choſe du monde la plus aiſée.

L'Abbé de Boüillé étoit chez M. le Duc de Sully, lorſqu'il apprit la nouvelle de l'Arrêt; il en fut ſi frappé, qu'il luy échapa de dire avec la dernie vivacité, en preſence de M. le Duc de Sully & de la Compagnie, *que les choſes n'en reſteroient pas là.*

(a) Lettre de M. le Comte de Canillac, mon Oncle, du 25. Février 1721. *Ayez attention ſur vos Affaires,* m'écrit-il, *car vôtre Femme vous portera à dépenſer & vôtre beau-Pere auſſi: car elle en vivra plus agréablement, & que cela n'eſt pas contre ſes interêts.*

(b) Lettre de Madame du Pont-du-Château du 15. Février 1715. *Vous ſçavez, mon cher Roi,* me dit-elle, *que j'aime fort mes aiſes.*

(c) Le 24. Juillet.

Ce ne fut pas la feule Conteftation que j'eus à effuyer de la part de Madame du Pont-du-Château. Madame de Canillac fa Tante & la mienne, mourut dans le cours du Procès ; elle l'avoit nommée fa Legataire univerfelle pour moitié ; il étoit néceffaire que Madame du Pont-du-Château prit qualité dans cette Succeffion, afin que je pûffe agir en qualité de Mari ; elle n'en voulut rien faire : enfin après deux ans de Procedures à ce fujet, j'ay obtenu Sentence qui l'y a obligée. Le Partage de cette Succeffion & le Compte d'Execution Teftamentaire a fait naître encore des difficultés. Pour éviter les Difcuffions, je procedai feul au Partage, qui n'a pû être que provifionnel, & je me fis autorifer à entendre feul le Compte.

Madame du Pont-du-Château fe ruinoit à me plaider depuis longtems, & me confommoit moi-même en Frais. Je la fis prier par des Amis communs de fe réünir avec moi, comme je l'expliquerai dans la fuite : ces tentatives de ma part étant demeurées fans effet, je ne pûs voir ma Femme livrée à une obfeffion fi opiniâtre, & fi fâcheufe, fans chercher les moyens d'écarter des Confeils qui ne fongeoient qu'à entretenir la divifion. On me propofa de demander en Juftice que ma Femme fut tenuë de revenir avec moi, ou de fe retirer dans un Couvent. Je me flattai de faire ceffer par-là l'obfeffion ; mais je fus trompé dans mon efperance. Le Couvent qu'elle choifit dans le Voifinage de l'Abbé de Boüillé, ne la mit point à couvert des mauvais Confeils, dont elle avoit été la Victime jufqu'alors. Elle fut obfedée fans ceffe comme auparavant. L'Abbé de Boüillé ne paffoit prefque pas un jour fans la voir ; le fruit de ces frequentes Vifites fut un nouveau Procès ; elle me fit fignifier une Demande de 10000. liv. d'augmentation de Penfion. La totalité de fon Revenu étoit alors de 30307. liv. 14. f. fur quoy, il y avoit 5000. liv. pour le Doüaire de Madame Ferrand fa Belle-Mere ; le Dixiéme & les Réparations à prélever, fans compter les non-valeurs, de forte qu'à peine fon Revenu étoit alors de 21000. liv. de net ; elle avoit déja 12000. liv. de Penfion ; les 10000. liv. d'augmentation qu'elle me demandoit, auroient excedé ce que je toûchois réellement. C'étoit faire revivre en quelque forte la Demande en Séparation de Biens rejettée par l'Arrêt de 1740.

Fatigué de toutes ces Conteftations, je demandai que Madame du Pont-du-Château revint partager dans ma Maifon fa fortune & la mienne. C'étoit le feul moyen de couper court à toutes les intrigues de fes Confeils. J'obtins au mois de Juin 1742. un Arrêt qui lui ordonna de revenir dans un mois, à compter du jour de la Signification. Je le fis fignifier le 4. Juillet fuivant pour fixer le terme du Délai : Madame du Pont-du-Château fe détermina à l'executer & fit mettre Ecriteau pour loüer l'Appartement qu'elle occupoit au Couvent du Cherche-Midy. J'y allai pour la voir, & la prier de revenir de bonne grace avec moi : mais ne l'ayant pas trouvée, je fis demander la Superieure, avec qui j'eûs un affez longue Converfation, &c. enfin après plus de deux heures d'attente je fuppliai cette Dame d'affurer Madame du Pont-du-Château de ma part que je ne gardois aucun reffentiment de tout ce qui s'étoit paffé, & que je la recevrois avec toutes fortes d'égards.

Après cette démarche je crûs devoir patienter quelques jours, & attendre des nouvelles de Madame du Pont-du-Château ; mais ce fût inutilement. Ses Confeils vinrent à bout de lui faire changer de réfolution ; la feule nouvelle que j'en reçus fût une Demande en Séparation de Corps & d'Habitation.

Il n'eft rien que je n'aye fait pour engager Madame du Pont-du-Château à rentrer en elle-même & à retracter les horreurs & les fauffetez d'une Plainte imaginée par l'Enfer. Je la foûtins non-recevable dans fa Demande à fin de faire preuve ; j'ay eu le malheur de ne pas réüffir. Je n'avois pas alors fous la main les Lettres de Madame du Pont-du-Château, celles de fa Famille & de la mienne, que j'ay retrouvées depuis. Je ne doute pas que ces Monumens de tendreffe, d'union, de confiance n'euffent fait affez d'impreffion alors pour faire rejetter la preuve de Faits démentis par ces Lettres. Enfin le Procès a été jugé au mois de Septembre 1744.

Les premiers Juges n'ont pû fe garantir de l'illufion & de l'erreur, qui font fi fouvent réformer leurs Sentences par un Tribunal auffi éclairé qu'impartial ; ils fe font décidés avec une précipitation, qui ne leur a pas permis de faire attention qu'on avoit manqué à une formalité fondée fur le Droit public & fur une Loy précife.

Je me suis pourvû au Parlement contre leur Décifion. Depuis mon Appel Madame du Pont-du-Château eft décedée.

Ce funefte événement m'a ôté toute efperance de la ramener à des fentimens plus doux, & de la faire renoncer à la féduction : j'ay fait tout ce que je devois, mais inutilement, pour la voir dans fes derniers momens; fes Confeils m'ont fermé toutes les avenuës, comme je l'expliquerai dans la fuite. Elle eft morte victime de l'obfeffion, & a laiffé la meilleure partie de fa Fortune à fon Perfecuteur & au mien.

Je dis fon Perfecuteur & le mien : en effet, c'eft cet Homme, vindicatif, & interéffé, qui l'a portée à me plaider en 1736. Ce Procès, qui a duré jufqu'en 1740. & tous ceux que j'ay effuyez avant l'Arrêt de 1740. & depuis, font le fruit de fes infpirations. Madame du Pont-du-Château y a confommé la Penfion que lui donnois pour vivre, elle y a perdu fon repos & la tranquillité où elle avoit vêcu jufqu'en 1736. fa Santé en a été alterée ; enfin elle a fuccombé aux fatigues de la vie errante d'une Plaideufe toûjours inquiete, qui paffe tout à coup de l'efperance du gain au défefpoir de la perte de fes Procès, & du défefpoir à l'abattement.

C'eft cette cruelle alternative de fituations violentes qui a abregé les jours de Madame du Pont-du-Château : fa mort eft le trifte fruit des Confeils de difcorde & de divifion aufquels elle a eu le malheur de fe livrer : enfin c'eft l'Auteur de ces funeftes Confeils qui, à la faveur d'un Teftament, l'objet & l'ouvrage de la féduction, arme aujourd'hui la Cendre de Madame du Pont-du-Château contre fon Mari, ou plûtôt continuë de me pourfuivre pour confommer la vengeance qu'il exerce contre moi depuis 1736. parce que je n'ai pas voulu perdre les deux mille francs que je lui avois prêté. Cette paffion déja fi furieufe d'elle-même eft encore animée par l'interêt. L'Abbé de Boüillé veut profiter de ce qui a été mis en Communauté de la part de Madame du Pont-du-Château.

Telle eft l'idée & la caufe fecrete de cette odieufe Affaire. Je vais rendre compte de quelques Faits neceffaires pour mettre l'impofture de la Plainte dans tout fon jour.

F A I T S.

Mon Mariage avec Mademoifelle Ferrand eft du mois de Juillet 1714. elle avoit alors 26. à 27. ans ; j'en avois un peu plus de 25. nous avons vêcu enfemble jufqu'au 20. Octobre 1730. qu'elle s'eft féparée volontairement d'avec moi. Les Auteurs de la Plainte de Madame du Pont-du-Château ont attribué cette Séparation à de mauvais traitemens de ma part depuis 1714. jufqu'en 1730. Mais voici dans le vrai quelle fût l'occafion & la caufe de cet événement.

(a) Le Regiftre d'entrée & de fortie des Domeftiques écrit de la main de Madame du Pont-du-Château eft produit ; la datte de l'entrée & de la fortie de cette Domeftique eft au Fol. 35. Recto.

Madame du Pont-du-Château avoit pris à fon fervice le 24. Septembre 1717. (a) une Femme-de-Chambre appellée Manceau. Cette Fille fçût infenfiblement s'emparer de l'efprit de fa Maîtreffe ; elle abufa bien-tôt de fon affection, & lui donna même des ridicules, en faifant parade devant le monde de l'afcendant qu'elle avoit fur elle ; les chofes en vinrent au Point que fous prétexte de ménager la Santé de fa Maîtreffe, qui fe portoit bien alors, elle l'empêchoit de rendre les Devoirs ordinaires de politeffe aux Perfonnes du grand Monde qui nous faifoient l'honneur de nous venir voir, & s'ingeroit de la remplacer dans ces occafions. Elle affectoit même de ne la point quitter, quelque diftinguée que fût la Compagnie. Fiere de fon Pouvoir fur l'efprit de fa Maîtreffe, elle fe rendit infupportable au refte des Domeftiques. Ces airs de hauteur & de fatuité déplurent à la Famille de Madame du Pont-du-Château ; Madame de Canillac, fa Tante, qui en avoit été fur-tout choquée, m'écrivit en Auvergne où j'étois alors, d'engager fa Niéce à renvoyer cette Domeftique. J'écrivis en confequence à ma Femme, qui eut bien de la peine

(b) Même Regiftre Fol. 35. R.

à s'y déterminer. Madame du Pont-du-Château prit une autre Femme-de-Chambre le 20. Octobre 1720. (b) Mais en renvoyant la Manceau, elle lui promit, & lui fit effectivement 500. liv. de Penfion annuelle.

Je donnois depuis fon Mariage mille écus par an à Madame du Pont-du-Château pour fon Entretien & fon Jeu. Elle me pria alors d'augmenter fa Penfion, fous prétexte qu'elle n'étoit pas fuffifante. Je lui abandonnai le Revenu de la Terre de Villemilan, affermée 4000. liv. Par ce moyen, elle fût en état de payer les 500. liv. de Penfion qu'elle faifoit à fon ancienne Femme-de-Chambre. J'ignorois cette liberalité, que je n'appris qu'en 1726. par Madame de Canillac. Cette Dame gagnée

gnée par fa Niéce & adoucie fur le compte de la Manceau par fix ans d'exil, prit occafion de cette confidence, pour m'engager à laiffer rentrer cette Fille. Le prétexte
fût que Madame du Pont-du-Château ne lui payeroit plus de Penfion ; j'eus la
complaifance qu'on exigeoit de moi. La Manceau rentra le 16. Octobre 1726. *   * Même Regiftre
Cette Femme-de-Chambre n'avoit rien perdu de fon afcendant fur l'efprit de fa   Folio 36. Recto.
Maîtreffe ; mais elle fe ménagea d'avantage avec les Perfonnes du déhors. A l'é-
gard des Domeftiques elle voulut les dominer & les domina comme auparavant.

Il y en eût parmi eux qui fçurent gagner fon affection. Le nommé Dujat, qui
étoit entré Valet-de-Chambre * le 14. Avril 1729. & le nommé le Gros, l'un de   *Même Regiftre,
mes Gens, furent de ce nombre ; ils étoient de toutes les petites Parties de plaifir Folio 62. R.
que la Manceau faifoit dans fa Chambre. Au mois de Mars 1730. ces trois Domeftiques ayant fait quelque chofe, dont je ne me fouviens pas, & qui meritoit qu'on
les renvoyât, je pris fur moi de les congedier, mais la Manceau ayant fait agir
Madame du Pont-du-Château auprès de moi, je confentis qu'elle demeurât : elle
obtint la même Grace pour Dujat & le Gros. Ils imaginerent que c'étoit un Sommelier, & fa Femme que j'avois à mon Service, en qualité de Femme de Charge,
qui les avoient décelez & étoient caufe que j'avois voulu les renvoyer ; voici ce
qui arriva à cette occafion.

Le 20. Mars 1730. ce Sommelier revenant à dix heures du foir de l'Hôtel des
Moufquetaires noirs fût jetté par deux Hommes dans les Foffez de la Baftille ; il
en fût retiré par une Efcoüade du Guet, qui le conduifit à l'Hôtel des Moufquetaires, où il fût foigné par le Chirurgien de la Maifon. Le 30. du même mois fe
trouvant un peu remis des Contufions de fa Chûte, il alla rendre fa Plainte * au   * Cette Plainte
Commiffaire le Comte. Il y fait le détail de fon avanture & de ce qu'il croyoit y   eft produite fous la
avoir donné occafion.   Cotte R.

Il dit dans cette Plainte que le fieur Marquis du Pont-du-Château & la Dame
fon Epoufe ayant eu quelque fujet *d'être mécontens des Services de la nommée*
Manceau, Femme-de-Chambre ; du nommé Dujat, Valet-de-Chambre-Officier ; & du
nommé le Gros, Laquais, ils leur donnerent Congé le 18. du prefent mois.(Mars
1730.) Que lefdits Domeftiques n'étant pas fortis ce même jour-là de la Maifon des
Sieur & Dame du Pont-du-Château, lui Plaignant entendit un bruit fourd dans la
Maifon entre les autres Domeftiques qui s'entretenoient enfemble & difoient que c'étoit
lui Plaignant & fa Femme, qui demeure auffi dans ladite Maifon, qui avoient par
leurs flatteries, donné lieu au renvoi de ladite Manceau, & defdits Dujat & le Gros,
quoique lui Plaignant ni fa Femme n'y ayent eu aucune part. Que le Lundi 20. du
prefent mois (de Mars 1730.) fur les dix heures du foir lui Plaignant, &c. en paffant
fur le Pont des Foffez de la Baftille fe fentit faifir par deux Particuliers qu'il ne pût
reconnoître, pas même leurs Vêtemens, attendu l'obfcurité de la nuit, &c. lefquels
l'enleverent & le jetterent de force & de violence par-deffus le Parapet dans le Foffé
de la Baftille, &c.

Je ne tardai pas à être inftruit de l'avanture, & de ce qu'en penfoient mes Domeftiques ; il me revint même par l'un d'eux que Dujat parlant de mon Sommelier
à la Manceau, lui avoit dit à l'oreille *pour le coup nous en voilà défaits.*

Je confultai fur ce fujet M. Ferrand, Doyen du Parlement, Oncle de Madame
du Pont-du-Château ; il me confeilla d'éviter l'éclat, & de me contenter de renvoyer la Manceau, Dujat & le Gros. Nous allâmes lui & moi chez Madame de
Canillac, fa Sœur, à qui nous fîmes part de la refolution que nous avions prife.
Madame de Canillac n'ignoroit pas l'avanture du 20. Mars, & les bruits fourds
qui couroient dans la Maifon. Mais prévenuë fans doute par la Marquife du Pont-
du-Château, qui plus attachée que jamais à fa Femme-de-Chambre, traitoit de
vifion les foupçons du Plaignant fur le compte de cette Fille, de Dujat & de le
Gros, elle ne fut pas de l'avis de fon Frere : M. Ferrand & moi ayant infifté,
Madame de Canillac nous jetta l'un & l'autre dans la derniere furprife, en me
difant *qu'elle apprehendoit fort que les brouilleries des Domeftiques ne gagnaffent*
jufqu'aux Maîtres,& qu'il vaudroit mieux les prévenir & me féparer de concert d'avec
fa Niéce. M. Ferrand ne pût s'empêcher de faire fentir à fa Sœur toute l'indécence
d'un pareil difcours & fortit. Je reftai avec Madame de Canillac pour m'en expliquer avec elle ; ma furprife redoubla de la voir infifter fur le parti qu'elle venoit
de me propofer : je lui dis que cela meritoit reflexion, & que je me confulterois

là-deſſus. J'allai ſur le champ chez M. Bronod, Notaire ; il me parla d'abord d'u-
ne maniere aſſez generale ſur le ſujet de ma Viſite , & finit par me dire que ſi l'on
inſiſtoit ſur la Propoſition , il croïoit que la décence exigeoit de Madame du Pont-
du-Château qu'elle ſe mît au Couvent, & que 7500. liv. ſuffiroient. Je ne fus pas
d'avis de l'obliger à ſe retirer dans un Cloître, & je portai la Penſion à 12000. l. afin
qu'elle pût vivre convenablement dans le Monde ; j'allai ſur le champ en inſtruire
Madame de Canillac. M'étant trouvé le lendemain à dîner tête à tête avec Madame du Pont-du-Château, j'attendis que les Domeſtiques fuſſent retirez, pour luï
parler de la Propoſition qui m'avoit été faite la veille ; *je veux croire*, ajoûtai-je,
que c'eſt une des promptitudes de Madame vôtre Tante. Madame du Pont-du-Château
me répondit qu'elle avoit entendu toute la converſation de la veille, & qu'elle
étoit dans la Chambre à coucher de ſa Tante, dont la Porte étoit entr'ouverte ;
ſa Réponſe me fit juger qu'elles s'étoient entretenuës à ce ſujet, & que la Niéce
s'étoit expliquée de ce qu'elle feroit ſi je renvoyois ſa Femme-de-Chambre. Je re-
pliquai à Madame du Pont-du-Château que je m'étois flatté juſqu'alors qu'elle
n'avoit point eu de part à une Propoſition ſi ſinguliere, mais que je ne pouvois
plus douter du contraire ; je ſortis de Table & me retirai ; il ſe paſſa un mois ou
ſix ſemaines ſans qu'il fut queſtion de rien.

Au bout de ce tems-là M. Viſinier, Avocat, me fit l'honneur de me venir voir
un matin, & me pria de la part de Madame du Pont-du-Château d'oublier ce quï
s'étoit paſſé ; je le lui promis très-volontiers, & je le remerciai de la démarche qu'il
avoit bien voulu faire. Ce célébre Avocat, dont la probité égale les talens, eſt
en état d'atteſter un Fait qui prouve que c'eſt Madame du Pont-du-Château qui a
eu la premiere idée de la Séparation volontaire, & que c'eſt à l'occaſion de Domeſtiques & non de mauvais traitemens que cette Propoſition me fut faite.

Nous vécûmes pendant quelques mois en bonne intelligence. Un jour de Fête
que je devois avoir du Monde à dîner, j'appris que Madame du Pont-du-Château
étoit ſortie en Carroſſe dans la matinée avec ſa nouvelle Femme-de-Chambre, &
n'avoit emmené avec elle que Garnier ſon premier Laquais ; on l'attendit juſqu'à
quatre heures du ſoir pour ſe mettre à Table ; mais inutilement ; elle fut huit jours
abſente, ſans me faire avertir du Lieu de ſa Retraite : un procedé ſi nouveau me
fit ſoupçonner qu'elle pouvoit avoir repris le deſſein dont la Viſite de M. Viſinier
avoit empêché l'execution : je crus devoir prendre le parti du ſilence à ſon retour,
& il ne fut queſtion de rien. Ma moderation ne la toucha point ; quinze jours
après la premiere abſence, elle en fit une ſeconde de quatre jours : je pris encore cette fois le parti de me taire, & ne lui tins à ſon retour que des propos vagues de nouvelles.

Madame du Pont-du-Château voyant que je ne me laiſſois pas entamer, me dé-
puta quelque tems après, M. l'Abbé de Canillac Auditeur de Rote ; il me dit qu'elle
ſouhaitoit que je conſentiſſe à une Séparation volontaire. Je lui témoignai toute
ma ſurpriſe de la voir encore revenir à la charge ſur une pareille Propoſition ;
mais que ſi elle le vouloit abſolument, comme il m'en aſſûroit, elle devoit ſçavoir ce que je m'en étois déja expliqué. L'Abbé de Ca-
nillac m'ayant repréſenté qu'elle n'avoit ni Meubles ni Argent, je lui répondis
que je lui donnerois *tous ceux qu'elle avoit avant nôtre Mariage*, & mille Ecus
d'Argent comptant pour acheter le ſurplus. Madame du Pont-du-Château inſtruite
de ma réponſe, alla elle-même prier M. Bronod de dreſſer l'Acte de Séparation,
il s'en deffendit d'abord, & la pria de reflêchir ſur cette démarche : mais lui aïant
écrit elle-même pour le prier de finir cette Affaire, il dreſſa la Tranſaction qui
fut ſignée le 20. Octobre 1730. en ſon Etude.

Il falloit donner un prétexte à cette Séparation.

Le motif que Madame du Pont-du-Château imagina pour colorer *la Demande
qu'elle auroit, dit-elle, fait faire, & faite elle-même à ſon Mary de ſe retirer d'a-
vec lui, & de vivre en ſon particulier, eſt le peu de ſympathie qui ſe trouve entre
eux.*

Les Parties conſentent par cet Acte de vivre ſéparément *juſqu'à ce qu'il plaiſe à
Dieu de réünir les eſprits.*

La Penſion ſtipulée eſt de 12000. liv. ſur quoi je payai comptant, ſuivant qu'il eſt porté par l'Acte : 1º. 1559. liv. 15. ſ. 2º. 1200. liv. qu'il eſt dit par l'Acte que je devois à Madame du Pont-du-Château.

A la ſuite de l'Acte fut annexé un Etat des Meubles qui avoient ſervi à Madame du Pont-du-Château étant Fille , & que je lui rendis pour l'eſtimation qu'elle en fit faire elle-même ; quoique ſes Témoins ayent oſé dépoſer le contraire.

Les Meubles meublans en 30. Articles furent eſtimez 2161. liv. 10. ſ. il y avoit ſix Lits , ſçavoir deux Lits à Tombeau , dont le premier fut deſtiné pour Madame du Pont-du-Château , en attendant que je lui fiſſe venir d'Auvergne un grand Lit de Damas jaune qui lui avoit ſervi étant Fille , & qu'elle avoit envoyé ci - devant au Pont-du-Château. Elle l'a reçu au mois de Novembre 1730. ſuivant une Lettre du ſieur Mayet produite au Procès. Le ſecond moins bon fut deſtiné à ſa Femme-de-Chambre ; les quatre autres étoient des Lits de Domeſtiques.

L'Argenterie du poids de ſix Marcs fut eſtimée 1897. liv. 12. ſ.

La Garderobe de Madame du Pont-du-Château en onze Articles contenans pluſieurs Robes de prix , n'eſt eſtimée que 642. liv.

Le Linge à ſon uſage , & pour le Ménage & la Table , en 20. Articles , n'eſt eſtimé que . . . . . 536. l.

Les Bijoux d'Or, ſçavoir , un Etui , un Cachet , une Tabatiere , une Boëte à Mouches , Montre à Répétition garnie de deux Diamants , Chaîne & Crochet d'or , ſont eſtimez 1100. l. la Montre ſeule valoit plus 1100. l. de 1000. l.

Une Berline doublée de Velours cramoiſi à Ramages , ſculptée & dorée , à Reſſorts devant & derriere , eſt eſtimée . . . 6000. l

Enfin deux Chevaux Hongres avec leurs Harnois dorez & Guides de Soye , eſtimez . . . . 2000. l.

Le tout montant à . . . . 14717. l.

Les Conſeils de Madame du Pont-du-Château ont prétendu dans leurs Ecritures que la Priſée de ces Effets eſt exorbitante : mais il faut qu'ils n'en ayent pas examiné l'Etat ; la plûpart de ces Effets ſont fort au-deſſous de leur juſte valeur.

La Garderobe de Madame du Pont-du-Château n'a pas été priſée le cinquiéme de ſa valeur ; il en eſt de même de ſon Linge ; il y a entr'autres trois Garnitures à Dentelles eſtimées 30. l. les trois ; deux autres Garnitures à Dentelles , l'une à Raizeau & l'autre à Bride , 80. liv. les deux ; je puis en dire autant du prix des Bijoux d'Or.

A l'égard de l'eſtimation de la Berline & des Chevaux , les Gens qui ont des Equipages ſçavent ce qui en eſt : une Berline telle que celle que j'ai donnée à Madame du Pont-du-Château ne ſe fait pas à moins de huit à neuf mille francs.

Je ſuis fâché de preſenter à mes Juges & au Public un détail tel que celui que je viens de faire ; mais j'y ſuis obligé par les fauſſetez qu'on a répanduës dans le Monde ſur la qualité & l'eſtimation des Effets dont il s'agit , & par la critique mal entenduë qu'on en a faite ; j'ajoûterai que Madame du Pont-du-Château s'en eſt contentée alors , & que je n'en avois point d'autres que je puſſe lui ceder. D'ailleurs je lui donnai près de mille Ecus comptant , pour s'acheter ce qui pouvoit lui manquer de Meubles , ainſi que j'en étois convenu avec l'Abbé de Canillac.

Cet Etat des Meubles certifié veritable par Madame du Pont-du-Château , eſt enſuite de l'Acte de Séparation volontaire du 20. Octobre 1730. ſigné l'après-midi en l'Etude du Notaire.

Le même jour dans la matinée Madame du Pont-du-Château avoit paſſé devant Notaires , dans ſon Appartement Place Royale , où je demeurois avec elle , le Bail d'une Maiſon qu'elle *avoit vûe & viſitée* , ſuivant les termes du même Bail : elle eſt dite dans cet Acte autoriſée de ſon Mary par la Tranſaction paſſée devant les Notaires à Paris le . . . . . en blanc du preſent mois d'Octobre . . . Il eſt évident par-là que ce Bail a précédé la Tranſaction , puiſque la datte de cette Tranſaction n'y eſt pas énoncée ; on n'eût pas manqué de l'y mettre , étant du même jour , ſi la Tranſaction eût été ſignée.

Ces Obſervations ſur la teneur du Bail regardent ce qui eſt dit dans la Plainte de Madame du Pont-du-Château , *que je voulois qu'elle quittât ma Maiſon ſans en avoir une autre* ; elles prouvent qu'elle avoit cherché , & trouvé une Maiſon ; qu'elle l'avoit *vûe* , *viſitée & arrêtée* , avant de paſſer & de ſigner l'Acte de Séparation volontaire. Premiere Obſervation que je n'ai pû me refuſer de faire d'avance ſur la fauſſeté de la Plainte.

M. Ferrand, Pere de Madame du Pont-du-Château, mourut le 3. Janvier 1731. elle aſſiſta avec moi à l'Inventaire & à la Vente des Meubles. Je me fis adjuger une très-belle Tapiſſerie, un petit Carroſſe de Campagne, & pluſieurs petits Tableaux qui me parurent lui faire plaiſir ; je les lui envoyai le lendemain. Tous ces Effets ſe ſont trouvez à ſon décès, & ont été compris dans la Vente de ſes Meubles.

M. ſon Oncle, Doyen de la Grand'Chambre, étant auſſi décédé le 24. Juin de la même année, elle aſſiſta de même avec moi à l'Inventaire & à la Vente des Meubles, auſſi-bien que feuë Madame de Canillac & M. de la Falluere. Je donnai à Madame du Pont-du-Château 3068. liv. que j'étois en droit de toucher pour ſa Part du prix des Meubles, & une Action de la Compagnie des Indes évaluée 1600. liv.

Par les Partages de la Succeſſion de M. ſon Oncle, la Portion que je devois toucher ſe trouva être de deux mille & quelques livres de Rente. Je les lui abandonnai pour me liberer de la ſomme de 1559. liv. 15. ſ. 6. d. que je lui payois par mes mains pour ſa Penſion de 12000. liv. dont elle touchoit le ſurplus, c'eſt-à-dire, 10440. liv. 4. ſ. 6. d. ſur ſes propres Quittances des differens Rentiers qui lui étoient aſſignez par l'Acte du 20. Octobre 1730. Ainſi la Penſion de Madame du Pont-du-Château fut augmentée d'environ 500. liv. de Rente.

Après la mort de Meſſieurs Ferrand, nous avons vêcu elle & moi dans la meilleure intelligence du Monde. Je la voyois ſouvent chez Madame de Canillac ſa Tante & la mienne, chez M. le Duc de Sully, M. de la Falluere & ailleurs ; elle envoyoit ſçavoir ſouvent de mes nouvelles par ſon Laquais nommé Garnier ; j'envoyois de même ſçavoir des ſiennes par Maſſon mon Valet-de-Chambre, & enſuite par Renard qui ſucceda à Maſſon.

Ce commerce réciproque de politeſſe & de bonne intelligence fut rompu par la Demande en Séparation de Biens en 1736. L'Abbé de Boüillé qui l'avoit engagée dans ce Procès pour ſe venger de ce que je l'avois pourſuivi pour 2000. liv. qu'il me devoit, comme je l'ai expliqué ci-deſſus, fut au deſeſpoir en 1740. lorſqu'il apprit que la Sentence du Châtelet qui avoit rejetté la Demande en Séparation de Biens, avoit été confirmée au Parlement ; il lui échapa même de dire en preſence de M. le Duc de Sully & de pluſieurs autres Perſonnes, *que les choſes n'en reſteroient pas-là.*

* L'Arrêt qui donna lieu à ce diſcours de l'Abbé de Boüillé eſt du 27. Janvier 1740. Pour prévenir les ſuites que pouvoit avoir une menace auſſi indiſcrete, j'employai la médiation de M. le Préſident Fraguier & de feu M. Thorel, Avocat. Ils virent l'un & l'autre Madame du Pont-du-Château de ma part, & la preſſerent avec les dernieres inſtances de revenir avec moi, & de faire ceſſer par un retour ſincere, une diviſion qui ne pouvoit manquer de nous être funeſte à l'un & à l'autre ; ils lui repreſenterent tout le danger des Conſeils proceſſifs auſquels elle étoit livrée ; mais ni l'un ni l'autre ne pût rien gagner ſur ſon eſprit. J'eus recours à M. le Duc de Sully ; je le ſuppliai de vouloir bien interpoſer ſes bons offices pour la réünion ; je lui repreſentai qu'il ne falloit pas moins qu'un Homme de ſon Rang, de la Naiſſance & de ſa Conſideration dans le Monde pour ramener Madame du Pont-du-Château, & l'arracher à la ſéduction. M. le Duc de Sully ſe rendit à mes inſtances, & écrivit un Billet à Madame du Pont-du-Château en ces termes :

M. le Duc de Sully envoye ſçavoir des nouvelles de Madame la Marquiſe du Pont-du-Château, & l'aſſûre de ſes reſpects ; il la ſupplie très-inſtamment de vouloir bien lui donner un quart-d'heure chez elle, d'ici à deux fois 24. heures, pour l'entretenir de quelque choſe de conſequence ; il ne manquera pas de ſe rendre à l'heure qu'elle lui fera l'honneur de lui indiquer : il la prie de vouloir bien faire mettre la Réponſe par un de ſes Gens au bas de ce Billet. A Paris le Dimanche 13. Mars 1740. à neuf heures du matin. Voici la Réponſe.

** *Madame la Marquiſe du Pont-du-Château ne ſortira pas de la journée. M. le Duc de Sully lui fera l'honneur de venir à l'heure qu'il lui plaira.*

M. le Duc de Sully s'y rendit le même jour ſur les ſix heures du ſoir, & lui expoſa le ſujet de ſa Viſite : Madame du Pont-du-Château lui répondit qu'il y avoit dix ans qu'elle étoit ſortie de ma Maiſon, & qu'elle ne voyoit pas pourquoi je lui faiſois faire la propoſition d'y revenir. M. le Duc de Sully ; après pluſieurs repreſentations,

* M. le Duc de Sully a bien voulu me remettre ces deux Billets étans enſuite l'un de l'autre ; & certifier que c'eſt celui qu'il envoya à Madame du Pont-du-Château, & que la Réponſe eſt celle qu'elle lui a renvoyée : ces deux Billets feront produits au Procès.

fentations, finit par lui dire qu'après un Procès auffi défagreable que celui qu'elle m'avoit fufcité par de mauvais Confeils & contre l'avis de fes meilleurs Amis, & particulierement de lui qui l'en avoit diffuadée, il n'étoit pas convenable qu'elle demeurât expofée à toutes les méchantes impreffions qu'on ne manqueroit pas de lui donner; qu'ainfi le parti le plus fage qu'elle eût à prendre étoit de retourner avec fon Mari, ou de fe retirer dans un Couvent; M. le Duc de Sully la pria d'y réflêchir, & fe retira.

J'attendis plus de trois mois la Réponfe de Madame du Pont-du-Château; enfin je lui fis fignifier le 18. Juin l'Arrêt du 27. Janvier 1740. qui la déboutoit de fa Demande en Séparation de Biens; j'avois différé de le faire jufqu'alors pour faire fentir à Madame du Pont-du-Château tout le ménagement que je voulois avoir pour elle, & donner plus de force par ce délai à la médiation des Amis communs que j'employai en differens tems depuis le mois de Janvier jufqu'au mois de Juin; je lui fis fignifier le 20. du même mois de revenir avec moi pour vivre enfemble comme Mari & Femme, & lui declarai par le même Acte la révocation que je faifois de l'Acte de Séparation volontaire du 20. Octobre 1730. Mais comme cette Procedure eût été inutile, fi elle n'avoit été fuivie d'aucune autre démarche de ma part, on me confeilla de prefenter une Requête à M. le Lieutenant Civil, dans laquelle j'expofai la conduite que j'avois tenuë depuis l'Arrêt du mois de Janvier jufqu'au 25. Juin, datte de cette Requête, & demandai la Permiffion de faire prendre ma Femme par-tout où elle pourroit fe trouver, de la faire conduire en ma Maifon ruë de Richelieu, & de revendiquer les Meubles que je lui avois donnez lors de la Séparation de 1730. & depuis. M. le Lieutenant Civil mit au bas de cette Requête *fa Permiffion de faire Sommation, & en cas de refus d'affigner au premier jour en fon Hôtel.*

En confequence je fis donner l'Affignation pour le 27. du même mois.

M. le Lieutenant Civil ne s'étant pas trouvé ce jour-là (*a*) à Paris; Me. Potier, mon Procureur, porta ma Requête du 25. (*b*) & l'Affignation du même jour à M. Guerey, Lieutenant Particulier, qui donna fon Ordonnance par Deffaut, portant que Madame du Pont-du-Château feroit tenuë dans huitaine de rentrer dans ma Maifon, finon que je pourrois la faire prendre par-tout où je la trouverois, & revendiquer dès-à-prefent les Meubles & Effets que je lui avois remis. Je fis fignifier le Procès-Verbal de M. Guerey & fon Ordonnance le premier Juillet, & faifir les Meubles. Madame du Pont-du-Château declara qu'elle fe portoit Appellante de l'Ordonnance, & qu'elle convertiffoit fon Appel en Oppofition.

Elle obtint Sentence par Deffaut le 5. Juillet qui la reçût Oppofante à l'Ordonnance, & qui l'autorifa à deffendre à ma Requête du 25. Juin précedent.

J'obtins un Arrêt de Deffenfe contre cette Sentence, & je donnai ma Requête en la Grand-Chambre le 19. Juillet, par laquelle je demandai que Madame du Pont-du-Château feroit tenuë de revenir avec moi, ou de fe retirer dans un Couvent. Madame du Pont-du-Château prit ce dernier parti, & il luy en fut donné Acte par Arrêt du 10. Mars 1741. Elle s'étoit retirée au Couvent du Cherche-Midi, dans le Voifinage de l'Abbé de Boüillé, qui logeoit ruë du Regard.

Malgré cette proximité qui n'étoit pas d'un bon augure pour la paix, je me flattai que la Retraite de Madame du Pont-du-Château lui feroit prendre des Sentimens plus moderés, & qu'elle ne me feroit plus de Chicanes, ni de Procès.

Mais j'éprouvai bien-tôt que fes Confeils étoient toûjours tout puiffans fur fon efprit, & qu'ils ne cherchoient qu'à entretenir la Divifion, de maniere que rien ne pût jamais nous réünir. Ils luy firent demander en 1742. une augmentation de 10000. liv. de Penfion, ce qui joint aux 12000. liv. qu'elle avoit déja, auroit fait 22000. liv. fans aucunes charges, qui feroient demeurées fur mon compte.

Cette derniere tentative de Madame du Pont-du-Château, qui étoit une efpece de renouvellement de fa Demande en Séparation de Biens, rejettée par l'Arrêt de 1740. me fit fentir que le feul Moyen de la fouftraire à la féduction étoit de détruire l'Acte du 20. Octobre 1730. Je demandai donc par Requête du 21. Avril 1742. Acte de la révocation pure & fimple que je faifois de mon Confentement à la Séparation de 1730. & que Madame du Pont-du-Château fut tenuë de revenir avec moi dans le jour de la fignification de l'Arrêt qui feroit rendu fur ma Demande, & de rapporter les Meubles que je lui avois donnés.

(*a*) Le Lundi.

(*b*) Cotte R. de Madame du Pont-du-Château.

C

L'Arrêt que j'obtins le 26. Juin 1742. ordonna, comme je l'ai déja dit, que Madame du Pont-du-Château reviendroit dans un mois, à compter du jour de la signification, il fut signifié à Domicile le 4. Juillet. Je me suis déja expliqué sur la Démarche que je fis au Couvent du Cherche-Midi, pour voir Madame du Pont-du-Château que je ne trouvai pas : après avoir l'avoir attendüe inutilement pendant deux heures, je priai la Superieure de lui dire le sujet de ma Visite, & de l'engager à venir occuper l'Appartement que je lui avois fait préparer dans ma Maison.

La Réponse de Madame du Pont-du-Château fut une Assignation du 27. Juillet, afin de Séparation de Corps & de Biens, accompagnée d'une Requête, contenant Plainte de prétendus mauvais Traitemens. Je ne rendrai point compte de la Procedure qui a précédé la Sentence dont est Appel. Je dirai seulement qu'aïant assisté à la prestation de Serment de plusieurs des Témoins de Madame du Pont-du-Château, ils ont été assignés pour déposer dans ma propre Enquête. Je m'expliquerai dans la suite sur cette circonstance de la Procedure.

Le Procès a été jugé définitivement par Sentence du 4. Septembre 1744. j'en ai interjetté Appel en la Cour, où le Procès a été conclu par Arrêt du 20. Février 1745.

Madame du Pont-du-Château, qui étoit tous les jours chez ses Conseils, tomba en Apoplexie dans le Cabinet de Me. Simon de Mozar son Avocat ; on la mit sur le champ dans son Carrosse pour la ramener au Couvent. Je ne fus averti de cet accident que deux jours après, par un Billet, que je trouvai en rentrant chez moi à onze heures du soir. Dès le lendemain * je me rendis à sept heures du matin au Couvent du Cherche-Midi, j'attendis au Parloir le moment de voir Madame du Pont-du-Château ; mais on me fit difficulté de me laisser entrer, sur ce que je n'avois point de Permission de M. l'Archevêque ; j'allai promptement faire expedier cette Permission, & je retournai au Couvent ; comme il n'y avoit plus de prétexte raisonnable pour me refuser l'entrée de l'interieur de la Maison, M. Simon de Mozar qui vint sur les onze heures me fut député pour me dire que Madame du Pont-du-Château venoit de prendre des Remedes, dont la surprise de ma presence pourroit empêcher l'effet. Je témoignai à M. Simon mon étonnement de la facilité qu'il avoit d'entrer librement dans la Chambre de Madame du Pont-du-Château, pendant qu'on me tenoit relegué dans un Parloir, & je lui dis que la Malade avoit plus de besoin d'un Medecin que d'un Avocat : j'attendis inutilement jusqu'à neuf heures du soir ; quelques instances que je pusse faire, il ne me fut pas possible d'entrer ; je retournai le lendemain matin au Couvent où j'appris la mort de Madame du Pont-du-Château, & l'apposition des Scellez.

Après sa mort il s'est trouvé un Testament Olographe daté du premier Août 1741. par lequel elle nomme l'Abbé de Boüillé son Legataire universel, M. Simon de Mozar Executeur Testamentaire, & luy legue un Diamant de 30000. liv.

Le 29. Juillet 1745. l'Abbé de Boüillé a repris le Procès d'entre feuë Madame du Pont-du-Château & moi sur l'Appel de la Sentence de Séparation de Corps & d'Habitation. Je me suis opposé à cette Reprise le 13. Decembre dernier, dans l'idée que la mort de Madame du Pont-du-Château avoit éteint un Procès qui depuis ce triste évenement ne pouvoit plus avoir d'objet. Le contraire a été jugé par Arrêt du 24. Mars 1746. qui ne m'a été signifié que le 25. Mai suivant.

Tel est le Procès que j'ai avec M. l'Abbé de Boüillé, j'avoüe que je n'aurois pas imaginé que je dûsse avoir une pareille Affaire à démêler avec cet Ecclesiastique. Comment aurois-je pû me figurer que j'aurois un jour un Procès en Séparation de Corps & d'Habitation avec un Prêtre, qui, à la verité, a fait Profession d'être mon Ami, que j'ai reçu chez moi comme tel, à qui j'ai fait plaisir de ma Bourse dans les occasions, qui à la faveur de nos liaisons a fait connoissance avec feuë Madame du Pont-du-Château, mais avec qui je n'ai contracté d'ailleurs aucune autre espece de Societé.

Cet ancien Ami fonde son Droit de me plaider sur la Sentence de Séparation que feuë Madame du Pont-du-Château a obtenüe contre moi en Septembre 1744. mais cette Sentence est nulle, faute de Conclusions de M. le Procureur du Roy du Châtelet, suivant l'Edit du mois de Juin 1661. concernant les Fonctions des Procureurs du Roy au Châtelet, enregistré au Parlement, & rapporté au second Tome des Ordonnances de Neron, Edition de 1720. Pages 71. & 72. Le feu Roy y dit en termes précis. *Considerant qu'entre tous les Officiers, que Nous avons honorés du Caractere de Juge, Nous devons particulierement soûtenir de nôtre Protection* CEUX QUI ONT NOS DROITS, ET CEUX DU PUBLIC *en leurs mains,* &c. *Nous maintenons, gardons & confirmons* (le sieur de Riants, nôtre Procureur au Châtelet) *dans tous les Droits, Honneurs, Fonctions,* &c. ATTRIBUEZ A SADITE CHARGE DE NOTRE PROCUREUR AU CHASTELET, &c. *par nos Edits, Arrêts & Reglemens, en tant que besoin seroit.* VOULONS, ENTENDONS, DECLARONS, ET NOUS PLAIST *que sans ledit sieur de Riants, nôtre Procureur au Châtelet,* &c. *il ne soit procedé à la levée d'aucuns Scellés de Biens vacans,* &c. A PEINE DE NULLITÉ, &c. *comme aussi qu'il ne sera fait aucune Tutelle, Curatelle,* &c. *qu'il n'y soit appellé,* SOUS LES MESMES PEINES, &c. VOULONS *qu'en tous les Actes de Police generalement quelconques, il y soit present, & qu'il ne soit procedé,* &c. NI ESTRE PRONONCÉ AUCUNE SEPARATION DE BIENS ET D'HABITATION *sans ses Conclusions.*

Cet Edit est adressé au Parlement de Paris, auquel il est enjoint en ces termes, que s'il vous appert que *les Fonctions ci-dessus énoncées* APPARTIENNENT ET COMPETENT à nôtredit Procureur *au Châtelet,* &c. *& qu'il en ait joüi ou dû joüir, vous ayés à le maintenir & conserver en la possession & joüissance d'icelles, & proceder à la verification & Enregistrement des Presentes, & faire cesser tous troubles & empêchemens au contraire, tant à son égard* QU'A SES SUCCESSEURS *en ladite Charge,* &c.

Cet Edit a été registré en Parlement le premier Août 1661. ainsi le Parlement a reconnu que les Fonctions des Procureurs du Roy du Châtelet, & particulierement le Droit de donner leurs Conclusions dans les Procez en Séparation de Corps & d'Habitation, *à peine de nullité* des Sentences qui seroient renduës sans cette formalité de Droit public, appartenoient ausdits Procureurs au Châtelet *par les Edits & Reglemens;* qu'ils avoient *joüi ou dû joüir* de ce Droit, & les a confirmés, maintenus & conservés en la possession & joüissance de ce même Droit, tant dans la Personne du Procureur du Roy de ce tems-là, que dans celle *de ses Successeurs,* sous les peines portées par l'Edit.

La Sentence de Séparation de Corps & d'Habitation du 4. Septembre 1744. renduë sans Conclusions de M. le Procureur du Roi est donc nulle ; si elle est nulle, il n'y a point eu de Séparation de Corps & d'Habitation entre feuë Madame du Pont-du-Château & moi ; ainsi Madame du Pont-du-Château est morte Commune en Biens avec moi, la dissolution de la Communauté n'étant qu'une suite de la Séparation.

Ce deffaut de Conclusions du Procureur du Roi au Châtelet est irreparable ; l'Edit de 1661. attache la *nullité* des Séparations d'Habitation au deffaut de Conclusions *des Procureurs du Roi* au Châtelet ; cette Loi est précise pour que ces Officiers donnent leurs Conclusions dans ces sortes d'Affaires, *à peine de nullité;* tout Usage contraire à une Loi positive est abusif ; il n'est jamais permis de s'écarter de la Loi, sans une Contravention manifeste à cette même Loi.

J'ay consulté les plus habiles Avocats sur ce Point, & voici quelle a été leur Réponse.

LE CONSEIL SOUSSIGNÉ qui a vû le Memoire ci-joint, est d'Avis que la Sentence du 4. Septembre 1744. n'ayant point été précedée de Conclusions du Ministere public, est nulle.

Une Demande en Séparation d'Habitation formée par une Femme contre son Mary interesse l'Ordre public, les Juges ne peuvent par consequent la juger que sur les Conclusions des Gens du Roi.

L'Article 34. du Titre 35. de l'Ordonnance de 1667. suffiroit pour le décider, puisque toutes les Matieres qui interessent le Domaine, le Public ou la Police y sont déclarées sujettes à communication aux Gens du Roi.

Il y a d'ailleurs à ce sujet une Loi particuliere pour le Châtelet qui leve dans cette Affaire toute difficulté.

C'est l'Edit du mois de Juin 1661. registré au Parlement le premier Août suivant, qui a été donné pour regler singulierement les Fonctions des Procureurs du Roi du Châtelet, il est rapporté dans le Neron, Tom. 2. Pag. 71.

Il y est nommément porté, qu'il ne sera prononcé aucune Séparation de Biens & d'Habitation sans les Conclusions du Procureur du Roi.

On ne fçauroit douter que le deffaut d'Obfervation de cette Difpofition de cet Edit, n'emporte nullité. 1°. Parce que tout ce qui eft fait au préjudice d'une prohibition legale eft nul. 2°. Parce que la peine de nullité eft même expreffément prononcée au commencement du Difpofitif de cet Edit ; ainfi comme toutes fes Difpofitions tendent à affurer les Fonctions du Procureur du Roi du Châtelet, toutes celles qui lui font données le font fous les mêmes peines.

Cette nullité fe trouvant établie par une Loi précife & particuliere pour le Châtelet, on a dû s'y conformer, & il n'y a point d'ufage qui ait pû en difpenfer, parce que tout ufage contraire à la Difpofition d'un Edit enregiftré en la Cour, n'eft qu'un ufage abufif.

Si la Femme qui a obtenu cette Sentence étoit encore vivante, on pourroit peut-être prétendre couvrir cette nullité, en faifant paffer fur l'Appel le Procès au Parquet.

Etant décédée depuis l'Appel, comme on l'expofe dans le Mémoire, il ne s'agit plus de la Séparation en elle-même, il ne peut être queftion que des Effets qu'elle à dû produire, & de fçavoir fi la Femme eft morte féparée ou Commune.

Pour juger de cette Queftion, il faut neceffairement fe reporter au moment de fon décès.

Si elle a été valablement féparée, qu'il y ait eu Caufes fuffifantes pour le faire, & que la Sentence qui a prononcé cette Séparation foit reguliere, elle eft morte non Commune.

Si la Sentence eft irreguliere, fa Renonciation à la Communauté tombe d'elle-même, & il doit demeurer pour conftant qu'elle eft morte Commune.

Il faut donc juger la validité de la Sentence qui l'a féparée, dans le tems même qu'elle a été prononcée.

Si elle eft nulle, elle n'a pû produire en fa faveur aucuns des effets que produit ordinairement une Séparation de Corps.

Il en refulte par confequent un Droit acquis au Mari, relativement à fa Communauté qu'on ne fçauroit lui ôter.

Dès que d'ailleurs la Loi de la communication au Procureur du Roi du Châtelet eft fpecialement établie par cet Edit de 1661. on a dû l'obferver dans ce Tribunal ; faute de l'avoir fait, la Sentence eft radicalement nulle, & ce n'eft point un cas où l'on puiffe fe contenter d'une communication au Parquet fur l'Appel.

L'on croit donc que ce Moyen eft bon, que le Mari doit y infifter, & qu'il doit réüffir indépendamment même des Moyens du fond, à faire infirmer cette Sentence, & à la faire déclarer nulle.

Déliberé à Paris, ce 3. Juillet 1746. Signé GILLET. DE HERICOURT. VISINIER. GUILLET DE BLARU.

Je pourrois m'en tenir à ce Moyen invincible pour faire infirmer la Sentence dont je fuis Appellant ; mais je me dois à moi-même de prouver l'impofture que des Confeils pernicieux ont fait adopter à Madame du Pont-du-Château, dans les vûës que je vais expliquer tout-à-l'heure ; je declare néanmoins que c'eft fans préjudice du Moyen de nullité refultant de l'Edit de 1661. que je viens de propofer, & fur lequel je fupplie mes Juges de prononcer conformément à cette Loi, ainfi que je l'ai demandé par ma Requête du . . . . . .

Madame du Pont-du-Château n'ayant pas réüffi en 1740. dans le Procès qu'elle m'avoit intenté en Séparation de Biens, & ayant encore échoüé en 1742. dans fa Demande en augmentation de Penfion, elle fe détermina d'abord, comme je l'ai fçû depuis, à revenir avec moi, conformément à l'Arrêt du 26. Juin 1742. qui le lui enjoignoit, & fit mettre Ecriteau pour loüer fon Appartement.

Cette réünion alloit renverfer tous les Projets de fes Confeils, & particuliérement de celui, qui depuis 1736. avoit fait naitre & fomenté la Divifion entre elle & moi par toutes fortes de Conteftations ; il n'ofa pas venir choquer de front les fentimens de réünion que l'Arrêt de 1742. avoit fait germer dans fon cœur ; mais il fit agir fes Domeftiques, elle les avoit déja inftruit de fon deffein, & fur ce qu'elle leur declara qu'elle étoit réfoluë de l'executer tout de bon ; le fieur de Blegny

gny, fon Homme d'Affaire, fa Femme-de-Chambre, & le * petit Jofeph, fon Laquais, fe jetterent à fes Pieds en lui difant, Madame, il nous mettra tous de- hors, & vous rendra malheureufe. Il faut vous faire féparer, à quoi Madame du Pont-du-Château répondit que je ne l'avois pas maltraitée pour pouvoir fe faire féparer ; ils lui repliquerent tous qu'ils avoient des Témoins qui la ferviroient bien ; le fieur de Blegny ajoûta qu'elle n'avoit qu'à entreprendre le Procès, & que l'Ar- gent ne lui manqueroit pas. Voilà ce que j'ay fçû du nommé Hebert, Cocher de M. le Comte de la Luzerne, à qui Dujat, * ancien Domeftique de Madame du Pont-du-Château, & le petit Jofeph, en bûvant enfemble à la Cave des Mouf- quetaires gris, raconterent le 9. Mai 1743. comment les chofes s'étoient paffées.

* Il a une Penfion de 500. liv. de Rente viagere par le Teftament de Madame du Pont-du-Château.

* Ce Dujat eft gratifié d'un Legs de 3000. liv.

Après cette premiere tentative, on agit fans doute auprès de Madame du Pont- du-Château, & lorfqu'elle fût déterminée, le fieur de Blegny, Dujat, qui a été fon Agent dans le cours de cette Affaire, & le petit Jofeph travaillerent à gagner des Témoins par Promeffes & par d'autres Moyens.

Dès qu'ils fe fûrent affurez d'un certain nombre, on travailla à les inftruire, & la Plainte fût dreffée en confequence.

Cette Piéce d'éloquence a été imaginée par quelqu'un qui n'a pas pris garde qu'il alloit enfemble des chofes incompatibles, & qui ne font ni dans la nature ni dans nos mœurs. Il me peint comme un Homme plein d'une jaloufie outrée contre ma Femme, il dit que je l'accufois d'avoir de mauvais Commerce avec fes Laquais ; que j'ay eu *une averfion implacable* pour elle dès le commencement de mon Mariage, que je la méprifois, que je n'ai ceffé de la maltraiter de paroles, & de la meurtrir de coups, & cependant il fait entendre que je couchois toûjours avec elle, quoiqu'il fuppofe d'ailleurs que j'ay toûjours eu des Maîtreffes.

Voici les termes de la Plainte :

Le fieur du Pont-du-Château l'ayant époufée par des vûës d'interêts, enfuite on fait un Calcul enflé des Biens qu'elle m'a apportez tant en Mariage, que par differentes Succeffions, & qu'on fait monter à plus de douze cent mille livres, dont le Revenu eft, dit-on, de 42253. liv. fur quoi il n'y a qu'un Doüaire de 5000. liv. à payer.

Ces avantages & les complaifances de la Dame du Pont-du-Château n'ont pû, &c. *vaincre l'averfion implacable qu'il avoit pour elle, les Engagemens étrangers qu'il a eu fucceffivement* ONT REDOUBLE' SA HAINE ; *la Dame du Pont-du-Château s'eft* VUE EXPOSE'E A TOUS LES SEVICES ET MAUVAIS TRAITEMENS *d'un Mari qui n'écoute que la ferocité de fon caractere emporté* PERPETUELLEMENT AUX PLUS GRANDS EXCE'S, &c. *L'averfion étrange du fieur du Pont-du-Château a éclaté* DE'S LE COMMENCEMENT DU MARIAGE *par des mépris & des emportemens*, QUI ALLOIENT TOUJOURS A L'EXCE'S, &c. *Il la traitoit comme la derniere des Servantes, la qualifioit des Noms les plus odieux & les plus infâmes*, &c. CES DIFFERENS *Sevices* N'ONT JAMAIS DISCONTINUE', *ils étoient renouvellez* CHAQUE JOUR, A CHAQUE INSTANT, *fans fujet & par le feul effet de la haine implacable qu'il avoit conçue contre fa Femme*, &c. Les injures ATROCES *ont été fouvent portées jufqu'au point*, &c. *de décrier fa Conduite* DANS LE MONDE, *& auprès de fa Famille ; il affectoit de faire éclater ces outrages* PUBLIQUEMENT, &c. *& de foufleter fes Laquais, difant* HAUTEMENT *qu'ils avoient de mauvais Commerces avec elle*, &c. *Il la maltraitoit, la meurtriffoit de coups, la jettoit à coups de Pied* HORS DE SON LIT, &c.

Enfin l'Auteur de la Plainte m'accufe d'avoir jetté un Souflet fort lourd à la Tête de ma Femme, & de luy avoir communiqué un mal infâme, pour lequel elle fut, dit-il, *baignée* & medicamentée.

Ce Précis du commencement de la Plainte, n'eft pas équivoque fur le tems où les injures atroces, les mépris & les mauvais traitemens ont commencé. C'eft dès le commencement du Mariage, c'eft-à-dire dès 1714.

Outre cela il contient trois Chefs d'accufation : le premier, d'avoir jetté un Souflet fort lourd à la tête de ma Femme ; le fecond, de lui avoir communiqué les fruits d'une débauche outrée ; le troifiéme, de l'avoir jettée à coups de Pied hors de mon Lit.

Les deux derniers Faits fuppofent certainement que je couchois avec ma Fem- me & la cohabitation. On a fait placer ces deux Faits par le 10e. Témoin, fça- voir, le fait d'avoir jetté ma Femme hors du Lit en 1723. pendant mon féjour en Auvergne avec elle, & le fecond fait en 1724. au retour de ce Voyage :

D

aînſi en partant de ces faits, je couchois encore en 1723.& 1724. avec Madame du Pont-du-Château.

Le fait du Soufflet jetté à la Tête, & placé en 1728. tant par la Plainte que par le ſecond Témoin de Madame du Pont-du-Château, ſuppoſe encore que je n'avois qu'un même Lit avec elle en 1728.

Ce Témoin dit que le fait s'eſt paſſé *à une heure après minuit* dans la Chambre à coucher de ma Femme, où j'étois à genoux dans un Fauteüil, & que je ne jettai ce Soufflet à la Tête de Madame du Pont-du-Château, que parce qu'elle m'appella pluſieurs fois pour m'engager à me coucher; circonſtances qui ſuppoſent dans le récit de ce Témoin que je couchois alors avec ma Femme; autrement & ſi ce n'eût pas été l'intention du Témoin de le faire entendre, qu'euſſai-je fait à une heure après minuit à genoux dans un Fauteüil dans la Chambre à coucher de ma Femme? En raiſonnant d'après la Dépoſition de ce Témoin, je ne l'approuve pas pour cela; je ferai voir au contraire dans la ſuite que c'eſt une fauſſeté.

Voilà donc trois Faits qui font entendre qu'en 1723, 1724.& 1728. je couchois avec ma Femme; je demande à tout Homme ſenſé ſi ce n'eſt pas allier des choſes incompatibles, & qui ne ſont ni dans la nature ni dans nos mœurs, que de dire qu'un Mari plein de la plus forte averſion pour ſa Femme, qui la mépriſe, qui la ſoupçonne de coucher avec les Laquais, qui a des Maîtreſſes, en un mot qui déteſte ſa Femme & ne peut la ſouffrir, couche neanmoins habituellement avec elle? c'eſt cependant ce que l'Auteur de la Plainte ſuppoſe & fait entendre; ainſi, ſelon lui, après avoir excedé ma Femme de mépris, d'injures atroces, de ſoupçons infâmes, de violences de fait, *chaque jour*, *à chaque inſtant*, *ſans ſujet* depuis 1714. que je l'ai épouſée, je couchois encore avec elle en 1723. 1724.& 1728. n'eſt-ce pas là radoter, & déceler par une contradiction manifeſte des faits, & de ce qu'ils ſuppoſent, l'impoſture d'une Fable auſſi impertinente que la Plainte qu'on a fait adopter à Madame du Pont-du-Château. Je me flatte que de pareilles extravagances ne feront pas fortune dans l'eſprit des Magiſtrats integres & judicieux que j'ai l'honneur d'avoir pour Juges.

Voilà ma premiere Obſervation ſur le premier caractere de fauſſeté du pitoyable Roman qui ſert de baze au Procès ſur lequel l'Abbé de Boüillé fonde ſes Prétentions.

La ſeconde n'eſt pas moins frappante. L'Auteur de la Plainte veut que Madame du Pont-du-Château ait ſouffert patiemment & ſans ſe plaindre depuis 1714. juſqu'en 1730. toutes les horreurs dont il m'accuſe à ſon égard.

Eh quoi! une Femme qui vivoit dans le plus grand Monde; Fille d'un Conſeiller d'Etat; Niéce d'un Doyen du Parlement de Paris, tous deux vivans; alliée de tout ce qu'il y a de bon dans la plus haute Magiſtrature; Niéce de la Femme de Mr. le Comte de Canillac mon Oncle; mariée avec beaucoup de Bien & des eſperances encore plus conſiderables; élevée dans toute la délicateſſe d'une grande Fortune, cette même Femme auroit ſouffert avec tranquillité pendant ſeize années entieres que *chaque jour*, *à chaque inſtant*, *ſans ſujet*, *ſans prétexte*, par un caprice de Furieux, je la traitaſſe *comme la derniere des Servantes*, que je l'accuſaſſe *publiquement* de coucher avec des Laquais, que je l'euſſe maltraitée, meurtrie de coups, jettée *hors du Lit* à coups de Pied, infectée du Poiſon que j'aurois rapporté *d'un Commerce infame avec des Filles proſtituées*. Cette même Femme couverte *de meurtriſſures imprimées ſur ſon Corps*; tous les jours à la veille de perdre la Vie; contre qui, dans *la fureur & la férocité d'un caractere emporté perpetuellement aux plus grands excès*, je me ſerois armé de tout ce qui me ſeroit tombé ſous la main, tel par exemple qu'un *Soufflet* * de Cheminée *fort lourd*: à la Tête de qui j'aurois jetté ce Soufflet; des Oreilles & du Col de laquelle j'aurois arraché avec *une violence inſupportable ſes Diamans*; à qui j'aurois défendu *avec des menaces terribles de voir ſon Pere & ſa Famille*; que j'aurois laiſſée quelquefois ſans Secours, ſans Vivres, ſans Argent, en un mot une Femme expoſée pendant ſeize ans entiers *aux mauvais traitemens*, *ſevices de tous genres*, *dangers de la Vie*, *deshonneur & perte de réputation* à chaque inſtant, pour me ſervir des propres termes de ſa Plainte, n'auroit pas éclaté, fulminé contre moi, & fait retentir de ſes Plaintes le grand Monde, tout Paris, les Tribunaux.

* L'Auteur de la Plainte ignore apparemment que depuis plus de 30. ans les ſoufflets ſont fort legers, & ſur-tout ceux des Appartemens des Grandes Maiſons.

Elle auroit enduré cette diffamation, *ces outrages publics*, & que je la frappaffe *devant le Monde*; car felon le ridicule Auteur de la Plainte, j'avois une politique qui *quelquefois m'empêchoit de la frapper devant le Monde*, d'où il refulte que je la frappois *quelquefois* devant ce même Monde.

Dans cette pofition plus affreufe que l'Enfer, qu'auroit eu à ménager Madame du Pont-du-Château? Etoit-ce le Public? Mais fuivant fa propre Plainte, il étoit inftruit: le Monde pouvoit-il ignorer *ces outrages faits publiquement*, ces coups dont on donne à entendre que je la chargeois *quelquefois* devant le Monde? Etoit-ce fa propre Famille? Mais outre qu'elle faifoit partie de ce même Public inftruit, *ces noirceurs* ou plûtôt ces horreurs que l'on m'impute, *furent*; dit-on, *connuës de la Famille, qui jugea dès-lors la Séparation neceffaire* Ce dès-lors, dans le fyftême de la Plainte, fignifie dès le tems que j'excedai ma Femme de coups, d'injures atroces & de foupçons infâmes; or dès 1714. fuivant les propres termes de la Plainte, *dès le commencement du Mariage, mon averfion a éclaté par des mépris, des menaces & des emportemens qui alloient toûjours à l'excés, & ces differens févices n'ont jamais difcontinué, ils étoient renouvellez chaque jour, à chaque inftant, fans fujet, fans prétexte, & par le feul effet de la haîne implacable que j'avois conçuë contre une Femme époufée par des vûës d'interêt.*

Quelle abfurdité! Une Famille compofée de Magiftrats refpectables, & qui joüiffoient d'un très-grand crédit, auroient jugé dès la premiere année de mon Mariage & dans tout le tems que j'ai vêcu avec Madame du Pont-du-Château, c'eft-à-dire depuis 1714. jufqu'en 1730. que la Séparation étoit neceffaire, & ils n'auroient pas éclaté contre moi; ils auroient été Témoins & Spectateurs tranquilles d'horreurs fans ceffe renaiffantes; ils auroient vû leur Fille, leur Niéce, leur Parente nourrie d'amertume & de larmes, deshonorée, meurtrie, mourante; ils l'auroient vûë tous les jours à la veille de perir par les mains d'un Mari brutal & feroce, & ils ne l'auroient pas fouftraite à toutes ces horreurs plus cruelles que la mort même?

Voilà pourtant ce que l'on n'a pas craint de rifquer dans la Plainte de Madame du Pont-du-Château; voilà ce que les premiers Juges ont eu la foibleffe d'adopter; mais s'eft-on flatté d'en impofer jufqu'au bout à la Juftice, & de faire approuver dans un Tribunal fuprême, dont l'integrité égale les lumieres & la fermeté d'efprit, le plus impertinent Paradoxe que l'aveugle impofture ait jamais enfanté?

Ma troifiéme Obfervation roulera fur cette prétenduë *publicité* d'injures atroces & de mauvais traitemens de fait que m'impute la calomnie.

J'ai, dit-on, *chaque jour, à chaque inftant, fait éclater ces outrages publiquement, je maltraitois quelquefois ma Femme devant le Monde; mes difcours outrageans contre elle ont fouvent été portez jufqu'au point d'attaquer* OUVERTEMENT *fon honneur & fa réputation,* ET DE DE'CRIER SA CONDUITE DANS LE MONDE, *& auprés de fa Famille;* & cependant quels Témoins a-t-on fait entendre?

Ces Témoins font au nombre de 33: il y en a quatre * qui étoient actuellement Laquais au tems de leurs Dépofitions, & l'un d'eux alors au Service de Madame du Pont-du-Château; c'eft le huitiéme Témoin de fon Enquête. Dix * autres étoient originairement Laquais fuivant leurs Dépofitions, les uns ont paffé à d'autres Grades de la Domefticité, tels que Maîtres d'Hôtel, Valets-de-Chambre, & les autres ont appris des Métiers, ou n'ont eu de bas Emplois: quelques-uns étoient Bourgeois de Paris, lors de leurs Dépofitions, c'eft-à-dire qu'ils étoient hors de Condition; * quatre fe qualifient fimplement Maîtres d'Hôtel: mais il y a bien de l'apparence qu'ils ne font parvenus à ce Pofte lucratif, comme ceux de leurs Confreres jadis Laquais, que par les premiers dégrez de la Domefticité. Plufieurs autres font des Cochers, * Cuifiniers, Suiffe de Porte, * Domeftique, Femmes-de-Chambre, Femme de Cocher, Servante, Gagne-Deniers, &c.

Les autres Témoins au nombre de cinq font * un Ecuyer de la Grande Ecurie du Roy, un Clerc de Notaire devenu Bourgeois de Paris, une Veuve d'Horloger & deux Tapiffiers, dont l'un fe dit Neveu d'un Portier de Maifon.

Le 12e. Témoin depofe en ma faveur, le 28e. détruit par fa Dépofition cette prétenduë publicité, qu'on ofe articuler contre toute vray-femblance. Le premier dit que pendant 15. années qu'en qualité d'Ecuyer de la feconde Compagnie des Moufquetaires ,, il a veillé *journellement* fur les Equipages & Chevaux des Sieur ,, & Dame du Pont-du-Château, il ne m'a jamais vû que de bonnes manieres pour

*6. 8. 13. & 27e. Témoins.

*2. 3. 5. 9. 11 15. 17. 23. 26. 32e.

*1. 7. 28. & 33.

*14. 24. & 30e. 16. *19. 21. 4. 10. 25. 20e. *12. 31. 29. 18. 22e.

„ elle ; que je lui ai toûjours donné de bons Chevaux & de beaux Equipages, &
„ que même depuis la Séparation volontaire m'ayant demandé fi je trouverois bon
„ qu'il continuât de voir les Equipages de Madame du Pont-du-Château, je lui
„ avois répondu que je le voulois bien , & même qu'il me feroit plaifir, &c.

L'autre Témoin , c'eft-à-dire le 28e. dépofe qu'après avoir demeuré 17. ans chez
M. & Madame de Canillac , mon Oncle & Tante de Madame du Pont-du - Château , d'où il n'eft forti *qu'en* 1724. il ne s'eft point apperçû d'aucune mauvaife
maniere de ma part envers ma Femme , & n'a rien fçû que tout ce que tout le
Public a pû fçavoir , qui eft que les Sieur & Dame du Pont-du - Château fe font
féparez à l'amiable. Il feroit bien fingulier que tandis que , felon l'Auteur de la
Plainte, ma prétenduë conduite brutale & barbare envers ma Femme étoit publique , un Domeftique qui a demeuré 17. ans chez un Oncle & une Tante communs , avec qui nous étions tous les jours, ne fe fut apperçû de rien pendant
tout ce tems-là.

C'eft cependant ce que ce Témoin adminiftré par les Agens de Madame du Pont-
du-Château , a dépofé; fans doute qu'il n'a pas voulu fuivre , en dépofant , les
inftructions qui lui avoient été données , & n'a confulté que la verité.

Ainfi il faut retrancher ces deux Témoins par rapport à la publicité des prétendus févices de tous genres. La plûpart des autres Témoins dépofent les uns de
oüi-dire , les autres de oüi-dire , de oüi-dire.

* Ce font le Clerc de Notaire , la Veuve d'un Hor-loger, & deux Ta-piffiers , dont les Dépofitions font fort peu de chofe.

Il ne refte donc que 31. Témoins qui , à l'exception de quatre , * font tous Domeftiques, Laquais ou originairement Laquais.

Voilà dans quelle efpece de Gens la Notorieté publique annoncée avec tant
d'éclat & de confiance , a été placée par les Agens de Madame du Pont-du-Château , qui fe font chargez de lui faire des Témoins. J'ai attaqué, dit-on , *ouvertement* fon honneur & fa réputation ; j'ai décrié *fa conduite* DANS LE MONDE &
auprés de fa Famille , & cependant on n'a prefque fait dépofer que de la Livrée, d'autres Domeftiques & des Perfonnes du plus bas étage qui font forties de la Domefticité. On n'a pû trouver dans tout le Public inftruit des prétendus févices de tous
genres qu'on m'impute , un honnête Homme qui ait voulu dépofer de ces mauvais
traitemens, pas même *par oüi-dire*. L'efpece de Témoins à laquelle on a été contraint de fe réduire , faute d'en pouvoir trouver d'autres, n'annonce - t - elle pas
toute la fauffeté de la Plainte, & de cette prétenduë *notorieté publique*, auffi chimerique que les Faits de la Plainte même ?

Ma quatriéme Obfervation eft que par une petite fineffe qui a bien l'air d'une
Reflexion du bas Palais, on a voulu ôter toute Créance aux honnêtes Gens que
je pourrois faire entendre , en difant que j'avois *une politique*, *qui quelquefois m'empêchoit de frapper ma Femme devant le monde*. Mais ce *quelquefois* que l'on a ridiculement gliffé dans cette Reflexion rufée , en détruit tout l'effet ; car fi ma prétenduë politique me contenoit *quelquefois feulement* , elle ne me contenoit donc pas
toûjours', & où eft *ce monde* , ces Gens d'une certaine façon, devant qui je frappois
quelquefois Madame du Pont-du-Château ; que ne les a-t-on fait dépofer ?

Ma cinquiéme Reflexion, c'eft que l'Auteur de la Plainte a travefti en Crime
plufieurs Faits très-indifferens en eux-mêmes. Tel eft par exemple que le Fait des
Bains que Madame du Pont-du-Château a pris, dit-on , pendant neuf jours pour
arrêter les progrès d'un mal que je lui avois communiqué; elle étoit dans l'ufage

* Les Fleurs blanches.

de les prendre pour une Maladie de Femme, * comme je le ferai voir par fes
propres Lettres. Tel eft encore le Fait des prétendus mauvais Commerces avec
mes Laquais , dont on dit que je l'accufois ; on a fait développer ce Fait par les
Témoins , & on l'a fondé fur une jaloufie outrée de ma part, qui , felon ces mêmes
Témoins, m'avoit porté à faire mettre à Table Madame du Pont-du-Château à
côté de moi, & non vis-à-vis , afin que mes Laquais étant derriere ma Chaife ,
en nous fervant, ne puffent pas voir ma Femme. C'eft ainfi que l'un des Confeils
de Madame du Pont-du-Château, dans l'ingenieux Commentaire qu'il a fait en
premiere Inftance des Dépofitions des Témoins, explique le motif de cette prétenduë pofition de Madame du Pont-du-Château à Table : mais la verité eft que
Madame du Pont-du-Château qui avoit perdu toutes fes Dents de fort bonne heure,
& en mettoit de poftiches, ne fe plaçoit à Table à côté de moi, que pour empêcher les Domeftiques, qui dans une autre pofition euffent été vis-à-vis d'elle, &
l'euffent vûë manger, de s'appercevoir de ce deffaut.

Ma

Ma sixiéme & derniere Reflexion est qu'il y a même des Faits manifestement faux dans cette Plainte. On y dit que je deffendis à ma Femme avec des menaces terribles de voir son Pere & sa Famille, en sorte qu'elle ne put avoir la consolation *de pouvoir approcher de son Pere,* &c. *dans sa derniere Maladie,* &c.

M. Ferrand, Conseiller d'Etat, mon Beau-Pere, est mort le 3. Janvier 1731. & ma Séparation volontaire d'avec Madame du Pont-du-Château est du 20. Octobre 1730. Comment étant séparé d'elle aurois-je pû l'empêcher d'approcher de son Pere dans sa derniere Maladie, qui n'est tombé malade que dans les premiers jours de Decembre 1730.

L'Auteur de la Plainte dit encore que je lui refusai un Lit lors de la Séparation, l'état des Meubles que je lui donnai alors en contient six, dont il y en avoit un à Tombeau pour elle, en attendant, ainsi que nous en convînmes, que j'eusse fait revenir d'Auvergne un grand Lit de Damas jaune qui lui avoit servi étant Fille; elle l'avoit envoié elle-même à ma Terre du Pont-du-Château, suivant sa Lettre du 14. Mars 1721. Ce Lit me fut renvoié dans le mois de Novembre 1730. suivant la Lettre du sieur Mayer, qui est produite. Je le remis à Madame du Pont-du-Château dès qu'il fut arrivé.

J'ai déja fait voir la fausseté de deux Faits de la Plainte; le premier sur le prix des Meubles, qu'on m'impute d'avoir fait estimer au-delà de leur juste valeur, & j'ai fait voir qu'ils ont au contraire été prisés fort au-dessous; le second, sur ma prétenduë précipitation à faire sortir de chés moi Madame du Pont-du-Château avant qu'elle eût une Maison: j'ai prouvé par le Bail du 20. Octobre 1730. qu'elle en avoit loüé, vû & visité une avant de signer l'Acte de Séparation volontaire.

Je ferai voir dans la suite la fausseté des autres Faits de cette Plainte, tant par des preuves écrites, que par les Dépositions de mes Témoins, & par la contradiction de ceux de Madame du Pont-du-Château.

Telles sont les ridicules faussetés & contradictions de la Plainte même; je vais faire voir qu'elle n'est en total qu'un tissu d'Impostures.

Le premier Grief est que je n'ai épousé Madame du Pont-du-Château que par interêt.

On fait monter ensuite ses Revenus à 42253. liv. de Rente; ,, on m'accuse d'une ,, aversion implacable contre elle, & d'avoir fait éclater dès le commencement de ,, mon Mariage cette étrange aversion pour elle & pour sa Famille par des mépris, ,, des menaces, des mauvais traitemens, des injures atroces, des soupçons de ,, mauvais Commerce avec des Laquais, d'avoir décrié sa Conduite *dans le* ,, *Monde,* & auprès de sa Famille, de lui avoir jetté un Soufflet de Foyer à la ,, Tête, de lui avoir donné des Maux infâmes, de l'avoir maltraitée, meurtrie de ,, Coups, & jettée hors de mon Lit à coups de Pied, de lui avoir arraché de force ,, ses Boucles d'Oreilles & son Collier, de lui avoir deffendu avec des menaces ,, terribles d'aller voir son Pere, de l'avoir voulu forcer par famine à quitter ma ,, Maison, & de l'avoir laissée pour cela sans Argent, lors d'un Voyage que je ,, fis à Nemours; de m'être mis en fureur parce qu'elle s'étoit servi de mes Chevaux ,, & de ma Calêche, d'avoir fait porter à un prix excessif les Meubles que je lui ,, remis en 1730. de lui avoir refusé un Lit, de sorte qu'elle fut obligée d'en em- ,, prunter un de son Pere, de l'avoir obligée à sortir de chez moi avant qu'elle eût ,, une autre Maison, de l'avoir menacée de la jetter par la Fenêtre, si je la retrou- ,, vois chez moi dans trois jours.

Tels sont les Faits que l'Auteur de la Plainte fait précéder la Séparation de 1730. Il me fait un crime d'avoir refusé depuis d'autoriser Madame du Pont-du-Château dans le Procès contre Mademoiselle Ferrand; d'avoir refusé de fournir les Frais des differens Deüils qu'elle a eu à porter depuis 1730. d'avoir aliené des Biens de ma Femme, de l'avoir fait signer à differens Contrats de Vente, & engager à differentes Dettes. Il rappelle ensuite le Procès en Séparation de Biens, & les autres Contestations que Madame du Pont-du-Château m'a fait essuyer jusqu'en 1742. Il me suppose ensuite le Projet de n'avoir retracté le Consentement de la Séparation volontaire, & demandé le retour de ma Femme dans ma Maison, que pour la forcer à consentir l'Aliena-tion du reste de ses Biens, & pour la releguer ensuite dans un Château en Au-vergne. Enfin il conclut à la Permission de faire preuve de tous ces Faits, tant

E

par Titres que par Témoins, ce qui a été ordonné par Sentence du 31. Août 1742. sauf à moi à faire la preuve contraire.

Tels sont en total les Faits de la Plainte du 26. Juillet 1742. Je suppose pour un moment que tous ceux de ces Faits qui sont de nature à operer une Séparation de Corps & d'Habitation soient prouvés par des témoignages uniformes, sans contradiction, tels enfin qu'il n'y eût aucun reproche à faire aux Témoins. Ces témoignages prouveroient que depuis 1714. jusqu'en 1730. j'aurois vêcu publiquement & dans l'interieur de ma Maison avec Madame du Pont-du-Château dans la plus affreuse désunion qui puisse regner entre un Mary & une Femme.

Je demande quelle foi meriteroient de pareils Témoignages, si je prouvois par un Corps de conduite suivi, par des Lettres écrites de la main de Madame du Pont-du-Château, par des Declarations judiciaires signées d'Elle, ou de ses Avocats, par les Dépositions de quelques-uns de ses Témoins & de plusieurs des miens, si je prouvois, dis-je, que la plus parfaite Union, la Confiance, la Liberté, la Familiarité Conjugale ont regné entre Nous depuis 1714. jusqu'en 1729. que s'il est survenu depuis 1729. quelque refroidissement entre Elle & Moi, je n'ai pas cessé pour cela d'avoir pour Elle tous les ménagemens & les égards de Politesse qui doivent regner entre d'honnêtes Gens; & qu'enfin j'ai toûjours bien vêcu avec toute sa Famille; je demande de quel côté devroient se ranger des Juges éclairés, & s'ils rejetteroient des Preuves *par écrit* appuyées du témoignage de plusieurs Personnes d'un certain Rang, & autres, pour donner la préference à une simple *preuve testimoniale* toûjours si suspecte de Corruption; Preuve que (a) deux des plus sages (a) Ordonnances de nos Rois ont rejettées en matiere de Contrats, à cause de la facilité de corrompre les Témoins; Preuve rejettée par l'un des plus graves Legislateurs, lorsqu'il y a des Preuves par écrit: (b) preuve dont la facilité, le peril, & l'abus ont été reconnus dans tous les tems, & sur-tout par le plus judicieux & le plus grand Orateur de la Republique Romaine, (c) qui veut que l'on rejette cette Preuve, lorsque la verité se manifeste par les seules lumieres de la raison; il fait sentir avec force toute la malheureuse facilité de trouver des Témoins, & de les faire parler au gré de la Passion; Preuve enfin de l'abus de laquelle tous les Siécles offrent tant de funestes exemples.

Je suis en état de prouver par ma Conduite avec Madame du Pont-du-Château depuis 1714. jusqu'en 1730, par ses propres Lettres, par celles de sa Famille & de la mienne, par ses Declarations judiciaires, & par plusieurs de mes Témoins, que l'Union la plus intime a regné entre Elle & Moi, & que malgré quelques refroidissemens survenus entre Nous, j'ai toûjours eu pour Elle tous les égards qu'un honnête Homme doit avoir pour sa Femme.

Depuis mon Mariage jusqu'en 1720. j'ai donné mille écus par an à Madame du Pont-du-Château pour son Entretien & ses menus plaisirs. En 1720. j'augmentai cette Pension, en lui abandonnant les Revenus de la Terre de Villemilan affermée 4000 liv. Le Sr. de Blegny qui étoit alors mon Homme d'Affaires ne sçauroit disconvenir de ces Faits, ni que Madame du Pont-du-Château ait joüi de Villemilan jusqu'à la Séparation de 1730. On verra par les propres Lettres de Madame du Pont-du-Château dont je parlerai incessamment, qu'Elle avoit toute liberté de donner à manger, de joüer, d'aller aux Spectacles, au Bal, à la Campagne, & par celles de M. de Canillac mon Oncle, qu'elle aimoit fort la Dépense, & qu'elle avoit un certain ascendant sur moi: il est prouvé par la Déposition du 12e. Témoin de sa propre Enquête, qu'elle a toûjours eu de beaux Equipages, & de bons Chevaux; qu'on en avoit autant de soin que des miens, & que même l'instant d'après la Séparation volontaire je témoignai à ce particulier Ecuyer de la Seconde Compagnie des Mousquetaires, qu'il me feroit plaisir de continuer ses soins; on verra par les Lettres de Madame du Pont-du-Château qu'elle étoit si sûre de ma Confiance, qu'en 1719. elle mit plus de cent mille francs (d) au Systême; que c'est elle qui a placé sur la Ville & sur les Etats de Bretagne les remboursemens que le décri des Billets de Banque occasionna; & qu'enfin je me reposois sur elle du soin de mes Affaires, en lui donnant des Procurations sur les *modeles qu'elle* m'envoyoit. C'étoit elle qui gouvernoit l'interieur de ma Maison, qui prenoit les Domestiques, regloit leurs Gages, les payoit, les ren-

(a) Ordonnance de Moulins, Article 54.
Ordonnance de 1667. Tit. 20. Article 2.

(b) *Contrà scriptum testimonium, non scriptum testimonium non fertur*, Leg. 1. Cod. *de Testib.*

(c) *Neque hujus judicii veritatem, quæ nullo modo mutari potest, in testium voluntate collocari finam, quæ facillimè effingi, nullo negocio flecti, ac detorqueri potest, argumentis agimus Iuce, ipsâ clarioribus. Cicero. Pro Cælio.*

(d) Lettre du 22. Decembre 1719. *Nous sommes tous enivrez à Mississipi. Je portai hier à M. Houvette cent douze mille livres, dont il en reservera pour nourrir les Actions.*
Lettre du 3. Mai 1720. *Je vais recevoir de nos Actions d'Occident 3400. liv. du Numero 5., dont on a coupé les Coupons.*

voyoit, fuivant le Livre d'entrée & de fortie prefque tout écrit de fa main :
c'eft encore Madame du Pont-du-Château qui regloit les Memoires des Four-
niffeurs de la Maifon, & leur donnoit des Mandemens fur Blegny mon Homme
d'Affaires, ainfi que cela eft prouvé par les Piéces produites fous la Cotte P. C'eft
elle qui regloit & arrêtoit les Comptes des Maîtres d'Hôtel, fuivant quatre Regiftres in-folio dont le premier commence au 17. Decmbre 1722. & le dernier finit
au mois de Novembre 1730. Ces quatre Regiftres qui forment un efpace continu
de 8 années, font arrêtés de fa main, jufqu'au 1. Août 1730. ils font produits fous la Cotte Q. On verra encore par les Lettres de Madame du Pont-du-
Château que je lui envoyois de petits Prefens dans mes Voyages, pour elle &
pour fa Famille; & par celles de fon Pere que ma déference pour lui alloit
jufqu'au point de le confulter fur des chofes affez délicates. Enfin il fera prouvé
par les Lettres de Mr. & de Madame de Canillac bel Oncle & propre Tante
de Madame du Pont-du-Château, que je prenois le plus vif interêt à fa Santé :
je n'ai jamais regardé à la Dépenfe pour contenter fes goûts; elle eut envie à
la fin de 1729. d'une petite Chienne Barbette dont l'efpece étoit fort à la mode
alors; je lui en achetai une huit Loüis d'Or & la lui apportai; toutes les Perfonnes de fa connoiffance & de la mienne qui lui ont vû cette jolie Barbette
fçavent la verité de ce fait, qui, quoi de très-peu de confequence en lui-même,
peut fervir du moins à écarter les idées farouches qu'on a voulu donner de
mon Caractere.
   Quant à la Famille de Madame du Pont-du-Château, j'ai toûjours vêcû avec
elle comme je le devois. M. Ferrand fon Pere, ayant été Intendant de Bretagne
depuis 1714. jufqu'en 1717. n'avoit point d'autre Maifon que la mienne lorfqu'il
(a) venoit à Paris : au retour de fon Intendancę, & lorfqu'il fe fut fixé à Paris, il
mangeoit très-fouvent chez moi : le hazard en a confervé des preuves écrites de fa
propre main; ces preuves confiftent en dix-fept Memoires de Dépenfe de M. Ferrand, dont le premier payé le 12. Janvier, & le feiziéme le 9. Novembre 1719.
fuivant les Notes écrites de la main de M. Ferrand même au bas ou au dos de ces Memoires, prouvent qu'il mangeoit très-fouvent chez moi. Le dix-feptiéme & dernier
du 17. Février 1724. payé à Doguet, fon Maître d'Hôtel, le 3. Mars 1724. ainfi
qu'il eft écrit en marge, auffi de la main de M. Ferrand, prouve que j'ai mangé
chez lui au mois de Février 1724. y ayant un Article par lequel il paroît que
Doguet avoit payé un Repas pour mon Cocher qui m'avoit mené chez M.
Ferrand.
   * J'ai produit 12. Piéces écrites tant de fa propre main, que de différens Particuliers, par lefquelles il paroît qu'il vouloit bien me faire venir du Vin de Bourgogne, de l'Huile, &c. ce qui marque une liaifon & une intimité très-grande
entre un Beau-Pere, tel qu'un Confeiller d'Etat, & fon Gendre. La premiere de
ces Piéces eft du mois de Février 1721. & la derniere du 12. Mai 1724. On verra
encore par les Lettres que M. Ferrand m'a fait l'honneur de m'écrire en divers
tems, & que nous étions fort bien enfemble. Si j'avois méprifé, luy, fa Famille, &
fa Fille, & qu'il en eût été inftruit dès le *commencement de mon Mariage*, comme
on le fait entendre dans la Plainte, en difant *tant eft grande, ancienne & obftinée*
l'averfion naturelle du fieur du Pont-du-Château pour fa Femme & fa Famille, & *le*
mépris marqué *qu'il a* toûjours *eu pour eux*, M. Ferrand, mon Beau-Pere, auroit-il
vêcû avec moi, comme il l'a fait, m'eût-il aidé de fes Confeils & de fes foins dans mes
Affaires? l'aurois-je confulté, & m'eût-il écrit auffi cordialement qu'il l'a fait? Tout
Paris fçait que j'étois prefque toûjours à fa Maifon de Campagne d'Yvry, dont je
faifois les Honneurs de fon aveu.
   A l'égard de M. Ferrand le Doyen, M. & Madame de la Falluere, Oncle &
Tante de Madame du Pont-du-Château, & fes autres Parens, fes propres Lettres
prouvent que j'avois pour eux tous les égards qui leur étoient dûs, qu'ils man-
geoient très-fouvent chez moi, & que nous vivions tous enfemble avec beaucoup
d'union.
   Je ne puis rapporter de meilleures preuves de la façon dont j'ai vêcû avec ma
Femme & fa Famille que fes propres Lettres, celles de fon Pere & de fa Tante,
& les autres Piéces dont j'ai parlé ci-deffus.
   L'Auteur de la Plainte pour donner quelque couleur à toutes les horreurs qu'il
a imaginées contre moi, établit fon fyftême fur un Fait démenti par toutes ces

(a) Il eft prouvé par les Lettres de Madame du Pont-du-Château, & fur-tout par celle du 8. Juillet 1715. qu'il vint loger dans ma Maifon, lors du Voyage qu'il fit cette an-née à Paris.

Cotte N.

* Cotte P.

Lettres. Il commence par dire que je n'ai époufé Madame du Pont-du-Château que par intérêt; c'eft de ce Point fixe qu'il part pour donner de la vrai-femblance à tout ce qu'il dit enfuite dans fa Plainte.

La verité eft que M. le Comte de Canillac mon Oncle, qui avoit époufé Mademoifelle Ferrand, Tante de ma Femme, avoit eu deffein en 1713. de me marier avec fa Niéce, & qu'il en écrivit à mon Pere en Auvergne. Mon Pere renvoya fa Lettre à Madame la Comteffe de Canillac; elle lui fit réponfe que l'idée de mon Oncle ne pouvoit pas avoir lieu, parce qu'il étoit queftion d'un Mariage *tout prêt à conclure.* pour fa Niéce avec une Perfonne de grande Naiffance. Ce Mariage ayant manqué, Madame de Canillac écrivit à mon Pere le 26. Mars 1714. pour renouveller la Propofition du Mariage de fa Niéce avec moi. Le motif qu'elle donna à cette démarche fut *de fortifier par une nouvelle Alliance, l'Alliance & l'A-mitié qui*, dit-elle, dans fa Lettre * à mon Pere, *doit être entre Nous.* Elle lui demande le fecret, & le prie *de lui mander* à l'infçû de M. de Canillac, *ce qu'il penfe de la Propofition qu'elle lui fait. Je n'en ai voulu,* ajoûte-t-elle, *faire aucunes Démarches fans fçavoir fi vous les approuveriés*, &c.

Ainfi c'eft la propre Tante de Madame du Pont-du-Château qui fit les premieres Démarches pour le Mariage de fa Niéce avec moi. Les chofes ayant été refoluës entre mon Pere & Madame de Canillac, on m'en fit part, je vins à Paris, & après un Voyage que je fis dans la Marche pour la Publication des Bans, j'époufai Mademoifelle Ferrand vers la fin du mois de Juillet 1714. On verra bien-tôt par les Lettres de Madame du Pont-du-Château que le caractere de l'amitié réciproque qui regnoit entre Nous, écarte toute idée d'un Mariage contracté dans des vûës d'interêt.

Mes Affaires m'ayant obligé de faire un Voyage au mois de Septembre 1714. dans mes Terres de la Marche, cela donna lieu à un Commerce de Lettres entre Madame du Pont-du-Château & moi; fes Lettres relatives à celles que je lui écrivois prouvent bien que la plus tendre amitié regnoit alors entre Nous.

Je revins à Paris vers la fin de 1714. j'achetai alors un Regiment, & je fus obligé de m'y rendre au mois de Février 1715. il étoit en Languedoc : ce Voyage fut encore une occafion de nous écrire. Les Lettres de ma Femme pendant ce Voyage font une nouvelle preuve de la plus parfaite union.

De retour à Paris au mois de Mars fuivant, je fus obligé de repartir en May pour la Provence, où étoit alors mon Regiment, nouvelles Lettres encore de part & d'autre également tendres.

Dès que ma préfence ne fut plus neceffaire à ma Troupe, je vins rejoindre Madame du Pont-du-Château à Paris, & ayant obtenu peu après mon Retour la Cornette de la Seconde Compagnie des Moufquetaires Noirs, je vendis mon Regiment, ainfi je n'eûs plus d'occafions frequentes de m'abfenter de Paris.

En 1719. M. du Pile m'ayant demandé ma Terre du Monteil à acheter, je me rendis dans la Marche où elle eft fituée, au mois de Novembre 1719. le prix de cette Terre m'a fervi à payer plufieurs Dettes hypothequaires dont cette Terre étoit chargée; j'en ai fourni les Quittances d'Emploi à M. du Pile, fuivant l'Acte du 6. Mars 1723. qui eft produit.

Ce nouveau Voyage donna encore occafion à un Commerce de Lettres entre ma Femme & moi. Ces Lettres prouvent de la maniere la plus forte une intimité & une union parfaite entre Nous.

Après m'être arrangé avec M. du Pile, je repartis pour Paris, où j'arrivai en Janvier 1720. je reftai jufqu'au mois d'Avril que j'y fûs obligé d'aller en Auvergne pour terminer quelques Affaires avec mon Pere.

Je revins à Paris au mois de Juin, & je ne retournai en Auvergne qu'en Janvier 1721. à caufe de la Maladie dont mon Pere eft décedé. Ce trifte évenement me retint en Auvergne toute l'année 1721. Cette longue abfence fut encore l'occafion d'une Correfpondance très-frequente entre Madame du Pont-du-Château & moi. Une Maladie dangereufe qu'elle eût alors me procura auffi plufieurs Lettres de M. fon Pere, de M. & de Madame de Canillac, nos Oncles & Tantes communs. Toutes ces Lettres contiennent des preuves fans replique de la plus parfaite intelligence entre Nous tous.

Madame du Pont-du-Château ne pût venir alors me joindre en Auvergne, comme elle le fouhaitoit, ce Voyage n'eût lieu qu'en 1723. ainfi que cela eft prouvé par les Piéces de la Cotte P. Il paroit par la feconde de ces Piéces écrite

de

* Cette Lettre du 26 Mars 1714. fera produite.

de la main de Madame du Pont-du-Château, & datée du 16. Avril 1723. à *Paris*, qu'elle y étoit encore au mois d'Avril de cette année, & par la troisiéme, qua-triéme & cinquiéme, également de sa main, & datées des 16. Juillet, 6. & 31. Août 1723. *au Pont-du-Château*, qu'elle étoit alors à ma Terre de ce Nom ; nous revînmes à Paris pendant l'Automne.

J'allai vers le mois de Septembre 1724. à Nemours joindre la seconde Com-pagnie des Mousquetaires. Madame du Pont-du-Château m'écrivit encore plu-sieurs Lettres qui prouvent que nous vivions ensemble dans la plus grande union du Monde.

Ce fut dans ce tems-là que M. Ferrand mon Beau-Pere, déclara son second Mariage. Madame du Pont-du-Château venoit de l'apprendre par la voix publique ; *je suis charmée*, me dit-elle dans sa Lettre du 6. Septembre 1724. *que votre santé soit bonne & que vous vous divertissiés bien. Pour moi je passe assez mal mon tems ; il n'y a Personne à Paris ; on s'y ennuye beaucoup, j'ai pour surcroît de peine le Mariage de mon Pere* QUI M'AFFLIGE FORT ; *il est generalement désapprouvé & surprend tout le monde ; il ne m'en a point encore fait part*, &c.

Dans le moment qu'elle alloit cacheter sa Lettre, on lui apporta la Lettre que M. son Pere lui écrivoit pour lui faire prendre son Mariage le plus douce-ment qu'il seroit possible ; elle m'en envoya Copie de sa propre main avec cette Apostille en tête du second feüillet, recto de sa Lettre.

Je vous envoye, mon cher Marquis, la Copie de la Lettre que mon Pere m'a écrite, que je viens de recevoir ; voyez quelle réponse je dois y faire. Peut-on donner à un Mari une plus grande marque de Confiance, & y a-t-il quelque Preuve plus forte de bonne intelligence entre un Mari & *une Femme que cette même confiance, dans une conjoncture aussi délicate. * En 1724.

Mr. Ferrand Doyen du Parlement, Mr. & Madame de Canillac Oncle & Tante de Madame de Pont-du-Château & tout le reste de sa Famille, furent aussi fâ-chés de ce Mariage qu'elle-même. Quant à moi, dès que j'eus reçû la Lettre de ma Femme, je courus à Fontainebleau où étoit Mr. de Canillac mon Oncle, pour le consulter sur la réponse que me demandoit Madame du Pont-du-Château ; je suivis alors le Conseil qu'il me donna sur ce sujet, & j'instruisis ma Femme de la maniere dont elle devoit faire réponse à M. son Pere, sans blesser le respect qui lui étoit dû.

Ce Mariage causa du refroidissement entre mon Beau-Pere & toute sa Famille ; mais sur-tout entre lui & Madame de Canillac sa Sœur ; ils ne se sont raccommo-dés qu'en 1729. après la mort de M. de Canillac mon Oncle.

Madame du Pont-du-Château & moi ne témoignâmes rien de désobligeant à Mr. Ferrand sur son Mariage, nous lui avons toûjours rendu l'un & l'au-tre tous les devoirs que la qualité de Pere demandoit ; mais comme il étoit en froid avec Madame de Canillac, qui étoit presque toûjours avec Nous, il s'éloi-gna de lui-même, & se réduisit à de simples Visites de Politesse assez rares ; Madame de Canillac s'étant raccommodée avec lui après la mort de Mr. de Ca-nillac, il revint nous voir comme auparavant, & reprit avec nous ses anciennes façons d'agir.

J'ai dit ci-dessus que je prouverois par les Lettres mêmes de Madame du Pont-du Château, par celles de sa Famille & de la mienne, par ses Declarations judi-ciaires, par quelques-uns de ses Témoins, & par plusieurs des miens, que la plus parfaite union avoit regné entre Nous.

Une amitié réciproque, une cordialité libre & franche, une familiarité na-turelle, quelquefois badine, des égards, des attentions mutuelles ; une sensibilité vive & tendre, une confiance sans bornes de ma part envers Madame du Pont-du-Château ; une liberté honnête caractérisent l'Union qui a regné entre elle & moi.

C'est ce qu'on peut voir par les Lettres, dont je me bornerai à donner de simples extraits, mais *sans rien changer aux expressions*. Le plus grand nombre de ces Lettres a déja été produit ; & les autres le seront, avec les nouvelles Piéces que j'ay recouvrées.

Je commencerai d'abord par ce qui concerne l'amitié & la tendresse récipro-ques entre ma Femme & moi dans ces Lettres *écrites & signées de sa main*.

F

„ Je n'ai point de plus grand plaiſir, mon cher Marquis, que de recevoir *des aſſurances de* „ *vôtre amitié*; elle adoucit mes ennuis pendant vôtre abſence, Que j'aurai de joye de vous „ en marquer ma reconnoiſſance à vôtre retour, & que les ſentimens de mon cœur ſont plus vifs & plus ſinceres que je ne peux vous les exprimer, &c. Je ne manquerai jamais d'attention pour tout ce qui aura rapport à vous, mon cher Marquis, & vous aimerai toute ma vie très tendrement.

Adieu mon cher Roi, je vous embraſſe de tout mon cœur, conſervez bien vôtre ſanté, donnez m'en des nouvelles ſouvent, & même toûjours; voilà à quoi je ſuis ſenſible, & ce qui me touche le plus, ayant pour vous l'amitié *la plus vive*, *la plus tendre & la plus ſincere* qui ſe puiſſe imaginer.

L'exactitude avec laquelle vous m'écrivez me touche fort. Recevez-en les aſſurances de ma reconnoiſſance, en attendant que j'aye le plaiſir de vous le témoigner à vous-même; *j'attends ce jour avec une impatience inexprimable*; il ſera charmant pour moi, mon cher Roi; *je ſuis très-flattée que vous le trouviez de même*; &c. vous faites fort-bien de vous divertir, c'eſt à qui vous aura dans ce Pays là; ils ont grande raiſon; vous ne me trouverez jamais contraire à vos plaiſirs, je n'en ai point de plus grand que tout ce qui peut vous en faire, & voilà les veritables ſentimens de mon cœur, mon cher Roi, je vous aimerai toûjours très-tendrement.

Les ſentimens de mon cœur vous ſont connus, mon cher Marquis, &c. jugez avec quelle joye je *reſſens les aſſurances que vous me donnez de vôtre amitié*, vous me promettez *qu'elle durera toûjours*; c'eſt où tendent tous mes deſirs, mon cher Roi, & ce qui aſſûre le bonheur de ma vie, &c. je ne perdrai jamais aucunes occaſions de vous en donner des marques, ni d'attention pour tout ce qui pourra vous faire plaiſir. Je reſſens bien vivement *celles que vous avez pour moi*, & l'impatience *que vous me marquez* de me revoir. La mienne ne peut s'exprimer, j'ai un vrai plaiſir de penſer à vôtre retour; je l'attends avec bien de l'empreſſement.

Je ſuis bien charmée, mon cher Marquis, *de l'exactitude* avec laquelle *vous répondez à tout ce que je vous demande*, &c. adieu, mon cher Roi, je ſuis à vous de tout mon cœur, & vous embraſſe bien tendrement.

Vos Affaires, mon cher Marquis, vous donnent bien de la peine, &c. ne vous fatiguez point trop, mon cher Roi; *la plus grande* c'eſt de vous conſerver, & celle qui me tient le plus au cœur. Ce qui me fâche c'eſt qu'elles retarderont vôtre retour; mais puiſqu'il eſt neceſſaire de les finir, je ne ſçaurois m'y oppoſer, quelque impatience que j'aye de vous revoir, &c. je vous embraſſe de tout mon cœur.

Vous avez à preſent reçû mes Lettres, mon cher Marquis, &c. *je reçois les vôtres exactement*, &c. je reſſens bien vivement, mon cher Marquis, l'impatience *que vous me marquez* de me revoir, &c. je compte les jours & les momens *de ce bienheureux retour*. Qu'ils me paroiſſent longs & ennuyeux, &c. je ſuis très-reconnoiſſante de *l'amitié que vous me témoignez*, &c. adieu, mon cher Roi, je vous embraſſe de tout mon cœur, *& vous aime paſſionnément*.

Je deſire vivement tout ce qui peut vous plaire; je n'oublierai rien pour y réüſſir & pour vous donner des marques en toute occaſion de l'amitié très-ſincere que j'ai pour vous, mon cher Roi, &c. Je vois avec une vraye joye approcher celui (le tems) de vôtre retour; je ne ſçaurois vous exprimer avec quelle impatience j'attends cet heureux jour, où je vous aſſûrerai de toute ma tendreſſe, &c.

Vos attentions me charment, mon cher Marquis, je les reſſens vivement. Je ſuis perſuadée que vous me rendez aſſez de juſtice pour n'en pas douter, & combien *vôtre amitié m'eſt chere. Les marques que M. Carteau m'en apporta*, me firent grand plaiſir; il en a été témoin, & *de la douleur où je ſuis de vôtre abſence*, &c. Je ne m'accoûtume point, mon cher Marquis, *à ces cruelles ſéparations*, &c. Je cherche à me diſſiper, puiſque vous le ſouhaitez, &c. Quand je ſuis à vous écrire je ne ſçaurois finir, n'ayant point de plus grand plaiſir que de m'entretenir avec vous, *vous aimant de tout mon cœur*, cher Roi, &c.

Je ne ſçai ſi vous avez reçû celle (la Lettre) que je vous ai écrite à Montpellier, &c. Mandez-le moi, je vous en prie, & ſi vous penſez quelquefois à une Perſonne qui *vous regrette ſans ceſſe* & qui vous aime de tout ſon cœur; tous les plaiſirs de Paris ne vous effaceront jamais de mon ſouvenir, mon cher Roi, *ſans flatterie & ſans compliment*; je n'en trouve point de plus grand que celui de vous voir, &c.

Je ne ſçaurois vous exprimer, mon cher Marquis, combien je vous ſuis obligée *de vôtre exactitude* à me donner de vos nouvelles, &c. Rien ne me fait tant de plaiſir que *de recevoir des marques de vôtre amitié*, &c. Je crains que vous n'ayez à ſouffrir des chaleurs qu'il fait dans le Pays * où vous êtes. Ma ſanté eſt fort bonne, je la ménage avec ſoin, *puiſque vous le ſouhaitez*, &c. Je vous embraſſe de tout mon cœur, mon cher Roi, & vous aimerai toute *ma vie paſſionnément*.

J'ai une vraye joye, mon cher Marquis, que vôtre ſanté ſoit bonne, &c. Vous ſçavez combien elle m'eſt chere; la mienne me le devient *par l'interêt que vous m'aſſurez* à y prendre. Le Lait d'Aneſſe me fait toûjours beaucoup de bien, &c. Je ſerai bien dédommagée, &c. ſi ces Remedes produiſent l'effet que nous en attendons; tous mes vœux & mes deſirs, mon cher Roi, ne tendent qu'à voir l'accompliſſement des vôtres; *je vous aime* uniquement , & je fuis trop heureufe de vous en donner des marques. *Je vous regrette à tous les momens du jour* , & n'ai de plaifir dans le Monde que celui de vous voir , &c. Je ne m'ac-coûtume point à ces frequentes abfences ; j'en fuis dans un chagrin que je ne puis expri-mer , &c. Adieu , mon cher Roi, aimez-moi toûjours , & penfez quelquefois à une Per-fonne qui eft entierement à vous , & qui en fait fa felicité & fon bonheur, &c.

Il me femble qu'il y a un fiécle que vous êtes parti ; le tems me dure plus que je ne peux vous l'exprimer ; vôtre prefence fait toute ma felicité & ma joye : je vous fuis bien obligée, mon cher Roi, *de l'interet que vous prenez à ma fanté.* Le Lait d'Aneffe me fait toûjours beaucoup de bien ; je vais le quitter inceffamment, *& enfuite* * *me baigner* , &c. Rien n'eft à comparer à Paris , &c. Quand aurai-je le plaifir de vous y voir , mon cher Roi. J'en ai une veritable impatience ; mandez moi fi vous voyez quelque apparence de ne pas faire un fi long féjour à Marfeille , &c.

Je fuis très-affligée , mon cher Marquis, que vôtre retour foit retardé , &c. Je fuis bien en colere contre ce M. le Chevalier qui vous retient , & que vous ne foyez pas le Maître de finir toutes vos Revûës plus promptement , &c. Le tems dure bien *à qui defire vivement;* vous connoiffez affez mes fentimens , mon cher Roi, pour rendre juftice à l'impatience que j'ai de vous embraffer , elle eft inexprimable, *je vous le jure* , &c. Confervez-vous bien, mon cher Roi, je vous en prie de tout mon cœur ; penfez quelquefois à une Perfonne qui vous aime paffionnément.

J'ai une impatience de vous revoir , mon cher Roi, qui ne peut s'exprimer , & de vous affûrer , &c. de la plus vive & fincere amitié que j'aurai toute ma vie pour vous.

Je meurs d'envie de vous revoir ; il me femble qu'il y a un fiécle que vous êtes abfent ; mandez-moi quand j'aurai ce plaifir , & penfez quelquefois à une Perfonne qui vous aime tendrement.

J'ai une vraye joye , mon cher Marquis, que vous foyez arrivé fans nul accident & en bonne fanté ; confervez-là avec foin , je vous en prie , &c. Je fuis du meilleur de mon cœur , mon cher Marquis, entierement à vous , & vous embraffe bien tendrement.

Je fuis charmée , mon cher Marquis, de toutes *les affurances que vous donnez de vôtre ami-tié.* La continuation eft tout ce que je defire ; la mienne pour vous n'a point d'expref-fion affez forte , &c je ne trouverai jamais *vos Lettres trop longues.* C'eft une marque que vous n'êtes pas fâché *de vous entretenir avec moi* , les miennes ne leur cedent en rien , &c. Finiffez vîte vos Affaires , mon cher Marquis, afin que j'aïe le plaifir de vous embraffer bien tendrement. Bon foir, *mon Cœur* , bon foir, *mon Roi, dort.*

Mandez-moi comment vont vos plaifirs ; pour moi je n'en ai eu aucun depuis vôtre dé-part : les Spectacles ne m'ont point vûë. Je n'en aurai de veritable que celui de vous re-voir , foiez-en bien perfuadé , & que je vous aime de tout mon cœur.

Je viens d'envoyer chez M. Dupile , mon cher Marquis, pour fçavoir quand il partoit , &c. je le preffe tant que je peux pour avoir plûtôt le plaifir de vous voir ; j'en ai une impatience qui ne peut s'exprimer , &c. Donnez-moi de vos nouvelles , mon cher Mar-quis ; il y a un tems infini que je n'en ai reçû. *Quelque tranquillité que vous me recom-mandiez* , elle n'eft pas en mon pouvoir , vous aimant auffi tendrement , aimez moi de même , je n'aurai rien à défirer ; je vous embraffe de tout mon cœur.

Je ne fçaurois pardonner à M. Dupile, mon cher Marquis, de retarder vôtre retour. J'ai une impatience infinie de vous revoir quitte de toutes vos Affaires , & dans l'état tran-quille d'une Perfonne qui ne doit rien.

J'ai une impatience de vous revoir qui paffe toute expreffion, je me flatte que vous la partagez avec moi , &c. Confervez vous , mon cher Marquis , & fongez quelquefois à une Perfonne qui vous aime bien tendrement.

Penfez quelquefois à moi , mon cher Marquis, & m'aimez autant que je vous aime.

Je fuis charmée , mon cher Marquis , que vous foyez arrivé en parfaite fanté & fans nul accident , &c. Je n'ai reçû vôtre Lettre qu'hier au foir dattée du 16. &c. Elle m'a tiré d'inquietude , &c. J'ai bien de l'impatience de vous revoir. Je voudrois bien que vous me mandiez *de vous aller trouver* , &c. Je vous embraffe du meilleur de mon cœur , & fuis plus à vous qu'à moi-même.

J'ai une joye extrême , mon cher Marquis, de toutes les bontez que M. vôtre Pere a pour vous , &c. Je fuis charmée qu'il fouhaite que vous l'accompagniez (aux Eaux de Vichi,) mais je fuis bien fâchée que vous foyez fi longtems abfent; vous fçavez *combien je vous aime* , vous devez juger par-là de la peine *que je fens d'être fi éloignée de vous.* Je me flatte que vous la partagez avec moi , & que vous y penfez quelquefois , &c. Je fuis, mon cher Marquis, bien veritablement tout à vous.

Je reffens vivement *l'amitié que vous me témoignez* dans vôtre derniere Lettre ; la lon-gueur dont elle eft me perfuade que vous penfez à moi , & les reproches que vous me faites. Je me corrige aifément quand c'eft pour vous plaire : vous *n'aurez pas fujet de vous plaindre de cette Lettre* ; je prétends qu'elle ne cedera en rien à la vôtre.

Mandez-moi de vos nouvelles , mon cher Marquis , tout le plus fouvent que vous pourrez. Je m'ennuye plus que je ne puis vous l'exprimer , de vôtre abfence ; en voilà de frequentes depuis quelque tems. *Je brûle d'impatience* de vous affurer de toute ma tendreffe. Penfez quelquefois à une Perfonne qui vous aime de tout fon cœur.

Si vous n'avez pas reçû de mes nouvelles , ce ne peut être que la faute des Poftes ,

20. Juin 1715.

* Madame du Pont-du-Château prenoit dès-lors les Bains , & les a pris depuis tous les ans avec le Lait d'Aneffe pour l'in-commodité que j'ai dite ci-deffus, Page . . . .

2. Juillet 1715.

8. Juillet 1715.

12. Juillet 1715.

A Gueret, pre-mier Decembre 1719.

4 Decembre 1719.

8 Decembre 1719.

11. Decembre 1719.

18. Decembre 1719.

22. Decembre 1719.

A Clermont, 18. Avril 1720.

24. Avril 1720.

29. Avril 1720.

3. Mai 1720.

6. Mai 1720.

12. Mai 1720.

&c. *Vôtre dernière dattée du premier de ce mois*, je ne l'ai reçuë que le huit ; si vous ne partez que le 21. pour les Eaux, je serai bien longtems sans vous voir, dont je suis très-fâchée, &c. L'heure de la Poste me presse, je vous embrasse mille & mille fois & suis toute à vous.

13. Mai 1720. Il y a aujourd'hui dans Paris la Procession des Captifs qui ne se fait que tous les quarante ans, j'ai preferé le plaisir de vous écrire à celui de la voir passer.

22. Mai 1720. Je suis très sensible, mon cher Marquis, *à toute l'amitié que vous me témoignez* ; la mienne pour vous passe toute expression. Je meurs d'envie de vous en assurer *en particulier*, & je me prepare *à tout ce que vous me promettez* à vôtre retour, &c. Je suis en vous assurant de toute ma tendresse, & vous embrasse de tout mon cœur.

27. Mai 1720. Vôtre Lettre, mon cher Marquis, est des plus galantes & *remplie d'amitié*. La mienne pour vous sera éternelle & je vous *conserverai* un cœur qui vous appartient tout entier. Malgré mes plaisirs, le seul qui me soit sensible est celui de vous voir ; j'en suis encore privée pour bien longtems, dont je murmure ; les assurances que *vous me donnez* de vôtre fidelité m'enchantent ; vous devez être sûr de la mienne, &c. Je suis charmée que *vous fassiez quelque cas d'un bien qui est à vous, & de tout ce que vous me mandez, d'obligeant & de gratieux*, &c. Les Billets de Banque diminuënt de moitié, &c. S'il n'y a aucun adoucissement *nous sommes ruinez* ; je vous avouë, mon cher Marquis, que j'en suis cent fois *plus touchée par rapport à vous* que par rapport à moi, &c. Bon soir Roi, je vous embrasse de tout mon cœur.

5. Juin 1720. Vous devez être persuadé qu'en quelque endroit que je sois, je ne negligerai jamais de vous demander de vos nouvelles, n'ayant point de plus grand plaisir que de m'entretenir avec vous : je m'en retourne Vendredi à Paris être témoin de tous les malheurs d'Argent &c. Je vous embrasse de tout mon cœur, mon cher Marquis, & vous aime tendrement.

A Clermont, 21. Janvier 1721. Je n'ai reçû qu'aujourd'hui, mon cher Marquis, vôtre Lettre de Montargis, &c. Je vous accusois deja d'oubli ; mais je vous fais réparation, & suis très sensible *aux marques de vôtre amitié & à vôtre attention*, &c. Je vous embrasse & suis à vous de tout mon cœur ; pensez quelquefois à une Personne qui vous aime bien tendrement.

26. Janvier 1721. Je suis très-sensible, mon cher Marquis, *à vôtre exactitude* à me donner de vos nouvelles. J'ai une vraye joye de vous sçavoir arrivé en bonne santé, &c. Je suis très touchée du triste état où vous avez trouvé M. vôtre Pere, &c. J'en suis dans une inquiétude extrême. Je voudrois bien être à portée *d'adoucir* vos peines & les *partager*, &c. J'attends de vos nouvelles avec impatience, donnez m'en, je vous en prie, tous les Ordinaires ; quand vous ne m'écririez qu'un mot je serai contente, &c. Je vous embrasse de tout mon cœur, mon cher Marquis, & suis bien sincerement à vous.

28. Janvier 1721. Je suis charmée, mon cher Marquis, *de vôtre exactitude à me donner de vos nouvelles* ; je vous en lasseray point, je vous prie, n'aïant point de plus grand plaisir que d'en recevoir, *& des marques de vôtre amitié*, &c. Que je crains que vôtre absence ne soit longue ; en êtes-vous dans la même inquiétude que moi ; je m'en flatte *par toute l'amitié que vous me témoignés*, &c. Je vous embrasse, mon cher Marquis, de tout mon cœur.

5. Février 1721. Je suis vivement touchée, mon cher Marquis, de la perte que nous avons faite ; il est toûjours bien triste de perdre un Pere, &c. Je prends une veritable part à vôtre douleur, &c. Je suis persuadée que vous lui avez rendu tous les Devoirs que vous lui deviez, *connoissant vôtre bon cœur*, &c. Si vous êtes obligé de rester longtems en Auvergne, *vous me manderez quand vous voudrez que je vous aille trouver*. J'ai, je vous assure, une grande impatience de vous revoir.

Entre le 5. & le 19. Février 1721. J'avois bien de l'impatience, mon cher Marquis, de recevoir de vos nouvelles & de sçavoir si je vous irois trouver en Auvergne ; j'ai une vraye joye *que vous m'y souhaitiez* ; c'est un Voyage charmant, &c. J'ai grande impatience d'habiter ce bel Appartement (au Château,) & vous assurer moi même de toute ma tendresse.

19. Février 1721. Que d'inquiétude vous me donnez, mon cher Marquis, il y a trois Ordinaires que je n'ai reçû de vos nouvelles ; si c'est negligence, cela ne se pardonne pas ; si vous êtes malade, jugez de ce que je souffre, hors de portée de vous rendre mes soins & à cent lieuës de vous, &c. Mandez-moi donc quelle est la cause d'un si long silence ; je voulois *aller le sçavoir moi-même & prendre la Poste*, si M. de Canillac ne m'en eût empêché, &c. Si vous avez trop d'Affaires, mandez-moi seulement je me porte bien, cela suffit, & je ferai contente, &c.

24. Février. J'ai reçû, mon cher Marquis, deux de vos Lettres sur les quatre heures après midi dattées du 14. & 17. de ce mois ; jamais *joye n'a été pareille à la mienne*, &c. J'ai une grande impatience de vous *aller trouver*, je suis persuadée que vous n'en doutez pas, &c. *Je grille* de m'y rendre (au Pont-du-Château,) &c. Je suis, mon cher Marquis, avec une veritable & sincere amitié tout à vous.

28. Février 1721. Je n'ai encore ni Berline ni Chevaux, dont je suis désesperée ; je compte cependant vous aller trouver à la mi-Carême, *j'en ai une impatience inexprimable*, &c. Je suis, mon cher Marquis, avec un veritable & sincere attachement tout à vous.

5. Mars 1721. Depuis que je ne vous ai écrit. j'ai eu un violent mal de Gorge, auquel vous sçavez que je suis sujette. J'ai été saignée & me porte bien presentement ; ainsi vous *n'avez point d'inquiétude à avoir*, &c. Je vous embrasse, mon cher Marquis, bien tendrement, & vous aime de tout mon cœur.

Ii

Il ne faut point vous fatiguer par *de longues Lettres* ; mandez-moi feulement que vous penfez quelquefois à moi ; je ferai contente. J'ai bien de l'impatience de vous fçavoir tranquille & fans Affaires, afin qu'à vôtre arrivée nous ne *fongions qu'à nôtre plaifir* : je ne fçaurois vous exprimer combien le tems me dure de vous recevoir ; *je fuis perfuadée que vous n'en doutez pas.*

Vous voyez, mon cher Marquis, que je ne perds pas de tems à vous demander de vos nouvelles ; donnez-m'en je vous prie exactement, c'eft le plus grand plaifir que je puiffe avoir pendant vôtre abfence, &c. Confervez-vous bien & penfez quelquefois à une Perfonne qui vous aime de tout fon cœur.

J'attends de vos nouvelles avec impatience ; *vous fçavez* dans quelle inquiétude je fuis quand je n'en reçois point, épargnez-là moi, mon cher Marquis, & foyez perfuadé que je vous aimerai toûjours tendrement.

J'ai reçu vôtre Lettre, mon cher Marquis, je fuis charmée que vôtre fanté foit bonne, &c. Je fuis dans une grande inquiétude fur ce que vous me mandez de la Pefte, fi elle faifoit quelques progrès, il faudroit vous en revenir bien vîte. Je vous avoue que je vais avoir de grandes inquiétudes pendant vôtre féjour en Auvergne, &c. Je fuis, mon cher Marquis, avec tout l'attachement imaginable entierement à vous.

Je vous plains, mon cher Marquis, d'être obligé de voyager par le froid qu'il fait. J'ai bien de l'impatience de vous voir de retour *tranquille au coin de vôtre feu & tenir des Propos joyeux*, &c. Adieu, confervez-vous & penfez quelquefois à une Perfonne qui vous aime bien tendrement.

Je vous felicite, mon cher Marquis, d'avoir eu l'honneur de manger avec le Roi, fur-tout que vos honneurs & tous vos plaifirs ne vous faffent point oublier la Perfonne du monde qui vous aime le plus ; faites-moi la juftice d'en être perfuadé, &c. Je vous embraffe de tout mon cœur.

Tout ce que je vous prie, eft de me donner de vos nouvelles fouvent, & d'être toûjours très-perfuadé de la veritable & tendre amitié avec laquelle je ferai à jamais, mon cher Marquis, toute à vous.

Je m'étois flattée de vous voir ici. Je ne fçai fi je dois l'efperer, étant plus loin ; j'en ferois cependant bien charmée, &c. Je fuis, mon cher Marquis, bien veritablement toute à vous. Divertiffez-vous bien, mon cher Marquis, & penfés quelquefois à la Perfonne du monde qui vous eft le plus attachée.

Tels font les endroits des Lettres de ma Femme qui concernent l'amitié, la tendreffe & l'union qui a regné entre elle & moi depuis le commencement de mon Mariage : on voit par ces Lettres que durant mes voyages & mes abfences, je lui donnois exactement de mes nouvelles, & des marques de la plus tendre amitié, & que nous nous écrivions l'un & l'autre en Mari & Femme parfaitement unis.

Je demande fi le Langage qu'elle tient dans ces Lettres eft celui d'une Femme méprifée, déteftée, deshonorée *publiquement*, meurtrie de coups par un Mari *emporté perpetuellement aux plus grands excés* ; qui auroit fait éclater une averfion implacable contre elle dès *le commencement de fon Mariage*, c'eft-à-dire depuis 1714 ; qui *chaque jour, à chaque inftant* auroit renouvellé *fans fujet, fans prétexte*, les traitemens les plus barbares & les injures les plus atroces ?

Ces Lettres renferment un efpace de 10. années. Les premieres étant de 1714. & les dernieres de la fin de 1724. c'eft dans l'intervalle de 1714 à 1724 que l'on a fait placer par les Témoins de Madame du Pont-du-Château les Faits les plus horribles & les plus graves de la Plainte.

Telle eft l'accufation de mauvais Commerce avec des Laquais. Le fait de foufleter mes Laquais par un principe de Jaloufie injurieufe, eft placé par Bailly cinquiéme Témoin, avant l'année 1716, ce Témoin qui dit que je lui ai donné un Soufflet, étant forti dans le cours de cette année, fuivant fa propre Dépofition. Le Voyage de Forges dans le cours duquel la nommée Nely 20e. & 9e. Témoin des deux Enquêtes, me fait dire en fa prefence dans l'une, en rentrant dans l'Appartement de l'Auberge de Forges, que depuis que j'en étois forti *on avoit fait cela fur le pied du Lit*, & dans l'autre qu'elle avoit oüi dire d'une Femme de Chambre de ma Femme, que j'avois tenu ce difcours infenfé, a précédé 1720. Le fait de la prétenduë violence avec laquelle j'ai, dit-on, jetté ma Femme à coups de pied hors du Lit, eft placé en 1723, pendant mon féjour en Auvergne par le de Bray 10e. Témoin de Madame du Pont-du-Château. La prétenduë communication d'un mal infâme eft placée par fes Témoins, au retour du Voyage d'Auvergne, c'eft-à-dire, à la fin de 1723. ou dans le commencement de 1724.

La derniere des Lettres de Madame du Pont-du-Château que je rapporte eft du 5. Octobre 1724, comme on le verra ci après.

G

Que l'on rapproche de ces Faits horribles & révoltans, la tendreſſe, les effuſions de cœur dont les Lettres de ma Femme ſont remplies, ces impatiences de me revoir, de venir me trouver en Auvergne, cette ſenſibilité ſi vive aux témoignages d'amitié que je lui donnois, cet aveu ſi ſimple & ſi naturel qu'elle fait de la bonté de mon cœur dans ſa Lettre du 5. Février 1721. ce deſir ſi vif de ſe rapprocher de moi ſi naïvement exprimé dans ſa Lettre du 25. Septembre 1724. & l'on ſera forcé de convenir qu'il n'eſt pas poſſible que j'aye traité d'une maniere ſi barbare & ſi révoltante depuis 1714. juſqu'en 1724. une Femme qui m'a écrit dans le cours de ces dix années des Lettres que le cœur ſeul & la perſuaſion d'une tendreſſe réciproque a dictées.

Si j'avois épouſé Madame du Pont-du-Château dans des vûës d'interêt ; ſi j'avois conçû contre elle & ſa Famille cette averſion implacable qu'on m'attribuë ſi gratuitement ; ſi j'avois fait éclater dès le commencement de mon Mariage cette étrange averſion, ſi je l'avois mépriſée, traitée comme la derniere des Servantes ; ſi je l'avois ſoupçonnée, dès 1714. & depuis, de mauvais Commerce avec des Laquais ; ſi j'avois pouſſé la brutalité juſqu'à la jetter hors de mon Lit à coups de pied ; ſi je l'avois infectée du cruel poiſon de la débauche des Femmes, me ſerois-je mis en peine de lui écrire ſi exactement pendant mes Voyages, & de le faire avec l'amitié, la tendreſſe, la confiance dont mes Lettres étoient remplies, comme on peut en juger par les ſiennes, qui pour la plûpart ne ſont que des Réponſes aux miennes ?

Je ſçai que l'on a dit pour Madame du Pont-du-Château dans ſes Ecritures au Châtelet qu'elle ne m'a écrit comme elle l'a fait, que pour adoucir mon caractere & tâcher de me ramener à elle. Mais y a-t-il rien de ſi froid qu'une pareille défaite ? le naturel, & la vivacité de ſes Lettres font ſentir toute la miſere & la foibleſſe d'une Réponſe qui n'impoſera à qui que ce ſoit.

Une Femme mépriſée, meurtrie de coups, deshonorée par un Mari brutal & feroce, n'écrit point à ce Mari pendant le cours de dix années, comme Madame du Pont-du-Château m'a écrit. C'eſt ignorer la nature du cœur humain & ſur-tout de celui des Femmes, que de prétendre le contraire.

PREUVES de l'entiere Confiance que j'avois en Madame du Pont-du-Château.

A Gueret, 5. Octobre 1714.	Il me paroît par ce que *vous me mandez*, que vos Affaires ſont en bon train, &c. elles ſont d'aſſez grande conſequence pour y avoir toute l'attention que vous y avez.
2. Novem. 1714. Adreſſe à Montpellier.	Il me paroît, mon cher Marquis, que vous êtes bien prêt de vendre une de vos Terres ; le tems eſt fort propre à ces ſortes de marchez ; j'eſpere qu'il ſera bientôt conclu.
25 Mai 1715.	Nos Affaires de la Succeſſion de M. Milon vont bien, &c. j'ai *ſigné hier un Acte* qui me fait croire qu'ils (ſes Co-Heritiers) n'ont pas de mauvaiſe intention.
20. Juin 1715.	J'ai ſigné il y a quelques jours l'Inventaire de M. Milon.
A Gueret, 4. Decembre 1719.	Le remboursement de M. la Bourdonnaye eſt fait d'aujourd'hui, on lui païe cinq années d'arrerages, dont il rendra le ſurplus quand ſes Quittances ſeront retrouvées. Il eſt bien fâcheux qu'elles ſoient perduës. Je ne ſçai quand nous pourrons finir avec Mr. de Trême.
8. Decem. 1719.	Je ne ſçai, mon cher Marquis, quand j'aurai le plaiſir de vous mander que vos remboursemens ſont faits, quoique *j'y apporte tous mes ſoins, & que mon Pere veuille bien s'en mêler*, &c.
Apoſtille.	Mon Pere vient de me mander dans le moment, mon cher Marquis, que M. le Duc de Noirmoutiers à qui eſt nôtre Maiſon, veut la vendre ; *elle ne nous convient en nulle façon pour acheter*, &c.
28 Decem. 1719.	Ne comptez-vous pas vendre vôtre Maiſon de Gueret & vôtre Pré à M. du Pile ; *vous ne ſçauriez mieux faire.*
22. Decembre 1719.	J'ai enfin ſigné le remboursement de M. de la Bourdonnaye, &c. Nous ſommes tous enrolez à Miſſiſſipi. (a) *Je portai hier à M. Houvette cent douze mille livres, dont il en reſervera pour nourrir les Actions ; je ne ſçai encore s'il en a acheté.*
24. Avril 1720. * Le Modele de Procuration qui me fut envoïé eſt joint à cette Lettre.	La Procuration que vous avez laiſſée à M. Gueſdon eſt inutile, *n'y étant fait aucune mention de moi*, &c. C'eſt la faute de M. Gueſdon qui doit ſçavoir les termes d'une Procuration, &c. Il eſt venu un Homme de vos Terres de la Marche *qui m'a apporté 2000. liv. je lui ay donné une Quittance à compte*, en attendant la vôtre, &c.
29. Avril 1720.	Je vous envoïe une Procuration * que vous aurez la bonté de ſigner & de me la renvoïer promptement, afin que je puiſſe recevoir les rembourſemens.
3. Mai 1720.	Je vais recevoir de vos Actions d'Occident 3400. liv. du Numero cinq, dont on a coupé les Coupons. Je mettrai les Billets à part, &c. Pour le remboursement de M. le Cocq je ne ferai rien ſans demander Conſeil, comme pour tout le reſte de nos Affaires.

(a) Ni fut mac Madam du-Châ liberté avoit é de tou effrayé lement ſomme écrivis timent.

Les 2000. liv. que je devois recevoir de vos Terres de la Marche, mon cher Marquis, on ne me les a point apportées, je vais écrire à M. de Fournoüe pour qu'il avertisse vos Fermiers. *6. Mai 1720.*

La Dure, (son Fermier de Villemilan) vouloit se charger de les faire, (des Réparations,) *mais je ne l'ai pas voulu*; il m'a apporté 1200. liv. ainsi à vôtre retour il faudra compter, &c. J'allai hier chez M. Houvette pour retirer son Billet de M. . . . . . & retirer les vôtres; mais il est parti. *13. Mai 1720.*

On parle, mon cher Marquis, de créer *des Rentes sur la Ville* à deux & demi pour cent & *sur les États de Bretagne & sur le Clergé à deux pour cent*; si cela est, vous jugez bien qu'elles seront bien-tôt remplies, & qu'il n'y aura pas de tems à perdre *pour y placer mon Bien*, en cas que cela vous convienne *& que la Famille me le conseille*; mais il ne faudra pas tout mettre d'un côté. Je ne ferai rien qui ne soit approuvé, &c. *Envoyez-moi*, mon cher Marquis, *une Procuration generale qui* donne Pouvoir à M. Guesdon & *à moi de placer mon Bien*, &c. J'ai reçu depuis deux jours le Remboursement de M. de Valençay, avec de grandes Excuses & Complimens sur ce qu'il a été obligé de le faire. *31. Mai 1720.*

J'ai grande impatience que vous soyez de retour, *pour convenir ensemble* de ce que nous ferons, s'il y a quelqu'occasion *de placer mon Bien.* *5. Juin 1720.*

J'attends un Homme qui doit m'apporter onze cent livres de vos Terres; il doit venir Vendredi prochain; apparemment que j'en recevrai d'ailleurs par la Lettre que vous m'ayez envoyée. *5. Février 1721.*

J'ai acheté aujourd'hui de quoi vous habiller de Deüil, vôtre Cocher & mes Laquais, &c. *Je compte vendre* vôtre Vin de Bourgogne; il se gâteroit pendant nôtre absence; *ma Tante me l'a conseillé*, &c. Je n'ai point encore reçu d'Argent de vos Terres; j'ai la Lettre d'Avis du sieur la Joye; je ne sçai pourquoi ce retardement; on m'avoit promis de m'en apporter la Semaine passée; si tôt que je l'aurai reçu, *je payerai* tout ce que nous devons; si je n'en ai pas assez, *je laisserai* le Memoire des Dettes qu'on payera pendant nôtre absence, &c. M. & Madame de Canillac m'ont conseillé de vendre nôtre vieille Berline; on m'en offre cent écus, &c. *c'est plus qu'elle ne vaut*, &c. *Sans datte, mais entre le 5. & le 19. Février 1721.*

Du 18. Février j'ai reçu de Desforges 1047. liv. 7. s. 6. d. j'espere recevoir encore de l'Argent Vendredi prochain. *19. Février 1721. Apostille.*

Je n'ai point encore trouvé de Chevaux ni de Berline. Desjardins m'en cherche. *19. Février 1721.*

J'ai reçu il y a quelques jours une Lettre de Change de la Joye de 1188. liv. &c. Les Gages du Cuisinier sont reglez à 350. liv. je ne suis pas encore d'accord pour ceux du Maître d'Hôtel. *24. Février 1721.*

Nos Contrats sur la Ville sont retirez du Trésor Royal & bien-tôt *en état que je les signe*, dont je suis fort aise. *5. Mars 1721.*

On a commencé à travailler à viser les Actions & les Billets de Banque, &c. Il y aura bien des Agioteurs d'attrapez, pour Nous c'est l'Affaire d'un quart-d'heure, n'ayant point gagné sur le Mississipi. *10. Mars 1721.*

J'ai reçu ce matin 750. liv. de M. Dupile, & 122. liv. 4. s. pour les frais. *17. Octobre 1721.*

Je vous envoye, mon cher Marquis, *la Copie* de la Lettre que mon Pere m'a écrite (au sujet de son Mariage) que je viens de recevoir; voyez quelle Réponse je dois y faire. *6. Septembre 1724. Apostille.*

J'ai reçu de M. de la Nisiere 1327. liv. *19. Septembre 1724.*

Ces Extraits des Lettres de Madame du Pont-du-Château prouvent de la maniere la plus sensible que j'avois toute Confiance en elle.

Mais si je l'avois détestée, méprisée, &c. me serois-je ainsi livré à elle pour mes Affaires? elle-même, si elle avoit eu affaire à un Mari aussi violent & aussi emporté que l'on me represente, se seroit-elle ingerée de me donner des Conseils & de me dire son Avis aussi librement qu'elle le fait dans ses Lettres? auroit-elle osé mettre de son propre mouvement une somme de 112000. liv. au Système?

Si j'avois une entiere Confiance en ma Femme, elle en avoit aussi de son côté en moi; la maniere franche & naturelle avec laquelle elle me consulte sur la Réponse qu'elle avoit à faire à M. Ferrand son Pere, dans la conjonêture délicate de son Mariage, en est une bonne preuve; à qui persuadera-t-on qu'un Mari & une Femme qui avoient l'un pour l'autre une Confiance si parfaite, vivoient depuis 10. ans dans la plus affreuse désunion?

A la plus tendre amitié, à la confiance la plus grande, nous joignons Madame du Pont-du-Château & moi la Cordialité la plus intime; les Extraits suivans de ses Lettres en font foi.

Je suis ravie, mon cher Marquis, que le séjour de M. l'Intendant vous ait procuré quelques plaisirs; vous sçavez combien je m'interesse à tout ce qui vous regarde; vous faites fort bien, ne pouvant finir vos Affaires, d'en laisser la conduite à Monsieur, &c. *A Gueret. 16. Novembre 1714.*

Je ne doute point, mon cher Marquis, que je ne sois contente de l'ordre que vous y avez mis; je vous en assure d'avance, &c. *19. Novembre 1714.*

Il ne faut point parler que vous songez à rentrer dans le Service, de crainte que M. vôtre Pere ne le sçache.

2 Juillet 1715.	Revenons à ma santé à laquelle je fuis perſuadé que vous prenez quelqu'interêt ; elle eſt très-bonne ; j'ai quitté le Lait d'Aneſſe , & *je fuis dans l'Eau juſqu'au cou* ; cela n'eſt pas mauvais par la chaleur qu'il fait.
22 Juillet 1715.	Je vous apprends avec plaiſir , mon cher Marquis , un Preſent que vous a fait M. de Canillac qui eſt un fort beau Trumeau ſur la Cheminée , &c. *faites-lui de grands remercîmens* auſſitôt que vous aurez reçû ma Lettre , nous lui en devons en verité beaucoup de toutes ſes bontez. *Mon Pere m'en témoigne d'infinies* ; j'ai grande impatience que vous veniez *les partager avec moi.*
1. Decembre 1719.	Je fuis bien piquée contre lui (M. du Pile) de vous laiſſer partir & de ne point s'embarraſſer ſi vous l'attendez , & de vous faire demeurer dans ce Païs là beaucoup plus que vous n'auriez fait : cela eſt très-mal. *Il faut toûjours finir vos Affaires* , afin que vous n'aïez plus que lui : n'oubliez pas de m'envoïer tout le Linge que vous avez.
4. Decembre 1719.	Bon ſoir *mon Cœur* , bon ſoir mon Roi.
3. Mai 1720.	Pour vous rendre compte de mes plaiſirs , me les aïant recommandé en tout bien & tout honneur , ce que j'obſerve exactement , j'ai aujourd'hui une Aſſemblée de Quadrille , compoſée de M. de Montpantier, M. de Châteauguay , M. de Chiffre * & M. de la Roche Canille , & quelques Dames , &c.
* M. de Chiffreville , M. la Roche Canillac.	
6. Mai 1720.	Madame de Canillac & mon Pere qui ont paſſé l'après dîner ici , m'ont chargée de vous faire leurs complimens.
	Vous n'avez point encore écrit à mon Pere , cela n'eſt pas trop bien.
7. Novembre 1721.	J'ai reçû aujourd'hui deux de vos Lettres , mon cher Marquis , il me paroît que vous faites merveilles , & que vous entendez vos Affaires ; je ne ſçai ſi le Droit de Banalité que vous exigez eſt poſſible , apparemment que vous l'avez conſulté , &c. Vous faites fort-bien de vous faire craindre , & de vous faire rendre ce qui vous eſt dû ; *mais en même tems il faut ſe faire aimer.* Vous en prenez les moyens par la juſtice que vous allez faire rendre , &c. Je vous *ſuis obligée du détail que vous me faites de vos Affaires.* Quand je vous ſerai utile à quelque choſe , vous me ferez plaiſir de m'employer. Trop heureuſe , M. de * *Pont-du,* de vous marquer en toute occaſion mon parfait dévoüement.
* Elle m'appelloit ainſi par badinage comme elle appelloit M. de Chiffreville , M. de Chiffre , & M. de la Roche Canillac , M. de la Roche Canille.	
6. Septembre 1714.	Il n'y a Perſonne à Paris ; on s'y ennuie beaucoup. *J'ai pour ſurcroît de peine le Mariage de mon Pere qui m'afflige fort :* il eſt generalement déſapprouvé , & ſurprend tout le Monde.
22. Septembre 1724.	J'ai un peu mal à la gorge depuis deux jours , &c. Je ne ſçai ſi c'eſt le chagrin & l'ennui ; mais je ne ſuis pas Maîtreſſe de m'en diſtraire ; ſi vous étiez à Paris *nous nous conſolerions de tous nos malheurs enſemble* , &c. Je ſuis , mon cher Marquis , de tout mon cœur tout à vous.

Je ne me laſſerai point de repeter que ce n'eſt point-là le langage d'une Femme haïe , déteſtée , mépriſée , meurtrie de coups , outragée , ſoupçonnée de mauvais Commerce avec des Laquais , deshonorée publiquement , & traitée comme la derniere des Servantes par ſon Mari.

Quelle conſolation à attendre d'un Homme féroce & brutal , qui n'eût proferé que des injures atroces , & qui ſans ceſſe eût mis ſa Femme en ſang & en danger de la vie ? *Si vous étiez à Paris , nous nous conſolerions de tous nos malheurs enſemble.* Ce ſentiment échapé ſi naturellement à Madame du Pont-du-Château prouve mieux que tous les raiſonnemens du Monde que je n'étois pas & ne ſuis pas tel que l'impoſture & la calomnie m'ont crayonné.

Si mon caractere eût été auſſi noir , auſſi terrible qu'une main ennemie l'a tracé, ma Femme ſe ſeroit bien donnée de garde de badiner avec moi dans ſes Lettres, comme elle l'a fait ; elle ne m'eût écrit qu'en tremblant , ou du moins qu'avec la reſerve & la triſteſſe d'une Femme qui auroit vécu dans l'amertume & dans les larmes. L'idée toûjours preſente de traitemens auſſi barbares que ceux qu'on m'impute à ſon égard , ne lui auroit pas permis de s'égaïer en écrivant à l'Auteur de ſes maux , comme on va voir qu'elle le faiſoit.

A Gueret , 28. Septembre 1714.	Madame du Pont-du-Château fait dans cette Lettre un détail de differens Meubles que je pouvois lui envoyer de ma Terre , après ce détail elle ajoûte , *nôtre Ménage ſera opulent, mon cher Roi*, avec vôtre ſecours.
20. Juin 1715.	Vous avez , mon cher Roi , *des expreſſions qui me divertiſſent* : je vous recommande de bien joüer à l'Ombre avec un bon Conſeil , afin que vous ſoyez habile à vôtre retour , &c.
4. Decembre 1719.	Bon ſoir cœur , bonſoir mon Roi , dort.
18. Decembre 1719.	Malgré toutes vos occupations ſérieuſes , je n'ai rien trouvé dans vôtre Lettre d'extraordinaire *que le Papier mal tourné* , dans celle que je viens de recevoir , &c. Je ſuis très contente de la bonne proviſion de Linge que vous m'envoyez , c'eſt une grande Dépenſe d'épargnée : *qu'il ſera bon cet Eté dans ces Draps jaunes !*
18. Avril 1720.	Vous ne m'avez point donné de vos nouvelles en chemin , mon cher Marquis , comme vous me l'aviez promis ; *je ne ſuis pas trop contente de cela* , j'en attends avec impatience de vôtre arrivée au Pont-du-Château.
24. Avril 1720.	Je ſuis charmée , mon cher Marquis , que vous ſoyez arrivé en parfaite ſanté , &c. *Un peu d'eau de Puits* vous rendra la beauté de vôtre teint , &c.

Je

Je fuis bien fâchée que le dérangement du Pont-du-Château m'empêche de lui * aller faire ma Cour, & que vous foyez fi mal couché : *je partagerois avec grand plaifir avec vous ce mauvais Lit. Je crois que vous n'en doutez pas*, connoiffant ma tendre amitié. *3. Mai 1720.*
* C'eft de mon Pere dont elle parle ici.

Vôtre Linge eft arrivé, &c. Il y a des Draps jaunes qui feront excellens pour l'Eté. *13. Mai 1720.*

Je me prepare à tout ce que *vous me promettez* à vôtre retour. *22. Mai 1720.*

Je vous prie de faire mes complimens à *Monfieur de la Roche Canillac.* *10. Mars 1721.*

Je pars aujourd'hui pour aller à Ivry avec mon Pere, &c. J'efpere que nos Amis nous y viendront voir. Je n'ai point eu de tête à tête depuis vôtre départ ; ils viennent toûjours en grand Cortege ; ainfi vous devez être tranquille ; *il me paroit que vous aimez la plaifante-rie.* Je vous affure qu'elle m'a beaucoup diverti ; *le ton goguenard vous fied fort-bien.* Raillerie à part vous devez être perfuadé que je fuis toute à vous ; tout ce que je fouhaite eft d'être auffi fûre de vous que vous l'êtes de moi : mais je ne la fuis pas tant pour ce qui vous regarde ; il y a une petite Jardiniere au Pont-du-Château, dont on vante les attraits, qui me met Martel en tête, le Diable eft bien malin, prenez-y garde, &c. Vous voyez, mon cher Marquis, que *je m'égaye*, & m'amufe avec plaifir à vous écrire ; c'eft le feul veritable que j'aye en vôtre abfence, &c. Je fuis, *Monfieur de Pont-du*, plus à vous qu'à moi-même, & vous aime de tout mon cœur, penfez quelquefois à moi, & me donnez exactement de vos nouvelles. *31. Octobre 1721.*

Tous vos Amis vous font bien des complimens ; il me paroit que la Dignité de *Mons de Chiffre* * ne l'a point changé, & que vous pouvez vous fervir à fon égard des termes ordinaires. *19 Novembre 1721.*
* M. le Marquis de Chiffreville.

Je demanderois volontiers ici à l'Avocat qui dans fes Ecritures pour Madame du Pont-du-Château au Châtelet, a dit fi ingenieufement qu'elle ne m'écrivoit que pour me ramener, fi tout ce badinage a été écrit dans cette vûë, & fi une Femme, dont la vie eft un Enfer anticipé, a l'efprit affez libre pour badiner avec un Mari qui depuis l'inftant de fon Mariage l'a abreuvée de fiel, & n'a ceffé de la mettre chaque jour à deux doigts de la mort ?

Mais heureufement pour Madame du Pont-du-Château fes jours n'étoient point menacez ; elle paffoit fa vie, comme toutes les Femmes de fa Condition, dans une honnête liberté, & joüiffoit de tous les plaifirs des honnêtes Gens : elle donnoit à manger prefque tous les jours, & même en mon abfence ; elle s'amufoit au Jeu, & fe diffipoit à la Promenade, aux Spectacles, au Bal, à la Campagne, quand cela lui plaifoit ; il eft heureux pour moi d'avoir fait des Voyages, ils m'ont procuré des Lettres qui prouvent tout cela.

M. de Langhac m'eft venu voir aujourd'hui, il a fait avec Mademoifelle Bourlon & moi une Reprife d'Ombre au fol pour me l'apprendre. *1. Octobre 1714.*

Je fus hier à l'Opera avec M. & Madame de Baufremont, Madame la Préfidente de Lamoignon, &c. & mon Oncle le Confeiller. *9. Février 1715.*

Tous les plaifirs de Paris ne vous effaceront jamais de mon fouvenir, &c. Je n'en trouve point de plus grand que celui de vous voir, & je m'en étois fait un *du Bal de* M. le Comte de Luface * qui le donna avant hier ; j'y allai avec M. & Madame de Baufremont, & M. de Genonville, &c. J'en fuis revenuë faine & fauve, mais fort fatiguée, &c. Vous fçavés, mon cher Roi, que *j'aime fort mes aifes*. Je regrette beaucoup *nôtre petit Bal de la Courtille*, où l'on danfoit tant qu'on vouloit : j'ai dit adieu au Bal pour cette année ; j'en fuis rebutée, à moins que je n'aye le plaifir *d'y aller avec vous*, mon Serment ne va pas jufques-là. *17 Février 1715.*
* Le Roi de Pologne aujour-d'hui regnant.

Il n'y a pas grand Monde à prefent à Paris ; il n'y a de reffource que les Spectacles & les Promenades. Je vais affés fouvent au Cours & aux Tuilleries, &c. Je fis il y a quelque jours deux Parties (d'Ombre) tout de fuite avec ma Tante & l'Abbé de Canillac, où je perdis mon Argent, je l'ai à moitié regagné depuis. *20. Juin 1715.*

Hier je joüai tout le jour à Quadrille avec Madame de Calvaux, M. de Montpantier, M. de Châteauguay, M. de Chiffre, & M. de la Roche Canille. * *24. Avril 1720.*
Chiffre-…… Té-mon En-…… la Roche …… par badi-…… elle les …… toient,

Mon Pere, Madame de Canillac, M. de Montpantier, M. de Châteauguay, M. de la Roche Canille *ont diné chés moi* aujourd'hui ; ils m'ont tous chargée de vous faire leurs Complimens, vôtre fanté n'a pas été oubliée. *29. Avril 1720.*

J'allai hier à la Comedie Italienne avec, &c. on y joüoit les Amans ignorans, où je ris beaucoup. *Je vous y fouhaitai fortement* ; vous vous y feriés diverti. *3. Mai 1720.*]

J'allai hier matin en Emplette avec Madame la Préfidente Poncet ; j'achetai un fort joli Habit de Tafferas. *5. Mai 1720.*

Nous avons joüé à Quadrille hier. J'y joüai tout le jour avec M. de Chiffre, & M. de la Roche Canille, qui me vinrent demander à dîner. *6. Mai 1720.*

Je vous écrirai une autre fois plus au long, mon cher Marquis, étant encore toute endormie, m'étant couchée à trois heures du matin, aïant foupé hier chez Madame de la Vieuville, &c. J'allai fouper hier chez Madame d'Ecuilli avec M. de la Roche Canille, à qui j'en ai donné la connoiffance, &c. Je vais aujourd'hui chez Madame du May. *12. Mai 1720.* *13. Mai 1720.*

H

27. Mai 1720.	M. de la Roche Canille vint hier me dire adieu ; *il dîna ici* avec M. de Chiffre, qui me dit qu'il vous avoit écrit, &c. M. de Montpantier & M. de Châteauguay ont dîné ici aujourd'hui ; nous avons bû à vôtre fanté.
27. Octobre 1720.	Depuis vôtre Départ j'ai toûjours dîné chez M. & Madame de Canillac, qui me comblent de bontés & d'amitiés, ils m'ont demandé à dîner pour Dimanche prochain : je leur donne pour Compagnie M. & Madame de Paulmy, M. de Châteauguay, & M. de Chiffre.
22 Octobre 1720.	J'ai été aujourd'hui à la Comedie Italienne ; on y joue Cartouche : j'y ai beaucoup ri, &c. On la joue auffi à la Comedie Françoife.
22 Octobre 1721.	Depuis vôtre abfence, mon cher Marquis, je donne quelquefois à dîner & à fouper. J'avois aujourd'hui à dîner Meffieurs de la Roche Canillac & l'Abbé qui eft de retour de Barbeaux. M. de Chiffre & M. de Paulmy y font venus auffi, &c. Nous avons fait trois Parties de Quadrille, où j'ai bien fait mes Affaires, &c. M. de Châteauguay, &c. foupa hier chez moi : vôtre fanté y fut célébrée.
19. Novembre 1721.	Je fus Dimanche au Bal, mon cher Marquis, au Palais Royal, mafquée en Domino avec M. de la Roche Canille, & Mademoifelle de la Ferriere, &c. J'y demeurai jufqu'à quatre heures du matin, & enfuite nous fîmes reveillon chez moi avec M. de Breteüil que je ramenai.
19. Décembre 1721.	J'ai donné à Souper ce foir à M. & Madame de Breteüil ; Mons de Chiffre & Mons de la Roche. Cette Partie a été fort gaye ; on vous y a beaucoup fouhaité, on a bû à vôtre fanté, & toute la Compagnie vous fait mille Complimens.
19. Septembre 1724.	A l'égard des Chevaux que vous voulés bien m'envoïer, je vous en fuis très obligée.
20. Septembre 1724. Apoftille.	Si vous n'avez pas befoin de vos Chevaux, je vous ferois bien obligée de m'en envoïer deux, cela fuffit. Je ne fçai fi ces Projets (de Voïage en Campagne) fe dérangeront ; mais quand j'aurai deux Chevaux de plus je ferai libre d'aller, *fi cela m'amufe.*
5. Octobre 1724.	J'arrivai hier au foir ici (au Houffay) mon cher Marquis, en très-bonne fanté. J'ay trouvé ma Tante, &c. Nous comptons d'en partir Mardi prochain, ma Tante pour s'en retourner à Paris, & moi pour aller chez Madame de Bethune à Villebon (dans le Païs Chartrain) y paffer quelques jours.

On peut voir par ces Lettres que Madame du Pont-du-Château jouïffoit d'une pleine liberté de s'amufer & de faire ce qu'elle vouloit. Un Mari qui auroit méprifé, haï, détefté fa Femme, & qui l'eût traitée comme la derniere des Servantes, n'auroit pas fouffert qu'en fon abfence elle tint Table ouverte, & fit beaucoup de dépenfe pour fe réjoüir ; il ne lui en auroit certainement pas fourni les moyens ; ou fi cette même Femme fe fut réjoüie en l'abfence d'un pareil Mari, elle ne l'en auroit affûrément pas inftruit avec la franchife qui regne dans les Lettres de Madame du Pont-du-Château.

L'Auteur de fa Plainte & les Témoins qu'on a fait dépofer pour en appuïer les Faits, difent que je méprifois la Famille de Madame du Pont-du-Château, que je l'empêchois avec les menaces les plus terribles de voir M. Ferrand, fon Pere, & autres Parens, *tant eft grande*, (ce font les termes de la Plainte) ANCIENNE, & obftinée l'averfion NATURELLE *du fieur du Pont-du-Château contre fa Femme &* fa Famille, ET LE MÉPRIS *marqué qu'il a* TOUJOURS *eu pour eux.*

Confultons encore fur ce Fait de la Plainte & des Dépofitions des Témoins, les propres Lettres de Madame du Pont-du-Château.

28. Septembre 1714.	Je ne manquerai pas de lui faire vos complimens, (à Madame de Canillac fa Tante) je les fis auffi il y a quelques jours à ma Tante de la Falluere ; j'ai prévenu, mon cher Marquis, *vos intentions* ; elle m'a chargé de vous affûrer de fon amitié.
1. Octobre 1714.	J'eus l'honneur de voir hier, mon cher Marquis, ma Tante de Canillac, à qui je fis vos complimens.
2 Novembre. (a) A mon Pere.	Madame de Canillac m'a dit de lui mander (a) que je lui étois bien obligée de la confiance qu'il avoit en moi, mais que je m'en *rapportois à mon Pere fur toutes les Affaires qui nous regardent.*
Gueret, 9. Novembre 1714.	Je ferai vos excufes à M. & Madame de Canillac, & *les affûrances de vos refpects.*
19. Novembre 1714.	M. & Madame *de Canillac* me parlerent il y a quelques jours, mon cher Marquis, d'un Regiment pour vous, &c. Comme nous fommes en tems de paix ils font d'avis que nous l'achetions, &c. Je les *ai laiffez* Maîtres de décider, &c. Je crois que nous ne pouvons mieux faire.
9. Février 1715.	J'ai reçû il y a quelques jours une Boëte de fort belles Truffes de chez vous que vôtre Fermier m'a envoyées, je les ai données à Madame de Canillac (fa Tante) qui les a reçûës avec plaifir ; il n'y en avoit pas affez pour en envoyer à mon Pere : [b] s'il peut en retrouver, les premieres qui viendront lui feront deftinées ; je manderai à vôtre Fermier d'en chercher.
(b) M. Ferrand, il étoit alors Intendant en Bretagne.	,, Ma Tante de Canillac eft à Paris depuis trois jours, &c. elle a paffé une partie de la ,, matinée *ici*, (c'eft-à-dire dans ma Maifon Place Royale) pour arranger vôtre Apparte-
Premiere : Cotte D. fans datte, eft du tems du Voïage.	,, ment *pour quand mon Pere viendra.* Madame du Pont-du-Château fait enfuite le détail

des Meubles qu'elle prépare pour Monfieur fon Pere, &c. „ Les Affaires de nôtre Suc- *en Provence, &*
„ ceffion, continuë-t-elle, vont fort bien, mon cher Marquis; l'aimable M. de Montabé *par confequent du*
„ doit-aller aujourd'hui *chez mes Oncles*, &c. Il ne peut mieux faire que de s'en rapporter *mois de Mai 1715.*
„ à leur décifion : j'ai grande impatience de le fçavoir ; *je vous le manderai* par le premier
„ *Ordinaire. Mon Oncle le Confeiller s'eft donné bien des foins* pour nous; *faites - lui - en de*
„ *grands remercimens* le plûtôt que vous pourrez.

Le Lait d'Anelle me fait toûjours beaucoup de bien, &c. je vais le quitter, & *enfuite* *20. Juin 1715.*
me baigner. Je ne pourrai avoir fait tous ces Remedes *avant l'arrivée de mon Pere.* Son Voïage
à Paris fera plûtôt qu'il ne l'avoit crû; il y fera à la fin de ce mois, &c. Ne doutez
pas de ma joye, mon cher Roi; mais je fuis bien mortifiée *que vous ne profitiez pas de tout*
le féjour qu'il y fera. Nous travaillons à force *pour que fon Appartement* foit prêt. Le mien eft
tendu, &c. *Toute la Famille ma chargé de vous faire leurs complimens.*

M. & Madame de Canillac font à Paris depuis deux jours, je croi qu'ils y refteront *2. Juillet 1714.*
par rapport à mon Pere qui arrive le cinq ou le fix de ce mois. Nous fommes fort occupez
à lui ranger fon Appartement. Je fuis bien fâchée, mon cher Roi, *que vous foyez fi long-*
tems fans le voir, &c. Mon Pere m'a *chargé* de vous faire fes complimens.

Mon Pere eft arrivé, mon cher Marquis, de Samedy dernier en parfaite fanté. Je lui ai *8. Juillet 1715.*
fait vos complimens, & lui ai marqué *le chagrin que vous avez de ne pouvoir pas profiter de*
tout le féjour qu'il fera à Paris. Il m'a paru y être *fenfible*, & avoir quelque *impatience de vous*
voir : il eft affez content de fon Appartement. Cependant on y entend bien du bruit de la
ruë, dont je fuis bien fâchée; je lui ai offert le mien; mais il ne veut pas l'occuper; il
compte faire toute la dépenfe pendant qu'il fera ici, & *de nous nourrir nous & nos Gens.*
Ce font des manieres très-nobles, dont nous ne fçaurions trop le remercier, &c. Il eft parti
ce foir pour Ablon, &c. je n'ai point été de ce Voyage *à caufe de mes Bains,* &c. Les Affaires de la Succeffion de M. Milon ne font pas finies. J'efpere que l'arrivée de mon Pere les
terminera.

Confervez vôtre fanté, mon cher Roi; nous y avons bien bû, *depuis l'arrivée de mon* *12. Juillet 1715.*
Pere, chez Madame de Canillac, chez Madame de la Faluere & ici ; *je me fuis chargée de vous*
le mander. Ma joye feroit parfaite fi vous y êtiez, &c.

M. de Canillac, &c. vous fait fes complimens, *& ma Tante* auffi ; *elle a reçû* vôtre **Lettre.** *1. Decem.1719.*
Mon Pere vous fait fes complimens. *4. Decem. 1719.*

Mon Pere vous *a écrit,* & vous demande une Procuration, afin que je puiffe retirer une *8. Decem. 1719.*
Ferme qui eft à Antoni du Bien de M. Millon, &c. M. & Madame de Canillac vous
font leurs complimens; il n'a encore rien reçû fur Miffiffipi; mon Pere y gagne confide-
rablement.

M. de Canillac, &c. vous fait fes complimens & ma Tante auffi, &c. Mon Pere vous *11. Decembre*
fait fes complimens, M. de la Faluere, M. & Madame Paulmy m'en ont chargé quand je *1719.*
vous écrivois.

Je n'ai rien trouvé dans vôtre Lettre, &c. *Ma Tante m'a paru contente de la fienne* (j'avois *18. Decembre*
écrit par le même Ordinaire à Madame de Canillac.) *J'annoncerai a mon Pere le Pâté de* *1719.*
Perigueux pour les Rois, & je lui ferai promettre de ne le point donner.

Mon Pere vous fait fes complimens : il m'a affûré qu'il garderoit le Pâté de Perigueux *22. Decem. 1719.*
que *vous lui enverrez.*

Nous dînames hier chez mon Pere qui me chargea de vous faire fes complimens. *24. Avril 1720.*

Madame de Canillac & mon Pere m'ont chargé de vous faire leurs complimens, *mes Oncles* *3. Mai 1720.*
& Madame Ferrand auffi. Je les vis hier.

Madame de Canillac m'a mandé, &c. elle vous fait fes complimens *& mon Pere auffi,* *13. Mai.*
& tous nos Meffieurs de Quadrille.

Mon Pere compte d'aller chez Madame de Saint Maurice achever fes Vacances ; je lui *22. Mai 1720.*
ai donné vôtre Lettre, & il doit *y faire Réponfe* aujourd'hui. Vous avez fort bien fait d'écrire,
cela ne pouvoit faire qu'un bon effet.

Tous ces Meffieurs & mon Pere m'ont chargé de vous faire leurs complimens. *27. Mai 1720.*

On parle, mon cher Marquis, de créer des Rentes fur la Ville, &c. il n'y aura pas de *31. Mai 1720.*
tems à perdre pour y placer mon Bien ; en cas que cela vous convienne, & *que la Famille*
me le confeille, &c. il me paroît qu'ils prendront tous ce parti, fi le projet fubfifte ; j'ai
dîné Mercredy dernier avec mon Pere & Madame de Canillac chez M. de Montpantier,
où il fut bien parlé de toutes ces Affaires, &c. mon Pere vous fait mille complimens.

Nous avons aujourd'hui eu à dîner M. & Madame de Mongon, M. de, &c. on a beau- *5. Juin 1720.*
coup bû à vôtre fanté, & vous font tous leurs complimens; mon Pere *m'a chargé* de vous
faire les fiens.

M. & Madame de Canillac vous font leurs complimens. *21. Janvier 1721.*

Madame de Canillac m'a chargé de vous mander que quand vous envoyez quelques Pa- *28. Janvier 1721.*
quets plus forts qu'une Lettre, *de les adreffer à mon Pere,* &c. J'allai hier fouper chez lui.
Toute la Compagnie but à vôtre fanté, *& je fuis chargée de vous le mander :* après la Partie
de Quadrille il y eût une Reprife de Collin Maillard, où *M. de Ferrand* des Gardes. (Capitaine aux Gardes) fit merveille; M. de la Faluere, qui le fut fur la fin, attrapa un
bon caffe-cul qui fit bien rire, & qui ne dérangea point fa gravité. Je compte que nous y
joüërons cet après-dîner chez moi; je ne fçaurois vous exprimer *combien vous êtes regretté*
dans nos Parties : elles feroient cent fois plus gayes & plus aimables *fi vous en étiez.*

5. Février 1721.	Ma Tante & mon Pere vous font leurs complimens , &c. Toute la Famille vous fait ses complimens.
Entre le 5. & le 19. Février 1721.	Mon Pere avec qui j'ai dîné aujourd'hui m'a chargé de vous faire ses complimens; s'il peut avoir quelque tems à lui à Pâques il viendra nous voir, (au Pont - du - Château où j'étois , & où j'avois écrit à ma Femme de venir.)
19 Février 1721.	Toute la Famille avec qui j'ai dîné aujourd'hui chez mon Pere , a la bonté de prendre part à mon inquiétude ; on a bû à vôtre santé , & il a beaucoup été question de vous tout cet après-dîner ; je compte de les en remercier incessamment de vôtre part. J'ai reçû aujourd'hui les Pâtez d'Auvergne, dont j'ai fait la distribution que vous me mandez. J'ai donné à mon Pere un Pâté de Perigueux, qui s'est trouvé fort bon , &c.
22 Octobre 1721.	Je compte que mon Pere sera à Paris demain. Je lui ai envoyé vôtre Lettre que j'ai cachetée : on m'a apporté aussi le Paquet que vous lui avez adressé.
31 Octobre 1721. Apostille.	On dit qu'on écrit à M. le Blanc Monseigneur comme Ministre. Ainsi vous vous en servirez dans vôtre Lettre , &c. Mon Pere * n'a pû décider cette Question.
7. Novem. 1721.	J'ai fait part à mon Pere de tout ce que vous me mandez ; il aura la bonté de nous honorer de ses avis , quand il en sera tems , & d'agir pour nous s'il est besoin.
19. Novem. 1721.	Mon Pere que je vis hier me dit de vous faire bien des amitiez de sa part , &c.
24. Novem. 1721.	Mon Pere m'a chargé de vous faire ses complimens.
19. Decembre 1721.	J'ai parlé à mon Oncle sur l'Affaire de vôtre Fermier la Joye; il m'a promis d'y avoir attention.
6. Septembre 1724.	Ma Tante vous fait ses complimens.

*p l'honn. écrit confid. ponte

5. Septembre 1724.	EXTRAIT de la Lettre que m'a écrite M. Ferrand , mon Beau-Pere , sur son Mariage.

J'aurois bien souhaité , Monsieur, vous apprendre plûtôt mon Mariage avec Madame, &c. Je me flatte que l'Amitié qui est entre nous n'en diminuëra point , étant , Monsieur , avec un très-sincere attachement vôtre très-humble & très-obéïssant Serviteur. Signé FERRAND.

Suite des Lettres de Madame du Pont-du-Château.

19. Septembre 1724.	Je dois dîner avec ma Tante Jeudy prochain ; elle m'a chargé de vous faire ses complimens.
22. Septembre	N'envoyez point de Gibier à ma Tante qu'elle ne soit de retour.
25. Septembre.	Ma Tante vient de Paris pour les Forts ; elle m'a chargé de vous faire ses complimens.
5. Octobre 1724.	Madame de Montboissier & ma Tante vous font leurs complimens.

Seroit-il bien possible que toute cette Famille, si je l'avois méprisée & haïe , comme il est dit dans la Plainte & déposé par les Témoins , m'eût donné tant de marques d'affection ; m'eût regretté dans ses Parties de plaisir, m'eût écrit , aidé de ses Conseils dans mes Affaires , & eût protegé mes Fermiers à cause de moi ? Moi-même aurois-je écrit au Pere de Madame du Pont-du-Château , à sa Tante, &c. Leur eussai-je envoyé de petits Presens ? Mon Beau-Pere seroit-il venu loger chez moi ? Enfin m'auroit-il écrit en 1724. sur son Mariage ? Il dit expressément dans sa Lettre qu'il se flatte que son Mariage ne diminuëra point l'amitié qui étoit entre lui & moi. Je laisse à des Juges éclairez & au Public à juger de l'imposture d'une Plainte , & de Témoins qui m'accusent d'antipathie & d'une aversion ancienne & obstinée pour la Famille de ma Femme , & du mépris MARQUE' que j'ai , dit la Plainte , toûjours eu pour eux.

Ce prétendu mépris & cette aversion imaginaire sont encore démentis par les propres Lettres de M. Ferrand , mon Beau - Pere , & par celles de Madame de Canillac , sa Sœur & Tante de ma Femme.

LETTRES DE LA FAMILLE.

Pendant mon Voyage d'Auvergne en 1721. je reçûs plusieurs Lettres de M. son Pere, de Madame de Canillac sa Tante, & de M. de Canillac mon Oncle , qui prouvent la bonne intelligence qui regnoit entre Madame du Pont-du-Château , sa Famille & moi.

LETTRES DE M. FERRAND , MON BEAU-PERE.

22. Janvier 1721.	Je reçois , Monsieur, avec bien du plaisir l'honneur que vous me faites , de me donner de vos nouvelles ; je suis charmé qu'elles soient bonnes ; ce que vous me mandés de M. vôtre Pere m'afflige fort ; il faut esperer que vôtre presence , & les Remedes rétabliront sa santé. Je le souhaite de tout mon cœur, &c. il ne me reste qu'à vous faire des reproches de la fin de vos Lettres , (a) & à vous assûrer M. de mon sincere attachement. Signé Ferrand.

(a) l'h. terme avec re

Vous

Vous nous avés inquieté, Monfieur, pendant trois Ordinaires, &c. vôtre Femme vous *croiant malade voulost s'en aller en Auvergne*, &c. Enfin nous apprenons de vos nouvelles par vôtre Lettre du 14. de ce mois, je m'en réjoüis, &c. M. du Four vous a donné de bons Confeils; fuivés-les jufqu'à la fin. Nous découvrîmes hier des chofes qu'il faut vous dire, &c. M. de . . . . . vous trompe d'une maniere bien cruelle, &c. On preffe le Marquis de . . . . . de vous écrire, &c. vous nous enverrez Copie de fa Lettre, &c. Je dînai hier chez vôtre Oncle; ce que je vous mande fut convenu entre lui, *ma Sœur, vôtre Femme & moi*, &c. Nous vous faifons tous des Complimens. Je fuis, Monfieur, avec tout l'attachement que vous me connoiffés, vôtre très-humble, &c.

La Marquife (Madame du Pont-du-Château) ne peut partir aujourd'hui, comme elle **22. Mars 1721.** l'efperoit, elle eft fort incommodée d'un Rhumatifme, &c. n'en foïés point inquiet, *& fur-tout ne venés pas*; on vous écrira Lundi, & vous aurés des nouvelles tous les Ordinaires; lorfqu'il fera tems de venir, & s'il eft neceffaire, on vous le mandera.

La Marquife fe porte mieux, Monfieur, &c. *ainfi ne fongés point à venir*. Je vous re- **25. Mars 1721.** mercie de vos Pâtés maigres & gras, ils font excellens; mais ne nous en envoïés plus.

La Marquife continuë toûjours, Monfieur, dans le même état, &c. elle revient peu à **27. Mars 1721.** peu. Soïés toûjours tranquille, & comptés que vous recevrés des nouvelles tous les Ordinaires, &c.

Nous efperons, Monfieur, que la Marquife fortira bien de fa Maladie, &c. *elle défire* **29. Mars 1721.** *fort de vous voir*; je ne doute pas que vous ne lui donniés cette fatisfaction, &c. *vôtre Lettre m'a été renduë hier*, &c. Vôtre Femme à qui vôtre Lettre a été lûë eft ravie de vous fça-voir en bonne fanté.

LETTRES de M. le Comte de Canillac, mon Oncle.

Je ne veux point vous cacher l'état de Madame du Pont-du-Château, qui eft pourtant **23. Mars 1721.** mieux d'hier, &c. Je vous écris au chevet de fon Lit, *elle vous fait bien des Amitiés*. J'ef-pere que cette Maladie ne fera que retarder fon Départ; la Berline qu'elle a achetée eft bonne, elle a fept Chevaux de Carroffe, &c. elle ne veut point que vous reveniés, &c. efperant vous aller trouver.

Madame du Pont-du-Château va de mieux en mieux, &c. Elle fera longtems à fe réta- **25. Mars 1721.** blir. On lui dit pourtant qu'elle pourra partir bien tôt, pour s'en aller en Auvergne, *parce qu'elle le défire*, &c.

Madame du Pont-du-Château, mon cher Neveu, a été faignée pour la quatriéme fois **29. Mars 1721.** avant-hier, &c. comme M. Hermand me dit que le plus grand bonheur qui puiffe arriver eft que la Maladie foit longue, &c. Je crois que le meilleur parti, &c. eft de vous en revenir en Pofte à Paris, &c. il faudra que vous veniés mettre pied à Terre chez moi, pour lui éviter la furprife de vôtre Retour.

LETTRES de Madame la Comteffe de Canillac, Tante de Madame du Pont-du-Château.

Elle (Madame du Pont du Château) fe difpofe à partir dans la fin de la femaine, &c. **12. Mars 1721.** elle furmontera toutes fortes de difficultés *par l'envie extrême qu'elle a de vous aller trouver*, &c. Adieu, mon cher Neveu. Soïés perfuadé du tendre attachement avec lequel je fuis toute à vous.

Nous reçûmes hier, mon cher Neveu, le Pâté de Saumon que vous nous avés envoïés, **19. Mars 1721.** &c. j'en ai donné la moitié *à mon Frere*. Vous fçavés que nous faifons gras; ainfi je vous prie de ne nous en envoïer pas d'avantage. *Je ne fçai plus quand ma Niéce partira, elle en eft dans un chagrin qui la rend malade*; elle a un Rhumatifme, &c. Ma Niéce fe porte mieux, & compte toûjours de partir Lundi 24. Juillet. N'allés pas vous avifer de *venir: vous la mettriés au défefpoir de rompre fon Voyage*, &c. Je décachete ma Lettre pour vous dire que ma Niéce a mieux paffé la nuit, qu'elle a un peu dormi; que les douleurs font moins vives, & que j'efpere que cela ne retardera pas fon Départ pour la femaine prochaine. A huit heures du matin 20. Mars.

Toutes ces Lettres ont été produites au Châtelet.

En voici de nouvelles qui fe font retrouvées dans de vieux Papiers.

Nouvelles Lettres de Madame du Pont-du-Château.

Il eft parti aujourd'hui, mon cher Marquis, un Panier de Vin de cent trois Bouteilles, **14. Mars 1721.** *& deux Balots de mon Lit jaune* * avec les Matelas, &c. mon Pere m'a chargé de vous faire fes Complimens, & de vous mander que s'il ne vous donne pas de fes nouvelles plus fouvent, ce font toutes fes occupations qui en font caufe; il eft un des Commif-faires nommé pour viter les Actions, &c. Je vous manderai, mon cher Marquis, le jour de mon Départ, &c. *Je vous avoue que rien n'egale l'impatience que j'ai de vous embraffer & de vous affurer de toute ma tendreffe*.

Thée-moi de mon inquiétude, & fi vous fongés à revenir à Paris; je vous y foûhaite, **24. Decembre** je vous alle . . . avec une impatience inexprimable; je vis hier mon Oncle le Confeiller qui **1721.**

* C'eft le Lit de Damas jaune que je fis revenir en 1730. après ma Séparation volon-taire, pour ma Femme, comme nous en étions cô-venus.

I

(*a*) Un de mes Fermiers. me dit que la Joye (*a*) avoit gagné son Procès, &c. Je reçûs hier 290. liv. de la Maison ruë des Canettes, & aujourd'hui 500. liv. de la Dure. Cela me remet un peu en Argent, &c. mon Pere vous fait *ses Complimens, & mes Oncles, & Madame Ferrand aussi.* Je suis, mon cher Marquis, bien veritablement toute à vous, & vous aime très-tendrement.

LETTRE de M. Ferrand, mon Beau-Pere.

29. Octobre 1721.

(*b*) Si je n'eusse pas eu une entiere confiance en mon Beau-Pere, & que je l'eusse méprisé, n'aurois - je pas plûtôt consulté M. de Canillac, que lui pour ce dont il s'agit dans cette Lettre?

J'arrivai hier de la Campagne, &c. on m'y a envoïé, Monsieur, la Lettre que vous me faites l'honneur de m'écrire du 20. &c. La Marquise m'instruira de tous les sentimens du Voisinage ; on vous regarde comme un veritable Coquet, vous faites bien d'écrire ; il ne faut avoir rien à se reprocher. *Je souhaite de tout mon cœur que vous ne soïés pas plus long-tems en Auvergne que vous le pensés,* &c. A l'égard de M. le Blanc pour la maniere dont vous devés lui écrire, (*b*) je n'en suis pas informé. Je sçai bien que les Officiers appelloient, *Monseigneur,* tous ceux qui l'ont précédé, &c. je le demanderai aujourd'hui à ma Sœur, & je l'engagerai à le demander à M. le Comte de Canillac, *je vous ferai Réponse sur cet Article.* Je suis, Monsieur, avec tout l'attachement possible, vôtre, &c.

LETTRES de Madame de Canillac, Tante de Madame du Pont-du-Château.

5. Février 1721.

* La mort de mon Pere, en Février 1721.

Vous sçavés, mon cher Marquis, *l'interêt que je prends à tout ce qui vous arrive ;* je vous en renouvelle les assûrances en cette triste occasion, * &c. menagés vôtre santé, &c. M. vôtre Oncle n'a pas perdu un moment pour ce que vous lui avés demandé, & l'a obtenu, vous avés en lui *le meilleur Ami* que l'on puisse avoir ; je croi que vous êtes bien persuadé *que je ne le détournerai pas des Sentimens de tendresse qu'il a pour vous ; j'y joins* les miens, & vous assûre autant de leur *sincerité* que de leur *durée.* Adieu, mon cher Neveu, je suis toute à vous.

14. Mars 1721. fragment de Lettre.

J'ai voulu attendre, mon cher Neveu, jusqu'au reveil de ma Niéce pour vous mander des nouvelles de sa Santé, elle a un violent mal de Gorge, &c. Elle vient de me mander qu'elle a passé la nuit tranquillement, & a dormi ; *ne vous allarmez pas sur ce que je vous dis, & n'allés pas prendre la resolution de revenir* en Poste ; vous la trouveriés guerie. Je crois que son *mal est causé par l'extrême envie qu'elle a de vous aller trouver.*

LETTRES de M. le Comte de Canillac, mon Oncle.

3. Février 1721.

Je ne sçai, mon cher Neveu, si je me flatte sur la Maladie de mon Frere, esperant qu'il s'en tirera, &c. Quand vous écrirés à vôtre Femme, vous pouvés vous dispenser de m'écrire, & *adresser ses Lettres comme les miennes à M. vôtre Beau-Pere.* Je lui donnerai aussi les miennes pour les contre-signer. Je suis, mon cher Neveu, du meilleur de mon cœur autant à vous qu'à moi-même.

25. Février 1721. fragment de Lettre.

5. Mars 1721.

(*c*) Aurois-je eu besoin en 1721. de cet Avis, pour me mettre en garde contre une Femme que j'aurois détestée & meurtrie de coups depuis 1714. & contre un Beau - Pere que j'aurois haï & méprisé ?

Nous avons arrêté un Cuisinier qui est bon. Mais je vous prie, aïés attention sur vos Affaires ; *car vôtre Femme vous portera à dépenser,* (*c*) *& vôtre Beau-Pere aussi ;* car elle en vivra plus agréablement, & que cela n'est pas contre ses interêts.

Madame du Pont-du-Château, &c. a été saignée pour un mal de Gorge qu'elle avoit, elle s'en porte bien presentement, Madame de Canillac vous l'a mandé par le dernier Ordinaire ; *il ne faut jamais cacher les Maladies aux Personnes qui s'interessent à celles qui les ont.* C'est mon avis, &c. j'ai laissé ma Lettre décachetée à vôtre Femme qui vous l'enverra.

Telles sont les Lettres que j'ai pû recouvrer de celles qui m'ont été écrites en differentes occasions depuis 1714 jusqu'en 1724. tant par Madame du Pont-du-Château elle-même, que par M. son Pere, Madame de Canillac sa Tante, & M. de Canillac mon Oncle.

Je demande si l'on reconnoît dans ces monumens de tendresse, de cordialité, d'affection, d'amitié, de liaison & d'attachement mutuels, écrits avec toute la liberté possible & le plus naturellement du monde, je demande, dis-je, si l'on y reconnoît *l'affreux portrait* que l'infâme imposture a fait de moi dans la Plainte du 26. Juillet 1742. & dont les traits ont encore été chargés par une Troupe de Valets que l'on a séduits pour former une Enquête conforme à la Plainte ?

Il est démontré par ces Lettres qui la plûpart ne sont que des réponses aux miennes & qui respirent presque toutes le sentiment le plus tendre & le plus affectueux, que ce n'est point l'interêt qui m'a fait épouser Madame du Pont-du-Château, & que j'ai vêcu avec elle & toute sa Famille dans la plus parfaite union jusqu'en 1724. Voyons maintenant comme elle s'est expliquée elle-même sur la façon dont j'ai vêcu avec elle jusqu'en 1730. s'il est prouvé par ses propres Declarations que j'en ai bien usé avec elle, tous les Faits qui regardent sa Famille dans la Plainte & les Dépositions de ses Témoins doivent tomber, parce qu'ils sont liés avec de prétendus mauvais traitemens de ma part envers elle & en dépendent tellement, que fi ces mauvais traitemens n'ont jamais exifté, les Faits dont on les a acompagnés, ou plutôt qui font partie de ces mauvais traitemens, n'auront pas exifté non plus.

Madame du Pont-du-Château m'a fait fignifier en 1737. un Memoire dans le Procès en Séparation de Biens, dans lequel elle a fuccombé.

Elle prétend dans ce Memoire, *figné d'elle*, qu'elle ne s'eft féparée de moi en 1730. que parce qu'elle a perdu mon cœur en 1729. & que j'ai eu *des affections étrangeres. Les complaifances qu'elle avoit toûjours eûes* pour lui, dit-elle en parlant de moi Page 3. de fon Memoire, *lui (a elle) avoient confervé les témoignages exterieurs d'une politeffe & d'une urbanité qu'il a naturellement.*

Elle a imprimé en 1741. un autre Memoire figné de M. Simon de Mofar Avocat, fur un Déliberé. Dans l'Exorde de ce Memoire elle dit en termes exprès que les motifs *qui ont déterminé la Séparation volontaire de* 1730. fubfiftoient encore au tems de ce Memoire. (En 1741) La même chofe eft repetée à la derniere Page de ce même Ecrit.

Il eft certain que je ne demeurois plus avec Madame du Pont-du-Château depuis 1730. & que je ne la voyois que chez nos Amis communs ; ainfi on ne peut pas fuppofer que je l'aye maltraitée, ni injuriée pendant tout ce tems-là. Cependant elle affure que les motifs de la Séparation de 1730. fubfiftoient en 1741. ces motifs n'étoient donc ni de mauvais traitemens, ni des injures, & par conféquent la Plainte où l'on m'accufe de l'avoir maltraitée & injuriée, n'eft qu'un tiffu d'impoftures, auffi-bien que les Dépofitions de la plûpart de fes Témoins, qui ne font que les échos de cette Plainte.

Madame du Pont-du-Château dit elle-même que malgré le réfroidiffement qu'elle datte de 1729. j'ai toûjours eu avec elle l'exterieur *d'une politeffe & d'une urbanité qui me font naturelles.* Que l'on raproche ces Declarations de fes Lettres, de celles de M. fon Pere, de Madame fa Tante, & de M. de Canillac, mon Oncle, & il fera aifé d'en fentir toute la verité.

Il eft prouvé par toutes ces Lettres que Madame du Pont-du-Château difpofoit de tout dans ma Maifon : qu'elle recevoit mes Revenus, que je ne me conduifois que par fes Confeils & ceux de fa Famille ; qu'elle & M. fon Pere avoient affez d'empire & d'afcendant fur moi, pour me porter à augmenter ma Dépenfe, & que pour prévenir cet inconvenient, M. de Canillac, mon Oncle, qui connoiffoit ma facilité à faire tout ce que ma Femme & mon Beau-Pere vouloient, crût devoir m'écrire exprès fur ce fujet.

Mon caractere eft d'ailleurs affez connu dans le monde, pour que je fois fûr que les honnêtes Gens qui liront les Lettres de Madame du Pont-du-Château & de nos Parens communs, ajoutent plus de foi aux Declarations qu'elle a faites en Juftice, & qui font conformes à la teneur de ces mêmes Lettres, qu'aux impoftures de la Plainte qu'on lui a fait adopter, & aux Dépofitions calomnieufes d'une Troupe de Gens du plus bas étage.

Mais je fufpens ici mes Reflexions pour fuivre les Faits, c'eft-à-dire, ma conduite avec Madame du Pont-du-Château lors de la Séparation volontaire, & la fienne à mon égard depuis cette Séparation.

Je lui donnai en 1730. 12000. liv. de Penfion, quoique tout fon Bien ne rapportât alors qu'environ 17000. liv. de Rente. Je demeurois chargé des Réparations de la Terre de Villemilan & de plufieurs Maifons qui faifoient partie de fon Bien ; c'étoit moi que regardoient les non-valeurs & le Dixiéme en cas d'Impofition, comme cela eft arrivé en 1733. 1734. & 1735. Ainfi il ne me reftoit que 5000. liv. pour toutes ces Charges ; que l'on juge après cela fi j'en avois mal ufé avec Madame du Pont-du-Château en lui donnant 12000. liv. de Penfion fans aucune charge ? A la mort de M. fon Pere je lui donnai une très-belle Tapifferie, un Carroffe, & des Tableaux. A celle de M. Ferrand, Doyen du Parlement fon Oncle, je lui ai abandonné le prix du Mobilier montant à 3068. liv. & une Action de la Compagnie des Indes valant alors 1600. liv.

Que l'on examine d'un autre côté la conduite de Madame du Pont-du-Château avec moi depuis 1730. elle eft reftée dans le filence jufqu'en 1736. elle m'a alors intenté un Procès en Séparation de Biens *feulement* ; elle l'a perdu ; elle ne s'eft point avifée après la perte de ce Procès de me pourfuivre en Séparation de Corps

(marges :) Page premiere. Page 2. Page 3.

t Na. C'eft ce même Avocat qui a écrit pour elle dans le Procès en Séparation de Corps & d'Habitation.

& d'Habitation ; elle ne l'a pas fait non-plus lorsque pour la souftraire aux Conseils pernicieux qui l'obsedoient , je l'ai poursuivie au Parlement pour la faire revenir dans ma Maison , & que j'ai obtenu une Ordonnance du Juge qui me permettoit de la faire prendre par-tout où je la trouverois. Elle choifit alors le parti du Couvent que lui offris. Cette Retraite n'ayant pas mis fin à l'obfeffion de fes Conseils , & me voyant toûjours pourfuivi, j'ai demandé purement & fimplement en 1742. qu'elle revint avec moi. C'étoit affurément bien le cas de former une Demande en Séparation de Corps & d'Habitation , fi Madame du Pont-du-Château avoit eu de veritables Moyens pour faire cette tentative. Elle ne l'a point fait; elle s'eft deffenduë jufqu'à me laiffer obtenir un Arrêt qui l'obligeoit à revenir avec moi ; ce n'eft qu'après cet Arrêt que fes Conseils défefperez de voir échoüer toutes leurs intrigues, ont imaginé de former une Demande en Séparation de Corps & d'Habitation , & qu'ils ont fabriqué toutes les Impoftures de la Plainte du 26. Juillet 1742. & corrompu des Témoins pour les appuyer.

Je fupplie mes Juges de pefer avec la derniere attention toutes les Circonftances de la conduite de Madame du Pont-du-Château , depuis 1736. jufqu'à l'Arrêt du mois de Juin 1742. il en refulte une Fin de non-recevoir infurmontable contre fa Demande en Séparation de Corps, pour caufe de prétendus mauvais traitemens. : Eh quoi ! dans le tems qu'elle me plaidoit avec la derniere vivacité, lorfque j'étois obligé moi-même de la pourfuivre auffi vivement que je l'ai fait pour l'arracher à des Conseils pernicieux, elle n'a pas dit un mot, pendant fix années, d'aucuns prétendus mauvais traitemens de ma part ? elle s'eft loüée au contraire de *ma politeffe & de mon urbanité naturelle* à fon égard , malgré le refroidiffement qu'elle

* Ou plûtôt fon Legataire univerfel.

m'attribuë pour elle en 1729. & elle feroit * écoutée dans une Demande en Séparation de Corps pour de prétendus mauvais traitemens depuis 1714. jufqu'en 1730. démentis par fes propres Lettres , par celles de fa Famille , & de la mienne , par fes Declarations judiciaires & par fon filence jufqu'en Juillet 1742 ?

Vainement fes Conseils ont-ils dit pour elle au Châtelet , qu'elle ne vouloit point faire d'éclat par ménagement pour moi ; il n'y a qu'à lire tous les Memoires imprimez pour elle depuis 1736. jufqu'en 1742. avant le Procès en Séparation de Corps & d'Habitation , pour fe convaincre que je n'ai pas été ménagé. Il eft vrai qu'ils n'avoient point encore hazardé les Impoftures de la Plainte; mais c'eft qu'ils ne les avoient point encore imaginées.

Après ce détail des Lettres de Madame du Pont-du-Château , de celles de M. fon Pere , & de M. & Madame de Canillac , après avoir rappellé les Declarations judiciaires que Madame du Pont-du-Château a fignées & qu'elle a faites par le Miniftere de Me. Simon , fon Avocat , après l'expofition de fa conduite à mon égard, de la mienne au fien , & du coup de défefpoir que fes Conseils ont frappé en 1742. je reviens à la confequence que je me fuis propofée d'abord.

Je fupplie mes Juges & le Public de mettre toutes ces preuves écrites & de fait en parallele avec une fimple preuve teftimoniale ; je fuppofe même faite par des Gens fans reproche , fondée fur des témoignages uniformes, & fans aucune contradiction. Je demande à laquelle de ces deux preuves des efprits éclairez & fans partialité devroient donner la préference ?

D'un côté ces Témoins, tels que je les fuppofe, dépoferoient de Faits tendans à prouver que depuis 1724. jufqu'en 1730. je n'ai ceffé de maltraiter ma Femme d'actions & de paroles, que je la déteftois, que je méprifois elle & fa Famille; qu'en un mot je vivois avec elle & fa Famille dans la plus affreufe défunion.

D'un autre côté, les Lettres dont il s'agit, les propres Lettres de Madame du Pont-du-Château, celles de M. fon Pere, de Madame fa Tante, de mon Oncle Mari de cette Tante, prouvent que je vivois dans l'union la plus parfaite avec Madame du Pont-du-Château & fa Famille; les Declarations judiciaires de Madame du Pont-du-Château confirment la verité contenuë dans fes Lettres: fon filence pendant 12. ans fur de prétendus mauvais traitemens & injures, efpace de tems pendant lequel j'ai prefque toûjours eu des Conteftations très-vives avec elle, annonce que fa Demande en Séparation de Corps & de Bien n'eft qu'un coup de défefpoir de fes Conseils.

Je ne crois pas qu'il y eut à balancer entre les deux preuves, & que la teftimoniale, toûjours inferieure à la preuve écrite, ne dût être rejettée.

Mais il y a bien plus dans le cas où je me trouve : les Témoins que les

Conseils

Conseils de Madame du Pont-du-Château ont fait entendre, font bien éloignés d'être irreprochables; la baffeffe de leur état, fi fort expofé à la féduction, le concours des circonftances après lefquelles & dans lefquelles ils ont dépofé, les tentatives qu'on a faites auprès de quelques Perfonnes pour les corrompre, ainfi qu'il refulte de mon Enquête; les contradictions frappantes de plufieurs Témoins de Madame du Pont-du-Château, les fauffetés dont ils font convaincus, comme je le ferai voir dans la fuite, donnent une nouvelle force à la preuve écrite que je rapporte, preuve d'ailleurs appuyée par le fuffrage de plufieurs des Témoins que j'ai fait entendre, les uns d'un Rang diftingué, les autres du même étage que ceux de Madame du Pont-du-Château; ainfi je réünis la preuve écrite à la teftimoniale, & je fais voir tant *par Titres* que par Témoins, l'impofture d'une Plainte qui n'a pour appuy que le témoignage de Domeftiques Laquais ou originairement Laquais, Femmes de Chambre, Cochers, Cuifinier, Servante, Gagne-Denier, &c.

Je ne m'engage pas de relever ici les contradictions & les fauffetés de tous les Témoins de Madame du Pont-du-Château, cela me meneroit trop loin. D'ailleurs elles ont déja été relevées pour la plûpart au Châtelet dans mes Ecritures intitulées *Avertiffement*, & fignifiées le 11. Juillet 1744. Je ne m'attacherai qu'à prouver que quelques Témoins ont dépofé faux, & fe font contredits eux-mêmes ou font en contradiction avec ceux d'entre-eux qui dépofent d'un même Fait: quand j'aurai prouvé qu'un Témoin a dépofé faux, un eft en contradiction avec lui-même ou avec les autres, il en refultera une confequence accablante pour le refte des Témoins.

En effet fi deux, trois ou quatre Témoins ont dépofé de fauffetés, ils ne l'ont fait que parce qu'ils ont été féduits & gagnés; car on ne préfume pas qu'un Homme, tel qu'il puiffe être, fe porte de lui-même & fans interêt à dépofer faux, pour nuire à un Tiers par fa Dépofition, & à fe charger par-là d'un crime infructueux. C'eft un Principe certain que l'Auteur du crime eft toûjours celui qui en profite: fi l'on eft capable de corrompre un, deux ou trois Témoins, on eft capable d'en corrompre davantage; dès qu'il démontré que l'on a féduit un Témoin dans une Affaire, il en refulte la plus forte préfomption que l'on a féduit tous les autres, *malus facilè prefumitur malus in eodem genere mali.*

Ces Principes une fois établis, il eft neceffaire de rappeller en peu de mots de quelle maniere fe font faites les Enquêtes.

Le 21. Juillet 1742. on fit rendre Plainte à Madame du Pont-du-Château par devant le Commiffaire le Clair.

Le 26. Juillet on lui fit donner Requête portant Plainte.

Par Sentence du 31. Août 1742. elle fut autorifée à faire preuve des Faits pardevant le *Commiffaire* qui avoit reçu fa Plainte: je fçai qu'il arrive affez ordinairement que des Femmes qui vivent avec leurs Maris & qui en font maltraitées, aillent rendre Plainte devant un Commiffaire dans le premier mouvement, & qu'elles donnent enfuite leur Requête contenant la même Plainte: mais Madame du Pont-du-Château ne vivant pas avec moi depuis 12. ans, elle n'étoit pas dans le cas des Femmes qui vivent avec leurs Maris; il n'y a point de premier mouvement à fuppofer en elle; ainfi il étoit tout naturel qu'elle donnât d'abord au Magiftrat fa Requête en Plainte. La démarche qu'elle fit de rendre Plainte cinq jours auparavant chez un Commiffaire, fit naître quelques foupçons à un Homme d'Affaires que j'avois alors: il me fit entendre que cette démarche cachoit un myftere, & qu'on avoit voulu s'affurer d'un Officier pour être fûr d'une certaine façon de rediger des Dépofitions qui ne pouvoient être que fuggerées, peut-être même, m'ajouta-t-il, pour les faire recevoir toutes écrites.

Quoiqu'il en foit, il me perfuada de me trouver à la preftation de Serment des Témoins, afin de les connoître & de les faire dépofer dans ma propre Enquête, pour comparer enfuite leurs Dépofitions les unes avec les autres.

Je me rendis à fes inftances, & je fis entendre plufieurs des Témoins de Madame du Pont-du-Château: il y a eu effectivement plufieurs d'entre eux, qui ont manqué de memoire lorfqu'il s'eft agi de dépofer dans mon Enquête; ils ont varié fur les dattes, altéré, changé ou broüillé l'ordre des Faits: il y en a eu d'eux, fçavoir, la nommée de Bray & le nommé Gilbert 10e. & 17e. Témoins

K

de Madame du Pont-du-Château que j'ai fait affigner, mais qui n'ont pas voulu dépofer, dans la crainte fans doute de ne pouvoir pas rendre dans mon Enquête la longue & très-longue Dépofition qu'ils ont faite dans celle de Madame du Pont-du-Château, & pour laquelle ils ont apparemment des fecours.

* Il a un Legs de 500. li de penfion viagere.

J'ai appris dans la fuite que c'étoient les nommez Blegny, Dujat & *le petit Jofeph, dont j'ai déja parlé, qui cherchoient des Témoins, & qui, pour lever tout fcrupule, leur faifoient entendre qu'il n'étoit queftion que de faire rendre le Bien de Madame du Pont-du-Château; enfuite ils inftruifoient les Témoins de ce qu'ils dépoferoient. C'eft ainfi que Hebert, 30e. Témoin de l'Enquête de Madame du Pont-du-Château, & le 37e. de la mienne, a été pratiqué; tous les Domeftiques de M. le Comte de la Luzerne dont il étoit Cocher au tems de fa Dépofition, ont été témoins des allées & venuës de Dujat & du petit Jofeph pour corrompre ce Cocher; qu'ils ont endoctriné au Cabaret.

Il en eft de même de Vendôme 27e. Témoin de l'Enquête de Madame du Pont-du-Château; il a été gagné par Blegny qui lui donna quelque Argent.

C'eft du nommé Hebert lui-même, 30e. Témoin ci-deffus cité, que j'ai fçû ces particularitez & plufieurs autres qu'il feroit trop long de rapporter, mais qui m'ont inftruit de toute la manœuvre de cette fabrique de Témoins.

Lorfqu'on les eût pratiquez chacun en particulier, on les fit tous affembler avant d'aller dépofer chez le Commiffaire; ces Témoins font au nombre de 33.

* Ce font les 1. 3.6.7. 8. 9. 10. 11. 12. 13.14. 15. 16. 17.18. 19. 20. 21.22.23. 26.28. 29. 30. 32. & 33. Témoins de l'Enquête de Madame du Pont-du-Château.

J'ai fait affigner 26. de ces Témoins * pour dépofer dans mon Enquête; la nommée de Bray & le nommé Gilbert, 10e. & 17e. Témoins, n'ont pas voulu dépofer; leur Dépofition dans l'Enquête de Madame du Pont-du-Château eft très-longue. Il y a bien de l'apparence qu'ils n'ont pas eu affez de confiance dans leur memoire pour venir dépofer chez le Commiffaire Langlois; ils ont craint ou de ne fe pas reffouvenir des Faits, ou de les changer de façon que leur Dépofition rapprochée de celle qu'ils avoient faite dans l'Enquête de Madame du Pont-du-Château, ne les décelât, & ne découvrit la fuggeftion qu'on avoit employée à leur égard; ils ne pouvoient douter que le Commiffaire Langlois ne feroit écrire que ce qu'ils diroient de vive voix. Il y a la plus forte préfomption que c'eft-là le motif de leur refus réïteré; ces deux Témoins étans ceux qui ont dépofé avec le plus d'acharnement contre moi, on n'auroit pas manqué de leur faire repeter dans mon Enquête les mêmes Faits, s'ils avoient été en état de le faire.

J'obferverai ici qu'à l'exception de deux ou trois, tous les Témoins de Madame du Pont-du-Château n'ont requis aucun Salaire, au lieu que la plûpart de ceux d'entre ces Témoins que j'ai fait dépofer, m'ont fait payer leur Dépofition, excepté les 12. & 28e. Témoins de fon Enquête, qui font les 8e. & 28e. de la mienne; Témoins qui dans l'une & l'autre de leurs Dépofitions ont rendu hommage à la verité, foit qu'ils n'ayent pas voulu dépofer au gré des Agens de Madame du Pont-du-Château, foit qu'on n'ait pas cherché à les corrompre, afin qu'il fe trouvât dans l'Enquête de Madame du Pont-du-Château quelques Dépofitions qui me fuffent favorables, pour faire prendre par ce moyen fur le compte des autres Témoins, & d'éloigner l'idée de la féduction que je vais établir, en prouvant la fauffeté de quelques autres Dépofitions, & les démarches qui ont été faites par Dujat & Blegny auprès de quelques Perfonnes.

Le premier Témoin des deux Enquêtes eft le nommé Doguet.

Ce Témoin place la Séparation volontaire en 1730. dans l'Enquête de Madame du Pont-du-Château, & en 1724. dans la mienne. C'eft le 4. Mars qu'il a dépofé dans mon Enquête, & lendemain 5. qu'il a dépofé dans celle de Madame du Pont-du-Château.

D'un autre côté il ne dépofe dans mon Enquête que d'un Fait, c'eft-à-dire d'un prétendu refus de quelques Meubles de ma part à Madame du Pont-du-Château lors de la Séparation volontaire, & d'avoir oüi-dire que j'avois beaucoup de mépris pour ma Femme. Sa memoire n'en comportoit pas d'avantage, & c'eft à quoi s'eft réduit tout ce qu'il avoit pû retenir des Inftructions que les Agens de Madame du Pont-du-Château lui avoient données.

Mais il avoit apparemment des Inftructions plus fûres le lendemain; non-feulement fa Dépofition contient dans un plus grand détail & en termes plus propres & plus choifis ce qu'il avoit dit dans mon Enquête, mais il parle encore de deux autres Faits qu'il ne fçavoit pas apparemment la veille.

La * correction & l'augmentation de cette seconde Déposition, l'exactitude de datte qui s'y trouve par rapport à la Séparation volontaire, font croire avec raison qu'on a donné à ce Témoin sa Déposition toute écrite, ou que sa mémoire a été aidée en déposant pour Madame du Pont-du-Château.

Enfin il dépose faux en disant que je n'ai point donné de Lit à ma Femme lors de la Séparation. L'Etat des Meubles que je lui donnai en contient six, dont il y en avoit un à Tombeau très-propre & très-bon. Ce Témoin dit qu'elle fut obligée d'en demander un à M. Ferrand, son Pere, qui lui en envoya *un à Tombeau* d'Indienne. Encore si le Témoin, ou plûtôt ceux qui l'ont endoctriné, avoient eu la précaution de faire envoyer par M. Ferrand un grand Lit, le fait seroit plus vrai-semblable; mais d'en faire envoyer un à Tombeau, Madame du Pont-du-Château en ayant déja un de cette espece, cela est hors de toute vray-semblance; tout ce qu'on peut dire pour découvrir le principe de cette ridicule bévûë, c'est que ceux qui ont fabriqué la Déposition de ce Témoin n'ont pas fait attention à l'Article du Lit à Tombeau de l'Etat des Meubles, ou qu'ils ne le connoissoient pas alors cet Etat.

Pour faire mieux sentir que ce Témoin a eu sa Déposition toute écrite, ou que sa memoire a été aidée autrement le 5. Mars dans l'Enquête de Madame du Pont-du-Château le lendemain qu'il avoit déposé dans la mienne, je crois devoir mettre sous les yeux de mes Juges & du Public ces deux Dépositions.

*Doguet dépose le 4. Mars 1743. ,, des Faits dont il s'agit, comme ayant demeuré ,, cy-devant chez M. Ferrand Pere *de ladite* Dame Marquise du Pont-du-Château, ,, *qu'il ne sçait autre chose* de ce qui s'est passé entre lesdits sieur & Dame du Pont-du- ,, Château, sinon que le jour que ladite Dame Marquise du Pont-du-Château est ,, sortie de la Maison de son Mari qu'il croit être *l'année 1724*, par rapport à des ,, prétendus mauvais traitemens qui luy étoient faits de la part de sondit Mari, ledit ,, sieur du Pont-du-Château ne luy ayant point donné de Lit pour se coucher, elle ,, en envoya demander un à M. Ferrand son Pere, qui luy en envoya un d'Indien- ,, ne à Tombeau, avec une Grille à Feu & six Chaises de Moquette, & avant le ,, tems de ladite sortie se souvient d'avoir oüi dire que ledit sieur du Pont-du-Châ- ,, teau avoit eu beaucoup de mépris pour sadite Femme, *qui est tout ce qu'il a dit* ,, *sçavoir.* Voilà tout ce qu'il avoit pû retenir des Instructions qu'on luy avoit don- ,, nées.

Mais le lendemain cinq Mars, muni sans doute des Instructions plus sûres & plus amples, il en sçavoit bien davantage.

Dépose ,, qu'il a demeuré chez M. Ferrand Pere de ladite Dame du Pont-du- ,, Château, en qualité de son Maître d'Hôtel, depuis l'année 1708. jusqu'en 1730. ,, Durant ce tems & depuis, il a toûjours oüi dire que ledit sieur Marquis du Pont- ,, du-Château avoit beaucoup de mépris pour sa Femme; que vers *l'année 1730*, un ,, jour, dont il ne se souvient pas, sçait seulement que c'étoit le jour de la sortie de ,, ladite Dame du Pont-du-Château de chez ledit sieur son Mari, ladite Dame en- ,, voïa dire audit sieur son Pere qu'elle étoit sortie de chez ledit sieur son Mari, ,, & qu'elle n'avoit point de Lit pour se coucher; aussitôt ledit sieur Ferrand don- ,, na ordre à la Femme de Charge de sa Maison, d'envoïer à ladite Dame sa Fille ,, un petit Lit à Tombeau d'Indienne, un Feu de Cheminée, & six Chaises de Mo- ,, quette. Que ce même jour il a oüi dire, ne se souvient plus par qui, que la Fem- ,, me de Charge de ladite Dame nommée la Breban, avoit fait ôter à ladite Dame sa ,, Maîtresse une Serviette qu'elle avoit sur son Sein; plus, dépose qu'après le décès ,, de la Dame Comtesse de Canillac, il a été établi Gardien des Scellez apposez ,, après son décès; que lors de l'Inventaire, ladite Dame du Pont-du-Château a dit ,, à luy Déposant, qu'elle souhaitoit avoir le peu de Fourrage qu'il y avoit; mais ,, ledit sieur du Pont-du-Château s'y opposa, & dit qu'elle n'en auroit point, en ,, sorte qu'il a été vendu avec les autres Effets, qui est tout ce qu'il a dit sçavoir.

Le second Témoin est le nommé Dujat * entré Laquais à Madame du Pont-du-Château le 17. Février 1722, sorti au mois d'Août 1727, rentré Valet-de-Cham-bre (*a*) le 19. Avril 1729, & renvoïé en Avril 1730.

On fait dire à ce Témoin qu'il est entré vers 1721, & qu'il a resté jusqu'en 1730; premiere fausseté. La Déposition de ce Témoin est trop longue pour la discuter toute entiere, il suffit de s'arrêter à l'un des Faits les plus graves & le plus cir-constancié.

Marginal notes

* Dans mon En-quête, il dit sim-plement qu'il a demeuré *ci devant* chés M. Ferrand, mon Beau-Pere.

Dans l'autre Enquête il dit qu'il *a demeuré chés M. Ferrand Pere, &c. en qualité de Maître d'Hôtel depuis l'année 1708 jusqu'en 1730.* il avoit 52. ans en 1743: ainsi il étoit Maître d'Hôtel à l'âge de 17. ans, n'aïant bien cer-tainement que 17. ans en 1708. puis-que, selon lui, il en avoit 52. en 1743. Y a-t-il des Maîtres d'Hôtel à l'âge de 17. ans?

* Madame du Pont-du-Château lui a fait un Legs de 1500. liv.

* Il a été gratifié d'un Legs de 3000. liv.

(*a*) Registre des Domestiques, Fol. 62. Recto.

„ Il dépose que vers l'année 1728. un jour dont il ne se souvient pas, environ
„ une heure après minuit , lesdits sieur & Dame du Pont-du-Château étant dans
„ leur Chambre à coucher , & luy Déposant étant dans l'Anti-Chambre , il a en-
„ tendu que ladite Dame a engagé plusieurs fois ledit son Mari qui étoit à genoux
„ dans un Fauteüil , où il s'étoit endormi , de se coucher , en l'appellant douce-
„ ment , Monsieur ; a entendu que ledit Sieur s'est éveillé , qu'il s'est emporté con-
„ tre ladite Dame , & qu'il a juré contre elle en prononçant ces mots B... la..
„ Dans ce même tems luy Déposant a entendu tomber quelque chose par terre
„ dans ladite Chambre, & a vû ladite Dame qui est sortie de sa Chambre & est
„ venuë dans l'Anti-Chambre pleurante , & s'est plainte hautement que ledit Sieur
„ venoit de lui jetter un Souflet de Foyer à la Tête.

1°. Comment ce Témoin sorti au mois d'Août en 1727. a-t-il pu être témoin
d'un Fait passé en 1728, & dont il dit avoir été témoin en qualité de Domestique,
étant dans l'Anti-Chambre de la Chambre à coucher de ses Maîtres ? Cette Objection si frappante a été sentie dans toute sa force par les Conseils de Madame du
Pont-du-Château : ils ont cherché à l'éluder en disant que ce Dujat sorti de la Maison pour apprendre l'Office, (a) y venoit coucher : mais outre que c'est une défaite miserable & une allegation sans preuve, Dujat en admettant pour un moment la supposition, n'auroit pas été dans mon Anti-Chambre à une heure après
minuit, comme Domestique de la Maison, ainsi qu'il l'a fait entendre faussement,
en disant qu'il est entré en 1721. & n'est sorti qu'en 1730.

(a) Page 74.
des Contredits si-
gnifiés le 14. Août
1744.

2°. En perdant de vûë pour un moment la fausseté que je viens de relever, &
en supposant avec ce Témoin qu'il fut à mon Service en 1728. comment ce même Dujat qui , selon luy-même , n'a pas vû jetter le Souflet , mais qui dit seulement avoir entendu tomber quelque chose par terre, a-t-il vû que j'étois à genoux
dans un Fauteüil ? S'il a vû la situation dans laquelle j'étois , il a dû voir ce qui se
passoit dans la Chambre , & cependant il n'a vû ni prendre , ni jetter , ni tomber
le Souflet. C'est ainsi que l'imposture se décele elle-même.

Pour mieux faire sentir la fausseté de ce Fait je vais rapprocher les Dépositions des autres Témoins qui parlent de ce même fait ; ces Témoins sont les 6e.
8. 16. & 27e. de l'Enquête de ma Femme, les deux derniers n'en déposent que
par ouï-dire , avec cette difference que le dernier dit qu'il étoit dans la seconde
Anti-Chambre de l'Appartement lorsque le fait arriva , & qu'ayant entendu du
bruit , il s'informa de ce que c'étoit.

(b) Registre des
Domestiques,
Fol. 18, Verso.

Le 6e. Témoin nommé Loüis-Joseph Magnier dit Picard, est entré (b) à
mon Service le 4. May 1728. & est sorti le 15. Avril 1730. Il dépose du Fait du
Souflet : ainsi selon ce Témoin qui étoit, dit-il, dans l'Anti-Chambre lorsque le
fait se passa, c'est en 1728. dans le mois de May , ou après, que ce fait est
arrivé : ainsi l'époque qu'on donne à ce fait ne peut plus être douteuse par
rapport à Dujat 2e. Témoin, qui le place vers 1728. & qui dit avoir été dans
mon Anti-Chambre lors de ce fait en qualité de Domestique , quoique sorti
de chez moi au mois d'Août 1727. comme Madame du Pont-du-Château l'a
reconnu Pag. 74. de ses Contredits ci-dessus cités.

Ce Picard 6e. Témoin, dit qu'un jour dont il ne se souvient pas, étant dans
l'Anti-Chambre de l'Appartement de la Dame du Pont-du-Château qui y étoit avec
son Mari, il vit sortir dudit Appartement ledit Sieur du Pont-du-Château qui
étoit très-animé & en colere, & dans ce moment il vit paroître à la Porte ladite Dame qui paroissoit très-affligée & qui avoit les larmes aux yeux , & à
l'instant il apprit que ledit Sieur Marquis venoit de jetter un Souflet à la Tête
de ladite Dame.

Dans la Déposition de Dujat, c'est à une heure après minuit que le fait s'est
passé.

Dans celle de Picard, c'est un jour dont il ne se souvient pas. Comment la circonstance d'un tems de la nuit aussi avancé qu'une heure après minuit, auroit-elle
échapé à ce Témoin? ou on a manqué de l'instruire de cette circonstance, ou
si on l'en a instruit, sa memoire ne l'a pas bien servi.

2°. Dujat qui étoit, dit-il, dans la même Anti-Chambre, a entendu que je me
suis éveillé , que ma Femme m'a appelé plusieurs fois doucement, Monsieur, pour
m'engager à me coucher ; il a entendu que je me suis emporté , & que j'ai juré
contre elle en prononçant ces mots B....... la; il a entendu tomber quelque
chose.

chose par terre, & a vû Madame du Pont-du-Château sortir *pleurant* dans l'Anti-Chambre & *se plaindre* hautement *que ledit Sieur son Mari venoit de lui jetter un Souflet* à la Tête.

Picard qui dit qu'il étoit *dans la même* Anti-Chambre, n'a rien entendu de tout cela; selon Dujat c'est Madame du Pont-du-Château qui sort de son Appartement toute en pleurs, & qui instruit à haute voix tous ceux qui étoient dans l'Anti-Chambre que je venois de lui jetter un Souflet à la Tête; selon Picard au contraire, c'est moi qui sort de l'Appartement tout en colere, Madame du Pont-du-Château paroît seulement très-affligée sur la Porte, & ne dit rien. Picard n'avoit pas sans doute bien retenu sa Leçon, & a trop présumé de sa memoire, il auroit dû se munir d'un Papier, comme l'ont sans doute fait la Demoiselle de Bray & le nommé Gilbert 10e. & 17e. Témoins de l'Enquête de ma Femme, qui y ayant déposé très-longuement, n'ont pas voulu se risquer à déposer dans la mienne.

C'est le 6. Mars que Picard a déposé pour Madame du Pont-du-Château, & le 25. Avril suivant qu'il a déposé dans la mienne; on s'est apperçû dans l'intervalle des deux Dépositions, qu'il n'avoit pas bien rendu son Rôle, on a eû tout le loisir de l'instruire pendant ce tems-là, & on lui a fait ajouter dans mon Enquête qu'étant dans l'Anti-Chambre de l'Appartement de ma Femme, *il avoit entendu du bruit entre elle & moi*, mais on n'a pas osé le faire expliquer d'avantage, de crainte de mettre trop de différence entre ses deux Dépositions sur le même fait.

Maurice Garnier, [*] Laquais de Madame du Pont-du-Château, dépose dans son Enquête qu'un jour, dont il ne se souvient pas, ,,sçait seulement que c'étoit assez ,,tard, en entrant dans la Chambre de ladite Dame pour faire la Couverture ,,de son Lit, il vit le Sieur Marquis du Pont-du-Château qui étoit à genoux sur ,,un Fauteüil près de la Cheminée, qui paroissoit être en Prieres; il vit aussi la-,,dite Dame debout *près dudit Sieur son Mari*, & a entendu que ladite Dame ,,a dit audit Sieur son Mari, Monsieur il est tard, il faut se coucher, que faites-,,vous-là; a entendu que ledit Sieur a répondu en ces termes, *Sacredié* [*] *de* ,,*quoi vous mélés-vous, ce ne sont pas vos Affaires, je suis le Maître de faire ce que* ,,*je veux*, & en même tems ledit Sieur se saisit du Souflet qui étoit à la Che-,,minée près de son Fauteüil & le jetta à la Tête de ladite Dame qu'il n'a ,,point attrapée; il a été tomber à l'autre bout de la Chambre, quoique gran-,,de, près de l'endroit où lui Déposant étoit, & aussi-tôt ladite Dame se mit ,,à pleurer.

Dans mon Enquête ce même Maurice Garnier qui en est le 35e. Témoin, ,,*n'a pas eû si bonne memoire*, & n'étoit pas aidé d'une instruction par écrit: il ,,dépose qu'un jour [*] *à dix heures du soir* étant ledit Sieur du Pont-du-Château ,,en Prieres, la Dame son Epouse lui ayant dit qu'il falloit se coucher, & ,,qu'il étoit tard, il lui dit, *fourche, Madame*, par une F. (a) tranchée, ce ne sont ,,pas vos Affaires, je fais ce que je veux, & se mettant dans une colere terrible ,,il prit le Souflet qui étoit à côté de lui, & le lui jetta à la Tête, dont elle évita ,,le coup en se baissant ou en se détournant, & fut donner de l'autre côté de la ,,Chambre contre le Lambris auprès de la Fenêtre, le Déposant étant entré ,,dans ladite Chambre pour ôter la Courte-Pointe & ayant eu peur, le fût ,,dire à son Camarade, qui étoit dans l'Anti-Chambre & devoit ôter avec lui ,,ladite Courte-Pointe.

Que l'on compare ces deux Dépositions du même Témoin sur le même Fait? Dans celle faite chez le Commissaire le Clair, il y a de l'ordre, de la liaison entre les Faits, de la suite, un stile raisonnable, le tout au-dessus de la portée d'un Laquais, au lieu que dans la Déposition faite chez le Commissaire Langlois il n'y a rien de tout cela: ce Laquais abandonné à lui-même ne s'est ressouvenu qu'en gros de ce qu'on lui avoit suggéré. Il y bouleverse tout l'ordre des Faits; & finit dans cette Déposition par où il a commencé dans la premiere. Dans celle-ci il commence par dire qu'il est entré dans la Chambre, & détaille avec ordre & netteté ce qu'on lui a fait déposer qu'il avoit vû, au lieu que dans mon Enquête il commence par raconter les Faits d'une maniere confuse & tronquée, & finit par dire qu'il est *entré* & *sorti*.

Y a-t-il rien de plus capable de faire sentir que sa Déposition de l'Enquête de Madame du Pont-du-Château lui a été donnée toute faite, & qu'il n'a pû rendre

[*] 8e. Témoin de Madame du Pont-du-Château qui lui a legué 500. l. de Pension viagere.

[*] Selon Dujat, je ne tins pas ce Discours, je dis seulement B. . . là.

[*] Dujat dit à une heure après minuit, & Maurice Garnier dit dans sa précedente Déposition un jour *assés tard*. Ici c'est à 10. heures du soir.

(a) Ce n'est plus ici *sacredié*.

L

que fort imparfaitement dans mon Enquête ce qu'on lui a suggeré, quoiqu'il n'ait dépofé dans la mienne que le 29. Avril, pofterieurement à fa premiere Dépofition qui eft du 6. Mars précedent, & que les Confeils de Madame du Pont-du-Château ne pûffent douter que je le ferois dépofer, ainfi que je l'avois déja pratiqué à l'égard de plufieurs de fes Témoins, à la Preftation de Serment defquels j'avois affifté, ainfi qu'à celle de Maurice Garnier?

Enfin que l'on mette en parallele fa double Dépofition avec celle de Dujat, & il refultera de cette comparaifon que l'un des deux Témoins a dépofé faux, ou plûtôt qu'ils l'ont fait tous deux; leurs Dépofitions fur le même Fait étant abfolument differentes par les difcours differens que l'un & l'autre me font tenir, & par les circonftances effentielles du Fait qu'ils racontent fi diverfement.

Dujat me fait proferer un Jurement très-laconique; Garnier m'en met un autre très-different dans la bouche, & l'accompagne d'un difcours de hauteur & de mauvaife humeur: Dujat fait fortir de fa Chambre Madame du Pont-du-Château pour dire hautement à fes Valets dans l'Anti-Chambre que je lui ai jetté un Souflet à la Tête, ce qui fuppofe qu'il n'y avoit Perfonne dans la Chambre; autrement & s'il y avoit eu quelqu'un dans fa Chambre, elle n'en feroit pas fortie pour apprendre aux Valets un Fait dont un de fes Laquais auroit été témoin, & qu'il auroit bien-tôt appris aux autres. Selon Garnier Madame du Pont-du-Château ne fort pas de fa Chambre; c'eft lui-même que la peur en fait fortir & qui va raconter le Fait dans l'Anti-Chambre. Dujat place le Fait à *une heure après minuit*. Garnier le place à *dix heures du foir* dans fa Dépofition du 29. Avril, & dans celle du 6. Mars il n'en fixe pas l'heure, & dit feulement que le Fait eft arrivé *un jour affez tard*. Rien ne decele mieux la fauffeté de ces Témoins que ces contradictions; fi ceux qui ont fuggeré leurs Dépofitions ne les ont pas mieux conciliées, c'eft que tel eft le caractere de l'Impofture de fe trahir elle-même par fes variations; comme il eft de l'effence de la verité d'être uniforme & toûjours la même, parce qu'elle ne peut fe produire que de la même façon, par rapport à un Fait.

Dominique Bailly, cinquiéme Témoin, dépofe d'un Fait démontré faux; c'eft-à-dire, des prétenduës injures que j'ai dites à Madame du Pont-du-Château, & de la haîne qu'il me fuppofe pour fa Famille.

* Il fe dit âgé de 42 ans en Mars 1743. il n'avoit par confequent que 13 à 14 ans en 1714.

Ce Témoin, * Fils du Concierge de la Ferme de Villemilan, eft entré à mon Service en 1714. & a été mis en Apprentiffage par Madame du Pont-du-Château chez un Maître Sellier au mois de Juin 1716. Il dit lui-même dans fa Dépofition qu'il eft entré vers 1714. à mon Service & qu'il y a refté environ deux ans.

Il dépofe qu'il a *vû & remarqué* que dans le tems qu'il a été au Service de ma Femme, que ledit fieur fon Mari avoit pour elle une très-grande *averfion*, qu'il avoit de *très-mauvaifes manieres* pour elle; que fouvent il fe mettoit en colere & juroit contr'elle, & a entendu plufieurs fois qu'il a dit à ladite Dame qu'elle étoit une B... & qu'il la *haïffoit & toute fa F.... Famille, & qu'il ne pouvoit la fouffrir*, &c.

Je fupplie mes Juges & le Public de comparer cette Dépofition qui renferme l'efpace écoulé depuis mon Mariage jufqu'au mois de Juin 1716. avec les Lettres que Madame du Pont-du-Château m'a écrites en 1714. 1715. & années fuivantes.

Par celle du 28. Septembre 1714. elle me dit, *je n'ai point de plus grand plaifir, mon cher Marquis, que de recevoir des affurances de vôtre amitié;* elle adoucit *mes ennuis pendant vôtre abfence: que j'aurai de joye de vous en marquer ma reconnoiffance à vôtre retour*, &c. *Je vous aimerai toute ma vie très-tendrement.*

Lettre 5. du 5. Septembre 1714.

L'exactitude avec laquelle vous m'écrivez me touche fort, recevez-en les affurances de ma reconnoiffance, en attendant que j'aye le plaifir de vous le témoigner à vous-même; j'attends ce jour avec une impatience inexprimable; il fera charmant pour moi, mon cher Roi. *Je fuis très-flattée que vous le trouviez de même,* &c.

Lettre du 9. Novembre 1714.

Jugez avec quelle joye je reffens *les affurances que vous me donnez de vôtre amitié,* &c. *Je reffens bien vivement celles (*les attentions*) que vous avez pour moi &* l'impatience que vous me marquez de me revoir.

Il feroit trop long de rapporter toutes celles des Lettres de Madame du Pont-du-Château qui prouvent la plus parfaite union entre Nous; on peut voir celles des 9. 16. 19. Novembre 1714. 9. 17. Février, 25. Mai, 20. Juin, 2. 8. 1er. Juillet 1715. Elle s'exprime ainfi dans cette derniere. *Je meurs d'envie de vous revoir,* il me femble qu'il y a un Siécle que vous êtes abfent.

Enfin on peut voir encore celles qu'elle m'a écrites en 1719. 1720. 1721 & 1724. ci-deffus rapportées par Extrait. On y trouvera par-tout le langage de l'amitié la plus tendre & des preuves de la plus parfaite intelligence entre un Mari & une Femme.

Le langage de ces Lettres eft-il donc celui d'une Femme méprifée, haïe, déteftée par fon Mari ? ces Lettres font la plûpart des Réponfes aux miennes; Madame du Pont-du-Château m'y fait de tendres remerciemens de mon amitié pour elle, de mes attentions, de l'interet vif & tendre que je prenois à fa confervation, &c.

Un Témoin qui ofe dire que depuis 1714. jufqu'en 1716. il *a vû & remarqué* que j'avois une très-grande averfion & de très-mauvaifes manieres pour ma Femme; que je jurois contr'elle, que je la traitois de B.... la haïffois, &c. n'eft-il pas évidemment un faux Témoin, un Témoin féduit, & qui s'eft manifeftement livré à d'indignes Corrupteurs?

Il ajoûte que je la haïffois & *toute fa F....Famille*, *que je ne pouvois la fouffrir*.

Il eft prouvé par les Lettres de Madame du Pont-du-Château écrites depuis 1714. jufqu'en 1724. que j'ai toûjours bien vêcû avec fa Famille, & fur-tout avec M. fon Pere, mais particulierement en 1715. il étoit alors Intendant en Bretagne depuis 1714. il fit un Voyage à Paris au mois de Juillet 1715. il vint loger dans ma Maifon, & fuivant la Lettre de Madame du Pont-du-Château du 8. Juillet 1715. il voulut faire toute la Dépenfe de ma Maifon pendant fon féjour ; *il compte*, me dit-elle dans cette Lettre, *faire toute la Dépenfe pendant qu'il fera ici, & de nous nourrir Nous & nos Gens.*

Il eft prouvé par les Lettres de M. Ferrand lui-même que j'étois en Commerce de Lettres avec lui, que je lui demandois des Confeils dans l'occafion, qu'il fe mêloit de mes Affaires ; enfin il eft démontré par toutes les Lettres de Madame du Pont-du-Château ci-deffus rapportées, que je vivois le mieux du monde avec toute fa Famille.

Après cela que penfer d'un Témoin qui dit qu'en 1714. 1715. & 1716. que je traitois cette même Famille de F.... *Famille*, *que je la haïffois & ne pouvois la fouffrir* ? Il faudroit fe refufer à l'évidence pour ne pas convenir de la fubornation d'un pareil Témoin, & s'il a été fuborné, comme cela eft démontré, quelle foi meritent les autres Témoins, qui dépofent du même Fait & d'autres encore? Témoins adminiftrez par les Auteurs de la fubornation de celui-ci.

Jeanne Nely, Veuve Hauteville, 20e. Témoin de l'Enquête de Madame du Pont-du-Château & 31e. de la mienne, a été encore manifeftement fubornée. La féduction de ce Témoin fe prouve par une Contradiction marquée fur un Fait des plus graves ; il fuffit de mettre fa double Dépofition, pour en fentir la fauffeté, & par confequent la fuggeftion.

Dans l'Enquête de Madame du Pont-du-Château elle dépofe le 15. Mars 1743. „ qu'étant à Forges *s'entretenant* avec la Femme-de-Chambre de ladite Dame fur „ la jaloufie dudit fieur du Pont-du-Château, ladite Femme-de-Chambre *lui dit* „ qu'un jour ledit fieur du Pont-du-Château rentrant dans la Chambre de lui & de „ ladite Dame fon Epoufe, & ayant examiné le Lit, dit en ces termes, *tenez, depuis* „ *que je fuis forti*, on a fait cela fur le Pied du Lit.

Dans mon Enquête elle dépofe le 24. Avril 1743. „ qu'elle fe fouvient d'avoir été „ à Forges avec eux (ma Femme & moi,) où étant ledit fieur du Pont-du-Château & „ la Dame fon Epoufe alloient boire à la Fontaine, &c. & après être de retour de la „ Fontaine, *où elle* (le Témoin) *alloit*, ledit fieur du Pont-du-Château *fortant de* „ l'Appartement où ils étoient audit Lieu, pour fe promener, *il revenoit* un inftant „ après, & *difoit* à la Femme-de-Chambre en vifitant le Lit où ils couchoient, *qu'on* „ *avoit fait cela fur le bord de fon Lit.*

Dans la Dépofition du 15. Mars, ce Témoin dit qu'elle tient de la Femme-de-Chambre de Madame du Pont-du-Château le difcours qu'elle m'attribuë.

Dans la Dépofition du 24. Avril, elle dépofe au contraire comme m'ayant entendu elle-même tenir le difcours dont il s'agit ; fa Dépofition eft très-pofitive à cet égard, elle dit qu'au *retour* de la Fontaine, *où elle alloit*, je fortois de l'Appartement, que j'y rentrois un moment après, & *que je difois* à la Femme-de-

Chambre , on a fait cela fur le bord de mon Lit.

Ce Témoin dit bien clairement qu'étant de retour de la Fontaine , elle me voyoit fortir de l'Appartement & y rentrer, & m'entendoit dire , &c.

D'où peut venir une Contradiction fi frappante , finon de ce que la Nely ne s'eft pas fouvenuë le 24. Avril de ce qu'on lui avoit fait dépofer le 15. Mars précedent; mais fi le Fait étoit vrai feroit-elle tombée dans une Contradiction fi marquée ? la vérité toûjours une ne s'oublie pas fi vîte. Une pareille variation indique de la manière la plus fenfible que ce Témoin a été fuborné , & que n'ayant retenu qu'en gros les Inftructions qui lui avoient été données , elle a dépofé comme Témoin oculaire des Faits de ma fortie & de ma rentrée dans l'Appartement , & comme ayant entendu le Difcours en queftion , quoiqu'elle n'eût dépofé d'abord de ce prétendu Difcours que comme l'ayant ouï dire à la Femme-de-Chambre de Madame du Pont-du-Château.

Voici encore une fauffeté démontrée par le parallele des differentes Dépofitions fur le même Fait : il s'agit du prétendu Fait des Diamans arrachez avec violence du Col & des Oreilles de Madame du Pont-du-Château , porté par la Plainte.

Maurice Garnier , huitiéme Témoin de Madame du Pont-du-Château , dépofe ,, qu'étant dans la Chambre de ladite Dame , *faifant fon Lit avec un autre de fes* ,, *Camarades* , il a vû entrer dans ladite Chambre ledit fieur du Pont-du-Château ,, qui paroiffoit très en colere, *a vû* qu'il a paffé dans le Cabinet de Toilette où la- ,, dite Dame étoit , a entendu qu'il s'eft emporté contre ladite Dame fon Epoufe ,, avec tant de violence , que lui Dépofant *& fon Camarade* ont crû qu'il alloit ,, étrangler ladite Dame , *ce qui l'a fait trembler* en faifant ledit Lit , *la Porte dudit* ,, *Cabinet* étant reftée ouverte ; lui Dépofant *a vû* que ledit fieur Marquis s'eft ap- ,, proché de fon Epoufe d'un air menaçant , a entendu qu'il lui a dit en ces termes : ,, *F.... Madame , je veux que vous me donniez vos Diamans ,* facredié j'apprendrai à ,, *vivre à vous & à vôtre Famille* , &c. Ledit fieur Marquis étant forti dudit Cabinet ,, de Toilette , lui Dépofant *a vû qu'il tenoit dans fes mains les Boucles d'Oreilles* ,, de ladite Dame , & que de fuite il a paffé dans un autre Cabinet où elle mettoit ,, ordinairement fes Diamans , &c. & depuis ce tems lui Dépofant *n'a plus vû de* ,, *Diamans à ladite Dame.*

Le Fait eft bien détaillé & bien clair, Garnier faifoit le Lit de Madame du Pont-du-Château *avec un de fes Camarades* ; ainfi tout ce que Garnier *a vû & entendu* , fon Camarade prefent comme lui & faifant le Lit , a dû *le voir & l'entendre.* Voyons maintenant comment s'eft expliqué ce Camarade de Garnier.

Ce Camarade eft Loüis-Jofeph Magnier , dit Picard , fixiéme Témoin de l'Enquête de Madame du Pont-du-Château. Ils ont dépofé l'un & l'autre le 6. Mars **1743.**

Magnier dépofe ,, *qu'étant à faire le Lit de ladite Dame* , il vit entrer dans fa ,, Chambre ledit fieur Marquis du Pont-du-Château, qui paroiffoit très en colere & ,, paffa dans le Cabinet de Toilette où elle étoit. Auffi-tôt qu'il fût entré , il entendit ,, ledit fieur Marquis du Pont-du-Château qui fe mit à *parler fort haut* contre ladite ,, Dame , *n'a pû entendre ni diftinguer ce qu'il a dit ;* peu de tems après il a vû ,, fortir dudit Cabinet ledit fieur Marquis du Pont-du-Château qui étoit toûjours ,, très-animé & en colere , a vû qu'il a paffé dans un autre Cabinet de l'Apparte- ,, ment ; un inftant après étant forti dudit Cabinet , il a vû que ledit fieur Marquis ,, a paffé dans fon Appartement. Dans le moment *il apprit , ainfi que tous les autres* ,, *Domeftiques ,* que ledit fieur Marquis venoit de s'emparer des Diamans de ladite ,, Dame fon Epoufe ; qu'il n'avoit difputé avec ladite Dame qu'à ce fujet , les lui ,, ayant pris de force , & *depuis ce tems lui Dépofant n'a plus vû de Diamans à ladite* ,, *Dame ;* ce Témoin dit être forti en 1730. de mon Service.

Le fait dépofé par ce Témoin eft certainement bien le même fait que celui dépofé par Garnier 8e. Témoin.

Magnier faifoit le Lit avec Garnier, il m'a vû, dit-il , entrer en colere dans la Chambre & dans le Cabinet de Toilette , fortir de ce Cabinet pour entrer dans un autre , & paffer enfuite dans mon Appartement : ainfi il a dû être prefent à toute la Scéne rapportée par Garnier , cependant il *n'a pû entendre, ni diftinguer* ce que je difois dans le Cabinet , quoique je parlaffe fort haut ; il ne m'a pas vû *tenir dans mes mains les Boucles d'Oreilles* en fortant du Cabinet de Toilette, il a feulement *appris* , dans le moment , ainfi que *tous les autres*

autres Domestiques, c'est-à-dire un peu de tems après ma prétendüe sortie hors de la Chambre, car les autres Domestiques n'ont pû apprendre ce Fait que quelques instants après qu'on le suppose arrivé, n'étans pas tous dans la Chambre alors : au contraire Garnier a entendu ce que j'ai dit , & rapporte en entier mon prétendu Discours & les Juremens qu'il m'attribuë; Garnier a vû, dit-il, que *je tenois les Boucles d'Oreilles dans mes mains*.

Cependant ces deux Laquais étoient dans la même Chambre, faisoient tous deux le même Lit, & disent tous d'eux m'avoir vû entrer & sortir de la Chambre , d'où il resulte qu'ils auroient été presens l'un & l'autre à toute la Scène , si elle étoit vraye, & même Garnier *dit avoir tremblé* de peur en faisant le Lit, idée qui n'est pas venüe en déposant à son Camarade ; & cependant Magnier, qui ne dit pas avoir eu peur , qui par consequent se donne pour avoir eu plus de présence d'esprit & d'attention que son Camarade , dit n'avoir rien entendu de distinct , & d'articulé , quoique je parlasse , dit - il , fort haut , & ne m'a pas vû entre les mains les Diamans que son Camarade dit m'avoir vûs , malgré sa prétendüe frayeur.

Je demande si l'on peut mieux convaincre deux Fourbes, que je viens de le faire, par la comparaison de leurs Dépositions? si dans une Affaire Criminelle ces deux Témoins avoient chargé un Malheureux d'un Crime capital, & qu'ils se fussent si manifestement contredits & eussent décelé par ce moyen la fausseté de leur témoignage, ne meriteroient - ils pas de subir la peine des Calomniateurs?

Mais s'ils ont été subornés, & sont de faux Témoins, comme on ne peut en douter, comment l'Auteur de la Subornation n'a-t-il pas mieux combiné leurs Dépositions ? La cause de cette étrange bévûë est facile à découvrir; c'est que ce Fabricateur , quel qu'il soit, n'a pas fait attention aux consequences qui resulteroient de ce qu'il faisoit dire à ces deux Domestiques, qu'ils étoient dans la même Chambre & faisoient le même Lit ; s'il y eut pensé , il auroit compris qu'il falloit les faire déposer uniformément. Peut-être aussi que ces deux Témoins n'ayant déposé que de memoire sur les instructions qui leur ont été données , ne se sont pas bien souvenu de ce qu'on leur avoit appris ; on a d'ailleurs rassemblé dans leurs Dépositions la plûpart des mêmes circonstances.

Mais si ces deux Domestiques sont convaincus de fausseté par la contradiction de leurs Dépositions, qui , si elles étoient veritables, devroient être *uniformes* en tout, ces deux Témoins disant qu'ils étoient également presens & dans le même lieu où ils déposent que le fait s'est passé; cette même fausseté est encore démontrée par la Déposition du 4e. Témoin de l'Enquête de Madame du Pont-du-Château.

Garnier & son Camarade Magnier déposent tous deux en termes précis que depuis le tems de la prétendüe Scène dont ils disent avoir été témoins , *ils n'ont plus vû de Diamans* à Madame du Pont - du - Château. Magnier est sorti en 1730. & Garnier son Laquais depuis 1725. l'étoit encore au tems de sa Déposition en 1743. Garnier dit précisément dans sa Déposition qu'il me vit tenir dans mes mains les Boucles d'Oreilles, & que j'entrai ensuite dans un autre Cabinet où Madame du Pont-du-Château mettoit ses Diamans.

Il resulte des Dépositions de ces deux Témoins, *qui*, disent-ils, depuis cette prétendüe Scène, *ne virent plus de Diamans* à Madame du Pont-du-Château, que je m'en emparai alors.

Voyons maintenant ce que dépose Henriette-Charlotte de Laître, 4e. Témoin de Madame du Pont-du-Château.

Elle dit „qu'elle a connoissance que lors de la Séparation volontaire , ledit Sieur Marquis du Pont - du - Château *a retenu tous les Diamans* de ladite Dame, son Epouse, *sans lui en laisser* un seul, lesquels Diamans consistoient *en deux Boucles d'Oreilles* garnies chacune d'un gros Diamant, *de deux autres Boucles aussi d'Oreilles* en Quadrille, d'une Bague aussi en Quadrille & d'une Croix branlante.

Suivant ce Témoin ce n'est que lors de la Séparation volontaire que j'ai retenu les Diamans de Madame du Pont-du-Château, le détail exact qu'elle fait de tous ces Diamans ne laisse aucun doute sur la qualité & la quantité de ces Pierreries.

Garnier 8e. Témoin au contraire a déposé en ces termes, *qu'avant la Séparation* je me suis emparé de force desdits Diamans, *qu'il m'a vû tenir dans mes mains les Boucles d'Oreilles* , & que depuis il *n'a plûs vû* de Diamans à ma Femme.

Magnier fon Camarade 6e. Témoin qui place le même fait au même jour, dans les mêmes circonftances, qui dit en avoir été témoin en faifant le Lit , comme l'a dit Garnier , place par conféquent ce même fait *avant la Séparation*.

Cependant le 4e. Témoin de Madame du Pont-du-Château dit que je n'ai retenu tous ces Diamans que lors de la Séparation volontaire , ainfi il faut necef- fairement que le fait dépofé par les 6e. & 8e. Témoins foit faux, le Fait que j'ai retenu les Diamans lors de la Séparation volontaire étant vrai , les ayant effectivement retenus , fuivant nos Conventions. Ce Fait eft encore prouvé par le témoignage de M. Bronod Notaire, 22e. Témoin de mon Enquête, qui dépofe que lors de la Tranfaction volontaire , Madame du Pont-du-Château *me remit un Ecrain où étoient fes Diamans , fuivant la Convention qui en avoit été faite entre les Parties*.

Les 6e. & 8e. Témoins , dont je viens de prouver la fauffeté , ont été entendus dans mon Enquête ; le premier nommé Magnier dit *Picard* , en eft le 33e. Témoin & le fecond appellé Garnier en eft le 35e.

Magnier , dit *Picard* , dépofe à peu près dans les mêmes termes & des mêmes circonftances que dans la premiere Enquête.

A l'égard de Garnier , il a changé dans mon Enquête le Difcours qu'il m'a fait tenir dans celle de Madame du Pont-du-Château , & il a ajouté à fa premiere Dé- pofition , en difant que le Camarade avec lequel il faifoit le Lit , s'appelloit *Pi- card*. Ainfi il n'y a nul doute qu'il n'ait entendu parler de Magnier dit Picard , 6e. Témoin.

Ainfi la preuve eft complette que la Scène dont ces deux Laquais ont dépofé , eft une fauffeté qui leur a été fuggérée.

En voilà affez pour faire fentir à des Juges éclairez quel eft le principe des Dé- pofitions de l'Enquête de Madame du Pont-du-Château & de la plûpart de ceux d'entre eux que j'ai fait entendre dans ma propre Enquête , par les motifs que j'ai expliqué ci-deffus.

D'ailleurs les contradictions , les fauffetez & les variations de ces Témoins ont été développées avec beaucoup de penetration & de foin dans mon Avertiffement fignifié en premiere Inftance le 11. Juillet 1744. Je fupplie mes Juges d'y faire toute l'attention que merite un Procès où il s'agit de juftifier un Citoyen des im- poftures qu'on n'a pas craint de divulguer , pour le flétrir & le deshonorer dans la Societé.

Je vais maintenant faire voir par les Dépofitions de mes Témoins, que Blegny Homme d'Affaires de Madame du Pont-du-Château, auquel elle a laiffé par fon Teftament tant pour lui que pour fon Fils 49000. liv. & que Dujat auffi fon Legataire de 3000. liv. fecond Témoin de fon Enquête , ont cherché à fuborner des Témoins pour dépofer contre moi.

Le fieur Colas de Gaffé 3e. Témoin de mon Enquête , dépofe que le nommé Dujat , (c'eft le 2e. Témoin de l'Enquête de Madame du Pont-du-Château) lui avoit propofé il y a plufieurs années de figner un Memoire pour ladite Dame, qui fe plaignoit de la conduite de fon Mari , tant de mauvais procedez que de la dif- fipation de fon Bien , ce qui occafionnoit ladite Dame d'agir contre luy ; que fe trouvant fort piqué de la Propofition de Dujat , ledit Dujat dit qu'il n'y avoit rien qui pût l'empêcher de le figner.

Jacques Marillac 9e. Témoin de mon Enquête , Suiffe de M. le Marquis de Langhac , & 19e. Témoin de l'Enquête de Madame du Pont-du-Château , pour laquelle il a dépofé le 14. Mars :

Dépofe le 12. Mars 1743. dans mon Enquête, que le 6. dudit prefent mois le Suiffe de M. le Marquis d'Ecvilli étant venu le trouver *de la part du fieur de Ble- gny* , Intendant de Madame la Marquife du Pont-du-Château , *pour aller lui par- ler* , il y a été le 8. dudit mois , où ne l'aïant pas trouvé , il y eft retourné le mê- me jour, *& l'aïant trouvé* , il demanda audit Blegny étant dans la Cour , ce qu'il defiroit de lui , ledit fieur de Blegny lui dit qu'il n'avoit qu'à dire les mauvais trai- temens & les mauvais procedez que ledit fieur du Pont-du-Château avoit eu pour fon Epoufe , & que ce feroit un grand fervice , *en difant cela*, qu'il rendroit à ladite

Dame; à quoi le Déposant ne répondit rien ; n'aïant jamais vû ni connu que le dit sieur du Pont-du-Château ait eu aucun mépris ; ni usé de mauvais traitemens ; &c.

Dans sa Déposition de l'autre Enquête il a dit n'avoir eu aucune connoissance des faits contenus en la Plainte , & avoir seulement oüi dire que j'avois eu des Maîtresses.

La Demoiselle Guillomet 14ᵉ. Témoin de mon Enquête; rapporte dans un très-grand détail une Conversation qu'elle avoit euë avec le sieur de Gassé , 3ᵉ. Témoin de mon Enquête; qui luy avoit raconté la maniere dont le nommé Dujat s'y étoit pris à son égard pour l'engager à signer un Memoire contre moy , & qu'une Femme-de-Chambre de Madame de la Bourdonnaye appellée Mesnard , luy avoit fait des reproches de ce qu'il avoit parlé dans mon Enquête du fait du Memoire que Dujat lui avoit proposé de signer , ce fait pouvant , luy avoit-elle dit; porter préjudice à Madame du Pont-du-Château:

Le 42ᵉ. Témoin de mon Enquête nommé Hamerestin ; qui a été mon Cuisinier pendant quatre ans , avant la Séparation de 1730 , dépose le 30. Avril 1743. que cinq semaines ou deux mois auparavant, c'est-à-dire au commencement ou dans le courant du mois de Mars , *le nommé Blegny* , qui avoit fait les Affaires du sieur Marquis du Pont-du-Château dans le tems que luy Déposant étoit au Service dudit sieur Marquis , *est venu deux fois* trouver le Déposant , luy dire son Adresse rüe Percée , *pour instruire le Déposant sur l'Assignation qui lui seroit donnée* de la part de la Dame du Pont-du-Château *contre son Mari* , auquel Blegny le Déposant a répondu la derniere fois qu'il étoit au Cabaret ; qu'il n'avoit jamais rien *reconnu* ni entendu dire que du bien dudit sieur du Pont-du-Château , & des bonnes manieres qu'il avoit euës pour elle ; ajoute que ledit Blegny lui dit qu'il étoit honteux audit sieur du Pont-du-Château d'en user , comme il faisoit , envers la Dame son Epouse , & donna au Déposant *rendez-vous chez lui au lendemain pour lui en dire davantage* , auquel rendez-vous le Déposant n'a point été , &c.

Voilà des traces de séduction bien marquées ; si l'on joint ces circonstances à la preuve que j'ay faite ci-dessus de la fausseté des Dépositions de plusieurs Témoins , fausseté qui indique la subornation , Personne ne pouvant être présumé faire le mal gratuitement , & sans y être excité par celuy qui profite de ce mal , il ne sera pas possible de douter un moment que des Témoins qui ont déposé de faits d'une désunion démentie par les propres Lettres de Madame du Pont-du-Château , par celles de Monsieur son Pere, de Madame de Canillac sa Tante , & de Monsieur le Comte de Canillac mon Oncle , démentie par les Declarations judiciaires de Madame du Pont-du-Château , par son silence sur cette prétenduë désunion pendant plus de dix ans & dans un tems où elle me plaidoit avec la derniere vivacité , démentie enfin par la conduite uniforme que j'ai toûjours euë avec elle , par ma confiance sans reserve à son égard , il ne sera , dis-je , pas possible de douter un moment que ces Témoins n'aïent été subornez.

J'ai fait entendre 45. Témoins qu'il faut diviser en trois Classes. La premiere est celle des Témoins de Madame du Pont-du-Château que j'ai fait entendre par la raison que j'ai expliquée ci-dessus. Ces Témoins sont les 1. 2. 6. 7. 8. 25. 26. 27. 28. 29. 30. 31. 32. 33. 34. 35. 36. 37. 38. 39. 40. 43. 45. de mon Enquête. De ces 24. Témoins les 12ᵉ. & 28ᵉ. ont déposé conformément à la verité établie par les Lettres de Madame du Pont-du-Château & autres preuves ci-dessus rapportées. Le 9ᵉ. a rendu compte des démarches du sieur de Blegny pour le suborner. A l'égard des 21. autres , ils ont déposé contre moi , soit de oüi-dire , soit de presence aux faits dont ils déposent , mais ils ont varié dans leurs Dépositions sur les Dattes & sur les Faits. Les uns ont déposé dans mon Enquête de Faits dont ils n'avoient point parlé dans celle de ma Femme; d'autres en ont alteré certains ; quelques-uns en ont supprimé ; plusieurs se sont contredits ; & après avoir déposé de simples oüi-dires dans une Enquête , ils ont déposé du même fait dans l'autre comme Témoins oculaires. Telle est Jeanne Nely 20ᵉ. Témoin de Madame du Pont-du-Château , & 31. de la mienne. Presque tous ont changé l'ordre des Faits dans mon Enquête, lors de laquelle ils n'ont pas eu, dans la redaction de leurs Dépositions, le secours qu'ils avoient eu en déposant pour Madame du Pont-du-Château.

J'ai déja observé que j'avois fait assigner la Demoiselle de Bray & Gilbert 10ᵉ.

& 17⁺. Témoins de l'Enquête de ma Femme pour dépofer dans la mienné ; mais comme leurs Dépofitions font excefﬁvement longues , ils n'ont pas voulu dépofer dans mon Enquête , craignant fans doute de ne pouvoir rendre de memoire chez le Commiﬀaire Langlois le long tiﬀu d'Impoﬀures dont leurs Dépofitions reçûës par le Commiﬀaire le Clair , font formées.

La deuxiéme Claﬀe de mes Témoins eﬀ compofée de differens Particuliers de la connoiﬀance de ma Femme & de la mienne , & de Domeﬀiques ou qui ont été à mon Service , ou à celui de M. & Madame de Canillac ou d'autres Perfonnes avec qui Madame du Pont-ᴅu-Château & moi, nous étions liez d'amitié, & qui nous faifoient l'honneur de venir fouvent nous voir. Ces Témoins font les 4. 5. 10. 11. 20. 24. 41. 42. 44.

Tous ces Témoins difent qu'ils ne m'ont jamais connu que de bonnes manieres pour Madame du Pont-du-Château & n'ont jamais rien vû ni entendu dire de tout ce qui eﬀ porté par la Plainte du 26. Juillet 1742. Cependant il y avoit , fuivant cette même Plainte , une *notorieté* publique de mauvais traitemens , d'injures atroces , &c. Toute la Famille en étoit imbuë. Il fe trouve néanmoins plufieurs Particuliers frequentant dans ma Maifon , & voyant mes Domeﬀiques très-fouvent qui n'ont jamais rien vû ni entendu dire de tous les Faits qu'on m'impute. Il fe trouve plufieurs Domeﬀiques qui ont été tant à mon Service , qu'à celui de la Famille de Madame du Pont-du-Château , qui n'ont auﬁ rien vû ni entendu dire de ces Faits. Quelle étrange notorieté publique , qué celle qui n'eﬀ renfermée que dans les Témoins que les Agens de Madame du Pont-du-Château ont fait entendre ?

La troiﬁéme Claﬀe de mes Témoins eﬀ compofée de Perfonnes de la premiere Diﬀinction , ou d'un Etat très-honnête. Ces Témoins font M. le Duc de Sully qui nous honoroit Madame du Pont-du-Château & moi d'une amitié toute particuliere , & que nous avions l'honneur de voir très-fouvent l'un & l'autre , foit chez lui, foit chez moi ; M. le Comte de Moncan ; M. de Bonnivet ; M. le Marquis de Merry ; M. le Comte de la Riviere ; M. le Marquis de Chiﬀreville , (c'eﬀ cet Ami intime que Madame du Pont-du-Château appelle dans fes Lettres *Mons de Chiﬀre* par badinage ;) M. le Marquis de Curton ; M. le Comte du Châtelet, &c.

Tous ces Témoins ont dépofé fous la Religion du Serment qu'ils ne m'ont jamais vû que de bons Procedez pour Madame du Pont-du-Château , & que nous vivions elle & moi dans la meilleure intelligence du monde.

Seroit-il poﬁble que depuis 1714. jufqu'en 1730. j'euﬀe *traité Madame du Pont-du-Château comme la derniere des Servantes* , que je l'euﬀe accablée d'injures atroces, que j'euﬀe *attaqué* ouvertement , comme le dit la Plainte , *fon honneur & fa réputation* , *& décrié fa conduite dans le monde* ; que j'euﬀe *affecté de faire éclater* ᴘᴜ-ʙʟɪǫᴜᴇᴍᴇɴᴛ ces outrages, que j'euﬀe dit *hautement* qu'elle avoit de mauvais Commerce avec mes Laquais , que ces *horreurs euﬀent été connuës* de toute fa Famille, que je l'euﬀe *quelquefois* maltraitée devant le monde , que dans l'interieur de mon Domeﬀique je l'euﬀe meurtrie de coups , que j'euﬀe renouvellé ces outrages *chaque jour* , *à chaque inﬀant* , *fans fujet* , *fans prétexte* , ainﬁ qu'il eﬀ porté par fa Plainte, & que plufieurs de fes Témoins l'ont dépofé ? feroit-il poﬁble, dis-je , que j'en euﬀe ufé envers ma Femme d'une maniere ﬁ barbare & ﬁ criante pendant 16. années entieres , fans que tous les honnêtes Gens que je viens de nommer & qui ont dé-pofé du contraire, s'en fuﬀent apperçûs , ou du moins l'euﬀent appris par la no-torieté publique annoncée dans la Plainte ? notorieté qui eût été inévitable, ﬁ la conduite affreufe que l'on m'impute, étoit réelle.

Je fçais que les Confeils de Madame du Pont-du-Château ont dit pour elle dans les Ecritures au Châtelet que toutes ces Perfonnes de Diﬀinction font mes Amis, & qu'ils ont voulu me favorifer : mais à qui perfuadera-t-on que d'honnêtes Gens fe foient déterminez à violer la Religion du Serment , pour m'obliger ? Ils étoient autant les Amis de Madame du Pont-du-Château que les miens ; on s'eﬀ bien donné de garde de les faire aﬁgner pour dépofer dans fon Enquête, quoiqu'ils euﬀent vêcu journellement avec elle , avant nôtre Séparation ; on craignoit qu'ils ne diﬀent la verité toute ﬁmple ; & on fçavoit bien que la verité ne s'accordoit pas avec les Impoﬀures d'une Plainte calomnieufe; mais on s'eﬀ adreﬀé à des Gens du plus bas étage faciles à corrompre.

Et l'on veut que le Témoignage de Laquais ou de Domeﬀiques originairement Laquais , de Femmes-de-Chambre , de Cochers , de Servantes , de Gagne-Deniers,

Blanchiﬀeur,

Blanchiſſeur , &c. l'emporte ſur le Témoignage de Gens reſpectables. C'eſt , dit-
on , parce que ce ſont des Gens d'un Ordre diſtingué , d'honnêtes Gens , qu'il ne
faut pas les croire. D'ailleurs , ajoûte-t-on , un Témoin qui dit *j'ai vû* eſt plus fort
que mille Témoins qui diſent je n'ai pas vû ; mais ce n'eſt pas-là le cas d'appliquer
ici cette Maxime ; ces Témoins d'un Rang qui ſuppoſe de l'Education , de la
Probité , de l'Honneur , ne diſent pas ſeulement ; je n'ai pas vû de mauvais traitemens , &c. ils diſent outre cela qu'ils ont vû tout le contraire , de bons procedez , de bonnes manieres , de la gaïeté , de l'union , une parfaite intelligence entre
ma Femme & moi.

En vain chercheroit-on à affoiblir leur Témoignage en repetant ce qu'on a déja
dit dans la Plainte , & ce qu'on a fait redire à quelques Témoins , que j'avois une
Politique qui m'empêchoit *quelquefois* de frapper Madame du Pont-du-Château devant le Monde. Il ne ſeroit pas poſſible qu'un Mari , tel qu'on me peint dans la
Plainte , *qui n'écoute que la fureur & la ferocité d'un caractere emporté perpetuelle-*
ment juſqu'aux plus grands excès , & qui renouvelloit chaque jour , à chaque inſtant ,
ſans ſujet , ſans prétexte , les differens Sévices dont on m'accuſe , il n'eſt pas poſſible ,
dis-je , qu'un Homme auſſi bizarre , auſſi violent , auſſi fougueux , ſe fût *toûjours*
contenu devant le Monde ; les termes mêmes de la Plainte , ainſi que je l'ai déja
obſervé , donnent à entendre , que je maltraitois quelquefois ma Femme devant
le Monde ; à ces Diſpoſitions *le ſieur du Pont-du-Château* , dit-on , dans cet affreux
Libelle , *joignoit une Politique , qui* QUELQUEFOIS *l'empêchoit de frapper la Sup-*
pliante devant le monde , &c. Il reſulte delà bien clairement que je la frappois *quel-*
quefois devant ce même Monde.

Il en eſt de même des Témoins que j'ai compris ci-deſſus dans la ſeconde Claſſe ;
non-ſeulement ils diſent qu'ils n'ont rien vû , ni entendu de tout ce qu'on m'impute ;
mais ils dépoſent encore que j'avois de bonnes manieres pour ma Femme , que
rien ne lui manquoit , Domeſtiques , Equipages , Chevaux , &c. Enfin qu'elle
joüiſſoit de tous les Avantages convenables à une Femme de ſa Condition : ces Témoins qui ne ſont pas Gens de Conſideration , ou même qui ſont preſque tous des
Domeſtiques qui ont été à mon Service ou à celui des Parens & Amis communs
de Madame du Pont-du-Château & de moi , n'auroient pas été capables d'en impoſer
à la ferocité brutale que l'on m'impute , ſur-tout ceux qui ont été mes Domeſtiques : il ne ſeroit pas plus poſſible que je me fuſſe contenu devant eux ; pendant le
tems qu'ils m'ont ſervi , que je ne l'aurois fait devant ceux qui ayant été comme
eux & avec eux à mon Service , ont dépoſé contre moi dans l'Enquête de Madame
du Pont-du-Château. D'ailleurs quand je ſuppoſerois pour un moment que j'euſſe
réprimé devant quelques Domeſtiques ce prétendu caractere de ferocité qu'on
m'attribuë , ils n'en auroient pas moins été inſtruits pour cela des mauvais traite-
ments dont j'aurois uſé envers ma Femme , parce qu'il ſuffit qu'un ſeul Domeſtique dans une Maiſon ſçache ce qui ſe paſſe entre le Mari & la Femme , pour
que tous ſes Camarades le ſçachent à l'inſtant ; il y a plus ; quels ſont ceux qui
ont des Domeſtiques , & qui ignorent que l'ordinaire entretien des Valets
roule ſur le compte de leurs Maîtres ; que nos Actions & nos Diſcours ſont le
ſujet des Converſations des Anti-Chambres , lorſque nos Parens ou nos Amis
viennent nous voir , qu'à peine un Domeſtique eſt entré dans une Maiſon il eſt
pleinement inſtruit du paſſé & du preſent ſur le Chapitre de ſes nouveaux Maîtres ?
il en eſt de même des Marchands , Fourniſſeurs , Ouvriers , & autres Perſonnes
d'un certain étage qui frequentent nos Maiſons. Nos Domeſtiques ne tardent pas
à les inſtruire de tout ce qui nous concerne , ſur-tout s'il y a quelque choſe de
reprehenſible dans nôtre Conduite. Il eſt même paſſé en Proverbe que nos Domeſtiques ſont nos plus grands Ennemis.

Si tout cela eſt vrai , comme on n'en peut douter , les Dépoſitions des Témoins
Domeſtiques & autres Perſonnes que j'ai compris dans la ſeconde Claſſe de mes
Témoins , doivent être d'un grand poids ; les uns ont frequenté ma Maiſon , les
autres ont été à mon Service , quelques-uns au Service des Parens & Amis communs de Madame du Pont-du-Château & de moi. Tous dépoſent non-ſeulement
qu'ils n'ont rien vû ni entendu dire des Faits portez en la Plainte , mais encore
qu'ils m'ont toûjours connu de bonnes manieres pour Madame du Pont-du-Château.
Et pourquoi leur Témoignage negatif & affirmatif en même tems ſeroit-il moins
croyable que celui des Témoins de Madame du Pont-du-Château , qui ne ſont preſ-

N

que tous que des Domestiques ou des Personnes d'un très-bas étage ?

Mes Témoins de la seconde Classe ont cet avantage sur ceux de Madame du Pont-du-Château, que leur témoignage est conforme aux Lettres qu'elle m'a écrites depuis 1714. jusqu'à la fin de 1724. conforme à ses Declarations judiciaires de 1737. & 1741. conforme au témoignage de plusieurs Personnes d'un Rang distingué qui forment la troisiéme Classe de mes Témoins.

Ils ont encore cet avantage sur les Témoins de ma Femme : 1°. Que plusieurs d'entre ces derniers sont convaincus de contradiction & de fausseté, tant par les preuves ci-dessus rapportées, que par mon Avertissement du 11. Juillet 1744. 2°. Qu'il y a dans mon Enquête des preuves sensibles de manœuvre & de subornation de la part des Agents de Madame du Pont-du-Château, & qu'enfin le concours de toutes les circonstances que j'ai dévelopées dans ce Memoire, fait sentir que la Demande en Séparation de Corps & d'Habitation n'est qu'un coup de désespoir des Conseils de Madame du Pont-du-Château, qui ont imaginé contre toute vraïe-semblance, les horreurs d'une Plainte dont j'ai fait voir ci-dessus le ridicule & les contradictions.

Je reviens aux Dépositions des Témoins de la troisiéme Classe. M. le Duc de Sully 13e. Témoin de mon Enquête, dépose sur la foi du serment ,, qu'il n'a jamais vû que de bons procedez de ma part pour ma Femme; que dans une longuë maladie qu'elle a eu, je ne la quittois pas; que lorsqu'elle se laissoit aller à ,, son humeur pour des riens, je ne lui repliquois pas, ou que je tournois les choses ,, en plaisanterie; que toutes les fois qu'il a mangé avec ma Femme & moi chez ,, lui, ou dans ma Maison, j'avois de grandes attentions pour elle; que dans l'an-,, née même de la Séparation volontaire, Madame du Pont-du-Château le pria de ,, m'engager à oublier la derniere Proposition qu'elle m'avoit faite de nous séparer, ,, & qu'il me fit l'honneur de m'en parler; qu'il fut fort étonné d'apprendre qu'a-,, près avoir fait cette démarche à la priere de Madame du Pont-du-Château, elle ,, changea tout-à-coup le même jour, & insista de nouveau sur la Séparation; que ,, depuis cette Séparation il avoit continué de nous voir l'un & l'autre dans la vûë ,, de nous concilier, lorsque l'occasion s'en presenteroit; qu'il nous a vû manger ,, ensemble chez des Amis communs, & nous a donné à manger chez lui; que ,, lorsque Madame du Pont-du-Château voulut me plaider en Séparation de Bien, ,, elle lui demanda son avis; qu'il lui répondit qu'il ne lui conseilloit pas d'entre-,, prendre ce Procès. Ceci n'est que la substance de sa Déposition, qui est bien plus circonstanciée.

M. de Bonnivet 15e. Témoin, dépose que dans tout le tems ,, qu'il a frequenté ma ,, Maison, il n'a jamais vû aucune altercation entre ma Femme & moi, & qu'au ,, contraire il m'a toûjours reconnu beaucoup d'égards & de prévenance pour elle.

M. le Comte de la Riviere 17e. Témoin, dépose ,, que nous ayant vû & fre-,, quenté souvent l'un & l'autre, & mangé avec nous dans ma Maison, il m'a ,, toûjours vû beaucoup de consideration pour ma Femme & sa Famille; qu'il a ,, été plusieurs fois avec nous à la Campagne chez M. Ferrand Pere de Madame ,, du Pont-du-Château, & que toutes choses se sont passées avec beaucoup d'hon-,, nêté de ma part envers mon Beau-Pere & ma Femme.

M. le Marquis de Chiffreville 18e. Témoin, dont on a vû que Madame du Pont-du-Château parle si souvent dans ses Lettres sous le Nom de Mons de Chiffre, Témoin qui par les frequentes Visites qu'il rendoit à mon absence à Madame du Pont-du-Château, avec laquelle il mangeoit alors fort souvent, est d'un très-grand poids, dépose qu'il nous a connu l'un & l'autre depuis 1716. ,, qu'il mangeoit très-,, souvent avec nous, & qu'il n'a rien vû pendant tout ce tems qui lui ait pû faire ,, croire ni connoître que j'aye pû maltraiter ma Femme en effets, ni paroles inju-,, rieuses; qu'il ne m'a vû au contraire que de bonnes manieres pour elle, & qu'il ,, l'a toûjours vûe bien entretenuë d'Equipages, de Domestiques & d'Habits.

M. le Marquis de Curton 19e. Témoin, dépose ,, qu'il ne m'a jamais vû que de ,, très-bonnes manieres, toutes sortes de considerations & d'attention pour ma ,, Femme.

M. le Comte du Châtelet dépose de la même maniere; mais il y a dans sa Déposition un Fait particulier qui détruit ce que quelques Témoins de Madame du Pont-du-Château ont dit de prétendus emportemens de ma part à l'occasion d'une Caleche dont Madame du Pont-du-Château s'étoit servie, & dans laquelle il avoit été à la Promenade avec elle. Ces Témoins disent qu'on ne pût jamais me faire entendre raison sur cette démarche de ma Femme, & que je lui parlai avec la derniere indécence * devant la Compagnie qui étoit avec elle ; ce fait qui est détaillé dans la Plainte, prouveroit, s'il étoit vrai, que je n'avois pas la politique de me contenir devant le Monde ; M. le Comte du Châtelet dit qu'il ne se souvient pas que le jour que Madame du Pont-du-Château prit ma Caleche pour aller se promener avec la Compagnie, *dont il étoit*, il se soit rien passé au retour de la Promenade entre ma Femme & moi, & que ce même jour il ne *nous a quitté qu'après avoir soupé avec nous* ; ce qu'il n'auroit sûrement pas fait si j'eusse maltraité ma Femme de paroles en sa presence. La verité de ce fait est confirmée par le 44e. Témoin de mon Enquête Cocher alors à mon Service, qui dépose qu'ayant mené une fois Madame du Pont-du-Château dans ma Caleche pendant que j'étois à Fontainebleau, & qu'étant de retour, & ayant vû mes Chevaux attelez à la Caleche, je lui avois demandé pourquoi il les avoit mis à ladite Caleche, que sur cela il m'avoit répondu qu'il ne sçavoit pas si c'étoit l'Ecuyer ou Madame qui lui en avoient donné l'ordre, & qu'il ne fut rien dit d'avantage à ce sujet. La raison qui me fit demander pourquoi on avoit mis les Chevaux à la Caleche, est que Madame du Pont-du-Château avoit ses Chevaux à part comme cela est d'usage chez toutes les Personnes d'un certain Rang.

> * Ces Témoins sont les 6. 8. & 14. de l'Enquête de Madame du Pont-du-Château.

Les Conseils de Madame du Pont-du-Château m'ont fait signifier le 28. Août 1743. de prétendus Reproches contre les Témoins de mon Enquête, & se sont efforcez de justifier les Témoins qu'ils avoient fait entendre pour elle : ils ont prétendu qu'ayant fait entendre dans mon Enquête plusieurs des Témoins de la sienne, je m'étois interdit par-là le droit de les reprocher : mais outre que je les ai fait entendre comme Témoins de Madame du Pont-du-Château, comme les ayans connus pour tels par mon assistance à leur prestation de Serment, pour découvrir par la comparaison de leur double Déposition la manœuvre & la séduction qu'on avoit pratiquées à l'égard de ces Témoins ; la plûpart de ces Témoins portent leur reproche avec eux.

Doguet premier Témoin des deux Enquêtes, a varié sur les Dattes d'une façon si grossiere, * & ses deux Dépositions sont si differentes, qu'il est facile de voir qu'il a été suborné.

> * Dans la mienne il place la Séparation volontaire en 1724. & dans celle de Madame du Pont-du-Château en 1730.

Magnier dit Picard 6e. & 33e. Témoin des deux Enquêtes, est en contradiction sur un Fait très-grave avec Garnier 8e. & 35e. Témoin des deux mêmes Enquêtes. Garnier a même changé en grande partie dans mon Enquête, sa premiere Déposition.

La nommée Nely 20e. & 31e. Témoin des deux Enquêtes, s'est contredite elle-même : Dans l'une elle dépose d'un Fait, comme l'ayant simplement oüi-dire, & dans l'autre comme Témoin oculaire. Cette étrange variation ne forme-t-elle pas une preuve sans replique d'une incertitude qui annonce la subornation ?

Le reste des Témoins a varié sur les circonstances des Faits, & n'ayant pas eu pour déposer dans mon Enquête, les secours qu'ils avoient eu pour déposer dans celle de Madame du Pont-du-Château, ils ont tout bouleversé l'ordre des Faits, & déposé avec tant de confusion & dans un langage si different de celuy de leurs Dépositions pour Madame du Pont-du-Château, qui sont rédigées avec un ordre, & une certaine propriété de termes, qu'il est sensible que ces Témoins n'ont déposé que de Faits qui leur ont été suggerez, & qu'ils avoient mal retenus lors de mon Enquête ; la verité toûjours la même ne s'oublie pas si aisément ; cette reflexion est d'autant plus forte ici, que ces Témoins ont déposé presque dans le même tems dans l'une & l'autre Enquête : en vain les Conseils de Madame du Pont-du-Château ont-ils voulu pallier ces differences marquées qui se trouvent dans les doubles Dépositions des mêmes Témoins, en disant que ce sont des Gens sans Lettres & qui déposent de Faits passez depuis long-tems ; on leur répond avec succès que plus ces Témoins sont ignorans & grossiers, moins ils ont dû varier : 1°. Dans leurs expressions, ces sortes de Gens n'ayant pour l'ordinaire qu'une façon de s'exprimer & de nommer les choses. 2°. Dans l'ordre des Faits, parce que ces Faits, s'ils étoient vrais, ayant été gravés plus longtems dans leur memoire dans l'ordre avec lequel ils les auroient rendus d'abord dans une premiere Déposition, s'ils n'avoient déposé que de la verité, & non de Faits suggerés, ces mêmes Faits auroient dû se representer à leur memoire, dans cet ordre ancien & inveteré dans lequel ils étoient placés dans cette même memoire.

Une variation si frappante & un désordre d'idées si marqué sur les mêmes Faits, dans un espace de tems aussi court que celui dans lequel ils ont déposé dans l'une & l'autre Enquête, prouve de la manière la plus sensible, que toutes ces idées étoient nouvellement imprimées dans la memoire de ces Témoins, & que c'est cette nouveauté qui les a fait chanceler dans la narration de ces Faits, lorsqu'il a été question de les rendre une seconde fois ; il y a quelques-uns de ces Témoins qui ont déposé d'abord dans mon Enquête, & ensuite dans celle de Madame du Pont-du-Château, tel est en particulier Doguet, sa première Déposition est du 4. Mars, la seconde est du lendemain cinq du même mois ; on peut voir ci-dessus * dans ses deux Dépositions avec quelle différence il a parlé dans l'une & dans l'autre.

* Page

En general le stile des Dépositions de ces Témoins dans l'Enquête de ma Femme, est fort au-dessus de la condition de la plûpart de ces Témoins. Mais abandonnés à eux-mêmes dans mon Enquête, ils ont parlé le Langage qui leur est familier, c'est-à-dire un Langage bas, impropre, & tout différent de celui qu'ils ont tenu dans l'autre Enquête.

L'examen de la forme dans laquelle ces doubles Dépositions sont conçuës soit pour le Langage, soit pour l'ordre des Faits, doit faire sentir à tout Juge éclairé la veritable cause d'une difference si marquée : ou ces Témoins ont porté leurs Dépositions toutes écrites, ou s'ils ont déposé de vive voix, d'après les Instructions qu'on leur a données, & qu'ils ayent déposé avec confusion, & dans un langage bas ; on a mis de l'ordre dans les Faits, & une certaine proprieté dans les expressions. Ces mêmes Témoins n'ont certainement eu aucun de ces secours dans mon Enquête ; c'est ce qui fait qu'ils y ont parlé si differemment, & avec un désordre qui caractérise si bien la manœuvre pratiquée dans leurs autres Dépositions.

On se contentera de rapporter ici pour exemple la double Déposition de Maurice Garnier sur le même Fait.

Garnier, huitiéme Témoin de Madame du Pont-du-Château, dépose dans son Enquête ,, qu'étant dans la Chambre de ladite Dame, faisant le Lit avec un de ,, ses Camarades, il a vû entrer dans ladite Chambre ledit sieur du Pont-du-Châ- ,, teau qui paroissoit très en colere, a vû qu'il a passé dans le Cabinet de Toi- ,, lette où ladite Dame étoit, a entendu qu'il s'est emporté contre ladite Dame son ,, Epouse avec tant de violence, que lui Déposant & son Camarade ont crû qu'il ,, alloit étrangler ladite Dame, ce qui l'a fait trembler en faisant ledit Lit ; la ,, Porte dudit Cabinet étant restée ouverte, lui Déposant a vû que ledit sieur ,, Marquis s'est approché de son Epouse d'un air menaçant, a entendu qu'il lui a ,, dit en ces termes, F. . . . Madame, je veux que vous me donniés vos Dia- ,, mans, sacredié j'apprendrai à vivre à vous & à vôtre Famille, *a vû que la- ,, dite Dame s'est mise à pleurer, & a entendu qu'elle a dit en ces termes ; je suis ,, bien malheureuse d'être avec un Homme comme celui-là ;* ledit Marquis étant ,, sorti dudit Cabinet de Toilette, lui Déposant a vû qu'il tenoit dans ses mains ,, les Boucles d'Oreilles de ladite Dame, & que de suite il a passé dans un autre ,, Cabinet où elle mettoit ordinairement ses Diamans ; un instant après ledit ,, sieur Marquis étant sorti dudit dernier Cabinet, il a passé dans son Apparte- ,, ment, & depuis ce tems lui Déposant n'a plus vû de Diamans à ladite Dame.

Tel est l'ordre & le détail circonstancié avec lequel ce Témoin a déposé le 6. Mars dans l'Enquête de ma Femme.

Voyons maintenant comment il a déposé sur le même Fait le 29. Avril suivant dans mon Enquête, dont il est le 35e. Témoin.

Il dit que ,, le sieur du Pont-du-Château étant entré dans le Cabinet de Toilette ,, de ladite Dame, il lui dit, étant fort en colere, qu'elle eût à lui rendre ses Bou- ,, cles d'Oreilles de Diamans, à quoy elle lui répondit, pourquoi, Monsieur, ,, vous les rendrois-je ? il lui dit en colere avec une F. . . tranchée, vous me les ,, rendrés, & il les prit : étant ensuite entré dans la Chambre de ladite Dame où ,, étoit un autre petit Cabinet, étant toûjours fort en colere, comme s'il eût ,, voulu l'étrangler, il lui vit prendre les autres Diamans qui y étoient, étant ,, Déposant lors avec son Camarade nommé Picard, à faire le Lit de ladite Dame, ,, qui couchoit seule en cet endroit ; & le Déposant eût extrêmement peur qu'il ,, n'arrivât quelque chose à sa Maîtresse, & ledit sieur du Pont-du-Château sortit

,, en

,, en furie dudit Cabinet, ayant les Diamans dans fa main, difant, facre, Madame, ,, je vous apprendrai à vivre à vous & à vôtre Famille, lefquels Diamans il n'a ,, depuis remis à ladite Dame.

Il eft fenfible par la comparaifon de ces deux Dépofitions de Garnier qu'il a rendu fans aucune fuite ni liaifon, & qu'il a mis dans une Enquête à la fin de fa Dépofition les Faits qu'il a mis au commencement dans l'autre; qu'il a fait tenir à Madame du Pont-du-Château dans fon Enquète un Difcours tout different de celui qu'il lui prête dans la mienne; que dans celle de ma Femme il dit n'avoir vû entre mes mains que les Boucles d'Oreilles, & ne dit pas m'avoir vû prendre les autres Diamans dans le fecond Cabinet; au lieu qu'il dit en termes précis dans mon Enquête qu'il *me vit prendre les autres Diamans*, &c. & que je fortis en furie du fecond Cabinet, *ayant ces Diamans dans ma main*. Enfin il a brouillé & confondu tous les Faits dans cette derniere Dépofition.

D'où peuvent venir ce défordre & ces variations? fi ce n'eft qu'il n'a pas eu pour dépofer dans mon Enquête les mêmes fecours que dans celle de Madame du Pont-du-Château. Mes Juges peuvent comparer ainfi les doubles Dépofitions des autres Témoins, & découvrir par ce moyen la manœuvre qui a été pratiquée dans l'Enquête de Madame du Pont-du-Château.

Ces Reflexions tirent une nouvelle force de l'Obfervation que j'ai faite ci-deffus de l'opiniâtreté avec laquelle la Demoifelle de Bray & le nommé Gilbert, 10e. & 17e. Témoins de Madame du Pont-du-Château, ont refufé de dépofer dans mon Enquête, quoique je les euffe fait affigner & réaffigner comme les autres. Leurs Dépofitions font d'une longueur fi confiderable, qu'ils ont craint de ne pouvoir s'en reffouvenir; ces deux Témoins avoient apparemment leurs Dépofitions toutes écrites, lors de l'Enquête de Madame du Pont-du-Château, autrement ils n'auroient pas manqué de venir dépofer dans la mienne toutes les impoftures, dont ils m'ont noirci dans celle de ma Femme; ils n'étoient ni malades, ni abfens, & pouvoient fe rendre chez le Commiffaire Langlois, comme ils s'étoient rendus chez le Commiffaire qui a reçû les Dépofitions des Témoins de ma Femme.

Ainfi bien loin qu'en faifant entendre plufieurs des Témoins de ma Femme dans mon Enquête je me fois interdit par-là la liberté de les reprocher, je me fuis acquis par leurs propres Dépofitions plus de Droit de le faire, & même avec fuccès.

Les Confeils de Madame du Pont-du-Château dans leurs Reproches du 28. Août 1743. ont ofé avancer que j'avois tout tenté pour engager ces Témoins à dépofer conformément à mes vûës dans mon Enquête: mais cette fauffe allegation deftituée de toute preuve, ne merite aucune attention. D'ailleurs comment aurois-je pû fonger à faire la moindre démarche auprès de Gens que je fçavois vendus & livrez aux Agens de Madame du Pont-du-Château, qui les avoient féduits, non-feulement par des Effets prefens & actuels, mais encore par les *Promeffes*, dont l'execution n'étoit pas fi prochaine? on leur faifoit entre-voir les Dons & les Liberalitez que Madame du Pont-du-Château étoit en état de leur faire par Teftament; (a) ils fçavoient tous qu'elle étoit fort riche.

J'ai déja répondu à la pitoyable défaite que les Confeils de Madame du Pont-du-Château ont imaginée dans la Plainte, & qu'ils ont fait appuyer par quelques Témoins fur ma prétenduë circonfpection devant le Monde. On trouve fur ce fujet dans leurs Reproches les raifonnemens les plus froids.

A l'égard des autres Témoins, les Confeils de Madame du Pont-du-Château ont ofé dire qu'elle ne les connoît pas, & ils lui ont fait *figner* ce menfonge démenti par fa propre Ecriture.

Ces Témoins font entr'autres *du Terreau, Suiffe* de Nation, *la Mothe, la Croix Cocher, Chevalier* Laquais, *Boudin*, &c. *La Dame du Pont-du-Château*, dit-on, dans les Reproches du 28. Août 1743. *ne croit pas qu'aucun de ces differens Domeftiques ayent été à fon Service*; & elle a *figné* de fa main l'Original & la Signification de ces Reproches.

Cependant Madame du Pont-du-Château a écrit de fa main fur le Livre d'Entrée & de Sortie des Domeftiques. Fol. 30. R°. *du 7. Novembre 1718. du Terreau eft entré à nôtre Service pour Suiffe, nous lui donnons de Gage 200. liv.*

Il y a enfuite trois Articles concernant ce même *du Terreau*, tous trois écrits de la

O

Voyés ci-d f-fus encore Page la double Dépofition de Doguet, premier Témoin des deux Enquêtes.

(a) Le Teftament de Madame du Pont-du-Château eft *daté du* 1. Août 1741. mais il eft Olographe, ainfi on a pû lui faire donner telle datte qu'on a voulu. On pourroit faire ici plufieurs reflexions qui prouveroient que ce Teftament a été fait pofterieurement à la Plainte de 1742. & à l'Enquête. Mais on ne le fera pas par ménagement pour certaines Perfonnes, qui y font gratifiées de fommes côfiderables, & qui feroient l'objet de ces Reflexions.

main de Madame du Pont-du-Château , dont le dernier eſt conçû en ces termes. *Du 28. Septembre 1719. donné à du Terreau pour tous les Gages qui lui étoient dûs juſqu'à ce jour 48. liv. 10. ſ.*

Fol. 32. R. du même Regiſtre eſt écrit de la main de Madame du Pont-du-Château.

Du 21. Octobre 1715. Chévalier eſt entré au Service de Monſieur pour Laquais , il lui donne de Gage pour Vin & Blanchiſſage 120. liv.

Suivent quatre Articles concernant ledit Chevalier ; tous écrits de la même main, dont le dernier eſt du 5. Mars 1716.

L'Article d'Edme Bennoy , *dit la Mothè* , qui ne dit pas dans ſa Dépoſition avoir été Cocher , comme il eſt qualifié dant leſdits Reproches, mais ſimplement *Laquais* , environ cinq mois & demi à mon Service, il y a 23. ou 24. ans * eſt encore écrit de la propre main de Madame du Pont - du - Château au bas du Fol. 7. Verſ. du même Regiſtre , en ces termes.

Du 31. Janvier 1717. la Mothe eſt entré au Service de Monſieur pour Laquais , &c.

Du 30. Juin 1717. la Mothe a reçû ſur ſes Gages 30. liv.

A l'égard de Boudin les deux Articles qui le concernent ſont écrits de ma main à la fin du Fol. 58. R.

Eſt-il poſſible que Madame du Pont-du-Château eût oublié les Noms de trois Domeſtiques qu'elle a écrits de ſa propre main ſur ſon Regiſtre d'Entrée & de Sortie des Domeſtiques, qu'elle a eus à ſon Service , qu'elle a vûs dans ſa Maiſon ; qu'elle a eu occaſion d'appeller cent fois par leur Nom ? non ſans doute. Pourquoi donc a-t-elle *ſigné* une Procedure où on lui fait dire qu'elle ne connoît pas ces Domeſtiques qui y ſont déſignez par leur Nom , & qui rappellent aſſés exactement dans leurs Dépoſitions le tems où ils nous ont ſervi ? Doit-on imputer à Madame du Pont-du-Château un menſonge ſi groſſier , & démenti par ſa propre main ? ou plûtôt n'eſt-il pas ſenſible par cette circonſtance qu'on lui faiſoit ſigner tout ce qu'on vouloit , ſans qu'elle ſçût ce qu'il étoit queſtion , & que l'on a abuſé de tout l'aſcendant qu'on avoit ſçû prendre ſur ſon eſprit , pour lui faire faire aveuglement tout ce qu'on vouloit ? funeſte effet de l'obſeſſion , qui , ſans doute , a regné dans tout le cours de la Procedure.

Eh ! qui pourroit en douter , ſi l'on veut ſe rappeller l'étrange affectation avec laquelle on m'a empêché de voir ma Femme dans ſa derniere Maladie. Ils ont redouté les explications d'une entrevûë ; ils ont craint que la verité qui ſe montre à l'eſprit ſans nuage & qui parle avec force au cœur dans les derniers momens de la vie , ne fit déſavoüer à Madame du Pont-du-Château les Impoſtures dont on m'a noirci ſous ſon Nom.

Voilà ce que j'avois à dire pour ma Deffenſe : je ne doute pas que mes Juges & le Public n'en ſentent toute la force , & ne ſoient convaincus que la Plainte hazardée ſous le Nom de ma Femme , & les Dépoſitions de Témoins vendus & livrez , ne ſoient une pure Calomnie.

Cette Plainte & l'Enquête qui l'a ſuivie ont pour objet de faire croire que depuis le commencement de mon Mariage juſqu'à la Séparation volontaire , c'eſt-à-dire , depuis 1714. juſqu'en 1730. j'ai deshonoré, haï, déteſté, maltraité *publiquement* ma Femme de Fait & de Paroles ; que j'ai mépriſé ouvertement ſa Famille ; en un mot, que j'ai vêcu avec elle & ſa Famille dans la plus affreuſe déſunion.

Ses Lettres , les propres Lettres de Madame du Pont-du-Château écrites & ſignées de ſa main ; celles de M. Ferrand , ſon Pere ; de Madame la Comteſſe de Canillac , ſa Tante ; & de M. le Comte de Canillac , mon Oncle , prouvent au contraire que depuis 1714. juſqu'en 1724. l'union la plus parfaite a regné entre ma Femme & moi ; que l'amitié , l'eſtime , la confiance reſſerroient chaque jour les nœuds qui nous uniſſoient ; que j'ai eu pour M. Ferrand , ſon Pere , tout le reſpect, & pour le reſte de ſa Famille tous les égards que je devois à d'honnêtes Gens , d'une Naiſſance & d'un Rang diſtingué dans la Robe ; que M. Ferrand logeoit chez moi dans les Voyages qu'il faiſoit à Paris ; qu'il m'aidoit de ſes Conſeils dans mes Affaires , que je conſultois dans des occaſions délicates ; enfin qu'il avoit pour moi toute l'amitié d'un Beau-Pere pour un Gendre qui l'honoroit. (*a*)

* A dépoſé en 1743.

(*a*) V. ſa Lettre du 5. Septembre 1724. à l'occaſion de ſon Mariage. *Je me flatte , m'écrie-t-il , que l'amitié qui eſt entre Nous n'en diminuera point.*

D'un autre côté le Memoire imprimé en 1737. par Madame du Pont-du-Château & *figné d'elle* dans le Procès en Séparation, prouve que depuis 1724. jusqu'à la Séparation volontaire de 1730. j'en ai toûjours bien ufé avec elle, & que malgré le refroidiffement qu'elle m'attribuë à fon égard, & qu'elle datte de 1729. j'ai toûjours confervé à fon égard *la politeffe & l'urbanité qui me font naturelles*, ainfi qu'elle s'en explique dans ce Memoire.

Celui qu'elle a imprimé en 1741. & qui eft figné de M. Simon de Mozar, fon Avocat, prouve encore bien clairement que ce ne font point de mauvais trai-temens de Fait ni de Paroles, qui ont occafionné la Séparation volontaire de 1730. Madame du Pont-du-Château dit en termes exprès dans ce Memoire, par le miniftere de fon Avocat, que les Caufes de cette Séparation *fubfiftoient* encore en 1741. or depuis 1730. jufqu'en 1741. on ne peut ni dire ni fuppofer que j'ai ufé de mauvais traitemens de Fait ni de Paroles envers une Femme d'avec qui j'étois féparé de Fait depuis 1730 : les Caufes de la Séparation n'étoient donc pas de mauvais traitemens.

D'ailleurs Madame du Pont-du-Château a plaidé contre moi avec la derniere vivacité depuis 1736. jufqu'en 1741. & pendant tout ce tems-là elle n'a point parlé de mauvais traitemens ; elle a attribué la caufe de la Séparation volontaire à un fimple refroidiffement de ma part; fon filence pendant tout ce tems-là fur les prétendus Sévices imaginez tout à coup en 1742. fait bien voir que fa Plainte & les Dépofitions de fes Témoins font une Impofture que le défefpoir feul a enfanté.

La preuve des démarches que fes Agens ont faites pour corrompre des Témoins, preuve qui fe trouve dans mon Enquête ; les contradictions, les fauffetez dé-montrées, les variations de fes Témoins font une nouvelle preuve de l'Im-pofture.

Elle eft encore démontrée par le fuffrage du plus grand nombre des Témoins de mon Enquête qui atteftent qu'ils ne m'ont jamais vû que de bonnes manieres pour ma Femme, que j'avois pour elle toutes fortes d'égards, d'attentions, de politeffes, & n'ont jamais rien entendu dire des prétendus mauvais traitemens que l'on m'impute ; qui dépofent que Madame du Pont-du-Château a toûjours été bien fervie, bien entretenuë d'Habits, Equipages, Chevaux, &c. & que je ne lui répondois rien, ou tournois les chofes en plaifanterie lorfqu'il lui arrivoit de s'abandonner à de petites humeurs, fuffrage d'autant plus digne de créance, que plufieurs de ces Témoins qui font d'un Rang diftingué, étoient prefque toû-jours & vivoient familierement avec ma Femme & moi.

Mais fi l'on veut joindre à leurs Dépofitions : 1°. Les Lettres de Madame du Pont-du-Château, celles de M. fon Pere, de fa Tante & de mon Oncle, qui prouvent la verité de ces mêmes Dépofitions : 2°. Les Declarations judiciaires qu'elle a faites en 1737. & en 1741. qui éloignent toute idée de mauvais traite-mens, cettte preuve teftimoniale appuyée de ces preuves par Ecrit doit faire fentir toute la fauffeté d'une Enquête prefque toute compofée d'une Troupe de Do-meftiques, Laquais ou originairement Laquais, de Femmes-de-Chambre, Co-chers, Cuifiniers, Servantes, Gagne-Deniers, Blanchiffeur & autres Témoins du plus bas étage, fortis de la Domefticité, qu'il eft facile de corrompre & de gagner par Argent & par Promeffes.

On a fait dépofer à la plûpart de ces Témoins que j'ay fait éclater un mépris & une averfion implacable pour ma Femme & fa Famille dès le commencement du Mariage, que je l'ay dès-lors accufée de mauvais Commerce avec mes Laquais ; que j'en ai foufleté & chaffé l'un d'eux par jaloufie en 1716. C'eft lui-même *qui a dépofé de ce prétendu Fait ; que je l'ay excedée de coups & d'injures atroces auffi dès le commencement du Mariage ; en un mot, que depuis 1714. jufqu'en 1730. je me fuis livré à fon égard à *la ferocité d'un caractere emporté perpetuelle-ment aux plus grands excès.* Ce font les termes de la Plainte.

Quand je n'aurois que les Lettres que Madame du Pont-du-Château m'a écrites depuis 1714. jufqu'en 1724. qui prouvent que j'ai vêcu avec elle pendant tout ce tems-là dans la plus parfaite union, c'en feroit affés pour faire rejetter une En-quête dont la plûpart des Témoins feroient fi formellement démentis dans les Faits dont ils rempliffent cet efpace de 10. années. Il eft fenfible que ces Té-moins n'ont pû dépofer faux, comme il eft démontré qu'ils l'ont fait, que parce

* Bailly, 5e. Témoin de l'En-quête de Madame du Pont-du-Châ-teau.

qu'ils ont été féduits & corrompus. Eh ! quelle foi pourroient meriter d'autres Témoins adminiftrés de la même main? quiconque ne fe fait pas fcrupule de corrompre un certain nombre de Témoins, ne s'en fait pas non plus d'en corrompre d'avantage.

Je me flatte d'avoir démontré : 1°. Que la Plainte qu'on a fait adopter à Madame du Pont-du-Château n'eft qu'une impofture, & l'ouvrage de la vengeance & du défefpoir : 2°. Que l'Enquête qui l'a fuivie eft une manœuvre condamnable, & le fruit de la corruption.

Ainfi indépendamment de la nullité qui fe trouve dans la Sentence dont je fuis Appellant, nullité, qui doit la faire anéantir; j'ay tout lieu d'efperer des lumieres & de l'integrité du Tribunal que j'ay l'honneur d'avoir pour Juge, que la Calomnie & l'Impofture feront profcrites, & rentreront dans le néant, dont une odieufe manœuvre les a fait fortir. *Signé* CANILLAC DU PONT-DU-CHATEAU.

Monfieur DE LOSSENDIERE, Rapporteur.

LE BLANC, Procureur.

De l'Imprimerie de JEAN LAMESLE, Pont Saint Michel, au Livre Royal. 1746.

11,432

REPLIQUE SIGNIFIÉE

POUR Denis - Michel de Montboissier - Beaufort - Canillac, Marquis du Pont - du - Château, Appellant d'une Sentence de Séparation de Corps & d'Habitation renduë au Châtelet de Paris le 4. Septembre 1744. *prononcée* le 5. du même mois ; en presence de Mes. Potier & Desyeux, Procureurs.

CONTRE Messire Nicolas de Boüillé, Prestre, Chanoine de l'Eglise des Comtes de Saint Jean de Lyon, Legataire universel de Dame Marie - Françoise - Geneviéve Ferrand, Marquise du Pont-du-Château, Intimé.

E respectable Ecclesiastique qui depuis le 24. Juillet 1736. époque de la Demande en Séparation de Biens de feuë Madame du Pont-du-Château, s'est servi de son Nom pour exercer ma patience, afin de me détacher, sans doute, des choses d'ici bas, vient enfin de répandre sous son propre Nom un Ecrit, où l'on reconnoît l'esprit qui a dicté tous les Memoires que l'on a imprimé contre moi en differentes occasions, & la Plainte du mois de Juillet 1742.

Il commence par annoncer une insensibilité évangelique aux injures qu'il *prétend* que j'ay répanduës contre luy ; mais démentant bien-tôt cette annonce, il affecte un souverain mépris pour ma Personne & mon Memoire ; il se livre à toute l'amertume de son zele, & traite de Libelle le Memoire que j'ay signifié en la Cour pour ma Deffense.

Cependant je n'ay rien imprimé d'étranger à ma Cause, & ne suis point sorti des bornes d'une Deffense legitime.

J'en atteste la Cour & la Ville qui ont lû mon Memoire ; il est vray que j'ay donné à M. l'Abbé de Boüillé les Noms de *Vindicatif & d'Interessé*. Mais ces qualifications sont prouvées par les Faits ; il ne disconvient pas & ne peut disconvenir du Fait des 2000. liv. que je luy ay prêtées, & pour lesquelles il m'a forcé de faire contre luy des Poursuites, qui ont été suivies de la Demande en Séparation de Biens de 1736. J'ay dit & je ferai voir dans la suite qu'il a engagé Madame du Pont-du-Château à priver ses Proches de son Bien, pour l'en revêtir luy-même & sa Famille.

En effet il n'est pas naturel qu'une Personne qui avoit trois Parens de son Nom, dont il y en a un sur-tout, que la fortune a très-mal traité, eût, au préjudice de deux d'entr'eux, été choisir des Etrangers pour ses Legataires universels & particuliers, si elle n'y avoit pas été engagée ?

J'aurois pû rappeller à M. l'Abbé de Boüillé bien des Anecdotes désagréables ;

B

il ne les ignore pas , mais je ne fçais ce que c'eſt que d'offenſer les Gens de gayeté de cœur & ſans neceſſité. J'ay toûjours crû que la moderation étoit le Partage des honnêtes Gens ; c'eſt ce qui fait que je me ſuis renfermé uniquement dans mon Affaire. Je ne m'en écarterai point encore dans ce nouvel Ecrit , & je me bornerai à faire voir que M. l'Abbé de Boüillé s'eſt abſolument écarté de la verité dans les Faits , & que les Moyens qu'il propoſe ne ſont qu'une illuſion toute pure.

EXAMEN DES FAITS.

M. l'Abbé de Boüillé dit d'abord que j'ai trompé Mademoiſelle Ferrand par un Etat faux de mon Bien , & que j'ai reconnu la fauſſeté de cet Etat en 1740.

La verité eſt que l'Etat de mon Bien fut dreſſé par feu mon Pere & par le Comte de Canillac mon Oncle , qui enflerent mes Revenus que je ne connoiſſois pas alors , n'ayant jamais joüi par moi-même des Terres qui compoſoient ma fortune en 1714.

A l'égard des 40000. liv. de Meubles * & des 43000. liv. de recouvremens , ils étoient réels à peu de choſe près. Mais à quoi reviennent ces Faits étrangers à la Séparation de Corps & d'Habitation ? Il n'en eſt pas dit un mot dans la Plainte du 26. Juillet 1742. & cela ne pourroit jamais être propoſé comme un Moyen de Séparation.

D'ailleurs je devois heriter de mon Pere & du Comte de Canillac mon Oncle. Leurs Succeſſions qui ſont de plus de 30000. liv. de Rente , ont ſuffiſamment aſſûré la Dot de feuë Madame du Pont-du-Château.

Quant à ce que M. l'Abbé de Boüillé dit de la prétenduë *férocité* de mon caractere , la fauſſeté en eſt démontrée par les Lettres de Madame du Pont-du-Château , par ſes propres Declarations en Juſtice , & par lesPreuves que j'ai rapportées dans mon Memoire de la ſubornation de ſes Témoins.

Il ajoûte qu'en 1730. la Famille de Madame du Pont-du-Château ſe détermina à provoquer une Séparation de Biens ; & que la *foibleſſe* de ma Femme pour moi fit qu'elle *ſeule* s'y oppoſa. Mais que devient le fait certain *de la Viſite* de M. Viſinier Avocat , qui prouve que c'eſt Madame du Pont-du-Château qui , à l'occaſion du renvoi de la Manceau , ſa Femme-de-Chambre , me fit propoſer elle-même par ſa Tante en Mars 1730. une Séparation volontaire ? Ce célèbre Avocat eſt vivant & en état d'atteſter le fait de ſa Viſite , dans laquelle il me pria de la part de Madame du Pont-du-Château *d'oublier ce qui s'étoit paſſe*. Elle reconnut donc qu'elle avoit eu tort de me faire faire cette Propoſition , & que ce tort venoit d'elle & non de moi ; ſi depuis elle eſt revenuë à la charge , & a obtenu mon conſentement pour cette Séparation , ce ne peut être qu'à l'inſtigation des mauvais Conſeils qu'elle écoutoit trop facilement.

Par rapport au motif de Séparation exprimé dans l'Acte , c'eſt-à-dire *le peu de ſimpathie* qui y eſt dit.ſe trouver entr'elle & moi , il falloit neceſſairement donner une cauſe à la Séparation ; voilà tout ce que ſignifie *ce peu de ſimpathie* à laquelle l'Abbé de Boüillé attache un ſens que cette expreſſion n'eût jamais dans cette occaſion. En effet , que l'on liſe les Lettres de Madame du Pont-du-Château écrites depuis 1714. juſqu'en 1724. & ſes Declarations judiciaires imprimées en 1737. & 1741. il eſt démontré par ſes Lettres & par ſes propres Aveux que juſqu'en 1729. nous avons vêcu elle & moi dans l'union la plus parfaite ; que ce n'eſt qu'en 1729. que Madame du Pont-du-Château prétend qu'elle *a perdu mon cœur* , & qu'au ſurplus j'en ai toûjours uſé envers elle avec *la politeſſe & l'urbanité* , qui , ſelon ſes propres expreſſions , me ſont *naturelles*. Il reſulte bien clairement de ces Lettres & Declarations que le motif *de peu de ſimpathie* exprimé dans l'Acte eſt un prétexte en l'air , une cauſe donnée à la Séparation uniquement pour luy en donner une , & qu'il n'y a rien de myſterieux caché ſous cette expreſſion.

J'obſerverai de plus qu'il eſt dit dans l'Acte que *c'eſt ma Femme qui m'a fait faire & fait* la Demande de vivre ſéparément , ce qui prouve de plus en plus la fauſſeté du fait que c'eſt toute ſa Famille qui vouloit provoquer une Séparation de Corps.

L'Abbé de Boüillé dit enſuite que ſur les 12000. liv. de Penſion ſtipulée par l'Acte je déleguai à ma Femme 10440. liv. de Rentes ſur la Ville , & qu'à l'égard des 1500. liv. reſtant , je me chargeai de les payer de ſix mois en ſix mois . *que je n'ai pas* , dit-il , *executé*.

* On peut voir les Lettres de Madame du Pont-du-Château où elle reconnoſt que je luy envoyois de très - bons Effets de mes Terres. Dans celle du 28. Septembre 1714. eſt un détail de differens Meubles, elle me dit *nôtre Menage ſera OPULENT , mon cher Roy , avec vôtre ſecours*. Dans celle du 18. Decembre 1719. *Je ſuis très-contente de la bonne Proviſion de Linge que vous m'envoyez. C'eſt une GRANDE Dépenſe d'épargnée*.

3

Suivant l'Acte de Séparation de 1730. je payai *comptant* à Madame du Pont-du-Château 1559. liv. 15. f. 6. d. d'avance, * qui jointes aux 10440. liv. 4. f. 6. d. déleguées faifoient les 12000. liv. de la premiere année, c'eſt-à-dire, de 1731. ainſi j'executai cette Convention pour 1731. M. Ferrand, Doyen du Parlement fon Oncle, étant décedé le 24. Juin 1731. j'abandonnai à Madame du Pont-du-Château deux mille & quelques livres de Rente provenant de ſa Succeſſion, pour luy tenir lieu des 1559. liv. 15. f. 6. d. que je devois luy payer par mes mains, ſuivant l'Acte de Séparation ; elle a toûjours touché depuis par elle-même ces deux mille & quelques livres, qui augmentoient ſa Penſion d'environ 500. liv.

Le Fait qu'elle a touché ces 2000. & quelques livres eſt prouvé par un * Compte du ſieur de Blegny, ſigné de luy, en datte du 19. Mars 1737. qui recevoit cette Rente, & autres déleguées à Madame du Pont-du-Château, ainſi qu'il eſt prouvé par le premier & ſecond Chapitres de Recette de ce Compte, & par les premier & ſecond Chapitres de Dépenſe du même Compte, par l'un deſquels il eſt prouvé que Madame du Pont-du-Château a reçû 67561. liv. 15. f. 10. d. & par l'autre 3850. liv. ſuivant les Décharges par elles données au ſieur de Blegny, & datées dans ce Compte ; la derniere eſt du 14. Septembre 1736.

Ces deux ſommes réünies font celle de 71411. liv. qui à 589. l. près font ſix fois douze mille francs. Ainſi au mois de Septembre 1736. (la derniere Décharge de Madame du Pont-du-Château étant de ces mois & an) elle avoit reçû ſix années de ſa Penſion preſque complettes, & elle avoit encore à recevoir les ſix derniers mois de 1736.

Voilà ce me ſemble la preuve entiere que j'ay executé les Conventions de l'Acte de Séparation, & que c'eſt fauſſement que l'Abbé de Boüillé dit qu'*à l'égard des 1500. liv. reſtant que je me chargeai de payer de ſix mois en ſix mois, c'eſt ce que je n'ay pas executé*.

Depuis 1736. ce n'a plus été Bligny qui a reçû ces Rentes qui ont été payées exactement à Madame du Pont-du-Château, à qui je ne devois aucuns arrerages, lorſqu'elle eſt décedée.

L'Abbé de Boüillé parle enſuite de l'Etat des Meubles que j'ay abandonnez à ma Femme en 1730. & de la prétenduë cherté de l'Eſtimation. J'ay ſuffiſamment détruit ce Fait dans mon Memoire ; d'ailleurs cet Etat qui eſt produit au Procès, & le détail exact des Effets eſtimez, anéantit tous les vains raiſonnemens de l'Abbé de Boüillé ; il s'en faut de beaucoup que les Meubles & Bijoux n'ayent été portez à leur juſte valeur.

Il eſt étonnant que l'Abbé de Boüillé veüille en impoſer ſur le Fait des Lits ; j'ay dit & je repete icy que par l'Etat des Meubles j'en ay donné ſix à Madame du Pont-du-Château, que celuy à Tombeau qui n'a été eſtimé que 120. liv. & qui en valoit beaucoup plus, étoit pour elle, en attendant que j'euſſe fait revenir d'Auvergne ſon Lit de Damas jaune qu'elle y avoit envoyé, & qui luy avoit ſervi étant Fille. Ce Lit a été compris dans la Vente de ſes Meubles à ſon décès, & je le fis remarquer à M. Simon de Mozar, qui ne ſçauroit diſconvenir de ce Fait. Il eſt prouvé d'ailleurs au Procès par la Lettre du ſieur Mayet qu'il renvoya ce Lit à Paris au mois de Novembre 1730.

D'ailleurs, comme je l'ay obſervé, Doguet premier Témoin, qui dépoſe que M. Ferrand envoya un Lit à ſa Fille, ne parle que d'un Lit à Tombeau ; ſi le Fait étoit vray, pourquoy Madame du Pont-du-Château auroit-elle preferé un Lit à Tombeau de chez ſon Pere à celuy qu'elle avoit accepté de moy, pour y coucher, en attendant le Lit de Damas jaune ?

Mais, dit l'Abbé de Boüillé, Madame du Pont-du-Château avoit en ſortant de chez ſon Mary ſix Domeſtiques pour qui étoient ces ſix Lits ; ſçavoir, un Portier, un Cocher, deux Laquais, une Cuiſiniere, & une Femme-de-Chambre.

Le Calcul n'eſt pas exact, elle n'avoit ny Portier, ny Cuiſiniere ; elle étoit dans la neceſſité de prendre une Cuiſiniere. A l'égard d'un Portier, ſi elle en a pris un, elle luy a ſans doute acheté un Lit ; l'Argent comptant que je luy donnay, ſuivant l'Acte de Séparation, étoit pour ſuppléer à ce qui pourroit luy manquer de Meubles, ſur-tout les 1200. liv. que l'on dit dans cet Acte que je luy devois, & qui ne furent point compriſes dans la Penſion. Un Lit de Domeſtique eſt un Lit de 50. ou 60. liv. au plus. Je crois donc que je puis nier ſans *impudence* le Fait du Lit

* Outre 1200. liv. qu'il eſt dit dans l'Acte que je luy devois.

* Ce Compte ſera produit.

prêté par M. Ferrand. Lit à Tombeau pour Lit à Tombeau ; le mien en valoit bien un autre, & il n'étoit pas neceſſaire que l'Abbé de Boüillé chauffât le Co-thurne pour déclamer ſur cette dénegation ſi bien fondée. *Parturient montes, naſcetur ridiculus. Mus*

Il traite enſuite de Fable l'Hiſtoire de la Manceau , & ſoutient que c'eſt le comble de l'abſurdité de dire que la Famille de Madame du Pont-du-Château a ſouffert une Séparation du Mari & de la Femme pour le renvoi de cette Femme - de Chambre.

L'Abbé de Boüillé qui eſt répandu dans le Monde ne ſçauroit ignorer que le foible d'un Maître pour un Domeſtique ne met que trop ſouvent de la diviſion dans les Ménages. Mais dans le fait particulier qu'on ſe rappelle la Penſion de 500. liv. que Madame du Pont-du-Château a faite à la Manceau depuis 1720. que je l'engageai à renvoyer cette Domeſtique , juſqu'en 1726. que Madame de Canillac me fit conſentir à la laiſſer rentrer ; que l'on ſe rappelle le fait de la Plainte de mon Sommelier où la Manceau eſt accuſée ; le renvoy de cette Fille en Avril 1730. le fait de la Viſite de M. Viſinier poſterieure à ce renvoy ; la priere qu'il me fit de la part de Madame du Pont-du-Château d'oublier *ce qui s'étoit paſſé* , c'eſt - à - dire la Propoſition de Séparation qu'elle m'avoit fait faire par Madame de Canillac. Toutes ces circonſtances réünies feront ſentir tout le foible de ma Femme pour ſa Domeſtique, & la verité de cette cauſe de la Séparation.

Madame du Pont-du-Château eût honte d'abord de ce motif de ſa premiere reſolution de ſe ſéparer ; elle me fit prier par M. Viſinier d'oublier la Propoſition qu'elle m'en avoit fait faire ; mais bien-tôt prêtant l'oreille à des inſpirations calomnieuſes , & ne pouvant ſe paſſer de ſa chere Manceau , elle me fit renouveller ſa premiere Demande ; ſi elle ne l'a pas repriſe en qualité de Femme-de-Chambre , parce que l'accuſation portée par la Plainte de mon Sommelier contre cette Fille ne luy permettoit pas de la reprendre en cette qualité, ſans choquer la bienſéance, elle la voyoit tous les jours.

L'Abbé de Boüillé me fait aller conſulter Madame de Canillac ſur le renvoi de cette Fille ; ce n'eſt pas ainſi que je m'en ſuis expliqué dans mon Memoire. J'ai dit que M. Ferrand le Doyen & moi allâmes chez cette Dame *luy faire part de la reſolution que nous avions priſe* de renvoyer la Manceau ; cette démarche ſe fit par ménagement pour Madame du Pont-du-Château , dont nous connoiſſions tout le foible pour ſa Domeſtique ; nôtre but étoit de luy faire entendre raiſon par le moyen de Madame de Canillac.

Madame de Canillac au lieu d'entrer dans nos vûës , nous répondit qu'elle apprehendoit fort que les broüilleries des Domeſtiques *ne gagnaſſent* juſqu'aux Maîtres , & qu'il vaudroit mieux les prévenir , & me ſéparer de concert d'avec ſa Niéce. L'Abbé de Boüillé fait un raiſonnement fort ſingulier ſur ce Diſcours. *Cette Réponſe* , dit-il , *ſuppoſe bien clairement qu'elle* , (Madame de Canillac) *avoit une connoiſſance parfaite qu'il n'y avoit que trop de raiſons pour établir une Séparation* , &c.

Mais ſi Madame de Canillac dit qu'elle apprehendoit que *les broüilleries* des Domeſtiques *ne gagnaſſent* juſqu'aux Maîtres ; il n'y avoit donc point eu juſqu'alors de *broüilleries* , & par conſequent point *de ſujet* de broüilleries entre les Maîtres; ce qu'on apprehende qui n'arrive, n'eſt point encore arrivé ; ainſi le diſcours de Madame de Canillac ſuppoſe bien clairement qu'elle avoit une connoiſſance parfaite qu'il n'y avoit point de raiſons pour établir une Séparation. Le raiſonnement contraire eſt tout-à-fait déraiſonnable ; mais la colere & la paſſion raiſonnent-elles ?

L'Abbé de Boüillé ſe récrie ici ſur les prétenduës impoſtures que j'ai , dit-il , raſſemblées pour faire prendre le change ſur la veritable cauſe de la Séparation de 1730. il appuye bien ſérieuſement ſur ce que j'ai fait entendre pluſieurs des Témoins de ma Femme dans mon Enquête qui n'ont , dit-il , varié ni ſur les Faits , ni ſur les Circonſtances des Faits ; mais qu'il liſe les Ecritures de M. Simon de Mozar en premiere Inſtance , & il y verra que cet Avocat qui eſt ſon Conſeil , a dit que je n'avois fait entendre ces Témoins dans mon Enquête que pour voir s'ils ne varieroient pas dans leurs Dépoſitions.

Il eſt prouvé Page 39. & ſuivantes de mon Memoire & dans mon Avertiſſement

ment du 11. Juillet 1744. qu'ils ont varié sur les Faits ; & se sont contredits de la manière la plus étrange. Tel est entr'autres Doguet, premier Témoin des deux Enquêtes, Magnier, Garnier & la Neley 6. 8. & 20e. Témoins de l'Enquête de Madame du Pont-du-Château & qui ont aussi déposé dans la mienne.

Le Fait de la prétenduë menace de jetter ma Femme par la Fenêtre, si je la retrouvois dans ma Maison, est ici rappellé par l'Abbé de Boüillé ; les Témoins qui déposent de ce Fait, le placent à la veille de la Séparation volontaire : les uns disent que c'étoit ma Femme que je menaçois de jetter par la Fenêtre, les autres seulement ses Meubles.

Mais que l'on rapproche ce Fait de ce qui a été dit par M. Simon de Mozar dans l'Avertissement de Madame du Pont-du-Château en première Instance ; il y dit qu'en 1730. elle fût sur le point de demander sa Séparation de Corps & d'Habitation ; mais que je fis tous mes efforts *auprès d'elle* & de sa Famille pour empêcher cette Demande, & que je parvins à réduire les choses à une Séparation volontaire. Je demande à tout Homme raisonnable s'il n'est pas extravagant de dire qu'un Mari qui se seroit abaissé jusqu'à la Prière & aux Soumissions pour adoucir sa Femme & sa Famille, a menacé cette même Femme de la jetter par la Fenêtre, & cela avant la Séparation volontaire, avant qu'il y eût rien de signé, & dans un tems où la Femme étoit encore en état de former toutes les Demandes qu'elle auroit voulu ? Y a-t-il de la vrai-semblance que ce Mary eût irrité de nouveau par des menaces si grossières une Femme qu'il auroit eu bien de la peine à ap-paiser ? Qui pourroit méconnoître dans ces Contradictions des Faits de la Deffense de Madame du Pont-du-Château, & des Dépositions des Témoins, qui même varient entr'eux, le sceau de l'aveugle imposture ?

L'Abbé de Boüillé me taxe *de mensonge* pour avoir dit dans mon Mémoire que depuis la Séparation volontaire je vivois avec ma Femme sur le ton de politesse convenable entre Nous. J'ajoûterai que dans ses Ecritures du Châtelet Me. Simon de Mozar m'a fait un Crime de n'avoir pas voulu autoriser Madame du Pont-du-Château dans le Procès contre Mademoiselle Ferrand, quoiqu'il n'y ait rien de plus ordinaire que le refus d'un Mari en pareil cas.

J'ai retrouvé dans le Compte de Bligny du 19. Mars 1737. une preuve de la bonne intelligence qui a regné entre Madame du Pont-du-Château & moi jusqu'à la Demande en Séparation de Biens du 24. Juillet 1736. & même que depuis je lui ai encore donné des preuves que cette démarche de sa part, ne m'a pas empêché d'en bien user avec elle dans l'occasion.

Dans le troisième Chapitre de Dépense de ce Compte qui sera produit, il se trouve plusieurs Articles que j'ai payez pour Madame du Pont-du-Château ; le premier est de 126. liv. *payées le 20. Février 1736. à M. Aubry, Avocat, pour la Cause au Châtelet contre Mademoiselle de Vigny ;* c'est le Nom que portoit Mademoiselle Ferrand, avant la reclamation de son état & de son veritable Nom

Le second est de 48. l. payées à Me. de la Forest, Procureur au Châtelet, pour frais contre Mademoiselle de Vigny, suivant une Quittance du 15. Juin 1736.

Le troisième est de 120. livres payées à M. Aubry pour la Cause au Parlement contre la Demoiselle de Vigny, suivant la Quittance du sieur Roger, son Clerc, du 6. Juillet 1746.

Le quatriéme est de 126. liv. payées à M. Aubry pour la même Cause de Mademoiselle de Vigny au Parlement, suivant la Quittance du sieur Roger, son Clerc, *du 22. Août 1736.* la Demande en Séparation de Biens est du 24. Juillet.

Le cinquième est de 27. liv. payées à M. Buirette, Avocat, pour la Cause au Parlement contre la Demoiselle de Vigny ; c'étoit apparemment dans quelque Incident où M. Aubry n'avoit pû plaider.

Toutes ces sommes réünies font celle de 447. liv. que j'ay payées de ma Bourse pour Madame du Pont-du-Château avant & depuis la Demande en Séparation de Biens. Cette preuve de bonnes manieres de ma part envers ma Femme, jointe à celles que j'ai rassemblées dans mon Mémoire, doit faire rougir l'Abbé de Boüillé de m'avoir accusé de mensonge, pour avoir dit que je vivois avec elle comme il convient entre honnêtes Gens. Si j'en usois ainsi envers elle depuis nôtre Séparation, & même dans un tems où je devois être excessivement piqué contre elle de sa Demande en Séparation de Biens, il est aisé de juger comment je vivois avec elle

B

avant cette Séparation , & que mon caractere n'eſt pas ſi farouche & ſi dur qu'on l'a voulu faire. Un Mari qui aſſomme ſa Femme de coups, qui la meurtrit *chaque jour , à chaque inſtant, ſans ſujet, ſans prétexte, qui la décrie, la deshonore publiquement*, la mépriſe elle & toute ſa Famille pendant l'eſpace de ſeize années entieres, ne s'aviſe gueres de payer pour elle , ſix ans après une Séparation volontaire, une ſomme de 447. liv. On peut joindre ce Fait à ceux que j'ay rapportés dans mon Memoire, touchant la conduite que j'ay tenuë avec Madame du Pont-du-Château ; Fait d'autant plus fort qu'il eſt muni & ſcellé de la Signature de Blegny attaché à Madame du Pont-du-Château , qui lui a bien payé ſon attachement par un Legs de 49000. liv. tant pour lui que pour ſon Fils.

L'Abbé de Boüillé dit enſuite que M. Ferrand , Pere de Madame du Pont-du-Château , eſt tombé malade de la Maladie dont il eſt mort, avant la Séparation du 20. Octobre. L'Abbé de Boüillé s'abuſe ici volontairement , mais il n'abuſera Perſonne ; il eſt de la plus grande *notorieté publique* que M. Ferrand n'eſt tombé malade que dans le mois de Decembre 1730. ainſi je n'ai pas pû empêcher ma Femme ſéparée le 20.Octobre précedent, de voirMonſieur ſonPere dans ſa derniere maladie.

Il eſt fort ſingulier que l'Abbé de Boüillé qui ſe pique de ſçavoir les Principes , & qui m'accuſe legerement d'ignorance à cet égard , me faſſe un reproche de ce que j'ai executé le Teſtament de M. Ferrand à la place de Madame du Pont-du-Château , & me ſuis mis en poſſeſſion des Meubles de ſa Succeſſion , & des Effets de celle de M. Ferrand , Doyen du Parlement : la Communauté d'entre ma Femme & moi n'étoit pas rompuë par la Séparation de 1730. ainſi je répondois des Effets de toutes les Succeſſions qui tomboient à Madame du Pont-du-Château. Ce ſont les Elemens. Ne ſeroit-ce pas une Politeſſe bien entenduë que d'abandonner en pareils cas à ſa Femme des Effets qu'il faudroit rendre dans la ſuite ? j'ay bien voulu neanmoins lui faire preſent d'une fort belle Tapiſſerie , d'un Carroſſe de Campagne , & de quelques Tableaux que je me ſuis fait adjuger à la Vente des Meubles de Monſieur ſon Pere , & lui laiſſer toucher 3068. liv. & une Action de la Compagnie des Indes , valeur de 1600. liv. dans la Succeſſion de M. le Doyen ſon Oncle. Je n'imaginois pas alors que Madame du Pont-du-Château oubliroit ces liberalités de ma part.

L'Abbé de Boüillé expoſe enſuite les prétendus motifs de la Demande en Séparation de Biens ; on ſent bien qu'il n'eſt pas convenu d'être le vindicatif Auteur de cette démarche. Il prétend que la Sentence & l'Arrêt confirmatif qui ont rejetté la Demande , ont été ſurpris à la Religion des Juges , & que c'eſt le monument le plus fort de ma mauvaiſe foi. J'ai déſavoüé , dit-il , l'Etat de mon Bien annexé au Contrat de Mariage , & je n'avois pas même , ajoûte-t-il, l'excuſe de la minorité , aïant alors 28. ans.

J'ai déja rendu compte de la maniere dont cet Etat a été fait , & par qui il a été fait ; à l'égard des années que l'on me donne gratuitement , je les rends très-volontiers à l'Abbé de Boüillé. Je n'étois majeur que du mois de Mars 1714. & mon Mariage eſt du mois de Juillet ſuivant. Je n'avois pas encore eu le tems de prendre connoiſſance de la valeur des Terres qui compoſoient alors ma fortune.

Ce déſaveu de l'Etat de mon Bien eſt , dit-on , le premier moyen dont je me ſervis pour éluder la Demande en Séparation de Biens.

Le ſecond eſt , ajoûte-t-on , le Bail de ma Terre , pour raiſon duquel il y avoit une Contre-Lettre de *cinq mille livres.* Cette fraude , continuë l'Abbé de Boüillé , n'a été découverte que depuis ; *le Marquis du Pont-du-Château toûjours preſſé d'Argent s'étoit en effet perſuadé que le prix de ſon Bail étoit tel qu'il l'avoit annoncé à la Juſtice en* 1740. *comptant ſur ce pied , il s'imagina être Créancier de ſon Fermier ; en conſequence il le fit executer & vendre ſes Meubles. Le Fermier muni de la Contre-Lettre la produiſit pour ſa Deffenſe , les Parties furent renvoyées par Arrêt de la Grand'Chambre pour compter , & par l'évenement du Compte le Marquis de Pont-du-Château s'eſt trouvé Débiteur de* 19000. liv. *& par Accommodement a payé* 3000. liv. *de dommages & interêts à ſon Fermier : c'eſt ainſi que le Marquis du Pont-du-Château eſt parvenu à obtenir l'Arrêt de* 1740. &c.

Ainſi ſelon l'Abbé de Boüillé le Bail , dont il parle , qui eſt de 22000. liv. n'étoit que de 17000. liv. tout ce détail eſt admirablement circonſtancié ; c'eſt bien dommage qu'il y manque la verité , ainſi que je vais le prouver , quand j'aurai expliqué des Faits qui doivent préceder cet éclairciſſement.

D'abord il n'eſt pas vrai que la Sentence & l'Arrêt ayent été rendus ſur ce Bail qui eſt du 20. Avril 1736. les Juges ne ſe ſont décidez que ſur les Quittances du Dixiéme , auquel j'étois taxé à 3000. liv. tant pour la Terre du Pont du-Château affermée 22000. liv. que pour celle de Lignac qui luy eſt contiguë , & qui étoit affermée 5000.l. ſuivant un Bail du 30. Janvier 1732. & celui du 20. Avril 1736. par lequel le Preneur de la Terre du Pont-du-Château s'oblige de prendre Lignac au même prix de 5000. livres , à l'expiration du Bail de 1732. M. Heron , au Rapport de qui la Sentence , qui a débouté Madame du Pont - du - Château de ſa Demande en Séparation de Biens , a été renduë, oppoſoit toûjours mes Quittances du Dixiéme montant à 3000. liv. au ſieur de Bligny dans les ſollicitations qu'il lui faiſoit pour Madame du Pont-du-Château. Il eſt vrai que mes deux Terres n'étoient affermées que 27000. liv. & qu'ainſi j'étois ſurchargé de 300. liv. de Dixiéme ; mais 27000. liv. de Rente en Fonds de Terre , & preſ- que tous les Biens de Madame du Pont-du-Château exiſtant alors & qui exiſtent encore aujourd'hui en nature , à la reſerve de 80. ou 90. mille francs , étoient bien ſuffiſans pour aſſurer ſa Dot. Voilà les veritables fondemens de la Sentence & de l'Arrêt qui l'a confirmée.

Quant à la Contre-Lettre & à l'Hiſtoire du Procès avec mon Fermier , voici le vrai prouvé par cette même Contre-Lettre qui m'a été remiſe.

Je paſſai Bail de ma Terre du Pont-du-Château le 20. Avril 1736. au ſieur Peyrotte , Bourgeois de Paris , moyennant 22000. liv. devant Bronod & ſon Confrere ; le ſieur Peyrotte s'oblige par ce Bail de prendre ma Terre de Lignac à 5000. liv. de Ferme à l'expiration du Bail fait en 1732. il me donna 10000. liv. d'avance ſur le prix du Bail , & je lui fis une Contre-Lettre ſous Signature privée , par laquelle je m'obligeai de lui tenir compte de 500. liv. par chacune année pour les interêts des 10000. liv. d'avance qu'il m'avoit faite , en déduction des 22000. liv. de Ferme portées par le Bail du 20. Avril. Cette Contre-Lettre m'a été remiſe par le ſieur Peyrotte lorſque le Bail fût réſilié , comme je l'expliquerai dans un moment , & ſera produite : elle l'a été dans le Procès que j'ai eſſuyé con- tre Peyrotte pour la réſiliation ; elle eſt cottée *quarante-ſix* avec Paraphe , & au dos eſt écrit de la main de Peyrotte *Billet* de M. le Marquis pour raiſon de 500. liv. par an d'interêt des 10000. liv. par moi avancées , avec Paraphe.

Il eſt clair comme le jour que cette Contre-Lettre ne donnoit aucune atteinte au prix de 22000. liv. porté par le Bail. Elle prouve ſeulement que j'avois reçû 10000. liv. d'avance ſur la totalité du prix , & qu'au lieu de recevoir 22000. liv. de Ferme par chacune année , je n'en recevois que 21500. liv.

Après cela où eſt la fraude que l'Abbé de Boüillé m'impute ſi galamment ſur le prix du Bail , & que devient l'Hiſtoire & la Procedure qu'il bâtit ſur cette Contre-Lettre ?

La verité eſt que Peyrotte abuſant de ſon Bail pour dégrader ma Terre , j'en demandai la réſiliation ; il me demanda de ſon côté la diminution des 10000. liv. avancées , & produiſit pour cela la Contre-Lettre. Il lui étoit dû 9000. liv. par les Fermiers particuliers. Je me chargeai de les payer à Peyrotte , afin qu'il ne remit plus le pied dans ma Terre ; à l'égard des 3000. liv. de dommages & interêts , l'Abbé de Boüillé ſe trompe. Je fis remiſe à Peyrotte de 2884 livres qu'il me devoit , & cela pour l'indemniſer de la réſiliation du Bail , ſuivant la Tranſaction du 18. Février 1741.

C'eſt ainſi que l'Abbé de Boüillé & ſes Conſeils traveſtiſſent les Faits les plus ſimples. La Contre-Lettre ſera imprimée à la fin de ce Memoire.

Ils me font encore un crime d'avoir fait aſſigner ma Femme au Châtelet comme Heritiere de Madame de Canillac , comme s'il s'étoit deffendu de ſe mettre en regle pour repeter ſon Bien. Madame de Canillac avoit joüi de ma Maiſon Place Royale pour ſon Doüaire , & m'avoit acheté à vie celle de Clichi ; il y avoit bien des Ré- parations à faire à l'une & à l'autre lors de ſon décès ; je ne pouvois m'adreſſer pour cela qu'aux Heritiers de Madame de Canillac , du nombre deſquels ma Fem- me étoit ; les Réparations furent payées par l'Exécuteur Teſtamentaire : Voilà le Fait , dont je ne rends compte que pour faire voir que l'on a toûjours cherché à empoiſonner mes actions les plus ſimples.

C'eſt ainſi qu'on a voulu donner un air de ſurpriſe à l'Ordonnance que job- tins le Lundi 27. Juin 1740. de M. Gueret , Lieutenant Particulier. M. le Lieutenant Civil étant allé à la Campagne ce jour-là , M^e. Potier mon Procureur , avertit M^e. Desyeux , Procureur de ma Femme , de se trouver chez M. le Lieutenant Particulier. Desyeux ne jugea pas à propos d'y venir ; & l'Ordonnance fut rendüe par défaut. Voilà cette prétendüe surprise dont on a fait tant de bruit.

Le Couvent du Cherche-Midi que Madame du Pont-du-Château choisit dans cette occasion , tout près de la Demeure de l'Abbé de Boüillé qui logeoit ruë du Regard , prouve bien qu'elle ne se conduisoit que par ses inspirations.

L'Arrêt qui lui donna Acte de sa Retraite dans ce Couvent , lui fit main-levée des Saisies que j'avois faites à la fin de Juin 1740. Cet Arrêt est du 10. Mars 1741.

Ainsi ces Saisies n'étoient que de sept mois , d'où il resulte que ma Femme n'avoit pas été privée si long-tems de ses Revenus.

L'Abbé de Boüillé qui hazarde tout sans crainte , dit que la Disposition de cet Arrêt , qui faisoit main-levée à ma Femme des Saisies , ne servit qu'à m'aigrir de plus en plus ; que je fis proposer à Madame du Pont-du-Château de réduire sa Pension à 4000. liv. & que sur son refus *je donnai une Requête* par laquelle revoquant le Consentement donné à la Séparation volontaire , je demandai que ma Femme fut tenuë de revenir avec moy.

La Cour peut voir par les Requêtes des 9. & 28. Août 1741. & 5. Mars 1742. que c'est Madame du Pont-du-Château qui recommença à plaider. Par les deux premieres Requêtes , elle prétendit que lui aïant abandonné purement & simplement les 2000. & quelques livres de Rente de la Succession de M. Ferrand le Doyen , je devois lui païer outre cela les 1559. liv. au lieu desquelles je lui avois abandonné ces 2000. liv. de Rente , & demanda une augmentation de Pension : Par sa Requête du 5. Mars 1742. elle forma la Demande de dix mille livres d'augmentation de Pension.

Ce furent ces differentes Requêtes , qui m'obligerent de donner le 27. Avril 1742 la Requête par laquelle je demandai *qu'en venant* plaider sur les Requêtes & Demandes de ma Femme du 9. Août 1741. & 5. Mars 1742. &c. il me fut donné Acte de ce que pour Deffenses *ausdites Demandes* du 9. Août & 5. Mars , *je revoquois l. Consentement par moi donné à la Séparation de 1730. &c.* Ces differentes Requêtes sont visées dans l'Arrêt du 26. Juin 1742. qui est produit.

Ainsi ce n'est pas moi qui reprit la Procedure , c'est l'Abbé de Boüillé qui sous le Nom de Madame du Pont-du-Château me fit des Chicanes qui me forcerent à plaider de nouveau. Il ne trouvera pas mauvais que je lui dise ici qu'il ne convient à Personne de vouloir en imposer à la Justice & au Public , qu'un honnête Homme doit se respecter lui-même ; & que c'est se dégrader , que de donner comme vrai , ce que l'on sçait être faux.

On juge bien que l'Abbé de Boüillé , qui a osé avancer des Faits démentis par les Actes même de la Procedure , n'a pas fait scrupule de m'attribuer gratuitement la Proposition de réduire la Pension à 4000. liv. c'est à quoi je n'ai jamais pensé : il a imaginé de même qu'on me fit insinuer que l'on prendroit la voye de la Séparation de Corps & d'Habitation ; c'est dans la même source qu'il a puisé le prétendu discours qu'il me fait tenir par un grand Magistrat. Tous ces Faits sont des phantômes d'imagination & de mauvaise foi.

Il parle ensuite de la Sentence qui a admis la preuve des Faits de la Plainte ; de l'Arrêt , qui l'a confirmée , des Enquêtes faites en consequence , & des Témoins de Madame du Pont-du-Château que j'ai fait entendre. J'ai rendu compte dans mon Memoire de la raison pour laquelle j'ai fait entendre ces Témoins ; il n'est pas vrai que l'on ait rejetté la Plainte que j'ai rendüe contre plusieurs de ces Témoins ; je fus renvoyé à l'Audience sur cette Plainte , que je n'ai pas suivie , dans l'idée que j'avois d'ailleurs dans mon Enquête assez de preuves de subornation.

L'Abbé de Boüillé dit ensuite que ma Femme excedée *des fatigues* que je lui faisois essuyer depuis plusieurs années est morte le 27. Février 1745. d'une attaque d'Apoplexie dont elle fût frappée le 24. *quelques heures après être rentrée dans son Couvent.* *

[*] Il y a icy erreur. C'est dans le Cabinet de M. Simon qu'elle est tombée en apoplexie.

Mais pourquoi vouloir en imposer avec tant d'assûrance ? est-ce moi qui ai obligé Madame du Pont-du-Château à me plaider depuis 1736. jusqu'en 1740. qu'a duré le Procès en Séparation de Biens ? est-ce moi qui ai recommencé à plaider en Août 1741 ? n'est-ce pas Madame du Pont-du-Château , ou plûtôt l'Abbé de Boüillé

Boüillé fous fon Nom, qui a allumé & rallumé dans ces deux occafions le Flam-
beau de la Difcorde entr'elle & moi.

En vain l'Abbé de Boüillé veut-il écarter le reproche d'obfeffion & d'avidité,
que je lui fais fi juftement ; il n'eft pas douteux qu'il n'a eu en vûë que d'envahir
la Succeffion de Madame du Pont-du-Château ; quelques Reflexions fimples
& naturelles fuffifent pour le forcer d'en convenir.

Perfonne n'ignore ce que peut fur Nous l'amour de nôtre Nom ; fur-tout lorfqu'on eft né dans un certain Rang. On ne cherche qu'à le perpetuer, à le foûtenir, à l'illuftrer. Madame du Pont-du-Château penfoit à cet égard, comme
tous les hônnêtes Gens ; elle aimoit fon Nom & fa Famille, les ftipulations de
Propre en faveur de fes Collateraux portées par fon Contrat de Mariage en font
foi ; il y a dans le monde trois Perfonnes qui portent fon Nom : fçavoir, M.
Ferrand, Confeiller en la Cour ; M. Ferrand, Fils du Capitaine aux Gardes,
& M. Ferrand furnommé le Pruffien, parce qu'il a été longtems attaché au Roy
de Pruffe.

Elle a legué environ 2400. l. de Rente au Fils du Capitaine des Gardes ; à l'égard des
deux autres elle les a totalement oubliés dans fon Teftament ; & leur a préferé l'Abbé de Boüillé, M. de Boüillé fon Frere, & Mademoifelle de Boüillé fa
Niéce. Elle a nommé l'Abbé de Boüillé fon Legataire univerfel, & a fait pour
foixante & dix mille livres de Legs particuliers à M. de Boüillé, & à fa Fille.

Elle n'ignoroit pas cependant la trifte fituation de M. Ferrand le Pruffien, que
la fortune a très-fort maltraité ; or préfumera-t-on qu'une Femme de Condition fe
foit portée d'elle-même à étouffer la voix du Sang & de la Nature, qui crioit
en faveur de fes Proches portant fon Nom, pour revêtir des Etrangers des
Dépoüilles de fa propre Famille ? c'eft ce que l'Abbé de Boüillé ne viendra jamais
à bout de perfuader. Le Public éclairé croira toûjours qu'il n'y a que la plus artificieufe
obfeffion qui ait pû empêcher Madame du Pont-du-Château de fe livrer aux fentimens que la nature & l'éducation avoient profondément gravez dans fon cœur.

L'Abbé de Boüillé pour prouver que les fréquentes vifites que j'ai dit qu'il rendoit à Madame du Pont-du-Château du Convent du Cherche Midi, font
autant de fauffetez, dit qu'il n'étoit pas à Paris lors du Procès en Séparation.

Mais ce n'eft pas-là répondre, c'eft vouloir faire illufion. J'ai placé * ces Vifites * Page 3. de mon Memoire.
après la retraite de Madame du Pont-du-Château dans le Couvent du Cherche-
Midi, & cette Retraite eft du mois de Mars 1741. quinze mois avant le Procès
en Séparation. D'ailleurs il n'eft pas vrai que l'Abbé de Boüillé ne fût pas à Paris
en 1742. il ne partit pour Lyon qu'après la Plainte du 26. Juillet 1742. & laiffa
ici des Subftituts dont il étoit bien fûr.

L'Abbé de Boüillé ajoûte que les vûës intereffées que je lui prête font autant de
calomnies, & pour le faire voir il s'efforce d'établir que Legs univerfel fe réduit
à 1500. liv. de Rente ; voici fon Calcul.

La totalité du Revenu de la Dame du Pont-du-Château eft, dit-il, de 30307. l.
felon le Marquis du Pont-du-Château lui-même, fur quoi il faut ôter 5000. liv.
pour le Doüaire dont le Fond paffe aux Heritiers, à l'exception du Quint. Il y a
8000. liv. de Rente fubftituées à M. Ferrand, Confeiller en la Cour ; 2. ou 3000.
liv. de Propres qui paffent aux Heritiers, 100000. de Principaux de Rente leguées
à M. Ferrand, Officier aux Gardes, qui produifent 2500. liv. de Rente : enfin
il faut retrancher 200000. liv. de Legs en Argent qui produifent 10000. liv. de
Rente ; ainfi il ne reftera que 1500. liv. de Rente, fans quelques Dettes qu'il faudra encore prélever.

Ce Calcul n'eft nullement exact, ainfi que je vais le faire voir. * Le Teftament qui eft produit en fait foy.
Les Legs en Argent * de Madame du Pont-du-Château ne
font que de 163400. liv. produifant de Rente . . . 8160. l.
Les Biens fubftitués à M. Ferrand ne font, fuivant l'Etat des
Biens de Madame de Canillac, que de 5846. liv. 8. f. 4. d. de
Rente. . . . . 5846. l. 8. f. 5. d.
Le Legs de M. Ferrand eft de 100000. l. en Principaux de
Rente fur la Ville. Il y a dans la Succeffion 14. Contrats au
principal de 479700. liv. produifant 11440. liv. dont le cin-
quiéme eft environ pour M. Ferrand de . . . 2400. l.
Madame du Pont-du-Château a fait aux Urfulines de Bourg-

en-Breffe un Legs de 500. liv. de Rente en Contrats fur la Ville. - - - - - - - - 500. l.

Les feuls Propres qui foient dans la Succeffion de Madame du Pont-du-Château confiftent en deux Maifons, dont l'une eft loüée 900. liv. l'autre 600. liv. & en un Contrat de 300. l. de Rente fur l'ancien Clergé ; ces trois fommes font 1800. liv. 1800. l.

Le Doüaire de Madame Ferrand eft de cinq mille livres ; mais le Quint, c'eft-à-dire 1000. liv. de Rente tombe dans le Legs univerfel, & l'Abbé de Boüillé en joüira après la mort de cette Dame, ainfi il ne faut déduire ici que 4000. liv. - - 4000. l.

Toutes ces fommes réünies font de Rente celle de 22706. liv. qu'il faut ôter de 30307. liv. de Rente en quoy confifte la Succeffion de Madame du Pont-du-Château, il reftera par confequent en propriété à l'Abbé de Boüillé 7601. l. de Rente, fur quoy en déduifant les 1000. liv. de Rente du Quint du Doüaire pendant la vie de Madame Ferrand, & 2800. liv. de Rentes Viageres leguées par Madame du Pont-du-Château, ce qui fait en tout 3800. liv. l'Abbé de Boüillé joüira actuellement de 3801. liv. de Rente.

Ainfi c'eft 3801. liv. de Rente actuelle pour luy, & le Fond de 7601. liv. en propriété. On obfervera ici que la plûpart des Rentiers à vie font très-agés.

Ce Calcul exact, & dont j'offre la preuve, Papiers fur Table, eft bien different de celui de l'Abbé de Boüillé qui fe réduit à 1500. liv. de Rente. * Cette Terre eft bâtie, & près de Paris. Dailleurs la Terre de Villemilan, * qui n'eft affermée aujourd'hui que 4400. l. eft un objet de plus de cent quarante mille livres; ainfi on peut dire que le Legs univerfel de l'Abbé de Boüillé eft au fond d'environ 200000. liv. car il y a bien de l'apparence qu'il vendra les Fonds dont il tirera un benefice plus confiderable en les convertiffant en Argent comptant.

Il y a dailleurs dans le Teftament deux Legs, l'un pour M. de Bouillé fon Frere, l'autre pour Mademoifelle de Bouillé fa Niéce ; ces deux Legs font enfemble de 70000. l. & compris dans les Legs en Argent. Ainfi c'eft environ 300000. liv. dont lui & fa Famille profitent au préjudice de Meffieurs Ferrand.

L'Abbé de Boüillé ajoûte que l'objet de la Conteftation n'eft pas une Séparation de Corps & d'Habitation, mais de faire rentrer dans les Biens de ma Femme une fomme de 100000. liv. qu'elle a mife en Communauté.

Je fçais bien que c'eft-là fon objet ; mais ce n'eft pas celui de la Conteftation au fond ; en effet la Séparation de Biens, & la diffolution de la Communauté n'étant qu'une fuite & un accefoire de la Séparation de Corps, il faut, fi l'on juge le fond, prononcer fur la Séparation de Corps, la confirmer ou la détruire, pour déterminer quelles en feront les fuites. Si la Séparation de Corps eft confirmée, la fuite de cette Confirmation fera que Madame du Pont-du-Château eft morte non commune en Biens ; fi au contraire la Sentence qui prononce cette Séparation eft anéantie, Madame du Pont-du-Château fera décédée commune ; il s'agit donc au fond d'une Séparation de Corps, qui par confequent eft l'objet de la Conteftation. Tout ce que je dis ici eft fans préjudice des Nullité & Fin de non-recevoir que j'ai établies.

Ainfi quoique la mort ait operé pour jamais une Séparation entre ma Femme & moi, il eft néanmoins certain que l'Arrêt qui interviendra aura pour unique objet de prononcer fur cette Séparation, s'il eft rendu fur le fond.

L'Abbé de Boüillé demande enfuite quels font les Droits les plus legitimes, de luy Legataire, ou du Mari, & rappelle en general les prétendus mauvais traitemens que l'impofture & la fubornation ont mifes dans la Plainte & dans les Dépofitions des Témoins; il ajoûte qu'il ne s'agit pas de me rien ôter, mais de m'empêcher de gagner 100000. liv. du Bien de ma Femme.

* Suivant fa Lettre du 22. Decembre 1719. nous fommes tous enrôllés à Miffiffipi Je portai hier à M. Houvette 112000. liv. dont il enreferuera pour NOURRIR les Actions. Il auroit dû ajoûter qu'il eft queftion de joindre ces 100000. liv. au Legs univerfel & particulier, dont fa Famille & luy font gratifiés par le Teftament de Madame du Pont-du-Château.

L'Abbé de Boüillé pourroit fe rappeller que ma Femme a mis de fon propre mouvement & fans m'en avertir auparavant, cent douze mille livres * au Syftême,

& que les Billets de Banque dans lesquels elle a converti cet Argent , qui tombe-
rent au mois de May suivant ; m'ont causé une perte réelle ; dont il est juste au
fond que je sois indemnisé.

Je demande à present si le Legataire qui a environ deux cent mille francs de pur gain
pour luy & 70000. liv. pour la Famille , doit en bonne justice être preferé au Mari
qui a perdu plus de 100000. liv. par le Fait de sa Femme , que ce Legataire represente.

Personne ne croira ce que l'Abbé de Boüillé dit , qu'il n'a point agi en 1736.
& ne continuë point d'agir aujourd'hui par *vengeance*. Je luy ay prêté 2000. liv.
je l'ay poursuivi en 1736. pour l'obliger à me les rendre ; c'est à la suite de ces Faits
qu'il ne peut nier , que Madame du Pont-du-Château , qui auparavant vivoit avec
moy , sans aucune division d'interêt , m'a plaidé en Séparation de Biens ; c'est luy ,
Abbé de Boüillé , qui en apprenant en 1740. que la Sentence , qui avoit rejetté
cette Demande , venoit d'être confirmée , s'écria chez M. le Duc de Sully en sa
presence & en celle de plusieurs honnêtes Gens qui y étoient alors , que *les choses
n'en resteroient pas-là*. Le concours de toutes ces Circonstances formera toujours
une preuve assez bonne , qu'il est le vindicatif Auteur des Discussions qui ont
regné entre ma Femme & moi jusqu'à sa mort. Il est assez bien payé de ces
funestes soins , sans vouloir m'arracher la seule indemnité que je puisse avoir des
112000. liv. que Madame du Pont-du-Château a mis au Systême.

Tels sont les principaux Faits du Memoire ou plûtôt du Libelle que l'Abbé de
Boüillé a signé & qu'il n'a pas osé *signifier* ; il a suivi ou plûtôt continué la Me-
thode , dont on a fait usage contre moy dans tous les Ecrits imprimez qui ont été
faits dans les Discussions que l'on m'a fait essuyer depuis 1736. sous le Nom de
ma Femme , & dont elle a été la victime. On m'a fait des Crimes des choses les
plus ordinaires ; on m'a accablé d'injures atroces , on a hazardé sans pudeur mille
faussetez contre moy ; on a déguisé & travesti les Faits les plus simples pour
me déshonorer dans le monde ; enfin on m'a peint comme un Monstre qu'il faudroit étouffer , si tout ce que l'on a dit de moy étoit vray. Il est tems que l'Imposture & la Calomnie soient confonduës ; l'aveugle fureur avec laquelle elles se sont
acharnées à me poursuivre les a si fort trahies & décelées , qu'il faudroit fermer
les yeux & se refuser à l'évidence même pour ne les pas reconnoître.

EXAMEN DES MOYENS.

L'Abbé de Boüillé s'efforce en vain de combattre les Moyens que j'ai proposez
pour ma défense.

Le premier est une Nullité contre la Sentence du Châtelet , Nullité tirée de l'E-
dit du mois de Juin 1661.

Le second est une Fin de non-recevoir tirée de toutes les circonstances de l'Affaire , des Lettres de Madame du Pont-du-Château , de celles de sa Famille & de
la mienne , & de ses Declarations judiciaires.

Le troisiéme est le Moyen du Fond tiré de la fausseté de la Plainte & des Dépositions des Témoins , fausseté établie par les contradictions de la Plainte même ;
par l'incompatibilité des Faits qu'elle contient ; par les contradictions des Témoins
de ma Femme ; par la preuve de la Subornation pratiquée à leur égard ; par les
Dépositions de mes Témoins ; par les Lettres de Madame du Pont-du-Château ;
par ses Declarations judiciaires ; par les Lettres de sa Famille & de la mienne ; &
enfin par ce qui resulte de toutes ces Preuves réünies ensemble.

Par rapport au premier Moyen , c'est-à-dire , la Nullité , il est établi par une
Consultation de Messieurs de Blaru , Visinier , Gillet & d'Hericourt , Avocats
celebres , dont l'Abbé de Boüillé devroit respecter les lumieres plus qu'il ne l'a
fait.

Ce Moyen est que l'Edit de 1661. prononce la nullité de toutes Sentences de
Séparations de Biens & d'Habitation intervenuës *sans Conclusions* du Procureur du
Roy du Châtelet. La Sentence , dont est Appel , est dans ce cas.

Les Chicanes de l'Abbé de Boüillé contre la Décision de cet Edit , & la Consultation , qui y est conforme , se réduisent à dire :

1°. Que l'usage est contraire au Châtelet & en la Cour dans les Procez appointez fur des Demandes en Séparation de Corps.

2°. Que cet Edit n'eft point une Loy publique , n'étant qu'une Décifion particuliere accordée au Procureur du Roy du Châtelet , pour luy attribuer certains
Droits dont il ne joüiffoit pas.

3°. Que l'Edit ne s'entend que des Séparations de Corps qui fe jugent à l'Audience , où il y a des Enquêtes à lire.

4°. L'Abbé de Boüillé rapporte des Exemples de Sentences de Séparations renduës
fur Appointement , fans Conclufions du Procureur du Roy ; enfin il a fait une
Notte marginale qu'il eft aifé de détruire.

Je réponds : 1°. Que tout Ufage contraire à une Loy pofitive , qui n'eft abrogée
par aucune Loy pofterieure , eft un abus , & une Contravention à la Loy.

2°. Qu'un Edit enregiftré en la Cour , & imprimé dans le Corps des Ordonnances de nos Rois , eft une Loy publique. Or l'Edit de 1661 a été enregiftré en
la Cour le premier Août 1661. il eft imprimé dans les Ordonnances de Neron ,
Pages 71. & 72. du fecond Volume. L'Enregiftrement caractérife la Loy.

Cet Edit n'eft pas feulement attributif de quelques Droits au Procureur du Roy ,
par rapport à la neceffité de fes Conclufions dans les Séparations de Corps &
d'Habitation. L'interêt de cet Officier n'eft point le Principe de cette Loy ; elle
prend fa fource dans l'importance de la Matiere qui intereffe le Public & l'Etat:
il s'agit dans les Séparations de Corps de rompre de Fait la Societé naturelle &
civile des Perfonnes mariées , d'interrompre le cours des effets naturels du Mariage , d'ôter aux Familles le moyen de croître & de fe perpetuer ; & enfin de
priver l'état d'une fource legitime de Citoyens.

L'Abbé de Boüillé n'a envifagé qu'en Praticien la Difpofition de cet Edit , au
lieu que les Avocats que j'ay confultez l'ont confiderée dans les grandes vûës du
bien public.

Les Séparations de Corps & d'Habitation intereffant fi fort le Public , il étoit de
la fageffe du Legiflateur de confier l'Examen de ce grand interêt à ceux de
leurs Officiers , qui pour me fervir des termes mêmes de l'Edit , ont les Droits
du Legiflateur & ceux du Public en leurs mains , & c'eft pour cela qu'il a prononcé la nullité des Sentences de Séparations qui feroient renduës fans Conclufions du Procureur du Roy.

Les Obfervations que je viens de faire anéantiffent la troifiéme Chicane de
l'Abbé de Boüillé ; en effet foit que les Séparations foient ordonnées à l'Audience , ou fur Appointement , ce font toûjours des Séparations ; l'Etat , la Societé , les Familles y font également intereffées. D'ailleurs l'Edit ne diftingue
point. La Difpofition eft generale ; il veut qu'il ne foit prononcé aucune Séparation de Corps fans Conclufions du Procureur du Roy.

L'Abbé de Boüillé chicane fur le mot de prononcé qui fe trouve dans l'Edit , &
prétend que ce terme ne s'entend que des Sentences renduës à l'Audience : fi cette
vetille meritoit quelqu'attention , on luy répondroit qu'il n'y a point de Sentence
qui intervienne fur Rapport où le terme de prononcé ne fe trouve expreffément.
Après le Difpofitif de ces Sentences , il eft toûjours dit qu'elles ont été prononcées
en prefence des Procureurs des Parties , ou de l'un d'eux , l'autre abfent. Delà
viennent les differentes dattes du Jugement rendu , & de la prononciation de la
Sentence : celle dont il s'agit eft dans ce cas ; elle a été renduë le 4. Septembre
& prononcée le 5. du même mois.

A l'égard des Exemples , ils ne peuvent jamais détruire la Loy. L'Ufage contraire eft un abus & une Contravention. Ainfi mon Exemple lors de la Sentence
qui a admis la preuve , ne fait rien. Il n'eft pas vray que M. l'Avocat General
ait donné fes Conclufions fur l'Appel de cette Sentence par la raifon que ma
Caufe étoit au Rôle , & qu'il ne fe plaide point de Caufe du Rôle à la Grande
Chambre fans qu'un de Meffieurs les Avocats Generaux y porte la parole.

Il y a des Caufes du Rôle des Mardis & Vendredis de relevée , où ils ne
portent point la parole à moins qu'elles ne foient fujettes à communication ,
s'ils la portent dans toutes les Affaires des Rôles des Mercredis & des Samedis ,
ce n'eft que pour l'Expedition des Affaires : les Avocats ne parlent point , ou du
moins que très-rarement , dans les Caufes qui font à ces deux Rôles.

Quant à l'exemple de la Dame Buterne , dont l'Abbé de Boüillé parle fi affirmativement , j'ai eu l'honneur de voir exprès à ce fujet M. Moreau , Procureur
du

du Roy ; chez luy le Samedy 29. de ce mois , & M. Moreau , le Fils , le même jour à sa Maison de Campagne. L'un & l'autre m'ont assuré qu'ils n'avoient aucune connoissance de ce qu'on dit qui s'étoit passé à l'occasion de l'Affaire de la Dame Buterne , & qu'il n'avoit point été question de l'Edit de 1661. ni d'aucune explication de cet Edit dans cette Affaire.

Cependant avec quel front l'Abbé de Bouïllé ose-t-il assurer tout ce qu'il débite à ce sujet ?

Sa Notte marginale est bien singuliere. L'Edit de 1661. dit-il , n'a été enregistré *qu'en ce qui est conforme aux Edits , Arrêts & Reglemens de la Cour* , & il me défie d'en rapporter aucun qui ait prescrit la necessité des Conclusions en pareil cas.

Voici les termes de l'Edit : *Maintenons , gardons , &c. dans tous les Droits , Honneurs , Fonctions , Prééminences , Prérogatives attribuez à sadite Charge , &c. par nos Edits , Arrêts & Reglemens , en tant que besoin seroit.* VOULONS , *entendons , declarons* & Nous *plait* qu'il ne soit procedé , &c. *à peine de nullité* , &c. ni être *prononcé* AUCUNE *Séparation de Biens & d'Habitation sans ses Conclusions*.

Il est évident qu'il y a ici deux Dispositions distinctes & séparées. Par la premiere , le Roy maintient le Procureur du Roy dans tous les Droits , Honneurs , &c. attribuez à sa Charge , par les Edits , Arrêts & Reglemens , *en tant que besoin.*

Par la seconde il veut , déclare , & entend & luy plaît que toutes les Dispositions qui suivent dans l'Edit , soient executées , à peine de nullité , ce qui fait une Concession absoluë , un Reglement indépendant desdits Arrêts & Reglemens passez.

Mais quand on pourroit dire que cette seconde Disposition est relative à la premiere , il faudroit recourir en ce cas à l'adresse que le Roy fait de cet Edit au Parlement pour l'enregistrer ; *s'il vous appert* , dit ce Prince , *que les Fonctions cy-dessus énoncées* APPARTIENNENT ET COMPETENT *à nôtre Procureur au Châtelet , & qu'il en ait joüi ou* DU JOUIR , vous ayés à le maintenir , &c. & proceder à la Verification & *Enregistrement des presentes* , &c.

Il n'est point question là d'Edits , ni d'Arrêts précedens. Le Procureur du Roy a-t-il joüi ou dû joüir ? Voilà ce que le Parlement avoit à examiner , & ce qu'il a examiné & trouvé juste , puisqu'il a enregistré l'Edit.

Mais quand il en seroit question , l'Arrêt d'Enregistrement suffiroit , parce que le Parlement n'auroit verifié qu'après avoir trouvé que suivant les Edits , Arrêts & Reglemens , le Procureur du Roy avoit joüi ou dû joüir de toutes les Fonctions énoncées dans l'Edit , puisque dans cette supposition , ç'eût été la Condition à laquelle le Roy attachoit la Verification.

Ainsi l'Arrêt d'Enregistrement du premier Août 1681. contient tous ces Edits , Arrêts & Reglemens , les suppose & me dispense de les rapporter.

L'Abbé de Bouïllé n'a pas fait attention que ses Reflexions sur l'Enregistrement de cet Edit , sont injurieuses au Parlement : ces Reflexions supposent que l'Edit a été enregistré sans un mûr Examen ; Et qui peut ignorer la sage & scrupuleuse maturité avec laquelle ce Corps respectable procede à l'Enregistrement des Loix qui luy sont adressées ? il est dans cette occasion l'œil du Prince & de la Nation.

J'ose me flatter d'avoir dissipé tous les petits nuages que l'Abbé de Bouïllé s'est efforcé de rassembler sur le veritable sens de l'Edit de 1661. ainsi la Nullité que j'ai proposée en consequence de cet Edit n'a reçû aucune atteinte.

J'ay proposé contre la Plainte du 26. Juillet 1742. une Fin de non-recevoir tirée de toutes les circonstances de l'Affaire , du silence de Madame du Pont-du-Château pendant douze années , de ses Lettres , de celles de sa Famille , & de la mienne , & de ses Declarations judiciaires en 1737. & 1741.

L'Abbé de Bouïllé prétend qu'après la Sentence du 31. Août 1742. & l'Arrêt confirmatif , qui nonobstant une Fin de non-recevoir proposée alors , ont admis la preuve , je suis non-recevable à proposer de nouvelles Fins de non-recevoir. Il cite l'Ordonnance de 1667. qui ne permet , dit-il , de faire revivre une Demande jugée que sur des Piéces nouvellement recouvrées & retenuës par le Fait de la Partie ; encore est-il necessaire , continuë-t-il , de se pourvoir par Requête Civile.

Il ajoûte que j'avois en ma possession les Lettres dont il s'agit. Il convient (*a*) que ces Lettres formeroient en elles-mêmes dans un autre tems , & *pour tout autre*

(*a*) C'est à la premiere, deuxiéme & derniere ligne de la Pag. 14. & à la premiere ligne de la Page 15. de son Libelle.

D

que moy des Fins de non-recevoir *dignes de quelque attention*, mais il prétend que je ne suis plus recevable à les proposer aujourd'huy.

J'observerai d'abord que la Fin de non-recevoir que j'ay proposée en 1742. je ne la tirois que des Declarations judiciaires faites par Madame du Pont-du-Château en 1737. & 1741. ainsi que cela est prouvé par le Mémoire imprimé, qui est produit. Je n'avois pas alors sous la main les Lettres de ma Femme, celles de sa Famille & de la mienne, dont la plûpart étoient à ma Terre du Pont-du-Château. Ainsi en faisant servir aujourd'huy ces Lettres de baze à une Fin de non-recevoir, ce n'est pas la même que celle proposée en 1742. Les premiers Juges & la Cour n'ont pas regardé comme suffisantes, les Declarations judiciaires, dont je me servois alors; mais s'ensuit-il delà qu'ils ont décidé, que je ne pourrois plus produire *de Titres*, d'autres Piéces par écrit, d'où il résulteroit des Fins de non-recevoir? si par exemple, toutes les avenuës ne m'avoient pas été fermées pendant la Maladie de Madame du Pont-du-Château, si j'avois pû voir ma Femme dans ses derniers momens, & luy faire désavoüer par un Ecrit autentique toutes les horreurs, dont on m'a noirci sous son Nom, serois-je non-recevable aujourd'huy à proposer contre son Legataire la Fin de non-recevoir, qui resulteroit de cet Ecrit, & cela parce que la Sentence & l'Arrêt qui ont admis la preuve, n'auroient point eu d'égard à une autre Fin de non-recevoir? Je ne crois pas qu'il y ait Personne au monde qui voulut soûtenir une pareille extravagance.

Or les Lettres de Madame du Pont-du-Château sont un désaveu anticipé des horreurs, & des calomnies que la Plainte & les Témoins ont placé dans l'intervalle de 1714. jusqu'à la fin de 1724. Pourquoy ne serois-je pas recevable à proposer aujourd'huy ce désaveu anticipé pour Fin de non-recevoir?

L'Abbé de Boüillé dira-t-il que lors de la Sentence & de l'Arrêt, je n'aurois pas eu en ma possession le désaveu que je suppose donné dans la derniere Maladie de ma Femme, & que lors desdites Sentences & Arrêts j'avois les Lettres dont il s'agit, & que l'Ordonnance de 1667. Article 34. des *Requêtes Civiles*, n'admet que des Piéces retenuës par le Fait de la Partie?

Je luy répondrois que s'il s'agissoit d'une Requête Civile; que si j'attaquois par cette voye l'Arrêt dont il s'agit; que si je ne proposois que la même Fin de non-recevoir, cela seroit bon; mais qu'il n'est nullement question de tout cela; que les Lettres que je produis dans un Procès *Criminel au fond*, puisqu'il a commencé par une Plainte, mais qui ne se poursuit pas criminellement, à cause de la Reverence du Mariage, sont de veritables reproches contre la Plainte & les Témoins; reproches qui tendent à faire voir que la Plainte, les Demandes qu'elle contient, & les Enquêtes n'ont aucune apparence de fondement, & qu'ainsi la Plaignante, ou ceux qui la representent ne sont pas recevables dans ces Demandes; reproches qui par consequent forment une Fin de non-recevoir.

Or je puis suivant les termes exprès de l'Article 20. du Titre 15. de l'Ordonnance de 1670. qui seule est icy susceptible d'application, vû la nature de l'Affaire qui est toute *Criminelle au fond*, proposer des reproches *en tout état de Cause*, s'ils sont justifiez *par écrit*. Je puis donc proposer depuis les Sentence, & Arrêt qui ont admis à la preuve, la Fin de non-recevoir resultante des Lettres de Madame du Pont-du-Château, qui sont & contre la Plainte & contre les Témoins, des reproches *justifiez par écrit*.

Ces Lettres démontrant la fausseté des Faits placez par la Plainte, & sur-tout par les Témoins avant 1724. & ces mêmes Témoins déposant de quelqu'autres Faits depuis 1724. jusqu'en 1730. ils ne peuvent ny ne doivent être crûs dans ces derniers Faits, parce qu'étant convaincus de fausseté pour le grand nombre de Faits très-graves par eux placez dans l'espace de dix ans, ils meritent aucune Créance pour quelques Faits par eux placez dans l'espace de six années.

D'ailleurs s'ils ont déposé faux pour dix ans, ce ne peut être que parce qu'ils ont été subornez, & s'ils ont été subornez pour les Faits de ces dix années, ils l'ont été également pour les Faits des six autres années.

Et même quand il se trouveroit quelques Témoins qui ne déposeroient que des Faits placez dans les six dernieres années, ces Témoins ne seroient pas plus croyables que les autres, parce qu'ils auroient été administrez de la même main, qui auroit corrompu ceux qui déposeroient en même tems, & des Faits des dix premieres années & des six dernieres.

Enfin fi les Témoins qui ont dépofé des Faits des dix premieres & fix dernieres années ont été fubornez pour dépofer de tous les Faits de ces deux époques , ce ne peut être que parce que tous ces Faits font faux , & s'ils font faux dans leur bouche, ils le font également dans celle des Témoins , qui n'auroient dépofé que des Faits des fix dernieres années, fi cependant il y a dans l'Enquête de ma Femme des Témoins qui n'ayent dépofé que de ces Faits; je ne crois pas qu'il y en ait ; mais je ne pourrois le dire pofitivement qu'en revoyant l'Enquête que je n'ay plus fous les yeux ; elle eft au Procès.

Ainfi les Lettres de ma Femme , indépendamment des circonftances de l'Affaire , indépendamment de fon filence pendant 12. années , indépendamment de fes Declarations judiciaires, forment par elles-mêmes & par les confequences qu'elles prefentent, une Fin de non-recevoir qui embraffe les 16. années que j'ay vêcu avec ma Femme.

Que ces Lettres prouvent & démontrent la fauffeté des Faits placez depuis 1714. jufqu'en 1724. & par confequent la fubornation des Témoins, qui ont dépofé de cet efpace de tems, j'ofe dire que cela eft démontré par la maniere tendre, libre, naturelle & affectueufe dont ces Lettres font écrites. Ainfi je renvoye à ces Lettres & aux Reflexions que j'ay faites fur ce fujet dans mon Memoire.

Si en conformité de l'Article 29. du Titre 15. de l'Ordonnance de 1670. je puis propofer aujourd'huy & contre la Plainte & contre les Témoins, ces Lettres comme des Reproches juftifiez par écrit , comme des Fins de non-recevoir, il n'y a plus de difficulté ; l'Abbé de Boüillé étant convenu que ces Lettres pouvoient être propofées comme des Fins de non-recevoir *dignes de quelque attention.*

Quant à ce qu'il dit qu'elles pourroient être propofées comme telles, *pour tout autre que moy*, c'eft une infulte gratuite pour nos Juges communs & pour moy : fi ces Lettres feroient un Moyen pour un autre, elles en font un pour moy.

La Juftice n'a qu'un Poids & qu'une Mefure ; elle juge les Caufes & non les Perfonnes ; d'ailleurs de quelque côté que l'Abbé de Boüillé veüille fe confiderer, il ne luy convient nullement de s'échaper vis-à-vis de moy , comme il le fait ici.

Je reviens à la Fin de non-recevoir tirée des Lettres de Madame du Pont-du-Château , & des confequences qui en fortent naturellement : fi l'on joint ces Lettres à toutes les circonftances de l'Affaire, au filence de ma Femme pendant douze années entieres, fur-tout depuis 1736. qu'elle m'a plaidé avec la derniere vivacité & à fes Declarations judiciaires qui écartent toute idée de mauvais traitemens, la Fin de non-recevoir acquerre une nouvelle force , qui ne peut manquer de faire la plus grande impreffion fur des efprits judicieux.

Au refte cette Fin de non-recevoir n'eft pas une fimple Fin de non-recevoir de forme; elle fort du fond des chofes mêmes, en ce qu'elle prouve la fauffeté de la Plainte & des Dépofitions des Témoins.

Quant aux Moyens du Fond je les ay établis dans mon Memoire, fur les Contradictions de la Plainte, & l'incompatibilité des Faits qu'elle renferme ; fur les Contradictions des Témoins, & la preuve de la fubornation pratiquée à leur égard ; fur les Lettres de ma Femme, fur fes Declarations judiciaires , fur les Lettres de fa Famille & de la mienne ; enfin fur toutes les circonftances de l'Affaire, dont il refulte l'idée la plus forte d'une manœuvre caracterifée.

L'Abbé de Boüillé n'a eu garde de répondre à tous ces Moyens. Il s'eft contenté de rebattre le froid raifonnement, qui a été fait en premiere Inftance, que les Lettres de ma Femme n'ont été écrites que pour me ramener, pour adoucir ma prétenduë ferocité : j'ofe demander à mes Juges & au Public, qui ont pris lecture de ces Lettres, s'ils en ont pris cette idée en les lifant ? la cordialité, la franchife, la liberté, la confiance, la gayeté, le fentiment, l'interet le plus tendre les ont dictées; ce ne font point là les Difpofitions d'une Femme méprifée, meurtrie de coups, déshonorée publiquement dès l'inftant du Mariage par un Mari feroce & brutal; une Femme traitée avec tant de barbarie *chaque jour , à chaque inftant, fans fujet , fans prétexte*, n'écrit point de ce ftile à l'Auteur de fes Maux.

Je renvoye donc l'Abbé de Boüillé aux Lettres de Madame du Pont-du-Château ; il y trouvera la Réponfe à toutes les vetilles & les chicanes qu'il a imaginées pour éluder la force victorieufe de ces Lettres & les confequences qui en refultent. Il y trouvera, s'il eft judicieux, qu'il eft impoffible que les Faits placez par les Té-

moins dans le tems que ces Lettres ont été écrites, ayent exifté dans ce même
tems, & que la Plainte qu'on a fait rendre à Madame du Pont-du-Château ne peut
jamais donner à ces Lettres un autre fens que celuy qu'elles prefentent fi naturellement, & qui prouve que la plus parfaite union regnoit entre elle & moy.
On n'imaginoit pas lors de la Plainte que j'euffe gardé les Lettres que Madame du
Pont-du-Château avoit pû m'écrire.

L'Abbé de Boüillé fait un raifonnement bien bizarre fur ces Lettres; elles ne
peuvent, dit-il, donner la moindre atteinte à des Faits, dont elles ne parlent pas;
or elles ne parlent pas des Faits de l'Enquête, &c.

Il eft vray qu'il n'y en eft pas dit un mot; mais il y eft parlé de tendreffe, d'amitié, de confiance réciproques; qui fuppofent la bonne intelligence, & il eft impoffible aux yeux de tout Homme raifonnable, & même phyfiquement qu'un Mary
qui met chaque jour fa Femme en peril de la vie par des traitemens barbares, aime,
cheriffe cette même Femme, l'eftime, fe confie en elle, & abandonne fa Fortune
& fes Affaires à fa difcretion, comme il eft démontré que je l'ay toûjours fait.

L'Abbé de Boüillé ajoûte que mes Témoins, qu'il appelle negatifs, ne prouvent
rien; mais j'ay fait voir dans mon Memoire que mes Témoins ne difent pas feulement qu'ils n'ont aucune connoiffance des Faits de la Plainte; mais qu'ils difent
encore que j'avois de bonnes manieres pour ma Femme, &c. Il y a parmi ces Témoins
des Domeftiques, qui nous ont fervi Madame du Pont-du-Château & moy, &
qui étans tous les jours, & à toute heure dans nôtre Maifon, ont dû voir & ont vû
tout ce qui s'y eft paffé.

Il m'eft échapé de relever en fon lieu ce qu'a dit l'Abbé de Boüillé, qu'il y a
eu en 1728. 1729. & 1730. beaucoup plus de Faits qu'il n'en faut pour faire prononcer une Séparation de Corps.

Les Faits que les Témoins placent dans ces trois années font le Fait de la Caleche, celuy du Soufflet prétendu jetté à la Tête de ma Femme, la prétenduë Deffenfe
de voir M. fon Pere dans fa derniere Maladie; enfin la menace de la jetter par la
Fenêtre, quelques jours avant la Séparation volontaire.

Indépendamment de ce qu'il eft démontré par les Reflexions que j'ay faites dans
mon premier Memoire, & dans celuy-cy, que tous les Faits font faux, le Fait de la
Caleche eft encore détruit par la Dépofition de M. le Comte du Châtelet, & par celle
de Boudin mon Cocher. J'ay fait voir d'ailleurs que je n'ay pû empêcher ma Femme
de voir fon Pere dans fa derniere Maladie: elle étoit alors féparée de moy. J'ay
prouvé la fauffeté de la prétenduë menace de la jetter par la Fenêtre. J'ay fait voir
auffi que le Fait du Soufflet, dépofé fur-tout par Dujat, deuxiéme Témoin, *qui n'é-
toit plus dans ma Maifon*, au tems où l'on dit que ce Fait y eft arrivé, eft faux; mais
quand on le fuppoferoit vrai pour un moment, dans quelle circonftance me fait-on
jetter ce Soufflet à la Tête de ma Femme? j'étois, dit-on, endormi dans un Fauteüil; ma Femme me réveilla, & c'eft en m'éveillant qu'on me fait faifir ce Soufflet pour le jetter. Si le Fait étoit vrai, feroit-il bien capable d'operer une Séparation de Corps & d'Habitation? Un Homme qui s'éveille en furfault fçait-il ce
qu'il fait, & pourroit-on luy faire un Crime d'une vivacité en pareille circonftance?

Le peu de tems que j'ay, ne me permet pas d'infifter d'avantage fur le Libelle *figné*
de l'Abbé de Boüillé; je ne luy dirai point que je méprife fon Ecrit; on ne méprife
pas ce que l'on craint; & je n'ay que trop appris depuis dix ans à redouter la
Calomnie. *Signé*, CANILLAC PONT-DU-CHASTEAU.

LE BLANC, Procureur.

Contre-Lettre, & Extraits du Bail du 20. Avril 1736. & de la Tranfaction du 18. Février 1741. qui prouvent la Calomnie avancée Pages 5. & 6. du Libelle de l'Abbé de Boüillé, touchant une prétenduë Contre-Lettre de 5000. liv. fur le prix du Bail. Voyés cy-deffus Page 7. du prefent Memoire.

JE fouffigné Marquis de Pont-du-Château, promets & m'oblige de tenir compte
à M. Peyrotte par chacune année de la fomme de cinq cent livres à laquelle
j'ai fixé les interêts des dix mille livres d'avance qu'il m'a faite en déduction des
vingt-deux mille livres par an qu'il me doit pour la Ferme du Pont-du-Château,
fuivant le Bail que je lui ai paffé double cejourd'hui pardevant Bronod & fon
Confrere, Notaires à Paris, laquelle déduction je ne ferai neanmoins qu'à condition que ledit fieur Peyrotte me païera exactement le prix dudit Bail aux termes

y portez & trois mois après chaque échéance ; ainsi que je l'ai accordé par le Bail, lesquels intérêts ne commenceront à courir que du premier Juillet prochain. Fait à Paris ce vingt Avril mil sept cent trente-six. (Signé) CANILLAC PONT-DU-CHASTEAU.

(En tête est écrit) *quarante-six* avec Paraphe. (Au dos est écrit de la main de Peyrotte) *Billet de M. le Marquis pour raison de* 500. *liv. par an d'intérêts des* 10000. *liv. par moi avancées* , avec Paraphe.

P AR Acte passé devant Bronod qui en la Minute & son Confrere, Notaires à Paris, le vingt Avril mil sept cent trente-six : Appert Haut & Puissant Seigneur Denis-Michel de Montboissier Beaufort Canillac, Marquis du Pont-du-Château , avoir donné à Ferme & Loyer pour neuf années , neuf Recoltes & Dépoüilles entieres & consécutives qui ont commencé au premier Juillet de ladite année mil sept cent trente-six , au sieur *Jean-Gaspard Peyrotte, Bourgeois de Paris , & Damoiselle Marie-Anne Defenis, son Epouse* , ce accepté, *le Marquisat du Pont-du-Château* , Terres & Seigneuries en dépendantes , le tout situé en la Limagne d'Auvergne , moyennant la somme de *vingt-deux mille livres* , pour & par chacune desdites années , & aux autres Charges y portées.

Extrait & collationné par les Notaires à Paris, soussignez , sur la Minute dudit Bail demeurée en la possession dudit Bronod , Notaire , cejourd'huy vingt - sept Août mil sept cent quarante-six. Signé B R O N O D.

Par ledit Acte dont Extrait est cy-dessus :
Appert ledit Seigneur Marquis du Pont - du - Château avoir donné à Ferme & Loyer ausdits Sieur & Dame Peyrotte la Terre de Lignac contiguë audit Marquisat du Pont-du-Château , pour *en commencer la joüissance du vingt-cinq Mars sept cent quarante-un* , moyennant la somme de cinq mille livres par chacune année , conformément au Bail lors subsistant de ladite Terre.

Extrait & collationné par les Notaires à Paris soussignez , sur la Minute dudit Bail demeurée audit Mᵉ. Bronod , Notaire , cejourd'huy vingt-sept Août mil sept cent quarante-six. Signé B R O N O D.

De la Transaction passée devant Bronod, Notaire à Paris, le dix-huit Février mil sept cent quarante-un entre M. le Marquis du Pont-du-Château & lesdits *Sieur & Dame Peyrotte* sur les Contestations au sujet du Compte des Fermages de la Terre du Pont-du-Château , sur la main-levée des Saisies étant faites ès mains des Sous-Fermiers , Saisies & Executions des Effets desdits Sieur & Dame Peyrotte, même pour raison des dommages & interêts & de la resolution du Bail de ladite Terre.

Appert s'être trouvé *rester dûs* par ledit Peyrotte & sa Femme *trois mille huit cent quatre-vingt-quatre livres six sols onze deniers* , restans tant des quatre années dudit Bail échûes au premier Juillet mil sept cent quarante , que de ce qui avoit été reçû par ledit Peyrotte & sa Femme *du Fermier de Lignac, (a)* que des Effets à recouvrer ; a été convenu qu'à l'égard de ce qui est échû & reste à expirer du Bail de ladite Terre, que ledit *Bail sera & demeurera resolu* , à compter du 1. Juillet mil sept cent quarante , *en consequence de laquelle resolution* dudit Bail , ledit Seigneur a , *pour indemniser* ledit Peyrotte & sa Femme des dommages & interêts qu'ils auroient pû prétendre *tant pour la resolution* dudit Bail qu'autrement , *quitté & remis* audit Peyrotte & sa Femme *ladite somme de trois mille huit cent quatre-vingt-quatre livres six sols onze deniers.*

Et attendu qu'il leur est dû par les Sous-Fermiers *huit mille six cent quatre-vingt-douze livres dix-huit sols* pour les Fermages échûs audit jour , il a été convenu que cette somme *appartiendra* audit Seigneur , auquel lesdits Peyrotte & sa Femme *en ont fait toute cession* , & il s'est trouvé que lesdits Sieur & Dame Peyrotte ont reçû des Revenus de ladite Terre depuis le premier Juillet mil sept cent quarante

(a) Peyrotte recevoit de mon Fermier de Lignac , & me faisoit tenir cet argent à Paris sans frais, suivant nos Conventions.

18

cent dix-huit livres quatorze fols dix deniers , & d'un autre côté ledit Peyrotte
à payé pour menuës Dépenses cinq cent quatre-vingt-six livres treize fols fix deniers , fur laquelle déduisant celle fufdite de quatre cent dix-huit livres quatorze
fols dix deniers , il fe trouve leur refter dû cent foixante-fept livres dix-huit fols
huit deniers , laquelle joignant aux huit mille fix cent quatre-vingt-douze livres
dix-huit fols cy-deffus cedée audit Seigneur, il fe trouve être par luy à eux dûës
huit mille huit cent foixante livres feize fols huit deniers , *enfemble celle
de dix mille livres* avant par eux à luy avancée (a) lors du Bail pour fervir de
Cautionnement d'iceluy, & fept cent livres convenus pour partie de douze cent
livres de Pot-de-Vin payé lors du Bail ; lefdites trois fommes reviennent à dix-
neuf mille cinq cent foixante livres feize fols huit deniers , laquelle ledit Seigneur
promet & s'oblige payer audit Peyrotte & fa Femme dans le tems y porté.

Par Acte du vingt-huit Août mil fept cent quarante-cinq , enfuite de la Declaration.

Appert lefdits Sieur & Dame Peyrotte avoir donné pleine & entiere main-levée
pure & fimple audit Seigneur des Saifies & Oppofitions faites fur luy à leurs
Requêtes.

*Extrait & Collationné par les Notaires à Paris , fouffignez , fur la Minute dudit
Acte demeuré audit M^e. Bronod , Notaire ce jour d'huy vingt-neuf Août mil fept cent
quarante-fix.* Signé B R O N O D.

(b) Suivant la
Contre-Lettre du
20. Avril 1736. ci-
deffus imprimée,
ces trois Extraits
d'Actes prouvent
bien clairement
la noirceur de la
calomnie impri-
mée dans un Me-
moire lors de la
Contefftation fur
la reprife , & dans
le Libelle de l'Ab-
bé de Boüillé.
Tels font les
moïens dont on
s'eft fervi pour me
deshonorer , &
me faire paffer
pour un malhon-
nête Homme.

De l'Imprimerie de J. L A M E S L E, Pont S. Michel, au Livre Royal. 1746.

11,433

MEMOIRE

POVR Meſſire Denys - Michel De Montboiſſier-Beaufort-Canillac, Chevalier Seigneur Marquis du Pont-du-Château, Brigadier des Armées du Roy, Premier Sous-Lieutenant de la Seconde Compagnie des Mouſquetaires ſervans à la Garde à Cheval de Sa Majeſté.

LA Conſervation d'un Revenu de douze mille livres qui fait partie de la Terre du Pont-du-Château, ſize en Avergne, ſur la Riviere d'Allier, eſt l'objet de ce Memoire.

Le Marquis du Château & ſes Auteurs poſſedent depuis près de quatre cents cette Terre.

La Riviere d'Allier n'eſt pas navigable de ſon propre fonds au-deſſus du Pont-du-Château.

De tous temps les Seigneurs du Pont-du-Château ont eu une Digue ou Peſliere qui barre la Riviere, & qui a été conſtruite tant pour l'uſage des Moulins abſolument neceſſaires aux Habitans des environs, que pour la Pêcherie des Saumons, qui eſt très-abondante.

Quelques Marchands & Bateliers ont fait en 1730 des Plaintes qui tendent à faire détruire cette Digue comme nuiſible à la Navigation; ce qui entraîneroit la ruine totale des Moulins & des Pêcheries, & feroit perdre douze mille livres de Rente au Marquis du Pont-du-Château.

On conçoit qu'un tel projet eſt infiniment important, non ſeulement pour luy, mais pour l'intereſt de Sa Majeſté & pour celuy du Public.

Il y a trois Chefs à examiner.

1. Si le Marquis du Pont-du-Château eſt Proprietaire de la Riviere d'Allier, & s'il eſt en droit d'y avoir une Digue pour le ſervice de ſes Moulins & Pêcheries.

2. S'il eſt de l'intereſt du Public de détruire cette Digue pour l'a-

A

vantage de la Navigation & du Commerce, en dédommageant le Marquis du Pont-du-Château; ou si le Public n'est pas plus intéressé à la conservation des Moulins, sans lesquels les Habitans du Lieu & des Environs ne peuvent vivre.

3. En quelle maniere le Dédommagement devroit être fait.

PREMIER CHEF.

Le Marquis du Pont-du-Château est Proprietaire de la Riviere d'Allier dans l'étenduë de sa Terre, & il est en droit d'y entretenir une Digue.

Cette Terre située près des Villes de Montferrand, Clermont & Riom, fut venduë en 1343, par Humbert dernier Dauphin de Viennois, à Guillaume Roger, qui fut depuis Comte de Beaufort.

La Riviere d'Allier traverse cette Terre dans l'étenduë de deux lieuës.

Le Contrat de Vente en énonce les Dépendances : *Cum Payscheriis, Pischariis, Molendinis, Aquis, Aquarum Cursibus, Ductibus, Conductibus, Pontonagiis, Rivis, Pedagiis, Baratgiis, &c.*

Le Dauphin Vendeur s'obligea specialement, luy & ses Successeurs, à la garantie de chacune des choses venduës sous l'hypotheque de tous ses Biens. *Pro præmissis, & singulis venditis garentiandis defendendis, & inviolabiliter observandis.*

Parmi ses Biens, étoit entr'autres le Dauphiné, dont il étoit alors paisible Possesseur, & qu'il donna depuis, en 1349, au Fils Aîné du Roy de France.

Le Roy Philippe de Valois confirma cette Vente par Lettres Patentes de 1343.

Cette Terre fut mise en 1357 sous la Main du Roy, comme Domaniale : Mais Charles Duc de Normandie, qui fut le premier Dauphin, & qui étoit alors Lieutenant General du Royaume, en ordonna la Mainlevée en 1357.

Ce Prince devenu Roy sous le nom de Charles V, ou le Sage, ordonna de nouveau la Mainlevé de cette Terre par Lettres Patentes de 1365.

Le Motif qui servit à rendre au Comte Roger la pleine Proprieté de la Terre, & qui est énoncé dans les Lettres, est que le Roy se reconnoît luy-même Garent de la Vente, comme Successeur du Vendeur, dans le Dauphiné hypotequé à cette Garentie. *Et ad hæc se, & omnia Bona sua ac Delphina-tum prædictum obligavit.*

En consequence les Successeurs de Guillaume Roger joüirent paisiblement de la Terre du Pont-du-Château, Pêcheries, Moulins, Cours & Conduite des Eaux, & autres Dépendances.

a M. Lebret, Traité de la Souveraineté, Ch. 15. C'est un Principe certain en France, que les Rivieres qui ne font pas navigables de leur propre fonds, appartiennent aux Seigneurs Hauts-Justiciers.*a*

Le Parlement l'a jugé ainsi pour la Riviere de Loire, dans l'étenduë des Pays où elle n'eft point navigable, fuivant les Arrefts rapportez par Henry [b], dont un eft du 9 Decembre 1651, contradictoire avec M. le Procureur General.

L'Ordonnance de 1669, concernant les Eaux & Forefts, confirme ce Droit Commun, en ce qu'elle détermine [c] *Que la Proprieté de tous les Fleuves & Rivieres portant Bateau de leur fonds, fans artifice & ouvrage de main, appartient à Sa Majefté, & fait partie du Domaine.*

c Tit. 27, des Rivieres, Art. 41.

D'où il refulte que les Rivieres qui ne font pas navigables de leur fonds, & qui ne le deviennent que par artifice & ouvrage de main, ne font pas partie du Domaine, & qu'elles appartiennent aux Seigneurs Particuliers.

Le Contrat de Vente de la Terre du Pont-du-Château, contient tous les termes neceffaires pour exprimer la Proprieté de la Riviere : *Payf-cheriis, Pifcariis, Molendinis, Aquis, Aquarum Curfibus, Ductibus, Conductibus, Pontonagiis, Baratgiis, &c.* ce qui comprend toutes les Eaux des Rivieres & Ruiffeaux qui peuvent être dans l'étenduë de la Terre, les Cours des Eaux en montant & defcendant, Moulins, Pêches & Pêcheries, Pontenages, &c.

C'eft un Fait certain & notoire, qu'avant l'année 1668 la Riviere d'Allier n'étoit point navigable au-deffus du Moulin & de la Digue du Pont-du-Château : elle eft en effet toute embarraffée des Rochers ; le fonds eft de Roc : c'eft un Torrent quand les Eaux font hautes, & elle eft très-rapide en tous temps.

C'eft à l'occafion de la découverte d'une Mine de Charbon de Terre du côté du Braffac, dix lieuës au-deffus du Pont-du-Château, que des Particuliers qui exploitoient cette Mine, projetterent de hazarder quelques Bateaux fur la Riviere, & propoferent au Marquis du Pont-du-Château, de leur ouvrir un Paffage à la Digue de fon Moulin ; à quoy il confentit par la Mediation de M. De Fortia lors Intendant d'Auvergne, à condition qu'on luy payeroit Dix fols pour chaque Bateau qui pafferoit. C'étoit pour le dédommager de la perte que cauferoit l'Ouverture de la Digue, par le Chaumage du Moulin, & la diminution de la Pêche du Saumon.

Le produit de ces Dix fols par Bateau étant fort au-deffous du dommage qu'il fouffroit, & des dépenfes extraordinaires qu'il étoit obligé de faire pour l'entretien de l'Ouverture, il demanda une Augmentation. Les Marhands s'y oppoferent, & il y eut à ce fujet de longues Conteftations, qui furent renvoyées en 1690 à M. De Vaubourg Confeiller d'Etat, alors Intendant d'Auvergne.

Il entendit les Parties, examina les Titres, dreffa un Procès-verbal ; & après avoir pris une Connoiffance exacte de toutes chofes, il reconnut qu'il étoit jufte d'accorder quelque Dédommagement au Marquis du Pont-du-Château, non feulement pour entretenir l'Ouverture de fon Eclufe ou Digue, mais encore pour reparer les Breches que l'Ouverture avoit renduë plus frequentes : qu'il ne doutoit pas que le Marquis du Pont-du-Château n'eût dépenfé au moins 12000 liv. à l'entretien de cette Ouverture ; que l'on pouvoit faire état de pareille Dépenfe tous les vingt ans ; qu'ainfi il estimoit qu'on devoit luy permettre de prendre Quarante sols par Bateau.

Il fut rendu sur cet Avis un Arrest du Conseil le 20 Fevrier 1691, qui permit au Marquis du Pont-du-Château de lever Trente sols par Bateau, au lieu de Dix sols qu'il avoit perçû jusqu'alors ; à la charge de tenir l'Ecluse en bon état, & que les Bateaux passeroient à mesure qu'ils se presenteroient.

Cet Arrest, rendu sur la representation des Titres du Marquis du Pont-du-Château, est une décision bien claire, qu'il est Proprietaire de la Riviere d'Allier dans l'étenduë de sa Terre, & qu'il est en droit de barrer la Riviere par une Digue, ainsi qu'ont fait ses Auteurs dans tous les Siecles.

Quelques années après, il fut compris dans un Rolle de Taxes, en vertu de l'Edit du mois de Decembre 1693, concernant les Possesseurs des Isles, Islots, Crémens, Atterrissemens, Pêches, Moulins & Edifices sur les Rivieres navigables.

Il se pourvut devant M. l'Intendant d'Auvergne, qui le renvoya au Conseil ; & sur la representation des Titres ci-dessus énoncés, il fut pleinement déchargé par Arrest du Conseil du 12 Avril 1701.

Cet Arrest a encore jugé, que la Riviere d'Allier n'est point navigable de son fonds, & qu'elle appartient en Proprieté au Marquis du Pont-du-Château, dans l'étenduë de sa Terre.

En 1713 la Digue étant fort affoiblie par les Breches, le Pere du Marquis du Pont-du-Château moderne fut contraint de la refaire en entier, & de la placer plus haut, & en même temps de reédifier ses Moulins. Ce qui luy causa une Dépense extraordinaire de 40000 liv. sans compter le Chaumage des Moulins, & la perte de la Pêche pendant les démolitions & les nouveaux Ouvrages.

Ce qui fait connoître que les Trente sols pour Bateau ne sont pas suffisans pour l'indemniser de tant de Dépenses & de Pertes.

De ce qui vient d'être dit, il resulte que la Riviere d'Allier, la Digue, les Moulins, la Pêche font partie du Patrimoine du Marquis du Pont-du-Château, & qu'on ne peut l'obliger à démolir sa Digue, aux termes du Droit Commun, suivant lequel chacun est Maître de ce qui luy appartient.

On examinera ci-après, si pour l'interest du Droit Public, il peut être contraint à rompre sa Digue.

Il faut répondre à un Moyen que les Marchands & Bateliers tirent de la Declaration du 24 Avril 1702, servant de Reglement pour la Navigation de la Riviere de Loire, & de celles qui y affluënt.

Cette Declaration porte, Article 1, *Que les Meûniers, Pêcheurs, & tous autres qui tiennent des Moulins flotans & Pêcheries sur la Riviere de Loire, & autres y affluant, ne peuvent les placer qu'à huit toises au moins du rivage, en sorte que les Bateaux ayent la liberté de passer d'un côté ou de l'autre des Moulins ; il leur est défendu de barrer la Riviere, & d'attacher sur le rivage des cordes & chaînes de leurs Moulins, afin que le passage des Bateaux ne soit pas empêché.*

Mais qui ne voit que cette Declaration regarde seulement les Rivieres qui

qui font Navigables, & qu'elle ne peut avoir d'application à la Riviere d'Allier, laquelle n'eft Navigable de fon fonds qu'au-deffous du Pont-du-Château, & non au deffus? En effet ce n'eft que par artifice qu'on eft parvenu à faire defcendre des Bateaux fur l'Allier depuis Braffac pendant quatre mois de l'année feulement, fans que ces Bateaux puiffent remonter dans aucun temps.

Une Riviere qu'il eft impoffible de remonter & qu'on ne peut defcendre que pendant le tiers de l'année, n'eft pas certainement une Riviere Navigable.

L'Avis même de Monfieur Trudaine Intendant d'Auvergne, dont il fera parlé ci-après, établit que la Riviere n'eft pas Navigable, & que la propriété en appartient au Marquis du Pont-du-Château, en vertu des Titres les plus authentiques : qu'il y a été confirmé, & quil n'eft pas jufte de lui enlever fon Patrimoine auffi confiderable, fans lui donner un Dédommagement proportionné.

Eft-il de l'intereft Public que fon Patrimoine lui foit enlevé, & que fa Digue foit détruite? c'eft ce qu'il faut examiner.

SECOND CHEF.

S'il eft de l'intereft Public de détruire la Digue du Pont-du-Château, pour l'avantage de la Navigation & du Commerce, en Dédommageant le Marquis du Pont-du-Château ; ou fi le Public n'eft pas plus intereffé dans la confervation des Moulins, fans lefquels les Habitans des environs ne peuvent vivre.

Dans le temps que Monfieur de Vaubourg Intendant d'Auvergne fit la vifite de la Riviere, & dreffa le Procès-verbal fur lequel fut rendu l'Arreft du Confeil du 20 Février 1691, les Marchands ne fe plaignirent d'aucune incommodité pour le paffage des Bateaux à l'ouverture de la Digue; ils ne parlerent d'aucun naufrage arrivé pendant vingt-deux ans, à compter depuis 1668 qu'on avoit commencé à pratiquer la defcente des Bateaux.

L'établiffement d'un Bureau de Commiffaires du Confeil pour l'Examen des Peages, a donné l'idée à quelques Particuliers de faire des Plaintes en 1730, en fuppofant que la Digue onPeffiere étoit trop élevée, & le Pertuis fi haut que les Bateaux étoient expofés à perir au Paffage, & qu'il en periffoit fouvent.

L'objet de ces Plaintes étoit de faire ordonner la deftruction de la Digue, pour épargner Trente fols par Bateau, fans réflechir que cette deftruction cauferoit la ruine des Moulins & de la Pêche.

Ces Plaintes ayant été renvoyées à Monfieur l'Intendant d'Auvergne, fon Subdelegué a dreffé un Procès-verbal qui ne contient qu'une partie des Obfervations neceffaires. Sur les clameurs des Marchands, Monfieur l'Intendant a crû que la Digue cauferoit effectivement un grand nombre d'accidens aux Bateaux qui defcendent; de forte que par une Lettre du premier Novembre 1730, contenant fon Avis, il a marqué qu'il eftimoit que ce feroit un avantage pour le Commerce fi l'on détruifoit cette Digue.

B

Mais il a obfervé qu'il n'étoit pas jufte que le Marquis du Pont-du-Châ-teau fût privé d'un Patrimoine qui lui appartient, en vertu des Titres les plus authentiques ; ce qui arriveroit par la deftruction de la Digue, qui lui feroit perdre fes Moulins, & la Pêche des Saumons, qu'il re-connoît être très-abondante. Il conclud que fi Sa Majefté vouloit fe charger du Dédommagement, on ne pourroit rien faire de plus utile pour le Commerce, que de démolir cette Digue.

L'importance de l'Affaire demande qu'on examine en premier lieu, l'in-tereft Public par raport à la Navigation & au Commerce ; en fecond lieu, l'intereft Public par rapport aux Moulins ; en troifiéme lieu, l'intereft par-ticulier du Marquis du Pont-du-Château.

Il n'eft parlé dans l'Avis de Monfieur l'Intendant, que de l'intereft de la Navigation & du Commerce, auquel il oppofe l'intereft particulier du Marquis du Pont-du Château, en convenant qu'il faut lui donner un Dé-dommagement proportionné.

Commençons par examiner quel eft l'avantage de la Navigation & du Commerce.

Le Procès-verbal du Subdelegué de M. l'Intendant & fon Avis, con-ftatent qu'au-deffus du Pont-du-Château, la Riviere n'eft navigable que pendant quelques mois de l'année, & par le moyen de la fonte des nei-ges. Ajoûtons que ce n'eft que pour la defcente des Bateaux qui ne peuvent jamais remonter. C'eft à quoi la Navigation eft bornée.

Quant au Commerce, il ne confifte qu'au tranfport de Charbon tiré des Mines de Braffac. Il defcend par an environ douze cent Bateaux, dont il y en onze cent chargez de Charbon, & les autres font char-gés de quelques Fruits & de Chanvre.

Si les Mines de Braffac s'épuifent, ce qu'on doit prévoir, à quoy fera réduit le Commerce dans un Pays de Montagnes, qui ne fournit que peu de Denrées, & dans l'efpace de dix lieuës feulement ? Voila l'idée jufte qu'on doit avoir de ce Commerce.

Quant à la confervation des Moulins du Pont-du-Château, c'eft une confideration nouvelle non méditée, & dont il n'a point été parlé dans le Procès-verbal du Subdelgué de Monfieur l'Intendant, ni dans fon Avis.

Le Marquis du Pont-du-Château, met en fait que la Ville du Pont-du-Château qui eft affez grande, & le Pays des environs à quatre lieuës à la ronde, ne fçauroient vivre fans ces Moulins.

Il n'y a pas moyen d'y ériger des Moulins à vent, parce que les vents y font trop impetueux : On en a fait fouvent l'eperience.

Il y a quelques Moulins fur des Ruiffeaux, lefquels font hors de fer-vice quatre ou cinq mois de l'année, les Ruiffeaux étant à fec.

On ne peut donc compter que fur le Moulin du Pont-du-Château, tournant à fix rouës, & qui au moyen de la Digue travaille jour & nuit, pendant toute l'année, & dans les plus grandes fechereffes, fans difconti-nuer, que lorfqu'il paffe des Bateaux ; en forte que durant l'Eté, les Habitans à quatre lieuës à la ronde, font obligez indifpenfablement, de porter leur bled à ce Moulin ; il en eft venu cette année de fix lieuës : Sans ce fecours la Famine feroit dans le Pays.

Ce Moulin fameux ne fubfifte que par la Dgue. Le fait eft certain, par l'Avis même de Monfieur l'Intendant; & il eft aifé de le vérifier. On conçoit qu'un Moulin à fix roües fur une Riviere très-rapide, ne peut fe contenir fans une Digue, qui barre la Riviere entierement, & retienne l'Eau; qu'ainfi la deftruction de la Digue, feroit la deftruction du Moulin.

Et comme le Commerce le plus neceffaire aux hommes, eft celui qui leur fournit du Pain; il ne fuffit pas d'examiner, fi un petit cours de Navigation eft utile au Commerce, il faut pefer en même temps s'il ne caufe point un plus grand mal que l'avantage qu'on en peut efperer.

La Navigation s'eft faite depuis 1668, avec affez de facilité, quoique les Marchands en difent, en laiffant fubfifter la Digue.

De forte que le point précis de comparaifon, eft entre la commodité de la Navigation & du Commerce, que produiroit la deftruction de la Digue, & le dommage que cette deftruction cauferoit au Public & au Marquis du Pont-du-Château, par la perte du Moulin & de la Pêche.

L'intereft du Marquis du Pont-du-Château, peu être joint à celui du Public, puifque la perte de chaque Particulier retombe fur le Public.

Le Marquis du Pont-du-Château perdroit 12000 livres de Rente qu'il tire de fon Moulin & de fa Pêche.

La deftruction du Moulin obligeroit une partie des Habitans de ce Canton, de quitter ce Pays, ou d'acheter de la Farine à grands frais. Les Terres en vaudroient beaucoup moins.

C'eft un dommage très-fenfible qu'il faut balancer avec la prétenduë augmentation de Commerce; ou pour mieux dire comparer ce dommage avec celui qui réfulteroit de la rupture de la Digue.

Le Marquis du Pont-du-Château fera, dit-on, dédommagé par Sa Majefté, mais la perte n'en fera pas moins réelle.

Comment d'ailleurs dédommager le Public, c'eft-à-dire, tous les Habitans du Pays du préjudice qu'ils fouffriront par la rupture du Moulin? Qui leur fera manger du Pain? La plus grande commodité de la Navigation peut elle être mife en comparaifon avec un dommage fi réel & fi preffant?

C'eft ce qui merite une nouvelle difcuffion & de plus grandes reflexions.

On doit obferver au refte, que les fuppofitions des Marchands & Bateliers ont donné lieu à quelques erreurs de Fait qui fe trouvent dans l'Avis de M. l'Intendant.

1. Il y eft dit que les Pelieres, au nombre de plus de foixante, qui compofent la Digue, font de quinze à vingt pieds de hauteur; & certainement ils ne font que de fept à huit pieds hors du Roc, à la referve des deux piliers qui font à l'Ouverture pratiquée pour le paffage des Bateaux. Ce Fait eft établi par le Procès-verbal du Subdelegué de M. l'Intendant, & par le Plan dreffé de fon ordre.

2. On y marque que le Saut eft de fix pieds, & qu'il monte jufqu'à dix pieds dans les groffes Eaux: Cependant, fuivant le Procès-verbal du Subdelegué, le Saut n'eft ordinairement que de trois pieds. Dans les groffes Eaux il n'eft jamais de plus de cinq pieds; ce qui

forme une pente où il n'y a point de danger. La preuve en a été établie par des Procès-verbaux, où il est fait mention du passage de plus de cent Bateaux au mois de Fevrier 1731 : ce qui renverse toutes les suppositions des Marchands.

3. L'Avis suppose que le Pere du Marquis du Pont-du-Château a reconstruit sa Digue plus bas qu'elle n'étoit auparavant : & il est de Fait qu'elle a été construite de quelques toises plus haut.

4. L'Avis énonce des Naufrages frequens. On ne doit pas en croire les Marchands, qui ont toûjours dissimulé les deux veritables causes de la perte de quelques Bateaux.

La premiere est la mauvaise qualité des Bateaux, qui ne sont que de Sapin, dont les planches sont trop minces, & ne tiennent qu'à des chevilles de bois qui se sechent aisément ; d'où il arrive que les Bateaux sont disloqués. Les Marchands ne veulent pas faire la dépense de Bateaux bien construits, parce que leurs Bateaux ne remontent point, & se déchirent dans les Lieux où ils sont déchargés.

La seconde cause est, que la Riviere étant pleine de Rochers qui retrecissent le passage en plusieurs endroits, les Bateaux touchent ces Rochers, & en sont souvent endommagés. Cela arrive sur tout dans l'étenduë des Terres de Saint-Yvoine & Vic-le-Comte.

Ce sont là les seules causes de la perte de quelques Bateaux, & le Marquis du Pont-du-Château met en fait qu'il n'en est jamais peri aucun par le passage de la Digue. S'il arrive que des Bateaux se brisent à ce passage, c'est parce qu'ils avoient déja été endommagez en descendant de Brassac. Au reste, on les raccommode pour une pistole ; & jamais les accidens n'ont coûté, dans une année, 400 livres. Jamais aussi le passage n'a coûté la vie à aucun Marinier.

N'arrive-t-il pas des accidens sur toutes les Rivieres ? Il peut en arriver de même & plus frequemment sur la Riviere d'Allier ; parce que le cours en est mauvais & dangereux depuis Brassac jusqu'au Pont-du-Château.

Pour remedier aux inconveniens qui se rencontrent dans cet espace, il faudroit couper les Rochers, & creuser en certains endroits le fonds qui est tout de roc. Entreprise très-difficile, & d'une grande dépense, que des Gens qui en ont fait une estimation superficielle, portent à plus de deux cent mille livres.

Il faudroit necessairement commencer par ces grands ouvrages pour faciliter la Navigation, & en voir le succès. Car la rupture de la Digue n'y feroit rien. Le Lit d'au-dessus sera également embarrassé de Rochers, & il y aura les mêmes inconveniens & les mêmes dangers.

Les Bateaux qui portent des Fruits, & quelquefois des Grains & du Vin, sont chargez au-dessous du Pont-du-Château, où les bords sont plus commodes ; & quand la Digue sera démolie, on continuëra toûjours de charger ces Bateaux au-dessous & non au-dessus, tant qu'on ne coupera pas les Rochers & qu'on ne creusera pas le fonds au-dessus.

Cette Affaire embrasse, comme on voit, plusieurs objets qui n'ont pas été prévûs, & qui meritent l'inspection la plus exacte.

Il

Il n'a été rien obſervé dans le Procès-verbal du Subdelegué de M. l'Intendant, ni dans ſon Avis, ſur la neceſſité des Moulins, qui eſt le point le plus intereſſant pour le Public. Il n'a été rien dit non plus ſur l'état de la Riviere au-deſſus du Pont-du-Château. On n'a pas même parlé exactement de l'état de la Digue, puiſqu'il s'y trouve des contradictions ſur la hauteur des Piliers & du Pertuis.

Se bornera-t-on aux ſeules plaintes de quelques Marchands & Bateliers, qui ne ſe ſoucient nullement des Naturels du Pays, & qui n'ont en vûë que leur interêt, conſiſtant à être déchargez de Trente ſols par Bateau?

Riſquera-t-on ſans un plus grand éclairciſſement de mettre la famine dans le Pays, en détruiſant des Moulins dont le Public ne peut ſe paſſer; de faire perdre 12000 livres de Rente à un Seigneur dont les Services & ceux de ſes Ancêtres meritent des récompenſes, & de charger de cette perte Sa Majeſté, qui eſt tenuë formellement de le garantir?

Ce n'eſt pas la regle. Il faut abſolument une Information la plus complette. Premierement, ſur la neceſſité des Moulins; & pour cela entendre les anciens Habitans, les Notables du Pays, les Officiers de Police; verfier s'il y a des Moulins à quatre ou cinq lieuës aux environs, & s'il eſt poſſible d'y en conſtruire, en ſorte que les Habitans puiſſent ſe paſſer de ceux du Pont-du-Château. C'eſt une raiſon ſuperieure à tout.

Secondement, il convient de bien viſiter l'état de la Riviere depuis Braſſac juſqu'à la Digue, pour connoître avec certitude ſi les dommages qui arrivent aux Bateaux ſont cauſez par le paſſage de la Digue ou par les Rochers d'au-deſſus, & le lit de la Riviere.

Il faut viſiter les Bateaux pour en connoître la qualité & la conſtruction; comme auſſi viſiter & meſurer la Digue avec exactitude dans toutes ſes parties.

C'eſt ce qui ne peut être fait valablement que par des Experts verſez dans la Navigation & les autres Arts, & en preſence du Marquis du Pont-du-Château ou de ſes Officiers. Ce n'eſt qu'après toutes ces Verifications qu'on pourra faire une juſte comparaiſon des deux differens objets de l'interêt Public, de la prétenduë augmentation du Commerce, avec la perte de la Digue, des Moulins & de la Pêche, c'eſt-à-dire de 12000 livres de Rente dont Sa Majeſté eſt garante.

Pour connoître l'importance de la Pêche du Saumon, on obſerve qu'elle ſe fait de deux manieres; 1, par des Filets; 2, par des Naſſes fort grandes, placées au-deſſous de la Digue, & qui y ſont continuellement adherantes, ſans laquelle elles ne pourroient ſubſiſter. Les Saumons qui remontent toûjours & ne deſcendent jamais, ſe trouvant arrêtés par la Digue & repouſſés par la rapidité de l'eau, tombent dans les Naſſes, d'où ils ne peuvent ſortir. On leve ces Naſſes deux fois par jour; l'on prend ſouvent juſqu'à vingt Saumons par jour, dans le temps de la Pêche, qui dure depuis le mois de Janvier juſqu'au mois de Juin.

Le terme de ~~Pécheries~~ énoncé dans le Contrat de Vente, outre celuy de *Piſcariis*, s'applique particulierement à la Pêche du Saumon. *Pauscheries*

C

Il est sensible que ce qui a été fait jusqu'à présent n'est qu'un leger commencement de tout ce qui reste à vérifier, & qui est le plus necessaire.

Dans une entreprise de cette importance, on ne doit jamais se presser. On est toûjours à temps de détruire; mais après que la destruction est faite, il est quelquefois bien difficile de la réparer.

Il y a soixante-trois ans que la Navigation se fait par l'ouverture de la Digue. On peut bien la continuer de même pendant le temps qui sera necessaire pour une Verification réguliere & complette.

Les Marchands ozeroient-ils dire que les prétendus accidens de la Digue ont diminué le Commerce? L'on voit dans le Procès-verbal & l'Avis de M. de Vaubourg de 1691, qu'il ne descendoit alors qu'environ trois cent Bateaux par an, & à présent il en descend environ douze cent. Par consequent, dans l'espace de quarante ans le Commerce est augmenté des trois quarts.

Si le passage étoit aussi dangereux que ces Marchands le disent, la Navigation ne seroit-elle pas diminuée plûtôt qu'augmentée? Cette reflexion dément toutes leurs suppositions.

TROISIE'ME CHEF.

Qui consiste à sçavoir de quelle maniere le Marquis du Pont-du-Château devroit être dédommagé.

Il n'y a pas lieu de craindre qu'après que les choses auront été examinées dans toute leur étenduë, on ordonne la destruction de la Digue, qui seroit celle des Moulins & de la Pêche.

Si neanmoins ce malheur arrivoit, il seroit de la Justice de Sa Majesté de commencer par pourvoir au Dédommagement entier & effectif du Marquis du Pont-du-Château, avant qu'il fût rien démoli.

On ne pourroit pas mettre en usage ce qui se pratique souvent, lorsque le Roy rentre dans ses Domaines alienez: qui est de déposseder les Engagistes, sauf à eux à faire liquider leur Finance, & à en poursuivre le remboursement.

Le cas est ici bien different. C'est le Patrimoine du Marquis du Pont-du-Château, dont on ne peut légitimement le dépoüiller, quelque pretexte qu'on allegue de l'interêt Public, qu'après l'avoir remboursé, & pleinement dédommagé.

L'on voit de quelle importance est pour luy ce Remboursement de 12000 livres de Rente, faisant partie d'une ancienne Terre de Famille.

Outre ce Remboursement dont Sa Majesté seroit tenuë, les Habitans du Lieu n'auroient-ils pas lieu de demander des Indemnitez pour des dommages que leur causeroit la privation des Moulins du Pont-du-Château?

Après tous ces dédomagemens, on n'avanceroit encore rien pour la Navigation en détruisant la Digue, si l'on ne coupoit les Rochers qui embarrassent le Lit de la Riviere pendant dix lieuës de cours, & si l'on ne creusoit en beaucoup d'endroits le fonds qui est tout de roc.

C'est la premiere des dépenses qu'il convient de faire, & qu'on ne peut borner.

L'estimation que quelques Gens en ont faite au hazard à deux cent mille livres, peut doubler & au-delà.

Sa Majesté a de toutes manieres un interêt trop sensible dans cette Affaire, pour permettre qu'on précipite rien, & qu'on néglige aucune des voies necessaires pour en bien connoître les consequences.

Me GODEFROY, Avocat.

A PARIS, De l'Imprimerie de la V. L. RONDET, ruë
S. Jacques, près la Fontaine S. Severin, au Compas. 1731.

11,434

ABREGE' DU MEMOIRE

DU SIEUR MARQUIS DU PONT DU CHASTEAU.

CONTRE le Sieur Inspecteur General du Domaine de la Couronne.

IL s'agit dans l'instance de la prétendue qualité de bien Domanial qu'on attribue à la Terre & Seigneurie de Beu. C'est le prétexte dont on se sert depuis 60. années, pour en demander la réünion au Domaine.

Le Sieur Inspecteur General conclut à cette réünion, d'après le Procureur du Roy en la Chambre du Tresor, les anciens Fermiers, & le Sieur Controlleur General du Domaine ; ensorte que cette pretention qui a pris naissance dès l'année 1672. ou environ, subsiste encore, quoique l'Instance ait été evoquée du Parlement au Conseil, par Arrest contradictoire du 9. Janvier 1683.

Le Marquis du Pont du Château après avoir fait connoître les moyens artificieux dont se sont servi les Adversaires des Seigneurs de Beu, pour éluder pendant un si grand nombre d'années la décision de cette Instance, a établi la succession chronologique des Seigneurs de cette Terre à commencer dès l'année 1233. par Robert de Dreux premier du nom, Seigneur de Beu, jusqu'à Robert VI. son arriere petit fils, des mains duquel elle passa en 1392. en celles de Jean de la Personne Vicomte d'Auxy, & depuis en la possession de plusieures autres familles, jusqu'au feu Sieur Marquis de Canilhac decedé en 1726. *

* 2. 3. 5. 6. 19. & 20. Pages du Memoire.

De cette intelligence nécessaire à la décision de l'Instance, le Marquis du Pont du Château passe à l'examen des raisonnemens qui ont été proposez pour operer la réünion au Domaine de la Terre de Beu : Ils se divisent en deux parties ; la premiere a rapport au Comté de Dreux, la seconde à la Terre de Beu.

En ce qui concerne cette premiere question , les anciens Fermiers pretendent que Charles le Simple donna le Duché de Normandie à la Charge de l'Hommage à Giselle sa fille, en la mariant à Raoul premier Duc de Normandie, & que le Comté de Dreux dependoit de ce Duché, réüni au Domaine sous Philippes-Auguste, en vertu de l'Arrest des Pairs de 1202. qui confisqua les biens de Jean Sans-Terre Roy d'Angleterre, au profit du Roy de France, on ajoûte que le Roy Robert possedoit le Comté de Dreux dès l'année 1030. parceque les Historiens disent que Henry son fils s'en saisit sur lui, en haine d'Anne de Russie sa mere seconde femme de Robert, & que les Successeurs de ce Roy ont joüi de Dreux suivant de prétenduës Chartres de 1131. & 1132. qu'on ne voit point, par lesquelles Louis le-Gros, en disant que l'Eglise de S. Etienne de Dreux avoit été bâtie des bienfaits de ses Predecesseurs & des siens, transmet à l'Abbé de cette Eglise le pouvoir de conferer les prebendes du consentement du Chapitre, un droit de Foire en faveur de la même Eglise , & aux pauvres la faculté d'aller moudre à ses moulins , & que par un autre Chartre de l'année 1180. qui s'est pareillement eclipsée, Louis VII. accorda le droit de Commune aux Habitans. On oppose enfin une autre Chartre du même Roy Louis VII. de l'année 1153. par laquelle il confirme l'assignat de Dot fait par Robert de France son frere puisné en faveur d'Agnés de Braine sa troisiéme femme , d'où l'on conclut que le Comté de Dreux avoit été donné en appanage par Louis VII. à Robert son frere, suivant le sentiment des Historiens, ensorte que le Roy Charles VI. ayant donné ce Comté en 1381. au Connétable d'Armagnac en payement de 4000. livrées de Terre que le Roy Charles V. avoit promises à Marguerite de Bourbon sa belle-sœur, lors de son mariage avec Arnault Amanieu Sire d'Albret Pere du Connetable , ce Comté fut reüni au Domaine par l'Arrest du Parlement du 4. May 1551.

Les anciens Fermiers & le Sieur Inspecteur General, disent en second lieu, que la Domanialité & l'appanage du Comté de Dreux ainsi prouvez, & la Terre de Beu, faisant autrefois partie du Comté de Dreux duquel elle fut demembrée en partie par frerage, pour appartenir à Robert premier Seigneur de Beu, fils puisné de Robert troisiéme Comte de Dreux, decedé en 1233. ce demembrement étant arrivé depuis la Constitution de l'appanage, il s'ensuit que Beu dans son origine est également Domaine & appanage, qui n'a pû changer de nature, & par consequent qu'il est reversible, ainsi que le Comté de Dreux, réüni par l'Arrest du 4. May 1551. avec ses circonstances & dépendances. On oppose encore sur cette derniere partie une prétendue Transaction d'entre Robert premier Comte de Dreux , sa femme & ses enfans d'une part , & l'Abbé de Jumieges d'autre part , confirmée à ce que l'on prétend , par Louis VII. en 1158. par laquelle division fut faite de la Terre de Beu entre Robert, & les Religieux de Jumieges ; un acte de l'année 1202. par lequel Robert premier Comte de Dreux cede au Roy trois muids d'avoine à prendre sur sa grange de Beu, & détermine un nouveau cens en faveur du Roy, à prendre sur les Forains de la Terre du Coudray qui y cultivoient des Terres ; une Transaction de l'année

1515. & 1617. dans lesquels il est fait mention que la Terre & Chatellenie de Beü *est ancien-nement partie par frerage du Comté de Dreux*, ce qui a fait dire fort mal à propos aux anciens Fermiers, que la Terre de Beu avoit été possedée par les Princes de la maison de Dreux, conjointement avec ledit Comté dont elle faisoit partie.

Le Marquis du Pont-du-Chateau a répondu sur le premier Chef.

Que l'exemple du Duché de Normandie ne peut servir de guide dans cette affaire, parceque Philippes-Auguste l'a réüni au Domaine à titre de confiscation & de conquête, & non à titre de reversion, * dont les maximes, ainsi que celles des appanages reversi-bles à défaut d'hoirs, n'ont été connuës que plusieurs siécles après cette prétenduë alie-nation en faveur du mariage de Giselle avec Raoul ; il a prouvé * que jusqu'en l'an-née 1314. les enfans de France ont joüi en pleine propriété incommutable, des Terres qui leur avoient été données par forme de partage, dans la Succession de leurs augustes Péres.

Qu'il est absurde de pretendre que le Comté de Dreux dépendît du Duché de Nor-mandie, puisque ce Comté avoit été donné par Richard II. Roy d'Angleterre à Matil-des sa sœur, & qu'après son décès sans enfans, il étoit resté en propre au Comte de Chartres son mari sous la mouvance de la Couronne, en consequence du Traité de 1017. *

Que l'entreprise sur le Comté de Dreux de la part du Prince Henry fils du Roy Robert en l'année 1030. ne prouve pas que le Roy en fût Proprietaire ; ainsi ce n'est que du droit de mouvance & de la souveraineté dont Henry se saisit, puisqu'en 1017. le Domaine utile de cette Terre avoit passé en la possession du Comte de Chartres, tant pour lui que pour ses Successeurs. *

A l'égard des Chartres des années 1131. & 1132. outre qu'on ne les voit pas, & qu'el-les sont infiniment suspectes, c'est qu'elles ne prouvent rien par rapport à la domanialité de Dreux, attendu 1°. que la fondation d'une Eglise de la part du Roy, dans la Seigneurie particuliere d'un Sujet, se peut faire sans que le Roy en soit Seigneur utile ; il en est de même du droit de conferer les Prebendes : 2°. & 3°. les droits de Foire & de Commune sont regaliens, ils furent remis en vigueur sous les Regnes de Louis le Gros & de Louis le Jeune son fils : on ne peut point dire qu'ils dépendent de la Seigneurie particuliere du Sujet, puisqu'il a besoin de la concession du Souverain pour en joüir ; 4°. l'assignat de dot d'Agnés de Braine confirmé par Louis VII. en 1153. en conformité de l'usage de ces temps-là, ne prouve nullement que le Comté de Dreux ait appartenu à Louis VII. & qu'il l'ait en effet donné à Robert son frere, l'assignat de dot fait par Robert & la confirmation de cet assignat par l'authorité Souveraine, étoit un veritable ensaisinement de la part du Roy en qualité de Seigneur Suzerain, qui transportoit à Agnes de Braine la pleine pro-prieté de cette Terre, si elle fut restée veuve sans enfans ; de maniere que l'effet de cet assignat fut tel, que ses armes devinrent celles du Comté & du Comte de Dreux qui cessa dès-lors de porter celles de France, * & à l'égard des Historiens, Pithou est le seul qui ait hazardé son sentiment sur la domanialité du Comté de Dreux du Regne de Robert, * ce qui ne peut faire aucune impression, puisqu'on a prouvé sans replique que ce Comté n'est devenu domanial que par l'acquisition qu'en fit le Roy Charles V. de Marguerite & de Peronnelle de Thouars, les 23. Janvier 1377. & 19. Septembre 1378. moyennant 7000. liv. & les Terres de Benon & de Fontenay la Batut ; * acquisition que le Roy Charles V. qui connoissoit parfaitement ses droits, n'auroit pas faite, si le Comté de Dreux eût déja fait partie du Domaine de la Couronne dont il faisoit valoir toutes les prerogatives : l'Edit de 1372. que ce sage Monarque venoit de rendre, prouve bien qu'il étoit persuadé, & qu'il avoit verifié, que jamais cette Terre n'avoit reçu la plus legere teinture de Doma-nialité.

Et par rapport à l'Arrest du Parlement du 4. May 1551. le motif de la réünion ordon-née par cet Arrest, n'a pas été le titre du prétendu appanage reversible, concedé, dit-on, par Louis le Jeune avant 1153. mais le droit inherent à l'engagement de 1381. qui ne contenoit, & ne pouvoit contenir aucune translation de propriété, mais de l'usufruit seule-ment, avec faculté d'y rentrer en remboursant l'engagiste ; remboursement ordonné par l'Arrest, & determiné par la transaction passée en consequence entre Henry II. & le Duc de Nevers le 7. Avril 1556. qui fait delivrance des 3000. liv. de rente en fonds, aux ter-mes du susdit Arrest, pour tenir lieu des 4000. *livrées de Terre* promises par Charles V. à Marguerite de Bourbon sa belle sœur ; titre en vertu duquel le Duc de Nevers, descen-dant du Connetable d'Albret, possedoit le Comté de Dreux par engagement. *

Le Marquis du Pont-du-Château a repondu sur la seconde partie du systême des Fer-miers, en ce qui concerne la Terre de Beu, qu'ils n'ont jamais fait voir que cette Terre fût portion integrante du Comté de Dreux, lors de l'assignat de dot & de Comté en faveur d'Agnés de Braine ; qu'ils ont encore moins prouvé que Beu fût possedé con-jointement avec ce Comté par Robert I. ce qui étoit néanmoins indispensable si l'on vou-loit tirer avantage de la supposition que le Comté de Dreux fût Domanial avant 1153. même appanage reversible à défaut d'hoirs du premier appanagé, quoique cette loi n'ait été introduite que sous Philippes le Bel en 1314. plus de 160. années après cette possession de la part du Prince Robert ; d'où il s'ensuit que la Domanialité de Dreux ne conclut rien par rapport à la Terre de Beu, qui a toujours été un Fief mouvant de ce Comté ; ainsi quand même le Fief dominant eût été Domaine de la Couronne, le Fief servant n'auroit rien perdu de sa qualité de Domaine privé, ayant été possedé seul, independamment du

* Pag. 10. & 11.

* Pag. 16. & 17.

* Pag. 8. & 13.

* Pag. 13.

* Pag. 14. 15. & 16.
* P. 9. & les notes de la même pag.

* Pag. 12. 17. & 18.

* Voyez le disposi-tif dudit Arrest de 1551. pag. 7. & les moyens pages 17. 18. 30. & 31.

Comté de Dreux, dès l'année 1233. par des Princes de la maison de Dreux & par d'autres jufqu'à l'acquifition de ce Comté par Charles V. en 1377. & 1378. c'eft à dire pendant 150. années ou environ.

Il fuit de là que quand même, ce qui n'eft pas, cette Terre eût été demembrée du Comté de Dreux, lors du don qu'on fuppofe en avoir été fait à Robert I. par Louis le Jeûne en 1153. une pareille fous infeodation anterieure de 225. années à la Domanialité de *P. 20. 21. & 22. Dreux, ne concluroit rien pour operer la réûnion de cette Tetre. * Mais le partage des Succeffions de Robert III. & d'Aenor de Saint Valery, entre Jean Comte de Dreux fils aîné de Robert III. & Robert fon puîfné, fait une preuve complette que la Terre de Beu qui échut à Robert, avec celle de Neelle, ne faifoit point partie du Comté de Dreux, poffedé par Henry comme aîné, avec neuf autres Terres confiderables; c'eft un Fief qui en eft mouvant & dont par confequent il ne pouvoit pas être partie; il fut apporté par Aenor de S. Valery, ou c'étoit un acquêt de Robert III. & s'il étoit vrai que ce Fief eût été demembré du Comté de Dreux, il eût relevé de la Couronne de même que Dreux dont il auroit été détaché, conformément à l'Ordonnance de Philippes-Augufte de 1210. *P. 27. * rendüe 23. années au paravant que le partage des Succeffions de Robert III. decedé en 1233. & d'Aenor de S. Valery, ait pû être fait. Ainfi la demande en réûnion porte enco- *P. 21. & 22. re à faux, puifqu'on ne prouve pas qu'il y ait eû une defunion precedente, & qu'avant l'or- donnance de 1566. l'union tacite n'étoit point admife. *

Avant que de parcourir les piéces qui font oppofées par les Gens du Domaine, il eft jufte de dire un mot de celles qui ont été produites par la Demoifelle de la Foreft, puifqu'elles achevent de détruire fans reffource la demande en réûnion; c'eft l'Arrêt du Parlement du 28 Juin 1533. qui après une inftruction complette & contradictoire avec M. le Procureur General, dont on rapporte les preuves les plus fenfibles, maintient *P. 3. & 4. & les Jean de Habarcq purement & fimplement dans la joûiffance & poffeffion de la Terre nottes de la page 4. de Beu, avec reftitution des fruits depuis la main mife. * Il refulte de cette piéce im- portante que la queftion propofée par les Fermiers du Domaine en 1672. a été défini- tivement jugée en 1533. & que l'Arrêt du même Parlement du 4. May 1551. n'a nul- lement entendu comprendre la Terre de Beu, qu'il regardoit comme une Terre diftin- cte & très-féparée, lorfqu'il a ordonné la réûnion du Comté de Dreux, *fes circonftances & dépendances*, au Domaine de la Couronne.

A l'égard de la Tranfaction de 1158. c'eft une piéce fauffe, flétrie par Arrêt du Par- lement du 19. Août 1690. & comme telle, rejettée du procès alors pendant entre les Religieux de Jumieges, & le fieur Charles Hurault de l'Hopital, fur des conteftations *P. 22. 23. & 24. privées & particulieres; on a donné toutes les preuves de cette fauffeté, & le Marquis du Pont-du-Château perfuadé que les traits fans nombre qui caracterifent fi bien cette piéce, n'échaperoient pas à la penetration du Sieur Infpecteur General, croyoit très-fe- rieufement qu'il n'infifteroit plus à retenir dans l'Inftance aucuns veftiges de cette piéce fabriquée, dont l'Original a toujours été invifible.

Cependant depuis l'impreffion du Mémoire du Marquis du Pont-du-Château, le Sr Inf- *Page 2; pecteur General a voulu faire proceder devant M. le Rapporteur à la collation d'une copie tirée fur une autre copie de cette prétendüe tranfaction, dont étoit uniquement compofée la production des Religieux de Jumieges, dis-jointe par l'Arrêt du 8. Fevrier 1732. * Lors du Procès verbal du 23. Avril fuivant, le Marquis du Pont-du-Château a protefté de nul- lité contre toutes les copies tirées à l'infini fur d'autres copies, attendu que la tranfaction a été declarée fauffe, & il a ajoûté, que fuppofant cette piéce fincere, il faudroit la ra- porter en original, pour en tirer avantage, par la raifon que des copies de cette efpece ne peuvent faire foi en Juftice.

Le Sieur Infpecteur General n'a rien répondu; il falloit plus de tems pour méditer une replique à des confequences auffi fortes, & auffi preffantes; elle eft contenüe dans fa Re- quête fignifiée le 28. dudit mois d'Avril. Les bornes qu'on s'eft prefcrites dans cet extrait ne permettent pas de la contredire en détail; & on parle de piéces qui n'exiftent pas, ce qui fe détruit fuffifamment de foi-même : mais on prétend être en droit de former op- pofition à l'Arrêt du 19. Août 1690. par la raifon que n'ayant point été rendu contre M. le Procureur General, il ne peut avoir l'autorité de la chofe jugée par rapport à Sa Majefté. A l'égard des proteftations de nullité faites contre les copies de cette tranfa- ction fuppofée, qui déterminent que s'il veut s'en fervir, il faut qu'il en rapporte l'O- riginal; le Sieur Infpecteur General ayant jugé à propos de garder un profond filence fur cette objection, il s'enfuit que ce qu'il oppofe contre l'Arrêt de 1690. ne détermine rien, & d'ailleurs comme Sa Majefté n'avoit aucun interêt dans la conteftation d'entre les Religieux de Jumieges, & le feu Sieur Charles Hurault de l'Hôpital, l'infcription de faux incidente à ces conteftations, n'a pû être jugée qu'avec les Parties de l'Inftance principale, & le Sieur Infpecteur General pour Sa Majefté n'a plus d'action contre cet Ar- rêt, qui ayant été rendu fur des differens privez, conferve toute fa force & fon auto- rité en quelque Inftance où il puiffe paroître; car les Sieurs Procureurs Generaux, non plus que le fieur Infpecteur General, ne peuvent détruire les Actes & les jugemens paf- fés, ou intervenus entre Particuliers, il faut qu'ils les prennent tels qu'ils font, à moins qu'ils ne foient contraires aux bonnes mœurs, aux difpofitions du Droit public, & aux Droits facrez de la Couronne; ce qui ne fe rencontre point dans l'efpece de l'Arrêt de 1690. qui profcrit une fauffe tranfaction, que l'on fuppofe intervenüe fur des differens privez. Il ne peut y avoir de pareilles loix, Odieufes, qui pour être fcavans, n'ont pas moins justes & certaines; enfin, c'est précisément parce que le sieur Inspecteur Général veut insinuer d'après cette piéce, que la Terre de Beu dépendoit anciennement du Comté de Dreux, que le Marquis du Pont-du-Château s'attache à la combattre, il ne veut pas laisser cette foible ressource à son adversaire, & il a d'ailleurs prouvé qu'aux termes mêmes de cette prétenduë transaction, la Terre de Beu n'a jamais fait partie du Comté de Dreux, si ce n'est par rapport à la mouvance. *

* P. 24.

En ce qui concerne l'Acte de 1202. & la transaction de 1240. on a fait voir que la premiere de ces piéces justifie que Beu étoit une Terre particuliere, puisqu'il lui étoit dû des redevances Seigneuriales, & qu'elle avoit des Vassaux. Il ne s'agit au surplus dans cette piéce, que d'un cens établi sur les Forains de la Terre du Coudray, & nullement de la Seigneurie de Beu. La Transaction de 1240. dit que les Bois de Sorel, & les Hayes de Beu, sont situez dans l'étenduë de la Châtellenie de Dreux, & qu'ils en relevent par hommage, si l'on veut; mais elle ne détruit pas la Justice, la Seigneurie & les autres prerogatives qui appartiennent à chacune de ces deux Terres en particulier, indépendamment & sans faire partie du Comté de Dreux. L'induction tirée de cette piéce regarderoit autant, & même davantage, la Terre de Sorel, possédée par des Seigneurs particuliers, que la Terre de Beu; cependant on ne voit point de demande en réünion de cette premiere Terre, il n'y a pas plus de raison de prétendre que celle de Beu y soit sujette; c'est en particulier de cette derniere piéce que le Marquis du Pont-du-Château a fortifié la preuve que la Terre de Beu est venuë dans la Maison de Dreux du chef d'Aenor de Saint Valery, * puisqu'Aenor, & Henry de Sully son mari, sont parties dans cet acte.

* P. 25. 26. & 27.

Les trois aveux & dénombremens de 1409. 1515. & 1617. ont aussi été produits de la part du Sieur Henry Hurault de l'Hôpital, avec celui du 6. Octobre 1378. rendu par Robert VI. & dernier Seigneur de Beu de la Maison de Dreux, au Roi Charles V. à cause de son Comté de Dreux, qu'il avoit acquis dix-sept jours auparavant, de Marguerite & de Perronelle de Thoüars, dans lequel il n'est fait aucune mention de cette prétenduë *partition par Frerage* énoncée dans les trois aveux subsequens; ce qui détermine que ceux qui les ont rendus y ont introduit ces termes pour s'honorer d'avantage, ainsi que leur Terre, en faisant connoître qu'elle avoit été possédée par des Princes du Sang; mais le premier aveu devoit servir de regle aux seconds, & pour s'en être écarté, ceux-ci sont sujets à blâme; Robert VI. devoit mieux connoître la nature de sa Terre, qu'il possedoit à titre de succession, que ceux qui l'ont possédée après lui à titre d'acquisition. D'ailleurs cette expression *partie par frerage*, ne pourroit être avantageuse aux Gens du Domaine qu'autant qu'ils rapporteroient le titre de cette partition prétenduë, dont ces aveux font mention sans la contenir; ce partage au surplus ne pourroit s'entendre que des biens des successions de Robert III. & d'Aenor de Saint Vallery, qui avoit apporté la Terre de Beu avec plusieurs autres, dans la Maison du Prince Robert III. ce qui prouve que cette Terre ne faisoit point partie du Comté de Dreux, qu'on auroit par là deshonoré gratuitement, puisqu'il y avoit un grand nombre d'autres Terres dans cette succession, qui échûrent à Jean premier, outre le Comté de Dreux; que si cette partition avoit été faite, Beu, portion divisée, eût relevé ensuite du même Seigneur que le Comté de Dreux, parce qu'il n'auroit pas été permis, au préjudice du Seigneur Suzerain, de stipuler dans le partage, que cette portion démembrée eût relevé du Comté de Dreux, & ne fût à l'avenir qu'un arriere-Fief à l'égard de ce Seigneur Suzerain. L'Ordonnance de 1210. défendoit de pareilles sous-inféodations; ainsi aux termes du Traité de 1017. si la Terre de Beu eût fait partie intégrante du Comté de Dreux, elle auroit, après ce partage supposé, relevé de la Couronne, ainsi que le Comté de Dreux dont elle auroit été démembrée, au lieu que les aveux & dénombremens ont été rendus au Roi à cause de son Comté de Dreux, & aux Engagistes de ce Comté; il y a plus, c'est que quand même ce démembrement auroit été fait, il remonteroit toujours à l'année 1233. ou environ, époque du décès de Robert III. & ainsi 80. ans avant l'établissement de la Loi des Appanages reversibles sous Philippes le Bel en 1314. & 150. ans avant que le Comté de Dreux fût devenu Domaine de la Couronne, par l'acquisition qu'en fit Charles V. en 1377. & 1378. *

* Pages 27. 28. 29. & 30.

Toutes ces conséquences sont démontrées par des preuves si sensibles dans le Mémoire du Marquis du Pont-du-Château, qu'il est impossible au Sieur Inspecteur General d'y donner atteinte; ainsi le système des anciens Fermiers du Domaine, qu'il a été contraint d'adopter, est un système imaginaire, incapable de faire la plus legere impression; ce qui fait esperer, avec juste raison, que le Sieur Inspecteur General sera débouté de sa Demande avec dépens, & déclaré non recevable dans son opposition à l'Arrest du 19. Août 1690.

BUREAU DU DOMAINE.

Monsieur P A L L U *Maître des Requêtes; Rapporteur.*

Me. D'AUGY, Avocat.

11,435

OBSERVATIONS

POUR le Marquis du Pont-du-Château,

Sur la Réponse des Marchands frequentans la Riviere de Loire, & autres y affluantes.

IL paroît par la Réponse des Marchands, dont les Delegués resident à Orleans, qu'ils n'ont pas des notions justes de l'état de la Riviere d'Allier au Pont-du-Château.

Il faut distinguer dans cette Contestation la Question de Droit, des Questions de Fait.

La Question de Droit consiste à sçavoir, Si le Marquis du Pont-du-Château est Proprietaire de la Riviere d'Allier, dans l'étenduë de sa Seigneurie, où est construite la Peliere, dont les Marchands demandent la destruction.

Ce Point peut être décidé indépendamment de toutes nouvelles Verifications & Procedures : & il l'a été déja plusieurs fois, comme on l'a vû dans le Memoire du Marquis du Pont-du-Château.

Les Questions de Fait, qui sont en grand nombre, ne peuvent être décidées qu'après de nouvelles Procedures & Verifications les plus exactes.

OBSERVATIONS sur la Question de Droit concernant la Proprieté de la Riviere d'Allier, dans l'endroit où la Digue est construite

Les Rivieres qui ne sont point navigables de leur propre fonds, & qui ne le sont devenuës que par artifice & ouvrages de main, appartiennent aux Seigneurs Hauts-Justiciers, ainsi que le Marquis du Pont-du-Château l'a prouvé par l'Ordonnance des Eaux & Forêts de 1669, & par les Décisions des Arrests & des meilleurs Auteurs.

La Declaration du 23 Avril 1703, concernant la Riviere de Loire, &

A

autres Rivieres y affluantes, n'a rien changé à cette Difpofition, qui eft le Droit Commun du Royaume. Cette Declaration ne s'entend, & ne peut s'entendre que des Rivieres qui font navigables de leur propre fonds, & dans l'endroit où elles commencent à l'être : autrement il s'enfui-vroit que les plus petites Rivieres qui tombent dans la Loire & dans les Rivieres y affluantes, & qui ne font navigables en aucune partie, n'appartiennent pas aux Seigneurs Hauts-Jufticiers. La confequence en feroit abfurde.

On a rapporté dans le precedent Memoire les termes énergiques employés dans le Contrat de Vente de la Terre du Pont-du-Château, fait en 1343 par Humbert Dauphin, qui prouvent la Proprieté de la Riviere : *Aquis, Aquarum Curfibus, Ductibus, Conductibus.* Il feroit inutile de s'étendre davantage.

Répondre cruëment, comme font les Marchands, que ces Principes font abfolument faux, fans autre raifon, & que M. Lebret & Henrys ne difent point ce qui eft rapporté dans le Memoire ; c'eft convenir que la Décifion eft indubitable, & qu'ils n'y trouvent aucune Ré-ponfe.

a Tit. *De la Souveraineté, Liv.* 1, *Chap.* 15. Il en eft autre-ment des peti-tes Rivieres qui ne font pas na-vigables ; car elles appartien-nent en Pro-prieté aux Sei-gneurs des Ter-res qu'elles ar-rofent.

b Henrys, To-me 2, Liv. 3, Qu. 5 & 6, cite un Arrêt du Parlement de Paris, du 9 De-cembre 1651, qui a jugé que la Riviere de Loire au-deffus de Roüanne, où elle n'eft pas na-vigable, appar-tient aux Sei-gneurs Hauts-Jufticiers.

On verra en marge les propres termes de M. Lebret *a* & Henrys. *b*

Les Marchands ne parlent pas plus judicieufement fur l'Ordonnance des Eaux & Forêts Tit. 27, Art. 41, où il eft dit en propres termes, *Que la Proprieté de tous les Fleuves & Rivieres portant Bateau de leur fonds, fans artifice & ouvrages de main, appartient à Sa Majefté, & fait partie de fon Domaine.*

De là il s'enfuit que la Proprieté des Rivieres qui ne peuvent porter Bateau de leur propre fonds, & qui ne deviennent navigables que par artifice & ouvrages de main, n'appartient pas à Sa Majefté, & ne fait point partie de fon Domaine ; à moins que Sa Majefté ne les poffede comme Seigneur particulier : & par confequent, lorfque la Haute-Juftice appartient à un Seigneur particulier, il eft Proprietaire de ces Ri-vieres. C'eft d'ailleurs une Maxime fi triviale & fi connuë dans le Royau-me, que l'on ne comprend pas comment les Marchands ofent la contefter.

Ils prétendent qu'une Riviere qui eft navigable, ne change point de nom, fous pretexte qu'une petite partie de fon Lit fe trouve em-barraffé par des Rochers. On les fait fauter ; les Bateaux paffent ; & cet endroit de la Riviere eft foumis aux mêmes Regles que le refte de fon Cours.

Mais en premier lieu, c'eft parler contre l'Ordonnance qui détermine que la Proprieté des Rivieres qui ne portent Bateau que par artifice & ouvrages de main, n'appartient pas à Sa Majefté. Or de tous les artifi-ces, de tous les ouvrages de main, il n'y en a pas de plus difficile que de faire fauter des Rochers dans une Riviere. Il feroit beaucoup plus facile de creufer un autre Canal.

En fecond lieu, les Marchands parlent contre l'évidence du Fait. Ce n'eft pas une petite partie de la Riviere d'Allier qui eft embarraffée de Rochers. C'eft la plus grande, de plus trente lieuës au-deffus du Pont-

du-Château; & ce n'eft que la moindre partie qui eft navigable, au-deffous du Pont-du-Château.

Les Marchands fuppofent qu'anciennement la Riviere d'Allier étoit
navigable au-deffus du Pont-du-Château; & pour le prouver ils produifent une Tranfaction de 1519, qu'ils ont même fait imprimer, dont ils
voudroient induire que dès ce temps-là cette Riviere étoit navigable dans
tout fon cours, & que ce n'eft que depuis, que la Digue a été conftruite.

Mais cette Piece qu'ils n'entendent pas, doit faire leur confufion, &
fuffit feule pour les condamner.

Jacques de Beaufort, Comte d'Alais, Seigneur du Pont-du-Château,
tranfige fur quelques Differens avec les Marchands fréquentans les Rivieres d'Allier & de Loire. Ils conviennent *que les Marchands feront tenus
d'entretenir la Riviere d'Allier & le Port du Pont-du-Château dans la Juftice dudit Port, depuis le Port de Jofé, jufqu'au Port dudit Pont-du-Château, tant que s'y limite, & étant en icelle Juftice, aux communs frais
& dépens de la Bourfe commune des Marchands.*

Ils s'obligent *d'entretenir un Procureur-Expert qui foit de ladite Ville
du Pont-du-Château, comme lefdits Marchands font & ont coûtume de
faire ès autres Ports & Paffages qui font fur lefdites Rivieres, depuis le
Port du Pont-du-Château jufqu'à Nantes.*

Ces Claufes prouvent très-clairement que la Riviere d'Allier n'étoit
alors navigable que depuis le Port du Pont-du-Château, qui eft à cent
toifes au-deffous de la Digue, & qu'elle n'étoit pas navigable au-deffus.
C'eft pour cela que les Marchands ne s'obligent d'entretenir la Riviere
que depuis le Port de Jofé, qui eft deux lieües au-deffous du Pont-du-
Château, jufqu'au Port du Pont-du-Château.

Mais ils ne s'engagent nullement d'entretenir la Riviere au-deffus du
Pont-du-Château, où font les Ports d'Allet & de Braffac, & où la Riviere
n'étoit point alors navigable.

Moyennant l'Entretien ci-deffus, le Seigneur promet *de ne lever aucun
Peage ou Subfide fur les Bateaux & Marchandifes paffant & repaffant
fur la Riviere, tant qu'elle s'étend & limite; femblablement tant que la
Marchandife demeurera fur ledit Port & autres lieux où fe déchargent lefdites Marchandifes venant ou allant fur ladite Riviere, ni auffi tant que
la Marchandife demeurera dans la Ville du Pont-du-Château.*

On parlera ci-après de cette Promeffe de ne point exiger de Peage. Il
fuffit d'obferver ici que cette Claufe fe rapporte manifeftement à la pré-
cedente, & eft limitée de même à l'étenduë de la Riviere, depuis &
au-deffous du Pont-du-Château.

La Tranfaction porte en termes formels, que les Marchands ont accoûtumé d'entretenir la Riviere ès autres Ports & Paffages depuis le Port
du Pont-du-Châtau jufques à Nantes.

Ce qui exclut neceffairement tout le Cours au-deffus du Pont-du-
Château, où elle n'étoit pas navigable.

S'il pouvoit y avoir de la difficulté fur un point fi évident, le Marquis
du Pont-du-Château offre de prouver qu'avant l'année 1668, il ne fe
faifoit aucun Commerce au-deffus du Pont-du-Château fur la Riviere

d'Allier. Mais cela eft fuffifamment prouvé par l'Arrêt du Confeil d'Etat du 20 Fevrier 1691.

Les Marchands induifent encore de la Tranfaction de 1519, que le Marquis du Pont-du-Château n'a pas droit de percevoir les Trente Sols qui fe levent par chaque Bateau paffant par fa Digue.

C'eft une mauvaife Epoque. La Tranfaction n'a nul rapport à ce Droit établi en 1691.

Le Marquis du Pont-du-Château ni fes Auteurs, n'ont jamais pris depuis la Tranfaction de 1519 aucun Droit fur les Marchandifes qui montent jufqu'au Port du Pont-du-Château ni qui en defcendent, ou qui féjournent dans la Ville.

Cet ancien Peage, dont fon Auteur fe départit par la Tranfaction de 1519, n'a rien de commun avec le Droit établi depuis 1668, à caufe de l'ouverture que fon Ayeul fit alors de fa Digue pour donner paffage aux Bateaux. Ce Droit n'eft qu'un dédommagement des Frais que cette ouverture caufe, tant pour l'entretien de la Digue qui eft endommagée & affoiblie par cette ouverture, qu'à caufe du Chaumage des Moulins, & de la diminution de la Pêche du Saumon.

Comme la Riviere n'étoit pas navigable avant l'année 1668 au-deffus du Pont-du-Château, & qu'elle ne peut l'être que par artifice & ouvrage de main, le Marquis du Pont-du-Château, Proprietaire de la Riviere dans l'étenduë de fa Seigneurie, n'étoit pas obligé d'ouvrir fa Digue ni de faire des Frais extraordinaires pour l'entretien de cette ouverture, fans en être indemnifé, ainfi que du Chaumage de fes Moulins, & de la diminution de fa Pêche.

Les Marchands prétendent que les Arrêts du Confeil d'Etat de 1671 & 1691, qui ont établi & confirmé ce Droit, ne peuvent fubfifter, parce que ces Arrêts ont fuppofé que le Marquis du Pont-du-Château avoit droit de barrer la Riviere; ils foutiennent qu'il n'a pas droit de la barrer; que c'eft une Ufurpation, & que la Digue ne pouvant fubfifter, le Peage ne pourra pas fe lever, & les Arrêts du Confeil ne pourront plus avoir d'execution.

L'Objection eft totalement détruite par ce qui vient d'être dit fur la Queftion de la Propriété de la Riviere. Cette Propriété appartenant inconteftablement au Marquis du Pont-du-Château, fes Auteurs ont été par confequent en droit d'y avoir une Digue, de barrer la Riviere, & d'y faire tous les ouvrages qu'ils ont trouvé à propos, comme étant aux Droits d'Humbert Dauphin, Vendeur.

C'eft ce qui fut jugé par les deux Arrêts du Confeil d'Etat de 1671 & 1691. Ce dernier fut rendu en grande connoiffance de caufe, après avoir entendu les Marchands, fur le Vû des Titres & fur l'Avis de M. de Vaubourg Confeiller d'Etat, alors Intendant d'Auvergne.

Sur le même Principe, l'Arrêt du Confeil du 12 Avril 1701, décida que les Ifles qui font dans cet endroit de la Riviere d'Allier appartiennent au Marquis du Pont-du-Château, & ne font fujettes à aucune Taxe.

C'eft une temerité de dire que ces Arrêts ont été furpris. Celuy de 1691 fur tout, eft des plus folemnels.

Enfin,

Enfin, l'Avis même de M. Trudaine actuellement Intendant d'Auvergne, porte que le Marquis du Pont-du-Château a droit de barrer la Riviere, & que c'eſt une partie de ſon Patrimoine. Il convient auſſi que la Riviere n'eſt navigable que depuis & au-deſſous du Pont-du-Château.

Les Marchands font entendre que la Digue eſt une entrepriſe nouvelle : au-lieu qu'il eſt conſtant qu'elle a été de tous les temps & avant le Contrat de Vente de 1343, n'étant pas poſſible que les Moulins ayent ſubſiſté ſans cette Digue.

OBSERVATIONS Sur les *Queſtions de Fait.*

Après avoir établi que la Proprieté de la Riviere d'Allier appartient au Marquis du Pont-du-Château, dans l'endroit où la Digue eſt conſtruite, il ne reſte qu'à examiner les Queſtions de Fait qui ſont en grand nombre.

La premiere eſt de ſçavoir s'il ſeroit utile pour le Commerce, que la Digue ou Peliere fût détruite, en dédommageant le Marquis du Pont-du-Château, ainſi que M. l'Intendant d'Auvergne l'indique par ſon avis.

Cette queſtion en comprend pluſieurs autres.

1. Quel eſt le Commerce qui ſe fait ſur la Riviere d'Allier au-deſſus du Pont-du-Château ? S'il peut être augmenté ; juſqu'à quel dégré ; s'il pourra durer après que les Mines de Charbon qui ſont à Braſſac ſeront épuiſées.

2. Eſt-il vrai que le Paſſage de la Digue cauſe beaucoup d'accidens & de dommage ? Les Marchands l'aſſûrent ſur des Procès-verbaux qu'ils citent ſans les rapporter. On en a une certitude contraire par des preuves nouvelles.

3. Si le dommage que les Marchands ſuppoſent, n'eſt pas cauſé par les Rochers, & le fonds du lit de la Riviere qui eſt tout de roc, au-deſſus de la Digue, & par la mauvaiſe qualité des Bateaux.

4. Quelle eſt la ſituation & l'état actuel de la Digue, quelles en ſont ſes dimentions dans toutes ſes parties, & quelle eſt la hauteur du Saut?

Les Marchands qui n'en ont rien vû, diſent au hazard que le Saut eſt de huit pieds ; & il eſt de fait que ce Saut ne peut être que de l'élevation d'une piece de bois appellée Saumier, qui n'a pas un pied d'épaiſſeur, qui ſert à retenir les perches avec leſquelles on ferme l'ouverture.

5. Si la Digue eſt neceſſaire pour retenir l'eau quand elle eſt baſſe, & s'il n'eſt pas vrai que ſans cette Digue les Eaux s'écouleroient, en ſorte que la Riviere ſeroit en certains temps moins navigable.

6. S'il n'eſt pas vrai que quand on auroit détruit la Digue, l'on n'auroit rien fait pour l'avantage de la navigation, qu'il faudroit outre cela travailler dans le lit de la Riviere depuis Braſſac, couper les rochers, creuſer le Roc, & que ce ſeroit s'engager dans une dépenſe immenſe.

7. Si l'on ne pourroit pas faire actuellement certaines réparations de peu de dépenſes, qui ſeroient beaucoup plus utiles pour la navigation, que de détruire la Digue, & ſi pour cet effet il ne ſeroit pas à-propos de couper les Rochers qui ſont au pied du Saut.

B

Après que toutes ces Questions de Fait auront été bien éclaircies, cela ne suffira pas encore.

Il y en a une autre de très-grande importance ; sçavoir, si les Habitans du Pont-du-Château & des environs peuvent subsister sans les Moulins du Pont-du-Château ; & si le dommage que causeroit la destruction de la Digue & des Moulins seroit compensé par la prétenduë augmentation du Commerce.

Cette Question en comprend aussi plusieurs autres.

1. Si aux environs il y a d'autres Moulins à eau ou à vent qui puissent suppléer au défaut de ceux du Pont-du-Château.

Les Marchands n'hesitent pas à dire qu'il y a constamment dans le Pays plus de Moulins qu'il n'en faut.

Cette assertion est si contraire à la verité, que dans la presente année 1731, des gens ont apporté de huit lieuës leur bled aux Moulins du Pont-du-Château.

2. Si le Moulin peut subsister sans la Digue.

Les Marchands soûtiennent hardiment que le Moulin travailloit devant que la Riviere fût barrée, & qu'il travaillera de même quand la Digue sera démolie.

Ce qui est contre l'évidence & contre toute apparence de raison. Le Moulin n'a jamais travaillé, & ne peut travailler sans la Digue, dans l'état qu'elle est.

3. Quel est le revenu du Moulin & de la pêche du Saumon ; quelle seroit la perte que souffriroit le Marquis du Pont-du-Château, si le dédommagement qui lui seroit dû, & qui n'est pas une chimere, mais une justice, ne seroit pas plus considerable que la prétenduë augmentation du Commerce ?

Une partie de ces Questions de Fait passent les vûës des Marchands, lesquels à l'égard des autres avancent des erreurs & des contradictions grossieres.

Mais le Marquis du Pont-du-Château qui desire que la verité de tous ces faits soit bien constatée, ne demande pas qu'on s'en rapporte à de simples discours : il offre de prouver tous les faits par des verifications qui seront faites sur les lieux dans les meilleures formes. Ce qu'on ne peut lui refuser dans une Contestation si importante, où l'on veut le dépoüiller de la meilleure partie de son bien.

Il a aussi interet de conserver ses Vassaux & Censitaires ; il y a plus de 3000 Habitans dans la Ville du Pont-du-Château qui payent au Roy 25000 liv. de Taille.

La plûpart de ces Habitans seroient obligés de deserter s'il n'y avoit point de Moulins ; on ne sent que trop quelles en seroient les suites fâcheuses.

On a joint un Etat des Villes & Villages qui sont dans la necessité d'aller à ces Moulins, & qui seroient exposés à la famine pendant l'Eté si les Moulins étoient détruits.

Le Marquis du Pont-du-Château rapporte aussi une Déclaration faite devant Notaires à Paris le 22 Novembre 1731, par un Marchand frequentant la Riviere d'Allier, & fort intelligent, lequel atteste que la Digue dont il s'agit, eft utile pour la navigation, bien-loin de lui être préjudiciable; qu'elle retient les Eaux lorfqu'elles font baffes, fans quoi il arriveroit fouvent que la Riviere ne feroit point navigable au-deffus du Pont-du-Château dans des tems où elle l'eft, au moyen de la Digue. Il fait auffi des Obfervations fur la caufe du dommage qui arrive quelquefois aux Bateaux, quand ils paffent par l'ouverture de la Digue, & il indique les réparations qui pourroient être faites au-deffous.

Mais pour une plus grande certitude, il faut que tout foit verifié par des Experts qui vifiteront les lieux.

Au refte, il eft furvenu un évenement qui dément le principal fait allegué tant de fois par les Marchands.

Pendant la crûe des Eaux de la fin de Novembre & commencement de Décembre 1731, il eft defcendu fur l'Allier plus de 400 Bateaux qui ont paffé par le Pertuis du Pont-du-Château.

Dans ce grand nombre, un feul Bateau a été endommagé, mais fi legerement, qu'il n'a coûté que fix livres pour le reparer.

Une preuve fi naturelle dont on rapporte les Procès-verbaux, doit confondre les Marchands, & démontre que leurs plaintes d'accidens & de naufrages font de pures illufions.

Et quant à la prétenduë augmentation de Commerce, c'eft un fait de notorieté publique, que de la Province d'Auvergne on ne peut tirer ni Fer ni Bois, parce que dans toute la Province il n'y a aucune Mine de Fer; on eft obligé de le faire venir de Nevers qui eft à trente lieuës. Il n'y a prefque d'autre Bois que du Sapin; le peu qu'il y a d'autre Bois fe confomme fur les Lieux, où il eft auffi cher qu'à Paris.

M⁺ GODEFROY, Avocat.

A PARIS, De l'Imprimerie de la V. L. RONDET, ruë S. Jacques, près la Fontaine S. Severin, au Compas. 1731.

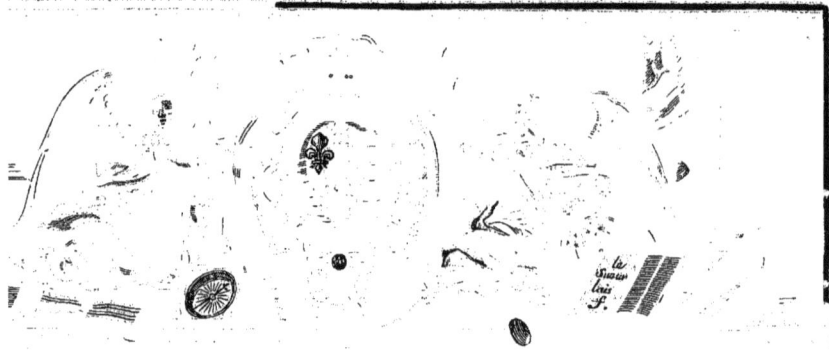

AU ROY.

...IRE,

...ENIS-MICHEL DE MONTBOISSIER BEAUFORT CANILLAC, Chevalier,
...ieur Marquis du Pont-du-Château, Brigadier de vos Armées, REMON-
TRE'S-HUMBLEMENT à VOTRE MAJESTE' qu'il n'y a fortes de man...
...res que l'on ne pratique depuis fept à huit ans, pour le forcer de détruire
...igue ou Peffliere, deux Pêcheries & un Moulin que les Seigneurs du
...-du-Château ont eu dans tous les tems fur la riviere d'Allier, & pour
...nlever ainfi un ancien patrimoine de 10 à 12000 livres de rente, que
...aifon poffede depuis 1343, fous la garantie fpeciale de VOTRE
...JESTE' & des Rois fes Prédeceffeurs.

...n vain le Marquis du Pont-du-Château a-t-il été confirmé dans *fa pro-*
...*& poffeffion* par un Arrêt du Confeil d'Etat du 27 Janvier 1733, ren-
...ans la plus grande connoiffance de caufe avec toutes les Parties intéref-
...; on a d'abord tenté de faire anéantir indirectement cet Arrêt par un
...e furpris le 27 Avril 1734, pendant que le Suppliant étoit abfent pour
...ice de VOTRE MAJESTE', & l'on vient enfin de faire former une
...e oppofition par les fieurs Charles Ju & conforts affociés dans l'exploita-
...des Mines de charbon de terre d'Auvergne.

A

Trois Requeftes fignifiées fous leur nom les 28 Août, 7 Decembre 1736 & 12 du prefent mois d'Avril 1737, tendent ouvertement à faire rétracter l'Arrêt du 27 Janvier 1733, & à faire ordonner en conféquence la démo-lition de la Digue ou Peffiere, d'où fuivroit neceffairement la deftruction des deux Pêcheries & du Moulin.

Le Marquis du Pont-du-Château a fait voir dans une Requefte fignifiée dès le 16 Juin 1736, qui eft demeurée fans réponfe, combien la religion de V. M. avoit été furprife dans l'obtention de l'Arrêt du 27 Avril 1734, & qu'il étoit impoffible que ce nouvel Arrêt, auffi irrégulier dans la for-me, qu'il eft injufte au fond, fubfiftât, étant diamétralement contraire à celui du 27 Janvier 1733, rendu fur le même fait & entre les mêmes Parties.

N'eft-ce pas ce qui réfulte encore de l'intervention & de la tierce oppofi-tion des fieurs Ju & conforts? car d'où vient cette derniere manœuvre, fi ce n'eft parce que la contrariété des deux Arrêts ayant été mife dans un trop grand jour par le Suppliant, on a jugé qu'il falloit néceffairement attaquer le premier pour maintenir le fecond; d'où il s'enfuit que fi les fieurs Ju & conforts font non-recevables dans leur oppofition, & fi l'Arrêt de 1733 eft hors de toute atteinte, celui de 1734 doit tomber.

Ainfi le Marquis du Pont-du-Château n'a ici qu'à établir fes fins de non-recevoir contre les fieurs Ju & conforts, & elles fe prefentent d'elles-mêmes à la lecture de leurs Requêtes.

En effet, quelle eft d'abord leur qualité dans cette caufe? ils s'annon-cent comme Entrepreneurs de l'exploitation des Mines de charbon de terre d'Auvergne; eft-ce une nouvelle découverte? Eft-ce une nouvelle entreprife? point du tout, ces Mines font connuës dès 1668; & l'on n'a ceffé depuis ce tems de les exploiter. Qu'y a-t-il donc ici de nouveau? rien autre chofe finon que ce commerce qui fe faifoit par quarante ou cinquan-te particuliers de la Province, fe trouve aujourd'hui envahi par cinq ou fix étrangers; c'eft d'ailleurs le même négoce, avec cette feule difference qu'auparavant la Province en profitoit davantage, parce que le benefice n'en fortoit point au dehors, mais étoit répandu parmi fes habitans, qui s'en trouvoient plus en état de fupporter & d'acquitter les charges publiques. Au furplus les fieurs Ju & conforts ne peuvent être ici confiderés que comme des Commerçans frequentans les rivieres de Loire & d'Allier, & l'Arrêt du 27 Janvier 1733 n'eft-il pas contradictoire avec les Marchands fréquentans la riviere de Loire *& autres y affluantes*? C'eft fur les Requeftes, les Mémoi-res & les Pieces de ces Marchands foutenus de l'avis du Sieur Trudaine alors Intendant d'Auvergne, que l'Arrêt eft intervenu: comment donc les fieurs Ju & conforts qui n'ont ici d'interêt qu'autant qu'ils commercent par la ri-viere de Loire & par celle d'Allier qui y eft affluante, peuvent-ils prétendre être reçûs dans leur oppofition? Faudra-t-il donc que le Marquis de Pont-du-Château après avoir effuyé un procès avec le Corps des Marchands fre-quentans les rivieres de Loire & d'Allier, fe trouve tous les jours expofé aux mêmes conteftations de la part de chaque Marchand en particulier; fi cela étoit, il n'y auroit jamais rien de jugé dans cette affaire, parce que les mem-bres de ces fortes de Corps fe renouvellant tous les jours, & étant multipliés

à l'infini, le Marquis du Pont-du-Château feroit expofé à dès tierces oppofitions fans nombre, qui formeroient fucceffivement une chaîne éternelle
de procès. Auroit-il fini avec les fieurs Ju & conforts? d'autres Particuliers
faifans comme eux leur commerce par la Loire & l'Allier, paroîtroient à
leur tour, & le Marquis du Pont-du-Château, fes defcendans, & les defcendans de fes defcendans feroient forcés de plaider fans difcontinuation pour
la même chofe jufqu'à la confommation des fiecles.

D'ailleurs, quelles font les allegations des fieurs Ju & conforts? Y en a-
t-il une qui n'eût été faite par le Corps des Marchands, & qui n'eût été relevée dans l'Avis du Sieur Trudaine, lorfque l'Arrêt du 27 Janvier 1733 eft
intervenu?

Qu'on life les Mémoires que les Marchands avoient faits, on y trouvera
qu'ils prétendoient comme les fieurs Ju & Conforts, que dans ces expreffions du Contract de vente de la terre du Pont-du-Château de 1343, *cum
Payfcheriis, pefchariis, molendinis, aquis, aquarum curfibus, duétibus, conduéti-
bus, pontonagiis, baratgiis, &c.* aucune n'annonçoit un droit de Digue ou
Pefliere, & que le Marquis du Pont-du-Château avoit établi en réponfe, *   * Page 4.
que le mot non *Báratgium*, mais *Pefcherium*, avoit toujours fignifié une Pefliere, dans les Provinces au-delà de la Loire, ce qu'il avoit prouvé par l'ufa-
fage de la Ville de Touloufe, où deux Digues de l'efpece de celle du Pont-
du-Château, fe nomment encore *Peiffieres*.

Les Marchands alors n'avoient-ils pas encore foûtenu, comme le foûtien-
nent aujourd'hui les fieurs Ju & Conforts, que par une tranfaction du premier Juin 1519, les Marchands *paffans & repaffans* par la riviere de Loire,
étoient exempts de tous péages au Pont-du-Château, d'où ils avoient
tiré une double confequence. La première, que la riviere d'Allier étoit navigable au-deffus du Pont-du-Château; & la feconde, que le péage que le
Marquis du Pont-du-Château perçoit à l'ouverture de fa Pefliere, eft une
exaction; & ne leur avoit-il pas été répondu de la part du Marquis du Pont-
du-Château, que la tranfaction de 1519, ne pouvoit s'appliquer qu'à la partie de la riviere qui coule depuis le Port du Pont-du-Château au-deffous de
la Pefliere, jufqu'au Port de Joffe, ce qui eft en effet clairement marqué
par la tranfaction même?

N'étoit-ce pas encore une prétention des Marchands, avant l'Arrêt de
1733, que la riviere d'Allier étoit navigable de fon propre fond au-deffus
de la Pefliere, comme c'eft aujourd'hui celle dès fieurs Ju & Conforts?

Les Marchands enfin n'avoient-ils point allegué, comme on le fait aujourd'hui fous les noms des fieurs Ju & Conforts, de prétendus naufrages
au paffage de la Pefliere? L'Arrêt du 27. Janvier 1733 fait expreffement
mention * *d'une Requête des Marchands, contenant production nouvelle de quatre*   * Page 3.
Procès-verbaux de dommages arrivés à des bâteaux au paffage de ladite Digue.

Le Marquis du Pont-du-Château répondit alors ce qu'il répondroit encore aujourd'hui, fi ce n'étoit pas une chofe jugée fans rétour; qu'à l'égard
de la navigation, il n'en avoit point été queftion fur la riviere d'Allier, depuis Braffac jufqu'au Pont-du-Château jufqu'en 1691, & que depuis 1691
jufqu'aujourd'hui, la navigation que l'art avoit établie fur cette partie de
l'Allier, n'étoit que momentanée pendant 3. ou 4. mois de l'année, & en

descendant feulement, en forte que l'Allier dans toute cette partie, ne pouvoit être regardé comme une riviere navigable de fon propre fond. A l'é-
gard des dommages prétendus arrivés à quelques bateaux en paffant par la
Pefliere, le Marquis du Pont-du-Château a toujours fait voir que ces bateaux
n'avoient été endommagés que par l'affectation que l'on avoit eüe de les
mal conftruire & de les mal conduire au paffage de la Pefliere, pour fe
faire un prétexte de crier contre le danger imaginaire de ce paffage. C'eft
ce qui vient encore d'arriver en dernier lieu. Les fieurs Ju & Conforts ont
affecté de faire conftruire des bateaux plus minces qu'à l'ordinaire, * de les
charger davantage, & de les faire féjourner près de quatre mois inutilement
au-deffus de la Pefliere, fans les avoir voulu faire paffer, quelque fommation
qui leur en eut été faite ; & ils fe plaignent de ce que fur environ foixante
bateaux, quatre que l'on a encore mal conduits à deffein, ont été endommagés.

Les fieurs Ju & Conforts ne font que les échos des Marchands avec lefquels l'Arrêt de 1733 a été rendu, ou plûtôt ce font les mêmes Parties qui
agiffent fous differentes formes.

Quelle foi ajoûter aux allegations de gens qui ofent foûtenir contre la notorieté publique, que l'Allier eft une riviere navigable de fon propre fond
depuis Braffac jufqu'au Pont-du-Château, & qu'elle étoit telle dès le tems
de la tranfaction de 1519 ? Doù vient donc que le fieur Trudaine dans fon
avis, s'eft expliqué en ces termes ? *Autrefois la riviere d'Allier n'étoit navigable
au plus que jufqu'au Pont-du-Château. Dans le Mémoire qui fut dreffé en 1699 par
celui qui étoit pour lors Intendant pour l'inftruction de M. le Duc de Bourgogne, il
eft dit que la riviere d'Allier n'eft navigable que jufqu'à Maringue, ou au plus jufqu'au
Pont-du-Château.*

Le fieur Trudaine dément encore dans fon avis toutes les allegations des
fieurs Ju & Conforts contre les titres du Marquis du Pont-du-Château, ce Magiftrat n'ayant pû s'empêcher de reconnoître *que le Marquis du Pont-du-Château étoit fondé dans les titres les plus autentiques, & qu'il ne feroit pas jufte de lui enlever un patrimoine auffi confiderable, fans lui donner en même-tems un dédommagement proportionné.* Voilà donc les fieurs Ju & Conforts confondus fur ce point
par l'avis même, dans lequel le fieur Trudaine, féduit par une idée apparente de bien public, avoit cru devoir pancher pour la deftruction de la
Digue.

En pourroit-on croire davantage ce que les fieurs Ju & Conforts alle-
guent du danger prétendu que courent les bateaux au paffage de la Pefliere ?
Il eft vrai que le fieur Trudaine s'étoit laiffé perfuader par les Marchands fur
cet Article, & que c'étoit principalement ce qui l'avoit déterminé à donner fon avis pour faire détruire la Pefliere ; mais le Confeil n'y eut aucun
égard dans fon Arrêt de 1733, & c'eft une chofe jugée.

En effet, tout concourt à prouver la fraude pratiquée en ce cas par les
Marchands. Les fieurs de Nointel, Boucher, & de la Grandville qui ont
été fucceffivement Intendans d'Auvergne avant le fieur Trudaine, fe réuniffent pour affurer que pendant tout le tems qu'ils ont été Intendans de
cette Province, la Pefliere n'a donné fujet à aucune difcuffion, & qu'il
ne leur eft point revenu qu'elle eut occafionné aucun naufrage. Par quel

hazard les batteaux n'ont-ils commencé à courir quelque danger, que dequis le procès fuscité au Suppliant pour fa Pessiere ? Par quelle fatalité encore n'y a-t-il que les auteurs du procès, dont les batteaux reçoivent quelque échec, tandis que tous les autres continuent de passer sans le moindre
accident* ? L'affectation n'est-elle pas évidente; & doit-on s'étonner que
V. M. & son Conseil n'y ayent eu aucun égard dans l'Arrêt du 27 Janvier
1733.

* On joindra
à la présente Re-
quête un état cer-
tifié de 590 ba-
teaux qui ont paf-
fé la Peffiere sans
aucun accident
depuis Juill. 1736.
jusqu'en Fevrier
1737.

Si l'on passe de la discussion des qualités & de l'examen des allegations
des sieurs Ju & Consorts, à celui de leurs pièces, quel nouvel avantage
n'en revient-il pas au Marquis du Pont-du-Château ? ce sont toutes pièces semblables à celles visées dans l'Arrêt du 27 Janvier 1733. c'est la
transaction de 1519, ce sont des procès verbaux de prétendus naufrages,
c'est la déclaration de 1703, c'est l'avis du sieur Trudaine. Or pensera-t-
on que V. M. puisse rendre deux Arrêts contraires sur le même fait, sur
les mêmes allegations, sur les mêmes pièces, entre les mêmes Parties?

Le Marquis du Pont-du-Château ne peut craindre que le Conseil de
V. M. tombe dans une contrarieté si formellement condamnée par les Ordonnance, il ose se flatter au contraire que l'Arrêt du 27 Janvier 1733
subsistera d'autant plus, que par les ouvrages qu'il a depuis fait faire à la Pesliere, il a rempli l'objet de cet Arrêt, en adoucissant considerablement
la pente qui se trouve à cet endroit de la riviere, & en facilitant par ce
moyen le passage des bateaux. Les procès verbaux que les sieurs Ju &
Consorts ont fait faire pour critiquer ces ouvrages n'ont aucune aüenti-
cité, ce ne sont à vrai dire que les allegations des Parties mêmes qui ne
sont point croyables en leur propre cause.

Les sieur Ju & Consorts & ceux qui sous le nom collectif des Marchands
ont adheré à leurs conclusions, par une Requête signifiée le 28 Janvier
dernier, le sont d'autant moins qu'ils sont convaincus de fausseté sur tous
les autres faits, que leurs procès verbaux sont détruits par d'autres contraires
que le Marquis du Pont-du-Château represente, & que sur ce fait particulier ils ont contre eux non seulement la vérité mais encore la vrai-semblance; car, comment imaginer que le Marquis du Pont-du-Château
eût voulu faire en pure perte une dépense aussi considerable que celle que
ces nouveaux ouvrages lui ont couté.

Tout respire ici la vexation de la part des Marchands ou de ceux qui
les font agir. Il n'y a dans leur conduite que subtilité, qu'artifice, & leurs
Requêtes sont un tissu de mensonges sur lesquelles ils ont anté la procedure la plus irreguliere, & la plus condamnable.

A CES CAUSES, SIRE, PLAISE A VOTRE MAJESTE', donner
acte au Suppliant de ce que pour réponse aux trois Requêtes que les
sieurs Ju & Consorts lui ont fait signifier les 28 Août, 7 Decembre 1736,
& 12 du present mois d'Avril 1737, & à celle des Marchands frequentans la riviere de Loire du 28 Janvier dernier, il employe le contenu
en la presente Requête, & en celle du 16 Juin 1736, & aux pièces
y énoncées; ce faisant, sans avoir égard à l'intervention & à la tierce
opposition desdits sieurs Ju & Consors, dans laquelle ils seront déclarés

6

non recevables, ordonner que l'Arrêt du Conseil du 27 Janvier 1733, sera exécuté selon sa forme & teneur; en conséquence adjuger au Suppliant les conclusions qu'il a prises en l'Instance: & pour ce qui concerne les nouveaux ouvrages que le Suppliant a fait faire à sa Pesliere, lui donner acte de ce qu'il met en fait, qu'ils rendent le passage plus doux & plus facile, que les batteaux n'y courent aucun risque, lorsqu'ils sont bien construits & bien conduits, & qu'ainsi tout l'objet de l'Arrêt du 27 Janvier 1733, est rempli de la part du Suppliant: & en cas de dénégation, ordonner que lesdits ouvrages seront vûs & visités par tel Commissaire qu'il plaira à V. M. députer; toutes les Parties intéressées présentes, ou duement appellées, pour le procès verbal de ladite visite raporté, être statué par V. M. ce qu'il appartiendra sur lesdits nouveaux ouvrages, & condamner les sieur Ju & Consorts aux dépens, & en 10000 livres de dommages & intérêts pour indue vexation; & le Suppliant ne cessera de faire des vœux pour la santé & prospérité de VOTRE MAJESTÉ.

Signé CANILLAC PONT-DU-CHATEAU.

Me. THOREL, Avocat.

De l'Imprimerie de CLAUDE SIMON, ruë des Massons. 1737.

11,437

MEMOIRE

POUR Meſſire DENIS-MICHEL DE MONTBOISSIER-BEAUFORT-CANILLAC, Marquis du Pont-du-Château, Appellant.

CONTRE la Dame Marquiſe du Pont-du-Château ſon épouſe, Intimée.

IL y a plus de ſix ans que la Marquiſe du Pont-du-Château fatigue ſon mari par des Procès; comme il n'y en a pas un ſeul qu'elle n'ait perdu tant en premiere inſtance que ſur l'appel, il y avoit lieu de croire qu'elle ſe dégouteroit enfin, & que plus jalouſe de ſa propre tanquillité, elle fermeroit l'oreille aux conſeils pernicieux qui lui avoient fait faire tant de fauſſes démarches.

Mais il eſt aiſé de reconnoître dans la nouvelle demande qu'elle vient de former, que ces mauvais ſuccès n'ont fait qu'animer de plus en plus ceux qui cherchent à entretenir la diviſion entre le mari & la femme, & à la précipiter elle-même dans de nouveaux égaremens.

Elle demande à être ſeparée de corps & d'habitation, elle articule des faits, & demande permiſſion d'en faire preuve; mais indépendamment des moyens qui doivent au fond faire échouer cette tentative, des fins de non-recevoir ſi victorieuſes s'élevent pour la combattre, que la Cour ne ſouffrira jamais qu'on engage une conteſtation ſi temeraire, & qu'elle ſe déterminera au contraire à l'étouffer dans ſon principe.

FAIT.

Le Marquis du Pont-du-Château avoit paſſé pluſieurs années dans la Province de la Marche auprès de la Dame Gedoin ſon ayeule; elle mourut au mois de Janvier 1714. & inſtitua le Marquis du Pont-du-Château ſon unique heritier.

Sur les ordres du Comte de Canillac ſon oncle, il ſe rendit à Paris au mois de Juin de la même année, & fut demeurer chez lui; il y ap-

A

prit qu'on avoit arrêté son mariage avec la Demoiselle Ferrand, fille de M. Ferrand Conseiller d'Etat, & niece de la Comtesse de Canillac. Comme il ne doutoit pas que son oncle n'eût fait un choix convenable, il ne balança pas à se soumettre à ce qu'il desiroit ; il ne connoissoit ni la Demoiselle Ferrand, ni sa fortune ; ainsi il n'y a pas même de prétexte à lui reprocher qu'il se soit déterminé à ce mariage par des vûes interessées.

Le mariage fut fait le 24 Juillet 1714. Le Marquis du Pont-du-Château croit avoir rempli tous les devoirs d'un homme qui sçait ce qu'il doit à lui-même & à sa femme, jamais il n'a rien épargné pour soutenir la Dame du Pont-du-Château avec la dignité qui convenoit à sa naissance ; elle a toujours été logée & meublée honorablement, grand nombre de Domestiques, bonne table, où elle recevoit & invitoit qui elle vouloit ; il lui donnoit d'abord 3000 liv. par an pour son entretien, ce qu'il a porté ensuite jusqu'à 4000 liv. Il a toujours habité avec elle, & n'a manqué à aucun des égards & des complaisances que l'on peut attendre d'un homme veritablement attaché à son épouse.

Aussi a-t'il toujours reçu des temoignages d'estime & de reconnoissance de la famille de la Dame du Pont-du-Château ; il a vêcu dans une parfaite union avec M. Ferrand Doyen du Parlement, & avec la Comtesse de Canillac, oncle & tante de la Dame du Pont-du-Château ; & s'il y a eu quelque refroidissement entre lui & M. Ferrand son beau-pere, il n'a été occasionné que par le second mariage de M. Ferrand ; on sçait que ces évenemens ne fomentent pas l'union dans les familles.

La Dame du Pont-du-Château auroit pu continuer de jouir des douceurs & des agremens qu'elle trouvoit dans la maison de son mari ; mais une Femme de Chambre qui étoit entrée chez elle en 1717. ayant pris sur elle un empire dont il n'y a point d'exemple, sa famille en fut offensée, & en porta ses plaintes au Marquis du Pont-du-Château, qui ne voulut point se charger d'en parler à sa femme ; il partit peu de tems après pour ses Terres d'Auvergne ; mais les libertez que se donnoit cette Femme de Chambre avec toutes les personnes qui venoient voir la Dame du Pont-du-Château, indisposerent sa famille à un tel excès, que les remontrances qui furent faites à la Maîtresse n'ayant rien produit, M. Ferrand écrivit à son gendre qu'il falloit absolument qu'il chassât ce Domestique. Le Marquis du Pont-du-Château ne put resister au vœu de toute la famille, il en écrivit à la Dame du Pont-du-Château, qui fut enfin obligée en 1720. d'abandonner sa favorite.

Son goût pour elle n'en subsistoit pas moins, toutes celles qui entrerent depuis à son service ne pouvoient plus lui convenir ; elle se plaignoit toujours à sa famille de ce qu'on ne vouloit pas qu'elle reprît celle qu'elle avoit renvoyée ; la Dame Comtesse de Canillac se laissa toucher, elle en parla au Marquis du Pont-du-Château, qui ceda avec la même facilité pour la reprendre, qu'il en avoit apporté pour la faire renvoyer.

Cette Femme de Chambre fut donc reprise en 1726. elle rentra dans la maison comme dans un Pays de conquête ; loin de se contenir, elle ne chercha qu'à aigrir, qu'à indisposer sa Maîtresse contre le Marquis du Pont-du-Château ; ce qui l'obligea à faire de nouvelles, mais d'inutiles instances auprès de la Dame du Pont-du-Château pour qu'elle voulût bien la renvoyer une seconde fois.

Loin de déferer à cette priere, la Dame du Pont-du-Château engagea la Comtesse de Canillac sa tante à proposer au Marquis du Pont-du-Château une separation volontaire ; comme il ne s'attendoit pas à une pareille proposition, il en témoigna sa surprise, & demanda du tems pour se consulter.

Pendant cet intervale la Marquise du Pont-du-Château ayant sans doute reflechi sur l'éclat d'une pareille démarche, alla trouver un Avocat celebre, & l'engagea de voir le Marquis du Pont-du-Château, pour le prier d'oublier le passé : il n'eut pas besoin de tous ses talens pour réussir dans la negociation, le Marquis du Pont-du-Château n'avoit appris qu'avec peine la resolution de la Dame du Pont-du-Château, il promit de ne plus penser à ce qui avoit été dit, & la situation de la maison parut reprendre plus de calme pendant quelques mois.

Mais dans le tems qu'il s'y attendoit le moins, la Dame du Pont-du-Château lui fit renouveller la proposition de se retirer par l'Abbé de Canillac, aujourd'hui Auditeur de Rote. Le Marquis du Pont-du-Château fatigué de ces propositions, ne trouva point d'autre expedient pour les faire cesser, que d'y donner son consentement ; l'acte de separation volontaire fut signé le 30 Octobre 1730. Le Marquis du Pont-du-Château delivra dans l'instant pour 14717 liv. de meubles, il s'engagea de donner 12000 liv. de pension à la Dame son épouse, & lui remit comptant une somme de 3000 liv.

Quoiqu'ils ayent vêcu depuis dans differentes maisons, il n'a jamais cessé de donner à la Dame du Pont-du-Château des marques de la consideration qu'il avoit pour elle. Après la mort de M. Ferrand Conseiller d'Etat son pere, il apprit qu'elle desiroit une tapisserie qui se trouvoit dans la succession, il se la fit adjuger pour 2800 liv. & l'envoya à la Dame du Pont-du-Château. M. Ferrand Doyen du Parlement, étant mort, il abandonna à Madame du Pont-du-Château la jouissance d'une rente qui lui étoit échue, laquelle jointe aux rentes qui lui avoient été deleguées, augmentoit sa pension de 4 ou 500 liv. elle toucha outre cela 6000 liv. du prix de la vente des meubles. On ne reconnoît point à tous ces traits un mari feroce, qui ne respire que haine & que mépris pour sa femme.

Quoi qu'il en soit, voilà la conduite que le Marquis du Pont-du-Château a tenue, voici maintenant de quelle maniere ses procedez ont été reconnus ; les faits qui suivent demandent une extrême attention, parce que ce sont eux qui administrent au Marquis du Pont-du-Château les fins de non-recevoir dans lesquelles il renferme sa défense.

Au mois de May 1736 la Marquise du Pont-du-Château le fit assigner au Châtelet, pour voir dire qu'elle demeureroit separée de biens d'avec lui, & qu'il feroit tenu de lui reſtituer tout ce qu'il avoit reçu de ſes biens. Pour ſoutenir cette demande, qui fut appointée, la Marquiſe du Pont-du-Château ne s'eſt pas contentée de repréſenter ſon mari comme un diſſipateur outré, qui après avoir mangé ſon bien, avoit encore entamé celui de ſa femme pour de folles dépenſes; elle a encore expliqué les cauſes de la ſeparation volontaire qui avoit été faite entr'eux : on verra dans la ſuite ſi elles ſe concilient avec les fables dont on a compoſé la plainte & la demande de 1742.

Pour combattre l'idée de diſſipation reprochée au Marquis du Pont-du-Château, il eſt entré de ſa part dans le plus grand détail de ſa fortune & de celle de ſa femme dans tous les tems; il a fait voir que malgré les dépenſes inevitables qu'entraîne un mariage dans lequel il avoit apporté peu de biens, le Service militaire, & la neceſſité de ſoutenir ſon rang & ſa naiſſance, non-ſeulement tout le bien de ſa femme étoit bien aſſuré, mais qu'il avoit augmenté le ſien propre; auſſi après une ample inſtruction & d'amples Memoires imprimez répandus de part & d'autre, Sentence eſt intervenue ſur productions reſpectives des Parties le 21 Août 1737. par laquelle la Dame Marquiſe du Pont-du-Château a été déboutée de ſa demande en ſeparation, & condamnée aux frais de la Sentence.

La Dame Marquiſe du Pont-du-Château ne s'eſt point rendue à ce premier Jugement, elle en a interjetté appel; mais après deux années d'inſtruction, la Sentence a été confirmée par Arrêt du 27 Janvier 1740.

Il y avoit lieu d'eſperer qu'après un pareil évenement, la Marquiſe du Pont-du-Château rentreroit en elle-même, & qu'elle chercheroit à reparer la faute qu'on lui avoit fait faire, par des procedez dignes des ſentimens qui ſont dans ſon cœur; mais les mauvais conſeils ont prévalu, & elle n'a répondu aux prévenances du Marquis du Pont-du-Château, que par une reſiſtance affectée aux démarches les plus juſtes & les plus neceſſaires. Il a fallu proceder à un nouveau partage de la ſucceſſion de M. Ferrand Doyen du Parlement, avec la Demoiſelle Ferrand, dont l'état avoit été reconnu par un Arrêt de 1738. tous les coheritiers étoient d'accord de celui qui étoit dreſſé, la Dame Marquiſe du Pont-du-Château a ſeule refuſé de le ſigner : la Demoiſelle Ferrand a été obligée de faire ſaiſir tous les biens de la ſucceſſion; mais la Dame Marquiſe du Pont-du-Château toujours bien payée de ſa penſion de 12000 liv. n'a point été touchée de ces ſaiſies, qui ne troubloient que la jouiſſance perſonnelle de ſon mari, & depuis près de quatre ans ces ſaiſies ſubſiſtent ſur la part de la Dame du Pont-du-Château, parce qu'elle eſt la ſeule qui ne veuille pas ſigner un acte que la Comteſſe de Canillac, que M. de la Faluere & que le Marquis du Pont-du-Château ont ſigné d'un commun accord.

M. le Duc de Rochechouart a fait un rembourſement de 20000 liv. à la Dame du Pont-du-Château; mais n'ayant voulu accepter aucun remploi, les deniers ſont reſtez en dépôt chez Froard Notaire; on n'en a tiré que 5000 liv. pour payer la Dame Ferrand, le ſurplus demeure

ſterile

ſterile par le fait de la Dame du Pont-du-Château depuis plus de quatre ans, qui compte pour rien la perte de ce revenu, qui ne tombe que ſur ſon mari ſeul.

Une reſiſtance ſi injuſte força le Marquis du Pont-du-Château en 1741. à demander que ſa femme fût tenue de venir demeurer avec lui, ou de ſe retirer dans un Couvent, dans l'eſperance que plus écar-tée de ceux qui la ſeduiſent, elle entendroit enfin raiſon, & concou-reroit avec ſon mari à l'arrangement de ſes propres affaires ; elle pré-fera le parti du Couvent, & ne diſputa que ſur le plus ou le moins de la penſion. Par Arrêt du 10 Mars 1741. il lui fut donné acte de ſa de-claration qu'elle s'étoit retirée dans un Couvent, & il fut ordonné qu'elle toucheroit les arrerages de quelques rentes ſur la Ville qu'elle avoit ſaiſies.

Cet aſyle ne lui a pas inſpiré des partis plus moderez ; dès le mois de Mars 1742. elle fit un nouveau Procès au Suppliant : elle demanda qu'il fût tenu d'augmenter de 10000 liv. par an la penſion de 12000 l. qu'il avoit bien voulu lui accorder. Cette nouvelle demande fit ſentir au Marquis du Pont-du-Château qu'il n'auroit jamais de repos tant qu'il laiſſeroit la Dame ſa femme vivre ſeparément d'avec lui ; il ſe détermina donc à donner une Requête le 27 Avril ſuivant, par la-quelle il demanda acte de ce qu'il revoquoit le conſentement qu'il avoit donné à la ſeparation volontaire ; en conſequence, qu'il fût or-donné que dans le jour de la ſignification de l'Arrêt, elle ſeroit tenue de venir demeurer dans ſa maiſon, où il lui avoit fait meubler un ap-partement convenable, & qu'elle ſeroit tenue de faire apporter les meubles & autres effets à elle délaiſſez lors de l'acte de ſeparation vo-lontaire.

Il n'y a point d'efforts que la Dame Marquiſe du Pont-du-Château n'ait faits pour parer à cette demande ; comme elle n'avoit point de moyens pour autoriſer une ſeparation forcée, elle a fait valoir le con-ſentement donné par ſon mari en 1730. elle a exageré l'autorité de cet acte, ſoutenu d'une execution de douze années ; mais comme une ſe-paration qui n'eſt pas fondée ſur des cauſes legitimes, & qui n'emprunte ſa force que du conſentement des Parties, ne peut jamais ſubſiſter, la Cour par Arrêt du 26 Juin 1742. a ordonné que dans un mois pour tout delai, à compter du jour de la ſignification de l'Arrêt, la Dame du Pont-du-Château ſeroit tenue de retourner en la maiſon de ſon mari, & d'y faire apporter les meubles & effets à elle abandonnez par l'acte du 20 Octobre 1730.

Cet Arrêt a été ſignifié le 4 Juillet ſuivant ; mais quelle a été la ſur-priſe du Marquis du Pont-du-Château, lorſque dans le tems qu'il ſe préparoit à recevoir la Dame ſon épouſe, on l'a fait aſſigner au Châ-telet le 17 du même mois, pour voir dire que la Dame Marquiſe du Pont-du-Château ſeroit & demeureroit ſeparée d'habitation d'avec lui ; qu'en cas de deni des faits par elle articulez, il lui ſeroit permis d'en faire preuve, & que cependant il lui ſeroit adjugé 40000 liv. de pro-viſion. Quand tout étoit fini, quand tout étoit conſommé par les Ar-rêts de la Cour qui regloient le ſort du mari & de la femme, on voit revivre un nouveau Procès, qui remet en question tout ce qui est jugé. Jamais il n'y a eu d'exemple d'une entreprise si temeraire.

Cependant par la Sentence du Châtelet du 31 Août 1742. la Dame Marquise du Pont-du-Château a été admise à la preuve des faits portez par sa Requête ; c'est de l'appel de cette Sentence dont la Cour est saisie. On soutient que la Dame Marquise du Pont-du-Château doit être déclarée non-recevable dans sa demande ; c'est à quoi se reduit tout l'objet de la contestation.

FINS DE NON-RECEVOIR.

Il n'y a point de femme qui formant une demande en separation, ne fasse un portrait affreux du caractere & des procedez de son mari ; il n'y en a point qui n'articule des faits graves, & souvent circonstanciez, & qui ne demande permission d'en faire preuve.

Quand le mari s'oppose à la preuve, on ne manque jamais de s'écrier que c'est un éclaircissement innocent, que les faits sont vrais ou qu'ils sont faux ; que s'ils sont faux, les enquêtes doivent faire le triomphe du mari, & couvrir la femme de confusion ; que s'ils sont vrais, il seroit souverainement injuste de refuser à la femme la liberté d'en faire preuve, & d'en tirer les avantages qui doivent affermir son repos, & la mettre à l'abri des persecutions ausquelles elle est exposée.

Mais ces vains prétextes n'en imposent point à la Justice ; elle sent l'inconvenient d'admettre trop legerement de pareilles preuves, soit par le danger de cette preuve en elle-même, soit parce qu'elle perpetue une division funeste & scandaleuse, par les longueurs qu'elle entraîne, soit enfin parce qu'il se trouve souvent des fins de non-recevoir, qui ne permettent plus d'écouter les plaintes affectées d'une femme qui n'aspire qu'à l'indépendance.

C'est ainsi que la Dame Rapally qui articuloit les faits les plus graves & les plus circonstanciez, qui se plaignoit que son mari l'avoit presque égorgée, & ne lui avoit laissé qu'un reste de vie pour s'échaper de sa maison, & pour implorer le secours de la Justice, fut cependant deboutée de la demande à fin de permission de faire preuve d'un évenement si cruel ; c'est ainsi que la Dame de Marchainville & la Dame d'Ervillé & plusieurs autres ont été aussi deboutées de pareilles demandes, la Cour n'ayant pas temoigné moins de reserve pour admettre des preuves de cette qualité, que pour prononcer définitivement des separations qui offensent toujours l'honnêteté publique, & qui presentent à la societé les exemples les plus dangereux & les plus funestes.

C'est par ces circonstances, c'est par les fins de non-recevoir que la Cour se détermine à rejetter de pareilles preuves ; mais jamais il ne s'en est presenté de plus victorieuses que dans la question qui est à juger, tout s'éleve contre la vaine tentative de la Marquise du Pont-du-Château.

Premierement, les Sieur & Dame du Pont-du-Château ont été mariez en 1714. la séparation volontaire n'a été faite qu'en 1730. c'est-à-dire qu'ils ont habité ensemble pendant seize ans ; si la Dame du

Pont-du-Château *avoit été expofée à tous les fevices & mauvais traitemens d'un mari qui n'écoute que fa fureur, & que la ferocité de fon caractere emportée perpetuellement aux plus grands excès;* fi fon mari *l'avoit traitée comme une miferable & indigne de lui, comme la derniere des fervantes, la menaçant à chaque moment de lui donner des coups de pied, & de la chaffer de fa maifon;* fi *ces fevices n'avoient jamais difcontinué, & avoient été renouvellez à chaque jour & à chaque inftant,* s'il *avoit attaqué ouvertement fon honneur & fa réputation dans le monde & auprès de fa famille;* s'il *avoit dit publiquement que fes Laquais avoient de mauvais commerces avec elle;* enfin fi attaqué *d'un mal honteux il l'avoit communiqué à fa femme,* (car c'eft la fubftance des faits contenus dans la Requête de la Dame du Pont-du-Château) feroit-elle demeurée tranquillement pendant feize ans avec un mari, qu'elle auroit dû regarder comme un monftre? n'auroit-elle pas dû rompre avec éclat, tout commerce, toute relation, au hazard de tout ce qui en pouvoit arriver? cependant dans le cours de tant d'années, non-feulement on ne voit aucune plainte de fa part, mais on n'a jamais entendu parler d'aucun murmure: une fi longue, une fi tranquile cohabitation ne fuffit-elle pas pour faire rejetter des faits fi vagues & fi outrez?

Mais deux circonftances donnent une force invincible à cette fin de non-recevoir.

La premiere eft, que fuivant la Requête de la Dame du Pont-du-Château, ce n'eft pas elle qui a voulu fortir de la maifon de fon mari, & aller demeurer feparément; fi on l'en croit, le *Marquis du Pont-du-Château abfolument refolu de la mettre hors de fa maifon, conçut le deffein de l'y forcer par famine;* partant pour Nemours, il rompit le menage, & la laiffa avec peu de domeftiques; il eft vrai qu'il rentra en lui-même, & retablit le menage, *mais il ne perdit jamais le deffein de forcer la Dame fa femme à fortir de la maifon;* fi ce deffein qu'on prête gratuitement au Marquis du Pont-du-Château, avoit eu quelque realité, pourquoi la Dame du Pont-du-Château traitée chaque jour & à chaque inftant avec tant d'inhumanité, n'en profitoit-elle pas, & ne faififfoit-elle pas avec empreffement une voye fi facile de recouvrer fa liberté & fon repos? C'eft elle qui ne vouloit pas fortir, nous dit-elle, il a fallu que le Marquis du Pont-du-Château employât toute forte de voyes pour lui faire prendre ce parti; fi cela eft, elle n'étoit donc pas traitée indignement, comme elle le fuppofe, elle fe trouvoit donc bien, elle fe trouvoit donc convenablement dans cette maifon qu'elle ne vouloit pas abandonner; après un pareil aveu, on ne peut plus écouter les fables qu'elle débite, & qu'elle détruit auffi-tôt par une circonftance importante qui fuffit pour les effacer.

La feconde eft, qu'il y a déja quelques années que la Dame du Pont-du-Château a rendu compte à la Juftice & au public de la fituation dans laquelle elle s'étoit trouvée pendant tout le tems qu'elle a vêcu avec fon mari; on va voir dans un Memoire imprimé qu'elle donna en 1737. fur la demande en féparation de biens qui étoit alors pendante au Châtelet, qu'elle rend juftice aux procedez de fon mari par rapport à elle, & qu'elle ne lui reproche que quelques affections étrangeres qui n'ont jamais formé des moyens de féparation, & qui trouvent leur excufe dans la tirannie des paffions qu'il eft fi difficile de calmer à un certain âge ; après avoir étalé les grands biens qu'elle avoit apportez au Marquis du Pont-du-Château, les Charges Militaires qu'elle lui avoit procurées, elle prétend qu'il a vendu une partie de fes biens fans en faire aucun remploi, & pour indiquer ce qui l'avoit précipité dans ce goût de diffipation elle ajoute : Qu'il avoit dès lors de ces attachemens paf-fagers que la corruption du fiecle traite de galanterie & d'amufement ; qu'elle efperoit que les dépenfes exceffives, les infidelitez & les autres inconveniens de ces fortes d'inclinations pourroient le dégoûter, & lui faire préferer à la fin l'interieur d'une maifon gracieufe & reglée au poids énorme de cette efpece d'engagement, mais qu'elle eût le malheur en 1729. de fe voir enlever les affections & la perfonne même de fon mari, & de le voir fe précipiter dans une diffipation encore plus outrée.

Arrêtons-nous à cet expofé, c'eft la Dame Marquife du Pont-du-Château qui parle ; il n'y a rien là qui lui puiffe être fufpect, ni qu'elle puiffe défavouer, elle fuppofe donc que le Marquis du Pont-du-Château a eu quelques attachemens paffagers ; fi cela étoit, ce feroit un re-proche que fa confcience devroit lui faire, mais ce ne feroit pas affuré-ment un moyen de feparation en faveur de la femme ; nous ne pouffons pas la rigidité des mœurs à cet excès, & la Religion qui condamneroit le mari, ne pardonneroit pas à la femme fi elle s'en faifoit un prétexte pour fe feparer d'avec lui. La Dame Marquife du Pont-du-Château ajoute qu'elle efperoit que fon mari fe dégouteroit, & prefereroit l'interieur d'une maifon gracieufe & reglée à de pareils engagemens ; elle reconnoît donc que l'interieur de fa maifon étoit gracieux & capable de tenter le Mar-quis du Pont-du-Château ; mais pourroit-on parler ainfi d'une maifon dans laquelle les fevices, les mauvais traitemens du mari contre la femme fe renouvelloient à chaque inftant ? pouvoit-on efperer qu'un mari que la ferocité de fon caractere emportoit perpetuellement aux plus grands excès, fût fenfible aux plaifirs d'une maifon gracieufe & reglée ? que la Dame Marquife du Pont-du-Château s'accorde donc, s'il eft poffible, avec elle-même.

Enfin elle dit dans fon Memoire de 1737. que ce fut en 1729. qu'elle eût le malheur de fe voir enlever les affections & la perfonne même de fon mari; cette époque eft remarquable : la Dame Marquife du Pont-du-Château a été mariée en 1714. c'eft en 1730. que la feparation volontaire a été faite, & felon elle, ce ne fut qu'en 1729. qu'elle eut le malheur de fe voir enlever l'affection de fon mari : de feize ans qu'ils ont vêcu enfemble, il y en a donc eu quinze pendant lefquelles elle a eu la fatisfaction de jouir de tous les témoignages de l'affection de fon mari ; en faut-il davantage pour rejetter tous les faits de la plainte & de la Requête de la Dame Marquife du Pont-du-Château, faits dans lefquels elle le re-prefente depuis le premier moment du mariage comme un homme fe-roce, inhumain, & qui a porté contr'elle l'indignité aux derniers excès ? lui permettra-t-on de faire preuve des faits qu'elle a elle-même combattus & détruits par avance? quel témoignage dans cette matiere pourroit pré-valoir fur le fien propre ?

Mais du moins dans la derniere année le Marquis du Pont-du-Château

teau n'aura-t-il point donné lieu aux reproches que lui fait aujourd'hui la Dame du Pont-du-Château ? N'aura-t-il point fait paroître alors le caractere de haine, de mépris, de fureur qu'on lui impute ? Écoutons encore la Dame Marquise du Pont-du-Chateau dans ce même Memoire.

Le dérangement dans ses affaires lui fut moins sensible que celui des mœurs de son mari, (c'est un sentiment plein de Religion qu'on doit assurément respecter) *les complaisances qu'elle avoit toujours eu pour lui, lui avoient conservé les témoignages exterieurs d'une politesse & d'une urbanité qu'il a naturellement,* c'est-à-dire que malgré l'affection étrangere qu'on attribue au Marquis du Pont-du-Château, il se signaloit toujours par des témoignages de politesse & d'urbanité à l'égard de sa femme: le fond du cœur étoit changé selon elle, elle l'avoit perdu en 1729. mais les dehors étoient les mêmes, parce que cette politesse & cette urbanité est naturelle au Marquis du Pont-du-Château; on le repete, c'est la Dame Marquise du Pont-du-Château qui parle, mais comment ne fera-t-on pas revolté après cela de lui entendre soutenir au contraire que depuis son mariage elle a été traitée comme une miserable, & comme la derniere des servantes, qu'elle a langui dans la plus cruelle servitude, que les sevices & les mauvais traitemens se renouvelloient chaque jour, & que son mari avoit la noirceur de l'accuser d'avoir de mauvais commerces avec ses Laquais; voilà sans doute une étrange urbanité.

Enfin la Dame du Pont-du-Château termine le recit des faits qui ont conduit à la separation volontaire, en disant *qu'elle ne put pas souffrir sous ses yeux une préference marquée en tout par son mari pour sa nouvelle inclination; que le droit qu'elle avoit de s'en plaindre rendit sa presence importune & sa personne odieuse; que le Marquis du Pont-du-Château ne le fit que trop ressentir à sa femme en une infinité d'occasions dont elle éprouva toute l'amertume; que comme sa Religion ne lui permettoit pas de voir avec indifference un dérangement si marqué, sur la seule proposition qu'elle fit de ne pouvoir en demeurer plus long-tems spectatrice, le Marquis du Pont-du-Château saisit avec avidité cette occasion de consentir qu'elle se retirât avec une pension.* Nous ne dissimulons pas ce que la Dame du Pont-du-Château a dit dans ce Memoire contre son mari; mais il est évident qu'il ne s'agit plus de ces fureurs, de ces emportemens, de ces traitemens indignes qui ont continué suivant la plainte depuis le mariage jusqu'à la separation volontaire; tous ces faits si odieux disparoissent; au contraire l'affection du mari n'a souffert aucune atteinte jusqu'en 1729. depuis ayant perdu ce sentiment si profondément gravé dans son cœur, il s'en est tenu aux témoignages exterieurs d'une politesse & d'une urbanité qu'il a naturellement; mais malgré cela il y avoit une passion dominante; la presence de la femme est devenue incommode, elle a crû que sa Religion exigeoit qu'elle ne fût pas témoin d'un pareil dérangement, elle a demandé à se retirer, le mari y a consenti; voilà l'histoire en abregé telle qu'il a plû à la Marquise du Pont-du-Château de nous la donner elle-même.

Mais faut-il autre chose pour combattre les fables grossieres répandues dans la plainte de la Dame Marquise du Pont-du-Château, & peut-on après cela l'admettre à la preuve de ses faits ? elle veut faire entendre

C

des témoins, mais nous n'en voulons point d'autre qu'elle-même : elle a parlé dans un tems non suspect, c'est-à-dire lorsqu'elle plaidoit contre son mari sur la séparation de biens; on ne dira pas qu'elle ait cherché alors à le ménager, cependant elle y convient qu'elle a eu toute son affection jusqu'en 1729. que depuis l'exterieur a toujours été poli & marqué au coin de l'urbanité même; il est vrai qu'elle s'est piquée d'une inclination étrangere, elle a voulu se separer, son mari s'est prêté à ce qu'elle exigeoit; voilà tout ce qu'elle nous dit elle-même; pourquoi chercherions-nous d'autres témoins? son propre témoignage suffit & la condamne.

Ce n'est pas que le Marquis du Pont-du-Château convienne de l'attachement qu'on lui reproche, mais il ne s'agit pas aujourd'hui de faire une information de vie & mœurs, il s'agit de sçavoir si pendant tout le cours de la cohabitation le Marquis du Pont-du-Château a fait éclater un mépris, une haine implacable contre sa femme, s'il l'a traitée comme une miserable, s'il l'a battue, outragée, insultée jusqu'à dire hautement qu'elle avoit de mauvais commerces avec ses Laquais; voilà les faits qu'on veut prouver; mais si on est en état d'opposer à la Dame du Pont-du-Château son propre témoignage à elle-même, s'il la condamne, vingt témoins qu'elle feroit entendre aujourd'hui, pourroient-ils prévaloir?

Qu'elle se reduise à ce qu'elle a dit dans son Memoire de 1737. qu'elle propose pour tout moyen de separation que son mari a eu une inclination, que la presence de la femme est devenue importune, & même odieuse; qu'elle ajoute, si l'on veut, que le Marquis du Pont-du-Château le lui a fait sentir en plusieurs occasions & avec amertume; qu'enfin sa Religion, & non la dureté de sa situation lui a fait faire la proposition de se retirer, & que le Marquis du Pont-du-Château a cedé sans peine, & nous verrons si de pareils faits sont assez graves pour fonder une demande en separation, & si la Justice se portera à les admettre : la Dame Marquise du Pont-du-Château ne le pense pas elle-même; c'est pourquoi on a changé toute l'histoire dans sa plainte; on a imaginé ce qu'il y a de plus noir, de plus affreux, de plus propre à exciter l'indignation contre le mari; mais on n'avoit pas alors une memoire heureuse, on ne se souvenoit pas que la Dame du Pont-du-Château avoit elle-même déposé tout le contraire dans un Memoire public; aujourd'hui que la verité se trouve manifestée par son propre témoignage, ceux qui abusent de sa confiance, ne doivent-ils pas être couverts de confusion, & la fin de non-recevoir qui s'éleve contre la preuve demandée, peut-elle souffrir quelque réponse?

Secondement, la Dame du Pont-du-Château a formé en 1736. une demande en separation de biens, il n'y a point d'efforts qu'elle n'ait faits pour y réussir : après avoir perdu sa cause au Châtelet en 1737. elle a tenté le secours de l'appel, & le procès a été instruit en la Cour avec toute l'étendue qu'on pouvoit lui donner, il n'a été jugé que par l'Arrêt de 1740. qui a confirmé la Sentence, mais après cela la Dame du Pont-du-Château est-elle recevable à former une demande en séparation d'habitation?

Si la Dame du Pont-du-Château avoit vécu pendant seize ans dans l'état d'oppression & d'esclavage qu'elle nous peint dans sa Requête, si elle avoit été insultée, outragée, traitée avec la plus grande indignité, comme elle le prétend, il ne falloit pas se borner à la separation de biens, il falloit tout d'un coup en venir à la séparation de corps : se réduire à l'une, c'est renoncer à l'autre, & reconnoître qu'on n'a aucun moyen pour l'entreprendre.

D'autant plus que par la séparation de corps, elle parvenoit à la separation de biens ; ainsi elle auroit eu deux moyens, celui des sevices & des mauvais traitemens, & celui de la dissipation ; pourquoi s'est-elle réduite au dernier seulement, si elle avoit pû faire usage du premier ? N'est-il pas évident que bien convaincue qu'il n'y avoit aucun prétexte à la séparation de corps, elle n'a pas osé en parler, mais cette reconnoissance de sa part ne forme-t-elle pas contr'elle une fin de non-recevoir invincible ?

Celui qui avoit deux moyens pour soutenir sa demande, & qui n'en a proposé qu'un, n'est plus recevable à revenir à l'autre pour renouveller sa prétention ; il n'est donc pas possible d'écouter la Dame du Pont-du-Château dans la nouvelle action qu'elle intente, après avoir succombé dans la premiere.

D'autant plus qu'on ne dira pas que c'est par menagement pour son mari qu'elle n'a point demandé alors la separation de corps ; car quand on en vient à une rupture ouverte, il n'est plus question de menagement, & les écrits de la Dame du Pont-du-Château dans l'instance de separation de biens, en fournissent une preuve complette : le Marquis du Pont-du-Château y est attaqué sans menagement sur l'excès de ses dissipations ; on vient de voir qu'on en attribue la cause à de prétendus engagemens criminels qui blessoient la Religion de la Dame du Pont-du-Château ; quand une fois une femme croit pouvoir se déchainer à ce point contre son mari, on ne persuadera jamais que pour le menager elle ait refusé d'employer un moyen décisif qu'elle auroit eu en main pour parvenir à son objet.

Mais, dira-t-on, la Dame du Pont-du-Château étoit separée du corps par un acte volontaire, elle n'avoit rien à demander à cet égard, il ne lui restoit qu'à tenter la separation de biens, il n'est pas extraordinaire qu'elle s'y soit renfermée : mais cette défaite ne peut servir de ressource à la Dame du Pont-du-Château ; car outre qu'un acte volontaire ne forme jamais une veritable separation, c'est que s'agissant d'une separation de biens, la Dame du Pont-du-Château avoit un interêt essentiel de ne se pas contenter de cet acte, & de faire valoir les prétendus sevices, non-seulement pour affermir la separation de corps, mais encore pour obtenir celle de biens.

Ainsi non-seulement en se reduisant à la separation de biens elle a renoncé à demander celle de corps, mais elle a reconnu qu'elle n'avoit aucun moyen pour y parvenir, ce qui la rend absolument non-recevable à l'intenter.

En un mot il n'y a point d'exemple dans l'ordre judiciaire qu'une femme, après avoir demandé la separation de biens, & y avoir succombé, puisse revenir à la séparation de corps sur des faits tous anterieurs à l'action en separation de biens; c'est multiplier les procès sans pretexte, c'est fatiguer & les Parties & la Justice contre toutes regles. Aujourd'hui une femme demanderoit que son mari lui payât une pension, quand elle auroit été déboutée de cette demande, elle en formeroit une autre pour la separation de biens, après cela elle demanderoit à se retirer dans un Couvent, enfin elle demanderoit à être separée de corps; la regle ne s'accorde point avec ces prétendus temperamens; on est obligé d'abord de former toutes ses demandes, & quand on s'est réduit à un objet, on ne peut pas après avoir perdu sa cause, étendre ses prétentions pour faire de nouveaux procès. Ainsi une femme qui n'a pas pû réussir dans une demande en separation de biens, ne peut plus demander la separation de corps, elle y a renoncé par sa premiere action, & ne peut plus être écoutée.

Troisiémement, la demande que forme la Dame du Pont-du-Château est jugée par un Arrêt contradictoire entre son mari & elle; c'est de toutes les fins de non-recevoir la plus forte & la plus décisive.

On a observé dans le fait qu'au mois de Mars 1742. la Dame du Pont-du-Château avoit formé une demande contre son mari, à ce qu'il fût tenu d'augmenter sa pension de 10000 liv. par an; le Marquis du Pont-du-Château fatigué de tant de Procès que lui faisoit sa femme, demanda acte de sa part de ce qu'il revoquoit le consentement qu'il avoit donné, à ce que sa femme eût une habitation separée, & conclut à ce qu'elle fût tenue de venir demeurer avec lui; la Dame du Pont-du-Château a défendu à cette demande, & a soutenu qu'elle devoit être autorisée à vivre separément de son mari.

Ce procès soutenu avec beaucoup de chaleur, instruit par des Memoires imprimés de part & d'autre, a enfin été jugé par Arrêt contradictoire du 26 Juin 1742. par lequel la Cour *a donné acte au Marquis du Pont-du-Château de ce qu'il revoquoit tout acte portant consentement de separation volontaire, en consequence a ordonné que dans un mois pour tout délai la Dame du Pont-du-Château seroit tenue de retourner en la maison de son mari.*

C'est quinze jours ou environ après la signification de cet Arrêt que la Dame du Pont-du-Château demande qu'au lieu de retourner dans la maison de son mari, il lui soit permis de vivre separément, car voilà l'unique objet sur lequel il s'agit aujourd'hui de prononcer; mais n'est-ce pas individuellement la même question jugée par l'Arrêt du 26 Juin dernier, & peut-on sans attaquer cet Arrêt, sans le détruire, esperer de faire ordonner précisément le contraire de ce qu'il prononce?

Par l'Arrêt du 26 Juin la Dame du Pont-du-Château est condamnée à retourner dans la maison de son mari, & à vivre avec lui, par celui qu'elle voudroit obtenir elle feroit ordonner qu'elle ne retourneroit point dans sa maison, & qu'elle en demeureroit separée, comment concilier deux Arrêts qui prononceroient des choses si contradictoires: l'un condamneroit la femme à revenir dans la maison de son mari, l'autre la dechargeroit de cette condamnation; l'un jugeroit qu'elle ne peut se choisir une habitation separée, l'autre prononceroit la separation. Peut-on on fe fouftraire ainfi à l'autorité de la chofe jugée, & ne forme-t-elle pas un obftacle invincible contre une pareille demande?

D'autant plus qu'elle n'eft pas fondée fur des faits nouveaux & pofterieurs à l'Arrêt du 26 Juin, tout ce qu'elle allegue eft anterieur de douze années à cet Arrêt; le fait le plus moderne qu'elle propofe eft de 1730. Ces faits qui n'ont pas empêché que par l'Arrêt de 1742. elle n'ait été condamnée à revenir avec fon mari, peuvent-ils en 1743. lui procurer plus de liberté & plus d'independance? la fin de non-recevoir eft donc dans tout fon jour.

Quelles font les objections contre cette fin de non-recevoir? on nous dit en premier lieu qu'avant l'Arrêt de 1742. la Dame du Pont-du-Château n'avoit pas formé fa demande en feparation, & qu'ainfi cette demande n'étant pas jugée, rien n'empêche aujourd'hui la Dame du Pont-du-Château de la former, ni la Cour d'y avoir égard.

Mais en premier lieu, c'eft une pure équivoque que cette objection: il eft vrai que les queftions de feparation commencent ordinairement par une demande formée de la part de la femme à ce qu'elle foit feparée d'avec fon mari; mais pourquoi? parce qu'ordinairement, & prefque toujours la femme vivant avec fon mari, eft obligée d'en venir à cette action pour obtenir fa liberté; c'eft elle qui eft demanderefle, parce que c'eft elle qui veut rompre une union qui fubfifte; mais quand dans le fait les deux conjoints vivoient feparément, enforte que pour faire ceffer cette feparation, c'eft le mari qui demande que fa femme revienne avec lui, & que la femme s'oppofe de toutes fes forces à cette demande, en eft-ce moins un procès de feparation, d'habitation? il eft indifferent que ce foit le mari ou la femme qui ait attaqué le premier & qui foit demandeur, pourvu que la demande forme toujours un procès de feparation. Le Marquis du Pont-du-Château a demandé que fa femme revînt avec lui, la Dame du Pont-du-Château a demandé que fon mari fût deboutée de fa demande; voilà donc la queftion de feparation bien formée, bien agitée, & par confequent elle eft jugée irrevocablement par l'Arrêt qui y a prononcé; d'autant plus qu'il eft de principe que celui qui défend à une demande, en cela même eft cenfé former la demande contraire, *excipiendo reus fit actor*; ainfi la Dame du Pont-du-Château en défendant à la demande à ce qu'elle fût tenue de retourner avec fon mari, étoit réellement demanderefle en feparation: nous n'avons point parmi nous ces formules d'action fi religieufement prefcrites parmi les Romains, il fuffit qu'une queftion ait été agitée & jugée entre les Parties, pour qu'elle fixe leur fort irrevocablement.

2°. Si pour combattre la demande du Marquis du Pont-du-Château il falloit former une demande en feparation, que la Dame du Pont-du-Château ne la formoit-elle? Peut-on après qu'un Arrêt a prononcé fur une demande, venir dire, je n'ai été condamné que parce que je n'ai pas formé une demande qui auroit fait tomber la vôtre: fi une Partie s'eft mal défendue, fi elle n'a pas pris les précautions neceffaires pour empêcher fa condamnation, fi elle n'a pas formé les demandes, produit les pieces qui devoient faire échouer l'action intentée contr'elle,

D

elle ne doit s'en prendre qu'à elle-même, mais l'autorité de la chose jugée n'en subsiste pas moins.

Ainsi celui qui a été condamné par un Arrêt contradictoire au payement d'un billet, peut-il ensuite prendre des Lettres de rescision contre ce billet, & en demander l'enterinement? & quand on lui opposera la fin de non-recevoir résultante de l'Arrêt, en sera-t-il quitte pour dire, oh mais je n'avois pas pris des Lettres de rescision avant l'Arrêt, c'est une demande nouvelle, je croyois pouvoir me défendre sans cela; mais puisqu'on a jugé ma défense insuffisante, j'agis aujourd'hui en rescision, & c'est une demande toute neuve: il n'y a personne qui ne fût revolté contre une pareille proposition. De même celui qui aura été condamné à payer le prix d'une terre qu'il a acquise, pourra-t-il après l'Arrêt former sa demande en resolution du contrat de vente? on lui répondroit avec succès, que ne formiez-vous cette demande avant l'Arrêt? aujourd'hui que vous êtes condamné, vous ne pouvez plus former de demande qui tende à faire tomber votre condamnation.

Disons de même à la Dame du Pont-du-Chateau, Votre mary a demandé que sans avoir égard à l'acte de separation volontaire qu'il revoquoit, vous fussiez tenue de venir demeurer avec lui, vous y avez été condamnée, pouvez-vous après cela demander votre separation? il falloit le faire avant l'Arrêt, si c'étoit une défense nécessaire; mais si vous avez negligé cette défense, ne vous en prenez qu'à vous-même; la cause n'en est pas moins jugée, & les décisions de la Justice sont irrefragables, il est donc impossible d'échapper à la fin de non-recevoir.

On oppose en second lieu, que l'unique question agitée avant l'Arrêt, étoit de sçavoir si le Marquis du Pont-du-Chateau pouvoit revoquer le consentement qu'il avoit donné à la separation volontaire; on a jugé, dit-on, qu'il le pouvoit; mais il reste à sçavoir si la Dame du Pont-du-Chateau n'a pas des moyens pour obtenir une separation forcée; c'est une question toute nouvelle, & sur laquelle l'Arrêt ne peut influer.

Mais ce raisonnement n'a pas plus de force ni plus de solidité que le premier. Le Marquis du Pont-du-Chateau a demandé que sa femme fût tenue de venir demeurer avec lui; voilà l'unique demande sur laquelle il fut question de prononcer: s'il a revoqué le consentement donné à la separation volontaire, ce n'étoit que pour lever l'obstacle qu'auroit pû apporter ce consentement; mais la demande ne se bornoit pas à cette revocation, ou plûtôt ce n'étoit pas là ce qui formoit la demande, il n'y en avoit point d'autre que celle à ce que la Dame du Pont-du-Chateau fût tenue de venir demeurer avec lui.

La Dame du Pont-du-Chateau, pour défendre à cette demande, pouvoit proposer deux moyens; elle pouvoit soutenir que le consentement donné à la separation volontaire étoit irrevocable: elle pouvoit ajouter qu'indépendamment de ce consentement elle avoit des raisons pour ne plus vivre, pour ne plus habiter avec son mary, fondées sur les sevices & les mauvais traitemens exercés à son égard: si elle s'est contentée de proposer le premier moyen, la cause n'en est pas moins jugée, & elle n'est plus recevable à proposer le second. Il ne s'agit donc pas de sçavoir quelle eſt la queſtion qui a été agitée dans la diſcuſſion des moyens ; une Partie peut ſe renfermer dans un ſeul moyen, quoiqu'elle en ait pluſieurs ; elle peut n'agiter qu'une queſtion, quoiqu'elle pût encore en propoſer d'autres. Chacun ſe défend comme il juge à propos ; mais la défenſe plus ou moins étendue n'empêche pas que la cauſe ne ſoit jugée définitivement & ſans retour.

Il n'en ſeroit pas de même ſi l'Arrêt étoit intervenu contre un mineur, il pourroit dire, On n'a propoſé qu'une telle défenſe pour moy, mais il y en avoit une autre à ajouter ; on s'eſt contenté de ſoutenir que le conſentement étoit irrevocable ; mais il falloit ajouter qu'indépendamment de ce conſentement il avoit des moyens victorieux de ſeparation, je n'ai pas été valablement défendu, alors on en convient, le mineur devroit être écouté par le privilege attaché à la foibleſſe de ſon âge, encore faudroit-il pour cela qu'il ſe pourvût par Requête civile, & qu'il la fît entheriner, ſans quoy il ne ſeroit pas permis d'avoir égard à ſa nouvelle demande ; mais à l'égard d'un majeur, on n'a jamais ouï dire qu'après ſa condamnation il puiſſe, pour la rendre inutile, alleguer qu'il ne s'eſt pas bien défendu, qu'il a obmis de former une demande néceſſaire, qu'il s'eſt renfermé dans un ſeul moyen, dans une ſeule queſtion, pendant qu'il avoit une autre voye qui lui auroit réuſſi ; ce raiſonnement ne ſuffiroit pas même pour faire entheriner la Requête civile à ſon égard ; comment ſans l'obtenir, ſans attaquer, ſans détruire l'Arrêt, peut-il ſe flatter de faire juger tout le contraire de ce qui a été prononcé ?

Il n'eſt donc pas poſſible que la Dame du Pont-du-Chateau échappe à cette fin de non-recevoir. Que l'on ait dit, ou qu'on n'ait pas dit lors de l'Arrêt du 26 Juin tout ce qui étoit néceſſaire à ſa défenſe, cela eſt indifferent ; elle eſt condamnée à venir demeurer avec ſon mary, il faut que l'Arrêt ſoit executé ; & tant qu'il ne ſurviendra pas de faits nouveaux qui puiſſent donner lieu à une demande en ſeparation, elle ne peut pas être écoutée.

Oh mais tout ce qu'on a jugé eſt qu'une femme qui ne demandoit pas ſa ſeparation, étoit obligée de retourner avec ſon mary ; ce raiſonnement eſt auſſi faux que tous les precedens. 1°. Ce n'eſt pas là ce qu'on a jugé, on a jugé que la Dame du Pont-du-Chateau devoit revenir dans la maiſon de ſon mary ; cette diſpoſition eſt pure & ſimple : on ne dit pas que faute d'avoir formé ſa demande en ſeparation, elle retournera avec lui ; on ne dit pas qu'elle y retournera, ſauf à former ſa demande en ſeparation ; on ne dit pas que quant à preſent elle ſera tenue de retourner ; tous ces correctifs, toutes ces reſerves qui pourroient ſeules autoriſer la nouvelle demande, ne ſe trouvent point dans l'Arrêt ; il eſt pur & ſimple, il eſt abſolu, on ne peut donc rien admettre de contraire. 2°. Celui qui auroit été condamné à payer le contenu dans un billet, & qui après l'Arrêt prendroit des Lettres de Reſciſion contre ce billet, pourroit-il être écouté, en diſant, tout ce qu'on a jugé, eſt que celui qui n'attaquoit point ſon billet, devoit être condamné à le payer ; je peux donc l'attaquer aujourd'hui ; ce raiſonne-

ment feroit abfurde; celui de la Dame du Pont-du-Chateau eft précifément le même.

On croit donc avoir démontré par des fins de non-recevoir invincibles que fa demande en feparation doit être rejettée. Elle accufe fon
mary des traits les plus noirs & les plus odieux ; mais elle l'a elle-même
juftifié, & a fait l'apologie de fes procedez & de fes fentimens dans un
Memoire imprimé fix ans après toutes les fables qu'elle debite aujour-
d'hui ; fon propre témoignage la condamne. Elle ne l'a attaqué qu'en
feparation de biens ; elle a donc reconnu qu'elle n'avoit aucun prétexte
pour demander une feparation d'habitation ; enfin fon mary l'a fait condamner par un Arrêt contradictoire à revenir avec lui, il n'eft donc
plus poffible d'écouter une demande en feparation directemeut contraire à la difpofition de l'Arrêt.

La Juftice toujours fevere fur ce qui intereffe l'ordre public, l'union
& la tranquillité des mariages, ne paffera pas fans doute fur des obftacles fi infurmontables ; elle s'empreffera au contraire à refferrer des
nœuds que la Religion a formez, & à faire ceffer une divifion qu'on
ne peut imputer qu'aux confeils pernicieux que la Dame du Pont-du-
Chateau a eu la facilité d'entendre & de goûter trop legerement.

Me COCHIN, Avocat.

*arreſt du 22 fev. 1743. qui met l'appellation au neant avec
amende et dépens compenſéz*

De l'Imprimerie de la Veuve D'ANDRE' KNAPEN, au bas du Pont S. Michel,
à l'entrée de la ruë S. André des Arts, au Bon Protecteur. 1743.

11,438

MEMOIRE

POUR le Sieur Marquis DU PONT-DU-CHASTEAU.

CONTRE la Dame son Epouse.

UNE demande en séparation de biens ne peut avoir de fondement que dans la dissipation du mari, & dans le danger où se trouve une femme de perdre une partie de sa dot. Est-ce donc là la situation où se trouve la Dame Marquise du Pont-du-Chasteau ? Presque toute sa dot est encore en nature : pour répondre de ce qui manque, le Marquis du Pont-du-Chasteau a beaucoup plus de bien aujourd'hui qu'il n'en avoit quand il s'est marié, & quand la dot lui a été confiée : on ne peut donc pas douter que l'action n'ait été intentée trop legerement, & qu'elle n'ait été inspirée à la Dame du Pont-du-Chasteau par de mauvais Conseils.

Ce n'est point ici une affaire de sentimens où il soit question d'animer par des portraits, d'aigrir par des reproches, & de se livrer à une inquisition odieuse. Toute la cause se réduit à une operation de calcul ; c'est dans cet objet seul que se renferme le Marquis du Pont-du-Chasteau.

FAIT.

Les Sieur & Dame du Pont-du-Chasteau ont été mariés en **1714.**

Le Contrat de mariage contient la stipulation ordinaire de communauté de biens & de separation de dettes ; les deux époux mettent chacun 100000 liv. en communauté, le préciput est de 25000 l. le douaire de 5000 liv. de rente outre l'habitation.

On annexa au Contrat de mariage un état des biens du mari, & un autre des biens de la femme ; à l'égard des biens du mari, l'état qui en fut dressé ne fut point son ouvrage, le Sieur du Pont-du-Chasteau étoit à peine majeur, il n'avoit aucune connoissance de son bien ; son pere qui le marioit, put donner aux biens qui y étoient compris une valeur arbitraire ; il faut toujours en revenir au produit effectif, & à la valeur réelle de ces biens.

A 11.438

Ils confiftoient dans les Terres de Monteil, Juillac & Bois-Franc, Seilloux, Creffac & le Cornet, & dans une maifon fituée à Guéret, avec un Pré qui en dépendoit. La Terre de Monteil que l'on faifoit valoir, fut portée dans cet état à 12384 liv. de revenu, mais elle n'a été vendue que 300000 liv. au mois d'Octobre 1719. ce qui prouve combien le revenu en avoit été exageré, puifque tout le monde fçait qu'à la fin de 1719. les Terres fe vendoient au moins le denier 70 ou 80 ; en effet elle ne produifoit alors que 3500 liv. par an, & le fieur Dupille qui l'a achetée, ne l'a affermée que 4000 liv. Les Terres de Jouillac & de Bois-Franc, mifes dans l'état fur le pied de 2000 de revenu, n'étoient affermées que 1300 liv. celle Seilloux mife de même fur le pied de 2000 liv. n'étoit affermée que 1100 liv. enfin les Terres de Creffac & le Cornet y font employées pour 6000 liv. de revenu ; elles n'étoient cependant affermées que 3300 liv. au moyen de ces reformations, les biens compris dans l'état du Sieur Marquis du Pont-du-Chafteau ne montoient qu'à 9630 liv. de revenu ;

Sçavoir, Monteil,	3500 liv.
Jouillac & Bois-Franc,	1300
Seilloux,	1100
Creffac & le Cornet,	3300
Le Pré de Guéret avec la maifon.	430
	9630 liv.

Dans le même état on declara que ces biens étoient chargez de 59000 liv. de dettes, outre 3000 l. de rente viagere dont le Sieur Marquis du Pont-du-Chafteau étoit débiteur; les dettes fe trouverent plus fortes, elles montoient à près de 110000 liv. mais comme ce n'étoient point des dettes perfonnelles du Marquis du Pont-du-Chafteau, on ne lui peut rien imputer, il n'en fçavoit que ce que fon pere en declaroit lui-même dans l'état qu'il avoit dreffé.

L'état des biens de la Dame du Pont-du-Chafteau annexés au même Contrat de mariage, montoit à 480751 liv. il lui eft échû depuis differentes fucceffions dont on parlera dans la fuite.

Depuis le Mariage le Sieur du Pont-du-Chafteau a vendu la Terre de Monteil au Sieur Dupille ; comme la vente en fut faite au mois d'Octobre 1719. le prix en fut porté à 300000 l. il fut reçû en billets de Banque, & fut employé à rembourfer les capitaux de toutes les rentes dont les biens du Sieur du Pont-du-Chafteau étoient chargés ; ces rentes montoient à 5315 liv. par an, & par confequent les principaux à près de 110000 liv. en cela le Marquis du Pont-du-Chafteau procura de plus grandes fûretés à la Dame du Pont-du-Chafteau qu'elle n'en avoit auparavant, puifqu'en vendant une Terre de 3500 liv. de revenu, il fe liberoit de 5315 liv. de rentes anterieures au Contrat de mariage, ce qui rendoit les biens libres, & affûroit de plus en plus l'hipoteque de la Dame du Pont-du-Chafteau ; le furplus fervit à payer quelques ouvrages, & à foutenir une groffe Maifon dans un tems où l'on étoit privé de fes revenus par la fuppreffion des rentes fur la Ville, & par les rembourſemens que l'on recevoit de toutes parts ſans pouvoir trouver d'emploi.

Le Marquis du Pont-du-Chaſteau acheta en 1728. les Terres de Dallet & de Malintras, qui ſont contigues à celle du Pont-du-Chaſteau, & qui ſont affermées 3300 liv. le prix fut de 101500. liv. il en paya 71500 liv. comptant ; ſçavoir, 17500 liv. de ſes deniers, & 54000 liv. qu'il avoit emprunté de M. Dugué Bagnols, enſorte qu'il devoit de cette acquiſition 30000 liv. au vendeur, & 54000 liv. à M. de Bagnols. En 1733. il vendit les Terres de Jouillac & Bois-Franc 34000 liv. celle de Seilloux 25000 liv. & le Pré de Gueret 5300 liv. ce qui faiſoit en tout 64300 liv. qu'il a employé à rembourſer les 54000 liv. à M. de Bagnols, & les 30000 liv. qu'il devoit de reſte aux vendeurs de Dallet & de Malintras, ou à ceux de qui il avoit emprunté la même ſomme pour les payer ; & comme le prix des Terres vendues ne ſuffiſoit pas pour fournir à ces payemens, il les a remplis du prix de ſa Charge de Sous-Lieutenant des Mouſquetaires, enſorte qu'il ne doit rien abſolument du prix des Terres qu'il a acquiſes.

Ainſi il a vendu Monteil de 3500. liv. de revenu, Jouillac & Bois-Franc de 1300 liv. Seilloux de 1100 liv. le Pré de Gueret de 200 liv. ce qui fait en tout 6600 l. de revenu, & d'un autre côté il a rembourſé 5315 liv. de rentes anciennes & anterieures en hypoteque à ſon Contrat de mariage, & a acheté deux Terres à ſa bienſéance de 3300 liv. de revenu ; par là ſon revenu eſt augmenté de 2500 liv. par an, & la Dame du Pont-du-Chaſteau trouve aujourd'hui plus de ſûretés pour ſa dot, qu'elle n'en avoit le jour de ſon Contrat de mariage.

S'il n'y avoit point eu d'autre changement dans la fortune du Marquis du Pont-du-Chaſteau, la Dame ſa femme n'auroit aucun prétexte de ſe plaindre ; il avoit au jour de ſon mariage 9630 liv. de revenu en fonds de Terres, chargées de 5315 liv. de rentes perpetuelles, il ne lui reſtoit que 4315 liv. il a aujourd'hui Dallet & Malintras affermés 3300 liv. Creſſac & Cornet affermés à preſent 3600 liv. ce qui fait 6900 liv. ſans aucunes dettes anterieures au Contrat de mariage ; les ſûretés ſont donc plus abondantes.

Mais outre cela le Sieur Marquis du Pont-du-Chaſteau a eu depuis le mariage, de la ſucceſſion de ſon pere, la Terre du Pont-du-Chaſteau de 24000 liv. de revenu par an, il a acquis du Sieur Abbé de Canillac la Terre de Lignac, qui eſt affermée 5000 liv. par an, & dont il ne paye que 7000 liv. de penſion viagere, enſorte que voilà 29000 liv. de revenu d'augmentation.

C'eſt cependant dans ces circonſtances que la Dame du Pont-du-Chaſteau, qui depuis pluſieurs années ne vit point avec ſon mari, & qui jouit tranquillement d'une penſion de 12000 liv. par an, dont elle eſt exactement payée, a formé la demande en ſéparation de biens & en reſtitution de ſa dot, comme ſi les affaires de ſon mari étoient dans une ſituation qui pût lui donner quelque inquietude. Pour donner quelque couleur à cette action, d'un côté elle exagere ſes prétendues créances ; de l'autre, elle affecte de diminuer le bien de ſon mari ;

& d'affoiblir ſes ſuretez ; mais il eſt aiſé de la convaincre d'erreur dans l'un & dans l'autre objet, en oppoſant à des faits haſardez legerement, des pieces autentiques, qui meriteront, ſans doute, plus de confiance.

On ſe propoſe donc pour diſſiper les illuſions qu'elle preſente, 1°. De fixer au juſte ce que le ſieur du Pont-du-Chaſteau a reçu & remplacé des biens de la Dame du Pont-du-Chaſteau, & ce qu'il peut lui devoir de reſte. 2°. De donner un tableau exact du bien qu'il a pour en répondre. On verra d'un côté qu'il ne doit preſque rien, & de l'autre qu'il a pour un million de bien en fonds, qui excede de beaucoup tout ce qu'elle pourroit avoir de prétentions. Enfin on répondra à quelques faits de diſſipation alleguez par la Dame du Pont-du-Chaſteau.

Examen de ce qui a eté reçu & remployé des biens de la Dame du Pont-du-Chaſteau.

La Dame du Pont-du-Chaſteau a apporté en dot, ſuivant ſon Contrat de mariage & l'état qui y fut annexé, 480000 liv. en y comprenant une ſomme de 100000 liv. qui lui fut donnée par la Dame Martineau ſon ayeule, avec reſerve d'uſufruit ; elle a eu depuis comme heritiere de la Dame Martineau differens effets, montant à 65000 liv. elle a eu de la ſucceſſion du ſieur Milon 113000 liv. de celle de M. Ferrand ſon pere, 19000 l. de mobilier, & de celle de M. Ferrand, Doyen du Parlement, 2 ou 3000 liv. de mobilier, qu'elle a reçu perſonnellement ; tout cela revient enſemble à près de 680000 l.

Elle convient qu'une partie de ces biens exiſte en nature, que ſon mari a rétabli ſur la Ville la ſomme 247900 liv. qu'elle y avoit avant 1720. mais elle prétend qu'il reſte une ſomme de 330000 liv. que le ſieur du Pont-du-Chaſteau a reçue de differens debiteurs, & dont il n'a point fait de remploi valable ; c'eſt-là l'objet de créance qu'elle preſente comme l'unique fondement de ſon action.

Pour remplir ces 330000 liv. le ſieur du Pont-du-Chaſteau a d'abord une ſomme de 169709 liv. qu'il a miſe ſur la Ville, avec declaration qu'elle provenoit de differens rembourſemens qu'il avoit reçus pour ſa femme.

La Dame du Pont-du-Chaſteau qui accepte pour 247900 liv. de remploi ſur la Ville, provenant des rentes anciennes qu'elle y avoit, conteſte le remploi des 169709 liv. reſtant ; mais cette difficulté n'a point de fondement ; toutes les rentes qu'elle avoit ſur Particuliers ont été rembourſées en 1720. ou peu de tems auparavant, & l'on ſçait que les maris ont été autoriſez alors à faire des remplois ſur la Ville, ſans que leurs femmes puſſent refuſer de les recevoir ; autrement les maris auroient été ruinez pendant le Syſtème, ſi recevant des rembourſemens ſans nombre en papiers, ils étoient demeurez debiteurs en argent envers leurs femmes. La Dame du Pont-du-Chaſteau n'a pas un privilege qui la tire de la Loy commune, il faut donc qu'elle accepte le remploi des 169709 liv.

II

Il y a un second remploi fait par le sieur du Pont-du-Chasteau, qui est de 40000 liv. sur les Etats de Bretagne ; comment la Dame du Pont-du-Chasteau peut-elle refuser de l'accepter, quand elle compte elle-même dans le nombre des remboursemens que le sieur du Pont-du-Chasteau a reçus près de 36000 liv. remboursez par les Etats de Bretagne ? Si la nouvelle rente est plus foible que l'ancienne, c'est l'effet du Système & de la nature de son bien, dont il n'est pas juste que son mari soit la victime.

Au surplus, il ne s'agit point ici de prononcer sur une liquidation des droits de la Dame du Pont-du-Chasteau, comme si le cas de la restitution de la dot étoit arrivé ; il s'agit seulement de sçavoir si le mari peut être taxé de dissipation, quand d'un côté il a reçu malgré lui 330000 liv. en remboursemens, & que de l'autre il a fait pour 169709 liv. de remplois sur la Ville, & pour 40000 liv. sur les Etats de Bretagne : ces remplois sont-ils faits dans les regles, ensorte que la femme soit obligée de les prendre en nature ? ou la femme au contraire est-elle en droit d'exiger de l'argent comptant ? C'est ce qu'on discutera plus particulierement quand le cas de la restitution de la dot sera arrivé ; mais quant à present il est au moins certain que des 330000 liv. reçus, le mari en a remployé près de 210000 liv. il n'a donc réellement reçu sans remploi que 12000 liv. Où est donc cette dissipation dont se plaint la Dame du Pont-du-Chasteau ?

Enfin il faut observer que par le Contrat de mariage la Dame du Pont-du-Chasteau a mis 100000 liv. en communauté ; l'effet de la mise en communauté est de donner au mari le droit de faire ce qu'il juge à propos de la somme ameublie, sans que la femme puisse l'obliger à en faire aucun emploi.

La Dame Marquise du Pont-du-Chasteau ne peut donc pas se plaindre du vuide qui se trouve dans sa dot, ce vuide n'excede presque point la mise en communauté, dont le mari est le maître pendant le mariage ; & elle peut d'autant moins s'en plaindre dans le fait particulier, que si elle meurt avant le sieur Marquis du Pont-du-Chasteau, ce qui doit arriver selon l'ordre de la nature, jamais il ne restera debiteur des 100000 liv. puisqu'il n'y a point d'enfans du mariage, & que les collateraux en renonçant à la communauté, n'ont pas la faculté de reprendre ce qui y a été mis.

Voilà cependant tout ce qui excite tant de clameurs de la part de la Dame du Pont-du-Chasteau ; de 680000 liv. de bien qu'elle a apporté, elle prétend que son mari en a reçu 330000 l. elle convient qu'il en a remployé 210000 liv. mais elle prétend que si le cas de la restitution de la dot étoit arrivé, elle pourroit contester ses remplois ; le mari soutient que la circonstance des tems a rendu ces remplois necessaires. Quoi qu'il en soit, ces remplois sont faits, & le mari au moins n'a point dissipé cette somme ; il ne se trouve donc debiteur que de 120000 liv. c'est-à-dire, à peu près de la même somme dont il a eu droit de disposer par la mise en communauté. Ce tableau seul suffiroit pour rejetter la demande de la Dame du Pont-du-Chasteau.

B

Examen des biens qui appartiennent au fieur Marquis du Pont-
du-Chafteau, & qui doivent répondre des prétentions de la
Dame fa femme.

Le Marquis du Pont-du-Chafteau poffede actuellement en pleine
proprieté,

1°. Les Terres de Creffac & le Cornet, qui font affermées	3600 l.
2°. Les Terres de D'Allet & de Malintras . . .	3300 l.
3°. La Terre de Lignac . . . . . / .	5000 l.
4°. La Terre du Pont-du-Chafteau, qui n'eft point affermée, & que l'on fait valoir ; elle a été taxée au Dixiéme à 2000 liv. par an ; ce qui feroit un revenu de 20000 liv. on ne croit pas la porter trop haut en la mettant à . . .	24000 l.
	35900 l.

Outre cela le Marquis du Pont-du Chafteau eft Proprietaire d'une
maifon très-confiderable au Village de Clichy, dont l'ufufruit appartient à la Dame Comteffe de Canillac, âgée de plus de 85 ans ; c'eft
un fonds de 60000 liv. au moins dans la fortune du fieur Marquis du
Pont-du-Chafteau.

La Dame du Pont-du-Chafteau a cherché à affoiblir tous ces objets ;
elle met les Terres de Creffac & le Cornet à 3300 liv. mais par le bail
qui en a été paffé devant Notaires à Clermont le 27 Mars 1733. elles
font affermées 3600 liv. Il n'y a pas de conteftation à former à cet
égard ; il y a même une referve par le bail de la moitié des lods & ven-
tes en faveur du fieur Marquis du Pont-du-Chafteau. Il en eft de même
des Terres d'Allet & de Malintras ; la Dame du Pont-du-Chafteau ne
les met que fur le pied de 3000 liv. de revenu, elles font cependant
affermées 3300 liv. par an, fuivant ce qui eft porté par le Contrat de
vente qui en a été fait au fieur Marquis du Pont-du-Chafteau.

Le retranchement qu'elle fait fur la Terre de Lignac eft encore plus
confiderable ; elle ne l'employe que pour 2600 liv. de revenu, cependant elle eft affermée par le fieur Abbé de Canillac, par bail paffé
devant Notaires le 21 Juin 1732. pour neuf ans, 5000 liv. par an,
outre quelques referves & un pot-de-vin de 600 liv.

Enfin la Dame du Pont-du-Chafteau ne met la Terre du Pont-du-
Chafteau que fur le pied de 14000 l. par an ; on ne peut pas à cet égard
rapporter de bail, parce que la Terre eft en régie ; mais on n'eft pas
moins en état de juftifier que la Terre eft d'un produit bien plus confiderable, puifqu'elle a été impofée à 2000 l. de dixiéme dans le Rôle
arrêté par l'Intendant de la Province le 11 Septembre 1735. On en
rapporte un extrait délivré par le fieur Barigede, vifé par M. Roffignol,
Commiffaire départi dans la Generalité d'Auvergne, le 3 May 1737.

Il faut donc que cette Terre foit au moins de 20000 liv. de revenu,
charges déduites ; mais on fçait que dans les eftimations pour le Dixié-

me on ne porte pas toujours les effets à la derniere rigueur. On n'aura donc pas de peine à fixer la Terre du Pont-du-Chasteau à 24000 liv. par an, ainsi qu'on vient de faire par l'état ci-dessus.

On n'a point compris dans cet état le mobilier, ni les pensions & rentes viageres dont jouit le sieur Marquis du Pont-du-Chasteau, parce que ce ne sont pas des fonds susceptibles d'hypotheques; cependant ces revenus qui fournissent aux dépenses necessaires du mari, & qui entretiennent le bon ordre dans ses affaires, assurent en quelque manière l'état de la femme, en rendant la condition de son debiteur plus aisée & plus commode.

Mais, dit-on, le sieur Marquis du Pont-du-Chasteau doit 7000 liv. de rente viagere au sieur Abbé de Canillac, & 5369. liv. de rente perpetuelle au sieur Ju, au principal de 107380 liv. Le sieur Marquis du Pont-du-Chasteau convient de ces deux articles, ce sont les seules dettes dont il soit chargé; on peut bien en croire la Dame du Pont-du-Chasteau, qui ne cherche pas à épargner son mari: mais ces objets peuvent-ils affoiblir les suretez que trouve la Dame du Pont-du-Chasteau pour la restitution de sa dot?

1°. La rente dûe au sieur Abbé de Canillac n'est que viagere, & doit s'éteindre, selon le cours ordinaire de la nature, avant qu'il soit question de restituer la dot, soit à la Dame du Pont-du-Chasteau, soit à ses heritiers; il est vrai *que le sieur Abbé de Canillac se porte bien, & méne une vie très-reguliere qui peut durer très-long-tems;* mais il a dix à douze ans plus que la Dame du Pont-du-Chasteau, la présomption naturelle est qu'elle lui survivra; si le contraire peut arriver, on peut dire aussi, en se livrant à des possibilitez arbitraires, que la pension viagere peut s'éteindre très-promptement; mais ces conjectures funestes sont également odieuses, il faut s'en tenir à l'ordre naturel, & selon cet ordre la pension viagere ne peut faire aucun ombrage à la Dame du Pont-du-Chasteau.

2°. La rente perpetuelle dûe au sieur Ju, au principal de 107380 l. forme donc la seule charge qui soit imposée sur les biens du Sieur Marquis du Pont-du-Chasteau; mais en déduisant 5369 liv. de rente dûe au Sieur Ju sur 360000 liv. de revenu en fonds de terre, il resteroit encore plus de 30000 liv. pour répondre de 12000 liv. qui sont dûs à la Dame du Pont-du-Chasteau. Peut-on dire dans cet état que la dot soit en peril, & que la Dame du Pont-du-Chasteau ait besoin du secours de la séparation pour la mettre en sureté?

Mais pour mettre encore la défense du Sieur Marquis du Pont-du-Chasteau dans un plus grand jour, adoptons pour un moment le sistême de la Dame du Pont-du-Chasteau, & voyons si dans ce sistême même elle peut avoir quelque inquietude legitime. Il lui est dû, suivant elle, 330000 liv. & 107380 liv. au Sieur Ju, cela fait en tout 437380 liv. Quels sont les biens qui en répondent? Les Terres de Cressac & le Cornet de 3600 liv. de revenu; celles d'Allet & de Malintras de 3300 liv. celle de Lignac de 5000 liv. & celle du Pont-du-Chasteau que l'on réduit pour un moment à 20000 liv. par an, en supposant qu'elle a été taxée au Dixiéme en toute rigueur; ces Terres sont donc de

32000 liv. de revenu ; mais dans ce même fystême il faut ajouter aux biens du Sieur Marquis du Pont-du-Chafteau 169709 liv. fur la Ville, & 40000 liv. fur les Etats de Bretagne, que la Dame du Pont-du-Chafteau fuppofe ne devoir point prendre pour remploi, les 169709 liv. rapportent près de 4250 liv. de rente, & les 40000 liv. au denier cinquante, 800 liv. cela fait encore plus de 5000 liv. par an, qui joints aux 32000 liv. que les terres produifent, feroient 37000 liv. de revenu.

Or les 437380 liv. que le Sieur Marquis du Pont-du-Chafteau doit dans ce fyftême tant à la Dame du Pont-du-Chafteau qu'au Sieur Ju, ne font pas 22000 livres de rente ; il refteroit donc encore plus de 15000 liv. de revenu au Sieur du Pont-du-Chafteau, outre fes meubles, penfions & rentes viageres, chargées de 7000 liv. de penfion envers le Sieur Abbé de Canillac. Dans cette operation on voit que la Dame du Pont-du-Chafteau & le Sieur Ju payez, il refteroit encore un bien très confiderable au Sieur Marquis du Pont-du-Chafteau.

Cependant dans cette operation on n'a pris que le revenu exact des Terres ; mais que feroit-ce fi on eftimoit la valeur des fonds ? Il eft certain qu'on ne pourroit pas fe difpenfer de les mettre au denier trente ; la Terre du Pont-du-Chafteau eft d'une bien plus grande valeur, c'eft une Terre titrée & décorée de droits magnifiques, Terre qui eft entrée dans la Maifon du Marquis du Pont-du-Chafteau dès 1343. par la vente que Humbert, dernier Dauphin de Viennois, en fit à Guillaume Roger, Comte de Beaufort, & à la garantie de laquelle nos Rois fe font obligez par des Lettres Patentes de 1343. & 1365. Quoi qu'il en foit, 32000 liv. de revenu en fonds de Terres valent au moins 960000 liv. les rentes fur la Ville & fur les Etats de Bretagne, réduites à la moitié de leurs capitaux, valent 105000 liv. la maifon de Clichy eft un objet de 60000 liv. Ainfi le total monte à 1125000 liv. fur quoi déduifant 437380 l. de dettes, il refteroit au Sieur du Pont-du-Chafteau 688600 liv. de fonds exempts de toutes dettes.

Mais c'eft trop s'arrêter à des fuppofitions que l'on a déja détruites ; le Sieur Marquis du Pont-du-Chafteau ne doit point à fa femme 330000 liv. il en faut déduire 210000 liv. qui ont été remployez, & dont les remplois ne peuvent être conteftez ; & pour le furplus il n'en fera peut-être jamais debiteur, la Dame Marquife du Pont-du-Chafteau qui eft plus âgée que lui de cinq à fix ans, pouvant mourir avant lui ; mais quand elle le furvivroit, le Marquis du Pont-du-Chafteau avec 1125000 liv. de bien, auroit de quoi répondre de 120000 l. d'une part dûs à fa femme, & de 107000 l. dûs au Sieur Ju. Eft-ce-là une fortune dérangée, qui exige que l'on ait recours au remede violent de la féparation, & que l'on donne atteinte en même tems à l'autorité de la Loy municipale qui établit la communâuté entre conjoints, & à un Contrat de mariage folemnel qui en contient une ftipulation expreffe ?

Enfin pour achever de confondre la Dame Marquife du Pont-du-Chafteau, comparons l'état prefent des affaires du Sieur Marquis du Pont-du-Chafteau avec la fituation où il étoit lors de fon mariage ; les furetez que trouve aujourd'hui la Dame Marquife du Pont-du-Chaf-

teau

teau avec celle qu'elle avoit alors; & l'on verra que loin d'avoir sujet
de se plaindre, elle doit au contraire s'applaudir infiniment de l'augmentation qui est arrivée dans ses suretez & dans son hypoteque.

En 1714. le Marquis du Pont-du-Chasteau n'avoit que 9630 liv. de
revenu en fonds de terre, sur quoi il devoit 5315 liv. de rentes perpetuelles, ensorte qu'il ne lui restoit que 4315 liv. de revenu, chargé de
3000 liv. de pension viagere.

Aujourd'hui le Sieur Marquis du Pont-du-Chasteau a 36000 liv. de
revenu en fonds de terre, sur lesquels il ne doit que 5369 liv. de rentes perpetuelles, & 120000 liv. à la Dame du Pont-du-Chasteau; il
lui reste donc plus de 24000 liv. de revenu bien liquide. Comment
concevoir qu'après une révolution si favorable à la Dame du Pont-du-
Chasteau, elle ait pu hasarder une demande en séparation ? il semble
qu'elle ait attendu que la fortune de son mari soit parvenuë au plus
haut point de solidité pour exposer ses inquietudes.

Elles sont d'autant plus mal placées, qu'il n'y a plus rien de la dot
de la Dame Marquise du Pont-du-Chasteau qui puisse être remboursé,
ni rentrer dans la main de son mari ; tout est en fonds qu'il ne peut
pas aliener, ou en rentes sur la Ville qui ne seront pas remboursées ; ses
créances ne peuvent donc jamais augmenter, comme ses hypotheques
ne peuvent jamais lui être enlevées. Il n'y a donc jamais eu de demande en séparation plus témeraire, ni plus mal fondée.

On pourroit se dispenser après cela d'entrer dans le détail des faits alleguez par la Dame du Pont-du-Chasteau, pour établir quelque dissipation de la part de son mari : un mari n'est pas comptable à sa femme
de sa conduite ni de son administration ; pourvû qu'il justifie qu'il n'a
point dissipé le bien de sa femme, & que son bien propre répond parfaitement de la dot, elle n'a plus la liberté de s'ériger en critique de son
mari, ni de lui faire rendre compte; cependant le Sieur Marquis du Pont-
du-Chasteau qui a interêt de se justifier aux yeux du Public, va parcourir les principaux faits allegués par sa femme, & fera voir qu'ils ne
presentent aucun caractere de dissipation qu'on puisse lui reprocher.

Réponse aux faits de dissipation.

On a déja vû que lors de son mariage le Marquis du Pont-du-Chasteau ne jouissoit que de 9630 l. de revenu, sur quoi il devoit pour dettes
contractées par ses auteurs 5315 liv. de rente perpetuelle, & 3000 liv.
de rente viagere, il lui restoit à peine 1300 liv. de rente de son bien
propre; la Dame sa femme lui apportoit en dot 480000 liv. qui rapportoient à peine 16000 liv. de rente, charges déduites.

On juge bien que les dépenses nécessaires lors d'un mariage, & l'état
qu'il fallut soutenir depuis, épuisoient & audelà un pareil revenu ; il
est vrai que quelque tems après la Dame du Pont-du-Chasteau recueil-
lit la succession de M. Milon ; mais aussi le Systême qui suivit de près,
causa un extrême dérangement, la plus grande partie des biens de la
Dame du Pont-du-Chasteau rentra en papier, & ne produisit plus de revenu ; le Marquis du Pont-du-Chasteau ne trouva de ressource que dans

C

la vente de la Terre de Monteil, dont il reçut 300000 liv. en papier; il en employa la plus grande partie à rembourser les principaux & les arrerages des dettes dont ses biens étoient chargez, le reste servit à soutenir une grosse Maison dans un temps où tout étoit d'une cherté excessive, & où il falloit vivre sur ses fonds, parce que tous les revenus étoient retranchés.

Voilà le grand objet de dissipation que l'on impute au Sieur du Pont-du-Chasteau : il a vendu, dit-on, une Terre de 300000 l. il n'en a employé qu'une moitié à payer des principaux, le reste a servi à payer des arrerages, ou a été dissipé. Mais ce reproche qui auroit quelque couleur si on avoit vendu en argent dans un tems ordinaire, s'évanouit quand il s'agit d'une vente en papier, & dans un tems où l'on ne pouvoit fournir à la dépense, que par les fonds qui rentroient dans une espece si fragile. Au surplus, il faut moins considerer le prix chimerique qui a été reçû, que le fonds même de l'administration. Le Sieur du Pont-du-Chasteau a vendu une Terre de 3500 liv de revenu, & du prix qu'il en a tiré, il a remboursé les capitaux de 5315 liv. de rente qu'il devoit du chef de ses auteurs; il a donc gagné réellement 1815 liv. de rente, & si le reste a servi à le faire vivre dans un tems si difficile, loin de lui en faire un reproche, on doit lui en sçavoir gré d'avoir soutenu sa maison à ses dépens, aux dépens d'un fonds qui lui étoit propre; en un mot, il n'a pas diminué son fonds, au contraire, il l'a augmenté; quand après cela un mari auroit dissipé un benefice sur lequel sa femme ne devoit pas compter, elle n'auroit aucun prétexte de s'en plaindre.

Mais, dit-on, suivant l'état annexé à son Contrat de mariage, le Sieur Marquis du Pont-du-Chasteau ne devoit que 59000 liv. on ne justifie point qu'il en est dû davantage : on a déja remarqué qu'il ne faut point s'arrêter aux énonciations de l'état; le Sieur Marquis du Pont-du-Chasteau qui n'y a eu aucune part, n'est plus garant de ce que l'on y a mis, il est toujours certain qu'il devoit 5315 liv. de rentes perpetuelles qu'il a entierement remboursées sur le prix de la Terre de Monteil; on a donné l'état de ces rentes par les défenses du Sieur Marquis du Pont-du-Chasteau : on observera en passant, que M. de la Bourdonnaye est employé dans cet état pour 550 livres de rente, au principal de 11000 livres, c'est le même article qui est compris dans l'état annexé au Contrat de mariage sous le nom du Sieur de Ribeyre; le Sieur de Ribeyre avoit marié sa fille à M. de la Bourdonnaye, ainsi la rente a été remboursée au gendre. La Dame du Pont-du-Chasteau n'auroit pas dû distinguer ces deux objets pour faire naître de la confusion; quoi qu'il en soit, il est certain que le Sieur du Pont-du-Chasteau devoit 5315 liv. avant le mariage, qui ont été entierement acquittées sur le prix de Monteil; c'est un emploi très-avantageux à la Dame du Pont-du-Chasteau

Le Marquis du Pont-du-Chasteau acheta en 1728. les Terres de Dallet & de Malintras 101500 liv. il en paya d'abord 17500 liv. de ses deniers, il restoit débiteur de 84000 liv. pour se liberer il vendit en 1732. & 1733. de très-petites Terres, & comme le prix de la vente ne suffisoit pas pour remplir le prix de son acquisition, il fournit encore le surplus de ses propres deniers.

Qui croiroit après cela que la Dame du Pont-du-Chasteau s'écriât contre la vente de Jouillac & de Bois-Franc, celle du Seilloux & du Pré de Gueret, comme si c'étoit un trait de dissipation? elle prétend qu'elles ont été vendues à vil prix, que ces Terres rapportoient 4000 liv. de rente, & qu'on les a données pour 64000 liv. mais c'est une supposition, Jouillac & Bois-Franc n'étoient affermées que 1300 liv. on les a vendues 34000 l. c'est plus que le denier vingt-cinq; celle de Seilloux étoit affermée 1100 liv. elle a été vendue 25000 liv. c'est presque le denier vingt-cinq des Terres de peu de revenu, & dans des Provinces très-éloignées, des Terres qui ne sont point décorées ne peuvent pas se vendre au-delà du denier vingt-cinq; ainsi le Marquis du Pont-du-Chasteau n'a point à se reprocher un pareil marché, il en a employé tout le prix utilement, puisqu'il a remboursé ce qu'il devoit du reste du prix des Terres de Dallet & de Malintras achetées en 1728. on ne peut donc pas une conduite plus sage & plus mesurée.

Le Sieur Marquis du Pont-du-Chasteau a même augmenté en cela son fonds, puisque les Terres vendues en 1732. & 1733. ne rapportoient que 2600 liv. de revenu, & que celles acquises en 1728. rapportent 3300 liv. aussi en a-t'il payé 36 ou 37000 liv. de ses deniers; ce n'est pas là la conduite d'un dissipateur, & d'un homme entre les mains duquel la dot de sa femme se trouve en péril.

Il avoit, dit-on, des meubles, & pour 43000 liv. de recouvremens à faire lors de son mariage, on ne voit point ce que cela est devenu; mais un mari est-il comptable de son revenu & de son mobilier? doit-il en faire un emploi pour assurer la dot de sa femme? jamais cela n'a été proposé: d'ailleurs le Marquis du Pont-du-Chasteau a actuellement des meubles & des recouvremens à faire, parce que l'on n'est pas payé à l'échéance de chaque terme; ces sortes de restes servent à faire subsister en attendant que l'on reçoive les termes courans, qui servent à leur tour pendant que l'on attend les termes à venir.

Enfin on reproche au Sieur Marquis du Pont-du-Chasteau, qu'ayant acquis de M. le Duc d'Orleans un transport sur la Maison de Canillac, & emprunté du Sieur Ju 107000 liv. pour payer le prix du transport, il a reçû depuis la somme qui lui avoit été cedée sans en faire d'emploi, ensorte qu'il demeure chargé de l'emprunt sans avoir fait aucun usage de la somme qu'il a reçûe.

Mais quel est l'objet d'un pareil reproche? Si un mari a eu besoin une fois en sa vie d'un secours extraordinaire, une femme a-t'elle droit pour cela de le dénoncer à la Justice, & de le taxer de dissipation? le sort d'un mari seroit bien à plaindre s'il étoit obligé de rendre compte de l'usage qu'il a pû faire de chaque somme empruntée; il suffit à la femme d'avoir dans les biens de son mari une sûreté abondante pour la restitution de sa dot, & pour la repetition de ce que son mari en a reçû; lorsqu'elle porte ses recherches plus loin, elle s'arroge une liberté que la Loi ne lui a point confiée; elle dépouille même le mari d'une autorité qui lui est propre, en l'assujettissant à la nécessité de lui rendre compte de toutes ses démarches, ce qui n'est pas moins contraire aux principes de la loi politique, qu'à l'ordre naturel.

Que la Dame Marquise du Pont-du-Chasteau exagere tant qu'elle voudra chacun de ces objets en particulier, qu'elle les réunisse, & qu'elle les presente comme un corps de dissipation qui doive effrayer la Justice, il sera toujours également facile de la confondre ; tout ce qu'elle oppose se réduit à l'aliénation de quelques Terres, qui toutes ensemble ne rapportoient que 6600 liv. de revenu, & qui par conséquent ne pouvoient valoir au denier vingt-cinq, que 165000 liv. si le prix a été porté beaucoup plus haut, c'est parce que la principale Terre a été vendue dans un tems où l'on ne payoit qu'avec une monnoye si foible & si fragile, qu'elle ne pouvoit pas être d'un grand secours à celui qui la recevoit ; il faut réduire le prix chimerique à la valeur intrinseque ; les aliénations peuvent faire un objet d'environ 160000 liv. Le Sieur Marquis du Pont-du-Chasteau a reçû pour 330000 liv. de remboursemens du bien de la Dame du Pont-du-Chasteau ; enfin il a emprunté 107000 lv. du Sieur Ju ; tous ces objets réunis peuvent monter à 600000 liv. ou environ. Mais les emplois ne balancent-ils pas à peu près les sommes reçues ? 1°. Le Sieur Marquis du Pont-du-Chasteau a remboursé le fonds de 5315 liv. de rente, dont les biens qu'il a reçu de ses Ancêtres étoient chargez, cela monte à près de 110000 liv. 2° Il a acquis les Terres de Dallet & de Malintras 101500 l. 3°. Il a employé en rentes sur la Ville 169709 liv. & en rentes sur les Etats de Bretagne 40000 liv. total 421209 liv. Le seul vuide qui se trouve est donc de 180000 liv. dont il y en a 100000 liv. provenant de la mise en communauté de la Dame du Pont-du-Chasteau. Un si foible objet ne merite pas même la plus legere attention, principalement pour un homme de condition qui a été long-tems dans le Service, qui a été obligé de se soutenir avec honneur dans des tems difficiles, & à qui il reste des biens très-considerables. Aussi les affaires du Sieur Marquis du Pont-du-Chasteau sont-elles en si bon ordre, qu'on ne trouvera pas qu'il ait jamais été fait aucune saisie de ses revenus. Comme il n'a qu'un seul créancier qui est le Sieur Ju, & que les arrerages de sa rente sont exactement payés, on n'entend parler d'aucunes poursuites contre le Sieur Marquis du Pont-du-Chasteau ; la Dame sa femme reçoit exactement & sans aucun trouble les 12400 l. par an, qui lui ont été deleguées, & ce revenu remplit la plus grande partie de sa dot, dont plus de 400000 l. se trouvent nécessairement placés sur la Ville, & le reste sujet à des charges & à des entretiens considerables ; elle touche ces 12400 l. sans peine, sans inquiétude, sans retranchement de dixiéme ; en un mot, sans charge & sans obstacles. Elle n'a donc aucun sujet de se plaindre : la demande en séparation dans de pareilles circonstances, ne peut être regardée que comme une insulte que l'on a voulu faire au Marquis du Pont-du-Chasteau ; pour s'en venger, il s'est renfermé dans un simple calcul ; c'est la verité seule qui fournit un triomphe solide.

Me COCHIN, Avocat.

De l'Imprimerie de la Veuve ANDRE' KNAPEN, au bas du Pont S. Michel, au Bon Protecteur, 1737.

11,439

MEMOIRE

SUR DELIBERÉ

POUR le Marquis du Pont-du-Chateau.

CONTRE la Dame son Epouse.

ES divisions qui agitent depuis plusieurs années les Sieur & Dame du Pont-du-Chateau doivent leur origine à la facilité qu'à euë le Marquis du Pont-du-Chateau de consentir que la Dame son Epouse se choisit une Habitation séparée. Ce n'est que depuis ce moment que la Dame du Pont-du-Chateau livrée à de mauvais Conseils, s'est engagée dans une infinité de Contestations qui n'ont pas moins troublé son repos que celui du Marquis du Pont-du-Chateau. Il croiroit avoir un reproche à se faire s'il laissoit plus longtems la Dame son Epouse en butte à ces impressions étrangeres qui lui ont fait faire tant de fausses démarches. C'est ce qui l'a déterminé à user pour la premiere fois de son autorité, en declarant qu'il revoque purement & simplement une Séparation qu'il ne croïoit pas destinée à produire des fruits si amers. Toutes les Loix concourent à rendre cette revocation favorable. Les circonstances du Fait feront sentir qu'elle est devenuë necessaire.

FAIT.

Les Sieur & Dame du Pont-du-Chateau ont été mariez en 1714. Le Marquis du Pont-du-Chateau n'a pas cessé un instant d'avoir pour la Dame son Epouse non-seulement les égards qu'elle avoit droit d'attendre, mais même les prévenances qui pouvoient la flatter. Il ne prétend pas s'en faire un merite: mais il doit le dire puisque cela fait à sa Cause; & il doit d'autant moins craindre de le dire, que s'il avoit eu quelque reproche à essuïer sur cela, on ne le lui auroit pas épargné dans le cours des longues & vives Contestations qu'on lui a suscitées sous le nom de la Dame son Epouse.

A 11.439

Ce qu'il y a d'étonnant, c'est qu'après 16. ans de paix & d'union, la Dame du Pont-du-Chateau ait paru défirer de fe choifir une Habitation féparée. Il y a lieu de croire que le gout de la Retraite en a feul décidé. Quoiqu'il en foit, le Marquis du Pont-du-Chateau s'étant enfin déterminé à y confentir, il a été paffé le 20. Octobre 1730. un Acte par lequel la Penfion de la Dame du Pont-du-Chateau a été fixée à 12000. liv. par an ; fçavoir, 10440. liv. en Contrats fur la Ville, & 1560. liv. fur le Marquis du Pont-du-Chateau lui-même. L'état des Meubles choifis par la Dame du Pont-du-Chateau eft auffi contenu dans cet Acte. L'eftimation en eft portée à 14717. liv. en ce non compris 2820. liv. pour le prix d'une Tapifferie que le Marquis du Pont-du-Chateau acheta pour la Dame fon Epoufe qui la lui avoit demandée.

Pour mieux fentir ce que l'on doit penfer de cet Acte, il eft neceffaire de fçavoir que les Biens de la Dame du Pont-du-Chateau ne produifoient alors que 17267. liv. de Revenu, partie en Rentes fur la Ville ou fur le Clergé, partie en Ferme & Maifons. Quelque idée qu'on puiffe fe former de la Séparation en elle-même, du moins n'accufera-t-on pas le Marquis du Pont-du-Chateau de s'être refervé la meilleure partie de la Dot de fa Femme. Non-feulement en lui abandonnant 12000. liv. de Rente il lui abandonnoit plus des deux tiers de fa Dot ; mais comme il ne lui donnoit que des Biens exemts de Charges, & même de Dixiéme, ce qu'il fe refervoit ne formoit pas le quart du Bien de la Dame du Pont-du-Chateau.

C'eft cependant cet Acte fi fimple qui a été le germe des troubles qui fe font élevez depuis. Non que la Dame du Pont-du-Chateau ait été capable par elle-même d'imaginer les differentes Conteftations dont le Marquis du Pont-du-Chateau a eu à fe deffendre. Mais la foibleffe avec laquelle elle s'eft prêtée aux Confeils mal reflêchis & peu décens qui lui ont été donnez, a produit le même effet. Les differens Jugemens qui l'ont déboutée de toutes fes Demandes prouvent affez qu'elles étoient mal fondées. Mais elles n'en ont pas moins occafionné un éclat qui malgré l'autorité de la chofe jugée laiffe toûjours dans le Public des impreffions qu'il eft difficile d'effacer.

Ce qu'il y a de plus fâcheux, c'eft que la Dame du Pont-du-Chateau loin d'ouvrir les yeux fur le danger des Confeils qu'on lui donne, s'y livre plus aveuglement que jamais. Elle en vient de donner une nouvelle preuve par la Demande qu'elle a formée à ce que fa Penfion foit augmentée de 10000. liv. par an. Le Marquis du Pont-du-Chateau n'auroit point à craindre que cette Demande réüffit. Il le fera voir dans la fuite. Mais il fe reprocheroit de contefter avec la Dame fon Epoufe fur le plus ou fur le moins. Toutes fortes de motifs l'engagent à fouhaiter qu'elle vienne partager fa fortune avec lui. C'eft la feule Deffenfe qu'il croïe convenable de lui oppofer : d'autant plus qu'en fe procurant réciproquement une fituation plus agréable, ils rétabliront la paix qui n'a ceffé d'être entr'eux que depuis cette fatale Séparation que le Marquis du Pont-du-Chateau n'entend plus laiffer fubfifter. Tout confifte donc de fa part à établir le droit & les raifons qu'il a de révoquer cette Séparation.

MOYENS.

Pour ſçavoir ce qu'on doit penſer de cette révocation dans le Droit il ſuffit de connoître la définition du Mariage. Suivant les Loix Civiles cet engagement impoſoit aux deux Conjoints la neceſſité d'une union indiſſoluble , *individuam vitæ conſuetudinem continens.* Les Loix Divines qui reglent nos Principes ſur le Mariage , nous font enviſager le Lien qui en reſulte , d'une maniere encore plus étroite & plus reſpectable. Les Séparations volontaires qui ſembleroient introduire parmi nous l'uſage du Divorce non moins contraire à l'ordre politique qu'à la nature du Mariage , paroiſſent aux yeux de la Juſtice un veritable déſordre qui ne ſçauroit trop tôt ceſſer. Auſſi n'a-t-on jamais vû ces ſortes de Séparations autoriſées quand un des Conjoints a refuſé de les ex_ecuter. Les Conjoints qui ne peuvent de leur autorité ſeule former cet engagement d'une maniere legitime & ſolide , ont encore moins de pouvoir pour le diſſoudre. Ce qui a fait dire à Dumoulin ſur le Conſeil 140. de Decius , *Conjuges non poſſunt Legem Divinam quâ legati ſunt etiam mutuo conſenſu diſſolvere.*

Non-ſeulement cette entrepriſe excede le pouvoir des Conjoints , elle excede auſſi celui des Magiſtrats. S'ils prononcent , dans des extrêmitez fâcheuſes , une Séparation de Corps , ce n'eſt qu'après le plus mûr examen , & dans des circonſtances trop étrangeres à la Cauſe du Marquis du Pont-du-Chateau , pour qu'il ſoit neceſſaire de s'y aſrêter. Mais il eſt ſans exemple qu'on ait ordonné l'execution de Séparations volontaires qu'une des Parties a refuſé d'entretenir. On trouve dans le Journal des Audiences à la Datte du 14. Mars 1695. un Arrêt dans lequel on peut puiſer les veritables Principes ſur cette Matiere. Les Sieur & Dame de Noyan avoient fait un Acte dans lequel le Mary ayant permis à ſa Femme de vivre dans une Demeure ſéparée , luy avoit laiſſé , par une Clauſe préciſe , la liberté de ne revenir avec luy que quand elle le voudroit. Sur la révocation que le Mary avoit faite de cet Acte , la Femme ſoûtenoit qu'aux termes de la Clauſe il dépendoit de ſa volonté de revenir ou de ne pas revenir. M. le Chancelier , lors Avocat General , portant la parole , dit , en parlant de la Femme , *que ſi on luy laiſſoit cette faculté , de ne revenir chez ſon Mary que quand elle le voudroit , ce ſeroit autoriſer les Séparations volontaires entre Maris & Femmes , ce qu'on appelle* Divortium *bonâ gratiâ. Que cela ne devoit point être ſouffert , & qu'il ne devoit pas être libre aux Conjoints de ſe ſéparer volontairement par des Actes particuliers. Qu'il falloit que des Liens formez publiquement ne ſe puſſent diſſoudre que de la même maniere par des Jugemens de Juriſdiction contentieuſe.* En conſequence il conclut à ce que la Femme fut tenuë de retourner avec ſon Mary ; ce qui fut ordonné par l'Arrêt.

On ne pourroit , ſans faire injure à la Juſtice, ſuppoſer que des Principes de cette eſpece ſi conformes à la Religion & à l'honnêteté publique , fuſſent ſuſceptibles d'adouciſſement. Les temperer ce ſeroit les détruire , & renverſer du même coup ce qu'il y a de plus intereſſant & de plus reſpectable dans la Societé. Mais ces Maximes ſont tellement en vigueur dans les Tribunaux, que l'on a vû récemment le Miniſtere public ſe faire recevoir Appellant par Arrêt du 5. Juillet 1738. de la Sentence de Séparation renduë entre lesSieur & Dame Moriau , & cela fur le fondement que la Sentence qui paroiffoit avoir prononcé cette Séparation , avoit été renduë fans Enquêtes & ne pouvoit paffer que pour une intelligence concertée entre le Mary & la Femme,ce que la Juftice ne pouvoit autorifer.

Il eft donc inconteftable dans le Droit que la Séparation volontaire dont il s'agit , eft anéantie par cela feul que le Marquis du Pont-du-Chateau revoque le Confentement qu'il y avoit donné. Elle n'a pû prendre naiffance qu'à la faveur de ce Confentement. Elle ceffe neceffairement dès que ce Confentement ne fubfifte plus. Cependant ceux qui dirigent les démarches de la Dame du Pont-du-Chateau ont fait fignifier une Requête par laquelle on foûtient le Marquis du Pont-du-Chateau non-recevable dans cette révocation. Si cette Fin de non-recevoir a pour baze un Arrêt du 10. Mars 1741. rendu contre les Sieur & Dame du Pont-du-Chateau , il eft aifé d'y répondre. Lors de cet Arrêt le Marqu's du Pont-du-Chateau demandoit que la Dame fon Epoufe revint avec luy ou qu'elle fe retirât dans un Couvent avec une Penfion moindre que de 12000. liv. La Dame du Pont-du-Chateau declara qu'elle optoit de fe retirer dans un Couvent , & foûtint que la Penfion ne devoit pas être diminuée. L'Arrêt en donnant Acte à la Dame du Pont-du-Chateau de l'option par elle faite , luy accorda main-levée des Saifies que fon Mary avoit faites entre les mains des Payeurs des Rentes déleguées pour fa Penfion. Cet Arrêt ne décide point que la Séparation volontaire ne pouvoit pas être revoquée. Cet objet n'étoit point en conteftation , puifque le Marquis du Pont-du-Chateau confentoit & demandoit même que la Dame fon Epoufe fe retirât dans un Couvent ; il ne ftatuë que fur la Penfion dont la réduction étoit demandée. Ainfi cet Arrêt qui n'a rien jugé fur la Séparation ne peut pas être un obftacle à la Demande que forme aujourd'huy le Marquis du Pont-du-Chateau. D'ailleurs quelque réïterez que fuffent les Confentemens du Marquis du Pont-du-Chateau , ils n'auroient pas la force de le priver du Droit de révoquer une Séparation qui dépend abfolument & uniquement de fa volonté. La Caufe doit donc être jugée par ces Principes inalterables dont les Magiftrats ne fe font jamais écartez , & qui n'admettent aucunes Exceptions. Si cependant il étoit neceffaire de joindre au Moyen de Droit des raifons particulieres tirées du Fait , le Marquis du Pont-du-Chateau en trouve de bien preffantes dans la conduite qu'a tenuë la Dame du Pont-du-Chateau depuis qu'elle eft en proye aux Confeils de ceux qui fe font emparez de fon efprit.

Le premier ufage qu'ils ont fait de l'empire qu'ils fe font acquis, a été d'engager la Dame du Pont-du-Chateau à former une Demande en Séparation de Biens contre fon Mary. Il n'y a point d'artifices qui n'ayent été mis en œuvre pour faire réüffir cette Demande. Le Marquis du Pont-du-Chateau ne les impute point à la Dame fon Epoufe. Mais les coups qui lui ont été portez ne luy en ont pas été moins fenfibles. Il étoit attaqué jufques dans fon honneur. On l'annonçoit comme un Homme livré à la plus énorme diffipation , & qui avoit confumé nonfeulement le Bien de fa Femme, mais fon propre Patrimoine. On donnoit noît comme des preuves de mauvaife adminiftration les Rembourfe-mens forcez qu'il avoit reçûs en 1720. On refufoit d'admettre les Remplois qu'il avoit faits dans le même tems, quoiqu'il n'y eût point alors d'autres débouchez que ceux dont il avoit fait ufage. On diffimuloit l'extinction qu'il avoit faite de plufieurs Capitaux de Rentes, & par cette Deffenfe, qui étoit toute de mauvaife foy, on parvenoit à trouver un vuide confiderable dans la fortune du Marquis du Pont-du-Chateau. Il a cependant rendu à la Juftice un fi bon compte de fa conduite, que dans les deux Dégrez de Jurifdiction où il a été traduit, la Dame du Pont-du-Chateau a été déboutée de fa Demande, & condamnée tant aux frais de la vifitation du Procès qu'au coût de la Sentence & de l'Arrêt ; Condamnation que le Marquis du Pont-du-Chateau n'a point mife à execution.

Ce qu'il y a d'inconcevable c'eft que ce mauvais fuccès n'a fait qu'irriter l'animofité de ceux qui difpofent de l'efprit de la Dame du Pont-du-Chateau. Les differens Jugemens qui ont été obtenus contr'elle en forment une preuve fur laquelle il eft impoffible d'équivoquer.

Tout le monde fçait par quelle fuite d'évenemens la Damoifelle Ferrant eft parvenuë à fe faire reconnoître pour Fille de M. le Préfident Ferrant. En cette nouvelle qualité elle s'eft trouvée avoir Droit pour un quart à la Succeffion d'Ambroife Ferrant, Doyen du Parlement. Cette Succeffion avoit été partagée dès 1732. entre les trois Branches d'Heritiers qui y étoient appellez alors. Mais après le gain du Procès de la Damoifelle Ferrant il a été queftion de liquider fes Droits & de procéder à un nouveau Partage. Le refus de la Dame du Pont-du-Chateau ayant retardé cette operation pendant un tems fort confiderable, la Damoifelle Ferrant a fait faifir tous les Biens de la Succeffion de M. Ferrant, Doyen. Les autres Heritiers s'en font plaints. Le Marquis du Pont-du-Chateau a été forcé de proceder feul à ce Partage, & à la liquidation des Droits de la Damoifelle Ferrant. Après la fignature de ce Partage elle a donné main-levée de fes Saifies fur la Portion de ceux qui ont figné. Mais la Dame du Pont-du-Chateau ayant perfifté dans fon refus de confentir au Partage, la Saifie fubfifte fur fa Portion, dont elle joüiroit fi elle vouloit donner une Signature qu'elle n'a point de raifons pour refufer.

Dans cette même Succeffion d'Ambroife Ferrant Doyen, il y avoit une Rente de 1000. liv. dûë par M. le Duc de Mortemart qui en a fait le rembourfement. Il en a été donné 5000. liv. à la Damoifelle Ferrant pour fon quart. Il s'agiffoit d'employer les 15000. liv. reftans. Le Marquis du Pont-du-Chateau qui avoit appris par fa propre experience que la Dame du Pont-du-Chateau conteftoit les meilleurs Remplois lorfqu'elle n'y avoit pas confenti, luy en a fait propofer plufieurs qu'elle a toûjours refufez. Il s'eft vû forcé de demander judiciairement à être autorifé à placer ces 15000. liv. en Rentes du nombre de celles créées fur le Domaine de la Ville de Paris. Alors la Dame du Pont-du-Chateau a propofé un Employ fur le Marquis d'Ecquevilly. Cet Employ a été accepté; en confequence il a été ordonné par une Sentence du 25.Octobre 1741. Mais il a été impoffible de l'effectuer jufqu'à prefent, parce que le Marquis d'Ecquevilly eft en Baviere. Cependant la Dame du Pont-du-

B

Chateau se refuse à tout autre Employ, & ces 15000. liv. qui sont dé-
posez chez Me. Bronod ne produisent rien à la Dame du Pont-du-
Chateau.

Le décès de la Comtesse de Canillac a donné lieu à de nouvelles Contestations aussi mal-fondées que celles dont on vient de parler, & qui
n'ont pû être terminées que par differens Jugemens rendus contre la
Dame du Pont-du-Chateau.

La Comtesse de Canillac l'avoit fait sa Legataire universelle pour moitié. Sans ce Legs universel elle n'auroit été appellée à cette Succession
que pour un tiers. Pour joüir de ce Legs universel il falloit prendre qualité, proceder à un Partage, & entendre le Compte d'Execution Testamentaire de M. d'Ormesson. Ces trois operations ont donné lieu à trois
Procez.

La Dame du Pont-du-Chateau a été sommée dès 1739. de prendre
qualité. Quoiqu'il n'y eût pas beaucoup à balancer, elle a contesté jusqu'au mois d'Octobre 1741. que par Sentence contradictoire il a été dit
qu'elle prendroit qualité dans quinzaine. Elle s'y est enfin déterminée,
& a pris au mois de Novembre 1741. la qualité de Legataire universelle.

Quant au Partage, rien n'a pû vaincre la resistance de la Dame du
Pont-du-Chateau. Le Marquis du Pont-du-Chateau a été contraint d'y
proceder seul; mais il n'a pû faire qu'un Partage provisionnel que la
Dame du Pont-du-Chateau refuse encore aujourd'huy de signer.

Les difficultez n'ont pas été moins grandes au sujet du Compte d'Execution Testamentaire de M. d'Ormesson. Ce Compte a été offert dès
l'année 1739. Sur le refus de la Dame du Pont-du-Chateau son Mary a
été obligé de se faire autoriser à l'entendre seul. Mais comme il a fallu
essuyer beaucoup de Procedures, cette autorisation n'a été prononcée
que par Sentence du 13. Decembre 1741.

Si l'on compare la tranquillité dont les sieur & Dame du Pont-du-
Chateau ont joüi pendant qu'ils ont été réünis, avec l'état de trouble
dans lequel ils vivent depuis dix ans, on n'aura pas de peine à sentir
que leur interêt reciproque demande qu'une Séparation qui a produit
de si grands maux, ne subsiste pas plus longtems. Mais si l'on considere
que toutes les Contestations ont été provoquées par la Dame du Pont-
du-Chateau qui y a toûjours succombé, on sera forcé de convenir qu'il
est encore plus de son interêt que de celui du Marquis du Pont-du-Chateau d'annuler cette Séparation. Les choses en sont venuës à tel point
que quand le Marquis du Pont-du-Chateau ne seroit pas aussi-bien fondé qu'il l'est à demander à titre de justice que la Dame son Epouse se
réünisse avec luy, il seroit en état de le demander à titre de necessité,
pour enlever la Dame du Pont-du-Chateau à l'oppression sous laquelle
on peut dire qu'elle gemit. Ceux qui abusent de sa confiance ne consul-
tent ny les raisons d'interêt, ny celles de bienséance. Ils sacrifient tout
au projet qu'ils ont formé d'aliener tellement l'esprit du Marquis du
Pont-du-Chateau, que tout espoir de réünion s'évanoüisse. Mais il n'est
point assez injuste pour s'en prendre à la Dame du Pont-du-Chateau. Il
vient au contraire à son secours, en demandant que leur Séparation

ceſſe. C'eſt le ſeul moyen de rétablir toutes choſes dans l'ordre, & de faire ceſſer ces Incidens multipliez auſquels la Dame du Pont-du-Chateau s'eſt prêtée juſqu'à preſent avec auſſi peu de fruit que de raiſon.

On n'accuſera pas le Marquis du Pont-du-Chateau de déſirer cette réünion pour fermer la bouche de la Dame du Pont-du-Chateau ſur les juſtes Demandes qu'elle pourroit avoir à former. Si elle avoit eu des prétentions raiſonnables & bien fondées, on n'auroit pas attendu juſqu'à ce moment à lui conſeiller de les faire valoir. S'il en pouvoit éclorre de nouvelles, elles ſeroient du même genre que celles qui ont éclaté juſqu'à preſent. Ce n'eſt pas faire injuſtice à la Dame du Pont-du-Chateau que de luy en ôter les moyens.

Si la Dame du Pont-du-Chateau pouvoit avoir à d'autre titre de l'éloignement pour cette réünion, le Marquis du Pont-du-Chateau ne craint point de dire qu'il n'y a jamais donné lieu. La Dame du Pont-du-Chateau a toûjours joüi dans ſa Maiſon de la conſideration & de l'autorité qu'elle y devoit avoir. Elle n'y a pas éprouvé un ſeul inſtant de contradiction. La liberté n'y a pas été moins entiere que l'autorité. Ce ſont ces mêmes avantages que le Marquis du Pont-du-Chateau lui offre aujourd'hui, mais ſans lui laiſſer la liberté du choix, puiſque cette liberté lui a été funeſte. S'il uſe en cela de l'autorité que toutes les Lóix lui donnent, l'experience du paſſé le juſtifie, & rendroit inexcuſable la reſiſtance de la Dame du Pont-du-Chateau.

Quelques puiſſans que ſoient les motifs ſur leſquels le Marquis du Pont-du-Chateau vient de s'expliquer, il manqueroit quelque choſe à ſa Deffenſe, s'il n'examinoit pas les nouvelles Demandes qui lui ont été faites au nom de la Dame du Pont-du-Chateau. Comme elles n'ont pour prétexte que l'Acte de Séparation volontaire, la revocation qu'en a faite le Marquis du Pont-du-Chateau ſuffiroit pour rendre ces Demandes ſans objet. Mais il faut entrer dans le détail, & faire voir qu'elles ſont injuſtes.

La Dame du Pont-du-Chateau ſe plaint en premier lieu de ce qu'elle ne joüit pas en entier des 12000. liv. de Penſion reglées par l'Acte du 20. Octobre 1730. Cette non-joüiſſance eſt vraye, mais elle ne peut pas être imputée au Marquis du Pont-du-Chateau. En voici la preuve.

On a dit ci-deſſus que pour fournir à la Dame du Pont-du-Chateau les 12000. liv. il lui avoit été délegué 10440. liv. en Contrats ſur la Ville outre 1560. liv. que le Marquis du Pont-du-Chateau avoit promis de lui payer annuellement. La Succeſſion de M. Ferrant, Doyen, s'étant ouverte en 1731. la Dame du Pont-du-Chateau deſira de joüir des 2000. liv. de Rente qui lui revenoient de cette Succeſſion au lieu des 1560. l. qu'elle avoit à prendre ſur ſon Mary; le Marquis du Pont-du-Chateau y conſentit. Par ce nouvel arrangement la Penſion ſe trouvoit être de 12440. liv. Cette Succeſſion de M. Ferrant, Doyen, étoit compoſée de 1000. liv. de Rentes ſur la Ville, & de la Rente de 1000. liv. ſur M. de Mortemart. La Demoiſelle Ferrant ayant eu droit pour un quart à cette Succeſſion, en a emporté en deux Articles 500. liv. de Rente. Mais comme alors la Dame du Pont-du-Chateau joüiſſoit de 12440. liv. ſa Penſion telle qu'elle avoit été fixée par l'Acte à 12000.

liv. par an , ne s'eſt trouvée réellement diminuée que de 60. liv. Il eſt bien extraordinaire que pour un pareil objet la Dame du Pont-du-Chateau ſe ſoit laiſſée déterminer à faire un Procès à ſon Mari. Après un pareil exemple on voit que ce n'eſt pas ſans raiſon que le Marquis du Pont-du-Chateau croit devoir revoquer une Séparation volontaire qui ſert de prétexte à de pareilles Conteſtations.

Il eſt vrai qu'au moyen de la Saiſie de la Demoiſelle Ferrant la Dame du Pont-du-Chateau ne joüit pas depuis quelques années des 750. l. de Rentes ſur la Ville qui lui reſtent de la Succeſſion de M. Ferrant Doyen. Mais la Dame du Pont-du-Chateau fera ceſſer cette Saiſie quand elle voudra ſigner le nouveau Partage qui a été fait avec la Demoiſelle Ferrant. Elle recevra pour lors les années d'arrerages qui ſe ſont accumulées depuis la Saiſie. Cet obſtacle qui n'eſt point du fait du Marquis du Pont-du-Chateau , ne doit pas lui être imputé ; ce n'eſt pas à lui qu'il faut demander main-levée de la Saiſie de la Demoiſelle Ferrant. Il ne ſçauroit donner ni faire donner cette main-levée, puiſque la Saiſie lui eſt étrangere.

Il faut encore avoüer que les 15000. l. qui reſtent du Rembourſement de M. le Duc de Mortemart n'étant point placées, la Dame du Pont-du-Chateau eſt privée des 750. l. qui devroient lui en revenir, mais elle ne peut ſe prendre qu'à elle-même de ce deffaut d'employ. Le Marquis du Pont-du-Chateau lui en a propoſé pluſieurs qu'elle a toûjours refuſez. Il a même été forcé de ſe faire autoriſer en Juſtice pour faire ſeul cet Emploi. Ses bonnes intentions ont été traverſées par le choix qu'a fait la Dame du Pont-du-Chateau d'un Emploi ſur le Marquis d'Ecquevilly. Emploi qui pourroit être bon en lui-même, mais qui ne peut s'executer qu'au retour du Marquis d'Ecquevilly dont le tems eſt incertain.

C'eſt cependant à la faveur de tous ces évenemens étrangers au Marquis du Pont-du-Chateau que la Dame ſon Epouſe ſe plaint de la diminution de ſa Penſion, comme ſi les obſtacles venoient du Chef de ſon Mari. C'eſt ainſi que dans tous les tems les Conſeils de la Dame du Pont-du-Chateau ſe ſont épuiſez à donner aux Circonſtances les plus innocentes l'exterieur le plus défavorable.

Le ſecond & dernier Chef de Demande de la Dame du Pont-du-Chateau eſt à ce que ſa Penſion ſoit augmentée de 10000. liv. par an. Avant que d'examiner cette Demande au fonds le Marquis du Pont-du-Chateau ne peut ſe refuſer à quelques Reflexions qui naiſſent de la Requête qu'on a dreſſée pour la Dame du Pont-du-Chateau.

On ſuppoſe continuellement dans cette Requête que lors de l'Acte de 1730. la Dame du Pont-du-Chateau joüiſſoit de 20. à 22000. liv. de Rente, & le Mary de 40000. liv. Cet expoſé n'eſt ſincere ny par rapport au Mary ny par rapport à la Femme. Par rapport au Mary ſa Fortune étoit en 1730. fort au-deſſous de 40000. liv. de Rente. Mais ce qu'il y a de remarquable, c'eſt qu'en 1736. & pendant tout le tems qu'a duré la Demande en Séparation de Biens, on repreſentoit le Marquis du Pont-du-Château comme un Homme ruiné auquel il ne reſtoit pas 12. à 14000. liv. de Rente net, & qui avoit diſſipé le Bien de ſa Femme,

Aujourd'huy on fait tomber la Dame du Pont-du-Chateau dans l'excès contraire, en exagerant contre toute verité sa Fortune & celle de son Mary. C'est ainsi que sans égard pour les Faits les plus certains on les altere suivant le besoin. Il falloit en 1736. obtenir une Séparation de Biens, on ne feignoit point de dire que le Marquis du Pont-du-Chateau étoit ruiné. S'agit-il en 1742. d'obtenir une augmentation de Pension, le Marquis du Pont-du-Chateau étoit dès 1730. riche de 40000. liv. de Rente sans parler des augmentations qui sont survenuës depuis. Ce deffaut de bonne foy prouve de plus en plus que la Dame du Pont-du-Chateau se laisse conduire en aveugle par Gens interessez qui la trompent, & que facile comme elle est à se livrer aux impressions qu'on luy donne, il n'y auroit plus de repos à esperer ny pour elle ny pour le Marquis du Pont-du-Chateau si leur réünion pouvoit être differée.

Quant à la fortune de la Dame du Pont-du-Chateau, Calcul fait sur les Contrats ou sur les Baux, elle n'étoit en 1730. que de 17267. liv. de Revenu, comme on l'a déja dit. Mais venons à l'état où elle est actuellement, puisque c'est sur cet Etat actuel que la Demande en augmentation de Pension paroît fondée.

L'Auteur de la Requête suivant toûjours le même Principe d'exageration, donne à la Dame du Pont-du-Chateau environ 35000. livres de Rente, tandis qu'au contraire elle ne joüit pas actuellement de 25000. liv. de Rentes, sur lesquelles il faudroit encore déduire les charges. Pour prouver cette derniere fixation il faut se rappeller qu'en 1730. le Bien de la Dame du Pont-du-Chateau n'étoit que de 17000. liv. de Rente. Il luy est échû depuis 1730. trois Successions : 1°. Celle de M. Ferrant Doyen, qui n'est plus que de 1500. liv. par an au lieu de 2000. liv. parce qu'il en a fallu donner un quart à la Damoiselle Ferrant. 2°. Celle de M. Ferrant, Conseiller d'Etat, son Pere, qui est un objet de 5250. liv, de Rente, mais qu'il ne faut compter que pour 250. liv. parce que Madame Ferrant, Belle-Mere de Madame du Pont-du-Chateau, joüit de 5000. liv. à Titre de Doüaire. 3°. Enfin le Legs universel de la Comtesse de Canillac, qui suivant le Partage provisionnel ne monte qu'à 5846. liv. par an. Ces trois objets ne forment pas tout-à-fait 8000. liv. de Rente, qui joints aux 17000. liv. qu'avoit la Dame du Pont-du-Chateau en 1730. reviennent, comme on l'a dit, à 25000. l. de Rente ou environ.

Si du côté de la Dame du Pont-du-Chateau l'on est parvenu à former un total beaucoup plus considerable, c'est : 1°. Qu'on a dissimulé la joüissance de Madame Ferrant qui emporte d'un seul Article 5000. l. de Rente à Titre de Doüaire. 2°. Que ne voulant reconnoître aucun des Partages qui ont été faits, on a crû qu'il étoit convenable d'exagerer tous les objets pour se préparer d'avance des Moyens contre ces Partages. 3°. Enfin c'est qu'on a dissimulé que ces trois Successions de M. Ferrant Doyen, de M. Ferrant Conseiller d'Etat, & de la Comtesse de Canillac sont chargées de differens Legs de Pensions viageres qui en diminuënt le montant. Mais en ramenant les Faits à la plus exacte verité, la Dame du Pont-du-Chateau ne joüit, comme on l'a dit, que de 25000. liv. de Rentes. Il est vray que dans la suite le décès des Usufritiers augmen-

tera ce Revenu ; mais on ne doit pas raifonner actuellement fur des évenemens qui peuvent encore être differez longtems.

Les Faits ainfi éclaircis, la Plainte de la Dame du Pont-du-Chateau
fur la modicité de fa Penfion de 12000. liv. eft des plus injuftes. Les
12000. liv. de Penfion qui lui ont été données forment plus que la
moitié du Revenu de fa Dot. Elle les touche prefque en entier en
Contrats fur la Ville exemts de toutes Charges, même de Dixiéme,
tandis que des 12. ou 13000. liv. qui reftent, les Réparations & les
autres Charges en diminuënt plus d'un tiers. Mais quand ces 12000.
liv. ne formeroient pas réellement plus de la moitié du Revenu de la
Dame du Pont-du-Chateau, il n'y a Perfonne qui ne fente qu'une pareille Penfion fuffit & au-delà pour une Femme retirée dans un Couvent avec un Domeftique peu nombreux. Il n'y a point de Loy qui
fixe ce qu'un Mari doit donner à fa Femme en pareil cas ; il remplit
toutes fes Obligations pourvû qu'il lui procure le moyen de vivre dé-
cemment & commodément fuivant fon état. S'il s'agiffoit donc de contefter fur le plus ou le moins, le Marquis du Pont-du-Chateau fe def-
fendroit aifément de cette Demande en augmentation. Mais il lui paroît
convenable que la Dame du Pont-du-Chateau joüiffe de fes Droits dans
toute leur étenduë, & qu'en venant occuper dans la Maifon de fon
Mary la place qu'elle y doit tenir, elle y joüiffe paifiblement des avantages de leur Fortune reciproque. C'eft à quoi tend uniquement la Demande qu'il a formée.

Monfieur S E V E R T , *Rapporteur.*

Mᶜ. DE LA MONNOYE, Avocat.

DE LA GUETTE, Proc.   PRUNGET, Proc.

De l'Imprimerie de J. LAMESLE, Pont Saint Michel, au Livre Royal, 1742.

MEMOIRE

ET CONSULTATION

POUR la Comtesse DE MONTBOISSIER.

CONTRE le Comte DE MONTBOISSIER, son mari.

L A Comtesse DE MONTBOISSIER, après avoir éprouvé depuis son mariage des sévices & mauvais traitemens de toute espece de la part du Comte de Montboissier, n'a pû apprendre qu'avec la plus amere douleur l'excès de diffamation à laquelle il s'est livré contre elle, & dont elle est actuellement la triste victime. Il a, pour ainsi dire, rempli par cette diffamation la mesure de ses procedés durs & inhumains, & de ses outrages. Elle ne pourroit garder le silence dans une conjoncture aussi critique, sans manquer à son honneur & à son innocence. Elle s'est donc déterminée à en poursuivre la vengeance, & à former dans cette vue une demande en séparation d'habitation & de biens, quelqu'affligeant que puisse en être l'éclat.

Mais elle y a trouvé de grands obstacles. Enfermée dans un Couvent à la sollicitation du Comte de Montboissier son mari, elle y est tenue captive, ses démarches y sont épiées; autant de Religieuses, autant de surveillantes. Elle est pourtant parvenue à tromper leur vigilance, & à faire sortir de cette prison où elle gémit, un pouvoir daté du 9 Août dernier pour rendre plainte des sévices & de la diffamation, & intenter sa demande en séparation.

Comme c'est ce pouvoir qu'il s'agit d'examiner, on ne peut mieux faire que de le transcrire tout entier.

COPIE du pouvoir de la Comtesse de Montboissier du 9 Août 1752, entiérement écrit de sa main & signé d'elle.

JE SOUSSIGNE´ Louïse-Elisabeth de Colins de Mortaigne, femme

A

~11.440

de Philippes-Claude de Montboiffier Beaufort Canillac Comte de Montboiffier, actuellement tenue en captivité en l'Abbaye de Mouchy près Compiegne ; donne pouvoir à M^e * * * Procureur au Châtelet de Paris, de pour moi & en mon nom, rendre plainte devant un Commiffaire au Châtelet de Paris, contre le Comte de Montboiffier mon mari, de ce que,

1°. M'ayant époufée à l'âge de 15 ans malgré les oppofitions de plufieurs de mes parens, qu'il avoit fait lever, il s'eft livré à la débauche des femmes proftituées, & ayant gagné la maladie vénérienne il me l'a communiquée, au point que je fus obligée pour en guérir de paffer par le grand remede fous la conduite de M. Morand célébre Chirurgien, qui en guérit auffi chez lui par le fecours du même remede. Il me traita chez ma belle-mere.

2°. Je reftai languiffante pendant nombre d'années des fuites de cette maladie, qui avoit fait des ravages confidérables fur moi toute jeune encore.

3°. Le Comte de Montboiffier ne me donna pas une maifon convenable, quoique par la mort de ma mere, que j'eus le malheur de perdre quatre mois après mon mariage, il fut en poffeffion de 35000 liv. de rente que j'avois de mon chef, & me laiffa dans la maifon du Marquis & de la Marquife de Montboiffier fes pere & mere, où j'avois à endurer non-feulement fes écarts, fes infidélités & fes mauvais procedés, mais encore les brufqueries de ma belle-mere, dont les affaires étoient dérangées.

4°. Le défordre des affaires du pere & de la mere du Comte de Montboiffier, les porta à réduire par une contre-lettre qu'ils exigerent de leur fils 10000 liv. de rente qu'ils lui avoient promis par le Contrat de mariage, à 7000 liv. qu'ils ne payoient pas même, puifqu'ils prétendoient jouir de mes biens, & par ce moyen je manquois des chofes les plus néceffaires à une femme de mon rang & de ma naiffance.

5o. Après trois ans & demi ou environ de fouffrances dans une maifon où j'étois rebutée de tout le monde, le Comte de Montboiffier me confina dans fa Terre de Houflay en Beauce, où il me laiffa feule avec un mince domeftique fans équipage, & s'en alla à Paris mener une vie de débauche & de diffolution aux dépens de mes revenus, ne paffant que les automnes à cette Terre avec fon pere & fa mere que je ne voyois point.

6°. Le chagrin de fi mauvais traitemens ayant altéré ma fanté, j'obtins comme une grace au bout de deux ans d'exil, la liberté de me retirer à l'Abbaye de Port-Royal, Fauxbourg S. Jacques à Paris, avec 9000 liv. de penfion, le tout par l'entremife de feu M^e le Normand Avocat, qui en rédigea l'acte entre mon mari & moi, lequel acte fut gardé en dépôt par ce célébre confeil, en exécution duquel acte j'entrai à la fin du mois de Décembre 1738. à l'Abbaye de Port-Royal, dont je fortis fix femaines après, pour entrer au Couvent des Recollettes, rue du Bacq Fauxbourg S. Germain, afin d'être plus à portée des Médecins & des Oculiftes , ayant un mal aux yeux qui a duré neuf ans.

7°. Le Comte de Montboiffier m'avoit donné pour femme de compagnie la nommée la Martiniere au mois de Décembre 1736. & elle me fuivit dans le Couvent. Dès que j'y fus arrivée, elle me donna pour femme de chambre la nommée André Hubert , dite Sophie, & mon mari à qui la Martiniere étoit toute dévouée ; faifoit féduire & corrompre la Sophie par la Martiniere & par l'Abbé Courboulet fon ancien Précepteur, aujourd'hui Aumônier des Moufquétaires Noirs. Il avoit lui-même de fecrettes & fréquentes conférences avec elles dans un Parloir d'en bas, & chez lui auffi, exprès pour les engager à méprifer mes ordres, & ne pas me laiffer maîtreffe d'un fol, quoique j'euffe alors vingt ans paffés ; ce qui fit courir le bruit dans le Couvent que ces filles aigriffoient l'efprit de mon mari contre moi.

8°. En conféquence des inftructions de mon mari, elles méprifoient tellement mes ordres, qu'ayant voulu avoir un carroffe de remife pour aller voir un parent refpectable que je nommerai en tems & lieu , pour qui j'ai toujours eu le plus fincere attachement en reconnoiffance de l'amitié qu'il a pour moi, parce que j'étois inquiéte d'une maladie que * j'avois alors, elles ne voulurent jamais me le faire venir pendant plus de quinze jours, enforte que je priai le fieur de Saint-Martin mon ancien Tuteur de m'en avoir un , ce qu'il fit le même jour ; mais ces filles m'empêchérent de m'en fervir & de faire ma vifite, parce que la maifon de Montboiffier ne vouloit pas que je viffe mes parens fouvent, de peur que ma préfence n'effaçât les mauvaifes impreffions qu'ils donnoient de moi. Le Comte de Montboiffier mon mari alla chez mon parent pour l'indifpofer contre le fieur de Saint-Martin, de ce qu'il me procuroit des carroffes pour fortir de mon Couvent contre fa volonté ; donnant à ma fortie des motifs coupables. Mon parent trompé en écrivit durement à mon ancien Tuteur, qui s'en lava pleinement en expliquant pourquoi j'avois voulu fortir. Rebutée des procédés de mes deux femmes, je leur donnai leur congé ; mais mon mari eut la dureté de me forcer à les reprendre, & les autorifa ainfi à me manquer. Il fit plus, il s'empara de la clef de mon Parloir en attendant qu'il m'eût préparé le tour le plus odieux & le plus inhumain.

9°. En haine de ce que j'avois chaffé ces deux Domeftiques qu'il avoit fait rentrer malgré moi, il vint le 30 Janvier 1740. à 6 heures du foir me dire qu'il m'avoit trouvé un appartement au Couvent du Cherche-Midi, ne voulant plus que je fuffe aux Récolettes, parce qu'il fçavoit que les Dames du Couvent, entr'autres Madame de Clare fœur de la Maréchale de Berwik plaignoit mon fort ; c'eft fous ce prétexte qu'il eut la perfidie de me faire fortir & de m'enlever de mon Couvent, de me mener à Villejuif , où une Chaife à deux avoit été ordonnée pour me conduire au fond des Montagnes d'Auvergne dans la plus rigoureufe faifon , fans Femme-de-Chambre , n'ayant que la robbe & la chemife que j'avois fur moi ; & m'enfermer dans

* Nota. C'eft le parent de la Comteffe de Montboiffier qui étoit malade & non elle. Il y a erreur dans le fait. Cela eft expliqué ci-après dans le mémoire à confulter.

le Château délabré de fa Terre de Dienne, où la terre eft couverte de neige pendant huit mois de l'année; il me maltraita de paroles en chemin, & même de coups à Nevers, parce que j'avois jetté fon Manchon par terre en y changeant de Relais; & m'empêcha d'y aller rendre Plainte: il me donna dans ce Château pour Femme-de-Chambre une fille de 16 ans, pour Cuifiniere une Païfanne, & enfin une Servante & un Valet de Muletier pour aller chercher la provifion dans la petite Ville de Murat, de ces quatre Domeftiques deux gagnoient 24 liv. de gages, & les deux autres 16 liv. Il me tint pendant 19 mois en chartre privée dans cet horrible lieu fous la garde de la Dame de Montchant, veuve d'un homme qui avoit été Cavalier & Maréchal des Logis de la Compagnie de M. de Canillac dans le Régiment de Clermont Prince, où mon mari a fervi plus de quatre ans, & l'avoit fort connu; ce fut donc fa veuve & fa fille qu'il me donna pour geolieres, & à qui il donnoit 500 l. d'appointemens. Le Sieur Danty, Juge de la petite Ville de Murat & du Comté de Montboiffier dans fa Terre de Dienne, étoit le fur-veillant du ménage, y venoit paffer trois ou quatre jours deux fois par mois, me menaçoit continuellement, & fe vantoit dans les Ca-barets du Bourg d'avoir ordre de me maltraiter; les fenêtres du Château étoient fi mauvaifes que le vent foufloit la neige jufques dans mon lit, je n'y avois pas le néceffaire le plus indifpenfable, point de bois, fouvent il n'y en avoit pas même pour faire bouillir le pot; j'étois forcée de refter au lit quelquefois quatre jours de fuite faute de bois, & on ne m'y échauffoit les pieds qu'avec une pierre qu'on faifoit chauffer avec du charbon, auffi y eus-je une ma-ladie confidérable, & l'été fuivant on fut obligé de rebâtir tout le côté de la muraille & de refaire les fenêtres; la Tapifferie confif-toit en une vieille toile barbouillée de fang de Bœuf, dans ma Chambre, mon lit en rideaux de ferge mangée des vers, & deux matelats de vieille & mauvaife laine, les draps étoient gros comme des cordes, la nourriture étoit du pain bien noir, du bouilli de Vache foir & matin, & rarement du rôti.

10°. M. le Comte de Montboiffier me fit paffer pour folle, tant à Paris qu'en Auvergne pendant une fi cruelle détention, & pour mieux autorifer ce bruit, le fieur Danty avoit ordre de ne pas me laiffer approcher des Sacremens, il m'étoit feulement permis de me confeffer à un Moine Récolet dont le fieur Danty étoit fûr, le Curé de la Paroiffe n'avoit pas même la liberté de me voir, & ce ne fut qu'avec peine que l'Abbé Dufelix par ordre de M. l'Evêque de Saint-Flour, (c'étoit M. d'Eftaing) pût me voir pour donner de mes nou-velles à ce Prelat & à Madame de Berville fa niéce, je ne pouvois écrire à perfonne que par le canal de mon mari qui étoit le maître de fupprimer les Lettres.

11°. Mon mari qui craignoit la féparation d'habitation, fçachant bien qu'il y avoit donné lieu par des traitemens auffi barbares, me fit propofer de me réconcilier avec lui par la Dame Montchant, ce

que

que j'eus la foibleſſe de faire , ſoit par Religion & le déſagrément de me donner en ſpectacle au Public , ſoit parce que je n'appercevois réellement aucuns moyens de faire finir ma priſon & mes malheurs.

12°. Cette réconciliation ne me valut que l'agrément d'être menée à une autre Terre appellée Culiac , à huit lieues de Clermont en Auvergne , & preſque auſſi déſerte, où je n'eûs une litiere que parce que M. l'Evêque de Saint-Flour, alors fort âgé, la vendit à vil prix à mon mari qui en tira le double de ce qu'il l'avoit achetée de M. l'Abbé de Laſſeré Prieur de Culiac ; au ſurplus il ne m'y donnoit pas un ſol , & lorſque j'étois avec lui dans les Châteaux voiſins , & que l'on me forçoit à jouer, j'étois obligée de lui demander de quoi payer ma perte. Pendant qu'il étoit ſi avare pour moi il paſſa deux Carnavals à Clermont où le bruit de la Province étoit qu'il donnoit des Bals à toute la Ville ſous le nom de différens Officiers qui y étoient en quartier d'hyver. J'accouchai dans cette Terre de mon fils aîné , & mon mari ne voulut conſentir à me tirer du fond de l'Auvergne, après quatre ans, qu'en exigeant avec dureté que je ferois le voyage par eau juſqu'à Orléans dans un petit bateau. Je fus obligée de m'y embarquer étant enceinte de ſept mois avec mon fils aîné âgé de 14 mois , & ſa Nourrice. J'y courus le danger d'y périr deux ou trois fois à des Ecluſes pendant le voyage qui dura 10 jours , de coucher pluſieurs nuits ſur l'eau dans un ſiége , & les autres nuits d'aller chercher un gîte à pied au loin.

13°. Je ne ſortis du fond de l'Auvergne que pour être confinée dans la Terre du Houſſay , en Beauce , j'y eſſuyai de la part du Receveur de la Terre & de ſa femme des outrages accablans, ſans doute du conſentement de mon mari ; mes ordres étoient mépriſés , mes Domeſtiques dont j'étois contente, chaſſés. Une Femme-de-Chambre, un Cocher & un Laquais, étoient battus & menacés de les tuer ; ils me traitoient de folle & m'inſultoient par mille autres impertinences. Excédée de ces mauvais traitemens, je fus obligée de me réfugier à Chartres chez l'Abbé de Maillé , Grand-Vicaire de l'Evêque de Chartres, il me ramena au Houſſay ſans Laquais, feu M. l'Evêque de Chartres eut la bonté de garder le mien deux ou trois mois , juſqu'à ce que l'Abbé de Maillé eût tout calmé ; il y reſta quatre mois avec moi pour contenir tous ces gens-là par ſa préſence : je me plaignis à mon mari de leurs excès , il les ſoutint hautement , ne m'en fit faire aucune réparation ; il les garda à ſon ſervice & le mari étoit encore l'année derniere dans ſa Terre : Pendant le long ſejour que j'y fis mon mari n'y vint qu'une à deux fois paſſer trois ou quatre jours.

14°. Enfin mon mari ſe détermina à prendre une Maiſon de dix-ſept cens liv. de loyer, rue Portefoin au Marais ; j'y vins demeurer avec lui à la fin du mois de Novembre 1744. après avoir paſſé onze ans de mariage dans la douleur & les gémiſſemens. A peine y fus-je arrivée que l'Abbé Courboulet, l'oracle de la Maiſon de Montboiſſier (il eſt natif d'Auvergne) par ſes ſoupleſſes , me força à

B

reprendre pour Femme-de-Chambre cette Sophie qui avoit été en partie la cause de mon enlévement & de ma prison au Château de Dienne. Je ne pûs résister au crédit de l'Abbé Courboulet & aux feintes humiliations de cette fille qui étoit en intrigue avec lui. Elle s'étoit fait détester dans la Maison de Soyecour, j'en ai éprouvé la mê-me noirceur.

15°. J'avois aussi amené avec moi d'Auvergne la Demoiselle de Montchant, fille de ma geoliere de Dienne. Elle m'avoit paru sensible à mes malheurs, dont elle avoit étoit témoin, & je me la croyois attachée ; l'Abbé Courboulet voulant dominer sur tout ce qui m'environnoit, la rendit suspecte à mon beau pere, & la fit renvoyer, pour la faire appercevoir de son crédit, bien sûr qu'elle demanderoit à revenir : j'obtins avec peine d'être autorisée à lui faire une pension viagere de 300 liv. sur mon bien. Ce qu'avoit prévû l'Abbé Courboulet arriva. L'ennui la prit en Auvergne, elle le pria instamment par Lettres de la rappeller, elle me fut rendue ; mais bien différente de ce qu'elle étoit, c'est-à-dire, totalement livrée à l'Abbé Courboulet, qui depuis a vécu avec elle dans la plus grande intimité, & qui, comme on le va voir, a été par ses conseils pernicieux le principe de mes malheurs.

16°. Je passai ainsi quelques années avec mon mari ayant auprès de moi la Demoiselle Montchant & la Sophie dominées par l'Abbé Courboulet qui tramoit toutes les intrigues, & avec qui elles étoient l'une & l'autre en commerce. A la mort de la Marquise de Montboissier, mere de mon mari, il y avoit cinq cens mille liv. de dettes dans leur Maison ; heureusement avant sa mort elle avoit signé le Contrat de vente de la Terre des Coudroux en Beauce, moyennant 130000 liv. qui avoient servi à payer les Créanciers les plus inexorables, & à empêcher que le feu ne se mît dans les affaires. Mais il falloit payer les autres, ce qui donnoit beaucoup d'humeur & de noir dans l'esprit du Comte de Montboissier mon mari, dont j'étois toujours le plastron ; j'en eûs une maladie de langueur à la suite d'une couche dont j'ai été guérie par le feu sieur Sigogne, que mon mari n'a jamais voulu payer ; j'ai été obligée de lui donner 1200 l. sur une pension de 4000 liv. que mon mari me faisoit pour mon entretien seulement depuis 1743. le surplus est encore dû à la succession du sieur Sigogne ; cependant malgré les mauvais procédés de mon mari qui menoit la vie la plus déréglée & dépensoit dans l'obscurité, je m'obligeai à 90000 l. pour lui, tant pour sa charge de 70000 liv. & 20000 liv. pour ses Campagnes, & un remboursement de 12000 l. de M. le Prince de Montauban, ensuite je vendis ma Terre du Plessis-Marigné en Anjou 96 ou 100000 l. pour l'aider à payer ses dettes.

17°. Mais cela ne suffisoit pas encore, mon mari las de tenir sa Maison, & ne voulant rien rabattre de ses plaisirs secrets & obscurs, vouloit encore me confiner dans sa Terre du Houssay pour arranger ses affaires ; ce qui auroit mené au moins à dix ans, encore avec bien de l'ordre, & ses dépenses sourdes y auroient été un obstacle. Ma foible santé ne me permettant pas de paſſer dix ans à la campagne ; & d'ailleurs ſes mauvais procédés pour moi, me forcèrent à un autre arrangement qui fut de nous ſéparer d'habitation à l'amiable ; il eut bien de la peine à me donner 15000 liv. de penſion & je lui laiſſai 20000 liv. de mon revenu chargé de 2600 liv. de penſion viagere. Il pouvoit mettre ordre à ſes affaires. L'Acte de cette ſéparation fut paſſé devant Mé Durartre Notaire : on voit par l'état y énoncé qu'il ne me donna pas de meubles ſuffiſamment, je fus obligée d'en acheter à crédit pour plus de 21000 liv. pour meubler une Maiſon rue Caſſette que j'allois occuper.

18°. Cette ſéparation déplut à la Sophie, ma Femme-de-Chambre, qui me dit mille impertinences à ce ſujet, auxquelles elle étoit apparemment autoriſée ; car ayant pris le parti de la renvoyer, l'Abbé Courboulet, ſon zélé & infatigable protecteur, la plaça auprès de Mademoiſelle de Montboiſſier, ſœur de mon mari, au Couvent de Bon-Secours, en attendant qu'il pût la faire rentrer dans la Maiſon.

19ª. J'entrai le 9 Juillet 1748. dans ma Maiſon rue Caſſette pour y vivre ſéparée de mon mari ; & lui toujours avare des choſes néceſſaires & prodigue pour les dépenſes ſourdes, avoit mis ſes deux fils aînés, l'un alors âgé de cinq ans & demi, & l'autre de quatre, à la Penſion Allemande de Rombius ; & les y avoit abandonnés ſans Domeſtiques ; j'en avois la plus amere douleur : ils y eurent la rougeole ſans que j'en fuſſe avertie ; ils y furent mal ſoignés, & il leur reſta de cette maladie un levain qui leur occaſionna ſix mois après une fiévre maligne dont ils périrent tous les deux.

20°. Peu de tems avant notre ſéparation le Vicomte de Montboiſſier frere de mon mari, avoit épouſé la Demoiſelle Boutin avec 500000 l. de dot en 1739. Il en a employé 400000 liv. à acheter de ſon aîné la Terre du Houſſay en Beauce ; l'on en a payé 260000 liv. de dettes de la Maiſon portant intérêts, ce qui a rembourſé les dettes auxquelles j'étois obligée & le ſurplus a été placé, il m'eſt redû à peu près 40000 liv. du reſte de ma Terre du Pleſſis-Marigné en Anjou, parce que l'on a payé 12 ou 16000 liv. au Prince de Guemenée d'un retour de partage à ce que mon mari m'a dit ; & rembourſé 6000 liv. de fond à un Domeſtique de feue ma mere ; mais il eſt toujours vrai que quoique femme malheureuſe & opprimée j'avois aidé mon mari comme auroit pû faire la femme pour laquelle l'on auroit eû le plus d'égards & d'attention.

21°. Cependant quoique ſéparée de mon mari il ne me perdoit pas de vûe. L'Abbé Courboulet, ſon digne émiſſaire, me venoit voir au moins trois fois par ſemaine ; je le recevois par politique connoiſſant ſon mauvais caractere & ſes intrigues, il dînoit avec moi, & peu après le dîner il montoit dans la Chambre de la Demoiſelle de Montchant où il entroit, ſoit à 10 heures ou à midi, & y paſſoit l'après-dîné juſqu'à 8 ou 9 heures du ſoir : Si je ſoupois en ville il reſtoit avec elle juſqu'à minuit ; outre cela il venoit ſouvent la voir à mon inſçû, ou elle le voyoit chez mon mari fréquemment pour préparer ma perte & les horreurs dont je fuis aujourd'hui la trifte victime.

22°. En effet le Comte de Montboiffier mon mari regrettoit la penfion de 15000 liv. qu'il s'étoit obligé de me faire, il defiroit m'attirer auprès de lui & anéantir la féparation, pour enfuite fe défaire de moi fous quelque prétexte odieux. La mort de deux de nos enfans arrivée au mois de Janvier 1750, celle du Vicomte de Montboiffier fon frere, lui fournirent l'occafion de demander notre réunion. L'Abbé de Boüillé, Comte de Lion & Maître de l'Oratoire du Roi, & plufieurs autres perfonnes m'en folliciterent inutilement. L'Abbé Courboulet plus acharné ne ceffoit de me menacer de l'autorité de mon mari, difant que nous n'étions pas féparés en régle, & qu'il pouvoit m'ordonner de revenir avec lui & que je ferois obligée d'obéir ; que d'ailleurs mon mari pouvoit faire grand bruit des 21000 liv. que je devois pour mes meubles, il me promettoit la Maifon la plus riante fi je me rendois de bonne grace. La Demoifelle de Montchant par la fuggeftion de l'Abbé Courboulet me tenoit nuit & jour les mêmes propos de menaces d'un côté, & de promeffes de fatisfaction de l'autre. Outre ces intrigues fecretes dont j'étois excédée le Comte de Montboiffier employoit l'entremife de M. & de Madame de Mery, qui le croyoient fans doute de bonne foi, pour m'affurer qu'il vouloit me rendre heureufe. J'eus la fotife de céder, fous la condition que les 21000 liv. que je devois pour le prix de mes meubles & dont mon mari alloit entrer en poffeffion, feroient payées fur le champ, & que mon mari tiendroit une maifon décente, l'entrevûe fe fit chez M. & Madame de Mery, à qui j'avois donné ma parole, dans la confiance qu'il ne voudroit pas manquer aux proteftations qu'il leur faifoit, les conditions furent arrêtées verbalemenr, je les fouhaitois par écrit, mais on me fit entendre que cela étoit injurieux entre Gens d'honneur, je n'infiftai pas.

23°. Je revins avec mon mari le 15 du mois d'Avril 1751, dans une maifon rue du grand Chantier au Marais, j'y trouvai les mêmes procédés, la même brufquerie à tout propos. L'Abbé Courboulet avoit fait donner depuis quinze mois pour gouvernante à mon fils, cette Sophie qui avoit été la caufe de la prifon domeftique & privée dans laquelle j'avois été mife au Château de Dienne, de toutes les fouffrances que j'y avois effuyées, & que j'avois été obligée de renvoyer une feconde fois, pour manque de refpect, en allant demeurer rue Caffette. Je ne tardai pas à m'appercevoir que j'avois été trompée, j'en marquai mon jufte reffentiment à la Demoifelle de Montchant qui fe retira en Auvergne, & à l'Abbé Courboulet qui réfolut ma perte. Je fus tracaffée par mon Beau-pere fur deux ou trois foupers que je donnai fuivant la permiffion de mon mari, au Prince Camille de Lorraine, à M. de Mery & à M. de la Foffe. Mon Beaupere m'écrivit à ce fujet une lettre injurieufe que je fis lire à Madame la Comteffe d'Eftaing, & à M. le Chevalier de Fourbin, je lui fis une réponfe convenable & moderée, & m'en

plaignis

plaignis à mon mari, qui dit que son Père avoit tort, il trouva la lettre de son Pere ridicule, & s'en saisit, la brula craignant que je ne la gardasse. Le Marquis de Montboissier mon Beaupere trouvant un jour chez moi M. de la Fosse, c'étoit le 10 ou le 12 Décembre 1751, lui fit une algarade, voulut le faire sortir, disant qu'on ne soupoit point chez moi, il étoit six heures du soir, ce qui auroit fait scéne, si je n'eusse prié M. de la Fosse de se retirer, ce qu'il fit en disant que l'on devoit des égards à l'âge de mon Beaupere, il le suivit jusqu'à la Porte de la rue, & défendit au Suisse de ne le jamais laisser entrer, l'on ne m'avoit encore jamais dit que ses visites déplussent, & mon mari sçavoit bien qu'il étoit sur l'Etat de mes dettes pour 2000 liv. qu'il m'avoit prêtées. Je parlai de cette nouvelle injure à mon mari qui feignit d'en être furieux, me dit que c'étoit l'Abbé Courboulet qui lui mettoit toutes ces chimeres dans la tête, que son frere lui avoit encore dit en mourant que l'Abbé Courboulet étoit l'esprit du monde le plus fourbe & le plus dangereux, que sûrement il le connoîtroit tôt ou tard, & il me dit qu'en effet il commençoit à s'en appercevoir, qu'il ne vouloit plus le recevoir chez lui, ni lui parler chez son pere qu'il vouloit quitter, étant ennuié de ces tracasseries journalieres. Il eut une explication à ce sujet avec M. de la Fosse, à qui il fit toute sorte d'excuses, pour réparer l'impolitesse de son pere, l'exhorta à venir me voir, & qu'il l'ameneroit lui-même chez moi, dit au Suisse en sa présence que son pere s'étoit trompé en défendant la Porte pour lui, & le Comte de Montboissier me vint dire tout ce qu'il avoit fait pour adoucir, aux yeux de M. de la Fosse, ce que le procédé du Marquis de Montboissier avoit d'insultant.

24°. Tout cela n'étoit que dissimulation de la part du Comte de Montboissier & les incartades du Marquis son pere à mon égard qu'il blâmoit au-dehors, n'étoient que les avant-coureurs d'un complot de diffamation qu'il avoit formé pour se défaire de moi, & qu'il a consommé par les artifices de l'Abbé Courboulet, de la Montchant & de la Sophie. L'Abbé Courboulet ne pouvoit me pardonner ce que j'avois dit à la Sophie que je n'approuvois pas qu'il fût si assidu auprès d'elle, sur-tout dans la chambre de mon fils, dont elle étoit gouvernante, & que si elle vouloit le voir il falloit que ce fût ailleurs; dès lors le Comte de Montboissier, l'Abbé & la Gouvernante jurerent ma perte : mon mari pour se débarrasser d'une femme dont il vouloit jouir du bien en lui donnant peu, l'Abbé d'une surveillante incommode, la Gouvernante pour satisfaire son animosité & sa vengeance; mais sur-tout l'Abbé Courboulet depuis le départ de la Demoiselle de Montchant au mois de May 1751. Leur plan fut exécuté en cette sorte. La Sophie entra un matin dans ma chambre, je crois que c'étoit le 15 ou 16 de Décembre 1751. & me dit qu'il étoit singulier que je prétendisse l'empêcher de voir un aussi honnête homme que l'Abbé Courboulet, je lui répondis que je ne m'y opposois pas, mais que dès qu'il ne venoit plus chez moi, je ne voulois pas qu'il passât par

C

mon anti-chambre pour aller la voir, & qu'il n'étoit pas décent qu'il pafsât journellement trois ou quatre heures avec elle, & que les rendez-vous le foir au jardin de l'Hôtel de Soubife ne convenoient pas. La Sophie fe mit alors dans un emportement affreux, me déclara qu'elle le verroit malgré moi, qu'il ne tenoit qu'à elle de me perdre, & elle fortit en jettant ma porte avec violence. Je regardai cela comme un trait de défefpoir d'une femme en fureur des oppofitions qui la forcent de mettre un frein à fa paffion, & je n'y fis pas grande attention. Cela fe développa le lendemain, car n'étant pas allée affez loin fans doute au gré de l'Abbé Courboulet, felon ce qu'il avoit concerté avec mon mari, il paffa le lendemain toute la matinée avec elle pour la fortifier dans l'infulte qu'elle devoit me faire. Ainfi endoctrinée elle entra comme une furie dans ma chambre, elle me dit qu'elle me perdroit, que j'étois accouchée d'un enfant le 14 Janvier précédent, qui avoit été baptifé à S. Merry. Je répondis qu'elle mériteroit d'être mife à l'Hôpital pour un pareil outrage, dont mes gens étoient témoins. Elle fortit avec la même fureur que la veille, ne gardant plus ni refpect ni ménagement pour moi. On avoit pris le tems que mon mari étoit abfent & à Verfailles, à caufe des fêtes pour la naiffance de Monfeigneur le Duc de Bourgogne, afin fans doute qu'il ne pût être foupçonné d'avoir part à deux fcènes auffi mortifiantes : je défendis au Suiffe de laiffer fortir la Sophie de la maifon, voulant en avoir raifon ; mais le Marquis de Montboiffier mon beau-pere donna des ordres contraires, par lefquels il fembloit autorifer une diffamation faite auffi publiquement contre moi dans la maifon. Abandonnée par ceux qui auroient dû venger mon honneur fi indignement attaqué, j'envoyai chez M. Berryer, mais il étoit auffi à Verfailles. Je me déterminai donc à partir pour Verfailles avec Mademoifelle Roche ma femme de chambre, mais mon mari, quoiqu'abfent, étoit averti de mes démarches, & fe trouva à point nommé fur le Pont de Sève. Je lui dis ce qui s'étoit paffé, & que j'allois me plaindre à M. le Comte d'Argenfon, & demander que la Sophie fût interrogée & punie comme elle le méritoit. Il me fit toute forte d'inftances & de prieres pour m'empêcher d'y aller, & me jura qu'il avoit vû partir ce Miniftre pour Neuilly. Je lui dis que je voulois du moins aller trouver une parente refpectable à la Cour. Quand il vit que je voulois paffer outre, il fe mit à jurer & dans un emportement affreux, & qu'il ne le fouffriroit pas. Cette fcène fe paffoit fur le pont de Sève, je fus encore affez fimple pour craindre un éclat au milieu du grand chemin ; car il me dit qu'il défendroit au Cocher d'avancer, & que fi je voulois mettre pied à terre il me feroit tenir par fes domeftiques & les miens, enfin que je verrois le lendemain le Miniftre à Paris, mais je ne pus le voir ni lui parler que quatre jours après, & mon mari eut le tems de le prévenir, je me laiffai donc ramener. Il fit appeller auffitôt la Sophie pour l'interroger, foy-difant, car toutes ces horreurs étoient trop bien concertées entr'eux, & foutenant toujours le même caractère de diffimulation à mon égard, il me dit qu'elle fe coupoit à tout moment, que c'étoit une indigne, qu'il alloit faire enfermer pour le reste de ses jours, pendant que sourdement il concertoit avec l'Abbé Courboulet, dont il me disoit du mal, les moyens de me plonger moi-même dans la captivité. Il porta plus loin la trahison & la perfidie, il vint publiquement avec moi à deux Audiences de M. le Comte d'Argenson, feignant d'entrer dans mon juste ressentiment, & de solliciter de concert un ordre contre la Sophie, enfin le jour même qu'il me fit arrêter il vint dîner avec moi, il avoit la Lettre de Cachet dans sa poche depuis trois jours dattée du 30 ou du 31 Décembre dernier qu'il gardoit, voulant que M. de la Fosse fût arrêté avant moi, ce qui fût exécuté la nuit du 3 au 4 Janvier par le nommé Demery, à qui il recommanda de m'engager d'écrire à mes amis, & qu'il rendroit mes lettres fidélement, son air officieux me fit donner dans le piége, & je le chargeai d'une lettre pour M. le Comte d'Argenson, & d'une autre pour Madame la Comtesse de Bethune qui ont été remises entre les mains de mon mari, du moins celle de Madame de Bethune, je crois que l'autre n'aura pas eu un meilleur sort, car je crois que M. le Comte d'Argenson pense trop bien pour refuser une réponse aux malheureux qui sont opprimés, & qui lui demandent Justice, certainement il n'a pas reçu la lettre que j'ai eu l'honneur de lui écrire par le sieur Demery. Pour en revenir à mon mari il me dit en présence du Marquis de Canillac qui dînoit aussi avec nous, que j'aurois satisfaction dans peu de la témérité de la Sophie, il étoit fort gai du succès de ce qu'il avoit prémédité & obtenu contre moi, & me quitta en me disant que si j'avois à lui parler il reviendroit à minuit au plus tard. Il dissimuloit ainsi jusqu'à la fin pour s'emparer des titres & papiers qui prouvoient les outrages & les mauvais traitemens que j'avois essuyés. Il faut observer que la Sophie étoit toujours dans la maison, & malgré mes défenses qu'elle allât chez mon fils, elle y alloit trois ou quatre fois le jour, & s'adressoit à mon fils pour lui dire mille sotises & mille horreurs contre moi, & finissant toujours par dire à mon fils, dites à votre mere que je me mocque d'elle, & que je la chasserai plûtôt de la maison qu'elle ne m'en fera sortir, ce que l'enfant troublé & saisi me venoit rendre fort fidélement quoiqu'il n'eût que six ans, il en étoit touché aux larmes, & tous les domestiques qui ont entendu ces propos, & même un Abbé Pissot qui apprenoit à lire à mon fils a été témoin de plusieurs emportemens de cette Megere qui a si bien profité des leçons de l'Abbé Courboulet. Si l'on vouloit particulariser ses déportemens l'on en feroit des volumes. Enfin je fus donc arrêtée la nuit du 3 au 4 Janvier dernier, comme je l'ai dit plus haut, & conduite à l'Abbaye de Mouchy près Compiegne, & il m'est revenu que mon mari a été lui-même, & a envoyé solliciter différentes Sages-femmes, & entr'autres la Demoiselle de Flaire demeurante rue des Blancs-Manteaux pour la séduire, & déclarer faussement qu'elle m'avoit accouchée d'un enfant, à quoi l'on dit qu'elle a eu la probité de ne pas consentir. Je ne sçai s'il en a trouvé de plus faciles, mais ce qu'il y a de certain c'est

que mon mari en me faifant enfermer, au lieu de faire punir l'où-
trage que la Sophie m'avoit fait, s'est rendu complice de la diffamation, & doit en être regardé comme le premier auteur après tous les
mauvais traitemens qu'il m'a fait éprouver depuis notre mariage.

25°. Au moment de mon arrivée dans l'Abbaye de Mouchy, je
reconnus que mon mari pour m'ôter les moyens de me plaindre &
de faire cesser ses nouvelles persécutions, avoit pris les mêmes mesures que lorsqu'il m'avoit enlevée des Recollettes pour m'aller enfermer au Château de Dienne, l'Abbesse me déclara qu'elle avoit des
ordres pour m'empêcher d'écrire à qui que ce soit, pas même à mes
parens, à moins que les lettres ne passassent par le canal de mon mari,
l'on ne me donne pas même des nouvelles de mon fils quoique j'en
aie fait demander bien des fois, & qu'il l'ait amené à ma porte à
deux lieues d'ici chez M. & Madame de Mery à la Taule où
mon fils a été quinze jours sans que l'on ait daigné me l'envoyer ni
m'en faire dire des nouvelles, & je crois que l'enfant ignore si je suis
morte ou vivante. Mon mari se vante publiquement de payer à cette
Abbaye une forte pension pour moi ; mais si cela est, il paye les Religieuses pour être mes Geoliéres & m'outrager, & non pour ce
qu'elles me fournissent, car je serois mieux dans quelque Couvent
de Paris que ce soit pour mille écus que je ne le suis à Mouchy. La
nourriture y est détestable, & je ne peux rien manger de ce qu'on
me sert que je ne le raccommode de mes mains. Le logement que
j'y occupe est mal payé & sans jour, ma Chambre n'en recevant que
par deux petites fenêtres de six carreaux de hauteur à cinq sols : ce
logement petit & bas, est exposé tout à la fois au bruit & à la mauvaise odeur de la Cuisine & d'une basse-cour, sous mes fenêtres
couvertes de chaume, & d'une Cordonnerie au chevet de mon lit,
de sorte que je n'y ai point de repos. Mon mari en faisant quatre
voyages à cette Abbaye a mis l'Abbesse & les Religieuses dans ses
intérêts pour publier tous les bruits injurieux qu'il a fait courir sur
mon compte, elles me font passer en conséquence pour folle & extravagante, c'est de quoi elles ont prévenu des pensionnaires à leur
arrivée, & on me croit aliénée d'esprit dans tout Compiegne, soit
par le fait de mon mari, soit par celui de l'Abbesse & des Religieuses
à son instigation. Toutes les pensionnaires qui montrent quelque
sensibilité à mes malheurs ont défenses de me parler, & il leur
est arrivé d'en chasser une honteusement qui étoit depuis trois
ans dans leur maison, & de l'excéder de coups, par cette
raison. Deux autres Pensionnaires indignées des odieux procédés
que j'y éprouve, en sont sorties au bout de six semaines, de
peur que leur compassion ne les exposât à quelque insulte. Le
Comte de Montboissier ne m'y donne pas un sol, & ne m'envoye
que de la Poudre, Pomade, Tabac, Eau de lavande & des
Drogues quand j'ai été incommodée, & d'ailleurs rien de ce qui
m'est nécessaire pour mon entretien, ayant refusé à Mademoiselle
Roche ma femme de Chambre qui est revenue à Paris de m'envoyer
des

des Bonnets de blonde & des Manteaux de Taffetas ouaités que j'avois demandé, heureusement qu'il me restoit trois Louis sur moi que je lui ai donné pour faire ces emplettes qu'elle a payées & apportées au Comte de Montboissier pour me les envoyer, ce qu'il a fait, sans quoi j'aurois gelé de froid l'hyver dans une Chambre où le vent souffle de tous côtés & du bois verd qui ne brûloit pas & ne rendoit que de l'eau, il m'a envoyé aussi une Tabatière de trois livres, d'ailleurs, ce qu'il envoye pour la bouche, il le fait payer à l'Abbesse sur ma Pension. Il lamente tous les jours de ce qu'elle est trop forte, disant que ce n'est pas lui qui l'a réglée, que c'est une amie de l'Abbesse, dont je n'ignore pas le nom, qui lui a enseigné cette Abbaye, étant bien sûre de l'Abbesse, & qu'il en a passé par tout ce que l'on a voulu à son grand regret. Cette officieuse amie fait même venir souvent des Cavaliers de la Maréchaussée autour de l'Abbaye pour me mieux garder. Mon mari craignoit fort que je n'eusse de l'argent, & s'étoit bien gardé de me payer mon quartier de 1000 liv. échu le premier Janvier dernier, de peur que je ne me servisse de cet argent pour exciter quelqu'un à me mettre en état de dévoiler ses artifices & sa vexation. Il m'a même ôté par surprise un Diamant de 8500 liv. que j'avois de feu mon père, quatre jours avant de me faire arrêter. On a représenté au Comte de Montboissier combien j'étois mal soignée & mal nourrie dans ce Couvent, & on a tâché de l'engager à me mettre ailleurs ; il a répondu qu'il le vouloit bien, pourvû que j'acceptasse un Couvent auprès de Bourges. Il me voudroit à 80 ou 100 lieues de lui, & même aux antipodes s'il pouvoit m'y envoyer, car il a toujours été plus touché de mes revenus que de mon bonheur. Il est en odeur de sainteté ici, les Religieuses ne le nomment que le saint, & cet honnête homme qui a l'air si sage & si vertueux & charitable.

26°. J'ai fait passer par hazard des lettres, ou pour mieux dire c'est la Providence qui l'a permis, & qui n'abandonne personne. Dans ces lettres, je me plaignois de l'Abbé Courboulet, Chef du conseil de mon mari, auteur en partie des malheurs où ils m'ont précipité l'un & l'autre par un complot affreux, il m'a écrit une lettre le 23 Mars dernier, dans laquelle il s'en excuse d'une façon cavalière & insultante ; au surplus il y dit qu'il n'a pas tenu à lui de me rendre le service le plus important, puisqu'en sauvant l'éclat il eût mis à couvert ma réputation, & assuré le repos & la tranquillité de mes jours auprès d'un Mari, de la confiance duquel je jouirois encore. Autre preuve que mon mari au lieu de punir la calomnie d'une domestique, non seulement me soupçonne, mais me condamne sans avoir osé me convaincre ni même m'accuser, & qu'il se rend propre & personnel l'outrage qui m'a été fait par la Sophie.

27°. Le Comte de Montboissier a gardé dans sa maison cette malheureuse pendant plus de trois mois depuis ma détention, & l'a placée lui-même chez la Dame Dufort, autre preuve de leur collusion, & qu'il l'a approuvée & récompensée de l'insulte publique qu'elle

D

m'avoit faite en préfence de plufieurs domeftiques de la maifon.

28°. Au milieu de tous ces mauvais traitemens, le Comte de Montboiffier qui en eft l'auteur & le principe, a ofé me demander une procuration en mon nom, & m'a envoyé un acte d'autorifation à cet effet ; il a compté fans doute fur ma douceur qui ne s'étoit jamais démentie depuis notre Mariage, malgré toutes fes perfécutions : mais je n'ai pas voulu y foufcrire, cette facilité auroit confirmé les bruits qu'il répand de mon imbecilité. Cette autorifation eft une preuve qu'il eft trop convaincu du fond de bonté de mon caractére, puifqu'il a hazardé une pareille demande dans le tems même où j'éprouve de fa part la plus cruelle véxation.

Je constitue Me. *** mon Procureur général & fpécial à l'effet de rendre-plainte de tous les faits ci-deffus, me refervant d'y ajouter les autres faits que je peux avoir oubliés, mes chagrins ne me laiffant pas la liberté d'efprit pour me les rappeller, fur-tout les anecdoctes par lefquelles mon mari a montré fon caractére dans le Public, & à l'égard de ceux qui y font compris, le laiffant le maître d'en développer & étendre les particularités & les circonftances ; foit par Requête ou Mémoire imprimé, felon les autres inftructions par écrit que je pourrai lui faire paffer, où celles que lui donneront verbalement les perfonnes qui s'intéreffent à moi, & font touchés de mes malheurs ; & comme dans la captivité où je fuis je ne peux mander un Notaire, que je fuis même dans la crainte d'être furprife en écrivant ceci, je donne le préfent pouvoir fous fignature privée, voulant que Me. *** le faffe annéxer s'il en eft befoin à la minute de ma plainte, ne fçachant comment je pourrai le faire paffer au dehors & tromper la vigilance de mes Géolieres qui m'obfédent & font attentives à toutes mes démarches, pour empêcher que mes plaintes ne puiffent pénétrer au dehors de l'Abbaye, de forte que je ne pourrai en venir à bout que par un coup de la Providence, priant mon Procureur conftitué de pourfuivre en conféquence en Juftice, ma féparation de biens & d'habitation. Fait à l'Abbaye de Mouchy, le neuf d'Août mil fept cens cinquante-deux. Signé, Louise Elizabeth de Colins de Mortaigne de Montboissier, & au-deffous eft écrit, controllé à Paris, le 21 Novembre 1752, Signé, Blondelu.

C'eft d'après ce pouvoir qui rappelle les fevices & l'atrocité de la diffamation qu'il s'agit de tracer à la Comteffe de Montboiffier la route qu'elle doit tenir.

On obfervera qu'il s'eft gliffé une erreur dans le recit du fait concernant le Caroffe de remife expliqué fous le nombre 8. Ce n'eft pas la Comteffe de Montboiffier qui étoit malade, c'eft le parent qu'elle vouloit aller voir, & elle ne pût obtenir un Caroffe de remife, ni fe fervir de celui qu'elle avoit fait venir pour une vifite auffi decente.

Le pouvoir indique de plus d'un côté qu'il y a d'autres faits par elle omis, & de l'autre on eft informé qu'il y en a de nouveaux furvenus depuis la date du pouvoir, qu'elle n'a pû faire paſſer tant elle eſt ſoigneuſement obſervée.

Quoiqu'il en ſoit le Conſeil eſt prié de donner ſon avis ſur trois queſtions.

1°. Les faits contenus dans le pouvoir indépendamment de ceux que la Comteſſe de Montboiſſier pourra y ajoûter, quand elle ſera en liberté, ſont-ils ſuffiſans par eux-mêmes pour faire ordonner ſa ſéparation?

2°. Quel ordre faut-il garder dans ſa procédure? Faut-il commencer par rendre plainte? Faut-il que cette plainte ſoit rendue par elle perſonnellement, ou comme elle n'eſt pas en liberté, ſuffira-t-il que le pouvoir par elle envoyé, ſoit dépoſé chez un Commiſſaire?

3°. Enfin, quand elle aura obtenu ſa liberté, ne ſera-t-elle pas recevable à rectifier les faits, & à ajoûter ceux que le défaut de tranquillité de ſon eſprit & la forte impreſſion de ſes malheurs lui ont fait oublier.

LE CONSEIL ſouſſigné qui a lû le Mémoire ci-deſſus & la Copie du pouvoir de la Comteſſe DE MONTBOISSIER, EST D'AVIS, ſur la première Queſtion que les faits contenus dans ce pouvoir, ſont déciſifs pour opérer la ſéparation d'habitation. On y voit une ſuite de mauvais traitemens, de mépris, de ſévices, qui font l'éloge de la patience & de la douceur de la Comteſſe de Montboiſſier. L'inſulte à elle faits par une domeſtique gouvernante de ſon fils, & la détention dont elle a été accompagnée, ſont des faits graves, & dont la preuve ne peut manquer d'être admiſe. La détention démontre que le Comte de Montboiſſier a applaudi à l'outrage fait à ſa femme par cette domeſtique, & ſe l'eſt en quelque ſorte rendu perſonnel. Loin d'en avoir vengé ſa femme il l'en a punie comme ſi elle étoit coupable, ſans avoir oſé entreprendre de la convaincre de ce qui lui étoit imputé. On ſçait aſſez que ces ſortes d'ordres pour enfermer une femme ne s'accordent qu'à la ſollicitation du mari, à qui ſeul elle étoit comptable de ſa conduite. Le Comte de Montboiſſier a donc fait une injure caractériſée à ſa femme en obtenant un pareil ordre. Il devoit réprimer l'inſolence d'une domeſtique, il s'en eſt fait un titre pour outrager ſa femme, la deshonorer, en la faiſant conduire dans un Couvent avec éclat. Il eſt de maxime certaine au Palais qu'entre perſonnes d'un certain rang, les mauvais traitemens de paroles ſeulement, ſuffiſent pour fonder la demande en ſéparation, à plus forte raiſon une détention qui a eu un motif auſſi injurieux, qui a fait du bruit dans toute la maiſon du Comte de Montboiſſier, & qui a même tranſpiré dans le public, doit-elle ſuffire pour autoriſer la Comteſſe de Montboiſſier à en porter ſes plaintes en Juſtice & y demander ſa ſéparation. Le principal moyen dans la ſéparation de Fauconnier étoit que le mari avoit fait arrêter ſa femme en vertu d'un pareil ordre. Dans celle du Comte de Sainte-Maure des témoins qu'il avoit fait entendre avoient dépoſé de faits injurieux à la Comteſſe ſa femme; mais il déclara qu'il

n'entendoit pas s'en fervir pour éloigner tout foupçon de diffamation ; & de crainte de s'en rendre complice, tant il étoit convaincu que la diffamation fournit un moyen victorieux de féparation. Le Comte de Montboiffier a fait bien plus que d'approuver la diffamation, puifqu'il s'en eft fait un prétexte pour lui faire le plus fanglant outrage, la faire enfermer & la retrancher de la Société. On ne peut pas forcer une femme de condition & du premier ordre, qui reclame les droits de fon innocence, à vivre deformais avec un mari, qui a ainfi attaqué tout à la fois fa liberté & fon honneur. On croit donc que la deman-de en féparation eft infaillible.

Sur la seconde Question. Si les ordres fupérieurs qui privent la Comteffe de Montboiffier font révoqués, il faudra qu'elle rende fa plainte elle-même. S'ils ne peuvent pas l'être avant qu'elle ait in-tenté fon action, il fuffira de dépofer fon pouvoir chez un Commif-faire pour conftater les faits dont elle fe plaint, & alors fe trouvant en Juftice réglée, elle doit efpérer de la bonté & de la juftice du Roy, qu'on ne lui interdira pas la faculté de défendre fon honneur, & que les ordres furpris par le Comte de Montboiffier fon mari feront ré-voqués.

Enfin sur la troisie'me Question. Il n'y a pas de doute qu'on n'admette la Comteffe de Montboiffier à rappeller les faits que l'amertume de fa douleur, & l'accablement où elle fe trouve auroient pû lui faire échapper. Elle pourra en faire la matiere d'une addition de plainte lorfqu'elle fera en liberté ; mais encore une fois ceux qu'é-nonce fon pouvoir, font d'une gravité capable d'entraîner tous les fuffrages.

Déliberé à Paris le 28 Novembre 1752. MERLET, BEVIERE, ESBRARD, DOULCET, fils.

De l'Imprimerie de Delaguette, rue Saint Jacques, à l'Olivier, Déc. 1752.